青海省统计局
国家统计局青海调查总队 ·编

青海统计年鉴

QINGHAI STATISTICAL YEARBOOK

2010

青海省工程咨询中心
图书资料专用章

中国统计出版社
China Statistics Press

(京)新登字 041 号

© 中国统计出版社。
版权所有。未经许可,本书的任何部分不得以任何方式在世界任何地区以任何文字翻印、拷贝、仿制或转载。
Copyright © CHINA STATISTICS PRESS
All rights reserved. No part of the publication may be reproduced or transmitted in any form or by any means, electronic or mechanical, including photocopying, recording, or any information storage and retrieval system, without written permission from the publisher.

图书在版编目(CIP)数据
青海统计年鉴.2010/青海省统计局,国家统计局青海调查总队 编.
—北京:中国统计出版社,2010.7
ISBN 978-7-5037-5989-5

Ⅰ.①青… Ⅱ.①青…②国… Ⅲ.①统计资料-青海省-2010-年鉴 Ⅳ.①C832.44-54

中国版本图书馆 CIP 数据核字(2010)第 138421 号

青海统计年鉴-2010

作　　者/青海省统计局,国家统计局青海调查总队
责任编辑/佘竞雄　刘金成
E-mail/yearbook@stats.gov.cn
责任校对/杨学文
封面设计/施元杰
出版发行/中国统计出版社
通信地址/北京市西城区三里河月坛南街 57 号　中国统计出版社
邮　　编/100826
电　　话/(010)63376907
印　　刷/青海省统计局印刷厂
经　　销/新华书店
开　　本/890×1240 毫米 1/16
字　　数/40 万字
印　　张/42
印　　数/1-1000 册
版　　别/2010 年 7 月第 1 版
版　　次/2010 年 7 月第 1 次印刷
书　　号/ISBN 978-7-5037-5989-5/C·2355
定　　价/320.00 元(不含邮寄费)

中国统计版图书,版权所有,侵权必究。
中国统计版图书,如有印装错误,本社发行部负责调换。

编 辑 说 明

《青海统计年鉴2010》是一本全面反映青海省国民经济和社会发展情况的资料工具书。本书收录了2009年青海经济和社会各方面的统计数据，同时又增加了体现经济和社会协调发展的反映资源与环境变化的资料。

全书内容分26个篇目，即：特载、综合、资源与环境、人口、就业人员和职工工资、人民生活、物价、能源、固定资产投资、财政金融和保险、农业、工业、建筑业、交通运输和邮电通信、国内贸易、对外经济贸易和旅游、科技、教育和文化、卫生体育、其他社会活动、城市概况、企业资料、月度资料、全国各地区主要经济指标及排序、民族自治地区和各县主要经济指标。

统计表中使用符号："…"表示数据不足本表最小单位；"空格"表示无该项指标数据或该项指标数据不详；"#"表示总指标的其中项数据。读者在使用统计资料时，凡与本年鉴有出入的，均以本年鉴为准。

本《年鉴》是青海省统计局和国家统计局青海调查总队共同努力的结果，也是全省各条战线上广大统计干部辛勤劳动的成果，是集体智慧的结晶。在编辑出版、印刷、发行过程中，得到了中国统计出版社等许多单位及有关同志的大力支持，在此一并表示衷心感谢！

《青海统计年鉴》公开出版以来，受到了国内外广大读者的关心和支持，对本年鉴的内容和编辑工作提出了许多宝贵的意见，对此我们深表谢意。由于我们水平有限，疏误之处在所难免，欢迎各界人士随时对不足之处给予批评和指正，帮助我们进一步提高和改进统计年鉴的编辑水平，更好地为广大读者服务。

《青海统计年鉴－2010》编辑委员会

Editor's Explanatory Notes

Qinghai Statistical Yearbook 2010 is an annual statistical publication, which reflects comprehensively the economic and social development of Qinghai. It covers data for 2009 in various aspects of economic and social statistics, at the same time, increases information of resources and environmental changes reflected economic and social harmonious development.

The Yearbook contains twenty – six chapters : Special Articles, General Survey, Resources and Environment, Population, Employment and Wages, People′s Living Conditions, Price Indices, Energy, Investment in Fixed Assets, Government Finance, Banking and Insurance, Agriculture, Industry, Construction, Transportation, Postal and Telecommunication Services, Domestic Trade, Foreign Trade, Economic Cooperation and Tourism, Science and Technology, Education and Culture, Public Health and Sports, Other Social Activities, General Survey of cities, Records of Enterprises, Monthly Data, Main Economy Indices and Order of the Different Parts of the Country and Main Economic Indicators in Autonomous Regions.

Notations used in the Yearbook: "…" indicates that the figure is not large enough to be measured with the smallest unit in the table; (blank space) indicates data are unknown, or are not available; "#" indicates a major breakdown of the total. When readers use statistical information, they should be based in this Yearbook if there is difference from this Yearbook.

The "Yearbook" is outcome of joint efforts of Qinghai Bureau of Statistics and Survey Organization of National Bureau of Statistics, is fruit of the hard work of majority of statistics cadres on all fronts of the province, and is the crystallization of collective wisdom. In editing and publishing, printing, distribution process, the yearbook has received great support from China Statistics Press, many units and comrades. We acknowledge their help to the book.

Qinghai Statistical Yearbook has received concern and support of the readers at home and abroad for the content and edit of the Yearbook of many valuable suggestions since published, which we are grateful. Because of our limited level, Mistakes are inevitable. Welcome people from all walks of life to give us the criticism and correction for our inadequacies at any time in order to help us further enhance and improve the editorial level of Statistical Yearbook, and served readers better.

Qinghai Statistical Yearbook 2010 **Editorial Board**

《青海统计年鉴－2010》编辑委员会

编委会：

主　　任：侯碧波　张小军

副 主 任：王玫林　陈　伟　赵玉华　杨　瑶　李积文　王晓军　徐学初

编辑委员：（按姓氏笔划为序）

丁爱青　马晓红　马常虎　王　燕　王伟清　史可林
旦正项杰　刘文斌　刘春环　朱伟庆　祁焕龙　宋海祥
张兰生　张光明　李兴华　沈　宏　陈　宏　陈玲莉
易　丰　金　红　秦凤云　郭　霞　郭增福　高　平
康　玲

编辑部：

总 策 划：侯碧波　李积文

总 编 辑：康　玲　沈　宏

副总编辑：赵昌琼　梁　红　成小梅

责任编辑：佘竞雄

执行编辑：杨学文　王　鹤

编辑人员：（按姓氏笔划为序）

马小花　马文元　毛丽青　王　平　王　景　王　鹤
王建军　艾卓玛措　任晓宁　祁延生　祁瑞芳　吴栋仁
张　萍　张茹霖　李　萍　李　辉　李君君　杜文虹
杨　帆　杨学文　沙鹏洲　陈　健　陈　峰　陈小平
范丽莉　贺建华　赵淑清　秦永娟　郭文杰　郭利欣
郭宝娇　梅　科　彭　鑫　彭海萍　廖　霞　樊光荣
颜　力

英文翻译：王　鹤

统计制图：王　鹤　秦永娟

电子排版：陈宇祺　杨学文　陈　强　王　颖　谢占兰

光盘责任编辑：刘金成

光盘制作：王　鹤

封面设计：施元杰

QINGHAI STATISTICAL YEARBOOK - 2010
NAME LIST OF EDITORIAL BOARD

Editorial Board:

Chairman: Hou Bibo Zhang Xiaojun

Vice - Chairmen: Wang Meilin Chen Wei Zhao Yuhua Yang Yao Li Jiwen Wang Xiaojun Xu Xuechu

Members of Editorial Board: (in order of the number of strokes of the Chinese character of the surname)

Ding Aiqing Ma Xiaohong Ma Changhu Wang Yan Wang Weiqing
Shi Kelin Danzhengxiangjie Liu Wenbin Liu Chunhuan Zhu Weiqing
Qi Huanlong Song Haixiang Zhang Lansheng Zhang Guangming Li Xinghua
Shen Hong Chen Hong Chen Lingli Yi Feng Jin Hong
Qin Fengyun Guo Xia Guo Zengfu Gao Ping Kang Ling

Editorial Department:

Chief Planner: Hou Bibo Li Jiwen

Editor - in - chief: Kang Ling Shen Hong

Associate Editors - in - chief: Zhao Changqiong Liang Hong Cheng Xiaomei

Responsible Editor: She Jingxiong

Executive Editor: Yang Xuewen Wang He

Editorial Staff: (in order of the number of strokes of the Chinese character of the surname)

Ma Xiaohua Ma Wenyuan Mao Liqing Wang Ping Wang Jing
Wang He Wang Jianjun Aizhuomacuo Ren Xiaoning Qi Yansheng
Qi Ruifang Wu Dongren Zhang Ping Zhang Rulin Li Ping
Li Hui Li Junjun Du Wenhong Yang Fan Yang Xuewen
Sha Pengzhou Chen Jian Chen Feng Chen Xiaoping Fan Lili
He Jianhua Zhao Shuqing Qin Yongjuan Guo Wenjie Guo Lixin
Guo Baojiao Mei Ke Peng Xin Peng Haiping Liao Xia
Fan Guangrong Yan Li

English Translator: Wang He

Statistical Graphics: Wang He Qin YongJuan

Electronic Composition: Chen Yuqi Yang Xuewen Chen Qiang Wang Ying Xie Zhanlan

Responsible Editor of CD - ROM: Liu Jincheng

CD - ROM Designer: Wang He

Cover Designer: Shi Yuanjie

一、特载
Special Articles

二、综合
General Survey

三、资源与环境
Resources and Environment

四、人口

Population

五、就业人员和职工工资
Employment and Wages

六、人民生活

People's Living Conditions

七、物价

Price Indices

十、财政、金融和保险

Government Finance, Banking and Insurance

十一、农业
Agriculture

十二、工业
Industry

十三、建筑业
Construction

十四、交通运输和邮电通信
Transportation, Postal and Telecommunication Services

十五、国内贸易
Domestic Trade

十六、对外经济贸易和旅游
Foreign Trade, Economic Cooperation and Tourism

十七、科技
Science and Technology

十八、教育和文化
Education and Culture

十九、卫生和体育
Public Health and Sports

二十、其他社会活动

Other Social Activities

二十一、城市概况

General Survey of Cities

二十二、企业资料
Records of Enterprises

二十三、月度资料
Monthly Data

二十四、全国各地区主要经济指标及排序
Main Economy Indices and Order of the Different Parts of the Country

二十五、民族自治地区主要经济指标
Main Economic Indicators in Autonomous Regions

二十六、各县主要经济指标
Major Economic Indicators of Counties

第 1 篇

CHAPTER 1

特 载

Special Articles

青海省2009年国民经济和社会发展统计公报

青海省统计局　国家统计局青海调查总队

2010年2月23日

2009年，在省委、省政府的正确领导下，全省积极应对金融危机，深入贯彻落实中央“保增长、调结构、扩内需”的一揽子政策措施，进一步坚持发展循环经济、走新型工业化道路，坚持在保护中发展、在发展中保护，坚持保增长促发展的根本目的是改善民生，不断增强发展的惠民性，经济运行平稳，社会全面发展。

一、综合

经济总量：2009年，全省生产总值1081.27亿元，按可比价格计算，比上年增长10.1%。分产业看，第一产业增加值107.40亿元，增长5.0%；第二产业增加值576.34亿元，增长11.3%；第三产业增加值397.53亿元，增长9.8%。第一、第二和第三产业对GDP的贡献率分别为4.6%、57.8%和37.6%，与2008年相比，第一、第三产业贡献率分别提高1.7和2.1个百分点，第二产业贡献率下降3.8个百分点。三次产业结构由2008年的10.4:54.7:34.9转变为2009年的9.9:53.3:36.8。全年人均生产总值19454元，增长9.6%。

“十一五”以来生产总值及增长速度

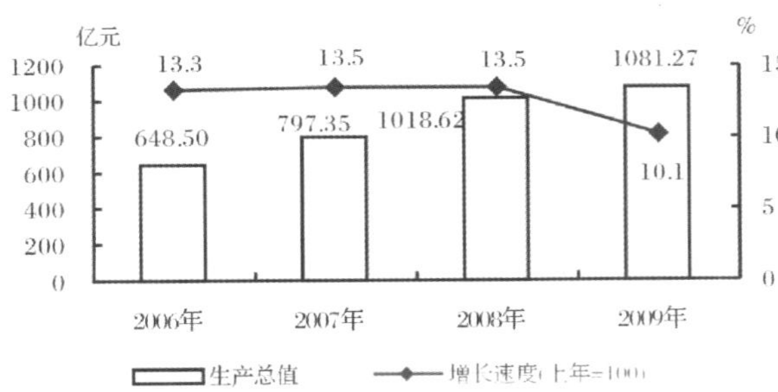

财政：全年全省财政一般预算收入166.46亿元，比上年增长21.9%。其中，地方一般预算收入87.74亿元，增长22.6%；中央一般预算收入78.72亿元，增长21.2%。实现增值税62.77亿元，企业所得税26.71亿元，个人所得税7.79亿元，分别比上年增长6.5%、18.9%和20.6%。全年财政一般预算支出486.68亿元，增长33.9%。其中，社会保障与就业支出93.74亿元，增长43.0%；教育支出61.85亿元，增长26.7%；医疗卫生支出32.50亿元，增长31.8%；环境保护支出29.13亿元，增长49.0%；农业支出26.87亿元，增长35.3%；文化体育与传媒支出15.65亿元，增长58.3%；科学技术类支出4.76亿元，增长19.9%；城乡社区事务支出23.01亿元，增长12.3%；一般公共服务支出54.65亿元，下降21.3%。

“十一五”以来财政收支及增长速度

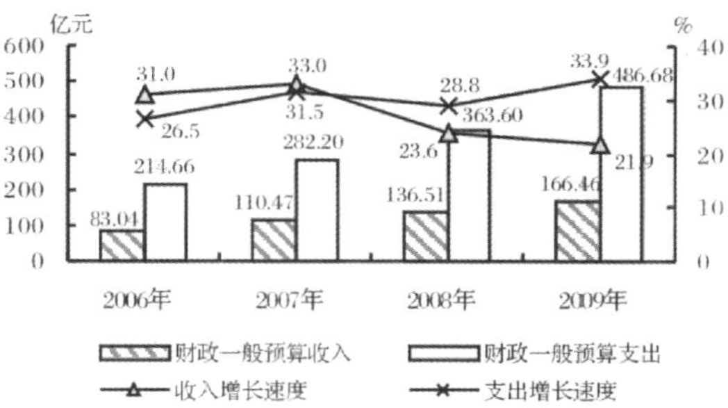

物价：全省居民消费价格总水平比上年上涨2.6%。分城乡看，城镇居民消费价格上涨3.2%，农村居民消费价格上涨1.7%。

“十一五”以来居民消费价格涨跌幅度

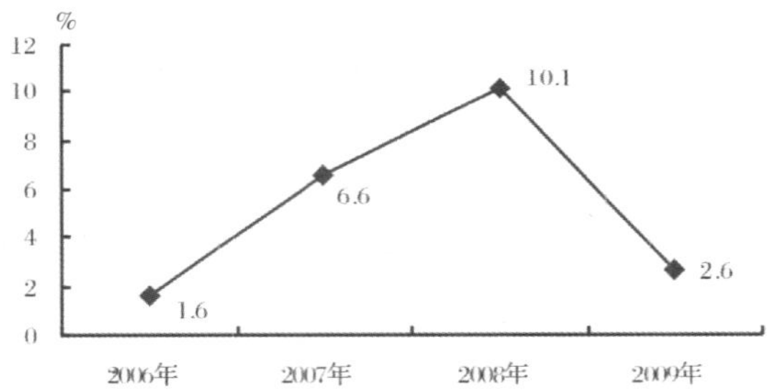

表1　2009年全省居民消费价格涨跌幅度

单位：%

指标名称	2009年	涨幅比上年提高(+)或下降(-)个百分点
居民消费价格(上年=100)	2.6	-7.5
#食品	3.0	-16.0
烟酒及用品	1.4	-4.2
衣着	7.0	2.6
家庭设备用品及维修服务	1.5	-1.4
医疗保健和个人用品	2.5	-3.6
交通和通信	-0.7	-0.5
娱乐教育文化用品及服务	0.4	-0.6
居住	4.4	-11.4

农业生产资料价格比上年下降2.2%。工业品出厂价格下降8.7%，其中生产资料价格下降9.1%，生活资料价格上涨1.2%。原材料、燃料、动力购进价格下降0.2%。固定资产投资价格上涨0.9%。西宁市房屋销售价格上涨4.4%，

其中,新建商品住宅上涨4.3%,二手住宅上涨4.6%。西宁市房屋租赁价格上涨1.9%。

就业:年末全省就业人员321.58万人,比上年末增加4.40万人,增长1.4%。其中,城镇就业人员118.14万人,比上年末增加4.32万人,增长3.8%。年末城镇登记失业率为3.8%。

二、农业和畜牧业

全年农作物总播种面积514.06千公顷(771.09万亩),比上年增加0.43千公顷(0.65万亩),增长0.1%。

表2 2009年全省农作物播种面积及增长速度

单位:千公顷

指标名称	2009年	比上年增长(%)
农作物总播种面积	514.06	0.1
#粮食	275.73	1.4
#小麦	104.13	-0.3
豆类	42.31	-1.4
马铃薯	86.65	1.2
油料	172.41	-0.2
#油菜籽	170.27	-0.2
蔬菜	35.24	3.2
瓜果类	0.47	6.8
果园面积	4.51	9.2

2009年,全省草食畜共产仔畜786.79万头(只),与上年基本持平;育活仔畜702.92万头(只),比上年增长1.4%,成活率89.3%,比上年提高1.4个百分点;成幼畜死亡40.32万头(只),比上年下降32.5%,死亡率2.0%,下降1.0个百分点;肉用畜出栏649.11万头(只),比上年增加11.28万头(只),出栏率32.8%,提高0.7个百分点。年末全省生猪存栏109.77万头,增长2.4%;全年出栏生猪134.78万头,增长9.1%。

表3 2009年全省主要农畜产品产量及增长速度

指标名称	单位	2009年	比上年增长(%)
粮食	万吨	102.70	0.9
#小麦	万吨	39.04	-7.1
豆类	万吨	10.80	-0.7
马铃薯	万吨	38.30	5.9
油料	万吨	36.60	3.9
#油菜籽	万吨	36.20	4.0
蔬菜	万吨	118.86	8.0
水果	万吨	1.46	10.1
肉类	万吨	26.91	5.4
#猪肉	万吨	9.19	5.2
牛肉	万吨	8.10	11.3
羊肉	万吨	8.85	2.0
牛奶	万吨	25.31	0.1
羊毛	万吨	1.54	0.1
羊绒	吨	345	-0.6
禽蛋	万吨	1.52	1.5
水产品	吨	827	-61.2

三、工业和建筑业

2009年,全省全部工业增加值471.34亿元,比上年增长10.2%。规模以上工业增加值440.10亿元,比上年增长11.0%。在规模以上工业中,四大支柱产业增加值290.84亿元,比上年增长10.1%;四大优势产业增加值62.32亿元,增长13.4%。从经济类型看,国有企业增长12.9%,集体企业增长1.0倍,股份合作企业增长99.4%,股份制企业增长9.6%,外商及港澳台投资企业增长39.2%。从轻重工业看,轻工业增长26.2%,重工业增长9.8%。规模以上工业企业产品销售率为95.7%,比上年提高0.6个百分点。主要产品产量保持增长。

"十一五"以来全部工业增加值及增长速度

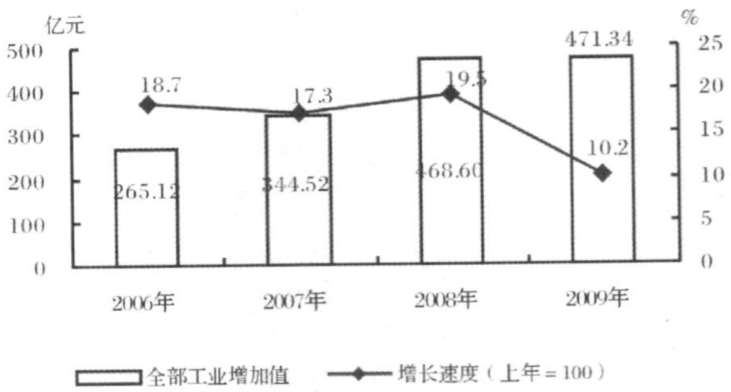

表4 2009年全省规模以上工业主要行业增加值及增长速度

单位:亿元

行业	2009年	比上年增长(%)
煤炭开采和洗选业	29.12	9.5
石油和开然气开采业	41.59	-13.0
有色金属矿采选业	13.18	5.8
石油加工及炼焦化	28.22	-10.0
化学原料及化学制品制造业	89.93	26.6
医药制造业	10.75	22.4
非金属矿物制品业	16.31	13.8
黑色金属冶炼及压延加工业	35.47	3.2
有色金属冶炼及压延加工业	72.03	21.8
电力热力的生产和供应业	52.74	11.5

表5 2009年主要工业产品产量及增长速度

产品名称	单位	产量	比上年增长(%)
发电量	亿千瓦小时	360.54	18.3
#水电	亿千瓦小时	258.92	27.5
原煤	万吨	1283.61	8.5
原油	万吨	186.37	-15.4
天然气	亿立方米	43.07	-1.3
原油加工量	万吨	81.02	-19.0
粗钢	万吨	126.72	10.1
钢材	万吨	125.06	10.1
生铁	万吨	109.54	18.7
焦炭	万吨	141.42	-1.9
十种有色金属	万吨	106.80	-10.0

产品名称	单位	产量	比上年增长(%)
#原铝(电解铝)	万吨	91.03	-11.1
铝材	万吨	19.77	267.8
水泥	万吨	610.00	33.5
碳酸钠(纯碱)	万吨	119.78	3.7
钾肥(折纯)	万吨	277.39	15.3
中成药	吨	883	17.1
乳制品	万吨	6.08	-12.4
食用植物油	万吨	4.86	85.4
饮料酒	万千升	11.55	10.5
铬铁	万吨	21.00	15.4

规模以上工业企业主营业务收入1087.95亿元,比上年增长6.3%,利润90.10亿元,比上年下降51.2%。

表6 2009年全省规模以上工业企业利润及增长速度

单位:亿元

指标名称	2009年	比上年增长(%)
规模以上工业企业利润总额	90.10	-51.2
#国有及国有控股企业	61.78	-55.1
#集体企业	2.00	119.2
股份制企业	80.85	-49.2
外商及港澳台投资企业	7.52	-55.8
#私营企业	7.37	-53.3

全年全社会建筑业增加值105亿元,比上年增长16.9%。具有资质等级的总承包和专业承包建筑企业440个,利润总额5.53亿元,比上年增长54.5%,按建筑业总产值计算的劳动生产率为16.37万元,比上年增长10.5%。

"十一五"以来建筑业增加值及增长速度

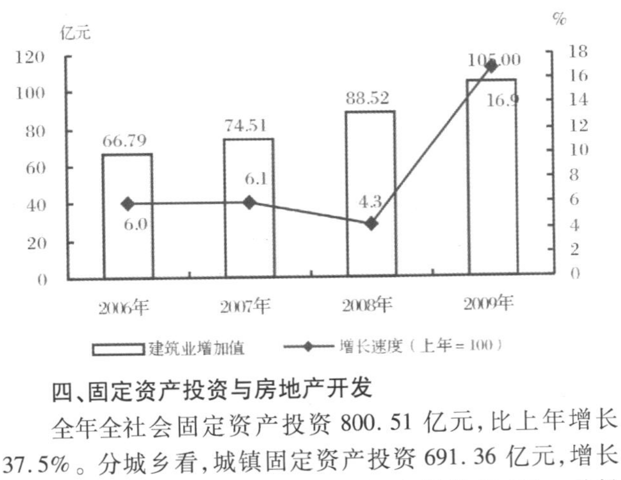

四、固定资产投资与房地产开发

全年全社会固定资产投资800.51亿元,比上年增长37.5%。分城乡看,城镇固定资产投资691.36亿元,增长34.7%;农村固定资产投资109.15亿元,增长58.7%。从投资类型看,国有及国有控股投资512.60亿元,增长41.1%;民间投资280.71亿元,增长35.1%;港澳台及外商投资7.21亿元,下降35.2%。从产业看,三次产业投资分别为53.68亿元、380.32亿元和366.52亿元,分别增长31.3%、27.9%和50.2%。

"十一五"以来全社会固定资产投资额及增长速度

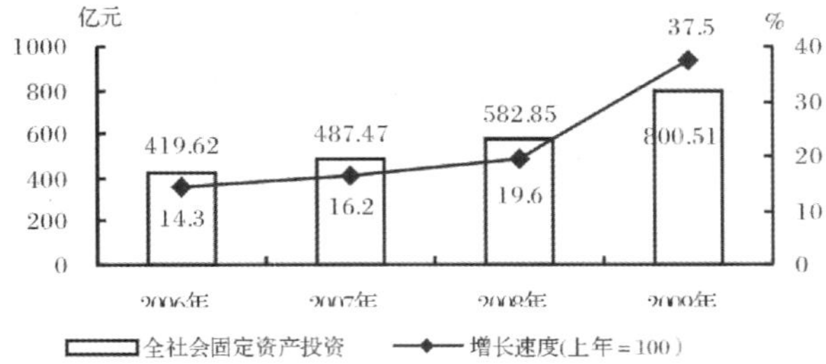

在50万元以上(含50万元)固定资产投资中,四大支柱产业固定资产投资268.33亿元,比上年增长25.7%。四大优势产业固定资产投资53.57亿元,比上年增长38.3%。

表7 2009年四大支柱和四大优势产业固定资产投资额及增长速度

单位:亿元

指标名称	2009年	比上年增长(%)
四大支柱产业	268.33	25.7
石油和天然气开采业	33.95	-10.9
电力工业	115.36	49.2
有色金属	52.37	12.9
盐湖化工	66.65	29.2
四大优势产业	53.57	38.3
冶金业	15.96	14.8
医药	3.01	101.6
建材	29.94	48.4
畜产品加工	4.67	47.5

全年房地产开发投资72.85亿元,比上年增长44.6%。施工房屋面积900.39万平方米,增长27.3%;竣工房屋面积178.07万平方米,下降19.8%。商品房销售面积218.32万平方米,增长60.2%;商品房销售额54.90亿元,增长67.6%,其中现房和期房销售额分别占商品房销售额的24.4%和75.6%。

五、国内贸易

全年全社会消费品零售总额300.47亿元,比上年增长18.8%。分城乡看,市的消费品零售额213.77亿元,增长18.8%;县的消费品零售额57.22亿元,增长18.9%;县以下消费品零售额29.48亿元,增长18.7%。按行业分,批发业消费品零售额57.16亿元,增长20.2%;零售业192.22亿元,增长20.1%;住宿和餐饮业47.02亿元,增长14.7%。

"十一五"以来社会消费品零售总额及增长速度

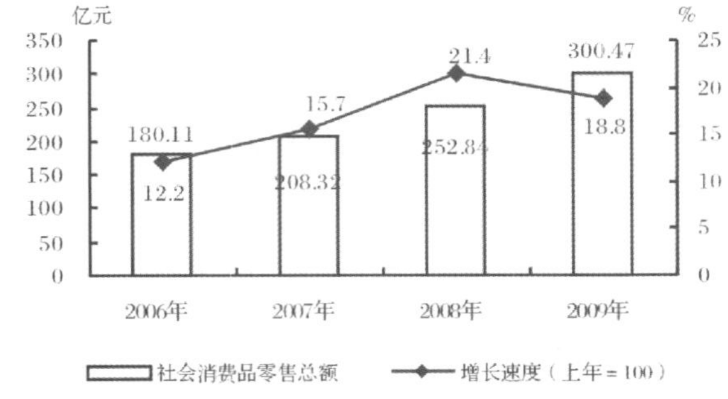

六、对外经济

全年进出口总额5.86亿美元，比上年下降14.9%。其中，出口额2.51亿美元，下降40.1%；进口额3.35亿美元，增长24.2%。出口额中，一般贸易2.46亿美元，占出口额的98.1%；

“十一五”以来海关进出口总额及增长速度

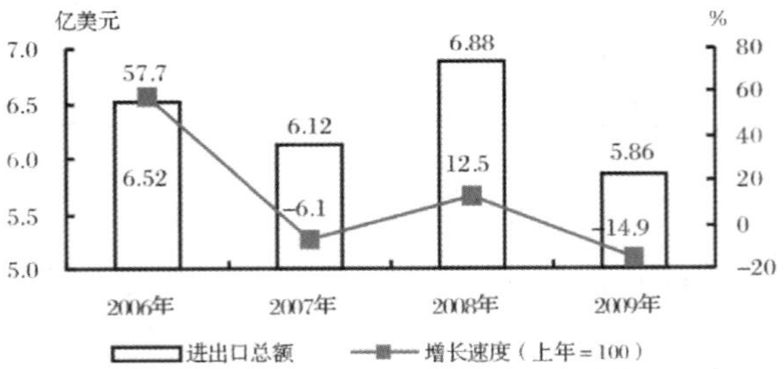

进口额中，一般贸易3.28亿美元，占进口额的98.0%。出口商品中，纺织纱线、织物及制品出口额4874.75万美元，比上年增长1.9%；硅铁出口额8425.70万美元，下降54.9%；服装及衣着附件出口额5688.04万美元，增长46.4%。进口商品中氧化铝进口额1.78亿美元，比上年增长11.1%，占进口总额的53.1%。

表8　2009年主要进出口国家和地区贸易额

进出口国家	进口额（万美元）	进口额比上年增长（%）	出口额（万美元）	出口额比上年增长（%）
美　国	1360	-53.7	1535	-70.8
澳大利亚	16794	3.1	315	-70.1
中国香港	1	-98.9	3149	6.2
德　国	2528	-45.0	840	20.5
日　本	4487	901.6	7400	-56.9
英　国	9	-91.6	930	-35.4
韩　国	193	-28.3	1447	-62.8
俄罗斯			76	-70.2

全年批准外商直接投资项目8个，其中，农、林、牧、渔业2个，采矿业1个，制造业1个，电力、燃气及水的生产和供应业1个，租赁和商务服务业1个，科学研究技术服务和地质勘查业2个。合同使用外商直接投资金额3.08亿美元，与上年持平；实际使用外商直接投资金额2.15亿美元，比上年下降2.3%。

七、交通、邮电和旅游

全年交通运输、仓储和邮政业增加值49.32亿元，比上年增长9.0%。年末全省铁路营运里程达1651公里；公路通车里程6.01万公里，比上年末增加3494公里，高速公路里程217公里；民航通航里程3.16万公里，比上年减少587公里。

表9　各种运输方式货物运输量及增长速度

指标名称	单位	2009年	比上年增长（%）
货物运输量	万吨	10092.96	8.3
铁路	万吨	2701.50	16.9
公路	万吨	7209.00	5.9
民航	万吨	0.64	1.6
管道	万吨	181.82	-9.9
货物运输周转量	亿吨公里	369.53	7.2
铁路	亿吨公里	165.49	11.0
公路	亿吨公里	195.95	5.0
民航	亿吨公里	0.11	7.3
管道	亿吨公里	7.98	-9.9

表10　各种运输方式旅客运输量及增长速度

指标名称	单位	2009年	比上年增长（%）
旅客运输量	万人	10074.44	6.6
铁路	万人	430.40	5.8
公路	万人	9576.00	6.4
民航	万人	68.04	45.2
旅客运输周转量	亿人公里	95.39	14.9
铁路	亿人公里	39.87	18.6
公路	亿人公里	45.41	7.0
民航	亿人公里	10.10	45.9

年末民用汽车保有量36.82万辆，比上年末增长63.2%，其中私人汽车保有量26.31万辆，增长1.0倍。

全年邮电业务总量达91.67亿元，比上年增长31.2%。其中，邮政业务量2.67亿元，增长18.4%；电信业务量89.00亿元，增长31.7%。年末固定电话用户109.3万户，比上年末下降8.5%。其中，城市固定电话用户84.1万户，下降9.1%；农村固定电话用户25.2万户，下降6.7%。年末移动电话用户310.7万户，比上年末增长25.7%。全省电话普及率达到75.4部/百人。全省互联网用户28.4万户，比上年末增长26.2%，其中宽带用户27.9万户，增长31.0%。

“十一五”以来电话用户数

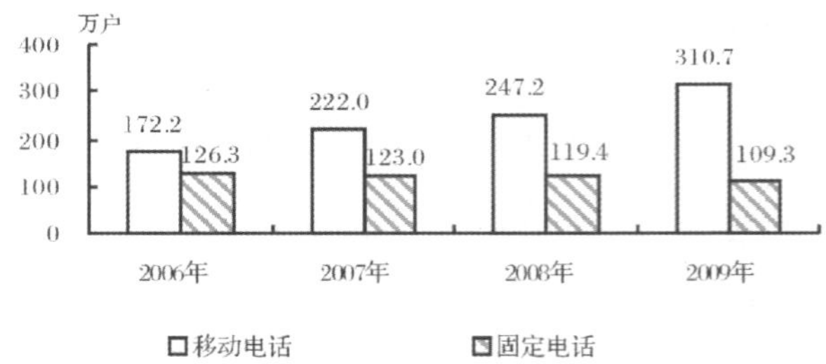

全年接待国内外旅游人数1108.6万人次，比上年增长22.5%。其中：国内旅游人数1105万人次，增长22.5%；境外入境人数3.6万人次，增长20.9%，境外人数中外国人占68.4%。全部旅游人数中，过夜旅游者占33.3%。国际旅游外汇收入1542.4万美元，增长52.0%。国际国内旅游总收入60.15亿元，增长26.6%。

八、金融和保险

年末金融机构人民币各项存款余额1785.78亿元，比上年末增长29.1%。其中，企业存款574.92亿元，储蓄存款711.29亿元，分别增长33.5%和22.5%。金融机构人民币各项贷款余额1399.02亿元，比上年末增长36.4%。其中，短期贷款余额370.48亿元，中长期贷款余额974.75亿元，分别增长23.8%和39.2%。短期贷款余额中工业贷款119.10亿元，增长42.1%，中长期贷款余额中基本建设贷款577.96亿元，增长38.6%。

全年财产保险公司保费收入8.4亿元，比上年增长

27.1%，其中意外伤害险 0.34 亿元，增长 49.2%。寿险保险公司保费收入 9.81 亿元，增长 30.9%，其中，寿险 8.79 亿元，增长 31.7%；健康险 0.78 亿元，增长 25.9%；意外险0.23 亿元，增长 19.3%。全年财产保险公司赔款支出 4.15 亿元，比上年增长 19.7%；寿险保险公司赔款支出 1.9 亿元，比上年下降 24.8%。

九、教育和科学技术

2009 年全省学龄儿童入学率 99.5%，比上年提高 0.1 个百分点；普通初中毛入学率 100.4%，提高 4.6 个百分点。

表 11　2009 年各类教育招生、在校、毕业人数

	学校数（所）	招生数（人）	在校生（人）	毕业生（人）
研究生培养单位	5	729	1825	444
普通高等教育院校	9	17738	56656	14260
成人高校	2	556	1058	197
中等职业教育学校	39	31892	76375	19356
普通中学	449	114485	322666	100108
普通高中	126	36571	107783	34396
初中学校	323	77914	214883	65712
普通小学	2047	87157	533255	78005
特殊教育学校	10	466	2761	231

全年全省取得省部级以上科技成果 227 项，比上年增加 22 项，其中，基础理论成果 5 项，应用技术成果 207 项，软科学成果 15 项。全年专利申请 499 件，比上年增加 68 件，授权专利 368 件，增加 140 件。签订技术合同 433 项，成交金额 8.54 亿元，比上年增长 10.2%。全省有天气雷达观测站点 5 个，县级以上卫星云图接收站点 52 个，地震台站 49 个，地震遥测台网 3 个。

十、文化、卫生和体育

年末全省共有艺术表演团体 12 个；文化馆 54 个，公共图书馆 43 个，博物馆 19 个；广播电台 4 座，中短波广播发射台和转播台 8 座，广播综合人口覆盖率达到 88.9%，比上年提高 0.4 个百分点；电视台 8 座，电视综合人口覆盖率达到 94.3%，比上年提高 0.3 个百分点。全年出版杂志、报纸、图书分别为 53 种、27 种和 680 种，出版量分别为 353 万册、9172 万份和 843 万册（张）。

年末全省拥有医疗卫生机构 899 个，床位数 2.25 万张。其中，医院 129 个，床位数 1.51 万张；乡镇卫生院 406 个，床位数 0.29 万张；社区卫生服务中心 169 个；疾病预防控制中心（防疫站）56 个；妇幼保健院（所、站）22 个。有规范化乡镇卫生院 365 个，比上年增加 16 个；标准化村卫生室 3951 个，比上年增加 103 个。有卫生技术人员 2.33 万人，其中，执业医师 9602 人；注册护士 7776 人。全省突发公共卫生事件及时报告率和有效处置率均为 100%。

年末全省优秀运动队 2 个，优秀运动员 302 人，比上年末增加 19 人。在队优秀专业运动员中达到等级的运动员 21 人，其中国家级运动健将 3 人，一级运动员 12 人，二级运动员 6 人。共有 331 人次参加了国内外比赛，获得 3 项比赛世界冠军。成功举办环湖赛、世界杯攀岩赛、抢渡黄河极限挑战赛等品牌体育赛事，同时，各类群众性体育竞赛、体育健身活动蓬勃发展。销售体育彩票 2.43 亿元，比上年增长6.1%。

十一、人口、人民生活和社会保障

年末全省常住人口 557.3 万人，比上年增加 3 万人。全年出生人口 8.06 万人，出生率为 14.51‰；全年死亡人口 3.44万人，死亡率为 6.19‰。全年自然增加人口 4.62 万人，人口自然增长率为 8.32‰，比上年下降 0.03 个千分点。

表 12　2009 年人口数及构成

指标名称	人口数（万人）	比上年增长（%）	比　重（%）
年末常住人口	557.30	0.5	100
#城镇	233.50	3.1	41.9
乡村	323.80	-1.2	58.1
#男性	280.27	0.3	50.3
女性	277.03	0.8	49.7
#0-14 岁	121.60	-1.5	21.8
15-64 岁	399.40	0.9	71.7
65 岁以上	36.30	3.4	6.5
#少数民族人口	258.14	0.5	46.3

全年城镇居民人均可支配收入 12691.85 元，比上年增长 9.0%；人均消费性支出 8786.52 元，比上年增长 7.1%。恩格尔系数为 40.39%，比上年下降 0.03 个百分点。年末城镇居民人均住房建筑面积达到 25.77 平方米，比上年增加 0.98平方米。农牧民人均纯收入 3346.15 元，比上年增长 9.3%；人均生活消费支出 3243.55 元，比上年增长 9.0%。恩格尔系数为 38.05%，比上年下降 5.59 个百分点。农牧民人均居住面积达到 20.28 平方米，比上年增加 0.5 平方米。

“十一五”以来城镇居民人均可支配收入及增长速度

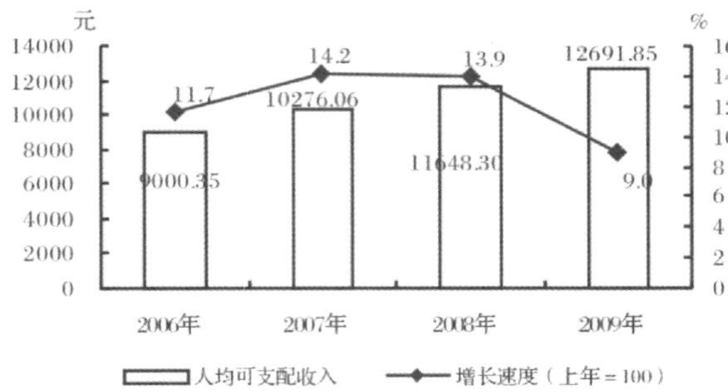

“十一五”以来农牧民人均纯收入及增长速度

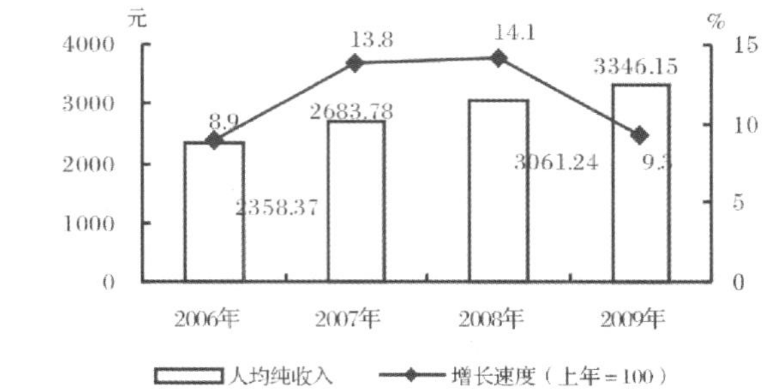

年末城镇参加养老保险人数 71.34 万人，比上年增长 4.5%。其中，在岗职工 52.02 万人，离退休人员 19.32 万人，分别增长 4.7% 和 3.7%。参加城镇职工医疗保险人数 75.69万人，比上年增长 5.0%，其中，在岗职工 51.11 万人，离退休人员 24.58 万人，分别增长 7.3% 和 0.4%；参加城镇

居民基本医疗保险人数50.55万人，增长21.2%；参加农村新型合作医疗的农牧民334.29万人，新型农村合作医疗参合率达96.8%，比上年提高0.3个百分点，新型农村合作医疗基金累计支出3.46亿元，累计受益255.42万人(次)。城镇参加失业保险人数36.02万人。参加城镇工伤保险人数40.07万人，比上年增长33.9%，其中农民工4万人。参加城镇生育保险的人数6.35万人。参加享受城市最低生活保障的居民22.06万人，享受农村最低生活保障的农牧民38万人。

十二、资源、环境和安全生产

年末全省森林面积370.01万公顷，森林覆盖率5.2%，人均森林面积0.68公顷。全省湿地面积412.6万公顷，占全省总面积的5.7%，其中，自然湿地408.8万公顷。国家重点公益林管护面积3067千公顷，天然林保护面积1983千公顷。有自然保护区11个，面积2182.22万公顷，其中，国家级自然保护区5个。到2009年末，全省累计治理水土流失面积812.32平方公里。全年全民义务植树1384万株。

全年安全生产事故死亡677人，比上年下降5.8%。道路交通事故1146起，死亡578人，比上年下降4.9%。

注：本公报部分数据为初步统计数。

政府工作报告

——在2010年1月25日青海省第十一届人民代表大会第三次会议上

代省长　骆惠宁

各位代表：

现在，我代表省人民政府，向大会作工作报告，请予审议。并请省政协委员提出意见。

一、2009年工作回顾

2009年，是新世纪以来青海经济社会发展最为困难的一年。面对严峻复杂的形势，全省各族人民在党中央、国务院和中共青海省委的坚强领导下，深入贯彻落实科学发展观，坚持以保增长、保民生、保稳定为主线，团结奋斗，攻坚克难，全面完成了省十一届人大二次会议确定的各项任务，取得了经济向好、社会和谐、民生改善的新成绩。

——经济总量持续攀升，实现生产总值1081.27亿元，比上年增长10.1%。

——投资增幅再创新高，完成全社会固定资产投资800.5亿元，增长37.5%，为近十余年来最高增幅。

——消费市场繁荣活跃，全社会消费品零售总额突破300亿元，增长18.8%，实际增幅为近20年来最高。

——节能减排成效显著，单位生产总值能耗下降7%，为近年来最大降幅。

——财政收入快速增长，一般预算收入达到166.5亿元，增长21.9%，增幅超过全国水平10.2个百分点。

——民生继续得到改善，城镇登记失业率控制到3.8%；城镇居民人均可支配收入达到12692元，增长9%；农牧民人均纯收入达到3346元，增长9.3%。

这些成果，标志着我省在探索欠发达地区实践科学发展观的成功之路上迈出了可喜一步，进一步增强了全省各族人民继续前进的信心和勇气！

一年来，我们主要做了以下工作。

一是抓内需、保增长，促进全省经济企稳回升。我们紧紧抓住国家出台扩大内需一揽子政策和支持藏区发展的“双重”机遇，强化投资与消费的拉动作用。交通、电力、水利、市政等一批重大基础设施建设项目加快实施。玉树机场建成通航，丹拉国道西过境线、330千伏桃园输变电等项目基本建成；共和至茶卡高速公路、积石峡水电站、涩宁兰输气管道复线等项目扎实推进；兰新铁路第二双线、西宁机场二期等项目开工建设。地质勘探成果突出，探明的油气、煤炭、多金属资源储量显著增加，在天峻木里永久冻土带首次成功钻获可燃冰。高原特色旅游业快速升温，服务业加快发展，全年旅游总收入突破60亿元，增长26.6%。汽车、住房、信息、家电等消费需求明显扩大，城乡消费呈现多年少有的同步增长势头。

二是抓工业、增后劲，推动产业结构优化升级。坚持把扭转经济下滑作为保增长促发展的首要任务，全年规模以上工业增加值同比增长11%。认真落实扶持企业发展的九条政策措施，一企一策帮助企业解决困难。企业坚持不减产、不减员、不减薪，保持了稳定生产。把推进自主创新作为促进产业升级的重要抓手，启动实施“123”科技支撑工程项目，国内第一套铁合金矿热炉余热发电装置建成投产，盐湖资源开发、数控机床制造、多晶硅生产等领域攻克了一批新的技术难题。出台了新能源、新材料等八大产业调整振兴实施意见，围绕推进柴达木、西宁两个国家级循环经济试验区建设，投资400多亿元相继开工建设盐湖综合利用等30多个基础产业、特色产业和新兴产业项目。这些项目建成后将成为全省经济发展新的增长点。

三是抓“三农”、强基础，推进农牧业增产农牧民增收。整合各类资金73.7亿元，实施新农村建设八项实事工程。累计完成1000个村新农村建设规划，建成一批设施农牧业、人畜饮水、乡村道路等项目。投入资金7.34亿元在367个村实施扶贫整村推进项目，解决了18万贫困人口的温饱问题。生态畜牧业建设试点扎实推进。特色农畜产品进一步向区域化、规模化、产业化和标准化方向发展，河湟流域特色农牧业“百里长廊”规模和集约效应开始显现，农牧业综合生产能力持续提高。粮食总产稳定增长，蔬菜总产新增9万吨，是多年来增产最快的一年，“菜篮子”自给率明显提高。肉类总产同比增长5.3%。农业增加值同比增长5%，为“十一五”以来增长最快的一年。土地、草场经营权流转步伐加快，产业化经营组织带动的农牧户达50.5万户，新型合作组织发展到890家。农牧民的经营性收入和转移性收入比重明显提高，农牧民人均纯收入连续6年保持了8%以上的增幅，增收渠道不断拓宽。

四是抓生态、谋长远，努力推动绿色环保发展。坚持结构减排、管理减排和工程减排整体推进，投入1.1亿元支持重点企业实施节能、节水、资源综合利用项目，淘汰落后产能165.2万吨，工业节能取得重大进展。开工建设17项重点污染治理工程，主要污染物减排目标全面实现。三江源国家生态保护综合试验区建设方案正在争取国家批准，出台了生态移民生活困难补助制度，三江源地区和青海湖流域生态保护和建设取得新成效。封山育林164.7万亩，防治草原鼠害4335万亩，治理水土流失面积136.6平方公里，安置生态移民1578户。青海湖、扎陵湖、鄂陵湖的生态状况在国际重要湿地评价中被评为优等。西宁市获得国家卫生城市称号。

五是抓改革、促开放，增强发展的动力和活力。盐湖集团、西部矿业等企业的国有资本调整和重组向前推进，企业法人治理结构和国有资产监管体系不断改善。银政企协作、信用平台建设、企业上市、企业债券等相结合的融资格局初步形成。非公有制经济较快发展,产品结构和质量进一步提升。农牧区综合改革继续深化,集体林权制度改革试点取得成功。推进投资体制改革,加强招投标市场综合监管。积极探索县级基本财力保障机制,省管县财政体制改革试点稳步推进。启动医药卫生体制改革,基本药物制度改革开始试点。省级政府机构改革基本完成,州县政府机构改革有序开展。同时,加大对外开放力度。招商引资到位资金158亿元,同比增长8.8%。加强同国内外交流合作,与14个省区市口岸建立合作机制,新增135家企业获得进出口经营权。

六是抓保障、惠民生,推动和谐社会构建。累计投入370亿元,用于改善民生和发展各项社会事业。再次提高寄宿制和非寄宿困难学生的生活补助标准、农村义务教育阶段中小学公用经费标准,职业教育稳步推进,高校办学条件进一步改善。加快农村医疗卫生体系建设,重大公共卫生服务项目顺利推进。全面实行省到村五级定点医疗机构新农合费用垫付直报制,城镇职工基本医疗保险最高支付限额提高到在岗职工平均工资的五倍,城镇职工和居民医疗保险参保率达到72%。果断处置兴海县肺鼠疫疫情,扎实推进甲流防控工作。人口和计划生育工作进一步加强,人口自然增长率降到8.32‰。实施了2750个文化体育基础设施项目,广播、电视覆盖率均有新提高。安排就业专项资金6.98亿元,统筹促进各类人员就业。实现城镇新增就业3.6万人,农牧区劳动力转移就业102万人次。全面实施保障性安居工程,开工建设城镇保障性住房2.4万套、游牧民定居住房2.57万户,改造农村危房1.62万户。企业退休人员基本养老金人均月增资174元。农牧区新型社会养老保险试点稳步推进,全省城镇职工参加基本养老、医疗、失业、工伤保险的人数均比上年较多增加。城镇22.5万名、农牧区38万名困难群众纳入低保,低保标准分别提高到年人均2400元和1084元,城乡低保实现应保尽保。

各位代表,在省十一届人大二次会议上,省政府围绕住房保障、校舍改造、城乡生活设施、卫生和文化建设等领域,向全省人民承诺办好的十件实事,现可以宣布,已全部兑现!

过去的一年,我们坚持加强政府自身建设。对涉及群众切身利益的重大事项实行公示、听证等制度,促进了决策科学化、民主化。依法提请审议并出台了一批地方性法规,认真执行人大及其常委会决议,坚持重大事项向省人大常委会报告和向省政协通报制度,自觉接受各方面监督,依法行政能力进一步提高。审计、监察职能不断强化,廉政建设取得新成效。

过去的一年,我们深入开展民族团结进步创建活动,成功承办全国扶持民族地区和人口较少民族现场会,社会主义新型民族关系不断巩固。认真做好藏区维稳工作,全面推进社会治安综合治理,健全矛盾纠纷排查化解机制,开展"信访积案化解年"活动,社会和谐稳定局面进一步巩固。强化对农资、食品、药品、交通等安全监管,遏制了重特大事故的发生。国防教育深入人心,双拥共建广泛开展。外事、侨务、台港澳工作,工商、质监、统计、气象、档案、地震、人防、测绘、红十字、地方志、参事等工作均取得新成绩。

各位代表,过去一年取得的成绩,凝聚着全省各族人民的心血和汗水,体现着各方面的帮助和支持。在此,我代表省人民政府,向全省各行各业的建设者,向各民主党派、工商联、无党派人士和人民团体,向中央驻青各单位,向人民解放军和武警部队官兵,向所有关心支持青海发展的海内外人士,表示衷心的感谢!

回顾过去的一年,我们也清醒地认识到,全省经济社会发展还存在不少矛盾和困难,政府工作还面临一些需要继续解决的问题。在国际金融危机的冲击下,我省经济社会发展的深层次问题进一步凸显,集中表现为:一是经济增长压力加大。去年全省生产总值增速和工业经济增速出现回落。纵向比,我们取得了很大进步;横向比,我省与全国的发展差距在一些方面尚在拉大。在地区间竞争十分激烈的情况下,缩小与全国在城乡人均收入和基本公共服务上的差距,任务极其艰巨。二是经济结构不够合理。产业结构比较单一,产业链条短,产品附加值低;经济增长过度依赖投资拉动,消费尤其是出口的拉动能力偏弱,转变发展方式任务十分艰巨。三是发展的内生动力不足。市场主体发育不快,民营经济比重较低,科技创新能力不强,整体开放水平不高,一些影响科学发展的难题还未有效化解。四是改善民生任务依然繁重。高校毕业生就业和城乡居民持续增收的难度加大,教育、卫生、文化等社会事业发展不够,民生保障水平总体不高。五是政府自身建设需要进一步加强。政府工作特别是一些公务员的作风与人民的期待仍有差距。对此,我们要高度重视,强化举措,通过脚踏实地的努力,不断推动问题的解决。

二、今年经济社会发展的指导思想和奋斗目标

今年是实施"十一五"规划的最后一年,也是推动青海跨越发展、绿色发展、和谐发展、统筹发展的重要一年。做好今年的政府工作任务非常繁重,意义十分重大。

今年,整体发展环境有可能好于去年,但也可能是经济形势变化最为复杂的一年。我们要看到,世界经济复苏的基础仍然脆弱,我国经济发展中不确定、不可预料的因素增多。我省自身发展基础弱,抵御风险能力不强,主导产业又主要集中在资源型的上游产业,在宏观经济复苏中呈现出明显的滞后期,保持经济平稳较快发展的压力很大。我们还要看到,经过多年努力,我省经济实力已登上一个新台阶,优势产业和基础设施明显加强,新的增长点正在快速形成。今年将面临新的发展机遇:国家继续实施积极的财政政策和适度宽松的货币政策,启动西部大开发第二个十年规划,编制"十二五"发展规划,支持青海等省藏区实现跨越发展,有利条件和积极因素也在增多。综上所述,我们面临的形势复杂多变,拥有的机遇也十分难得。我们一定要保持清醒,辩证把握。既要切实增强危机感,未雨绸缪,全力做好应对严峻形势的准备;又要切实增强紧迫感,奋发有为,推动经济社会更好更快发展。

今年政府工作的指导思想是:全面贯彻党的十七大、十七届三中、四中全会、中央经济工作会议和省委十一届六次、七次全会精神,深入贯彻落实科学发展观,牢牢把握中央"五个更加注重"的总体要求,着眼于推动跨越发展、绿色发展、和谐发展、统筹发展,着力在加快速度、提升质量上取得新进展,在调整结构、转变方式上取得新突破,在改革开放、自主创新上迈出新步伐，在改善民生、促进和谐上取得新成效，全面推进经济建设、政治建设、文化建设、社会建设以及生态文明建设，努力实现经济社会又好又快发展，全面完成"十一五"目标任务。

今年全省经济社会发展的主要预期目标是：生产总值增长10%以上；全社会固定资产投资增长19%，社会消费品零售总额增长14%；财政一般预算收入增长12%；城镇居民人均可支配收入增长8%，农牧民人均纯收入增长9%；城镇登记失业率控制在4.3%以内；居民消费价格涨幅控制在4%左右；万元GDP能耗降低6%以上。

具体工作中，我们要遵循以下几项原则：一是坚持促进加快发展与转变发展方式有机统一。解决青海一切问题的根本出路在于加快发展，我们追求的发展是好与快的统一。必须着力优化结构、提高质量、降低消耗、保护环境，努力在转变发展方式中实现跨越发展。二是坚持优化投资需求与扩大消费需求有机统一。增加投资需求与扩大消费需求对于青海发展尤为重要。必须做到加大投资规模与优化投资结构并重，提高收入与刺激消费并举，形成投资与消费的良性循环，增强拉动经济增长的合力。三是坚持推进新农村建设和加快城镇化有机统一。统筹城乡发展，促进区域协调，是青海面临的重大而艰巨的历史任务。必须大力促进生产要素合理流动和优化配置，促进城镇化和新农村建设互动互促，形成经济新的增长极。四是坚持加快科技创新与培育战略性新兴产业有机统一。科技创新和新兴产业，是加快青海发展的重要支撑。必须统筹规划自主创新能力建设，突破关键技术，以科技创新推动新兴产业发展，以新兴产业发展带动经济结构优化升级。五是坚持深化改革开放与促进发展有机统一。改革开放是青海破解发展深层次矛盾和难题的根本途径。必须不断消除体制机制障碍，进一步加强投资环境建设，拓展对内对外开放的广度和深度，充分利用国际国内两个市场两种资源，提高开放型经济水平。六是坚持加快发展经济和大力改善民生有机统一。保障和改善民生是发展的目的所在，是青海各族人民最迫切的要求。必须不断完善"小财政"支撑"大民生"的政策和制度体系，加大力度，把惠民生的事情办实办好，增强经济社会发展的协调性。

各位代表，虽然前进道路充满坎坷，但自信开放创新的青海各族人民，一定能够战胜困难、夺取胜利。实践将会证明，没有什么困难能够阻挡我们前进的步伐！

三、全力推动经济较快发展，促进发展方式转变

把保持经济较快发展与转变发展方式更紧密地结合起来，着力在推进新型工业化和城镇化、扩大投资和消费需求、统筹城乡区域协调发展等方面取得实质性进展。

（一）确保工业经济平稳较快发展。工业是推动青海发展的主导力量，要有更大的作为。坚持传统产业抓提升，优势产业抓壮大，高新技术产业抓增量，深入实施八大产业调整和振兴计划。重点抓好四个方面：一是加速培育市场主体。这是壮大经济总量的关键所在。着力"扶大"。抓住当前市场格局重构的有利时机，支持大企业跨地区、跨行业、跨所有制开展兼并重组，鼓励企业之间联合发展。支持中央在青企业加大投入、加快发展。加强与省外央企的合作，引进国内外战略投资者，带动配套企业，聚集发展要素。用3到5年时间培育形成30户在西部乃至在全国有影响的企业或企业集团。重视"育小"。研究制定贯彻落实国务院进一步促进中小企业发展的政策措施，支持150个中小企业扩张项目，打造10个中小企业集中区。用3到5年时间培育300户规模型以上专、精、特中小企业。同时，强化经济运行调节，帮助解决企业运输、用电、用地等方面的困难。拓宽中小企业融资渠道，推进桥电、康普、洁神等企业上市。二是着力提升循环经济发展水平。深入推进资源集约开发、综合利用，延长产业链条，增强竞争能力。以柴达木、西宁经济技术开发区两个重点循环经济试验区总体规划的实施为契机，进一步优化功能定位，完善政策支持体系，强化基础建设、产业布局、资源保障和公共服务。扩大循环经济专项资金规模，加大对示范性、导向性循环经济项目的扶持力度，在积极推进复合肥、氯碱、高精铝板带、250万吨铁矿等项目的同时，继续在油气、盐化工、特钢、有色金属、煤化工等领域谋划一批精深加工项目，构建产业纵向延伸与横向扩展相结合的循环工业体系，打响国家级循环经济试验区的品牌。进一步完善园区发展规划，加快园区工业建设，提高产业集中度，形成相互协作、相互配套的集聚效应。支持建设曹家堡空港综合经济区。三是加快培育战略性新兴产业。制定专项规划和产业政策，启动一批专项工程，引导新能源、新材料、生物医药、节能环保、装备制造等新兴产业加速崛起。大力开发绿色能源，加快黄河上游水电开发，开工建设青藏电网联网工程和750千伏西宁至格尔木输变电工程，加快柴达木太阳能大型并网发电项目、边远地区光伏电源利用项目和农牧区集热利用项目建设，努力建成全国太阳能发电基地和太阳能资源综合利用基地。大力推进2400万平米化成箔、6万吨镁合金、万吨多晶硅、5万吨锂电池等新材料项目，培育终端产品产业链。四是加大自主创新和节能减排力度。深入实施"123"科技支撑工程项目，财政对科技的年投入不少于1亿元，企业技术改造投资增长不低于20%。充分利用高新技术改造提升机床、特种车辆、环卫设备等装备制造业，大力推广余热余压利用、燃煤工业锅炉改造等节能技术，降低产品能耗。加大对铁合金、水泥等行业落后产能的淘汰力度，关小上大。提升产业技术和装备水平，开发一批拥有自主产权的新产品。加快信息化与工业化的融合发展，以信息化带动新型工业化。

（二）继续加强项目投资工作。保持投资较快增长事关全省发展大局。今年，固定资产投资不少于952亿元，力争实现1000亿元，进一步形成项目建设新高潮，并在优化投资结构上迈出新步伐。着力加大事关青海长远发展的基础设施建设领域的投入。新开格敦铁路，实施兰新铁路二线青海境内工程、西宁客运站综合改造工程、倒淌河至共和高速公路、西宁机场二期扩建、"三五八"地质勘探等重点项目。加大基础产业领域的投入。实施羊曲水电站等黄河上游水电开发、西宁热电联产项目。加大优势产业特别是战略性新型产业领域的投入。实施电解铜箔、太阳能电池、风能发电、装备制造等项目，重点抓好当期投资200亿元的金属镁一体化项目，促进盐湖镁钠资源综合利用取得实质性进展。加大生态环境保护和建设领域的投入。实施生态环境保护、污水和垃圾处理、企业节能设施等项目。加大民生领域的投入。实施就业、社会保障、教育、卫生、文化等社会事业项目。坚持政府投入和引导社会资金投入并重，完善政策措施，构建多元化投融资格局。争取国债资金、专项资金高于去年，争取大幅提高招商引资的投入比重、民间资本的投入比重、市场主体的投入比重、国内外资本和金融融资的投入比重。同时，结合编制"十二五"规划，围绕产业发展、结构调整、科技创新、改善民生、地质勘探等领域，再深入谋划一批重大后续项目，努力实现以矿产资源勘探的大突破带动项目建设的大发展。

（三）不断夯实"三农"发展基础。加大统筹城乡发展力度，积极转变农牧业发展方式，推进传统农牧业向现代农牧业转型。一是加速发展高原特色农牧业。大力实施河湟地区特色农牧业发展规划和"百里长廊"建设，集中连片推进设施农牧业。新建日光节能温室2.5万栋、畜用暖棚2万栋。发展"一村一品"、规模养殖专业村，加快特色优势农畜产品产业带和全国重要的油菜、马铃薯制种基地建设，大力发展无公害和有机农畜产品。生态畜牧业试点扩大到30个县的部分村，并选择有条件的乡整体推进生态畜牧业建设，带动草地畜牧业生产经营方式转变。积极利用湖泊、水库等水域，发展高原水产养殖业。加强农牧业技术研发，促进产学研、农科教结合。加大农牧业科技推广力度，实施良种工程，推广测土配方施肥、全膜双垄栽培等关键技术，扩大省级现代农业示范区建设规模。产业化是发展现代农牧业的必由之路。今年，重点支持10家优势龙头企业，扩大生产经营规模，培育名优品牌，增强辐射带动能力。二是加强农牧业基础设施建设。继续整合资金实施新农村建设实事工程。推进黄河谷地百万亩土地开发整理项目，启动新一轮农牧区电网完善工程，加快湟水北干渠、盘道水库灌区、扎毛和恰让水库等水利设施建设进度，争取实施李家峡、公伯峡水库灌区工程，整修现有水利设施，完成规划内的小型水库除险加固，为增强农牧业综合生产能力提供支撑。三是深化农牧区重点改革。稳定和完善农牧区基本经营制度，积极引导土地、草场承包经营权流转，推动适度规模经营。全面实施集体林权制度改革，带动公益林管护机制创新。推进水权制度改革试点工作。加强农牧业社会化服务体系建设，大力培育农牧区新型合作组织，深化供销社改革，探索建立综合服务平台。四是加大新村庄建设和新型农牧民培育力度。继续推进新农村建设村级规划编制工作，实施"千村整治、百村示范"工程，加快改变村容村貌。强化职业教育和技能培训，提高农牧民种田养畜水平和市场创业的能力，加速培养新型农牧民。五是加大扶贫开发力度。全面实施对低收入人口的扶贫政策，加快整村推进和连片开发，年内减少贫困人口18万人。

（四）着力发展高原旅游业和现代服务业。发展旅游经济和现代服务业是优化经济结构、推动绿色发展的重要途径。大力推进高原旅游名省建设，重点加强景区道路、公用设施等基础设施建设，加快重大旅游开发项目的洽谈与建设步伐，深度开发生态旅游、健康旅游、文化旅游等特色旅游，发展城镇周边"农家乐"休闲游，培育中高端旅游，增加旅游资源供给，推进旅游产品多样化、区域旅游一体化，促进旅游产业转型升级。加大旅游宣传推介力度，推进旅游规范化管理，提高旅游服务质量，扩展旅游客源市场，确保接待国内外游客突破1200万人次，实现旅游总收入70亿元。今年，进一步加强交通运输、现代物流、信息技术公共平台建设，加快发展现代服务业。以西宁、格尔木、德令哈等城市为重点，实施物流园区建设工程，着力培育物流龙头企业，构建高原区域性现代物流基地。坚持引进与培育并重，合理布局新型商业网点，实施新农村现代流通网络建设、"万村千乡市场工程"、"农超对接"等项目，新建、改造1500个连锁农家店、10个商品配送中心，建设改造一批农产品批发市场、农贸市场，提升市场基础设施和经营管理水平。加快发展公用事业、居民服务业、咨询信息服务业和各类技术服务业，支持符合条件的服务企业上市融资。金融是现代经济的核心。采取激励措施，推进信用环境建设，支持金融业拓展领域、扩大规模、提升水平，吸引国内外金融机构在青海设立分支机构，积极发展地方和农村银行，推进创业投资基金和产业发展基金的组建。强化金融对发展的带动作用，提高金融资源的利用效率。

（五）努力扩大消费需求。扩大消费对拉动全省经济平稳较快增长具有重要作用。一是着力增加城乡居民收入，增强居民消费能力。落实强农惠农政策，兑现各项补贴及减负措施，提高劳务经济质量，全面增加农牧民家庭经营性收入、转移和财产性收入以及劳务收入。完善职工工资正常增长和支付保障机制，增加低收入者收入。二是完善鼓励消费政策，促进消费需求升级。今年要把扩大住房消费作为引导和刺激消费的重点，在城市增加中小户型、中低价位普通商品房的供给，支持居民自住和改善性住房消费；继续推进农牧区困难家庭危房改造、牧民定居工程，同时出台奖励补助政策，支持5万户有条件的农牧民新建或改造住房。继续落实家电、农机、汽车摩托车下乡和以旧换新等政策，带动消费规模的扩大和消费结构的升级。加快网络和信息化建设，开展电信网、广播电视网、互联网"三网融合"试点，扩大信息消费。增加文化娱乐、体育健身、教育培训、家政服务等消费，满足群众生活多样性、个性化的消费需求。

（六）积极推进城镇化进程。我省地域辽阔、人口稀少，必须实行相对集中发展。研究制定推进城镇化的政策措施，加快高原特色城镇化进程，推动大中小城市和小城镇协调发展，在促进全省人口相对集中、资源集约配置、产业集聚发展上迈出新步伐，城镇化率力争提升2个百分点。强化西宁作为青藏高原区域性中心城市的地位，加快海湖新区建设，进一步扩市提位，带动形成以西宁为中心的东部城镇群。实施中小城镇建设工程，把重大基础设施、住房工程同小城镇和新农村建设紧密结合起来，重点发展州县所在地、交通沿线、河湟流域的城镇。加强城镇基础设施建设，增强公共服务功能，提高城镇的综合承载力和聚集效应，带动发展县域经济。推进户籍制度改革，放宽城镇落户条件。有计划有步骤地解决农民工在城镇的就业和生活问题，逐步实现农民工在劳动报酬、子女就学、公共卫生以及社会保障方面与城镇居民享有同等待遇。

（七）统筹区域协调发展。抓住国家实施促进区域协调发展规划和政策的契机，加大支持青海藏区发展政策落实的衔接力度。认真实施"四区两带一线"发展规划纲要，进一步明确各区域发展的重点和载体。鼓励东部地区加快建设新能源、新材料产业基地和新型服务业基地、现代农业基地。支持柴达木地区在资源综合利用、发展循环经济上不断突破，建设全国重要的新型工业化基地。支持环湖地区加快发展生态旅游和现代畜牧业，形成示范效应。推动三江源地区加快建设国家级生态保护综合试验区，实现生态保护、地区发展与民生改善的共赢。

各位代表，与全国同步进入全面小康社会，是全省人民的共同心声。我们要抓住一切发展机遇，调动一切积极因素，努力在建设富裕文明和谐新青海的征程中迈出更大步伐！

四、坚持生态立省战略，着力推动绿色发展

把握绿色发展大势，倡导绿色消费方式，构筑绿色产业体系，努力使绿色经济成为我省发展的新引擎。

（一）加强重点生态工程建设。大力推进三江源生态保护和建设工程，精心实施退牧还草、灭鼠灭虫、黑土滩治理、生态移民、建设养畜、湿地保护等项目，力争投资规模达到12亿元。全面推进青海湖流域及周边地区生态环境保护与综合治理工程。巩固退耕还林成果，抓好天然林保护、长江黄河源区水土保持、沙化土地治理、西宁南北山绿化等重点生态建设项目，遏制生态总体退化趋势。编制好柴达木荒漠化地区生态环境综合治理规划，做好祁连山水源涵养区生态保护和综合治理规划、青海黄土高原区域生态综合治理规划的报批工作，争取尽早启动实施。

（二）加快建立生态补偿机制。争取启动三江源国家生态保护综合试验区建设项目，实行政府主导与市场化运作相结合，重点在建立生态补偿机制上取得突破。筹建中国三江源生态基金会。在国家支持下制定出台三江源生态补偿机制的具体实施意见，进一步明确补偿范围、补偿内容、补偿标准和补偿方式。抓紧制定财政、税收、信贷等方面的政策措施，积极发展生态移民后续产业，建立长效机制，为提高农牧民群众生活水平、实现基本公共服务均等化创造条件。

（三）探索绿色发展的有效模式。发挥青海独特的生态优势和资源优势，创新体制机制，努力构建以保护生态环境为基础，以生态农牧业、旅游业、循环经济和新能源、新材料产业为重点，以低碳增长为方向的绿色发展模式。从整体上研究制定全省绿色发展规划和产业政策，引导和推动绿色发展。利用森林、湿地、草地碳汇资源和生态品牌，探索建立环境交易平台，推进碳交易试点。今年在西宁城市圈探索做好低碳能源、低碳交通、低碳产业发展的试点工作。弘扬生态文化，引导城乡居民树立低碳消费和绿色消费理念，构建绿色发展的保障体系，推进生态文明建设。

（四）加强环境污染综合治理。严格落实污染减排措施，积极推行强制性清洁生产，从源头上防治污染和保护生态。做好西宁、格尔木、德令哈市环境综合整治，加大城镇污水处理、污水管网、生活垃圾处理设施等环境基础设施建设力度，强化湟水流域及工业集中区等重点区域工业污染防治，抓紧解决西宁市历史遗留的铬渣污染问题，加强农业面源污染、城镇大气污染的防治，努力创造整洁有序的生产生活环境。

各位代表，保护好三江之源，是我们对国家和民族承担的历史责任。我们一定要举全省之力，推动绿色发展，建设生态文明，做出青海人民应有的贡献！

五、切实保障和改善民生，促进社会和谐稳定

民生问题涉及千家万户。越是形势复杂，越要情系民生、关注民生、改善民生。

（一）千方百计扩大就业。实施更加积极的就业政策，延续“一降三缓两补贴”政策措施，支持企业稳定劳动关系，提供更多就业岗位。合理开辟公益性就业岗位，确保零就业家庭至少实现一人就业。支持西宁、格尔木市开展创业型城市创建活动。支持创业孵化基地建设，以创业带动就业。完善就业服务体系，实施城乡技能培训就业扶助计划。对困难家庭高校毕业生、残疾人、低保对象等人群给予优先扶持和重点帮助。年内确保实现新增城镇就业3.2万人。稳定转移农牧区富余劳动力100万人次，着力优化劳务输出结构，提高劳务收入水平。

（二）健全社会保障体系。推动养老保险扩面，调整提高企业退休人员基本养老金，加快推进新型农牧区养老保险试点。建立被征地农民社会保障制度，推进解决被征地农民的社会保障问题。提高城镇职工基本医疗保险统筹层次，支持有条件的地区实现州地市级统筹。建立村干部养老保险补助制度。继续推进城乡低保提标扩面，实现动态管理下的应保尽保。完善城镇居民医疗保险政策，做好关闭破产国有企业退休职工参加城镇职工基本医疗保险工作，逐步提高医疗保险的普惠面和待遇水平。继续推进矿山、建筑等高风险行业及农民工参加工伤保险。大力发展社会福利事业，提高社会救助水平。

（三）坚持教育优先发展。加大教育投入，促进城乡义务教育协调均衡发展。巩固义务教育保障机制改革成果，加快实施农村初中校舍改造，推进中小学标准化建设，全面完成“两基”攻坚任务。总结海南州中小学教育布局调整试点经验，稳步推进农牧区学校布局调整。优化西宁义务教育资源布局。在西宁建设面向藏区的职业中学和省职业教育实训基地，进一步完善规划、突出重点、彰显特色，扩大办学规模，提高办学水平。加强高校重点学科、重点实验室建设，支持青海大学实施“211”工程。推进高层次人才和留学人员创业园建设，搭建创业平台。

（四）加强医疗卫生服务和人口计划生育工作。扎实推进医药卫生体制改革，扩大基本药物覆盖面，完善药品集中采购配送制度。实施好重大公共卫生服务项目，改善州县乡和城市社区基层医疗机构办医条件，强化公共卫生服务体系建设。加强重大传染病、地方病、职业病防治。扶持和促进中藏医药发展。坚持基本医疗的公益性方向，开展公立医院改革试点。继续完善鼓励计划生育和优生优育的相关政策，提高服务水平，确保人口自然增长率控制在9‰以内。

（五）加快实施保障性安居工程。结合租赁住房补贴发放，对住房在12平方米以下的城镇低收入家庭实行重点保障。加快城镇和国有工矿区、林区、垦区棚户区改造。推进游牧民定居工程和农牧区困难家庭危房改造。启动利用住房公积金贷款支持保障性住房建设试点和住房分配货币化工作。

（六）繁荣发展文化体育事业。扎实推进文化惠民工程，扩大公共文化服务覆盖面。加强文化遗产保护。推进热贡国家级文化生态保护实验区建设。整合文化资源，培育骨干文化企业，发展壮大具有青海民族地域特色的文化产业。继续实施广播电视“西新工程”、“村村通”工程，提高藏区广播电视装备水平。全省广播、电视综合人口覆盖率分别达到90%和95%。精心组织“环湖赛”、抢渡黄河极限挑战赛、世界杯攀岩赛三大体育赛事，加快建设环青海湖民族文化体育圈，扩大环湖赛体育彩票在全国的发行。办好三江源国际摄影节暨世界山地纪录片节、国际水与生命音乐之旅音乐会、国际唐卡艺术与文化遗产博览暨第六届民族文化旅游节，通过文化影响力的扩大展示青海开放创新的新形象。

（七）全力维护社会和谐稳定。突出社会矛盾化解、社会管理创新、公正廉洁执法三个重点，着力解决源头性、根本性、基础性问题。强化社会治安综合治理。深入开展普法教育，做好群众来信来访工作，加强流动人口服务管理，健全矛盾纠纷排查机制、社会稳定预警机制、公共事件处理和应急机制，加强公安司法队伍建设和信息化建设，严厉打击和防范刑事犯罪活动。加强安全生产管理和市场监管，集中开展安全生产隐患排查治理，继续推进食品药品安全专项整治，坚决防范重大事故发生，让人民群众饮食用药安全放心。

做好民族工作，深化民族团结进步创建活动，促进各民族共同团结奋斗、共同繁荣发展。全面贯彻党的宗教工作方针政策，广泛宣传落实《宗教事务条例》，深入开展“平安寺院”创建活动，积极引导宗教与社会主义社会相适应。

支持驻青人民解放军和武警部队现代化建设，加强国防教育，提高预备役、民兵和人防建设的质量，提高双拥共建水平。

各位代表，巩固和发展好各族人民的根本利益，是政府全部工作的出发点和落脚点。我们一定要竭尽全力，不断提高城乡居民的生活水平，让全省各族人民共享发展改革的成果！

六、深化经济体制改革，提高对外开放水平

解决深层次矛盾和问题，保持发展的旺盛活力，离不开改革创新的有力支撑，离不开对外开放的强力推动。今年要在重点领域和关键环节不失时机地推进改革开放，努力取得新的进展。

（一）推进体制机制创新。一是深化所有制结构改革。完成盐湖集团、盐湖钾肥股份公司、省水电集团等企业的重组和增资扩股，推进国有资本调整和企业集团化。坚持把非公有制经济发展摆在更加突出的位置，进一步完善和落实各项法规政策，消除影响非公经济发展的体制机制障碍，确立平等的市场主体地位，深入实施民众创业战略，加强协调服务，努力实现非公有制经济总量上规模、质量上水平、结构上层次、实力上台阶。二是深化行政管理体制改革。完成州县政府机构改革，继续深化行政审批制度改革。三是推进财税改革。完善公共财政体制。增加省对下转移支付，建立健全县级基本财力保障机制。深化部门预算、国库集中收付、非税收入等改革，落实资源税改革和增值税转型政策，建立国有资本经营预算制度。创新财政投入机制，充分发挥财政资金“四两拨千金”的作用，提高资金使用效益。狠抓增收节支，提高管理效益。四是推进收入分配制度改革。建立健全事业单位绩效工资制度，指导企业建立职工工资正常增长机制，落实最低工资制度，提高劳动报酬在初次分配中的比重，提高居民收入在国民收入分配中的比重。五是推进金融改革。支持金融机构创新发展。积极组建县市级农村合作银行、农村商业银行和各类金融组织，解决金融服务空白问题。鼓励民间资本投资参股银行、证券、保险、信托等业务。推进政策性农业保险加快发展。规范与发展证券、期货等资本市场，提高上市公司质量。六是推进资源性产品价格和环保收费改革。深化电价改革，推进水价、天然气价格改革，健全资源有偿使用制度，改革污水处理、垃圾处理收费制度。

（二）拓展对外开放广度和深度。一是着力扩大招商引资规模。力争招商引资额增长20%。重点依托两个国家级循环经济试验区平台，突出产业链招商、园区招商、以商招商和网上招商，着力引入大企业大财团，优化利用外资结构，提高利用外资质量。二是着力扩大对外交流合作。办好青洽会、国际清真食品用品展览会、藏毯国际展览会、“大美青海”台湾行、北京大集展等经贸文化活动，精心打造上海世博会青海馆，提升青海的国际影响力和知名度。加快西宁口岸建设，积极开辟国际航线。加强外事侨务工作，深化同海内外的文化交流与经贸合作。三是着力转变外贸增长方式。以调结构、扩规模为着力点，健全对外贸易政策支持、市场服务和风险防范体系，组织企业参加重要国际展会，扩大新能源、新材料、藏毯、民族服饰等高新和特色产品的出口，努力实现进出口总额增长10%。

各位代表，今年我们要全面总结“十一五”规划执行情况，并根据形势的发展变化，针对经济发展不断出现的新趋向、社会转型呈现的新特征和各族群众的新期待，着眼于加快“四个发展”，及早提出“十二五”时期的发展目标、重大项目和政策措施，奋力推动青海经济社会发展跃上新的台阶！

七、进一步加强政府自身建设，着力提高行政能力

面对新的形势和任务，我们要以提高行政能力和工作水平为重点，继续努力建设学习型政府、服务型政府、法治型政府和廉洁型政府。

一是不断提高推动科学发展的能力。政府推动科学发展的能力直接关系着科学发展的进程。坚持以中国特色社会主义理论体系为指导，大兴学习之风，钻研经济知识，成为行家里手，创造性地开展工作，提高执行力和落实力。坚持科学研判形势，密切关注国家宏观经济政策走向，综合运用多种政策手段，进一步增强调控经济运行的前瞻性、针对性和有效性。坚持因地制宜、分类指导，建立健全体现科学发展观要求的分地区经济社会发展指标体系和政府部门绩效考核评价体系，引进竞争机制，营造竞争氛围。坚持在积极争取国家支持的同时，切实增强运用市场资源和市场手段解决问题、推动发展的意识和本领。

二是不断提高服务人民的能力。政府的职责就是为人民服务。进一步转变政府职能，规范审批程序，提高工作效率，为市场主体营造良好发展环境。进一步加强服务资源建设，强化公共服务职能，推广电子政务，完善公共决策机制，建立健全行政问责制度，提高服务群众、服务基层、服务企业的效率和水平。进一步加强对公务员的教育和管理，牢固树立人民公仆意识，提倡勤俭办一切事业，努力建设一支艰苦奋斗、勤政为民的公务员队伍。进一步加强基层建设，扩大基层民主，健全基层自治组织和民主管理制度，为基层组织依法履职、服务群众创造条件。

三是不断提高促进公平正义的能力。促进社会公平正义是政府的重要责任和价值取向。更加注重依法行政，依法保障公民在政治、经济、文化、社会等方面的权利。更加注重改革收入分配制度，完善调节机制，加大对困难群众和低收入者的社会保障和法律援助力度。更加注重推动公共资源、公共财政向农牧区倾斜、向基层倾斜、向环境更艰苦的地区倾斜，着力推进基本公共服务均等化。更加注重推进公正文明执法，坚决克服执法不规范、执法不公平等现象，努力创造让人民更加安心满意的社会环境。

四是不断提高加强廉政建设的能力。建设廉洁政府是人民的期盼。着力加强廉洁从政教育，夯实反腐倡廉建设的思想防线。着力加强行政监察，强化对权力的监督制约，推进行政权力网上公开透明运行。着力加强审计职能，充分发挥审计在保障经济社会健康运行中的免疫作用。着力加强制度建设，完善重点投资项目公示制和责任追究制，健全资金使用监管制度，建立公共资源、公共资产、公共产品交易平台，从源头上铲除腐败现象容易滋生的土壤，全面推进惩治和预防腐败体系建设。着力加强各方面的监督，扩大政务公开，自觉接受省人大及其常委会的法律监督、工作监督和省政协的民主监督，加强同民主党派、工商联、无党派人士和人民团体的联系，接受新闻舆论和社会公众监督。着力加强政风建设，密切与群众的联系，牢固树立正确政绩观，说实话、办实事、求实效，严于律己、永不懈怠，用勤政廉政的优良作风和实际行动，让全省各族人民满意。

各位代表，努力为人民群众办实事，是各级政府应尽的职责。要加大投入、强化措施，继续办好与人民群众生产生活密切相关的10件实事：一是建设城镇保障性住房2万套，建设游牧民定居住房3万户，改造农村困难家庭危房2万户。二是完成未“普九”县25所寄宿制学校建设工程，改造中小学校舍危房23万平方米，为1.75万名农村家庭困难和涉农专业的中等职业技术学校学生免除学费。三是解决20万农牧区人口饮水困难与饮水安全问题；全面建成湟水流域8个污水处理厂，并投入运营。四是建设1230家“农家书屋”；为271个村级文化活动室配发图书及文化活动器材。五是解决600个自然村接收广播电视问题；解决80个自然村通电话问题。六是提高企业离退休人员基本养老金，人均月增加198元。七是提高新型农村牧区合作医疗筹资标准，人均增加50元，达到154.3元。八是建设农村户用沼气2万座、户用节能炕3万个，在东部干旱山区推广实施太阳灶3万台。九是建设农村公路8000公里，乡村便民桥梁260座。十是实施城市既有建筑节能改造工程，完成20万平方米建筑面积的外墙保温、屋顶改造和门窗更新。

各位代表！时代赋予重托，奋斗铸就辉煌。让我们紧密团结在以胡锦涛同志为总书记的党中央周围，在省委的坚强领导下，深入贯彻落实科学发展观，进一步解放思想，求真务实，开拓创新，奋发有为，努力开创青海改革开放和现代化建设的新局面！

名词解读

五个更加注重 2009年12月中央经济工作会议在今年经济工作总体要求中提出：更加注重提高经济增长质量和效益，更加注重推动经济发展方式转变和经济结构调整，更加注重推进改革开放和自主创新、增强经济增长活力和动力，更加注重改善民生、保持社会和谐稳定，更加注重统筹国内国际两个大局，努力实现经济平稳较快发展。

转变发展方式 就是从靠拼原材料消耗、靠消耗大批廉价劳动力的粗放型经济增长方式，转变为主要依靠科技进步、靠提高劳动者的素质与管理创新等促进经济社会可持续、人与自然相和谐的发展方式。

绿色发展 强调发展知识经济、生态产业经济和循环经济，转变传统经济发展方式，实现更安全、更环保、更清洁的发展。实现绿色发展，核心在于形成高端化、高质化、高新化、低碳化、生态化的绿色产业体系。

可燃冰 学名叫天然气水合物，是水和天然气在高压、低温条件下混合而成的一种固态物质，是公认的可替代石油的最大最佳新型能源。我省在天峻县木里镇永久冻土带钻获“可燃冰”，使我国成为继加拿大、美国之后第三个在陆域钻获“可燃冰”的国家。

财产性收入 一般指家庭拥有的动产（如银行存款、有价证券等）、不动产（如房屋、车辆、土地、收藏品等）所获得的收入，包括出让财产使用权所获得的利息、租金、专利收入等；财产营运所获得的红利收入、财产增值收益等。

“一降三缓两补贴”稳定就业政策 为了缓解金融危机影响，全省实施的减轻企业负担、稳定就业岗位的政策，即降低失业保险费率，缓缴养老保险费、失业保险费、工伤保险费，给予岗位补贴和社保补贴。

金属镁一体化项目 是我省盐湖集团以镁盐综合开发为主的三期工程，于2008年正式启动。项目总投资约600亿元（其中首期投资200亿元），建设年产40万吨金属镁、240万吨甲醇及甲醇制烯烃、200万吨PVC（聚氯乙烯）、200万吨纯碱、240万吨焦炭、200万吨电石及配套热电，2013年全部建成投产。该项目将极大提升金属镁产业的发展。

黄河谷地百万亩土地开发整理项目 我省大型土地整理项目，范围包括共和、贵南、贵德、尖扎、同仁、循化、化隆、民和等8县。该项目土地面积114.33万亩，预计新增耕地20.29万亩，总投资19.2亿元。项目完成后，粮食产量增加近26万吨，30.17万农民直接受益。

“三五八地质勘探” 即全省地质勘查工作三年内有新进展新成果，五年实现重大突破，八年形成勘查开发新格局。

“123”科技支撑工程项目 即近期组织实施的10个引进消化吸收再创新项目，20个联合攻关项目，30个自主创新项目。

集体林权制度改革试点 是指在坚持集体林地所有权不变的前提下，依法将林地使用权和林木所有权落实到户，实行以家庭承包经营为主、多种经营形式并存的集体林管理体制。通过改革，实现“山有其主，主有其权，权有其责，责有其利”的目标。我省已在湟源、海晏等县展开改革试点。

农牧区社会养老保险试点 目前我省60周岁以上农牧民41万人，占农牧民总人口的11%。我省实行社会统筹与个人账户相结合的基本模式，筹资由个人缴费、集体补助和政府补贴构成。个人缴费标准目前设为每年100元、200元、300元、400元、500元5个档次。我省已在湟源、都兰、门源、尖扎、玛沁等8县部署试点工作。

水权制度改革 水权制度是涵盖水资源国家所有，用水户依法取得、使用和转让等一整套水资源权属管理的制度体系。通过制定流域和区域内的水资源规划，明晰初始用水权分配，促进协调上游和下游、农业用水和城市用水、经济用水和生态用水等之间关系，解决好水资源供需矛盾。

生态补偿机制 是以保护生态环境、促进人与自然和谐为目的，根据生态系统服务价值、生态保护成本、发展机会成本，综合运用行政和市场手段，调整生态环境保护和建设相关各方之间利益关系的环境经济政策。目前我国主要在自然保护区、重要生态功能区、矿产资源开发和流域水环境保护等4个重点领域实施生态补偿机制。

农业面源污染 环境污染分为点源污染与面源污染。农业面源污染是指由沉积物、农药、废料、致病菌等分散污染源引起的对水层、湖泊、河岸、滨岸、大气等生态系统的污染。我国农业生产中如使用剧毒农药、过量施撒化肥、不可降解农膜等，都是造成环境面源污染的重要因素。

碳交易 是《京都议定书》为促进全球温室气体排减，以国际公法作为依据的温室气体排减量交易。在6种被要求排减的温室气体中，二氧化碳的量最大，交易以每吨二氧化碳当量为计算单位，所以通称“碳交易”。据预测，近年全球碳交易市场规模每年可达600亿美元，有望超过石油市场成为第一大市场。

低碳增长 低碳经济是通过技术创新、制度创新、产业转型、新能源开发等多种手段，减少煤炭石油等高碳能源消耗，减少温室气体排放，达到经济社会发展与生态环境保护双赢的一种经济发展形态。实现低碳增长，一要积极承担环境保护责任，完成节能降耗指标；二要调整经济结构，提高能源利用效益，发展新兴工业，建设生态文明。

碳汇资源 碳汇，一般是指从空气中清除二氧化碳的过程、活动、机制。湿地、森林和草原都具有吸纳碳的作用，而且湿地吸纳碳的能力最强。如果湿地、森林和草原遭到破坏，固碳功能将减弱，碳将会氧化分解，也由“碳汇”变成“碳源”，将大大加剧全球气候变暖。

青海省2009年国民经济和社会发展计划执行情况与2010年计划草案的报告

——2010年1月25日在青海省第十一届人民代表大会第三次会议上

青海省发展和改革委员会

各位代表：

受省人民政府委托，现将2009年国民经济和社会发展计划执行情况与2010年计划安排草案提请十一届人大第三次会议审议，并请省政协各位委员和列席会议的同志提出意见。

一、2009年国民经济和社会发展基本情况

2009年是新世纪以来我省经济社会发展最为困难的一年。面对金融危机的巨大冲击，全省上下在省委的正确领导下，坚定信心，沉着应对，以科学发展观为统领，坚持以保增长、保民生、保稳定为主线，认真贯彻落实中央扩大内需的各项方针政策和部署，强化经济结构调整，加快转变经济发展方式，有效推动项目建设，取得了经济回升向好、社会和谐稳定、人民生活继续改善的新成绩。2009年，全省地区生产总值完成1081.27亿元，同比增长10.1%，超计划目标1.1个百分点。分产业来看，一产增长5%，超计划1.5个百分点；二产增长11.3%，超计划2.3个百分点；三产增长9.8%，基本完成计划目标。全省财政一般预算收入完成166.5亿元，增长21.9%，超计划11.9个百分点。其中，地方一般预算收入完成87.7亿元，增长22.6%，超计划12.6个百分点。全省经济社会发展主要呈现以下特点：

（一）各项支农惠农措施扎实到位，农牧业生产形势良好

2009年，我省进一步加大了对农牧业的投入力度，全面落实各项强农惠农政策，及时兑现各种涉农补贴，加之全省大部分地区气候条件较好，农牧业生产形势良好。全年粮食总产102.7万吨，比上年增长0.9%；油料总产36.6万吨，增长3.9%；蔬菜总产118.9万吨，增长8%。全省草食畜育活仔畜702.9万头（只），成活率为89.3%。全省出栏生猪134.8万头，增长9.1%。全年肉类总产量26.9万吨，增长5.3%。农牧业结构进一步优化，特色农牧业“百里长廊”建设稳步推进，特色经济作物种植面积比重达到77.1%。产业化进程加快推进，围绕油菜、马铃薯、蚕豆、蔬菜、中藏药材、特色果品、牛羊肉、牛奶、毛绒、饲草10大特色农畜产品建设规模化、标准化生产基地近50个；全省订单农牧业面积达到165万亩，比上年增加5万亩；农牧业产业化龙头企业发展到200家，比上年增加13家；各类农牧业专业合作经济组织发展到890家，带动农牧户50.5万户。设施农牧业加快发展，全年建设日光节能温室2万栋，牧区畜用暖棚1万栋，农村户用沼气2.2万户，在东部干旱山区推广实施聚光型太阳灶3.18万台。新农村建设八项实事工程顺利推进，全年落实资金73.7亿元，比上年增加8.2亿元，推进了一批生产设施、基础设施、培训转移、村庄环境整治等工程建设，农牧民生产生活条件进一步改善。

（二）工业回升向好趋势不断巩固，结构调整取得成效

针对金融危机对工业生产的影响，综合运用财税、金融、产业、贸易、价格等政策，全力扶持企业平稳发展，确保了全省工业经济稳步回升。全年规模以上工业增加值达到440.1亿元，同比增长11%。其中，轻工业完成增加值40.5亿元，增长26.2%；重工业完成增加值399.6亿元，增长9.8%。四大支柱产业完成增加值290.84亿元，增长10.1%，其中，有色金属工业增长19.3%，盐化工业增长25.2%，电力工业增长11.5%；四大优势产业完成增加值62.32亿元，增长13.4%，其中，建材工业增长58.1%，医药制造业增长22.4%，畜产品加工业增长30.5%。重点产品产量平稳增长，原煤增长8.5%，水力发电量增长27.5%，水泥增长33.5%，钾肥增长16.9%，锌增长25.3%，铝材增长2.7倍，食用植物油增长85.4%，服装增长36.8%，原油、天然气、电解铝、铜材等产品受市场影响产量有所下降。

工业结构调整取得成效。出台了青海省八大产业调整和振兴意见以及一系列产业结构调整的政策措施，推进了一批符合国家产业政策、有市场前景的太阳能、风能产业，轻纺工业等项目以及“123”工程等科技创新项目。循环经济加快发展。编制完成《柴达木循环经济试验区总体规划》并上报国家，《西宁经济技术开发区循环经济试点实施方案》获得国家原则通过。安排循环经济专项资金4000万元对53个循环经济项目给予了扶持，青海明胶等项目得到国家重点支持。第四届柴达木循环经济试验区项目推介会成功举办，共签订项目35个，签约金额331亿元。加大了节能减排工程措施的实施力度，果断利用市场倒逼机制，淘汰了铁合金、电解铝等一批落后产能，提前完成了“十一五”期间关停14.2万千瓦小火电机组的任务。加之受市场影响部分高能耗企业减产，全省规模以上工业万元增加值能耗较上年下降9.5%，单位GDP能耗下降7%，为多年来最大降幅。主要污染物排放量也控制在计划目标以内。

（三）固定资产投资高速增长，有力拉动经济平稳发展

紧紧抓住国家扩大内需和支持藏区发展的“双重机遇”，把上项目、促投资作为保增长的重中之重，着眼长远，抢抓机遇，加大了基础设施、生态保护、民生工程等重点领域的投资力度，有力支撑了经济平稳增长。全年完成固定资产投资

800.5 亿元，同比增长 37.5%，超计划 22.5 个百分点，增速为 12 年来最高。工业投资完成 367.4 亿元，增长 27.4%。民间投资完成 280.7 亿元，增长 35.1%。基础设施投资完成 300.1元，增长 42.1%，占全部固定资产投资比重达到 37.5%。房地产开发投资完成 72.9 亿元，增长 44.6%。民生领域投资高幅增长，其中教育投资增长 82.5%，卫生、社会保障和社会福利投资增长 76.2%，文化、体育和娱乐投资增长 1.2 倍。

重点项目进展顺利。全省 52 项重点建设项目累计完成年度投资 232 亿元。玉树机场、柴木铁路建成投运，拉西瓦水电站 4 台机组并网发电，全省电力装机容量突破千万千瓦。丹拉国道西宁西过境线、750 千伏西宁 - 永登输电线路、西宁变扩建、330 千伏桃园输变电及农村初中校舍改造等项目年内基本建成或主体完工。涩 - 宁 - 兰输气管道复线、牧民定居工程等新开工项目完成或超额完成年度投资计划。

资金到位情况良好。全省本年内到位资金 794.8 亿元，比上年增长 42.7%。其中，国家预算内资金 155.8 亿元，增长 1.1 倍；国内贷款 146.8 亿元，增长 58.1%；利用外资 8.44 亿元，下降 3%；自筹资金 358 亿元，增长 19.8%；其它资金 125.5 亿元，增长 55.1%。全年共争取落实中央投资 68.6 亿元，较上年增长 44.8%，为多年来最高。安排省级预算内投资 6.6 亿元，重点支持了一批农牧区生产生活设施、生态环境、循环经济以及社会事业方面的项目建设。安排发行地方政府债券资金 29 亿元，集中用于新增中央投资项目地方配套和重大基础设施建设，确保了全省重大项目的顺利实施。同时，落实政府信用贷款 2.5 亿元，争取利用国外贷款 4440 万美元，落实企业债券 8 亿元，有力引导和带动了全省投资的快速增长。全省金融机构人民币各项存款余额 1785.78 亿元，同比增长 29.1%；人民币各项贷款余额 1399.02 亿元，增长 36.4%。

（四）城乡消费繁荣活跃，消费价格平稳回落

受扩大内需政策和居民收入增加等因素影响，全省消费品市场繁荣活跃，全年实现消费品零售总额 300.47 亿元，增长 18.8%，超计划 6.8 个百分点，扣除物价因素后实际增长 16.9%，为近 20 年来最高，居民消费潜力得到有效发挥。其中，市的零售额 213.77 亿元，增长 18.8%；县及县以下的零售额 86.7 亿元，增长 18.8%。旅游业呈现强劲增长态势，全年境内外游客人数达到 1108.61 万人次，实现旅游总收入 60.15 亿元，增长 26.6%，旅游业对经济的带动作用逐步增强。

居民消费价格涨幅回落。通过落实国家和我省保证市场供应、维护副食品价格稳定的各项政策措施，全省市场供应充足，全年居民消费价格上涨 2.6%，大大低于上年涨幅。加强了粮食、蔬菜、肉类、食用油等生活必需品价格监测，完善成品油价格管理，制订道路客运运价与燃油价格联动机制方案。配合推进医药卫生体制改革，贯彻落实国家基本药物零售指导价格，进一步降低政府定价药品价格，开展部分地区医疗机构药品零加价政策试点工作，切实减轻患者负担。针对甲型 H1N1 流感疫情和生猪价格下跌等价格变动情况，及时启动价格应急监测预案，进一步加强市场监管力度。加强价格专项检查和重点整治活动，逐步规范教育、医药等价格和收费行为。

（五）各项社会事业全面发展，公共服务能力逐步提高

教育方面，建设了一批农村初中校舍改造、中等职业教育、特殊教育、中小学校舍安全、未“普九”县寄宿制学校等项目，加强了 32 个重点实验室和 11 个实验教学楼示范中心建设，推进了青海大学“211”工程建设；进一步完善义务教育经费保障机制，提高了农村牧区义务教育阶段免费教科书、中小学公用经费及寄宿生生活补助标准。2009 年底，全省高中阶段毛入学率达到 65%，同比提高 2 个百分点，省内普通高校招生录取率达到 73.4%，提高 3.7 个百分点。卫生方面，实施了一批省级中藏医院、州级人民医院、县级中藏医院、乡镇卫生院、村卫生室等项目，同时建设了一批省级综合医院、专科医院的业务用房。全省公共卫生服务体系进一步完善；建立 330 万农牧民健康档案，免费为 8.36 万 15 岁以下人群补种乙肝疫苗，施行贫困农牧区白内障患者复明手术 2000 例，免费开展贫困家庭先天性心脏病手术和唇腭裂患儿修复术各 100 例，对农牧区孕产妇住院分娩每例补助 400 元。全年推进了 87 个基层计划生育服务体系建设项目，农牧区部分计划生育家庭奖励扶助标准由每人 800 元提高到 920 元，年底全省总人口达到 557.3 万人，人口自然增长率为 8.32‰，控制在计划目标以内。文化体育方面，组织实施了乡镇综合文化站、抢救性文物保护设施、“西新”工程、广播电视“村村通”及农民体育健身工程等一批项目，年底全省广播、电视覆盖率分别达到 89% 和 94.5%。

（六）有效解决民生民计问题，不断改善人民生活水平

千方百计扩大就业。积极完善就业再就业目标责任制，连续出台了《关于进一步加强农牧区劳动力转移就业工作的若干意见》、《关于进一步做好当前经济形势下就业工作的通知》等就业优惠政策，支持建立就业再就业小额担保贷款，举办多种形式的就业服务和职业技能培训活动。加强对困难企业的政策扶持，鼓励企业不裁员、少裁员，在应对危机中稳定劳动关系。全面实施“农民工就业援助行动”，加大劳动力技能培训力度，继续组织“金秋拾棉”等大规模转移就业，全省返乡农民工基本实现二次就业。全年实现城镇新增就业人员 3.6 万人，超年度计划 0.5 万人；城镇登记失业率为 3.8%，控制在计划目标以内；农牧民劳务输出规模达到 102 万人（次）。

社会保障事业稳步推进。年内再次提高城乡低保和企业退休人员基本养老金标准，全面启动农牧区新型养老保险试点工作；继续扩大城镇居民基本医疗保险覆盖范围，重点推动学生参保，加快解决国有关闭破产企业退休人员参保问题，年底参加城镇居民医疗保险人数达到 49.2 万人，参保率达到 64%；适当扩大失业保险金使用范围，加快落实事业单位、民间非营利组织参加工伤保险政策，重点推进建筑等高风险行业参保。年末全省城镇职工参加基本养老保险、医疗保险和失业保险人数分别达到 71.34 万人、75.69 万人和 36.02万人，同比分别增加 3.04 万人、3.57 万人和 0.59 万人。城乡居民低保人数分别达到 22.5 万人和 38 万人。新农合覆盖率达到 100%，参合率达到 96%。

城乡居民收入稳步提高。继续推行工资指导线制度，加快推进事业单位工资制度改革，进一步规范公务员津贴补

贴，积极争取国家支持我省改善职工生活待遇；继续加大农民工工资清欠力度，保证农民工按时足额领到工资。全年城镇居民人均可支配收入达到12692元，同比增长9%；农牧民人均纯收入达到3346元，增长9.3%。

扶贫工作取得积极进展。重点实施了367个贫困村的整村推进项目，覆盖贫困人口32.7万人。落实国家以工代赈资金1.96亿元，国家易地扶贫搬迁试点项目资金4179万元，安排了一批贫困地区的农田水利、乡村道路、人畜饮水、设施农牧业等项目建设，改善农田灌溉面积4.36万亩，新增农田灌溉面积5235亩，对东部贫困地区1595户、7604人实施易地搬迁。全年18万农牧民实现稳定脱贫。

保障性安居工程建设加快。农村危旧房改造工程取得积极进展，开工建设1.96万户，完成1.62万户；藏区游牧民定居工程进展顺利，开工建设2.57万户，完成1.74万户；开工建设廉租房和棚户区改造等城镇保障性住房2.4万套，超额完成年初确定的开工建设1万套的目标任务。

（七）各项改革稳步推进，经济发展活力不断增强

行政管理体制改革继续深化，研究制定了《青海省人民政府重大行政决策程序规定》、《青海省行政效能投诉办法》和《青海省依法申请公开政府信息办法》，重大决策监督机制、责任追究制度及政务公开制度逐步完善；全面完成省政府机构改革，州、地、市政府机构改革按计划有序推进。国有企业改革不断深化，盐湖集团、西部矿业等企业国有资本调整和重组工作取得积极进展，投资公司（桥电）上市前期工作和茫崖石棉矿第二步改制工作向前推进。农村牧区综合改革稳步推进，土地、草场流转取得突破性进展，集体林权制度改革试点取得积极成效，生态畜牧业试点全面展开。财政、金融改革向前推进，进一步完善省对下财政管理体制，率先开展县级基本财力保障机制改革，加快建立支农投入稳定增长机制和支农信贷担保体系；继续推动国有大型商业银行改革，加快推进不良资产剥离工作，基本完成农村信用社产权制度和管理体制改革任务，批准设立农村资金互助社2家、村镇银行1家。银政企协作、信用平台建设、民间合法借贷、上市融资、企业债券五位一体的融资格局初步形成。同时，教育、科技、文化、医疗卫生等社会事业领域改革也取得积极进展。

二、2010年全省国民经济和社会发展主要目标

2010年是“十一五”规划的最后一年，也是我省进一步有效应对金融危机冲击，巩固经济回升基础，为“十二五”规划启动实施创造良好基础的关键之年。纵观2010年我省经济社会发展的内外部环境，存在不少有利因素和机遇。从外部环境来看，2010年全球经济将缓慢回升，扩大内需政策取得明显成效，全国经济已经走出低谷，进入稳步回升阶段，中长期经济增长预期增强，为我省经济的持续恢复和回升创造了良好宏观环境。国家将保持宏观政策的连续性和稳定性，一方面进一步加大对基础设施、农牧区、社会事业以及民生领域的投入力度，另一方面将出台更加有力的增加居民收入、扩大消费需求的一系列政策措施，这为我省保持经济社会的持续健康快速发展创造了良好政策环境，更加有利于我省争取国家支持，加快改善经济社会发展薄弱环节，同时也有利于更好地发挥资源优势，壮大和提升特色产业，增强自我发展能力。从我省看，全省经济正从危机影响中稳步恢复。无论是从GDP、投资、财政收入、工业生产等核心经济指标的增长情况来看，还是从市场环境的变化和发展趋势来看，全省经济都已呈现出持续稳步回升的良好态势。经济持续增长的基础更加稳固，一大批重大项目相继开工，基础设施条件持续改善，铁路运输制约逐步缓解，电网覆盖面进一步扩大，一批新的经济增长点相继建成，对经济增长的支撑作用进一步增强。民生工作取得积极进展，人民生活持续改善，社会公共服务水平提高，这不仅有利于改善收入及消费预期，更加有助于全省上下凝聚人心，增强加快发展的信心和决心。

在看到有利条件的同时，也应清醒认识到，2010年我省经济社会发展仍然面临着不少困难和问题，必须要引起高度重视。一是工业生产仍然面临一些不确定因素。国际市场需求回升不明显，有可能会对国内需求的进一步回升形成制约。去年以来新一轮的投资高潮刺激了建材等领域的扩张，产能过剩的苗头已经出现，对主要工业品市场将是不小的冲击。二是投资持续较快增长面临较大压力。从项目支撑情况来看，续建和拟开工的大型项目不足，特别是在投资中占比较高的工业投资恢复回升的速度不快，社会投资意愿仍然不足，短期内实现较快增长难度较大，完成全年投资增长目标存在较多困难。三是财政收支压力较大。随着扩大内需政策的进一步实施，我省国家投资项目进一步增多，特别是一些铁路等大型基础设施项目的开工，我省面临的配套资金压力将越来越大。同时，在各类民生工程建设、调节收入分配结构、对困难群众进行各类补贴及援助等方面投入更多的财政资金，使我省财政刚性支出较多，调节余地不大。此外，我省还面临着经济结构性矛盾仍然比较突出、就业面临更多困难等一系列矛盾和问题，这些都使经济发展面临较大的不确定性因素。对此，一定要增强危机意识、忧患意识，变压力为动力，化挑战为机遇，坚定信心，迎难而上，化解矛盾，继续保持全省经济持续稳定健康发展的良好局面。

根据中央经济工作会议和省委十一届七次全委会提出的2010年经济工作的总体思路和部署，综合考虑各方面因素，2010年全省国民经济和社会发展的主要预期目标为：生产总值增长10%以上；全社会固定资产投资增长19%，社会消费品零售总额增长14%；财政一般预算收入增长12%；城镇居民人均可支配收入增长8%，农牧民人均纯收入增长9%；城镇登记失业率控制在4.3%以内；居民消费价格涨幅控制在4%左右；万元GDP能耗降低6%以上。

三、2010年全省国民经济和社会发展的任务和措施

完成2010年经济和社会发展预期目标，要以省委十一届七次全体会议精神为指导，把推动“四个发展”作为深入贯彻落实科学发展观的重要举措，摆在全局和更加突出的位置。在具体工作中要切实把握以下几个重点：一要着力提高经济调控的针对性和灵活性，及时根据形势变化调整完善相关政策，巩固和增强全省经济回升向好势头。二要着力增强投资的持续拉动力，抢抓国家扩大内需、促进藏区加快发展以及深入实施西部大开发的机遇，努力扩大投资规模，为经济持续回升和较快增长提供有力支撑。三要着力推动经济结构调整和发展方式转变，全力扶持特色农牧业、循环经济、

服务业的发展，加大节能减排力度，提高经济发展的质量和效益。四要着力改善民生，坚定不移地把改善民生、发展社会事业、提高公共服务水平作为扩大内需、调整经济结构的重点任务加以推进，促进和谐社会共建共享。五要着力推进改革，努力消除经济社会发展的体制性和机制性障碍，力争在重点领域和关键环节取得突破，全面提升经济发展的内生动力。为此，要重点抓好以下几方面工作：

（一）努力扩大投资和消费需求，继续保持经济平稳较快增长

扎实推进项目前期工作。根据政策导向和资金投向，着眼于我省经济社会发展的重点领域和薄弱环节，在重大基础设施、循环经济、生态环保、保障性安居工程、社会建设等领域，谋划和筛选一批重大项目，做深、做细、做实前期工作，尽快达到报批和实施深度，为争取更多的国家资金打好基础。重点完成好湟水北干渠二期，德令哈、花土沟、大武机场，格尔木－库尔勒、西宁－成都铁路，黄河龙羊峡以上河段及通天河水电规划等项目前期工作。根据“十二五”全省经济社会发展需要，尽快组织、筛选、谋划、论证一批资源综合利用、基础设施、生态建设等方面的重大项目，超前开展前期工作，充实项目储备，为保持“十二五”投资的持续增长奠定项目基础。

抓好项目的组织实施和监督管理。为了保持重点项目的带动作用，今年全省拟安排重点建设项目61项，项目在建总规模1974亿元。加大协调力度，早动手、早安排、早实施，衔接落实好项目建设所需的电、水及道路交通等外部配套条件，特别是要抓紧做好今年新开工项目的建设程序完善工作。全力抓好国家扩大内需项目的组织实施工作，逐一制定工作责任目标和时间表，明确和落实责任主体及工作计划，抓紧落实配套资金，确保按计划形成工作量。进一步完善政府投资项目概算评审工作机制，强化在建项目的管理，严格基本建设程序，堵塞漏洞，保证项目的顺利实施。加强项目稽察，健全资金使用、管理、监督办法，确保建设项目工程进度、建筑质量、安全生产、资金使用不出问题。

抓紧资金的筹措落实工作。强化各部门的沟通联系，形成合力，加强与国家有关部委的衔接汇报，继续把主要着力点放在扩大内需、藏区发展项目和资金的争取落实上，及时申报一批符合国家投向、前期成熟的项目，争取国家更多更大的支持。充分发挥省级政府资金的引导扶持作用，继续发行省级地方政府债券，加大预算内资金投入力度，重点支持一批符合国家投资导向，能够增强经济发展活力的产业项目及重大基础设施、民生工程等方面的项目建设和前期工作。加大对基础设施、农牧业产业化等方面项目的贷款贴息力度，带动和引导银行资金投入。进一步加强与金融机构的合作，主动配合银行做好项目评估审贷，积极拓展政府融资平台，统筹运用好省级政府信用贷款资金。支持优势企业在省内外发行债券，扩大直接融资规模。推进创业投资基金和产业发展基金的组建，提高全省金融资源利用效率。

努力培育和扩大消费需求。以增加居民消费需求为重点，加大收入分配调节力度，千方百计提高城乡居民尤其是中低收入居民的收入水平。建立企业效益与职工收入相联系的工资正常增长机制，稳步推进事业单位绩效工资改革，提高农资的综合直补、良种补贴、农机具补贴等标准，提高企业退休人员基本养老金水平，提高城乡居民最低生活保障标准，提高优抚对象等人员抚恤金和生活补助标准，完善最低工资制度和农民工工资保障机制，提高城乡群众的消费能力，改善消费预期。积极培育旅游、汽车等新的消费热点，拓宽消费领域。完善房地产调控政策，改善住房供应结构，规范发展二手房市场和住房租赁市场。大力发展社区商业零售、家政服务、餐饮、住宿、物业管理等服务性消费。加强农村流通体系和售后服务体系建设，鼓励和引导大中型连锁超市、品牌零售企业向县城和农牧区市场延伸，进一步改善农牧区消费环境。落实好“汽车、农机、家电下乡”补贴政策，努力扩大农村消费需求。抓紧研究出台鼓励消费的相关政策，发展和完善信用消费，扩大消费信贷规模。

（二）积极推进重大基础设施建设，加快改善经济社会发展的基础条件

交通基础设施。加快推进铁路、公路、民航基础设施建设，进一步完善综合交通网络体系，提高运输保障能力。重点抓好青藏铁路西格段增建二线、兰新铁路第二双线青海境内工程建设，开工建设格尔木－敦煌铁路青海境内工程、西宁客运站综合改造工程。加快察尔汗至格尔木、倒淌河至共和、共和至茶卡等高速公路建设，开工建设大柴旦至察尔汗、茶卡至德令哈高速公路和湟源至西海一级公路，继续抓好农村公路建设。全面实施曹家堡机场二期改扩建工程。

能源基础设施。加快拉西瓦水电站建设，确保其余机组按时发电。抓好积石峡、班多、黄丰等水电站施工。以争取把柴达木建设成为国家太阳能发电示范基地为目标，落实太阳能光伏发电专项规划，研究促进新能源产业发展的政策措施，加快建设柴达木盆地并网光伏电站，开工建设格尔木、德令哈并网光伏电站项目。完成全省重点地区的风能资源调查工作，开工建设德令哈风电场等项目。加强主干电网建设，开工建设青藏电网联网工程、750千伏西宁至格尔木输变电工程、330千伏寺台子输变电工程和西格电气化铁路供电工程。继续抓好无电地区电力建设，适时启动新一轮农村电网改造工程，提高电网覆盖面和保障能力。加快大煤沟、柴达尔、默勒煤矿改扩建工程建设，确保年内竣工或部分投产。

农村牧区基础设施。继续以缓解制约农牧业发展的突出矛盾、改善农牧民生产生活条件为重点，加大农牧业基础设施建设投入力度。重点实施好人畜饮水安全、农村沼气、电气化县、农村公路及通电、通信、通邮等工程建设。加快蓄积峡等水库的立项报批步伐。加快引大济湟调水总干渠、湟水北干渠扶贫灌溉一期、盘道灌区一期、重点水源等重大骨干水利工程建设进度。继续实施湟水河治理、大型灌区续建配套和节水改造、病险水库除险加固、水土保持淤地坝和小流域治理、抗旱应急小型农田水利维修改造等水利项目及中低产田改造和沃土工程。

城镇基础设施。进一步加大对藏区县城集中供热工程、城镇道路、桥梁、供排水管网、街道整治等城镇基础设施项目的投入力度。加快西宁市海湖新区建设步伐，加大重点城镇及产业园区基础设施建设投入。积极推进小城镇建设，努力改善城镇面貌和居民生活环境，增强城镇的产业聚集能力和辐射带动作用。通过生态移民等措施推动农牧民人口向城

镇流动。继续抓好基层政权建设，实施一批县、乡基层政权及公检法司建设项目，切实改善基层执政条件。加强电子政务建设，稳步推进政府信息化。

（三）加快转变经济发展方式，大力发展特色经济

加快建设特色农牧业产业体系。加快实施河湟流域特色农牧业"百里长廊"建设，按照优质化、规模化、品牌化的要求，继续推进优质杂交油菜、优质马铃薯及蔬菜、中藏药材、蚕豌豆、饲草料、杂果、牛羊肉、牛奶、毛绒等十大特色优势农畜产品生产基地和现代农业示范基地建设，促进生产要素向特色产业和优势区域集中。加快集中连片日光节能温室建设进度，扶持一批生猪、奶牛、育肥牛羊规模养殖场和养殖小区建设，提高全省蔬菜、肉、蛋、奶的自给水平。采取产业引导、政策扶持、项目带动等措施，集中力量重点扶持牛羊肉、乳制品、马铃薯、中药材、饲草料等加工龙头企业，引导龙头企业建立稳定的原料基地，促进企业、基地、农户的有效联结。加快建立动物防疫体系、农畜产品质量安全检验检测体系，提升我省农畜产品质量和安全水平。加强粮油等大宗农产品仓储物流设施和农产品批发市场建设，积极发展生鲜农产品冷链物流，增强鲜活农产品的加工配送能力。

继续加大工业结构调整力度。充分利用国家在产业振兴等方面的引导政策，发挥比较优势，按照我省重点产业调整和振兴实施意见，加快实施一批特色项目，积极培育新的主导产业和主导产品。继续完善资源配置机制，优先向优势行业、重点企业、综合实力强的投资者、资源利用率高的项目配置资源。着力抓好再生铝业50万吨电解铝、东川工业园区多晶硅、1000吨单晶硅等已建成项目的达产达标工作，确保充分发挥产能。加快实施平安高精铝板带、10万吨ADC发泡剂、青海复合肥二期、乌兰煤化工二期、金属镁一体化等重点项目，争取早日建成投产。积极推进野马泉铁矿开发、24万吨PVC等项目的前期工作，争取尽快开工建设。实施生物制药、动物育种等重大产业技术研发专项、企业创新能力专项，推进盐湖镁资源综合开发利用技术、玉树水光互补发电系统关键技术等重大科技攻关项目。加大对矿产资源特别是油气、煤炭和金属资源的勘查力度，力争发现一批经济建设急需的大中型矿床和重要矿种。

大力发展服务业。加快建设旅游名省，全面落实第四次旅游发展大会的部署，充分发挥旅游业对服务业发展的带动功能，力争全年旅游收入有较大增加。积极支持文化和自然遗产地基础设施和环境安全设施的建设，加快青海湖、坎布拉、三江源、祁连山风光旅游带、青藏线等重点旅游景区景点和线路基础设施建设，改善旅游业发展的基础条件。做好旅游景区、线路的策划、宣传、推介工作，积极开拓国内外旅游市场。大力开发旅游产品，发展食、宿、行、娱等旅游配套产业，完善产业链条，提升旅游业发展水平。积极发展现代物流、配送代理、电子商务等现代流通业，进一步提升商贸、餐饮、社区服务、文化娱乐等服务业的服务功能。大力发展生产性服务业，提高金融、营销、储运、中介等行业对特色产业发展的支撑能力。加快物流园区建设，增强园区集散功能，构筑立足青海、辐射周边、联通国内外的高原现代物流基地。

加强经济运行的综合调节。密切关注国内外经济环境及市场情况变化，及时发现经济运行中的苗头性、趋势性问题，有效防范和化解各种风险，提高对全省经济运行的监测、分析、预警水平。保持宏观政策的连续性和稳定性。完善和落实扶持企业发展的政策措施，及时分析掌握政策实施的情况和效应，跟踪解决相关问题，不断调整补充和完善扶持机制。密切关注重点和支柱行业生产经营状况，帮助企业挖掘潜力，协调解决企业生产经营中出现的各种困难。切实做好煤炭产需运衔接，保障发电及煤化工行业的用煤需求。统筹安排天然气资源供给，确保居民用气以及天然气化工等行业用气。加强对电力市场预测和电力供需状况分析，推进发供电企业和用电大户联动，优化配置电力资源。积极引导企业做好原材料、燃料等储备，加强重点企业物资调运，加强铁路运输的综合协调，确保工业企业运输需求。

（四）全力实施生态立省战略，着力提高可持续发展能力

加大生态环境建设与保护力度。积极推进三江源生态保护和建设、青海湖流域及周边地区生态环境保护与综合治理工程，继续抓好重点防护林、天然林保护、退耕还林、退牧还草、长江黄河源区水土保持、荒漠化治理、湿地保护、西宁南北山绿化等生态工程建设，遏制生态环境恶化趋势。加快祁连山水源涵养地生态环境保护与综合治理工程前期工作进度。争取启动实施三江源国家生态保护综合试验区建设项目，加快健全完善生态补偿机制。2010年完成退牧还草面积1070万亩，人工造林合格面积37.2万亩，新增水土流失治理面积130平方公里。

大力发展循环经济。切实把循环经济作为推动绿色发展的主攻方向，努力实现特色资源的阶梯利用、高效利用、循环利用。抓紧编制循环经济发展各专项配套规划，形成完善的规划体系。充分依托柴达木和西宁经济技术开发区两个试点园区的工业基础、外部协作条件，全力做好循环经济规划和试点方案的实施工作，努力构建各具特色、优势互补、良性互动、相辅相成的循环经济产业发展格局。抓紧做好《柴达木循环经济试验区总体规划》的报批工作和争取国家资金项目的组织申报工作，优先向循环经济试验区配置生产要素，健全循环经济发展的政策环境。加快改善循环经济试点园区的基础设施条件，加强综合运输系统、能源保障系统、公用设施集中服务系统配套工程建设。继续办好"柴达木循环经济项目推介会"，增加签约项目、签约金额和到位资金。

继续抓好节能减排工作。完善我省淘汰落后产能的约束机制、补偿机制和激励机制，加大落后产能淘汰力度，防止一些污染重、能耗高的落后产能死灰复燃。完善投资项目节能审查制度，严把高能耗、高排放项目准入关。进一步完善节能减排目标责任考核办法，严格落实考核制度，明确节能降耗的重点地区和重点行业节能降耗目标。加强对36家重点耗能企业的监督，及时掌握企业能耗变化情况，对不能稳定达标的企业责令限期治理，逾期不能达标的依法责令停产、关闭。继续加大工程措施实施力度，积极争取国家节能减排资金支持，推进重大节能减排示范工程和新产品、新技术、新设备的推广应用。组织实施好城镇污水处理、污水管网、生活垃圾处理设施及区域性危险废物中转处置设施建设，努力创造整洁有序的生产生活环境。

（五）协调推进重点领域和关键环节改革，努力扩大对外开放

着力推进重点领域和关键环节改革。贯彻落实国家在行政体制改革、金融体制改革、价格改革、投资体制改革、垄断行业改革等方面的各项部署，结合省情制定好配套措施。创新政府管理方式，继续深化行政审批制度改革，减少和规范行政审批。继续以国有经济布局和产权结构调整为重点，深化国有企业改革，改善国有企业股本结构，完善国有资本有进有退、合理流动的机制。继续妥善解决企业改革和结构调整中的遗留问题，保障职工利益。鼓励、支持和引导非公有制经济发展，拓宽非公有制资本的准入行业和领域，允许社会资本以参股等方式进入金融、公路以及城市供水等基础和垄断行业，增强非公有制经济和中小企业参与市场竞争、增加就业、发展经济的活力和竞争力，保护民间投资合法权益。完善现行省对下财政管理体制，进一步加大省对下转移支付力度，稳步推进"省直管县"试点，完善财政转移支付制度，建立县级基本财力保障机制，提高县乡财力保障水平。积极推进资源性产品价格改革，深化电价改革，推进水价改革，完善矿产资源有偿使用制度。按照国家深化医药卫生体制改革方案，加快我省相关配套文件的研究制定工作，适时开展试点。积极稳步推进社会事业领域改革，努力提高政府的公共服务能力。改革征地制度，规范和推进农村土地承包经营权流转。继续深化集体林权制度改革。全面推进基层农牧业社会化服务体系改革，继续抓好全省农村牧区综合配套改革。探索改革农村牧区户籍管理制度，要把解决符合条件的农业转移人口逐步在城镇就业和落户作为推进城镇化的重要任务，逐步放宽城镇户籍限制，加快城镇化进程。继续深化投资体制改革，规范和完善企业投资项目核准制、备案制的实施。完善政府投资决策程序，逐步建立健全政府投资项目中、后期评价制度，推行政府投资重大项目公示试点工作，提高政府投资决策的科学化、民主化水平。

扩大招商引资和对外开放。把招商引资的重点放在已经规划的扩大内需和藏区经济社会发展项目上，通过产业政策支持、资金引导、改善配套条件、配置资源等多种方式，积极引导各类资金投入到基础设施建设、优势资源开发和社会事业发展等领域。强化和完善招商引资目标责任制，重视招商引资项目的业主落实和各项服务工作，保证重点招商引资项目的顺利实施。加快调整出口产品结构，转变外贸增长方式，提高高新技术产品、机电产品出口比重，扩大藏毯等特色产品出口规模，鼓励紧缺性原材料和先进技术装备进口。

（六）加快发展社会事业，提高社会公共服务水平

促进教育全面发展。巩固农村义务教育普及成果，完善义务教育免费政策和经费保障机制，提高农村学校公用经费和家庭困难寄宿生补助标准。加快推进农村初中校舍改造、农村中小学校舍维修改造等工程，进一步改善办学条件。积极开展中小学教育布局调整，整合、优化现有教育资源，提高办学效益。加快发展职业教育，推进县级职教中心和示范性中等职业学校建设，逐步扩大中等职业学校招生规模，保持普通高中与中等职业教育比例基本平衡。继续支持高校基础设施建设，加大学科专业结构调整力度，加强创新、紧缺人才培养和高等教育公共服务体系建设。

加快发展公共卫生和人口计生事业。继续健全城乡基层医疗卫生服务体系，组织实施好重点中藏医院、县级医院、县级中藏医院、中心乡镇卫生院基础设施建设，提高服务能力和水平。积极推进城市社区卫生服务中心建设，为人民群众提供方便、价廉的医疗卫生服务。进一步完善公共卫生服务体系，加强疾病预防控制，启动精神卫生防治体系项目建设，提高突发公共卫生事件应急处置能力。进一步稳定低生育水平，继续实施好计划生育家庭"奖励扶助"制度和"少生快富"工程。抓好县级、中心乡镇计划生育服务站基础设施建设，提高计划生育服务能力和水平。积极推进"康福家"行动，切实提高人口素质，优化人口结构。强化流动人口计划生育管理和服务，进一步完善人口管理政策体系。

大力发展文化体育事业。继续抓好青海大剧院、青海科技馆等重点文化设施建设，为展示和传承地域特色文化提供平台。加快推进公共文化服务体系建设，抓好乡镇综合文化站、广播电视村村通、西新工程第四期和农村电影放映等工程实施，切实改善偏远农村牧区基层公共文化设施条件。年末广播、电视覆盖率分别达到90%和95%。加强文化遗产保护，实施抢救性文物、历史名城名镇名村、国家文化和自然遗产地保护设施建设工程。推动群众性体育事业发展，继续实施基层群众体育设施建设和农民体育健身工程，精心组织实施好"环湖赛"等三大品牌体育赛事。

健全社会保障体系。以提高社会保障水平为重点，加快形成覆盖面广、保障程度高的社会保障体系。以混合所有制、非公有制经济组织从业人员、灵活就业人员和农民工为重点，进一步扩大社会保险覆盖范围，努力实现各项社会保险扩面目标。建立与经济发展水平相适应的城乡医保、低保，城镇养老保险标准动态调整机制。进一步健全基本养老保险制度，研究出台城镇基本养老保险异地接续办法，稳步推进农村新型养老保险制度试点工作。结合医疗卫生体制改革，做好扩大基本医疗保险覆盖面以及城镇职工医疗保险、居民医疗保险待遇调整工作。进一步提高农村新型合作医疗保险的受益率，确保新型农村合作医疗参合率巩固在95%以上，农牧民门诊和大病统筹受益率达70%以上、报付率达35%以上。抓好工伤待遇调整及落实工作.争取出台启动实施《青海省生育保险办法》。积极发展社会福利事业，提高老年人、残疾人和孤残儿童及其他社会弱势群体的福利服务和救助水平，继续完善教育、医疗等救助制度。

（七）切实解决好人民群众关注和关心的问题，促进和谐社会共建共享

千方百计扩大就业。继续贯彻落实扩大就业的各项政策。完善就业援助制度和服务体系，多渠道引导和支持就业困难群体就业。适当放宽小额贷款条件，扩大小额贷款扶持自主创业和自谋就业覆盖面。加强对困难群体的就业援助，建好乡镇、村和街道、社区公共就业服务平台。鼓励和支持省内项目建设实施单位积极吸纳本地劳动力就业，并结合国家政策给予必要支持。对因企业生产经营困难而返乡的农民工，积极创造条件，给予适当帮扶。采取有效措施，做好特困家庭和高校毕业生的就业工作。加大实施高校毕业生到农村基层服务项目工作力度，确保30%的毕业生通过见习实现就业。加大对劳动密集型行业的扶持力度，开发各类就业岗位。采取多种方式鼓励各类培训机构有针对性地开展农民工技能培训、务农实用技术培训和创业能力培训，实施好

百万农牧民培训“阳光”工程和新型农牧民科技培训工程，提高农牧民的转移就业能力。进一步做好农民工维权工作，着力改善农牧民外出务工环境，落实好进城务工农牧民在教育、劳动保障、就业指导、职业介绍等方面的政策措施，加强对劳务输出的信息服务和就业指导。力争2010年城镇新增就业人数3.2万人，转移农村牧区富余劳动力100万人（次）。

加大民生工程建设投入。积极推进保障性安居工程建设，增加保障性住房土地供应，加大廉租住房和破产企业危旧房建设改造力度，年内开工建设城镇保障性住房2万套。继续组织实施好农牧民定居和农村危房改造工程，实施农村困难群众危房改造2万户，解决3万户游牧民定居问题。从农牧民群众最关心、最直接、最现实的利益出发，整合资金，整体推进，继续实施好新农村建设八项实事工程，确保工程范围扩大、项目增加，让农牧民得到更多实惠。进一步加大扶贫开发力度，结合整村推进项目的实施，着力改善贫困地区的生产生活条件，提高贫困地区抗灾防灾能力和自我发展能力。实施好以工代赈和易地扶贫搬迁工程，有针对性地加强对移民的技能培训，2010年重点完成330个贫困村的整村推进工程，实现18万贫困农牧民稳定脱贫。继续加强和推进流浪未成年人保护、儿童福利、残疾人综合服务和社区综合服务设施建设。

加强和改善价格调控和监管。充分认识经济波动和市场调整时期物价调控的复杂性和艰巨性，继续采取有力措施，稳定价格总水平。做好人民生活必需品价格的监测预警分析工作，密切关注粮、油、肉、禽、蛋等生活必需品的市场供求和价格走势，防止价格出现大的波动。继续落实好国家和我省促进生产、保证供应、维护副食品价格稳定的各项政策措施。加大对主要副食品生产和销售环节的扶持力度，完善储备体系建设，掌握市场调控的主动权。进一步完善我省医疗服务价格和药品价格形成机制，继续理顺政府定价药品价格，规范医药市场价格秩序。加强保障性住房价格、收费监管以及化肥、农药、农膜等农资市场监测。继续清理行政事业性收费，督促已出台各项收费优惠政策的贯彻落实。加大清费治乱减负和市场监管力度，继续开展医药价格、教育收费、司法收费以及涉企收费和中介组织收费检查，加强对供水、供暖等垄断行业价格收费监管。适时疏导部分公用事业和资源环境价格矛盾。

各位代表，完成2010年的经济和社会发展预期目标，任务重、责任大，让我们在省委的正确领导下，紧紧抓住国家扩大内需和支持藏区发展的双重机遇，深入贯彻落实科学发展观，坚定信心，迎难而上，群策群力，扎实工作，为全面完成“十一五”规划目标而努力奋斗！

青海省2009年财政预算执行情况和2010年财政预算草案的报告

——2010年1月25日在青海省第十一届人民代表大会第三次会议上

青海省财政厅

受省人民政府委托，现将2009年财政预算执行情况和2010年财政预算草案的报告提请省十一届人大三次会议审议，并请政协各位委员和列席会议的同志提出意见。

一、关于2009年全省和省本级预算执行情况

2009年，在省委的正确领导下，在各级人大及其常委会的监督指导下，面对国际金融危机带来的不利影响，全省各级财税部门坚持以科学发展观为统领，认真贯彻落实中央和我省扩大内需的各项方针政策，沉着应对，主动作为，克服困难，扎实工作，圆满完成了省十一届人大二次会议确定的收支预算任务。

全省一般预算收入完成166.5亿元，为预算的110.8%，比上年增收29.9亿元，增长21.9%。其中，中央一般预算收入完成78.8亿元，为预算的110.2%，增长21.2%；地方一般预算收入完成87.7亿元，为预算的111.5%，增长22.6%。

全省一般预算支出完成486.7亿元，为预算的82.2%，比上年增支123.1亿元，增长33.9%。其中，一般公共服务66亿元，为预算的87.7%，下降5%；国防和公共安全27亿元，为预算的83.1%，增长29.2%；教育61.8亿元，为预算的79.9%，增长26.7%；科学技术4.8亿元，为预算的85.4%，增长23%；文化体育与传媒15.7亿元，为预算的81.5%，增长58.3%；社会保障和就业93.7亿元，为预算的84.5%，增长43%；医疗卫生32.5亿元，为预算的81.2%，增长31.8%；环境保护29.1亿元，为预算的78.1%，增长49%；城乡社区事务23亿元，为预算的77.9%，增长12.3%；农林水事务58.1亿元，为预算的83.5%，增长37%；交通运输、工业商业金融等事务67.8亿元，为预算的79.1%，增长233.8%；其他支出7.2亿元，为预算的80.5%，下降18.4%。

预算执行结果，全省总财力为586.2亿元，增长30.7%（剔除地方政府发行债券29亿元后，同比增长24.2%）。其中，地方一般预算收入87.7亿元，中央补助收入384.8亿元（税收返还12.1亿元，体制补助9.9亿元，专项补助171.4亿元，一般性转移支付和民族地区转移支付补助131.6亿元，调整工资及其他补助59.8亿元），地方政府发行债券收入29亿元，上年结余收入84.7亿元。全省一般预算支出完成486.7亿元，上解支出0.3亿元。收支相抵，年终预算结余99.2亿元，扣除结转下年支出105.1亿元，全省净结余为赤字5.9亿元，比上年略有下降，实现了当年收支平衡。

省级总财力为307.2亿元。其中，地方一般预算收入25.1亿元，为预算的111.3%，增长20.2%，中央补助收入176.5亿元（中央补助收入总额384.8亿元减省对下的转移性支出208.3亿元），地方政府发行债券收入29亿元，上年结余收入76.6亿元。省级一般预算支出完成215.4亿元，为预算的69.6%，比上年增支73.5亿元，增长51.8%，上解支出0.3亿元。其中，一般公共服务27.8亿元，为预算的87.5%，下降17.2%；国防和公共安全12.6亿元，为预算的73.6%，增长37.8%；教育13.9亿元，为预算的68.7%，增长48.5%；科学技术2.1亿元，为预算的88.9%，增长12.7%；文化体育与传媒7.4亿元，为预算的81.4%，增长126.9%；社会保障和就业46.4亿元，为预算的75.7%，增长68.8%；医疗卫生10.1亿元，为预算的78.6%，增长26%；环境保护18.6亿元，为预算的78.6%，增长82.5%；城乡社区事务6.8亿元，为预算的57.5%，增长17.9%；农林水事务22亿元，为预算的57.7%，增长58.8%；交通运输、工业商业金融等事务45.2亿元，为预算的59.3%，增长164.8%；其他支出2.5亿元，为预算的51.7%，增长10%。上解支出0.3亿元。收支相抵，年终预算结余91.5亿元，扣除结转下年支出94亿元，省级净结余为赤字2.5亿元，当年实现了收支平衡。

全省基金收入完成56.7亿元，增长32.8%；基金支出完成54.7亿元，增长30.8%。其中：省级基金收入完成38.9亿元，增长10.8%；基金支出完成36.6亿元，增长8.1%。

需要说明的是，2009年全省专项资金结转下年使用的规模较大，主要原因：一是中央实施积极财政政策后扩大内需投资项目增加，其中第四季度达到74亿元，占专项资金总额的43.2%，这部分资金中央下达时间较晚，无法全部形成支出；二是许多基建项目需跨年度实施，资金须按施工进度同步拨付；三是由于一些项目实施单位前期准备工作不够充分，致使中央部分项目资金难以及时安排下达。

2009年全省财政预算收支完成数比去年初向人代会报告数大幅度增长，主要原因是：除上年结转项目资金年内继续使用外，2009年，中央专项补助大幅增加，达到171.4亿元，增加56.1亿元，财力性收入增加33.3亿元。另外，为落实积极财政政策，争取到中央代理发行地方政府债券29亿元。在增加的财力中，省级可支配财力为18.3亿元（含地方一般预算收入超收2.5亿元）。对省级增加的财力，我们主要作了以下安排：一是安排5亿元，用于地方政府债券还债准备金；二是安排7.9亿元，用于今年继续增加省对下转移支付，支持全省教育、卫生、政法等方面的改革；三是安排5.4亿元，用于新增中央投资项目地方配套等方面。

各位代表，过去的一年里，各级财税部门按照省委及财政部的工作部署，积极应对严峻复杂的经济形势，全力落实保增长、保民生、保稳定的一系列政策措施，各项工作都有了新的进展。

（一）积极应对金融危机，促进经济回升向好。坚持把保持增长、扩大需求作为财政工作的首要任务，着力加大财政支持力度。一是全面落实扩大内需和积极财政政策。投入资金73.2亿元，增长44.1%，重点支持青藏铁路西格段增建二线工程、西宁机场二期改扩建工程等重大基础设施项目和城镇垃圾处理、湟水流域污水处理厂及青海科技馆、青海大剧院等公益性项目建设，进一步改善基础条件，夯实发展基础。二是认真落实扶持企业发展的政策措施。投入资金15.2亿元，增长38.2%，扶持城乡流通服务业加快发展；支持推进品牌发展战略；加大对循环经济、节能降耗的支持力度，建立淘汰落后产能退出机制；增强企业科技创新能力和推进科技成果转化；促进优势行业、特色产业、工业园区加快发展。同时，落实税收优惠政策，缓征困难企业税费、减免各类税费29.9亿元，帮助企业度过难关。三是支持实施更加积极的就业政策。投入资金6.98亿元，增长45.3%，完善落实促进就业的政策措施，突出抓好普通高校毕业生、农民工和困难群体的培训就业，重点对社会保险、职业培训、职业介绍、公益性岗位等给予补贴，努力提升就业创业能力，扩大就业。四是支持信用担保体系建设。投入资金1.9亿元，支持搭建支农信用担保、中小企业融资担保和创业小额贷款担保三个融资平台，增强融资担保能力，改善融资担保环境，着力解决农牧民群众、中小企业和创业就业人员融资难、贷款难问题。五是大力推进新农村建设。投入资金98.7亿元，增长33.7%，在整合资金的基础上，重点支持农牧业基础设施建设、现代农牧业和产业化经营、农村合作经济组织发展，推进农牧业结构调整和综合生产能力提高；支持扶贫整村推进，开展扶贫连片开发和贫困村村级发展互助资金试点，增强贫困地区自我发展能力；加大农牧民转移培训力度，支持发展劳务经济；兑现落实各类惠农补贴，积极推进家电下乡、汽车下乡财政补贴工作，实施“万村千乡”和“双百”市场工程，有效拉动农牧区消费需求。六是支持实施生态立省战略。下达资金31.1亿元，增长55.5%，全力支持三江源、青海湖流域和青海湖流域周边地区生态保护等项目顺利实施。支持生态移民创业，改善其生产生活条件。七是继续支持扩大对外开放。投入资金1.5亿元，增长37.7%，支持举办环湖自行车赛、青洽会暨郁金香节、藏毯国际博览会、“柴推会”等重大活动和大美青海等海外推介活动，扩大对外开放，促进招商引资。

（二）狠抓增收节支工作，确保财力稳定增长。面对严峻的经济形势和国家实施结构性减税给财政收入增长带来的巨大压力，各级财税部门狠抓增收节支工作。一是始终把抓收入、增总量放在重要位置。密切关注形势发展，高度重视对经济形势的研判，千方百计狠抓收入组织，在经济企稳回升的基础上，财政收入增幅持续攀升，超额完成了全年收入预算任务。二是高度重视和加强项目争取工作。紧紧抓住国家扩大内需和支持藏区发展的“双重”机遇，在中央对我省一般性转移支付增量减少，收支矛盾异常尖锐的情况下，高度重视争取中央专项工作，创新思路，主动跟进，加大汇报衔接力度，最大限度地把政策机遇变成项目和资金，在各方面的共同努力下，共争取到中央补助资金384.8亿元，增加73.1亿元，增长23.4%。特别是在藏区政策、国债资金、国债转贷资金豁免等方面取得了新的突破。三是坚持有保有压的支出原则。在全力保障扩大内需和改善民生等重点支出的同时，认真贯彻落实省委关于厉行节约控制经费支出的政策措施，及时量化压缩出国（境）、公务接待、车辆购置经费等支出指标，跟踪督导落实，确保了压缩经费目标的实现。

（三）坚持民生优先理念，加大对社会事业的投入力度。进一步优化支出结构，着力支持以改善民生为重点的社会事业加快发展。一是支持教育优先发展。投入资金61.8亿元，增长26.7%，重点支持实施了农村中小学校舍安全工程和未“普九”县寄宿制学校建设；再次提高了寄宿生和非寄宿家庭经济困难学生生活补助标准；全面完成农村牧区义务教育债务化解任务；积极支持中小学校布局调整试点、中职教育基础能力建设、青海大学“211工程”和高校重点学科建设，促进提升办学水平。二是支持完善医疗卫生服务体系。投入资金32.5亿元，增长31.8%，重点支持推进医药卫生体制改革，建立村卫生室管理运转保障机制；扩大城镇居民医疗保险覆盖范围，推动学生参保，支持解决国有关闭破产企业退休人员医疗保险问题；加强公共卫生应急能力建设，全力保障鼠疫防治和甲型H1N1流感防控等应急支出。三是推进社会保障体系建设。投入资金93.7亿元，增长43%，在提高城乡低保、重点优抚对象保障标准和企业退休人员基本养老金水平的同时，积极支持开展新型农牧区社会养老保险试点，妥善安排灾后重建及灾民生活补助资金。支持改善库区移民生产生活条件。加大对保障性安居工程的财政支持力度，安排配套资金8亿元，支持推进农村困难家庭危房改造、城市廉租房和游牧民定居工程，改善城乡居民住房条件。四是促进文体旅游事业加快发展。投入资金15.7亿元，增长58.3%，支持打造重点优秀剧目，推动农（牧）家书屋、文化进村入户、博物馆纪念馆免费开放、基层组织活动场所建设等工程顺利实施，促进基层文化事业发展。支持实施全民健身工程和旅游景点基础设施建设，加快旅游名省建设步伐。五是全力抓好乡镇政权基础设施建设。整合资金4.52亿元，计划用两年时间，全面完成全省乡镇政权基础设施建设和改造任务。2009年，安排下达239个乡镇建设项目补助资金2.45亿元，到年底，90%以上的乡镇已完成办公用房主体工程，部分乡镇已投入使用，乡镇整体服务功能得到明显提升。六是建立维稳经费保障长效机制。在保证相关部门维稳经费和妥善安排驻训部队补助的基础上，将对各地的补助经费纳入转移支付，进入以后年度的补助基数，建立了维稳经费保障长效机制。同时，安排资金11.2亿元，支持“平安青海”建设、大幅度增加对各地政法部门的办案经费及装备补助。

（四）加大转移支付力度，增强基层的服务保障能力。在中央转移支付增量十分有限的情况下，省财政努力克服自身困难，继续坚持财力下移。当年省对州（地、市）、县的补助总额达到208.3亿元，比上年增加36.5亿元，增长21.2%。其中一般性转移支付及财力补助达到115亿元，增加17亿元，增长17.3%。结合主体功能区建设和推进基本公共服务均等化,保持了对下转移支付资金增量不低于上年水平。安排下达一般性转移支付增量资金3.5亿元,适当提高了“三江源”、环青海湖等禁止和限制开发区所属县的补助系数,加大重点生态保护地区生态补偿方面的转移支付力度,为探索建立三江源生态补偿机制进一步奠定了基础;为保障基层政府实施公共管理、提供基本公共服务的基本财力需要,安排资金4亿元,率先在我省建立了县级基本财力保障机制,对36个县的基本财力缺口给予了补助,以确保机构运转,以及教育、医疗卫生、社会保障等民生政策的落实。同时,明确规定了省对下一般性转移支付中用于教育事业发展和农牧业发展的比例,以促使不断提高教育支出和支农支出在财政支出中的比重。

(五)不断完善体制机制,提升财政管理服务水平。在支持做好全省性各方面改革的同时,努力推进财政改革,进一步提升财政管理和服务水平。一是创新体制机制。为促进跨越发展,建立了支持县域经济社会发展、推进信用担保体系建设和扶持企业发展的机制,支持扩张经济总量,提升经济规模;为促进绿色发展,建立了支持循环经济、淘汰落后产能、节能减排和科技自主创新等机制,支持培育新兴产业,加速产业升级;为促进和谐发展,建立了促进教育优先发展、医疗卫生、文化体育旅游等事业发展的机制,支持改善民生,发展社会事业;为促进统筹发展,建立了县级基本财力保障、财政支农投入机制,支持区域协调发展,均衡公共服务。这些体制机制对支持经济发展、改善民生、强化管理起到了积极的推动作用。二是不断强化预算管理。完善了内部管理控制和审核体系,加大结余资金统筹使用力度,稳步推进项目预算绩效评价,提高非税收入纳入预算管理和待分配资金细化到项目的比例,积极构建财政预算、执行和监督既相互协调又相互制衡的机制。三是加强县级财政管理。结合推进“省直管县”改革,强化对县级财政在预算编制、执行、监督和财政基础工作等方面的管理和指导,督导州(地、市)县财政部门全力推进预算编制改革,进一步提高了部门预算编制的科学性、完整性和准确性。四是深入推进国库集中支付改革。健全国库集中支付运行机制,扩大国库集中支付范围和级次,规范支付程序,减少拨付环节;强化对财政资金支付全过程的动态监控,实现了人大对省级单位预算执行情况的在线监督。财税库银税收收入电子缴库横向联网工作进展顺利。公务卡应用范围进一步扩大。五是全面推进非税收入收缴管理改革。重点清理了涉农、涉企、涉及教育的行政事业性收费和基金。结合规范津贴补贴工作,对省级行政事业单位的国有资产使用收入等进行了全面清理规范,部分财政专户资金已纳入预算管理。六是深化政府采购管理改革。在继续规范政府采购管理的基础上,将药品和部分基建工程纳入政府采购范围。加强采购结余资金管理,推进电子化政府采购进程,实现了省、市、区三级采购专家动态管理、随机抽取。强化对政府采购的全程监督。全省共完成采购额20.2亿元,节资率为10.8%。

(六)切实加强财政监督管理,提高财政资金使用效益。始终坚持把依法理财、科学理财贯穿于财政运行的各个环节,不断强化财政资金监督管理。一是进一步完善财政法规体系。报请省人大常委会审议通过了《青海省非税收入管理条例》。出台了《青海省耕地占用税实施办法》。《青海省矿产资源补偿费征收管理实施办法》已进入政府立法程序。二是扎实开展“小金库”专项治理工作。在全省认真组织进行了“小金库”专项治理。按照“扎实抓当期检查,着力建长效机制”的思路,既对查出的问题进行妥善处理,更从银行账户监管入手,把“小金库”治理工作与加强行政事业单位收入管理、规范津贴补贴等有机结合起来,着手建立治理“小金库”的长效机制。三是进一步规范财政资金运行。强化对扩大内需新增投资、一般性转移支付资金和教育、社保、支农等专项资金管理使用,以及部门账户开设、财政专户管理等的监督检查,不仅纠正和查处了一批违规违纪问题,而且针对发现的问题督促完善了相关制度。四是强化国有资产管理。建立了行政事业单位国有资产“公物仓”管理和车辆管理“交旧领新”制度,对单位超编车辆制定了消肿计划。面向社会公开拍卖清理回收的公务用车、办公用房等资产。五是注重自觉接受监督。落实《政府信息公开条例》,通过多种途径加大政务公开力度。继续坚持与人大代表、政协委员联系制度,认真接受各级人大和社会各方面的监督;组织开展全省财政资金安全检查工作。严格执行内控和内审制度,努力建设阳光财政。

总体看,2009年我省的财政工作,在应对金融危机、集中财力办事、着力改善民生、创新体制机制、强化监督管理等方面取得了一定成绩。这是在省委的正确领导下,各方面理解支持和共同努力的结果。但我们也清醒地认识到,财政工作中仍然存在一些不容忽视的矛盾和问题,主要是:保持经济平稳较快发展、扩大消费需求、推动经济发展方式转变和经济结构调整都需要增加投入,收支缺口仍然很大;地区之间在享受公共资源方面还存在一定的差异,财力悬殊依然比较大,实现基本公共服务均等化的目标任务很艰巨;基层财政改革推进不均衡,基础管理工作存在薄弱环节,深化改革、创新管理的任务很重;一些方面财政监管仍有不到位的地方,截留、挤占、挪用财政资金的问题时有发生,损失浪费财政资金的现象仍然存在。对这些问题我们将高度重视,并采取有效措施,努力加以解决。

二、关于2010年全省和省本级预算草案

2010年预算编制和财政工作的总体要求是:以邓小平理论和“三个代表”重要思想为指导,深入贯彻落实科学发展观,全面贯彻党的十七大和省委十一届七次全体会议精神,继续贯彻落实积极财政政策,支持推动经济发展方式转变和经济结构调整,积极促进全省经济平稳较快发展;深化财税体制改革,完善公共财政体系,提高财政管理绩效;进一步优化支出结构,加大对民生及社会事业的支持力度,提升民生保障水平;狠抓增收节支,加强财政科学化、精细化管理,严格控制一般性支出,不断提高财政资金使用效益。

根据上述总体要求以及全省经济社会发展预期情况,2010年主要预算指标安排如下:全省财政一般预算收入186.5亿元,比2009年执行数增加20亿元,增长12%。其中,地方一般预算收入安排98.3亿元,增加10.6亿元,增长12%。在地方一般预算收入中,省级安排27.6亿元,增加2.5亿元,增长10%;州(地、市)级安排70.7亿元,增加8.1

亿元，增长13.8%。按照财政部关于进一步提高地方预算编报完整性的相关要求，2010年对上级专项补助收入根据财政部的预计数列入了全省和省级预算，全省年初总财力为343亿元。按照收支平衡的原则，一般预算支出安排342.7亿元，比上年初安排数增加41.3亿元，增长13.7%。上解支出0.3亿元。

省级年初总财力为120.3亿元。一般预算支出安排120亿元，比上年初增加15.3亿元，增长14.6%。上解支出0.3亿元。

全省基金预算收入安排38亿元，比上年初安排数增长5%。基金预算支出安排25.6亿元，比上年初安排数增长25%。其中，省级基金预算收入安排31.4亿元，比上年初安排数增长5%。基金预算支出安排24亿元，比上年初安排数增长25%。

综合分析当前经济走势，2010年受国际国内经济运行中的不确定因素影响，全省经济社会发展仍然面临不少困难，我省财政收支紧张的矛盾仍十分突出，财政运行将面临更大的困难。一方面，由于我省经济增长主要靠投资拉动，经济增长的内生动力和活力仍显不足，财政增收压力依然很大；虽然去年中央对我省的专项补助增幅较大，但一般性转移支付补助增量大幅减少，结转到今年使用的可用财力有限，加之地方政府债券今年进入还款期，偿债压力很大。另一方面，继续贯彻落实积极的财政政策，落实中央投资地方配套资金，保障和改善民生，加大对“三农”、就业、社会保障、医疗卫生、保障性住房、教育、文化、节能减排等方面的支持力度，实施事业单位绩效工资、推进医药卫生体制改革、开展新型农牧区社会养老保险试点，都需要财政增加投入。此外，这几年新增支出特别是改善民生支出大都已形成刚性支出，财政支出基数和保障难度越来越大。基于以上分析，我们要在确保保增长、保民生、保稳定支出需要的前提下，通过采取整合资源、强化税费征缴、调整存量结构和优化增量投入、创新财政管理等措施，千方百计筹措资金，努力支持和保障全省改革、发展和稳定的基本支出需要。

全省支出安排的主要情况是：一般公共服务37.2亿元，增长3%；国防和公共安全18.7亿元，增长20.8%；教育43.5亿元，增长20.2%；科学技术3.3亿元，增长27.8%；文化体育与传媒7.8亿元，增长18.7%；社会保障和就业60亿元，增长14.3%；医疗卫生13.3亿元，增长15.6%；环境保护43.5亿元，增长16.1%；城乡社区事务15.1亿元，增长11.1%；农林水事务46.1亿元，增长14.1%；交通运输25亿元，增长13.6%；资源勘探电力信息等事务3.1亿元，增长23.1%；商业服务金融监管等事务1.9亿元，增长18.1%；国土资源气象等事务2.2亿元，增长10.1%；住房保障支出7.6亿元，增长84.4%；粮油物资储备管理事务2.6亿元，增长11.8%；预备费2.7亿元；国债还本付息支出2.8亿元，下降52.5%；其他支出6.3亿元，增长31.2%。

省级支出安排的主要情况是：一般公共服务9.5亿元，下降8.6%；国防和公共安全6.9亿元，增长20.8%；教育10.9亿元，增长24%；科学技术2.9亿元，增长31.5%；文化体育与传媒2.2亿元，增长17.1%；社会保障和就业29亿元，增长18.8%；医疗卫生9亿元，增长19.6%；环境保护3.6亿元，增长22.8%；城乡社区事务5.1亿元，增长13.8%；农林水事务15.1亿元，增长24.4%；交通运输4.9亿元，增长32.4%；资源勘探电力信息等事务3.1亿元，增长42.8%；商业服务金融监管等事务1.8亿元，增长22.6%；国土资源气象等事务1.9亿元，增长11.8%；住房保障支出4.6亿元，增长94.2%；粮油物资储备管理事务1.1亿元，增长16%；预备费2亿元；国债还本付息支出1.2亿元，下降77.9%；其他支出5.2亿元，增长42.4%。

2010年，我们将紧紧围绕“促增长、调结构、保民生、推改革”的总体要求，立足当前，着眼长远，抢抓机遇，主动跟进，着力推动跨越发展、绿色发展、和谐发展和统筹发展。省级财政重点支出安排和全省主要财税工作基本政策要点是：

（一）围绕“促增长”，进一步加大对经济发展的投入力度。促进经济增长、扩大消费需求是宏观经济政策中最根本、最核心的目标。要立足青海实际，着眼长远发展，充分发挥财政职能，尽力加大投入力度，发挥投资和消费对经济持续增长的拉动作用，巩固和增强经济回升向好的势头。

——扩大政府公共投资。安排资金10.1亿元，增长25.7%。继续支持城镇建设、兰青、西格铁路复线和兰新铁路等重点项目建设。坚持生态立省战略，大力推进生态保护与建设工程，切实加强环境综合治理，促进绿色发展。支持推进城镇化进程。加快推进农村牧区基础设施、现代农牧业等重点工程建设。

——支持培育市场主体。新增安排资金1亿元，落实装备制造业、化工、纺织业等八个重点产业调整和振兴意见。大力培育、发展和壮大新能源、新材料产业，支持发展生态农牧业、生态旅游业和高原民族地方特色生态文化产业，形成新的支柱和优势产业，培育新的经济增长点。

——加强“三农”工作。安排资金6.7亿元，增长27.8%。进一步完善粮食直补、农资综合补贴政策，稳步增加良种补贴、农机具购置补贴。落实好家电、汽车、摩托车下乡和以旧换新补贴资金。支持开发式扶贫，继续实施扶贫开发整村推进等项目。健全村级组织运转经费和村干部报酬动态增长机制。深化农牧区综合改革，稳步推进村级公益事业建设“一事一议”财政奖补试点和其他义务教育债务化解工作。推进集体林权制度改革，扩大改革范围。

——扩大居民消费需求。把扩大消费与推进新农村建设、完善社会保障制度及事业单位实施绩效工资有机结合起来，进一步深化收入分配制度改革，落实各项惠农政策，提高城乡低收入群体的收入水平。支持扩大旅游消费和服务消费，推进服务业发展。

——支持完善信用担保体系。按照“统建共享”的原则，增加投入，发展多层次、多领域的信用担保体系，在去年开展试点的基础上，重点支持海西、海南、海北、黄南地区建立支农信用担保、中小企业融资担保体系。完善创业小额贷款担保基金制度，拓展创业担保基金的覆盖面，推进以创业带动就业。充分发挥财政资金的“橇动”作用，引导金融和社会资金投入。落实好支持信用担保机构的相关财税优惠政策。

——实行结构性减税减费政策。积极落实促进中小企业发展的财税优惠政策，巩固增值税转型成果，严格落实行政事业性收费、政府性基金的审批管理。

（二）围绕“调结构”，不断强化财政的促进引导作用。促进转变经济发展方式、调整经济结构是今年财政工作的重要任务。要继续支持保增长促发展调结构，通过推进经济结构调整优化，努力促进经济平稳较快发展，推动经济发展质量和效益提高。

——支持循环经济发展。安排资金0.4亿元，重点支持柴达木和西宁经济技术开发区推动循环经济发展，推广高效节能产品。推动能源、资源等基础产品价格机制改革，引导形成有利于绿色发展的资源价格体系，推进可持续发展。

——支持科技自主创新。安排资金1.2亿元，增长32.3%。支持实施“123”科技支撑项目，增强企业科技创新能力，增加促进科技创新和科技成果转化的投入，加快实施科技重大专项，推进企业技术改造。充分发挥税收调节职能，落实好研发投入抵扣所得税政策，鼓励企业结构调整和产业升级。

——支持节能减排。安排资金0.6亿元，增长28%。增加对节能减排的投入，支持高耗能、高排放企业加快技术改造。支持节能工程、重点水流域环境保护和污染治理、城镇污水处理设施及配套管网建设工程。落实好淘汰落后产能政策措施。

——促进区域间协调发展。围绕实施“四区两带一线”发展规划纲要，支持区域重点产业、特色产业加快发展。继续加大转移支付力度，增强基层政府提供基本公共服务的能力。

（三）围绕“保民生”，不断强化公共财政职能。继续坚持“小财政、大民生”的理念，把改善民生、发展社会事业作为扩大内需的重要增长点，努力提升民生保障水平。

——实施更加积极的就业政策。继续安排一块增量资金，支持实施更加积极的就业政策，健全公共投资带动就业增长的机制，完善财政税收、信用担保、社保补贴等扶持政策和措施，重点支持解决高校毕业生、农民工、城镇就业困难群体的就业问题。加强公共就业服务，支持合理开发公益性岗位，强化对就业援助和职业技能培训的支持引导力度，提升培训对象的创业就业能力。

——促进教育优先发展。安排资金5.3亿元，增长38.7%。继续加速提高教育支出占财政总支出的比重。巩固义务教育经费保障机制改革成果。支持未达标县“普九”攻坚，确保全面实现“两基”攻坚任务。支持农牧区中小学校布局调整和中小学校舍安全工程建设，增加对高中教育、职业教育和高等教育的投入。

——加快医疗卫生事业发展。安排资金4.1亿元，增长21.1%。稳步推进医药卫生体制改革，加快推进基本医疗保障制度建设，初步建立基本药物制度，健全基层医疗卫生服务体系，促进基本公共卫生服务逐步均等化，推进公立医院改革试点。支持城镇居民基本医疗保险扩面，提高城镇居民医保和新农合财政补助标准。加强卫生应急管理体系建设。完善计划生育利益导向机制。

——完善社会保障体系。安排资金7.3亿元，增长27.1%。稳步推进新型农牧区社会养老保险试点工作。提高企业退休人员基本养老金和城乡低保补助水平。探索建立失地农民养老保险和生育保险制度。在继续支持推进廉租房、游牧民定居工程和农村困难群众危房改造等保障性安居工程建设的同时，引导推进农村住房建设工程。

——促进文化体育旅游业发展。安排资金0.7亿元，增长27.8%。支持建立多元化的投入机制，深化文化体育改革，鼓励文化、体育和旅游的社会性功能有机结合，相互促进，共同发展。加快推进农牧区公共文化体育服务体系建设。加大文化体育产业扶持力度，支持旅游基础设施建设和打造旅游文化精品工程。

——加强社会建设和管理。安排资金1.3亿元，增长190.5%。加大公共安全投入力度，支持政法经费保障机制建设，落实基层公检法司机关公用经费保障标准并大幅度提高保障水平。支持提升突发事件、防灾减灾监测预警能力。支持城乡社区建设，强化社会管理。全面完成乡镇政权基础设施建设和改造任务。

（四）围绕“推改革”，不断创新财政管理体制机制。按照建立完善公共财政体系的要求，继续深化财政改革，努力提升财政管理服务水平，不断适应经济社会发展的新形势。

——推进税收制度改革。落实好资源税、统一内外资企业和个人城建税、教育费附加等改革政策和制度，促进税制统一，公平税负。抓好增值税转型、成品油价格和税费改革后续工作。积极推进矿产资源有偿使用制度改革。

——深化财政体制改革。围绕推进基本公共服务均等化和主体功能区建设的要求，建立健全各级政府财力与事权相匹配的体制，继续推进“省直管县”管理方式改革，进一步完善转移支付制度，继续推进并完善县级基本财力保障机制。积极探索和建立省对下一般性转移支付资金绩效评价体系，完善激励约束机制，努力提高转移支付资金使用效益。适时调整完善全省资源税收入管理体制。

——完善创新财政管理。建立部门预算责任制度，增强部门和基层预算单位的编制及执行主体责任，改进项目预算编制工作，探索建立重大项目支出预算事前评审机制，增强预算编制的科学性、准确性和完整性。建立县级部门预算编制省财政审查和备案制度，规范县级财政支出行为。完善国库单一账户体系建设，全面推进国库集中支付和国库集中收缴改革。稳步推进国库现金管理，深化政府采购制度改革。加强非税收入管理，全面规范各类非税收入。加快建立和实施行政事业单位资产管理信息平台，进一步完善“公物仓”管理制度，规范预算单位资产配置和处置行为。稳步推进国有资本经营预算制度改革。

——加强财政科学化精细化管理。围绕建立完整的政府预算体系、加强预算编制管理、强化预算执行管理、加强财政监督等主要任务，扎实推进财政科学化精细化管理工作，努力提高财政管理的针对性、有效性、严密性和规范性。

三、狠抓落实，全面完成年度财政工作任务

今年是实施“十一五”规划的最后一年，也是应对国际金融危机的关键之年。做好今年的财政工作，对于促进投资、扩大消费、推动发展、转变经济发展方式、改善民生，提高经济社会发展的可持续性和均衡性，具有十分重要的意义。我们将重点做好以下五个方面的工作：

（一）落实积极财政政策，促进经济平稳较快发展。认真落实积极财政政策和国家扩大内需的各项方针政策，努力筹措中央重大投资项目地方配套资金，支持做好项目前期准备工作，千方百计增加投资，拉动经济增长；贯彻落实中央和省委的一系列方针政策，努力扩大消费需求，支持通过扩大消费拉动经济持续增长；落实税收优惠政策、财政奖励资金和财政贴息资金，以保持财政政策对经济增长的促进作用。

（二）严格预算执行，确保完成年度收支任务。在认真分析收入形势的基础上，科学合理地安排好收入计划。支持收入征管部门切实加强税收征管，建立健全税收收入预测体系，推进非税收入规范管理。衔接好即将出台的资源税等税制改革政策，规范和落实税收优惠政策，保持收入合理增长。强化支出管理，采取切实措施，进一步加强支出工作，做好资金调度，及时拨付资金，减少项目资金结转，努力提高预算执行率。坚持勤俭节约办事业，牢固树立过“紧日子”的思想，从严从紧控制一般性支出预算的增长，以更多的财力支持经济发展和改善民生。

（三）突出工作重点，继续抓好项目争取工作。紧紧抓住国家扩大内需、支持藏区加快发展、实施西部大开发战略第二轮计划等重大政策和历史机遇，进一步加大工作力度；紧紧围绕惠农政策、“三农”、就业、医疗卫生、社会保障、保障性安居工程、教育、提高低收入群体收入、推进服务业发展、资源转换、扶持企业发展、生态环境保护和建设等方面，继续加强组织协调工作，争取国家支持。同时，进一步完善考核奖励办法，支持相关部门和单位开展工作，使争取中央支持工作不断取得新的进展，确保全省财力稳定增长。

（四）集中财力办大事，推动经济与社会事业协调发展。按照突出重点、兼顾一般、统筹协调的原则，集中财力，围绕省委确定的国民经济和社会事业发展目标及重点，切实推进资金整合，统筹预算内外资金，重点支持“四区两带一线”、现代农牧业示范区、城镇化发展等项目，强化资金的使用合力；坚持一切从实际出发，既要在整合资金中把握经济发展的突出问题和薄弱环节，支持引导经济结构调整、推动重点项目建设，促进县域经济发展，也要准确把握推进民生工作的规律和主要矛盾，进一步完善保障和改善民生的政策措施，科学谋划、精心组织，确保各项民生工作扎实推进。通过集中资金办大事，在有效促进经济平稳较快发展的同时，更好地履行政府的公共服务职能，逐步建立起民生事业投入与经济发展成果相协调的推进机制。

（五）加强财政监督，提高资金使用效益。认真总结经验，完善相关制度，稳步推进专项资金绩效监督工作，将资金支持力度与预算执行效果紧密联系，切实提高资金使用的规范性、安全性和有效性；完善监督机制，强化监管措施，紧跟财政资金流向，强化对扩大内需、省对下财政转移支付和涉及民生等重点项目资金的监督检查，规范财政管理，严肃财经秩序，切实提高财政资金使用效益；加强对企业和行政事业单位财务管理、会计信息质量、会计师事务所和资产评估机构执业质量的监督；加强行政事业单位各项收入管理，进一步规范津贴补贴，规范银行账户管理，建立健全内部财务管理制度，努力构建防治“小金库”的长效机制；加强政府债务管理，切实发挥财政对政府债务的管理、监控和预警的职能作用，积极防范和化解财政风险。

各位代表，做好今年的财政工作任务艰巨，意义重大。我们将在省委的正确领导下，在省人大的监督指导下，坚定信心，振奋精神，求真务实，奋力开拓，努力完成全年收支预算和各项工作任务，为促进全省经济社会平稳较快发展做出新的更大的贡献！

附：名词解释

积极财政政策　就是扩张性的财政政策，是政府防止经济衰退而采取的重要宏观政策。既要扩大政府公共投资，增加政府支出来扩大社会总需求，如增发国债加大基础设施建设，从而带动社会投资，拉动经济增长；也要实行结构性减税，结合推进税制改革，用减税、退税或抵免的方式减轻税收负担，促进企业投资和居民消费。

增值税转型　按照“进项税额”的扣除方式，增值税可分为两种类型：一是只允许扣除购入的原材料等所含的税金，不允许扣除外购固定资产所含的税金；二是所有外购项目包括原材料、固定资产在内，所含税金都允许扣除。通常把前者称为“生产型增值税”，后者称为“消费型增值税”。2009年1月前，我国实行的是“生产型增值税”。增值税转型就是将生产型增值税转为消费型增值税，其核心内容是允许企业购进机器设备等固定资产的进项税金可以在销项税金中抵扣。当然，这将相应减少财政收入，但有利于基础产业和高新技术产业发展、国内产品和进口产品平等竞争，从而促进产业结构调整、技术升级和提高我国产品竞争力。

村级“一事一议”财政奖补改革　是指农村税费改革后，对村民通过规范的一事一议筹资筹劳方式开展的村内公益性建设项目，由各级财政给予适当奖补。其目的是以政府奖补资金为引导，建立多方投入、共同推进的村级公益事业建设投入新机制。

集体林权制度改革　是指在坚持集体林地所有权不变的前提下，依法将林地使用权和林木所有权落实到户，明晰山林权属，落实经营主体，放活林业经营，落实处置权、保障收益权，重新确定集体林地的生产关系，实行以家庭承包经营为主、多种经营形式并存的集体林管理体制，充分调动农民经营林业的积极性，进一步解放和发展林业生产力。这项改革是农村土地承包经营制度由耕地向林地的拓展和延伸。

绩效工资　实施绩效工资是事业单位收入分配制度改革的重要内容。是根据职工所在工作岗位的技术含量、责任大小、劳动强度、工作量及环境优劣等因素确定岗位级别和劳动报酬。国务院决定事业单位实施绩效工资分三步走。第一步从2009年1月1日起先在义务教育学校实施；第二步从2009年10月1日起，在基层医疗卫生事业单位实施；第三步从2010年1月1日起，在其他事业单位实施。

新型农牧区社会养老保险　又称为“新农保”。它是由政府组织引导，建立以个人缴费、集体补助和政府补贴相结合，实行社会统筹与个人账户相结合，以保障农牧民年老后基本生活的一种新型农牧区社会保险制度。该制度规定：凡具有本省农牧区户籍，年满16周岁（不含在校学生）、未参加城镇职工基本养老保险的农牧区居民，均可在户籍所在地自愿参加新农保。对符合新农保缴费期限规定，且年满60周岁，未享受城镇职工基本养老保险待遇的农牧区居民，可以按月领取养老金。

县级基本财力保障机制 是中央财政拟在全国范围开始建立，旨在推动县乡基本公共服务达到均等化目标的一项改革举措，它是“三奖一补”政策的扩展和延续。其基本原则是，“明确事权、强化责任，奖补结合、突出奖励政策，分类指导、分步实施”。其核心是，充分考虑不同地区每个县的支出成本差异和公共服务支出需求，合理确定每个县的支出标准和总需求量，总需求量减去总财力得出差额，就是该县的财力缺口。实行“奖补结合、突出奖励”的办法，财力缺口由中央和地方财政各按一定比例分担解决；对推进县级财力保障机制成效显著的县，即县级支出水平达到财政部要求，并明显有所提高的，财政部将给予奖励。其目的是，进一步规范县乡的支出行为，通过加大对下转移支付力度，逐步提高县乡的财力保障水平，促进财力水平和公共服务能力基本趋于均等。

国有资本经营预算制度 是规范国有资本经营预算编制行为的一系列法律、行政法规和规章的总称。国有资本经营预算，是国家以所有者身份对国有资本实行存量调整和增量分配而发生的各项收支预算，是政府预算的重要组成部分。建立国有资本经营预算制度，对完善国有企业收入分配制度，增强政府的宏观调控能力，集中解决国有企业发展中的体制性、机制性问题，具有重要意义。

完整的政府预算体系 政府各类收入反映政府以行政权力和国有资产所有者身份集中社会资源的规模和份额，都应纳入政府预算体系管理。即：进一步完善公共财政预算、国有资本经营预算、政府性基金预算的编制，在建立社会保险基金预算的基础上逐步建立社会保障预算，形成有机衔接、完整的政府预算体系，以全面反映政府收支总量、结构和管理活动。

财政科学化精细化管理 推进财政科学化精细化是一项系统工程，是根据财政改革与发展的形势，确立不同时期的阶段性目标和工作重点，不断提高财政管理水平。其主要任务是加强财政法制建设，建立完整的政府预算体系，加强预算编制管理，强化预算执行管理，加强财政监督，加快财政管理信息化建设，加强管理基础工作和基层建设，加强财政干部队伍建设。

2009 年统计工作大事记

▲一月

1 月 1 日，青海省委常委、常务副省长、省经普领导小组组长徐福顺发表了题为《全面动员，同心协力，确保圆满完成我省第二次全国经济普查》的重要讲话，号召全省认真做好第二次全国经济普查工作。

1 月 5 日，青海省委常委、常务副省长、省经济普查领导小组组长徐福顺深入普查登记现场检查指导经济普查填报登记进展情况，并慰问一线普查工作者。

1 月 5 日，青海省统计局完成 2005 – 2007 年能源平衡统计资料、规模以上工业企业能源消费统计资料和能源统计综合资料的归类汇编工作。

1 月 11 – 14 日，青海省统计局为省“人代会”、“政协会”两会信息服务工作圆满完成。

1 月 15 日，青海统计系统两个单位和六名个人在全国统计工作会上获得国家人力资源和社会保障部、国家统计局表彰。

1 月 17 日，青海省统计局被省政府办公厅评为 2008 年全省政府系统政务信息报送先进单位。

1 月 18 – 19 日，青海省统计工作会议召开，省统计局局长侯碧波作了题为《加快改革创新推进科学发展，努力提升统计为经济社会发展服务的能力》的讲话。会议贯彻传达了全国统计工作会议精神，总结了 2008 年全省统计工作，部署了 2009 年工作。

1 月 20 日，青海省统计局（机关）获得全国精神文明建设先进单位荣誉称号。

同日，青海省统计局、国家统计局青海调查总队领导班子及统计信息化建设负责人收看 2008 年国家统计系统信息网络扩建工程汇报演示会。

1 月 21 日，青海省委常委、常务副省长徐福顺亲临省统计局检查指导工作，并慰问统计系统干部职工，对统计调查工作提出七点要求。

同日，青海青海统计信息网被评为 2008 年度青海省优秀政府门户网站和优秀政府内网网站。

1 月 22 日，侯碧波局长检查省局楼院后勤安保工作，慰问节日期间坚守岗位的工作人员。

▲二月

2 月 3 日，青海省统计局网站被评为 2008 年度全省优秀政府门户网站和优秀政府内网网站。

2 月 6 日，省政府办公厅授予青海省统计局 2008 年全省政府系统政务信息报送先进单位称号。

2 月 10 日，省统计局邀请 10 家部门、行业、企业的代表，召开《统计法（修订草案）》征求意见座谈会。

同日，青海省委组织部（青组干[2009]19 号）、青海省政府（青政人[2009]4 号）任命赵玉华为青海省统计局党组成员、副局长（试用期一年）。

2 月 17 日，青海省统计局、国家统计局青海调查总队宣讲团赴平安县沙沟乡宣讲中央和省委 1 号文件。

2 月 19 日，青海省委副书记、省长宋秀岩在省统计局报送的《关于主要能耗工业企业个别产品单位能耗上升情况的汇报》上作出重要批示，要求进一步加强统计分析工作。

2 月 24 日，青海省统计局召开省会城市月度劳动力调查工作会议，安排部署西宁市月度劳动力调查工作。

同日，青海省部门环境统计工作会议召开。

2 月 25 日，青海省统计局召开深入学习实践科学发展观活动总结大会，局党组书记、局长、局活动领导小组组长侯碧波作总结报告，省委学习实践活动第七指导检查组组长毛青森出席并讲话。

▲三月

3 月 1 日，青海省统计局荣获 2008 年全国统计系统公文处理、保密工作先进单位称号。

3 月 3 日，青海省统计局、国家统计局青海调查总队向社会公布主要统计数据发布时间表。

3 月 4 日，青海省统计局创新社会统计工作思路，提出建立社会统计协调工作机制，全面提高社会综合统计工作水平。

同日，青海省统计局局长侯碧波赴平安县沙沟乡检查指导中央和省委 1 号文件宣讲工作。

3 月 9 日，青海省第二次全国经济普查办公室召开全省经济普查驻点督查工作汇报会，听取各督查组对各地区驻点督查情况汇报。

3 月 10 日，青海省统计局和西宁市统计局共同召开月度劳动力调查培训会，对来自各县的业务骨干和抽中点调查员进行业务培训。

3 月 15 日，青海省委常委、常务副省长徐福顺对省统计局和省妇儿工委编印的《2008 社会的进步——青海篇》一书作出批示。

3 月 19 日，青海省统计局月度劳动力督查小组赴西宁市四区三县全面督导检查月度劳动力调查登记工作。

3 月 22 日，青海省档案局授予省统计局 2008 年度档案统计工作先进集体荣誉称号。

3 月 25 日，青海省统计局、国家统计局青海调查总队召开会议，共商建立青海藏区经济社会发展统计指标体系及相关报表制度。同日，青海省统计局统计方法制度改革指导委员会召开第一次会议，讨论《青海省民生统计报表制度》和《青海省统计局落实统计方法制度改革任务进度安排》。

3 月 30 日，青海省统计局、国家统计局青海调查总队联合召开会议，安排布置《2009 年青海统计年鉴》、《新中国六十周年青海统计资料汇编》、《新中国建立六十年来青海经济社会发展成就系列报道》编辑工作。

3 月 31 日，青海省统计局召开保密委员会全体会议，安排部署全局保密工作，签订保密要害部门、部位责任人、工作人员保密责任书。

▲四月

4月1日，青海省经济普查领导小组副组长、省统计局局长侯碧波听取省经普办第二次驻点督查工作汇报，对普查工作提出六项要求。

4月3日，省统计局、省经委组成联合调研组赴海西州调研工业经济运行情况。

4月7日，青海省统计局和国家统计局青海调查总队联合召开一季度全省经济形势分析会。

同日，省局召开专题会议，讨论《国家统计局办公室关于建立统计执法案卷评查工作制度的通知（征求意见稿）》并提出建议和意见。

4月8日，省统计局局长侯碧波列席省政府第34次常务会，会议研究了一季度经济形势，安排了下一步工作。

4月10日，省统计局建立《青海省民生统计季报制度》。

同日，省统计局局长侯碧波列席十一届省委第61次常委会，会议研究了一季度经济形势，安排了下一步工作。

4月14日，省统计局局长侯碧波就一季度全省经济运行情况接受省内主要媒体采访。

4月15日，省经委、省统计局组成联合调研组，赴海西地区调研工业企业运行情况。

4月17日，青海省文明委在省统计局举行"全国精神文明建设工作先进单位"授牌仪式，省直机关工委副书记、省直文明委副主任尤伟利宣读中央精神文明建设指导委员会的表彰决定、并向省统计局颁发荣誉证书和牌匾。

同日，由青海省统计局开发的"领导决策信息支持系统"正式移交省政府办公厅信息技术办公室，并在省政府专网投入应用。

4月21日，青海省政府新闻办召开一季度全省经济运行情况新闻发布会。省统计局总经济师、新闻发言人徐学初发布全省今年一季度经济运行情况。

4月22日，省统计局配合完成国家发改委节能目标责任评价考核组对青海省2008年节能目标完成情况考核工作。

4月24日，青海省统计局召开全省二季度劳动力调查工作会议，部署二季度劳动力调查工作。

▲五月

5月6日，省委常委、副省长徐福顺在省统计局报送的《关于全省经济普查工作开展情况的报告》上批示："前期工作开展的很好，同意下阶段工作计划。"

同日，由省经普办和各州（地、市）人普办业务骨干组成的八个组对全省八个州（地、市）经济普查数据质量进行抽查。

5月13日，省统计局召开中心组学习会，学习《统计违法违纪行为处分规定》。

同日，青海省统计局副局长赵玉华率队检查湟中县多巴镇二季度劳动力调查工作。

5月14日，在省直机关工委开展的机关党建工作考核中，省统计局被评为省直机关党建工作先进单位。

同日，青海省第二次全国经济普查领导小组副组长、省统计局局长侯碧波出席西宁市经普办工作会，并对西宁市数据质量区县交叉抽查工作提出具体要求。

5月15日，省委组织部检查组来省统计局检查《干部任用条例》和有关法规贯彻执行情况，并对干部任用满意度进行测评。

5月19日，青海省统计局印发《关于开展乡（镇、街道）统计工作基本情况调查的通知》，部署全省乡（镇、街道）统计工作基本情况调查工作。

5月20日，青海省统计局局长侯碧波列席省政府第30次常务会议。

5月21日，青海省统计局局长侯碧波出席2009年全省旅游统计工作会议，要求全省各州（地、市）有关部门做好旅游统计工作。

5月22日，全省各州（地、市）统计局采取多种形式学习、宣传《统计违法违纪处分规定》。

5月26日，青海省统计局召开局长办公会，部署第六次全国人口普查的筹备工作。

5月27日，青海省委常委、常务副省长徐福顺在听取省统计局局长侯碧波的工作汇报后，强调要高度重视新时期统计工作在经济社会发展中的重要作用，搞准统计数字。

▲六月

6月16日至19日，2009年全国省际间工业统计工作交流会在西宁召开，国家统计局工交司巡视员张守清、调研员张琪出席，来自全国30个省（市、自治区）统计部门的280多人参加了会议。

同日，青海省统计局督查组赴海西州德令哈市、乌兰县督导检查乡（镇、街道）统计工作基本情况调查工作。

6月21日，国务院经济普查办公室第二次全国经济普查数据质量抽查组来青抽查普查数据质量，青海省省委常委、常务副省长徐福顺看望抽查组全体人员，并要求全省各级统计部门把质量抽查作为当前一项重要任务抓紧抓实。

6月24日，青海省统计局、国家统计局青海调查总队联合召开全省统计系统上半年经济形势分析座谈会。

6日25日，青海省2008年地区能源平衡数据联审工作会议在西宁召开。

6月25日至30日，国家统计局副局长谢鸿光应青海省政府邀请来青参加"2009年中国柴达木循环经济实验区项目推介会暨盐湖城旅游文化艺术节"，出席部分地区上半年经济形势座谈会并作重要讲话，督察指导第二次全国经济普查数据质量抽查工作，调研经济运行情况和统计工作。青海省委常委、常务副省长徐福顺会见了谢鸿光，并就青海经济社会发展、经济普查和统计工作进行了深入交谈。

▲七月

7月3日，青海省统计局局长侯碧波列席第十一届省委第67次常委会议。会议听取了全省重点项目建设情况汇报，研究进一步加强基础设施建设等议题。

7月6日，青海省统计局与国家统计局青海调查总队联合召开上半年全省经济形势分析会，共同研究分析全省经济运行情况。

7月10日，青海省统计局和青海调查总队根据国家统计局要求，在全省开展农村、城市统计调查基层基础工作及数据质量检查评估工作。

7月12日，青海省统计局印发《青海省统计局关于开展投资统计数据质量检查和做好上半年投资形势分析工作的通知》，要求各州（地、市）统计局对本地区投资项目数据库进行全面清理，做好项目数据质量检查工作。

7月13日，青海省统计局局长侯碧波列席省政府第42次常务会议，并就上半年经济运行情况作了分析汇报。

7月14日，青海省统计局、国家统计局青海调查总队联合召开专题会议，决定《青海省藏区统计报表制度》正式实施。

7月15－16日，青海省统计局局长侯碧波列席中共青海省委第十一届六次全体会议。会议总结了上半年经济社会工作，部署下半年经济社会工作，要求进一步深入贯彻落实科学发展观，积极应对挑战，主动抢抓机遇，保增长、调结构、抓改革、重民生，确保完成全年经济社会发展的目标任务。

7月16日，青海省统计局印发《关于认真学习贯彻中华人民共和国统计法的通知》，对全省统计系统学习贯彻新《统计法》做出安排部署。

7月17日，青海省委常委、常务副省长徐福顺在《青海省统计局关于2009年上半年工作完成情况的报告》上批示："在应对金融危机的上半年，省统计局工作到位，为省委、省政府及时提供了高质量的统计信息，其他工作也开展得很好。同意下半年的工作安排。"

7月21日，省政府召开2009年上半年全省经济运行情况新闻发布会。省统计局总经济师徐学初发布了全省上半年经济运行情况，并接受新华社、中国贸易报及省内主要媒体采访。

7月23日，青海省统计局积极响应国家统计局机关团委、青年联合会举行的统计青年宣誓活动，召开"立足本职工作，树立和弘扬求真务实、爱岗敬业、创新奉献、开拓奋进的统计新风"主题座谈会。

7月25日，青海省统计局召开县以上能源统计培训会议，对来自全省各州（地、市）、县统计统计局的有关人员进行了业务培训。

7月27至28日，青海省统计局局长侯碧波列席省第十一届人大常委会第十次会议。

7月27至28日，青海省统计局副局长王玫林赴海北州调研基层基础建设，督导检查新《统计法》学习宣传情况。

7月29日，青海省统计局、省发改委、省经委三部门召开协调会议，联合部署青海省全社会用电量统计工作。

▲八月

8月1日－6日，青海省统计局局长侯碧波带领有关处室负责人，赴果洛州及所属久治、班玛、达日、甘德、玛沁等县调研第六次人口普查、统计基础工作、综合分析及统计信息服务、州级中央事业费的审计等工作。

8月5日，青海省统计局总经济师徐学初就上半年经济运行情况接受青海电视台记者专访。

8月6日，青海省统计局根据《青海省人民政府办公厅关于做好迎接政府信息公开情况督促检查的通知》精神，对照《中华人民共和国政府信息公开条例》的有关要求认真开展政府信息公开自查工作。

8月11日，青海省人民政府下发《关于开展第六次全国人口普查的通知》，全面部署全省2010年第六次全国人口普查工作。成立了以常务副省长徐福顺为组长，政府副秘书长乌成云、统计局局长侯碧波、宣传部副部长高玉峰、公安厅副厅长任三动、财政厅副厅长肖玉海、人口计生委副主任吴捷任副组长，发展改革委、教育厅等27个部门领导为成员单位的青海省第六次人口普查领导小组。

8月12日，2009年全省统计系统优秀统计文章评比结果揭晓，共有136篇文章参评，经评委会认真评选，评出一等奖6篇、二等奖10篇、三等奖15篇。

8月15日，青海省人民政府下发《关于成立青海省第二次全国R&D资源清查领导小组的通知》，决定成立由省委常委、常务副省长徐福顺为组长青海省第二次全国R&D资源清查领导小组。

8月19－23日，全国统计系统网络扩建工程暨二经普安全系统技术培训会议在西宁召开，国家统计局数据管理中心副主任张富民出席会议并讲话。

8月20－21日，为庆祝建国六十周年，青海省统计系统第三届暨省局机关第五届职工体育运动会在青海多巴国家高原体育训练基地举行，来自全省统计系统的11支代表队175名运动员参加了32个项目的角逐；153人次参加了第五届省局机关运动会6个项目的比赛。

8月22日，青海省第六次全国人口普查办公室主任会议在西宁召开，安排部署全省第六次全国人口普查工作。会议的召开标志着青海第六次全国人口普查工作正式启动。

同日，青海省统计局召开全省安全感调查工作会议，安排部署2009年度全省地方群众安全感和对政法队伍满意度调查工作。

8月中旬，青海省统计局按照中央保密委《关于开展地方党政机关保密检查工作的通知》和省国家保密局《关于进一步加强保密自查工作的通知》精神，开展统计保密自查工作。

8月23日，青海省统计局召开全省统计制度方法改革研讨会。会议认真贯彻落实国家统计方法制度改革目标和具体改革措施并安排部署近期重点工作，要求全省统计系统按照"以提高统计数据质量为中心，积极构建适应科学发展观要求的统计方法制度体系"的总体思路，努力探索青海统计制度方法改革的新思路。

8月23－25日，全省商贸统计调查和餐饮业能源消费统计联网直报工作会议在西宁召开。会议总结了近两年来的贸易统计调查工作，表彰了在餐饮业能源消费统计、商业联网直报工作中成绩突出的企业先进个人，对今后工作提出具体要求。

8月31日，青海省统计局局长、各副局长、总经济师和有关处室负责人及业务人员共同收看国家统计局全国城乡划分清查工作视频动员会议实况，收听马建堂局长在会议上的重要讲话。

▲九月

9月2日至8日，青海省统计局副局长赵玉华一行赴玉树州、囊谦县统计局调研，并实地了解省局基层党建联点帮扶单位囊谦县娘拉乡下拉村有关情况。

9月3日、4日，青海省统计局局长侯碧波前往青海省统计局和国家统计局青海调查总队在北山的两个绿化点检查指导工作。

9月7日，青海省统计局召开R&D资源清查基层表试填培训会议，青海省第二次全国R&D资源清查表试填工作正式启动。

9月9日，青海省政府办公厅批转省教育厅、省统计局《关于进一步加强全省教育事业统计工作的意见》，要求全面加强教育事业统计工作，这是青海省首次以省政府名义下发全面加强教育事业统计工作的文件。

9月10日，青海省统计局组成工业企业能源统计数据质量检查组对省内非金属和有色行业的部分企业统计数据质量进行检查。

9月14日，青海省人民政府办公厅印发《青海省统计局主要职责内设机构和人员编制规定的通知》，明确青海省统计局为省政府直属机构，将现有的工交与投资统计处分设为工交统计处、固定资产投资统计处；成立统计数据管理处，将省统计局所属的计算中心整合划入统计数据管理处。

9月20日，青海省统计局调研组赴海北州、海西州部分工业企业调研循环经济开展情况。

9月25日，青海省统计局向社会公众宣传《行政复议法》、新《统计法》、《统计违法违纪行为处分规定》。

9月30日，由青海省统计局和国家统计局青海调查总队共同编印的《辉煌60年——青海省建国以来社会经济发展成就》一书正式出版。

9月下旬，青海省统计局局长侯碧波率队赴河北、山西、陕西和内蒙等省（区）学习交流能源统计工作。

▲十月

10月9－11日，青海省统计局召开城乡划分清查工作培训会议，就城乡划分工作规则、方案和城乡划分管理系统操作等内容进行业务培训。

10月12日，在2009年度全国能源统计工作会议上，青海省统计局荣获全国能源统计分析研究工作一等奖。

10月16日，全省35名基层县级统计局长赴国家统计局参加县局长培训班。

10月19日，省局举办统计分析软件培训班。

10月20－21日，青海省统计局、国家统计局青海调查总队在西宁联合召开全省城乡住户调查工作暨培训会议。

10月23日，省政府新闻办召开前三季度全省经济运行情况统计新闻发布会。

10月26日，青海省2009年全国统计专业技术资格考试顺利结束。

10月27日，省统计局与省经委召开联席会议，分析研究全省2009年工业经济运行和节能降耗工作。

10月28日，青海省统计局党组召开主题为“加强局机关干部队伍建设，提高整体素质能力，培养团队精神”的务虚会。

▲十一月

11月6日，省统计局下发《关于进一步做好第二次全国经济普查普查区图电子化操作保密工作的通知》。

11月11日，省统计局召开七部门城乡划分清查工作联席会议。

11月18日，青海省委常委、常务副省长徐福顺在省统计局报送的《青海省妇女儿童发展规划监测报告》做出上批示，肯定了省统计局的工作成绩，要求继续做好明年的监测工作。

11月23日，国家统计局局长马建堂在《青海省统计局关于上报2009年工作总结的报告》上作出批示，充分肯定青海省统计局2009年取得的新成绩，鼓励全省统计工作者明年再接再厉，创新奉献，不断提高统计能力，不断提高数据质量，不断提高政府统计公信力。

同日，青海省统计局下发《关于开展新 < 统计法 > 宣传月活动的通知》，全面部署新《统计法》宣传月活动。

同日，青海省统计局组织开展2009年度全省群众安全感和对政法队伍满意度调查。

11月26日，青海省委常委、常务副省长徐福顺批示，要求青海省统计局认真传达学习马建堂局长的重要批示，推动全省统计工作水平进一步提高。

11月30日，青海省经济普查资料开发应用培训班在成都信息工程学院开班。

11月下旬，青海省统计局相继组织召开全省建设领域统计工作会议、工业统计工作会议、劳动工资统计年报工作会议、贸易统计年报会议和大城市月度劳动力调查工作会议，总结2009年工作，部署2010重点任务。

▲十二月

12月4日，青海省统计局党组召开以“加强领导干部党性修养、树立和弘扬良好作风”为主题的领导班子民主生活会。

同日，青海省统计局以第九个全国法制宣传日为契机，开展统计法制宣传活动，向社会公众宣传统计法，营造依法统计的社会氛围。

12月5日，青海省统计局召开《服务业统计报表制度》论证会，会议邀请省委政研室、省政府发展研究中心、省社科院、发改委经济研究院、省财政厅、人民银行西宁中心支行、省民政厅的专家及专业人员对。

12月7日，截至11月底全省8个州（地、市）均已按期成立了第六次全国人口普查领导小组，组建了人口普查领导小组办公室。

12月9日，青海省统计局荣获2009年度全面建设小康社会统计监测工作全国一等奖。

12月10日，青海省统计局重新修订的《青海省统计局工作制度汇编》正式印发，包括党务、人事、廉政建设；政务、文秘、保密、档案；统计业务；计算机网络管理；财务、审计等规章制度共37项。

同日，青海省统计局和科技厅召开联席会议，共商加强合作、做好科技统计工作事宜。

12月11日，青海省第二次全国R&D资源清查数据处理培训会议在西宁召开。

12月11日，省局召开局务扩大会，总结2009年工作。12月17日，青海省统计局组织副处以上干部在线收看国家统计局召开学习新《统计法》视频会议，各州（地、市），县统计局同时收看。

12月21日，青海省统计局副局长陈伟向省人大财经委员会汇报2009年全省经济运行情况和2010年经济形势预测分析。

同日，青海省统计局召开2009年能源统计数据处理程序培训会议，对2009年能源统计年报和2010年定期报表数据处理程序进行了全面系统的培训。

12月24日，省局召开全省非公有制经济调查工作培训会议。对抽中调查的各州（地、市）、区、县统计人员开展培训。

12月25日，青海省统计局召开贸易统计数据处理程序暨抽样调查业务培训会，安排部署了2010年贸易统计工作，对2009年贸易统计年报、2010年月报数据处理程序、抽样调查业务及数据处理程序进行了培训。

12月31日，《青海日报》刊登了青海省委常委、常务副省长徐福顺题为《全面开创依法统计的新局面》的署名文章，对贯彻落实新《统计法》提出五项要求。

2009年青海调查总队大事记

▲一月

1月5日

总队长张小军赴省政府，向宋秀岩省长汇报统计调查工作。

同日，总队召开农民工监测调查工作暨培训会议，副总队长王晓军主持会议，总队长张小军参加会议并讲话。

1月7日

总队向省长宋秀岩、副省长徐福顺报送2008年城乡收入预计材料。

同日，总队召开2009年全省企业集团及重点企业调查工作会议，副总队长王晓军主持会议，总队长张小军参加会议并讲话。

同日，总队农业处、农村住户处负责人参加由省发改委牵头召开的2008年农口经济形势分析会。

1月8日

同日，副总队长李积文参加省政府办公厅召开的“2009年全省工业经济工作会议”。

1月9日

总队召开2009年全省企业景气暨采购经理调查工作会议，副总队长王晓军主持会议，总队长张小军参加会议并讲话。

1月12日－14日

总队长张小军赴京参加全国统计工作会议和全国统计系统表彰大会。

1月12日－16日

总队派3个考核小组陆续分赴9个基层调查队（1市8县）开展2008年度考核工作。

1月13日

总队学习实践科学发展观领导小组办公室组织召开学习实践活动第三阶段工作安排会，副总队长王晓军主持大会并总结第二阶段活动情况，副总队长李积文安排第三阶段工作；省委第十指导检查组组长柴桂荣、副组长李培青出席会议，柴桂荣组长讲话；总队机关全体干部职工参加会议。

1月14日

我省格尔木调查队被人力资源社会保障部和国家统计局评为全国统计系统先进集体，加华、权开升、雷有香三同志荣获全国统计系统先进个人荣誉称号。总队选派格尔木调查队队长权开升为先进集体代表赴京参加全国统计系统表彰大会。

1月16日

总队组织机关全体干部职工2009年新春团拜会。

1月17日

总队长张小军参加省政府全体会议。

1月18日

总队领导和机关各处室负责人参加2009年全省统计工作会议。

1月19日

总队长张小军、副总队长李积文参加青海省统计学会2009年会长办公会议。

同日，总队考核领导小组组织2008年度处级领导干部述职述廉大会，总队机关各处室正、副处长向全体干部职工述职述廉，并进行民主测评。

1月20日

总队和省局联合向省政府上报《关于建立青海省藏区经济社会发展统计制度的报告》。

1月21日

省委常委、省政府常务副省长徐福顺到国家统计局青海调查总队看望慰问总队全体干部职工。

1月22日

国家统计局局长马建堂同志1月4日在国家统计局青海调查总队报送的《2008年工作总结及2009年工作设想的报告》上作出批示：“2008年做了不少工作，新的一年望继续努力。”总队党组书记、总队长张小军同志即刻做出批示：“马建堂局长的批示，高度肯定了我们过去的工作，并对新一年的工作提出了殷切的期望，这对我们青海统计调查工作者是莫大的鼓舞。我们全体统计调查工作者要以此为动力，认真做好2009年各项工作，使青海统计调查工作再上新台阶。”

▲二月

2月6日

总队长张小军主持召开年度工作考核领导小组会议，研究确定2008年度本系统优秀公务员。

2月10日

总队召开“2008年度机关党建和精神文明建设工作考核大会”，副总队长李积文主持会议，总队长张小军作报告，省直机关工委文明办有关领导及总队机关全体人员参加大会。

2月11日

总队荣获2008年全省政府系统信息工作先进单位称号。

2月11日－13日

总队组织实施2009年公务员招录面试工作。

2月16日

总队荣获2008年全省政府系统信息工作先进单位称号。

同日，总队召开学习实践科学发展观活动群众满意度测评大会，副总队长王晓军主持会议，总队长张小军大会讲话。省委第十指导检查组组长柴桂荣等出席会议，总队机关全体干部职工参加会议。

2月18日

总队选派六名同志参加省委组织的2008年度全省领导班子和领导干部责任目标考核工作。

2月19日

总队派员赴平安县沙沟乡参加1号文件宣讲活动，并与省统计局联合为定向扶贫点购捐化肥，为扶贫点困难党员、贫困学生捐款。

同日，总队机关党委荣获2008年度省直机关党建优秀调研成果（论文）奖。

2月20日

总队组织召开2009年全省统计调查工作会议。会议期间还召开了全系统党风廉政建设专题会议，总队领导与分管单位分别签订了《2009年党风廉政建设和反腐败工作目标责任书》，同时召开了2008年度城市基本情况统计年报专题会议。

2月23日

总队部署在国家统计局青海地区各市、县级调查队中选配兼职纪检监察干部推荐工作。

2月24日

总队组织召开学习实践科学发展观活动总结大会，副总队长王晓军主持会议，总队长张小军大会总结讲话。省委第十指导检查组组长柴桂荣等出席会议并讲话，总队机关全体干部职工参加会议。

2月26日

总队荣获省妇联组织以“展时代风采、唱文明旋律”为主题的庆“三·八”迎国庆文艺会演，并荣获二等奖。

2月27日

副总队长李积文等参加青海省人大财经委员会召开的对口部门联系会议。

▲三月

3月5日

总队妇委会组织机关全体女干部开展庆“三·八”登山活动，并于前日选派部分女干部参加省直工委组织的登山比赛，荣获个人第17名的好成绩。

3月6日–8日

国家统计局总工程师郑京平一行5人赴青海，对总队2008年度领导班子及厅局级干部开展考核工作。

3月10日

总队长张小军与总队机关各处室负责人签订《精神文明建设目标责任书》。同日，副总队长杨瑶与总队机关各支部书记签订《2009年党支部目标管理责任书》。

3月16日

总队制发《市、县级调查队兼职纪检监察干部工作职责》，并确定卫东等22名同志为市、县级调查队兼职纪检监察干部。

3月18日

省委副书记骆惠宁对总队上报的《青海调查研究》第61期“对青海2009年农业生产及农村经济形势的展望”一文做出批示。总队按照骆副书记要求，迅速整理有关数据材料于20日报省委办公厅。

3月25日

总队长张小军和有关处室负责人参加省局召集的“藏区统计制度”讨论会。

3月26日

省委副书记骆惠宁在《青海信息》第147期（总队提供的《青海省猪肉价格回落的原因分析》）做出批示：“望调查总队进一步深入调研，全面把握，准确及时反映。”

同日，省委副书记骆惠宁在总队上报的《青海调查专报》第八期《3月中旬全省市场主要商品价格变动情况》一文做出批示：“望进一步分析价格变动是否合理，有什么要提示的问题。”

3月27日

总队长张小军、副总队长李积文、王晓军赴西宁市北山地质公园参加由省绿化委、省直工委联合组织的主题为“大力推进植树绿化、共建绿色生态新青海”的“青海省厅局长林”植树活动。

3月30日

副总队长李积文参加由省统计局和总队综合处联合召开的《2009年青海统计年鉴》、《新中国60周年青海统计资料汇编》和《新中国成立60年来青海经济社会发展成就系列报道》编辑方案讨论会。

▲四月

4月2日

总队长张小军会见果洛州副州长杨英等，就果洛州统计调查工作进行座谈。

4月8日

总队长张小军参加省政府第34次常务会，分析第一季度全省经济运行形势。

4月14日

总队召开机关团委成立大会，副总队长杨瑶主持会议，副总队长李积文宣读共青团青海省直属机关工作委员会“关于国家统计局青海调查总队机关团委成立及委员候选人的批复”，总队长张小军讲话。共青团青海省直机关工委书记韩向晖、青海省统计局副局长王玫林出席大会并讲话。会议选举产生了沈宏、祁瑞芳、陈强三同志组成的国家统计局青海调查总队第一届机关团委。

同日，总队长张小军和财务管理处同志参加全国统计部门财务工作视频会议。

4月15日

总队选派3名市级调查队队长赴深圳参加国家统计局举办的第25期地（市）统计机构主要负责人培训班。

4月17日

总队党组召开对新任市级调查队副队长集体谈话会，杨瑶副总队长主持会议，张小军总队长讲话，李积文副总队长及总队机关有关处室负责人参加会议。

4月19日–22日

总队长张小军赴京参加国家统计局人事司召集会议。

4月21日

副总队长李积文等参加省政府新闻办召开的一季度全省经济运行情况统计新闻发布会。

4月22日

总队党组制文转发青海省委深入学习实践科学发展观活动领导小组《关于做好第一批学习实践活动整改落实和“回头看”工作的通知》。

4月24日

总队长张小军主持总队机关全体职工大会，民主推荐总队机关部分处室正、副职任职人选。27日发布考察预告。

4月28日

副总队长杨瑶赴重庆市参加由中国乒协等三家单位主办的第四届中西部地区领导干部乒乓球比赛。

▲五月

5月5日

副总队长李积文赴城南新区参加"2009中国－青海投资贸易洽谈会暨郁金香节"开幕式。相关同志参加主题报告会。

5月8日

总队机关团委组织团员青年开展以"庆五四、爱青海、护环境"为主题的登山活动，纪念"五四"运动90周年暨中国共产主义青年团成立87周年。总队领导班子全体成员及有关处室负责人应邀参加活动。

5月13日

省委副书记、省长宋秀岩同志对总队上报的《青海调查研究》第96期"猪肉价格继续下跌，生猪生产亏损加大"一文作出批示："请农牧厅、商务厅负责同志阅，并请两部门研究所提建议。"

5月20日

总队长张小军等赴海北藏族自治州西海镇参加国家统计局海北调查队成立揭牌仪式。

同日，总队长张小军和总队有关处室同志在西宁分会场参加国家统计局办公室召开的全国统计部门"小金库"专项治理工作视频会议。即日，总队成立"小金库"专项治理工作领导机构，并发文部署本系统"小金库"专项治理工作。

5月25日

总队与省纪委、省监察厅、省统计局联合发文，贯彻《统计违法违纪行为处分规定》。

5月26日

副总队长杨瑶等赴海南藏族自治州恰卜恰镇参加国家统计局海南州调查队成立揭牌仪式。

同日，总队发文调整总队机关保密、档案机构工作人员。

5月27日

总队长张小军、副总队长王晓军赴青海会议中心参加省委深入学习实践科学发展观活动领导小组组织召开的"全省第一批开展深入学习实践科学发展观活动整改落实后续工作情况交流会"。

同日，总队组织开展《统计违法违纪行为处分规定》知识答题活动。

5月31日

总队长张小军主持召开总队保密委员会扩大会议。

▲六月

6月2日

总队党组发文，部署开展"廉政勤政教育主题宣传月"活动。

6月3日

国家统计局人事司检查组罗燕平组长一行4人赴青海调查总队检查干部选拔任用工作，总队长张小军主持召开总队"厅局级干部选拔考察暨检查干部任用工作"大会，总队机关全体干部职工参加大会。

6月5日

国家统计局国民经济综合统计司副司长万东华赴青海，为局队干部作"经济形势与统计分析"专题报告。下午，副总队长李积文与省局有关领导陪同赴互助县考察。

6月9日

总队长张小军等赴玉树州就组建国家统计局玉树调查队有关工作开展调研。

6月15日

国家统计局第39期党校学员7人调研组赴青开展"青海省发展生态畜牧业问题研究"调研，总队派农业调查处负责同志陪同考察。次日，副总队长王晓军等与调研组座谈。

6月17日

总队党组印发《关于围绕庆祝新中国成立60周年深入开展爱国主义教育活动的实施方案》。

6月18日－20日

总队长张小军等赴北京参加第二次全国经济普查数据质量抽查工作视频会暨培训会。

6月19日

副总队长李积文在西宁分会场参加第二次全国经济普查数据质量抽查工作视频会。

6月22日

副总队长李积文参加第二次全国经济普查赴青国家数据质量抽查组座谈会。

6月23日

总队长张小军和总队选派的5位同志赴安徽省开展第二次全国经济普查数据质量抽查工作。

6月25日

全国政协经济委员会副主任、国家统计局顾问李德水同志赴青看望局队干部，并与局队领导座谈。

6月27日

国家统计局投资司副司长贾海赴总队检查指导房地产成本费用专项调查工作。

6月30日

国家统计局党组成员、副局长谢鸿光一行看望局队干部。

同日，总队领导与来青开展第二次全国经济普查数据质量抽查工作的重庆调查总队刘启义总队长一行座谈。

同日，总队组织召开建党88周年庆祝大会，副总队长李积文主持会议，杨瑶副总队长讲话，王晓军副总队长宣布对2008年度总队机关先进党支部、优秀党务工作者、优秀党员和先进处室表彰的决定。

同日，总队组织机关迎国庆、庆"七·一"知识竞赛活动。

▲七月

副总队长王晓军参加中央巡回检查组组织召开的全省第一批学习实践科学发展观活动整改落实情况抽查测评会。

7月6日

总队和省局联合发文，安排部署农村、城市社会经济统计调查基础工作及数据质量检查与评估工作。

7月9日

总队党组召开机关新任处级领导干部集体谈话会，副总队长王晓军主持会议，总队长张小军代表党组讲话，总队人事教育处新任处长吴建宁代表新任处级领导干部发言。

7月13日

总队向省委骆惠宁副书记提供虫草、猪肉价格情况有关材料。

同日，朱万同志拟任总队纪检组长公示。

7月15日

总队长张小军列席中共青海省委第十一届六次全体会议。

7月16日

总队组织举办爱国主义教育专题党课活动，总队长张小军作题为《党员干部要做践行爱国主义教育活动的表率》的辅导讲座，副总队长王晓军主持会议，总队机关全体党员干部参加活动。

7月17日

总队组织全体党员干部职工参观原子城国家级爱国主义教育示范基地纪念馆。

7月-20日

总队组织召开2009年新招录公务员任前培训会，张小军总队长参加会议并讲话，10名新考录公务员已全部到岗就位。

7月21日-31日

即日起，总队、省局领导分别带队赴5个州(地、市)、10个县及有关企业开展农村、城市社会经济调查基层基础及数据质量检查与评估工作。

7月23日

省政府徐福顺副省长在青海调查总队编发的《青海调查研究》第一百二十五期《对青海当前CPI走势的判断》一文做出批示："我认为此判断分析很好，两条建议很重要。"

同日，总队长张小军、副总队长李积文等赴黄南州参加国家统计局黄南调查队成立揭牌大会。

7月28日

省局侯碧波局长和总队李积文副总队长等赴局队定点扶贫单位平安县沙沟乡，检查由局队协调争取的建设项目落实情况。

7月29日

国家统计局财务司朱维盛副司长一行3人来青对总队进行财务审计，总队领导，财务处、办公室和纪检监察室有关人员参加进点会。

同日，副总队长王晓军等赴平安县参加国家统计局海东调查队成立揭牌大会。

▲八月

8月5日

总队机关全体干部参加省直机关工委组织的《庆祝新中国成立60周年暨青海解放60周年党的统一战线知识竞赛》答题。

8月6日

国家统计局党组发文，任命朱万同志为青海调查总队党组成员、党组纪检组组长(副厅级)。

8月11日

总队长张小军等赴玛沁县参加国家统计局果洛调查队成立揭牌大会。

同日，安徽总队巡视员郭兴榜率安徽省直机关保密工作第六协作组一行20人来青座谈交流保密工作，副总队长李积文、青海省国家保密局业务处李勇处长及青海调查总队、省统计局保密工作办公室有关人员参加座谈会。

8月13日

总队长张小军等与赴青考察的安徽省马鞍山市统计局一行9人座谈。

8月14日

总队长张小军参加省政府第44次常务会议，研究省扶贫开发局《关于确定我省贫困人口扶贫标准的请示》。

8月16日-18日

总队长张小军等赴兰州参加2009年全国组织工作满意度民意调查工作培训会议。

8月25日

总队长张小军主持召开总队党组会议，研究调整总队领导工作分工等事项。

8月27日

总队长张小军参加全省领导干部会议。

同日，副总队长李积文等赴德令哈市参加国家统计局海西调查队成立暨揭牌大会。

8月28日

副总队长杨瑶主持召开总队机关全体干部职工及部分市、县级调查队干部"职业道德建设青年座谈会"，副总队长王晓军、纪检组长朱万参加会议，总队长张小军讲话。

▲九月

9月4日

总队机关全体干部职工为原湟中农调队病故干部耿连德同志女儿耿生灵爱心助学捐款。

9月17日

总队派员参加省政府召集的城乡低保工作动态运行管理及定标座谈会。

9月21日

总队长张小军参加省委常委扩大会议，会议传达党的十七届四中全会精神。

同日，总队组织开展邮政普遍服务满意度调查工作。

9月25日

副总队长杨瑶应邀参加青海省妇女第十一次代表大会开幕式。

9月29日

总队组织机关全体干部职工举办"迎国庆、颂祖国"文艺联欢会，庆祝新中国成立60周年和青海解放60周年。副总队长杨瑶、李积文、王晓军，纪检组长朱万参加活动，总队长张小军致词。

9月30日

总队长张小军参加青海省委组织召开的庆祝中华人民共和国成立60周年大会。

▲十月

10月11日

副总队长王晓军赴北京参加国家统计局举办的第28期省(区、市)统计局长、总队长研究班。

10月14日

总队组织全体干部参加由省依法治省工作领导小组、省委组织部、省委宣传部联合举办的“全省第九次普法统一考试”。

10月20日

局队联合召开全省城镇、农村住户调查工作暨培训会议，总队长张小军参加会议并讲话。

10月22日

总队举办机关消防安全知识讲座，邀请青海政安防火知识咨询中心专业人员开展消防安全知识培训。副总队长杨瑶、纪检组长朱万参加会议。

10月23日

副总队长李积文列席省政府48次常务会议，听取省发改委1-9月全省经济运行形势分析及政策建议汇报，研究下一步工作；同时，研究省民政厅“关于提高城乡最低生活保障标准的请示”。

10月26日

总队向省政府张光荣副省长提供“青海农村劳动力收入情况”材料。

10月28日

总队组织开展“全省调查队系统干部2009年普法（统计法）考试”。

10月29日

副总队长杨瑶等赴厦门市参加全国统计设计管理工作会议暨企业一套表研讨会。

▲十一月

11月1日

总队2009年度统计设计管理工作在国家统计局考核评比中，荣获“统计基层基础建设工作专项”三等奖。

11月3日

副总队长王晓军、纪检组长朱万和总队机关党委、联建支部负责人赴定点扶贫联系点平安县沙沟乡开展“户帮户、一对一”结对帮扶活动。

同日，总队全体干部职工参加由省民政厅组织的2009年“送温暖、献爱心”捐赠活动。

11月6日

总队向省政府办公厅提供“当前农牧民收入情况及全年预计”约稿材料。

11月9日

总队长张小军应邀赴北京市参加中国统计学会成立三十周年纪念大会暨第十五次全国统计科学讨论会。

11月22日

副总队长王晓军和总队农业处、农村住户处负责人赴海南省海口市参加全国农村统计工作会议。

11月25日

总队长张小军参加国家统计局设计管理司组织的赴英国考察活动。

同日，副总队长杨瑶赴辽宁省沈阳市参加全国城市统计调查工作会议。

▲十二月

12月3日

国家局服务业调查中心李文海处长一行来青开展组织工作满意度民意调查工作调研。

12月4日

总队与省统计局联合开展“12·4法制宣传日”广场法制宣传活动，副总队长王晓军参加现场活动。

12月8日

副总队长李积文参加省委常委扩大会，会议传达贯彻中央经济工作会议精神。

12月16日

副总队长李积文赴西安市参加公众对城市环境保护满意率调查培训会议。

12月17日

总队处级以上干部在西宁分会场参加国家统计局组织召开的“新《统计法》学习报告会”视频会议。

12月18日

副总队长杨瑶列席省政府第51次常委会，研究《2010年全省国民经济和社会发展建议计划》。

12月24日

总队向省政府办公厅反馈对《青海省城镇低收入家庭认定实施方法（试行）》征求意见。

12月29日-31日

总队长张小军列席中共青海省委十一届七次全体会议。

第 2 篇

CHAPTER 2

综 合

General Survey

生产总值增长速度

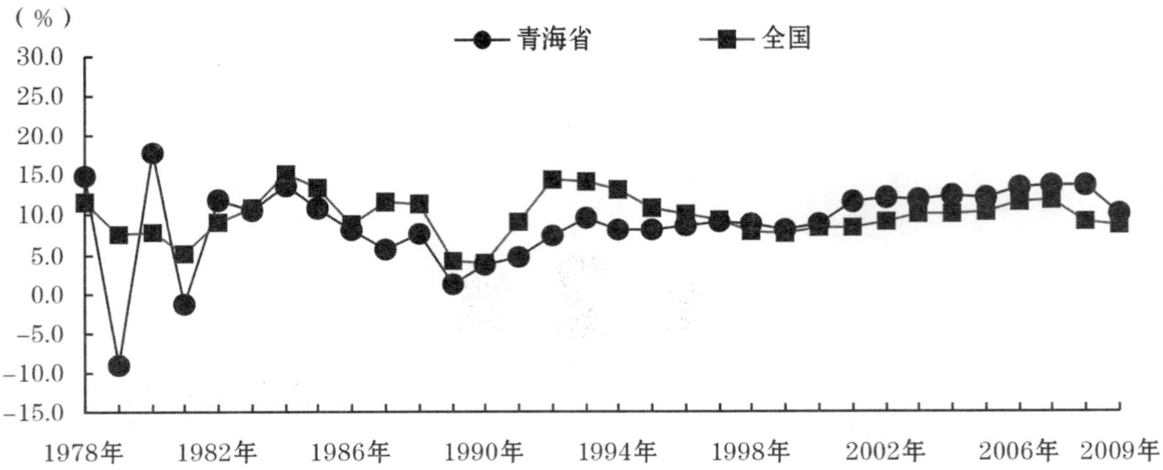

生产总值构成（%）

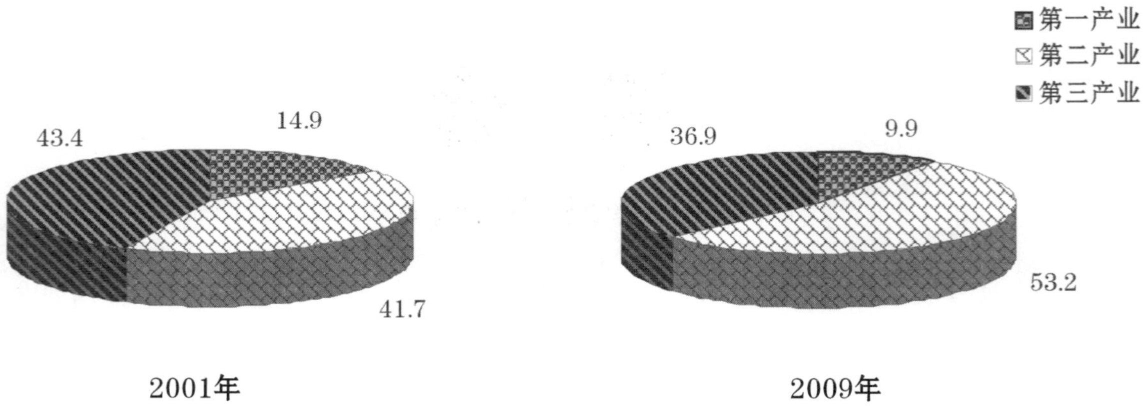

最终消费构成（%）

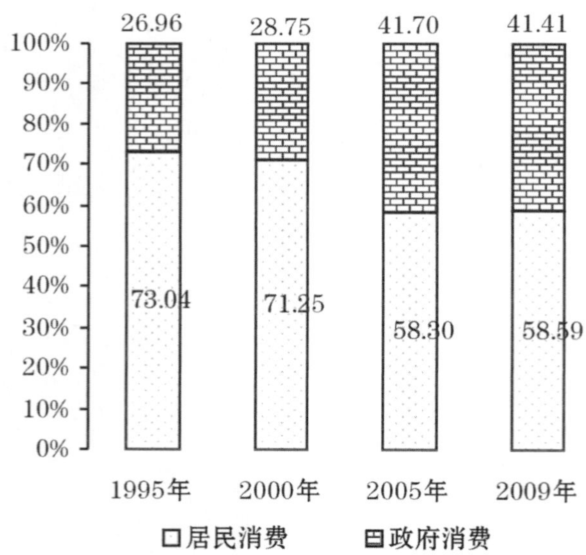

生产总值构成比重（%）

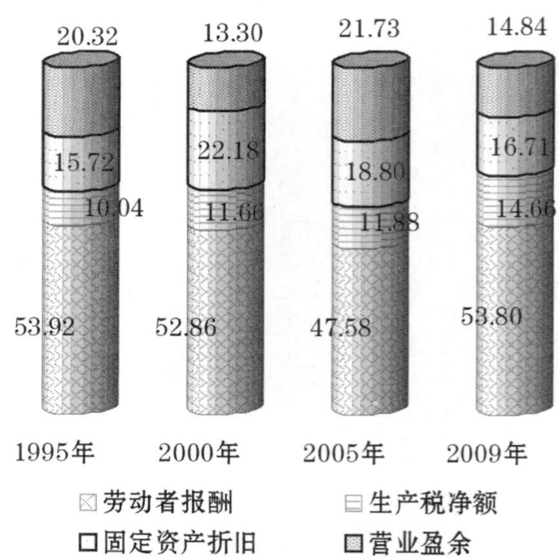

2-1 各部门机构数

Grass-roots Units in Various Sectors

单位：个 (unit)

部门	Sector	机构数 Grass-roots Units 2008	机构数 Grass-roots Units 2009	2009年比2008年增长(%) Increase Rate % in 2009 over 2008
农村基层单位	**Rural Grass-roots Units**			
乡政府	Township Governments	229	229	持平
镇政府	Town Governments	137	137	持平
村民委员会	Village Committees	4161	4163	0.05
牧业	Animal Husbandry	889	889	持平
乡村户数（万户）	Number of Rural Households (10 000 units)	82.9	85.1	2.65
国有及规模以上非国有工业企业	**Industrial Enterprises of State-owned and Non-state-owned above Designated Size**	**515**	**523**	**1.55**
大型企业	Large Industrial Enterprises	9	12	33.33
中型企业	Medium-sized Industrial Enterprises	69	71	2.90
小型企业	Small Industrial Enterprises	437	440	0.69
国有及国有控股企业	State-owned and State-holding Enterprises	146	137	-6.16
集体企业	Collective-owned Enterprises	12	9	-25.00
外商及港澳台商投资企业	Enterprises with Funds from Hong Kong ,Macao, Taiwan and Foreign Countries	24	26	8.33
建筑业企业	**Construction Enterprises and Units**	**459**	**440**	**-4.14**
卫生事业	**Health Care**	**1643**	**1598**	**-2.74**
医院、卫生院	Hospital and Health Centers	534	535	0.19
疾病预防控制中心	Center for Diseasa Control and Prevention	56	56	持平
妇幼保健院(所、站)	Materbity and Child Care Centers	22	21	-4.55
社会福利事业	**Social Welfare Services**	**168**	**172**	**2.38**
收养类单位数	Residential Institutions	136	142	4.41
福利企业单位数	Number of Welfare Enterprises	18	17	-5.56
其他福利单位数	Other Social Welfare Units	14	13	-7.14
教育事业	**Education**	**3482**	**3020**	**-13.27**
普通高等学校	Regular Inststutions of Higher Education	8	9	12.50
中等职业教育	Medium-scale Vocational Education	43	39	-9.30
普通中学	Regular Secondary Schools	491	449	-8.55
高中	Senior Secondary Schools	138	126	-8.70
初中	Junior Secondary Schools	353	323	-8.50
普通小学	Primary Schools	2556	2047	-19.91
学前教育	Pre-school Education	374	466	24.60
特殊教育	Special Schools	10	10	持平
科技机构	**Science and Technology Institutions**	**49**	**51**	**4.08**
艺术事业	**Art**	**12**	**13**	**8.33**
艺术表演团体	Art Performing Troupes	12	13	8.33
公共图书馆	**Public Libraries**	**43**	**44**	**2.33**
群众文化事业	**Mass Culture**	**254**	**282**	**11.02**
群众艺术馆	Mass Are Centers	9	8	-11.11
文化馆	Cultural Cebters	45	44	-2.22
文化站	Cultural Stations	200	230	15.00
艺术教育事业	**Art Education**	**1**	**1**	**持平**
其他文化事业	**Other Cultural Units**	**11**	**11**	**持平**
艺术研究机构	Art Research Institutions	1	1	持平
文物事业	**Cultural Relics**	**43**	**44**	**2.33**
博物馆	Museums	18	18	持平
文物机构	Cultural Relics Institutions	25	26	4.00
广播电视台站	**Radio and Television Broadcasting Stations**	**12**	**12**	**持平**
广播电台	Radio Stations	4	4	持平
电视台	Television Stations	8	8	持平

2-2 主要年份国民经济和社会发展总量与速度指标

指 标		Item	1995	2000
人口与就业		**Population and Employment**		
人口	(万人)	**Population(10 000 persons)**		
年底总人口		Population and Year-end	481.20	516.50
市镇人口		Urban	163.13	179.54
乡村人口		Rural	318.07	336.96
男性人口		Male	246.37	267.03
女性人口		Female	234.83	249.47
就业	(万人)	**Employment(10 000 persons)**		
从业人员数		Employment	261.71	283.91
职工人数		Stff and Workers	65.78	46.87
城镇登记失业人数		Registration Unemployment in Urban Areas	1.51	1.80
宏观经济		**Macro Economy**		
国民经济核算	(亿元)	**National Accounting(100 million yuan)**		
生产总值		Gross Domestic Product	167.80	263.68
第一产业		Primary Industry	39.62	40.12
第二产业		Secondary Industry	64.58	108.83
第三产业		Tertiary Industry	63.60	114.73
支出法生产总值		Gross Domestic Product by Expenditure Approach	167.80	263.68
最终消费		Government Final Consumption Expenditure	113.40	171.70
居民消费		Household Consumption Expenditures	82.83	122.33
政府消费		Government Consumption Expenditure	30.57	49.37
资本形成总额		Gross Capital Formation	77.67	160.46
固定资本形成		Gross Fixed Capital Formation	57.48	156.97
存货增加		Changes in Inventories	20.19	3.49
固定资产投资	(亿元)	**Investment in Fixed Assets(100 million yuan)**		
全社会固定资产投资总额		Total Investment in Fixed Asssets	55.58	154.83
国有经济		State-owned Economy	45.15	102.83
集体经济		Collective-owned Economy	5.34	6.61
个体私营经济		Individual and Private Economies	4.34	13.08
财政	(亿元)	**Government Finance(100 million yuan)**		
地方财政收入		Local Government Revenue	8.60	16.58
地方财政支出		Local Government Expenditures	28.80	68.26
物价总指数	(上年=100)	**Price Indices (preceding year=100)**		
商品零售价格总指数		Retail Price Index	116.30	99.00
居民消费价格总指数		Consumer Price Index	118.00	99.50
农业生产资料价格总指数		Price Indices of Agricultural Means of Production	123.90	100.70
利用外资	(亿美元)	**Utilization of Foreign Capital(USD 100 million)**		
签订利用外资协议额		Signed an Agreement for Use of Foreign Capital	0.54	1.53
能源生产与消费	(万吨标准煤)	**Production and Consumption of Energy(10 000 tons of SCE)**		
能源生产总量		Total Energy Production	571.57	937.90
能源消费总量		Total Energy Consumption	687.71	897.23

Principal Aggregate Indicators on National Economic and Social Development and Growth Rates in Main Years

总量指标 Aggregate Data				速度指标(%) Indices and Growth Rates						
				指数（2009年为以下各年） Index (2009 as percentage of the following years)				平均增长速度 Average Annual Groeth Rata		
2005	2007	2008	2009	1995	2000	2005	2008	1996−2000	2001−2005	2006−2009
543.20	551.60	554.30	557.30	115.81	107.90	102.60	100.54	1.43	1.01	0.64
213.21	221.02	226.49	233.51	143.14	130.06	109.52	103.10	1.94	3.50	2.30
329.99	330.58	327.81	323.79	101.80	96.09	98.12	98.77	1.16	-0.42	-0.47
277.58	279.50	279.33	280.26	113.76	104.95	100.97	100.33	1.62	0.78	0.24
265.62	272.10	274.97	277.04	117.97	111.05	104.30	100.75	1.22	1.26	1.06
297.80	312.44	317.18	321.58	122.88	113.27	107.99	101.39	1.64	0.96	1.94
40.92	43.07	44.55	48.50	73.73	103.48	118.52	108.87	-6.55	-2.68	4.34
3.63	3.72	3.87	4.07	269.54	226.11	112.12	105.17	3.58	15.06	2.90
543.32	797.35	1018.62	1081.27	431.15	283.52	160.70	110.14	8.75	12.02	12.59
65.34	83.41	105.57	107.40	158.81	147.44	117.79	105.00	1.50	4.59	4.18
264.61	419.03	557.12	575.33	607.53	364.39	172.65	111.34	10.76	16.11	14.63
213.37	294.91	355.93	398.54	420.52	259.53	159.08	109.79	10.13	10.28	12.31
543.32	797.35	1018.62	1081.27	431.15	283.52	160.70	110.14	8.75	12.02	12.59
360.72	509.45	593.51	616.15	357.46	269.24	139.84	101.16	5.83	14.30	8.74
210.29	273.64	322.40	360.98	287.21	224.43	140.39	109.03	5.04	10.29	8.85
150.43	235.81	271.11	255.17	551.29	380.27	139.05	91.81	7.72	22.66	8.59
369.28	496.71	643.19	798.24	733.13	386.60	185.62	126.76	13.67	17.25	16.72
364.08	480.43	583.20	791.80	1010.58	391.15	186.67	137.52	20.90	18.02	16.89
5.20	16.28	59.99	6.44	26.73	169.09	111.35	12.44	-30.77	-7.44	2.72
367.15	487.47	582.85	800.51	1440.28	517.03	218.03	137.34	25.30	20.90	18.60
175.64	201.21	255.48	398.01	881.53	387.06	226.61	155.79	22.00	15.10	16.80
14.50	26.52	23.79	14.33	268.35	216.79	98.83	60.24	0.80	6.50	15.80
42.76	36.46	41.52	84.76	1953.00	648.01	198.22	204.14	32.00	29.30	7.30
33.82	56.71	71.57	87.74	1020.23	529.19	259.43	122.59	14.03	15.32	26.91
169.75	282.20	363.60	486.75	1690.10	713.08	286.75	133.87	18.84	19.99	30.13
100.70	106.00	110.60	101.60	135.36	125.52	121.49	101.60	1.52	0.65	4.99
100.80	106.60	110.10	102.60	157.73	136.25	122.34	102.60	2.97	2.18	5.17
106.50	108.10	124.20	97.80	175.65	153.86	134.06	97.80	2.68	2.79	7.60
3.56	4.16	3.09	3.08	570.37	201.31	86.52	99.68	23.16	18.40	-3.56
1731.91	2272.09	2635.91	2967.76	519.23	316.43	171.36	112.59	10.41	13.05	14.41
1670.36	2095.02	2279.15	2348.17	341.45	261.71	140.58	103.03	5.46	13.24	8.89

2–2　续表 1

指　标		Item	1995	2000
产业		**Industry**		
农业		**Agriculture**		
农林牧渔业从业人员	(万人)	Employed Persons of Agriculture,Forestry, Animal Husbandry and Fishery (10 000 persons)	131.83	142.25
农林牧渔业总产值	(亿元)	Gross Output Value of Agriculture,Forestry, Animal Husbandry and Fishery(100 million yuan)	55.10	56.99
主要农产品产量	(万吨)	Output of Major Farm Products(10 000 tons)		
粮食		Grain	114.19	82.70
油料		Oil-bearing Crops	16.21	19.40
水果		Fruits	2.68	2.24
肉类		Meat	18.37	20.83
牛肉		Beef	6.29	6.35
羊肉		Mutton	6.13	7.00
水产品		Aquatic Products	0.24	0.12
工业		**Industry**		
主要工业产品产量		Output of Major Industrial Products		
原煤	(万吨)	Coal(10 000 tons)	278	145
原油	(万吨)	Crude Oil(10 000 tons)	122	200
发电量	(亿千瓦小时)	Electricity(100 million kwh)	66	134
钢	(万吨)	Steel(10 000 tons)	36	43
成品钢材	(万吨)	Rolled Steel(10 000 tons)	31	36
铝	(万吨)	Aluminum(10 000 tons)	11	28
原盐	(万吨)	Salt(10 000 tons)	76	68
化肥	(万吨)	Fertilizers(10 000 tons)	21	67
水泥	(万吨)	Cement(10 000 tons)	64	124
全部国有及规模以上非国有工业企业主要指标	(亿元)	Principal Indicators of Industrial Enterprises of State-owned and Non-state-owned above Designated Size (100 million yuan)		
固定资产原价		Original Value of Fixed Assets	236.53	505.81
固定资产净值年平均余额		Annual Averagr Balance of Net Value of Fixed Assets	143.04	361.62
利润总额		Total Profits	-5.65	0.79
建筑业		**Construction**		
建筑业总产值	(亿元)	Gross Output Value(100 million yuan)	20.49	44.72
施工房屋面积	(万平方米)	Floor Space of Building under Construction (10 000 sq.m)	183.73	339.43
竣工房屋面积	(万平方米)	Floor Space of Building Completed(10 000 sq.m)	97.29	192.90
交通运输		**Transport**		
货运量	(万吨)	Total Freight Traffic(10 000 tons)	3529	5076
铁路		Railways	532	833
公路		Highways	2887	4050
管道		Petroleum and Gas Pipelines	110	193
空运		Civil Aviation		
客运量	(万人)	Total passsnger Traffic(10 000 persons)	2388	3612
铁路		Railways	220	352
公路		Highways	2165	3250
空运		Civil Aviation	3	10
公路通车里程	(公里)	Total Lenth of Highways(km)	17223	18679

Continued

总量指标 Aggregate Data				速度指标(%) Indices and Growth Rates						
				指数（2009年为以下各年） Index (2009 as percentage of the following years)				平均增长速度 Average Annual Groeth Rata		
2005	2007	2008	2009	1995	2000	2005	2008	1996-2000	2001-2005	2006-2009
128.73	119.82	120.61	121.46	92.13	85.38	94.35	100.70	1.53	-1.98	-1.44
94.04	121.25	153.40	157.30	159.92	142.62	116.29	105.80	2.32	4.17	3.84
93.26	99.02	101.80	102.70	89.94	124.18	110.12	100.88	-6.25	2.43	2.44
31.85	32.03	35.22	36.60	225.79	188.66	114.91	103.92	3.66	10.42	3.54
1.48	1.38	1.32	1.46	54.48	65.18	98.65	110.61	-3.52	-7.95	-0.34
25.75	24.33	25.54	26.91	146.49	129.19	104.50	105.36	2.55	4.33	1.11
7.44	7.32	7.28	8.10	128.78	127.56	108.87	111.26	0.19	3.22	2.15
9.16	8.68	8.67	8.85	144.37	126.43	96.62	102.08	2.69	5.53	-0.86
0.09	0.18	0.21	0.08	33.33	66.67	88.89	38.10	-12.94	-5.59	-2.90
555	896	1183	1284	461.87	885.52	231.35	108.54	-12.15	30.79	23.33
221	221	220	186	152.46	93.00	84.16	84.55	10.44	2.02	-4.22
213	289	306	361	546.97	269.40	169.48	117.97	17.23	9.71	14.10
51	115	115	127	352.78	295.35	249.02	110.43	3.84	3.47	25.62
48	109	115	125	403.23	347.22	260.42	108.70	3.42	5.92	27.03
67	95	102	91	827.27	325.00	135.82	89.22	19.85	19.06	7.95
112	162	236	71	93.42	104.41	63.39	30.08	-2.33	10.49	-10.77
159	245	247	278	1323.81	414.93	174.84	112.55	26.20	18.87	14.99
371	437	458	610	953.13	491.94	164.42	133.19	14.16	24.51	13.24
844.71	1158.06	1315.94	1575.12	665.93	311.41	186.47	119.70	16.42	10.80	16.86
560.46	796.63	878.85	1104.40	772.09	305.40	197.05	125.66	20.38	9.16	18.48
72.82	136.27	177.17	100.02		12660.76	137.35	56.45		147.13	8.26
90.93	125.44	143.00	204.34	997.27	456.93	224.72	142.90	16.89	15.25	22.44
407.55	384.67	404.50	490.98	267.23	144.65	120.47	121.38	13.06	3.73	4.77
194.02	173.97	189.18	211.71	217.61	109.75	109.12	111.91	14.67	0.12	2.21
7152	8260	9318	10057	284.98	198.13	140.62	107.93	7.54	7.10	8.90
1453	1772	2310	2702	507.89	324.37	185.96	116.97	9.38	11.77	16.78
5491	6280	6805	7173	248.46	177.11	130.63	105.41	7.00	6.28	6.91
208	207	202	182	165.45	94.30	87.50	90.10	11.90	1.51	-3.28
	1	1	1				100.00			
4920	5655	9447	10101	422.99	279.65	205.30	106.92	8.63	6.38	19.70
368	393	404	430	195.45	122.16	116.85	106.44	9.86	0.89	3.97
4525	5218	8996	9603	443.56	295.48	212.22	106.75	8.46	6.84	20.70
27	44	47	68	2266.67	680.00	251.85	144.68	27.23	21.98	25.98
29719	52625	56642	60136	349.16	321.94	202.35	106.17	1.64	9.73	19.27

2-2 续表 2

指 标		Item	1995	2000
邮电通信业		**Postal and Telecommunication Services**		
邮电业务总量	(亿元)	Bussiness Voluem of Postal and Telecommunication Services(100 million yuan)	1.56	4.92
函件	(万件)	Number of Letters Delivered(10 000 pieces)	3354	2762
报刊期发数	(万份)	Number of Newspaper and Magazines Distributed(10 000 copies)	262	47
邮路总长度	(公里)	Length of Postal Routes(km)	17849	26978
本地(固定)电话年末用户	(万部)	Number of Fixed Telephone Subscribers at Year-end(10 000 subscirbers)	9.40	36.87
移动电话用户	(万户)	Number of Mobile Telephone Subscribers(10 000 subscribers)	0.26	21.07
国内商业		**Domestic Trade**		
社会消费品零售总额	(亿元)	Total Retail Sales of Comsumer Goods(100 million yuan)	70.63	100.26
对外经济贸易		**Foreign Trade**		
进出口总额	(亿美元)	Total Value of Exports and Imports(USD 100 million)	1.62	1.60
出口额		Exports	1.38	1.12
进口额		Inports	0.24	0.48
旅游		**Tourism**		
旅游人数	(万人次)	Domestic Tourists(10 000 person-times)	42	321
旅游外汇收入	(万美元)	Foreign Exchange Earnings from International Tourism(USD 10 000)	231	740
金融保险	(亿元)	**Financial Intermediation and Insurance(100 million yuan)**		
金融机构人民币各项存款余额		Deposits of National Banking System	126.96	280.17
金融机构人民币各项贷款余额		Loans of National Banking System	213.30	348.57
保险公司保费收入		Insurance Premium of Insurance Companies	1.70	5.13
保险公司赔款及给付金额		Indemnity Expenditure and Payment of Insurance Companies	0.84	1.19
教育、科技、文化		**Education,Science and Technology and Culture**		
教育		**Education**		
专任教师数	(人)	Full-time Thachers(person)	45673	47821
普通高等学校		Institutions of Higher Education	1410	2107
中等职业学校		Middle School	1691	1363
普通中学		Secondary School	15691	16645
小学		Primary School	26881	27706
在校学生数	(万人)	Students Enrollment(10 000 persons)	66.28	75.62
普通高等学校		Institutions of Higher Education	0.73	1.33
中等职业学校		Middle School	1.36	1.34
普通中学		Secondary School	19.39	22.47
小学		Primary School	44.80	50.48
科技		**Science and Technology**		
研究与开发经费支出	(万元)	Expenditures on Research and Development (10 000 yuan)	7267.4	13142.4
技术合同成交额	(万元)	Volume of Transaction in Technical Markets (10 000 yuan)	1054.8	5096.0
文化		**Culture**		
出版数量		Number of Published		
图书	(万册.张)	Books(10 000 copies)	1227	586
杂志	(万册)	Magazine(10 000 copies)	79	91
报纸	(万份)	News Paper(10 000 copies)	5677	4800

Continued

总量指标 Aggregate Data				速度指标(%) Indices and Growth Rates						
				指数（2009年为以下各年） Index (2009 as percentage of the following years)				平均增长速度 Average Annual Groeth Rata		
2005	2007	2008	2009	1995	2000	2005	2008	1996-2000	2001-2005	2006-2009
31.43	53.74	69.95	91.67	5876.28	1863.21	291.66	131.05	25.83	44.90	30.68
1886	627	566	440	13.12	15.93	23.33	77.74	-3.81	-7.35	-30.50
51	42	47	37	14.12	78.72	72.55	78.72	-29.04	1.60	-7.71
23721	24587	24508	33586	188.17	124.49	141.59	137.04	8.61	-2.54	9.08
113.50	123.00	119.40	109.30	1162.77	296.45	96.30	91.54	31.43	25.22	-0.94
121.36	222.00	247.20	310.70	119500.00	1474.61	256.02	125.69	140.85	41.93	26.49
161.59	212.54	259.73	300.47	425.41	299.69	185.95	115.69	7.26	10.02	16.77
4.13	6.12	6.88	5.86	361.73	366.25	141.89	85.17	-0.25	20.88	9.14
3.23	3.86	4.19	2.51	181.88	224.11	77.71	59.90	-4.09	23.59	-6.11
0.90	2.26	2.70	3.35	1395.83	697.92	372.22	124.07	14.87	13.40	38.90
637	1002	905	1109	2640.48	345.48	174.10	122.54	50.19	14.69	14.87
1102	1591	1015	1542	668.69	208.38	139.93	151.92	26.26	8.29	8.76
733.05	1092.65	1383.68	1785.78	1406.57	637.39	243.61	129.06	17.15	21.21	24.93
638.59	873.15	1025.63	1399.02	655.89	401.36	219.08	136.41	10.32	12.87	21.66
7.86	10.74	14.11	18.21	1071.18	354.97	231.68	129.06	24.72	8.91	23.37
1.99	4.62	6.00	6.05	720.24	508.40	304.02	100.83	7.21	10.83	32.05
52167	53403	54259	54339	118.97	113.63	104.16	100.15	0.92	1.75	1.03
3051	3156	3368	3757	266.45	178.31	123.14	111.55	8.37	7.69	5.34
1588	1906	2379	2480	146.66	181.95	156.17	104.25	-4.22	3.10	11.79
20050	21038	21194	21308	135.80	128.01	106.27	100.54	1.19	3.79	1.53
27478	27303	27318	26794	99.68	96.71	97.51	98.08	0.61	-0.17	-0.63
89.34	95.19	97.73	99.03	149.41	130.96	110.85	101.33	2.67	3.39	2.61
3.44	3.91	5.58	5.82	797.26	437.59	169.19	104.30	12.75	20.93	14.05
2.47	5.46	6.79	7.64	561.76	570.15	309.31	112.52	-0.30	13.01	32.62
32.75	32.70	31.54	32.27	166.43	143.61	98.53	102.31	2.99	7.83	-0.37
50.68	53.12	53.82	53.33	119.04	105.65	105.23	99.09	2.42	0.08	1.28
20652.0	30266.0	34920.0	35893.0	493.92	273.11	173.80	102.79	12.58	9.46	14.82
11811.6	53446.0	77462.9	85424.2	8098.62	1676.30	723.22	110.28	37.03	18.31	63.99
840	1143	987	843	68.70	143.86	100.36	85.41	-13.74	7.47	0.09
204	196	281	353	446.84	387.91	173.04	125.62	2.87	17.52	14.69
4486	9757	8859	9172	161.56	191.08	204.46	103.53	-3.30	-1.34	19.58

2-2 续表 3

指　标		Item	1995	2000
家庭、生活、环境		**Family,People's Living Conditions and Environment**		
家庭		**Family**		
家庭总户数	(万户)	Total Number of Family (10 000 households)	101.59	115.24
城镇居民平均每户家庭人口	(人)	Average Household Size in Urban Areas(person)	3.50	3.24
农村居民平均每户家庭人口	(人)	Average Household Size in Rural Areas(person)	5.97	5.32
婚姻		**Marriages and Divorces**		
结婚登记数	(对)	Register Number of Marrizges(couple)	40046	37119
离婚登记数	(对)	Number of Divorces(couple)	1863	2115
居住		**Housing**		
城市居民人均使用面积	(平方米)	The Use of Urban Residents Per Capita Area(sq.m)	9.63	12.06
农村居民人均居住面积	(平方米)	Per Capita net Floor Space of Rural Residents(sq.m)	14.98	15.32
生活		**People's Lining Conditions**		
城镇居民人均可支配收入	(元)	Per Capita Annual Disposable income of Urban Households(yuan)	3379.85	5169.96
农村居民人均纯收入	(元)	Per Capita net income of Rural Residents(yuan)	1029.77	1490.49
城乡储蓄存款余额	(亿元)	Outstanding Amount of Saving Deposits in Urban and Rural Areas(100 million yuan)	76.89	146.28
工资		**Wages**		
工资总额	(亿元)	Total Wages(100 million yuan)	38.02	49.76
职工平均工资	(元)	Average Wage of Staff and Workers(yuan)	5753	10050
卫生		**Health**		
医院、卫生院	(个)	Number of Hospitals(unit)	592	577
卫生技术人员	(万人)	Health Professionals(10 000 persons)	2.02	2.15
医院、卫生院床位数	(万张)	Number of Hospital Beds(10 000 units)	1.72	1.65
市政建设		**Municipal Works**		
自来水供水总量	(万吨)	Annual Supply of Tap Water(10 000 tons)	14971	14239
排水管道长度	(公里)	Length of Sewer Pipelines(km)	179	263
城市(市区)煤气和天然气供气量	(万立方米)	Voluem of Coal Gas and Natural Gas(10 000 persons)	1260	15815
城市(市区)液化石油气供气量	(吨)	Voluem of Liquefied Petroleum Gas(ton)	6890	13290
铺装道路长度	(公里)	Length of Paved Roads(km)	363	438
园林绿地面积	(公顷)	Areas of Green Land(hectares)	1149	1503
环境、灾害		**Environment and Disaster**		
工业污染源治理施工项目完成投资额	(万元)	Actual Investment in Implementation of Projects for Pollution Treatment in the Year(100 million yuan)	4297	3833
治理废水		Waste Water	590	548
治理废气		Waste Gas	3624	3285
治理固体废物		Solid Wastes	71	
治理噪声		Noise Pollution	7	
其他		Other	5	
火灾发生数	(起)	Fire Accidents(times)	273	670
火灾损失	(万元)	Economic Loss of Fire Accidents(10 000 yuan)	252	475
交通事故发生数	(起)	Number of Traffic Accidents(times)	1542	1579
交通事故损失	(万元)	Economic Loss of Traffic Accidents(10 000 yuan)	739	667

Continued

总量指标 Aggregate Data				速度指标(%) Indices and Growth Rates						
				指数（2009年为以下各年） Index (2009 as percentage of the following years)				平均增长速度 Average Annual Groeth Rata		
2005	2007	2008	2009	1995	2000	2005	2008	1996-2000	2001-2005	2006-2009
131.93	144.55	150.89	157.91	155.44	137.03	119.69	104.65	2.55	2.74	4.60
3.00	3.10	3.00	3.00	85.71	92.59	100.00	100.00	-1.53	-1.53	
5.15	5.00	5.00	5.00	83.75	93.98	97.09	100.00	-2.28	-0.65	-0.74
28659	31177	33796	29718	74.21	80.06	103.70	87.93	-1.51	-5.04	0.91
3855	4459	3549	3622	194.42	171.25	93.96	102.06	2.57	12.76	-1.55
18.35	18.58	24.80	25.78	267.71	213.76	140.49	103.95	4.60	8.76	8.87
17.95	19.33	19.78	20.28	135.38	132.38	112.98	102.53	0.45	3.22	3.10
8057.85	10276.06	11648.30	12691.85	375.52	245.49	157.51	108.96	8.87	9.28	12.03
2165.11	2683.78	3061.24	3346.15	324.94	224.50	154.55	109.31	7.68	7.75	11.50
361.51	468.72	610.38	754.33	981.05	515.68	208.66	123.58	13.73	19.84	20.19
78.03	112.06	136.90	159.78	420.25	321.10	204.77	116.71	5.53	9.41	19.62
19084	26166	30983	33561	583.37	333.94	175.86	108.32	11.80	13.68	15.16
562	688	713	734	123.99	127.21	130.60	102.95	-0.51	-0.53	6.90
2.08	2.03	2.20	2.34	115.84	108.84	112.50	106.36	1.26	-0.66	2.99
1.60	1.64	1.79	2.25	130.81	136.36	140.63	125.70	-0.83	-0.61	8.90
19569	20155	17068	16357	109.26	114.87	83.59	95.83	-1.00	6.57	-4.38
1010	1231	868	907	506.70	345.13	89.80	104.49	7.98	30.90	-2.65
63606	103810	118383	152572	12108.89	964.73	239.87	128.88	65.86	32.09	24.45
14338	11064	65442	7627.9	110.71	57.40	53.20	11.66	14.04	1.53	-14.60
1232	1353	650	690	190.08	157.53	56.01	106.22	3.83	22.98	-13.49
4092	4683	3130	3290	286.34	218.90	80.40	105.11	5.52	22.18	-5.31
4670	7913	11165	29439	685.11	768.04	630.39	263.67	-2.26	4.03	58.45
206	1056	2194	3885	658.47	708.94	1885.92	177.11	-1.47	-17.77	108.39
4073	6856	7493	25544	704.86	777.60	627.15	340.89	-1.95	4.39	58.25
12		478								
		1000	10	142.86			1.00			
379										
900	754	1352	1357	497.07	202.54	150.78	100.37	19.67	6.08	10.81
415	435	704	755	299.60	158.95	181.93	107.29	13.52	-2.66	16.14
952	797	1121	1146	74.32	72.58	120.38	102.23	0.48	-9.62	4.75
411	311	370	393	53.15	58.89	95.57	106.31	-2.03	-9.23	-1.13

2-3 主要年份国民经济和社会发展结构指标
Structural Indicators on National Economic and Social Development in Main Years

单位：%　　(%)

指　标	Item	1990	1995	2000	2005	2008	2009
人口与就业	**Population and Employment**						
人口	**Population**						
城乡结构	Urban and Rural Compostition						
城镇	Urban	34.23	33.90	34.76	39.25	40.86	41.90
乡村	Rural	65.77	66.10	65.24	60.75	59.14	58.10
性别结构	Sexual Compostition						
男	Male	51.24	51.20	51.70	51.10	50.39	50.29
女	Demale	48.76	48.80	48.30	48.90	49.61	49.71
就业	**Employment**						
产业结构	Industrial Compostition						
第一产业	Primary Industry	60.00	56.10	55.80	49.50	44.50	43.00
第二产业	Secondary	18.80	16.90	12.60	17.40	21.30	21.90
第三产业	Tertiary Industry	21.20	27.00	31.60	33.10	34.20	35.10
宏观经济	**Macro Economy**						
国民经济核算	**National Accounting**						
生产总值产业结构	Industrial Compostition						
第一产业	Primary Industry	25.30	23.60	15.20	12.00	10.40	9.90
第二产业	Secondary	38.40	38.50	41.30	48.70	54.70	53.20
第三产业	Tertiary Industry	36.30	37.90	43.50	39.30	34.90	36.90
投资	**Investment**						
全社会固定资产投资经济结构	Composition of Tatal Investment in Fixd Assets						
国有经济	State-owned Economy	89.53	81.23	66.41	47.84	43.84	49.72
集体经济	Collective Economy	2.43	9.61	4.27	3.94	4.08	1.79
私营个体经济	Private Individual Economy	8.04	7.81	8.45	11.65	7.12	10.59
其他经济	Other		1.35	20.87	36.57	44.96	37.90
资金到位来源结构	Composition of Funding Sources						
国家预算内资金	State Budget	26.92	6.17	17.04	15.79	14.54	16.27
国内贷款	Domestic Loans	19.69	39.55	24.33	16.87	16.54	18.59
利用外资	Foreign Investment	7.15	0.65	1.39	0.55	1.54	1.05
自筹和其他投资	Self-raising Funds and Other Investments	46.24	53.63	56.96	66.38	67.37	64.06
财政	**Government Finance**						
财政收入结构	Composition of Government Revenue						
中央	Central Government	57.37	68.92	79.60	84.53	83.97	85.31
地方	Local Government	42.63	31.08	20.40	15.47	16.03	14.69
能源生产与消费	**Enery**						
能源生产总量结构	Composition of Total Energy Production						
原煤	Coal	32.28	29.74	16.79	25.78	35.06	37.96
原油	Crude Oil	19.08	30.41	30.46	18.27	11.94	8.97
天然气	Natural Gas	1.02	1.36	5.06	17.09	22.02	19.30
水电	Hydro-power	47.62	38.49	47.69	38.86	30.98	33.77
能源消费总量结构	Composition of Total Energy Consumption						
煤炭	Coal	51.54	41.64	30.18	43.34	42.49	41.46
石油	Crude Oil	12.47	8.42	18.96	9.45	9.81	8.53
天然气	Natural Gas	1.03	1.13	4.83	8.77	13.36	13.91
水电	Hydro-power	32.97	48.81	46.03	38.44	34.34	36.10

2-3 续表 1 Continued

单位：% (%)

指 标	Item	1990	1995	2000	2005	2008	2009
产 业	**Industry**						
农业	**Agriculture**						
农林牧渔业产值结构	Compostition of Gross Output Value of Agriculture						
农业	Farming	48.22	48.25	46.66	38.75	38.29	38.98
林业	Forestry	3.35	2.61	3.70	1.86	1.34	1.46
牧业	Animal Husbandry	43.02	48.84	49.48	54.97	58.12	57.27
渔业	Fishery	0.15	0.30	0.16	0.07	0.09	0.05
农林牧渔服务业	Services of Agriculture				4.35	2.16	2.24
工业	**Industrty**						
规模以上工业总产值结构	Compostition of Gross Output Industrial Enterprises						
大型企业	Large Enterprises	30.86	60.48	58.97	73.97	56.70	50.91
中型企业	Medinm-sized Enterprises	25.94	11.61	4.35	11.51	21.05	26.65
小型企业	Small Enterprises	43.20	27.91	36.68	14.52	22.25	22.44
建筑业	**Construction**						
建筑业总产值结构	Compostition of Gross Output Value of Construction Industry						
房屋土木工程建筑业	Civil Engineering Construction		83.35	85.53	90.13	91.72	91.57
建筑安装业	Installation Industry		15.30	13.45	8.06	7.28	6.44
建筑装饰业	Decoration Industry		1.35	1.02	1.02	1.00	0.86
交通运输业	**Transportation**						
货运量结构	Composition of Freight Traffic						
按运输方式分	By Mode of Transport						
铁路	Railways	18.65	15.08	16.41	20.32	24.79	26.86
公路	Highways	80.40	81.80	79.79	76.78	73.03	71.32
民用航空	Civil Aviation					0.01	0.01
管道输油(气)	Pipelines	0.95	3.12	3.80	2.90	2.17	1.81
商业	**Business**						
社会消费品零售总额构成	Composition of Retail Sales of Consumer Goods						
市	Cities	52.46	57.68	61.77	65.78	71.15	71.15
县	Counties	32.05	27.95	24.11	22.69	19.03	19.04
县以下	Below Counties	15.49	14.37	14.12	11.53	9.82	9.81
对外经济贸易	**Foreign Trade and Economic Cooperation**						
进出口总值结构	Total Value of Imports and Exports						
出口	Total Exports	96.84	85.09	70.00	78.21	60.82	42.84
进口	Total Imports	3.16	14.91	30.00	21.79	39.18	57.16
国际旅游	**International Tourism**						
来华旅游人次结构	Number of Overseas Visitor Arrivals						
外国人	Foreigners	74.83	73.90	33.33	50.00	66.67	75.00
港澳台同胞	Chinese Compatriots from Hong Kong, Macao and Taiwan Province	25.17	26.10	66.67	50.00	33.33	25.00

2-3 续表 2 Continued

单位：% (%)

指 标	Item	1990	1995	2000	2005	2008	2009
教育	**Education**						
在校学生结构	Composition of Student Enrollment in Regular School						
大学生	College and University Students	3.22	3.09	4.40	3.85	5.71	5.88
中专生	Secondary School Students	3.66	3.70	2.85	2.76	6.95	7.71
中学生	Secondry School Students	35.08	34.36	34.81	36.66	32.27	32.58
小学生	Primary School Students	58.04	58.85	57.94	56.73	55.07	53.83
专任教师结构	Composition of Full-time Teachers in Regular Schools						
大 学	Colleges and Universities	0.85	1.10	1.76	5.85	6.21	6.91
中 专	Secondary	1.56	2.05	1.77	3.04	4.38	4.56
中 学	Secondary	29.98	29.26	29.71	38.44	39.06	39.21
小 学	Primary	67.61	67.59	66.76	52.67	50.35	49.32
生活、环境	**People's Living Conditions and Environment**						
生活	**People's Living Conditions**						
城镇居民消费结构	Consumption Compostition of Urban Reidents						
食品类	Food	56.28	51.43	40.88	36.31	40.42	40.39
衣着类	Clothing	14.87	13.95	10.96	11.06	11.50	11.88
用品及其他	Household Appliances and Service	27.72	32.12	41.60	41.96	38.31	38.73
居 住	Residence	1.13	3.50	6.56	10.67	9.77	9.00
农村居民消费结构	Consumption Compostition of Rural Reidents						
食品类	Food	59.53	64.99	57.89	45.14	43.64	78.05
衣着类	Clothing	12.97	9.36	7.67	8.49	6.73	6.93
用品及其他	Household Appliances and Service	14.94	15.93	24.08	30.58	30.51	30.82
居 住	Residence	12.57	9.72	10.36	15.79	19.12	24.20
卫生	**Health Care**						
卫生机构技术人员结构	Composition of Medical and Technical Personnel						
执业医师	Certified Doctors				34.38	35.46	34.53
执业助理医师	Assistant Doctors				8.40	6.88	6.40
注册护士	Registered Nures				33.53	33.87	36.16
卫生机构病床结构	Beds Inhealth Institutions						
医 院	Hospitals	83.74	81.70	84.50	83.54	79.55	67.16
卫生院	Health Centers	11.48	12.38	11.26	13.60	14.95	12.59
其 他	Other	4.78	5.92	4.24	2.86	5.50	20.25
环境、灾害	**Environment and Disaster**						
工业治理污染源施工项目投资结构	Composition of Investment in the Treatment of Industrial Pollution						
治理废水	Waste Water	46.07	13.73	13.42	4.41	19.65	13.20
治理废气	Waste Gas	40.92	84.36	80.46	87.22	67.11	86.77
治理固体废物	Solid Wastes	4.86	1.64		0.26	4.28	
治理噪声	Noise Pollution	0.06	0.16			8.96	0.03
其 他	Other	8.09	0.11	6.12	8.11		

2-4 主要年份国民经济和社会发展比例和效益指标

Indicators on Proportions and Efficiency on National Economy and Social Development in Main Years

指　标	Item	1990	1995	2000	2005	2008	2009
人口与就业	**population and employment**						
人口 (‰)	**population(‰)**						
出生率	brith rate	24.34	22.01	19.25	15.70	14.49	14.51
死亡率	death rate	7.47	6.89	6.15	6.21	6.14	6.19
自然增长率	natural growth rate	16.87	15.12	13.10	9.49	8.35	8.32
就业	**employment**						
就业者负担人口 (人)	Number of Dependents per Employee (person)	2.17	1.81	1.82	1.82	1.75	1.73
三次产业从业者比例 (以第一产业为100)	Proportion of Employed Persons (Primary Industry = 100)						
第一产业	Primary Industry	100.00	100.00	100.00	100.00	100.00	100.00
第二产业	Secondary Industry	31.41	30.14	22.58	35.15	47.82	50.90
第三产业	Tertiary Industry	35.31	48.22	56.55	66.87	76.68	81.63
城镇登记失业率 (%)	registered unemployment rate in urban areas(%)	4.88	2.18	2.40	3.93	3.80	3.80
宏观经济	**Macro Economy**						
国民经济核算	**National Accounting**						
三次产业增加值比例 (以第一产业为100)	Proportion of The added value (Primary Industry=100)						
第一产业	Primary Industry	100.00	100.00	100.00	100.00	100.00	100.00
第二产业	Secondary Industry	158.18	162.30	271.26	404.97	527.73	535.69
第三产业	Tertiary Industry	143.63	160.52	285.97	326.55	337.15	371.08
全社会劳动生产率 (元/人.年)	Labor productivity(yuan/person.year)	3164	6464	9363	18281	30543	33854
第一产业	Primary Industry	1333	2716	2583	4367	7547	7553
第二产业	Secondary Industry	6442	14771	28579	52523	80334	80742
第三产业	Tertiary Industry	5430	9087	13020	21954	29949	32179
人均生产总值 (元)	Per Capita GDP	1558	3513	5138	10045	18421	19454
固定资产投资	**Investment in Fixed Assets**						
全社会固定资产投资相当于生产总值比例 (%)	Proportion of Investment in Fixed Assets to GDP(%)	31.81	33.12	58.72	67.58	57.22	74.03
基本建设房屋建筑面积竣工率 (%)	Rate of Total Floor Space of Buildings Completed in Construction (%)	52.00	55.79	55.81	49.05	40.10	37.52
财政	**Government Finance**						
地方财政收入相当于生产总值比例 (%)	Local of Government Revenue to GDP (%)	10.35	5.12	6.29	6.22	7.03	8.11
财政支出相当于生产总值比例 (%)	Local of Government Ecpenditures to GDP (%)	24.50	17.16	25.90	31.24	35.69	45.02
地方财政收入相当于全年财政支出比例 (%)	Local of Government Revenue to Ecpenditures (%)	42.27	29.85	24.30	19.92	19.68	18.03
能源生产与消费	**Energy**						
能源生产弹性系数 (%)	Elasticity Ratio of Energy Production(%)	4.63		0.65	3.38	1.18	1.24
能源消费弹性系数 (%)	Elasticity Ratio of Electricity Production(%)	1.83	1.25		1.84	0.64	0.30
每万元生产总值能耗 (吨标准煤)	Energy consumption per 10 000 yuan of GRP (ton of SCE)	7.21	4.16	3.40	3.07	2.94	2.69
每万元工业增加值能耗(吨标准煤)	Energy consumption per 10 000 yuan of value-added to Gross Industrial Output Vaule (ton of SCE)			5.65	3.44	3.24	2.94

2-4 续表 1 Continued

指 标	Item	1990	1995	2000	2005	2008	2009
产 业	**Industry**						
农业	**Agriculture**						
农林牧渔业从业者人均农产品产量 (公斤)	Output of Farm Products per hectare(kg)						
粮 食	Grain Crops	957	866	581	724	844	845
油 料	Oil-bearing Crops	101	123	136	247	292	301
肉 类	Meat	128	139	146	203	116	221
水产品	Aquatic Products	3	2	1	1	2	1
每公顷播种面积农产品产量 (公斤)	Output of Farm Products per hectare(kg)						
粮 食	Grain Crops	2865	2972	2563	3798	3743	3725
油 料	Oil-bearing Crops	1050	1083	1013	1968	2039	2123
工业企业效益	**Economic Benefit of Industrial Enterprises**						
规模以上企业总资产贡献率(%)	Ratio of Total Assets to Industrial Output Value (%)			5.04	11.07	22.32	8.53
规模以上企业资产负债率 (%)	Assets-Liability Ratio(%)			71.67	67.54	61.60	62.19
规模以上企业流动资产周转次数 (次/年)	Number of Times of Annual of Turnover Circulating Funds (times/year)	1.81	0.98	0.77	1.40	1.95	1.56
规模以上企业全员劳动生产率(按增加值计算) (元/人.年)	All-personnel Labor Productivity(yuan/person.year)		15142	26404	134656	278205	223977
建筑业	**Construction**						
技术装备率 (元/人)	Value of Machinery per Laborer(yuan/person)	2209	4356	9153	14655	17972	18260
产值利润率 (%)	Ratio of Pre-tax Profits to Gross Output Value (%)	3.37		0.85	0.63	2.50	2.64
全员劳动生产率(按总产值计算) (元/人)	Overall Labor Productivity (yuan/person)	12557	33406	42284	86988	144721	169924
交通运输业	**Transportation**						
铁路网密度(公里/万平方公里)	Railway Density(km/10000 sq.km)	15.21	15.28	15.28	15.24	22.92	22.92
公路网密度(公里/万平方公里)	Highway Density (km/10000 sq.km)	232.39	239.21	259.43	412.76	783.88	835.22
铁路货运密度 (吨/公里)	Railway Density of Freight Transport(ton/km)	4146	4836	7573	13245	13992	16366
公路货运密度 (吨/公里)	Highway Density of Freight Transport(ton/km)	1170	1676	2168	1848	1201	1193
邮电通信业	**Post and Telecommunication Services**						
电话普及率(含移动电话) (部/百人)	Access to Telephones (include mobile phone) (set/100 persons)	0.61	2.00	11.22	46.00	66.50	75.80
固定电话普及率	Access to Fixed telephone	0.61	1.95	7.14	22.00	21.59	19.67
移动电话普及率	Access to Mobile Phones		0.05	4.08	24.00	44.90	56.10
国内商业	**Domestic Trade**						
人均社会消费品零售额 (元)	Per Capita Retail Sales of Consumer Goods (yuan)	647	1480	1954	2967	4573	5406
对外经济贸易	**Foreign Trade**						
进出口总额相当于生产总值比例 (%)	Proportion of Total Value of Imports & Exports to GDP(%)	4.82	8.20	5.03	6.23	5.12	3.70
国际旅游	**International Tourism**						
每一来青游客花费 (美元)	Expenditure per International Tourist in Qinghai(USD)	401	173	227	313	338	427

2-4 续表 2 Continued

指 标	Item	1990	1995	2000	2005	2008	2009
金融保险	**Finance and insurance**						
金融机构存款相当于生产总值比例(%)	Bank Deposits as Percentage of GDP (%)	84.79	82.30	117.25	147.23	135.84	165.16
金融机构贷款相当于生产总值比例(%)	Bank Loans as Percentage of GDP(%)	105.13	134.03	138.69	128.04	100.69	129.39
银行现金支出相当于收入比例(%)	Proportion of Cash Outlay to Cash Receipt in Bank(%)	106.74	105.42	107.22	104.21	104.12	105.62
教育、科技、文化	**Education, Science and Culture**						
教育	**Education**						
学龄儿童入学率(%)	Rate of School-age Children Enrollment(%)	81.50	87.40	94.20	97.00	99.40	99.50
小学毕业生升学率(%)	Rate of Primary School Graduates(%)	88.90	86.50	88.70	97.30	97.50	99.90
初中毕业生升学率(%)	Rate of Junior Middle School Graduates(%)	48.40	52.50	66.40	74.60	85.00	85.90
平均每一专任教师负担学生数(人)	The Average Full-time Teachers in Each of the Burden of Students(person)						
高等学校	Regular Institutions of Higher Education	4.20	5.20	6.30	11.30	16.60	15.50
普通中学	Regular Secondary Schools	13.60	12.40	13.50	16.30	14.90	15.14
小学学校	Primary Schools	18.50	16.70	18.20	18.40	19.70	19.90
科技	**Science and Technology**						
县以上研究与开发经费支出相当于生产总值比例(%)	R&D and above county levelExpenditures As Percentage of GDP(%)	0.67	0.44	0.50	0.38	0.34	0.33
文化	**Culture**						
每百万人有艺术表演团体(个)	Millions of People Have Every Art Performance Troupes(unit)	3.13	2.91	2.71	2.21	2.17	2.34
每百万人有公共图书馆(个)	Millions of People Have Every Public Libraries(unit)	9.16	8.52	7.36	7.92	7.78	7.92
每百万人有博物馆(个)	Millions of People Have Museums(unit)	1.34	1.67	2.71	2.76	3.26	3.24
家庭、生活、环境	**Family,People's Living Conditions and Environment**						
家庭	**Family**						
少儿抚养比(%)	Children Dependency Ratio(%)	46.47	41.70	39.15	34.52	30.38	30.45
老年抚养比(%)	Old Dependency Ratio(%)	4.64	5.25	6.65	8.65	9.61	9.09
生活	**People's Living Conditions**						
城镇与农村居民收入增长率比例(1984=100)	Urban and rural residents Rate of Income growth (1984=100)						
(以农村居民收入指数为1)	(The income of rural residents index for the 1)	0.98	1.35	1.43	1.53	1.53	1.52
卫生	**Health Care**						
每万人医疗机构数(个)	10 000 people Have Every Health Institutions(unit)	1.00	1.23	1.12	1.04	1.29	1.32
每万人卫生技术人员数(人)	10 000 people have every Medical Technical Personnel(person)	44.44	42.05	41.63	38.40	39.74	42.17
每万人医疗床位数(张)	10 000 people have every Beds in Health Institutions(unit)	35.07	35.67	31.98	29.65	32.30	40.54
医疗机构病床使用率(%)	Rate of Beds in Health Institutions(%)		70.60	61.67	58.88	69.10	72.56
市政建设	**Municipal Works**						
城市自来水普及率(%)	Percentage of Population with Access to Tap Water(%)	95.50	99.79	97.29	100.00	100.00	99.45
城市燃气普及率(%)	Percentage of City Population with Access to Gas(%)		2.57	48.88	64.00	94.78	91.49
人均拥有公共绿地面积(平方米)	Per Capita Public Green Areas (sq.m)	1.40	3.00	3.74	5.03	8.53	8.13
环境、灾害	**Environment and Disaster**						
平均每起火灾损失(元)	The Average Loss Per Fires(%)	22478	9231	7090	4606	5205	5565
平均每起交通事故损失(元)	The Average Loss Per Traffic Accidents(%)	1674	4792	4224	4316	2405	3428

2-5 西部大开发以来国民经济和社会发展主要指标

指　标		Item		1999
人口与就业		**Population and Employment**		
人　口		**Population**		
总人口	(万人)	Total Population	(10 000 persons)	509.8
人口自然增长率	(‰)	Natural Growth Rate	(‰)	13.90
少数民族	(万人)	Population of Ethnic Minorities	(10 000 persons)	218.0
少数民族占总人口比重	(%)	Percentage of Ethnic Minorities in Total Population	(%)	42.8
在总人口中城镇人口所占比重	(%)	Percentage of Urban Population in Total Population	(%)	34.6
就　业		**Employment**		
就业人员	(万人)	Employment Persons	(10 000 persons)	279.3
年末城镇登记失业率	(%)	Registration Unemployment in Urban Areas at Year-end	(%)	2.6
宏观经济		**Macro Economy**		
国民经济核算		**National Accounting**		
地区生产总值	(亿元)	Gross Domestic Product	(100 million yuan)	239.4
第一产业		Primary Industry		42.0
第二产业		Secondary Industry		94.0
工业		Industry		68.6
建筑业		Construction		25.4
第三产业		Tertiary Industry		103.3
人均生产总值	(元)	Per Capita GDP	(yuan)	4728.0
固定资产投资		**Investment in Fixed Assets**		
全社会固定资产投资	(亿元)	Total Investment in Fixed Assets in the Whole Country	(100 million yuan)	128.1
财政收支		**National Government Revenue and Expenditure**		
财政一般预算收入	(亿元)	Government Budgeted Revenue	(100 million yuan)	23.0
地方财政一般预算收入		Local Government Budgeted Revenue		14.2
财政一般预算支出		Government Budgetary Expenditure		55.7
物　价(上年=100)		**Price Indices (preceding year=100)**		
居民消费价格指数		Consumer Price Index		99.5
产　业		**Industry**		
农村经济		**Rural Economy**		
农作物总播种面积	(千公顷)	Total Sown Areas of Farm Crops	(1 000 hectares)	571.0
主要农产品产量	(万吨)	Output of Major Farm Products	(10 000 tons)	
粮食		Grain		103.6
油料		Oil-bearing Crops		28.5
蔬菜		Vegetables		56.6
牛奶		Cow Milk		19.0
肉类		Meat		20.1

Main Indicators on National Economic and Social Development Since The Great Western Development

2000	2005	2009	西部大开发十年来 Since The Great Western Development 累计增长 (%) Cumulative Increase	年均增长 (%) Average Annual Increase
516.5	543.2	557.3	9.3	0.9
13.10	9.49	8.32		下降5.6个千分点
235.1	251.6	258.1	18.4	1.7
45.5	46.3	46.3		上升3.5个百分点
34.8	39.3	41.9		上升7.3个百分点
283.9	297.8	321.6	15.1	1.4
2.4	3.9	3.8		上升1.2个百分点
263.7	543.3	1081.3	208.9	11.9
40.1	65.3	107.4	41.5	3.5
108.8	264.6	575.3	307.0	15.1
78.8	203.9	470.3	345.4	16.1
30.0	60.7	105.0	197.0	11.5
114.7	213.4	398.5	189.6	11.2
5138.0	10045.0	19454.0	181.3	10.9
154.8	367.2	800.5	524.9	19.4
26.1	63.4	166.5	622.5	21.9
16.6	33.8	87.7	519.2	20.0
68.3	169.8	486.7	773.4	24.2
99.5	100.8	102.6	35.6	3.1
553.7	476.7	514.1	-10.0	-1.0
82.7	93.3	102.7	-0.9	-0.1
19.4	31.9	36.6	28.4	2.5
60.3	84.5	118.9	109.9	7.7
20.6	23.6	25.3	32.9	2.9
20.8	25.8	26.9	33.9	3.0

2-5 续表1

指　　标		Item		1999
工　业(规模以上)		**Industry(Enterprises**		
工业企业利润总额	(亿元)	Total Profits	(100 million yuan)	-1.3
主要工业产品产量		Output of Major Industrial Products		
原油	(万吨)	Crude Oil	(10 000 tons)	189.6
原盐	(万吨)	Salt	(10 000 tons)	48.9
原煤	(万吨)	Coal	(10 000 tons)	214.3
发电量	(亿千瓦时)	Electricity	(100 million kwh)	114.4
钢	(万吨)	Steel	(10 000 tons)	44.7
电解铝	(万吨)	Electrolytic Aluminum	(10 000 tons)	26.3
水泥	(万吨)	Cement	(10 000 tons)	116.8
运输、邮电业		**Transport and Post**		
铁路营业里程	(公里)	Length of Railways in Operation	(km)	1100.0
公路通车里程	(公里)	Length of Highways in Operation	(km)	18268.0
民用航空航线里程	(公里)	Civil Aviation Routes	(km)	14700.0
货运量	(万吨)	Total Freight Traffic	(10 000 tons)	4654.0
客运量	(万人次)	Total Passenger Traffic	(10 000 person-time)	3359.0
民用汽车保有量	(万辆)	Possession of Civil Vehicles	(10 000 units)	8.4
邮电业务总量	(亿元)	Business Volume of Postal and Telecommunication Services	(100 million yuan)	6.8
年末固定电话用户	(万户)	Number of Fixed Telephone Subscribers at Year-end	(10 000 households)	27.6
年末移动电话用户	(万户)	Number of Mobile Telephone Subscribers at Year-end	(10 001 households)	6.6
商　业		**Domestic Trade**		
社会消费品零售总额	(亿元)	Total Retail Sales of Comsumer Goods	(100 million yuan)	91.8
对外贸易		**Foreign Trade**		
海关进出口总额	(万美元)	Total Value of Exports and Imports	(10 000 USD)	10785.0
出口	(万美元)	Exports	(10 001 USD)	8686.0
金　融		**Financial Intermediation**		
金融机构人民币存款余额	(亿元)	Deposits of National Banking System	(100 million yuan)	242.2
金融机构人民币贷款余额	(亿元)	Loans of National Banking System	(100 million yuan)	290.7
居　住		**Housing**		
城镇居民人均住房建筑面积	(平方米)	Per Capita Construction Area of Urban Residents	(sq.m)	11.4
农牧民人均住房面积	(平方米)	Per Capita net Floor Space of Rural Residents	(sq.m)	14.2
生　活		**People's Living Conditions**		
城镇居民人均可支配收入	(元)	Per Capita Annual Disposable income of Urban Households	(yuan)	4703.5
农牧民人均纯收入	(元)	Per Capita net income of Rural Residents	(yuan)	1486.3
城镇居民恩格尔系数	(%)	Engle Coefficient of Urban Households	(%)	42.4
农村居民恩格尔系数	(%)	Engle Coefficient of Rural Households	(%)	61.7
城乡居民人均年末人民币储蓄存款余额	(元)	Outstanding Amount of RMB Saving Deposits in Urban and Rural Areas	(yuan)	2595.1

注：城镇居民人均住房建筑面积在2007年(含本年)之前统计口径为人均住房使用面积，故不可比。

Continued

2000	2005	2009	西部大开发十年来 Since The Great Western Development	
			累计增长 (%) Cumulative Rises	年均增长 (%) Average Annual Increase
0.8	72.8	100.0		
200.0	221.0	186.4	-1.7	-0.2
68.0	112.0	70.7	44.5	3.7
145.0	555.0	1283.6	499.1	19.6
134.0	213.0	360.5	215.3	12.2
43.0	51.0	126.7	183.6	11.0
28.0	67.0	91.1	246.7	13.2
124.0	371.0	610.0	422.5	18.0
1100.0	1097.0	1651.0	50.1	4.1
18679.0	29719.0	60136.0	229.2	12.7
16490.0	21458.0	31562.0	114.7	7.9
5076.0	7152.0	10057.0	116.1	8.0
3612.0	4920.0	10101.0	200.7	11.6
8.7	12.6	26.9	222.2	12.4
4.9	31.4	91.7	1254.5	29.8
36.9	113.5	109.3	296.7	14.8
21.1	121.4	310.7	4614.7	47.0
100.3	161.6	300.5	227.3	12.6
15973.0	41338.0	58590.0	443.3	18.4
11200.0	32324.0	25099.0	189.0	11.2
280.2	733.1	1785.8	637.2	22.1
348.6	638.6	1399.0	381.3	17.0
12.1	18.4	25.8	126.3	8.5
15.3	18.0	20.3	42.6	3.6
5170.0	8057.9	12691.9	169.8	10.4
1490.5	2165.1	3346.2	125.1	8.5
40.9	36.3	40.3		下降2.0个百分点
57.9	45.1	38.1		下降23.7个百分点
2850.7	6683.4	13572.0	423.0	18.0

a) Befor 2007 (include 2007), the Data of Per Capita Construction Area of Urban Residents was per capita use area of urban residents. The two are not comparable.

2-6 主要年份平均每天主要社会经济活动
Selected Indicators on Average Daliy Social and Economic Activities in Main Years

指　标	Item	1990	1995	2000	2005	2008	2009
每天创造的财富	**The wealth created each day**						
生产总值(万元)	Gross Regional Product(10 000 yuan)	1916	4529	7222	14882	27907	29624
第一产业	Primary Industry	484	1063	1056	1720	2892	2942
第二产业	Secondary Industry	737	1796	3123	7250	15264	15762
工业	Industry	582	1426	2207	5587	12838	12886
建筑业	Construction	155	370	916	1662	2426	2877
第三产业	Tertiary Industry	695	1670	3043	5912	9752	10919
交通运输仓储和邮电通信业	Transport,Postal and Telecommunication Services	112	235	479	873	1177	1351
批发和零售贸易住宿餐饮业	Wholesale and Retail Trades, Hotels and Catering Services	193	404	585	1170	1905	2210
地方财政收入(万元)	Government Revenue(10 000 yuan)	198	236	454	927	1961	2404
财政支出(万元)	Government Expenditure(10 000 yuan)	469	789	1870	4651	9962	13336
粮　食(吨)	Grain Crops(ton)	3139	3128	2266	2555	2789	2814
油　料(吨)	Oil-bearing Crops(ton)	330	444	512	873	965	1003
肉　类(吨)	Meat(ton)	420	503	571	706	700	737
牛肉	Beef(ton)	143	173	174	204	199	222
羊肉	Muttom	152	168	192	251	238	241
牛　奶(吨)	Cow Milk(ton)	552	548	565	647	692	694
羊　毛(吨)	Wool(ton)	48	49	45	48	42	42
原　煤(吨)	Coal(ton)	8767	7616	3972	15205	32411	35178
发电量	Electricuty(10 000 kwh)	1945	1808	3671	5836	8384	9890
原　油(吨)	Crude Oil(ton)	2219	3342	5480	6055	6027	5096
钢　材(吨)	Rolled Steel(ton)	767	849	986	1315	3151	3425
原　盐(吨)	Salt(ton)	2849	2082	1863	3069	6466	1945
水　泥(吨)	Cement(ton)	1397	1753	3397	10164	12548	16712
每天消费量	**Daily consumption**						
最终消费(万元)	Final consumption(10 000 yuan)	1474	2963	4141	9883	16261	16881
居民消费	People's consumption	998	2177	3000	5761	8833	9890
农村居民	Rural	484	996	1308	1758	2815	3056
城镇居民	Urban	514	1181	1692	4004	6018	6834
政府消费	Government consumption	476	786	1141	4121	7428	6991
能源消费量(万吨标准煤)	Consumption of Energy(10 000 tons of SCE)	1.38	1.88	2.46	4.58	6.24	6.43
社会消费品零售总额(万元)	Retail Sales of Consumer Goods(10 000 yuan)	787	1935	2747	4398	6927	8232
每天其他经济活动	**Other Economic Activities**						
资本形成总额(万元)	Gross Capital Formation(10 000 yuan)	784	2128	4397	10117	17622	21870
固定资本形成	Gross Fixed Capital Formation	560	1575	4301	9975	15978	21693
存货增加	Changes in Inventories	224	553	96	142	1644	176
城镇新建住宅面积(万平方米)	New Residential Area of Urban(10 000sq.m)	0.06	0.06	0.14	0.20	0.56	0.44
农民个人新建住宅面积(万平方米)	New Residential Area of Individual Farmers(10 000sq.m)	0.31	0.32	0.54	0.55	0.49	0.83
货运量(万吨)	Freight Traffic(10 000 tons)	6.67	9.67	13.91	19.59	25.53	27.55
客运量(万人)	Passenger Traffic(10 000 person)	5.05	6.54	9.90	13.48	25.88	27.67
邮电业务总量(万元)	Bussiness Volume of Postal and Telecommunication Services(10 000 yuan)	9.47	42.73	134.74	861.18	1916.48	2511.37
进出口总额(万美元)	Total Value of Imports and Exports(10 000 USD)	19.25	44.46	43.83	113.25	188.62	160.52
出口总额	Total Exports	18.64	37.83	30.68	88.56	114.73	68.76
进口总额	Total Imports	0.61	6.63	13.15	24.70	73.89	91.76
利用外资合同金额(万美元)	Total Amount of Contracted Foreign Investment (10 000 USD)		6.70	30.19	97.43	84.65	84.48
国际旅游者人数(人次)	Number of International Tourists	15	37	82	110	82	110
居民新增储蓄额(万元)	Residents of The New Savi(10 000 yuan)	178	536	444	1349	3881	394
每天人口变动和婚姻	**Daily population changes and marriage**						
出　生(人)	Birth(person)	300	288	271	233	220	221
死　亡(人)	Death(person)	91	90	86	92	93	94
结　婚(对)	Number of Marriages(couple)	84	110	102	79	93	81
离　婚(对)	Number of Divorces(couple)	4	5	6	11	10	10

2-7 主要年份人均主要工农业产品产量

Per Capita Output of Major Industrial and Agricultural Products in Main Years

单位：公斤 (kg)

年 份 Year	粮 食 Grain	油 料 Oil-bearing	水 果 Fruits	牛 奶 Cow Milk	肉 类 Meat	牛羊肉 Beef and Mutton	羊 毛 Woll	水产品 Aquatic Products
1978	250.3	12.5	1.8	34.7	16.6		4.5	0.9
1980	255.3	18.9	2.0	30.9	22.7	17.3	4.6	0.9
1981	210.3	16.7	2.7	32.3	22.2	15.9	4.5	0.8
1982	239.4	19.0	3.5	32.1	22.5	16.7	4.4	0.7
1983	246.7	18.4	3.0	33.2	23.0	17.4	4.1	1.0
1984	261.0	19.2	4.5	34.0	24.3	18.2	4.0	1.0
1985	248.0	24.5	4.9	38.2	27.6	20.2	3.8	1.1
1986	237.4	25.0	4.7	37.4	27.8	19.7	3.6	1.1
1987	245.3	24.4	5.0	41.2	26.8	18.4	3.6	0.5
1988	245.5	24.2	6.0	42.1	27.6	18.5	3.4	0.6
1989	253.5	24.1	5.2	45.3	28.8	18.7	3.5	0.6
1990	258.1	27.1	5.0	45.4	34.6	24.2	4.0	0.8
1991	254.2	29.3	4.7	45.1	34.9	24.1	4.0	0.9
1992	258.8	30.7	5.7	45.5	35.7	25.1	4.0	0.9
1993	255.7	31.7	5.9	40.7	34.3	23.6	3.8	0.8
1994	248.4	39.2	5.5	41.2	37.9	26.2	3.8	0.8
1995	239.1	27.1	5.6	41.9	38.5	26.0	3.7	0.5
1996	255.4	35.3	6.0	37.4	38.6	26.2	3.4	0.5
1997	259.2	37.3	5.5	37.8	40.3	26.8	3.3	0.4
1998	256.8	42.1	5.0	39.8	41.1	26.7	3.3	0.3
1999	204.6	56.3	4.8	37.6	39.8	25.1	3.1	0.3
2000	161.1	37.8	4.4	40.2	40.6	26.0	3.2	0.2
2001	198.5	44.2	3.3	41.7	42.5	28.1	3.2	0.4
2002	173.6	44.5	3.1	41.9	43.3	28.6	3.2	0.3
2003	163.4	49.3	2.7	41.6	44.6	29.4	3.3	0.2
2004	165.0	53.9	2.7	42.4	46.3	30.1	3.3	0.2
2005	172.4	58.1	2.7	43.7	47.6	30.7	3.3	0.2
2006	182.8	44.7	2.4	43.6	44.8	29.3	3.2	0.4
2007	180.2	58.3	2.5	45.5	44.3	29.1	2.8	0.3
2008	184.1	63.7	2.4	45.7	46.2	28.8	2.8	0.4
2009	184.8	65.9	2.6	45.5	48.4	30.4	2.8	0.1

2-7 续表 Continued

单位：公斤 (kg)

年 份 Year	原 盐 Salt	机制纸及纸板 Machine-made Paper and Paperboard	原 煤 Coal	铝 Aluminun	原 油 Crude Petroleum Oil	发电量 (千瓦小时) Electricity (kwh)	钢 Steel	水 泥 Cement
1978	108.0	1.5	679		37.8	180.7	50.4	50.5
1980	80.8	1.0	670		40.2	219.6	47.9	79.7
1981	33.7	1.0	504		44.0	203.5	45.7	57.2
1982	66.6	0.3	535		44.6	202.5	47.0	72.4
1983	65.2	1.2	558		44.7	196.1	48.7	93.2
1984	85.9	1.4	602		46.6	206.0	49.9	106.9
1985	90.2	1.6	685		49.4	281.3	51.7	119.7
1986	165.6	1.7	657		84.5	353.4	54.3	118.3
1987	338.2	1.6	645		42.1	526.5	56.7	115.9
1988	256.3	1.9	622	5.4	148.5	1063.8	67.9	125.0
1989	280.4	1.7	691	7.3	165.8	1331.2	71.2	123.5
1990	235.0	1.6	721	10.3	182.5	1591.1	72.7	115.8
1991	315.6	1.7	636	13.0	226.2	1326.2	80.4	128.1
1992	201.4	1.5	616	15.3	230.4	1088.5	83.5	154.0
1993	208.8	1.2	498	19.8	233.7	1466.7	92.4	167.0
1994	197.1	1.7	561	24.3	240.4	1554.6	97.5	133.9
1995	159.4	3.0	582	24.0	254.9	1265.1	74.4	133.6
1996	140.8	3.4	613	25.9	289.0	1273.7	84.0	157.0
1997	32.4	2.2	669	37.8	325.6	1712.6	87.7	160.8
1998	78.7	3.1	641	47.2	352.8	2013.0	87.2	206.3
1999	96.6	3.1	423	51.9	374.5	2258.4	88.2	230.6
2000	131.8	0.7	283	55.2	389.7	2607.0	83.6	241.1
2001	148.3	0.9	445	56.8	396.4	2650.4	85.2	319.4
2002	118.3	0.7	475	66.0	407.0	2652.6	79.4	502.0
2003	124.9	0.4	585	75.4	414.2	2437.5	89.9	577.9
2004	147.3	0.3	766	105.2	414.1	3134.0	88.1	636.0
2005	207.1		1026	123.9	408.6	3937.9	94.3	685.9
2006	262.2	1.6	1085	150.3	408.8	5078.4	146.7	680.2
2007	294.7	…	1630	172.8	402.1	5403.4	209.2	795.1
2008	426.8	0.4	2139	184.5	397.9	5534.0	208.0	828.3
2009	127.7		2310	163.7	334.7	6495.1	224.9	1097.5

2-8 主要年份总产出
Gross Output in Main Years

按当年价格计算

Data in this table are calculated at current prices

单位：亿元 (100 million yuan)

年份 地区	Year Region	总产出 Total Output	第一产业 Primary Industry	第二产业 Secondary Industry	工业 Industry	建筑业 Construction	第三产业 Tertiary Industry
1952		2.39	1.61	0.32	0.26	0.06	0.46
1957		6.96	2.80	2.50	1.27	1.23	1.66
1965		9.93	4.16	3.41	2.42	0.99	2.36
1970		14.96	4.37	7.28	4.74	2.54	3.31
1975		23.96	5.63	13.35	10.16	3.19	4.98
1978		32.06	5.99	19.54	13.56	5.98	6.53
1980		37.18	7.77	21.51	14.33	7.18	7.90
1981		34.75	7.30	18.85	12.25	6.60	8.60
1982		37.84	8.36	22.71	14.73	7.98	6.77
1983		43.34	8.67	24.14	15.37	8.77	10.53
1984		50.22	10.48	27.55	17.92	9.63	12.19
1985		62.18	12.25	35.27	22.65	12.62	14.66
1986		71.17	14.11	39.49	26.79	12.70	17.57
1987		81.13	15.94	45.11	31.30	13.81	20.08
1988		101.76	19.49	59.08	42.51	16.57	23.19
1989		123.31	21.60	68.76	54.18	14.58	32.95
1990		144.62	24.53	71.29	55.25	16.04	48.80
1991		155.73	25.24	78.08	60.51	17.57	52.41
1992		183.24	28.03	95.07	68.22	26.85	60.14
1993		235.33	31.99	126.62	92.76	33.86	76.72
1994		295.40	45.99	155.88	123.49	32.38	93.53
1995		350.97	56.44	181.35	143.21	38.14	113.19
1996		392.40	57.68	199.48	147.68	51.80	135.23
1997		446.96	60.85	242.05	174.94	67.11	144.06
1998		502.96	62.87	283.07	196.81	86.26	157.03
1999		544.05	61.39	309.48	209.88	99.60	173.18
2000		621.44	59.51	362.94	240.08	122.86	198.99
2001		701.50	66.39	402.93	243.48	159.45	232.18
2002		814.12	69.34	482.26	270.61	211.65	262.53
2003		954.90	71.77	584.00	329.78	254.22	299.13
2004		1130.85	86.65	704.50	422.80	281.70	339.70
2005		1314.62	94.04	829.50	536.09	293.41	391.08
2006		1524.79	97.64	977.39	696.40	280.99	449.76
2007		1868.88	121.26	1212.88	927.57	285.31	534.74
2008		2365.80	153.40	1568.47	1260.92	307.55	643.93
2009		2465.21	157.30	1581.64	1216.82	364.82	726.27
西宁市	Xining City	1224.69	34.88	791.07	608.42	182.65	398.74
海东地区	Haidong Prefecture	296.80	40.58	162.01	122.76	39.25	94.21
海北州	Haibei Zang A.P	90.57	13.05	50.66	37.68	12.98	26.86
黄南州	Huangnan Zang A.P	59.95	13.20	31.78	21.49	10.29	14.97
海南州	Hainan Zang A.P	122.24	22.17	74.65	29.17	45.48	25.42
果洛州	Golog Zang A.P	29.57	4.79	14.95	7.55	7.40	9.83
玉树州	Yushu Zang A.P	45.79	17.78	10.86	1.00	9.86	17.15
海西州	Haixi Mongolian & Zang A.P	597.60	10.88	487.61	402.08	85.53	99.11

注：1.1992—2004年、2005—2008年数据分别根据第一次和第二次经济普查数据进行调整和修订。
2.1990—1993年的总产出依据第三产业普查作了统一调整。
3.1997年工业总产出等于按新口径计算工业总产值加销项税。
4.2006年第一产业数据根据农业普查数据进行了调整。

a) Data in 1992-2004 were adjusted and revised based on economic census data.
b) The total output in 1990-1993 were made a uniform adjustment based on the census of tertiary industry.
c) Industrial output in 1997 equaled to the total industrial output value calculated with new caliber added output tax.
d) Data on the primary industry in 2006 have been adjusted according to agricultural census data.

2–9 主要年份总产出指数
Indices of Gross Output in Main Years

以上年为100

preceding year=100

单位：% (%)

年 份 地 区	Year Region	总产出 Total Output	第一产业 Primary Industry	第二产业 Secondary Industry	工 业 Industry	建筑业 Construction	第三产业 Tertiary Industry
1952		100.00	100.00	100.00	100.00	100.00	100.00
1957		91.26	100.31	70.97	104.01	57.83	122.58
1965		109.47	111.00	103.78	129.21	137.64	115.89
1970		118.56	100.02	131.31	142.33	123.41	105.56
1975		114.41	99.12	121.92	115.65	132.09	104.70
1978		123.27	99.38	129.77	116.26	146.96	117.81
1980		99.83	111.02	95.95	97.48	94.74	111.38
1981		91.77	93.05	89.05	85.46	91.99	102.63
1982		117.48	107.80	120.05	119.00	120.84	113.94
1983		108.27	102.48	106.25	101.39	109.88	119.60
1984		119.47	108.94	111.61	114.23	109.81	117.75
1985		106.89	111.11	106.77	119.72	97.48	105.32
1986		102.72	104.68	101.60	111.33	93.03	105.27
1987		106.82	103.86	106.54	113.01	99.73	109.26
1988		109.16	100.27	112.30	120.57	102.41	103.43
1989		95.69	102.43	96.34	108.09	79.82	93.71
1990		116.52	104.86	102.07	103.17	99.96	173.17
1991		107.95	102.34	99.98	105.74	88.65	126.19
1992		113.60	104.10	113.70	105.30	133.50	115.70
1993		107.29	100.18	110.00	113.47	103.27	106.98
1994		106.41	103.60	105.06	112.70	88.80	110.10
1995		107.97	99.80	109.38	109.00	110.40	109.80
1996		111.12	103.90	114.31	109.70	126.60	109.40
1997		110.82	105.70	113.46	110.50	120.30	108.70
1998		111.61	104.50	115.36	110.20	126.30	108.20
1999		108.45	100.20	110.36	109.90	111.20	108.30
2000		109.54	97.40	109.56	105.60	116.80	114.00
2001		113.07	105.40	115.28	109.40	125.00	111.60
2002		112.38	103.40	114.50	108.90	122.60	111.20
2003		113.35	97.80	117.52	120.10	114.20	109.80
2004		111.93	103.80	113.58	120.30	104.50	110.60
2005		114.35	105.53	117.54	127.51	102.01	109.78
2006		110.91	103.73	111.28	118.59	97.91	111.85
2007		113.20	104.76	113.95	119.52	101.63	113.49
2008		112.93	104.26	114.31	119.66	100.38	111.81
2009		110.92	105.77	111.31	110.66	113.62	110.39
西宁市	Xining City	110.50	106.30	109.50	107.30	119.10	113.10
海东地区	Haidong Prefecture	112.20	106.50	112.90	109.40	128.40	113.10
海北州	Haibei Zang A.P	115.99	108.74	116.70	138.76	77.76	117.69
黄南州	Huangnan Zang A.P	97.73	103.43	93.00	88.02	109.00	105.73
海南州	Hainan Zang A.P	113.80	107.28	116.33	95.31	136.75	111.89
果洛州	Golog Zang A.P	111.11	105.63	125.12	113.41	141.72	99.04
玉树州	Yushu Zang A.P	111.60	127.90	103.20	111.70	102.50	102.30
海西州	Haixi Mongolian & Zang A.P	118.30	106.90	120.10	119.00	125.40	112.20

注：1.1995年工业指数与工业普查数有差距。
2.1992–2004年、2005–2008年数据分别根据第一次和第二次经济普查数据进行调整和修订。
3.2006年第一产业数据根据农业普查数据进行了调整。

a) There is a gap between the industrial indices in 1995 and the data of industrial census.
b) Data in 1992-2004 were adjusted and revised based on economic census data.
c) Data on the primary industry in 2006 have been adjusted according to agricultural census data.

2-10 主要年份总产出指数
Indices of Gross Output in Main Years

以1952年为100

year of 1952=100

单位：%　　(%)

年 份 Year	总产出 Total Output	第一产业 Primary Industry	第二产业 Secondary Industry	工 业 Industry	建筑业 Construction	第三产业 Tertiary Industry
1952	100.00	100.00	100.00	100.00	100.00	100.00
1957	282.38	147.46	659.48	386.33	1333.53	513.51
1965	374.18	187.14	921.11	789.04	2162.28	670.27
1970	717.21	196.56	2847.38	1805.23	5392.36	924.32
1975	1089.75	252.60	4669.44	3839.48	6677.47	1264.86
1978	1541.39	267.56	7165.41	5037.37	12347.61	1627.03
1980	1683.20	285.25	7782.74	4903.07	14814.51	1851.35
1981	1544.67	265.42	6930.53	4190.16	13627.87	1900.00
1982	1814.76	286.13	8320.10	4986.29	16467.91	2164.84
1983	1964.75	293.22	8840.10	5055.60	18094.94	2589.19
1984	2211.48	319.44	9866.44	5775.01	19870.06	3048.64
1985	2363.93	354.93	10534.40	6913.85	19369.33	3210.81
1986	2428.28	371.54	10702.95	7697.18	18019.29	3386.49
1987	2593.85	385.88	11402.93	8698.59	17970.64	3700.00
1988	2831.56	386.92	12805.49	10487.79	18403.72	3827.03
1989	2728.69	396.32	12336.81	11336.25	14689.85	3586.49
1990	3179.47	415.58	12592.17	11695.61	14683.97	6210.81
1991	3432.22	425.30	12589.65	12366.94	13017.34	7837.84
1992	3899.00	442.74	14314.43	13022.39	17378.15	9068.38
1993	4183.40	443.53	15745.44	14776.50	17946.41	9701.35
1994	4451.55	459.50	16542.14	16653.12	15936.42	10681.19
1995	4806.20	458.58	18093.51	18151.90	17593.80	11727.95
1996	5340.67	476.47	20682.50	19912.63	22273.75	12830.37
1997	5918.38	503.63	23466.37	22003.46	26795.33	13946.62
1998	6605.55	526.29	27069.88	24247.81	33842.50	15090.24
1999	7163.59	527.34	29873.19	26648.35	37632.86	16342.73
2000	7846.69	513.63	32728.22	28140.66	43955.18	18630.71
2001	8872.56	541.37	37727.83	30785.88	54943.97	20791.87
2002	9971.21	559.77	43196.76	33525.82	67361.31	23120.56
2003	11301.97	547.46	50764.65	40264.51	76926.62	25386.38
2004	12650.15	568.26	57660.98	48438.21	80388.31	28077.34
2005	14465.45	599.68	67774.72	61765.82	82004.12	30822.40
2006	16043.53	622.06	75418.27	73249.34	80293.66	34475.05
2007	18160.81	651.69	85938.67	87544.11	81604.45	39125.41
2008	20509.09	679.46	98232.89	104751.53	81917.47	43744.26
2009	22748.69	718.66	109343.03	115918.05	93074.63	48289.29

注：1.1992—2004年、2005—2008年数据分别根据第一次和第二次经济普查数据进行调整和修订。
2.2006年第一产业数据根据农业普查数据进行了调整。

a) Data in 1992-2004 were adjusted and revised based on economic census data.

b) Data on the primary industry in 2006 have been adjusted according to agricultural census data.

2-11 主要年份生产总值
Gross Domestic Product in Main Years

按当年价格计算

Data in this table are calculated at current prices

单位：亿元 (100 million yuan)

年份 地区	Year Region	生产总值 Gross Domestic Product	第一产业 Primary Industry	第二产业 Secondary Industry	工业 Industry	建筑业 Construction	第三产业 Tertiary Industry	人均生产总值(元) Per Capita GDP (yuan)
1952		1.63	1.20	0.12	0.10	0.02	0.31	101
1957		3.95	2.13	0.78	0.40	0.38	1.04	193
1965		6.14	3.36	1.28	0.96	0.32	1.50	271
1970		8.15	3.36	2.79	2.02	0.77	2.00	303
1975		12.42	4.64	4.76	3.78	0.98	3.02	371
1978		15.54	3.67	7.71	5.57	2.14	4.16	428
1980		17.79	5.00	7.83	5.67	2.16	4.96	473
1981		17.49	4.63	7.23	5.21	2.02	5.63	459
1982		19.95	5.56	8.03	5.62	2.41	6.36	513
1983		22.45	5.90	8.98	6.38	2.60	7.57	569
1984		26.42	7.35	10.15	7.19	2.96	8.92	662
1985		33.01	8.64	13.39	8.90	4.49	10.98	808
1986		38.44	10.47	15.40	11.06	4.34	12.57	916
1987		43.38	11.74	16.61	12.09	4.52	15.03	1018
1988		54.96	14.36	23.30	17.33	5.97	17.30	1260
1989		60.37	15.73	25.29	20.07	5.22	19.35	1365
1990		69.94	17.67	26.89	21.23	5.66	25.38	1558
1991		75.10	17.96	29.84	23.49	6.35	27.30	1647
1992		87.52	19.90	36.31	26.69	9.62	31.31	1912
1993		109.68	22.21	48.13	36.67	11.46	39.34	2364
1994		138.40	32.40	57.78	46.13	11.65	48.22	2942
1995		167.80	39.62	64.58	51.62	12.96	63.60	3513
1996		184.17	40.41	70.00	53.27	16.73	73.75	3799
1997		202.79	41.80	76.64	56.90	19.73	84.36	4122
1998		220.92	42.94	85.44	62.40	23.04	92.54	4426
1999		239.38	42.03	94.03	68.63	25.41	103.32	4728
2000		263.68	40.12	108.83	78.80	30.03	114.73	5138
2001		300.13	44.74	125.09	87.02	38.07	130.29	5774
2002		340.65	47.31	144.51	97.48	47.03	148.83	6478
2003		390.20	48.47	171.92	117.18	54.74	169.81	7346
2004		466.10	60.70	211.70	153.50	58.20	193.70	8693
2005		543.32	65.34	264.61	203.94	60.67	213.37	10045
2006		648.50	67.55	331.91	265.12	66.79	249.04	11889
2007		797.35	83.41	419.03	344.52	74.51	294.91	14507
2008		1018.62	105.57	557.12	468.60	88.52	355.93	18421
2009		1081.27	107.40	575.33	470.33	105.00	398.54	19454
西宁市	Xining City	501.07	19.18	249.34	209.88	39.46	232.55	22865
海东地区	Haidong Prefecture	135.67	25.17	49.47	36.15	13.32	61.03	8565
海北州	Haibei Zang A.P	42.63	9.15	18.82	11.74	7.08	14.66	15261
黄南州	Huangnan Zang A.P	34.64	10.94	12.46	9.80	2.66	11.24	15047
海南州	Hainan Zang A.P	58.72	15.74	25.93	14.17	11.76	17.05	13244
果洛州	Golog Zang A.P	15.05	4.01	4.36	2.53	1.83	6.68	9326
玉树州	Yushu Zang A.P	25.48	15.83	3.88	0.45	3.43	5.77	7131
海西州	Haixi Mongolian & Zang A.P	291.78	7.37	228.23	206.42	21.81	56.18	65290

注：1.1992—2004年、2006—2008年数据分别根据第一次和第二次经济普查数据进行调整和修订。
2.2006年第一产业数据根据农业普查数据进行了调整。

a) Data in 1992-2004 and 2006-2008 were adjusted and revised based on the first and the second economic census data separately.
b) Data on the primary industry in 2006 have been adjusted according to agricultural census data.

2-12 主要年份生产总值构成
Composition of Gross Domestic Product in Main Years

按当年价格计算

Data in this table are calculated at current prices

单位：% (%)

年 份 Year 地 区 Region	生产总值 Gross Domestic Product	第一产业 Primary Industry	第二产业 Secondary Industry	工 业 Industry	建筑业 Construction	第三产业 Tertiary Industry
1952	100.0	73.6	7.4	6.2	1.2	19.0
1957	100.0	53.9	19.7	10.1	9.6	26.4
1965	100.0	54.7	20.8	15.6	5.2	24.5
1970	100.0	41.2	34.2	24.8	9.4	24.6
1975	100.0	37.4	38.3	30.4	7.9	24.3
1978	100.0	23.6	49.6	35.8	13.8	26.8
1980	100.0	28.1	44.0	31.9	12.1	27.9
1981	100.0	26.5	41.3	29.8	11.5	32.2
1982	100.0	27.9	40.3	28.2	12.1	31.8
1983	100.0	26.3	40.0	28.4	11.6	33.7
1984	100.0	27.8	38.4	27.2	11.2	33.8
1985	100.0	26.2	40.6	27.0	13.6	33.2
1986	100.0	27.2	40.1	28.8	11.3	32.7
1987	100.0	27.1	38.3	27.9	10.4	34.6
1988	100.0	26.1	42.4	31.5	10.9	31.5
1989	100.0	26.1	41.9	33.2	8.6	32.0
1990	100.0	25.3	38.4	30.4	8.0	36.3
1991	100.0	23.9	39.7	31.3	8.4	36.4
1992	100.0	22.7	41.5	30.5	11.0	35.8
1993	100.0	20.3	43.9	33.4	10.5	35.9
1994	100.0	23.4	41.7	33.3	8.4	34.8
1995	100.0	23.6	38.5	30.8	7.7	37.9
1996	100.0	21.9	38.0	28.9	9.1	40.0
1997	100.0	20.6	37.8	28.1	9.7	41.6
1998	100.0	19.4	38.7	28.2	10.4	41.9
1999	100.0	17.6	39.3	28.7	10.6	43.2
2000	100.0	15.2	41.3	29.9	11.4	43.5
2001	100.0	14.9	41.7	29.0	12.7	43.4
2002	100.0	13.9	42.4	28.6	13.8	43.7
2003	100.0	12.4	44.1	30.0	14.0	43.5
2004	100.0	13.0	45.4	32.9	12.5	41.6
2005	100.0	12.0	48.7	37.5	11.2	39.3
2006	100.0	10.4	51.2	40.9	10.3	38.4
2007	100.0	10.5	52.5	43.2	9.3	37.0
2008	100.0	10.4	54.7	46.0	8.7	34.9
2009	100.0	9.9	53.2	43.5	9.7	36.9
西宁市 Xining City	100.0	3.8	49.8	41.9	7.9	46.4
海东地区 Haidong Prefecture	100.0	18.6	36.4	26.6	9.8	45.0
海北州 Haibei Zang A.P	100.0	21.5	44.1	27.4	16.7	34.4
黄南州 Huangnan Zang A.P	100.0	31.6	36.0	28.3	7.7	32.4
海南州 Hainan Zang A.P	100.0	26.8	44.2	24.1	20.1	29.0
果洛州 Golog Zang A.P	100.0	26.7	28.9	16.8	12.1	44.4
玉树州 Yushu Zang A.P	100.0	62.1	15.2	1.8	13.4	22.7
海西州 Haixi Mongolian & Zang A.P	100.0	2.5	78.2	70.7	7.5	19.3

注：1.1992—2004年、2006—2008年数据分别根据第一次和第二次经济普查数据进行调整和修订。

2.2006年第一产业数据根据农业普查数据进行了调整。

a) Data in 1992-2004 were adjusted and revised based on economic census data.

b) Data on the primary industry in 2006 have been adjusted according to agricultural census data.

2-13 主要年份生产总值指数

Indices of Gross Domestic Product in Main Years

按可比价格计算

Data in this table are calculated at constant prices

(1952=100) (year of 1952=100)

年份 Year	生产总值 Gross Domestic Product	第一产业 Primary Industry	第二产业 Secondary Industry	工业 Industry	建筑业 Construction	第三产业 Tertiary Industry	人均生产总值 Per Capita GDP
1952	100.00	100.00	100.00	100.00	100.00	100.00	100.00
1957	216.67	151.20	591.67	330.00	1900.00	335.48	172.86
1965	312.26	203.62	1001.62	847.14	1600.00	493.60	224.87
1970	445.69	203.60	2460.10	2111.84	3848.76	689.74	260.14
1975	665.06	278.85	4075.30	3639.41	4899.10	959.28	324.06
1978	825.92	234.54	6501.60	5435.19	10687.83	1326.01	371.37
1980	884.25	243.25	6539.41	5465.59	10796.77	1389.94	477.00
1981	871.87	230.60	6048.95	5049.11	10097.64	1690.17	464.98
1982	974.75	261.17	6672.00	5398.00	12045.89	1901.44	509.99
1983	1078.07	279.04	7279.15	5921.07	12995.10	2203.77	555.99
1984	1224.69	318.10	8123.54	6551.07	14794.92	2547.55	623.98
1985	1357.45	343.87	9358.31	7782.02	15845.36	2751.36	675.96
1986	1467.40	375.85	10006.00	8547.77	16095.72	2968.72	714.36
1987	1551.05	387.50	10362.60	9255.53	14246.32	3295.28	743.50
1988	1670.48	385.14	12755.62	11678.62	16045.63	3183.57	782.68
1989	1690.52	395.00	12717.35	12357.15	12595.82	3255.85	781.67
1990	1753.47	411.47	12797.35	12415.23	13745.82	3433.62	798.78
1991	1835.64	415.50	13556.07	13105.52	13565.75	3707.62	824.59
1992	1971.30	432.16	14586.27	13838.11	15877.35	4062.07	872.41
1993	2161.55	429.26	16720.59	15970.56	17777.87	4564.95	943.95
1994	2337.11	444.72	18038.85	17663.44	17475.65	5072.32	1006.53
1995	2524.14	442.49	19716.25	19341.47	18961.07	5667.10	1070.55
1996	2744.23	458.87	21809.12	20695.37	23720.30	6213.50	1146.77
1997	2992.38	474.93	24121.69	22557.96	27539.27	6856.88	1232.21
1998	3259.19	491.55	26893.16	24588.17	32909.43	7482.17	1322.59
1999	3523.52	496.47	29429.73	26801.11	36430.74	8228.94	1409.81
2000	3838.50	476.61	32872.05	29481.22	42478.24	9182.54	1515.41
2001	4288.09	504.25	37846.51	32724.15	53692.50	10163.04	1671.19
2002	4806.09	526.94	44074.27	37665.50	64269.92	11229.29	1851.51
2003	5376.12	546.96	51357.37	44106.30	74038.95	12328.25	2050.18
2004	6035.77	567.96	59887.83	53831.74	77259.64	13596.83	2280.21
2005	6772.13	596.59	69380.05	65157.94	78913.00	14980.98	2536.28
2006	7670.12	617.23	80328.22	77329.44	83687.24	16949.49	2848.50
2007	8703.28	644.14	92329.26	90707.43	88767.05	19349.53	3207.41
2008	9880.84	669.26	107582.05	108359.10	92548.53	21706.31	3619.56
2009	10882.76	702.73	119781.86	119379.22	108198.49	23831.35	3966.31

注：1992—2004年、2006—2008年数据分别根据第一次和第二次经济普查数据进行调整和修订。

a) Data in 1992-2004 and 2006-2008 were adjusted and revised based on the first and the second economic census data separately.

2-14 主要年份生产总值指数
Indices of Gross Domestic Product in Main Years

按可比价格计算

Data in this table are calculated at constant prices

(上年=100) (preceding year=100)

年份 Year 地区 Region		生产总值 Gross Domestic Product	第一产业 Primary Industry	第二产业 Secondary Industry	工业 Industry	建筑业 Construction	第三产业 Tertiary Industry	人均生产总值 Per Capita GDP
1952		100.00	100.00	100.00	100.00	100.00	100.00	100.00
1957		97.33	100.53	74.74	100.00	61.83	114.29	91.28
1965		112.45	110.49	127.00	121.79	145.45	106.12	107.59
1970		119.57	100.34	162.50	183.59	103.31	106.87	114.79
1975		107.83	99.78	116.23	113.41	128.95	108.13	104.82
1978		114.93	96.91	128.08	116.32	173.98	122.61	111.87
1980		117.78	97.74	123.20	131.40	105.88	129.89	115.87
1981		98.60	94.80	92.50	92.38	93.52	121.60	97.48
1982		111.80	113.30	110.30	106.91	119.30	112.50	109.68
1983		110.60	106.80	109.10	109.69	107.88	115.90	109.02
1984		113.60	114.00	111.60	110.64	113.85	115.60	112.23
1985		110.84	108.10	115.20	118.79	107.10	108.00	108.33
1986		108.10	109.30	107.50	109.84	101.58	107.90	105.68
1987		105.70	103.10	103.00	108.28	88.51	111.10	104.08
1988		107.70	99.39	123.10	126.18	112.63	96.61	105.27
1989		101.20	102.56	99.74	105.81	78.50	102.27	99.87
1990		103.72	104.17	102.23	100.47	109.13	105.46	102.19
1991		104.69	100.98	104.29	105.56	98.69	107.98	103.23
1992		107.39	104.01	107.61	105.59	117.04	109.56	105.80
1993		109.65	99.33	114.63	115.41	111.97	112.38	108.20
1994		108.12	103.60	107.88	110.60	98.30	111.11	106.63
1995		108.00	99.50	109.30	109.50	108.50	111.73	106.36
1996		108.72	103.70	110.61	107.00	125.10	109.64	107.12
1997		109.04	103.50	110.60	109.00	116.10	110.35	107.45
1998		108.92	103.50	111.49	109.00	119.50	109.12	107.33
1999		108.11	101.00	109.43	109.00	110.70	109.98	106.59
2000		108.94	96.00	111.70	110.00	116.60	111.59	107.49
2001		111.71	105.80	115.13	111.00	126.40	110.68	110.28
2002		112.08	104.50	116.46	115.10	119.70	110.49	110.79
2003		111.86	103.80	116.52	117.10	115.20	109.79	110.73
2004		112.27	103.84	116.61	122.05	104.35	110.29	111.22
2005		112.20	105.04	115.85	121.04	102.14	110.18	111.23
2006		113.26	103.46	115.78	118.68	106.05	113.14	112.31
2007		113.47	104.36	114.94	117.30	106.07	114.16	112.60
2008		113.53	103.90	116.52	119.46	104.26	112.18	112.85
2009		110.14	105.00	111.34	110.17	116.91	109.79	109.58
西宁市	Xining City	113.30	105.30	114.30	114.10	116.00	113.10	112.02
海东地区	Haidong Prefecture	112.10	106.30	112.30	112.40	112.00	114.00	111.78
海北州	Haibei Zang A.P	115.70	104.50	121.60	132.70	107.00	115.10	115.28
黄南州	Huangnan Zang A.P	100.70	102.00	95.30	93.00	106.90	106.90	99.51
海南州	Hainan Zang A.P	113.60	106.50	120.60	129.20	111.40	110.10	112.21
果洛州	Golog Zang A.P	111.90	104.60	121.90	120.00	124.70	298.90	110.29
玉树州	Yushu Zang A.P	108.10	102.90	116.00	109.40	116.90	117.10	100.33
海西州	Haixi Mongolian & Zang A.P	112.30	106.90	112.60	111.60	124.10	111.50	110.57

注：1992—2004年、2006—2008年数据分别根据第一次和第二次经济普查数据进行调整和修订。

a) Data in 1992-2004 and 2006-2008 were adjusted and revised based on the first and the second economic census data separately.

2−15　主要年份第三产业增加值

单位：亿元

年　份 Year / 地　区 Region	总　计 Total	交通运输、仓储及邮政业 Transport, Storage and Post	信息传输、计算机服务和软件业 Information Transmission, Computer Services and Software	批发、零售贸易业 Wholesale and Retail Trades	住宿和餐饮业 Hotels and Catering Services
1992	31.31	5.34	0.46	7.33	1.34
1993	39.34	6.17	0.51	9.07	1.73
1994	48.22	6.69	0.69	11.28	2.08
1995	63.60	8.59	1.02	15.73	2.36
1996	73.75	9.90	1.60	15.26	2.71
1997	84.36	11.36	2.08	16.09	3.83
1998	92.54	12.73	2.64	16.94	4.53
1999	103.32	15.45	3.12	17.37	5.36
2000	114.73	17.49	4.74	19.40	5.79
2001	130.29	19.50	7.46	21.22	6.37
2002	148.83	23.06	9.53	24.31	6.54
2003	169.81	26.87	12.26	27.21	7.85
2004	193.70	30.00	14.70	31.50	8.60
2005	213.37	31.88	14.20	35.63	9.38
2006	249.04	34.92	17.41	39.10	11.11
2007	294.91	40.59	22.30	45.67	12.33
2008	355.93	42.97	27.54	55.82	13.73
2009	398.54	49.32	35.00	66.13	14.54
西宁市 Xining City	232.55	22.26	20.16	48.86	7.85
海东地区 Haidong Prefecture	61.03	9.89	4.02	6.37	3.06
海北州 Haibei Zang A.P	14.66	1.28	0.75	1.38	0.74
黄南州 Huangnan Zang A.P	11.24	0.21	0.50	0.84	0.55
海南州 Hainan Zang A.P	17.05	2.05	0.97	1.84	1.08
果洛州 Golog Zang A.P	6.68	0.49	0.42	0.34	0.14
玉树州 Yushu Zang A.P	5.77	0.39	0.25	0.98	0.29
海西州 Haixi Mongolian & Zang A.P	56.18	16.30	5.02	5.19	2.32

注：1.本表按当年价格计算。

2.1992−2004年、2006−2008年数据分别根据第一次和第二次经济普查数据进行调整和修订。

Value-added of the Tertiary Industry in Main Years

(100 million yuan)

金融业 Financial Intermediation	房地产业 Real Estate	租赁和商务服务业 Rental and Business Services	科学研究技术服务和地质勘查业 Scientific Research, Technical Services and Geological Prospecting	水利、环境和公共设施管理业 Management of Water, Environment and Public Facilities	居民服务和其他服务业 Residents Services and Other Services	教育 Education	卫生、社会保障和社会福利业 Health, Social Security and Social Welfare	文化、体育和娱乐业 Culture, Sports and Entertainment	公共管理和社会组织 Public Administration and Social Organizations
5.83	0.49	0.04	1.03	0.42	0.60	2.20	0.95	0.74	4.54
8.27	0.76	0.05	1.17	0.46	0.60	2.64	1.20	0.85	5.86
10.82	1.10	0.08	1.42	0.53	0.68	3.16	1.54	0.98	7.17
14.62	1.58	0.12	1.90	0.68	0.81	4.22	2.04	1.26	8.67
17.29	2.55	0.17	2.32	0.80	0.87	5.29	2.53	1.51	10.96
18.92	3.35	0.28	2.68	0.89	1.06	5.96	3.10	1.64	13.14
19.23	4.25	0.42	3.20	1.01	1.23	6.38	3.46	1.68	14.82
18.70	5.39	0.59	3.81	1.16	1.33	7.75	4.01	1.97	17.31
16.98	6.53	1.26	4.25	1.24	2.13	8.73	4.63	2.13	19.44
16.10	7.40	1.91	4.63	1.29	2.48	10.55	5.82	2.47	23.09
16.75	9.74	2.73	5.12	1.37	2.69	11.43	6.72	2.57	26.26
17.98	11.41	3.72	6.04	1.55	2.79	12.57	7.64	2.71	29.19
19.00	13.00	5.60	6.90	1.70	3.20	14.00	8.70	2.90	33.90
20.36	14.10	6.34	7.37	1.87	3.90	15.98	9.73	3.32	39.31
23.69	15.17	7.36	9.15	2.22	3.36	19.07	11.46	4.33	50.69
27.67	16.98	8.69	10.82	2.94	3.51	23.50	13.95	5.60	60.36
36.54	19.96	11.03	15.22	3.80	3.72	29.07	17.40	8.06	71.07
45.63	23.05	14.73	14.59	3.51	3.91	28.37	17.52	10.03	72.21
36.19	13.50	9.45	9.67	2.66	2.84	16.44	11.34	4.41	26.92
2.19	3.14	0.35	4.37	1.60	0.81	10.05	1.93	0.57	12.68
0.31	0.57	0.29	0.55	0.06	0.14	1.92	0.94	0.24	5.49
0.44	0.46	0.11	0.30	0.14	0.14	1.30	0.84	0.45	4.96
0.73	0.92	0.20	0.33	0.17	0.20	2.30	1.09	0.26	4.91
0.20	0.20	0.04	0.15		0.06	0.57	0.40	0.11	3.56
0.10	0.06	0.01	0.02	0.01	0.03	0.34	0.21	0.09	2.99
4.82	2.03	1.70	2.00	0.28	1.02	2.53	2.20	0.91	9.86

a) Data in this table are calculated at current prices.
b) Data in 1992-2004 and 2006-2008 were adjusted and revised based on the first and the second economic census data separately.

2-16 主要年份第三产业增加值构成及指数

年 份 Year	总 计 Total	交通运输、仓储及邮政业 Traffic, Transport, Storage and Post	信息传输、计算机服务和软件业 Information Transmission, Computer Services and Software	批发、零售贸易业 Wholesale and Retail Trades	住宿和餐饮业 Hotels and Catering Services	金融业 Financial Intermediation	房地产业 Real Estate
构成(%) Composition(%)							
1992	100.0	17.1	1.5	23.4	4.3	18.6	1.6
1993	100.0	15.7	1.3	23.1	4.4	21.0	1.9
1994	100.0	13.9	1.4	23.4	4.3	22.4	2.3
1995	100.0	13.5	1.6	24.7	3.7	23.0	2.5
1996	100.0	13.4	2.2	20.7	3.7	23.4	3.5
1997	100.0	13.5	2.5	19.1	4.5	22.4	4.0
1998	100.0	13.8	2.8	18.3	4.9	20.8	4.6
1999	100.0	15.0	3.0	16.8	5.2	18.1	5.2
2000	100.0	15.2	4.1	16.9	5.0	14.8	5.7
2001	100.0	15.0	5.7	16.3	4.9	12.4	5.7
2002	100.0	15.5	6.4	16.3	4.4	11.3	6.5
2003	100.0	15.8	7.2	16.0	4.6	10.6	6.7
2004	100.0	15.5	7.6	16.3	4.4	9.8	6.7
2005	100.0	14.9	6.7	16.7	4.4	9.5	6.6
2006	100.0	14.0	7.0	15.7	4.5	9.5	6.1
2007	100.0	13.8	7.5	15.5	4.2	9.4	5.7
2008	100.0	12.1	7.7	15.7	3.8	10.3	5.6
2009	100.0	12.4	8.8	16.6	3.6	11.4	5.8
发展速度(上年=100) Speed of Development (preceding year=100)							
1992	109.6	122.5	136.7	109.7	109.7	104.6	111.6
1993	112.4	104.0	131.4	108.7	108.7	125.7	127.1
1994	111.1	106.0	99.8	98.1	98.1	122.6	126.2
1995	111.7	107.6	115.1	102.7	92.9	116.8	120.8
1996	109.6	112.4	91.4	102.2	100.5	113.0	135.5
1997	110.4	108.4	181.3	101.4	137.6	107.0	120.6
1998	109.1	106.8	157.7	102.4	130.4	102.2	120.4
1999	110.0	125.7	56.0	103.6	115.6	97.3	119.7
2000	111.6	109.7	262.5	110.3	109.6	89.8	113.7
2001	110.7	112.0	158.1	106.8	113.0	92.9	106.2
2002	110.5	105.7	152.2	109.3	116.5	100.7	122.7
2003	109.8	113.8	114.9	111.2	110.6	104.7	109.3
2004	110.3	105.3	131.0	109.7	109.3	102.0	104.0
2005	110.2	106.3	115.6	112.3	108.4	105.6	106.4
2006	113.1	102.9	123.4	107.6	115.4	113.8	103.1
2007	114.2	112.4	124.1	110.2	104.6	110.8	107.7
2008	112.2	103.8	123.0	110.5	98.7	115.7	109.4
2009	109.8	109.0	128.5	116.6	101.8	122.7	113.8

注：1992-2004年、2006-2008年数据分别根据第一次和第二次经济普查数据进行调整和修订。

Composition and Indices of Value-added of the Tertiary Industry in Main Years

租赁和商务服务业 Rental and Business Services	科学研究、技术服务和地质勘查业 Scientific Research, Technical Services and Geological Prospecting	水利、环境和公共设施管理业 Management of Water, Environment and Public Facilities	居民服务和其他服务业 Residents Services and Other Services	教育 Education	卫生、社会保障和社会福利业 Health, Social Security and Social Welfare	文化、体育和娱乐业 Culture, Sports and Entertainment	公共管理和社会组织 Public Administration and Social Organizations
0.1	3.3	1.3	1.9	7.0	3.0	2.4	14.5
0.1	3.0	1.2	1.5	6.7	3.0	2.2	14.9
0.2	2.9	1.1	1.4	6.6	3.2	2.0	14.9
0.2	3.0	1.1	1.3	6.6	3.2	2.0	13.6
0.2	3.1	1.1	1.2	7.2	3.4	2.1	14.9
0.3	3.2	1.1	1.3	7.1	3.7	1.9	15.6
0.5	3.5	1.1	1.3	6.9	3.7	1.8	16.0
0.6	3.7	1.1	1.3	7.5	3.9	1.9	16.8
1.1	3.7	1.1	1.9	7.6	4.0	1.9	16.9
1.5	3.6	1.0	1.9	8.1	4.5	1.9	17.7
1.8	3.4	0.9	1.8	7.7	4.5	1.7	17.6
2.2	3.6	0.9	1.6	7.4	4.5	1.6	17.2
2.9	3.6	0.9	1.7	7.2	4.5	1.5	17.5
3.0	3.5	0.9	1.8	7.5	4.6	1.6	18.4
3.0	3.7	0.9	1.3	7.7	4.6	1.7	20.4
2.9	3.7	1.0	1.2	8.0	4.7	1.9	20.5
3.1	4.3	1.1	1.0	8.1	4.9	2.3	20.0
3.7	3.7	0.9	1.0	7.1	4.4	2.5	18.1
107.3	105.5	107.3	107.3	109.4	109.6	109.4	113.0
103.4	118.2	103.4	103.4	106.7	105.5	106.7	121.7
112.2	110.4	110.8	112.2	113.6	117.7	113.6	139.7
113.9	113.4	117.5	113.9	117.8	113.3	117.8	127.0
104.3	116.4	109.1	104.3	114.6	110.9	114.6	105.3
114.2	106.3	114.4	114.2	109.8	116.9	109.8	117.7
112.4	111.8	120.5	112.4	107.7	109.6	107.7	116.2
109.7	107.8	114.8	109.7	116.3	108.8	116.3	122.8
165.7	112.2	111.0	165.7	113.7	114.1	113.7	117.4
121.2	110.1	104.1	121.2	108.6	120.4	108.6	119.7
113.6	110.3	105.8	113.6	103.9	108.2	103.9	110.0
109.4	108.3	117.9	109.4	104.0	110.2	104.0	109.0
118.8	108.7	110.4	118.8	106.8	106.8	106.8	117.7
110.9	104.7	109.5	119.4	111.9	109.6	112.3	113.7
114.7	122.4	117.3	85.2	117.5	116.1	128.6	122.3
114.9	111.0	123.7	101.5	115.6	114.2	126.4	119.9
123.0	132.1	121.7	103.0	116.5	117.2	139.4	106.3
131.3	93.4	90.0	103.5	95.0	98.0	122.3	99.8

a) Data in 1992-2004 and 2006-2008 were adjusted and revised based on the first and the second economic census data separately.

2-17 三次产业贡献率

Share of the Contribution of the Three Strata of Industry to the Increase of GDP

按可比价格计算

Data in this table are calculated at constant prices.

单位：%　　(%)

年份 Year	生产总值 Gross Domestic Product	第一产业 Primary Industry	第二产业 Secondary Industry	工业 Industry	第三产业 Tertiary Industry
1990	100.00	27.34	26.56	4.69	46.09
1991	100.00	5.60	35.60	37.68	58.80
1992	100.00	14.02	40.40	24.24	45.59
1993	100.00	-1.74	59.79	50.32	41.95
1994	100.00	10.04	41.65	43.29	48.30
1995	100.00	-1.36	47.80	40.27	53.55
1996	100.00	8.49	48.12	27.61	43.40
1997	100.00	7.39	48.29	33.69	44.33
1998	100.00	7.11	53.24	34.16	39.65
1999	100.00	2.21	50.21	37.58	47.58
2000	100.00	-7.20	56.40	38.20	50.80
2001	100.00	8.29	52.68	27.48	39.03
2002	100.00	5.93	56.98	36.37	37.09
2003	100.00	4.76	60.35	43.08	34.88
2004	100.00	4.27	61.28	56.34	34.45
2005	100.00	5.22	61.09	58.81	33.69
2006	100.00	3.14	57.96	52.87	38.90
2007	100.00	3.56	55.22	50.51	41.22
2008	100.00	2.91	61.57	58.49	35.52
2009	100.00	4.56	57.85	42.89	37.59

注：1. 产业贡献率指各产业增加值增量与GDP增量之比。
2. 2006年第一产业数据根据农业普查数据进行了调整。
a) The contribution rate of industry refers to the ratio of increment of industrial added value to incremental of GDP.
b) Data on the primary industry in 2006 have been adjusted according to agricultural census data.

2-18 三次产业对生产总值增长的拉动

Contribution of the Three Strata Industry to GDP Growth

按可比价格计算

Data in this table are calculated at constant prices.

单位：百分点 (percentage points)

年 份 Year	生产总值 Gross Domestic Product	第一产业 Primary Industry	第二产业 Secondary Industry	工 业 Industry	第三产业 Tertiary Industry
1990	3.70	1.01	0.98	0.17	1.71
1991	4.69	0.26	1.67	1.77	2.76
1992	7.39	1.04	2.99	1.79	3.37
1993	9.65	-0.17	5.77	4.86	4.05
1994	8.12	0.82	3.38	3.52	3.92
1995	8.00	-0.11	3.83	3.22	4.29
1996	8.72	0.74	4.20	2.41	3.78
1997	9.04	0.67	4.37	3.05	4.01
1998	8.92	0.63	4.75	3.05	3.54
1999	8.11	0.18	4.07	3.05	3.86
2000	8.94	-0.64	5.04	3.41	4.54
2001	11.71	0.97	6.17	3.22	4.57
2002	12.08	0.72	6.88	4.39	4.48
2003	11.86	0.57	7.16	5.11	4.14
2004	12.27	0.52	7.52	6.91	4.23
2005	12.20	0.64	7.45	7.18	4.11
2006	13.26	0.42	7.69	7.01	5.15
2007	13.47	0.48	7.44	6.81	5.55
2008	13.53	0.39	8.33	7.91	4.81
2009	10.14	0.46	5.87	4.35	3.81

注：1. 产业拉动指GDP增长速度与各产业贡献率之乘积。
2. 2006年数据根据农业普查数据进行调整和修订。

a) Industry driven means the product of GDP growth rate and contribution rate of industry.

b) Data in 2006 have been adjusted according to agricultural census data.

2-19　1990-2009年生产总值构成项目
Components of Gross Domestic Product (1990-2009)

(按当年价格计算)

Data in this table are calculated at current prices.

单位：亿元　　(100 million yuan)

年　份 Year	生产总值 Gross Domestic Product	劳动者报酬 Compensation of Employees	生产税净额 Net Taxes on Production	固定资产折旧 Depreciation of Fixed Assets	营业盈余 Operating Surplus
1990	69.94	39.50	8.48	9.86	12.10
1991	75.10	43.75	9.54	10.34	11.47
1992	87.52	50.21	10.87	14.34	12.10
1993	109.68	62.58	12.16	14.67	20.27
1994	138.40	76.06	14.29	19.49	28.56
1995	167.80	90.48	16.85	26.38	34.09
1996	184.17	109.03	16.46	26.03	32.66
1997	202.79	119.93	22.05	32.46	28.36
1998	220.92	124.44	21.30	35.31	39.86
1999	239.38	134.20	25.79	39.11	40.29
2000	263.68	139.39	30.74	58.48	35.07
2001	300.13	156.77	34.23	54.68	54.44
2002	340.65	172.31	40.59	59.57	68.19
2003	390.20	189.75	46.80	70.29	83.35
2004	466.10	220.30	55.00	84.70	106.10
2005	543.32	258.53	64.53	102.17	118.09
2006	648.50	314.39	80.13	103.72	150.26
2007	797.35	405.93	101.45	114.45	175.52
2008	1018.62	536.60	129.01	133.69	219.32
2009	1081.27	581.69	158.49	180.66	160.43

注：1. 1992-2004年、2006-2008年数据分别根据第一次和第二次经济普查数据进行调整和修订。
2. 2006年数据根据农业普查数据进行了调整和修订。
a) Data in 1992-2004 and 2006-2008 were adjusted and revised based on the first and the second economic census data separately.
b) Data in 2006 have been adjusted according to agricultural census data.

2-20 1990-2009年支出法生产总值

Gross Domestic Product by Expenditure Approach(1990-2009)

按当年价格计算

Data in value terms in this table are calculated at current prices

单位：亿元 (100 million yuan)

年 份 Year	支出法生产总值 Gross Domestic Product by Expenditure Approach	最终消费 Final Consumption Expenditures	资本形成总额 Gross Capital Formation		货物和服务净出口 Net Exports of Goods and Services	资本形成率 Capital Formation Rate (%)	最终消费率 Final Consumption Rate (%)
			固定资产形成 Gross Fixed Capital Formation	库存增加 Change in Inventories			
1990	69.94	53.79	20.44	8.16	-12.45	40.89	76.91
1991	75.10	60.76	23.91	9.45	-19.02	44.42	80.90
1992	87.52	65.18	29.04	8.99	-15.69	43.45	74.47
1993	109.68	73.06	41.03	10.46	-14.87	46.95	66.61
1994	138.40	92.83	47.76	12.34	-14.54	43.43	67.08
1995	167.80	113.40	57.48	20.19	-23.27	46.29	67.58
1996	184.17	130.71	79.24	11.50	-37.28	49.27	70.97
1997	202.79	135.53	101.55	12.64	-46.92	56.31	66.83
1998	220.92	142.88	116.38	13.07	-51.41	58.59	64.68
1999	239.38	155.17	131.12	9.17	-56.07	58.60	64.82
2000	263.68	171.70	156.97	3.49	-68.48	60.85	65.12
2001	300.13	202.88	202.17	5.22	-110.14	69.10	67.60
2002	340.65	227.58	244.00	10.09	-141.02	74.59	66.81
2003	390.20	257.75	282.18	9.02	-158.75	74.63	66.06
2004	466.10	309.76	314.93	8.72	-167.31	69.44	66.46
2005	543.32	360.72	364.08	5.20	-186.68	67.97	66.39
2006	648.50	423.49	411.68	15.95	-202.62	65.94	65.30
2007	797.35	509.45	480.43	16.28	-208.81	62.30	63.89
2008	1018.62	593.51	583.20	59.99	-218.08	63.14	58.27
2009	1081.27	616.15	791.80	6.44	-333.12	73.82	56.98

注：1. 历年数据根据经济普查数据进行调整和修订。
2. 2006年数据根据农业普查数据进行调整和修订。
a) Data in past year were adjusted and revised based on economic census data.
b) Data in 2006 have been adjusted according to agricultural census data.

2-21 1990-2009年生产总值消费额及构成

Consumption Expenditure and Its Composition of GDP(1990-2009)

按当年价格计算

Data in value terms in this table are calculated at current prices.

年 份 Year	总消费(亿元) Final Consumption Expenditure (100 million yuan)	居民消费（亿元） Household Consumption (100 million yuan)		政府消费(亿元) Government Consumption (100 million yuan)	以总消费为100 Final Consumption Expenditures=100		人均消费水平(元/人) Per Capita Consumption Expenditure (yuan/person)		
		农村居民 Rural Household	城镇居民 Urban Household		居民消费 Household Consumption	政府消费 Government Consumption	全体居民 All Household	农村居民 Rural Household	城镇居民 Urban Household
1990	53.79	17.68	18.76	17.35	67.74	32.26	821	606	1235
1991	60.76	19.29	21.08	20.39	66.44	33.56	895	650	1367
1992	65.18	22.07	24.87	18.24	72.00	27.98	1026	732	1592
1993	73.06	24.76	29.85	18.45	74.75	25.25	1177	809	1893
1994	92.83	30.34	39.12	23.38	74.82	25.18	1477	976	2453
1995	113.40	34.82	48.01	30.57	73.04	26.96	1734	1103	2964
1996	130.71	37.56	58.80	34.35	73.72	26.28	1988	1175	3563
1997	135.53	38.98	61.51	35.03	74.15	25.85	2043	1209	3630
1998	142.88	39.75	67.09	36.04	74.78	25.22	2140	1213	3911
1999	155.17	40.79	73.64	40.73	73.75	26.25	2260	1227	4238
2000	171.70	41.74	80.60	49.37	71.25	28.75	2384	1245	4530
2001	202.88	44.06	91.00	67.82	66.57	33.43	2598	1315	4925
2002	227.58	46.33	102.36	78.89	65.34	34.66	2828	1399	5261
2003	257.75	48.70	116.22	92.83	63.98	36.02	3105	1477	5768
2004	309.76	52.33	132.28	125.15	59.60	40.40	3443	1583	6432
2005	360.72	64.15	146.14	150.43	58.30	41.70	3888	1941	6947
2006	423.49	70.51	160.18	192.80	54.47	45.53	4229	2128	7481
2007	509.45	81.36	192.28	235.81	53.71	46.29	4978	2453	8819
2008	593.51	102.75	219.65	271.11	54.32	45.68	5830	3121	9816
2009	616.15	111.55	249.43	255.17	58.59	41.41	6495	3424	10845

注：历年数据根据经济普查数据进行调整和修订。

a) Data in past year were adjusted and revised based on economic census data.

2-22 三大需求对生产总值增长的贡献率和拉动
Share and Contribution of the Three Components of GDP by Expenditure Approach to the Growth of GDP

按可比价格计算

Data in value terms in this table are calculated at constant prices

年 份 Year	最终消费支出 Final Consumption Expenditure		资本形成总额 Gross Capital Formation		货物和服务净出口 Net Exports of Goods and Services	
	贡献率 (%) Share (%)	拉动 (百分点) Contribution (percentage points)	贡献率 (%) Share (%)	拉动 (百分点) Contribution (percentage points)	贡献率 (%) Share (%)	拉动 (百分点) Contribution (percentage points)
1990	328.12	12.14	453.13	16.77	-681.20	-25.20
1991	126.43	5.94	60.06	2.82	-86.50	-4.07
1992	-9.45	-0.70	-3.45	-0.26	112.90	8.35
1993	19.71	1.91	27.37	2.65	52.90	5.13
1994	56.26	4.56	29.96	2.43	13.80	1.12
1995	18.47	1.48	58.31	4.66	23.20	1.90
1996	41.48	3.61	45.29	3.94	13.20	1.15
1997	-6.96	-0.63	92.84	8.36	14.10	1.27
1998	28.68	2.55	76.32	6.79	-5.00	-0.45
1999	57.89	4.69	46.22	3.74	-4.10	-0.33
2000	68.97	6.14	66.14	5.89	-35.10	-3.12
2001	75.48	8.83	140.64	16.45	-116.10	-13.58
2002	66.33	8.03	111.89	13.54	-78.20	-9.46
2003	61.29	7.29	65.31	7.77	-26.63	-3.17
2004	85.79	10.55	52.30	6.43	-38.10	-4.69
2005	91.85	11.21	75.77	9.24	-67.60	-8.25
2006	76.31	10.12	65.98	8.75	-42.29	-5.61
2007	65.76	8.86	62.77	8.45	-28.53	-3.84
2008	30.05	4.06	76.10	10.30	-6.15	-0.83
2009	7.21	0.73	165.54	16.79	-72.76	-7.38

注：1. 三大需求指支出法国内生产总值的三大构成项目，即最终消费支出、资本形成总额、货物和服务净出口。
2. 贡献率指三大需求增量与支出法国内生产总值增量之比。
3. 拉动指国内生产总值增长速度与三大需求贡献率的乘积。
4. 2006年数据根据第一次农业普查数据进行了调整。
5. 历年数据根据经济普查数据进行调整和修订。

a) The three major demands means the three major items of GDP by expenditure approach, namely, final consumption expenditure,capital formation, net exports of goods and services.
b) The contribution rate Refers to the ratio of increment of the three major demands to the increment of GDP by expenditure approach.
c) Driven by the three major demands Means the product of the growth rate of GDP and the contribution rate of the three major demands.
d) Data in 2006 have been adjusted according to agricultural census data.

2-23 非公有制经济基本情况

指 标	Item	户数(个) Number of Enterprises(unit)				从业人员(人) Employed Person(person)			
		2006	2007	2008	2009	2006	2007	2008	2009
按经济类型分	**Grouped by Economic Type**	**162049**	**152016**	**176100**	**195911**	**652158**	**598304**	**612806**	**645722**
股份合作企业	Cooperative Enterprises	135	113	131	135	14831	12661	4549	4688
联营企业	Joint Ownership Enterprises		1	27	22		15	629	428
有限责任公司	Limited Liability Corporations	832	844	1550	1572	83829	58795	91897	94118
股份有限公司	Share-holding Corporations Limited	87	74	253	209	40023	9303	17401	18278
私营企业	Private Enterprises	8861	9186	6158	6339	210098	228570	132254	128336
个体经济	Individual Economy	152023	141689	167731	187084	292286	277893	339652	367729
港澳台商投资企业	Enterprises with Funds from Hong Kong, Macao and Taiwan	46	55	46	46	3682	4709	5132	5006
外商企业	Foreign Funded Enterprises	40	49	70	66	5454	6247	18727	19436
其他企业	Other Enterprises	25	5	134	438	1955	111	2565	7703
按行业类别分	**Grouped by Sector**	**162049**	**152016**	**176100**	**195911**	**652158**	**598304**	**612806**	**645722**
第一产业	Primary Industry	889	803	710	856	14800	15864	12148	13535
农林牧渔业	Agriculture,Forestry,Animal Husbandry and Fishery	889	803	710	856	14800	15864	12148	13535
第二产业	Secondary Industry	21140	21438	23664	24563	230269	177821	239209	224622
工业	Industry	20006	20289	18403	19192	160409	103515	156226	136717
建筑业	Construction	1134	1149	5261	5371	69860	74306	82983	87905
第三产业	Tertiary Industry	140020	129775	151726	170492	407089	404619	361449	407565
交通运输、仓储及邮政业	Transport,Storage and Post	30590	31869	29833	31141	44113	46493	41036	49180
信息传输、计算机服务和软件业	Information Transmission, Computer services and software industry	1205	1358	707	479	5129	5729	8720	9018
批发和零售业	Wholesale and Retail Trades	69160	58036	81720	93921	237928	201720	165687	185804
住宿和餐饮业	Hotels and Catering Services	17984	15086	16270	17350	58461	80126	70039	75705
金融业	Financial Intermediation			50	50			82	82
房地产业	Real Estate	255	354	780	806	5975	7049	13623	13711
租赁和商务服务业	Leasing and Business Services	953	1115	2382	2983	4340	5519	15784	18525
科学研究、技术服务和地质勘查业	Scientific Research, Technical Services and Geological Prospecting	40	41	232	271	1260	1292	4405	5071
水利、环境和公共设施管理业	Management of Water Conservancy, Environment and Public Facilities	19	19	73	83	302	302	642	940
居民服务和其他服务业	Services to Households and Other Services	12112	13892	14014	16805	31114	36021	28885	32489
教育	Education	247	254	229	927	3298	4479	1532	6076
卫生、社会保障和社会福利业	Health, Social Security and Social Welfare	4215	4259	3351	3665	6429	6599	6173	7428
文化、体育和娱乐业	Culture, Sports and Entertainment	3240	3492	2070	1996	8741	9290	4801	3496
公共管理和社会组织	Public Management and Social Organizations			15	15			40	40

注：2006年、2007年非公有制总产出、增加值根据2008年经济普查数据进行了修订。

Basic Conditions on Non-public Economy

注册资金(万元) Registered Capital(10 000 yuan)				销售收入或营业收入(万元) Revenue from Principal Business(10 000 yuan)				总产出(万元) Gross Industrial(10 000 yuan)			
2006	2007	2008	2009	2006	2007	2008	2009	2006	2007	2008	2009
2332444	**3586347**	**3536812**	**4148551**	**4756010**	**6358007**	**11665104**	**12706980**	**4397326**	**5591719**	**8909360**	**9848277**
12770	89492	30570	27374	48093	720634	45898	163088	25628	718069	34084	140202
	372	3382	1277		6640	3356	1710		7781	3595	699
365786	505357	1011415	1024510	501177	853493	3009665	3428282	609449	636087	2386812	2893699
89164	102579	145480	146826	511803	309261	496429	567430	632137	237218	257075	269427
1412156	2315611	1378245	1646401	2068347	2557620	2550216	2832922	1374584	2012831	1750828	2110474
230273	231709	267732	508516	1419673	1555646	3032250	2686957	1459566	1697082	2209079	2367120
67062	129715	163854	152548	84967	110567	442529	499162	99515	83544	305829	320158
152004	210236	523138	608475	116721	243848	2052332	2473100	129433	188629	1602221	1722264
3229	1276	12996	32624	5229	298	32429	54329	67014	10478	359837	24234
2332444	**3586347**	**3536815**	**4148551**	**4756010**	**6358007**	**11665106**	**12706980**	**4397326**	**5591719**	**8909360**	**9848277**
75898	81419	72232	88344	59028	82827	77577	125834	298116	372639	423239	507974
75898	81419	72232	88344	59028	82827	77577	125834	298116	372639	423239	507974
665366	1383640	2029831	2094893	1862332	3036136	6580098	6935141	2610425	3607462	6485327	7084849
272436	926984	1592013	1640742	1458079	2452567	5513321	5679816	1932320	2780111	5351263	5809300
392930	456656	437818	454151	404253	583569	1066777	1255325	678105	827351	1134064	1275549
1591180	2121288	1434752	1965314	2834650	3239044	5007431	5646005	1488785	1611618	2000794	2255454
91813	88182	54333	84725	324242	340639	469845	503853	334581	350978	469845	503853
18352	19017	110815	121319	63598	72373	245958	296357	63598	72376	245958	280392
854759	951216	423199	693598	1885403	1894415	3342350	3782005	406196	462374	556571	640361
97965	171170	118263	129164	166140	211803	301690	326246	150731	192159	301109	321388
216353	510562	486552	645606	164604	406986	341768	357953	148244	79536	121491	136823
63680	109343	122024	132032	33724	48051	146465	174651	33724	48051	146465	174651
128640	128640	50763	58386	7208	7388	46046	52995	41098	41098	46046	52953
33122	33122	10200	15912	1471	1471	1952	3045	27575	27575	1952	3045
54075	63860	40047	50281	111613	163302	87027	104303	111613	160176	87027	104303
7831	12357	2391	14059	4641	6296	1668	12419	17734	21163	1668	12193
9193	18779	6990	9921	19403	27430	2948	12623	101088	97242	2948	5925
15397	15040	9175	10311	52603	58890	19714	19555	52603	58890	19714	19567

a) Gross industrial and value added of non-public economic in 2006 and 2007 were adjusted according to the Second National Economic Census in 2008.

2-24 非公有制经济增加值构成项目

单位：万元

指　　标	Item	增加值 Value added				劳动者报酬 Workers Compensation			
		2006	2007	2008	2009	2006	2007	2008	2009
按经济类型分	**Grouped by Economic Type**	**1672482**	**2174373**	**3046941**	**3320960**	**785193**	**930391**	**1715033**	**1775282**
股份合作企业	Cooperative Enterprises	5780	297707	10326	61700	2195	11836	7833	9245
联营企业	Joint Ownership Enterprises		6554	1505	292		3904	1275	112
有限责任公司	Limited Liability Corporations	186281	194453	804251	874396	66859	72920	311831	322097
股份有限公司	Share-holding Corporations Limited	254804	97568	67402	60797	33010	18149	27337	32319
私营企业	Private Enterprises	375184	657630	587639	667733	214194	305143	274692	294621
个体经济	Individual Economy	714014	794289	841594	947030	427581	486306	735318	821178
港澳台商投资企业	Enterprises with Funds from Hong Kong, Macao and Taiwan	48270	36050	123790	130558	12843	15089	35018	37978
外商企业	Foreign Funded Enterprises	63428	86760	471204	564671	15744	15859	185320	248248
其他企业	Other Enterprises	24721	3362	139230	13783	12767	1185	136409	9484
按行业类别分	**Grouped by Sector**	**1672482**	**2174373**	**3046941**	**3320960**	**785193**	**930391**	**1715033**	**1775282**
第一产业	Primary Industry	115115	143002	161391	188433	112461	139284	157558	181548
农林牧渔业	Agriculture,Forestry,Animal Husbandry and Fishery	115115	143002	161391	188433	112461	139284	157558	181548
第二产业	Secondary Industry	848133	1223917	1883933	1999745	293472	365791	918764	876624
工业	Industry	671728	1017997	1605578	1694936	162265	203041	697771	636811
建筑业	Construction	176405	205920	278355	304809	131207	162750	220993	239813
第三产业	Tertiary Industry	709234	807454	1001617	1132782	379260	425316	638711	717110
交通运输、仓储及邮政业	Transport,Storage and Post	176693	185066	196162	212164	24447	25729	188688	199310
信息传输、计算机服务和软件业	Information Transmission, Computer services and software industry	17171	19541	122289	139409	11554	13169	30181	34406
批发和零售业	Wholesale and Retail Trades	225098	256230	355300	400023	182941	199703	187838	216049
住宿和餐饮业	Hotels and Catering Services	67832	81878	128477	136955	54219	65834	116636	124300
金融业	Financial Intermediation								
房地产业	Real Estate	57054	68735	72370	84880	9265	11040	17888	19422
租赁和商务服务业	Leasing and Business Services	11448	15934	62113	75124	6120	8195	50762	62041
科学研究、技术服务和地质勘查业	Scientific Research, Technical Services and Geological Prospecting	12887	12887	21154	24327	9522	9522	8493	9766
水利、环境和公共设施管理业	Management of Water Conservancy, Environment and Public Facilities	16354	16354	795	1240	8846	8846	364	568
居民服务和其他服务业	Services to Households and Other Services	46090	70566	28086	32992	20952	32051	24337	28656
教育	Education	10868	13028	1497	10763	9744	11915	921	8339
卫生、社会保障和社会福利业	Health, Social Security and Social Welfare	40141	36169	1404	3021	29628	25609	1831	3562
文化、体育和娱乐业	Culture, Sports and Entertainment	27598	31066	11970	11884	12022	13703	10772	10691
公共管理和社会组织	Public Management and Social Organizations								

注：2006年、2007年非公有制总产出、增加值根据2008年经济普查数据进行了修订。

Components of Non-public Economy Value-Added

(10 000 yuan)

固定资产折旧 Depreciation for Fixed Asset				生产税净额 Production Tax Net				营业盈余 Operating Surplus			
2006	2007	2008	2009	2006	2007	2008	2009	2006	2007	2008	2009
232365	**331230**	**289493**	**394763**	**247153**	**311215**	**403456**	**588435**	**407771**	**601538**	**638959**	**562480**
565	37591	1379	1697	1047	52075	1024	45617	1973	208105	90	5141
	324	78	69		670	43	32		1657	109	79
38660	27996	72494	115522	29049	37218	140743	212205	51713	66320	279183	224572
35889	15562	14324	8324	43812	17989	12200	16228	142093	55868	13541	3926
42697	80168	83067	120524	64526	97074	86115	122034	53767	143346	143765	130554
102197	123672	50000	60000	65673	68190	56276	65852	118563	116119		
5329	4079	25755	29044	15102	11769	13627	16790	14996	5113	49390	46746
5072	41451	41685	58584	21495	24537	91179	105989	21117	4913	153020	151850
1956	387	711	999	6449	1693	2249	3688	3549	97	-139	-388
232365	**331230**	**289493**	**394763**	**247153**	**311215**	**403456**	**588435**	**407771**	**601538**	**638959**	**562480**
101	141	103	187	3029	4245	3125	5599	-476	-668	605	1099
101	141	103	187	3029	4245	3125	5599	-476	-668	605	1099
139750	220469	180177	268015	129518	177435	260272	426626	285393	460222	524720	428480
116179	202970	163618	252139	109944	155315	233619	391458	283340	456671	510570	414528
23571	17499	16559	15876	19574	22120	26653	35168	2053	3551	14150	13952
92514	110620	109213	126561	114606	129535	140059	156210	122854	141984	113634	132901
36296	37891	154	971	44970	46701	6640	7598	70980	74745	680	4285
1387	1581	25825	29440	1412	1609	7371	8402	2818	3182	58912	67161
5550	7704	12570	14503	29005	36060	84872	96815	7602	12763	70020	72656
1895	2416	6199	6551	9663	11318	8560	9118	2055	2310	-2918	-3014
36934	47184	54532	63570	9730	9392	20458	19697	1125	1120	-20508	-17809
2241	3273	5839	6306	3433	5025	6356	7688	-346	-558	-844	-911
1698	1698	2426	2790	1500	1500	2254	2592	167	167	7981	9179
280	280	19	29	2753	2753	99	154	4475	4475	313	489
3628	5615	1134	1296	5573	8142	2057	2409	15937	24758	558	631
196	203	123	626	304	337	93	350	624	573	360	1448
393	395	150	235	2868	2871	229	324	7252	7294	-806	-1100
2016	2380	242	244	3395	3827	1070	1063	10165	11156	-114	-114

a) Gross industrial and value added of non-public economic in 2006 and 2007 were adjusted according to the Second National Economic Census in 2008.

2-25 第二次全国经济普查按机构类型分组的法人单位综合表

单位：个

指标	Item	全部法人单位 Total Juridical Entity
总　　计	**Total**	**24246**
按国民经济行业门类分组	**By Sector**	
采矿业	Mining	521
制造业	Manufacturing	2077
电力、燃气及水的生产和供应业	Production and Supply of Electricity, Gas and Water	231
建筑业	Construction	721
交通运输、仓储和邮政业	Transport, Storage and Post	412
信息传输、计算机服务和软件业	Information Transmission, Computer Services and Software	358
批发和零售业	Wholesale and Retail Trades	2878
住宿和餐饮业	Hotels and Catering Services	517
金融业	Financial Intermediation	175
房地产业	Real Estate	713
租赁和商务服务业	Leasing and Business Services	924
科学研究、技术服务和地质勘查业	Scientific Research, Technical Service and Geologic Prospecting	848
水利、环境和公共设施管理业	Management of Water Conservancy, Environment and Public Facilities	282
居民服务和其他服务业	Services to Households and Other Services	215
教育	Education	1185
卫生、社会保障和社会福利业	Health, Social Security and Social Welfare	758
文化、体育和娱乐业	Culture, Sports and Entertainment	373
公共管理和社会组织	Public Management and Social Organization	11058
国际组织	International Organizations	
按登记注册类型分组	**By Status of Registration**	
内资企业	Domestic Funded	24142
国有企业	State-owned Enterprises	7500
集体企业	Collective-owned Enterprises	1096
股份合作企业	Cooperative Enterprises	166
联营企业	Joint Ownership Enterprises	54
国有联营企业	State-owned Joint	9
集体联营企业	Collective-owned Joint	25
国有与集体联营企业	State-owned and Collective Joint	5
其他联营企业	Others	15
有限责任公司	Limited Liability Corporations	1780
国有独资公司	State Sole funded Corporations	78
其他有限责任公司	Other Limited Liability Corporations	1702
股份有限公司	Share-holding Corporations Limited	282
私营企业	Private Enterprises	6209
私营独资企业	Private-funded Enterprises	2207
私营合伙企业	Private Partnership Enterprises	468
私营有限责任公司	Private Limited Liability Corporations	3002
私营股份有限公司	Private Share-holding Corporations Ltd.	532
其他企业	Other Enterprises	7055
港、澳、台商投资企业	Enterprises with Funds from Hong Kong, Macao and Taiwan	46
合资经营企业(港或澳、台资)	Joint-ventures Enterprises	22
合作经营企业(港或澳、台资)	Cooperation Enterprises	2
港、澳、台商独资经营企业	Enterprises with Sole Investment	20
港、澳、台商投资股份有限公司	Share-holding Corporations Ltd.	2
外商投资企业	Foreign Funded Enterprises	58
中外合资经营企业	Joint-venture Enterprises	29
中外合作经营企业	Cooperation Enterprises	7
外资企业	Enterprises with Sole Funds	18
外商投资股份有限公司	Share-holding Corporations Ltd.	4

Consolidated Table of Juridical Entity Grouped by Status of Organization in the Second National Economic Census

(unit)

企业 Enterprises	事业单位 Institutions	机关 Organs	社会团体 Social Organizations	其他 Others
9816	**3570**	**2733**	**1359**	**6768**
521				
2077				
219	12			
718	3			
296	106			10
321	15			22
2876	1			1
475	10			32
144	20	9		2
706	4			3
784	105			35
302	514		1	31
32	239		2	9
185	17			13
43	869			273
35	623		9	91
82	257		13	21
	775	2724	1334	6225
9713	3570	2733	1359	6767
791	3487	2733	432	57
502	30		66	498
156	1		4	5
36	1		11	6
7			1	1
14			8	3
4	1			
11			2	2
1767			2	11
77			1	
1690			1	11
279			1	2
6038			21	150
2081			11	115
446			10	12
2981				21
530				2
144	51		822	6038
46				
22				
2				
20				
2				
57				1
29				
7				
18				
3				1

2-26 第二次全国经济普查按机构类型分组的产业活动单位综合表

单位：个

指标	Item	全部产业活动单位 Total Industrial Activity Units
总　　计	**Total**	**33751**
按国民经济行业门类分组	**By Sector**	
采矿业	Mining	569
制造业	Manufacturing	2183
电力、燃气及水的生产和供应业	Production and Supply of Electricity, Gas and Water	378
建筑业	Construction	895
交通运输、仓储和邮政业	Transport, Storage and Post	645
信息传输、计算机服务和软件业	Information Transmission, Computer Services and Software	534
批发和零售业	Wholesale and Retail Trades	3901
住宿和餐饮业	Hotels and Catering Services	639
金融业	Financial Intermediation	1163
房地产业	Real Estate	795
租赁和商务服务业	Leasing and Business Services	1136
科学研究、技术服务和地质勘查业	Scientific Research, Technical Service and Geologic Prospecting	1093
水利、环境和公共设施管理业	Management of Water Conservancy, Environment and Public Facilities	372
居民服务和其他服务业	Services to Households and Other Services	281
教育	Education	3671
卫生、社会保障和社会福利业	Health, Social Security and Social Welfare	1859
文化、体育和娱乐业	Culture, Sports and Entertainment	475
公共管理和社会组织	Public Management and Social Organization	13162
国际组织	International Organizations	
按登记注册类型分组	**By Status of Registration**	
内资企业	Domestic Funded	33559
国有企业	State-owned Enterprises	14268
集体企业	Collective-owned Enterprises	1394
股份合作企业	Cooperative Enterprises	340
联营企业	Joint Ownership Enterprises	68
国有联营企业	State-owned Joint	11
集体联营企业	Collective-owned Joint	28
国有与集体联营企业	State-owned and Collective Joint	9
其他联营企业	Others	20
有限责任公司	Limited Liability Corporations	2164
国有独资公司	State Sole funded Corporations	121
其他有限责任公司	Other Limited Liability Corporations	2043
股份有限公司	Share-holding Corporations Limited	888
私营企业	Private Enterprises	6857
私营独资企业	Private-funded Enterprises	2332
私营合伙企业	Private Partnership Enterprises	516
私营有限责任公司	Private Limited Liability Corporations	3390
私营股份有限公司	Private Share-holding Corporations Ltd.	619
其他企业	Other Enterprises	7580
港、澳、台商投资企业	Enterprises with Funds from Hong Kong, Macao and Taiwan	108
合资经营企业(港或澳、台资)	Joint-ventures Enterprises	25
合作经营企业(港或澳、台资)	Cooperation Enterprises	2
港、澳、台商独资经营企业	Enterprises with Sole Investment	74
港、澳、台商投资股份有限公司	Share-holding Corporations Ltd.	7
外商投资企业	Foreign Funded Enterprises	84
中外合资经营企业	Joint-venture Enterprises	37
中外合作经营企业	Cooperation Enterprises	8
外资企业	Enterprises with Sole Funds	28
外商投资股份有限公司	Share-holding Corporations Ltd.	11

Consolidated Table of Industrial Activity Units Grouped by Status of Organization in the Second National Economic Census

(unit)

企业 Enterprise	事业单位 Institution	机关 Organ	社会团体 Social Organization	其他 Others
12998	**7842**	**3996**	**1473**	**7442**
569				
2183				
364	14			
892	3			
458	173			14
485	26			23
3898	2			1
585	14			40
1120	27	10		6
780	8			7
881	202			53
331	723		1	38
40	321		2	9
221	38			22
55	3328			288
45	1131		12	671
91	347		13	24
	1485	3986	1445	6246
12814	7842	3994	1473	7436
1810	7704	3974	520	260
775	40	7	69	503
328	2		4	6
45	2	2	12	7
8		1	1	1
16			8	4
7	2			
14		1	3	2
2142	1		2	19
120			1	
2022	1		1	19
880	3	1	1	3
6661	7	3	21	165
2192	5	2	11	122
493	1		10	12
3361	1	1		27
615				4
173	83	7	844	6473
106		1		1
23		1		1
2				
74				
7				
78		1		5
36				1
8				
26				2
8		1		2

2-27 第二次全国经济普查法人单位及产业活动单位综合表
Juridical Entity and Industrial Activity Units Consolidated Table in the Second National Economic Census

单位：个 (unit)

指标	Item	法人单位 Juridical Entity	单产业 Single-Industry	多产业 Multi-Industry	产业活动单位 Industrial Activity Units	多产业所属 Multi-Industry Owned
总　计	**Total**	**24246**	**21803**	**2443**	**33751**	**11948**
按国民经济行业分组	**By Sector**					
采矿业	Mining	521	502	19	569	67
煤炭开采和洗选业	Mining and Washing of Coal	46	44	2	51	7
石油和天然气开采业	Extraction of Petroleum and Natural Gas	2	1	1	15	14
黑色金属矿采选业	Mining and Processing of Ferrous Metal Ores	46	44	2	46	2
有色金属矿采选业	Mining and Processing of Non-Ferrous Metal Ores	98	94	4	102	8
非金属矿采选业	Mining and Processing of Nonmetal Ores	324	314	10	350	36
其他采矿业	Mining of Other Ores	5	5		5	
制造业	Manufacturing	2077	2010	67	2183	173
农副食品加工业	Processing of Food from Agricultural Products	190	180	10	194	14
食品制造业	Manufacture of Foods	78	72	6	88	16
饮料制造业	Manufacture of Beverages	48	45	3	50	5
烟草制品业	Manufacture of Tobacco					
纺织业	Manufacture of Textile	25	24	1	33	9
纺织服装、鞋、帽制造业	Manufacture of Textile Wearing Apparel, Footwear and Caps	26	23	3	30	7
皮革、毛皮、羽毛(绒)及其制品业	Manufacture of Leather, Fur, Feather and Related Products	9	9		11	2
木材加工及木、竹、藤、棕、草制品业	Processing of Timber, Manufacture of Wood, Bamboo, Rattan, Palm and Straw Products	27	27		27	
家具制造业	Manufacture of Furniture	16	16		16	
造纸及纸制品业	Manufacture of Paper and Paper Products	11	11		12	1
印刷业和记录媒介的复制	Printing, Reproduction of Recording Media	77	76	1	80	4
文教体育用品制造业	Manufacture of Articles For Culture, Education and Sport Activities	2	2		4	2
石油加工、炼焦及核燃料加工业	Processing of Petroleum, Coking, Processing of Nuclear Fuel	8	8		9	1
化学原料及化学制品制造业	Manufacture of Raw Chemical Materials and Chemical Products	186	181	5	190	9
医药制造业	Manufacture of Medicines	49	46	3	51	5
化学纤维制造业	Manufacture of Chemical Fibers	2	2		2	
橡胶制品业	Manufacture of Rubber	4	4		4	
塑料制品业	Manufacture of Plastics	36	35	1	41	6
非金属矿物制品业	Manufacture of Non-metallic Mineral Products	627	620	7	651	31
黑色金属冶炼及压延加工业	Smelting and Pressing of Ferrous Metals	87	83	4	90	7
有色金属冶炼及压延加工业	Smelting and Pressing of Non-ferrous Metals	46	42	4	50	8
金属制品业	Manufacture of Metal Products	170	163	7	178	15
通用设备制造业	Manufacture of General Purpose Machinery	83	80	3	89	9
专用设备制造业	Manufacture of Special Purpose Machinery	35	33	2	37	4
交通运输设备制造业	Manufacture of Transport Equipment	96	95	1	99	4
电气机械及器材制造业	Manufacture of Electrical Machinery and Equipment	41	39	2	44	5
通信设备、计算机及其他电子设备制造业	Manufacture of Communication Equipment, Computers and Other Electronic Equipment	1	1		1	
仪器仪表及文化、办公用机械制造业	Manufacture of Measuring Instruments and Machinery for Cultural Activity and Office Work	4	4		4	
工艺品及其他制造业	Manufacture of Artwork and Other Manufacturing	82	78	4	86	8
废弃资源和废旧材料回收加工业	Recycling and Disposal of Waste	11	11		12	1
电力、燃气及水的生产和供应业	Production and Supply of Electricity, Gas and Water	231	220	11	378	158
电力、热力的生产和供应业	Production and Supply of Electric Power and Heat Power	169	162	7	311	149

2-27 续表 1 continued

单位：个 (unit)

指标	Item	法人单位 Juridical Entity	单产业 Single-Industry	多产业 Multi-Industry	产业活动单位 Industrial Activity Units	多产业所属 Multi-Industry Owned
燃气生产和供应业	Production and Supply of Gas	7	7		9	2
水的生产和供应业	Production and Supply of Water	55	51	4	58	7
建筑业	Construction	721	674	47	895	221
房屋和土木工程建筑业	Construction of Buildings and Civil Engineering	387	353	34	520	167
建筑安装业	Building Installation	123	114	9	139	25
建筑装饰业	Building Decoration	142	139	3	162	23
其他建筑业	Other Construction	69	68	1	74	6
交通运输、仓储和邮政业	Transport, Storage and Post	412	349	63	645	296
铁路运输业	Railway Transport	10	9	1	26	17
道路运输业	Road Transport	252	212	40	369	157
城市公共交通业	Urban Public Transport	32	30	2	43	13
水上运输业	Water Transport	2	2		2	
航空运输业	Air Transport	5	4	1	8	4
管道运输业	Transport Via Pipelines				1	1
装卸搬运和其他运输服务业	Loading, Unloading and Other Transport Services	44	40	4	60	20
仓储业	Storage	52	47	5	69	22
邮政业	Post	15	5	10	67	62
信息传输、计算机服务和软件业	Information Transmission, Computer Services and Software	358	322	36	534	212
电信和其他信息传输服务业	Telecommunications and Other Information Transmission Services	78	50	28	238	188
计算机服务业	Computer Services	249	241	8	261	20
软件业	Software	31	31		35	4
批发和零售业	Wholesale and Retail Trades	2878	2663	215	3901	1238
批发业	Wholesale Trade	1338	1251	87	1551	300
零售业	Retail Trade	1540	1412	128	2350	938
住宿和餐饮业	Hotels and Catering Services	517	490	27	639	149
住宿业	Hotels	341	330	11	404	74
餐饮业	Catering Services	176	160	16	235	75
金融业	Financial Intermediation	175	88	87	1163	1075
银行业	Bank	106	44	62	865	821
证券业	Security Activities	3	2	1	6	4
保险业	Insurance	30	9	21	211	202
其他金融活动	Other Financial Activities	36	33	3	81	48
房地产业	Real Estate	713	672	41	795	123
房地产业	Real Estate	713	672	41	795	123
租赁和商务服务业	Leasing and Business Services	924	885	39	1136	251
租赁业	Leasing	66	64	2	72	8
商务服务业	Business Services	858	821	37	1064	243
科学研究、技术服务和地质勘查业	Scientific Research, Technical Service and Geologic Prospecting	848	801	47	1093	292
研究与试验发展	Research and Experimental Development	56	53	3	64	11
专业技术服务业	Professional Technical Services	413	393	20	527	134
科技交流和推广服务业	Services of Science and Technology Exchanges and Promotion	335	315	20	452	137
地质勘查业	Geologic Prospecting	44	40	4	50	10
水利、环境和公共设施管理业	Management of Water Conservancy, Environment and Public Facilities	282	270	12	372	102
水利管理业	Management of Water Conservancy	163	155	8	229	74
环境管理业	Environmental Management	72	68	4	88	20
公共设施管理业	Management of Public Facilities	47	47		55	8
居民服务和其他服务业	Services to Households and Other Services	215	208	7	281	73
居民服务业	Services to Households	115	109	6	163	54
其他服务业	Other Services	100	99	1	118	19

2-27 续表 2 continued

单位：个 (unit)

指标	Item	法人单位 Juridical Entity	单产业 Single-Industry	多产业 Multi-Industry	产业活动单位 Industrial Activity Units	多产业所属 Multi-Industry Owned
教育	Education	1185	940	245	3671	2731
教育	Education	1185	940	245	3671	2731
卫生、社会保障和社会福利业	Health, Social Security and Social Welfare	758	663	95	1859	1196
卫生	Health	625	537	88	1670	1133
社会保障业	Social Security	56	52	4	81	29
社会福利业	Social Welfare	77	74	3	108	34
文化、体育和娱乐业	Culture, Sports and Entertainment	373	353	20	475	122
新闻出版业	Journalism and Publishing Activities	22	18	4	36	18
广播、电视、电影和音像业	Broadcasting, Movies, Television and Audiovisual Activities	75	69	6	101	32
文化艺术业	Cultural and Art Activities	170	165	5	222	57
体育	Sports Activities	44	42	2	48	6
娱乐业	Entertainment	62	59	3	68	9
公共管理和社会组织	Public Management and Social Organization	11058	9693	1365	13162	3469
中国共产党机关	Organs of Communist Party of China	380	309	71	447	138
国家机构	Government Agencies	3057	2172	885	4960	2788
人民政协和民主党派	People's Political Consultative Conference and Democratic Parties	62	62		64	2
群众团体、社会团体和宗教组织	Non-Governmental Organizations, Social Organizations and Religion Organizations	3063	3033	30	3190	157
基层群众自治组织	Grass Roots Self-governing Organizations	4496	4117	379	4501	384
国际组织	International Organizations					
按登记注册类型分组	**By Status of Registration**					
内资	Domestic Funded	24142	21717	2425	33559	11842
国有	State-owned Enterprises	7500	5979	1521	14268	8289
集体	Collective-owned Enterprises	1096	1035	61	1394	359
股份合作	Cooperative Enterprises	166	151	15	340	189
联营	Joint Ownership Enterprises	54	53	1	68	15
国有联营	State-owned Joint	9	9		11	2
集体联营	Collective-owned Joint	25	24	1	28	4
国有与集体联营	State-owned and Collective Joint	5	5		9	4
其他联营	Others	15	15		20	5
有限责任公司	Limited Liability Corporations	1780	1638	142	2164	526
国有独资公司	State Sole funded Corporations	78	64	14	121	57
其他有限责任公司	Other Limited Liability Corporations	1702	1574	128	2043	469
股份有限公司	Share-holding Corporations Limited	282	217	65	888	671
私营	Private Enterprises	6209	5993	216	6857	864
私营独资	Private-funded Enterprises	2207	2171	36	2332	161
私营合伙	Private Partnership Enterprises	468	461	7	516	55
私营有限责任公司	Private Limited Liability Corporations	3002	2849	153	3390	541
私营股份有限公司	Private Share-holding Corporations Ltd.	532	512	20	619	107
其他	Other Eenterprises	7055	6651	404	7580	929
港、澳、台商投资	Enterprises with Funds from Hong Kong, Macao and Taiwan	46	35	11	108	73
合资经营(港或澳、台资)	Joint-ventures Enterprises	22	21	1	25	4
合作经营(港或澳、台资)	Cooperation Enterprises	2	1	1	2	1
港、澳、台商独资经营	Enterprises with Sole Investment	20	11	9	74	63
港、澳、台商投资股份有限公司	Share-holding Corporations Ltd.	2	2		7	5
外商投资企业	Foreign Funded Enterprises	58	51	7	84	33
中外合资经营企业	Joint-venture Enterprises	29	25	4	37	12
中外合作经营企业	Cooperation Enterprises	7	7		8	1
外资企业	Enterprises with Sole Funds	18	16	2	28	12
外商投资股份有限公司	Share-holding Corporations Ltd.	4	3	1	11	8

主要统计指标解释

国内生产总值(GDP) 指按市场价格计算的一个国家(或地区)所有常住单位在一定时期内生产活动的最终成果。国内生产总值有三种表现形态,即价值形态、收入形态和产品形态。从价值形态看,它是所有常住单位在一定时期内生产的全部货物和服务价值超过同期投入的全部非固定资产货物和服务价值的差额,即所有常住单位的增加值之和;从收入形态看,它是所有常住单位在一定时期内创造并分配给常住单位和非常住单位的初次收入之和;从产品形态看,它是所有常住单位在一定时期内最终使用的货物和服务价值减去货物和服务进口价值。在实际核算中,国内生产总值有三种计算方法,即生产法、收入法和支出法。三种方法分别从不同的方面反映国内生产总值及其构成。

三次产业 三产业的划分是世界上较为常用的产业结构分类,但各国的划分不尽一致。我国的三次产业划分是:

第一产业是指农业、林业、畜牧业、渔业和农林牧渔服务业。

第二产业是指采矿业,制造业,电力、煤气及水的生产和供应业,建筑业。

第三产业是指除第一、二产业以外的其他行业。

劳动者报酬 指劳动者因从事生产活动所获得的全部报酬。包括劳动者获得的各种形式的工资、奖金和津贴,既包括货币形式的,也包括实物形式的,还包括劳动者所享受的公费医疗和医药卫生费、上下班交通补贴、单位支付的社会保险费、住房公积金等。对于个体经济来说,其所有者所获得的劳动报酬和经营利润不易区分,这两部分统一作为劳动者报酬处理。

生产税净额 指生产税减生产补贴后的余额。生产税指政府对生产单位从事生产、销售和经营活动以及因从事生产活动使用某些生产要素(如固定资产、土地、劳动力)所征收的各种税、附加费和规费。生产补贴与生产税相反,指政府对生产单位的单方面转移支出,因此视为负生产税,包括政策亏损补贴、价格补贴等。

固定资产折旧 指一定时期内为弥补固定资产损耗按照规定的固定资产折旧率提取的固定资产折旧,或按国民经济核算统一规定的折旧率虚拟计算的固定资产折旧。它反映了固定资产在当期生产中的转移价值。各类企业和企业化管理的事业单位的固定资产折旧是指实际计提的折旧费;不计提折旧的政府机关、非企业化管理的事业单位和居民住房的固定资产折旧是按照统一规定的折旧率和固定资产原值计算的虚拟折旧。原则上,固定资产折旧应按固定资产当期的重置价值计算,但是目前我国尚不具备对全社会固定资产进行重估价的基础,所以暂时只能采用上述办法。

营业盈余 指常住单位创造的增加值扣除劳动者报酬、生产税净额和固定资产折旧后的余额。它相当于企业的营业利润加上生产补贴,但要扣除从利润中开支的工资和福利等。

支出法国内生产总值 是从最终使用的角度反映一个国家(或地区)一定时期内生产活动最终成果的一种方法,包括最终消费支出、资本形成总额及货物和服务净出口三部分。计算公式为:

支出法国内生产总值 = 最终消费支出 + 资本形成总额 + 货物和服务净出口

最终消费支出 指常住单位为满足物质、文化和精神生活的需要,从本国经济领土和国外购买的货物和服务的支出。它不包括非常住单位在本国经济领土内的消费支出。最终消费支出分为居民消费支出和政府消费支出。

居民消费支出 指常住住户在一定时期内对于货物和服务的全部最终消费支出。居民消费支出除了直接以货币形式购买的货物和服务的消费支出外,还包括以其他方式获得的货物和服务的消费支出,即所谓的虚拟消费支出。居民虚拟消费支出包括如下几种类型:单位以实物报酬及实物转移的形式提供给劳动者的货物和服务;住户生产并由本住户消费了的货物和服务,其中的服务仅指住户的自有住房服务;金融机构提供的金融媒介服务;保险公司提供的保险服务。

政府消费支出 指政府部门为全社会提供的公共服务的消费支出和免费或以较低的价格向居民住户提供的货物和服务的净支出,前者等于政府服务的产出价值减去政府单位所获得的经营收入的价值,后者等于政府部门免费或以较低价格向居民住户提供的货物和服务的市场价值减去向住户收取的价值。

资本形成总额 指常住单位在一定时期内获得减去处置的固定资产和存货的净额,包括固定资本形成总额和存货增加两部分。

固定资本形成总额 指常住单位在一定时期内获得的固定资产减处置的固定资产的价值总额。固定资产是通过生产活动生产出来的,且其使用年限在一年以上、单位价值在规定标准以上的资产,不包括自然资产。可分为有形固定资本形成总额和无形固定资本形成总额。有形固定资本形成总额包括一定时期内完成的建筑工程、安装工程和设备工器具购置(减处置)价值,以及土地改良、新增役、种、奶、毛、娱乐用牲畜和新增经济林木价值。无形固定资本形成总额包括矿藏的勘探、计算机软件等获得减处置。

存货增加 指常住单位在一定时期内存货实物量变动的市场价值,即期末价值减期初价值的差额,再扣除当期由于价格变动而产生的持有收益。存货增加可以是正值,也可以是负值,正值表示存货上升,负值表示存货下降。存货包括生产单位购进的原材料、燃料和储备物资等存货,以及生产单位生产的产成品、在制品和半成品等存货。

货物和服务净出口 指货物和服务出口减货物和服务进口的差额。出口包括常住单位向非常住单位出售或无偿转让的各种货物和服务的价值;进口包括常住单位从非常住单位购买或无偿得到的各种货物和服务的价值。由于服务活动的提供与使用同时发生,一般把常住单位从非常住单位得到的服务作为进口,非常住单位从常住单位得到的服务作为出口。货物的出口和进口都按离岸价格计算。

机构单位 指有权拥有资产和承担负债,能够独立地从事经济活动并与其他实体进行交易的经济实体。

机构部门 将相同性质的机构单位归并在一起,就形成机构部门。资金流量核算将常住机构单位划分为以下四个机构部门:非金融企业部门、金融机构部门、政府部门、住户部门。与常住单位发生经济往来关系的非常住单位组成国外部门,在资金流量核算中也视同机构部门。

非金融企业与非金融企业部门 非金融企业指主要从事市场货物生产和提供非金融市场服务的常住企业,它主要包括从事上述活动的各类法人企业。所有非金融企业归并在一起,就形成非金融企业部门。

金融机构与金融机构部门 金融机构指主要从事金融媒介以及与金融媒介密切相关的辅助金融活动的常住单位,它主要包括中央银行、商业银行和政策性银行、非银行信贷机构和保险公司。所有金融机构归并在一起,就形成金融机构部门。

政府单位与政府部门 政府单位指在我国境内通过政治程序建立的、在一特定区域内对其他机构单位拥有立法、司法和行政权的法律实体及其附属单位。政府单位的主要职能是利用征税和其他方式获得的资金向社会和公众提供公共服务。通过转移支付,对社会收入和财产进行再分配。它主要包括各种行政单位和非营利性事业单位。所有政府单位归并在一起,就形成政府部门。

住户与住户部门 住户指共享同一生活设施、部分或全部收入和财产集中使用、共同消费住房、食品和其他消费品与消费服务的常住个人或个人群体。所有住户。

初次分配总收入 初次分配是生产活动形成的净成果在参与生产活动的生产要素的所有者及政府之间的分配。生产活动的净成果是增加值。生产要素包括劳动力、土地、资本。劳动力所有者因提供劳动而获得劳动报酬;土地所有者因出租土地而获得地租;资本的所有者因资本的形态不同而获得不同形式的收入:借贷资本所有者获得利息收入;股权所有者获得红利或未分配利润;政府因直接或间接介入生产过程而获得生产税或支付补贴。初次分配的结果形成各个机构部门的初次分配总收入。各部门的初次分配总收入之和就等于国民总收入,亦即国民生产总值。

经常转移 转移是一个机构单位向另一个机构单位提供货物、服务或资产,而同时并没有从后一机构单位获得任何货物、服务或资产作为回报的一种交易。经常转移包括扣除资本转移外的所有转移。其形式有收入税、社会保险付款、社会补助和其他经常转移。

可支配总收入 在初次分配总收入的基础上,通过经常转移的形式对初次分配总收入进行再次分配。再分配的结果形成各个机构部门的可支配总收入。各部门的可支配总收入之和称为国民可支配总收入。

总储蓄 指可支配总收入用于最终消费后的余额。各部门的总储蓄之和称为国民总储蓄。

资本转移 指一个部门无偿地向另一个部门支付用于非金融投资的资金,是一种不从对方获取任何对应物作为回报的交易。资本转移具有不同于经常转移的两个特征,一是转移的目的是用于投资,而不是用于消费;二是资本转移其实物形式往往涉及除存货和现金以外资产所有权的转移;其现金形式往往涉及除存货以外的资产的处置。资本转移包括投资性补助和其他资本转移。

Explanatory Notes on Main Statistical Indicators

Gross Domestic Product (GDP) refers to the final products at market prices produced by all resident units in a country (or a region) during a certain period of time. Gross domestic product is expressed in three different perspectives, namely value, income, and products respectively. GDP in its value perspective refers to the total value of all goods and services produced by all resident units during a certain period of time, minus the total value of input of goods and services of the nature of non - fixed assets; in other words, it is the sum of the value - added of all resident units. GDP from the perspective of income includes the primary income created by all resident units and distributed to resident and non - resident units. GDP from the perspective of products refers to the value of all goods and services for final demand by all resident units minus the imports of goods and services during a given period of time. In the practice of national accounting, gross domestic product is calculated from three approaches, namely production approach, income approach and expenditure approach, which reflect gross domestic product and its composition from different angles.

Three Strata of Industry Classification of economic activities into three strata of industry is a common practice in the world, although the grouping varies to some extent from country to country. In China economic activities are categorized into the following three strata of industry:

Primary industry refers to agriculture, forestry, animal husbandry and fishery and services in support of these industries.

Secondary industry refers to mining and quarrying, manufacturing, production and supply of electricity, water and gas, and construction.

Tertiary industry refers to all other economic activities not included in the primary or secondary industries.

Compensation of Employees refers to the total payment of various forms to employees for the productive activities they are engaged in. It includes wages, bonuses and allowances, which the employees earn in cash or in kind. It also includes the free medical services provided to the employees and the medicine expenses, transport subsidies and social insurance, and housing fund paid by the employers. As regards the individual economy, since compensation of employees is not easily distinguishable from the operating surplus, both parts are treated as compensation of employees.

Net Taxes on Production refers to taxes on production less subsidies on production. The taxes on production refers to the various taxes, extra charges and fees levied on the production units on their production, sale and business activities as well as on the use of some factors of production, such as fixed assets, land and labour in the production activities they are engaged in. In contrast to taxes on production, subsidies on production refer to the unilateral government transfer to the production units and are therefore regarded as negative taxes on production. They include subsidies on the loss due to implementation of government policies, price subsidies, etc.

Depreciation of Fixed Assets refers to the depreciation of fixed assets in a given period, drawn in accordance with the stipulated depreciation rate for the purpose of compensating the wear - and - tear loss of the fixed assets or the depreciation of fixed assets imputed in accordance with the stipulated unified depreciation rate in the national economic accounting system. It reflects the value of transfer of the fixed assets in the production of the current period. The depreciation of fixed assets in various enterprises and institutions managed as enterprises refers to the depreciation expenses actually drawn. In government agencies and institutions not managed as enterprises which do not draw the depreciation expenses, as well as for the houses of residents, the depreciation of fixed assets is the imputed depreciation, which is calculated in accordance with the stipulated unified depreciation rate. In principle, the depreciation of fixed assets should be calculated on the basis of the re - purchased value of the fixed assets. However, currently the conditions in China do not facilitate the revaluation of all the fixed assets. Therefore, only the above - mentioned methods can be adopted at present.

Operating Surplus refers to the balance of the value added created by the resident units after deducting the labourers remuneration, net taxes on production and the depreciation of fixed assets. It is equivalent to the business profit of the enterprises plus subsidies to production, but the wages and welfare expenses paid from the profits should be deducted.

GDP by Expenditure Approach refers to the method of measuring the final results of production activities of a country (region) during a given period from the perspective of final uses. It includes final consumption expenditure, gross capital formation and net export of goods and services. The formula for computation is. :

GDP by expenditure approach = final consumption expenditure + gross capital formation + net export of goods and services

Final Consumption Expenditure refers to the total expenditure of resident units for purchases of goods and services from both the domestic economic territory and abroad to meet the needs of material, cultural and spiritual life. It does not include the expenditure of non - resident units on consumption in the economic territory of the country. The final consumption expenditure is broken down into household consumption expenditure and government consumption expenditure.

Household Consumption Expenditure refers to the total expenditure of resident households on the final consumption of goods and services. In addition to the consumption of goods and services bought by the households directly with money, the household consumption expenditure also includes expenditure on goods and services obtained by the households in other ways, i. e. the so - called imputed consumption expenditure, which includes the following: (a) the goods and services provided to households by employers in the form of payment in kind and transfer in kind; (b) goods and services produced and consumed by the households themselves, in which the services refer only to the owner - occupied housing; (c) financial intermediate services provided by financial institutions; (d) insurance services provided by insurance companies.

Government Consumption Expenditure refers to the consumption expenditure spent for the provision of public services provided by the government to the whole country and the net expenditure on the goods and services provided by the government to households free of charge or at reduced prices. The former equals to the output value of the government services minus the value of operating income obtained by the government departments. The latter equals to the market value of the goods and services provided by the government free of charge or at reduced prices to the households minus the value received by the government from the households.

Gross Capital Formation refers to the fixed assets acquired less disposals and the net value of inventory, thus including gross fixed capital formation and changes in inventories.

Gross Fixed Capital Formation refers to the value of acquisitions less those disposals of fixed assets during a given period. Fixed assets are the assets produced through production activities with unit value above a specified amount and which could be used for over one year. Natural assets are not included. Gross fixed capital formation can be categorized into total tangible fixed capital formation and total intangible fixed capital formation. Total tangible fixed capital formation includes the value of the construction projects and installation projects completed and the equipment, apparatus and instruments purchased (less those disposed) as well as the value of land improved, the value of draught animals, breeding stock and animals for milk, for wool and for recreational purposes and the newly increased forest with economic value. Total intangible fixed capital formation includes the prospecting of minerals and the acquisition of computer software minus the disposal of them.

Changes in Inventories refers to the market value of the change in the physical volume of inventory of resident units during a given period, i. e. the difference between the values at the beginning and at the end of the period minus the gains due to the change in prices. The changes in inventories can have a positive or a negative value. A positive value indicates an increase in inventory while a negative value indicates a decrease in inventory. The inventory includes raw materials, fuels and reserve materials purchased by the production units as well as the inventory of finished products, semi – finished products and work – in – progress.

Net Export of Goods and Services refers to the exports of goods and services subtracting the imports of goods and services. Exports include the value of various goods and services sold or gratuitously transferred by resident units to non – resident units. Imports include the value of various goods and services purchased or gratuitously acquired resident units from non – resident units. Because the provision of services and the use of them happen simultaneously, the acquisition of services by resident units from abroad is usually treated as import while the acquisition of services by non – resident units in this country is usually treated as export. The exports and imports of goods are calculated at FOB.

Institutional Units refer to economic entities that are in a position to own assets and incur liabilities; to engage independently in economic activities; and to conduct transactions with other entities.

Institutional Sectors refer to groups of institutional units that are homogenous in nature and have been grouped together. The following 4 institutional sectors are identified in the flow of funds accounts: non – financial corporations, financial institutions, general government and households. Also treated as an institutional sector is the rest of the world, which is composed of non – resident units that have economic relations with resident units.

Non – Financial Corporations and the Sector of Non – Financial Corporations Non – financial corporations refer to resident corporations that are engaged in the production of goods and the provision of non financial services in the market, mainly covering corporate enterprises of various types engaged in the above – mentioned activities. All non – financial corporations make up the sector of non – financial corporations.

Financial Institutions and the Sector of Financial Institutions Financial institutions refer to resident institutions that are engaged in the financial intermediary services or auxiliary financial activities that are closely related with financial intermediary services, mainly covering the Central Bank, commercial banks, policy banks, non – banking credit institutions and insurance companies. All financial institutions together make up the sector of financial institutions.

General Government and the Sector of General Governments General government refer to legal entities and their auxiliary units within the territory of China that are established through the political process and are empowered with legislative, administrative or judicial rights over other institutional within specific regions. The main function of general government is to acquire funds through taxation or other means in order to provide public services to society and households, and to conduct redistribution of income and properties of society through transfer payment. General government cover mainly administrative and non – profit institutional units of various types. All general government together make up the sector of general governments.

Households and the Sector of Households Households refer to resident individuals or groups of resident individuals who share common living facilities, pool together entire or part of their income and properties for their common disposal, and share their housing, food and other consumer goods and services. All households together make up the sector of households.

Total Income from Primary Distribution Primary distribution refers to the distribution of net results from production activities among the owners of factors of production and the governments. The net results from production activities is the value – added. Factors of production include labour force, land and capital. Owners of labour force gain remuneration by providing labour. Owners of land receive rents from leasing of land. Owners of capitals get income of various forms depending on the type of capital: owners of loan capital receive income from interests. Share holders receive dividends or non – distributed profits. Government either obtains production tax or pays subsidies in participating directly or indirectly in the production processes. Results of primary distribution generate the total income from primary distribution of each sector, and the sum of the total income of primary distribution of all sectors make up the Gross National Income, or the Gross National Product.

Current Transfers Transfer refers to the transaction in the form of provision of goods, services or assets by an institutional unit to another institutional unit without receiving any goods, services or assets in return from the recipient. Current transfers refer to all kinds of transfers other than capital transfers. They include income tax, payment to social securities, social allowances and other current transfers.

Total Disposable Income Total income from primary distribution is re – distributed through current transfer, resulting in the total disposable income of various institutional sectors. The sum of total disposable income of all institutional sectors makes up the total national disposable income.

Total Savings refer to total disposable income subtracting final consumption. Total savings of all sectors make up the total national savings.

Capital Transfer refers to the free payment from one sector to another sector of non – financial investment capital, and is a transaction that seeks no return from the recipient. Capital transfer differs from current transfer in 2 aspects: 1) The purpose of the capital transfer is investment rather than consumption. 2) Capital transfer features the transfer of the ownership of assets other than inventory and cash, and capital transfer in its monetary form involves the disposal of assets other than inventory. Capital transfer includes investment subsidies and other capital transfers.

第 3 篇

CHAPTER 3

资源与环境

Resources and Environment

2008年分行政区矿山企业数

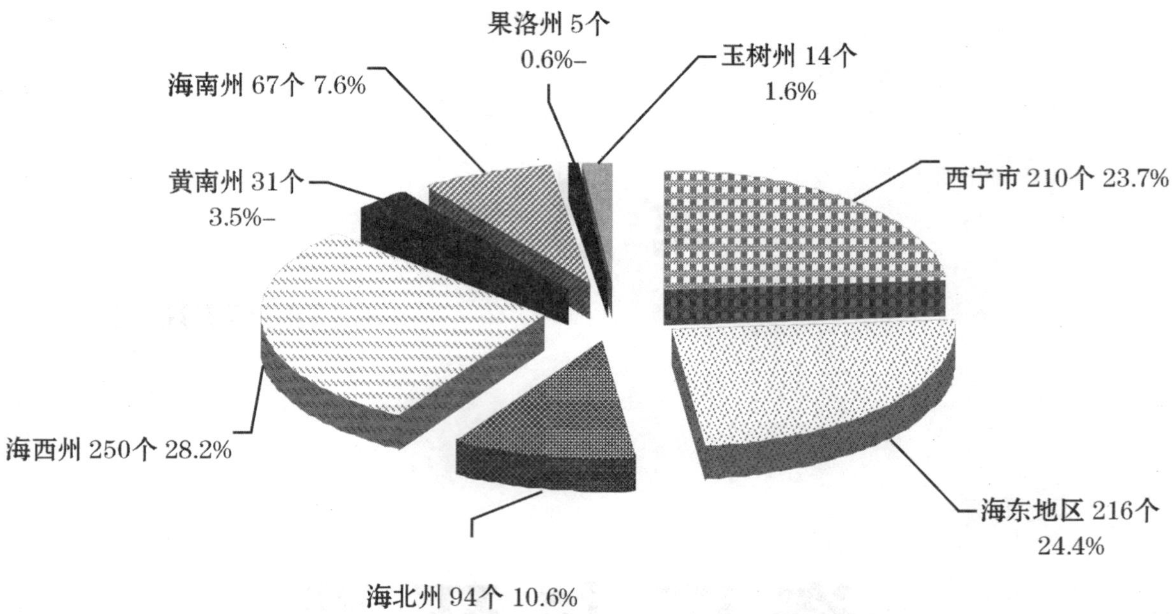

主要矿产资源年产矿量（万吨）

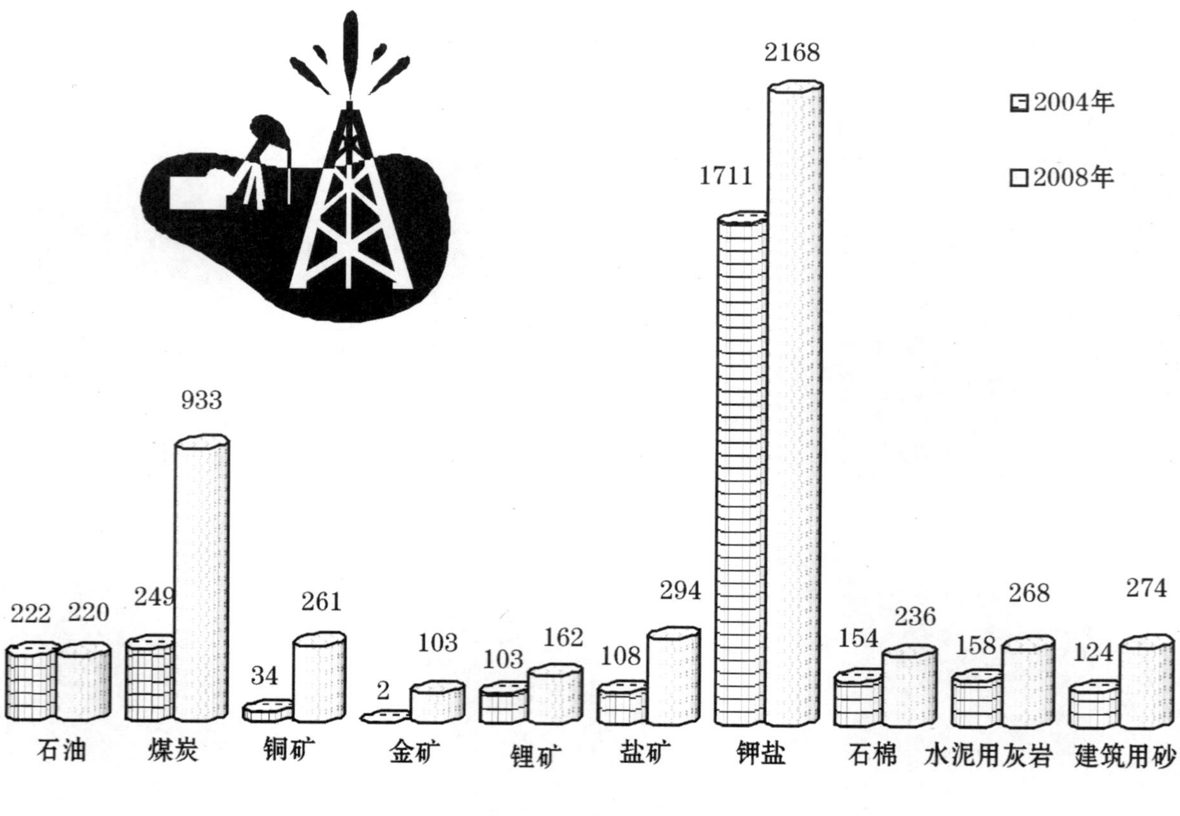

3-1 全省行政区划(2008年底)

Administrative Divisions of the Province (End of 2008)

地区 Region	县级区划数 Number of Counites	县级行政单位(地区)名称 Names of Cities and Counties (Districts under Cities)	乡镇数 Number of Townships and Towns 合计 Total	街道办事处 Urban Subdistrict Office	镇 Town	乡 Township	民族乡 National Township	村级数 Number of village Levels 村(牧)民委员会 Village Committees	社区居民委员会 Urban Neighborhood Committees
全省总计 Total Provinces	**46**		**396**	**30**	**137**	**201**	**28**	**4164**	**362**
西宁市 Xining City	7	城东区、城中区、城西区、城北区、大通回族土族自治县、湟中县、湟源县 Chengdong Area、Chengzhong Area、Chengxi Area、Chengbei Area、Datong Hui&Tu County、Huangzhong County、Huangyuan County	72	22	27	17	6	931	170
海东地区行政公署 Haidong Prefecture	6	平安县、民和回族土族自治县、乐都县、互助土族自治县、化隆回族自治县、循化撒拉族自治县 Pingan County、Minhe Hui&Tu County、Ledu County、Huzhu Tu County、Hualong Hui County、Xunhua Salar County	94		35	40	19	1605	53
海北藏族自治州 Haibei Zang A.P	4	门源回族自治县、祁连县、海晏县、刚察县 Menyuan Hui County、Qilian County、Haiyan County、Gangcha County	30		11	17	2	210	14
黄南藏族自治州 Huangnan Zang A.P	4	同仁县、尖扎县、泽库县、河南蒙古族自治县 Tongren County、Jianzha County、Zeku County、Henan Mengolian A.C.	32		8	24		256	11
海南藏族自治州 Hainan Zang A.P	5	共和县、同德县、贵德县、兴海县、贵南县 Gonghe County、Tongde County、Guide County、Xinghai County、Guinan County	36		15	20	1	416	22
果洛藏族自治州 Golog Zang A.P	6	玛沁县、班玛县、甘德县、达日县、久治县、玛多县 Maqin County、Banma County、Gande County、Dari County、Jiuzhi County、Maduo County	44		8	36		183	9
玉树藏族自治州 Yushu Zang A.P	6	玉树县、杂多县、称多县、治多县、囊谦县、曲麻莱县 Yushu County、Zadou County、Chengduo County、Zhiduo County、Nangqian County、Qumalai County	45		12	33		258	18
海西蒙古族藏族自治州 Haixi Mongolian & Zang A.P	8	德令哈市、格尔木市、乌兰县、都兰县、天峻县、大柴旦行政委员会、冷湖行政委员会、茫崖行政委员会 Delingha City、Geermu City、Wulan County、Dulan County、Tianjun County、Dachaidan、Lenghu、Mangya	43	8	21	14		305	65

3-2 各级政府驻地海拔高程

Altitude of the Government Locations by Region

县(市、行委)名称	Names of Cities and Counties	海拔高程(米) Altitude(m)	驻地名称 Names of Locations	备注 Remarks
西宁市	**Xining City**			
西宁市	Xining City	2250	西宁市	省政府驻地
大通县	Datong Hui&Tu County	2720	桥头镇	
湟中县	Huangzhong County	2645	鲁沙尔	
湟源县	Huangyuan County	2666	城关镇	
海东地区	**Haidong Prefecture**			
平安县	Pingan County	2114	平安镇	海东行署驻地
民和县	Minhe Hui&Tu County	1800	川口镇	
乐都县	Ledu County	2000	碾伯镇	
互助县	Huzhu Tu County	2520	威远镇	
化隆县	Hualong Hui County	2848	巴燕镇	
循化县	Xunhua Salar County	1860	积石镇	
海北州	**Haibei Zang A.P**			
海晏县	Haiyan County	3000	西海镇	海北州驻地
门源县	Menyuan Hui County	2880	浩门	
祁连县	Qilian County	2810	八宝	
海晏县	Haiyan County	3000	三角城	
刚察县	Gangcha County	3300	沙柳滩	
黄南州	**Huangnan Zang A.P**			
同仁县	Tongren County	2480	隆务镇	黄南州驻地
尖扎县	Jianzha County	1990	马克唐	
泽库县	Zeku County	3660	乃亥	
河南县	Henan Mengolian A.C.	3510	优干宁	
海南州	**Hainan Zang A.P**			
共和县	Gonghe County	2880	恰卜恰镇	海南州驻地
同德县	Tongde County	2980	尕巴松多	
贵德县	Guide County	2205	河阴镇	
兴海县	Xinghai County	3306	子科滩	
贵南县	Guinan County	3100	茫拉	
果洛州	**Golog Zang A.P**			
玛沁县	Maqin County	3730	大武镇	果洛州驻地
班玛县	Banma County	3560	赛来塘	
甘德县	Gande County	4020	吾勒	
达日县	Dari County	3970	吉迈	
久治县	Jiuzhi County	3628	智青松多	
玛多县	Maduo County	4300	玛查里	
玉树州	**Yushu Zang A.P**			
玉树县	Yushu County	3710	结古	玉树州驻地
杂多县	Zadou County	4080	萨呼腾	
称多县	Chengduo County	3825	周筠	
治多县	Zhiduo County	4193	加吉博洛格	
囊谦县	Nangqian County	3660	香达	
曲麻莱县	Qumalai County	4223	约改滩	
海西州	**Haixi Mongolian & Zang A.P**			
德令哈市	Delingha City	2980	德令哈市	海西州驻地
格尔木市	Geermu City	2850	格尔木市	
乌兰县	Wulan County	2960	西里沟镇	
都兰县	Dulan County	3180	察汗乌苏镇	
天峻县	Tianjun County	3408	新源	
大柴旦行委	Dachaidan	3176	大柴旦	
冷湖行委	Lenghu	2755	冷湖镇	
茫崖行委	Mangya	2940	花土沟镇	

3–3　主要旅游景点海拔高程

Altitude of the Main Senics in the Province

旅游景点名称 Names of Scenic Spots	海拔高程(米) Altitude(m)	地理位置 Geography of Place
东关清真大寺	2230	西宁市
塔尔寺	2680	湟中县
青海湖	3190	共和、刚察县交界处
瞿坛寺	2458	乐都县
坎布拉国家森林公园	2630	尖扎县
十世班禅故居	2530	循化县
孟达天池	2506	循化县
隆宝滩黑颈鹤自然保护区	4352	玉树县
长江源头	6564	格尔木市管辖区
察尔汗盐湖	2670	格尔木市
鸟岛	3228	青海湖
互助北山国家森林公园	2290	互助县
黄河源头	4780	曲麻莱县
阿尼玛卿山	6282	玛沁县
金银滩草原风光	3150	海晏县
布喀达坂峰(昆仑山最高点)	6860	新疆与玉树交界处
昆仑山口	4771	格尔木市与曲麻莱、治多县交界处
北禅寺	2330	西宁市
青海博物馆	2270	西宁市
老爷山	2928	大通县
互助北山国家森林公园	2740(场部2290)	互助县
街子清真大寺	1940	循化县
文都寺	2540	循化县
夏宗寺	2795	平安县
夏琼寺	2900	化隆县
佑宁寺	2640	互助县
日月山	3520	湟源县
倒淌河	3280	青海湖旅游区
龙羊峡	2480	龙羊峡工委
青海湖度假村	3190	青海湖旅游区
玉皇阁	2219	贵德县
茶卡盐湖	3061	乌兰县
原子城	3010	海晏县
李家峡	2060	李家峡工委
南宗寺	2320	尖扎县
隆务寺	2480	尖扎县
麦秀林场	2910	同仁县
土蕃葬墓	3225	都兰县
都兰国际狩猎场	4930	都兰县
可可西里无人区	5863--4750	格尔木市

3–3 续表 Continued

旅游景点名称 Names of Scenic Spots	海拔高程(米) Altitude(m)	地理位置 Geography of Place
万丈盐桥	2670	格尔木市
巴颜喀拉山	5267	玛多、称多县交界处
文城公主庙	4250	玉树县
西王母瑶池	4470	格尔木市
结古寺	3780	玉树县
骆驼泉撒拉族风情	1920	循化县
凤凰山公园	2420	西宁市
金塔寺	2253	西宁市
苏家堡城	2560	大通县
南佛山	3265	湟中县
哈城	3150	湟源县
城隍庙	2666	湟源县
七里寺药水泉	2465	民和县
官亭古文化遗址	2150	民和县
白马寺	2105	互助县
五峰寺	2860	互助县
却藏寺	3023	互助县
西海度假村	2155	平安县
十四世达赖故居	2850	平安县
古雷寺	2630	循化县
二郎剑	3190	青海湖旅游区
三块石	3211	青海湖旅游区
海心山	3266	青海湖旅游区
三角城	3215	青海湖旅游区
沙岛	3252--3195	青海湖旅游区
祁连山原始森林	3020	祁连县
祁连山鹿场	2870	祁连县
仙米寺	2990	门源县
珠固寺	2590	门源县
热贡艺术馆	2520	同仁县
二郎洞	3580	天峻县
石油城	2940	茫崖行委
扎陵湖	4610	玛多县
鄂陵湖	4309	玛多县
囊谦猕猴自然保护区	3974	囊谦县
晒经台	4120	玉树县
敦科尔寺	3170	湟源县
魔鬼城	2980	德令哈市
柳湾墓地	2060	乐都县

3–4 青海省对外开放山峰
Main Mountain Peaks Opened to the Outside

山峰名称 Names of Mountain Peak	海拔高程(米) Altitude(m)	所属山系 Mountain Range	地理位置 Geography of Place
阿尼玛卿峰	6282.0	昆仑山脉	果洛州玛沁县
格拉丹东峰	6621.0	唐古拉山脉	格尔木市
雅拉达则峰	5214.8	昆仑山脉	果洛州玛多县
新青峰	6860.0	昆仑山脉	海西州与新疆交界处
年保玉则峰	5369.0	昆仑山脉	果洛州久治县
错日尕则峰	4610.0	昆仑山脉	果洛州玛多县
玉珠峰	6178.6	昆仑山脉	格尔木市
玉虚峰	5933.1	昆仑山脉	格尔木市
马阑山	6056.0	昆仑山脉	玉树州治多县
湖北冰峰	5769.3	昆仑山脉	海西州与玉树州交界处
五雪峰	5805.0	昆仑山脉	玉树州治多县
大雪峰	5863.4	昆仑山脉	玉树州治多县
唐古拉山	6205.0	唐古拉山脉	格尔木市管辖区
龙亚拉峰	6104.0	唐古拉山脉	格尔木市管辖区

3-5 主要地区平均气温(2009年)
Average Temperature of Major Districts (2009)

单位：摄氏度 (°C)

月 份 Month	地 区 Region	海 西 Haixi	门 源 Menyuan	海 南 Hainan	西 宁 Xining	黄 南 Huangnan	玉 树 Yushu	果 洛 Golog	海 东 Haidong
年平均	**Annual Average**	**5.0**	**2.1**	**5.6**	**6.2**	**7.1**	**5.2**	**1.1**	**7.8**
一 月	Jan.	-9.8	-12.0	-7.1	-7.8	-5.1	-3.5	-11.0	-5.8
二 月	Feb.	-3.4	-4.0	-2.0	-0.8	0.0	-1.0	-5.2	0.5
三 月	Mar.	0.9	-1.7	1.5	2.0	3.1	1.4	-2.8	3.5
四 月	Apr.	9.3	5.8	8.8	9.8	10.0	6.1	2.9	11.2
五 月	May.	10.5	8.0	10.5	12.1	11.9	7.9	4.8	13.1
六 月	June.	16.4	11.3	15.2	15.8	16.1	12.9	9.2	17.5
七 月	July.	16.4	13.5	16.6	17.8	18.2	14.9	11.3	19.4
八 月	Aug.	15.2	11.5	14.7	15.4	15.7	12.9	9.8	17.2
九 月	Sept.	12.8	9.9	12.4	13.1	12.8	11.3	8.9	14.1
十 月	Oct.	3.9	2.4	4.9	5.9	7.0	5.0	1.2	7.9
十一月	Nov.	-3.5	-7.1	-2.0	-2.2	-0.3	0.2	-6.0	-0.1
十二月	Dec.	-8.7	-12.3	-6.6	-6.4	-4.1	-5.2	-10.5	-5.1

3-6 主要地区降水量(2009年)
Monthly Precipitation of Major Districts (2009)

单位：毫米 (millimeters)

月 份 Month	地 区 Region	海 西 Haixi	门 源 Menyuan	海 南 Hainan	西 宁 Xining	黄 南 Huangnan	玉 树 Yushu	果 洛 Golog	海 东 Haidong
全 年	**Annual Total**	**326.6**	**498.4**	**340.1**	**459.1**	**426.2**	**604.0**	**627.5**	**399.8**
一 月	Jan.	4.2	3.6	0.3	4.7		0.7	3.7	1.1
二 月	Feb.	7.0	3.3	1.8	0.4	4.7	2.5	3.5	1.3
三 月	Mar.	3.1	10.6	2.6	15.7	9.1	22.2	9.0	5.9
四 月	Apr.		14.0	13.0	18.4	34.2	12.0	24.5	23.8
五 月	May.	69.2	91.2	54.7	66.4	74.7	55.9	75.4	67.2
六 月	June.	17.8	88.8	19.6	66.7	42.6	126.5	109.8	44.0
七 月	July.	109.4	68.1	71.3	68.2	60.6	151.0	149.4	72.9
八 月	Aug.	30.0	121.8	85.3	106.5	100.7	108.4	125.4	97.3
九 月	Sept.	66.2	74.3	78.9	87.3	86.7	66.8	85.0	67.9
十 月	Oct.	15.7	14.0	10.4	16.9	10.6	54.4	30.1	13.1
十一月	Nov.	2.0	6.1	2.2	7.1	2.3	0.5	11.7	4.1
十二月	Dec.	2.0	2.6		0.8		3.1		1.2

3–7 主要地区平均日照时数(2009年)

Average Sunshine Hours of Major Districts (2009)

单位：小时 (hours)

月份 Month	地区 Region	海西 Haixi	门源 Menyuan	海南 Hainan	西宁 Xining	黄南 Huangnan	玉树 Yushu	果洛 Golog	海东 Haidong
全 年	**Annual Total**	2893.2	2436.7	2757.7	2460.7	2363.4	2385.5	2352.4	2642.3
一 月	Jan.	239.2	217.8	231.9	203.9	221.9	181.6	229.1	216.8
二 月	Feb.	209.0	217.0	236.2	209.2	202.3	166.9	175.2	217.3
三 月	Mar.	265.3	227.9	248.6	201.3	229.2	203.2	232.4	235.2
四 月	Apr.	286.0	210.4	253.6	238.5	235.0	226.0	224.6	262.5
五 月	May.	268.9	211.5	220.5	205.3	202.7	202.9	164.0	222.6
六 月	June.	291.7	189.5	256.8	217.6	196.6	210.8	171.5	233.7
七 月	July.	198.4	153.3	176.6	165.9	153.5	188.8	99.6	192.5
八 月	Aug.	222.4	216.8	227.5	219.7	185.4	192.6	176.0	219.4
九 月	Sept.	213.4	156.1	214.8	151.9	121.3	223.8	206.5	172.2
十 月	Oct.	255.0	209.8	226.0	221.9	187.1	197.1	208.4	232.9
十一月	Nov.	232.8	219.7	234.3	210.7	204.8	204.3	226.5	214.4
十二月	Dec.	211.1	206.9	230.9	214.8	223.6	187.5	238.6	222.8

3–8 主要地区平均风速(2009年)

Average Wind Speed of Major Districts (2009)

单位：米/秒 (m/second)

月份 Month	地区 Region	海西 Haixi	门源 Menyuan	海南 Hainan	西宁 Xining	黄南 Huangnan	玉树 Yushu	果洛 Golog	海东 Haidong
全 年	**Annual Total**	**1.7**	**1.5**	**1.6**	**1.0**	**1.2**	**1.2**	**1.9**	**2.2**
一 月	Jan.	1.2	0.9	1.6	0.8	1.2	1.4	2.2	1.0
二 月	Feb.	1.5	2.1	1.8	1.2	1.3	1.6	2.7	1.4
三 月	Mar.	1.6	2.2	1.9	1.2	1.3	1.6	2.5	1.9
四 月	Apr.	2.4	2.0	1.8	1.4	1.4	1.4	2.0	2.0
五 月	May.	2.1	2.0	1.9	1.0	1.3	1.4	2.0	2.6
六 月	June.	2.6	1.5	2.1	1.2	1.3	1.0	1.9	2.2
七 月	July.	1.9	1.4	1.5	0.9	1.1	0.9	1.7	2.3
八 月	Aug.	1.9	1.4	1.2	0.9	1.0	1.0	1.5	1.9
九 月	Sept.	1.6	1.4	1.2	0.8	1.0	0.8	1.5	1.5
十 月	Oct.	1.2	1.2	1.2	0.7	0.9	1.0	1.6	1.3
十一月	Nov.	1.2	1.0	1.2	0.9	0.9	1.2	1.5	1.0
十二月	Dec.	0.9	1.0	1.6	0.9	1.1	1.1	2.0	1.0

3–9 土地利用现状(2008年)
Land Characteristics of Qinghai(2008)

单位：亩 (acreage)

指 标	Item	年初面积 Land at Year-beginning	年内减少面积 Newly Decreased Land in Current Year	年内增加面积 Newly Increased Land in Current Year	年末面积 Land at Year-end
耕地	**Cultivated Land**	**8133029.8**	**11417.6**	**19176.7**	**8140788.9**
水浇地	Paddy Fields	2648872.8	8827.7	18547.5	2658592.6
旱地	Dry Fields	5362102.0	526.8	583.4	5362158.6
菜地	Vegetable Fields	122055.0	2231.6	214.3	120037.7
园地	**Garden Land**	**110987.4**	**135.3**	**83.2**	**110935.3**
果园	Orchard	88370.3	115.7		88254.6
其它园地	Others	22617.1	19.6	83.2	22680.7
林地	**Wood Land**	**39907840.3**	**4589.8**	**66780.6**	**39970031.1**
有林地	Wood Land	6634254.4	1332.1	584.2	6633506.5
灌木林地	Bush Woodland	25906104.0	1424.2	2000.0	25906679.8
疏林地	Sparse Woodland	3763813.6	411.1		3763402.5
未造成林林地	Not Caused by Forest Woodland	3570408.7	1380.0	64192.9	3633221.6
迹地	Forestry Slash	187.0			187.0
苗圃	Seedling Nursery	33072.6	42.4	3.5	33033.7
牧草地	**Grazing and Pasture Land**	**605239322.3**	**80534.0**	**53335.5**	**605212123.8**
天然草地	Natural Meadow	599768704.4	77510.0		599574100.6
改良草地	Improved Grassland	2484960.4	2498.2		2482462.2
人工草地	Artificial Pasture	2985657.5	525.8	53335.5	3155561.0
居民点及工矿用地	**Land for Inhabitation, Mining and Manufacturing**	**3695201.7**	**5081.6**	**19805.0**	**3709925.1**
城市	Cities	165487.8		3115.0	168602.8
建制镇	Towns	131841.5	97.5	3221.9	135865.9
农村居民点	Land for Inhabitation in Rural Area	989471.6	2342.8	4705.6	990934.4
独立工矿用地	Absolute Land for Industrial and Mining Use	316016.1	3404.2	9481.9	322093.8
盐田	Saltern	656941.0			656941.0
特殊用地	Special Use Area	1435443.7	12.5	56.0	1435487.2
交通运输用地	**Land for Transport Facilities**	**463046.9**	**53.7**	**16618.4**	**479665.3**
铁路	Railways	85480.4		12062.1	97542.5
公路	Highways	370920.3	53.7	4610.0	375476.6
管道运输	Pipeline Transport	164.2			164.2
民用机场	Civil Airports	6432.1			6432.1
港口码头	Ports	49.9			49.9
水利设施用地	**Land for Water Conservancy Facilities**	**710972.2**		**6009.1**	**716981.3**
水库水面	Reservoir Surface	673690.2		5724.0	679414.2
水工建筑用地	Land for Hydraulic Construction	37282.0		285.1	37567.1
未利用土地	**Land yet to be Used**	**369077420.8**	**91261.4**	**319.0**	**368986478.4**
荒草地	Wild Grass Ground	15334213.3	36905.9		15297307.4
盐碱地	Alkaline Soil	58659383.7	359.2		58659024.5
沼泽地	Everglade	4273019.2	29.9		4272989.3
沙地	Dene	91778591.5	53598.3		91724993.2
裸土地	Bare Ground	23361512.5	242.5		23361270.0
裸岩石砾地	Bare Rock and Gravel Ground	157502619.8	114.9	319.0	157502823.9
其他未利用土地	Other Unutilized Land	18168080.8	10.7		18168070.1

注：全省总面积为1076220784.4亩。
a)Total provinces land area are1076220784.4 acreages.

3–10 西宁市土地利用现状(2008年)
Land Characteristics of Xining City (2008)

单位：亩 (acreage)

指 标	Item	年初面积 Land at Year-beginning	年内减少面积 Newly Decreased Land in Current Year	年内增加面积 Newly Increased Land in Current Year	年末面积 Land at Year-end
总 计	**Total**	**11136171.5**	**11785.7**	**11785.7**	**11136171.5**
耕地	Cultivated Land	2192944.2	8212.5	2060.0	2186791.8
园地	Garden Land	4369.0	79.2		4289.8
林地	Wood Land	1688014.5	468.2	3.5	1687549.8
牧草地	Grazing and Pasture Land	4960172.5	538.2		4959634.3
居民点及工矿用地	Land for Inhabitation, Mining and Manufacturing	418913.0	95.2	8479.2	427297.0
交通运输用地	Land for Transport Facilities	42839.0		900.6	43739.6
水利设施用地	Land for Water Conservancy Facilities	13462.5		12.7	13475.2
未利用土地	Land yet to be Used	1093677.5	1180.9		1092496.6

3–11 海东地区土地利用现状(2008年)
Land Characteristics of Haidong Prefecture (2008)

单位：亩 (acreage)

指 标	Item	年初面积 Land at Year-beginning	年内减少面积 Newly Decreased Land in Current Year	年内增加面积 Newly Increased Land in Current Year	年末面积 Land at Year-end
总 计	**Total**	**19565992.6**	**22206.7**	**22206.7**	**19565992.6**
耕地	Cultivated Land	3019643.4	1560.6	1664.6	3019747.4
园地	Garden Land	76339.2	54.9		76284.3
林地	Wood Land	4120638.4	1445.7	17482.5	4136675.2
牧草地	Grazing and Pasture Land	7636699.2	24.1		7636675.1
居民点及工矿用地	Land for Inhabitation, Mining and Manufacturing	365066.1		2962.1	368028.2
交通运输用地	Land for Transport Facilities	56108.2		19.6	56127.8
水利设施用地	Land for Water Conservancy Facilities	78506.7			78506.7
未利用土地	Land yet to be Used	3040192.8	17927.1		3022265.7

3-12 海北州土地利用现状(2008年)
Land Characteristics of Haibei Zang A.P (2008)

单位：亩 (acreage)

指 标	Item	年初面积 Land at Year-beginning	年内减少面积 Newly Decreased Land in Current Year	年内增加面积 Newly Increased Land in Current Year	年末面积 Land at Year-end
总 计	**Total**	**50024990.0**	**37332.3**	**37333.3**	**50024990.0**
耕地	Cultivated Land	721157.7	693.4	15336.0	735800.3
园地	Garden Land				
林地	Wood Land	3284221.1	19.9	19731.7	3303932.9
牧草地	Grazing and Pasture Land	33846320.5	20553.3		33825767.2
居民点及工矿用地	Land for Inhabitation, Mining and Manufacturing	1402917.5	104.3	395.1	1403208.3
交通运输用地	Land for Transport Facilities	49026.8		1869.5	50896.3
水利设施用地	Land for Water Conservancy Facilities	6996.0			6996.0
未利用土地	Land yet to be Used	6340851.0	15338.8		6325512.2

3-13 黄南州土地利用现状(2008年)
Land Characteristics of Huangnan Zang A.P (2008)

单位：亩 (acreage)

指 标	Item	年初面积 Land at Year-beginning	年内减少面积 Newly Decreased Land in Current Year	年内增加面积 Newly Increased Land in Current Year	年末面积 Land at Year-end
总 计	**Total**	**26863328.6**	**502.3**	**503.3**	**26863328.6**
耕地	Cultivated Land	294474.7	110.6	70.2	294434.3
园地	Garden Land	2124.2			2124.2
林地	Wood Land	2584999.5			2584999.5
牧草地	Grazing and Pasture Land	22599904.7	321.5		22599583.2
居民点及工矿用地	Land for Inhabitation, Mining and Manufacturing	48323.7		110.6	48434.3
交通运输用地	Land for Transport Facilities	16006.6		321.5	16328.1
水利设施用地	Land for Water Conservancy Facilities	21936.8			21936.8
未利用土地	Land yet to be Used	1099933.0	70.2		1099862.8

3-14 海南州土地利用现状(2008年)
Land Characteristics of Hainan Zang A.P (2008)

单位：亩 (acreage)

指 标	Item	年初面积 Land at Year-beginning	年内减少面积 Newly Decreased Land in Current Year	年内增加面积 Newly Increased Land in Current Year	年末面积 Land at Year-end
总 计	**Total**	**65065667.9**	**29197.4**	**29198.4**	**65065667.9**
耕地	Cultivated Land	1159989.4	225.7		1159763.7
园地	Garden Land	9053.8	1.2		9052.6
林地	Wood Land	3461525.2	1187.0	19726.6	3480064.8
牧草地	Grazing and Pasture Land	50479696.0	24683.9		50455012.1
居民点及工矿用地	Land for Inhabitation, Mining and Manufacturing	200082.8	126.2	3539.9	203496.5
交通运输用地	Land for Transport Facilities	37116.8		31.6	37148.4
水利设施用地	Land for Water Conservancy Facilities	576225.6		5899.3	582124.9
未利用土地	Land yet to be Used	5050585.4	2815.3		5047770.1

3-15 果洛州土地利用现状(2008年)
Land Characteristics of Golog Zang A.P (2008)

单位：亩 (acreage)

指 标	Item	年初面积 Land at Year-beginning	年内减少面积 Newly Decreased Land in Current Year	年内增加面积 Newly Increased Land in Current Year	年末面积 Land at Year-end
总 计	**Total**	**114663576.4**	**9419.5**	**9419.5**	**114663576.4**
耕地	Cultivated Land	14877.0			14877.0
园地	Garden Land	12450.0			12450.0
林地	Wood Land	6077406.1		6046.9	6083453.0
牧草地	Grazing and Pasture Land	98051677.1	9081.0		98042596.1
居民点及工矿用地	Land for Inhabitation, Mining and Manufacturing	54268.3		201.1	54469.4
交通运输用地	Land for Transport Facilities	36714.4		283.1	36997.5
水利设施用地	Land for Water Conservancy Facilities	678.5			678.5
未利用土地	Land yet to be Used	6560761.2	55.4		6560705.8

3-16 玉树州土地利用现状(2008年)
Land Characteristics of Yushu Zang A.P (2008)

单位：亩 (acreage)

指 标	Item	年初面积 Land at Year-beginning	年内减少面积 Newly Decreased Land in Current Year	年内增加面积 Newly Increased Land in Current Year	年末面积 Land at Year-end
总 计	**Total**	**296930555.9**	**23144.3**	**23144.3**	**296930555.9**
耕地	Cultivated Land	206014.1	138.4	45.8	205921.5
园地	Garden Land	130.8			130.8
林地	Wood Land	8665747.2	216.0	2225.7	8667756.9
牧草地	Grazing and Pasture Land	231220614.2	17477.0	3328.0	231206465.2
居民点及工矿用地	Land for Inhabitation, Mining and Manufacturing	148743.4	4745.8	2178.3	146175.9
交通运输用地	Land for Transport Facilities	84180.3		3954.2	88134.5
水利设施用地	Land for Water Conservancy Facilities	3695.1		97.1	3792.2
未利用土地	Land yet to be Used	44747366.8	563.1	319.0	44747122.7

3-17 海西州土地利用现状(2008年)
Land Characteristics of Haixi Mongolian & Zang A.P (2008)

单位：亩 (acreage)

指 标	Item	年初面积 Land at Year-beginning	年内减少面积 Newly Decreased Land in Current Year	年内增加面积 Newly Increased Land in Current Year	年末面积 Land at Year-end
总计	**Total**	**491970501.5**	**63005.6**	**63005.6**	**491970501.5**
耕地	Cultivated Land	523929.3	476.4		523452.9
园地	Garden Land	6520.4		83.2	6603.6
林地	Wood Land	10025288.3	1253.0	1563.7	10025599.0
牧草地	Grazing and Pasture Land	156444238.1	7855.0	50007.5	156486390.6
居民点及工矿用地	Land for Inhabitation, Mining and Manufacturing	1056886.9	10.1	1938.7	1058815.5
交通运输用地	Land for Transport Facilities	141054.8		9238.3	150293.1
水利设施用地	Land for Water Conservancy Facilities	9471.0			9471.0
未利用土地	Land yet to be Used	301144053.1	53310.6		301090742.5

3-18 矿产及产地数(2008年)
Number of Mineral and Habitats (2008)

矿产类别 Mineral Names	矿产总类 Total Mineral	单矿种产地数 Number Habitats				备注 Remarks
		合计 Total	矿床规模 Deposit Scale			
			大型 Large	中型 Medium-sized	小型 Small	
能源矿产小计 Subtotal of Energy Minerals	**4**	**112**	**19**	**13**	**80**	
煤 Coal	1	85	15	6	64	
石油 Petroleum	1	17	1	6	10	
天然气 Natural Gas	1	9	3	1	5	
油页岩 Oil Shale	1	1			1	
金属矿产小计 Subtotal of Metal Minerals	**32**	**250**	**22**	**65**	**163**	
黑色金属 Ferrous Metals	2	34		7	27	氯化镁和硫酸镁分别统计矿产地
有色金属 Nonferrous Metals	15	111	7	26	78	
贵金属 Precious Metals	5	66	2	21	43	
稀有、稀土、分散元素矿产 Unusual、Rare Eaths、Element Scatter of Minerals	10	39	13	11	15	
非金属矿产小计 Subtotal of NonMetal Minerals	**48**	**274**	**86**	**78**	**110**	
冶金辅助原料非金属矿产 Supplemental Raw Material in Metallurgical Industry	5	24	1	12	11	
化工原料非金属矿产 Chemical Raw Material	17	163	61	35	67	
建筑材料及其它非金属矿产 Construction Material and Others	26	87	24	31	32	
水气矿产小计 Subtotal of Steam Minerals	**3**	**52**	**7**	**18**	**27**	
矿泉水 Mineral Water	1	20	1	2	17	
地下水 Groundwater	1	27	6	16	5	
地下热水 Thermal Spring	1	5			5	
总计 Total	**87**	**688**	**134**	**174**	**380**	

3–19 青海省保有资源储量在全国占前十位的矿种(2007年)
Mineral Kinds of Qinghai Mineral Ensured Reserves Within the Top Ten Places in China (2007)

位 次 Rank	矿 种 名 称 Name	矿种数 Number
第一位 First	锂矿、锶矿、电石用灰岩、钾盐*、镁盐、石棉*、芒硝*、化肥用蛇纹岩、玻璃用石英岩*、冶金用石英岩 Lithium Ore、Strontium Ore、Limestone Used for Calcium Carbide、Sylvite*、Magnesium Salts、Asbestos*、Mirabilite*、Serpentinite Used Chenical Fertilzer、Quartzite Used for Glass*、Quartzite Used for Metallurgy	10
第二位 Second	盐矿*、溴矿、压电水晶、铸石用玄武岩、铌钽矿 Salt Ore*、Bromine Ore、Rock Crystal For Piezoelectricity、Piezoelectric Crystal、Basalt Used for Stone Casting、Niobium-tantalum Ore	5
第三位 Third	镁矿(炼镁白云岩)、自然硫、硼矿*、硅灰石、滑石*、水泥配料用板岩、饰面用蛇纹岩、碘矿、轻稀土矿、陶粒用粘土、石膏* Magnesium Ore (Dolomite for Mg Metal Smelting)、Natural Sulfur、Boron Rock*、Scale Stone、Talcum*、Slate Used for Ingredients of Cement、Serpentinite Used for Facing、Iodine Ore、Light Rare Earth、Clay Used for Haydite、Gesso*	11
第四位 Fourth	伴生硫、天然硫*、泥炭、长石、透辉石、铂钯矿 Associated Sulfur、Native Sulfur*、Turf、Feldspar、Diopside、Platinum-palladium Ore	6
第五位 Fifth	汞矿、铷矿、硒矿、制碱用灰岩、砖瓦用粘土、铟矿 Hydrargyrum Ore、Rubidium Ore、Selenium Ore、Limestone Used for Making Alkali、Clay Used for Tile、Indium Ore	6
第六位 Sixth	铬矿*、熔炼水晶、玉石、岩棉用玄武岩、钴矿、水泥配料用黄土、天然气*、铂矿、钯矿、砖瓦用粘土、 Chrome Ore*、Smelting Crystal、Bowlder、Basalt Used for Rock Wool、Cobalt Ore、Loess Used for Ingredients of Cement、Natural Gas*、Platinum Ore、Palladium Ore	10
第七位 Seventh	镍矿*、锡矿*、建筑用砂 Nickel Ore*、Stannum Ore*、Sand Used for Construction	3
第八位 Eighth		
第九位 Ninth	铅矿*、镉矿、磷矿*、铂族金属*、菱镁矿*、云母(片云母) Lead Ore、Cadmium Ore、Phosphorus Ore*、Platinum Group Metals*、Magnesite*、Mica (Fragmental Mica)	6
第十位 Tenth	砷矿 Arsenic Ore	1
合 计 **Total**		**58**

注：*为该矿种列入在国民经济建设中占主要地位的45种矿产之中。

a) * shows that the minerals is included among the 45 kinds of mineral what hold a major position in the national economic construction.

3–20 分矿种矿产资源开发利用情况(2008年)
Utilization Situation of Mineral Resources (2008)

矿产名称	Name of Minerals	矿山企业数(个) Mining Enterprises (unit)	从业人数(人) Employees (person)	年产矿量 Output of Minerals (万吨) (10 000 tons)	(万立方米) (10 000 cu. m)	工业总产值(万元) Gross Industrial Output Value (10 000yuan)	综合利用产值(万元) Output Value of Comprehensive Utilization (10 000yuan)	利润总额(万元) Total Profit (10 000yuan)
合　计	**Total**	**887**	**78290**	**5995**	**436507**	**3287601**	**51766**	**1128406**
煤炭	Coal	55	10613	933		261529	1500	54842
石油、天然气	Petroleum and Natural Gas	1	22360	220	436507	1736900		578201
地下热水	Geothermal Water	3	55	1		149		19
铁矿	Iron Ore	31	2429	71		9619		1851
锰矿	Manganese Ore	6	120	1		230		45
铬矿	Chrome Ore	1	30	0		150		14
铜矿	Copper Ore	17	2491	261		95180	300	37245
铅矿	Lead Ore	27	1345	10		6338	382	721
锌矿	Zinc Ore	5	1365	162		148100	612	108732
镍矿	Nickel Ore	4	190	0		43		2
钨矿	Tungsten Ore	1	46					
锑矿	Antimony Ore	1	40					
金矿	Gold Ore	20	2149	103		68009		38562
锂矿	Lithium Ore	2	1951	219		66661	48410	30073
锶矿	Strontium Ore	2	27	5		810		56
普通萤石	Common Fluorite	9	181	1		66		7
熔剂用灰岩	Limestone Used for Flux	1	5					
冶金用白云岩	Dolomite Used for Metallurgy	6	132	5		90		16
冶金用石英岩	Quartzite Used for Metallurgy	54	1370	56		1443		165
自然硫	Native Sulfur	1	30					
芒硝	Mirabilite	5	90	0		47		3
天然碱	Natural Soda	2	13					
制碱用灰岩	Limestone Used for Making Alkali	11	694	144		3901		234
含钾岩石	Rock with Potassium	4	70	0		5		0
盐矿	Salt Ore	17	2347	294		46193		3875
镁盐	Magnesium Salts	4	518	45		800		99
钾盐	Kali Salt	14	5305	2168		712538		265944
硼矿	Boron Rock	1	360	8		2211		182
石墨	Graphite	2	3					
硅灰石	Scale Stone	1	5					
滑石	Talcum	1	23					
石棉	Asbestos	8	2007	236		18720		2057
云母	Mica	1	12					
长石	Feldspar	4	83	0		5		

3–20 续表 Continued

矿产名称	Name of Minerals	矿山企业数（个） Mining Enterprises (unit)	从业人数（人） Employees (person)	年产矿量 Output of Minerals（万吨） (10 000 tons)	（万立方米） (10 000 cu. m)	工业总产值（万元） Gross Industrial Output Value (10 000yuan)	综合利用产值（万元） Output Value of Comprehensive Utilization (10 000yuan)	利润总额（万元） Total Profit (10 000yuan)
石榴子石	Garnet	2	27					
石膏	Gesso	14	199	9.9		259.0		34.3
方解石	Calcite	2	34	0.5		20.0		1.4
玉石	Bowlder	4	156	0.2		1807.0	557.0	-182.0
水泥用灰岩	Limestone Used for Cement	30	2123	268.3		66056.0		1026.8
建筑石料用灰岩	Limestone Used for Building Stone	11	145	11.3		204.8		11.1
饰面用灰岩	Limestone Used for Facing	1	15					
制灰用石灰岩	Limestone Used for Making Lime	13	376	6.3		508.2		61.0
玻璃用白云岩	Dolomite Used for Glass	4	34	1.8		54.0		7.4
建筑用白云岩	Dolomite Used for Construction	6	65	2.6		30.0		3.2
玻璃用石英岩	Quartzite Used for Glass	5	108					
砖瓦用砂岩	Sandstone Used for Tile	1	56	0.2		21.0		3.0
建筑用砂岩	Sandstone Used for Construction	1	26	1.0		28.0		3.0
建筑用砂	Sand Used for Construction	155	2819	273.6		3864.0		511.3
砖瓦用砂	Sand Used for Tile	2	118	9.3		649.5		40.2
玻璃用脉石英	Vein Quartz Used for Glass	1	27					
陶粒页岩	Haydite Shale	1	30	1.0		25.0		2.5
高岭土	Kaoline	1	3					
膨润土	Bentonite	1	12					
砖瓦用粘土	Clay Used for Tile	224	10677	257.5		16352.2		1508.6
陶粒用粘土	Clay Used for Haydite	3	46	0.2		35.0		6.6
水泥配料用粘土	Clay Used for Ingredients of Cement	7	207	39.4		534.0		12.3
水泥配料用红土	Laterite Used for Ingredients of Cement	1	18	0.4		15.0		1.5
建筑用橄榄岩	Peridotite Used for Construction	1	23					
饰面用蛇纹岩	Serpentinite Used for Facing	16	194	0.0		116.3		-13.0
建筑用玄武岩	Basalt Used for Construction	1	36					
饰面用辉绿岩	Diabase Used for Facing	1	27					
建筑用辉长岩	Gabbro Used for Constrution	3	66	40.5		288.0		20.0
建筑用花岗岩	Granite Used for Constrution	24	771	73.4		1576.1		54.6
饰面用花岗岩	Granite Used for Facing	6	140	0.3		137.0		11.0
建筑用凝灰岩	Tuff Used for Construction	1	17					
饰面用大理岩	Marble Used for Facing	8	205	9.5		1820.0		7.8
建筑用大理岩	Marble Used for Construction	4	81					
水泥用大理岩	Marble Used for Cement	3	757	37.4		13383.4		2327.5
水泥配料用板岩	Slate Used for Ingredients of Cement	1	10	0.3		7.5		0.8
片麻岩	Gneiss	1	5					
矿泉水	Mineral Water	5	178			75.0		2.4

3–21 各地区矿产开发基本情况(2008年)
Mineral Utilization by Region (2008)

地　区	Region	矿产企业数 (个) Mining Enterprises (unit)	从业人数 (人) Employees (person)	年产矿量 Output of Minerals (万吨) (10 000 tons)	(万立方米) (10 000 cu. m)	工业总产值 (万元) Gross Industrial Output Value (10 000yuan)	综合利用产值 (万元) Output Value of Comprehensive Utilization (10 000yuan)	利润总额 (万元) Total Profit (10 000yuan)
总　计	**Total**	**887**	**78290**	**5994**	**436507**	**3287601**	**51766**	**1128406**
西宁市	Xining City	210	13028	721		89143	1500	2270
海东地区	Haidong Prefecture	216	7935	271		35084	305	3287
海北州	Haibei Zang A.P	94	5210	151		12899	85	1448
黄南州	Huangnan Zang A.P	31	1006	15		1414	57	129
海南州	Hainan Zang A.P	67	3277	146		33891		10456
果洛州	Golog Zang A.P	5	663	175		57721		25845
玉树州	Yushu Zang A.P	14	325	2		1984		-19
海西州	Haixi Mongolian & Zang A.P	250	46846	4513	436507	3055463	49819	1084992

3–22 矿产资源开发利用情况(按经济类型分)(2008年)
Utilization Situation of Mineral Resources (by Economic Type)(2008)

项　目	Item	矿山企业数 (个) Mining Enterprises (unit)	从业人员 (人) Employees (person)	年产矿量 Output of Minerals (万吨) (10 000 tons)	(万立方米) (10 000 cu. m)	工业总产值 (万元) Gross Industrial Output Value (10 000yuan)	综合利用产值 (万元) Output Value of Comprehensive Utilization (10 000yuan)	利润总额 (万元) Total Profit (10 000yuan)
总　计	Total	**887**	**78290**	**5995**	**436507**	**3287601**	**51766**	**1128406**
内资企业	Domestic Funds	872	73668	5515	436507	3021104	51154	968960
国有企业	State-owned Enterprises	35	31949	849	436507	1822869	1500	590565
集体企业	Collective-owned Enterprises	102	5378	125		9618	300	683
股份合作企业	Cooperative Enterprises	18	2601	1376		529461		201454
联营企业	Joint Enterprises	4	92	1		240		21
国有独资公司	State Sole funded Enterprises	2	124	91		13641		402
有限责任公司	Limited Liability Enterprises	132	9408	1275		304983	562	82017
股份有限公司	Share-holding Enterprises	34	6692	959		282552	48440	85288
私营企业	Private Enterprises	510	16628	819		57113	352	8451
其他企业	Other Enterprises	35	796	19		628		78
港、澳、台商投资企业	Enterprises with Funds from Hong Kong, Macao and Taiwan	7	317	51		2064		135
外商投资企业	Foreign Funded Enterprises	8	4305	429		264433	612	159311

3–23 矿产资源储量(按矿种统计)(2008年)

Reserves of Mineral Resources (Statistics by Minerals) (2008)

项目	Item		矿区数 Number of Mine Areas	资源储量 Reserves of Mineral Resources 保有 Inventory	累计查明 Found Add Up
煤炭	(千吨) Coal	(1 000 tons)	85	5444734	5631716
油页岩	(千吨) Oil Shale	(1 000 tons)	1	16572	16572
铁矿	(矿石 千吨) Iron Ore	(ore 1 000 tons)	28	241317	245604
铬矿	(矿石 千吨) Chrome Ore	(ore 1 000 tons)	6	413	620
铜矿	(铜 吨) Copper Ore	(copper ton)	26	1706863	1905972
铅矿	(铅 吨) Lead Ore	(lead ton)	32	1934795	3108233
锌矿	(锌 吨) Zinc Ore	(zinc ton)	29	2713022	4014850
镁矿	(矿石 千吨) Magnesium Ore	(ore 1 000 tons)	4	35437	35437
镍矿	(镍 吨) Nickel Ore	(nickel ton)	4	166791	180630
钴矿	(钴 吨) Cobalt Ore	(cobalt ton)	6	36096	38484
钨矿	(W03吨) Tungsten Ore	(W03 ton)	3	18529	19640
锡矿	(锡 吨) Stannum Ore	(W04 ton)	5	39779	39788
铋矿	(铋 吨) Bismuth Ore	(W05 ton)	1	4229	4229
钼矿	(钼 吨) Molybdenum Ore	(W06 ton)	2	95330	95330
汞矿	(汞 吨) Hydrargyrum Ore	(W07 ton)	4	4376	4557
锑矿	(锑 吨) Antimony Ore	(W08 ton)	1	173	713
铂族金属	(金属 千克) Platinum Group Metals	(metal kg)	1	114	129
铂矿	(铂 千克) Platinum Ore	(platinum kg)	3	249	257
钯矿	(钯 千克) Palladium Ore	(palladium kg)	1	351	352
金矿	(岩金 金 千克) Gold Ore	(rock gold gold kg)	21	83245	108681
金矿	(砂金 金 千克) Gold Ore	(placer gold gold kg)	16	28452	34445
金矿	(伴生金 金 千克) Gold Ore	(associated gold gold kg)	6	54965	71359
银矿	(银 吨) Argentine Ore	(Argentine ton)	20	4694	5943
铌钽矿	(Nb+Ta)2O5 吨 Niobium-Tantalum ore	(Nb+Ta)2O5 ton	1	2145	2145
锂矿	(LiCl 吨) Lithium Ore	(LiCl ton)	10	17785722	18382156
锶矿	(天青石 吨) Strontium Ore	(celestine ton)	4	26493455	26818254
铷矿	(Rb20 吨) Rubidium Ore	(Rb20 ton)	1	38748	39989
轻稀土矿	(轻稀土氧 吨) Light Rare Earth	(light rare earth ton)	2	346136	346136
锗矿	(锗 吨) Germanium Ore	(germanium ton)	1	160	160
镓矿	(镓 吨) Gallium Ore	(gallium ton)	4	940	956
铟矿	(铟 吨) Indium Ore	(indium ton)	3	988	1156
镉矿	(镉 矿) Cadmium Ore	(cadmium ton)	7	11571	13339
硒矿	(硒 吨) Selenium Ore	(selenium ton)	3	1185	1531
菱镁硫	(矿石 千吨) Magnesium Sulfur	(ore 1 000 tons)	1	1869	1869
普通萤石	(萤石或CAF2千吨) Common Fluorite	(fluorite or CAF2 1 000 tons)	5	435	454
熔剂用灰岩	(矿石 千吨) Limestone Used for Flux	(ore 1 000 tons)	2	31843	31843
冶金用白云岩	(矿石 千吨) Dolomite Used for Metallurgy	(ore 1 000 tons)	6	43443	43467
冶金用石英岩	(矿石 千吨) Quartzite Used for Metallurgy	(ore 1 000 tons)	10	306996	307491
自然硫	(硫 千吨) Native Sulfur	(sulfur 1 000 tons)	6	259	640
硫铁矿	(矿石 千吨) Pyrites	(ore 1 000 tons)	6	19956	21134
硫铁矿	(伴生硫 硫 千吨) Pyrites	(associated sulfur sulfur 1 000 tons)	12	25581	30728

3–23 续表 Continued

项 目	Item		矿区数 Number of Mine Areas	资源储量 Reserves of Mineral Resources 保 有 Inventory	累计查明 Found Add Up
芒硝	(Na_2SO_4千吨) Mirabilite	(Na_2SO_4 1 000 tons)	12	9828069	9828682
重晶石	(矿石 千吨) Barytes	(ore 1 000 tons)	2	1163	1172
天然碱	(千吨) Natural Soda	(1 000 tons)	3	482	482
电石用灰岩	(矿石 千吨) Limestone Used for Tourmaline	(ore 1 000 tons)	3	1382826	1382973
制碱用灰岩	(矿石 千吨) Limestone Used for Making Alkali	(ore 1 000 tons)	1	177725	179874
化肥用蛇纹岩	(矿石 千吨) Serpentinite Used for Chemical Fertilizer	(ore 1 000 tons)	7	8199527	8200172
泥炭	(矿石 万吨) Turf	(ore 10 000 tons)	2	17682	17682
盐矿	(NaCl 千吨) Salt Ore	(NaCl 1 000 tons)	27	321381030	321490167
镁盐	($MgSO_4$ 千吨) Magnesium Salts	($MgSO_4$ 1 000 tons)	14	1634161	1635257
镁盐	(MgC_{12} 千吨) Magnesium Salts	(MgC_{12} 1 001 tons)	21	3964137	4275235
钾盐	(KCl 千吨) Kali Salt	(KCl 1 000 tons)	23	734254	760306
碘矿	(碘 吨) Iodine Ore	(iodine ton)	2	12674	14005
溴矿	(溴 吨) Bromine Ore	(bromine ton)	3	249549	282748
砷矿	(砷 吨) Arsenic Ore	(arsenic ton)	4	70317	71264
硼矿	(B_2O_3千吨) Boron Rock	(B_2O_3 1 000 tons)	13	15835	16567
磷矿	(矿石 千吨) Phosphorite	(ore 1 000 tons)	2	511280	511280
石墨	(晶质石墨 千吨) Graphite	(scaly graphite 1 000 tons)	1	128	128
压电水晶	(单晶 千克) Piezoelectric Crystal	(single crystals kg)	1	29382	29698
熔炼水晶	(矿物 吨) Smelting Crystal	(mineral ton)	1	352	357
硅灰石	(矿石 千吨) Scale Stone	(ore 1 000 tons)	1	17578	17578
滑石	(矿石 千吨) Talcum	(ore 1 000 tons)	2	42222	42222
石棉	(石棉 千吨) Asbestos	(asbestos 1 000 tons)	7	57435	59786
云母	(吨) Mica	(ton)	1	1054	1054
碎云母	(碎云母 吨) Fragmental Mica	(fragmental mica ton)	1	367754	367800
长石	(矿石 千吨) Feldspar	(ore 1 000 tons)	2	62651	62657
透辉石	(矿石 千吨) Diopside	(ore 1 000 tons)	1	4017	4017
石膏	(矿石 千吨) Gesso	(ore 1 000 tons)	7	3055790	3058106
玉石	(矿石 吨) Bowlder	(ore ton)	3	31592	32630
水泥用灰	(矿石 千吨) Ash Used for Cement	(ore 1 000 tons)	18	1314148	1335905
玻璃用石	(矿石 千吨) Stone Used for Glass	(ore 1 000 tons)	5	1646257	1646890
建筑用砂	(矿石 千吨) Sand Used for Construction	(ore 1 000 tons)	1	17042	17790
粉石英	(矿石 千吨) Konilite	(ore 1 000 tons)	1	6341	6342
陶瓷土	(矿石 千吨) Ceramic Clay	(ore 1 000 tons)	1	2146	2146
砖瓦用粘土	(矿石 千立方米) Clay Used for Tile	(ore 1 000 cu.m)	2	17132	17600
陶粒用粘土	(矿石 千吨) Clay Used for Haydite	(ore 1 000 tons)	1	9433	9433
水泥配料用粘土	(矿石 千吨) Clay Used for Ingredients of Cement	(ore 1 000 tons)	10	63376	63825
水泥配料用黄土	(矿石 千吨) Loess Used for Ingredients of Cement	(ore 1 000 tons)	3	18382	19410
水泥配料用泥岩	(矿石 千吨) Mudstone Used for Ingredients of Cement	(ore 1 000 tons)	2	4250	4660
饰面用蛇纹岩	(矿石 千立方米) Serpentinite Used for Facing	(ore 1 000 cu.m)	1	5490	5490
铸石用玄武岩	(矿石 千吨) Basalt Used for Stone Casting	(ore 1 000 tons)	2	20810	20810
岩棉用玄武岩	(矿石 千吨) Basalt Used for Rock Wool	(ore 1 000 tons)	1	1100	1160
饰面用花岗岩	(矿石 千立方米) Granite Used for Facing	(ore 1 000 cu.m)	3	18063	18073
饰面用大理岩	(矿石 千立方米) Marble Used for Facing	(ore 1 000 cu.m)	2	24140	24264
水泥用大理岩	(矿石 千吨) Marble Used for Cement	(ore 1 000 tons)	4	55433	57962
水泥配料用板岩	(矿石 千吨) Slate Used for Ingredients of Cement	(ore 1 000 tons)	1	7640	7640

3–24 第五次人口普查分地区的每万人拥有各种受教育程度人口

Various Educational Population of Every 10 thousand People by Region (2000)

单位：人 (person)

地　区	Region	大专及以上 College and Higher Level	高中和中专 Senior and Technical Secondary School	初　中 Junior Secondary School	小　学 Primary School
全　国	**National Total**	**354**	**1113**	**3399**	**3554**
全　省	**Province Total**	**331**	**1036**	**2158**	**3083**
西宁市	Xining City	558	1456	2935	2978
海东地区	Haidong Prefecture	152	684	2036	3533
海北州	Haibei Zang A.P	172	807	1611	3587
黄南州	Huangnan Zang A.P	227	616	733	3024
海南州	Hainan Zang A.P	202	726	1250	3271
果洛州	Golog Zang A.P	135	549	758	1861
玉树州	Yushu Zang A.P	77	392	422	1484
海西州	Haixi Mongolian & Zang A.P	427	1647	2555	2882

3–25 第五次人口普查分地区的各种受教育程度人口和平均受教育年限

Various Educational Population and Average Educational Length by Region(2000)

单位：万人、年 (10 000 persons、year)

地　区	Region	6岁及以上人口数 Population Aged 6 and Over	各种受教育程度人数 Number by Educational Attainment				平均受教育年限 Average Educational Length
			大专及以上 College and Higher Level	高中和中专 Senior and Technical Secondary School	初　中 Junior Secondary School	小　学 Primary School	
全　国	**National Total**	**115670.03**	**4402.01**	**13828.35**	**42238.66**	**44161.34**	**7.62**
全　省	**Province Total**	**468.66**	**17.13**	**53.66**	**111.81**	**159.77**	**6.15**
西宁市	Xining City	181.94	11.05	28.82	58.09	58.93	7.69
海东地区	Haidong Prefecture	137.67	2.31	10.40	30.95	53.71	5.54
海北州	Haibei Zang A.P	24.61	0.47	2.23	4.46	9.93	5.45
黄南州	Huangnan Zang A.P	19.80	0.51	1.39	1.65	6.82	4.07
海南州	Hainan Zang A.P	35.56	0.81	2.92	5.02	13.14	4.84
果洛州	Golog Zang A.P	12.22	0.19	0.77	1.06	2.61	3.07
玉树州	Yushu Zang A.P	23.50	0.21	1.05	1.13	3.99	2.13
海西州	Haixi Mongolian & Zang A.P	33.37	1.58	6.08	9.43	10.64	7.40

3–26 环境基本情况(2006–2009年)
Basic Statistics on Environment (2006-2009)

指 标		Item		2006	2007	2008	2009
水环境		**Water**					
废水排放总量	(万吨)	Waste Water Discharge	(10 000 tons)	19407	19948	19998	22171
工业废水排放量		Industry		7168	7318	7098	8404
生活污水排放量		Non-industrial		12239	12630	12900	13767
化学需氧量(COD)排放量	(吨)	Discharge Amount of COD	(ton)	74801	75796	74567	76133
工业废水中COD排放量		Industry		35319	38159	37305	39252
生活污水中COD排放量		Non-industrial		39482	37637	37262	36880
氨氮排放量	(吨)	Ammonia Nitrogen Discharge	(ton)	6944	7029	6942	7107
工业废水中氨氮排放量		Industry		1425	1480	1627	1706
生活污水中氨氮排放量		Non-industrial		5519	5549	5316	5402
工业废水排放达标量	(万吨)	Industrial Waste Water Meeting Discharge Standards	(10 000 tons)	3487	3677	3767	4692
工业废水排放达标率	(%)	Percentage of Industrial Waste Water Meeting Discharge Standards	(%)	48.65	50.25	53.07	55.83
大气环境		**Atmosphere Environment**					
二氧化硫(SO_2)排放量	(吨)	Sulphur Dioxide Emission	(ton)	129850	133923	134807	135698
工业SO_2排放量		Industry		121204	125259	126081	127275
生活SO_2排放量		Non-industrial		8646	8664	8726	8423
烟尘排放量	(吨)	Soot Emission	(ton)	72154	74479	76643	76236
工业烟尘排放量		Industry		52398	49561	54311	54410
生活烟尘排放量		Non-industrial		19756	24918	22332	21826
工业粉尘排放量	(吨)	Industrial Dust Emission	(ton)	89052	76272	76473	68757
工业SO_2排放达标量	(吨)	Industrial Sulphur Dioxide Meeting Emission Standards	(ton)	64085	63614	77151	85784
工业SO_2排放达标率	%	Percentage of Industrial Sulphur Dioxide Meeting Emission Standards	(%)	52.87	50.79	61.19	67.40
工业烟尘排放达标量	(吨)	Industrial Soot Meeting Emission Standards	(ton)	19442	19315	19357	19501
工业烟尘排放达标率	(%)	Percentage of Industrial Soot Meeting Emission Standards	(%)	37.10	38.97	35.64	35.84
工业粉尘排放达标量	(吨)	Industrial Dust Meeting Emission Standards	(ton)	21858	16762	32960	36032
工业粉尘排放达标率	(%)	Percentage of Industrial Dust Meeting Emission Standards	(%)	24.55	21.98	43.1	52.41
固体废物		**Solid Wastes**					
工业固体废物产生量	(万吨)	Industrial Solid Wastes Produced	(10 000 tons)	881.94	1129.27	1337.14	1347.62
危险废物产生量		Hazardous Wastes		75.92	74.98	76.45	83.31
工业固体废物排放量	(万吨)	Industrial Solid Wastes Discharged	(10 000 tons)	0.32	0.82	1.75	1.39
工业固体废物综合利用量	(万吨)	Industrial Solid Wastes Utilized	(10 000 tons)	259.57	337.89	416.31	508.21
危险废物综合利用量		Hazardous Wastes Utilized		0.31	0.69	3.43	11.22
综合利用往年贮存量		Storage Capacity Utilization in Previous Years		1.58	4.48	6.42	13.62

资料来源：省环保局、省建设厅、省林业局、省国土资源厅、省爱卫会。

a) Data come from Provincial Environmental Protection Bureau, Provincial Department of Construction, Provincial Forestry Bureau, Provincial Land and Resources Office, Provincial Patriotic Health Committee.

3-26 续表 1　Continued

指　标		Item		2006	2007	2008	2009
工业固体废物综合利用率	(%)	Ratio of Industrial Solid Wastes Utilized	(%)	29.38	29.76	30.99	37.33
工业固体废物处置量	(万吨)	Volume of Industrial Solid Wastes Treated	(10 000 tons)	0.75	0.77	3.71	1.47
危险废物处置量	(吨)	Hazardous Wastes	(ton)	160	168	100	
工业固体废物处置率	(%)	Ratio of Industrial Solid Wastes Treated	(%)	0.08	0.07	0.27	0.11
"三废"综合利用产品产值	(万元)	Output Value of Products Made from Waste Gas, Wastewater & Solid Wastes	(10 000 yuan)	10369.2	20431.2	46889.7	26311.1
生态环境		**Eco-Environment Protection**					
人均耕地面积	(亩)	Per Capita Area of Cultivated Land	(acreage)	1.48	1.47	1.47	1.46
森林面积	(万公顷)	Forest Area	(10 000 hectares)	317.20	317.20	370.01	370.01
森林覆盖率	(%)	Forest Coverage Rate	(%)	4.40	4.40	5.20	5.2
人均森林面积	(公顷)	Per Capita Forest Area	(hectare)	0.66	0.58	0.68	0.67
活立木蓄积量	(万立方米)	Total Standing Forest Stock	(10 000 cu.m)	4101.40	4101.40	5405.54	5405.54
森林蓄积量	(万立方米)	Woodland Stock Volume	(10 000 cu.m)	3592.60	3592.60	4423.10	4423.1
当年营造林面积	(万公顷)	Total Area of Afforestation of the Year	(10 000 hectares)	2.17	4.52	5.36	14.07
当年造林		Area of Approach of the Year		0.54	3.00	3.20	3.25
本年新封山育林		Area without Forest or of Sparse Forest of the Year		1.63	1.51	2.16	10.82
自然保护区数	(个)	Number of Nature Reserves	(unit)	11	11	11	11
国家级		National Level		5	5	5	5
自然保护区面积	(万公顷)	Area of Nature Reserves	(10 000 hectares)	2175.9	2182.2	2182.2	2182.2
湿地面积	(千公顷)	Area of Wetland	(1 000 hectares)	4126.0	4126.0	4126.0	4126
自然灾害		**Natural Disaster**					
受灾面积	(公顷)	Area of Suffer from Disaster	(hectare)	239700	309880	231000	299650
旱灾		Drought		122000	108400	142000	77330
洪涝灾		Damage or Crop Failure Caused by Waterlogging		21800	10500	10690	34460
风雹灾		Disaster Caused by Windstorm and Hail		87500	45000	31620	99020
雪灾低温冷冻		Disaster Caused by Snow、Low Temperature and Refrigeration		8100	137800	31200	88840
受灾人次	(万人次)	Personnel of Suffer from Disaster	(10 000 person times)	241	148	238.6	245.2
直接经济损失	(亿元)	Direct Economic Losses	(1 000 million yuan)	16.6	15.1	33.8	18.25
环境污染事故次数	(次)	Number of Pollution and Destruction Accidents	(time)	1			
直接经济损失	(万元)	Direct Economic Losses	(10 000 yuan)	1.50			

3-26 续表 2 Continued

指 标		Item		2006	2007	2008	2009
城市环境		**Urban Environment**					
城市面积	(平方公里)	**City Areas**	**(sq.km)**	512.28	512.28	512.28	512.28
建成区面积		Developed Areas		109.45	110.65	110.65	112.39
城市建设用地面积	(平方公里)	Urban Construction Land Areas	(sq.km)	107.76	108.99	108.99	111.96
城市供水总量	(万立方米)	Annual Volume of Tap Water Supply	(10 000 cu.m)	16475.0	15641.2	17067.0	16834.7
生活用水量		Water Consumption for Residential use		5540.0	5195.4	5661.2	5778.5
城市用水普及率	(%)	Coverage Rate of Urban Population with Access to Tap Water	(%)	100.00	100.00	100.00	99.45
城市污水排放量	(万立方米)	Consumption Waste Water Discharge	(10 000 cu.m)	13178	9560	11686	10872
城市污水处理量	(万立方米)	Consumption Waste Water Disposal	(10 000 cu.m)	2200	3066	4662	5046
城市污水处理率	(%)	Treatment Rate of Consumption Waste Water	(%)	16.69	32.07	39.89	46.41
城市生活垃圾清运量	(万吨)	Volume of Garbage Disposal	(10 000 tons)	59.80	64.71	63.55	87.35
城市生活垃圾无害化处理量	(万吨)	Volume of Wastes Disposed	(10 000 tons)	56.60	61.40	56.80	56.87
城市生活垃圾无害化处理率	(%)	Treatment Rate of Consumption Wastes	(%)	99.60	94.88	89.38	65.11
城市用气普及率	(%)	Coverage Rate of Urban Population with Access to Gas	(%)	88.89	89.41	94.78	91.49
城市集中供热面积	(万平方米)	Area of Centralized Heating	(100 million sq.m)	114.40	127.5	135.1	196.1
每万人拥有公共交通车辆	(标台)	Number of Public Transportation Vehicles Per 10 000 Population	(unit)	20.07	18.73	17.66	12.22
人均公共绿地面积	(平方米)	Per Capita Park Green Area	(sq.m)	8.55	8.47	8.53	8.13
建成区绿化覆盖率	(%)	Green Covered Area as % of Completed Area	(%)	26.72	27.47	28.17	29.02
农村环境		**Rural Environment**					
农村改水受益率	(%)	Beneficial Rate of the Water Renovation in Rural Areas	(%)	81.61	80.49	84.18	80.12
农村自来水普及率	(%)	Popularity Rate of Tap Water in Rural Areas	(%)	60.65	73.93	76.62	73.81
农村卫生厕所普及率	(%)	Popularity Rate of Sanitation Toilets	(%)	40.21	40.46	42.64	45.53
农村化肥施用量	(万吨)	Consumption of Chemical Fertilizers	(10 000 tons)	7.17	7.56	8.25	7.96
农药使用量	(吨)	Consumption of Pesticide	(ton)	1856.70	1891.50	1953.90	2025.5
农用塑料薄膜使用量	(吨)	Consumption of Agricultural Films	(ton)	1123.50	958.60	1070.20	2113.8
地膜使用量		Consumption of Ground Films		375.10	439.30	519.90	1277.3
有效灌溉面积	(千公顷)	Effective Irrigated Area	(1 000 hectares)	176.32	176.59	177.24	154.97

3–27 环境污染治理投资情况(2006–2009年)
Treatment of Environment Pollution(2006-2009)

单位：万元、个 (10 000 yuan、unit)

指 标	Item	2006	2007	2008	2009
环境污染治理投资总额	**Total Investment in the Treatment of Environmental Pollution**	**60739.1**	**106450.6**	**134244.2**	**122270.5**
工业污染源治理投资	**Investment in the Treatment of Industrial Pollution**	**7773.2**	**7912.6**	**11165.3**	**29438.8**
本年施工项目数	Number of Projects under Construction of The Year	21	21	43	28.0
施工项目本年完成投额	Completed Investment for the Current Year	7773.2	7912.6	11165.3	29438.8
治理废水	Waste Water	292.2	1056.4	2193.5	3885.2
治理废气	Waste Gas	7481.0	6856.2	7493.4	25543.6
治理固体废物	Solid Wastes			478.4	
治理噪声	Noise Pollution			1000	10.0
治理其他	Others				
"三同时"项目环保投资	**Investment in "Three Simultaneity" Projects**	**14242.9**	**51458**	**62433.9**	**56155.7**
城市环境基础设施建设投资	**Investment in Urban Environmental Infrastructure**	**38723**	**47080**	**60645**	**36676.0**
燃气	Gas Supply	14	3660	4105	168.0
集中供热	Centralized Heating		2260		6800.0
排水	Drainage Works	10465	5822	12767	15654.0
污水处理	Volume of Waste Water	4400	3675		12280.0
园林绿化	Gardening and Greening	22026	28757	32196	12349.0
市容环境卫生	Environmental Sanitation	6218	6851	11577	1705.0
垃圾处理	Volume of Garbage Disposal	3550	5389	1440	

注：1.工业污染源治理投资、新改扩建"三同时"项目环保投资来自青海省环境保护局,城市环境基础设施建设投资来自省建设厅。
2.按照国家统计局统一口径,城市环境基础设施建设投资仅为设市城市数据。

a) Investment in the treatment of industrial pollution and "Three Simultaneities" environmental investment for new project are from Qinghai Province Environmental Protection Bureau, investment in urban environmental infrastructure are from the Provincial Department of Construction.

b) In accordance with the National Bureau of Statistics, investment in urban environmental infrastructure are data of cities already founded.

3–28 2006–2009年城镇生活及其他污染情况

Discharge of Pollutants from Urban Daily Life(2006-2009)

指　标	Item	2006	2007	2008	2009
生活及其他煤炭含硫率 (%)	Sulfur Content of Coal of Life and Other (%)	0.5	0.5	0.5	0.6
生活及其他煤炭灰份 (%)	Ash Content of Coal of Life and Other (%)	23.4	28.0	28.0	23.4
城镇生活污水排放量 (万吨)	Municipal Waste Water Discharge Amount (10 000 tons)	12239.4	12630.5	12898.9	13767.0
城镇生活污水中COD产生系数 (克/人.日)	Producing Coefficient of COD in the Municipal Waste (g/person. day)	60.0	60.0	60.0	60.0
城镇生活污水中COD产生量 (吨)	Producing Amount of COD in the Municipal Waste Water (%)	47308.4	48856.7	50177.3	50943.8
城镇生活污水中COD排放量 (吨)	Discharge Amount of COD in the Municipal Waste Water (ton)	39482.4	37637.4	37261.6	36880.2
城镇生活污水中COD去除量 (吨)	Removing Amount of COD in the Municipal Waste Water (ton)	7826.0	11219.3	12915.7	14063.6
城镇生活污水中氨氮产生系数 (克/人.日)	Producing Coefficient of Ammonia Nitrogen in the Municipal Waste Water (g/person. day)	7.0	7.0	7.0	7.0
城镇生活污水中氨氮产生量 (吨)	Ammonia Nitrogen Producing in the Municipal Waste Water (ton)	5519.3	5699.9	5854.1	5945.8
城镇生活污水中氨氮排放量 (吨)	Ammonia Nitrogen Discharge in the Municipal Waste Water (ton)	5519.3	5548.9	5315.6	5401.8
生活及其他二氧化硫排放量 (吨)	Sulfur Dioxide Discharge of Life and Other (ton)	8646.0	8664.0	8726.0	8423.0
生活及其他烟尘排放量 (吨)	Soot Discharge of Life and Other (ton)	19756.0	24918.0	22332.0	21826.0
生活及其他氮氧化物排放量 (吨)	Discharge Amount of Nitrogen Oxides of Life and Other (ton)	24501.0	30247.0	29362.0	29298.0
公路交通氮氧化物排放量 (吨)	Highway Traffic (ton)	19361.0	21077.0	19080.0	20107.0

3–29 2005–2009年城市污水处理情况

Sewage Treatment in Urban Areas (2005-2009)

指　标	Item	2005	2006	2007	2008	2009
污水处理厂 (座)	Sewage Disposal Work (unit)	1	1	3	3	4.00
污水处理厂处理能力 (万吨/日)	Handling Capacity of Sewage Disposal Work (10 000 tons/day)	6.71	8.50	17.75	17.75	18.19
当年新增 (万吨/日)	Newly Increased in Current Yea (10 000 tons/day)	2.18		9.25		
污水年处理量 (万吨)	Sewage Disposal Amount (10 000 tons)	2431	2600	3406	4702	5467
处理生活污水量 (万吨)	Domestic Sewage Disposal Amount (10 000 tons)	2431	2600	3406	4702	5467
化学需氧量去除量 (吨)	Removing Amount of Chemical Oxygen Demand (ton)	8981	7826	11219	12916	14063
氨氮去除量 (吨)	Removing Amount of Ammonia Nitrogen (ton)			151	539	545
总磷去除量 (吨)	Removing Amount of Total Phosphorus (ton)	27		24	112	61
污泥产生量 (吨)	Producing Amount of Sludge (ton)	2140	2817	17929	28490	64096
污泥利用量 (吨)	Utilizing Amount of Sludge (ton)				8150	720
污泥排放量 (吨)	Discharge Amount of Sludge (ton)	2140	2817	13799	8070	
本年运行费用 (万元)	Running Expense in This Year (10 000 yuan)	1400	1500	1701	1973	4225

主要统计指标解释

自然资源 指人类可以直接从自然界获得,并用于生产和生活的物质资源。自然资源一般可以分成可再生资源和非再生资源两大类。可再生资源指在较短时间内可以再生、可以循环利用的资源,包括土地资源、水资源、气候资源、生物资源和海洋资源等。非再生资源指在使用后不能再生的资源,包括矿产资源和地热能源。

土地资源 土地指陆地的表层部分,它主要由岩石、岩石的风化物和土壤构成。土地资源按利用类型可以分为农用地、建筑用地和未利用地。农用地包括耕地、园地、林地、牧草地和水面。建筑用地包括居民点及工矿用地、交通用地和水利设施用地。未利用地指农用地和建筑用地以外的土地,包括滩涂、荒漠、戈壁、冰川和石山等。

耕地面积 指经过开垦用以种植农作物并经常进行耕耘的土地面积。包括种有作物的土地面积、休闲地、新开荒地和抛荒未满三年的土地面积。

林业用地面积 指生长乔木、竹类、灌木、沿海红树林等林木的土地面积,包括有林地、灌木林、疏林地、未成林造林地、迹地、苗圃等。

草地面积 指牧区和农区用于放牧牲畜或割草,植被盖度在5%以上的草原、草坡、草山等面积。包括天然的和人工种植或改良的草地面积。

森林资源 指森林、林木、林地以及依托森林、林木、林地生存的野生动物、植物和微生物。林木指树木和竹子。森林指以乔木为主体的植物群落,是集生的乔木及与共同作用的植物、动物、微生物和土壤、气候等的总体。

森林面积 指由乔木树种构成,郁闭度0.2以上(含0.2)的林地或冠幅宽度10米以上的林带的面积,即有林地面积。森林面积包括天然起源和人工起源的针叶林面积、阔叶林面积、针阔混交林面积和竹林面积,不包括灌木林地面积和疏林地面积。

森林覆盖率 指一个国家或地区森林面积占土地总面积的百分比。森林覆盖率是反映森林资源的丰富程度和生态平衡状况的重要指标。在计算森林覆盖率时,森林面积包括郁闭度0.2以上的乔木林地面积和竹林地面积,国家特别规定的灌木林地面积、农田林网以及四旁(村旁、路旁、水旁、宅旁)林木的覆盖面积。计算公式为:

$$森林覆盖率(\%)=\frac{森林面积}{土地总面积}\times 100\%$$

水资源总量 指评价区内降水形成的地表和地下产水总量,即地表产流量与降水入渗补给地下水量之和,不包括过境水量。

矿产资源 矿产资源指由地质作用形成的,具有利用价值的,呈固态、液态、气态的自然资源,是社会生产发展的重要物质基础。目前我国已发现矿种有170多种,按其特点和用途,可分为能源矿产(如煤炭、石油、天然气、地热)、金属矿产(如铁矿、锰矿、铜矿、铅矿、铝土矿)、非金属矿产(如金刚石、石灰岩、粘土)和水气矿产(如地下水、矿泉水、二氧化碳气)四大类。其中:金属矿产按其物质成份和性质又可分为:黑色金属矿产、有色金属矿产、贵金属矿产、稀有金属矿产、稀土金属矿产、分散元素金属矿产六类。

矿产基础储量 基础储量是查明矿产资源的一部分。它能满足现行采矿和生产所需的指标要求,是控制的、探明的并通过可行性或预可行性研究认为属于经济的、边界经济的部分,用未扣除设计、采矿损失的数量表示。

气温 指空气的温度,我国一般以摄氏度(℃)为单位表示。气象观测的温度表是放在离地面约1.5米处通风良好的百叶箱里测量的,因此,通常说的气温指的是离地面1.5米处百叶箱中的温度。其统计计算方法为:

月平均气温是将全月各日的平均气温相加,除以该月的天数而得。

年平均气温是将12个月的月平均气温累加后除以12而得。

相对湿度 指空气中实际所含水蒸气密度和同温度下饱和水蒸气密度的百分比值。其统计方法与气温相同。

降水量 指从天空降落到地面的液态或固态(经融化后)水,未经蒸发、渗透、流失而在地面上积聚的深度。其统计计算方法为:

月降水量是将全月各日的降水量累加而得。

年降水量是将12个月的月降水量累加而得。

日照时数 指太阳实际照射地面的时间。其统计方法与降水量相同。

工业废水排放量 指经过企业厂区所有排放口排到企业外部的工业废水量。包括生产废水、外排的直接冷却水、超标排放的矿井地下水和与工业废水混排的厂区生活污水,不包括外排的间接冷却水(清污不分流的间接冷却水应计算在内)。

工业废水排放达标量 指报告期内废水中各项污染物指标都达到国家或地方排放标准的外排工业废水量,包括未经处理外排达标的,经废水处理设施处理后达标排放的,以及经污水处理厂处理后达标排放的。

工业废气排放量 指报告期内企业厂区内燃料燃烧和生产工艺过程中产生的各种排入大气的含有污染物的气体的总量,以标准状态(273K,101325Pa)计算。测算公式为:

$$\begin{matrix}工业废气\\排放量\end{matrix}=\begin{matrix}燃料燃烧过程\\中废气排放量\end{matrix}+\begin{matrix}生产工艺过程\\中废气排放量\end{matrix}$$

工业烟尘排放量 指企业厂区内燃料燃烧过程中产生的烟气中夹带的颗粒物排放量。

工业粉尘排放量 指企业在生产工艺过程中排放的能在空气中悬浮一定时间的固体颗粒物排放量。如钢铁企业的耐火材料粉尘、焦化企业的筛焦系统粉尘、烧结机的粉尘、石灰窑的粉尘、建材企业的水泥粉尘等。不包括电厂排入大气的烟尘。

Explanatory Notes on Main Statistical Indicators

Natural Resources refer to material resources that could be obtained from the nature by human being and used for production and living. Natural resources in general can be classified as renewable resources and non – renewable resources. Renewable resources refer to resources that could be renewed and recycled during a relatively short period of time, including land resource, water resource, climate resource, biology resource and marine resource. Non – renewable resources include resources that could not be renewed, such as minerals and geothermal resource.

Land Resource Land refers to the surface of the earth, consisting of mainly rocks and its weathering and earth. Land resource can be classified, by its utilization, as land for agriculture, land for construction and unused land. Land for agriculture includes cultivated land, plantation land, forestland, grassland and waters. Land for construction includes land for residential purpose, for manufacturing and mining, for transportation and for water – conservancy projects. Unused land refers to land other than land for agriculture and construction, including beaches, deserts, Gobi, glaciers and rock mountains.

Area of Cultivated Land refers to area of land reclaimed for the regular cultivation of various farm crops, including crop – cover land, fallow, newly reclaimed land and land laid idle for less than 3 years.

Area of Afforested Land refers to area for land for trees bamboo, bushes and mangrove, including forest – covered land, bush – covered land, sparse forest land, land planned for afforestation and nurseries of young trees.

Area of Grassland refers to area of grassland, grass – slopes and grass – covered hills with a vegetation – covering rate of over 5% that are used for animal husbandry or harvesting of grass. It includes natural, cultivated and improved grassland areas.

Forest Resource refers to forests, trees, forestland and wild animals, plants and microorganism that live on forest and trees. Trees include trees and bamboo. Forest refers to the population of clusters of trees and other plants, animals and microorganism as well as the earth and climate that have interactions with the trees.

Forest Area refers to the area of forest where trees and bamboo grow with canopy density above 0.2, including land of natural woods and planted woods, but excluding bush land and thin forest land. It reflects the total areas of afforestation.

Forest Coverage Rate refers to the ratio of area of afforested land to total land area. It is a very important indicator that reflects the status of abundance of forest resource and balance of the ecosystem. Forest area includes the area of trees and bamboo grow with canopy density above 0.2, the area of shrubby tree according to regulations of the government, the area of forest land inside farm land and the area of trees planted by the side of villages, farm houses and along roads and rivers. The formula for calculating forest coverage rate is as follows:

$$\text{Forestry coveragerate}(\%) = \frac{\text{Area of Afforested Land}}{\text{Area of Total Land}} \times 100\%$$

Total Water Resources refers to total volume of water resources measured as run – off for surface water from rainfall and recharge for groundwater in a given area, excluding transit water.

Mineral Resources refer to useful minerals, with solid state, liquid state, gaseity, due to the geological process. Minerals are important natural resources, and important material base for social development. At present, there are more than 170 types of minerals discovered in China. They can be categorized into four groups: energy producing minerals (including coal, petroleum, natural gas and terrestrial heat), metallic minerals (including iron, manganese, copper, lead and bauxite), non metallic minerals (including diamond, limestone and clay), and water/gas related minerals (including ground water, mineral water and carbon dioxide). Metallic minerals can be further classified as ferrous, non – ferrous, noble metal, rare metal, rare earth metal and dispersed metals.

Ensured Mineral Reserves refer to the actual mineral reserves, which equal to the proven mineral reserves (including industrial reserves and prospective reserves) minus extracted parts and underground losses.

Temperature refers to the air temperature. China uses centigrade as the unit. The thermometry used for weather observation is put in a breezy shutter, which is 1.5 meters high from the ground. Therefore, the commonly used temperature refers to the temperature in the breezy shutter 1.5 meters away from the ground. The calculation method is as follows:

Monthly average temperature is the summation of average daily temperature of one month divided by the actual days of that particular month. Annual average temperature is the summation of monthly average of a year divided by 12 months.

Relative Humidity refers to the ratio of actual water vapour pressure to the saturation water vapour density under the current temperature. The calculation method is the same as that of temperature.

Volume of Precipitation refers to the deepness of liquid state or solid state (thawed) water falling from the sky to the ground that has not been evaporated, infiltrated or run off. The calculation method is as follows:

Monthly precipitation is the summation of daily precipitation of a month.

Annual precipitation is the summation of 12 months precipitation of a year.

Sunshine Hours refer to the actual hours of sun irradiating the earth. The calculation method is the same as that of the precipitation.

Waste Water Discharged by Industry refers to the volume of waste water discharged by industrial enterprises through all their outlets, including waste water from production process, directly cooled water, groundwater from mining wells which does not meet discharge standards and sewage from households mixed with waste water produced by industrial activities, but excluding indirectly cooled water discharged (It should be included if the discharge is not separated from waste water).

Industrial Waste Water Meeting Discharge Standards refers to volume of industrial waste water discharge which, with or without treatment, reaches national or local standards with regard to all pollutants.

Industrial Waste Air Emission refers to the discharge into atmosphere of waste air containing pollutants generated from fuel burning and production processes in enterprises within a given period of time. It is calculated at standard status (273K, 101325Pa) as:

$$\text{Industrial waste air emission} = \text{emission through fuel burning} + \text{emission through production process}$$

Industrial Soot Emission refers to the volume of soot in smoke emitted in the process of fuel burning in the premises of enterprises.

Industrial Dust Emission refers to volume of dust emitted by production process of enterprises and suspended in the air for a given period of time, including dust from refractory material of iron and steel works, dust from coke - screening systems and sintering machines of coke plants, dust from lime kilns and dust from cement production in building material enterprises, but excluding soot and dust emitted from power plants.

第 4 篇

CHAPTER 4

人　口

Population

2009年各民族人口构成

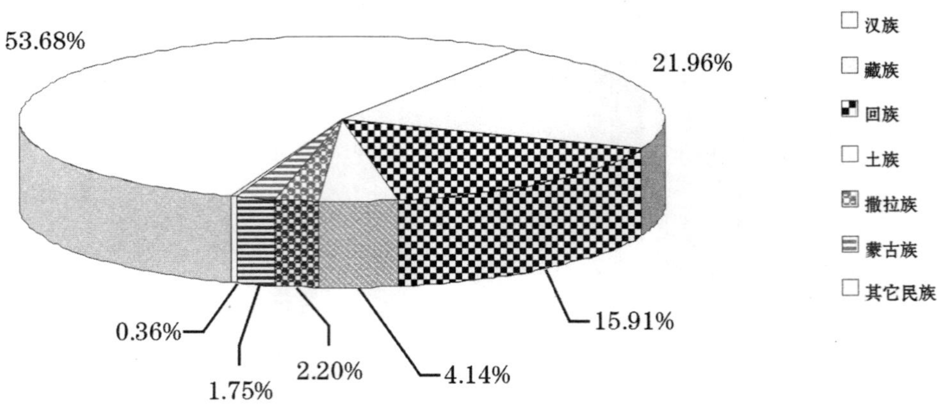

总人口（万人）

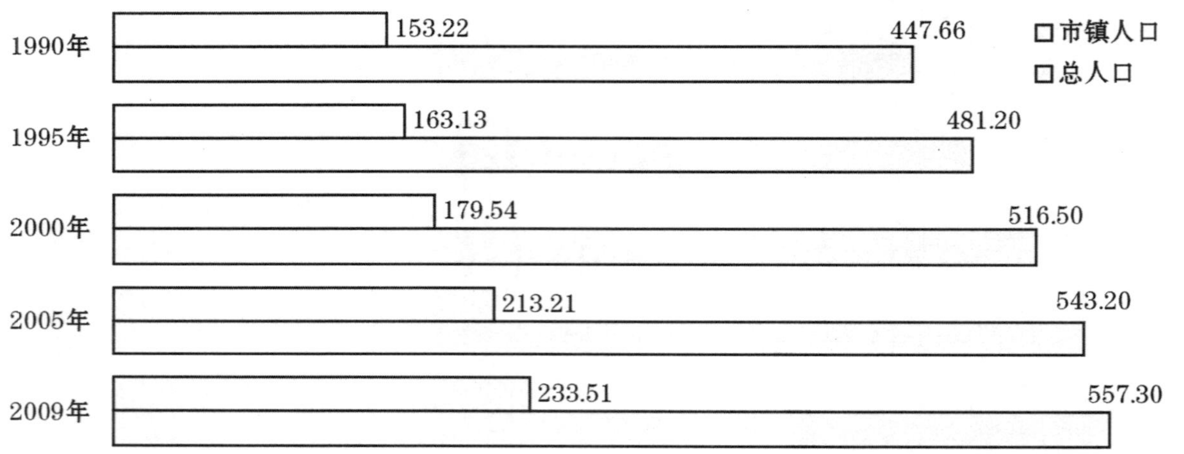

人口自然变动情况

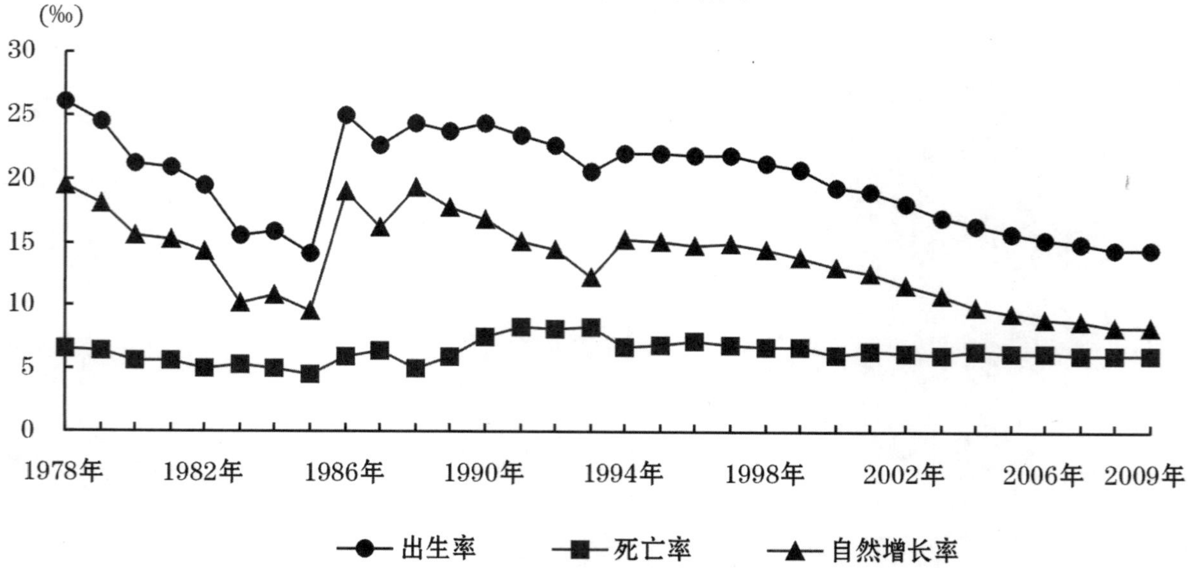

4-1 主要年份总人口及自然变动情况

Population and Natural Changes in Main Years

年份 Year	总人口 (万人) Total Population (10 000 persons)	自然变动情况 Changes in the natural					
		出生 Birth		死亡 Death		自然增加 Natural Growth	
		人数 (人) Population (person)	出生率 Birth Rate (‰)	人数 (人) Population (person)	死亡率 Death Rate (‰)	人数 (人) Population (person)	自然增长率 Natural Growth Rate (‰)
1952	161.38	48052	30.25	22207	13.98	25845	16.27
1954	173.24	74469	44.16	22427	13.30	52042	30.86
1957	204.64	65094	32.20	21037	10.40	44057	21.78
1965	230.45	109596	48.72	20371	9.06	89225	39.66
1970	282.73	111111	40.06	20863	7.52	90248	32.54
1975	337.49	106448	31.95	27457	8.24	78991	23.71
1978	364.86	94353	26.15	24030	6.66	70322	19.49
1980	376.90	79167	21.14	21015	5.61	58152	15.53
1985	407.38	57471	14.24	18533	4.58	38938	9.63
1990	447.66	108052	24.34	33162	7.47	74890	16.87
1991	454.43	105409	23.37	37662	8.35	67747	15.02
1992	461.02	103171	22.54	37259	8.14	65912	14.40
1993	466.70	95091	20.50	38315	8.26	56776	12.24
1994	474.00	103759	22.06	32078	6.82	71681	15.24
1995	481.20	105000	22.01	33000	6.89	72000	15.12
1996	488.30	106000	21.89	35000	7.20	71000	14.69
1997	495.60	107000	21.80	34000	6.95	73000	14.85
1998	502.80	106130	21.26	33850	6.78	72280	14.48
1999	509.80	104703	20.68	34327	6.78	70376	13.90
2000	516.50	98781	19.25	31559	6.15	67222	13.10
2001	523.10	99074	19.06	33475	6.44	65599	12.62
2002	528.60	94916	18.05	33391	6.35	61525	11.70
2003	533.80	89985	16.94	32350	6.09	57635	10.85
2004	538.60	87508	16.32	34585	6.45	52923	9.87
2005	543.20	84921	15.70	33590	6.21	51331	9.49
2006	547.70	83127	15.24	34200	6.27	48927	8.97
2007	551.60	82063	14.93	33694	6.13	48369	8.80
2008	554.30	80122	14.49	33951	6.14	46171	8.35
2009	557.30	80647	14.51	34404	6.19	46243	8.32

4–2 主要年份人口变化情况
Changes of Population in Main Years

单位：万人 (10 000 persons)

年 份 Year	年末总人口 Total Population (Year-end)	按性别分 By Sex		按城乡分 By Residence		按农业、非农业分 By Agricultural or Non-agricultural	
		男 Male	女 Female	市镇人口 Urban	乡村人口 Rural	农业人口 Agricultural Population	非农业人口 Non-agricultural Population
1952	161.38	81.82	79.56	8.38	153.00	145.08	16.30
1978	364.86	189.30	175.56	67.84	297.02	277.40	87.46
1979	372.02	192.25	179.77	71.06	300.96	279.70	92.32
1980	376.90	194.18	182.72	74.71	302.19	280.38	96.52
1981	381.60	196.62	184.98	76.78	304.82	284.12	97.48
1982	392.79	201.92	190.87	79.82	312.97	294.39	98.40
1983	392.57	201.64	190.93	77.25	315.32	292.96	99.61
1984	401.61	205.98	195.63	128.63	272.98	294.20	107.41
1985	407.38	208.43	198.95	137.75	269.63	291.24	116.14
1986	421.12	216.26	204.86	140.75	280.37	298.90	122.22
1987	427.90	219.16	208.74	143.00	284.90	303.50	124.40
1988	434.20	222.18	212.02	146.86	287.34	307.93	126.27
1989	440.20	225.27	214.93	150.69	289.51	313.46	126.74
1990	447.66	229.36	218.30	153.22	294.44	321.19	126.47
1991	454.43	232.80	221.63	155.11	299.32	329.76	124.67
1992	461.02	235.95	225.07	157.34	303.68	334.57	126.45
1993	466.70	238.95	227.75	158.04	308.66	341.70	125.00
1994	474.00	242.74	231.26	160.90	313.10	347.61	126.39
1995	481.20	246.37	234.83	163.13	318.07	352.72	128.48
1996	488.30	250.01	238.29	166.93	321.37	357.88	130.42
1997	495.60	252.76	242.84	171.94	323.66	363.81	131.79
1998	502.80	252.13	250.67	174.18	328.62	369.43	133.37
1999	509.80	259.29	250.51	176.33	333.47	374.57	135.23
2000	516.50	267.03	249.47	179.54	336.96	379.47	137.03
2001	523.10	266.09	257.01	190.00	333.10	382.91	140.19
2002	528.60	271.12	257.48	199.16	329.44	385.09	143.51
2003	533.80	272.33	261.47	203.80	330.00	387.06	146.74
2004	538.60	276.43	262.17	207.51	331.09	389.30	149.30
2005	543.20	277.58	265.62	213.21	329.99	391.76	151.44
2006	547.70	278.52	269.18	215.02	332.68	393.30	154.40
2007	551.60	279.50	272.10	221.02	330.58	395.83	155.77
2008	554.30	279.33	274.97	226.49	327.81	396.93	157.37
2009	557.30	280.26	277.04	233.51	323.79	399.08	158.22

注：1990、2000年数据根据人口普查数据进行了调整，1990年以前数据为公安户籍统计数，其余年份数据为人口变动抽样调查推算数。
a)Data in 1990、2000 were adjusted on the basis of National Population Census.Data before 1990 were taken from the statistics of household registration.Data in the remaining years have been estimated on the basis of the annual national sample surveys on population changes.

4-3 主要年份人口机械变动情况
Mechanical Changes of Popualtion in Main Years

单位：人、%　　(person，%)

年 份 Year	迁 入 Move Into		迁 出 Move Out		机 械 增 加 Machinery to Increase	
	人 数 Population	迁入率 Move Into Rate	人 数 Population	迁出率 Move Out Rate	人 数 Population	增长率 Growth Rate
1952	57027	3.59	32270	2.03	24757	1.56
1955	47126	2.62	37611	2.09	9515	0.53
1957	79101	3.91	75298	3.72	3803	0.19
1965	132814	5.90	115107	5.12	17707	0.79
1970	151266	5.45	130879	4.72	20387	0.74
1975	102755	3.08	95082	2.85	7673	0.23
1978	105991	2.94	95264	2.64	10727	0.30
1980	121385	3.24	124151	3.32	-2766	-0.07
1985	52358	1.29	33172	0.82	19186	0.47
1986	24530	0.59	27113	0.65	-2583	-0.06
1987	17493	0.41	26730	0.63	-9237	-0.22
1988	13204	0.31	33330	0.77	-20126	-0.46
1989	11910	0.27	27357	0.63	-15447	-0.36
1990	10306	0.23	24491	0.55	-14185	-0.32
1991	11201	0.25	26295	0.58	-15094	-0.33
1992	12040	0.27	27666	0.62	-15626	-0.35
1993	10824	0.23	25059	0.54	-14235	-0.31
1994	10871	0.24	19464	0.43	-8593	-0.19
1995	11439	0.25	17156	0.38	-5717	-0.13
1996	11209	0.24	17219	0.37	-6010	-0.13
1997	11043	0.24	14550	0.31	-3507	-0.08
1998	7687	0.16	12734	0.27	-5047	-0.11
1999	6872	0.15	12057	0.26	-5185	-0.11
2000	8749	0.17	17782	0.35	-9033	-0.18
2001	9789	0.19	20231	0.39	-10442	-0.20
2002	10601	0.22	19534	0.40	-8933	-0.18
2003	13736	0.28	22527	0.46	-8791	-0.18
2004	15809	0.32	22652	0.46	-6843	-0.14
2005	18097	0.36	26365	0.53	-8268	-0.17
2006	21875	0.43	24261	0.48	-2386	-0.05
2007	27418	0.53	25435	0.49	1983	0.04
2008	27365	0.52	25086	0.48	2279	0.04
2009	28328	0.51	25753	0.46	2575	0.05

注：1.本表数据系省公安厅年报数据。
2.1985年以后的迁入迁出人口均为省际间迁入迁出。
3.1952年数据根据《中国财经出版社》出版的《中国人口·青海分册》的有关资料推算。
a) Date in this table are Annual Report data of Qinghai Provincial Public Security Department.
b)After the year of 1985,the population of move into and move out have been the population of provincial move into and move out.
c)1952 data were estimated based on "China's population in Qinghai branch" published in China Financial Publishing House.

4-4 分地区户籍统计人口数及变动情况(2009年)

单位：户、人

地区	Region	年末数 The Number of The Year-end					
		总户数 Total Number of Households	总人口 The Total Population			总人口中 In The Total Population	
			合计 Total	男 Male	女 Female	非农业人口 Non-agricultural Population	未落常住户口的人员 Non-resident Accounts Staff
全 省	**Provincial Total**	**1579078**	**5430156**	**2767126**	**2663030**	**1635610**	**23296**
西宁市	**Xining City**	**560850**	**1939439**	**982618**	**956821**	**899889**	**1352**
城东区	Chengdong District	74274	241281	120050	121231	208097	
城中区	Chengzhong District	72723	229276	113320	115956	189609	62
城西区	Chengxi District	62052	207457	101604	105853	188584	
城北区	Chengbei District	65086	212005	107017	104988	151874	136
大通县	Datong Hui & Tu County	117235	449171	231050	218121	92830	534
湟中县	Huangzhong County	127749	462390	238875	223515	37138	
湟源县	Huangyuan County	41731	137859	70702	67157	31757	620
海东地区	**Haidong Prefecture**	**436825**	**1613591**	**829672**	**783919**	**199200**	**688**
平安县	Ping'an County	39264	121815	61502	60313	37101	385
民和县	Minhe Hai & Tu County	102688	409637	211700	197937	41695	
乐都县	Ledu County	87310	290150	148631	141519	48264	303
互助县	Huzhu Tu County	103108	387392	202742	184650	33585	
化隆县	Hualong Hui County	68881	268323	136808	131515	24039	
循化县	Xunhua Salar A.C.	35574	136274	68289	67985	14516	
海北州	**Haibei Zang A.P**	**81507**	**280137**	**142862**	**137275**	**67030**	**46**
门源县	Menyuan Hui County	41172	153296	78782	74514	25727	43
祁连县	Qilian County	15268	48771	24291	24480	12516	
海晏县	Haiyan County	11358	34925	17754	17171	15079	3
刚察县	Gangcha County	13709	43145	22035	21110	13708	
黄南州	**Huangnan Zang A.P**	**75131**	**247180**	**123413**	**123767**	**49637**	**1537**
同仁县	Tongren County	27466	87251	43413	43838	24892	
尖扎县	Jianzha County	17943	56464	27976	28488	12133	
泽库县	Zeku County	19408	67293	33787	33506	6741	35
河南县	Henan Mongolian A.C.	10314	36172	18237	17935	5871	1502

注：本表数据系省公安厅年报数。

Household Registration Statistics and Changes in Population by Region (2009)

(household，person)

年内人口变动 Demographic Changes During The Year					
出生 Birth	死亡 Death	迁入 Move Into		迁出 Move Out	
		省内 Within the Province	省外 Outside the Province	省内 Within the Province	省外 Outside the Province
86252	**30065**	**93634**	**28328**	**56412**	**25753**
22186	**11956**	**36316**	**11303**	**29453**	**11560**
1557	1342	7004	2552	4478	2139
1818	1413	6413	2015	4521	1386
1433	898	9791	2349	9017	2857
1736	1224	5355	2032	4277	2147
6776	3446	2150	850	2742	1201
7547	3173	3271	1096	2004	1292
1319	460	2332	409	2414	538
26937	**7579**	**27835**	**7599**	**10801**	**5223**
1347	457	2997	577	558	510
10203	1222	4739	3113	1721	1265
3358	2156	4214	1129	2705	1273
4423	2502	7237	2043	3880	1736
4164	827	5826	215	1159	305
3442	415	2822	522	778	134
3476	**1372**	**2403**	**1000**	**1865**	**2032**
1575	673	1001	312	856	1275
756	299	411	132	294	180
408	179	667	149	466	146
737	221	324	407	249	431
6929	**947**	**2385**	**823**	**1726**	**924**
3634	190	730	225	461	162
894	219	877	487	936	693
1729	293	759	12	329	18
672	245	19	99		51

a) Data in this table are Annual Report data of Qinghai Provincial Public Security Department.

4–4 续表

单位：户、人

地 区	Region	总户数 Total Number of Households	总人口 The Total Population 合计 Total	男 Male	女 Female	总人口中 In The Total Population 非农业人口 Non-agricultural Population	未落常住户口人员 Non-resident Accounts Staff
		年末数 The Number of The Year-end					
海南州	**Hainan Zang A.P**	**128166**	**440488**	**222817**	**217671**	**101387**	**239**
共和县	Gonghe County	42186	134724	68684	66040	47779	
同德县	Tongde County	14643	56758	28535	28223	10186	33
贵德县	Guide County	31927	105510	53090	52420	17282	206
兴海县	Xinghai County	18516	68235	34867	33368	8568	
贵南县	Guinan County	20894	75261	37641	37620	17572	
果洛州	**Golog Zang A.P**	**50349**	**166155**	**83984**	**82171**	**31991**	**1225**
玛沁县	Maqin County	14756	45461	23103	22358	15770	607
班玛县	Banma County	7022	25759	13008	12751	4302	276
甘德县	Gande County	7815	28157	14516	13641	2787	12
达日县	Dari County	10560	31325	15817	15508	3580	290
久治县	Jiuzhi County	5265	22007	10656	11351	2515	
玛多县	Maduo County	4931	13446	6884	6562	3037	40
玉树州	**Yushu Zang A.P**	**105895**	**357267**	**182416**	**174851**	**50890**	**15626**
玉树县	Yushu County	34835	95352	47572	47780	22128	
杂多县	Zaduo County	15431	53102	26722	26380	5494	
称多县	Chengduo County	12518	56319	31815	24504	6189	816
治多县	Zhiduo County	10119	30944	15596	15348	4412	
囊谦县	Nangqian County	23165	92785	46234	46551	8690	14810
曲麻莱县	Qumalai County	9827	28765	14477	14288	3977	
海西州	**Haixi Mongolian & Zang A.P**	**140355**	**385899**	**199344**	**186555**	**235586**	**2583**
格尔木市	Geermu City	46307	121278	62663	58615	96014	515
德令哈市	Delingha City	25124	71930	37165	34765	42763	
乌兰县	Wulan County	39723	101860	53084	48776	78390	244
都兰县	Dulan County	22834	70918	36470	34448	12770	1742
天峻县	Tianjun County	6367	19913	9962	9951	5649	82

Continued

(household, person)

年内人口变动 Demographic Changes During The Year					
出生 Birth	死亡 Death	迁入 Move Into		迁出 Move Out	
		省内 Within the Province	省外 Outside the Province	省内 Within the Province	省外 Outside the Province
9586	**2815**	**11205**	**1823**	**4993**	**647**
2203	542	4108	854	2019	35
1280	299	1065	139	377	39
2737	1286	2492	693	1201	454
1831	275	1857	30	796	31
1535	413	1683	107	600	88
2381	**844**	**1270**	**231**	**767**	**156**
780	249	615	74	251	85
187	134	287	27	270	27
156	43	97	13	100	12
724	146	111	68	50	13
150	125	46	8	24	12
384	147	114	41	72	7
10460	**2864**	**4452**	**674**	**1503**	**495**
1504	319	1773	467	713	62
2670	236	253	20	190	3
2247	1332	880	120	284	378
1332	264	1210	17	26	8
729	311	32	14	174	41
1978	402	304	36	116	3
4297	**1688**	**7768**	**4875**	**5304**	**4716**
1154	303	2379	2024	1916	1792
727	271	2341	530	722	747
954	340	2042	2156	1857	1971
1144	645	844	115	704	183
318	129	162	50	105	23

4–5 主要年份少数民族人口数

Population of Ethnic Minorities in Main Years

单位：人、% (person，%)

民 族	Ethnic Name	1952	1978	1982	1990	2000	2005	2007	2008	2009
少数民族人口总计	**Total Population of Ethnic Minorities**	**804773**	**1363488**	**1535780**	**1885100**	**2350592**	**2516102**	**2555011**	**2567518**	**2581414**
占全省人口的比重	Percentage to Total Population of The Province	48.80	37.40	39.50	42.10	45.50	46.32	46.32	46.32	46.32
藏 族	Tibetan	454510	673790	753897	915900	1130618	1192867	1211313	1217243	1223831
占全省人口的比重	Percentage to Total Population of The Province	27.50	18.50	19.40	20.40	21.89	21.96	21.96	21.96	21.96
回 族	Hui	246777	477471	533859	641700	820719	864231	877596	881891	886664
占全省人口的比重	Percentage to Total Population of The Province	15.00	13.10	13.70	14.30	15.89	15.91	15.91	15.91	15.91
土 族	Tu	51876	112026	129194	163800	198852	224885	228362	229480	230722
占全省人口的比重	Percentage to Total Population of The Province	3.10	3.10	3.30	3.60	3.85	4.14	4.14	4.14	4.14
撒拉族	Salar	27102	52787	60981	77300	95553	119504	121352	121946	122606
占全省人口的比重	Percentage to Total Population of The Province	1.60	1.50	1.60	1.70	1.85	2.20	2.20	2.20	2.20
蒙古族	Mongolian	23501	43319	50454	71800	88322	95060	96530	97003	97528
占全省人口的比重	Percentage to Total Population of The Province	1.40	1.20	1.30	1.60	1.71	1.75	1.75	1.75	1.75
其他民族	Others	1007	4095	7395	14600	16528	19555	19858	19955	20063
占全省人口的比重	Percentage to Total Population of The Province	0.10	0.10	0.20	0.30	0.32	0.36	0.36	0.36	0.36

注：2000年是第五次人口普查数据，2005年是1%人口抽样调查数，2007年–2009年是根据2005年1%人口抽样调查结果推算数。

a):Data in 2000 were from the fifth national census.Data in 2005 were the data of 1% population sample survey. Data in 2007- 2009 were estimated from 1% population sample survey in 2005.

4-6 人口计划生育情况(2009年)

Family Planning (2009)

单位：人、% (person，%)

指标	Item	合计 Total	西宁市 Xining City	海东地区 Haidong Prefecture	海北州 Haibei Zang A.P	黄南州 Huangnan Zang A.P	海南州 Hainan Zang A.P	果洛州 Golog Zang A.P	玉树州 Yushu Zang A.P	海西州 Haixi Mongolian & Zang A.P
计划生育率	Family Planning Rate	98.20	98.41	98.41	97.11	98.64	98.75	96.44	97.50	97.90
领取独生子女证的人数	The Number of People Receiving one-child certificate	117260	56493	18856	6352	4618	6512	2202	2972	19255
期末已婚育龄妇女人数	The Number of Married Women of Childbearing Age at the End of the Period	1138010	409114	318425	64279	53865	95512	32814	57624	106377
采取各种节育措施人数	The Number of People Taken Birth Control Measures	980148	366674	273857	56411	43518	78367	24990	44109	92222
男性绝育	Male Sterilization	1041	402	327	12	3	57	1	1	238
女性绝育	Female Sterilization	407313	152712	157909	34064	9197	17302	7919	2700	25510
放置宫内节育器	IUD Placement	470248	188892	102877	18272	29512	49797	8021	28904	43973
皮下埋植	Subcutaneous Implants	5121	820	840	530	281	1205	478	78	889
口服及注射避孕药	Oral and Injectied Contraceptives	40121	6177	7494	1055	2613	6169	5666	5128	5819
避孕套	Condoms	48448	16859	4118	467	1356	2966	2414	5324	14944
外用药	External Medicine	6425	449	290	1721	478	520	410	1974	583
其他	Others	1431	363	2	290	78	351	81		266
节育率	Birth Control Rate	86.13	89.63	86.00	87.76	80.79	82.05	76.16	76.55	86.69

注：本表数据系省人口与计划生育委员会年报数据。

a) Data in this table are Annual Report data of the Department of Provincial Population and Family Planning Commission.

主要统计指标解释

人口数　指一定时点、一定地区范围内有生命的个人总和。

年度统计的年末人口数指每年12月31日24时的人口数。

城镇人口和乡村人口　城镇人口是指居住在城镇范围内的全部常住人口；乡村人口是除上述人口以外的全部人口。

出生率(又称粗出生率)　指在一定时期内(通常为一年)一定地区的出生人数与同期内平均人数(或期中人数)之比，用千分率表示。本资料中的出生率指年出生率，其计算公式为：

$$出生率=\frac{年出生人数}{年平均人数}\times 1000‰$$

式中：出生人数指活产婴儿，即胎儿脱离母体时(不管怀孕月数)，有过呼吸或其他生命现象。年平均人数指年初、年底人口数的平均数，也可用年中人口数代替。

死亡率(又称粗死亡率)　指在一定时期内(通常为一年)一定地区的死亡人数与同期内平均人数(或期中人数)之比，用千分率表示。本资料中的死亡率指年死亡率，其计算公式为：

$$死亡率=\frac{年死亡人数}{年平均人数}\times 1000‰$$

人口自然增长率　指在一定时期内(通常为一年)人口自然增加数(出生人数减死亡人数)与该时期内平均人数(或期中人数)之比，用千分率表示。计算公式为：

$$人口自然增长率=\frac{本年出生人数-本年死亡人数}{年平均人数}\times 1000‰$$

$$=人口出生率-人口死亡率$$

Explanatory Notes on Main Statistical Indicators

Total Population refers to the total number of people alive at a certain point of time within a given area.

The annual statistics on total population is taken at midnight, the 31st of December.

Urban Population and Rural Population Urban population refers to all people residing in cities and towns, while rural population refers to population other than urban population.

Birth Rate (or Crude Birth Rate) refers to the ratio of the number of births to the average population (or mid-period population) during a certain period of time (usually a year), expressed in ‰. Birth rate in the chapter refers to annual birth rate. The following formula is used:

$$\text{Birth Rate}=\frac{\text{Number of Births}}{\text{Annual Average Population}}\times 1000‰$$

Number of births in the formula refers to live births, i. e. when a baby has breathed or showed any vital phenomena regardless of the length of pregnancy.

Annual average population is the average of the number of population at the beginning of the year and that at the end of the year. Sometimes it is substituted by the mid-year population.

Death Rate (or Crude Death Rate) refers to the ratio of the number of deaths to the average population (or mid-period population) during a certain period of time (usually a year), expressed in ‰. Death rate in the chapter refers to annual death rate. The following formula is used:

$$\text{Death Rate}=\frac{\text{Number of Deaths}}{\text{Annual Average Population}}\times 1000‰$$

Natural Growth Rate of Population refers to the ratio of natural increase in population (number of births minus number of deaths) in a certain period of time (usually a year) to the average population (or mid-period population) of the same period, expressed in ‰. The following formula is applied:

$$\text{Natural Growth Rate of Population}=\frac{\text{Number of Births}-\text{Number of Deaths}}{\text{Annual Average Population}}\times 1000‰$$

Natural Growth Rate of Population = Birth Rate - Death Rate

第 5 篇

CHAPTER 5

就业人员和职工工资

Employment and Wages

职工平均工资指数（上年为100）

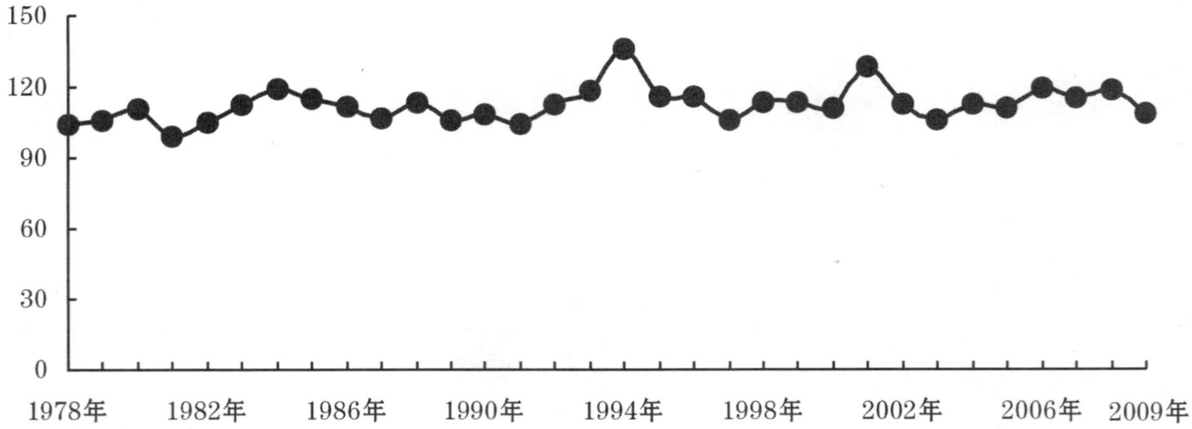

就业人员（万人）

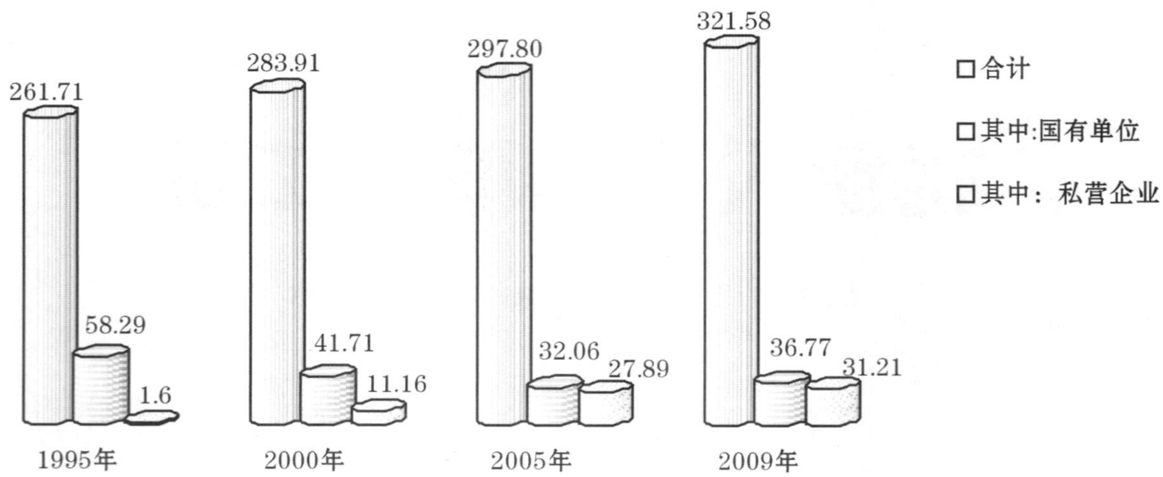

三次产业就业结构

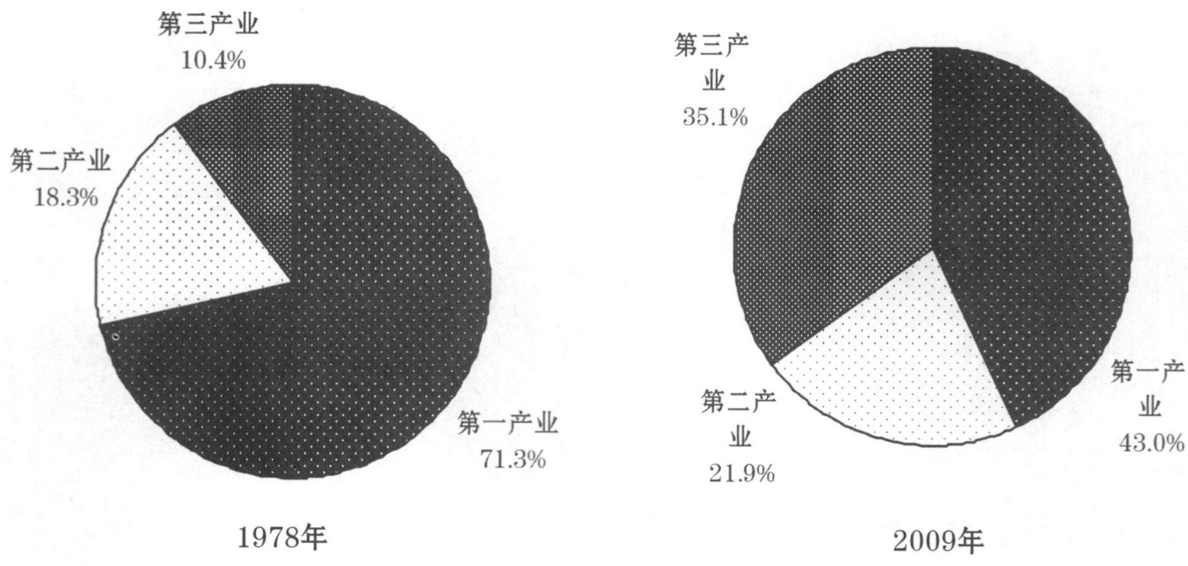

5-1 主要年份就业基本情况
Employment in Main Years

项 目	Item	2000	2005	2007	2008	2009
就业人员总计 (万人)	**Total Number of Employed Person (10 000 persons)**	**283.9**	**297.8**	**312.4**	**317.2**	**321.6**
第一产业	Primary Industry	158.5	147.4	138.5	141.3	138.3
第二产业	Secondary Industry	35.8	51.8	64.2	67.6	70.4
第三产业	Tertiary Industry	89.6	98.6	109.7	108.3	112.9
就业人员构成 (合计=100)	**Composition of Em (total=100)**					
第一产业	Primary Industry	55.8	49.5	44.3	44.5	43.0
第二产业	Secondary Industry	12.6	17.4	20.6	21.3	21.9
第三产业	Tertiary Industry	31.6	33.1	35.1	34.2	35.1
按城乡分就业人员 (万人)	**Number of Employ by Urban and Ru (10 000persons)**					
城镇就业人员	Urban Employed Persons	81.5	98.1	109.2	113.8	118.1
国有单位	State-owned Units	41.7	32.1	33.5	34.3	36.8
城镇集体单位	Urban Collective-owned Units	4.2	2.2	2.2	2.2	1.8
股份合作单位	Cooperative Units	0.3	0.7	0.7	0.7	0.8
有限责任公司	Limited Liability Corporations	0.5	4.7	5.9	6.0	7.9
股份有限公司	Share-holding Corporations Ltd.	0.4	2.6	2.9	3.0	1.8
私营企业	Private Enterprises	8.1	19.2	23.6	16.8	20.2
外商投资单位	Foreign Funded Units			0.1	0.4	1.2
港澳台商投资单位	Units with Funds from Hong Kong,Macao & Taiwan	0.1	0.2	0.1	0.2	0.2
个体	Self-employed Individuals	10.5	19.7	18.0	19.3	19.2
乡村就业人员	Rural Employed Persons	202.4	199.7	203.2	203.4	203.5
#私营企业	Private Enterprises	3.1	8.7	13.0	14.0	11.0
个体	Self-employed Individuals	5.3	10.5	4.2	4.6	6.7
职工人数 (万人)	**Number of Staff an (10 000 persons)**	**46.9**	**40.9**	**43.1**	**44.6**	**47.8**
国有单位	State-owned Units	40.8	30.9	31.9	32.6	34.6
城镇集体单位	Urban Collective-owned Units	4.5	2.0	2.0	2.1	1.6
其他单位	Units of Other Types of Ownership	1.6	8.0	9.2	9.9	11.6
城镇单位女性就业人员 (万人)	**Number of Female Employed Urban Units (10 000 persons)**	**17.3**	**15.5**	**16.6**	**17.2**	**18.9**
城镇登记失业人数 (万人)	**Number of Registe Unemployed Persons in Urban Areas (10 000 persons)**	**1.8**	**3.6**	**3.7**	**3.9**	**4.1**
城镇登记失业率 (%)	**Registered Unempl Rate in Urban Areas (%)**	**2.4**	**3.9**	**3.8**	**3.8**	**3.8**

注：1.就业人员总计及城镇和乡村就业人员小计资料是根据人口普查和人口、劳动力抽样调查推算数。分经济类型、分行业的就业人员相加不等于总计。

2.城镇单位就业人员、职工人数统计口径详见本篇指标解释。

a)Total employment and employment of urban and rural Subtotal information is based on census and the projected number of population and labor force sample survey. The sum of the employment by economic types and by sector is not equal to the total.

b)The statistical caliber of employment in urban units and the nuber of employees is detailed in the indicators explanation notes of this chapter.

5-2 主要年份按三次产业分的年末就业人员数
Number of Employed Persons at Year-end by Three Strata of Industry in Main Years

年 份 Year	就业人员（万人）Total Employed Persons (10 000 persons)	第一产业 Primary Industry	第二产业 Secondary Industry	第三产业 Tertiary Industry	构成（合计=100）Composition in Percentage (Total=100) 第一产业 Primary Industry	第二产业 Secondary Industry	第三产业 Tertiary Industry
1952	71.66	62.41	1.07	8.18	87.1	1.5	11.4
1957	96.10	72.56	5.72	17.82	75.5	6.0	18.5
1965	102.49	86.65	7.32	8.52	84.5	7.1	8.3
1970	124.35	102.01	14.92	7.42	82.0	12.0	6.0
1975	136.31	105.47	21.27	9.57	77.4	15.6	7.0
1978	144.71	103.21	26.44	15.06	71.3	18.3	10.4
1980	157.62	108.31	28.24	21.07	68.7	17.9	13.4
1982	171.17	113.87	29.58	27.72	66.5	17.3	16.2
1983	174.31	115.42	30.04	28.85	66.2	17.2	16.6
1984	177.35	115.46	30.79	31.10	65.1	17.4	17.5
1985	182.70	112.20	36.70	33.80	61.4	20.1	18.5
1986	189.20	111.20	38.49	39.51	58.8	20.3	20.9
1987	193.70	113.90	38.09	41.71	58.8	19.7	21.5
1988	197.83	115.90	38.64	43.29	58.6	19.5	21.9
1989	200.83	120.43	38.02	42.38	60.0	18.9	21.1
1990	241.25	144.70	45.45	51.10	60.0	18.8	21.2
1991	245.21	147.28	45.49	52.44	60.1	18.6	21.3
1992	249.24	150.53	45.65	53.06	60.4	18.3	21.3
1993	253.33	142.69	43.10	67.54	56.3	17.0	26.7
1994	257.49	145.05	43.22	69.22	56.3	16.8	26.9
1995	261.71	146.73	44.22	70.76	56.1	16.9	27.0
1996	266.01	151.03	43.42	71.56	56.8	16.3	26.9
1997	270.38	151.47	40.41	78.50	56.0	15.0	29.0
1998	274.81	153.10	40.36	81.35	55.7	14.7	29.6
1999	279.32	152.15	40.36	86.81	54.5	14.4	31.1
2000	283.91	158.49	35.79	89.63	55.8	12.6	31.6
2001	287.32	171.36	38.14	77.82	59.6	13.3	27.1
2002	291.32	164.18	39.67	87.47	56.4	13.6	30.0
2003	295.38	159.82	46.79	88.77	54.1	15.8	30.1
2004	296.59	151.85	48.94	95.80	51.2	16.5	32.3
2005	297.80	147.41	51.82	98.57	49.5	17.4	33.1
2006	303.93	143.79	58.43	101.71	47.3	19.2	33.5
2007	312.44	138.47	64.24	109.73	44.3	20.6	35.1
2008	317.18	141.28	67.56	108.34	44.5	21.3	34.2
2009	321.58	138.28	70.43	112.87	43.0	21.9	35.1

注：为了保持与《中国统计年鉴》口径一致，与历史数据有可比性，1990年及以后的就业人员总数是根据人口普查、人口和劳动力抽样调查的推算数，分产业就业人数按全面报表结构推算。

a)In order to accord with the statistical caliber of "China Statistical Yearbook" and comparable with the historical data, the total number of employed persons are derived from the census, a sample survey of population and labor force since 1990,the number of employment by sector are derived from comprehensive statement of structure.

5-3　2008－2009年按城乡分的年末就业人员数
Number of Employed Persons at Year-end in Urban and Rural Areas(2008－2009)

单位：万人　　(10 000 persons)

项　目	Item	2008			2009		
		合　计 Total	城　镇 Urban	乡　村 Rural	合　计 Total	城　镇 Urban	乡　村 Rural
就业人员	**Employed Persons**	**317.18**	**113.82**	**203.36**	**321.58**	**118.14**	**203.44**
按经济类型分组	**By Economic Type**						
国有经济	The state-owned Economy	34.29	34.29		36.77	36.77	
集体经济	Collective Economy	177.33	2.20	175.13	181.45	1.83	179.62
股份合作制经济	Cooperative Economy	0.72	0.72		0.75	0.75	
联营经济	Joint Ownership Economy	0.08	0.08		0.01	0.01	
有限责任公司	Limited Liability Corporations	5.66	5.66		7.87	7.87	
股份有限公司	Share-holding Corporations Ltd.	2.83	2.83		1.77	1.77	
私营经济	Private Economy	30.75	16.75	14.00	31.21	20.21	11.00
外商投资经济	Foreign Funded Economy	0.43	0.43		1.2	1.2	
港、澳、台投资经济	Economy with Funds from Hong Kong, Macao & Taiwan	0.15	0.15		0.15	0.15	
其他经济	Other Economy	0.66	0.66		0.33	0.33	
个体经济	Self-employed Individuals	23.89	19.28	4.61	25.88	19.20	6.68
按国民经济行业分组	**By National Economic Sectors**						
农林牧渔业	Agriculture,Forestry,Animal Husbandry and Fishery	123.29	2.68	120.61	123.47	2.52	120.95
采矿业	Mining	4.29	2.67	1.62	4.19	2.86	1.33
制造业	Manufacturing	23.11	13.23	9.88	23.97	13.44	10.53
电力、燃气及水的生产和供应业	Production and Distribution of Electricity,Gas and Water	2.17	1.63	0.54	1.99	1.49	0.5
建筑业	Construction	29.39	6.22	23.17	32.97	8.41	24.56
交通运输、仓储及邮政业	Traffic, Transport, Storage and Post	11.52	4.81	6.71	11.95	4.9	7.05
信息传输、计算机服务和软件业	Information transmission, Computer Services and Software	1.59	1.38	0.21	1.56	1.23	0.33
批发和零售业	Wholesale and Retail Trades	23.13	15.63	7.50	24.57	16.98	7.59
住宿和餐饮业	Hotels and Catering Services	13.97	5.09	8.88	14.53	5.77	8.76
金融业	Financial Intermediation	1.66	1.63	0.03	1.84	1.84	
房地产业	Real Estate	1.72	1.33	0.39	1.75	1.39	0.36
租赁和商务服务业	Leasing and Business Services	1.27	1.03	0.24	1.61	1.48	0.13
科学研究、技术服务和地质勘查业	Scientific Research, Technical Service and Geologic Prospecting	1.80	1.80		2.18	2.17	0.01
水利、环境和公共设施管理业	Management of Water Conservancy, Environment and Public Facilities	1.00	0.98	0.02	1.04	1.03	0.01
居民服务和其他服务业	Services to Households and Other Services	16.89	3.05	13.84	17.28	2.97	14.31
教育	Education	6.83	6.83		7.43	7.43	
卫生、社会保障和社会福利业	Health, Social Security and Social Welfare	2.89	2.86	0.03	3.17	3.13	0.04
文化、体育和娱乐业	Culture, Sports and Entertainment	2.37	2.30	0.07	3.44	2.6	0.84
公共管理和社会组织	Public Management and Social Organization	7.90	7.90		8.45	8.45	

5–4 各地区按行业分全部单位就业人员数(2009年)

Number of Employed Persons in All Units at Year-end by Sector and Region(2009)

单位：人 (person)

项目	Item	合计 Total	西宁市 Xining City	海东地区 Haidong Prefecture	海北州 Haibei Zang A.P	黄南州 Huangnan Zang A.P	海南州 Hainan Zang A.P	果洛州 Golog Zang A.P	玉树州 Yushu Zang A.P	海西州 Haixi Mong-olian & Zang A.P
全省	**Province**	**645480**	**362793**	**79466**	**29724**	**18677**	**33798**	**12589**	**16564**	**91869**
农林牧渔业	Agriculture,Forestry,Animal Husbandry and Fishery	21233	3634	3030	3932	479	5823	982	807	2546
采矿业	Mining	25892	5409	1379	2819	74	921	648	66	14576
制造业	Manufacturing	140325	89452	18425	2676	974	2524	184	321	25769
电力、燃气及水的生产和供应业	Production and Distribution of Electricity,Gas and Water	14666	5740	2311	1539	1787	1067	175	285	1762
建筑业	Construction	55489	43724	4701	889	1086	1158	186	91	3654
交通运输、仓储和邮政业	Traffic, Transport, Storage and Post	35377	26734	1413	849	348	438	682	326	4587
信息传输、计算机服务和软件业	Information Transmission, Computer Services and Software	9770	7342	305	246	247	296	180	158	996
批发和零售业	Wholesale and Retail Trades	39997	32324	2236	564	249	1019	185	706	2714
住宿和餐饮业	Hotels and Catering Services	15630	10755	950	573	315	512	131	76	2318
金融业	Financial Intermediation	18291	11259	2256	804	605	975	296	370	1726
房地产业	Real Estate	14335	12413	981	210	51	160	29	158	333
租赁和商务服务业	Leasing and Business Services	16228	11138	488	190	62	160	5	19	4166
科学研究、技术服务和地质勘查业	Scientific Research, Technical Service and Geologic Prospecting	24502	15704	1355	985	354	481	141	105	5377
水利、环境和公共设施管理业	Management of Water Conservancy, Environment and Public Facilities	10167	5878	2068	402	329	608	11	59	812
居民服务和其他服务业	Services to Households and Other Services	4825	1671	300	10	74	281		27	2462
教育	Education	75248	30263	18767	3973	3811	7305	2334	3160	5635
卫生、社会保障和社会福利业	Health, Social Security and Social Welfare	30571	16309	3798	1394	1332	2721	1172	1040	2805
文化、体育和娱乐业	Culture, Sports and Entertainment	7599	4783	617	387	385	349	212	212	654
公共管理和社会组织	Public Management and Social Organization	85335	28261	14086	7282	6115	7000	5036	8578	8977

注：本表含私营单位。
a) In this talbe, private units are included.

5-5 分登记注册类型和行业年末全部单位就业人数(2009年)

Number of Employed Persons at Year-end by Status of Registration and Sector(2009)

单位：人 (person)

项目	Item	合计 Total	国有单位 State-owned Units	城镇集体单位 Urban Collective-owned units	其他单位 Units of Other Types of Ownership
全省	**Province**	**645480**	**367730**	**18262**	**259488**
农林牧渔业	Agriculture,Forestry,Animal Husbandry and Fishery	21233	16151	211	4871
采矿业	Mining	25892	7531	280	18081
制造业	Manufacturing	140325	26852	5879	107594
电力、燃气及水的生产和供应业	Production and Distribution of Electricity,Gas and Water	14666	10296	10	4360
建筑业	Construction	55489	19153	5280	31056
交通运输、仓储和邮政业	Traffic, Transport, Storage and Post	35377	27279	122	7976
信息传输、计算机服务和软件业	Information Transmission, Computer Services and Software	9770	6764		3006
批发和零售业	Wholesale and Retail Trades	39997	7365	1201	31431
住宿和餐饮业	Hotels and Catering Services	15630	2252	609	12769
金融业	Financial Intermediation	18291	13690	1741	2860
房地产业	Real Estate	14335	2688	440	11207
租赁和商务服务业	Leasing and Business Services	16228	5344	1462	9422
科学研究、技术服务和地质勘查业	Scientific Research, Technical Service and Geologic Prospecting	24502	18799	316	5387
水利、环境和公共设施管理业	Management of Water Conservancy, Environment and Public Facilities	10167	9499		668
居民服务和其他服务业	Services to Households and Other Services	4825	2555	403	1867
教育	Education	75248	71342	1	3905
卫生、社会保障和社会福利业	Health, Social Security and Social Welfare	30571	28425	191	1955
文化、体育和娱乐业	Culture, Sports and Entertainment	7599	6410	116	1073
公共管理和社会组织	Public Management and Social Organization	85335	85335		

注：本表含私营单位。
a) In this talbe, private units are included.

5-6 分登记注册类型和行业年末城镇单位就业人数(2009年)
Number of Employed Persons in Urban Units at Year-end by Status of Registration and Sector(2009)

单位：人 (person)

项目	Item	合计 Total	国有单位 State-owned Units	城镇集体单位 Urban Collective-owned units	其他单位 Units of Other Types of Ownership
合计	**Total**	**506254**	**367730**	**18262**	**120262**
按企、事业和机关分组	**Grouped by Enterprises, Institutions and Agencies**				
企业	Enterprises	269678	134494	17819	117365
事业	Institutions	151488	150906	437	145
机关	Agencies & Organizations	82076	82076		
民间非营利组织	Folk Non-profit Organizations	2480			2480
其他	Others	532	254	6	272
按国民经济行业分组	**Grouped by Sector**				
农林牧渔业	Agriculture,Forestry,Animal Husbandry and Fishery	**19786**	**16151**	**211**	**3424**
采矿业	Mining	19303	7531	280	11492
制造业	Manufacturing	87203	26852	5879	54472
电力、燃气及水的生产和供应业	Production and Distribution of Electricity,Gas and Water	13043	10296	10	2737
建筑业	Construction	39972	19153	5280	15539
交通运输、仓储和邮政业	Traffic, Transport, Storage and Post	32761	27279	122	5360
信息传输、计算机服务和软件业	Information Transmission, Computer Services and Software	8210	6764		1446
批发和零售业	Wholesale and Retail Trades	18049	7365	1201	9483
住宿和餐饮业	Hotels and Catering Services	4771	2252	609	1910
金融业	Financial Intermediation	18156	13690	1741	2725
房地产业	Real Estate	6812	2688	440	3684
租赁和商务服务业	Leasing and Business Services	9076	5344	1462	2270
科学研究、技术服务和地质勘查业	Scientific Research, Technical Service and Geologic Prospecting	21039	18799	316	1924
水利、环境和公共设施管理业	Management of Water Conservancy, Environment and Public Facilities	9866	9499		367
居民服务和其他服务业	Services to Households and Other Services	3271	2555	403	313
教育	Education	73385	71342	1	2042
卫生、社会保障和社会福利业	Health, Social Security and Social Welfare	29567	28425	191	951
文化、体育和娱乐业	Culture, Sports and Entertainment	6649	6410	116	123
公共管理和社会组织	Public Management and Social Organization	85335	85335		

注：本表不含私营单位。

a) In this talbe, private units are not included.

5-7 分行业分地区城镇单位年末女性就业人员(2009年)

Number of Female Employees in Urban Units at Year-end by Sector and Region(2009)

单位：人 (person)

项目	Item	全省合计 Province Total	西宁市 Xining City	海东地区 Haidong Prefecture	海北州 Haibei Zang A.P	黄南州 Huangnan Zang A.P	海南州 Hainan Zang A.P	果洛州 Golog Zang A.P	玉树州 Yushu Zang A.P	海西州 Haixi Mongolian & Zang A.P
合 计	**Total**	**188575**	**107965**	**18864**	**9238**	**5589**	**11618**	**4061**	**5558**	**25682**
农林牧渔业	Agriculture,Forestry,Animal Husbandry and Fishery	6606	954	725	1189	145	2351	273	247	722
采矿业	Mining	4261	544	59	399	12	83	122		3042
制造业	Manufacturing	29451	21645	1038	394	29	459	48	58	5780
电力、燃气及水的生产和供应业	Production and Distribution of Electricity,Gas and Water	3551	1514	547	376	333	235	45	55	446
建筑业	Construction	8104	7076	300	23	84	193	31	17	380
交通运输、仓储和邮政业	Traffic, Transport, Storage and Post	11896	9145	450	259	139	143	204	66	1490
信息传输、计算机服务和软件业	Information Transmission, Computer Services and Software	3716	3021	87	67	75	79	36	41	310
批发和零售业	Wholesale and Retail Trades	9213	7772	440	124	70	121	59	251	376
住宿和餐饮业	Hotels and Catering Services	2792	2125		153	19	168	75	30	222
金融业	Financial Intermediation	9238	6310	990	318	215	391	92	135	787
房地产业	Real Estate	2739	2524	120	24	13	3	16	36	3
租赁和商务服务业	Leasing and Business Services	3572	2170	96	34	15	19	2	5	1231
科学研究、技术服务和地质勘查业	Scientific Research, Technical Service and Geologic Prospecting	6202	3840	336	328	127	172	55	25	1319
水利、环境和公共设施管理业	Management of Water Conservancy, Environment and Public Facilities	4007		667	228	87	179	3	5	299
居民服务和其他服务业	Services to Households and Other Services	1349	409	6	1	8	59			866
教育	Education	33823	15345	6707	1791	1528	2894	942	1423	3193
卫生、社会保障和社会福利业	Health, Social Security and Social Welfare	17954	10222	1939	812	644	1528	592	594	1623
文化、体育和娱乐业	Culture, Sports and Entertainment	2758	1574	209	174	173	145	87	92	304
公共管理和社会组织	Public Management and Social Organization	27343	9236	4148	2544	1873	2396	1379	2478	3289

5-8 主要年份分行业私营单位就业人员数

Number of Employed Persons in Private Enterprises by Sector in Main Years

行　业	Item	2000	2005	2006	2007	2008	2009
总　计(万人)	**Total(10 000 persons)**	**11.16**	**27.89**	**35.17**	**36.63**	**30.75**	**31.21**
按城乡分(万人)	**By urban and Rural Areas(10 000 persons)**						
城　镇	Urban	8.07	19.21	22.02	23.60	16.75	20.21
乡　村	Rural	3.09	8.68	13.15	13.03	14.00	11.00
按行业分(人)	**By Sector(person)**						
农、林、牧、渔业	Agriculture, Forestry, Animal Husbandry and Fishery	6988	30157	15009	16292	12738	14340
采掘业	Mining	3438	10431	16464	17060	15532	15304
制造业	Manufacturing	33988	66133	109957	112381	84742	87946
建筑业	Construction	20412	26555	3873	38715	49046	49464
交通运输、仓储及邮电通信业	Traffic, Transport, Storage and Post	876	4099	36004	4216	3686	3908
批发和零售贸易	Wholesale and Retail Trades,	36917	68033	79756	72786	60410	67953
住宿和餐饮业	Hotels and Catering Services		17005	20959	31830	13523	18984
其　他	Others	8945	56439	69671	73039	67870	54244

注：本表是工商部门统计数。
a) Data in this table are from the Commercial and Industrial department.

5-9 主要年份分行业分城乡个体就业人员数

Number of Employed Persons Self-employed Individuals in Urban and Rural Areas by Sector in Main Years

行　业	Item	2000	2005	2006	2007	2008	2009
总　计(万人)	**Total (10 000 persons)**	**15.85**	**30.27**	**25.54**	**22.22**	**23.89**	**25.88**
城　镇	Urban	10.51	19.73	17.15	17.95	19.28	19.2
乡　村	Rural	5.34	10.54	8.39	4.27	4.61	6.68
城镇按行业分(人)	**Cities and towns by Sector(person)**	**105106**	**197328**	**171444**	**179474**	**192794**	**191960**
农、林、牧、渔业	Agriculture, Forestry, Animal Husbandry and Fishery	7	826	651	606	133	74
采掘业	Mining	82	1005	938	773	790	641
制造业	Manufacturing	8350	16540	12935	13545	14836	13058
建筑业	Construction	57	351	590	351	350	368
交通运输、仓储及邮电通信业	Traffic, Transport, Storage and Post	9236	3261	11283	13800	12821	13337
批发和零售贸易业	Wholesale and Retail Trades,	71357	107399	82715	90577	93460	98211
住宿和餐饮业	Hotels and Catering Services		35643	33697	33069	37013	35139
其　他	Others	16017	32303	28635	26753	33391	31132

注：本表是工商部门统计数。
a) Data in this table are from the Commercial and Industrial department.

5-10 全部单位就业人员劳动报酬和平均劳动报酬(2009年)

Earning and Average Earning of Employed Persons in All units(2009)

年 份 / 地 区	Year / Region	劳动报酬(万元) Earning(10 000 yuan)				平均劳动报酬(元) Average Earning(yuan)			
		合 计 Total	国有单位 State-owned Units	城镇集体单位 Urban Collective-owned units	其他单位 Units of Other Types of Ownership	合 计 Total	国有单位 State-owned Units	城镇集体单位 Urban Collective-owned units	其他单位 Units of Other Types of Ownership
全 省	**Province**	**1860586.50**	**1364366.80**	**32525.10**	**463694.60**	**28388**	**37405**	**17807**	**17024**
西宁市	Xining City	912865.60	590022.70	21643.80	301199.10	24789	34124	15862	16577
海东地区	Haidong Prefecture	240871.90	185698.90	4304.90	50868.10	29584	38159	22236	16505
海北州	Haibei Zang A.P	90093.50	72292.40	1236.60	16564.50	29451	35042	24295	17525
黄南州	Huangnan Zang A.P	61514.20	54182.20	1022.10	6309.90	33092	37509	23336	17026
海南州	Hainan Zang A.P	97487.40	80596.40	1135.50	15755.50	28604	35269	34619	14452
果洛州	Golog Zang A.P	45375.70	40494.60	347.50	4533.60	36260	35915	42378	39184
玉树州	Yushu Zang A.P	59000.40	56825.30	291.20	1883.90	35814	37598	30333	14904
海西州	Haixi Mongolian & Zang A.P	353377.80	284254.30	2543.50	66580.00	37800	48288	20662	19941

注：本表含私营单位。

a) In this talbe, private units are included.

5-11 分地区按登记注册类型分全部单位就业人员平均劳动报酬(2009年)

Average Earning of Employed Persons in All units by Status of Registration and Sector(2009)

单位：元 (yuan)

年 份 / 地 区	Year / Region	合 计 Total	国有单位 State-owned Units	城镇集体单位 Urban Collective-owned units	股份合作单位 Cooperative Units	有限责任公司 Limited Liability Corporations	股份有限公司 Shareholding Corporations Ltd.	私营单位 Private Enterprises	外商投资单位 Foreign Funded Units	港澳台商投资单位 Units with Funds from Hong Kong, Macao & Taiwan
全 省		**28388**	**37405**	**17807**	**20157**	**19416**	**22558**	**14798**	**19738**	**21035**
西宁市	Xining City	24789	34124	15862	19128	18031	22225	14546	18501	15711
海东地区	Haidong Prefecture	29584	38159	22236	25392	21070	26648	15078	25188	
海北州	Haibei Zang A.P	29451	35042	24295	9671	24606	27048	11499	26698	
黄南州	Huangnan Zang A.P	33092	37509	23336	17988	18561	23166	11273	31250	
海南州	Hainan Zang A.P	28604	35269	34619	23655	14419	25478	13054		
果洛州	Golog Zang A.P	36260	35915	42378		47982	35211	14917		
玉树州	Yushu Zang A.P	35814	37598	30333	15130	13826	27877	10236		
海西州	Haixi Mongolian & Zang A.P	37800	48288	20662	22456	33061	15871	16776	24611	35574

注：本表含私营单位。

a)In this talbe,private units are included

5-12 各地区按行业分全部单位就业人员劳动报酬(2009年)
Earning of Employed Persons in All Units by Sector and Region

单位：万元 (10 000 yuan)

项　目	Item	全省合计 Province Total	西宁市 Xining City	海东地区 Haidong Prefecture	海北州 Haibei Zang A.P	黄南州 Huangnan Zang A.P	海南州 Hainan Zang A.P	果洛州 Golog Zang A.P	玉树州 Yushu Zang A.P	海西州 Haixi Mongolian & Zang A.P
合　计	**Total**	**1860586.5**	**912865.6**	**240871.9**	**90093.5**	**61514.2**	**97487.4**	**45375.7**	**59000.4**	**353377.8**
农林牧渔业	Agriculture,Forestry,Animal Husbandry and Fishery	49327.1	7911.7	9025.0	9018.5	1808.5	8797.1	3670.5	3105.4	5990.4
采矿业	Mining	78962.1	11096.1	2011.0	6606.8	105.2	2376.4	3505.8	63.4	53197.4
制造业	Manufacturing	287560.3	154527.6	31309.7	4553.0	820.5	3537.1	204.9	399.0	92208.5
电力、燃气及水的生产和供应业	Production and Distribution of Electricity,Gas and Water	54121.1	22880.3	7563.6	5115.7	4580.8	5590.7	280.3	757.5	7352.2
建筑业	Construction	135286.0	106948.4	9840.9	1705.5	1651.2	2896.7	576.4	137.1	11529.8
交通运输、仓储和邮政业	Traffic, Transport, Storage and Post	125889.6	95453.9	3786.4	2402.7	1233.9	913.8	2466.6	731.6	18900.7
信息传输、计算机服务和软件业	Information Transmission, Computer Services and Software	30837.0	22465.5	910.3	660.8	837.4	626.7	591.7	361.9	4382.7
批发和零售业	Wholesale and Retail Trades	68667.3	54802.6	3987.4	1160.7	607.0	1856.7	407.8	1076.5	4768.6
住宿和餐饮业	Hotels and Catering Services	21836.0	15884.5	1240.6	590.3	343.4	591.2	178.9	109.7	2897.4
金融业	Financial Intermediation	66426.7	38088.2	8493.2	3292.7	2264.7	3823.2	1189.4	1534.0	7741.3
房地产业	Real Estate	25526.4	22041.6	2101.0	297.1	72.6	349.0	21.1	136.8	507.2
租赁和商务服务业	Leasing and Business Services	44709.9	22907.5	1251.3	286.1	145.6	286.1	9.0	30.2	19794.1
科学研究、技术服务和地质勘查业	Scientific Research, Technical Service and Geologic Prospecting	101431.9	52065.4	4827.8	2984.9	1123.7	1452.1	581.2	386.6	38010.2
水利、环境和公共设施管理业	Management of Water Conservancy, Environment and Public Facilities	23559.7	12321.8	5576.6	735.5	993.3	1528.7	46.7	89.9	2267.2
居民服务和其他服务业	Services to Households and Other Services	13080.9	4760.1	534.2	20.6	69.8	552.4		26.8	7117.0
教育	Education	283296.8	100398.7	79743.7	14898.3	15421.0	26313.5	7572.5	11762.5	27186.6
卫生、社会保障和社会福利业	Health, Social Security and Social Welfare	103886.6	51016.9	13256.7	5482.2	4833.2	8568.4	4477.8	4431.9	11819.5
文化、体育和娱乐业	Culture, Sports and Entertainment	25148.4	14982.7	2242.5	1171.6	1391.1	1162.1	772.1	836.3	2590.0
公共管理和社会组织	Public Management and Social Organization	321032.7	102312.1	53170.0	29110.5	23211.3	26265.5	18823.0	33023.3	35117.0

5-13 按登记注册类型和行业分全部单位就业人员平均劳动报酬(2009年)
Average Earning of Employed Persons in All Units by Status of Registration and Sector(2009)

单位：元　(yuan)

项　目	Item	合　计 Total	国有单位 State-owned Units	城镇集体单位 Urban Collective-owned units	其他单位 Units of Other Types of Ownership
合　计	**Total**	**28388**	**37405**	**17807**	**17024**
农林牧渔业	Agriculture,Forestry,Animal Husbandry and Fishery	22893	27343	17175	9203
采矿业	Mining	29553	49455	10225	22092
制造业	Manufacturing	19996	33299	13708	17157
电力、燃气及水的生产和供应业	Production and Distribution of Electricity,Gas and Water	36812	43552	12700	21086
建筑业	Construction	21493	32679	15262	16839
交通运输、仓储和邮政业	Traffic, Transport, Storage and Post	35509	41508	16476	15354
信息传输、计算机服务和软件业	Information Transmission, Computer Services and Software	31722	36641		20776
批发和零售业	Wholesale and Retail Trades	17317	27166	12587	15214
住宿和餐饮业	Hotels and Catering Services	13659	18738	18085	12580
金融业	Financial Intermediation	37306	38956	37279	29558
房地产业	Real Estate	18118	28979	35907	15113
租赁和商务服务业	Leasing and Business Services	27679	45502	13225	19578
科学研究、技术服务和地质勘查业	Scientific Research, Technical Service and Geologic Prospecting	41593	47795	15833	21495
水利、环境和公共设施管理业	Management of Water Conservancy, Environment and Public Facilities	23232	23404		20891
居民服务和其他服务业	Services to Households and Other Services	24201	29370	39242	13619
教育	Education	38153	39557	67000	13038
卫生、社会保障和社会福利业	Health, Social Security and Social Welfare	34433	35748	22612	16605
文化、体育和娱乐业	Culture, Sports and Entertainment	33793	37503	14136	11033
公共管理和社会组织	Public Management and Social Organization	37760	37760		

5–14 主要年份职工工资总额和指数

Total Wages Bill of Staff and Workers and Related Indices in Main Years

年份 Year / 地区 Region	工资总额(万元) Total wages Bill (10 000yuan) 合计 Total	国有单位 State-owned Units	城镇集体单位 Urban Collective-owned units	其他单位 Units of Other Types of Ownership	指数(上年=100) Indices (preceding year=100) 合计 Total	国有单位 State-owned Units	城镇集体单位 Urban Collective-owned units	其他单位 Units of Other Types of Ownership
1978	42928.97	39490.58	3438.39		116.51	117.25	108.57	
1980	57663.80	52032.71	5631.09					
1981	58892.79	52547.95	6344.84		102.13	100.99	112.68	
1982	63473.65	56398.55	7075.10		107.78	107.33	111.51	
1983	72821.90	64590.50	8231.40		114.73	114.53	116.34	
1984	88791.30	78482.80	10308.50		121.93	121.51	125.23	
1985	105034.00	93009.40	12016.80	7.80	118.29	118.51	116.57	
1986	121877.47	108385.92	13454.48	37.07	116.04	116.53	111.96	475.26
1987	131633.70	117302.42	14292.48	38.80	108.00	108.23	106.23	104.67
1988	149116.90	133290.30	15753.90	72.70	113.28	113.63	110.23	187.37
1989	160348.27	144330.50	15937.07	80.70	107.53	108.28	101.16	111.00
1990	173045.12	156406.08	16566.01	73.03	107.92	108.37	103.95	90.50
1991	184656.32	166116.63	18433.59	106.10	106.71	106.21	111.27	145.28
1992	209226.34	188042.65	21010.47	173.22	113.31	113.20	113.98	163.26
1993	243829.16	223340.61	20127.57	360.98	116.54	118.77	95.80	208.39
1994	327134.75	304604.01	21693.99	836.75	134.17	136.39	107.78	231.80
1995	380242.65	354554.31	24226.21	1462.13	116.23	116.40	111.67	174.74
1996	442899.48	413836.58	26867.96	2194.94	116.48	116.72	110.90	150.12
1997	459073.08	429768.50	25869.21	3435.37	103.65	103.85	96.28	156.51
1998	461574.07	428709.22	26231.45	6633.40	100.54	99.75	101.40	193.09
1999	486047.29	452903.20	25031.56	11292.22	102.38	102.36	90.81	139.19
2000	497630.44	463606.71	22731.51	11292.22	107.81	108.14	86.66	170.23
2001	573591.69	517030.47	23392.32	33168.90	115.26	111.52	102.91	293.73
2002	614001.50	544899.40	22328.30	46773.80	107.05	105.39	95.45	141.02
2003	634734.70	557899.90	20380.50	56454.30	103.38	102.39	91.28	120.70
2004	697129.50	612568.90	22446.30	62114.30	109.83	109.80	110.14	110.03
2005	780295.80	648092.30	20597.60	111605.90	111.93	105.80	91.76	179.68
2006	930521.40	774798.00	22496.60	133226.80	119.25	119.55	109.22	119.37
2007	1120644.00	934132.50	26933.10	159578.40	120.43	120.56	119.72	119.78
2008	1368950.60	1144330.00	31084.70	193535.90	122.16	122.50	115.41	121.28
2009	1597793.00	1334416.50	30248.80	233127.70	116.72	116.61	97.31	120.46
西宁市 Xining City	766627.10	579633.80	20933.60	166059.70	118.48	122.00	95.56	110.69
海东地区 Haidong Prefecture	196840.70	180659.90	3699.70	12481.10	112.70	112.37	88.52	128.59
海北州 Haibei Zang A.P	84297.90	72288.40	1234.60	10774.90	122.91	117.83	136.72	170.06
黄南州 Huangnan Zang A.P	59779.60	54143.00	1022.10	4614.50	119.45	114.42	69.92	365.59
海南州 Hainan Zang A.P	89883.80	78812.70	1092.90	9978.20	118.57	115.25	123.03	152.71
果洛州 Golog Zang A.P	44998.30	40494.60	347.50	4156.20	118.68	115.66	113.16	160.12
玉树州 Yushu Zang A.P	54112.90	52640.00	291.20	1181.70	119.11	117.03	192.21	397.48
海西州 Haixi Mongolian & Zang A.P	301252.70	275744.10	1627.20	23881.40	111.79	109.68	126.34	142.29

注：1998年及以后工资总额为在岗职工工资总额，1998年及以后指数按可比口径计算(以下各表同)。

a)Data on tatal wages bill since 1998 refer to wages of fully employed staff and workers, and the indices since 1998 have been calculated on the basis of constant coverage. The same applies to the tables following.

5-15 主要年份职工平均工资和指数
Average Wage of Staff and Workers and Related Indices in Main Years

年份 Year / 地区 Region		平均工资(元) Average Wage (yuan)				指数(上年=100) Indices (preceding year=100)			
		合计 Total	国有单位 State-owned Units	城镇集体单位 Urban Collective-owned units	其他单位 Units of Other Types of Ownership	合计 Total	国有单位 State-owned Units	城镇集体单位 Urban Collective-owned units	其他单位 Units of Other Types of Ownership
1978		907	938	654		104.49	105.39	95.20	
1980		1065	1100	823		111.05	111.00	113.73	
1981		1059	1103	796		99.44	100.27	97.07	
1982		1111	1155	848		104.91	104.71	106.53	
1983		1246	1301	933		112.15	112.64	110.02	
1984		1490	1565	1091		119.58	120.29	116.93	
1985		1719	1811	1233	765	115.37	115.72	113.02	
1986		1917	2021	1353	1278	111.52	111.60	109.73	167.06
1987		2041	2143	1469	1470	106.47	106.04	108.57	115.02
1988		2305	2421	1644	1731	112.93	112.97	111.91	117.76
1989		2438	2580	1628	2028	105.77	106.57	99.03	117.16
1990		2632	2789	1722	1799	107.96	108.10	105.77	88.66
1992		3098	3290	2036	2892	112.57	112.79	111.44	160.31
1993		3658	3891	2201	3006	118.08	118.27	108.10	103.94
1994		4976	5348	2512	5642	136.03	137.45	114.13	187.69
1995		5753	6161	2928	5452	115.61	115.20	116.56	96.63
1996		6687	7146	3373	6176	116.24	115.99	115.20	113.28
1997		7091	7623	3419	4326	106.04	106.68	101.36	70.05
1998		8011	8511	4249	6187	112.97	111.65	124.28	143.02
1999		9081	9664	4570	6851	113.36	113.55	107.55	110.73
2000		10050	10744	4785	6989	110.67	111.18	104.70	102.01
2001		12906	14028	6101	8841	128.42	130.57	127.50	126.50
2002		14472	15816	7211	9585	112.13	112.75	118.19	108.42
2003		15356	16692	8306	10341	106.11	105.54	115.19	107.89
2004		17229	18686	10302	11291	112.20	111.95	124.03	109.19
2005		19084	21158	10080	13591	110.77	113.23	97.84	120.37
2006		22679	24984	11322	16588	118.84	118.08	112.32	122.05
2007		26166	29683	13228	17118	115.38	118.81	116.83	103.20
2008		30983	35454	15342	19857	118.41	119.44	115.98	116.00
2009		33561	38876	18283	20046	108.32	109.65	119.17	100.95
西宁市	Xining City	28798	35232	15998	18743	106.16	114.99	114.81	94.74
海东地区	Haidong Prefecture	38369	40547	25854	23483	114.15	112.73	134.54	123.03
海北州	Haibei Zang A.P	32997	35051	24399	24394	115.32	114.44	159.96	128.91
黄南州	Huangnan Zang A.P	35191	37738	23336	20956	115.53	120.87	118.28	88.49
海南州	Hainan Zang A.P	32231	37325	37047	15406	111.56	109.22	126.79	139.72
果洛州	Golog Zang A.P	36700	35915	42378	45976	114.03	110.86	99.36	159.77
玉树州	Yushu Zang A.P	41971	43080	30333	20445	124.98	124.01	386.41	266.14
海西州	Haixi Mongolian & Zang A.P	47809	50505	26588	30605	105.38	104.75	95.57	123.89

5-16 分行业分地区职工工资总额(2009年)
Total Wages Bill of Staff and Workers by Sector and Region(2009)

单位：万元 (10 000 yuan)

项 目	Item	全省合计 Province Total	西宁市 Xining City	海东地区 Haidong Prefecture	海北州 Haibei Zang A.P	黄南州 Huangnan Zang A.P	海南州 Hainan Zang A.P	果洛州 Golog Zang A.P	玉树州 Yushu Zang A.P	海西州 Haixi Mongolian & Zang A.P
合 计	**Total**	**1597793**	**766627**	**196841**	**84298**	**59780**	**89884**	**44998**	**54113**	**301253**
农林牧渔业	Agriculture,Forestry,Animal Husbandry and Fishery	46833	6635	8600	8924	1806	8568	3663	2989	5647
采矿业	Mining	64622	9257	792	5456	84	2357	3499		43178
制造业	Manufacturing	199974	117810	8029	3271	56	868	67	238	69635
电力、燃气及水的生产和供应业	Production and Distribution of Electricity,Gas and Water	51161	22515	6954	4273	4562	5192	280	729	6656
建筑业	Construction	93639	80556	1966	447	1462	2015	576	127	6490
交通运输、仓储和邮政业	Traffic, Transport, Storage and Post	120682	92179	3103	2294	1234	849	2461	721	17841
信息传输、计算机服务和软件业	Information Transmission, Computer Services and Software	26189	18449	725	616	807	562	567	307	4157
批发和零售业	Wholesale and Retail Trades	37154	28724	2473	844	484	1193	360	827	2249
住宿和餐饮业	Hotels and Catering Services	7701	6056		263	16	235	163	96	870
金融业	Financial Intermediation	63976	36548	8329	3291	2250	3742	1189	1534	7095
房地产业	Real Estate	14536	13334	848	63	65	23	21	131	51
租赁和商务服务业	Leasing and Business Services	31211	12999	856	246	124	233	9	23	16720
科学研究、技术服务和地质勘查业	Scientific Research, Technical Service and Geologic Prospecting	93059	44949	4514	2943	1016	1426	581	355	37276
水利、环境和公共设施管理业	Management of Water Conservancy, Environment and Public Facilities	21807	11002	5378	736	993	1443	47	44	2165
居民服务和其他服务业	Services to Households and Other Services	10509	3034	144	12	29	474			6817
教育	Education	276972	98116	77663	14860	15381	25393	7458	11316	26786
卫生、社会保障和社会福利业	Health, Social Security and Social Welfare	100181	48975	12475	5482	4809	8258	4462	4315	11404
文化、体育和娱乐业	Culture, Sports and Entertainment	24066	14159	2171	1172	1391	1129	772	830	2443
公共管理和社会组织	Public Management and Social Organization	313524	101330	51822	29107	23211	25927	18823	29532	33772

5-17 分行业分地区职工平均工资(2009年)
Average Wage of Staff and Workers by Sector and Region(2009)

单位：元 (yuan)

项目	Item	全省合计 Province Total	西宁市 Xining City	海东地区 Haidong Prefecture	海北州 Haibei Zang A.P	黄南州 Huangnan Zang A.P	海南州 Hainan Zang A.P	果洛州 Golog Zang A.P	玉树州 Yushu Zang A.P	海西州 Haixi Mongolian & Zang A.P
合 计	**Total**	**33561**	**28798**	**38369**	**32997**	**35191**	**32231**	**36700**	**41971**	**47809**
农林牧渔业	Agriculture,Forestry,Animal Husbandry and Fishery	25143	25968	38862	23143	38271	15449	37457	43451	24353
采矿业	Mining	36331	23154	22879	25178	14271	25702	54579		44702
制造业	Manufacturing	24225	18961	21641	21322	2952	13390	5661	14987	49534
电力、燃气及水的生产和供应业	Production and Distribution of Electricity,Gas and Water	39845	40973	37266	37352	25847	68313	16202	29747	47816
建筑业	Construction	24123	23755	17272	18869	16313	19529	31157	15451	48577
交通运输、仓储和邮政业	Traffic, Transport, Storage and Post	38246	37661	29056	34291	35765	22701	35980	22816	49257
信息传输、计算机服务和软件业	Information Transmission, Computer Services and Software	37753	36942	35199	31254	37000	24034	33527	27649	51452
批发和零售业	Wholesale and Retail Trades	21542	20507	23331	27947	32952	33592	24644	18138	29056
住宿和餐饮业	Hotels and Catering Services	16928	17283		9992	6560	12858	15120	15532	21542
金融业	Financial Intermediation	39113	37086	40079	41602	37617	41071	42028	41671	48170
房地产业	Real Estate	23475	23960	27086	8541	14750	45400	7276	8625	51000
租赁和商务服务业	Leasing and Business Services	36082	24275	34256	18237	32684	20235	18000	20455	61001
科学研究、技术服务和地质勘查业	Scientific Research, Technical Service and Geologic Prospecting	45916	37417	38579	30718	35260	30922	41220	45500	72269
水利、环境和公共设施管理业	Management of Water Conservancy, Environment and Public Facilities	27678	26059	30265	18342	30009	29262	42455	33615	34317
居民服务和其他服务业	Services to Households and Other Services	30104	32593	32022	23200	8286	23799			29949
教育	Education	39806	35393	44744	38220	40787	38946	33219	41618	49993
卫生、社会保障和社会福利业	Health, Social Security and Social Welfare	36416	33294	39428	39813	38784	34553	39039	47413	44270
文化、体育和娱乐业	Culture, Sports and Entertainment	37364	37026	39617	30352	36802	35712	36420	40291	42783
公共管理和社会组织	Public Management and Social Organization	39777	37620	39885	40635	37748	40334	37721	46750	43043

5–18 按登记注册类型和行业分职工平均工资(2009年)
Average Wage of Staff and Workers by Status of Registration and Sector(2009)

单位：元 (yuan)

项　目	Item	合　计 Total	国有单位 State-owned Units	城镇集体单位 Urban Collective-owned units	其他单位 Units of Other Types of Ownership
全省总计	**Province Total**	**33561**	**38876**	**18283**	**20046**
按企、事业和机关分组	**Grouped by Enterprises, Institutions and Agencies**				
企业	Enterprises	29783	39910	18104	20179
事业	Institutions	37467	37507	25024	33717
机关	Agencies & Organizations	39737	39737		
民间非营利组织	Folk Non-profit Organizations	13668			13668
其他	Others	22143	31328	31167	12632
按国民经济行业分组	**Grouped by Sector**				
农林牧渔业	Agriculture,Forestry,Animal Husbandry and Fishery	25143	28985	17175	8613
采矿业	Mining	36331	51561	21242	26774
制造业	Manufacturing	24225	35003	13701	20341
电力、燃气及水的生产和供应业	Production and Distribution of Electricity,Gas and Water	39845	43997	12700	24182
建筑业	Construction	24123	32415	15167	16907
交通运输、仓储和邮政业	Traffic, Transport, Storage and Post	38246	42797	16476	16433
信息传输、计算机服务和软件业	Information Transmission, Computer Services and Software	37753	39810		29936
批发和零售业	Wholesale and Retail Trades	21542	27363	12626	18087
住宿和餐饮业	Hotels and Catering Services	16928	19304	18104	13998
金融业	Financial Intermediation	39113	40711	40196	30911
房地产业	Real Estate	23475	29937	38436	17737
租赁和商务服务业	Leasing and Business Services	36082	46025	13328	25593
科学研究、技术服务和地质勘查业	Scientific Research, Technical Service and Geologic Prospecting	45916	48444	18749	23690
水利、环境和公共设施管理业	Management of Water Conservancy, Environment and Public Facilities	27678	27667		27924
居民服务和其他服务业	Services to Households and Other Services	30104	29278	39759	16723
教育	Education	39806	40583	67000	13356
卫生、社会保障和社会福利业	Health, Social Security and Social Welfare	36416	37124	24024	17100
文化、体育和娱乐业	Culture, Sports and Entertainment	37364	38213	14136	14119
公共管理和社会组织	Public Management and Social Organization	39777	39777		

5-19 职业介绍工作情况(2009年)
Situations of job Services(2009)

单位：人 (person)

指　标	Item	总　计 Total	劳动保障部门办 Holden by Labor and Social Security Department	其中:县(区)以上 Counties (districts) above	街　道 Street	乡　镇 Township	其　他 组织办 Holden by Other organi-zations	公　民 个　人 Individual Citizens
年末职业介绍机构数(个)	Number of Job Services (unit)	299	274	57	31	186	4	21
年末职业介绍机构人数	Staff and Workers in Job Services	678	604	223	73	308	32	42
年登记招聘人数	Total Registered Job Vacancies This Year	557072	556389	140685	11537	404167	683	
年登记求职人数	Total Registered Job-seekers This Year	513684	512570	78790	13252	420528	1114	
#女性	Female	134173	133498	29636	5621	98241	675	
#下岗职工	Laid-off Staff and Workers	7509	7509	2081	3553	1875		
#失业人员	Unemployed Persons	40568	39877	32640	5642	1595	691	
#获得职业资格人员	Persons with Qualification Certificates	23482	23475	14451	96	8928	7	
本年职业指导人数	Person-times of Vocational Guidance	486362	484262	69652	10706	403904	2100	
本年介绍成功人数	Placed Job-seekers	483518	483415	69049	10507	403859	103	
#女性	Female	134038	133992	24417	5119	104456	46	
#下岗职工	Laid-off Staff and Workers	5439	5439	2019	2313	1107		
#失业人员	Unemployed Persons	29470	29470	23759	4213	1498		
#获得职业资格人员	Persons with Qualification Certificates	25117	25112	16278	34	8800	5	

5-20 主要年份城镇登记失业人员变化情况

Changes of Urban Registered Unemployed Persons in Main Years

单位：万人、%　　(10 000 persons、%)

年份 Year	失业人员总数 Total Number of Unemployed Persons	上年结转人数 Number of Carry-over Last Year	本年新增加人数 Number of New Increase This Year	由就业转失业人数 From Employment into Unemployment	本年度安排失业人员就业的人数 Number of Arrangements for Employment of Unemployed Persons This Year	除安排就业外因其他原因减少的人数 Number of Decrease for Other Reasons in Addition to Arrangements for Employment	本年末实有失业人员数 Number of Actual Unemployed Persons at Year-end	女性 Female	城镇登记失业率 Registered Unemployment Rate in Urban Area
1980	4.89				1.64		3.25		5.68
1982	6.70	4.45	2.25		4.05		2.65		4.34
1983	6.96	2.65	4.31	0.10	2.39	0.11	4.46	1.74	6.97
1984	9.52	4.46	5.06	1.07	2.61	0.09	6.82	2.31	10.02
1985	10.66	6.82	3.84	0.48	5.18	0.09	5.39	1.99	7.67
1986	8.21	5.39	2.82	0.73	4.06	0.61	3.54	1.22	4.98
1987	7.45	3.54	3.91	1.15	2.84	0.25	4.36	1.99	5.94
1988	8.74	4.36	4.38	1.38	2.63	0.26	5.85	2.61	7.72
1989	8.45	5.85	2.60	0.34	3.60	0.51	4.34	2.07	5.65
1990	7.82	4.34	3.48	0.99	3.35	0.30	4.17	1.99	4.88
1992	6.68	3.32	3.36	0.76	3.65	0.39	2.64	1.36	3.35
1993	5.11	2.64	2.47	0.35	2.97	0.30	1.84	1.04	2.49
1994	4.40	1.84	2.56	0.27	2.61	0.15	1.64	0.98	2.21
1995	4.14	1.64	2.50	0.28	2.53	0.10	1.51	0.75	2.18
1996	4.39	1.51	2.88	0.41	2.93	0.12	1.34	0.80	1.87
1997	3.89	1.34	2.55	0.47	2.30	0.09	1.50	0.79	2.10
1998	3.84	1.50	2.34	0.59	1.95	0.07	1.82	0.86	2.50
1999	4.49	1.82	2.67	0.48	2.13	0.43	1.93	1.01	2.64
2000	4.54	1.93	2.61	1.13	2.38	0.36	1.80	0.94	2.40
2001	6.66	1.80	4.86	1.48	4.21		2.45	1.03	3.50
2002	6.92	2.45	4.47	1.37	3.98	0.09	2.85	1.46	3.60
2003	7.61	2.85	4.76	2.64	4.54		3.07	1.71	3.80
2004	8.58	3.07	5.51	3.17	5.10		3.48	1.79	3.92
2005	8.31	3.48	4.83	1.80	4.68		3.63	2.32	3.93
2006	8.60	3.63	4.97	2.01	4.87		3.73	1.89	3.90
2007	10.10	3.73	6.37	1.84	6.38		3.72	1.52	3.75
2008	8.73	3.73	5.00	2.20	4.86		3.87	1.89	3.80
2009	9.46	3.87	5.59	2.43	5.39		4.07	1.72	3.80

5-21 2005-2009年基本养老保险情况

Statistics on Basic Pension Insurance(2005-2009)

单位 ：人、万元 (person，10 000 yuan)

指　标	Item	2005	2006	2007	2008	2009
参保职工期末人数	Contributors of Staff and Workers at Year-end	430463	451017	472020	496678	520245
实际缴费人员期末人数	Contributors at Year-end	357053	381642	389011	426015	433978
离休、退休、退职人员期末人数	Retired at Year-end	169340	173621	179709	186348	193210
离　休	Retired	3150	2931	2728	2523	2334
退　休	Retirement	166190	170690	176981	183825	190876
应发养老金金额	Amount of Pension Should be issued	167606	221480	255151	311382	365474
实发养老金金额	Actual Amount of Pension	167606	221480	255151	311382	365474

5-22 2005－2009年失业保险基本情况

Statistics of Unemployment Insurance(2005－2009)

项　目	Item	2005	2006	2007	2008	2009
参保人数 (万人)	Contributors (10 000 persons)	33.23	34.02	34.72	35.43	36.02
企业	Enterprises	21.64	22.36	22.67	23.17	21.68
事业	Institutions	11.20	11.19	11.52	11.51	11.5
其他	Others	0.39	0.47	0.53	0.75	2.84
在参保人数中：	In Contributors:			0.21	0.21	0.06
农民合同制工人	Farmers Contract Workers					

5–23 2005–2009年参加生育保险人员情况
Number of Contributors of Maternity Insurance (2005-2009)

单位：人、人次 (person，person-times)

指 标	Item	2005	2006	2007	2008	2009
参保人员	**Contributors**	**65191**	**70813**	**61836**	**62778**	**63455**
女性	Female	29024	29187	24207	25080	25985
本期享受生育保险待遇人次	**Beneficiaries of Maternity Insurance**	**1433**	**1568**	**1619**	**1449**	**1482**
按待遇类别分	By Treatment Category					
本期生育人数	Number of Childbirths at Year-end	693	645	753	606	734
计划生育手术人次	Number of Family Planning Operations	740	923	866	843	748

5–24 2007–2009年参加工伤保险人员
Number of Contributors of Work Injury Insurance(2007-2009)

单位：户、人 (household，person)

指 标	Item	2007	2008	2009
参保单位户数	Contributors of Units	2521	5418	6551
参保人员	Contributors	253186	299290	400741
农民工人数	Farmer worker	31831	34640	40685
享受工伤保险待遇的受伤或致残人数	Beneficiaries of Injured and Being Disabled	2913	2654	4594
因公死亡人数	Deaths for Official Reason	92	128	104
供养亲属人数	Number of Dependent Relatives	1405	1791	1824

5–25 2006–2009年城镇职工参加基本医疗保险人员及特殊人员情况
Number of Urban Staff and Workers contributors on Basic Medical Care Insurance and Statistics of Specials(2006-2009)

单位：人 (person)

项　目	Item	2006	2007	2008	2009
城镇职工参加医疗保险人数	Number of Urban Staff and Workers Contributors	645258	701325	721191	756857
实施统帐结合	Integration Co-ordination Fund with Personal Account	616237	655577	677781	694364
期末职工人数	Number of Staff and Workers Contributors at Year-end	397456	426572	434033	450491
年平均职工人数	Average Number of Staff and Workers	377914	407030	368031	439422
期末退休人员	Number of Retirement at Year-end	218781	229005	243748	243873
年平均退休人员	Average Number of Retirement	198810	209034	201060	240394
单建统筹基金	Separate Co-ordination Fund	29021	45748	43410	62493
期末职工人数	Number of Staff and Workers Contributors at Year-end	28018	44650	42355	60630
年平均职工人数	Average Number of Staff and Workers	28018	44650	42355	59942
期末退休人员	Number of Retirement at Year-end	1003	1098	1055	1863
年平均退休人员	Average Number of Retirement	1003	1098	1055	1860
特殊人员人数	Number of Specials	8185	7875	7499	6671
离休及老红军	Retired and Red Army Soldier	7929	7627	7235	6425
1–6级革命伤残军人	1-6 Level Revolution Disabled Soldiers	256	248	264	246

5–26 2006–2009年新型农村合作医疗情况
Statistics on New Type of Rural Cooperative Medical Care(2006-2009)

项　目	Item	2006	2007	2008	2009
开展合作医疗的乡(镇)数	(个) Number of Townships (Towns)	387	368	392	382
开展合作医疗的行政村数	(个) Number of Administrative Villages(Towns)	4161	4186	4169	4174
参加合作医疗的户数	(户) Number of Households(household)	696842	734550	780251	841106
参加合作医疗的人数	(万人) Number of persons(10 000 persons)	293.05	317.96	331.28	334.29
#贫困人口数	Poverty Population	87.07	96.16	88.33	96.93

5–27 2006–2009年城市居民最低生活保障情况
Minimum Living Allowance in Urban Areas(2006-2009)

项　目	Item	2006	2007	2008	2009
保障对象户数	(户) Number of Households of Security Object(household)	89359	94447	97696	98951
年末保障对象人数	(人) Number of Security Object at Year-end (person)	211617	219809	220153	220595
在职职工	Staff and Workers	6428	6129	5551	5880
学生	Students	51938	52089	52248	50423
三无对象	Object of Three Non-target	3527	3702	4159	3338
其他人员	Others	149724	157889	158195	160954
全年资金支出	(万元) Capital expenditures throughout the year(10 000yuan)	26233	30152	43388	48705
月人均补助水平	(元) Amount of subsidy Every Month One Person(yuan)	102	117	165	188
低保标准	(元) Minimum Living Allowance Standards(yuan)	175	175	190	200

主要统计指标解释

经济活动人口 指在16周岁及以上，有劳动能力，参加或要求参加社会经济活动的人口。包括就业人员和失业人员。

就业人员 指在16周岁及以上，从事一定社会劳动并取得劳动报酬或经营收入的人员。这一指标反映了一定时期内全部劳动力资源的实际利用情况，是研究我国、我省基本国情国力的重要指标。

单位就业人员 指在各级国家机关、政党机关、社会团体及企业、事业单位中工作，取得工资或其他形式的劳动报酬的全部人员。包括在岗职工、再就业的离退休人员、民办教师以及在各单位中工作的外方人员和港澳台方人员、兼职人员、借用的外单位人员和第二职业者。不包括离开本单位仍保留劳动关系的职工。各单位的就业人员反映了各单位实际参加生产或工作的全部劳动力。

城镇私营和个体就业人员 城镇私营就业人员指在工商管理部门注册登记，其经营地址设在县城关镇（含县城关镇）以上的私营企业就业人员，包括私营企业投资者和雇工。城镇个体就业人员指在工商管理部门注册登记，并持有城镇户口或在城镇长期居住，经批准从事个体工商经营的就业人员，包括个体经营者和在个体工商户劳动的家庭帮工和雇工。

职工 指在国有、城镇集体、联营、股份制、外商和港、澳、台投资、其他单位及其附属机构工作，并由其支付工资的各类人员。不包括下列人员：(1)乡镇企业就业人员；(2)私营企业就业人员；(3)城镇个体劳动者；(4)离休、退休、退职人员；(5)再就业的离、退休人员；(6)民办教师；(7)在城镇单位中工作的外方及港、澳、台人员；(8)其他按有关规定不列入职工统计范围的人员。（1998年及以后的数据均为在岗职工数据，其他相关指标如职工工资总额，职工平均工资等指标也从1998年按此口径进行了相应调整）。

国有单位 指资产归国家所有的经济组织。包括按《中华人民共和国企业法人登记管理条例》规定登记注册的非公司制的经济组织，以及中央、地方各级国家机关、事业单位和社会团体。

集体单位 指生产资料归集体所有，并按《中华人民共和国企业法人登记管理条例》规定登记注册的经济组织。

其他单位 包括股份合作单位、联营单位、有限责任公司、股份有限公司、港澳台商投资单位以及外商投资单位等其他登记注册类型单位。

在岗职工 指在本单位工作并由单位支付工资的人员，以及有工作岗位，但由于学习、病伤产假等原因暂未工作，仍由单位支付工资的人员。

工资总额 指各单位在一定时期内直接支付给本单位全部职工的劳动报酬总额。工资总额的计算原则应以直接支付给职工的全部劳动报酬为根据。各单位支付给职工的劳动报酬以及其他根据有关规定支付的工资，不论是计入成本的还是不计入成本的，不论是按国家规定列入计征奖金税项目的，还是未列入计征奖金税项目的，不论是以货币形式支付的还是以实物形式支付的，均包括在工资总额内。

平均工资 指企业、事业、机关单位的职工在一定时期内平均每人所得的货币工资额。它表明一定时期职工工资收入的高低程度，是反映职工工资水平的主要指标。计算公式为：

$$平均工资=\frac{报告期实际支付的全部职工工资总额}{报告期全部职工平均人数}$$

平均工资指数 指报告期职工平均工资与基期职工平均工资的比率，是反映不同时期职工货币工资水平变动情况的相对数。计算公式为：

$$平均工资指数=\frac{报告期职工平均工资}{基期职工平均工资}\times 100\%$$

平均实际工资指数 职工平均实际工资指扣除物价变动因素后的职工平均工资。职工平均实际工资指数是反映实际工资变动情况的相对数，表明职工实际工资水平提高或降低的程度。计算公式为：

$$平均实际工资指数=\frac{报告期职工平均工资指数}{报告期城镇居民消费价格指数}\times 100\%$$

城镇单位就业人员劳动报酬 指各单位在一定时期内直接支付给本单位全部就业人员的劳动报酬总额。包括职工工资总额和其他就业人员劳动报酬总额。

平均劳动报酬 指企业、事业、机关等单位的全部就业人员在一定时期内平均每人所得的货币工资额。

计算公式为：

$$平均劳动报酬=\frac{报告期实际支付的全部就业人员劳动报酬}{报告期全部就业人员平均人数}$$

按照公务员管理或参照公务员管理的人员不统计为专业技术人员。

城镇登记失业人员 指有非农业户口，在一定的劳动年龄内（16周岁至退休年龄），有劳动能力，无业而要求就业，并在当地就业服务机构进行求职登记的人员。

城镇登记失业率 城镇登记失业人员与城镇单位就业人员（扣除使用的农村劳动力、聘用的离退休人员、港澳台及外方人员）、城镇单位中的不在岗职工、城镇私营业主、个体户主、城镇私营企业和个体就业人员、城镇登记失业人员之和的比。计算公式为：

$$城镇登记失业率=\frac{城镇登记失业人数}{(城镇单位就业人员-使用的农村劳动力-聘用的离退休人员-聘用的港澳台及外方人员)+不在岗职工+城镇私营业主+城镇个体户主+城镇私营企业及个体就业人员+城镇登记失业人数}\times 100\%$$

Explanatory Notes on Main Statistical Indicators

Economically Active Population refers to the population aged 16 and over who are capable of working, are participating in or willing to participate in economic activities, including employed persons and unemployed persons.

Employed Persons refer to persons aged 16 and over who are engaged in gainful employment and thus receive remuneration payment or earn business income. This indicator reflects the actual utilization of total labour force during a certain period of time and is often used for the research on China's and Qinghai's economic situation and national power.

Persons Employed in Various Units refer to all the persons working in government agencies of various levels, political and party organizations, social organizations, enterprises and institutions, and receiving wages or other forms of payment. They include fully - employed staff and workers, re - employed retirees, teachers in the schools run by the local people, foreigners and Chinese compatriots from Hong Kong, Macao, and Taiwan working in various units, part - time employees, employees of other units working temporarily at current posts, and employees holding the second job, but do not include persons who have left their working units while keeping their labour contract (employment relation) unchanged. This indicator reflects the total number of laborers actually engaged in production or other operations in various units.

Persons Employed in Private Enterprises and Self - Employed Individuals in Urban Areas Persons employed in private enterprises refer to the persons employed in the private enterprises which have been registered at the departments of industrial and commercial administration for which the business operation are situated at a county town (i. e. a town where the county government is located), or at urban areas with administrative hierarchy higher than a county town. The self - employed individuals in urban areas refer to persons who hold the certificates of residence in urban areas or have resided in the urban areas for a long time and have been registered at the departments of industrial and commercial administration and approved to be engaged in individual industrial or commercial business, including self - employed persons as well as helpers and hired labourers who work in individual households.

Staff and Workers refer to persons working in, and receive payment from units of state ownership, collective ownership, joint ownership, share holding ownership, foreign ownership, and ownership by entrepreneurs from Hong Kong, Macao, and Taiwan, and other types of ownership and their affiliated units. They do not include 1) persons employed in township enterprises, 2) persons employed in private enterprises, 3) urban self - employed persons, 4) retirees, 5) re - employed retirees, 6) teachers in the schools run by the local people, 7) foreigners and persons from Hong Kong, Macao and Taiwan who work in urban units, and 8) other persons not to be included by relevant regulations. (Data since 1998 refer to fully employed staff and workers. Other related statistics indicators, such as total wage bill and average wage are adjusted since 1998 accordingly).

State - owned Units refer to economic units whose assets are owned by the state, including non - corporation units registered according to Regulation of the People's Republic of China on the Registration of Enterprises and Corporations, state organs, institutions and social organizations at the central - level and local levels.

Collective - owned Units refer to economic units registered according to Regulation of the People's Republic of China on the Registration of Enterprises and Corporations where the means of production are collectively owned.

Units of Other Types of Ownership refer to units registered with other types of ownership, including cooperative units, joint ownership units, limited liability corporations, share holding corporations, units funded by entrepreneurs from Hong Kong, Macao, and Taiwan, and foreign - funded units.

Employed Staff and Workers refer to persons who work in, and receive wages from their working units, including persons who have their work posts but are temporarily absent from work for reasons of study or on sick, injury or maternal leave and still receive wages from their working units.

Total Wage Bill refers to the total remuneration payment to staff and workers in various units during a certain period of time. The calculation of total wage bill is based on the total remuneration payment to the staff and workers. Therefore, all the wages and salaries and other payments to staff and workers are included in the total wage bill regardless of sources, reckoning the cost of production or not, category, listing as items of premium taxation or not, and forms, paying in cash or in kind.

Average Wage refers to the average wage in money terms per person during a certain period of time for staff and workers in enterprises, institutions, and government agencies, which reflects the general level of wage income during a certain period of time and is calculated as follows:

$$\text{Average Wage} = \frac{\text{Total Wage Bill of Staff and Workers at Reference Time}}{\text{Average Number of Staff and Workers at Reference Time}}$$

Average Wage Indices refers to the ratio of average wage of staff and workers at the reference period to that at the base period, which reflects the change of wage of staff and workers at the different period. It is calculated as follows:

$$\text{Average Wage Indices} = \frac{\text{Average Wage of Staff and Workers at Reference Time}}{\text{Average Wage of Staff and Workers at Base Period}} \times 100\%$$

Average Real Wage Indices average real wage of staff and workers refers to the average wage of staff and workers after removing the effects of the price changes and average real wage indices of staff and workers refers to the change of real wage, which reflects the relative increasing or decreasing level of real wage of staff and workers, which is calculated as follows:

$$\text{Average Real Wage Indices} = \frac{\text{Average Wage Indices of Staff and Workers at the Reference Time}}{\text{Urban Consumer Price Indices at Reference Time}} \times 100\%$$

Earning refer to total remuneration payment to all employees in various units in urban areas (did not include urban private units and self – employed individuals) during a certain period of time, including staff and workers and other employees (i. e., re-employed retirees or those who are from Hong Kong, Macao, Taiwan province or other countries).

Average Earning refer to average earning level in money terms per employee in the enterprise, institution and government organ during a certain period of time, it is calculated as follows:

$$\text{Average Earning of Employees} = \frac{\text{Total Earnings of Employees at Reference Period}}{\text{Average Number of Employees at Reference Period}}$$

Registered Unemployed Persons in Urban Areas refer to the persons with non – agricultural household registration at certain working ages (16 years old to retirement age), who are capable of working, unemployed and willing to work, and have been registered at the local employment service agencies to apply for a job.

Registered Unemployment Rate in Urban Areas refers to the ratio of the number of the registered unemployed persons to the sum of the number of persons employed in various units (minus the employed rural labour force, re – employed retirees, and Hong Kong, Macao, Taiwan or foreign employees), laid – off staff and workers in urban units, owners of private enterprises in urban areas, owners of self – employed individuals in urban areas, employees of private enterprises in urban areas, employee of self – employed individuals in urban areas, and the registered unemployed persons in urban areas. The formula is as follows:

$$\text{Registered unemployment ratein urban areas} = \frac{\text{number of registered urban unemployed persons}}{\begin{gathered}\text{number of persons employed in urban units} - \text{employed rurallabour force} \\ - \text{re} - \text{employed retirees} - \text{Hong Kong, Macao, Taiwan or foreign employees} \\ + \text{laid} - \text{off staff and workers} + \text{owners of urban private enterprises} + \text{owners of} \\ \text{urban self} - \text{employed individuals} + \text{employees of urban private enterprises} + \text{employees of} \\ \text{urban self} - \text{employed individuals} + \text{registered unemployed persons in urban areas}\end{gathered}} \times 100\%$$

第 6 篇

CHAPTER 6

人民生活

People's Living Conditions

城乡居民家庭恩格尔系数

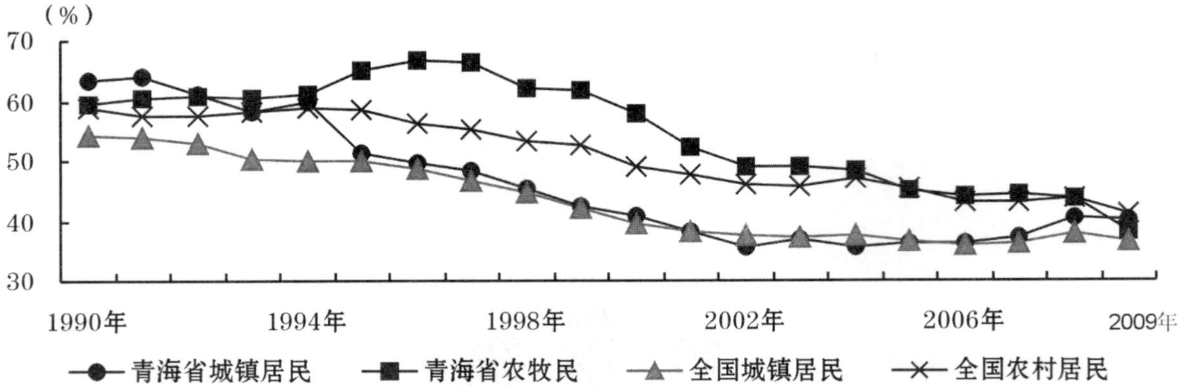

城镇居民耐用消费品拥有量

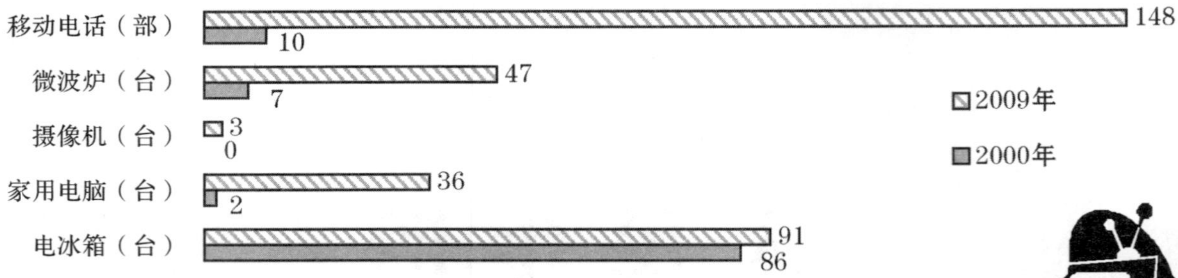

农牧民耐用消费品拥有量

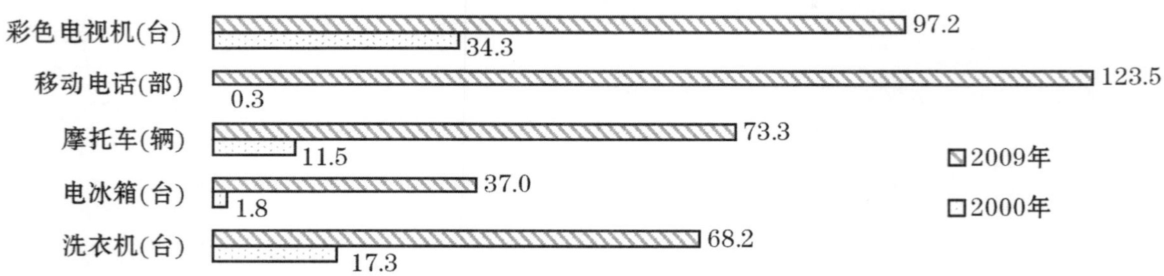

城乡居民家庭人均收入（元）

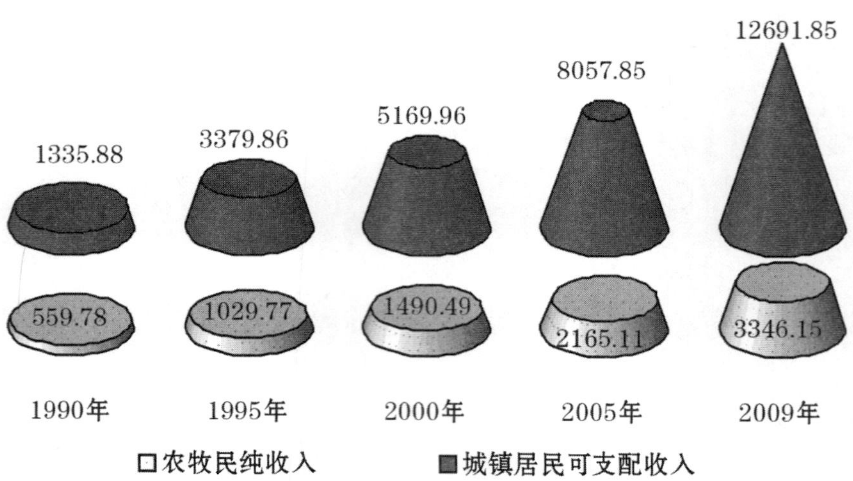

6-1 主要年份人民物质文化生活情况
Material and Cultural of People's Living Conditions in Main Years

项 目		Item		1990	2000	2005	2007	2009
就业		**Employment**						
每一农村劳动力负担人数	(人)	Number of Dependents per Laborer of Rural Household	(person)	1.9	1.6	1.7	1.7	1.7
每一城镇就业者负担人数	(人)	Number of Dependents per Employee of Urban Household	(person)	2.2	2.1	2.3	2.2	2.3
城镇登记失业率	(%)	Registered Urban Unemployment Rate	(%)	4.9	2.4	3.9	3.8	3.8
收入		**Income**						
农村居民家庭人均纯收入	(元)	Annual Per Capita Net Income of Rural Households	(yuan)	559.8	1490.5	2165.1	2683.8	3346.2
农村居民人均纯收入指数	(1980=100)	Index of Annual Per Capita Net Income	(1980=100)	177.5	264.3	343.8	383.3	418.5
城镇居民家庭人均可支配收入	(元)	Annual Per Capita Disposable Income of Urban Households	(yuan)	1335.9	5170.0	8057.9	10276.1	12691.9
城镇居民人均可支配收入指数	(1984=100)	Index of Annual Per Capita Disposable Income	(1984=100)	104.5	174.5	249.6	318.3	393.2
职工年平均工资	(元)	Average Wage	(yuan)	2632	10050	19084	26166	33561
消费水平		**Consumption Level**						
农村居民	(元)	Rural Households	(yuan)	474.8	1218.2	2085.5	2475.8	3243.6
城镇居民	(元)	Urban Households	(yuan)	1117.0	4185.7	6245.3	7512.4	8786.5
储蓄		**Savings**						
城乡居民年底储蓄存款余额	(亿元)	Balance at Year-end in Urban and Rural Areas	(100 million yuan)	27.42	146.3	361.5	468.7	754.3
平均每人储蓄存款余额	(元)	Average Balance of Savings Deposits	(yuan)	617.71	2850.7	6683.4	8527.6	13572.0
住房面积		**Per Capita Floor Space of Houses**						
农村平均每人居住	(平方米)	Per Capita Floor Space of Residential Building in Rural Areas	(sq.m)	12.8	15.3	18.0	19.3	20.3
城市平均每人使用	(平方米)	Per Capita Floor Space of Residential Building in Urban Areas	(sq.m)	9.5	12.1	18.4	18.6	25.8
交通		**Transport**						
城镇每百户拥有摩托车	(辆)	Number of Motor Cycles Per 100 Urban Households	(units)		9.0	6.7	4.0	3.6
城市每万人拥有公共车辆	(辆)	Number of Public Transportation Vehicles per 10 000 Population in City	(units)	4.8	13.9	11.2	12.0	13.0
城市公用事业		**City Public Utility Rate**						
自来水普及率	(%)	Percentage of Population with Access to Tap Water	(%)	98.0	97.3	98.6	100.0	99.5
用气普及率	(%)	Percentage of Population with Access to Gas	(%)		48.9	53.9	59.8	91.5
人均拥有公共绿地	(平方米)	Per Capita Public Green Area	(sq.m)	1.4	3.7	5.0	6.4	8.1
文化		**Culture**						
城镇每百户有彩色电视机	(台)	Number of Color TV per 100 Urban Households	(unit)	78.0	112.0	111.7	116.1	105.0
农村每百户有电视机	(台)	Number of TV per 100 Rural Households	(unit)	36.1	75.2	93.8	100.2	103.3
广播人口综合覆盖率	(%)	Rate of Radio Broadcast Coverage of the Population	(%)	50.0	63.0	86.5	88.0	88.9
电视人口综合覆盖率	(%)	Rate of TV Coverage of the Population	(%)	72.0	86.0	92.5	93.5	94.3
教育		**Education**						
学龄儿童入学率	(%)	Net Enrollment Rate of School-Age Children	(%)	81.5	94.2	97.0	98.6	99.5
每万人口中在校大学生数	(人)	Total Enrollment of Colleges and Universities per 10 000 Population	(person)	14.0	25.7	63.3	92.4	104.5
卫生		**Health**						
每万人有医院、卫生院病床	(张)	Number of Hospital Beds per 10 000 Population	(bed)	35.1	32.0	29.7	29.8	32.2
每万人有卫生技术人员数	(人)	Number of Medical and Technical Personnel per 10 000 Population	(person)	44.4	41.6	38.4	37.0	42.1

6–2 1984－2009年城镇居民人均收支及恩格尔系数

Per Capita Annual Income, Expenditure and Engle Coefficient of Urban Households(1984-2009)

年 份 地 区 Year Region	可支配收入 (元) Disposable Income (yuan)	指 数 (上年=100) Index (preceding year=100)	指数(上年=100) (扣除物价因素) Indices (preceding year=100)	定基指数 (1984=100) Fixed-base Indices (1984=100)	消费性支出 (元) Consumption Expenditure (yuan)	食 品 (元) Food (yuan)	恩格尔系数 (%) Engle Coefficient (%)
1984	684.80	100.00	100.00	100.00	581.19	299.11	51.5
1985	849.20	124.00	112.01	124.00	678.70	348.50	55.1
1987	1084.00	108.20	100.84	158.30	828.38	456.37	60.3
1988	1153.80	106.40	89.71	168.50	1048.06	526.59	55.0
1989	1274.90	115.50	98.13	186.20	1069.44	603.03	62.5
1990	1335.90	104.80	100.29	195.10	1117.84	629.21	63.4
1991	1486.60	111.30	104.70	217.10	1260.58	723.94	64.1
1992	1756.03	118.30	111.18	256.70	1488.66	802.39	61.0
1993	2078.87	118.38	104.58	303.90	1817.68	949.03	58.2
1994	2769.36	133.21	109.37	404.40	2392.44	1225.57	59.7
1995	3379.85	122.04	103.42	493.50	2930.10	1507.10	51.4
1996	3829.78	113.31	102.26	559.20	3305.25	1641.00	49.7
1997	3999.36	104.43	99.65	586.30	3300.48	1593.48	48.3
1998	4240.08	106.02	105.28	621.70	3580.44	1625.88	45.4
1999	4703.52	110.93	111.49	690.30	3903.84	1654.68	42.4
2000	5169.96	109.91	110.46	758.80	4185.70	1711.10	40.9
2001	5853.72	113.23	110.36	859.10	4698.60	1790.30	38.1
2002	6199.88	111.11	108.61	950.70	5045.00	1799.00	35.7
2003	6731.88	108.58	106.45	1042.80	5389.40	1982.60	36.8
2004	7319.67	108.73	105.36	1136.70	5759.00	2056.00	35.7
2005	8057.85	110.08	109.99	1145.79	6245.26	2267.36	36.3
2006	9000.35	111.70	109.72	1279.83	6530.10	2366.40	36.2
2007	10276.06	114.18	107.41	1461.31	7512.39	2803.35	37.3
2008	11648.30	113.90	103.64	1664.43	8203.20	3315.60	40.4
2009	12691.85	108.96	105.58	1813.56	8786.52	3548.85	40.3
西宁市 Xining City	12911.30	108.23	104.87	1887.40	8716.59	3688.78	42.3
海东地区 Haidong Prefecture	11962.04	112.26	108.78	1748.66	9066.89	3653.95	40.3
海北州 Haibei Zang A.P	14135.63	112.73	109.23	2068.24	9945.12	4097.39	41.2
黄南州 Huangnan Zang A.P	13270.61	112.83	109.33	1940.01	7636.72	3100.51	40.6
海南州 Hainan Zang A.P	11456.28	109.82	106.41	1674.79	8569.15	3319.50	38.7
果洛州 Golog Zang A.P	12273.42	110.63	107.20	1794.26	10130.47	4234.53	41.8
玉树州 Yushu Zang A.P	13031.71	108.46	105.10	1905.16	9048.21	3700.72	40.9
海西州 Haixi Mongolian & Zang A.P	15077.12	111.50	108.40	2207.54	12070.13	4803.91	39.8

6–3 主要年份城镇居民家庭基本情况
Basic Statistics of Urban Households in Main Years

项 目	Item	1985	1995	2000	2005	2008	2009
调查户数 (户)	**Number of Households (household)**	**490**	**450**	**550**	**550**	**600**	**600**
平均每户家庭人口 (人)	**Average Household Size (person)**	**4.5**	**3.5**	**3.2**	**3.0**	**3.0**	**3.0**
平均每户就业人口 (人)	**Average household employment Employment Size (person)**	**2.1**	**1.8**	**1.5**	**1.3**	**1.3**	**1.3**
平均每户就业面 (%)	**Proportion of Employment per Household (%)**	**45.9**	**50.0**	**46.8**	**44.0**	**44.0**	**44.0**
平均每一就业者负担人数(包括就业者本人) (人)	**Number of Dependents per Employee (Including employment) (person)**	**2.2**	**2**	**2.14**	**2.3**	**2.3**	**2.3**
平均每人全部年收入 (元)	**Annual Per Capita Net Income (yuan)**	**849.20**	**3379.86**	**5196.60**	**8766.68**	**12881.03**	**14150.25**
其中:可支配收入	Disposable Income		3111.60	5169.96	8057.85	11648.30	12691.85
人均工薪收入	Per Capita Income from Wages and Salaries	768.00	2862.25	3607.00	5613.80	8624.40	9341.26
人均经营净收入	Per Capita Net Business Income	44.60	29.67	160.90	513.40	761.22	835.48
人均财产性收入	Per Capita Income from Properties	5.60	10.03	29.30	62.10	51.40	45.7
人均转移性收入	Per Capita Income from Transfer	31.00	477.80	1399.40	2577.40	3444.01	3927.81
平均每人消费性支出 (元)	**Per Capita Annual Consumption Expenditure (yuan)**	**678.70**	**2930.07**	**4185.73**	**6245.30**	**8203.17**	**8786.52**
食 品	Food	348.40	1507.06	1711.05	2267.40	3315.60	3548.85
衣 着	Clothing	112.90	408.79	458.57	690.76	943.42	1043.4
家庭设备用品及服务	Household Facilities, Articles and Services	55.40	195.63	334.90	356.50	537.40	505.32
医疗保健	Health Care and Medical Services	6.70	162.03	307.24	554.10	611.50	701.37
交通通讯	Transport and Communication		138.62	297.72	691.30	791.10	975.91
娱乐教育文化服务	Education, Cultural and Recreation Services	72.40	231.97	495.34	803.10	889.50	889.32
居 住	Residence	6.20	102.67	274.47	666.40	801.80	790.5
杂项商品与服务	Miscellaneous Goods and Services	76.70	183.30	306.44	215.80	312.90	331.86
平均每人消费性支出构成 (人均消费支出=100)	**Composition of Per Capita Annual Consumption Expenditure (%)**	**100.0**	**100.0**	**100.0**	**100.0**	**100.0**	**100.0**
食 品	Food	51.3	51.4	40.9	36.2	40.4	40.4
衣 着	Clothing	16.6	14.0	11.0	11.1	11.5	11.9
家庭设备用品及服务	Household Facilities, Articles and Services	8.2	6.7	8.0	5.7	6.6	5.8
医疗保健	Health Care and Medical Services	1.0	5.5	7.3	8.9	7.5	8
交通通讯	Transport and Communication		4.7	7.1	11.1	9.6	11.1
娱乐教育文化服务	Education, Cultural and Recreation Services	10.7	7.9	11.8	12.9	10.8	10.1
居 住	Residence	1.0	3.5	6.6	10.7	9.8	8.9
杂项商品与服务	Miscellaneous Goods and Services	11.2	6.2	7.3	3.4	3.8	3.8

6–4 城镇居民家庭基本情况(2009年)

项 目		Item		全省 Province Total
调查户数	**(户)**	**Number of Households Surveyed**	**(household)**	**600**
比重	**(%)**	**Proportion**	**(%)**	**100.0**
平均每户家庭人口	**(人)**	**Average Household Size**	**(person)**	**3.0**
平均每户就业人口	**(人)**	**Average Number of Employed Persons Per Household**	**(person)**	**1.3**
平均每户就业面	**(%)**	**Proportion of Employment per Household**	**(%)**	**43.3**
每一就业者负担人数	**(人)**	**Number of Dependents per Employee**	**(person)**	**2.3**
平均每人可支配收入	**(元)**	**Annual Per Capita Disposable Income**	**(yuan)**	**12691.9**
平均每人消费性支出	**(元)**	**Annual Per Capita Consumption Expenditure**	**(yuan)**	**8786.5**
食 品		Food		3548.9
粮 油		Grain and Oil-bearing Crops		575.8
肉禽蛋及水产品		Poultry Eggs and Aquatic Products		871.5
蔬菜类		Vegetables		367.5
糖、烟 、酒饮料类		Sugar, Tobacco, Alcohol Beverage Category		385.8
奶及奶制品		Milk and Processed Products		175.2
衣 着		Clothing		1043.4
服 装		Garments		754.9
家庭设备用品及服务		Household Facilities, Articles and Services		505.3
耐用消费品		Durable Consumer Goods		22.1.7
医疗保健		Health Care and Medical Services		701.4
交通通讯		Transport and Communications		975.9
娱乐教育文化服务		Education, Culture and Recreation Services		889.3
文化娱乐用品		Consumer Goods for Recreational Use		277.5
居 住		Residence		790.5
住 房		Housing		166.9
杂项商品与服务		Miscellaneous Goods and Services		331.9
消费性支出构成	**(%)**	**Total Consumption Expenditures**	**(%)**	**100.0**
食 品		Food		40.4
衣 着		Clothing		11.9
家庭设备用品及服务		Household Facilities, Articles and Services		5.8
医疗保健		Health Care and Medical Services		8.0
交通通讯		Transport and Communications		11.1
娱乐教育文化服务		Education, Culture and Recreation Services		10.1
居 住		Residence		8.9
杂项商品与服务		Miscellaneous Goods and Services		3.8

Basic Statistics of Urban Households(2009)

按收入等级分 Grouped by Percentile of Households							
最低收入户 (10%) Lowest Income Households (first decile group)	更低户 (5%) Poor Households (first five percent group)	低收入户 (10%) Low Income Households (second decile group)	中等偏下户 (20%) Lower Middle Income Households (second quintile group)	中等收入户 (20%) Middle Income Households (third quintile group)	中等偏上户 (20%) Upper Middle Income Households (fourth quintile group)	高收入户 (10%) High Income Households (ninth decile group)	最高收入户 (10%) Highest Income Households (tenth decile group)
60	**30**	**60**	**120**	**120**	**120**	**60**	**60**
10.0	**5.0**	**10.0**	**20.0**	**20.0**	**20.0**	**10.0**	**10.0**
4.0	**4.2**	**3.7**	**3.0**	**3.1**	**2.7**	**2.8**	**2.2**
1.5	**1.3**	**1.4**	**1.1**	**1.3**	**1.4**	**1.4**	**1.5**
37.5	**31.0**	**37.8**	**36.7**	**41.9**	**51.9**	**50.0**	**68.2**
2.7	**3.2**	**2.6**	**2.7**	**2.4**	**1.9**	**1.4**	**1.4**
2885.5	**2213.4**	**5070.2**	**7762.1**	**11880.1**	**17344.7**	**23622.1**	**35310.1**
3459.4	**2951.5**	**4492.3**	**6421.0**	**8972.1**	**11161.1**	**14202.7**	**19706.9**
1608.8	1338.2	2025.2	2823..35	3720.1	4507.9	5397.7	6682.4
364.0	310.8	403.1	529.2	609.5	671.6	694.9	914.9
432.1	353.5	573.8	771.9	956.2	1071.5	1157.6	1387.9
217.1	185.7	238.6	328.9	390.9	432.1	485.9	604.2
150.7	121.8	223.8	304.6	389.3	510.7	682.4	644.4
83.7	69.9	120.4	147.9	192.0	207.1	247.6	301.2
275.4	215.6	452.9	676.7	1027.2	1392.1	2045.6	2477.2
173.5	139.1	299.2	454.7	741.1	1023.7	1555.3	1863.6
120.2	100.1	244.2	304.0	602.2	626.2	780.8	1339.2
10.9	5.1	97.1	122.2	289.8	294.8	289.3	657.7
445.6	335.1	382.5	656.2	806.2	753.6	802.3	1301.5
301.7	286.9	345.9	517.5	851.7	1187.6	1912.7	3300.2
237.3	212.3	471.8	573.8	915.9	1213.1	1475.7	2117.1
33.8	28.6	128.4	179.1	258.8	415.2	514.9	682.1
384.5	403.8	426.8	676.9	746.8	1054.8	1085.6	1581.1
68.6	81.9	39.6	105.9	121.6	293.3	224.6	478.5
85.9	59.4	142.8	192.5	302.0	425.8	702.3	908.3
100.0	**100.0**	**100.0**	**100.0**	**100.0**	**100.0**	**100.0**	**100.0**
46.5	45.3	45.1	43.9	41.5	40.4	38.0	33.9
8.0	7.3	10.1	10.5	11.4	12.5	14.4	12.6
3.5	3.4	5.4	4.7	6.7	5.6	5.5	6.8
12.9	11.4	8.5	10.2	9.0	6.8	5.6	6.6
8.7	9.7	7.7	8.0	9.5	10.6	13.4	16.7
6.9	7.2	10.5	8.9	10.2	10.8	10.4	10.7
11.1	13.7	9.5	10.5	8.3	9.4	7.6	8.0
2.4	2.0	3.2	3.3	3.4	3.9	5.1	4.7

6–5 2008–2009年城镇居民年人均现金收支平衡表
Balance of Per Capita Cash Income and Expenditure of Urban Households(2008-2009)

单位：元 (yuan)

指 标	Item	2008	2009	2009比2008增减%
期初手存现金	**Spot Cash at the Beginning of Period**	**174.5**	**151.13**	**-13.4**
家庭总收入	**Annual Total Income**	**12881.0**	**14150.25**	**9.9**
工薪收入	Income from Wages and Salaries	8624.4	9341.26	11.6
工资及补贴收入	Wage and Income Subsidies	8369.3	9031.99	7.9
其它劳动收入	Other Income	255.1	309.27	21.4
经营净收入	Net Business Income	761.2	835.48	9.8
财产性收入	Income from Properties	51.4	45.7	-11.1
股息与红利收入	Capital Bonus Income	11.0	11.88	8.0
转移性收入	Income from Transfer	3444.0	3927.81	14.1
养老、离退休金	Retirees Revenue	3021.8	3476.39	15.0
赡养收入	Support Income	89.9	97.18	8.1
捐赠收入	Donation Income	62.1	63.97	3.0
记帐补贴	Investigate Subsidy	122.2	118.93	-2.7
出售财物收入	**The Sale of Property Income**	**0.8**	**313.39**	
借贷收入	**Lending Income**	**6877.1**	**8155.3**	**18.6**
提取储蓄存款	Extraction of Savings Deposits	6713.6	7948.47	18.4
借入款	Borrow or Lend Money	96.3	129.27	34.2
住房贷款	Housing Loans	41.7	67.31	61.4
其它借贷收入	Other Lending Income	1.3	2.34	80.0
家庭总支出	**Total Expenditure**	**10692.1**	**12117.92**	**13.3**
消费性支出	Consumption Expenditure	8203.2	8786.52	7.1
食品	Food	3315.6	3548.85	7.0
衣着	Clothing	943.4	1043.4	10.6
教育文化娱乐	Education, Cultural and Recreation Services	889.5	889.32	0.0
居住	Residence	801.8	790.5	-1.4
转移性支出	Expenses on Transfers	1126.2	1192.53	5.9
捐赠支出	Gift Expenditures	657.7	701.53	6.7
赡养支出	Support Expenditures	344.3	382.65	11.1
财产性支出	Expenses on Properties	3.8	60.1	
社会保障支出	Social Security Insurance	1073.1	1309.34	22.0
个人交纳养老金	Annuities	372.1	489	31.4
个人交纳的住房公积金	Housing Accumulation Fund	500.1	617.02	23.4
个人交纳医疗基金	Iatrical Accumulation Fund	158.6	160.92	1.5
借贷支出	**Debit and Credit Expenditure**	**9077.6**	**10479.1**	**15.4**
存入储蓄款	Deposit Money in Bank	8624.3	9986.67	15.8
归还借款	Returning Loans	93.9	133.34	42.0
归还住房货款	Return Housing Loans	243.9	239.13	-2.0
期末手存现金	**Spot Cash at the End of the Period**	**163.2**	**172.9**	**5.9**

6-6 主要年份城镇居民家庭人均年购买的主要商品数量

Per Capita Annual Purchases of Major Commodities of Urban Households in Main Years

项　　目		Item		1985	1990	1995	2000	2005	2006	2008	2009
粮食	(千克)	Grain	(kg)	126.00	187.51	140.59	93.04	80.69	76.38	63.26	64.95
鲜菜	(千克)	Vegetables	(kg)	112.68	155.96	132.84	88.63	100.89	96.88	116.18	105.92
食用植物油	(千克)	Edible Vegetable Oil	(kg)	7.44	9.77	8.50	9.59	9.40	8.74	10.69	9.33
猪肉	(千克)	Pork	(kg)	10.98	15.56	15.45	11.54	11.31	11.70	12.41	14.31
牛肉	(千克)	Beef	(kg)	3.73	4.70	3.43	3.95	4.37	4.87	3.46	4.38
羊肉	(千克)	Mutton	(kg)	8.70	11.10	10.10	9.26	8.18	8.42	5.82	5.88
家禽	(千克)	Poultry	(kg)	1.02	0.71	2.05	3.24	4.26	4.25	4.18	4.58
鲜蛋	(千克)	Fresh Eggs	(kg)	4.92	4.00	7.96	8.37	7.96	7.32	8.35	8.14
鱼	(千克)	Fish	(kg)	3.10	3.03	4.41	3.35	3.41	3.24	3.53	3.89
虾	(千克)	Shrimp	(kg)			0.11	0.25	0.49	0.45	0.43	0.47
白酒	(千克)	Liquor	(kg)	2.53	3.89	3.41	3.25	2.06	2.12	1.92	1.93
果酒	(千克)	Fruit Wine	(kg)	1.50	0.89	0.78	0.12	0.19	0.19	0.13	0.17
啤酒	(千克)	Beer	(kg)	1.21	2.70	2.65	2.30	2.14	2.30	1.65	2.14
茶叶	(千克)	Tea	(kg)	0.70	0.76	0.51	0.60	0.23	0.22	0.28	0.32
鲜奶	(千克)	Milk	(kg)	5.79	13.11	15.64	16.20	26.57	24.72	21.40	22.77
奶粉	(千克)	Milk Powder	(kg)				0.37	0.25	0.21	0.18	0.08
酸奶	(千克)	Yogurt	(kg)				1.10	2.51	3.21	3.22	6.75
鲜瓜果	(千克)	Fresh Melons & Fruits	(kg)	31.40	41.67	42.82	43.34	37.10	45.00	43.00	46.2
糕点	(千克)	Cake	(kg)	3.08	2.99	2.79	1.86	3.36	3.37	3.45	4.34
鞋	(双)	Shoes	(pair)	2.06	1.30	1.35	1.15	2.36	2.36	2.50	2.51
服装	(件)	Clothing	(piece)			4.34	4.89	6.11	5.87	6.90	7.37

6–7 主要年份城镇居民家庭平均每百户年底耐用消费品拥有量
Ownership of Major Durable Consumer Goods Per 100 Urban Households at Year-end in Main Years

项　目		Item		1985	1990	1995	2000	2005	2006	2008	2009
摩托车	(辆)	Motorcycle	(unit)		3	6	9	7	7	3	4
家用汽车	(辆)	Automobile	(unit)					2	2	3	4
洗衣机	(台)	Washing Machine	(unit)	58	86	96	101	98	99	95	96
电冰箱	(台)	Refrigerator	(unit)	3	15	47	86	87	92	85	91
彩色电视机	(台)	Color Television Set	(set)	47	78	94	112	112	113	103	105
空调器	(台)	Air Conditioner	(unit)						1	2	2
家用电脑	(台)	Computer	(set)				2	22	31	35	36
组合音响	(套)	Hi-Fi Stereo Component System	(set)			7	22	21	20	12	12
摄像机	(台)	Video Camera	(set)						3	3	3
照相机	(台)	Camera	(set)	10	17	35	43	42	38	23	25
微波炉	(台)	Microwave Oven	(unit)				7	38	43	41	47
钢琴	(台)	Piano	(set)						2	1	2
健身器	(台)	Health Equipment	(unit)						2	1	2
移动电话	(部)	Mobile Telephone	(unit)				10	126	148	143	148
淋浴热水器	(台)	Water Heater for Shower	(unit)			7	18	44	48	42	43

6–8 按收入等级分城镇居民家庭每百户消费品拥有量(2009年)

Ownership of Consumer Goods Owned Per 100 Urban Households at Year-end by Level of Income(2009)

项 目		Item		总平均 Average	最低收入户 Lowest Income Households	更低户 Poor Households	低收入户 Low Income Households	中等偏下户 Lower Middle Income Households	中等收入户 Middle Income Households	中等偏上户 Upper Middle Income Households	高收入户 High Income Households	最高收入户 Highest Income Households
摩托车	(辆)	Motorcycle	(unit)	4			2	2	2	3	3	4
家用汽车	(辆)	Automobile	(unit)	4				2	4	5	10	7
洗衣机	(台)	Washing Machine	(unit)	96	90	91	89	96	98	100	98	96
电冰箱	(台)	Refrigerator	(unit)	91	80	72	74	85	93	101	100	100
彩色电视机	(台)	Color Television Set	(set)	105	100	99	101	101	108	104	108	110
空调器	(台)	Air Conditioner	(unit)	2				1	1	3		2
家用电脑	(台)	Computer	(set)	36	4	4	7	15	37	54	69	72
组合音响	(套)	Hi-Fi Stereo Component System	(set)	12	6	2	7	4	11	15	19	23
摄像机	(台)	Video Camera	(set)	3					2	4	10	11
照相机	(台)	Camera	(set)	25			4	10	18	45	49	55
微波炉	(台)	Microwave Oven	(unit)	47	9	10	18	34	48	68	70	80
钢琴	(台)	Piano	(set)	2				1		1	9	
健身器	(台)	Health Equipment	(unit)	2					2	3	4	7
移动电话	(部)	Mobile Telephone	(unit)	148	101	84	121	117	153	174	179	195
淋浴热水器	(台)	Water Heater for Shower	(unit)	43	11	12	17	27	36	63	71	74

6–9 城镇居民住房情况(2009年)
Housing Conditions of Urban Households (2009)

项目	Item	调查户数(户) Households Surveyed (Household)	比重(%) Percentage (%)
按住宅建筑式样分	**By Style of House Construction**	**600**	**100.00**
单栋住宅	Individual Storied Building		
四居室	Four-bedroom	28	4.68
三居室	Three-bedroom	132	22.05
二居室	Two-bedroom	323	53.79
一居室	One-bedroom	30	4.94
普通楼房	Ordinary Storied Building	17	2.84
平房及其他	Single-story Building and other	70	11.70
按房屋产权分	**By Building Property Right**	**600**	**100.00**
租赁公房	Public House Rented	13	2.17
租赁私房	Private House Rented	32	5.19
原有私房	Private House Formerly Owned	36	5.93
房改私房	Private House from Housing Reform	333	55.50
商品房	Commercial House	180	30.11
其他	Others	7	1.10
按饮水情况分	**By Water Drinking**	**600**	**100.00**
自来水	Tap Water	597	99.51
纯净水	Purified Water	1	0.21
河水	River-water	2	0.28
其他	Others		
按用水情况分	**By Water Using**	**600**	**100.00**
独用自来水	Tap Water for Separate Use	592	98.73
公用自来水	Public Tap Water	6	0.89
河水	River-water	2	0.38
按取暖设备分	**By Possession of Heating Equipment**	**600**	**100.00**
无取暖设备	No heating Equipment	1	0.08
空调设备	Air Conditioner	2	0.28
暖气	Central Heating	452	75.38
其他	Others	145	24.26
按用燃料使用情况分	**By Using of Cooking Fuel**	**600**	**100.00**
管道煤气	Pipeline Gas	84	13.80
液化石油气	Liquefied Petroleum Gas	52	8.72
煤	Coal	57	9.61
其他	Others	407	67.87
按信息化使用情况分	**By Using of Informationization**	**600**	**100.00**
接入有线电视网络的电视机	TV Sets Accessing to Cable TV Network	579	96.42
固定电话	Fixed Line Telephones	496	82.71
接入使用互联网的计算机	Computers Accessing to Internet	187	30.68
按卫生设备分	**By Possession of Sanitary Equipment**	**600**	**100.00**
无卫生设备	No Sanitary Equipment	6	1.04
有浴室厕所	Having Bathroom and Lavatory	257	42.90
有厕所无浴室	Having Lavatory and No Bathroom	297	49.37
公用	Public Sanitary Equipment	40	6.69

6-10 主要年份农村居民家庭基本情况

Basic Conditions of Rural Households in Main Years

项 目	Item	1985	1990	1995	2000	2005	2008	2009
调查户数 (户)	**Number of Households Surveyed (household)**	**450**	**460**	**600**	**600**	**600**	**600**	**600**
调查户常住人口 (人)	**Number of Residents Surveyed (person)**	**2912**	**2878**	**3579**	**3190**	**3094**	**3023**	**3010**
平均每户常住人口	Average Number of Permanent Residents Per Household	6.5	6.3	6.0	5.3	5.2	5.0	5.0
平均每户整半劳力	Average Number of Full/Semi Labour Force Per Household	3.4	3.5	3.5	3.3	3.1	3.0	3.0
平均每个劳动力负担人口	Average Number of Dependents per Labour Force	1.9	1.8	1.7	1.6	1.7	1.7	1.7
平均每人年收入 (元)	**Per Capita Annual Income (yuan)**							
总收入	**Total Income**	**470.4**	**782.7**	**1382.2**	**2000.3**	**2955.5**	**4126.4**	**4430.6**
工资性收入	Income from Wages and Salaries	49.9	73.0	96.7	312.3	561.3	1067.3	1168.4
家庭经营收入	Income from Household Operations	381.5	664.2	1253.5	1597.0	2198.0	2682.0	2770.5
财产性收入	Income from Properties	30.4	27.3	3.0	24.7	40.2	81.7	69.6
转移性收入	Income from Transfers	8.6	18.1	29.0	66.3	156.0	295.4	422
现金收入	**Cash Income**	**279.0**	**541.1**	**733.2**	**1365.7**	**2296.0**	**3130.0**	**3750.1**
工资性收入	Income from Wages and Salaries	49.4	71.6	96.5	311.0	561.2	1066.9	1168.4
家庭经营收入	Income from Household Operations	194.9	403.2	573.9	974.1	1566.4	1701.7	2098.6
财产性收入	Income from Properties	16.6	48.2	21.1	24.7	34.2	72.4	66.9
转移性收入	Income from Transfers	18.1	18.1	41.7	55.9	134.2	289.0	416.2
平均每人年支出 (元)	**Per Capita Annual Expenditures (yuan)**							
总支出	**Total Expenditure**	**409.6**	**683.0**	**1306.4**	**1928.1**	**3075.4**	**4334.5**	**4660.7**
家庭经营费用支出	Expenditure for Household Operations	85.5	120.6	258.3	348.1	643.0	879.5	880
购置生产性固定资产	Purchase of Productive Fixed Assets	28.7	40.4	69.5	136.4	145.3	260.6	232.2
税费支出	Taxes and Fees	12.5	23.6	39.2	46.9	4.4	0.4	2
生活消费支出	Expenses on Household Consumption	274.7	474.8	913.8	1218.2	2085.5	2974.9	3243.6
转移性和财产性支出	Expenses on Properties and Expenses on Transfers	8.2	23.7	25.6	96.2	196.8	219.1	300.2
现金支出	**Cash Expenditure**	**237.9**	**486.5**	**779.8**	**1327.2**	**2386.8**	**3408.3**	**3898.9**
家庭经营费用支出	Expenditure for Household Operations	42.1	126.6	165.6	285.2	496.4	722.4	724
购买生产性固定资产	Purchase of Productive Fixed Assets	28.6	40.4	69.5	136.4	145.3	260.6	232.2
税费支出	Taxes and Fees	11.8	23.3	38.8	46.9	4.4	0.4	2
生活消费支出	Expenses on Household Consumption	141.0	256.6	458.7	765.5	1545.6	2208.1	2639.3
转移性和财产性支出	Expenses on Properties and Expenses on Transfers	14.4	39.6	47.2	93.2	194.7	216.8	298.6
平均每人年纯收入 (元)	**Per Capita Annual Net Income (yuan)**	**342.9**	**559.8**	**1029.8**	**1490.5**	**2165.1**	**3061.2**	**3346.2**
工资性收入	Income from Wages and Salaries	49.9	73.0	96.7	312.3	561.3	1067.3	1168.4
家庭经营纯收入	Income from Household Operations	260.4	448.8	908.2	1119.8	1428.5	1641.2	1711.2
财产性收入	Income from Properties	24.0	19.9	3.0	24.7	40.2	81.7	69.6
转移性收入	Income from Transfers	8.6	18.1	21.9	33.8	135.1	271.0	396.9

6–11主要年份农村居民按纯收入分组的户数占调查户比重
Percentage of Rural Households Grouped by Per Capita Annual Net Income

项目	Item	1985	1990	1995	2000	2005	2006	2008	2009
按纯收入分组户数	**Percentage of Households Grouped**	**450**	**460**	**600**	**600**	**600**	**600**	**600**	**600**
占调查户比重(%)	**by Per Capita Annual Net Income (%)**	**100**	**100**	**100**	**100**	**100**	**100**	**100**	**100**
1000元以下	Less Than1000元以下	97.4	89.8	57.3	39.5	13.3	11.2	9.9	7.5
1000–1200元	1000-1200 Yuan		8.0	15.3	11.5	7.0	8.5	2.7	2.8
1200–1300元	1200-1300 Yuan		1.5	3.5	5.0	4.5	4.2	1.8	2.3
1300–1500元	1300-1500 Yuan	2.2	0.7	7.8	9.5	8.2	8.5	2.5	3.5
1500–1700元	1500-1700 Yuan	0.4		5.2	6.5	10.5	7.0	4.7	3.8
1700–2000元	1700-2000 Yuan			4.5	6.3	11.2	12.2	7.7	5.5
2000–2500元	2000-2500 Yuan			2.8	8.2	14.3	13.0	12.0	12.2
2500–3000元	2500-3000 Yuan			2.2	5.2	9.5	12.5	13.2	10.8
3000–3500元	3000-3500 Yuan			0.2	2.3	7.5	6.5	11.1	8.8
3500–4000元	3500-4000 Yuan				1.2	5.0	4.2	9.1	10.3
4000–4500元	4000-4500 Yuan			0.3	0.7	2.8	3.8	6.3	6.4
4500–5000元	4500-5000 Yuan			0.2	0.8	1.5	1.2	4.8	6.4
5000元以上	5000 Yuan and over			0.7	3.3	4.7	7.2	14.2	19.7

6–12 主要年份农村居民家庭平均每人纯收入及构成

Composition of Per Capita Net Income of Rural Households in Main Years

单位：元、%　　　　(yang，%)

项 目	Item	1985	1990	1995	2000	2005	2006	2008	2009
按收入来源分	**By Source**								
农村居民人均纯收入	**Per Capita Annual Net Income of Rural Households**	**342.9**	**559.8**	**1029.8**	**1490.5**	**2165.1**	**2358.4**	**3061.2**	**3346.2**
工资性收入	Wages Income	49.9	73.0	96.7	312.3	561.3	710.5	1067.3	1168.4
家庭经营纯收入	Net Income from Household Operations	260.4	448.8	908.2	1119.8	1428.5	1429.1	1641.2	1711.2
农业收入	Farming	128.3	243.9	508.8	398.3	605.7	605.9	744.9	775.1
林业收入	Forestry	1.8	2.0	4.0	4.4	10.1	10.7	9.9	21
牧业收入	Animal Husbandry	87.9	150.9	258.1	519.2	589.9	597.3	652.7	660
渔业收入	Fishery	0.1	0.3		18.9	3.5	7.0	8.7	1.4
工业收入	Industry	3.3	6.1	6.7	13.6	8.1	9.7	20.3	10
建筑业收入	Construction	3.7	4.6	8.6	9.0	28.8	7.4	22.7	30.4
交通运输邮电业收入	Transport, Postal and Telecommunication Services	14.4	22.0	28.4	73.3	76.2	62.2	35.9	65.6
批发零售贸易及餐饮业收入	Wholesale and Retail Trades and Catering Services	9.4	10.5	30.5	27.7	64.4	80.0	106.3	110.2
社会服务业收入	Social Services	4.9	5.8	7.5	2.8	17.7	6.7	5.0	8.6
文教卫生业收入	Culture, Education and Health Care				11.6	7.5	18.8	20.2	20.1
其他收入	Others	6.7	2.7	55.7	41.0	16.9	23.5	14.6	9
转移性和财产性收入	Property and Transfer Income	32.6	38.0	24.8	58.5	175.3	218.8	352.7	466.5
农村居民人均纯收入构成	**Composition of Per Capita Net Income of Rural Households**	**100.0**	**100.0**	**100.0**	**100.0**	**100.0**	**100.0**	**100.0**	**100.0**
工资性收入	Wages Income	14.6	13.0	9.4	21.0	25.9	30.1	34.9	34.9
家庭经营纯收入	Net Income from Household Operations	75.9	80.2	88.2	75.1	66.0	60.6	53.6	51.2
农业收入	Farming	49.3	54.3	56.0	35.6	28.0	25.7	24.3	23.2
林业收入	Forestry	0.7	0.4	0.4	0.4	0.5	0.5	0.3	0.6
牧业收入	Animal Husbandry	33.7	33.6	28.4	46.4	27.2	25.3	21.3	19.7
渔业收入	Fishery	…	0.1		1.7	0.2	0.3	0.3	
工业收入	Industry	1.3	1.4	0.7	1.2	0.4	0.4	0.7	0.3
建筑业收入	Construction	1.4	1.0	1.0	0.8	1.3	0.3	0.7	0.9
交通运输邮电业收入	Transport, Postal and Telecommunication Services	5.5	4.9	3.1	6.5	3.5	2.6	1.2	2
批发零售贸易及餐饮业收入	Wholesale and Retail Trades and Catering Services	3.6	2.3	3.4	2.5	3.0	3.4	3.5	3.3
社会服务业收入	Social Services	1.9	1.3	0.8	0.3	0.8	0.3	0.10	0.3
文教卫生业收入	Culture, Education and Health Care				1.0	0.3	0.8	0.7	0.6
其他收入	Others	2.6	0.6	6.1	3.7	0.8	1.0	0.5	0.3
转移性和财产性收入	Property and Transfer Income	9.5	6.8	2.4	3.9	8.1	9.3	11.5	13.9

6-13 主要年份农村居民家庭平均每人生活消费总支出及构成
Composition of Per Capita Consumption Expenditure of Rural Households in Main years

单位：元、%　　　　(yang，%)

指　标	Item	1985	1990	1995	2000	2005	2006	2008	2009
生活消费总支出	**Consumption Expenditure**	**274.7**	**474.8**	**913.8**	**1218.2**	**2085.5**	**2214.9**	**2974.9**	**3243.6**
食品	Food	176.1	282.6	593.9	705.2	941.3	978.0	1298.3	1234.2
衣着	Clothing	37.9	61.6	85.5	93.4	177.1	170.8	200.2	224.7
居住	Residence	30.9	59.7	88.8	126.2	329.3	362.8	568.8	784.9
家庭设备用品及服务	Household Facilities, Articles and Services	10.6	30.2	34.3	44.8	84.2	94.7	110.4	132.5
医疗保健	Health Care and Medical Services	6.3	18.4	34.7	78.2	172.2	192.8	270.0	291.3
交通通讯	Transport and Communication	2.5	4.0	22.5	53.2	208.4	255.8	316.8	341.1
文教娱乐用品及服务	Education, Cultural and Recreation Services	7.5	17.8	33.7	79.4	109.5	118.7	148.9	173.8
其他商品及服务	Miscellaneous Goods and Services	3.0	0.3	20.5	37.9	63.4	41.3	61.5	61.0
生活消费总支出构成	**Composition of Per Capita Consumption Expenditure**	**100.0**	**100.0**	**100.0**	**100.0**	**100.0**	**100.0**	**100.0**	**100.0**
食品	Food	64.1	59.5	65.0	57.9	45.1	44.2	43.6	38.0
衣着	Clothing	13.8	13.0	9.4	7.7	8.5	7.7	6.7	6.9
居住	Residence	11.3	12.6	9.7	10.3	15.8	16.4	19.1	24.2
家庭设备用品及服务	Household Facilities, Articles and Services	3.8	6.4	3.7	3.7	4.0	4.3	3.7	4.1
医疗保健	Health Care and Medical Services	2.3	3.9	3.8	6.4	8.3	8.7	9.1	9.0
交通通讯	Transport and Communication	0.9	0.8	2.5	4.4	10.0	11.5	10.7	10.5
文教娱乐用品及服务	Education, Cultural and Recreation Services	2.7	3.7	3.7	6.5	5.3	5.3	5.0	5.4
其他商品及服务	Miscellaneous Goods and Services	1.1	0.1	2.2	3.1	3.0	1.9	2.1	1.9

6–14 主要年份农村居民家庭平均每人主要消费品消费量
Per Capita Consumption of Major Consumer Goods of Rural Households in Main Years

单位：公斤 (kg)

品　名	Name	1985	1990	1995	2000	2005	2006	2008	2009
粮食(原粮)	**Grain**	**226.1**	**247.8**	**240.8**	**270.8**	**236.9**	**222.8**	**214.8**	**186.7**
小麦	Wheat	174.0	176.2	196.2	222.7	199.6	182.7	177.8	155.7
豆类及豆制品	**Beans and Soybean Products**			**1.8**	**1.4**	**2.0**	**2.8**	**3.1**	**3.1**
蔬菜及制品	**Vegetables and Products**	**49.3**	**54.4**	**35.0**	**42.6**	**43.8**	**42.6**	**38.5**	**41.8**
食油	**Edible Oil**	**5.7**	**6.4**	**8.5**	**9.1**	**10.0**	**9.9**	**10.6**	**9.9**
植物油	Vegetable Oil	4.6	5.5	8.1	8.7	9.8	9.7	10.3	9.7
肉禽及制品	**Meats And products**	**15.7**	**16.2**	**12.2**	**20.1**	**24.0**	**26.4**	**20.5**	**20.6**
猪肉	Pork	7.0	8.1	7.1	8.6	10.4	11.2	9.7	8.9
牛肉	Beef	3.6	3.7	2.0	4.5	5.1	5.1	3.7	3.8
羊肉	Mutton	5.0	4.0	3.0	6.5	7.4	8.7	5.6	6.2
家禽	Poultry	0.1	0.5	0.2	0.4	0.6	0.8	1.1	1.2
蛋类及蛋制品	**Eggs and Processed Products**	**0.5**	**0.7**	**0.5**	**0.7**	**0.5**	**0.9**	**0.8**	**0.9**
奶和奶制品	**Milk and Processed Products**	**25.5**	**17.3**	**12.8**	**21.7**	**27.9**	**23.1**	**21.6**	**19.0**
水产品	**Aquatic Products**	**0.0**	**0.1**	**0.1**	**0.8**	**0.4**	**0.3**	**0.3**	**0.6**
鱼类	Fish	0.0	0.1	0.1	0.2	0.3	0.2	0.3	0.6
糖类	**Sugar**	**0.7**	**0.6**	**1.1**	**1.1**	**1.5**	**1.5**	**1.6**	**1.4**
水果及制品	**Fruits and Processed Products**	**1.2**	**1.6**	**2.4**	**6.0**	**6.6**	**5.8**	**5.2**	**6.1**
坚果及制品	**Nuts and Processed Products**	**0.1**	**0.3**	**0.3**	**0.6**	**1.3**	**1.5**	**1.2**	**1.3**

6–15 主要年份农村居民家庭平均每百户年底耐用消费品拥有量 Ownership of Durable Consumer Goods Owned Per 100 Rural Households at Year-end in Main Years

品 名	Name	1985	1990	1995	2000	2005	2006	2007	2008	2009
洗衣机 (台)	Washing Machine (set)	0.7	6.1	8.8	17.3	44.0	45.8	56.7	63.2	68.2
电冰箱 (台)	Refrigerator (set)			0.8	1.8	18.0	20.5	27.8	32.0	37.0
抽油烟机 (台)	Exhaust Fan (unit)					1.3	0.5	0.3	1.3	1.7
自行车 (辆)	Bicycle (unit)	41.3	77.6	82.7	58.8	39.3	37.0	37.7	37.5	37.0
摩托车 (辆)	Motorcycle (unit)	0.2	2.2	3.3	11.5	52.8	56.8	65.5	71.5	73.3
电话机 (部)	Telephone (unit)				4.0	46.7	56.5	60.5	67.0	63.2
移动电话 (部)	Mobile Telephone (unit)				0.3	46.2	53.0	76.3	98.5	123.5
黑白电视机 (台)	Black and white Television Set (set)	6.0	32.0	43.2	40.8	12.7	10.8	9.7	7.5	6.2
彩色电视机 (台)	Color Television Set (set)	0.9	4.1	12.7	34.3	81.2	86.5	90.5	94.0	97.2
影碟机 (台)	Video Disc Player (set)					29.8	34.8	39.7	43.2	46.3
照相机 (架)	Camera (set)	0.4	1.7	1.7	2.2	2.5	2.3	3.3	1.7	2.3

6–16 主要年份农村居民家庭平均每百户年底拥有主要固定资产 Ownership of Main Fixed Assets Owned Per 100 Rural Households at Year-end in Main Years

品 名	Name	1985	1990	1995	2000	2005	2006	2008	2009
汽车 (辆)	Vehicles (unit)	0.1	1.0	1.0	2.8	3.8	2.2	3.2	4.3
大中型拖拉机 (台)	Large and Medium-sized Tractors (unit)	1.6	2.0		1.1	1.0	3.5	4.5	3.2
小型和手扶拖拉机 (台)	Small and Walking Tractor (unit)	7.9	18.0	29.0	41.7	58.8	52.8	58.9	56.3
机动脱粒机 (台)	Mobile Thresher (unit)	6.9	4.0	2.0	3.3	3.5	3.5	5.8	6.8
收割机 (台)	Harvester (unit)				0.7	0.5	1.0	0.7	2.0
农用动力机械 (台)	Farm Power Machinery (unit)				1.8	11.2	2.8	5.2	6.0
胶轮大车 (辆)	Rubber tire Crane (unit)	18.4	16.0	16.0	24.0	3.5	3.2	4.2	3.7
水泵 (台)	Pump (unit)	0.2	1.0	1.0	1.0	0.2	0.3	0.5	0.5
役畜 (头)	Draught Animals (head)	212.6	201.0	181.0	123.7	52.7	50.5	51.3	61.5
产品畜 (头)	Animal products (head)	186.3	144.0	161.0	135.7	111.7	145.0	136.2	121.8

6–17　主要年份农村居民家庭住房情况
Housing Conditions of Rural Households in Main Years

项　目	Item	1985	1990	1995	2000	2005	2008	2009
本年新建房屋	**Houses Newly Built This Year**							
住房面积　(平方米/人)	Per Capita Floor Space of Houses (sq.m/person)	0.49	0.34	0.38	0.62	0.86	0.97	1.20
住房价值　(元/平方米)	Value of Houses (yuan/sq.m)				130.11	269.72	379.20	607.50
住房结构　(平方米/人)	Structure of Houses (sq.m/person)							
钢筋混凝土结构	Reinforced Concrete Structure			0.03		0.18	0.19	0.29
砖木结构	Brick and Wood Structure	0.16	0.08	0.10	0.29	0.63	0.65	0.86
年末住房情况	**Houses at the End of Year**							
住房面积　(平方米/人)	Per Capita Floor Space of Houses (sq.m/person)	10.54	12.77	14.98	15.32	17.95	19.78	20.28
住房价值　(元/平方米)	Value of Houses (yuan/sq.m)	18.97	26.87	40.16	94.98	157.84	182.16	211.00
住房结构　(平方米/人)	Structure of Houses (sq.m/person)							
钢筋混凝土结构	Reinforced Concrete Structure			0.10	0.19	0.99	1.41	1.74
砖木结构	Brick and Wood Structure	0.73	1.15	1.58	1.75	4.71	6.47	7.52

注：本表为农村住户抽样调查资料。
a) Data in this table are obtained form the sample surveys on rural households.

6–18　2000–2009年分地区(县县调查数据)农村居民人均纯收入
Per Capita Net Income of Rural Households by Region(2000-2009)

单位：元　　(yuan)

地　区	Region	2000	2001	2002	2003	2004	2005	2006	2007	2008	2009
全　省	**Province**	**1490.5**	**1610.9**	**1710.8**	**1817.4**	**2004.6**	**2165.1**	**2358.4**	**2683.8**	**3061.2**	**3346.2**
西宁市	Xining City	1513.1	1671.4	1839.1	2054.0	2321.1	2592.8	2951.0	3397.7	3943.6	4698.6
海东地区	Haidong Prefecture	1120.2	1248.2	1393.5	1547.2	1764.0	2011.2	2315.2	2727.5	3219.2	3826.8
海北州	Haibei Zang A.P	1357.4	1477.8	1580.7	1705.1	1848.9	2083.6	2269.0	2697.9	3386.2	4023.1
黄南州	Huangnan Zang A.P	1253.3	1347.8	1434.1	1537.9	1659.4	1806.5	2002.9	2187.9	2369.3	2633.1
海南州	Hainan Zang A.P	1577.7	1748.6	1915.9	2083.9	2258.3	2442.1	2640.1	2904.4	3216.3	3822.2
果洛州	Golog Zang A.P	1387.3	1491.2	1591.7	1697.0	1807.9	1916.9	2038.9	2161.5	2291.2	2429.5
玉树州	Yushu Zang A.P	1203.7	1335.8	1398.8	1495.9	1662.4	1793.9	1922.8	2047.6	2176.6	2335.3
海西州	Haixi Mongolian & Zang A.P	1924.8	2050.9	2189.9	1972.0	2120.3	2302.7	2586.9	3058.6	3724.8	4544.4

注：从2003年开始海西州农牧民人均纯收入含移民人口收入。
a) Since 2003 the per capita Annual net income of farmers and herdsmen of Haixi Mongolian & Zang A.P has included income of immigrant population.

6–19 1980－2009年农村居民家庭人均收支及恩格尔系数
Per Capita Annual Income, Expenditure and Engle Coefficient of Rural Households (1980－2009)

年 份 Year	纯收入 (元) Net Income (yuan)	指 数 (上年=100) Indices (preceding year=100)	指数 (上年=100) (扣除物价因素) Indices (preceding year=100)	定基指数 (1980年=100) Fixed-base Indices (1980=100)	消费性支出 (元) Consumption Expenditure (yuan)	食 品 (元) Food (yuan)	恩格尔系数 (%) Engle Coefficient (%)
1980	204.31	100.00	100.00	100.00			
1981	191.56	93.76	93.32	93.32			
1982	223.39	116.62	116.15	108.39			
1983	252.45	113.01	112.53	121.97			
1984	281.22	111.39	109.39	133.43	225.2	141.2	62.71
1985	342.94	121.95	118.37	157.94	274.7	176.1	64.11
1986	369.15	107.64	104.21	164.59	313.5	193.1	61.58
1987	392.15	106.23	103.45	170.27	344.9	199.5	57.84
1988	492.82	125.67	114.19	194.43	399.5	223.7	56.00
1989	463.52	94.05	86.04	167.29	413.3	244.4	59.13
1990	559.78	120.77	106.12	177.53	474.8	282.6	59.52
1991	555.56	99.25	96.73	171.72	486.3	293.8	60.42
1992	603.40	108.61	105.67	181.46	495.9	302.3	60.95
1993	672.56	111.46	103.77	188.30	585.2	354.4	60.56
1994	869.34	129.26	106.63	200.78	745.7	456.8	61.25
1995	1029.77	118.45	102.30	205.40	913.8	593.9	64.99
1996	1173.80	113.99	104.00	213.62	1052.3	700.8	66.59
1997	1320.63	112.51	104.40	223.02	1085.4	719.5	66.29
1998	1426.00	107.98	109.70	244.65	1117.8	694.6	62.14
1999	1486.31	104.23	107.60	263.25	1133.6	699.4	61.70
2000	1490.49	100.28	100.40	264.30	1218.2	705.2	57.89
2001	1610.87	108.08	106.03	280.24	1345.6	704.7	52.37
2002	1710.80	106.20	108.79	304.87	1411.7	690.3	48.90
2003	1817.38	106.23	102.95	313.86	1572.0	771.4	49.07
2004	2004.59	110.30	103.82	325.85	1676.4	813.4	48.52
2005	2165.11	108.01	105.50	343.77	2085.5	941.3	45.13
2006	2358.37	108.93	107.10	368.18	2214.9	978.0	44.16
2007	2683.78	113.80	104.11	383.31	2475.8	1098.3	44.36
2008	3061.24	114.06	101.57	389.33	2974.9	1298.3	43.64
2009	3346.15	109.31	107.48	418.45	3243.6	1234.2	38.05

6–20 2001–2009年农村贫困监测调查户人均收支情况
Per Capita Annual Net Income and Expenditure of Surveyed Indigent Rural Households(2001 – 2009)

指　标		Item		2001	2005	2006	2007	2008	2009
调查村数	**（个）**	**Number of Villages Surveyed**	**(unit)**	**112**	**116**	**116**	**116**	**116**	**116**
调查户数	**（户）**	**Number of Households Surveyed**	(household)	**560**	**840**	**840**	**840**	**840**	**840**
调查人数	**（人）**	**Number of Residents Surveyed**	**(person)**	**3277**	**4404**	**4374**	**4319**	**4294**	**4309**
整、半劳动力	**（人）**	**The whole, Semi-labor**	**(person)**	**1970**	**2665**	**2608**	**2685**	**2668**	**2681**
全年总收入	**（元）**	**Total Income**	**(yuan)**	**1571.76**	**2293.40**	**2521.47**	**2877.46**	**3262.90**	**3550.25**
工资性收入		Income from Wages and Salaries		227.69	488.54	603.74	706.42	851.99	973.57
家庭经营收入		Income from Household Operations		1259.85	1628.96	1730.33	1940.76	2147.28	2199.24
农业收入		Income from Agriculture		279.46	839.02	864.90	926.63	1048.47	1046.16
牧业收入		Income from Animal Husbandry		578.06	518.52	557.66	660.86	652.37	704.70
二、三产业收入		Income from Secondary and Tertiary		96.74	261.55	299.59	339.71	434.12	427.40
转移性收入		Income from Transfers		63.84	134.77	113.03	152.56	207.84	323.27
财产性收入		Income from Properties		20.38	41.12	74.38	77.72	55.80	54.17
全年总支出	**（元）**	**Expenditure**	**(yuan)**	**1441.43**	**2136.11**	**2314.60**	**2493.49**	**3035.08**	**3374.66**
家庭经营生产费用		Family-run Production Costs		200.89	399.39	460.75	510.37	615.34	565.87
农业支出		Expenditure of Agricultural		90.49	174.58	176.04	198.70	215.37	203.59
牧业支出		Expenditure of Animal Husbandry		86.65	144.92	164.04	165.89	241.07	218.07
二、三产业费用支出		Expenditure of Secondary and Tertiary		16.93	79.17	116.82	143.36	157.42	140.67
购买生产性固定资产		Purchase of Productive Fixed Assets		69.74	106.85	89.21	46.18	115.52	167.61
税费支出		Taxes and Fees		36.16	1.80	1.42	0.60	0.42	0.13
生活消费支出		Consumption Expenditure		1088.40	1522.09	1648.22	1810.10	2166.55	2464.92
食品消费支出		Food		631.92	816.48	841.58	954.50	1131.06	1154.62
衣着消费支出		Clothing		76.47	122.53	130.56	149.89	134.71	154.86
居住消费支出		Residence		200.03	201.77	210.12	206.09	320.00	527.31
家庭设备用品及服务消费		Household Facilities, Articles and Services		35.35	45.07	64.54	66.35	65.93	100.61
医疗保健支出		Health Care and Medical Services		59.12	102.72	121.56	143.21	167.36	185.45
交通通讯支出		Transport and Communications		32.40	120.93	178.22	177.63	194.32	196.62
文化教育、娱乐用品及服务		Education, Cultural and Recreation and Services		36.27	81.22	64.77	71.44	106.23	100.05
其他商品及服务支出		Miscellaneous Goods and Services		16.85	31.38	36.86	40.99	46.94	45.40
转移性支出		Expenses on Transfers		46.25	89.18	108.60	120.78	133.65	164.98
财产性支出		Expenses on Properties			16.82	6.40	5.46	3.59	10.45
生产性固定资产折旧	**（元）**	**Production of Depreciation of Fixed Assets**	**(yuan)**	**50.00**	**115.85**	**114.87**	**106.57**	**107.78**	**111.77**
全年纯收入	**（元）**	**Annual Net Income**	**(yuan)**	**1275.11**	**1742.80**	**1929.10**	**2241.01**	**2527.44**	**2854.92**

6–21 主要年份城乡居民储蓄存款年末余额
Savings Deposit of Urban and Rural Areas at Year-end in Main Years

单位：万元 (10 000 yuan)

年 份 Year	合 计 Total	城 镇 Urban	农牧民储蓄 Farmers and Herdsmen Savings	城乡居民人均储蓄(元/人) Per Capita Savings of Urban and Rural Residents (yuan/person)
1952	128	128		0.81
1957	3662	2453	1209	18.10
1965	10448	4274	6174	46.44
1970	15790	6195	9595	56.94
1975	27028	10617	16411	81.14
1978	34176	14874	19302	94.72
1980	46588	25782	20806	124.41
1985	96999	75904	21095	239.80
1990	274222	246249	27973	617.71
1995	768898	754251	14647	1609.92
1996	890603	874877	15726	1837.24
1997	1033223	1016854	16369	2100.26
1998	1188728	1168088	20640	2381.27
1999	1313892	1286714	27178	2595.09
2000	1462849	1424066	38783	2850.72
2001	1774555	1696971	77584	3413.92
2002	2073077	2008176	64901	3942.34
2003	2415404	2350585	64819	4547.07
2004	3122740	2992865	129875	5823.83
2005	3615052	3489389	125663	6683.40
2006	4223541	4062721	160820	7743.22
2007	4687191	4422987	264204	8527.59
2008	6103847	5804726	299121	11038.70
2009	7543309	7112860	430449	13571.98

主要统计指标解释

一、城镇住户

城镇家庭人口　指居住在一起，经济上合在一起共同生活的家庭成员。凡计算为家庭人口的成员其全部收支都包括在本家庭中。

城镇就业面　指就业人口占家庭人口的百分比。

城镇就业者负担人数　指家庭人口与就业人口之比。

城镇家庭总收入　指家庭成员得到的工薪收入、经营净收入、财产性收入、转移性收入之和，不包括出售财物收入和借贷收入。

城镇家庭可支配收入　指家庭成员得到可用于最终消费支出和其它非义务性支出以及储蓄的总和，即居民家庭可以用来自由支配的收入。它是家庭总收入扣除交纳的个人所得税、个人交纳的社会保障支出以及记账补贴后的收入。计算公式为：

可支配收入＝家庭总收入－交纳个人所得税－个人交纳的社会保障支出－记账补贴

城镇家庭总支出　指除借贷支出以外的全部家庭支出。包括消费性支出、购房建房支出、转移性支出、财产性支出、社会保障支出。

城镇家庭消费性支出　指家庭用于日常生活的支出，包括食品、衣着、居住、家庭设备用品及服务、医疗保健、交通和通信、娱乐教育文化服务、其他商品和服务等八大类支出。

城镇家庭服务性消费支出　指家庭用于支付社会提供的各种非商品性服务费用。

城镇家庭收入分组方法　是将所有调查户按户人均可支配收入由低到高排队，按10%，10%，20%，20%，20%，10%，10%的比例依次分成：最低收入户、低收入户、中等偏下收入户、中等收入户、中等偏上收入户、高收入户、最高收入户等七组。总体中最低5%的户为困难户。

恩格尔系数　指食物支出金额在消费性总支出金额中所占的比例。计算公式为：

$$恩格尔系数=\frac{食品支出金额}{消费性总支出金额}\times 100\%$$

二、农村住户

农村住户　指农村常住户。农村常住户指长期（一年以上）居住在乡镇（不包括城关镇）行政管理区域内的住户，以及长期居住在城关镇所辖行政村范围内的农村住户。户口不在本地而在本地居住一年及以上的住户也包括在本地农村常住户范围内；有本地户口，但举家外出谋生一年以上的住户，无论是否保留承包耕地都不包括在本地农村住户范围内。

常住人口　指全年经常在家或在家居住6个月以上，而且经济和生活与本户连成一体的人口。外出从业人员在外居住时间虽然在6个月以上，但收入主要带回家中，经济与本户连为一体，仍视为家庭常住人口；在家居住，生活和本户连成一体的国家职工、退休人员也为家庭常住人口。但是现役军人、中专及以上（走读生除外）的在校学生、以及常年在外（不包括探亲、看病等）且已有稳定的职业与居住场所的外出从业人员，不算家庭常住人口。家庭常住人口主要作为计算农村住户平均每人收入、消费和积累水平及分析家庭人口状况的依据。

整、半劳动力　整劳动力指男子18周岁到50周岁，女子18周岁到45周岁；半劳动力指男子16周岁到17周岁，51周岁到60周岁；女子16周岁到17周岁，46周岁到55周岁，同时具有劳动能力的人。虽然在劳动年龄之内，但已丧失劳动能力的人，不应算为劳动力；超过劳动年龄，但能经常参加劳动，计入半劳动力数内。常住人口中的职工，若这些职工为劳动力，就包括在本户的整半劳动力中。

总收入　指调查期内农村住户和住户成员从各种来源渠道得到的收入总和。按收入的性质划分为工资性收入、家庭经营收入、财产性收入和转移性收入。

工资性收入　指农村住户成员受雇于单位或个人，靠出卖劳动而获得的收入。

家庭经营收入　指农村住户以家庭为生产经营单位进行生产筹划和管理而获得的收入。农村住户家庭经营活动按行业划分为农业、林业、牧业、渔业、工业、建筑业、交通运输业邮电业、批发和零售贸易餐饮业、社会服务业、文教卫生业和其他家庭经营。

财产性收入　指金融资产或有形非生产性资产的所有者向其他机构单位提供资金或将有形非生产性资产供其支配，作为回报而从中获得的收入。

转移性收入　指农村住户和住户成员无须付出任何对应物而获得的货物、服务、资金或资产所有权等，不包括无偿提供的用于固定资本形成的资金。一般情况下，是指农村住户在二次分配中的所有收入。

现金收入　指农村住户和住户成员在调查期内得到以现金形态表现的收入。按来源分成工资性收入、家庭经营现金收入、财产性收入、转移性收入。

纯收入　指农村住户当年从各个来源得到的总收入相应地扣除所发生的费用后的收入总和。计算方法：

纯收入 = 总收入 - 税费支出 - 家庭经营费用支出 - 生产性固定资产折旧 - 赠送农村亲友支出

纯收入主要用于再生产投入和当年生活消费支出，也可用于储蓄和各种非义务性支出。“农民人均纯收入”按人口平均的纯收入水平，反映的是一个地区或一个农户农村居民的平均收入水平。

总支出　指农村住户用于生产、生活和再分配的全部支出。家庭经营费用支出、购置生产性固定资产支出、生产性固定资产折旧、税费支出、生活消费支出、财产性支出和转移性支出。

Explanatory Notes on Main Statistical Indicators

I. Urban Households

Population of Urban Households refer to members of households living and sharing economically together in the urban areas. All the income and expenditure of all the members of such households are included in the income and expenditure of the household.

Proportion of Urban Employment refers to the proportion of employed population to the population of urban households.

Number of Dependents per Urban Employee refers to the ratio between number of persons in an urban household and the number of employed persons.

Total Income of Urban Households refers to the sum of wage and salary; net business income; income from properties; and income from transfers of members of the households. Income from selling of properties and income from borrowing are not included.

Disposable Income of Urban Households refers to the actual income at the disposal of members of the households which can be used for final consumption, other non – compulsory expenditure and savings. This equals to total income minus income tax, personal contribution to social security and subsidy for keeping diaries in being a sample household. The following formula is used:

Disposable income = total household income – income tax – personal contribution to social security – subsidy for keeping diaries for a sampled household

Total Expenditure of Urban Households refers to all expenditure of households except expenditure on lending. It includes expenditure on consumption; on purchasing or building houses; on transfers; on properties; and on social security.

Consumption Expenditure of Urban Households refers to total expenditure of households for consumption in daily life, including expenditure on the eight categories of food; clothing; housing; household appliances and services; health care and medical services; transport and communications; recreation, education and cultural services; and miscellaneous goods and services.

Expenditure of Urban Households on Consumption of Services refers to expenditure of households on various kinds of non – commercial services provided by society.

Urban Households by Income Group All households in the sample are grouped, by per capita disposable income of the household, into groups of lowest income, low income, lower middle income, middle income, upper middle income, high income and highest income, each group consisting of 10% , 10% , 20% , 20% , 20% , 10% and 10% of all households respectively. The lowest 5% of households are also referred to as poor households.

Engel's Coefficient refers to the percentage of expenditure on food in the total consumption expenditure, using the following formula: Engel's

$$\text{Coefficient} = \frac{\text{expenditure on food}}{\text{totalconsumption expenditure}} \times 100\%$$

II. Rural Household

Rural Households refer to usual resident households in rural areas. Usual resident households in rural areas are households residing on a long term basis (for more than one year) in the areas under the administration of township governments (not including county towns), and in the areas under the administration of villages in county towns. Households residing in the current addresses for over one year with their household registration in other places are still considered as resident households of the locality. For households with their household registration in one place but all members of the households having moved away to make a living in another place for over one year, they will not be included in the rural households of the area where they are registered, irrespective of whether they still keep their contracted land.

Usual Resident Population refers to persons staying at home regularly or for over 6 months during a year and integrated with the household economically and in terms of living.. Members of the household staying away from the household for over 6 months but keeping a close economic relation with the household by sending the majority of income to the household are regarded as usual resident of the household. Government staff and workers or retirees living as close members of the household are also considered as usual resident. However, servicemen, students of secondary technical schools or schools of higher education and persons with stable jobs and residence outside the household (excluding those visiting relatives or seeking medical service) are not included as resident population of the household. Resident population is used in calculating income, consumption, accumulation on per capita basis of rural households and in analyzing composition of rural households.

Full/Semi Labour Force Full labour force refers to persons capable of work, aged 18 – 50 for males and 18 – 45 for females. Semi labour force refers to persons capable of work, aged 16 – 17 and 51 – 60 for males and 16 – 17 and 46 – 55 for females. Persons at their working ages but not capable of work are not to be included as labour force. Persons not at working ages but participating regularly in work are included in semi labour force. For staff and workers who are usual residents, are included as full or semi labour force of the household if they are in the labour force.

Total Income refers to the sum of income earned from various sources by the rural households and their members during the reference period, and is classified as income from wages and salaries, income from household operations, income from properties and income from transfers.

Income from Wages and Salaries refers to income from labour earned by the members of rural households employed by other units or individuals.

Income from Household Operations refers to income by the rural households as units of production and operation. Operations by rural households are classified according to their economic activities namely agriculture, forestry, animal husbandry, fishery, manufacturing, construction, transportation, post and telecommunications, wholesale, retail and catering, social service, culture, education, health, and other household operations.

Income from Properties refers to the income received as returns by owners of financial assets or tangible non – productive assets by providing capitals or tangible non – productive assets to other institutional units.

Income from Transfers refers to the receipt by rural households and their members of goods, services, capital or rights of assets without giving or repaying accordingly, excluding capital provided to them for the formation of fixed assets. In general, it refers to all income received by rural households through redistribution.

Cash Income refers to income received by rural households and their members in the form of cash during the reference period. It is classified, by source of income, into income from wages and salaries, cash income from household operations, income from properties and income from transfers.

Net Income refers to the total income of rural households from all sources minus all corresponding expenses. The formula for calculation is as follows:

Net income = total income – taxes and fees paid – household operation expenses – taxes and fees depreciation of fixed assets for production – gifts to non – rural relatives

Net income is mainly used as input for reinvestment in production and as consumption expenditure of the year, and also used for savings and non – compulsory expenses of various forms. "Per capita net income of farmers" is the level of net income averaged by population, reflecting the average income level of rural households in a given area.

Total Expenditure refers to total expenses of rural households on production, consumption and redistribution, including expenditure on household operations,; purchase of productive fixed assets; depreciation of productive fixed assets; taxes and fees; expenses on household consumption; expenses on properties; and expenses on transfers.

第 7 篇

CHAPTER 7

物 价

Price Indices

各种物价总指数（以上年为100）

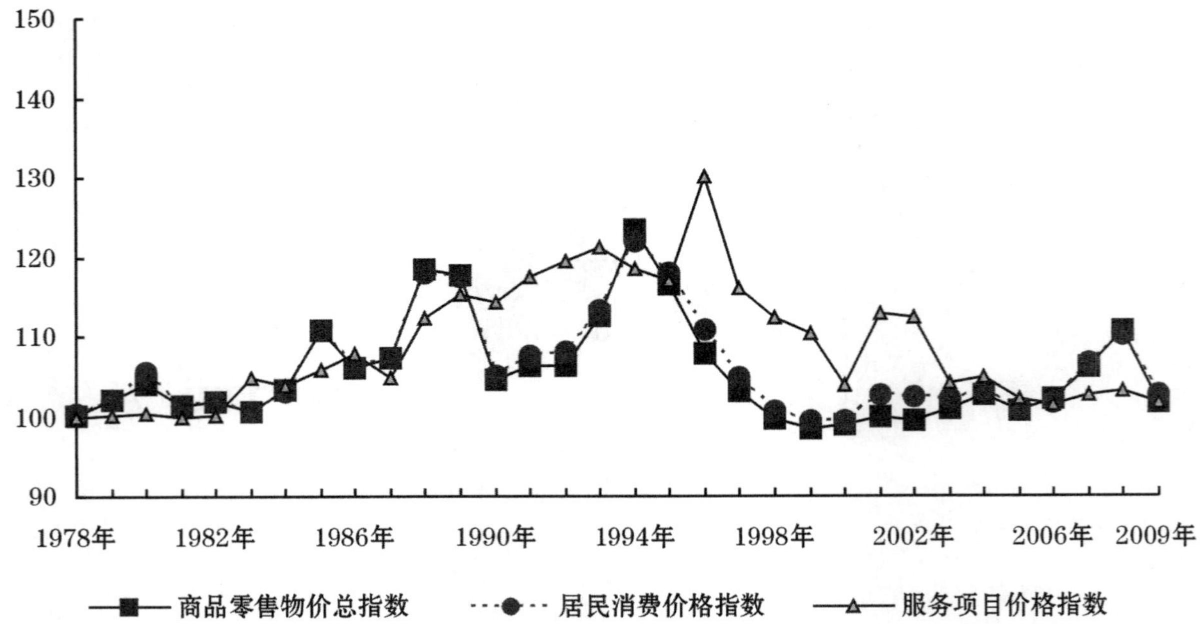

各种物价总指数（以1978年价格为100）

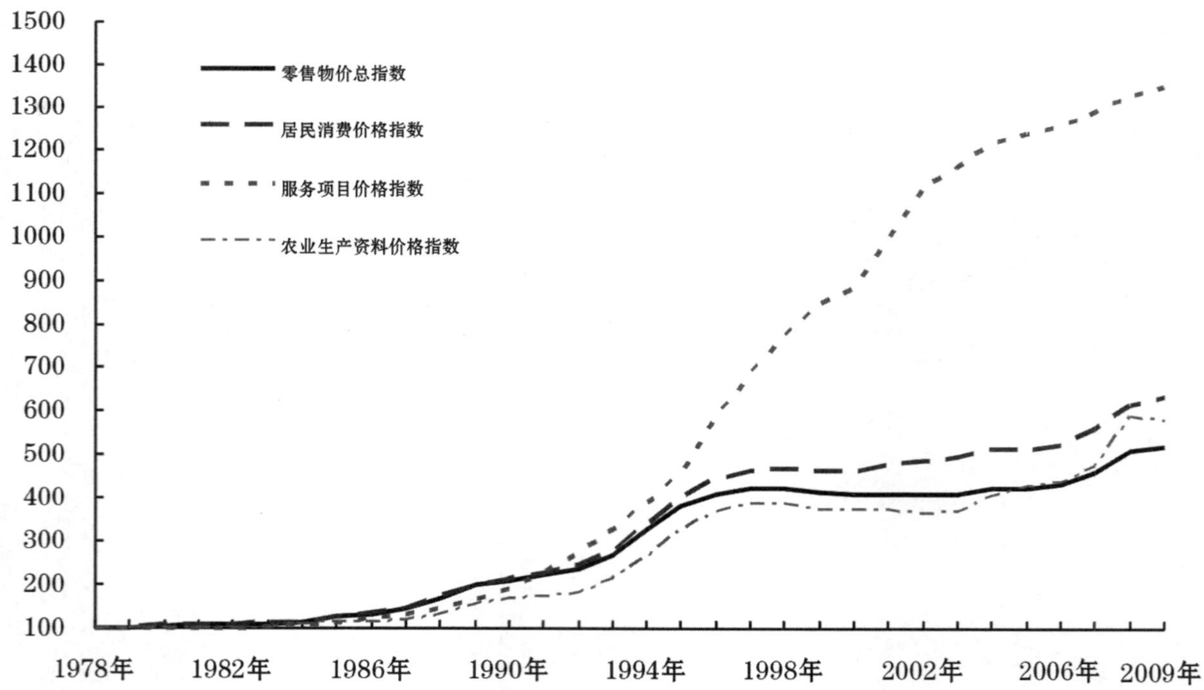

7–1 1978–2009年各种价格指数
Price Indices (1978-2009)

(上年=100) (preceding year=100)

年 份 Year	商品零售价格指数 Retail Price Index	居民消费价格指数 Consumer Price Index	城市居民消费价格指数 Urban Areas	农村居民消费价格指数 Rural Areas	服务项目价格指数 Service Price Index	农业生产资料价格指数 Price Index for Means of Agricultural Production
1978	100.22	100.35	100.23	100.50	100.00	100.04
1979	102.22	102.15	103.38	100.31	100.11	99.16
1980	104.08	105.59	105.59	101.30	100.44	99.23
1981	101.37	101.30	101.30	100.67	100.00	100.52
1982	101.80	101.77	102.07	100.88	100.20	100.88
1983	100.65	100.74	100.62	101.40	104.73	100.36
1984	103.40	103.10	103.10	102.40	103.86	107.90
1985	110.70	110.70	111.80	106.20	105.80	103.70
1986	106.10	106.20	106.40	105.70	107.80	102.60
1987	107.30	107.20	107.80	105.20	104.80	104.10
1988	118.30	118.00	118.60	116.20	112.20	111.00
1989	117.70	117.50	117.30	118.00	115.30	116.40
1990	104.50	105.10	104.70	107.60	114.10	108.70
1991	106.30	107.60	108.70	105.20	117.50	104.10
1992	106.40	108.00	108.60	106.60	119.30	103.80
1993	112.50	113.20	114.00	110.50	121.00	117.60
1994	123.30	121.80	123.20	120.70	118.50	124.10
1995	116.30	118.00	119.70	115.70	116.80	123.90
1996	107.80	110.80	111.40	108.80	129.90	112.60
1997	103.00	104.80	105.10	104.20	116.00	105.00
1998	99.60	100.70	100.60	101.00	112.30	100.30
1999	98.50	99.50	99.50	99.60	110.30	95.60
2000	99.00	99.50	99.60	99.40	103.80	100.70
2001	99.90	102.60	103.00	101.20	112.70	99.60
2002	99.30	102.30	102.10	102.90	112.20	98.00
2003	100.80	102.00	101.80	102.50	104.00	101.10
2004	102.60	103.20	102.10	105.50	104.80	109.20
2005	100.70	100.80	99.70	103.10	102.00	106.50
2006	102.00	101.60	101.80	101.10	101.30	102.10
2007	106.00	106.60	106.30	107.30	102.70	108.10
2008	110.60	110.10	108.90	112.30	103.20	124.20
2009	101.60	102.60	103.20	101.70	101.50	97.80

7–2 1978–2009年各种价格定基指数
Fixed Base Price Indices (1978-2009)

(1978年=100) (year of 1978=100)

年 份 Year	商品零售价格指数 Retail Price Index	居民消费价格指数 Consumer Price Index	城市居民消费价格指数 Urban Areas	农村居民消费价格指数 Rural Areas	服务项目价格指数 Service Price Index	农业生产资料价格指数 Price Index for Means of Agricultural Production
1978	100.00	100.00	100.00	100.00	100.00	100.00
1979	102.22	102.15	103.38	100.31	100.11	99.16
1980	106.39	107.86	109.16	101.61	100.55	98.40
1981	107.85	109.26	110.58	102.29	100.55	98.91
1982	109.79	111.20	112.87	103.20	100.75	99.78
1983	110.50	112.02	113.57	104.64	105.52	100.14
1984	114.26	115.49	117.09	107.15	109.59	108.05
1985	126.49	127.85	130.90	113.79	115.95	112.05
1986	134.20	135.78	139.28	120.28	124.99	114.96
1987	144.00	145.55	150.15	126.54	130.99	119.67
1988	170.35	171.75	178.07	147.03	146.97	132.84
1989	200.50	201.81	208.88	173.50	169.46	154.62
1990	209.52	212.10	218.70	186.69	193.35	168.07
1991	222.72	228.22	237.30	196.39	227.19	174.97
1992	236.98	246.48	258.17	209.36	271.03	181.61
1993	266.60	279.01	294.31	231.34	327.95	213.58
1994	328.72	339.84	362.59	279.23	388.62	265.05
1995	381.99	401.01	434.02	323.06	453.91	328.40
1996	412.12	444.32	483.50	351.49	589.63	369.78
1997	424.48	465.65	508.16	366.25	683.97	388.27
1998	422.79	468.91	511.21	369.92	768.10	389.43
1999	416.44	466.57	508.65	368.44	847.21	372.29
2000	412.28	464.24	506.62	366.23	879.41	374.90
2001	411.87	476.31	521.82	370.62	991.09	373.40
2002	408.98	487.25	532.77	381.37	1112.00	365.93
2003	412.25	497.00	542.36	390.90	1156.48	369.96
2004	422.97	512.90	553.75	412.40	1211.99	404.00
2005	425.93	517.00	552.09	412.41	1236.23	430.26
2006	434.45	525.27	562.03	416.95	1252.30	439.30
2007	460.52	559.94	597.44	447.39	1286.11	474.88
2008	509.34	616.49	650.61	502.42	1327.27	589.80
2009	517.49	632.52	671.43	510.96	1347.18	576.82

7-3 居民消费价格分类指数(2009年)
Consumer Price Indices by Category (2009)

(上年=100) (preceding year=100)

项目	Item	全省 Province	城市 Urban	农村 Rural
居民消费价格总指数	**General Index**	**102.6**	**103.2**	**101.7**
非食品价格指数	**Non-food Price Index**	**102.6**	**102.8**	**102.3**
服务项目价格指数	**Service Price Index**	**101.5**	**101.4**	**102.1**
工业品价格指数	**Consumer Price Index of Industrial Production**	**103.2**	**103.6**	**102.4**
扣除食品和能源价格指数	**Excluding Food and Energy Price Index**	**102.1**	**102.4**	**101.4**
扣除鲜菜鲜果总指数	**Excluding Fresh Vegetables and Fresh Fruit Price Index**	**101.9**	**102.4**	**101.1**
消费品价格指数	**Consumer Price Index**	**103.0**	**103.7**	**101.7**
食品	Food	103.0	104.1	100.8
粮食	Grain	106.6	108.9	104.2
油脂	Oil or Fat	83.5	84.4	82.8
肉禽及其制品	Meat, Poultry and Processed Products	92.8	93.6	91.6
蛋	Eggs	104.1	103.6	105.6
水产品	Aquatic Products	103.5	103.6	102.6
菜	Vegetables	116.8	116.8	117.1
鲜菜	Fresh Vegetables	118.2	117.9	119.9
干鲜瓜果	Dried and Fresh Melons and Fruits	112.8	115.4	106.4
鲜瓜果	Fresh Fruits	113.0	115.4	107.2
液体乳及乳制品	Milk and Its Products	100.0	99.7	100.6
在外用膳食品	Dining Out	105.1	105.8	103.2
炒菜	Fried Dishes	105.2	105.8	103.1
烟酒及用品	Tobacco, Liquor and Articles	101.4	101.5	101.4
衣着	Clothing	107.0	109.9	101.0
服装	Garments	107.6	110.5	100.0
家庭设备用品及维修服务	Household Facilities, Articles and Services	101.5	100.6	103.1
耐用消费品	Durable Consumer Goods	98.8	98.6	99.5
家庭日用杂品	Daily Use Household Articles	104.4	101.9	109.9
医疗保健和个人用品	Health Care and Personal Articles	102.5	103.4	100.9
医疗保健	Health Care	101.7	102.0	101.2
中药材及中成药	Traditional Chinese Medicine	103.2	105.6	98.1
西药	Western Medicine	101.8	101.5	102.1
医疗保健服务	Health Care Services	101.0	100.9	100.8
交通和通讯	Transportation and Communication	99.3	99.1	99.7
交通	Transportation	102.7	103.7	100.8
通信	Communication	95.4	95.0	96.4
娱乐教育文化用品及服务	Recreation, Education and Culture Articles	100.4	100.3	100.7
教育	Education	103.5	105.4	100.1
旅游	Touring and Outing	97.3	96.6	100.2
居住	Residence	104.4	102.7	106.9
建房及装修材料	Building and Building Decoration Materials	101.5	101.6	101.7
租房	Renting	112.5	116.0	110.7
自有住房	Private Housing	95.4	95.2	96.6
水、电、燃料	Water, Electricity and Fuels	107.3	104.1	115.4

7-4　2001－2009年居民消费价格分类指数

(2000年=100)

项　目	Item	2001	2002
居民消费价格总指数	**General Index**	**103.8**	**105.6**
非食品价格指数	**Non-food Price Index**	**104.6**	**107.5**
服务项目价格指数	**Service Price Index**	**120.0**	**131.2**
扣除鲜菜鲜果总指数	**Excluding Fresh Vegetables and Fresh Fruit Price Index**	**104.2**	**105.8**
消费品价格指数	**Consumer Price Index**	**99.3**	**98.6**
食品	Food	102.0	101.7
粮食	Grain	94.8	91.3
油脂	Oil or Fat	91.7	93.3
肉禽及其制品	Meat, Poultry and Processed Products	115.6	112.4
蛋	Eggs	113.9	110.3
水产品	Aquatic Products	97.7	101.7
菜	Vegetables	94.2	103.2
鲜菜	Fresh Vegetables	94.1	105.3
干鲜瓜果	Dried and Fresh Melons and Fruits	93.8	96.0
鲜瓜果	Fresh Melons and Fruits	94.5	96.8
液体乳及乳制品	Milk and Its Products	100.6	99.8
在外用膳食品	Dining Out	102.5	102.0
炒菜	Fried Dishes	102.4	101.2
烟酒及用品	Tobacco, Liquor and Articles	99.2	99.5
衣着	Clothing	98.2	99.8
服装	Garments	97.1	99.9
家庭设备用品及维修服务	Household Facilities, Articles and Services	95.5	94.8
耐用消费品	Durable Consumer Goods	94.6	94.1
家庭日用杂品	Daily Use Household Articles	92.9	89.4
医疗保健和个人用品	Health Care and Personal Articles	99.0	108.2
医疗保健	Health Care	99.3	112.1
中药材及中成药	Traditional Chinese Medicine	101.0	98.7
西药	Western Medicine	94.5	88.2
医疗保健服务	Health Care Services	109.8	263.6
交通和通讯	Transportation and Communication	102.2	103.4
交通	Transportation	105.3	110.6
通信	Communication	98.0	95.1
娱乐教育文化用品及服务	Recreation, Education and Culture Articles	124.8	128.6
教育	Education	148.6	156.2
旅游	Touring and Outing	107.0	116.8
居住	Residence	102.2	103.1
建房及装修材料	Building and Building Decoration Materials	100.0	98.1
租房	Renting	100.0	100.0
自有住房	Private Housing	101.4	95.3
水、电、燃料	Water, Electricity and Fuels	104.9	113.1

Consumer Price Indices by Category (2001 – 2009)

(year of 2000=100)

2003	2004	2005	2006	2007	2008	2009
108.8	**111.2**	**112.4**	**116.7**	**124.1**	**130.0**	**134.4**
108.2	**110.8**	**111.4**	**114.5**	**115.5**	**121.3**	**123.8**
133.9	**140.6**	**144.3**	**147.8**	**149.7**	**150.5**	**156.1**
108.3	**111.6**	**112.0**	**116.3**	**123.4**	**129.5**	**132.6**
101.9	**103.2**	**103.8**	**108.1**	**116.8**	**123.8**	**127.8**
110.2	112.2	114.8	121.6	143.2	149.4	158.3
101.5	108.2	111.1	118.5	129.1	130.2	144.6
119.4	113.3	103.5	119.2	139.0	128.2	120.8
123.7	132.6	126.8	141.3	199.1	197.1	191.0
122.3	130.9	121.2	149.2	125.9	132.0	138.6
103.3	117.1	125.0	122.2	139.0	160.7	164.3
124.6	107.2	130.8	137.1	149.9	152.6	205.0
128.4	108.3	133.7	140.3	154.9	153.2	211.1
102.7	96.7	101.1	103.6	114.0	123.7	122.1
105.7	94.4	95.9	95.8	109.2	114.9	109.3
104.3	107.6	106.2	106.2	122.7	139.8	142.1
102.3	104.4	107.0	109.0	122.7	136.4	141.2
99.7	99.5	100.0	101.4	113.1	122.8	126.6
99.3	101.9	101.9	105.2	104.5	109.7	110.6
104.8	106.0	101.5	106.7	102.5	109.2	116.3
105.5	106.9	101.6	108.6	102.8	111.0	119.5
94.8	95.1	94.5	94.3	97.4	100.6	100.2
93.4	91.3	89.4	88.7	89.5	90.6	88.7
88.0	91.1	92.0	91.8	99.0	109.2	108.7
106.7	112.6	114.5	119.5	123.2	126.7	130.1
110.1	116.5	116.9	121.9	126.3	129.9	131.3
99.3	93.3	90.6	99.0	109.3	117.1	120.8
83.4	81.9	80.6	80.3	83.9	87.4	87.4
270.0	327.3	338.9	359.6	357.4	358.6	361.5
101.8	100.1	90.0	92.1	89.9	89.2	90.6
110.2	111.3	112.2	118.5	114.7	118.3	126.5
92.4	87.6	67.1	65.6	64.8	60.6	58.3
131.3	132.3	140.6	138.8	139.6	140.8	142.5
166.5	171.5	195.7	183.2	201.9	212.4	217.8
115.7	109.3	110.0	130.5	113.0	107.7	106.1
102.6	108.4	115.1	120.4	126.3	144.7	145.8
93.4	97.7	107.3	113.6	119.6	143.9	138.0
100.2	100.2	100.2	100.2	121.9	132.9	149.3
95.2	99.1	102.1	104.6	110.9	103.2	107.8
117.6	128.0	134.9	140.8	143.8	167.6	169.2

7–5　1994–2009年居民消费价格分类指数
Consumer Price Indices by Category (1994-2009)

(上年=100)　　(preceding year=100)

项　目 Item	总指数 General Index	食品 Food	烟酒及用品 Tobacco, Liquor and Articles	衣着 Clothing	家庭设备用品及维修服务 Household Facilities, Articles and Services	医疗保健和个人用品 Health Care and Personal Articles	交通和通信 Transportation and Communication	娱乐教育文化用品及服务 Recreation, Education and Culture Articles	居住 Residence
1994	121.8	128.5		116.1	113.6	118.3	108.1	115.3	121.3
1995	118.0	125.0		113.3	111.5	111.8	100.3	117.9	108.8
1996	110.8	107.3		111.0	106.1	110.1	99.8	128.3	110.2
1997	104.8	102.0		106.7	101.8	102.6	99.8	112.2	112.6
1998	100.7	98.3		100.4	99.7	104.6	97.4	98.6	112.5
1999	99.5	97.8		98.5	98.4	102.3	95.6	98.9	103.8
2000	99.5	97.8		99.5	98.5	101.6	96.3	99.4	107.3
2001	102.6	102.2	98.6	99.4	96.2	98.6	102.4	115.3	101.2
2002	102.3	99.5	101.6	100.2	98.9	105.3	101.5	110.2	101.3
2003	102	104.1	99.0	101.9	100.1	104.8	98.7	100.9	99.9
2004	103.2	106.5	102.4	102.4	99.4	102.0	98.6	102.6	102.4
2005	100.8	101.0	100.0	97.3	99.8	102.0	91.8	103.6	106.3
2006	101.6	102.9	101.7	99.4	99.4	103.5	99.3	98.3	104.3
2007	106.6	114.8	102.6	103.7	102.2	104.5	99.7	99.8	106.9
2008	110.1	119.0	105.6	104.4	102.9	106.1	99.8	101.0	115.8
2009	102.6	103.0	101.4	107.0	101.5	102.5	99.3	100.4	104.4

注：1994–2000年烟酒归在食品类中；2001年方法制度改革，烟酒从食品类中分出。

a) In 1994-2000,The category of Tobacco, Liquor and Articles was included in the Food category. It was Separated from the Food category When Met Treatment Reformed in 2001.

7-6 2006-2009年食品类居民消费价格指数

Food Consumer Price Indices(2006-2009)

(上年=100) (preceding year=100)

分类名称	Iten	2006	2007	2008	2009
食品类价格指数	**Food**	**102.9**	**114.8**	**119.0**	**103.0**
粮食	Grain	104.6	108.1	111.6	106.6
大米	Rice	114.2	109.5	100.0	105.1
面粉	Flour	99.9	105.0	111.3	105.3
淀粉	Starches and Tubers	104.3	109.1	110.7	110.7
干豆类及豆制品	Beans and Bean Products	99.3	110.3	144.4	100.3
油脂	Oil or Fat	96.2	124.8	126.8	83.5
食用植物油	Edible Vegetable Oil	98.6	122.0	127.1	85.0
植物油制品	Vegetable Oil Products	91.3	125.2	125.4	81.8
肉禽及其制品	Meat, Poultry and Processed Products	96.0	137.9	128.1	92.8
猪肉	Pork	90.2	158.3	122.5	79.1
牛肉	Beef	99.1	130.8	136.3	98.5
羊肉	Mutton	97.5	134.3	129.5	99.8
鸡	Dorking	97.7	120.1	106.0	98.2
蛋	Eggs	96.2	120.1	104.9	104.1
鲜蛋	Fresh Eggs	95.1	122.3	103.5	104.2
水产品	Aquatic Products	101.7	102.7	123.1	103.5
菜	Vegetables	115.0	104.7	118.6	116.8
鲜菜	Fresh Vegetables	116.0	104.4	118.3	118.2
调味品	Flavoring	107.2	107.1	104.8	102.3
糖	Carbohydrate	115.9	103.3	107.3	105.2
茶及饮料	Tea and Beverages	102.5	110.3	115.5	101.1
干鲜瓜果	Dried and Fresh Melons and Fruits	112.0	105.4	112.6	112.8
鲜瓜果	Fresh Melons and Fruits	113.1	105.1	111.2	113.0
糕点饼干	Cake and Biscuit	100.3	108.6	111.9	100.1
液体乳及乳制品	Milk and Its Products	98.8	103.9	127.3	100.0
巴氏杀菌奶或消毒奶	Pasteurized Milk	98.5	103.7	129.6	97.5
酸奶	Acidophilus Milk	99.8	104.5	120.1	103.2
在外用膳食品	Dining Out	102.2	109.0	114.7	105.1
主食	Staple Food	101.2	107.4	112.5	104.5
炒菜	Fried Dishes	101.3	107.9	111.0	105.2
地方小吃	Local Snack	105.0	112.6	123.7	105.4
其他食品	Other foods	99.6	99.6	108.9	103.3

7-7 商品零售价格分类指数(2009年)

Retail Price Indices by Category (2009)

(上年=100) (preceding year=100)

项 目	Item	全 省 Province	城 市 Urban	农 村 Rural
商品零售价格总指数	**Retail Price Index**	**101.6**	**101.8**	**101.3**
食品类	**Food**	**104.0**	**105.0**	**101.4**
饮料、烟酒	**Beverages, Tobacco and Liquor**	**100.7**	**100.6**	**100.8**
服装、鞋帽类	**Garments, Shoes and Hats**	**105.1**	**110.5**	**99.8**
纺织品类	**Textiles**	**102.2**	**102.7**	**101.2**
家用电器及音像器材	**Household Appliances, Music and Video Equipment**	**95.3**	**95.4**	**95.2**
家庭设备	Household Equipment	98.9	99.4	97.4
文娱用耐用消费品	Culture and Entertainment with Consumer Durable Goods	89.7	88.2	92.5
音像器材类	Music and Video Equipment	102.0	107.5	100.0
文化办公用品	**Cultural and Office Appliances**	**94.6**	**93.2**	**101.1**
日用品	**Articles for Daily Use**	**104.9**	**104.5**	**106.0**
日用百货	General Merchandise for Daily Use	107.3	109.4	101.0
日用杂品	Miscellaneous for Daily Use	100.4	96.6	111.6
洗涤用品	Cleaning Products	103.9	103.7	104.6
体育娱乐用品	**Sports and Recreation Articles**	**99.1**	**98.9**	**99.8**
交通、通信用品	**Transportation and Communication Appliances**	**97.5**	**98.9**	**94.0**
交通运输机械	Transport Machinery	101.9	102.1	101.3
通信器材类	Communications Equipment	85.8	84.7	86.9
家具	**Furniture**	**99.9**	**98.6**	**102.1**
化妆品类	**Cosmetics**	**98.8**	**98.7**	**99.1**
金银珠宝类	**Gold, Silver and Jewelry**	**92.1**	**94.8**	**90.0**
中西药品及医疗保健用品类	**Traditional Chinese and Western Medicines and Health Care Articles**	**102.3**	**103.0**	**100.7**
书报杂志及电子出版物类	**Books, Newspapers, Magazines and Electronic Publications**	**107.2**	**108.3**	**105.3**
教材及参考书	Textbooks and Reference Books	109.3	111.6	105.1
书报杂志	Books, Newspapers Magazines	108.7	108.5	109.2
电子音像制品	Electronic Audio-video Products	97.4	95.8	99.0
燃料类	**Fuels**	**98.3**	**95.6**	**105.5**
煤炭及制品类	Coal and Coal Products	119.3	117.9	121.0
石油及制品类	Petroleum and Petroleum Products	89.7	89.2	91.6
建筑材料及五金电料类	**Building Materials and Hardware**	**99.9**	**99.1**	**101.5**
建筑装潢材料	Building Decoration Materials	99.1	97.8	101.2
五金电料类	Hardware	102.4	102.1	103.2

7—8 调查市、县商品零售价格指数(2009年)

Retail Price Indices of Surveyed Cities and Counties(2009)

(上年=100) (preceding Year=100)

项 目	Ietm	西宁市 Xining City	大通县 Datong Hui & Tu County	乐都县 Ledu County	共和县 Gonghe County	格尔木市 Geermu City
商品零售价格总指数	**Retail Price Index**	**102.3**	**102.1**	**100.2**	**101.0**	**101.9**
食品类	**Food**	**105.5**	**101.8**	**101.3**	**101.1**	**101.6**
饮料、烟酒	**Beverages, Tobacco and Liquor**	**100.6**	**101.2**	**100.5**	**100.8**	**100.8**
服装、鞋帽类	**Garments, Shoes and Hats**	**110.8**	**103.4**	**95.7**	**100.3**	**108.7**
纺织品类	**Textiles**	**102.8**	**101.7**	**100.3**	**101.9**	**102.3**
家用电器及音像器材	**Household Appliances, Music and Video Equipment**	**95.3**	**93.6**	**97.5**	**96.6**	**95.9**
家庭设备	Household Equipment	99.2	96.3	99.3	98.7	101.2
文娱用耐用消费品	Culture and Entertainment with Consumer Durable Goods	87.3	88.7	96.4	93.2	92.0
音像器材类	Music and Video Equipment	107.5	100.0	100.0		
文化办公用品	**Cultural and Office Appliances**	**91.2**	**97.9**	**100.0**	**112.0**	**102.6**
日用品	**Articles for Daily Use**	**104.3**	**109.0**	**102.9**	**104.3**	**106.3**
日用百货	General Merchandise for Daily Use	110.0	103.3	99.5	101.3	104.9
日用杂品	Miscellaneous for Daily Use	96.3	115.3	110.2	104.6	101.1
洗涤用品	Cleaning Products	103.7	102.8	104.8	108.0	103.2
体育娱乐用品	**Sports and Recreation Articles**	**98.8**	**99.1**	**100.2**	**100.7**	**101.2**
交通、通信用品	**Transportation and Communication Appliances**	**98.2**	**97.2**	**96.6**	**86.6**	**102.0**
交通运输机械	Transport Machinery	102.0	102.3	98.9	103.0	102.9
通讯器材类	Communications Equipment	78.5	91.2	93.3	78.2	100.0
家具	**Furniture**	**98.8**	**100.0**	**103.5**	**106.5**	**98.0**
化妆品类	**Cosmetics**	**98.3**	**97.8**	**101.0**	**100.0**	**104.6**
金银珠宝类	**Gold, Silver and Jewelry**	**89.9**	**90.8**	**88.6**	**90.3**	**100.5**
中西药品及医疗保健用品类	**Traditional Chinese and Western Medicines and Health Care Articles**	**103.5**	**99.9**	**100.3**	**103.9**	**100.7**
书报杂志及电子	**Books, Newspapers, Magazines and**	**109.3**	**108.4**	**101.0**	**104.2**	**103.0**
出版物类	**Electronic Publications**	**113.0**	**108.1**	**99.6**	**106.7**	**99.8**
教材及参考书	Textbooks and Reference Books					
书报杂志	Books, Newspapers Magazines	108.5	109.8	105.7	108.3	108.0
电子音像制品	Electronic Audio-video Products	93.6	100.0	96.0	100.0	99.5
燃料类	**Fuels**	**95.8**	**112.5**	**99.8**	**102.1**	**92.9**
煤炭及制品类	Coal and Coal Products	119.3	120.8	111.1	132.2	105.1
石油及制品类	Petroleum and Petroleum Products	89.1	93.0	90.2	91.3	89.6
建筑材料及五金电料类	**Building Materials and Hardware**	**98.9**	**100.1**	**102.2**	**102.6**	**103.1**
建筑装潢材料	Building Decoration Materials	97.5	100.1	102.3	99.9	103.4
五金电料类	Hardware	102.1	99.0	101.6	112.0	101.6

7-9 调查市、县居民消费价格指数(2009年)

Consumer Price Indices of Surveyed Cities and Counties(2009)

(上年=100) (preceding Year=100)

项 目	Item	西宁市 Xining City	大通县 Datong Hui & Tu County	乐都县 Ledu County	共和县 Gonghe County	格尔木市 Geermu City
居民消费价格总指数	**General Index**	**102.2**	**101.7**	**101.0**	**101.2**	**102.6**
非食品价格指数	**Non-food Price Index**	**100.9**	**101.6**	**101.0**	**101.3**	**103.1**
服务项目价格指数	**Service Price Index**	**97.2**	**100.9**	**102.0**	**98.5**	**104.3**
工业品价格指数	**Consumer Price Index of Industrial Production**	**103.4**	**102.0**	**100.5**	**102.8**	**102.6**
扣除食品和能源价格指数	**Excluding Food and Energy Price Index**	**100.5**	**101.0**	**100.0**	**100.1**	**103.5**
扣除鲜菜鲜果总指数	**Excluding Fresh Vegetables and Fresh Fruit Price Index**	**101.2**	**100.9**	**100.2**	**100.8**	**102.5**
消费品价格指数	**Consumer Price Index**	**103.9**	**102.1**	**100.7**	**102.1**	**102.1**
食品	Food	104.9	102.1	101.2	101.3	101.6
粮食	Grain	109.4	102.8	104.6	105.4	105.8
油脂	Oil or Fat	84.9	83.7	80.4	84.7	82.2
肉禽及其制品	Meat, Poultry and Processed Products	93.8	91.8	89.2	94.4	93.5
蛋	Eggs	104.4	104.8	107.1	107.9	97.7
水产品	Aquatic Products	103.9	104.1	95.5	98.0	99.6
菜	Vegetables	118.9	117.7	117.8	111.5	106.7
鲜菜	Fresh Vegetables	119.8	124.4	120.0	113.2	107.1
干鲜瓜果	Dried and Fresh Melons and Fruits	118.5	107.5	108.9	100.0	102.6
鲜瓜果	Fresh Fruits	118.9	108.3	109.6	101.3	101.1
液体乳及乳制品	Milk and Its Products	99.2	100.6	101.9	99.4	102.6
在外用膳食品	Dining Out	106.2	103.6	102.5	103.2	103.8
炒菜	Fried Dishes	106.4	105.0	100.2	100.8	103.1
烟酒及用品	Tobacco, Liquor and Articles	101.9	102.3	100.5	101.7	100.8
衣着	Clothing	109.3	103.1	96.5	101.6	108.5
服装	Garments	110.7	101.8	93.3	103.7	107.3
家庭设备用品及维修服务	Household Facilities, Articles and Services	100.0	103.6	102.2	103.6	102.1
耐用消费品	Durable Consumer Goods	98.3	97.9	100.7	103.0	99.1
家庭日用杂品	Daily Use Household Articles	102.2	113.6	105.5	107.0	103.9
医疗保健和个人用品	Health Care and Personal Articles	103.2	99.6	98.4	102.0	101.8
医疗保健	Health Care	101.9	99.3	99.0	103.1	101.5
中药材及中成药	Traditional Chinese Medicine	105.8	94.6	98.6	107.6	104.1
西药	Western Medicine	101.9	103.4	99.9	103.4	99.0
医疗保健服务	Health Care Services	100.4	99.9	97.7	101.5	102.2
交通和通讯	Transportation and Communication	97.2	99.0	100.2	97.0	105.6
交通	Transportation	100.1	100.5	101.7	99.7	115.0
通信	Communication	94.6	97.5	98.0	92.9	97.8
娱乐教育文化用品及服务	Recreation, Education and Culture Articles	100.1	102.4	98.0	99.1	102.3
教育	Education	105.3	103.5	96.1	95.8	104.9
旅游	Touring and Outing	94.9	101.0	99.6	100.5	99.2
居住	Residence	97.0	102.4	109.9	104.4	98.4
建房及装修材料	Building and Building Decoration Materials	100.3	101.6	102.6	100.3	103.6
租房	Renting	114.9	100.7	135.5	103.5	108.3
自有住房	Private Housing	87.0	88.7	98.1	90.9	84.4
水、电、燃料	Water, Electricity and Fuels	106.2	107.9	112.5	118.0	98.2

7-10 全省及调查县农业生产资料价格指数(2009年)
Price Indices for Means of Agricultural Production in the Province and Counties Surveyed(2009)

(上年=100) (preceding year=100)

项　目	Item	全　省 Province Total	大通县 Datong Hui & Tu County	乐都县 Ledu County	共和县 Gonghe County
农业生产资料价格指数	**Price Indices of Agricultural Means**	**97.8**	**100.8**	**94.0**	**96.8**
农用手工工具	**Farm Handtools**	**104.6**	**101.3**	**106.7**	**106.3**
饲料	**Forage**	**101.1**	**98.1**	**100.5**	**112.1**
混合饲料	Mixed Forage	103.1	100.0	102.0	114.0
产品畜	**Production Livestock**	**76.1**	**75.7**	**76.6**	**73.6**
半机械化农具	**Semi-mechanized Farm Tools**	**103.9**	**110.5**	**98.0**	**100.7**
机械化农具	**Mechanized Farm Machinery**	**106.4**	**108.9**	**105.0**	**100.9**
化学肥料	**Chemical Fertilizer**	**91.9**	**102.0**	**84.9**	**85.5**
氮肥	Nitrogen	100.8	102.6	98.0	98.0
磷肥	Phosphate	71.3	77.4	68.2	65.6
钾肥	Potassium	138.4	144.7		
复合肥料	Compound fertilizer	100.1	101.0	98.1	
农药及农药械	**Pesticide and Its Appliances**	**105.6**	**106.8**	**101.6**	**101.2**
化学农药	Chemical Pesticides	106.7	107.4	102.2	101.3
农药器械	Pesticide Equipment	100.0	100.0	100.0	100.0
农用机油	**Oil for Farm Machinery**	**98.0**	**97.2**	**96.8**	**99.5**
其他农业生产资料	**Other Means of Agricultural Production**	**99.6**	**99.2**	**102.9**	**89.4**
农用种子	Farm Seeds	100.9	98.3	110.8	86.3
农业生产服务	**Service for Agricultural Production**	**108.8**	**104.6**	**106.6**	**118.1**

7-11 城乡居民消费价格定基指数(2009年)

Fixed Base Consumer Price Indices in Urban and Rural Areas(2009)

(2005年=100) (year of 2005=100)

项　目	Item	全　省 Province	城　市 Urban	农　村 Rural
居民消费价格总指数	**General Index**	**125.1**	**124.4**	**126.6**
非食品价格指数	**Non-food Price Index**	**114.8**	**113.8**	**117.0**
服务项目价格指数	**Service Price Index**	**112.1**	**111.3**	**114.6**
工业品价格指数	**Consumer Price Index of Industrial Production**	**116.3**	**115.4**	**118.0**
扣除食品和能源价格指数	**Excluding Food and Energy Price Index**	**112.6**	**112.2**	**113.5**
扣除鲜菜鲜果总指数	**Excluding Fresh Vegetables and Fresh Fruit Price Index**	**122.8**	**122.0**	**124.4**
消费品价格指数	**Consumer Price Index**	**129.4**	**129.0**	**130.1**
食品	Food	148.8	147.8	150.8
粮食	Grain	140.8	146.1	135.0
油脂	Oil or Fat	127.6	128.4	127.0
肉禽及其制品	Meat, Poultry and Processed Products	157.4	159.0	154.4
蛋	Eggs	126.5	128.0	123.1
水产品	Aquatic Products	128.7	129.3	120.6
菜	Vegetables	198.9	195.0	208.4
鲜菜	Fresh Vegetables	206.1	204.7	209.9
干鲜瓜果	Dried and Fresh Melons and Fruits	137.7	135.5	146.8
鲜瓜果	Fresh Fruits	130.6	129.0	139.8
液体乳及乳制品	Milk and Its Products	133.0	133.4	131.6
在外用膳食品	Dining Out	136.7	134.8	143.0
炒菜	Fried Dishes	128.9	123.3	142.6
烟酒及用品	Tobacco, Liquor and Articles	112.4	115.7	107.8
衣着	Clothing	120.3	131.7	99.1
服装	Garments	126.4	140.6	95.4
家庭设备用品及维修服务	Household Facilities, Articles and Services	105.9	104.6	108.5
耐用消费品	Durable Consumer Goods	98.3	96.4	102.4
家庭日用杂品	Daily Use Household Articles	118.6	116.9	120.4
医疗保健和个人用品	Health Care and Personal Articles	120.5	120.6	120.1
医疗保健	Health Care	119.3	119.8	119.2
中药材及中成药	Traditional Chinese Medicine	142.4	158.1	112.2
西药	Western Medicine	109.2	108.2	110.9
医疗保健服务	Health Care Services	118.5	112.9	126.6
交通和通信	Transportation and Communication	100.1	94.7	109.2
交通	Transportation	119.3	119.4	117.2
通信	Communication	79.0	77.1	87.3
娱乐教育文化用品及服务	Recreation, Education and Culture Articles	100.8	103.8	92.4
教育	Education	109.0	116.4	95.2
旅游	Touring and Outing	114.1	114.0	98.5
居住	Residence	136.0	124.3	154.1
建房及装修材料	Building and Building Decoration Materials	139.6	122.7	152.2
租房	Renting	149.1	130.6	154.2
自有住房	Private Housing	108.5	111.3	105.2
水、电、燃料	Water, Electricity and Fuels	135.8	127.1	162.6

7-12 城乡商品零售价格定基指数(2009年)

Fixed Base Retail Price Indices in Urban and Rural Areas(2009)

(2005年=100) (year of 2005=100)

项 目	Item	全 省 Province	城 市 Urban	农 村 Rural
商品零售价格总指数	**Retail Price Index**	**123.6**	**123.6**	**123.6**
食品	**Food**	**148.7**	**148.4**	**148.3**
饮料、烟酒	**Beverages, Tobacco and Liquor**	**113.7**	**115.2**	**111.2**
服装、鞋帽	**Garments, Shoes and Hats**	**115.8**	**132.9**	**96.1**
纺织品	**Textiles**	**102.6**	**103.9**	**100.6**
家用电器及音像器材	**Household Appliances, Music and Video Equipment**	**84.2**	**83.6**	**85.2**
家庭设备	Household Equipment	96.5	97.1	94.7
文娱用耐用消费品	Culture and Entertainment with Consumer Durable Goods	68.0	63.6	75.2
音像器材	Music and Video Equipment	100.7	101.7	100.1
文化办公用品	**Cultural and Office Appliances**	**81.3**	**75.0**	**104.0**
日用品	**Articles for Daily Use**	**115.8**	**117.1**	**112.2**
日用百货	General Merchandise for Daily Use	118.0	121.0	108.1
日用杂品	Miscellaneous for Daily Use	111.0	108.4	118.8
洗涤用品	Cleaning Products	116.8	117.9	113.4
体育娱乐用品	**Sports and Recreation Articles**	**98.0**	**99.7**	**93.7**
交通、通信用品	**Transportation and Communication Appliances**	**85.5**	**87.3**	**80.2**
交通运输机械	Transport Machinery	101.9	101.1	104.7
通信器材	Communications Equipment	53.1	44.4	61.4
家具	**Furniture**	**100.3**	**97.0**	**106.4**
化妆品	**Cosmetics**	**99.2**	**101.3**	**90.5**
金银珠宝	**Gold, Silver and Jewelry**	**179.6**	**212.9**	**155.9**
中西药品及医疗保健用品	**Traditional Chinese and Western Medicines and Health Care Articles**	**121.6**	**126.1**	**111.9**
书报杂志及电子出版物	**Books, Newspapers, Magazines and Electronic Publications**	**108.6**	**105.1**	**113.7**
教材及参考书	Textbooks and Reference Books	106.6	100.3	114.7
书报杂志	Books, Newspapers Magazines	113.0	108.8	121.5
电子音像制品	Electronic Audio-video Products	100.5	103.7	98.3
燃料	**Fuels**	**152.5**	**144.6**	**174.4**
煤炭及制品	Coal and Coal Products	189.2	172.1	207.7
石油及制品	Petroleum and Petroleum Products	137.8	135.7	146.2
建筑材料及五金电料	**Building Materials and Hardware**	**121.5**	**114.4**	**137.6**
建筑装潢材料	Building Decoration Materials	127.8	119.9	143.4
五金电料	Hardware	104.8	102.1	113.8

7-13 全省及调查县农业生产资料价格定基指数(2009年)

Fixed Base Price Indices of Means of Agricultural Production in the Province and Counties Surveyed(2009)

(2005年=100) (year of 2005=100)

项 目	Item	全 省 Province Total	大通县 Datong Hui & Tu County	乐都县 Ledu County	共和县 Gonghe County
农业生产资料价格指数	**Price Indices of Agricultural Means**	**134.1**	**141.4**	**125.6**	**120.0**
农用手工工具	**Farm Handtools**	**111.1**	**92.6**	**115.2**	**139.2**
饲料	**Forage**	**130.5**	**132.4**	**128.5**	**137.5**
混合饲料	Mixed Feed	129.3	122.1	130.9	140.9
产品畜	**Production Livestock**	**180.5**	**238.2**	**140.2**	**187.1**
半机械化农具	**Semi-mechanized Farm Tools**	**118.1**	**130.6**	**103.0**	**120.0**
机械化农具	**Mechanized Farm Machinery**	**130.0**	**130.2**	**130.9**	**126.8**
化学肥料	**Chemical Fertilizer**	**115.2**	**132.5**	**107.4**	**94.1**
氮肥	Nitrogen	118.2	127.6	113.6	98.4
磷肥	Phosphate	94.0	114.4	87.6	74.6
钾肥	Potassium	166.0	170.5	128.6	
复合肥料	Compound fertilizer	122.4	112.9	126.6	126.9
农药及农药械	**Pesticide and Its Appliances**	**124.1**	**130.0**	**109.5**	**112.3**
化学农药	Chemical Pesticides	126.4	132.6	114.0	106.1
农药器械	Pesticide Equipment	111.8	103.4	100.0	166.7
农用机油	**Oil for Farm Machinery**	**162.0**	**157.3**	**154.9**	**168.9**
其他农业生产资料	**Other Means of Agricultural Production**	**120.8**	**128.0**	**115.2**	**99.0**
农用种子	Farm Seeds	122.1	133.7	121.8	87.6
农业生产服务	**Service for Agricultural Production**	**144.9**	**150.8**	**125.4**	**161.0**

7-14 调查市、县居民消费价格定基指数(2009年)

Fixed Base Consumer Price Indices of Cities and Counties Surveyed (2009)

(2005年=100)　　(year of 2005=100)

项　目	Item	西宁市 Xining City	大通县 Datong Hui & Tu County	乐都县 Ledu County	共和县 Gonghe County	格尔木市 Geermu City
居民消费价格总指数	**General Index**	**122.1**	**125.4**	**118.6**	**118.0**	**130.1**
非食品价格指数	**Non-food Price Index**	**110.9**	**115.6**	**106.7**	**104.7**	**122.2**
服务项目价格指数	**Service Price Index**	**106.8**	**116.3**	**98.7**	**104.2**	**131.2**
工业品价格指数	**Consumer Price Index of Industrial Production**	**113.6**	**115.0**	**111.5**	**104.9**	**117.2**
扣除食品和能源价格指数	**Excluding Food and Energy Price Index**	**109.6**	**112.1**	**103.1**	**101.7**	**121.8**
扣除鲜菜鲜果总指数	**Excluding Fresh Vegetables and Fresh Fruit Price Index**	**119.6**	**122.4**	**116.3**	**115.6**	**128.4**
消费品价格指数	**Consumer Price Index**	**128.0**	**128.4**	**125.8**	**122.9**	**129.6**
食品	**Food**	147.6	148.5	148.8	151.2	148.0
粮食	Grain	147.4	131.6	136.3	132.8	136.5
油脂	Oil or Fat	128.3	134.6	107.1	146.9	127.7
肉禽及其制品	Meat, Poultry and Processed Products	161.1	150.1	152.6	153.5	144.7
蛋	Eggs	130.0	121.7	117.4	127.6	117.2
水产品	Aquatic Products	126.1	119.4	116.2	118.6	144.6
菜	Vegetables	198.6	207.6	193.1	212.0	188.6
鲜菜	Fresh Vegetables	205.5	208.9	199.3	223.0	197.2
干鲜瓜果	Dried and Fresh Melons and Fruits	132.5	151.7	142.6	145.4	158.7
鲜瓜果	Fresh Fruits	128.9	146.4	136.0	128.3	130.8
液体乳及乳制品	Milk and Its Products	132.8	129.6	142.0	122.8	138.2
在外用膳食品	Dining Out	132.2	142.7	145.2	143.2	143.6
炒菜	Fried Dishes	122.8	143.6	138.8	141.5	127.8
烟酒及用品	Tobacco, Liquor and Articles	116.9	110.4	101.5	114.2	105.1
衣着	Clothing	127.8	103.1	101.1	86.8	137.0
服装	Garments	139.0	101.2	99.3	78.8	136.3
家庭设备用品及维修服务	Household Facilities, Articles and Services	104.6	109.2	106.5	112.1	107.8
耐用消费品	Durable Consumer Goods	97.1	100.1	100.2	111.6	101.5
家庭日用杂品	Daily Use Household Articles	123.9	122.2	114.4	128.7	110.7
医疗保健和个人用品	Health Care and Personal Articles	121.4	118.8	115.4	109.4	118.6
医疗保健	Health Care	121.8	120.4	114.6	110.6	114.0
中药材及中成药	Traditional Chinese Medicine	160.3	115.5	148.0	106.1	139.0
西药	Western Medicine	109.4	123.8	94.7	94.7	100.0
医疗保健服务	Health Care Services	113.0	126.3	117.9	124.2	115.8
交通和通信	Transportation and Communication	87.1	102.3	113.3	104.2	114.9
交通	Transportation	105.6	113.5	132.9	122.4	152.4
通信	Communication	74.1	91.0	91.0	81.6	88.5
娱乐教育文化用品及服务	Recreation, Education and Culture Articles	97.4	110.7	77.3	89.6	129.4
教育	Education	109.4	126.3	71.0	83.8	143.8
旅游	Touring and Outing	103.5	96.7	93.2	106.1	140.3
居住	Residence	118.0	141.8	141.8	129.6	121.5
建房及装修材料	Building and Building Decoration Materials	118.9	172.2	129.2	128.6	127.5
租房	Renting	122.0	135.1	144.1	148.8	122.6
自有住房	Private Housing	108.2	98.6	118.2	102.0	99.5
水、电、燃料	Water, Electricity and Fuels	128.5	144.6	155.0	147.6	123.3

7-15 调查市、县商品零售价格定基指数(2009年)

Fixed base Retail Price Indices of Cities and Counties Surveyed (2009)

(2005年=100) (year of 2005=100)

项 目	Item	西宁市 Xining City	大通县 Datong Hui & Tu County	乐都县 Ledu County	共和县 Gonghe County	格尔木市 Geermu City
商品零售价格总指数	**Retail Price Index**	**124.7**	**123.9**	**120.6**	**123.8**	**124.8**
食品	**Food**	**148.7**	**147.6**	**147.8**	**148.4**	**147.1**
饮料、烟酒	**Beverages, Tobacco and Liquor**	**117.5**	**110.4**	**104.4**	**115.6**	**105.3**
服装、鞋帽	**Garments, Shoes and Hats**	**131.8**	**103.6**	**100.0**	**84.8**	**138.1**
纺织品	**Textiles**	**104.3**	**99.0**	**100.9**	**102.5**	**102.1**
家用电器及音像器材	**Household Appliances, Music and Video Equipment**	**81.6**	**83.6**	**90.6**	**82.9**	**93.6**
家庭设备	Household Equipment	95.8	95.8	96.3	91.9	107.1
文娱用耐用消费品	Culture and Entertainment with Consumer Durable Goods	57.7	66.3	87.1	70.4	84.4
音像器材	Music and Video Equipment	101.7	100.0	100.5		
文化办公用品	**Cultural and Office Appliances**	**69.6**	**99.1**	**89.4**	**115.0**	**104.4**
日用品	**Articles for Daily Use**	**116.9**	**113.3**	**108.8**	**113.1**	**119.0**
日用百货	General Merchandise for Daily Use	120.5	111.6	105.9	107.9	123.2
日用杂品	Miscellaneous for Daily Use	109.1	117.1	125.4	111.9	102.0
洗涤用品	Cleaning Products	117.3	106.2	113.0	125.8	122.6
体育娱乐用品	**Sports and Recreation Articles**	**99.2**	**85.4**	**100.5**	**104.4**	**107.7**
交通、通信用品	**Transportation and Communication Appliances**	**84.2**	**88.0**	**85.9**	**63.3**	**100.2**
交通运输机械	Transport Machinery	99.8	107.0	98.4	110.4	108.5
通信器材	Communications Equipment	32.2	69.3	69.7	47.0	84.9
家具	**Furniture**	**96.6**	**104.3**	**100.1**	**129.7**	**99.7**
化妆品	**Cosmetics**	**100.9**	**84.2**	**99.7**	**94.8**	**106.5**
金银珠宝	**Gold, Silver and Jewelry**	**147.9**	**150.4**	**162.7**	**153.2**	**365.3**
中西药品及医疗保健用品	**Traditional Chinese and Western Medicines and Health Care Articles**	**128.5**	**117.6**	**111.2**	**98.8**	**115.7**
书报杂志及电子出版物	**Books, Newspapers, Magazines and Electronic Publications**	**106.6**	**119.0**	**112.1**	**102.5**	**98.5**
教材及参考书	Textbooks and Reference Books	100.4	113.4	118.4	102.1	95.2
书报杂志	Books, Newspapers Magazines	108.3	125.7	109.9	110.4	111.1
电子音像制品	Electronic Audio-video Products	119.0	100.1	88.3	97.6	87.4
燃料	**Fuels**	**145.1**	**186.3**	**158.6**	**166.7**	**136.8**
煤炭及制品	Coal and Coal Products	173.1	202.3	193.1	227.3	144.2
石油及制品	Petroleum and Petroleum Products	136.0	147.7	133.2	147.2	134.6
建筑材料及五金电料	**Building Materials and Hardware**	**113.6**	**149.7**	**126.5**	**139.9**	**130.9**
建筑装潢材料	Building Decoration Materials	119.0	168.4	129.0	135.3	139.3
五金电料	Hardware	102.0	100.9	104.8	155.6	104.2

7-16 1991-2009年固定资产投资价格指数

Link Relative Price Indices for Investment in Fixed Assets (1991-2009)

(上年=100) (preceding year=100)

年 份 Year	固定资产投资价格总指数 Price Indices for Investment in Fixed Assets	建筑安装、装饰工程 Construction and Installation	设备、工器具购置 Purchase of Equipment and Instruments	其他费用 Others
1991	119.5	123.5	109.5	114.2
1992	115.1	114.5	111.2	124.8
1993	125.9	129.6	120.2	112.5
1994	108.4	107.6	111.2	107.9
1995	105.3	104.3	106.7	108.7
1996	103.5	104.4	99.6	102.1
1997	103.0	104.5	97.9	100.6
1998	98.5	99.0	95.9	98.7
1999	100.1	101.0	96.2	100.0
2000	101.6	102.7	97.9	100.3
2001	100.3	101.0	97.3	100.0
2002	103.2	104.7	97.3	101.5
2003	102.0	102.9	97.8	101.9
2004	102.8	103.2	100.1	104.4
2005	102.1	102.1	100.7	104.2
2006	102.4	102.6	101.8	102.0
2007	104.2	104.6	102.9	102.6
2008	110.5	113.3	101.5	104.1
2009	100.9	101.1	99.4	102.1

7−17 1991−2009年固定资产投资价格定基指数

Fixed Base Price Indices for Investment in Fixed Assets(1991-2009)

(1990年=100) (year of 1990=100)

年 份 Year	固定资产投资价格总指数 Price Indices for Investment in Fixed Assets	建筑安装、装饰工程 Construction and Installation	设备、工器具购置 Purchase of Equipment and Instruments	其他费用 Others
1991	119.5	123.5	109.5	114.2
1992	137.5	141.4	121.8	142.5
1993	173.2	183.3	146.4	160.3
1994	187.7	197.2	162.8	173.0
1995	197.7	205.7	173.7	188.1
1996	204.6	214.7	172.9	192.0
1997	210.7	224.4	169.3	193.2
1998	207.6	222.1	162.4	190.6
1999	207.8	224.4	156.2	190.6
2000	211.1	230.4	152.9	191.2
2001	211.7	232.7	148.8	191.2
2002	218.5	243.6	144.8	194.1
2003	222.9	250.7	141.6	197.8
2004	229.1	258.7	141.7	206.5
2005	233.9	264.1	142.7	215.2
2006	239.5	271.0	145.3	219.5
2007	249.6	283.5	149.5	225.2
2008	275.8	321.2	151.7	234.4
2009	278.3	324.7	150.8	239.3

7−18 1997−2009年西宁市区房地产价格总指数

Price Indices for Real Estate in Xining(1997-2009)

(上年=100) (preceding year=100)

年份 Year	房地产价格总指数 Price Indices for Real Estate	房屋销售价格指数 Sales Price Indices of Houses	新建房 Commercialized Houses	二手房 Second-hand House	房地产租赁价格指数 Renting Price Indices of Houses	住宅 Residential Buildings	办公用房 Office Buildings	商业用房 Business Buildings	土地交易价格指数 Transactions Price Indices of Land
1997	114.7	110.7	100.4	100.0	136.7	197.6	105.1	100.9	100.8
1998	104.0	101.5	100.8	100.7	117.9	146.2	100.0	100.5	99.4
1999	100.9	101.0	99.2	100.5	100.5	100.0	99.5	96.8	94.4
2000	103.0	101.1	99.9	99.3	114.3	133.4	99.2	116.2	100.4
2001	102.3	100.5	100.8	102.5	112.2	126.4	102.1	103.4	99.7
2002	103.0	102.2	101.2	111.2	107.3	117.4	104.2	99.8	102.7
2003	102.1	101.9	102.1	106.1	103.1	106.5	104.2	98.9	106.2
2004	103.5	104.0	104.2	100.0	100.4	100.0	99.2	100.5	106.1
2005	102.7	103.2	102.4	104.3	99.9	100.9	97.7	100.2	102.9
2006	102.4	102.8	102.3	103.4	101.1	100.7	102.6	100.3	102.5
2007	103.8	103.8	104.1	103.3	104.2	104.6	102.2	105.4	103.2
2008	106.7	107.5	107.5	107.6	102.4	101.4	100.6	104.4	103.2
2009	104.0	104.4	104.3	104.6	101.9	100.7	101.9	102.9	104.0

7–19 1989–2009年工业品出厂价格分行业、类别指数

(上年=100)

年 份 Year	总指数 General Index	轻工业 Light Industry	重工业 Heavy Industry	生产资料 Means of Production	采掘工业 Mining & Quarrying Industry	原料工业 Raw Materials Industry	加工工业 Processing Industry	煤炭开采和洗选业 Mining and Washing of Coal
1989	112.66	112.40	113.22	113.16	113.30	107.71	126.82	111.08
1990	109.48	114.89	107.75	107.76	105.92	108.49	107.53	103.58
1991	108.70	108.98	109.19	109.11	124.93	109.57	101.33	121.29
1992	103.64	107.73	101.88	102.03	104.17	100.24	104.19	106.38
1993	124.37	112.94	127.94	127.58	122.17	128.58	128.07	108.74
1994	124.86	121.30	126.00	125.54	143.65	126.02	115.57	144.19
1995	114.58	119.76	112.23	112.55	123.49	108.68	110.75	124.55
1996	106.66	107.21	106.06	106.74	103.31	107.92	107.70	109.91
1997	103.54	102.08	103.78	103.77	102.18	104.65	102.04	113.69
1998	100.67	97.32	101.26	101.27	99.31	102.11	100.16	105.86
1999	102.81	98.74	104.05	103.99	111.34	101.08	102.04	102.36
2000	108.05	92.21	111.09	110.89	137.85	102.05	95.04	103.03
2001	93.74	94.96	93.50	93.60	94.33	93.02	96.38	112.05
2002	97.57	100.91	97.23	97.29	97.11	96.24	102.18	101.81
2003	105.46	99.99	106.19	105.84	114.10	101.65	101.95	102.45
2004	111.23	102.99	112.54	111.83	116.98	106.48	113.56	103.80
2005	110.24	101.02	111.73	111.05	130.73	100.34	102.77	120.66
2006	109.49	99.97	110.41	109.86	118.87	110.38	100.22	114.33
2007	104.15	104.19	104.15	104.07	106.35	102.86	104.69	103.96
2008	107.60	111.56	107.22	107.50	107.27	97.87	124.00	118.23
2009	91.30	102.44	90.21	90.89	88.97	89.36	94.62	114.97

PPI by Sector and Categroy(1989-2009)

(preceding year=100)

石油和天然气开采业 Extraction of Petroleum and Natural Gas	有色金属矿采选业 Mining and Processing of Non-Ferrous Metal Ores	电力、热力的生产和供应业 Production and Supply of Electric Power and Heat Power	生活资料 Consumer Goods	食品类 Food	衣着类 Clothing	一般日用品 Articles for Daily Use	耐用消费品 Durable Consumer Goods
114.01			112.48	104.58	125.31	124.88	
119.79			114.96	116.63	116.49	100.81	
122.77			109.25	108.08	112.06	103.85	
105.88	114.78		107.72	114.86	102.44	103.43	
135.08	121.66		113.33	122.09	104.2	110.44	
173.75	106.54		122.4	123.29	126.45	114.91	
133.09	133.28		119.41	122.74	117.95	114.63	
95.7	96.3		106.52	112.5	100.99	104.28	
97.74	98.85	125.92	102.1	104.53	99.54	97.27	
100.31	89.46	121.68	97.12	97.19	97.58	97.5	
121.61	93.75	101.41	98.73	99.05	99.67	97.64	
171.81	108.41	95.18	91.65	88.34	99.99	97.21	94.48
79.75	109.61	94.21	94.46	92.94	92.93	101.04	93.89
91.67	102.27	98.6	100.67	99.16	103.67	101.75	98.08
116.74	106.52	99.47	100.67	100.13	95.27	105.4	100
113.83	150.07	99.9	104.79	104.55	101.52	108.37	101.15
133.91	121.07	97.37	101.79	102.11	98.54	103.87	105.75
117.94	134.11	97.12	101.48	100.97	99.97	103.9	98.37
105.46	114.69	100.84	106.46	111.14	99.81	101.53	99.9
115.53	68.6	100.45	110.39	113.22	102.61	110.81	103.55
76.83	94.15	99.47	101.22	98.42	104.03	102.88	116.38

7–20 1989–2009年原材料、燃料、动力购进价格指数

Purchasing Price Indices for Raw Materials，Fuels and Power(1989-2009)

(上年=100) (preceding year=100)

年 份 Year	总指数 General Index	燃料、动力类 Fuel and Power	黑色金属材料类 Ferrous Metals	有色金属材料类 Nonferrous Metals	化工原料类 Raw Chemical Materials	木材及纸浆类 Timber and Paper Pulp	建材及非金属矿类 Building materials and non-metallic mineral	其它工业原材料及半成品类 Other Categories of Industrial Raw Materials and Semi-finished Products	农副产品类 Agricultural Products	纺织原料类 Textile Material
1989	123.81	121.91	136.38		126.79	114.68				
1990	113.87	119.42	107.38		96.46	106.66				
1991	112.76	113.92	115.67		95.22	105.49				
1992	108.43	134.60	109.08	116.76	90.41	99.85			102.80	98.57
1993	138.86	129.35	164.77	121.67	135.72	131.97			120.33	99.29
1994	112.33	115.65	102.84	112.66	108.10	113.72			121.73	102.25
1995	110.22	112.76	98.63	126.60	124.53	109.12			129.02	145.69
1996	108.81	112.62	97.47	96.12	111.44	108.33			111.80	104.49
1997	110.93	121.15	100.67	101.90	103.21	104.33	104.87	106.54	97.10	90.26
1998	101.32	105.08	95.48	101.26	104.55	102.42	96.53	99.93	89.48	98.48
1999	99.06	100.50	96.46	95.60	95.04	98.49	99.66	98.48	96.79	100.00
2000	98.93	100.26	101.06	129.35	105.55	99.30	100.15	100.92	90.34	103.51
2001	99.09	102.70	97.94	85.60	99.71	102.23	107.01	105.11	88.68	100.00
2002	102.75	102.07	100.63	92.45	96.63	112.70	95.88	99.24	106.39	99.59
2003	101.84	101.63	107.57	111.48	98.80	107.81	96.04	97.26	98.04	94.21
2004	108.51	104.36	128.64	138.23	101.80	100.50	112.83	99.75	110.35	99.64
2005	105.28	104.56	104.05	101.00	106.04	110.67	105.03	100.02	108.26	99.96
2006	102.76	102.26	94.46	112.25	102.43	102.38	143.75	100.13	97.46	100.04
2007	104.44	104.10	102.11	97.13	109.70	109.18	101.44	104.71	108.76	96.61
2008	110.43	108.38	119.55	97.74	107.53	115.92	111.27	113.36	132.60	99.37
2009	99.83	101.26	92.00	81.20	101.97	101.23	105.90	101.61	97.47	97.72

主要统计指标解释

定基价格指数　在一个价格指数数列中，每个指数都以同一时期为基期计算的价格指数。通常以某一年为基期来计算。其特点是无论计算期如何变动，其基期固定不变（通常每5年更换一次基期）。从2001年起，我国改用国际通用方法计算定基价格指数，首轮固定对比基期选为2000年，即以2000年平均价格作基数。编制定基价格指数的目的在于观察物价变动的长期趋势和变动程度及其规律。

同比价格指数　同比指数是根据报告期的定基指数除以上年同期的定基指数取得的。

居民消费价格指数　是反映一定时期内城乡居民所购买的生活消费品价格和服务项目价格变动趋势和程度的相对数，是对城市居民消费价格指数和农村居民消费价格指数进行综合汇总计算的结果。该指数可以观察和分析消费品的零售价格和服务项目价格变动对城乡居民实际生活费支出的影响程度。

城市居民消费价格指数　是反映一定时期内城市居民家庭所购买的生活消费品价格和服务项目价格变动趋势和程度的相对数。该指数可以观察和分析消费品的零售价格和服务项目价格变动对城镇职工货币工资的影响，作为研究职工生活和确定工资政策的依据。

农村居民消费价格指数　是反映一定时期内农村居民家庭所购买的生活消费品价格和服务项目价格变动趋势和程度的相对数。该指数可以观察农村消费品的零售价格和服务项目价格变动对农村居民生活消费支出的影响，直接反映农村居民生活水平的实际变化情况，为分析和研究农村居民生活问题提供依据。

商品零售价格指数　是反映一定时期内城乡商品零售价格变动趋势和程度的相对数。商品零售价格的变动直接影响到城乡居民的生活支出和国家的财政收入，影响居民购买力和市场供需的平衡，影响到消费与积累的比例关系。因此，该指数可以从一个侧面对上述经济活动进行观察和分析。

农业生产资料价格指数　指反映一定时期内农业生产资料价格变动趋势和程度的相对数。其编制目的是了解农业生产中物质资料投入价格的变动状况，服务于国民经济核算。1994年以前，农业生产资料价格指数仅仅是商品零售价格指数的一个类别，此后，从商品零售价格指数中分离出来，单独编制。

农产品生产价格指数　是反映一定时期内，农产品生产者出售农产品价格水平变动趋势及幅度的相对数。该指数可以客观反映全国农产品生产价格水平和结构变动情况，满足农业与国民经济核算需要。其中某代表品生产价格指数是通过对全部有出售该产品行为的调查单位的个体指数进行几何平均求得的，类价格指数是通过对其所属的类（或代表品）的价格指数进行加权平均求得的。季度累计价格指数的计算方法与分季指数的计算方法相同。

工业品出厂价格指数　是反映一定时期内全部工业产品出厂价格总水平的变动趋势和程度的相对数，包括工业企业售给本企业以外所有单位的各种产品和直接售给居民用于生活消费的产品。该指数可以观察出厂价格变动对工业总产值及增加值的影响。

原材料、燃料和动力购进价格指数　是反映工业企业作为生产投入，而从物资交易市场和能源、原材料生产企业购买原材料、燃料和动力产品时，所支付的价格水平变动趋势和程度的统计指标，是扣除工业企业物质消耗成本中的价格变动影响的重要依据。

目前，我国编制的原材料、燃料和动力购进价格指数所调查的产品包括燃料动力、黑色金属、有色金属、化工、建材等九大类的近1800种产品。

固定资产投资价格指数　是反映一定时期内固定资产投资品及取费项目的价格变动趋势和程度的相对数。固定资产投资额是由建筑安装工程投资完成额、设备工器具购置投资完成额和其他费用投资完成额三部分组成的。编制固定资产投资价格指数应首先分别编制上述三部分投资的价格指数，然后采用加权算术平均法求出固定资产投资价格总指数。

该指数可以准确地反映固定资产投资中涉及的各类投资品和取费项目价格变动趋势和变动幅度，消除按现价计算的固定资产投资指标中的价格变动因素，真实地反映固定资产投资的规模、速度、结构和效益，为国家科学地制定、检查固定资产投资计划并提高宏观调控水平，为完善国民经济核算体系提供科学的、可靠的依据。

房地产价格指数　是反映一定时期内房地产价格变动趋势和程度的相对数，包括房屋销售价格指数、房屋租赁价格指数、土地交易价格指数和物业管理价格指数。这四套指数的计算方法相似，均采用由下到上逐级汇总的方法。

Explanatory Notes on Main Statistical Indicators

Consumer Price Indices reflect the trend and degree of changes in prices of consumer goods and services purchased by urban and rural households during a given period. They are obtained by combining Consumer Price Indices of Urban Household and Consumer Price Indices of Rural Household. The Indices enable the observation and analysis of the degree of impact of the changes in the prices of retailed goods and services on the actual living expenses of urban and rural residents.

Consumer Price Indices of Urban Household reflect the trend and degree of changes in prices of consumer goods and services purchased by urban households during a given period. It can be used to observe and analyze the impact of price changes in consumer goods and services on wages (in monetary terms) of urban staff and workers, and provide a basis for research on the livelihood of staff and workers and policy – making concerning wages.

Consumer Price Indices of Rural Household reflect the trend and degree of changes in prices of consumer goods and services purchased by rural households during a given period. It can be used to observe the impact of change in retail prices of consumer goods and service prices in rural areas on living expenditure of rural households, and to show the changes in the living standard of rural households. It provides a basis for analysis and research on the condition of life in rural areas.

Retail Price Indices reflect the trend and degree of change in retail prices of commodities during a given period. The change in retail prices of commodities directly affect the living expenses of urban and rural residents, government revenue, purchasing power of residents and the equilibrium of market supply and demand, and the ratio of consumption to accumulation. Therefore, the retail price indices are useful from an oblique perspective for observing and analyzing the changes of the above economic activities.

Price Indices for Means of Agricultural Production reflect the trend and degree of changes in the prices of the means of agricultural production during a given period. Compilation of these indices helps to understand the changes in prices of input into agricultural production and facilitate the compilation of national accounts statistics. Before 1994, price indices for means of agricultural production were a sub – category in the retail price indices for commodities, and it has been compiled separately since 1994.

Producer Prices Indices for Farm Products reflect the trend and degree of changes in producers′ prices received by farmers when they sell farm products during a given period. These indices depict the change in the level and structure of producer prices for farm products of the country and meet the needs of agricultural statistics and national accounts statistics. The producer price index for a given product is calculated as the geometrical mean of individual indices for all surveyed units which sell such product, and the indices for a product category is obtained as the weighted mean of price indices for all products in the category. Method for calculating accumulative quarterly indices is the same as for calculating the individual quarterly indices.

Producer Price Indices for Manufactured Goods reflect the trend and degree of changes in general ex – factory prices of all manufactured goods during a given period, including sales of manufactured goods by an industrial enterprise to all units outside the enterprise, as well as sales of consumer goods to residents. It can be used to analyze the impact of ex – factory prices on gross output value and value – added of the industrial sector.

Purchasing Price Indices for Raw Materials, Fuels and Power reflect changes in the level and degree of prices paid by industrial enterprises when they purchase production input such as raw materials, fuels and power from the market or from other energy or raw materials producing enterprises. These indices provide an important basis for measuring the material consumption of industrial enterprises after removing the influence of price changes.

At present, close to 1,800 products in 9 categories, including fuels and power, ferrous metals, non – ferrous metals, chemicals, building materials, are covered in China for the survey to produce indices for purchasing prices of raw materials, fuels and power.

Price Indices for Investment in Fixed Assets reflect the trend and degree of changes in prices of investment goods and projects in fixed assets during a given period. The investment in fixed assets consists of three components, namely the investment in construction and installation, the investment in purchases of equipment and instrument, and the investment in other items. Price indices for investment in fixed assets are calculated as the weighted arithmetic mean of the price indices for the three components of investment in fixed assets.

Removing the factor of price change in the aggregates of investment at current prices, this indicator shows the changes in the prices of commodities and fees involved in the investment of fixed assets, and can be used to observe the actual size, growth, structure, and efficiency of investment in fixed assets and provides reliable and scientific data for government planning, management, decision – making, and further improving the current national accounting system.

Price Indices for Real Estate reflect the trend and degree of changes in prices of real estate during a given period, including sale price indices for houses, price indices for renting houses, price indices for land transactions and price indices for management of properties. The methods for the compilation of these four sets of indices are similar in that they all use the bottom – up approach under which data are reported from lower level to higher level.

第 8 篇

CHAPTER 8

能 源

Energy

能源生产消费情况（万吨标准煤）

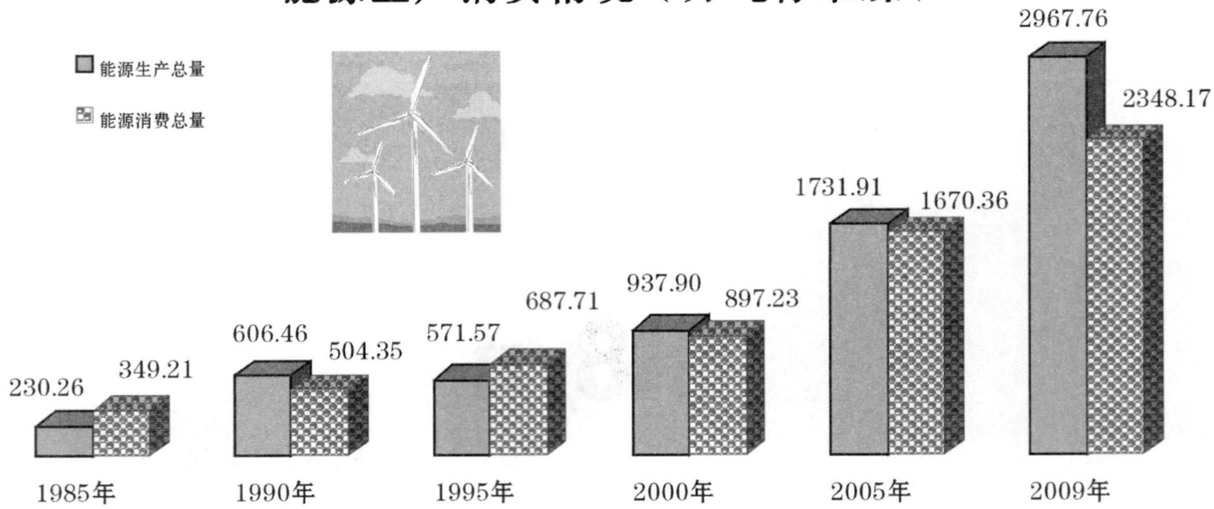

能源消费构成（%）

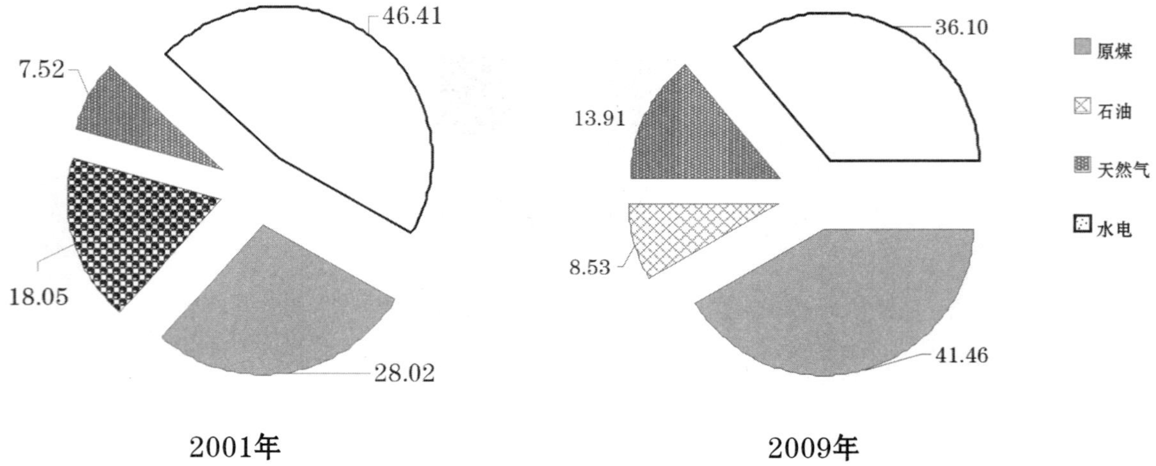

能源自给率

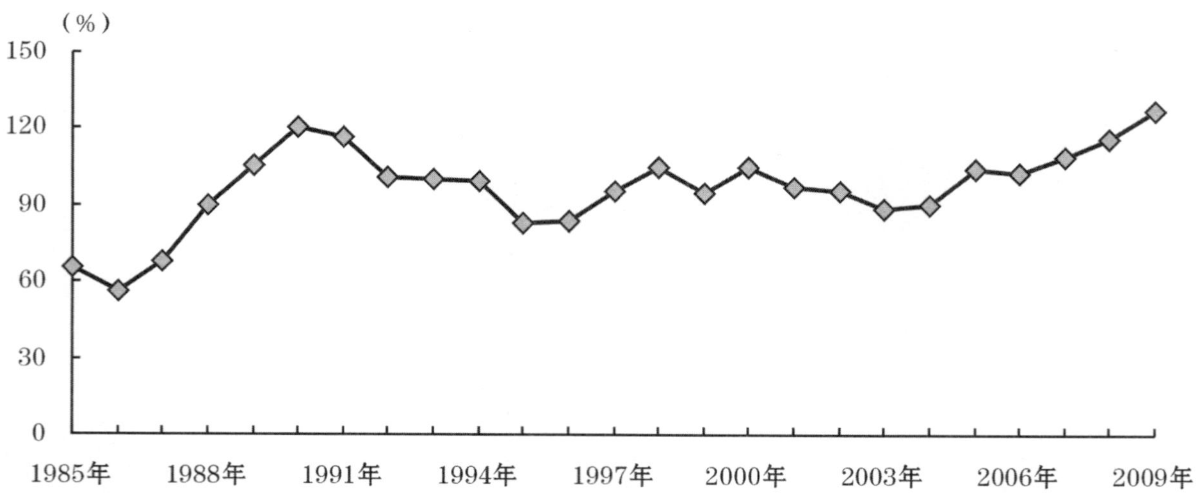

8-1 1990-2009年能源生产总量及构成

Total Production of Energy and Its Composition(1990-2009)

年 份 Year	能源生产总量 (万吨标准煤) Total Energy Production (10 000 tons of SCE)	占能源生产总量的比重(%) As Percentage of Total Energy Production(%)			
		原 煤 Coal	原 油 Crude Oil	天然气 Natural Gas	水 电 Hydropower
1990	606.46	32.28	19.08	1.02	47.62
1991	552.26	31.82	26.39	1.65	40.14
1992	504.85	34.32	30.00	1.25	34.43
1993	559.17	25.29	27.69	1.00	46.01
1994	619.47	26.12	26.06	1.31	46.50
1995	571.57	29.74	30.41	1.36	38.49
1996	584.71	35.34	33.32	2.49	28.85
1997	672.89	28.79	34.02	3.97	33.22
1998	771.00	24.90	32.63	4.22	38.25
1999	885.89	23.00	30.57	4.76	41.67
2000	937.90	16.79	30.46	5.06	47.69
2001	907.05	13.31	32.44	8.76	45.49
2002	974.46	18.31	31.38	14.34	35.97
2003	990.14	22.40	31.75	18.90	26.95
2004	1226.30	23.92	25.86	17.76	32.46
2005	1731.91	25.78	18.27	17.09	38.86
2006	1949.69	24.61	16.34	15.72	43.33
2007	2272.09	31.00	13.87	20.08	35.05
2008	2635.91	35.06	11.94	22.02	30.98
2009	2967.76	37.96	8.97	19.30	33.77

注：1.电力折算标准煤的系数根据当年平均发电煤耗计算。

2.生产、消费量按等价值计算。下表同。

a) The coefficient for conversion of electric power into SCE (standard coal equivalent) is calculated on the basis of the data on average coal consumption in generating electric power in the same year.

b) The indices of enery production and consumption in this table is at equalance prices. The same applies to the tables following.

8–2 1990–2009年能源消费总量及构成

Total Consumption of Energy and Its Composition(1990-2009)

年份 Year	能源消费总量 (万吨标准煤) Total Energy Consumption (10 000 tons of SCE)	占能源消费总量的比重(%) As Percentage of Total Energy Consumption(%)			
		原煤 Coal	原油 Crude Oil	天然气 Natural Gas	水电 Hydropower
1990	504.35	51.54	12.47	1.03	32.97
1991	474.29	44.08	11.25	2.24	42.43
1992	499.29	42.53	7.80	1.85	47.82
1993	559.98	38.57	8.69	1.00	51.74
1994	625.38	40.27	8.24	1.30	50.19
1995	687.71	41.64	8.42	1.13	48.81
1996	698.25	40.75	8.57	2.07	48.61
1997	706.78	45.45	19.15	3.77	31.63
1998	738.88	39.78	17.92	4.40	37.90
1999	938.68	37.29	16.84	4.38	41.49
2000	897.23	30.18	18.96	4.83	46.03
2001	939.33	28.02	18.05	7.52	46.41
2002	1018.83	26.42	15.77	13.25	44.56
2003	1122.70	28.72	13.47	15.07	42.74
2004	1364.38	27.56	14.07	15.79	42.58
2005	1670.36	43.34	9.45	8.77	38.44
2006	1903.39	44.60	8.49	9.27	37.64
2007	2095.02	46.82	8.86	9.08	35.24
2008	2279.15	42.49	9.81	13.36	34.34
2009	2348.17	41.46	8.53	13.91	36.10

注：2005–2008年能耗及相关数据根据第二次经济普查结果进行调整。

a) Energy consumption and related data in 2005-2008 were adjusted based on the result of the second economic census.

8—3 综合能源平衡表

Overall Energy Balance Sheet

单位：万吨标准煤 (10 000 tons of SCE)

项 目	Item	2005	2006	2007	2008	2009
可供本地区消费的能源量	**Total Energy Available for Consumption**	**1667.25**	**1902.16**	**2095.99**	**2278.22**	**2347.07**
年初库存量	Early stocks	35.44	28.13	94.16	121.20	156.79
一次能源生产量	Primary Energy Output	1731.91	1949.69	2272.09	2635.91	2967.76
回收能	Recovery of Energy				23.56	26.57
外省(区、市)调入量	Inflow from other Provinces	497.91	631.80	664.71	567.75	469.33
进口量	Imports					
本省(区、市)调出量(-)	Outflow(-)	-570.76	-613.29	-815.37	-913.41	-1112.89
出口量(-)	Exports (-)					
年末库存量(-)	The End of Inventories	-27.25	-94.16	-119.60	-156.79	-160.50
加工转换投入(-)产出(+)量	**Losses During the Process of Energy Conversion**	**-19.42**	**-5.18**	**-18.41**	**-32.35**	**-26.02**
火力发电	Thermal Power					
供 热	Heating					
煤炭洗选	Coal Washing	-0.19		-0.10	-21.44	-12.81
炼 焦	Coking	-0.84	-1.51	-15.52	-5.63	-5.00
炼 油	Petroleum Refining	-14.76	-2.76	-2.78	-5.28	-8.21
制 气	Gas Production	-3.63	-0.90			
煤制品加工	Coal Goods of Process			-0.01		
终端消费量	**End-use Consumption**	**1607.11**	**1856.19**	**2040.82**	**2191.67**	**2269.15**
第一产业	Primary Industry	14.67	15.19	15.22	15.42	17.86
农、林、牧、渔业	Agriculture, Forestry, Animal Husbandry, Fishery and Water Conservancy	14.67	15.19	15.22	15.42	17.86
第二产业	Secondary Industry	1236.77	1477.35	1639.41	1759.79	1808.83
工 业	Industry	1215.65	1454.96	1615.78	1735.20	1782.62
用于原材料	For Raw and Processed Material	46.65	48.76	54.41	136.12	144.84
建筑业	Construction	21.12	22.39	23.64	24.59	26.21
第三产业	Tertiary Industry	194.36	200.50	218.52	236.54	256.02
交通运输、仓储和邮政业	Transport, Storage and Post	82.81	83.12	89.10	91.41	101.72
批发、零售业和住宿、餐饮业	Wholesale and Retail Trades, Hotels and Catering Services	35.00	37.39	40.19	42.53	46.03
其 他	Others	76.56	80.00	89.23	102.60	108.26
生活消费	Household Consumption	161.30	163.15	167.67	179.92	186.45
城 镇	Urban	89.68	92.20	96.10	107.54	111.45
乡 村	Rural	71.62	70.95	71.57	72.38	75.00
消费量合计	**Total consumption**	**1670.36**	**1903.39**	**2095.02**	**2279.15**	**2348.17**

注：1.电力、热力按等价热值折算。
2.村办工业包括在工业中。
a) Electric power and heat are converted on the basis of equal caloric value.
b) Energy consumption of industry include that of village industry.

8–4 1990–2009年能源生产弹性系数
Elasticity Ratio of Energy Production(1990-2009)

年 份 Year	能源生产比上年增长(%) Growth Rate of Energy Production over Preceding Year (%)	电力生产比上年增长(%) Growth Rate of Electricity Production over Preceding Year (%)	生产总值比上年增长(%) Growth Rate of Gross Domestic Product (GDP) over Preceding Year (%)	能源生产弹性系数 Elasticity Ratio of Energy Production	电力生产弹性系数 Elasticity Ratio of Electricity Production
1990	17.24	21.30	3.72	4.63	5.73
1991	-8.94	-15.40	4.69		
1992	-8.58	-16.70	7.39		
1993	10.76	36.50	9.61	1.12	3.80
1994	10.80	7.40	8.20	1.31	0.90
1995	-7.70	-17.40	8.00		
1996	2.30	2.20	8.60	0.27	0.26
1997	15.08	36.45	9.00	1.68	4.04
1998	14.60	19.26	9.00	1.62	2.14
1999	14.90	13.80	8.20	1.82	1.68
2000	5.87	17.00	9.00	0.65	1.89
2001	-3.29	2.90	12.00		0.24
2002	7.40	-4.10	12.10	0.60	
2003	1.60	-14.90	12.10	0.13	
2004	23.85	41.23	12.30	1.94	3.35
2005	41.23	27.85	12.20	3.38	2.28
2006	12.57	28.51	13.26	0.95	2.15
2007	16.54	8.99	13.47	1.23	0.68
2008	16.01	6.64	13.53	1.18	0.49
2009	12.59	17.78	10.14	1.24	1.75

注：生产总值增长速度按可比价格计算，下表同。
a) The growth rates of GDP are calculated at constant prices. The same applies to the tables following.

8–5 1990–2009年能源消费弹性系数
Elasticity Ratio of Energy Consumption(1990-2009)

年 份 Year	能源消费比上年增长(%) Growth Rate of Energy Consumption over Preceding Year (%)	电力消费比上年增长(%) Growth Rate of Electricity Consumption over Preceding Year (%)	生产总值比上年增长(%) Growth Rate of Gross Domestic Product (GDP) over Preceding Year (%)	能源消费弹性系数 Elasticity Ratio of Energy Consumption	电力消费弹性系数 Elasticity Ratio of Electricity Consumption
1990	6.81		3.72	1.83	
1991	-5.96		4.69		
1992	5.27		7.39	0.71	
1993	12.16		9.61	1.27	
1994	11.68	9.78	8.20	1.42	1.19
1995	9.97	3.59	8.00	1.25	0.44
1996	1.53	4.40	8.60	0.18	0.51
1997	1.22	21.68	9.00	0.14	2.41
1998	4.54	7.61	9.00	0.50	0.85
1999	27.04	13.66	8.20	3.30	1.66
2000	-4.42	8.13	9.00		0.90
2001	4.69	-3.58	12.00	0.39	
2002	8.46	18.15	12.40	0.68	1.46
2003	10.19	19.65	12.10	0.92	1.62
2004	21.53	26.36	12.30	1.75	2.14
2005	22.43	4.09	12.20	1.84	0.34
2006	13.95	18.40	13.26	1.43	1.39
2007	10.07	16.69	13.47	0.81	1.24
2008	8.79	9.10	13.53	0.64	0.67
2009	3.03	7.67	10.14	0.30	0.76

8—6 分行业终端能源消费总量和主要能源品种消费量(2009年) Terminal Consumption of Energy and Major Variety Energy Consumption by Sector(2009)

行业	Sector	能源消费总量(万吨标准煤) Total Energy Consumption (10 000 tons of SCE)	原煤消费量(万吨) Coal Consump-tion (10 000 tons)	汽油消费量(万吨) Gasoline Consump-tion (10 000 tons)	电力消费量(亿千瓦小时) Electricity Consumption (100 million kw·h)
消费总量	**Total Consumption**	**2269.15**	**1468.16**	**23.17**	**337.22**
农林牧渔业	**Agriculture, Forestry, Animal Husbandry, Fishery and Water Conservancy**	**17.86**	**2.94**	**1.53**	**1.35**
工业	**Industry**	**1782.62**	**1286.69**	**2.43**	**308.49**
采掘业	**Mining**	**237.31**	**227.38**	**0.53**	**11.95**
煤炭采选业	Mining and Washing of Coal	13.31	153.88	0.04	0.94
石油和天然气开采业	Extraction of Petroleum and Natural Gas	138.56	0.24	0.22	2.27
黑色金属矿采选业	Mining and Processing of Ferrous Metal Ores	2.52	0.50	0.02	0.54
有色金属矿采选业	Mining and Processing of Non-Ferrous Metal Ores	58.36	62.56	0.14	3.29
非金属矿采选业	Mining and Processing of Non-metal Ores	23.74	10.19	0.11	4.69
其他矿采选业	Mining of Other Ores	0.82	0.01		0.22
制造业	**Manufacturing**	**1489.72**	**792.77**	**1.85**	**272.06**
食品加工业	Processing of Food	4.75	1.81	0.04	0.90
食品制造业	Manufacture of Foods	1.67	1.21	0.03	0.14
饮料制造业	Manufacture of Beverages	2.11	2.02	0.01	0.14
纺织业	Manufacture of Textile	1.97	1.21	0.01	0.30
服装及其他纤维制品制造	Manufacture of Textile Wearing Apparel, Footwear and Caps	0.61	0.04	0.01	0.07
皮革毛皮羽绒及其制品业	Manufacture of Leather, Fur, Feather and Related Products	0.09	0.09		
家具制造业	Manufacture of Furniture	0.37	0.02		0.09
造纸及纸制品业	Manufacture of Paper and Paper Products	0.20	0.01		0.05
印刷业记录媒介的复制	Printing, Reproduction of Recording Media	0.45	0.10	0.03	0.06
文教体育用品制造业	Manufacture of Articles For Culture, Education and Sport Activities	0.01			
石油加工及炼焦业	Processing of Petroleum, Coking, Processing of Nuclear Fuel	23.41	307.51	0.04	1.88
化学原料及制品制造业	Manufacture of Raw Chemical Materials and Chemical Products	150.94	117.55	1.16	7.31
医药制造业	Manufacture of Medicines	5.27	2.35	0.03	0.41
橡胶制品业	Manufacture of Rubber	0.04	0.05		
塑料制品业	Manufacture of Plastics	0.59	0.06		0.15
非金属矿物制品业	Manufacture of Non-metallic Mineral Products	143.87	107.32	0.10	11.25
黑色金属冶炼压延加工业	Smelting and Pressing of Ferrous Metals	473.20	17.32	0.02	83.28
有色金属冶炼压延加工业	Smelting and Pressing of Non-ferrous Metals	666.32	227.00	0.13	164.26
金属制品业	Manufacture of Metal Products	1.75	0.41	0.04	0.36
普通机械制造业	Manufacture of General Purpose Machinery	7.54	4.50	0.04	0.76
专用设备制造业	Manufacture of Special Purpose Machinery	0.07	0.04	0.02	
交通运输设备制造业	Manufacture of Transport Equipment	1.36	1.11	0.10	0.05
电气机械及器材制造业	Manufacture of Electrical Machinery and Equipment	0.37	0.35	0.01	
仪器仪表文化办公用机械	Manufacture of Measuring Instruments and Machinery for Cultural Activity and Office Work	0.44			0.10
其他制造业	Other manufacturing industries	2.19	0.66	0.01	0.46
废弃资源和废旧材料回收加工业	Recycling and Disposal of Waste	0.12	0.02		0.03
电力煤气水生产供应业	**Electric Power, Gas and Water Production and Supply**	**55.60**	**266.54**	**0.05**	**24.48**
电力蒸汽热水生产供应业	Production and Supply of Electric Power and Heat Power	50.66	266.38	0.04	23.20
煤气的生产和供应业	Production and Supply of Gas	1.25			0.34
自来水的生产和供应业	Production and Supply of Water	3.69	0.16	0.02	0.93
建筑业	**Construction**	**26.21**	**4.32**	**1.30**	**3.40**
交通运输仓储邮电通信业	**Transport, Storage and Post**	**101.72**	**13.73**	**7.12**	**1.35**
批发和零售贸易餐饮业	**Wholesale and Retail Trades, Hotels and Catering Services**	**46.03**	**11.30**	**2.30**	**3.07**
其他行业	**Others**	**108.26**	**45.89**	**5.66**	**6.88**
生活消费	**Household Consumption**	**186.45**	**103.29**	**2.83**	**12.68**

注：工业能源消费量中包括村办工业。

a) Energy consumption of industry include that of village industry.

8–7 1990–2009年能源自给率
Energy Self-sufficiency Rate(1990-2009)

单位：万吨标准煤 (10 000 tons of SCE)

年 份 Year	能源生产总量 Total Energy Production	能源消费总量 Total Energy Consumption	能源自给率(%) Energy self-sufficiency rate(%)
1990	606.46	504.35	120.24
1991	552.26	474.29	116.44
1992	504.85	499.29	101.11
1993	559.17	559.98	99.85
1994	619.47	625.38	99.05
1995	571.57	687.71	83.11
1996	584.71	698.25	83.74
1997	672.89	706.78	95.21
1998	771.00	738.88	104.35
1999	885.89	938.68	94.38
2000	937.90	897.23	104.53
2001	907.05	939.33	96.56
2002	974.46	1018.83	95.65
2003	990.14	1122.70	88.19
2004	1226.30	1364.38	89.88
2005	1731.91	1670.36	103.68
2006	1949.69	1903.39	102.43
2007	2272.09	2095.02	108.45
2008	2635.91	2279.15	115.65
2009	2967.76	2348.17	126.39

主要统计指标解释

能源生产总量 指一定时期内，一个国家或地区一次能源生产量的总和。该指标是观察全省能源生产水平、规模、构成和发展速度的总量指标。一次能源生产量包括原煤、原油、天然气、水电、核能及其他动力能（如风能、地热能等）发电量，不包括低热值燃料生产量、生物质能、太阳能等的利用和由一次能源加工转换而成的二次能源产量。

能源消费总量 指一定时期内，一个国家或地区各行业和居民生活消费的各种能源的总和。该指标是观察能源消费水平、构成和增长速度的总量指标。能源消费总量包括原煤和原油及其制品、天然气、电力，不包括低热值燃料、生物质能和太阳能等的利用。能源消费总量分为终端能源消费量、能源加工转换损失量和能源损失量三部分。

（1）终端能源消费量：指一定时期内，一个国家或地区生产和生活消费的各种能源在扣除了用于加工转换二次能源消费量和损失量以后的数量。

（2）能源加工转换损失量：指一定时期内，一个国家或地区投入加工转换的各种能源数量之和与产出各种能源产品之和的差额。该指标是观察能源在加工转换过程中损失量变化的指标。

（3）能源损失量：指一定时期内，能源在输送、分配、储存过程中发生的损失和由客观原因造成的各种损失量，不包括各种气体能源放空、放散量。

能源生产弹性系数 是研究能源生产增长速度与国民经济增长速度之间关系的指标。计算公式：

$$能源生产弹性系数=\frac{能源生产总量年平均增长速度}{国民经济年平均增长速度}$$

国民经济年平均增长速度，可根据不同的目的或需要，用国民生产总值、国内生产总值等指标来计算，本年鉴是采用国内生产总值指标计算的。

电力生产弹性系数 是研究电力生产增长速度与国民经济增长速度之间关系的指标。一般来说，电力的发展应当快于国民经济的发展，也就是说电力应超前发展。计算公式为：

$$电力生产弹性系数=\frac{电力生产量年平均增长速度}{国民经济年平均增长速度}$$

能源消费弹性系数 反映能源消费增长速度与国民经济增长速度之间比例关系的指标。计算公式为：

$$能源消费弹性系数=\frac{能源消费量年平均增长速度}{国民经济年平均增长速度}$$

电力消费弹性系数 反映电力消费增长速度与国民经济增长速度之间比例关系的指标。计算公式为：

$$电力消费弹性系数=\frac{电力消费量年平均增长速度}{国民经济年平均增长速度}$$

能源加工转换效率 指一定时期内，能源经过加工、转换后，产出的各种能源产品的数量与同期内投入加工转换的各种能源数量的比率。该指标是观察能源加工转换装置和生产工艺先进与落后、管理水平高低等的重要指标。计算公式为：

$$能源加工转换效率=\frac{能源加工转换产出量}{能源加工转换投入量}\times 100\%$$

单位国内生产总值能耗 指一定时期内，一个国家或地区每生产一个单位的国内生产总值所消耗的能源。计算公式为：

$$单位国内生产总值能耗=\frac{能源消费总量}{国内生产总值}$$

单位国内生产总值电耗 指一定时期内，一个国家或地区每生产一个单位的国内生产总值所消耗的电力。计算公式为：

$$单位国内生产总值电耗=\frac{全社会用电量}{国内生产总值}$$

单位工业增加值能耗 指一定时期内，一个国家或地区每生产一个单位的工业增加值所消耗的能源。计算公式为：

$$单位工业增加值能耗=\frac{工业能源消费量}{工业增加值}$$

Explanatory Notes on Main Statistical Indicators

Total Energy Production refers to the total production of primary energy by all energy producing enterprises in the province in a given period of time. It is acomprehensive indicator to show the level, scale, composition and pace of development of energy production of the country. The production of primary energy includes that of coal, crude oil, natural gas, hydro – power and electricity generated by nuclear energy and other means such as wind power and geothermal power. However, it does not include the production of fuels of low calorific value, bio – energy, solar energy and secondary energy converted from primary energy.

Total Energy Consumption refers to the total consumption of energy of various kinds by the production sectors and the households in the province in a given period of time. It is a comprehensive indicator to show the scale, composition and pace of increase of energy consumption. Total energy consumption includes that of coal, crude oil and their products, natural gas and electricity. However, it does not include the consumption of fuel of low calorific value, bio – energy and solar energy. Total energy consumption can be divided into three parts: end – use energy consumption; loss during the process of energy conversion; and energy loss.

(1) End – use Energy Consumption: It refers to the total energy consumption by the production sectors and the households in the province (region) in a given period of time. It does not include the consumption during the conversion of primary energy into secondary energy and the loss in the process of energy conversion.

(2) Loss During the Process of Energy Conversion: It refers to the total input of various kinds of energy for conversion, minus the total output of various kinds of energy in the province in a given period of time. It is an indicator to show the loss that occurs during the process of energy conversion.

(3) Energy Loss: It refers to the total of the loss of energy during the course of energy transport, distribution and storage and the loss caused by any objective reason in a given period of time. The loss of various kinds of gas due to gas discharges and stocktaking is not included.

Elasticity Ratio of Energy Production is an indicator to show the relationship between the growth rate of energy production and the growth rate of the national economy. The formula is:

$$\text{Elasticity Ratio of Energy Production} = \frac{\text{Average Annual Growth Rate of Energy Production}}{\text{Average Annual Growth Rate of National Economy}}$$

The average annual growth rate of the national economy can be measured by indicators such as the Gross National Product and the Gross Domestic Product, depending on the purposes or needs. The Gross Domestic Product has been used in the calculation of the ratio in this Yearbook.

Elasticity Ratio of Electricity Production is an indicator to show the relationship between the growth rate of electricity production and the growth rate of the national economy. Generally speaking, the growth rate of electricity production should be higher than that of the national economy.

Its formula is:

$$\text{Elasticity Ratio of Electricity Production} = \frac{\text{Average Annual Growth Rate of Electricity Production}}{\text{Average Annual Growth Rate of National Economy}}$$

Elasticity Ratio of Energy Consumption is an indicator to show the relationship between the growth rate of energy consumption and the growth rate of the national economy. The formula is:

$$\text{Elasticity Ratio of Energy Consumption} = \frac{\text{Average Annual Growth Rate of Energy Consumption}}{\text{Average Annual Growth Rate of National Economy}}$$

Elasticity Ratio of Electricity Consumption is an indicator to show the relationship between the growth rate of electricity consumption and the growth rate of the national economy. The formula is:

$$\text{Elasticity Ratio of Electricity Consumption} = \frac{\text{Average Annual Growth Rate of Electricity Consumption}}{\text{Average Annual Growth Rate of National Economy}}$$

Efficiency of Energy Processing and Conversion refers to the ratio of the total output of energy products of various kinds after processing and conversion to the total input of energy of various kinds for processing and conversion in the same reference period. It is an important indicator to show the current conditions of energy processing and conversion equipment, production technique and management. The formula is:

$$\text{Efficiency of Energy Processing \& Conversion} = \frac{\text{Output of Energy After Processing \& Conversion}}{\text{Input of Energy for Processing \& Conversion}} \times 100\%$$

Energy Consumption per Unit of GDP refers to the energy consumption per unit of Gross Domestic Product in a province or the Gross Regional Product in a region in the same reference period. The formula is:

$$\text{Energy Consumption per Unit of GDP} = \frac{\text{Total Energy Consumption}}{\text{Gross Domestic Product}}$$

Electricity Consumption per Unit of GDP refers to the electricity consumption per unit of Gross Domestic Product in a province or the Gross Regional Product in a region in the same reference period. The formula is:

$$\text{Electricity Consumption per Unit of GDP} = \frac{\text{Total Electricity Consumption}}{\text{Gross Domestic Product}}$$

Energy Consumption per Unit of Industrial Value – added refers to the energy consumption per unit of industrial value – added in a province or region in the same reference period. The formula is:

$$\text{Energy Consumption per Unit of Industrial Value – added} = \frac{\text{Total Energy Consumption}}{\text{Industrial Value – added.}}$$

第 9 篇

CHAPTER 9

固定资产投资

Investment in Fixed Assets

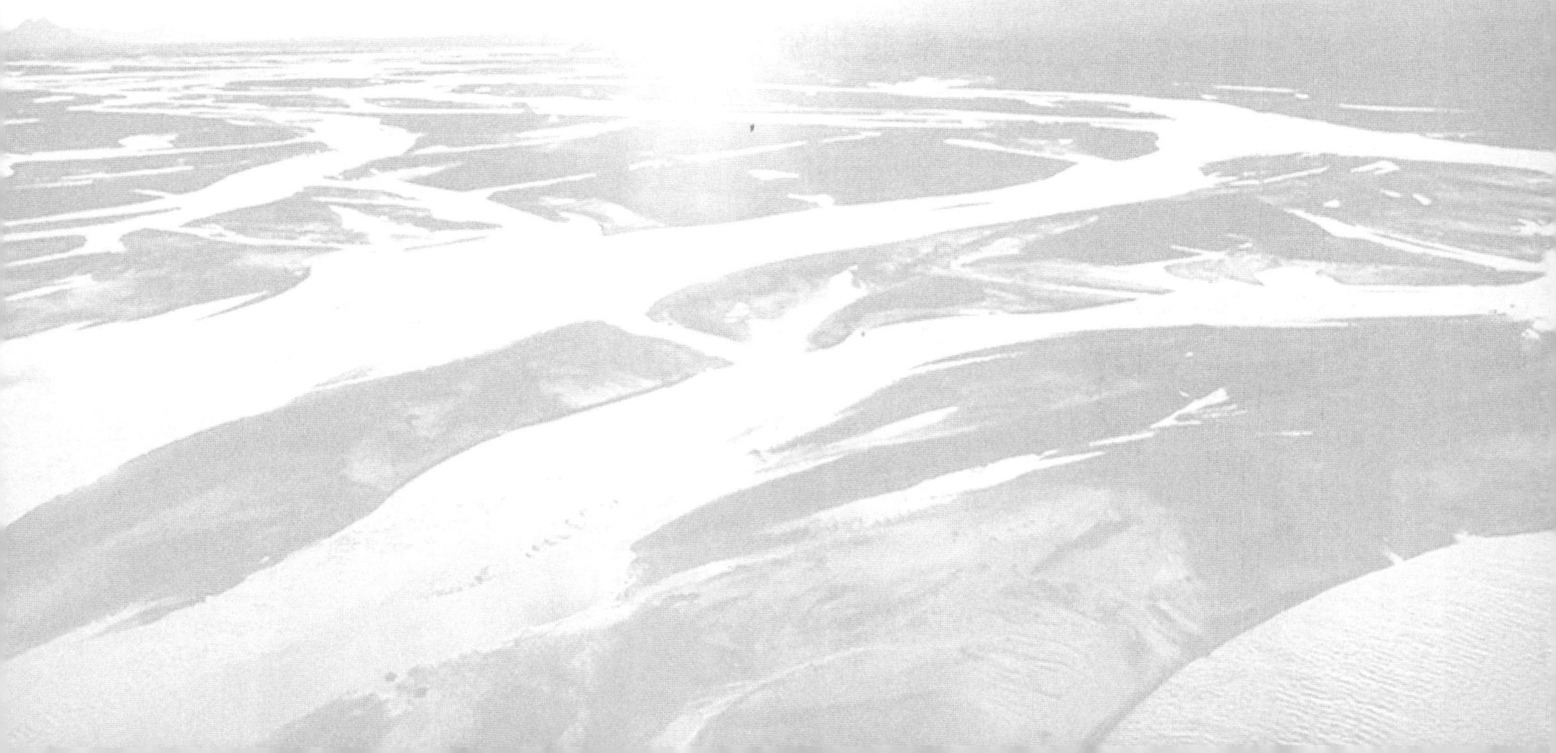

全社会固定资产投资总额及增速

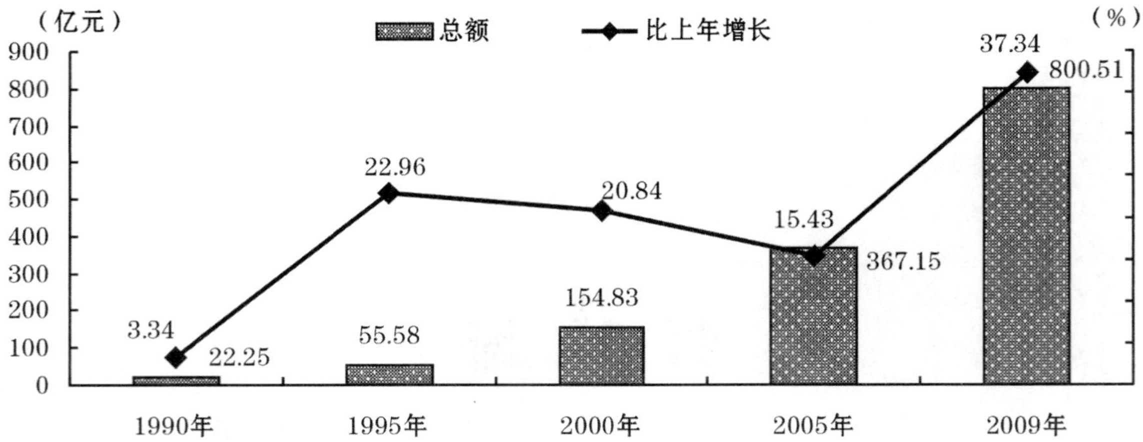

全社会固定资产投资构成（%）

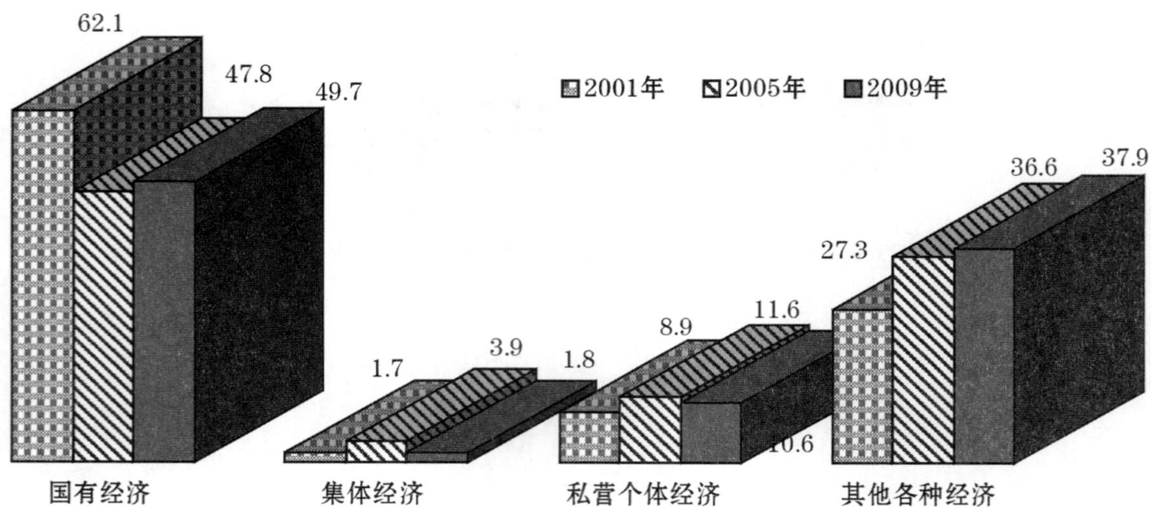

资金来源投资额比重（%）

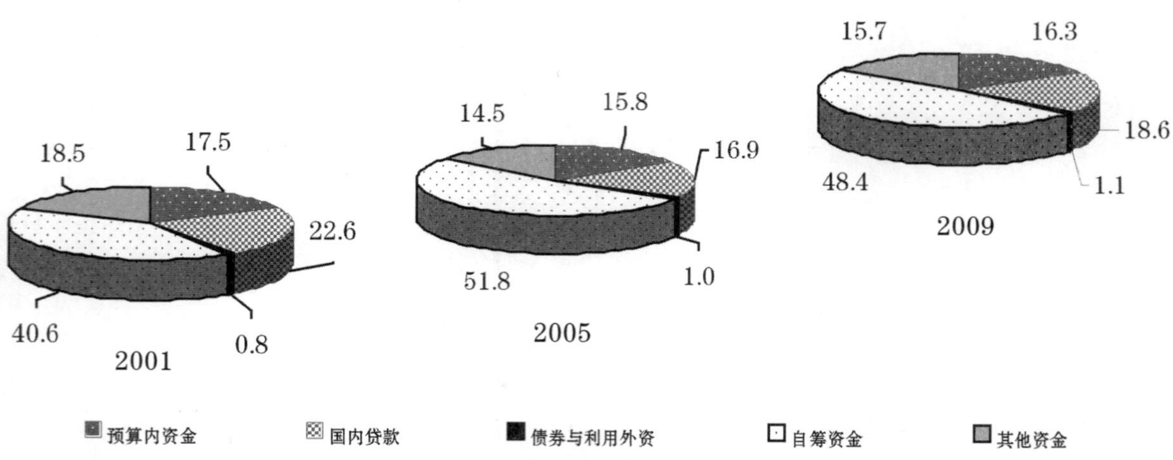

9-1　2005-2009年全社会固定资产投资

Total Investment in Fixed Assets(2005-2009)

单位：亿元　　(100 million yuan)

指　标	Item	2005	2006	2007	2008	2009
投资总额	**Total Investment**	**367.15**	**419.62**	**487.47**	**582.85**	**800.51**
按经济类型分	**Grouped By Economic Type Groups**					
国有经济	The state-owned Economy	175.64	196.73	201.21	255.48	398.01
集体经济及私营个体投资	Collective-owned, Private and Self-employed Individual	57.26	61.95	62.98	63.98	99.09
联营经济	Joint Ownership Economy	0.53	1.79	1.81	1.02	0.70
股份经济	Share Economy	121.55	140.81	201.74	242.21	281.00
港、澳、台投资	Economy with Funds from Hong Kong, Macao and Taiwan	1.11	3.11	1.84	1.92	1.61
外商投资经济	Foreign Funded Economy	8.32	5.07	8.51	9.57	10.41
其他投资	Others	2.74	10.16	9.38	8.67	9.69
按产业分	**Grouped By Three Strata of Industry**					
第一产业	Primary Industry	31.37	38.49	39.70	40.87	53.81
第二产业	Secondary Industry	175.63	206.44	251.44	297.21	380.92
工业	Industry	164.29	198.90	242.18	288.49	368.02
第三产业	Tertiary Industry	160.15	174.69	196.33	244.77	365.78
按构成分	**Grouped by Structure**					
建筑安装工程	Construction and Installation	266.14	312.85	363.41	440.46	588.36
设备工具器具购置	Purchase of Equipment and Instruments	69.14	69.87	76.72	87.38	123.99
其他费用	Others	31.87	36.89	47.35	55.01	88.16
本年资金到位按来源分	**Grouped by Sources of Funds**	**378.42**	**401.20**	**479.14**	**563.89**	**800.72**
国家预算内资金	State Budget	59.75	59.10	61.93	81.98	130.45
国内贷款	Domestic Loans	63.84	67.35	66.05	93.29	148.87
利用外资	Foreign Investment	2.09	2.03	7.49	8.70	8.44
自筹资金	Self-raising Funds	196.15	189.84	263.34	298.95	387.27
其他资金	Others	55.05	82.89	80.33	80.96	125.69
房屋建筑面积（万平方米）	**Floor Space of Buildings　(10 000 sq.m)**					
施工面积	Floor Space under Construction	1165.74	1203.86	1414.78	1695.03	2542.26
住宅	Residential Buildings	724.02	739.21	927.39	1048.34	1571.05
竣工面积	Floor Space Completed	571.79	650.64	622.05	679.77	953.91
住宅	Residential Buildings	367.99	391.34	461.71	505.91	663.21

9–2　1990–2009年全社会固定资产投资(按经济类型分)
Total Investment in Fixed Assets by Ownership(1990-2009)

指　标 Item	总　计 Total	国有经济 State-owned	集体经济 Collective-owned	私营个体经济 Private and Self-employed Individual	其他经济 Others
投资额(亿元) Investment(100 million yuan)					
1990	22.25	19.92	0.54	1.79	
1991	23.94	21.49	0.56	1.89	
1992	30.27	27.46	0.68	2.13	
1993	44.73	40.02	1.07	3.50	0.14
1994	45.20	39.45	1.48	3.49	0.78
1995	55.58	45.15	5.34	4.34	0.75
1996	77.66	64.42	5.08	4.62	3.54
1997	97.66	76.24	4.60	10.24	6.58
1998	116.38	89.01	3.99	10.89	12.49
1999	128.13	94.09	7.05	15.02	11.97
2000	154.83	102.83	6.61	13.08	32.31
2001	201.61	125.18	3.50	17.90	55.03
2002	245.02	153.88	2.72	21.26	67.16
2003	285.12	176.31	9.03	31.57	68.21
2004	318.06	168.39	10.38	37.24	102.05
2005	367.15	175.64	14.50	42.76	134.25
2006	419.62	196.73	20.12	41.82	160.95
2007	487.47	201.21	26.52	36.46	223.28
2008	582.85	255.48	23.79	41.52	262.06
2009	800.51	398.01	14.33	84.76	303.41
增长速度(上年=100) Growth Rate(preceding year=100)					
1990	3.34	5.79	-19.40	-11.82	
1991	7.60	7.88	3.70	5.59	
1992	26.44	27.78	21.43	12.70	
1993	47.77	45.74	57.35	64.32	
1994	1.05	-1.42	38.32	-0.29	457.14
1995	22.96	14.45	260.81	24.36	-3.85
1996	39.73	42.68	-4.87	6.45	372.00
1997	25.75	18.35	-9.45	121.65	85.88
1998	19.17	16.75	-13.26	6.35	89.82
1999	10.10	5.71	76.69	37.92	-4.16
2000	20.84	9.29	-6.24	-12.92	170.43
2001	30.21	21.73	-45.45	36.85	70.32
2002	21.53	2.93	77.71	18.77	22.04
2003	16.37	14.58	231.99	48.49	1.56
2004	11.55	-4.49	15.00	17.96	49.61
2005	15.43	4.31	39.60	14.82	31.55
2006	14.29	12.01	38.76	-2.20	19.89
2007	16.17	2.28	-37.67	20.61	38.73
2008	19.57	26.97	-10.29	13.88	17.37
2009	37.34	55.79	-39.76	104.14	15.78

备注：其他经济为除国有、集体、私营个体经济以外的经济类型。

a) Others mean economic types except state-owned, collective-owned, private and self-employed individual.

9-3 2000-2009年全社会固定资产投资构成及资金来源

Structrue and Sourses of Funds of Total Investment in Fixed Assets (2000-2009)

单位：亿元、%　　(100 million yan，%)

年 份 Year	按构成分 By Structure of Funds			按资金来源分 By Source of Funds						
	建筑安装工程 Construction	设备工具器具购置 Purchase of Equipment and Instruments	其他费用 Others	资金来源总额 Total Funds This Year	国家预算内资金 State Budget	国内贷款 Domestic Loans	债券 Financial Bond	利用外资 Foreign Investment	自筹 Self-raising Fund	其他资金 Others
投资额 Investment										
2000	117.00	25.47	12.36	148.99	25.38	36.25	0.41	2.07	53.78	31.09
2001	146.39	34.55	20.67	191.21	33.36	43.19	0.10	1.51	77.72	35.34
2002	192.49	35.16	17.37	250.92	55.17	68.18	0.01	2.56	77.59	47.40
2003	222.87	41.34	20.91	257.82	59.04	29.89	0.21	3.44	119.31	45.94
2004	251.46	47.46	19.14	312.88	42.58	33.22	0.28	2.98	177.60	56.23
2005	266.14	69.14	31.87	378.43	59.75	63.84	1.54	2.09	196.15	55.05
2006	312.86	69.87	36.89	401.20	59.10	67.35		2.03	189.84	82.89
2007	363.41	76.72	47.35	479.14	61.93	66.05		7.49	263.34	80.33
2008	440.46	87.38	55.01	563.89	81.98	93.29		8.70	298.95	80.96
2009	588.36	123.99	88.16	800.72	130.45	148.87		8.44	387.27	125.69
构 成 Percentage										
2000	75.57	16.45	7.98	100	17.04	24.33	0.27	1.39	36.09	20.87
2001	72.61	17.14	10.25	100	17.45	22.59	0.05	0.79	40.64	18.48
2002	78.56	14.35	7.09	100	21.99	27.17	…	1.02	30.92	18.89
2003	78.17	14.50	7.33	100	22.90	11.59	0.08	1.33	46.27	17.82
2004	79.06	14.92	6.02	100	13.61	10.62	0.09	0.95	56.76	17.97
2005	72.49	18.83	8.68	100	15.79	16.87	0.41	0.55	51.83	14.55
2006	74.56	16.65	8.79	100	14.73	16.79		0.51	47.32	20.66
2007	74.56	15.74	9.70	100	12.93	13.78		1.56	54.96	16.77
2008	75.57	14.99	9.44	100	14.54	16.54		1.54	53.02	14.36
2009	73.50	15.49	11.01	100	16.27	18.59	0.03	1.05	48.36	15.70

9-4 2000-2009年分地区固定资产投资

Actually Completed Investment in Fixed Assets by Region(2000-2009)

单位：亿元　　(100 million yuan)

年 份 Year	西宁市 Xining City	海东地区 Haidong Prefe-cture	海北州 Haibei Zang A.P	黄南州 Huangnan Zang A.P	海南州 Hainan Zang A.P	果洛州 Golog Zang A.P	玉树州 Yushu Zang A.P	海西州 Haixi Mong-olian & Zang A.P
2000	53.82	14.12	4.27	3.31	5.81	1.85	3.01	28.25
2001	69.30	26.39	6.10	4.80	10.90	4.70	3.60	39.70
2002	77.70	32.79	7.50	4.70	14.09	2.20	4.30	49.00
2003	85.40	39.54	8.80	7.50	17.29	3.70	4.80	54.70
2004	98.50	43.55	10.60	11.70	21.79	3.00	5.80	57.30
2005	115.60	43.69	12.60	11.50	24.68	3.70	7.30	66.90
2006	141.04	45.93	15.65	10.61	28.13	6.13	8.76	87.30
2007	178.91	45.41	19.50	12.25	21.05	6.46	10.58	119.82
2008	221.98	54.62	25.60	15.28	24.94	7.50	14.02	125.53
2009	248.20	73.92	28.63	17.54	53.52	10.88	16.98	132.30

注：本表未包括跨地区项目。

a) Data in this table do not include trans-regional items.

9-5 按地区分全社会固定资产投资(2009年)
Total Investment in Fixed Assets by Region(2009)

单位：万元、平方米 (10 000 yuan，sq.m)

类　型	Type	西宁市 Xining City	海东地区 Haidong Prefecture	海北州 Haibei Zang A.P	黄南州 Huangnan Zang A.P	海南州 Hainan Zang A.P	果洛州 Golog Zang A.P	玉树州 Yushu Zang A.P	海西州 Haixi Mongolian & Zang A.P
投资总额	**Investment**	**3120429**	**856759**	**296492**	**180009**	**557079**	**108798**	**169829**	**1338826**
按登记注册类型分	**By Registration type**								
国有投资	State-owned Investment	1344233	281148	133978	126949	276278	90398	162873	337183
集体投资	Collective-owned Investment	62845	60454	6105	4967	12443		5891	2170
股份合作企业	Cooperative Investment	50677	1520	250	1614				14308
私营个体投资	Private and Self-employed Individuals Investment	368524	53841	14422	4679	59550	2560	200	114050
联营经济投资	Joint Ownership	3332							3700
有限责任公司	Limited Liability Corporations	932469	415184	113192	23072	201890	15840	665	355903
股份有限公司	Share Holding Corporations Ltd.	179299	42912	20163	246	2639		200	506313
港澳台投资	Funds from Hong Kong, Macao and Taiwan	14346	1700						
外商投资	Foreign Funded	102292		50		1800			
其他投资	Others	62412		8332	18482	2479			5199
按资金来源分	**By Sources of Funds**								
国家预算内资金	State Budget	239347	249989	80889	86106	182108	87524	198885	122725
国内贷款	Domestic Loans	587408	87216	43680	520	196704		734	171261
利用外资	Foreign Investment	77691		619	789	3424		1892	
自筹资金	Self-raising Fund	1976178	449101	158719	50180	135826	25079	14337	735180
其他资金	Others	433485	113297	18292	44085	61256	6371	11062	362057
按构成分	**By Structure of Funds**								
建筑安装工程	Construction and Installation	2182943	693782	234074	137370	418452	106708	165651	890795
设备、工具、器具购置	Purchase of Equipment and Instruments	511533	70082	37680	25095	46341	2090	3347	333256
其他费用	Others	425953	92895	24738	17544	92286		831	114775
本年新增固定资产	**Add Fixed Assets of This Year**	**1668866**	**320194**	**211968**	**146961**	**228912**	**62014**	**345579**	**549028**
房屋建筑面积	**Floor Space of Buildings**								
施工面积	Floor Space under Construction	12693170	2200010	979006	647518	935744	1449265	877883	2033050
竣工面积	Floor Space Completed	3081505	690440	386499	237430	207054	921368	233432	314274
住宅	Residential Buildings	2330944	517443	238774	179944	205390	69571	127303	174311

注：本表未含跨省区项目，按资金来源分为财务拨款数。

a) Data in this table do not include trans-provincial items. The data divided by source of funds are financial appropriating funds.

9—6 2004—2009年城镇固定资产投资

Total Investment in Fixed Assets in Urban Area(2004-2009)

单位：亿元、万平方米 (100 million yuan，10 000 sq.m)

指 标	Item	2004	2005	2006	2007	2008	2009
投资总额	**Total Investment**	**273.77**	**310.83**	**384.61**	**443.69**	**514.05**	**616.27**
按经济类型分	**By Economic Type**						
国有经济	State-owned Investment	151.42	154.58	192.07	183.86	220.36	331.46
集体经济	Collective-owned Investment	3.83	4.86	6.94	5.76	2.62	3.78
联营经济	Joint Ownership	0.16	0.82	1.79	1.81	0.70	0.67
有限责任公司	Limited Liability Corporations	56.05	79.91	88.72	145.17	161.29	171.12
股份制经济	Share Holding Corporations Ltd.	34.71	41.00	51.52	54.31	73.64	71.94
私营个体	Private and Self-employed Individuals Investment	17.35	17.58	28.75	35.41	38.91	23.08
其他投资	Others	1.26	2.65	6.80	7.02	5.18	5.10
外商投资经济	Foreign Funded	5.77	8.32	3.08	8.51	9.43	7.60
港澳台投资经济	Funds from Hong Kong, Macao and Taiwan	3.22	1.11	4.93	1.84	1.92	1.52
按隶属关系分	**By Jurisdiction of Management**						
中央项目	Central	71.20	79.65	99.52	81.12	102.83	149.95
地方项目	Local	202.57	231.18	285.10	362.57	411.22	466.32
按资金来源分	**By Sources of Funds**						
国家预算内资金	State Budget	27.11	46.48	55.75	50.54	56.56	90.78
国内贷款	Domestic Loans	31.94	52.30	66.09	61.70	88.82	129.07
利用外资	Foreign Investment	2.88	1.90	1.98	7.44	8.64	7.82
自筹资金	Self-raising Fund	151.07	153.92	161.18	236.64	262.12	283.21
其他资金	Others	55.32	52.68	80.80	78.52	74.74	86.51
按构成分	**By Structure of Funds**						
建筑安装工程	Construction and Installation	198.47	228.69	299.41	334.67	386.36	449.01
设备、工具、器具购置	Purchase of Equipment and Instruments	47.46	55.66	53.77	67.51	77.95	109.48
其他费用	Others	27.84	26.48	31.43	41.51	49.74	57.78
按建设性质分	**By Construction of nature**						
新 建	New Construction	156.58	172.93	218.68	289.31	327.88	367.77
扩 建	Extension	61.02	61.63	70.24	74.66	99.97	125.77
改 建	Reconstruction	24.73	43.06	59.85	71.71	76.09	108.92
房屋建筑面积	**Floor Space of Buildings**						
施工面积	Floor Space under Construction	771.11	816.27	896.68	1121.72	1369.61	942.43
住宅	Residential Buildings	439.51	433.77	534.04	685.96	783.42	280.91
竣工面积	Floor Space Completed	300.76	269.63	360.53	352.21	384.08	275.76
住宅	Residential Buildings	172.84	240.14	196.47	234.59	259.71	99.39
竣工房屋价值	Cost of Buildings Completed	32.85	31.48	41.32	43.58	55.24	27.20
住宅	Residential Buildings	17.02	12.33	21.02	29.29	37.87	10.43

注：按资金来源分为财务拨款数；除房地产外投资均为50万元以上项目。
a) The data divided by source of funds are financial appropriating funds. All the investment projects are above 500 000 yuan in addition to real estate.

9–7 按各种口径分50万元以上项目固定资产投资(2009年)

Completion of Investment in Fixed Assets of Projects over 500 Thousand Yuan by Various Calibres (2009)

单位：万元　　(10 000yuan)

指　标	Item	合　计 Total	地方 Local	城　镇 Urban	地方 Local	非农户 Non-farmer	地方 Local
总　计	**Total**	**7024417**	**5523996**	**6162696**	**4663218**	**861721**	**860778**
按登记注册类型分	**By Registration Type**						
内资	Domestic Funds	6918803	5422432	6066088	4570660	852715	851772
国有	State-owned	3888258	3037050	3314563	2464298	573695	572752
集体	Collective-owned	74920	74920	23393	23393	51527	51527
股份合作	Cooperative	20722	20722	14401	14401	6321	6321
联营	Joint	7032	4082	6650	3700	382	382
国有联营	State-owned Joint	3700	3700	3700	3700		
集体联营	Collective-owned Joint	2950		2950			
国有与集体联营	State-owned and Collective Joint	382	382			382	382
其他联营	Others						
有限责任公司	Limited Liability	1831166	1523850	1711206	1403890	119960	119960
国有独资公司	State-owned Sole Proprietorship	35974	35974	35974	35974		
其他有限责任公司	Others	1795192	1487876	1675232	1367916	119960	119960
股份有限公司	Share-holding	738156	403259	719402	384505	18754	18754
私营	Private	263545	263545	225367	225367	38178	38178
其他内资	Others	95004	95004	51106	51106	43898	43898
港澳台投资	Funds from Hong Kong, Macao and Taiwan	15552	11552	15200	11200	352	352
港澳台合作经营	Cooperative	3352	3352	3000	3000	352	352
港澳台独资	Wholly-owned	12200	8200	12200	8200		
外商投资	Foreign Investment	78438	78388	75984	75934	2454	2454
外商合资经营	Joint Venture	78388	78388	75934	75934	2454	2454
外商独资	Wholly-owned						
外商股份有限	Share-holding	50		50			
个体经营	Self-employed Individual	11624	11624	5424	5424	6200	6200
个体户	Self-employed	11354	11354	5154	5154	6200	6200
个人合伙	Individual Partners	270	270	270	270		
按隶属关系分	**By Jurisdiction of Management**						
中央	Central	1500421		1499478		943	
地方	Local	5523996	5523996	4663218	4663218	860778	860778
省	Province	1103751	1103751	1058681	1058681	45070	45070
地市县属	Region, City and County	4420245	4420245	3604537	3604537	815708	815708
地区	Region	1222035	1222035	1203494	1203494	18541	18541
县	County	2152120	2152120	1561759	1561759	590361	590361
乡镇	Township						
其他	Others	1046090	1046090	839284	839284	206806	206806

9—7 续表 1 Continued

单位：万元 (10 000yuan)

指 标	Item	合 计 Total	地方 Local	城 镇 Urban	地方 Local	非农户 Non-farmer	地方 Local
按建设性质分	**By Character of Construction**						
新建	New Construction	4147771	3434103	3677679	2964011	470092	470092
扩建	Extension	1400847	667447	1257714	524596	143133	142851
改建	Reconstruction	1296687	1253398	1089173	1046545	207514	206853
单纯建造生活设施	The Construction of Living Facilities	32379	32379	28967	28967	3412	3412
迁建	Moving	31852	31852	15361	15361	16491	16491
恢复	Resumption	8104	8104	5373	5373	2731	2731
单纯购置	Purchase	106777	96713	88429	78365	18348	18348
按建设阶段分	**By Construction Phase**						
筹建	Prepare to Build	5488		5488			
本年正式施工	Started to Work This Year	6877764	5392895	6034391	4550465	843373	842430
本年收尾	Wind up This Year	33098	33098	33098	33098		
单纯购置	Purchase	106777	96713	88429	78365	18348	18348
按注册控股类型分	**By Registration Categories**						
国有控股	State-holding	4988244	3494823	4412209	2919731	576035	575092
集体控股	Collective-Holding	308307	308307	219649	219649	88658	88658
私人控股	Private-holding	1681987	1679037	1511765	1508815	170222	170222
港澳台商控股	Hong Kong, Macao and Taiwan-holding	13500	9500	13500	9500		
外商控股	Foreign-holding	32379	32329	5573	5523	26806	26806
按国民经济行业分	**By Sector**						
农、林、牧、渔业	Agriculture, Forestry, Animal Husbandry and Fishery	498347	493101	201177	195931	297170	297170
农业	Farming	37822	37822	14505	14505	23317	23317
林业	Forestry	35487	35487	16686	16686	18801	18801
畜牧业	Animal Husbandry	67100	67100	16212	16212	50888	50888
渔业	Fishery	100	100			100	100
农、林、牧、渔服务业	Services in Support of Agriculture	357838	352592	153774	148528	204064	204064
采矿业	Mining	511012	178725	499290	167003	11722	11722
煤炭开采和洗选业	Mining and Washing of Coal	76296	76296	76086	76086	210	210
石油和天然气开采业	Extraction of Petroleum and Natural Gas	333587	1300	333587	1300		
黑色金属矿采选业	Mining and Processing of Ferrous Metal Ores	33997	33997	29462	29462	4535	4535
有色金属矿采选业	Mining and Processing of Non-Ferrous Metal Ores	41680	41680	38301	38301	3379	3379
非金属矿采选业	Mining and Processing of Nonmetal Ores	20886	20886	20354	20354	532	532
其他采矿业	Mining of Other Ores	4566	4566	1500	1500	3066	3066
制造业	Manufacturing	1986178	1980758	1822537	1817117	163641	163641
农副食品加工业	Processing of Food from Agricultural Products	68357	68357	59513	59513	8844	8844
食品制造业	Manufacture of Foods	31725	31725	25725	25725	6000	6000
饮料制造业	Manufacture of Beverages	25942	25942	23632	23632	2310	2310
烟草制品业	Manufacture of Tobacco						
纺织业	Manufacture of Textile	104890	104890	101824	101824	3066	3066
纺织服装、鞋、帽制造业	Manufacture of Textile Wearing Apparel, Footwear and Caps	15908	15908	14778	14778	1130	1130
皮革、毛皮、羽毛(绒)及其制品业	Manufacture of Leather, Fur, Feather and Related Products						
木材加工及木、竹、藤、棕、草制品业	Processing of Timber, Manufacture of Wood, Bamboo, Rattan, Palm and Straw Products						
家具制造业	Manufacture of Furniture	1752	1752	1752	1752		
造纸及纸制品业	Manufacture of Paper and Paper Products	700	700	700	700		

9-7 续表 2 Continued

单位：万元 (10 000yuan)

指标	Item	合计 Total	地方 Local	城镇 Urban	地方 Local	非农户 Non-farmer	地方 Local
印刷业和记录媒介的复制	Printing, Reproduction of Recording Media	12900	12900	11390	11390	1510	1510
文教体育用品制造业	Manufacture of Articles For Culture, Education and Sport Activities						
石油加工、炼焦及核燃料加工业	Processing of Petroleum, Coking, Processing of Nuclear Fuel	17904	17904	17904	17904		
化学原料及化学制品制造业	Manufacture of Raw Chemical Materials and Chemical Products	657507	657507	641092	641092	16415	16415
医药制造业	Manufacture of Medicines	30088	30088	30088	30088		
化学纤维制造业	Manufacture of Chemical Fibers						
橡胶制品业	Manufacture of Rubber	350	350	350	350		
塑料制品业	Manufacture of Plastics	9790	9790	9790	9790		
非金属矿物制品业	Manufacture of Non-metallic Mineral Products	287489	284539	255434	252484	32055	32055
黑色金属冶炼及压延加工业	Smelting and Pressing of Ferrous Metals	152834	152834	106897	106897	45937	45937
有色金属冶炼及压延加工业	Smelting and Pressing of Non-ferrous Metals	454798	452328	420798	418328	34000	34000
金属制品业	Manufacture of Metal Products	11793	11793	10793	10793	1000	1000
通用设备制造业	Manufacture of General Purpose Machinery	19854	19854	18150	18150	1704	1704
专用设备制造业	Manufacture of Special Purpose Machinery	13205	13205	3535	3535	9670	9670
交通运输设备制造业	Manufacture of Transport Equipment	16660	16660	16660	16660		
电气机械及器材制造业	Manufacture of Electrical Machinery and Equipment	15321	15321	15321	15321		
通信设备、计算机及其他电子设备制造业	Manufacture of Communication Equipment, Computers and Other Electronic Equipment	10700	10700	10700	10700		
仪器仪表及文化、办公用机械制造业	Manufacture of Measuring Instruments and Machinery for Cultural Activity and Office Work	4689	4689	4689	4689		
工艺品及其他制造业	Manufacture of Artwork and Other Manufacturing	20908	20908	20908	20908		
废弃资源和废旧材料回收加工业	Recycling and Disposal of Waste	114	114	114	114		
电力、燃气及水的生产和供应业	Production and Supply of Electricity, Gas and Water	1183035	337604	1158678	314190	24357	23414
电力、热力的生产和供应业	Production and Supply of Electric Power and Heat Power	1163285	317854	1141552	297064	21733	20790
燃气生产和供应业	Production and Supply of Gas	4550	4550	4300	4300	250	250
水的生产和供应业	Production and Supply of Water	15200	15200	12826	12826	2374	2374
建筑业	Construction	128300	124300	88626	84626	39674	39674
房屋和土木工程建筑业	Construction of Buildings and Civil Engineering	114108	110108	76244	72244	37864	37864
建筑安装业	Building Installation	100	100	100	100		
建筑装饰业	Building Decoration	5845	5845	4195	4195	1650	1650
其他建筑业	Other Construction	8247	8247	8087	8087	160	160
交通运输、仓储和邮政业	Transport, Storage and Post	1189985	913167	1038041	761223	151944	151944
铁路运输业	Railway Transport	300227	26600	300227	26600		
道路运输业	Road Transport	855191	852390	704875	702074	150316	150316
城市公共交通业	Urban Public Transport	103	103	53	53	50	50
水上运输业	Water Transport						
航空运输业	Air Transport	4958	4958	4958	4958		
管道运输业	Transport Via Pipelines						
装卸搬运和其他运输服务业	Loading, Unloading and Other Transport Services	4000	4000	4000	4000		
仓储业	Storage	25506	25116	23928	23538	1578	1578
邮政业	Post						
信息传输、计算机服务和软件业	Information Transmission, Computer Services and Software	30284	7226	29062	6004	1222	1222
电信和其他信息传输服务业	Telecommunications and Other Information Transmission Services	30218	7160	28996	5938	1222	1222
计算机服务业	Computer Services	66	66	66	66		
软件业	Software						

9-7 续表 3 Continued

单位：万元 (10 000yuan)

指 标	Item	合 计 Total	地方 Local	城 镇 Urban	地方 Local	非农户 Non-farmer	地方 Local
批发和零售业	Wholesale and Retail Trades	62065	61925	58714	58574	3351	3351
批发业	Wholesale Trade	24261	24261	22261	22261	2000	2000
零售业	Retail Trade	37804	37664	36453	36313	1351	1351
住宿和餐饮业	Hotels and Catering Services	37269	37269	31119	31119	6150	6150
住宿业	Hotels	25656	25656	22206	22206	3450	3450
餐饮业	Catering Services	11613	11613	8913	8913	2700	2700
金融业	Financial Intermediation	22989	19521	22989	19521		
银行业	Bank	13839	10371	13839	10371		
证券业	Security Activities						
保险业	Insurance						
其他金融活动	Other Financial Activities	9150	9150	9150	9150		
房地产业	Real Estate	72089	72089	57152	57152	14937	14937
房地产业	Real Estate	72089	72089	57152	57152	14937	14937
租赁和商务服务业	Leasing and Business Services	17262	17262	17262	17262		
租赁业	Leasing						
商务服务业	Business Services	17262	17262	17262	17262		
科学研究、技术服务和地质勘查业	Scientific Research, Technical Service and Geologic Prospecting	37454	37454	35768	35768	1686	1686
研究与试验发展	Research and Experimental Development	19306	19306	19010	19010	296	296
专业技术服务业	Professional Technical Services	2456	2456	2456	2456		
科技交流和推广服务业	Services of Science and Technology Exchanges and Promotion	4112	4112	3981	3981	131	131
地质勘查业	Geologic Prospecting	11580	11580	10321	10321	1259	1259
水利、环境和公共设施管理业	Management of Water Conservancy, Environment and Public Facilities	619231	619231	563495	563495	55736	55736
水利管理业	Management of Water Conservancy	106844	106844	85351	85351	21493	21493
环境管理业	Environmental Management	70451	70451	41637	41637	28814	28814
公共设施管理业	Management of Public Facilities	441936	441936	436507	436507	5429	5429
居民服务和其他服务业	Services to Households and Other Services	6274	6274	5388	5388	886	886
居民服务业	Services to Households	5674	5674	4838	4838	836	836
其他服务业	Other Services	600	600	550	550	50	50
教育	Education	142495	142495	125820	125820	16675	16675
教育	Education	142495	142495	125820	125820	16675	16675
卫生、社会保障和社会福利业	Health, Social Security and Social Welfare	58299	58021	51590	51312	6709	6709
卫生	Health	52755	52477	48732	48454	4023	4023
社会保障业	Social Security	1044	1044			1044	1044
社会福利业	Social Welfare	4500	4500	2858	2858	1642	1642
文化、体育和娱乐业	Culture, Sports and Entertainment	134897	134897	130015	130015	4882	4882
新闻出版业	Journalism and Publishing Activities	138	138	138	138		
广播、电视、电影和音像业	Broadcasting, Movies, Television and Audiovisual Activities	2737	2737	2667	2667	70	70
文化艺术业	Cultural and Art Activities	68000	68000	63188	63188	4812	4812
体育	Sports Activities	53511	53511	53511	53511		
娱乐业	Entertainment	10511	10511	10511	10511		
公共管理和社会组织	Public Management and Social Organization	286952	282677	225973	221698	60979	60979
中国共产党机关	Organs of Communist Party of China	4123	4123	2963	2963	1160	1160
国家机构	Government Agencies	258904	254629	212481	208206	46423	46423
人民政协和民主党派	People's Political Consultative Conference and Democratic Parties	28	28	28	28		
群众团体、社会团体和宗教组织	Non-Governmental Organizations, Social Organizations and Religion Organizations	16577	16577	9854	9854	6723	6723
基层群众自治组织	Grass Roots Self-governing Organizations	7320	7320	647	647	6673	6673
国际组织	International Organizations						

9-8 2002-2009年分行业和四大支柱城镇固定资产投资
Investment in Fixed Assets in Urban Area by Sector and Four Pillar Industries(2002-2009)

单位：亿元 (100 million yuan)

指 标	Item	2002	2003	2004	2005	2006	2007	2008	2009
总计	**Total**	**195.21**	**212.94**	**247.53**	**281.72**	**365.95**	**409.49**	**462.86**	**616.27**
按行业分	**By Sector**								
农林牧渔业	Agriculture, Forestry, Animal Husbandry and Fishery	12.88	11.26	9.79	8.21	15.99	12.67	10.96	20.12
采矿业	Mining	19.63	23.76	33.72	37.46	49.48	47.78	58.19	49.93
制造业	Manufacturing	25.01	45.46	55.84	68.89	71.51	115.49	142.17	182.25
电力、煤气及水的生产和供应业	Production and Supply of Electricity, Gas and Water	35.75	32.01	52.40	55.62	77.91	73.50	76.02	115.87
建筑业	Construction	7.32	8.77	6.14	8.24	7.54	8.71	7.31	8.86
交通运输、仓储及邮政业	Traffic, Transport, Storage and Post	47.24	41.11	48.65	54.79	70.89	77.78	86.98	103.80
信息传输、计算机服务和软件业	Information Transmission, Computer Services and Software Industry	5.32	5.09	4.09	1.72	4.29	3.00	2.69	2.91
批发和零售业	Wholesale and Retail Trades	3.45	4.09	4.74	4.84	5.68	6.86	7.20	5.87
住宿、餐饮业	Hotels and Catering Services	1.90	1.54	2.11	1.69	4.25	3.84	2.62	3.11
金融业	Financial Intermediation	0.42	0.38	0.48	0.54	1.01	0.56	0.30	2.30
房地产业	Real Estate	0.38	0.31	0.47	1.70	0.86	2.53	2.18	5.72
租赁和商务服务业	Rental and Business Services	0.20	0.16	0.04	1.00	1.62	2.44	1.33	1.72
科学研究、技术服务和地质勘查业	Scientific Research, Technical Services and Geological Prospecting Industry	0.49	0.93	0.71	1.19	1.64	2.84	1.32	3.58
水利、环境和公共设施管理业	Water, Environment and Public facilities Management Industries	13.59	15.63	10.59	11.33	21.38	24.70	27.68	56.35
居民服务和其他服务业	Residents Services and Other Services	0.70	0.12	0.15	0.15	1.53	1.81	1.49	0.54
教育	Education	3.58	3.43	3.80	5.39	7.66	4.62	6.85	12.58
卫生、社会保障和社会福利业	Health, Social Security and Social Welfare Sector	1.39	1.49	1.42	1.70	1.81	0.95	2.33	5.16
文化、体育和娱乐业	Culture, Sports and Entertainment	0.52	0.76	0.71	1.65	2.75	3.70	7.06	13.00
公共管理和社会组织	Public Administration and Social Organizations	15.44	16.64	11.68	15.61	18.13	15.71	18.18	22.60
国际组织	International Organizations								
四大支柱产业总计	**Total of Four Pillar Industries**	**65.02**	**63.54**	**109.12**	**107.34**	**112.02**	**182.45**	**206.98**	**257.91**
石油天然气开采业	Extraction of Petroleum and Natural Gas	17.78	19.09	28.74	26.19	27.84	29.41	38.13	33.95
水利发电	Hydropower Industry	34.57	20.39	46.01	37.69	36.61	73.48	73.34	113.04
有色金属业	Non-Ferrous Metal Ores	5.00	15.79	21.36	21.93	19.90	32.67	44.10	45.91
盐湖化工	Salt Chemical Industry	7.67	8.27	13.01	21.53	27.67	46.89	51.42	65.01

注：本表为50万元以上项目投资完成情况。2006年含非农户50万元以上项目投资完成情况。2007年以后四大支柱水力发电为电力行业。

a) Data in this table are completion condition of investment projects above 500 000 yuan. Data in 2006 included projects above 500 000 yuan of non-farmer. Since 2007, hydropower in the four pillar industries is power industry.

9-9 分地区分行业城镇固定资产投资(2009年)

Investment in Fixed Assets in Urban Area by Sector and Region (2009)

单位：万元 (10 000 yuan)

指标	Item	西宁市 Xining City	海东地区 Haidong Prefecture	海北州 Haibei Zang A.P	黄南州 Huangnan Zang A.P	海南州 Hainan Zang A.P	果洛州 Golog Zang A.P	玉树州 Yushu Zang A.P	海西州 Haixi Mongolian & Zang A.P
总计	**Total**	**2167366**	**384057**	**236135**	**129277**	**221346**	**108798**	**139909**	**1246456**
按行业分	**By Sector**								
农林牧渔业	Agriculture, Forestry, Animal Husbandry and Fishery	11341	49740	4984	21608	11934	31510	54003	16057
采矿业	Mining	8516	2950	51067		3622	15920		417215
制造业	Manufacturing	978213	184102	36495	24494	20840			578393
电力、煤气及水的生产和供应业	Production and Supply of Electricity, Gas and Water	197657	20556	69663	21283	105478	7427	2306	2805
建筑业	Construction	75950	2982			4643	270		4781
交通运输、仓储及邮政业	Traffic, Transport, Storage and Post	95124	30796	11537	10287	15374	22129	26321	40124
信息传输、计算机服务和软件业	Information Transmission, Computer Services and Software Industry	21054		507	3411	1150	365	970	1605
批发和零售业	Wholesale and Retail Trades	48550	1905	1513	740	2746			3260
住宿、餐饮业	Hotels and Catering Services	10970	4000	6213	297	4531	1160	311	3637
金融业	Financial Intermediation	21424	461			200	141	470	293
房地产业	Real Estate	13019	1980	12933		12430			16790
租赁和商务服务业	Rental and Business Services	15890				520	852		
科学研究、技术服务和地质勘查业	Scientific Research, Technical Services and Geological Prospecting Industry	13882	2171	8414	116	394		20	10771
水利、环境和公共设施管理业	Water, Environment and Public facilities Management Industries	424699	29970	14116	5473	6316	2275	6326	62820
居民服务和其他服务业	Residents Services and Other Services	2460		501	1118	50			1259
教育	Education	30051	11764	2988	10310	20756	7075	15844	27032
卫生、社会保障和社会福利业	Health, Social Security and Social Welfare Sector	30785	4070	2180	2567	2859	3650	2442	3037
文化、体育和娱乐业	Culture, Sports and Entertainment	88750	11822	7555	3207	1783	937	2715	13246
公共管理和社会组织	Public Administration and Social Organizations	79031	24788	5469	24366	5720	15087	28181	43331
国际组织	International Organizations								
四大支柱产业总计	**Total of Four Pillar Industries**	**606572**	**93177**	**95826**	**41347**	**101324**	**20881**	**690**	**887766**
石油天然气开采业	Extraction of Petroleum and Natural Gas		1300	5955					332287
水利发电业	Hydropower Industry	194163	15988	63641	19933	99384	5041	690	
有色金属业	Non-Ferrous Metal Ores	290690	66499	25230	21414	1940	15840		37486
盐化工	Salt Chemical Industry	121719	9390	1000					517993

注：本表为50万元以上项目投资完成情况未含省直报项目，未含跨地区直报项目。

a) Data in this table are completion condition of investment projects above 500 000 yuan, and do not include provincial and trans-regional items reporting directly.

9–10 2005–2009年城镇固定资产投资项目新增主要生产能力
Newly Increased Production Capacity of Investment in Fixed Assets in Urban Area(2005-2009)

能力名称	Item	2005	2006	2007	2008	2009
原煤开采	(万吨/年) Coal Mining (10 000 tons/year)	281.0	274.0	155.0	210.0	160.0
洗　煤	(万吨/年) Coal washing (10 000 tons/year)					
天然原油	(万吨/年) Petroleum Extraction (10 000 tons/year)	26	26	38	35	
天然气开采	(亿立方米/年) Extraction of Petroleum and Natural Gas (10 000 cu.m/year)	9	10	15	21	
铁矿开采(原矿)	(万吨/年) Iron Ore Mining (10 000 tons/year)	11	21	1	2	
铁矿石成品矿	(万吨/年) Finished Products of Iron Ore Mine (10 000 tons/year)		5			
炼　铁	(万吨/年) Iron-making (10 000 tons/year)					
炼　钢	(万吨/年) Steel-making (10 000 tons/year)					
初　轧	(万吨/年) Rolling Early (10 000 tons/year)					
铁合金	(万吨/年) Iron Alloy (10 000 tons/year)	11	2	3.05	0.47	683.50
热轧钢材	(万吨/年) Hot-rolled Steel (10 000 tons/year)		5			
钢　丝	(万吨/年) Wire Steel (10 000 tons/year)	400				
铜采矿(原矿)	(万吨/年) Copper Ore Mining (10 000 tons/year)	1	53	26	70	244
铜选矿:处理原矿	(万吨/年) Copper Ore Dressing:Crude Ore Dressing (10 000 tons/year)		5			
铜含量	(吨/年) Copper Content (ton/year)					
铜冶炼	(吨/年) Copper Smelting (ton/year)					
其中:电解铜	(吨/年) Electrolytic Copper (ton/year)					
铅锌采矿(原矿)	(万吨/年) Plumbum/Zinc Ore Mining (10 000 tons/year)		67	5	1	0.2
铅锌选矿:处理原矿	(万吨/年) Plumbum and Zinc Ore Dressing:Crude Ore Dressing (10 000 tons/year)	12		10		30
铅含量	(吨/年) Plumbum Content (ton/year)					280
锌含量	(吨/年) Zinc Content (ton/year)					500
铅冶炼	(吨/年) Plumbum Smelting (ton/year)			10000		71000
其中:电解铅	(吨/年) Electrolytic Plumbum (ton/year)					
镍采矿	(吨/年) Nickel Ore Mining (ton/year)	1	2			
氧化铝	(吨/年) Aluminum Oxide (ton/year)					
锌冶炼	(吨/年) Zinc Smelting (ton/year)					
电解铝	(吨/年) Electrolytic Aluminum (ton/year)	50000	235000			30000
粗　铅	(吨/年) Crude Plumbum (ton/year)	15000				
铝加工	(吨/年) Aluminum Processing (ton/year)	1000	26928	10000		100000
金采矿(原矿)	(万吨/年) Gold Ore Mining (10 000 tons/year)					
金选矿:处理原矿	(吨/年) Gold Ore Dressing: Crude Ore Dressing (10 000 tons/year)	240				
金含量	(公斤/年) Gold Content (kg/year)	30				
黄　金	(公斤/年) Gold (kg/year)					
矿山成品金	(公斤/年) Gold finished (kg/year)					
水力发电	(万千瓦) Hydraulic Power (10 000 kw)	71.00	50	65	30	321
火力发电	(万千瓦) Fire Power (10 000 kw)		30	10	27	
输电线路长度(11万伏及以上)	(公里) Length of Transmission Line (km)	275	384	309	259	477
变电设备能力(11万伏及以上)	(万千伏安) Substation Equipment Capacity (10 000kVA)	232				

9-10 续表 1 continued

能力名称	Item	2005	2006	2007	2008	2009
水　泥 (万吨/年)	Cement (10 000 tons/year)	128	90	141	20	105
胶合板 立方米/年)	Plywood (10 000 cu.m/year)	7				
刨花板 立方米/年)	Flakeboard (10 000 cu.m/year)	4				
平板玻璃 重量箱/年)	Plate Glass (10 000 Weight-box/year)		1			
硫　酸 (吨/年)	Sulphuric Acid (ton/year)					
烧　碱 (吨/年)	Caustic Soda (ton/year)					
纯　碱 (吨/年)	Soda Ash (ton/year)	900000				
电　石 (吨/年)	Calcium Carbide (ton/year)	4800		396	396	
磷　肥 (吨/年)	Phosphate Fertilizer (ton/year)					30000
钾　肥 (吨/年)	Potash Fertilizer (ton/year)	32500	395000	221450	20000	
朔料树脂及共聚物 (吨/年)	Plastic Colophony and Polymer (ton/year)	800	2			
化学原料药 (吨/年)	Chemical Medicinal Materials (ton/year)		150			
中成药 (吨/年)	Traditional Chinese medicine (ton/year)	35				
毛纺锭 (锭)	Wool Spindles (unit)	30			3	3000
原　盐 (吨/年)	Salt (ton/year)	3000				
机制纸 (万吨/年)	Machine-made Paper (10 000 cu.m/year)	1	2			
移动通信基站设备 (个/年)	Mobile Communicating Base Station Equipment (unit/year)	4	1295	20		
程控交换机 (万线/年)	Program-Controlled Telephone Exchange (10 000 lines/year)					
新建公路 (公里)	Length of New Highways (km)	1627	326	1612	257	1242
其中:高速公路 (公里)	Express Way (km)			44		
一级公路 (公里)	First Class (km)		28			11
二级公路 (公里)	Second Class (km)		29			36
改建公路 (公里)	Length of Reconstructed Highways (km)	2751	4227	3623	3929	1951
其中:高速公路 (公里)	Express Way (km)					
一级公路 (公里)	First Class (km)					
二级公路 (公里)	Second Class (km)	893	920	103		44
新建独立公路桥梁 (延长米)	New-Built Seoarate (Extended Length)	2010	2475	5875	1748	3909
(座)	Highway and Bridge (unit)	45	66	124	41	38
新(扩)建客、货运站 (个)	Number of newly-Built or Expanded (unit)	2	4	2		2
(平方米)	Passenger and Freight Stations (sq.m)	2850	2115	1783		5930

9－11 1995－2009年城镇50万元以上固定资产投资

Investment in Fixed Assets over 500 Thousand Yuan in Urban Area(1995-2009)

年 份 Year / 地 区 Region	施工项目(个) Number of Projects under Construction (unit)	新开工项目(个) Number of Projects Started This Year (unit)	全部建成投产项目(个) Number of Projects Completed and Put into Use (unit)	项目建成投产率 Rate of Construction Projects Completed and Put into Use (%)	固定资产投资额(亿元) Investment in Fixed Assets (100 million yuan)	新增固定资产(亿元) Newly Increased Fixed Assets (100 million yuan)	交付使用率 Rate of Projects of Fixed Assets Completed and Put into Use (%)
1995	1122	788	748	66.7	44.97	32.92	73.2
1996	1243	985	841	67.7	66.80	50.14	75.1
1997	1227	855	742	60.5	77.55	72.78	93.9
1998	1419	1026	785	55.3	91.94	62.30	67.8
1999	1544	998	901	58.4	94.85	77.72	81.9
2000	1646	1215	970	58.9	122.42	59.15	48.3
2001	1932	1459	1155	59.8	163.65	113.03	69.1
2002	2106	1588	1285	61.0	195.22	92.24	47.2
2003	2287	1802	1261	55.1	212.94	74.17	34.8
2004	2275	1681	1427	62.7	247.53	147.54	59.6
2005	2550	1695	1548	60.7	281.72	151.46	53.8
2006	2472	1757	1758	71.1	353.43	290.78	82.3
2007	2238	1601	1363	60.9	409.49	219.80	53.7
2008	2394	1617	1527	63.8	462.86	286.28	61.9
2009	2678	1774	1608	60.0	616.27	257.88	41.8
西宁市 Xining City	580	309	314	54.1	216.74	110.71	51.1
海东地区 Haidong Prefecture	439	300	290	66.1	38.41	21.93	57.1
海北州 Haibei Zang A.P	226	132	135	59.7	23.61	16.83	71.3
黄南州 Huangnan Zang A.P	198	167	136	68.7	12.93	10.66	82.4
海南州 Hainan Zang A.P	216	148	149	69.0	22.13	9.16	41.4
果洛州 Golog Zang A.P	251	180	169	67.3	10.88	6.20	57.0
玉树州 Yushu Zang A.P	235	180	156	66.4	13.99	32.73	234.0
海西州 Haixi Mongolian & Zang A.P	377	240	256	67.9	124.65	47.96	38.5
不分地区 Not Classified by Region	156	118	3	1.9	152.93	1.69	1.1

注：本表为50万元以上项目投资完成情况。
a) Data in this table are completion condition of investment projects above 500 000 yuan.

9—12 城镇主要产品建设规模(2009年)

Construction Size of Main Production in Urban Area (2009)

能力名称	Item	建设规模 Total Constru-ction Size	本年施工规模 Under Constru-ction This Year	本年新开工 Started This Year	累计新增 Accumu-lated Newly Increased	本年新增 Newly Increased This Year
原煤开采 (万吨／年)	Coal Mining (10 000 tons/year)	1605	580	304	1096	160
天然原油开采 (万吨／年)	Petroleum Extraction (10 000 tons/year)					
天然气开采 (亿立方米／年)	Extraction of Petroleum and Natural Gas (10 000 cu.m/year)					
铁矿开采(原矿) (万吨／年)	Iron Ore Mining (10 000 tons/year)	100250			100050	
铁矿选矿处理量 (万吨／年)	Iron Ore Dressing: Crude Ore Dressing (10 000 tons/year)	490	490	280		
铁合金 (折标吨／年)	Iron Alloy (10 000 tons/year)	741.1	734.1	9	683.5	683.5
铜采矿(原矿) (万吨／年)	Copper Ore Mining (10 000 tons/year)	244	244	244	244	244
铜选矿:处理原矿 (万吨／年)	Copper Ore Dressing: Crude Ore Dressing (10 000 tons/year)	0.3	0.3			
铅锌采矿(原矿) (万吨／年)	Plumbum/Zinc Ore Mining (10 000 tons/year)	7000.13	7000.13	2000	7000	2000
电解铝 (吨／年)	Electrolytic Aluminum (ton/year)	100000	100000	100000	30000	30000
铝加工 (吨／年)	Aluminum Processing (ton/year)	517000	517000	165000	192000	100000
水力发电 (万千瓦)	Hydraulic Power (10 000 KW)	935.21	562.11	51.67	470.98	320.98
火力发电 (万千瓦)	Fire Power (10 000 KW)	5	5			
其他发电 (万千瓦)	Other Power (10 000 KW)					
输电线路长度 (公里) (11万伏及以上)	Length of Transmission Line (km) (110 000V)	1275.11	1264.11	1069.73	598.12	476.94
水　泥 (万吨／年)	Cement (10 000 tons/year)	690.25	570.25	320.25	255.25	105.25
磷　肥 (吨/年)	Phosphate Fertilizer (ton/year	290000	130000	30000	230000	30000
钾　肥 (吨／年)	Potash Fertilizer (ton/year)	1625000	900000	300000	695000	
毛纺锭 锭	Wool Spindles (unit	3000	3000		3000	3000
新建公路 (公里)	Length of New Highways (km)	2740.8	1894.6	1247.6	1393.4	1242.2
改建公路 (公里)	Length of Reconstructed Highways (km)	3884.5	3500.4	2085.6	2217.1	1950.9
新建独立公路 (延长米)	New-Built Separate (Extended Length)	7368.47	7118.47	4819.27	4647.17	3908.55
桥梁 (座)	Highway and Bridge (unit)	93	93	46	47	38
新(扩)建客、货运站 (个)	Number of newly-Built or Expanded (unit) Passenger and Freight Stations	9	9	2	8	2
新(扩)建客、货运站 (平方米)	Number of newly-Built or Expanded (sp.m) Passenger and Freight Stations	33333	33333	5930	12660	5930
城市自来水供水能力 (万吨/日)	Tap Water Supply Capacity (10 000 tons/day)	29.54	29.24	8.3	29.05	28.6

9–13 按行业分城镇50万元施工、投产项目个数(2009年)

Number of Construction Projects over 500 Thousand Yuan under Construction and Projects Completed and Projects Put into Use in Urban Area by Sector(2009)

单位：个、% (unit，%)

行业	Sector	施工项目 Number of Projects under Construction	新开工 Started This Year	全部建成投产项目 Number of Projects Completed and Put into Use	项目建成投产率 Rate of Projects Completed and Put into Use
总计	**Total**	**2678**	**1774**	**1608**	**60.0**
农、林、牧、渔业	**Agriculture, Forestry, Animal Husbandry and Fishery**	**284**	**239**	**219**	**77.1**
农业	Agriculture	26	18	20	76.9
采矿业	**Mining**	**67**	**30**	**30**	**44.8**
煤炭开采和洗选业	Mining and Washing of Coal	27	9	8	29.6
石油和天然气开采业	Extraction of Petroleum and Natural Gas	3	1		
黑色金属矿采选业	Mining and Processing of Ferrous Metal Ores	12	9	7	58.3
有色金属矿采选业	Mining and Processing of Non-Ferrous Metal Ores	16	5	9	56.3
制造业	**Manufacturing**	**284**	**152**	**136**	**47.9**
农副食品加工业	Processing of Food from Agricultural Products	28	16	15	53.6
食品制造业	Manufacture of Foods	17	9	11	64.7
饮料制造业	Manufacture of Beverages	8	5	6	75.0
烟草制品业	Manufacture of Tobacco				
纺织业	Manufacture of Textile	13	6	5	38.5
纺织服装、鞋、帽制造业	Manufacture of Textile Wearing Apparel, Footwear and Caps	5	3	5	100.0
皮革、毛皮、羽毛(绒)及其制品业	Manufacture of Leather, Fur, Feather and Related Products				
木材加工及木、竹、藤、棕、草制品业	Processing of Timber, Manufacture of Wood, Bamboo, Rattan, Palm and Straw Products				
家具制造业	Manufacture of Furniture	1	1	1	100.0
造纸及纸制品业	Manufacture of Paper and Paper Products	1	1		
印刷业和记录媒介的复制	Printing, Reproduction of Recording Media	3	3	2	66.7
文教体育用品制造业	Manufacture of Articles For Culture, Education and Sport Activities				
石油加工、炼焦及核燃料加工业	Processing of Petroleum, Coking, Processing of Nuclear Fuel	5	2	1	20.0
化学原料及化学制品业	Manufacture of Raw Chemical Materials and Chemical Products	47	30	19	40.4
医药制造业	Manufacture of Medicines	9	7	4	44.4
化学纤维制造业	Manufacture of Chemical Fibres				
橡胶制品业	Manufacture of Rubber	1	1		
塑料制品业	Manufacture of Plastics	3	3	1	33.3
非金属矿物制品业	Manufacture of Non-metallic Mineral Products	47	28	26	55.3
黑色金属冶炼及压延加工业	Smelting and Pressing of Ferrous Metals	25	6	9	36.0
有色金属冶炼及压延加工业	Smelting and Pressing of Non-ferrous Metals	32	7	14	43.8

9-13 续表 continued

单位：个、% (unit，%)

行 业	Sector	施工项目 Number of Projects under Construction	新开工 Started This Year	全部建成投产项目 Number of Projects Completed and Put into Use	项目建成投产率 Rate of Projects Completed and Put into Use
金属制品业	Manufacture of Metal Products	8	5	5	62.5
通用设备制造业	Manufacture of General Purpose Machinery	6	4	3	50.0
专用设备制造业	Manufacture of Special Purpose Machinery	3	3	2	66.7
交通运输设备制造业	Manufacture of Transport Equipment	3	2		
电气机械及器材制造业	Manufacture of Electrical Machinery and Equipment	6	2	3	50.0
通信设备、计算机及其他电子设备制造业	Manufacture of Communication Equipment, Computers and Other Electronic Equipment	3	2		
仪器仪表及文化、办公用机械制造业	Manufacture of Measuring Instruments and Machinery for Cultural Activity and Office Work	4	3	2	50.0
工艺品及其他制造业	Manufacture of Artwork and Other Manufacturing	5	3	2	40.0
废弃资源和废旧材料回收加工业	Recycling and Disposal of Waste	1			
电力燃气水的生产供应业	**Production and Supply of Electricity, Gas and Water**	**167**	**72**	**61**	**36.5**
电力、热力的生产和供应业	Production and Supply of Electric Power and Heat Power	138	54	44	31.9
建筑业	**Construction**	**73**	**45**	**49**	**67.1**
交通运输、仓储和邮政业	**Transport, Storage and Post**	**368**	**241**	**141**	**38.3**
仓储业	Storage	14	12	11	78.6
邮政业	Post				
信息传输、计算机服务和软件业	**Information Transmission, Computer Services and Software**	**29**	**25**	**22**	**75.9**
批发和零售业	**Wholesale and Retail Trades**	**40**	**24**	**23**	**57.5**
住宿和餐饮业	**Hotels and Catering Services**	**39**	**21**	**30**	**76.9**
金融业	**Financial Intermediation**	**13**	**7**	**10**	**76.9**
房地产业	**Real Estate**	**68**	**45**	**35**	**51.5**
租赁和商务服务业	**Leasing and Business Services**	**10**	**8**	**4**	**40.0**
科学研究、技术服务和地质勘查业	**Scientific Research, Technical Service and Geologic Prospecting**	**20**	**12**	**11**	**55.0**
水利、环境和公共设施管理业	**Management of Water Conservancy, Environment and Public Facilities**	**358**	**248**	**242**	**67.6**
居民服务和其他服务业	**Services to Households and Other Services**	**13**	**7**	**10**	**76.9**
教育	**Education**	**215**	**163**	**148**	**68.8**
卫生、社会保障和社会福利业	**Health, Social Security and Social Welfare**	**133**	**112**	**80**	**60.2**
文化、体育和娱乐业	**Culture, Sports and Entertainment**	**83**	**51**	**51**	**61.4**
公共管理和社会组织	**Public Management and Social Organization**	**414**	**272**	**306**	**73.9**
国际组织	**International Organizations**				

9-14 1985-2009年农村个人固定资产投资和建房

Individual Investment in Fixed Assets and Building Construction in Rural Area(1985-2009)

年份 Year	投资总额（万元） Total Investment (10 000yuan)	按投资来源分 By Sources of Funds			按投资方向分 By Investment orientation			施工房屋建筑面积（万平方米） Floor Space of Buildings under Construction (10 000 sq.m)	竣工房屋建筑面积（万平方米） Floor Space of Buildings Completed (10 000 sq.m)		竣工房屋造价（元/平方米） Value of Buildings Completed (yuan/sq.m)	
		国内贷款 Domestic Loans	自筹资金 Self-raising Funds	其他资金 Others	第一产业 Primary Industry	第二产业 Secondary Industry	第三产业 Tertiary Industry			住宅 Residential Buildings		住宅 Resid-ential Buildings
1985	9567							211.77	214.63	206.04		
1986	9467							109.31	109.31	109.31		
1987	11388							596.78	192.13	160.11		
1988	19950							167.82	167.82	126.60		
1989	17508							151.95	148.98	140.04		
1990	14747							124.64	121.60	112.48		
1991	16079							197.36	197.36	181.94		
1992	18259							113.00	113.00	113.00		
1993	31972							208.66	189.69	145.43		
1994	30580							176.25	176.25	163.96		
1995	35128							122.50	122.50	115.65		
1996	37359							150.41	150.41	122.90		
1997	36965							149.00	147.93	130.90		
1998	41852							198.09	198.09	172.37		
1999	40441							142.00	137.00	129.00	138.58	140.57
2000	77197	9124	62334	5739	11970	2085	63142	197.07	197.07	197.07	158.76	164.39
2001	81595	3509	74823	3264	18992	4018	58585	181.89	180.70	160.56	163.36	170.58
2002	98620	30474	63215	4931	19261	408	78951	141.45	141.28	127.05	181.06	176.11
2003	93563	9833	76727	7002	47676		45887	233.72	217.53	196.92	175.70	175.38
2004	97231	3563	87921	5748	46519	1685	49027	171.02	168.86	154.07	208.87	212.46
2005	101134	2899	85496	12739	30844	544	69746	252.74	252.74	201.03	217.44	250.72
2006	114113	1740	108697	3676	37755	393	75965	281.56	276.15	184.81	252.75	323.32
2007	140144	9198	126411	4536	41455	781	97908	257.34	252.80	219.70	328.79	361.00
2008	173472	13076	150996	9400	40129	652	132691	225.56	224.68	180.67	374.68	433.68
2009	229781	20083	209698		39770	689	189322	378.71	370.15	302.98	446.10	506.52

注：本表为抽样调查数。

a) Data in this table are taken from sample survey.

9-15 2005-2009年房地产开发主要指标
Main Indicators of Real Estate Development(2005-2009)

指 标	Item	2005	2006	2007	2008	2009
企业个数 (个)	**Number of Enterprises (unit)**	**249**	**288**	**299**	**370**	**383**
内 资	Domestic Funded	219	273	285	356	369
国 有	State-owned Enterprises	11	11	11	13	14
集 体	Collective-owned Enterprises	10	12	5	1	1
港、澳、台投资	Enterprises with Funds from Hong Kong, Macao and Taiwan	11	12	11	10	10
外商投资	Foreign Funded	19	3	3	4	4
平均从业人数 (人)	**Average Number of Employed Persons (persons)**	**5381**	**6557**	**6279**	**8469**	**6748**
内 资	Domestic Funded	5099	6393	5979	8182	6431
国 有	State-owned Enterprises	420	560	523	324	296
集 体	Collective-owned Enterprises	533	272	152	22	22
港、澳、台投资	Enterprises with Funds from Hong Kong, Macao and Taiwan	219	275	204	136	138
外商投资	Foreign Funded	63	101	96	151	179
土地开发及购置 (万平方米)	**Land Development and Purchase (10 000 sq.m)**					
本年土地开发面积	Land Space Developed This Year	65.49	52.26	97.10	119.70	142.97
本年土地购置面积	Land Space Purchased This Year	112.24	47.50	91.55	111.24	178.16
本年完成投资额 (亿元)	**Investment Completed This Year (100 million yuan)**	**29.11**	**31.18**	**34.21**	**51.19**	**72.85**
住 宅	Residential Buildings	16.57	22.94	28.06	42.88	54.57
经济适用房屋	Economically Affordable Housing	2.68	1.49	2.73	2.58	0.61
资金来源小计 (亿元)	**Sources of Funds (100 million yuan)**	**3.09**	**35.77**	**44.34**	**59.93**	**88.74**
国内贷款	Domestic Loans	2.08	3.53	8.25	10.26	13.13
利用外资	Foreign Investment	0.04	0.03			
自筹资金	Self-raising Fund	18.53	23.99	21.85	41.09	47.07
房屋建筑面积 (万平方米)	**Floor Space of Buildings (10 000 sq.m)**					
施工面积	Floor Space under Construction	422.87	457.81	584.22	698.21	900.39
竣工面积	Floor Space Completed	104.11	133.08	171.21	225.30	181.98
住 宅	Residential Buildings	74.62	111.94	148.58	205.19	160.40
商品房销售面积 (万平方米)	**Floor Space of Commercialized Buildings Sold (10 000 sq.m)**	**121.04**	**119.69**	**154.53**	**147.89**	**216.82**
住 宅	Residential Buildings	108.46	110.96	147.34	141.23	208.02
商品房平均销售价格 (元/平方米)	**Selling Price of Commercialized Buildings (yuan/sq.m)**	**1832**	**1921**	**2311**	**2460**	**2517**
住 宅	Residential Buildings	1681	1861	2206	2384	2442
实收资本合计 (亿元)	**Total Capital Held (100 million yuan)**	**58.26**	**69.74**	**74.19**	**54.62**	**68.30**
国家资本金	State Capital	2.56	1.62	2.93	8.09	2.68
资产负债率 (%)	Ratio of Liabilities to Assets (%)	49.94	47.66	52.84	68.97	69.20
经营总收入 (亿元)	**Total Revenue (100 million yuan)**	**19.00**	**18.12**	**30.71**	**32.42**	**38.01**
土地转让收入	Land Transferred		0.04	0.02	0.14	

9－16　2000－2009年按用途分房地产开发企业(单位)投资额
Investment Actually Completed by Enterprises for Real Estate Development by Use (2000-2009)

单位：万元　　　　(10 000 yuan)

年 份 地 区 Year Region	本年完成投资额 Investment Completed This Year	住 宅 Residential Buildings	经济适用房 Economically Affordable Housing	办公室 Office	商业营业用房 Houses for Business Use	其 他 Others
2000	134990	81416	21979	8369	24031	21174
2001	153558	85985	41919	11482	28707	27384
2002	169171	94830	49297	14657	13913	45771
2003	223121	154604	53412	21610	21205	25702
2004	262394	166081	37770	27476	35841	32996
2005	291130	165786	26836	19280	43828	62236
2006	311794	229397	14854	7414	48459	26524
2007	342057	280506	27333	7094	31633	22824
2008	511881	428812	25848	5227	38627	39215
2009	728499	545720	6144	7221	40297	135261
西宁市 Xining City	638393	466005	5144	6121	32002	134265
海东地区 Haidong Prefecture	59673	55351			3326	996
海北州 Haibei Zang A.P	4544	3646			898	
海南州 Hainan Zang A.P	12067	11672			395	
海西州 Haixi Mongolian & Zang A.P	13822	7046	1000	1100	3676	

注：本表2004年数据为常规报表数。
a) Data in 2004 in this table were taken from routine account.

9－17　2000－2009年房地产开发企业(单位)的资金来源
Sources of Funds of Enterprises for Real Estate Development(2000-2009)

单位：万元　　　　(10 000 yuan)

年 份 地 区 Year Region	本年资金来源小计 Total Funds This Year	国家预算内资金 State Budget	国内贷款 Domestic Loans	债 券 Bonds	利用外资 Foreign Investment	外商直接投资 Foreign Direct Investment	自筹资金 Self-raising Funds	其他资金来源 Others
2000	128862		21719		3105	3105	85719	18319
2001	164288		27458		2239	2239	98673	35918
2002	179958		25469		5001	3241	93406	56032
2003	230688		41998	2100	3550	3550	97984	85056
2004	409130	2826	59935	78	3175	3175	187639	155477
2005	309008		20764		375	375	185255	102614
2006	357658		35338		250		239909	82161
2007	443366		82493				218491	142382
2008	599312		102594				410936	85782
2009	887388		131286				470715	285387
西宁市 Xining City	795430		129306				406461	259663
海东地区 Haidong Prefecture	63877		200				51757	11920
海北州 Haibei Zang A.P	4411		550				3237	624
海南州 Hainan Zang A.P	12477						6417	6060
海西州 Haixi Mongolian & Zang A.P	11193		1230				2843	7120

注：本表2004年数据为第一次经济普查数。在分地区中未包括直报单位数据。
a) Data in 2004 in this table were taken from the first economic census. Data by region does not include data of unit reporting directly.

9-18 2000-2009年房地产开发建设房屋建筑面积和造价
Floor Space and Cost of Buildings Developed for Real Estate Development(2000-2009)

年份 地区 Year Region	施工房屋面积(万平方米) Floor Space of Buildings under Construction (10 000 sq.m)	竣工房屋面积(万平方米) Floor Space of Buildings Completed (10 000 sq.m)	房屋建筑面积竣工率 Rate of Floor Space of Buildings Completed (%)	竣工房屋价值(万元) Value of Buildings Completed (10 000 yuan)	竣工房屋造价(元/平方米) Cost of Buildings Completed (yuan/sq.m)
2000	218.64	74.26	34.0	74089	997.70
2001	267.58	105.99	39.6	92126	869.19
2002	342.38	133.60	39.0	133285	997.64
2003	412.08	156.99	38.1	152522	971.50
2004	511.02	240.60	47.1	267381	1111.31
2005	422.87	104.11	24.6	126588	1215.90
2006	457.81	133.08	29.07	174446	1310.81
2007	584.22	171.21	29.30	248771	1453.02
2008	698.21	225.30	32.27	359510	1595.69
2009	900.39	181.98	20.20	285579	1569.29
西宁市 Xining City	723.64	146.23	20.20	241630	1652.40
海东地区 Haidong Prefecture	124.85	16.67	13.40	18580	1114.58
海北州 Haibei Zang A.P	14.27	6.50	45.60	6050	930.77
海南州 Hainan Zang A.P	22.51	11.38	50.60	18119	1592.18
海西州 Haixi Mongolian & Zang A.P	9.62	1.20	12.50	1200	1000.00

注：本表2004年数据为第一次经济普查数。
a) Data in 2004 in this table were taken from the first economic census.

9-19 2000-2009年按用途分房地产开发企业(单位)新开工房屋面积
Floor Space of Buildings Started This Year by Enterprises for Real Estate Development by Use(2000-2009)

单位：万平方米 (10 000 sq.m)

年份 地区 Year Region	本年新开工房屋面积 Floor Space Started This Year	住宅 Residential Buildings	经济适用房 Economically Affordable Housing	办公楼 Office Buildings	商业营业用房 Houses for Business Use	其他 Others
2000	127.88	96.44		7.51	21.40	2.53
2001	127.62	84.29		12.43	30.19	0.71
2002	168.08	135.14		16.34	13.91	2.69
2003	236.34	185.34	69.04	17.00	30.84	3.15
2004	199.86	169.78	47.50	8.42	17.60	4.07
2005	243.06	201.04	45.50	11.56	26.43	4.03
2006	209.89	173.44	6.98	8.06	25.38	3.01
2007	273.99	242.04	13.46	7.69	18.05	6.21
2008	299.11	274.96	21.86	1.40	19.45	3.30
2009	505.13	423.61	1.00	3.53	57.28	20.71
西宁市 Xining City	405.98	332.02		3.38	49.86	20.71
海东地区 Haidong Prefecture	76.84	73.29			3.55	
海北州 Haibei Zang A.P	3.21	2.52			0.69	
海南州 Hainan Zang A.P	5.56	5.45			0.12	
海西州 Haixi Mongolian & Zang A.P	13.54	10.33	1.00	0.15	3.06	

注：本表2004年数据为第一次经济普查数。
a) Data in 2004 in this table were taken from the first economic census.

9–20 2000–2009年按用途分的商品房屋实际销售面积
Actually Floor Space of Commercialized Buildings Sold by Use(2000-2009)

单位：万平方米 (10 000 sq.m)

年 份 地 区 Year Region	房屋销售面积 Floor Space of Commercialized Buildings Sold	住 宅 Residential Buildings	经济适用房 Economically Affordable Housing	办公楼 Office Buildings	商业营业用房 Houses for Business Use	其 他 Others
2000	39.91	36.84		0.37	2.50	0.20
2001	33.66	31.86		0.08	1.57	0.15
2002	68.04	61.17		1.08	3.24	2.54
2003	83.51	70.34	20.99	4.14	8.27	0.76
2004	145.76	125.05	43.10	8.65	11.18	0.87
2005	121.04	108.46	14.96	8.73	3.57	0.28
2006	119.69	110.96	5.15	1.87	6.21	0.66
2007	154.53	147.34	2.44	1.60	5.26	0.34
2008	147.89	141.23	1.17	0.94	5.55	0.18
2009	216.82	208.02	6.80	1.38	6.63	0.79
西宁市 Xining City	154.68	148.08	5.80	1.38	4.71	0.51
海东地区 Haidong Prefecture	34.88	34.73			0.16	
海北州 Haibei Zang A.P	9.92	8.80			0.84	0.28
海南州 Hainan Zang A.P	12.16	11.50			0.66	
海西州 Haixi Mongolian & Zang A.P	5.17	4.91	1.00		0.26	

注：本表2004年数据为第一次经济普查数。在分地区中未包括直报单位数据。
a) Data in 2004 in this table were taken from the first economic census. Data by region does not include data of unit reporting directly.

9–21 2000–2009年按用途分的商品房屋实际销售额
Actually Sale of Commercialized Buildings by Use(2000-2009)

单位：万元 (10 000 yuan)

年 份 地 区 Year Region	房屋销售额 Total Sale of Buildings	住 宅 Residential Buildings	经济适用房 Economically Affordable Housing	办公楼 Office Buildings	商业营业用房 Houses for Business Use	其 他 Others
2000	49413	41847		1395	5633	538
2001	40670	35796		167	4452	255
2002	87898	71375		1420	11845	3258
2003	835083	703417		41427	82702	7537
2004	241004	183485	53384	22682	33500	1337
2005	221768	182320	18916	24132	14706	610
2006	229877	204230	7248	4689	20267	691
2007	357123	324986	3417	4924	26783	430
2008	363745	336669	1417	3083	23531	462
2009	545761	508048	8000	4949	31882	882
西宁市 Xining City	448513	416222	6800	4949	26483	859
海东地区 Haidong Prefecture	57755	57063			692	
海北州 Haibei Zang A.P	13144	11493			1628	23
海南州 Hainan Zang A.P	21163	18824			2339	
海西州 Haixi Mongolian & Zang A.P	5186	4446	1200		740	

注：本表2004年数据为第一次经济普查数。
a) Data in 2004 in this table were taken from the first economic census.

9−22　2000−2009年按用途分的商品房屋平均销售价格

Average Selling Price of Commercialized Buildings by Use (2000-2009)

单位：元/平方米　　(yuan/sq.m)

年份 地区 Year Region	房屋平均销售价格 Average Selling Price of Buildings	住宅 Residential Buildings	经济适用房 Economically Affordable Housing	办公楼 Office Buildings	商业营业用房 Houses for Business Use	其他 Others
2000	1238.16	1135.89		3770.27	2257.26	2662.05
2001	1208.33	1123.54		2174.48	2840.92	1700.00
2002	1291.85	1166.90		1310.69	3650.56	1004.10
2003	1465.30	1341.99		2125.91	2275.64	451.11
2004	1653.40	1460.29	1238.67	7330.96	2995.16	1536.78
2005	1832.19	1681.03	1264.27	2765.62	2801.87	1636.23
2006	1920.56	1840.50	1408.61	2511.52	3266.03	1054.16
2007	2311.00	2205.75	1403.05	3075.00	5093.08	1278.62
2008	2459.56	2383.83	1211.11	3279.79	4239.82	2566.67
2009	2517.10	2442.36	1176.47	3581.04	4805.27	111.79
西宁市 Xining City	2899.54	2810.79	1172.41	3581.04	5622.71	1692.61
海东地区 Haidong Prefecture	1655.82	1643.25			4393.65	
海北州 Haibei Zang A.P	1324.93	1494.18			1933.03	81.71
海南州 Hainan Zang A.P	1740.08	1636.77			3536.44	
海西州 Haixi Mongolian & Zang A.P	1002.88	905.30	1200.00		2846.15	

注：本表2004年数据为第一次经济普查数。

a) Data in 2004 in this table were taken from the first economic census.

9-23 在建大中型项目基本情况(2009年)

Basic Situation of Large and Medium-sized Projects under Construction(2009)

单位：万元 (10 000 yuan)

单位名称 Unit Name	项目名称 Project Name	开工时间 On-stream Time	投产时间 Time of Going into Production	计划总投资 Total Investment of Planning	累计完成投资 Total Investment	本年完成投资 Investment This Year
青海省三江水电开发有限公司	康扬水电站	200307	200902	169966	169966	106
省交通厅	西过境高速公路	200704		170351	152410	29908
青海宁北铝电有限责任公司	青海桥头老厂2*13.5万千瓦改扩建工程	200704		118080	83223	52135
浙江玻璃集团公司	90万吨纯碱二期	200707	200907	150000	150327	9000
青海黄河水电开发公司青海新能源分公司	年产2500吨多晶硅生产线	200703		1500000	194984	116457
青海西矿联合铜箔有限公司	2万吨高档电解铜箔生产线	200708		120000	73514	37700
青海省交通厅	当金山至大柴旦	200806		134900	99505	54755
青海赛德钛业有限公司	年产2万吨海绵钛	200710		120000	16000	5000
青海省交通厅	格尔木至老茫崖	200605		189000	84003	27294
甘河工业园管理委员会	基础设施项目	200704	200903	174646	179899	50
亚洲硅铁青海有限公司	年产3000吨多晶硅	200703		1000000	185934	75434
青海瑞合铝业有限公司	2400万平方米高性能中高压化成箔生产线	200811		125931	32335	18501
黄河上游水电开发有限责任公司	拉西瓦水电站	200403		1498565	1259128	173263
黄河上游水电开发有限责任公司	积石峡水电站	200903		721700	419636	52119
青海省交通厅	柴达尔至木里地方铁路	200606		240220	238960	13360
青海中信国安科技发展有限公司	西台钾锂硼综合开发	200303		320000	312247	41977
青海省引大济黄工程建设管理局	青海省湟水北干渠扶贫灌溉一期工程	200512		100000	83000	11500
青海省电力公司	750KV电网建设项目	200701		1241845	371596	250979
青海省电力公司	330KV电网建设项目	200606		298232	275230	120661
青藏铁路公司	西格二线	200802		1061728	690458	270000
青海省投资公司	高精铝扳带项目	200508		260700	173482	63699
百万吨综合利用项目二期指挥部	综合利用项目二期	200706		406825	189681	110900
百万吨综合利用项目指挥部	百万吨综合利用	200505		307397	301480	27738
青海中浩天然气化工有限公司	甲醇项目	200505		202250	148481	55717
青海西部水电有限公司	年产40万吨铝基合金大板锭项目	200909		584485	24000	24000
中国石油天然气股份有限公司青海油田分公司	油气田勘探开发	200701		314733	332287	332287

主要统计指标解释

全社会固定资产投资 是以货币形式表现的在一定时期内全社会建造和购置固定资产的工作量以及与此有关的费用的总称。该指标是反映固定资产投资规模、结构和发展速度的综合性指标，又是观察工程进度和考核投资效果的重要依据。全社会固定资产投资按登记注册类型可分为国有、集体、个体、联营、股份制、外商、港澳台商、其他等。

城镇固定资产投资 指城镇各种登记注册类型的企业、事业、行政单位及个体户进行的计划总投资（或实际需要总投资）50万元及50万元以上的建设项目投资和房地产开发投资。县城及以上区域内发生的投资，县及县以上各级政府及主管部门直接领导、管理的建设项目和企业事业单位的投资均为城镇固定资产投资。

房地产开发投资 指各种登记注册类型的房地产开发公司、商品房建设公司及其他房地产开发法人单位和附属于其他法人单位实际从事房地产开发或经营活动的单位统一开发的包括统代建、拆迁还建的住宅、厂房、仓库、饭店、宾馆、度假村、写字楼、办公楼等房屋建筑物和配套的服务设施，土地开发工程（如道路、给水、排水、供电、供热、通讯、平整场地等基础设施工程）的投资；不包括单纯的土地交易活动。

农村投资 包括在农村区域范围内进行固定资产投资活动的企业、事业、行政单位及农户投资。

建设总规模 是指在报告期内所有施工项目的计划总投资。这个指标和施工项目相对应。

在建总规模 是指在报告期末所有在建项目的计划总投资。

在建净规模 是指报告期末所有在建项目建成投产尚需的投资总量。

在建净规模 = 在建总规模 − 未投产项目（期末在建）累计完成投资。

固定资产投资的资金来源 根据固定资产投资的资金来源不同，分为国家预算内资金、国内贷款、利用外资、自筹资金和其他资金。

（1）国家预算内资金：分为财政拨款和财政安排的贷款两部分。包括中央财政的基本建设基金（分经营性基金和非经营性基金两部分）、专项支出（如煤代油专项等）、收回再贷、贴息资金，财政安排的挖潜改造和新产品试制支出、城建支出、商业部门简易建筑支出、不发达地区发展基金等资金中用于固定资产投资的资金；地方财政中由国家统筹安排的资金等。

（2）国内贷款：指报告期固定资产投资单位向银行及非银行金融机构借入的用于固定资产投资的各种国内借款，包括银行利用自有资金及吸收的存款发放的贷款、上级主管部门拨入的国内贷款、国家专项贷款、地方财政专项资金安排的贷款、国内储备贷款、周转贷款等。

（3）利用外资：指报告期收到的用于固定资产建造和购置的国外资金（包括设备、材料、技术在内）。包括对外借款（外国政府、国际金融组织贷款、出口信贷、外国银行商业贷款、对外发行债券和股票）、外商直接投资及外商其他投资。不包括我国自有外汇资金（国家外汇、地方外汇、留成外汇、调剂外汇和中国银行自有资金发行的外汇贷款等）。计算利用外资时，需要折算成人民币，折算中所使用的外汇汇率按现汇计算，即按使用外汇时的汇率计算。

（4）自筹资金：指固定资产投资单位报告期收到的，由各地区、各部门及企、事业单位筹集用于固定资产投资的预算外资金，包括中央各部门、各级地方和企、事业单位的自筹资金。

（5）其他资金：指在报告期收到的除以上各种资金之外其他用于固定资产投资的资金，包括企业或金融机构通过发行各种债券筹集到的资金、群众集资、个人资金、无偿捐赠的资金及其他单位拨入的资金等。

固定资产投资按国民经济行业分 根据建设项目建成投产后的主要产品或主要用途及社会经济活动性质来确定国民经济行业。一般情况下，一个建设项目或一个企业、事业单位只能属于一种国民经济行业。

固定资产投资按隶属关系分 是按建设单位或企业、事业、行政单位的主管上级机关确定的。

（1）中央：是指中共中央、人大常委会和国务院各部、委、局、总公司以及直属机构直接领导的建设项目和企业、事业、行政单位。这些单位的固定资产投资计划由国务院各部门直接编制和下达，建设中所需物资、主要设备以及建设中的问题都由中央有关部门安排和解决。

（2）地方：是由省（自治区、直辖市）、地区（州、盟、省辖市）、县（旗、县级市）三级政府及业务主管部门直接领导和管理的建设项目、企业、事业、行政单位。地方项目还包括不隶属以上各级政府及主管部门的建设项目和企业、事业单位，如外商投资企业和无主管部门的企业等。

固定资产投资按建设性质分 根据整个建设项目情况来确定。建设项目的性质一般分为新建、扩建、改建和技术改造、迁建、恢复。房地产开发单位、农村投资、城镇工矿区私人建房投资不划分建设性质。

（1）新建：一般指从无到有开始建设的企业、事业和行政单位或建设项目。现有企业、事业、行政单位一般不属于新建。但如有的单位原有基础很小，经过建设后新增的固定资产价值超过该企、事业、行政单位原有固定资产价值（原值）三倍以上的也应作为新建。

（2）扩建：指在厂内或其他地点，为扩大原有产品的生产能力（或效益）或增加新的产品生产能力，而增建主要的生产车间（或主要工程）、分厂、独立的生产线。行政、事业单位在原单位增建业务用房（如学校增建教学用房、医院增建门诊部、病房等）也作为扩建。

现有企、事业单位为扩大原有主要产品生产能力或增加新的产品生产能力，增建一个或几个主要生产车间（或主要工程）、分厂，同时进行一些更新改造工程的，也应作为扩建。

（3）改建和技术改造：指现有企业、事业单位，对原有设施进行技术改造或更新（包括相应配套的辅助性生产、生活福利设施）的建设项目。现有企业、事业单位为适应市场变化的需要，而改变企业的主要产品种类（如军工企业转产民用品等）的建设项目，应作为改建。原有产品生产作业线由于各工序（车间）之间能力不平衡，为填平补齐充分发挥原有生产能力而增建不增加本企业主要产品设计能力的车间，也应作为改建。技术改造是指企业、事业单位在现有基础上，用先进的技术代替落后的技术，用先进的工艺和装备代替落后的工艺和装备，以改变企业落后的技术经济面貌，实现以内涵为主的扩大再生产，达到提高产品质量、促进产品更新换代、节约能源、降低消耗、扩大生产规模、全面提高社会经济效益的目的。技术改造具体包括以下内容:机器设备和工具的更新改造;生产工艺改革、节约能源和原材料的改造;厂房建筑和公共设施的改造;劳动条件和生产环境的改造等。

固定资产投资按构成分 固定资产投资活动按其工作内容和实现方式分为建筑安装工程,设备、工具、器具购置,其他费用三个部分。

(1)建筑安装工程(建筑安装工作量):指各种房屋、建筑物的建造工程和各种设备、装置的安装工程。包括各种房屋建造工程;各种用途设备基础和各种工业窑炉的砌筑工程及金属结构工程;为施工而进行的各种准备工作和临时工程以及完工后的清理工作等;铁路、道路的铺设,矿井的开凿及石油管道的架设等;水利工程;防空地下建筑等特殊工程;列入房屋工程预算内的暖气、卫生、通风、照明、煤气等设备的价值及装设油饰工程;列入建筑工程预算内的各种管道(蒸汽、压缩空气、石油、给排水等管道)、电力、电讯电缆导线等的敷设工程;以及各种机械设备的安装工程;为测定安装工程质量,对设备进行的试运工作;房地产开发单位进行的商品房屋开发建设工程、土地开发工程。

在安装工程中,不包括被安装设备本身的价值。

(2)设备、工具、器具购置:指建设单位或企、事业单位购置或自制的,达到固定资产标准的设备、工具、器具的价值。新建单位及扩建单位的新建车间,按照设计或计划要求购置或自制的全部设备、工具、器具,不论是否达到固定资产标准均计入"设备、工具、器具购置"中。

(3)其他费用:指在固定资产建造和购置过程中发生的,除上述几项内容以外的各种应分摊计入固定资产的费用。

施工项目 指报告期内进行过建筑或安装施工活动的项目。凡是报告期内施过工的建设项目,不论施工时间长短,均作为施工项目统计。施工项目个数可以反映一定时期固定资产投资的实际规模,与同期全部建成投产项目个数相比,可以从建设速度的角度反映固定资产投资的效果。根据建设项目施工活动的不同性质,施工项目又分为:本年正式施工项目、本年收尾项目和以前年度全部停缓建项目。

全部建成投产项目 工业项目指设计文件规定形成生产能力的主体工程及其相应配套的辅助设施全部建成,经负荷试运转,证明具备生产设计规定合格产品的条件,并经过验收鉴定合格或达到竣工验收标准,与生产性工程配套的生活福利设施可以满足近期正常生产的需要,正式移交生产的建设项目。非工业项目指设计文件规定的主体工程和相应的配套工程全部建成,能够发挥设计规定的全部效益,经验收鉴定合格或达到竣工验收标准,正式移交使用的建设项目。

新增生产能力(或工程效益) 指通过固定资产投资活动而增加的设计能力(或工程效益),该指标是以实物形态表现的反映固定资产投资成果的指标,也是考核投资经济效果的重要依据之一。

新增生产能力(或工程效益)一般有以下几种表现形式:

(1)用产品数量表示,以工程在单位时间内(一般是一年)所能生产的产品数量(即年产量)表示。如原煤开采用万吨/年表示,化学农药用吨/年表示,拖拉机制造用台/年表示等。某些化工产品由于含量差别较大,按其设计含量计算折合量表示,如硫酸、纯碱、烧碱等。

(2)用单位时间内所能处理的原料数量表示,以工程每天(或小时)所能处理原料的数量表示。如机制糖工程日处理原料吨,食用植物油日处理原料吨,城市污水处理能力用万吨/日表示等。

(3)用新增加的主要设备的数量或容量表示,如新增棉布织机、丝织机等台数,毛纺锭等锭数,发电厂新增发电机组容量用千瓦表示等。

(4)用建筑物容积、容量、面积、长度表示,是非工业项目或工程新增效益的一种表现形式。如铁路投产里程、新建公路、水库容量、粮食仓库、学校学生席位、医院病床、有效灌溉面积等。

根据工程的特点,有时需要用两种或两种以上的复合计量单位表示新增生产能力(或工程效益),如新增内燃机生产能力同时用年产台数、千瓦数表示等。

为了规范新增生产能力(或工程效益)的名称和计算单位,国家统计局制订了《新增生产能力(或工程效益)目录及代码》。各固定资产投资单位在统计新增生产能力(或工程效益)时,必须按目录中规定的名称、计量单位和代码填报。

房屋建筑面积 指房屋建筑物勒脚以上外墙外围的水平截面面积,包括房屋建筑物的有效面积和结构面积。该指标是从实物形态上反映建设规模和建设成果的重要指标之一,也是检查工程形象进度、计算工程造价、分析投资效果、研究施工任务和建筑材料之间平衡情况的重要依据。

住宅建筑面积 指施工和竣工房屋建筑面积中供居住用的房屋建筑面积。

施工面积 指报告期内施工的全部房屋建筑面积。包括本期新开工的面积和上期开工跨入本期继续施工的房屋面积,以及上期已停建在本期恢复施工的房屋面积。本期竣工和本期施工后又停缓建的房屋,其建筑面积仍计入本期房屋施工面积中。

竣工面积 指在报告期内房屋建筑按照设计要求已经全部完工,达到住人和使用条件,经验收鉴定合格(或达到竣工验收标准),正式移交使用单位的各栋房屋建筑面积的总和。

房屋建筑面积竣工率 指一定时期内房屋竣工面积占同期房屋施工面积的比率。

新增固定资产 指报告期内已经完成建造和购置过程,并已交付生产或使用单位的固定资产价值。该指标是表示固定资产投资成果的价值指标,也是反映建设进度,计算固定资产投资效果的重要指标。

项目建成投产率 指一定时期内全部建成投产项目个数与同期施工项目个数的比率。该指标是从建设单位建设速度的角度反映投资效果的指标。

固定资产交付使用率 指一定时期新增固定资产与同期完成投资额的比率。该指标是反映固定资产动用速度,衡量建设过程中宏观投资效果的综合指标。由于新增固定资产是较长时期内形成的结果,而投资额则是当年完成的,因此,该指标一般适宜于反映较长时期内固定资产的动用情况。

商品房销售面积 指报告期内出售商品房屋的合同总面积(即双方签署的正式买卖合同中所确定的建筑面积)。由现房销售建筑面积和期房销售建筑面积两部分组成。

商品房销售额 指报告期内出售商品房屋的合同总价款(即双方签署的正式买卖合同中所确定的合同总价)。该指标与商品房销售面积同口径,由现房销售额和期房销售额两部分组成。

经济适用房 指根据经济适用房计划安排建设的政策性住宅。经济是指房屋建筑造价和销售价格低于一般商品住宅;适用是指适合中低收入家庭购买使用。经济适用房主要是由国家统一下达投资计划,房地产公司开发,对外销售;用地一般采用行政划拨或招标投标方式,免收土地出让金;对各种经批准的收费减半征收,开发利润不超过3%;销售价格实行政府指导价。该指标可以分析房地产投资结构,反映中低收入家庭商品住宅的供求平衡情况。

Explanatory Notes on Main Statistical Indicators

Total Investment in Fixed Assets in the Whole Country refers to the volume of activities in construction and purchases of fixed assets of the whole country and related fees, expressed in monetary terms during the reference period. It is a comprehensive indicator which shows the size, structure and growth of the investment in fixed assets, providing a basis for observing the progress of construction projects and evaluating results of investment. Total investment in fixed assets in the whole country includes, by type of ownership, the investment by State – owned units, collective – owned units, individuals, joint ownership units, share – holding units, as well as investments by entrepreneurs from foreign countries and from Hong Kong, Macao and Taiwan, and by other units.

Urban Investment in Fixed Assets refers to construction projects involving a total planned (or required) investment of 500,000 yuan and over by enterprises of various types of ownership, institutions, administrative units and individuals in urban areas, investment in real estate development. In other words, all investments that take place in county towns and urban areas, investment in construction projects under the direct leadership and management of government agencies at and above county levels and investments by enterprises and institutions at and above county levels are covered in urban investment in fixed assets.

Investment in Real Estate Development refers to investment by real estate development companies, commercialized buildings construction companies and other real estate development units of various types of ownership in the construction of buildings, such as residential buildings, factory buildings, warehouses, hotels, guesthouses, holiday villages, office buildings, and the complementary service facilities and land development projects, such as roads, water supply, water drainage, power supply, heating supply, telecommunications, land leveling and other infrastructural projects. It does not include activities in pure land transactions.

Investment in Rural Areas refers to investment in fixed assets by enterprises, institutions, administrative units and households in rural areas.

Total Size of Construction refers to the planned total investment for all construction projects during the reference period. This item should correspond with projects under work.

Total Size of Investment in Projects under Construction refers to the planned total investment of all projects under construction at the end of the reference period.

Net Size of Investment in Projects under Construction refers to the outstanding requirement of investment of all projects under construction at the end of the reference period.

Net size of investment in projects under construction = Total size of investment – Accumulated completed investment of projects under construction

Sources of Funds for Investment in Fixed Assets are categorized as funds from the State budget, domestic loans, foreign investment, self – raised funds, and others, depending on the sources of investment.

(1) Fund from the State budget consists of budgetary appropriation and loans from the State budget. More specifically, it includes, from the budget of the central government, capital construction fund (operation fund and non – operational fund), special expenses (e. g. expenses on substituting petroleum with coal), loans from repayment, discount fund, expenses on innovation and trial production of new products, expenses on urban construction, expenses on temporary construction from business departments, development fund for less developed areas, as well as local budgetary fund transferred from the central budget.

(2) Domestic loans refer to loans of various forms borrowed by investing units from banks and non – bank financial institutions during the reference period for the purpose of investment in fixed assets, including loans issued by banks from their self – owned funds and deposit, loans appropriated by higher authorities, special loans by government, loans arranged by local government from special funds, domestic reserve loan, and working loan.

(3) Foreign investment refers to foreign funds received during the reference period for the construction and purchase of investment in fixed assets (covering equipment, materials and technology), including foreign borrowings (loans from foreign governments and international financial institutions, export credit, commercial loans from foreign banks, issue of bonds and stocks overseas), foreign direct investment and other foreign investments. Excluded from this category is capital in foreign exchanges owned by China (foreign exchanges owned by the central and local governments, foreign exchanges retained by enterprises, foreign exchanges by enterprises through the regulating mechanism, loans in foreign exchanges issued by the Bank of China with its own fund, etc.). In calculating the utilization of foreign capital, foreign currencies are converted into Chinese Renminbi applying the current exchange rate when the foreign capitals are actually used.

(4) Self – raised funds refer to extra – budgetary funds for investment in fixed assets received during the reference period by investing units from central government ministries, local governments, enterprises and institutions, including their self – raised funds.

(5) Others refer to funds for investment in fixed assets received from sources other than those listed above, including cap-

ital raised through issuing bonds by enterprises or financial institutions, funds raised from individuals and through donations, and funds transferred from other units.

Investment in Fixed Assets by Sector The classification of construction projects by sector is determined by the major products or the purpose of the projects when they are put into production or use, and by the nature of their social economic activities. In general, one project or one enterprise or institution can only be classified into one sector.

Investment in Fixed Assets by Jurisdiction of Management refers to the classification of investment by the competent authorities under which investment is made by construction units, enterprises, institutions or administrative units.

(1) Central investment refers to the investment in projects or by enterprises, institutions or administrative units which are under the direct leadership and management of the State Council and of the national commissions, ministries, agencies and State – owned large corporations. Various ministries and departments of the State Council prepare and implement plans for investment in fixed assets by those departments, and arrange and ensure the supply of materials and key equipment required for the projects.

(2) Local investment refers to the investment in projects or by enterprises, institutions or administrative units which are under the direct leadership and management of departments under the provincial, prefecture and county governments. Also included are projects by foreign – invested enterprises and enterprises without competent managing authorities.

Investment in Fixed Assets by Type of Construction Construction projects in general can be classified, by the type of construction, into new construction, expansion, reconstruction and technical transformation, moving and restoration. However, investment by type of construction is not applied to investment by real – estate development units, investment in rural areas and private investment in housing construction in urban areas and in industrial and mining areas.

(1) New construction in general refers to construction projects, which start from scratch, of enterprises, institutions, administrative agencies. Construction in existing enterprises, institutions or agencies is generally not considered as new construction. In case the size of the existing unit is quite small, and the value of newly added fixed assets is more than three times of the the original value, the expansion will be considered as new construction.

(2) Expansion refers to construction of new major production workshop, branch factory or independent production line within a factory or in other locations, for the purpose of increasing the production capacity (or improving efficiency) or adding new production capacity. Newly constructed accommodation for the operation of institutions and administrative organizations (such as newly constructed buildings for teaching in schools, buildings for clinics or wards in hospitals, etc.) are also classified as expansion.

Also included in expansion are investments by existing enterprises or institutions in building major production line(s) or branch factory(ies) along with some work on innovation, for the purpose of expanding the production capacity of original products or producing new products.

(3) Reconstruction and technical transformation refers to construction projects by existing enterprises or institutions in innovation or technical transformation of the old facilities (including auxiliary production equipment and welfare facilities). Also considered as reconstruction is the construction of new workshops by the existing enterprises or institutions to change the variety of products to meet the market demand (such as the production of civil products by defence industries), or to bring the designed production capacity into full play through a more balanced production process on production lines. Technical transformation refers to replacement of old technology or equipment by new technology or equipment, in order to expand the reproduction through improvement of technology contents in production, to improve product quality, to promote new products, to save energy, to reduce consumption, to expand the production scale and to improve overall social – economic efficiency. Contents of technical transformation include: updating of machinery, equipment and tools; reforming production process by using energy or materials saving technology; construction of factory workshops and transformation of public facilities; improvement of working conditions and environment, etc.

Investment in Fixed Assets by Structure By their contents and the mode of implementation, investment activities are classified into 3 categories, i. e. construction and installation, purchase of equipment and instrument, and other expenses.

(1) Construction and installation (work volume of construction and installation) refers to the construction of houses and buildings and the installation of various kinds of equipment and instruments. They include construction of houses; equipment foundations, industrial kilns and stoves, and metal structure work; preparation works and temporary works for project construction, and clearing up works post project construction; pavement of railways and roads, drilling of mines and putting up of oil pipes; construction of water conservancy; construction of underground air – raid shelters and construction of other special projects; value of equipment for heating, sanitation, ventilation, lighting, gas, painting, etc. that are covered by the budget of housing projects; laying out of various pipelines (for steam, compressed air, petroleum, tap water and sewage) and wiring and cabling for electric power and for communications; installation of various machinery and equipment; testing operation for pre – testing the quality of installation projects, and land and other development work conducted by real estate developers for commercialized housing. The value of equipment installed is itself not included in the value of installation projects.

(2) Purchase of equipment and instruments refers to the total value of equipment, tools, and instruments purchased or self – produced which come up to the cut – off point for fixed assets by the construction units or investing enterprises or institutions.

Equipment, tools and instruments purchased or self – produced for new workshops by newly established or expanded units are categorized as "purchase of equipment and instruments" no matter whether they come up to the cut – off point for fixed assets.

(3) Other expenses refer to expenses arising during the construction or purchase of fixed assets other than those mentioned above.

Projects under Construction refer to projects with construction and installation activities undertaken in the reference period. All projects that have construction activities undertaken during the reference period are reported as projects under construction irrespective of the length of construction work. The number of projects under construction can reflect the actual size of investment in fixed assets during a given period, and when compared with the number of projects completed and put into use during the same period, it demonstrates the results of investment in fixed assets from the angle of the speed of the construction. Depending on the nature of construction activities, projects under construction can also be classified into projects beginning construction in current year, winding – up projects in current year and stopped or suspended projects in previous years (with resumption of work in current year).

Projects Completed and Put into Use Industrial projects refer to the major projects and anxilliary facilities having been completed in accordance with the design documents, resulting in forming production capacity and having checked and accepted after relevant tests, while the living and welfare facilities having been completed and being capable of ensuring normal production. Non – industrial projects refer to the major projects and anxilliary facilities which have been completed in accordance with the design documents ; have been checked, accepted after relevant examination; and have been formally delivered for use.

Newly Increased Production Capacity (or Project Efficiency) refers to the increase in design capacity (or project efficiency) through investment in fixed assets, which reflects the accomplishment of investment in fixed assets in physical form and serves as an important basis for evaluating the economic efficiency of investment.

The newly increased production capacity (project efficiency) are usually expressed in one of the following forms:

(1) volume of output of products, i. e. the volume of output that the project can produce during a given period (usually a year). For instance, the capacity in coal mining is expressed in 10,000 tons/year, the capacity in producing chemical pesticides expressed in ton/year, the capacity in producing tractors in tractor/year, etc. For some chemical products where the effective contents differ significantly, the production capacity is expressed as the designed effective content equivalent, such as in the case of sulphuric acid, soda ash, caustic soda, etc;

(2) volume of raw materials processed per unit of time, i. e. the volume of raw materials that could be processed by the project per day (or per hour), such as tons of materials processed per day by a sugar refining project or edible vegetable oil project, or tons of urban sewage processed per day;

(3) number or capacity of major equipment increased, such as number of cotton or silk looms increased, wool spindles increased, or capacity (in kilowatts) of power generators increased; and

(4) physical measures (volume, capacity, area, and length) of construction, which is typical for non – industrial projects, for instance, the length of railways put into operation, the length of highways, the capacity of reservoirs, the capacity of warehouses, the floor space of housing projects, capacity for new students in schools or beds in hospitals, areas under new irrigation project, etc.

The special features of projects may sometimes call for the combined use of two or more measurements to reflect the increase in production capacity (or project efficiency); for instance, the new capacity for the production of internal combustion engines is expressed in sets per year and kilowatts per year simultaneously.

To standardize the nomenclature and unit of measurement for newly increased production capacity (or project efficiency), the National Bureau of Statistics has developed the Nomenclature and Codes for New Production Capacity (Project Efficiency). All reporting units with investment activities are required to follow these two nomenclatures in reporting statistics on new production capacity (project efficiency).

Floor Space of Buildings under Construction refers to the total floor space of the horizontal section of outer walls above the plinth of the building, including the effective area and the area occupied by the structure. This indicator is one of the important indicators in physical terms to reflect the scale and accomplishment of the construction industry and also an important basis for monitoring the progress, calculating the cost, analyzing the efficiency and studying the supply of building materials in relation to the construction projects.

Floor Space of Residential Buildings refers to the floor space of the residential buildings among the total space of buildings under construction or completed.

Floor Space under Construction refers to total floor space of all buildings under construction during the reference period, including floor space of newly started buildings during the reference period, floor space of construction extended from the previous period to the current period, and floor space of construction suspended during the previous period and resumed in the current period. Floor space of construction completed in the current period, and floor space of construction started and then suspended in the current period are also included in the floor space under construction of the current year.

Floor Space Completed refers to the floor space of all buildings completed in the reference period, which have been appraised and accepted (or come up to the designed standards) and have been transferred to owner units.

Completion Rate of Floor Space of Buildings refers to the ratio of the floor space of buildings completed in a certain period of time to the floor space of buildings under construction in the same period.

Newly Increased Fixed Assets refer to the newly increased value of fixed assets, constructed or purchased, that have been transferred to the investors. This is an indicator that demonstrates the results of investment in fixed assets in monetary terms, and an important indicator to reflect the speed of construction and to calculate the efficiency of investment.

Rate of Construction Projects Completed and Put into Use refers to the ratio of the number of construction projects completed and put into use in a certain period of time to the number of projects under construction in the same period. This reflects the investment efficiency from the perspective of the speed of projects construction.

Rate of Projects of Fixed Assets Completed and Put into Operation refers to the ratio of the newly increased fixed assets to the total investment made in the same period. This is a comprehensive indicator reflecting the speed of the employment of fixed assets and the investment efficiency at the macro – level. As the newly increase fixed assets is the result of a long period while the investment is completed in the current year, this indicator is expected to be used to reflect the employment of fixed assets over a long period of time.

Area of Commercialized Housing Sold refers to total contracted area of commercialized housing (i. e. area of floor space as designated in the formal contracts signed by both sides) during the reference time. It constitutes floor space of completed housing and floor space of future housing.

Value of Commercialized Housing Sold refers to the total contracted value (i. e. value of sales/purchase for selling/purchase of commercialized housing as designated in the contract signed by both sides) during the reference time. This indicator has the same coverage as the area of commercialized housing sold, which constitutes floor space of completed housing and floor space of housing yet to be completed.

Economically Affordable Housing refers to housing constructed according to the State Plan for economically affordable housing. The features of houses of this category are low cost of construction and low prices, and therefore are affordable to mid – income and low income households. Economically affordable housing projects are developed by real estate companies under the State Investment Plan, with the land provided through government allocation or tendering procedures. Developers are exempted from land utilization fees and enjoy another 50% exemption of all other legitimate fees, while their profits are limited to less than 3% , and the completed houses are sold under government – guided prices. This indicator helps to analyze the investment structure of the real estate industry and the demand and supply of housing for mid – income and low income households.

第10篇

CHAPTER 10

财政、金融和保险

Government Finance, Banking and Insurance

财政收支情况（亿元）

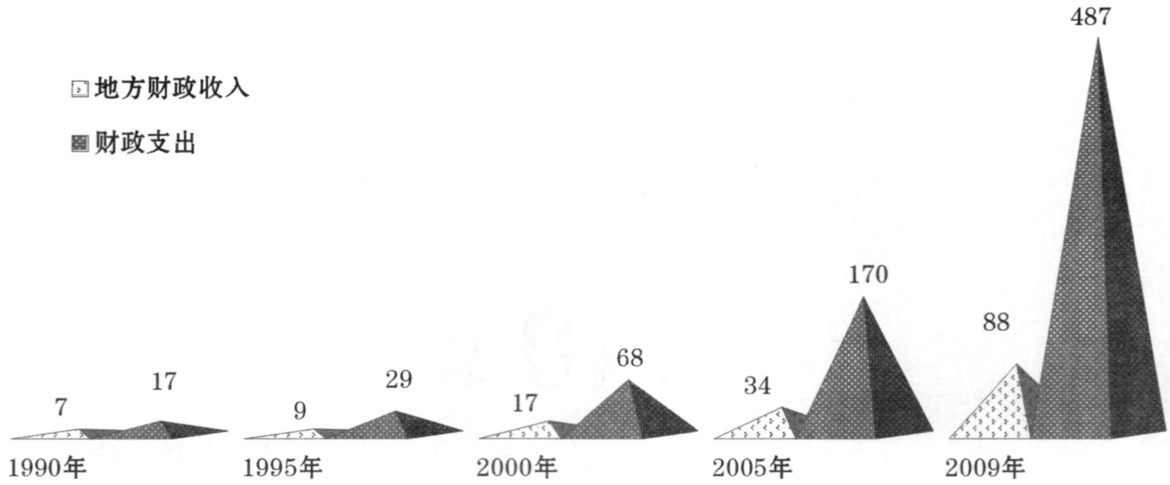

金融机构人民币存款余额（亿元）

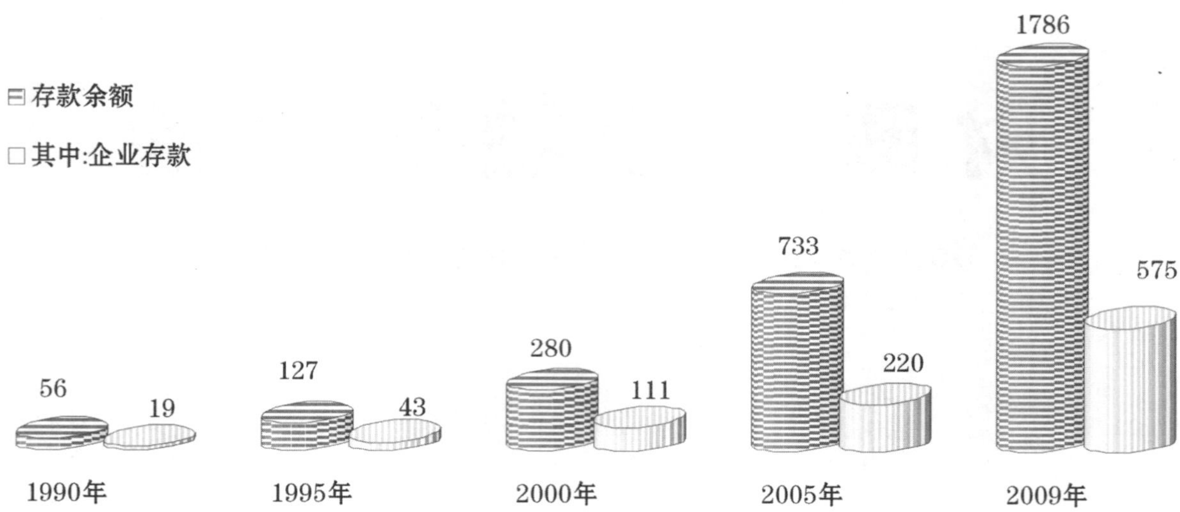

金融机构人民币贷款余额（亿元）

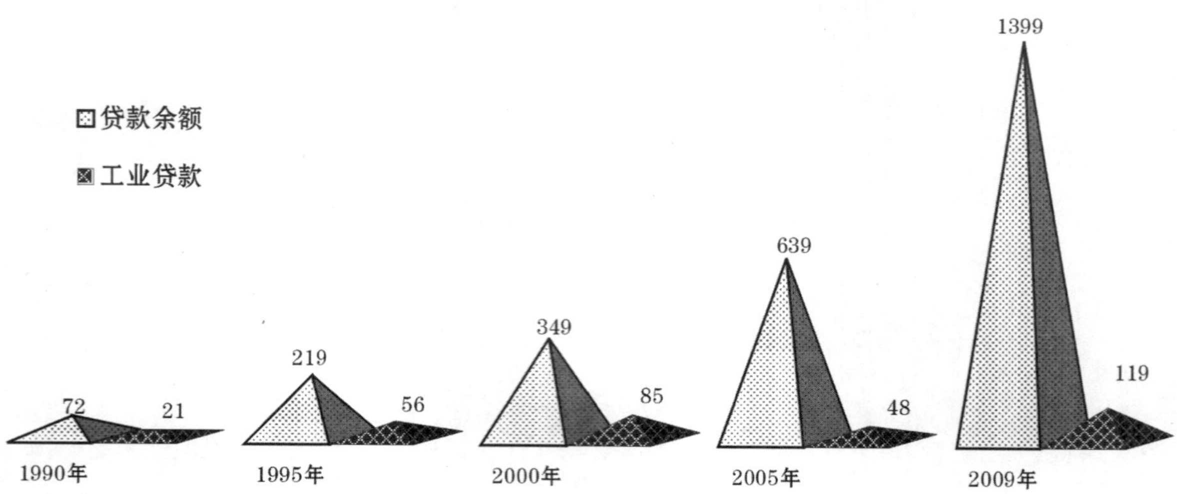

10—1 主要年份财政收支情况

Financial Revenue and Expenditure in Main Years

单位：万元、%　　　　(10 000 yuan，%)

年份 地区	Year Region	财政总收入 Total Government Revenue	国家财政补贴及其他收入 State Financial Subsidies and Other Revenue	财政一般预算收入 The General Budget Revenues	中央 Central Government	地方 Local Government	财政支出 Government Expenditure	地方一般预算收入 Revenue of Local Governments 占收入合计的比重 The Proportion of Total Revenue	占支出合计的比重 The Proportion of Total Expenditure
1957		16358	10187	6171		6171	16212	37.7	38.1
1965		17585	7008	10577		10577	18738	60.1	56.4
1970		26228	14254	11975		11975	27105	45.7	44.2
1975		47928	27450	20478		20478	45173	42.7	45.3
1978		70301	41261	29040		29040	68010	41.3	42.7
1980		63684	47191	16493		16493	58841	25.9	28.0
1985		105053	81082	23971		23971	100911	22.8	23.8
1986		123875	91763	32112		32112	122231	25.9	26.3
1987		141025	100936	40088		40088	122555	28.4	32.7
1988		143165	92481	50684		50684	142802	35.4	35.5
1989		162836	95929	66906		66906	156668	41.1	42.7
1990		169745	97375	72369		72369	171334	42.6	42.2
1991		184729	96821	87908		87908	182272	47.6	48.2
1992		179833	98275	81558		81558	186197	45.4	43.8
1993		215325	101643	113682		113682	225395	52.8	50.4
1994		241980	171906	151899	81825	70074	253649	29.0	28.0
1995		276662	190686	170820	84844	85976	288021	31.1	29.9
1996		314159	218361	177073	81275	95798	327145	30.5	29.3
1997		353100	243900	198143	88943	109200	364713	30.9	29.9
1998		457668	329950	212742	85024	127718	440914	27.9	29.0
1999		667176	525440	230407	88671	141736	557191	21.2	25.4
2000		813082	647239	260944	95101	165843	682614	20.4	24.3
2001		1283790	1085549	325603	127362	198241	1012951	15.4	19.6
2002		1416571	1205606	381441	170476	210965	1187280	14.9	17.8
2003		1425380	1184969	436935	196524	240411	1220438	16.9	19.7
2004		1663816	1393856	512939	242979	269960	1373363	16.2	19.7
2005		2186018	1847796	633937	295715	338222	1697547	15.5	19.9
2006		2669398	2246961	830409	407972	422437	2146628	15.8	19.7
2007		3411001	2843918	1104683	537600	567083	2821993	16.6	20.1
2008		4466049	3750357	1365148	649456	715692	3635950	16.0	19.7
2009		5974197	5096816	1664598	787217	877381	4867457	14.7	18.0
西宁市	Xining City	927383	645888			281495	851191	30.4	33.1
海东地区	Haidong Prefecture	527373	486783			40590	521192	7.7	7.8
海北州	Haibei Zang A.P	177549	163244			14305	175450	8.1	8.2
黄南州	Huangnan Zang A.P	154807	144995			9812	153544	6.3	6.4
海南州	Hainan Zang A.P	230789	206426			24363	232556	10.6	10.5
果洛州	Golog Zang A.P	148778	142462			6316	137300	4.2	4.6
玉树州	Yushu Zang A.P	215561	210335			5226	204669	2.4	2.6
海西州	Haixi Mongolian & Zang A.P	440320	195872			244448	438873	55.5	55.7

注：1.1992年财政收支为调整后口径。
2.1994年以后的数据是按照财税体制改革后的口径计算的。
a) Revenue and expenditure for 1992, adjusted caliber.
b) Data since 1994 calculated by new caliber after the taxation system reform.

10–2 主要年份财政收入占国内生产总值的比重

Percentage of Financial Revenue on GDP in Main Years

单位：万元、% (10 000 yuan，%)

年份 地区	Year Region	财政收入合计 Total Financial Revenue	地方财政收入 Revenue of Local Governments	生产总值 Gross Domestic Product	财政收入合计占生产总值的比重 Percentage of Financial Revenue on GDP	地方财政收入占生产总值的比重 Percentage of Revenue of Local Governments on GDP
1957		16358	6171	39500	41.4	15.6
1965		17585	10577	61400	28.6	17.2
1970		26228	11975	81500	32.2	14.7
1975		47928	20478	124200	38.6	16.5
1978		70301	29040	155400	45.2	18.7
1980		63684	16493	177900	35.8	9.3
1985		105053	23971	330100	31.8	7.3
1986		123875	32112	384400	32.2	8.4
1987		141025	40088	433800	32.5	9.2
1988		143165	50684	549600	26.0	9.2
1989		162836	66906	603700	27.0	11.1
1990		169745	72369	699400	24.3	10.3
1991		184729	87908	751000	24.6	11.7
1992		179833	81558	875200	20.5	9.3
1993		215325	113682	1096800	19.6	10.4
1994		241980	70074	1384000	17.5	5.1
1995		276662	85976	1678000	16.5	5.1
1996		314159	95798	1841700	17.1	5.2
1997		353100	109200	2027900	17.4	5.4
1998		457668	127718	2209200	20.7	5.8
1999		667176	141736	2393800	27.9	5.9
2000		813082	165843	2636800	30.8	6.3
2001		1283790	198241	3001300	42.8	6.6
2002		1416571	210965	3406500	41.6	6.2
2003		1425380	240411	3902000	36.5	6.2
2004		1663816	269960	4661000	35.7	5.8
2005		2186018	338222	5433200	40.2	6.2
2006		2669398	422437	6395000	41.7	6.6
2007		3411001	567083	7836100	43.5	7.2
2008		4466049	715692	9615200	46.4	7.4
2009		5974197	877381	10812700	55.3	8.1
西宁市	Xining City	927383	281495	5010743	18.5	5.6
海东地区	Haidong Prefecture	527373	40590	1356752	38.9	3.0
海北州	Haibei Zang A.P	177549	14305	426252	41.7	3.4
黄南州	Huangnan Zang A.P	154807	9812	346385	44.7	2.8
海南州	Hainan Zang A.P	230789	24363	587233	39.3	4.1
果洛州	Golog Zang A.P	148778	6316	150521	98.8	4.2
玉树州	Yushu Zang A.P	215561	5226	254787	84.6	2.1
海西州	Haixi Mongolian & Zang A.P	440320	244448	2917835	15.1	8.4

注：生产总值按当年价格计算。1992–2004年数据根据经济普查数据进行调整和修订。

a) GDP is calculated at current prices. Data in 1992-2004 were adjusted and revised based on economic census data.

10-3 2006-2009年财政收支情况

Financial Revenue and Expenditure(2006-2009)

单位：万元 (10 000 yuan)

收　入	Revenue	2006	2007	2008	2009
税收收入	**Taxes Revenue**	**331192**	**432855**	**558966**	**701653**
增值税	Value Added Tax	97547	124811	145676	149733
营业税	Business Tax	112690	147086	184903	252611
企业所得税	Company Income Tax	36065	47526	71292	88601
企业所得税退税	Tax Rebate to Company Income Tax		-47		
个人所得税	Personal Income Tax	14538	21406	25850	31166
资源税	Resource Tax	19422	27063	39363	68229
固定资产投资方向调节税	Fixed Assets Investment Adjustment Tax	5			
城市维护建设税	Tax on City Maintenance and Construction	26547	34507	38685	44724
房产税	Tax on Real Estates	9576	10194	11897	14925
印花税	Stamp Tax	3771	5296	6865	10462
城镇土地使用税	Tax on the Use of Urban Land	903	2431	17376	18686
土地增值税	Land Value Added Tax	401	1454	1334	1992
车船税	Tax on the Use of Vehicles and Ships	458	909	2488	3345
耕地占用税	Tax on the Occupancy of Cultivated Land	2351	2008	2928	4082
契税	Contract Tax	6872	8211	10309	13097
其他税收收入	Other Revenues	46			
非税收入	**Non-tax Revenue**	**91245**	**134228**	**156726**	**175728**
专项收入	Special Revenue	37407	69465	82850	76993
行政事业性收费收入	Revenue of Administrative and Institutional Units	23713	30419	37229	31842
罚没收入	Confiscation of Revenue	10394	13754	16736	16508
国有资本经营收入	State-owned Capital Operating Revenue	2737	4066	2475	9479
国有资源(资产)	Paid Use of State-owned Resources (Assets)	5300	7938	9825	13629
其他收入	Other Revenues	11694	8586	7611	27277
本年收入合计	**Total Revenue of This Year**	**422437**	**567083**	**715692**	**877381**

10–3 续表 1 continued

单位：万元 (10 000 yuan)

支　出	Expenditure	2006	2007	2008	2009
一般公共服务	Expenditure for General Public Services	419921	579441	694155	548781
外交	Expenditure for Foreign Affairs	2	8		35
国防	Expenditure for National Defense	3739	3147	5178	8272
公共安全	Expenditure for Public Security	124321	159854	203753	260796
教育	Expenditure for Education	274702	348523	488084	618159
科学技术	Expenditure for Science and Technology	14347	25239	39664	47804
文化体育与传媒	Expenditure for Culture, Sport and Media	36363	69447	98912	155803
社会保障和就业	Expenditure for Social Safety Net and Employment Effort	439478	511790	655673	941401
医疗卫生	Expenditure for Medical and Health Care	121230	195046	246615	324830
环境保护	Expenditure for Environment Protection	165503	189838	195484	289845
城乡社区事务	Expenditure for Urban and Rural Community Affairs	78408	96861	204838	229323
农林水事务	Expenditure for Agriculture, Forestry and Water Conservancy	255293	292656	424407	578489
交通运输	Expenditure for Transportation	89962	159886	110455	433452
采掘电力信息等事务	Expenditure for Mining, Power, and Information				146854
工业商业金融等事务	Expenditure for Industrial Business and Financial Affairs	71395	123563	181974	
粮油物资储备管理等事务	Expenditure for Grain Material Reserve Management				72371
金融监管支出	Expenditure for Financial Supervision				2
地震灾后恢复重建支出	Expenditure for Post-earthquake Reconstruction			50	
国债还本付息支出	Expenditure for Debt Service of Government Loan				113210
其他支出	Other Expenditure	60964	66694	86708	98030
本年支出合计	**Total Government Expenditure of This Year**	**2146628**	**2821993**	**3635950**	**4867457**

10–4 各时期地方财政收入主要项目

Main Items of Local Financial Revenue in Different Periods

单位：万元 (10 000 yuan)

时期(年份) Period(Year)	地方财政收入合计 Total Revenue Local Covernments	企业收入 Revenue of Enterprises	国企所得税调节税 State-owned Enterprises of Income and Regulate Tax	税收收入 Tax Revenue	工商税收 Industrial and Commercial Taxes	农牧业税 Agricultural and Livestock Taxes	其他 Others
"恢复"时期	1358	168		779	656	123	411
1952	958	128		430	430		400
"一五"时期	18879	3315		14070	9608	4462	1494
1953	1061	227		560	453	107	274
1957	6171	1169		4551	3329	1222	451
"二五"时期	84133	45598		30410	24586	58240	8125
"三年"调整	29813	9241		15679	12627	3051	4893
1965	10577	3394		5628	4586	1042	1516
"三五"时期	50247	14925		30938	24350	6588	4384
1970	11975	4033		7478	5946	1532	464
"四五"时期	76897	19614		55626	48019	7607	1657
1975	20478	6314		13887	12316	1571	227
"五五"时期	106032	18866		80348	72906	7442	6818
1978	29040	9361		17322	15734	1588	393
1980	16493	-1803		16679	15384	1295	471
"六五"时期	79583	-31663	27226	103440	96503	6937	7806
1985	23971	-6666	11051	29561	28031	1530	1076
"七五"时期	262159	-23221	54199	258095	246002	12093	27285
1986	32112	-3267	9877	33798	32110	1688	1581
1990	72369	-6336	9603	67833	64553	3280	10872
"八五"时期	439198	-20180	39339	398643	369399	29244	60735
1991	87908	-2981	10804	71741	68419	3322	19148
1995	85976	-1379	7007	73313	64477	8836	14042
"九五"时期	640295	41413	62402	491057	430528	60529	107825
1996	95798	-2381	5991	80826	69519	11307	17353
1997	109200	3659	8824	89154	76885	12269	16387
1998	127718	5677	11939	97514	84146	13368	24503
1999	141736	12121	13402	106629	95565	11064	22986
2000	165843	22337	22246	116934	104413	12521	26572
"十五"时期	1257799	117763	96853	928300	863340	64960	211736
2001	198241	32562	28928	132185	123665	8520	33494
2002	210965	19340	13412	158181	141381	16800	33444
2003	240411	17021	12177	184095	166374	17721	39295
2004	269960	20197	16940	205194	191791	13403	44569
2005	338222	28643	25396	248645	240129	8516	60934
"十一五"时期							
2006	422437	39652	36066	295126	285903	9223	87659
2007	567083	47479	47526	385376	375157	10219	134228
2008	715692	71292	71292	487674	474437	13237	156726
2009	877381	88601	88601	613052	595873	17179	175728

注：1.企业收入系企业所得税，国有企业上缴利润，国有企业计划亏损补贴及所得税退税之和。
2.各项税收按1988年口径整理，工商税收中包括盐税、建筑税等。农牧业税中包括耕地占用税和契税。
3.国家从1994年起取消调节税。
a)Revenue of enterprises,namely enterprise income tax, is the sum of profit delivery, plan subsidies to loss-making and the tax rebate of state-owned enterprises.
b) Revenues are arranged according to the caliber in 1988. Industrial and commercial tax include Salt tax, construction tax,and soon. Agriculture and livestock tax include arable land occupation tax and deed tax.
c) The nation abolished regulatory tax in 1994.

10–5 2008–2009年银行系统机构、人员数

Number of Institutions and Employees in Bank System(2008-2009)

项 目	Item	机构数(个) Number of Institutions(unit)		年末人数(人) Number of Employees(person)	
		2008	2009	2008	2009
全省金融机构合计	**Total Financial Institutions throughout the Province**	**976**	**992**	**13979**	**13994**
中国人民银行	People's Bank of China	18	18	1082	1105
中国工商银行	Industrial and Commercial Bank of China	86	82	2067	2067
中国农业银行	Agricultural Bank of China	164	170	2801	2839
中国银行	Bank of China	42	42	857	898
中国建设银行	China Construction Bank	103	103	2587	2799
中国农业发展银行	Agricultural Development Bank of China	26	26	395	415
国家开发银行	China Development Bank	1	1	117	124
青海银行	Qinghai Bank	48	48	797	828
农村信用社	Rural Credit Cooperatives	345	340	2134	2207
邮储银行	Postal Savings Bank	143	161	1142	682
村镇银行	Rural Bank		1		30

10-6 2005-2009年金融机构人民币信贷收支（年底余额）

RMB Credit Balance of Payments Financial Institutions at Year-end (2005-2009)

单位：亿元 (100 million yuan)

项　目	Item	2005	2006	2007	2008	2009
资金来源总计	**Funds Sources**	**853.85**	**1018.19**	**1017.24**	**1274.26**	**1672.72**
各项存款	Total Deposits	733.05	896.78	1092.62	1383.68	1785.78
企业存款	Deposits by Enterprises	220.38	274.61	361.05	430.51	574.92
活期存款	Demand Deposits	185.39	229.14	282.04	344.43	479.51
定期存款	Regular Deposits	34.99	45.47	79.00	86.08	95.40
财政存款	Fiscal Deposits	55.26	68.55	71.65	101.77	137.90
机关团体存款	Deposits of Government Departments & Organizations	58.15	78.72	114.84	140.97	207.92
城镇储蓄存款	Urban and Rural Household Savings Deposits	348.94	406.27	442.30	580.47	711.29
活期储蓄	Demand Savings	146.03	181.17	221.66	281.67	371.28
定期储蓄	Regular savings	202.91	225.10	220.64	298.81	340.01
农业存款	Agricultural Deposits	12.57	16.08	26.42	29.91	43.04
其他类存款	Other Deposits	37.76	52.55	76.40	100.03	110.71
其他	Other Items	120.80	121.41	-75.41	-109.41	-113.07
资金运用总计	**Funds Uses**	**853.85**	**1018.19**	**1017.24**	**1274.26**	**1672.72**
各项贷款	Total Loans	638.59	723.18	873.15	1025.63	1399.02
短期贷款	Short-term Loans	188.68	206.21	272.06	299.15	370.48
工业贷款	Loans to Industrial Sector	48.19	62.67	87.08	83.80	119.10
商业贷款	Loans to Commercial Sector	26.31	28.38	30.92	33.51	43.57
建筑业贷款	Loans to Construction Sector	4.22	4.04	3.28	3.35	4.62
农业贷款	Loans to Agricultural Sector	25.36	26.56	32.87	35.14	46.82
乡镇企业贷款	Loans to Township Enterprises	7.49				
三资企业贷款	Loans to Enterprises with Foreign Funds			0.08		0.75
私营企业及个体贷款	Loans to Private Enterprises and Self-employed Individuals	0.65	0.76	0.57	1.65	4.87
其他短期贷款	Other Short-term Loans	76.47	83.79	117.27	141.72	150.74
中长期贷款	Medium & Long-term Loans	434.88	499.13	575.95	700.45	974.75
其它类贷款	Other Loans	15.02	17.84	25.14	26.02	53.78
有价证券及投资	Portfolio Investment	5.63	12.29	23.03	25.23	25.86
同业往来	Contacts with Industry	0.22	0.22	1.19	1.08	0.22
金银占款	Position for Bullion & Silver Purchase					
外汇占款	Position for Foreign Exchanges Purchase	0.15	0.19	0.15	-0.24	-0.29
其他	Others	209.26	282.31	119.72	222.57	247.91

注：本表统计口径同金融机构人民币信贷收支表。
a) Statistical caliber in this table is the same as RMB loans of financial institutions balance sheet.

10–7 主要年份金融机构人民币存款余额

RMB Deposits Balance of Financial Institutions in Main Years

单位：万元 (10 000 yuan)

年份 地区	Year Region	合计 Total	企业存款 Deposits by Enterprises	财政性存款 Fiscal Deposits	城镇储蓄存款 Urban and Rural Household Savings Deposits Deposits	农村牧区存款 The Rural and Pastoral Areas Deposits	其他存款 Other Deposits
1952		2099	217	1749	128		5
1957		8953	2588	2697	2453	1209	6
1965		46481	13535	22498	4274	6174	
1970		57131	14406	26935	6195	9595	
1975		82110	22364	32718	10617	16411	
1978		100339	33516	32647	14874	19302	
1980		136134	38969	50577	25782	20806	
1985		266332	106574	52570	75904	21095	10189
1990		560559	193233	75295	246249	27973	17809
1995		1269563	426289	69016	754251	14647	5360
1996		1509996	545665	70922	874877	15726	2806
1997		1833930	697237	80226	1016854	16369	23244
1998		2120501	815584	84040	1168088	20640	32149
1999		2422371	923216	121434	1286714	27178	63829
2000		2801666	1111325	144392	1424066	38783	83100
2001		3470085	1257920	308811	1696971	77584	128799
2002		4194101	1540601	331618	2008176	64901	248805
2003		4805055	1708327	365941	2350585	64819	315383
2004		6017480	2125645	273306	2992865	129875	495789
2005		7330545	2203810	552647	3489389	125663	959036
2006		8967816	2746067	685471	4062721	160820	1312737
2007		10926494	3610464	716479	4422987	264204	1912360
2008		13836757	4305114	1017749	5804726	299121	2410048
2009		17857812	5749151	1379039	7112860	430449	3186313
西宁市	Xining City	13006326	4550137	1275792	4802171	144222	2234004
海东地区	Haidong Prefecture	1252033	222320	19920	761502	74108	174183
海北州	Haibei Zang A.P	362412	61892	1152	151571	37546	110251
黄南州	Huangnan Zang A.P	248636	36940	17676	123793	7523	62704
海南州	Hainan Zang A.P	439574	38690	7260	228744	55370	109510
果洛州	Golog Zang A.P	211121	34808	18995	73926	9575	73817
玉树州	Yushu Zang A.P	281960	32935	21540	106838	8974	111673
海西州	Haixi Mongolian & Zang A.P	2055751	771429	16705	864314	93130	310173

注：1.由于口径变动,2003年(包括2003年)以前表中人民币存款余额为信贷收支表中国家银行存款余额.

2.1984年以前的财政性存款中包括基本建设存款、机关团体、部队存款，自1985年起建设银行信贷资金全部纳入国家信贷计划，基本建设存款项目予以取消。

3.历年存款余额均按当年口径整理。财政性存款中包括机关团体存款，其他存款中包括部队、委托存款等。

4.分地区数据为当年年度数，以下各表同。

a) Because of the changing of caliber, Before 2003 (including 2003) , the balance of RMB deposits in this table is the balance of national bank deposits in the Balance sheet credit.

b) Before 1984, the fiscal deposits included capital construction deposits, deposits of government agencies and organizations, troop deposits. Since 1985, all of China Construction Bank credit funds have been brought into the national credit schemes, capital construction deposit project have been scrapped.

c) The balance of deposits over the years were arranged by the year caliber. Fiscal deposits include Organization deposits, other deposits include force,entrusted deposits.

d) Sub-regional data are annual number of years ago. The same applies to the tables following.

10-8 主要年份金融机构人民币贷款余额

RMB Loans Balance of Financial Institutions in Main Years

单位：万元 (10 000 yuan)

年 份 / 地 区	Year / Region	合 计 Total	工业贷款 Loans to Industrial Sector	工业生产企业 Industrial Production Enterprises	商业贷款 Loans to Commercial Sector	农业贷款 Loans to Agricultural Sector	中长期贷款 Medium & Long-term Loans
1952		723	22	11	137	564	
1957		18504	1084	593	15639	1781	
1965		18584	2955	1530	12685	2944	
1970		43836	12823	8837	27889	3124	
1975		52619	17184	10374	32971	2464	
1978		68615	22575	12999	41235	4805	
1980		76666	25274	16621	42379	7905	1108
1985		211460	41799	31201	76082	13279	51032
1990		722182	210602	186310	191329	28877	228825
1995		2193031	562209	528963	395580	27788	996438
1996		2678707	703042	651941	462468	40775	1253046
1997		2525677	791822	731042	533269	49954	886492
1998		2800249	1045417	973103	538743	52935	999267
1999		2906699	1086389	998343	543349	47314	1043500
2000		3485654	849095	771103	391630	38955	1866413
2001		3946845	793411	721359	399922	37331	2414551
2002		4432375	818721	755737	339188	40569	2842025
2003		5142880	846115		364087	44475	2966423
2004		6198529	800223		327897	236293	3541552
2005		6385881	481885		263130	253544	4348826
2006		7231790	626698		283824	265634	4991278
2007		8731493	870759		309174	328655	5759492
2008		10256310	837972		335122	351365	7004546
2009		13990177	1191044		435700	468229	9747533
西宁市	Xining City	11743785	891993		228132	159182	8527428
海东地区	Haidong Prefecture	393012	39070		52235	123097	137436
海北州	Haibei Zang A.P	100240			2580	27571	41323
黄南州	Huangnan Zang A.P	83933	2000		2703	21988	51221
海南州	Hainan Zang A.P	88980	55		8835	59498	11910
果洛州	Golog Zang A.P	30399			1438	10064	12972
玉树州	Yushu Zang A.P	34586			2181	12248	13675
海西州	Haixi Mongolian & Zang A.P	1515242	257926		137596	54582	951568

注：1.由于口径变动,2003年(包括2003年)以前表中人民币贷款余额为信贷收支表中国家银行贷款余额.
2.工业贷款中包括乡镇企业、三资企业、私营企业及个体企业贷款。
3.1987年以前农村贷款中包括预购定金贷款，农村托放专用贷款；农村集体农户贷款中不包括预购定金贷款和农村托放专用贷款。自1989年起贷款合计中不再包括农村托放专用贷款，农业贷款中不再包括乡镇企业贷款。
4.历年贷款余额均按当年口径整理,中长期贷款中包括中期流动资金贷款。

a) Because of the changing of caliber, Before 2003 (including 2003) , the balance of RMB loans in this table is the balance of national bank loans in the Balance sheet credit.
b) Industrial loans include township enterprises, funded enterprises, private enterprises and individual business loans.
c) before 1987, Loans in rural areas included pre-deposit loans, special loans take care in rural areas. Rural collective farmers loans were not included the pre-deposit loans and loans in rural areas special care place. Since 1989, total loans no longer included special loans take care in rural areas, agricultural loans no longer included township enterprises loans.
d) The balance of loans over the years were arranged by the year caliber.Medium & long-term loans include medium-term working capital loans.

10–9 主要年份金融机构人民币现金收支情况
Cash Income and Expenditure of Financial Institutions in Main Years

单位：万元 (10 000 yuan)

年份 Year / 地区 Region		收入合计 Total Income	商品销售收入 Income from Commodity Sales	货币投放或回笼 Currency Issue and Cash Withdrawn	支出合计 Total Expenditure	工资性支出 Wages
1954		11125	6360	655	11780	1947
1957		36128	19779	3390	39518	13875
1965		38351	21003	3514	41865	18614
1970		49005	28672	1760	50765	22736
1975		65085	40687	6805	71890	31258
1978		78641	47563	9540	88181	38012
1980		111379	63273	14250	125629	50606
1985		263420	128824	24484	287904	91559
1990		615664	225256	41468	657132	162513
1991		702506	246830	49219	751725	282791
1995		2320186	506652	125809	2445995	568831
1996		2678687	534585	207880	2886567	610895
1997		3344125	514491	292803	3636928	610811
1998		3716018	503063	313150	4029168	629626
1999		4367183	506174	338177	4705360	645902
2000		5244030	606005	378372	5622402	677493
2001		6414717	702681	349264	6763981	721022
2002		7850012	872998	431295	8281307	1144744
2003		9629703	1031051	378255	10007958	1111979
2004		12996898	1192521	518881	13515779	1236884
2005		13853968	1151968	582915	14436883	1136975
2006		14738098	1162074	771986	15510084	1165399
2007		19159872	1322129	700062	19859933	1292024
2008		20482657	1546337	843671	21326328	1396317
2009		2628965	252270	147625	2776591	204217
西宁市	Xining City	1769887	188415	27586	1797473	111022
海东地区	Haidong Prefecture	268674	15464	37608	306282	17134
海北州	Haibei Zang A.P	60750	3810	9642	70392	4396
黄南州	Huangnan Zang A.P	60704	7017	9582	70286	8428
海南州	Hainan Zang A.P	101497	5293	13219	114715	8052
果洛州	Golog Zang A.P	41274	1207	10087	51361	13271
玉树州	Yushu Zang A.P	68124	3190	15727	83850	23289
海西州	Haixi Mongolian & Zang A.P	258055	27875	24175	282230	18625

10–10 主要年份信用合作社存、贷款年末余额
Deposits and Loans Balance of Credit Cooperatives at Year-end in Main Years

单位：万元 (10 000 yuan)

项　目	Item	1995	2000	2005	2006	2007	2008	2009
存款合计	**Total Deposits**	**111417**	**290052**	**669002**	**952304**	**1394756**	**1791023**	**2527105**
城市信用社存款	Urban Credit Cooperatives Deposits	39089	133456	338779	485655	694408	906246	1282175
企业存款	Deposits by Enterprises	8707	72364	108240	197268	353914	463986	711413
机关团体存款	Deposits of Government Departments & Organizations			45525	35594	66468	82577	140394
居民储蓄存款	Residents Savings Deposits	15999	45490	110147	145682	183944	287480	350044
其他存款	Other Deposits	14383	15602	74867	107111	90082	72203	80325
农村信用社存款	Rural Credit Cooperatives Deposits	72328	156596	330223	466649	700348	884777	1244930
企业存款	Deposits by Enterprises	15462	2943	2819	2932	3291	8797	19040
机关团体存款	Deposits of Government Departments & Organizations			1442	783	8352	15658	34119
储蓄存款	Savings Deposits	56866	121226	245340	302945	426919	561935	750641
活期储蓄存款	Demand Savings	16742	52717	132493	173125	254780	322477	469447
定期储蓄存款	Regular Savings	40124	68509	112847	129820	172139	239458	281194
农业存款	Agricultural Deposits		29784	69234	158028	259395	293277	416642
其他存款	Other Deposits		2643	11388	1961	2391	5110	24488
贷款合计	**Total Loans**	**56040**	**171451**	**570753**	**705826**	**1085643**	**1398772**	**1767968**
城市信用社贷款	Urban Credit Cooperatives Loans	17600	80160	277962	358001	457725	590420	750511
农村信用社贷款	Rural Credit Cooperatives Loans	38440	91291	292791	347825	627918	808352	1017457

注：1.城市信用社存贷款中包括商业银行存贷款。(2008年西宁市商业银行改名为青海银行)
2.自2001年9月份起，部分城市信用社并入农村信用社。2001年以后城市信用社科目下的数为西宁市商业银行的存贷款。
a) Urban credit cooperatives deposits and loans include deposits and loans of Commercial Banks.
b) Since September in 2001, some rural credit were cooperated into urban credit cooperatives. The data of subjects under Urban credit cooperatives are deposits and loans of Xining City Commercial Bank since 2001.

10–11 2006－2009年保险业务基本情况

Basic Statistics of Insurance Business(2006－2009)

单位：万元 (10 000 yuan)

项　目	Item	2006	2007	2008	2009
财产保险公司保费收入	**Premium of Property Insurance Companies**	**42733**	**55852**	**66131**	**84024**
企业财产保险	Enterprise Property Insurance	5863	7606	8904	8968
家庭财产保险	Family Property Insurance	177	134	147	184
机动车辆保险	Motor Vehicle Insurance	29307	37977	45793	60385
责任保险	Liability Insurance	2231	3098	3559	3968
工程保险	Engineering Insurance	2259	2140	2329	4482
保证保险	Guarantee Insurance	36	24	50	86
船舶保险	Ship Insurance	30	34	16	25
货运险	Freight Transport Insurance	692	649	596	619
特殊风险保险	Special Risks Insurance		27	23	25
农业保险	Agriculture Insurance		1014	1356	880
短期健康险	Short-term Health Insurance	355	183	1053	963
意外伤害保险	Accident Injury Insurance	1705	2965	2306	3439
其　他	Other Insurance	78			
人寿保险公司保费收入	**Premium of Life Insurance Companies**	**44509**	**51592**	**74933**	**98056**
意外险	Personal Accident Insurance	1461	1629	1960	2338
健康险	Health Insurance	4818	5104	6231	7846
寿险	Life Insurance	38230	44859	66741	87872
财产保险公司赔款支出	**Claim of Property Insurance Companies**	**18472**	**26874**	**34672**	**41513**
企业财产保险	Enterprise Property Insurance	2372	4568	4544	3765
家庭财产保险	Family Property Insurance	35	47	80	71
机动车辆保险	Motor Vehicle Insurance	13853	18242	24811	28652
责任保险	Liability Insurance	643	1302	2152	2355
工程保险	Engineering Insurance	650	791	805	3008
保证保险	Guarantee Insurance	116	3		10
船舶保险	Ship Insurance		2	7	6
货运险	Freight Transport Insurance	145	180	296	195
特殊风险保险	Special Risks Insurance		0	4	
农业保险	Agriculture Insurance		791	368	1589
短期健康险	Short-term Health Insurance	146	149	519	623
意外伤害保险	Accident Injury Insurance	501	798	1088	1239
其　他	Other Insurance	11			
人寿保险公司赔款支出与给付	**Claim of Life Insurance Companies**	**12756**	**19374**	**25303**	**19026**
意外险	Personal Accident Insurance	497	709	666	592
健康险	Health Insurance	1525	1732	2209	2784
寿险	Life Insurance	10734	16933	22428	15650

注：本资料为中保、平安保险公司业务之和。

a) Data in this table is the sum of People's Insurance Company of China and Ping An Insurance Company of China.

主要统计指标解释

财政收入 指国家财政参与社会产品分配所取得的收入，是实现国家职能的财力保证。主要包括：

(1)各项税收：包括国内增值税、国内消费税、进口货物增值税和消费税、出口货物退增值税和消费税、营业税、企业所得税、个人所得税、资源税、城市维护建设税、房产税、印花税、城镇土地使用税、土地增值税、车船税、船舶吨税、车辆购置税、关税、耕地占用税、契税、烟叶税等。

(2)非税收入：包括专项收入、行政事业性收费、罚没收入和其他收入。

财政支出 指国家财政将筹集起来的资金进行分配使用，以满足经济建设和各项事业的需要。主要包括：

(1)一般公共服务：指政府提供基本公共管理与服务的支出，包括人大事务、政协事务、政府办公厅(室)及相关机构事务、发展与改革事务、统计信息事务、财政事务、税收事务、审计事务、海关事务、人力资源事务、纪检监察事务、人口与计划生育事务、商贸事务、知识产权事务、工商行政管理事务、国土资源事务、海洋管理事务、测绘事务、地震事务、气象事务、民族事务、宗教事务、港澳台侨事务、档案事务、共产党事务、民主党派事务及工商联事务、群众团体事务、彩票事务等。

(2)外交：指政府外交事务支出，包括外交行政管理、驻外机构、对外援助、国际组织、对外合作与交流、边界勘界联检等方面的支出。

(3)国防：指政府用于国防方面的支出，包括用于现役部队、预备役部队、民兵、国防科研事业、专项工程、国防动员等方面的支出。

(4)公共安全：指政府维护社会公共安全方面的支出，包括武装警察、公安、国家安全、检察、法院、司法行政、监狱、劳教、国家保密、缉私警察等。

(5)教育：指政府教育事务支出，包括教育行政管理、学前教育、小学教育、初中教育、普通高中教育、普通高等教育、初等职业教育、中专教育、技校教育、职业高中教育、高等职业教育、广播电视教育、留学生教育、特殊教育、干部继续教育、教育机关服务等。

(6)科学技术：指用于科学技术方面的支出，包括科学技术管理事务、基础研究、应用研究、技术研究与开发、科技条件与服务、社会科学、科学技术普及、科技交流与合作等。

(7)文化教育与传媒：指政府在文化、文物、体育、广播影视、新闻出版等方面的支出。

(8)社会保障和就业：指政府在社会保障与就业方面的支出，包括社会保障和就业管理事务、民政管理事务、财政对社会保险基金的补助、补充全国社会保障基金、行政事业单位离退休、企业改革补助、就业补助、抚恤、退役安置、社会福利、残疾人事业、城市居民最低生活保障、其他城镇社会救济、农村社会救济、自然灾害生活救助、红十字事务等。

(9)医疗卫生：指政府医疗卫生方面的支出，包括医疗卫生管理事务支出、医疗服务支出、医疗保障支出、疾病预防控制支出、卫生监督支出、妇幼保健支出、农村卫生支出等。

(10)环境保护：指政府环境保护支出，包括环境保护管理事务支出、环境监测与监察支出、污染治理支出、自然生态保护支出、天然林保护工程支出、退耕还林支出、风沙荒漠治理支出、退牧还草支出、已垦草原退耕还草、能源节约利用、污染减排、可再生能源和资源综合利用等支出。

(11)城乡社区事务：指政府城乡社区事务支出，包括城乡社区管理事务支出、城乡社区规划与管理支出、城乡社区公共设施支出、城乡社区住宅支出、城乡社区环境卫生支出、建设市场管理与监督支出等。

(12)农林水事务：指政府农林水事务支出，包括农业支出、林业支出、水利支出、扶贫支出、农业综合开发支出等。

(13)交通运输：指政府交通运输和邮政业方面的支出，包括公路运输支出、水路运输支出、铁路运输支出、民用航空运输支出、邮政业支出等。

(14)工业商业金融等事务：指政府对工业、商业及金融等方面的支出，包括采掘业支出、制造业支出、建筑业支出、工业和信息产业监管支出、国有资产监管支出、商业流通事务支出、金融业监管支出、旅游业管理与服务支出等。

地方财政收入 指按现行分税制财政体制划分的地方本级收入。包括营业税(不含铁道部门、各银行总行、各保险公司总公司集中交纳的营业税)，地方企业上交利润，城市维护建设税(不含铁道部门、各银行总行、各保险公司总公司集中交纳的部分)，房产税，城镇土地使用税，土地增值税，车船税，耕地占用税，契税，烟叶税，印花税，增值税25%部分，纳入共享范围的企业所得税40%部分，个人所得税40%部分，证券交易印花税3%部分，海洋石油资源税以外的其他资源税，地方非税收入等。

信贷资金 指金融机构以信用方式积聚和分配的货币资金。金融机构信贷资金的来源有各项存款、金融债券、对国际金融机构负债、流通中现金、其他项目等；信贷资金的运用有各项贷款、有价证券及投资、金银占款、外汇占款、财政借款及在国际金融机构中的资产等。

存款 指企业、机关、团体或居民根据资金必须收回的原则,把货币资金存入银行或其他信贷机构保管并取得一定利息的一种信用活动形式。根据存款对象或性质的不同可划分为企业存款、财政存款、机关团体存款、城乡储蓄存款、农业存款、信托及委托类存款、其他存款等科目。它是银行信贷资金的主要来源。

贷款 指银行或其他信贷机构根据资金必须归还的原则,按一定利率,为企业、个人等提供资金的一种信用活动形式。我国银行贷款分为短期贷款、委托及信托类贷款、其他类贷款等。

保险公司 在中国境内的、经过保险监督管理部门批准设立,并依法登记注册的各类商业保险公司。

保险金额 指保险人承担赔偿或者给付保险金责任的最高限额。

保费 指投保人为取得保险人在约定范围内所承担赔偿责任而支付给保险人的费用。

赔款 指保险人根据保险合同的规定,向被保险人支付的赔偿保险责任损失的金额。

给付 包括死伤医疗给付和满期给付。死伤医疗给付是指保险人根据人寿保险及长期健康保险合同的规定,因被保险人在保险期内发生保险责任范围内的保险事故支付给被保险人(或受益人)的金额。满期给付是指被保险人生存期满,保险人按人寿保险合同规定支付给被保险人的满期保险金额。

Explanatory Notes on Main Statistical Indicators

Government Revenue refers to income for the government finance through participating in the distribution of social products. It is the financial guarantee to ensure government functioning. The contents of government revenue include the following main items:

(1) Various tax revenues, including domestic value added tax (VAT), domestic consumption tax, VAT and consumption tax from imports, VAT and consumption tax rebate for exports, business tax, corporate income tax, individual income tax, resource tax, city maintenance and construct tax, house property tax, stamp tax, urban land use tax, land appreciation tax, tax on vehicles and boat operation, ship tonnage tax, vehicle purchase tax, tariffs, farm land occupation tax, deed tax, and tobacco leaf tax, etc.

(2) Non – tax revenue, including special program receipts, charge of administrative and institutional units, penalty receipts and others non – tax receipts.

Government Expenditure refers to the distribution and use of the funds which the government finance has raised, so as to meet the needs of economic construction and various causes. It includes the following main items:

(1) Expenditure for general public services: It refers to the spending on the basic public management and services which provided by governments, including the expense on affairs of People's Congress, affairs of People's Political Consultative Conference, affairs of government general office and relative institutions, affairs of development and reform, affairs of statistics, affairs of finance, affairs of taxation, affairs of audit, affairs of customs, affairs of human resources and social security, affairs of discipline inspection and supervision, affairs of population and family planning, affairs of commerce and trade, affairs of intellectual property, affairs of administration for industry and commerce, affairs of land and resources, affairs of oceanic administration, affairs of surveying and mapping, affairs of earthquake, ethnic affairs, religious affairs, affairs of Hong Kong, Macao, Taiwan, and Overseas Chinese, affairs of archives administration, affairs of Chinese Communist Party, affairs of democratic parties and federation of industry and commerce, affairs of mass organization, and affairs of lottery, etc.

(2) Expenditure for foreign affairs: It refers to the spending of government on foreign affairs, including the expense on administration of foreign affairs, missions overseas, external assistance, international organizations, foreign cooperation and communication, surveying and joint inspection on borderline, etc.

(3) Expenditure for national defence: It refers to the spending of government on national defence, including the expense on active force, reserve force, militia, scientific research on national defence, special projects, mobilization of national defence, etc.

(4) Expenditure for public security: It refers to the spending of government on maintaining social and public security, including the expense on armed police force, public security, state security, prosecution, courts, justice, prison, labour education and rehabilitation, protection of state secrecy, anti – smuggling police, etc.

(5) Expenditure for education: It refers to the spending of government on education, including the expense on the administration of education, pre – primary education, primary education, secondary education, high school education, regular higher education, primary vocational education, secondary vocational education, technical school education, vocational high school education and higher vocational education, radio and television education, student abroad education, special education, on the job training of cadres, education authorities services, etc.

(6) Expenditure for science and technology: It refers to the spending of government on science and technology (S&T), including the expense on the administration of S&T, basic research, applied research, research and development, conditions and services of S&T, popularization of social science, science and technology, exchanges and cooperation of S&T, etc.

(7) Expenditure for culture, sport and media: It refers to the spending of government on culture, cultural heritage, sports, radio, film, television, press and publication, etc.

(8) Expenditure for social safety net and employment effort: It refers to the spending of government on social safety net and employment, including the expense on administration of social safety net and employment, civil affairs, budgetary subsidy on the social insurance funds, subsidy on National Social Security Fund, retirees of administrative units and institutions, subsidy on enterprise reform, subsidy on employment effort, pension, placement of ex – serviceman, social welfare, the handicapped undertakings, the system of cost of living allowances for urban residents, other urban social relief, rural social relief, living relief of natural disasters, affairs of Red Cross Society, etc.

(9) Expenditure for medical and health care: It refers to the spending of government on medical and health care, including the expense on administration of medical and health care, medical services, health care, disease prevention and control, health inspection and supervision, women and children's health, rural health care, etc.

(10) Expenditure for environment protection: It refers to the spending of government on environment protection, including the expense on administration of environment protection, environment monitoring and supervision, pollution control, natural e-

cology protection, project of virgin forests protection, reforesting farmland, controlling the sources of dust storms, returning pastureland to grassland, returning pastureland to grassland, returning cultivated land to grassland, energy conservation, emissions reduction, comprehensive utilization of renewable energy and resources, etc.

(11) Expenditure for urban and rural community affairs: It refers to the spending of government on urban and rural community affairs, including the expense on administration of urban and rural community, planning and management of urban and rural community, public facilities of urban and rural community, housing of urban and rural community, sanitation of urban and rural community, management and supervision on the construction market, etc.

(12) Expenditure for agriculture, forestry and water conservancy: It refers to the spending of government on agriculture, forestry and water conservancy, including the expense on agriculture, forestry, water conservancy, poverty alleviation, comprehensive agricultural development, etc.

(13) Expenditure for transportation: It refers to the spending of government on transportation and postal services, including the expense on road transportation, waterway transportation, railway transportation, civil aviation transportation, and postal services.

(14) Expenditure for industry, commerce and banking: It refers to the spending of government on industry, commerce and banking, including the expense on mining, manufacturing, construction, industry and information technology supervision and administration, State - owned assets supervision and administration, commerce and circulation affairs, financial intermediation supervision and administration, tourism administration and service, etc.

Revenue of the Local Governments refers to the revenue collected that by the local governments as defined by the decentralized taxation system. The revenue of the local governments includes business tax (excluding the part of the Ministry of Railways, head offices of banks, head offices of insurance company, which are handed over to the government in a centralized way), profit handed in by the local enterprises, city maintenance and construct tax (excluding the part of the Ministry of Railways, head offices of banks, head offices of insurance company, which are handed over to the government in a centralized way), house property tax, urban land use tax, land appreciation tax, tax on vehicles and boat operation, farm land occupation tax, deed tax, and tobacco leaf tax, stamp tax, 25% of the value added tax, 40% the share part of the corporate income tax, 40% of individual income tax, 3% of stamp tax on securities transactions, resource tax other than the tax on offshore petroleum resources, local non - tax revenue, etc.

Credit Funds refer to the monetary funds accumulated and distributed in the means of credit by the financial institutions. The sources of credit funds include various deposits, financial bonds, liabilities to international financial institutions, currency in circulation, other items. The uses of credit funds include loans, securities and investment, position for bullion and silver purchase, position for foreign exchange purchase, advances to treasury, and assets with international financial institutions.

Deposit is a form of credit by which enterprises, institutions, organizations or households can put money into banks and other credit institutions for safekeeping and interest earning under the principle of free withdrawal. According to different depositors, deposits are divided into enterprise deposits, fiscal deposits, deposits of government agencies and organizations, savings deposits of rural and urban households, agricultural savings deposits, entrusted deposits and other deposits. Deposits are major sources of the credit funds of banks.

Loan is a form of credit by which banks and other credit institutions provide funds at certain interest rate to enterprises and individuals in the light of the principle of unconditional repayment. Loans from Chinese banks include short - term loan, medium - term and long - term loans, entrusted loans, and other loans.

Insurance Companies refer to commercial insurance companies of various forms registered by law and established in China with the approval of insurance regulatory agencies.

Amount Insured refers to the maximum that the insurant will get for the claim of the case insured.

Premium is the fee paid by the insurant to the insurer to obtain the obligation of compensation from the insurance within the agreed terms.

Settled Claim is the compensation paid by the insurer to the insurant in accordance with the insurance contract.

Payment includes payment for death, injury or medical treatment and payment at maturity. Payment for death, injury or medical treatment refers to the money paid to the insurant (or the beneficiary) in accordance with the life or health insurance contract when the insurant encounters accidents within the insured period covered in the contract. Payment at maturity refers to the payment to the insurant in accordance with the life insurance contract at the end of the insured period.

第11篇

CHAPTER 11

农业

Agriculture

农业总产值（当年价·万元）

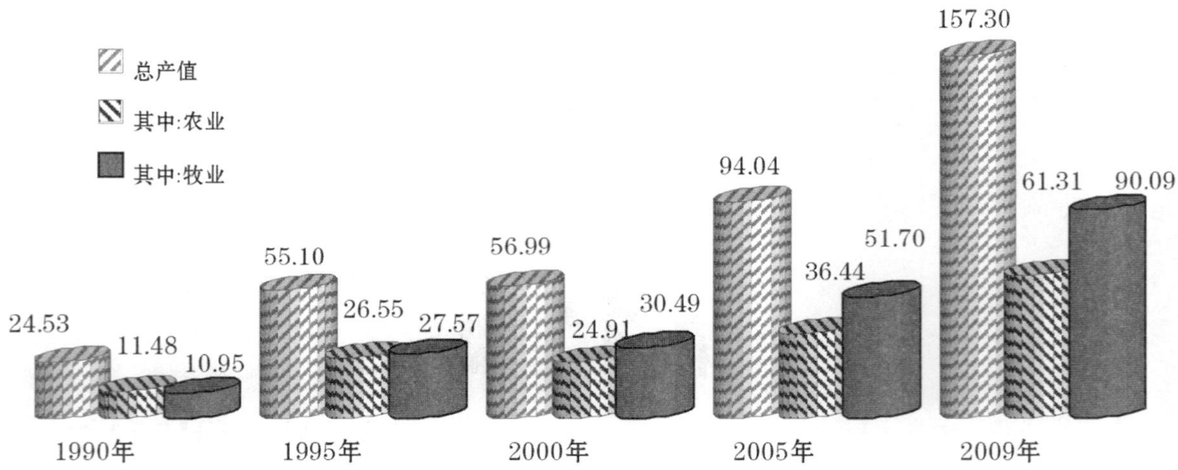

主要牲畜出栏数（万头、只）

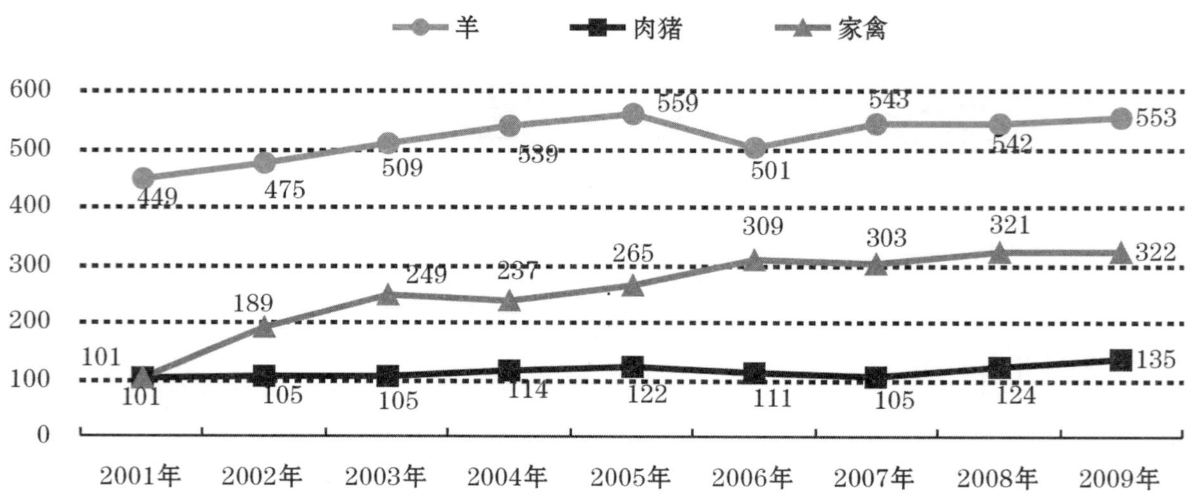

主要农牧产品产量（万吨）

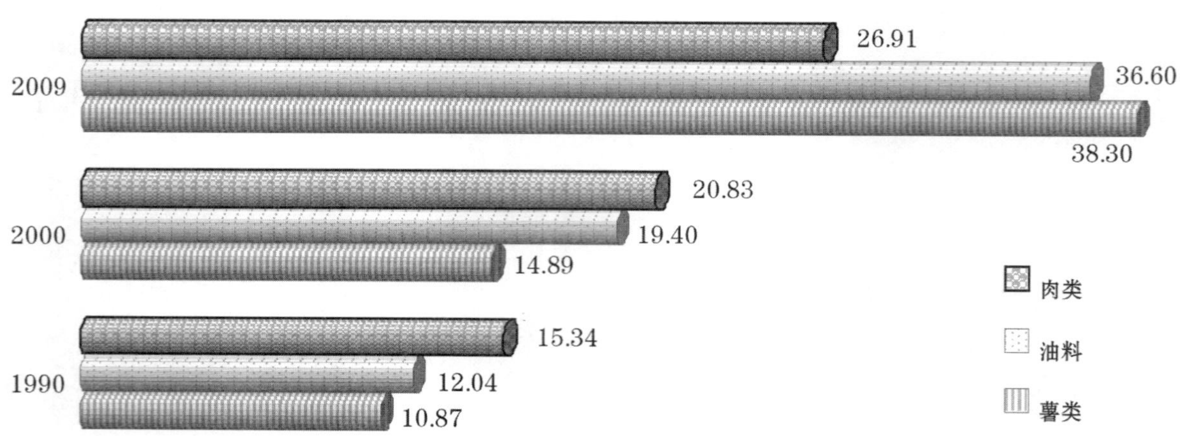

11-1 农村基本情况及乡村从业人员
Basic Statistics of Rural Area and Laborers

指　标	Item	2005	2006	2007	2008	2009
农村基层组织情况　（个）	**Basic Conditions of Rural Grass-root Units　(unit)**					
乡镇数	Number of Township and Town Governments	392	369	367	366	366
镇数	Number of Town Governments	109	128	129	132	132
村民委员会	Number of Villagers' Committees	4161	4162	4173	4161	4163
牧业	Animal Husbandry	879	878	885	889	889
户数及人口情况	**The Number and Situation of the Population**					
乡村户数　（万户）	Number of Rural Households　(10 000 units)	77.6	77.8	80.2	82.9	85.1
乡村人口数　（万人）	Number of Rural population　(10 000 persons)	357.3	353.3	359.5	367.0	372.0
乡村从业人员　（万人）	**Number of Rural Laborers　(10 000 persons)**					
乡村劳动力资源数	Number of Rural Labor Resources	201.3	201.5	205.3	211.6	215.9
乡村从业人员	Number of Rural Laborers	186.0	185.3	189.4	193.7	197.3
按性别分	By sex					
男	Male	98.2	98.8	101.0	103.6	105.3
女	Female	87.8	86.6	88.4	90.1	92.0
按国民经济行业分	By National Economic Sectors					
农林牧渔业	Agriculture, Forestry, Animal Husbandry & Fishery	128.7	124.0	119.8	120.6	121.5
工　业	Industry	10.1	11.4	11.9	12.0	12.4
建筑业	Construction	15.2	17.7	21.1	23.2	24.6
交通运输、仓储及邮政业	Transport, Storage and Post	5.7	6.2	6.5	6.7	7.0
信息传输、计算机服务和软件业	Information Transmission, Computer Services and Software Industry			0.3	0.2	0.3
批发与零售业	Wholesale and Retail Trades	5.9	6.8	7.2	7.5	7.6
住宿和餐饮业	Hotels and Catering Services	5.3	5.7	8.0	8.9	8.8
其他行业	Others	15.1	13.5	14.6	14.6	15.2

11-2 1978-2009年农村基层组织及从业人员

Basic Conditions of Rural Grass-roots Units and Laborers (1978-2009)

年份 Year / 地区 Region		乡镇数(个) Number of Township and Town Govern-ments (unit)	乡 Township	镇 Town	村民委员会(个) Number of Villagers' Committees (unit)	乡村户数(万户) Number of Rural Households (10 000 units)	乡村人口数(万人) Number of Rural population (10 000 persons)	乡村从业人员(万人) Number of Rural Laborers (10 000 persons)	男 Male	女 Female
1978		399			3545	46.35	263.77	97.15		
1980		403			3688	47.70	271.80	103.63	51.53	52.10
1981		418			3743	48.75	276.77	109.59	54.54	55.05
1982		420			3729	49.13	282.23	112.89	56.74	56.15
1983		422			3749	49.52	284.67	116.25	60.55	55.70
1984		428			3880	50.30	286.56	118.47	60.77	57.70
1985		428	403	25	3933	50.72	286.17	120.17	61.31	58.86
1986		429	404	25	3940	51.44	287.67	121.65	61.85	59.80
1987		429	404	25	3970	52.52	291.11	124.60	63.41	61.19
1988		429	403	26	3977	53.55	294.43	127.81	64.93	62.88
1989		430	403	27	4022	54.81	297.95	131.79	67.36	64.43
1990		430	403	27	4021	57.35	304.13	135.88	69.00	66.88
1991		430	403	27	4027	58.70	308.38	139.80	71.34	68.46
1992		430	403	27	4039	59.93	314.60	143.74	73.38	70.36
1993		431	404	27	4002	61.01	316.15	146.02	74.55	71.47
1994		431	404	27	4002	62.19	319.65	150.02	76.56	73.46
1995		432	404	28	4008	63.34	322.86	152.65	78.01	74.64
1996		432	404	28	4008	64.80	325.99	158.33	81.21	77.12
1997		432	404	28	4046	65.73	328.30	161.40	82.93	78.47
1998		432	402	30	4054	67.08	331.11	162.38	83.33	79.05
1999		430	390	40	4056	68.48	334.06	173.25	88.60	84.65
2000		430	390	40	4120	69.90	336.59	171.97	88.68	83.29
2001		422	349	73	4123	71.16	339.48	174.01	89.75	84.26
2002		392	285	107	4129	72.50	342.89	177.32	91.66	85.66
2003		392	285	107	4133	73.82	347.28	180.55	94.60	85.95
2004		392	285	107	4158	75.88	354.10	184.55	97.52	87.03
2005		392	283	109	4161	77.60	357.33	186.04	98.24	87.80
2006		369	241	128	4162	77.82	353.30	185.34	98.76	86.58
2007		367	238	129	4173	80.19	359.48	189.35	100.96	88.39
2008		366	234	132	4161	82.85	367.01	193.74	103.64	90.10
2009		366	234	132	4163	85.06	372.02	197.30	105.34	91.96
西宁市	Xining City	50	23	27	931	24.36	103.34	59.47	32.01	27.47
海东地区	Haidong Prefecture	96	61	35	1587	30.17	135.12	70.31	37.54	32.77
海北州	Haibei Zang A.P	29	19	10	214	4.83	21.62	11.67	6.49	5.19
黄南州	Huangnan Zang A.P	33	25	8	256	4.16	19.89	10.00	5.18	4.82
海南州	Hainan Zang A.P	36	21	15	424	7.24	33.60	16.83	8.82	8.01
果洛州	Golog Zang A.P	44	36	8	188	3.23	12.82	6.08	3.06	3.00
玉树州	Yushu Zang A.P	46	35	11	258	7.38	30.19	14.31	7.46	6.85
海西州	Haixi Mongolian & Zang A.P	32	14	18	305	3.69	15.44	8.63	4.78	3.85

11-2 续表 Continued

单位：万人 (10 000 persons)

年份 Year / 地区 Region		农林牧渔业 Agriculture, Forestry, Animal Husbandry & Fishery	工业 Industry	建筑业 Construction	交通运输，仓储及邮政业 Transport, Storage and Post	信息传输、计算机服务和软件业 Information Transmission, Computer Services and Software Industry	批发，零售贸易业 Wholesale and Retail Trades	住宿和餐饮业 Hotels and Catering Services	其他行业 Others
1978		95.67	1.47						
1980		101.49	1.31						
1981		108.21	0.90						
1982		108.89	0.67						
1983		110.44	0.65	0.45	0.43		0.42		0.22
1984		109.68	0.72	0.89	0.69		0.68		1.79
1985		107.09	3.48	2.77	1.83		1.10		2.34
1986		106.13	3.60	3.49	2.33		1.35		3.01
1987		109.09	3.37	3.05	2.52		1.43		3.45
1988		111.87	3.67	2.77	2.67		1.62		3.51
1989		116.50	3.79	2.38	2.62		1.61		3.30
1990		119.65	3.94	2.47	2.92		1.69		3.64
1991		123.10	3.98	2.78	2.97		1.87		3.54
1992		126.59	4.03	2.79	3.15		1.92		3.70
1993		127.01	4.66	3.21	3.34		2.43		5.35
1994		130.18	5.11	3.02	3.68		2.60		5.43
1995		131.83	5.62	3.39	3.82		2.81		5.18
1996		137.09	5.67	3.07	3.52		2.82		6.16
1997		138.20	6.04	3.38	3.84		3.00		6.94
1998		138.16	6.09	3.65	3.85		3.01		7.62
1999		144.03	6.09	4.43	4.45		3.61		10.64
2000		142.25	6.14	5.01	3.93		3.63		11.01
2001		141.57	6.27	5.33	4.31		4.07		12.46
2002		136.50	6.94	6.86	5.11		4.99		16.92
2003		134.80	8.87	9.98	5.14		5.64		16.12
2004		131.85	9.74	13.29	5.62		5.32	4.17	14.56
2005		128.73	10.09	15.17	5.73		5.89	5.34	15.09
2006		124.03	11.35	17.69	6.21		6.82	5.73	13.50
2007		119.82	11.92	21.13	6.46	0.25	7.21	7.96	14.60
2008		120.61	12.04	23.17	6.72	0.20	7.50	8.88	14.62
2009		121.46	12.37	24.56	7.05	0.32	7.59	8.76	15.18
西宁市	Xining City	27.68	7.06	10.12	3.48	0.03	3.48	2.97	4.64
海东地区	Haidong Prefecture	38.47	4.00	10.49	2.40	0.27	2.75	4.51	7.40
海北州	Haibei Zang A.P	7.75	0.62	1.27	0.24	0.00	0.30	0.31	1.19
黄南州	Huangnan Zang A.P	8.28	0.24	0.49	0.23	0.00	0.26	0.29	0.20
海南州	Hainan Zang A.P	12.62	0.19	1.76	0.29	0.01	0.36	0.48	1.11
果洛州	Golog Zang A.P	5.83			0.04		0.06	0.00	0.15
玉树州	Yushu Zang A.P	13.72	0.01	0.04	0.10		0.10	0.04	0.30
海西州	Haixi Mongolian & Zang A.P	7.10	0.24	0.39	0.26		0.28	0.15	0.20

注：1.工业劳动力中包括村及村以下办的工业的劳动力。

2.本表分行业劳动力是按从事的主行业划分的，如以农业为主、兼营商业的，仍作为农林牧渔业劳动力。

3.2004年新增加了两个行业,把“住宿、餐饮业”从“批发零售贸易餐饮业”中分出，把“信息传输计算机服务和软件业”从“交通运输仓储和邮电业”中分出，与历史资料的口径有所不同。

a) Industrial labor force include industrial workforce run by village and below.

b) Laborers Grouped by sector in this table is based on the division of the main industries, such as agricultural, run concurrently commercial , is still as agriculture, forestry, animal husbandry and fishery workers.

c) 2004,two new industry increased, "hotels and catering services" separated from the "wholesale and retail trades" , "information transmission, computer services and software" separated from the "traffic, transport, storage and post". There is a different caliber from the historical data.

11–3 2005–2009年农业机械年末拥有量
Number of Agricultural Machinery at Year-end(2005-2009)

指 标		Item		2005	2006	2007	2008	2009
农业机械总动力	**(万千瓦)**	**Total Agricultural Machinery Power**	**(10 000 KW)**	**327.3**	**335.1**	**348.6**	**362.4**	**400.7**
柴油发动机动力		Diesel Engine		273.4	282.3	294.3	305.7	343.3
汽油发动机动力		Gasoline Engine		23.7	22.2	24.0	25.6	25.9
电动机动力		Motor		27.4	28.2	28.2	28.8	29.7
其他机械动力		Other Machinery Power		2.8	2.4	2.1	2.3	1.8
主要农业机械与设备		**Major Agricultural Machinery and Equipment**						
大中型拖拉机	(台)	Number of Large and Medium-sized Tractors	(unit)	2745	3063	3002	3417	3875
	(万千瓦)		(10 000 KW)	10.4	10.9	10.4	12.9	16.8
小型拖拉机	(万台)	Number of Small Tractors	(10 000 unit)	22.2	23.1	24.5	25.2	26.4
	(万千瓦)		(10 000 KW)	204.4	215.4	228.6	232.3	248.7
大中型拖拉机配套农具	(台)	Number of Large and Medium-sized Tractor Towing Farm Machinery	(unit)	3055	3263	3424	3561	4439
小型拖拉机配套农具	(万台)	Small Tractor Towing Farm Machinery	(10 000 unit)	15.5	16.3	18.1	18.7	20.9
农用排灌动力	(台)	Capacity of Engines	(unit)	2129	2965	3018	2975	2405
	(万千瓦)		(10 000 KW)	8.7	9.9	10.1	10.1	9.6
联合收割机	(台)	Combine Harvesters	(unit)	657	667	736	886	856
	(万千瓦)		(10 000 KW)	4.6	4.5	5.0	5.9	5.2
机动脱粒机	(台)	Motorized Threshing Machines	(unit)	12289	13187	13763	15603	18178
农用运输车	(辆)	Trucks for Agricultural Use	(unit)	27762	27724	27996	27330	29970
渔用机动船	(艘)	Number of Motorized Fishing Boats	(unit)	70	70	73	69	93
	(千瓦)		(KW)	812	812	892	795	1130
农用排灌设施		Machinery for Agricultural Drainage and Irrigation						
机电井	(眼)	Motor-pumped Set	(unit)	295	229	228	233	373
节水灌溉机械	(套)	Water-saving Irrigation Machinery	(unit)	1972	1984	2012	1931	8035
农用水泵	(台)	Pumps	(unit)	3548	3348	3284	5144	5004

11-4 主要年份农业机械年末拥有量

Number of Agricultural Machinery at Year-end in Main Years

年份 Year / 地区 Region	农机总动力（万千瓦）Total Power of Agricultural Machinery (10 000 KW)	大中型拖拉机 Large and Medium-sized Agricultural Tractors（混合台）(mixed unit)	大中型拖拉机（万千瓦）(10 000 KW)	小型和手扶拖拉机 Small and Walking Tractor（台）(unit)	小型和手扶拖拉机（万千瓦）(10 000 KW)	排灌动力机械 Machinery for Agricultural Drainage and Irrigation（台）(unit)	排灌动力机械（万千瓦）(10 000 KW)	联合收割机（台）Combine Harvesters (unit)	农用运输车（辆）Trucks for Agricultural Use (unit)
1957		138	0.48			24	0.05	6	
1965		775	2.66	6	0.01	127	0.50	100	
1970		1296	3.02	749	1.12	263	1.40	98	
1975	30.47	3434	12.02	5776	4.26	1716	4.41	113	
1980	69.62	6364	23.07	13933	12.48	4552	8.46	363	
1985	88.03	5018	17.91	28589	25.21	3117	7.77	439	
1990	126.86	4232	15.44	63143	56.91	2919	7.01	479	
1995	188.47	3149	11.89	112907	100.67	2963	8.53	533	
1996	199.21	2980	11.25	124629	111.12	3081	8.87	541	
1997	207.85	2772	10.92	127796	111.45	4922	9.05	549	
1998	219.43	2750	11.06	138187	122.01	5074	9.38	626	
1999	241.94	2548	11.02	158867	135.97	2974	8.71	650	
2000	256.18	2409	10.46	167830	150.66	2725	8.65	670	8906
2001	264.66	2469	10.69	178638	160.66	2858	8.89	676	13433
2002	281.39	2787	11.04	190581	174.77	3080	9.06	651	16320
2003	292.43	2808	10.53	200714	177.24	2874	8.80	665	21192
2004	328.77	2861	10.94	230496	196.65	3066	10.03	632	25862
2005	327.34	2745	10.35	221664	204.41	2876	9.81	657	27762
2006	335.07	3063	10.85	230866	215.42	2965	9.92	667	27724
2007	348.57	3002	10.44	245443	228.63	3018	10.12	736	27996
2008	362.41	3417	12.95	251531	232.32	2975	10.08	886	27330
2009	400.73	3875	16.83	263728	248.71	2405	9.57	856	29970
西宁市 Xining City	136.13	573	2.13	104596	96.37	198	0.95	103	9651
海东地区 Haidong Prefecture	132.87	540	1.68	96189	91.69	1177	5.24	89	12513
海北州 Haibei Zang A.P	37.16	507	2.31	13011	11.31	65	0.13	200	163
黄南州 Huangnan Zang A.P	11.32	50	0.22	6133	5.73	123	0.93	16	1270
海南州 Hainan Zang A.P	33.15	506	2.27	20946	19.37	621	1.85	308	2857
果洛州 Golog Zang A.P	3.07			1346	1.45				314
玉树州 Yushu Zang A.P	11.40	42	4.07	2784	4.39	18	0.11	4	935
海西州 Haixi Mongolian & Zang A.P	35.62	1657	4.14	18723	18.39	203	0.36	136	2267

11–5 2005–2009年农村电力、农田水利建设和物资消耗

Rural Electric Power, Construction of Farmland Irrigation Water Conservancy and Material Consumption(2005-2009)

指 标	Item	2005	2006	2007	2008	2009
农村电力	**Rural Electrific Power**					
乡村办水电站 (个)	Hydropower Station in Rural Areas (unit)	50	51	46	43	43
发电能力 (万千瓦)	Generating Capacity (10 000 kw)	4.26	4.28	2.70	2.65	2.40
发电量 (万千瓦时)	Amount of Electric Power Generation (10 000 kw·h)	49403	49696	10598	10676	9647
农村用电量 (万千瓦时)	Electricity Consumed in Rural Areas (10 000 kw·h)	29923	31838	34533	36939	37782
农田水利建设情况	**Construction of Farmland Irrigation**					
(千公顷)	Water Conservancy (10 000 hectares)					
有效灌溉面积	Effective Irrigated Area	176.54	176.32	176.59	177.24	
旱涝保收面积	Farmland with Stable Yields Despite of Drought or Waterlogging	70.28	53.10	57.30	58.42	62.79
机电排灌面积	Pumping Irrigation and Drainage Area	16.48	17.32	22.08	23.46	28.29
农用化肥施用量(折纯) (万吨)	**Consumption of Chemical Fertilizer (100% Purity) (10 000 tons)**	**6.99**	**7.17**	**7.56**	**8.25**	**7.96**
氮肥(实物量)	Nitrogenous Fertilizer	6.80	7.10	7.15	7.18	7.45
折纯量	(100% Purity)	3.13	3.20	3.23	3.30	3.45
磷肥(实物量)	Phosphate Fertilizer	5.71	6.77	6.88	6.55	7.03
折纯量	(100% Purity)	1.62	1.52	1.47	1.31	1.27
钾肥(实物量)	Potash Fertilizer	0.58	0.54	0.59	0.49	0.51
折纯量	(100% Purity)	0.27	0.26	0.27	0.27	0.27
复合肥(实物量)	Compound Fertilizer	4.52	5.10	5.17	5.86	6.07
折纯量	(100% Purity)	1.97	2.19	2.58	3.72	2.97
农用塑料薄膜使用量 (吨)	**Consumption of Agricultural Plastic Film (ton)**	**1156.90**	**1123.50**	**958.62**	**1070.24**	**2113.79**
地膜使用量 (吨)	Consumption of Plastic Mulching (ton)	381.67	375.10	439.30	519.91	1277.55
地膜覆盖面积 (公顷)	Area of Plastic Mulching (hectare)	5737	6253	6901	6865	15203
农用柴油使用量 (万吨)	**Consumption of Agricultural Diesel Oil (10 000 tons)**	**5.37**	**5.47**	**5.60**	**5.56**	**5.87**
农药使用量 (吨)	**Consumption of Pesticide (ton)**	**1746.7**	**1856.7**	**1891.5**	**1953.92**	**2025.55**

11-6 1978-2009年农村电力、灌溉面积、化肥施用量
Rural Electric Power, Irrigated Area and Consumption of Chemical Fertilizers (1978-2009)

年份 地区	Year Region	乡村办水电站 Hydropower Station in Rural Areas 个数 Number	装机容量(万千瓦) Installed Capacity (10 000 KW)	农村用电量(万千瓦时) Electricity Consumed in Rural Areas (10 000 KW·h)	化肥施用量(实物吨) Consumption of Chemical Fertilizer (material ton)	有效灌溉面积(千公顷) Irrigated Area (1 000 hectares)
1978		128	0.55	7442	158394	164.33
1980		138	0.77	8664	159014	159.62
1985		93	1.18	8292	117845	160.15
1990		67	0.76	14758	158840	171.56
1991		52	0.59	14856	160662	175.36
1992		43	0.48	15730	165501	175.05
1993		40	0.56	18647	171517	176.65
1994		41	0.69	21563	167100	176.99
1995		46	0.73	20377	179250	177.31
1996				20952	175006	176.12
1997		47	1.21	21446	181104	176.12
1998		48	1.26	21144	179885	187.43
1999		49	1.28	21420	185318	189.72
2000		57	1.64	23005	182439	211.42
2001		56	1.84	24427	182397	208.33
2002		54	2.73	22468	176458	193.55
2003		52	4.23	28789	171386	181.73
2004		49	4.07	29486	170655	180.33
2005		50	4.26	29923	176088	176.54
2006		51	4.28	31838	195053	176.32
2007		46	2.70	34533	197809	176.59
2008		43	2.65	36939	200804	177.24
2009		43	2.40	37782	210686	
西宁市	Xining City	10	0.95	11239	79178	
海东地区	Haidong Prefecture	2	0.96	14463	76829	
海北州	Haibei Zang A.P			1875	11767	
黄南州	Huangnan Zang A.P			942	2386	
海南州	Hainan Zang A.P	11	0.15	6926	22512	
果洛州	Golog Zang A.P			120	6	
玉树州	Yushu Zang A.P	14	0.06	387	735	
海西州	Haixi Mongolian & Zang A.P	6	0.28	1830	17273	

11－7 2005－2008年各地区耕地面积及占全省的比重

Area of Cultivated Land and Its Ratio of Whole Province by Region(2005-2008)

单位：公顷 (hectares)

地 区	Region	耕地面积总资源 Cultibated Land(Total Area) 2005	2006	2007	2008
全省总计	**Total Province**	**542245.95**	**542151.05**	**542201.99**	**542719.26**
西宁市	Xining City	146462.82	146448.36	146196.28	145786.12
海东地区	Haidong Prefecture	201501.18	201405.09	201309.56	201316.49
海北州	Haibei Zang A.P	47696.94	47692.19	48077.18	49053.35
黄南州	Huangnan Zang A.P	19539.23	19640.99	19631.65	19628.95
海南州	Hainan Zang A.P	77352.54	77290.73	77332.63	77317.58
果洛州	Golog Zang A.P	991.80	991.80	991.80	991.80
玉树州	Yushu Zang A.P	13757.51	13753.28	13734.27	13728.10
海西州	Haixi Mongolian & Zang A.P	34943.93	34928.62	34928.62	34896.86

11－8 2005－2008年耕地面积增减变动情况

Changing Situation of Increased and Decreased Cultivated Land(2005－2008)

单位：千公顷 (1 000 hectares)

指 标	Item	2005	2006	2007	2008
年初耕地总资源	**Total Area of Cultivated Land in Early Year**	**542.0**	**542.2**	**542.1**	**542.2**
年内增加	During the Year Increased	8.0	0.5	0.8	1.3
新开发地	Newly Reclaimed Wildland Land	2.0	0.5	0.5	
年内减少	During the Year Decreased	7.8	0.6	0.7	0.8
国家基建占地	National Capital Construction Occupied	2.9	0.5	0.7	
其他基建占地	Other Capital Construction Occupied	0.1			
退耕还林还草占地	Grain for Green Occupied	2.8			
耕地改为园地	Arable Land to Garden				
年末耕地总资源	**Total Area of Cultivated Land Year-and**	**542.2**	**542.1**	**542.2**	**542.7**
常用耕地面积	Cultivated Land Often Used	340.7	340.6	340.7	371.2
水浇地	Irrigable Land	176.5	176.3	176.6	177.2
临时性耕地	Temporary Cultivated Land	201.5	201.5	201.5	201.5

11-9 主要年份农业机械化与草原建设

Agricultural Mechanization and Grassland Construction in Main Years

单位：千公顷 (1 000 hectares)

指标	Item	1990	1995	2000	2005	2006	2007	2008	2009
农业机械化情况	**Agricultural Mechanization**								
当年实际机耕面积	Machine-ploughed Area	211	256	274	207	215	247	262	299
当年机械播种面积	Machine-sown Area	176	233	257	176	178	198	189	239
当年机械收割面积	Machine-harvested Area	83	101	90	62	68	81	93	125
草原建设情况	**Grassland Construction**								
围栏草场面积	Area of Fenced Grassland	742	1453	3153	5921	6719	7259	8211	
当年新围面积	New Fenced in This Year	93	251	280	934	952	704	813	
人工种草面积	Area of Artificially Sown Grass	94	208	1626	682	667	691	724	
当年新种面积	New Sown in This Year	19	41	55	116	75	85	76	
年内鼠害发生面积	Area with Rats	2675	6433	6834	7464	8853	9090	6355	
年内灭鼠面积	Deratization Area	654	554	1282	2727	4050	3248	1835	
年内虫害发生面积	Area with Pests	575	630	677	615	1166	941	1096	
年内灭虫面积	Disinfestation Area	29	75	32	169	420	339	307	

11-10 2005－2009年水果、渔业生产情况

Production of Fruit and Fishery(2005－2009)

指标	Item	2005	2006	2007	2008	2009
水果	**Fruit**					
水果产量合计 (吨)	Total Output of Fruit (ton)	14772	13308	13846	13241	14575
苹果	Apple	7316	5939	5804	5823	5729
梨	Pear	5105	4912	4894	4680	4835
葡萄	Grape	80	114	112	106	109
年末实有果园面积（公顷）	Orchard Area at Year-end(hectare)	4298	4055	4282	4127	4507
苹果园	Apple Orchard	2806	2924	2658	2518	2490
梨园	Pear Orchard	1226	1065	1049	848	847
葡萄园	Grapery	7	66	17	23	26
年末实有零星果树（万株）	Sporadic Fruit Trees at Year-end (10 000 trees)	312	325	319	320	324
苹果树	Apple Trees	171	174	176	168	170
梨树	Pear Trees	87	100	102	95	99
渔业	**Fishery**					
水产品总产量 (吨)	Total Aquatic Products (ton)	878	1985	1780	2129	827
养殖产量	Cultured Output	816	1924	1704	2090	784
养殖面积 (千公顷)	Culture Area (1 000 hectares)	43	43	43	44	44

11-11 农作物播种面积及种植结构

Total Sown Areas of Farm Crops and Its Planting Structure

单位：千公顷、%　　　　(1 000 hectares，%)

指　标	Item	播种面积 Sown Areas					种植结构 Planting Structure				
		2005	2006	2007	2008	2009	2005	2006	2007	2008	2009
农作物总播种面积	**Total Sown Area**	**476.73**	**517.20**	**516.70**	**513.63**	**514.06**	**100.00**	**100.00**	**100.00**	**100.00**	**100.00**
粮食作物	**Grain Crops**	**245.57**	**278.81**	**274.94**	**271.99**	**275.73**	**51.51**	**53.91**	**53.21**	**52.95**	**53.64**
谷物	Cereal	129.37	151.29	148.30	147.28	146.76	52.68	54.26	53.94	54.15	
小麦	Wheat	96.80	104.87	105.00	104.40	104.13	74.82	69.32	70.80	70.89	70.95
青稞	Highland Barley	29.33	43.35	40.87	38.97	34.04	22.67	28.65	27.56	26.46	23.19
玉米	Corn	1.09	1.03	0.83	2.06	5.25	0.84	0.68	0.56	1.40	3.58
其它	Others	2.15	2.04	1.60	1.85	3.33	1.66	1.35	1.08	1.26	2.27
豆类	Soybeans	40.87	41.88	40.54	39.11	42.31	16.64	15.02	14.75	14.38	15.34
蚕豆	Horsebean	27.39	29.35	28.57	28.23	29.77	67.02	70.08	70.47	72.18	70.36
豌豆	Pea	13.48	12.53	11.97	10.88	12.55	32.98	29.92	29.53	27.82	29.66
薯类	Tubers	75.33	85.64	86.10	85.60	86.65	30.68	30.72	31.32	31.47	31.43
经济作物	**Economic Crops**	**165.68**	**170.23**	**174.57**	**177.16**	**173.08**	**34.75**	**32.91**	**33.79**	**34.49**	**33.67**
油料	Oil-bearing Crops	161.86	168.42	172.40	172.73	172.41	97.69	98.94	98.76	97.50	99.61
油菜籽	Rapeseeds	159.74	165.57	169.53	169.80	170.27	98.69	98.31	98.34	98.30	98.76
胡麻	Benne	2.12	2.85	2.87	2.93	2.15	1.31	1.69	1.66	1.70	1.25
其它	Others	3.82	1.81	2.17	4.43	0.67	2.31	1.06	1.24	2.50	0.39
药材	Medicinal Materials	3.63	1.57	1.80	4.24	0.45	95.03	86.74	82.95	95.71	67.16
蔬菜	Vegetables	25.83	27.71	30.12	34.16	35.24	5.42	5.36	5.83	6.65	6.86
瓜类	Melon	0.37	0.36	0.50	0.44	0.47	0.08	0.07	0.10	0.09	0.09
其他农作物	Other Farm Crops	39.28	40.09	36.57	29.88	29.53	8.24	7.75	7.08	5.82	5.74
青饲料	Succulence	37.96	38.73	35.82	28.68	28.21	96.64	96.61	97.95	95.98	95.53
果园面积	Area of Orchard	4.30	4.18	4.28	4.13	4.51	—	—	—	—	—

注：2006年数据根据农业普查结果进行了修正。

a) Data in 2006 has been amended based on the results of the census of agriculture.

11-12 主要年份农作物总播种面积
Total Sown Areas of Farm Crops in Main Years

单位：千公顷 (1 000 hectares)

年份 地区	Year Region	总播种面积 Total Sown Area	粮食作物 Grain Crops	小麦 Wheat	杂粮 Cereal Crops	薯类 Tubers	经济作物 Economic Crops	油料 Oil-bearing Crops	蔬菜 Vegetables
1978		514.58	434.76	207.03	190.39	37.00	62.11	61.18	7.19
1980		508.73	411.96	201.14	174.47	36.35	78.89	78.77	5.58
1985		500.46	386.57	200.69	154.87	31.01	95.19	94.89	4.49
1986		507.81	386.98	200.98	154.41	31.59	100.74	100.53	4.95
1987		507.79	384.46	201.37	152.04	31.05	102.89	102.57	5.27
1988		514.30	385.72	204.78	149.07	31.87	106.69	106.43	5.43
1989		532.22	395.21	209.99	151.53	33.69	110.24	109.75	6.89
1990		544.71	400.33	213.46	152.51	34.36	114.39	113.91	6.89
1991		543.46	401.95	217.62	149.01	35.33	117.38	117.01	7.36
1992		546.55	401.26	220.74	143.21	37.31	118.05	117.75	8.19
1993		548.17	389.83	209.92	143.23	36.68	129.20	129.02	10.18
1994		562.10	386.85	204.99	143.55	38.31	144.67	144.60	10.11
1995		568.81	384.25	205.98	140.56	37.71	149.88	149.77	12.44
1996		564.37	394.79	210.58	146.29	37.92	136.04	135.93	11.61
1997		567.96	394.72	213.46	144.00	37.26	137.89	137.76	12.61
1998		566.93	384.85	211.91	135.44	37.50	147.95	147.78	12.48
1999		571.02	344.83	182.89	117.81	44.13	192.45	192.36	13.94
2000		553.68	322.72	165.54	110.91	46.27	192.23	191.58	15.78
2001		526.72	309.87	149.75	100.94	59.18	154.67	168.74	17.81
2002		494.36	284.74	142.50	81.54	60.70	159.35	152.93	20.61
2003		466.80	248.00	107.00	75.30	65.70	155.90	152.10	24.11
2004		473.70	244.70	102.20	74.70	67.80	164.95	159.80	25.05
2005		476.73	245.57	96.80	73.44	75.33	165.68	161.86	25.83
2006		517.20	278.81	104.87	88.30	85.64	170.23	168.42	27.71
2007		516.70	274.93	105.00	83.83	86.10	174.57	172.40	30.12
2008		513.63	271.99	104.40	81.99	85.60	177.16	172.73	34.16
2009		514.06	275.73	104.13	84.93	86.65	173.08	172.41	35.24
西宁市	Xining City	122.90	63.15	28.13	17.05	17.97	39.58	39.45	17.02
海东地区	Haidong Prefecture	209.80	117.84	36.04	21.56	60.24	66.86	66.63	19.05
海北州	Haibei Zang A.P	52.53	12.33	1.21	9.79	1.34	29.70	29.67	0.53
黄南州	Huangnan Zang A.P	17.31	7.69	4.65	1.62	1.41	4.64	4.64	0.28
海南州	Hainan Zang A.P	84.02	35.28	12.99	20.81	1.48	36.66	36.63	1.72
果洛州	Golog Zang A.P	0.59	0.50	0.03	0.40	0.07	0.07	0.07	0.00
玉树州	Yushu Zang A.P	12.15	9.77	0.07	8.99	0.71	0.42	0.42	0.36
海西州	Haixi Mongolian & Zang A.P	32.58	15.16	6.55	5.86	2.75	15.08	6.70	0.99

注：2006年数据根据农业普查结果已作了修正。

a) Data in 2006 has been amended based on the results of the census of agriculture.

11-13 主要年份主要农产品产量

年 份 Year 地 区 Region		粮 食 (万吨) Grain (10 000 tons)	小 麦 Wheat	杂 粮 Cereal Crops	薯 类 Tubers
1978		90.30	53.30	28.77	8.24
1980		95.60	56.31	31.67	7.62
1985		100.32	62.96	28.96	8.40
1986		98.35	60.89	28.26	9.20
1987		104.15	67.60	27.72	8.83
1988		105.82	68.40	27.10	10.32
1989		110.84	70.59	29.24	11.01
1990		114.56	74.18	29.51	10.87
1991		114.63	76.92	29.41	8.30
1992		118.50	74.90	31.41	12.19
1993		118.63	73.92	32.69	12.02
1994		116.84	68.64	33.59	14.61
1995		114.19	69.49	29.92	14.78
1996		123.83	76.66	33.36	13.81
1997		127.55	78.29	35.24	14.02
1998		128.20	79.94	33.41	14.85
1999		103.61	59.37	29.46	14.78
2000		82.70	47.58	20.23	14.89
2001		103.20	52.70	23.89	26.61
2002		91.28	45.20	21.68	24.40
2003		86.80	36.80	21.80	28.20
2004		88.47	37.11	22.33	29.03
2005		93.26	39.32	21.49	32.45
2006		95.17	41.06	21.10	33.01
2007		99.02	41.76	23.10	34.16
2008		101.80	42.03	23.59	36.18
2009		102.70	39.04	25.35	38.30
西宁市	Xining City	26.44	11.03	5.91	9.50
海东地区	Haidong Prefecture	47.95	15.04	8.55	24.35
海北州	Haibei Zang A.P	4.43	0.52	3.20	0.72
黄南州	Huangnan Zang A.P	2.87	1.78	0.40	0.68
海南州	Hainan Zang A.P	11.80	5.79	5.32	0.68
果洛州	Golog Zang A.P	0.15	0.01	0.12	0.02
玉树州	Yushu Zang A.P	1.91	0.01	1.66	0.24
海西州	Haixi Mongolian & Zang A.P	8.55	3.38	3.15	2.03

注：1.全省粮食、油料总产量为抽样调查数，故各州、地、市数相加不等于全省合计数。
2.2006年数据根据农业普查结果已作了修正。

Output of Major Farm Products in Main Years

油 料 (万吨) Oil-bearing Crops (10 000 tons)		蔬 菜 (万吨) Vegetables (10 000 tons)	水 果 (吨) Fruits (ton)				水产品产量 (吨) Output of Aquatic Products (ton)
	油菜籽 Rapeseeds			苹 果 Apple	梨 Pear	葡 萄 Grape	
4.53	4.18	19.77					
7.07	6.81	14.33	7434	4281	3014	22	3245
9.92	9.57	16.15	19825	11552	6880	41	4350
10.36	10.01	15.71	19281	11571	4885	58	4580
10.38	9.98	16.46	21154	12770	6830	37	2260
10.45	10.14	19.01	25717	15974	8090	138	2380
10.55	10.26	22.48	22679	12971	7299	70	2781
12.04	11.74	22.85	22019	14431	6210	95	3356
13.21	12.92	23.34	21365	14471	5148	77	3943
14.03	13.68	28.59	26049	17388	6632	127	3994
15.21	14.69	30.45	27180	18677	6236	69	3886
18.44	18.05	34.00	25704	17444	6460	56	3602
16.21	15.82	38.31	26831	17446	7116	72	2444
17.09	16.56	39.26	29062	18935	7807	159	2213
18.36	17.80	42.37	27179	18884	5891	189	1752
21.04	20.42	46.26	24766	16138	6585	67	1416
28.50	27.85	56.63	24144	15897	5931	106	1488
19.40	19.08	60.28	22415	14144	5963	106	1166
23.00	22.60	63.72	17252	9661	5525	117	1989
23.40	22.66	67.63	16301	9078	5228	106	1796
26.20	25.70	77.11	14603	8246	4418	74	1253
28.89	28.26	78.44	14686	7198	5362	102	1058
31.85	31.57	84.46	14772	7316	5105	80	878
27.94	27.67	90.44	13308	5939	4912	114	1985
32.03	31.63	98.27	13846	5804	4894	112	1780
35.22	34.80	110.08	13241	5823	4680	106	2129
36.60	36.20	118.86	14575	5729	4835	109	827
10.54	10.52	60.54	2150	815	137		23
14.02	13.38	59.20	7792	3117	2847	89	199
4.91	4.91	0.79					
0.49	0.47	1.00	1278	637	450	5	
4.70	4.60	4.02	3217	1160	1401		344
0.01	0.01	0.01					
0.05	0.05	0.27					
1.34	1.34	4.75	138			15	261

a) The grain and oil production of total province are data from sample survey, it states that the sum of regional data is not equal to provincial total.
b) Data in 2006 has been amended based on the results of the census of agriculture.

11-14　2005-2009年主要农作物产品产量
Output of Major Farm Products (2005-2009)

单位：吨 (ton)

指　标	Item	2005	2006	2007	2008	2009
粮食　（万吨）	**Grain　(10 000 tons)**	**93.26**	**95.17**	**99.02**	**101.80**	**102.70**
谷物	Cereal	49.06	52.66	53.94	54.74	53.59
小麦	Wheat	39.32	41.06	41.76	42.03	39.04
青稞	Highland Barley	8.46	10.72	11.35	10.78	10.13
其它	Others	1.28	0.88	0.83	1.93	4.42
豆类	Soybeans	11.75	9.50	10.92	10.88	10.80
蚕豆	Horsebean	8.94	8.22	8.81	9.10	9.00
豌豆	Pea	2.81	1.28	2.11	1.78	1.81
薯类	Tubers	32.45	33.01	34.16	36.18	38.30
油料　（万吨）	**Oil-bearing Crops (10 000 tons)**	**31.85**	**27.95**	**32.03**	**35.22**	**36.60**
油菜籽	Rapeseeds	31.57	27.67	31.63	34.80	36.20
胡麻	Benne	0.28	0.28	0.40	0.42	0.40
麻类	Fiber Crops	12		5		
甜菜	Beetroots	437	3341	6859		
烟叶	Tobacco	733	717	941	741	
蔬菜	Vegetables	844618	904432	982673	1100799	1188635
瓜果	Melons	11249	10395	19135	19396	18824
水果	Fruits	14772	13308	13846	13241	14575

注：2006年数据根据农业普查结果已作了修正。

a) Data in 2006 has been amended based on the results of the census of agriculture.

11-15 2005-2009年林业生产情况

Basic Statistics of Afforestation(2005-2009)

单位：千公顷 (1 000 hectares)

指 标	Item	2005	2006	2007	2008	2009
营林情况	**Forest Management**					
当年造林面积	Planting Area in the Current Year	46.75	5.39	45.18	31.96	32.45
按主要林种用途分	By Function of Forest					
用材林	Timber Forest					
经济林	Economic Forest					
防护林	Windbreak	46.42	5.39	45.18	31.96	32.45
薪炭林	Firewood Forest	0.4				
其他林	Others					
迹地更新面积	Renewing Area in Slash					
人工更新面积	Renewing manually Area					
封山育林面积	Area Fenced Off for Afforestation	457.22	425.24	555.29	579.22	687.4
本年新封面积	Newly Increased Area This Year	64.44	16.3	15.14	23.9	108.18
零星(四旁)植树 (万株)	Fragmentary Planting (10 000 trees)	1263.45	1174.93	1237.93	1093.2	1210.4
育苗面积	Actual Sapling Breeding Area	2.98	2.82	2.34	2.3	2.4
本年新育面积	Newly Breeded Area This Year	0.84	0.85	0.93	0.9	1.1
幼林抚育作业面积	Tending Area of Young Growth	95.4	63.48	67.27	78.35	58.5
成林抚育面积	Tending Area of Full Growth		18.16	12		6.03
主要林产品产量	**Output of Main Forest Product**					
花椒 (吨)	Bunge prickly ash (ton)	99.37	91.24	120.35	106.3	109.8
核桃 (吨)	Walnut Output (ton)	118.49	102.53	197.95	208.79	285.8
木材采伐量 (万立方米)	**Timber Felling Output in** Village or Below (10 000 cu.m)	**2.4**	**2.54**	**2.12**	**2.2**	**2.1**

11–16 2005－2009年畜牧业生产情况及主要畜产品产量

Livestock and Its Major Products(2005-2009)

单位：万头只 (10 000 heads)

指 标	Item	2005	2006	2007	2008	2009
牲畜年末头数	**Number of Animals at year-end**					
草食畜合计	Total of Herbivores	2219.1	1987.9	1976.0	1981.2	1978.4
大牲畜	Large Animals	453.5	486.1	478.9	484.2	480.7
牛	Cattle and Buffaloes	406.2	450.3	447.1	445.4	444.6
羊	Sheep and Goats	1765.7	1501.8	1497.1	1496.9	1497.8
绵羊	Sheep	1435.2	1265.9	1266.4	1267.5	1270.2
猪	Hogs	105.1	89.0	88.8	107.2	109.8
肉用畜出栏数	**Slanghtered Fattened Animals**					
草食畜合计	Total of Herbivores	655.9	616.5	638.6	637.8	649.1
大牲畜	Large Animals	96.8	115.4	96.0	95.8	96.2
牛	Cattle and Buffaloes	95.1	111.4	92.7	92.1	92.5
羊	Sheep and Goats	559.1	501.1	542.6	542.0	552.9
绵羊	Sheep	497.6	434.2	463.4	461.8	471.8
猪	Hogs	121.8	111.3	105.3	123.6	134.8
肉类产量(万吨)	**Output of Meat (10 000 tons)**	**25.8**	**24.4**	**24.3**	**25.5**	**26.9**
猪肉	Pork	8.6	7.9	7.6	8.7	9.2
牛肉	Beef	7.4	7.7	7.3	7.3	8.1
羊肉	Mutton	9.2	8.3	8.7	8.7	8.8
奶类 (万吨)	**Milk (10 000 tons)**	**25.0**	**25.6**	**26.5**	**27.2**	**26.8**
牛奶	Cow Milk	23.6	23.8	25.0	25.3	25.3
羊毛 (吨)	**Wool (tons)**	**17652**	**17661**	**15378**	**15369**	**15378**
绵羊毛	Sheep Wool	16501	16505	14551	14560	14573
羊绒 (吨)	**Cashmere (tons)**	**355**	**357**	**355**	**347**	**345**
禽蛋 (吨)	**Poultry Eggs (tons)**	**13884**	**14631**	**13865**	**14913**	**15151**

注：2006年数据根据农业普查结果已作了修订。
a) Data in 2006 has been amended based on the results of the census of agriculture.

11-17 主要年份牲畜饲养情况

Number of Livestock in Main Years

单位：万头(只) (10 000 heads)

年 份 Year 地 区 Region	大牲畜年末存栏 Large Animals (year-end)	牛 Cattle and Buffaloes	马 Horses	羊年末存栏 Sheep and Goats	绵羊 Sheep	猪年末存栏 Hogs
1978	568.8	497.3	46.6	1645.0	1475.2	84.5
1980	553.9	486.8	41.9	1612.8	1447.0	68.3
1985	589.4	515.9	44.0	1328.2	1197.4	83.0
1990	612.3	538.6	44.8	1608.3	1404.7	96.5
1992	622.6	550.7	41.7	1648.1	1436.7	97.7
1993	575.1	509.1	38.2	1635.1	1421.7	102.6
1994	587.4	524.2	37.2	1677.1	1463.3	101.6
1995	559.0	500.9	34.6	1666.3	1466.2	108.9
1996	505.5	443.2	37.3	1569.5	1368.6	107.1
1997	481.3	421.7	37.4	1601.2	1372.9	108.9
1998	451.7	394.3	36.9	1638.9	1378.8	113.3
1999	431.4	378.2	35.1	1639.5	1372.5	109.2
2000	441.4	390.5	33.8	1642.0	1369.5	103.6
2001	454.3	400.7	28.9	1676.2	1396.7	103.2
2002	462.2	410.7	27.3	1732.9	1437.7	104.8
2003	455.9	405.6	26.8	1761.7	1446.0	101.0
2004	452.8	403.8	27.1	1763.7	1434.9	106.4
2005	453.5	406.2	24.5	1765.7	1435.2	105.1
2006	486.1	450.3	18.5	1501.8	1265.9	89.0
2007	487.8	447.1	22.2	1497.1	1266.4	88.8
2008	484.2	445.4	21.8	1496.9	1267.5	107.2
2009	480.7	444.6	21.4	1497.8	1270.2	109.8
西宁市 Xining City	32.8	27.8	2.3	80.2	77.3	38.3
海东地区 Haidong Prefecture	36.4	26.9	0.9	131.4	108.8	61.5
海北州 Haibei Zang A.P	54.7	50.4	3.9	280.5	276.7	2.7
黄南州 Huangnan Zang A.P	60.8	56.8	2.4	157.3	149.1	0.5
海南州 Hainan Zang A.P	69.7	66.0	3.1	397.6	326.2	3.6
果洛州 Golog Zang A.P	97.1	94.2	2.9	83.1	82.7	
玉树州 Yushu Zang A.P	124.6	121.7	2.9	135.3	110.0	0.0
海西州 Haixi Mongolian & Zang A.P	20.2	16.4	3.0	212.0	143.0	3.3

注：1.全省大牲畜、羊年末存栏数为抽样调查数，与各州、地、市相加数不等。
2.2006年数据根据农业普查结果已作了修订。

a) The number of livestock of large animals, sheep and Goats of total province are data from sample survey, it states that the sum of regional data is not equal to provincial total.

b) Data in 2006 has been amended based on the results of the census of agriculture.

11－18 2005－2009年畜牧业生产及经济效益指标

Production and Main Economic Benefit Indicators of Livestock (2005-2009)

单位：万头(只) (10 000 heads)

指 标	Item	2005	2006	2007	2008	2009
年末能繁殖母畜数	**Fertile Female Animals at Year-end**					
草食畜合计	Total of Herbivores	1110.44	994.94	998.97	991.18	991.27
大牲畜	Large Animals	175.38	189.77	187.18	193.44	193.19
羊	Sheep and Goats	935.06	805.17	801.79	797.74	798.08
猪	Hogs	9.16	7.09	7.08	10.06	11.03
当年繁殖仔畜数	**Newborn Animals This Year**					
草食畜合计	Total of Herbivores	849.78	782.62	786.66	788.38	786.79
大牲畜	Large Animals	106.74	98.70	91.42	95.26	94.90
羊	Sheep and Goats	743.04	683.93	695.24	693.12	691.89
猪	Hogs	70.15	73.00	73.07	106.93	120.94
当年育活仔畜数	**Newborn Animals Survived**					
草食畜合计	Total of Herbivores	753.94	696.22	701.77	693.38	702.92
大牲畜	Large Animals	93.08	87.70	81.40	84.98	84.97
羊	Sheep and Goats	660.86	608.52	620.38	608.40	617.95
猪	Hogs	65.09	69.88	69.77	100.74	115.51
成幼畜死亡数	**Deaths of Young Animals**					
草食畜合计	Total of Herbivores	51.85	40.37	38.37	59.74	40.32
大牲畜	Large Animals	10.50	6.21	5.90	12.78	7.57
羊	Sheep and Goats	41.35	34.16	32.47	46.96	32.75
猪	Hogs	1.12	2.89	2.91	2.09	2.68
牲畜出栏数	**Slanghtered Fattened Animals**					
草食畜合计	Total of Herbivores	693.02	634.68	670.73	673.65	688.40
大牲畜	Large Animals	98.81	118.35	98.69	102.18	102.88
羊	Sheep and Goats	594.21	516.33	572.04	571.47	585.52
猪	Hogs	131.75	119.39	113.34	136.57	155.61
出售牲畜数	**Livestock Sold**					
草食畜合计	Total of Herbivores	571.23	539.05	562.10	570.80	583.92
大牲畜	Large Animals	81.00	107.83	88.17	91.02	92.24
羊	Sheep and Goats	490.23	431.22	473.93	479.47	491.68
猪	Hogs	95.25	85.72	83.75	101.03	119.06

注：2006年数据根据农业普查结果已作了修正。

a) Data in 2006 has been amended based on the results of the census of agriculture.

11-18 续表 Continued

单位：% (%)

指 标	Item	2005	2006	2007	2008	2009
牲畜总增率	**Gross Rate of Increase of Livestock**					
草食畜合计	Total of Herbivores	31.68	32.92	33.37	31.92	33.44
大牲畜	Large Animals	18.24	15.98	15.53	14.80	15.98
羊	Sheep and Goats	35.13	38.75	39.15	37.50	39.09
猪	Hogs	60.13	70.40	75.10	110.79	105.24
牲畜出栏率	**Rate of Livestock for Sale**					
草食畜合计	Total of Herbivores	31.27	32.70	33.74	33.94	34.75
大牲畜	Large Animals	21.82	23.26	20.30	20.95	21.25
羊	Sheep and Goats	33.69	35.12	38.09	38.17	39.11
猪	Hogs	123.85	125.46	127.33	153.38	145.15
牲畜商品率	**Rate of Commercialization of Livestock**					
草食畜合计	Total of Herbivores	25.77	27.06	28.28	28.76	29.47
大牲畜	Large Animals	17.89	21.14	18.14	18.66	19.05
羊	Sheep and Goats	27.80	29.09	31.56	32.03	32.85
猪	Hogs	89.54	90.08	94.09	113.47	111.05
能繁母畜比重	**Proportion of Fertile Female Animals**					
草食畜合计	Total of Herbivores	50.04	50.05	50.05	50.05	50.10
大牲畜	Large Animals	38.68	39.04	39.09	40.03	40.19
羊	Sheep and Goats	52.89	53.61	53.56	53.26	53.29
猪	Hogs	8.71	7.97	7.97	11.83	10.05
母畜繁殖率	**breeding rateof Female Animals**					
草食畜合计	Total of Herbivores	78.19	78.49	79.07	79.36	79.38
大牲畜	Large Animals	63.74	50.67	48.17	48.44	49.06
羊	Sheep and Goats	80.82	85.74	86.35	86.45	86.73
猪	Hogs	806.32	959.26	1029.96	1534.15	953.79
母畜繁殖成活率	**Survival Rate of Breeding of Female Animals**					
草食畜合计	Total of Herbivores	69.37	69.82	70.53	69.80	70.92
大牲畜	Large Animals	55.59	43.96	42.89	43.21	43.93
羊	Sheep and Goats	71.88	76.29	77.05	75.88	77.46
猪	Hogs	748.16	918.27	984.06	1445.34	910.96
仔畜成活率	**Survival Rate of Newborn Animals**					
草食畜合计	Total of Herbivores	88.72	88.96	89.21	87.95	89.34
大牲畜	Large Animals	87.20	88.86	89.04	89.21	89.54
羊	Sheep and Goats	88.94	88.97	89.23	87.78	89.31
猪	Hogs	92.79	95.73	95.49	94.21	95.91
成幼畜死亡率	**Death Rate of Young Animals**					
草食畜合计	Total of Herbivores	2.34	2.03	1.93	3.01	2.04
大牲畜	Large Animals	2.32	1.22	1.21	2.62	1.56
羊	Sheep and Goats	2.34	2.30	2.16	3.14	2.19
猪	Hogs	1.05	3.04	3.27	2.35	2.50

11–19 主要年份主要畜产品产量

单位：吨

年 份 Year 地 区 Region		肉类总产量 Total Output of Meat Products	猪肉 Pork	牛肉 Beef	羊肉 Mutton	其他 Others
1978		59900				
1980		84857	19635	24920	39696	606
1985		111602	27825	35790	45783	2204
1990		153442	43985	52088	55518	1851
1991		157360	45787	52611	56120	2842
1992		163405	45994	57173	57790	2448
1993		159082	46725	54768	54633	2956
1994		178407	51688	58186	64946	3587
1995		183743	56114	62922	61346	3361
1996		187226	57813	63378	63834	2201
1997		198382	64047	68514	63211	2610
1998		205296	68022	68735	64325	4214
1999		201493	69923	60529	66508	4533
2000		208323	69530	63529	70011	5253
2001		220692	70419	69973	76269	4031
2002		227885	71703	70293	80001	5888
2003		236651	74195	70932	84919	6605
2004		248077	80136	72893	88438	6610
2005		257522	85506	74356	91581	6079
2006		244100	79000	77000	83000	5100
2007		243316	75777	73201	86814	7524
2008		255445	87409	72767	86723	8546
2009		269078	91920	81000	88466	7692
西宁市	Xining City	65751	32753	20274	10199	2525
海东地区	Haidong Prefecture	85468	49390	15658	16112	4308
海北州	Haibei Zang A.P	38095	3186	11836	22968	105
黄南州	Huangnan Zang A.P	33650	728	17796	15126	
海南州	Hainan Zang A.P	53855	2961	21317	29233	344
果洛州	Golog Zang A.P	24785		19309	5476	
玉树州	Yushu Zang A.P	31913	14	22967	8932	
海西州	Haixi Mongolian & Zang A.P	22185	2888	4242	14332	723

注：1.部分数据为抽样调查数，与各州、地、市相加数不等。
2.2006年数据根据农业普查结果已作修订。

Output of Major Livestock Products in Main Years

(ton)

奶 类 Milk	牛奶 Cow Milk	羊 毛 Sheep and Goat Wool	绵羊毛 Sheep Wool	羊 绒 Cashmere	牛毛绒 Beef Hair Down	蜂 蜜 Honey	禽 蛋 Poultry Eggs
125260	116030						
119179	115614	17040	16662	113	1742	203	
159108	154527	15293	14956	107	1874	119	9160
209610	201312	17575	17155	157	2048	73	10690
210296	203234	18237	17736	189	2125	19	11068
214454	208438	18515	17887	190	2287	70	11132
195945	188922	17578	17044	173	1950	80	11281
201233	193769	17974	17390	209	2236	60	12394
205951	200184	17907	17302	211	2263	97	12444
185641	181421	16481	15974	195	2098	109	11739
190638	186035	16398	15861	225	2041	103	13284
204596	198677	16463	15904	221	2087	94	13683
196435	190405	15593	14980	281	1890	96	13495
212852	206132	16333	15588	310	1897	51	13392
228289	216514	16566	15775	313	1836	48	12941
235277	220342	16740	15930	314	1868	480	13672
235113	221398	17349	16483	319	2090	484	14005
240950	227500	17734	16629	341	2243	746	14062
250233	236166	17652	16501	355	2097	548	13884
255545	238000	17661	16505	357	2058	546	14631
265054	249826	15378	14551	355	2040	561	13865
272283	252757	15369	14560	347	2076	1030	14913
267841	253142	15378	14573	345	2214	1043	15151
105163	105163	1125	1100	4583	18441	4	4675
43367	43367	2584	2403	38925	22832	28	9799
37308	37308	4407	4379	5216	96147	1000	364
39451	39171	973	888	1959	61631		
43606	43606	4801	4482	118929	161793	11	252
33768	33768	610	609	247	149499		
62201	52465	720	656	55432	190834		
14427	9744	2470	2191	191044	38917		61

a) Some data are from sample survey, it states that the sum of regional data is not equal to provincial total.
b) Data in 2006 has been amended based on the results of the census of agriculture.

11–20 主要年份主要牲畜出栏情况
Major Livestock Slaughtered in Main Years

单位：万头(只) (10 000 heads)

年 份 Year / 地 区 Region		肉用畜出栏数 Slaughtered Fattened Animals		肉猪出栏头数 Slaughtered Fattened Hogs	家禽出栏数 Poultry
		大牲畜 Large Animals	羊 Sheep and Goats		
1978		33.12	184.94	37.62	
1980		36.48	248.14	35.67	
1985		47.98	294.61	42.39	
1990		61.87	326.35	61.59	
1991		63.51	349.93	62.64	
1992		76.44	366.79	63.56	
1993		71.31	351.40	66.27	
1994		61.29	385.29	73.10	
1995		82.68	397.20	80.65	
1996		81.41	399.46	85.17	
1997		87.81	393.84	89.04	
1998		90.06	397.33	95.03	
1999		73.37	400.10	98.53	
2000		75.57	417.01	99.72	
2001		89.01	448.97	101.36	100.71
2002		91.69	475.35	104.55	188.56
2003		95.91	508.58	105.35	248.82
2004		94.44	538.99	114.24	236.71
2005		96.79	559.08	121.75	264.68
2006		115.40	501.10	111.30	309.17
2007		95.96	542.59	105.25	302.59
2008		95.81	542.02	123.58	320.81
2009		96.47	552.91	134.78	322.20
西宁市	Xining City	19.02	60.53	47.46	90.49
海东地区	Haidong Prefecture	14.22	96.25	74.55	214.86
海北州	Haibei Zang A.P	15.13	142.92	4.12	6.04
黄南州	Huangnan Zang A.P	23.16	84.45	0.89	
海南州	Hainan Zang A.P	29.06	191.63	3.95	3.92
果洛州	Golog Zang A.P	23.72	33.83		
玉树州	Yushu Zang A.P	31.84	57.78	0.02	
海西州	Haixi Mongolian & Zang A.P	6.15	90.96	3.79	6.89

注：1.全省肉用畜出栏数为抽样调查数，与各州、地、市相加数不等。
2.2006年数据根据农业普查结果已作了修订。

a) The number of slaughtered fattened animals of total province are data from sample survey, it states that the sum of regional data is not equal to provincial total.

b) Data in 2006 has been amended based on the results of the census of agriculture.

11-21 主要年份农林牧渔业总产值

Gross Output Value of Farming, Forestry, Animal Husbandry and Fishery in Main Years

单位：万元 (10 000 yuan)

年份 Year / 地区 Region		按当年现行价格计算 Data in value terms in this table are calculated at current prices						
		农林牧渔业总产值 Total	农业 Farming	林业 Forestry	牧业 Animal Husbandry	副业 Sideline	渔业 Fishery	农林牧渔服务业 Output Value of Services for Farming, Animal Husbandry and Fishery
1952		16071						
1978		59898	29069	545	29218	940	126	
1980		77772	47170	683	28725	1085	109	
1981		72958	40265	685	30736	1148	124	
1985		122515	61968	4709	50091	5220	527	
1990		245270	114837	6944	109548	13271	670	
1991		252406	115579	6787	116486	12762	792	
1992		272619	120585	6839	129816	14580	799	
1993		309975	151834	7463	149779		899	
1994		448723	218100	7699	221601		1323	
1995		550982	265469	8630	275705		1178	
1996		561574	299864	9099	251409		1220	
1997		590148	306163	9735	273363		887	
1998		607924	314152	9993	283127		652	
1999		590200	293093	13840	282361		906	
2000		569850	249055	15056	304939		800	
2001		632975	289023	18206	324693		1053	
2002		655019	285919	26555	341463		1082	
2003(旧)		681200	297347	27617	355361		875	
2003(新)		769492	297384	26377	407062		875	37795
2004		866478	342201	17980	464983		695	40618
2005		940416	364408	17521	516985		620	40881
2006		976369	386153	19919	540833		1043	28421
2007		1212521	491608	19608	670122		1105	30077
2008		1534004	587381	20477	891517		1439	33190
2009		1572984	613081	23051	900931		714	35207
西宁市	Xining City	348751	165250	3682	174913		27	4879
海东地区	Haidong Prefecture	405773	221375	7814	167310		190	9084
海北州	Haibei Zang A.P	130485	39803	510	86692			3480
黄南州	Huangnan Zang A.P	132045	30818	523	96380			4324
海南州	Hainan Zang A.P	221741	70074	5126	141208		228	5105
果洛州	Golog Zang A.P	47581	6625	182	39459			1314
玉树州	Yushu Zang A.P	177786	40440	1259	133566			2521
海西州	Haixi Mongolian & Zang A.P	108821	38695	3956	61401		270	4500

注：2006年数据根据农业普查结果已作了修订。

a) Data in 2006 has been amended based on the results of the census of agriculture.

11−22 主要年份农业总产值构成及环比指数(按可比价格计算)
Structure of Gross Output Value of Agriculture and Its Chain Indices in Main Years

单位：%　　　　(%)

年 份 Year	农业总产值构成 Total	农 业 Farming	林 业 Forestry	牧 业 Animal Husbandry	副 业 Sideline	渔 业 Fishery	农林牧渔服务业 Output Value of Services for Farming, Animal Husbandry and Fishery
1952	100	43.50	0.15	49.52	6.73	0.10	
1978	100	48.53	0.91	48.78	1.57	0.21	
1980	100	50.29	0.90	47.23	1.42	0.16	
1985	100	47.96	4.26	42.75	4.86	0.17	
1990	100	48.22	3.35	43.02	5.26	0.15	
1995	100	48.25	2.61	48.84		0.30	
1996	100	51.92	2.64	45.17		0.27	
1997	100	52.08	2.57	45.20		0.15	
1998	100	51.53	2.51	45.83		0.13	
1999	100	50.15	3.48	46.24		0.13	
2000	100	46.66	3.70	49.48		0.16	
2001	100	47.15	3.53	49.08		0.24	
2002	100	44.91	4.97	49.89		0.23	
2003	100	38.65	3.43	52.90		0.11	4.91
2004	100	39.73	2.78	52.66		0.12	4.71
2005	100	38.75	1.86	54.97		0.07	4.35
2006	100	39.55	2.04	55.39		0.11	2.91
2007	100	40.54	1.62	55.27		0.09	2.48
2008	100	38.29	1.34	58.12		0.09	2.16
2009	100	38.98	1.46	57.27		0.05	2.24

注：2006年数据根据农业普查结果已作了修订。
a) Data in 2006 has been amended based on the results of the census of agriculture.

11–22 续表 Continued

上年=100 (Preceding year=100)

年 份 Year	农业总产值环比指数 Total	农 业 Farming	林 业 Forestry	牧 业 Animal Husbandry	副 业 Sideline	渔 业 Fishery	农林牧渔服务业 Output Value of Services for Farming, Animal Husbandry and Fishery
1952	111.86	112.27	216.67	110.21	120.98	114.29	
1978	99.38	103.39	88.78	95.51	116.47	86.86	
1980	111.02	119.12	114.88	105.82	62.67	91.59	
1985	111.11	104.73	123.76	109.77	292.32	111.32	
1990	104.86	105.21	87.49	105.77	107.00	127.34	
1995	99.78	97.20	102.30	102.49		78.74	
1996	103.91	111.81	105.22	96.11		93.07	
1997	105.69	106.03	102.60	105.76		60.33	
1998	104.52	103.43	102.31	105.97		88.30	
1999	100.23	97.54	138.88	101.13		105.30	
2000	97.46	90.67	103.65	104.30		117.16	
2001	105.38	106.51	100.30	104.51		159.18	
2002	103.45	98.52	145.81	105.17		98.53	
2003	102.96	102.33	82.70	106.07		73.60	98.36
2004	103.70	104.32	71.76	105.58		77.32	106.02
2005	105.37	104.07	97.45	107.14		89.18	99.95
2006	100.36	97.88	113.68	104.11		168.14	68.29
2007	104.79	105.29	98.44	104.93		105.95	99.56
2008	104.51	108.90	104.43	101.40		130.28	101.33
2009	105.80	106.03	112.57	105.69		49.62	102.79

注：2006年数据根据农业普查结果已作了修订。

a) Data in 2006 has been amended based on the results of the census of agriculture.

11—23 分项目农业总产值
Gross Output Value of Agriculture by Project

单位：万元 (10 000 yuan)

指 标	Item	按当年价格计算 Data in this table are calculated at current prices		按可比价格计算 Data in this table are calculated at constant prices	
		2008	2009	2008	2009
农林牧渔业总产值	**Total**	**1534003.5**	**1572983.8**	**1267330.5**	**1622904.3**
农业产值	**Farming**	**587350.3**	**613080.5**	**528749.9**	**622786.6**
谷物及其他作物	Cereal and Other Crops	470373.2	365716.7		
谷物	Cereal	93545.0	100102.1		
薯类	Tubers	92294.8	98354.2		
油料	Oil-bearing	132801.8	127110.7		
豆类	Soybeans	26647.3	23458.3		
棉花	Cotton				
麻类	Fiber Crops				
糖料	Sugar Crops		48.0		
烟草	Tobacco	215.7	698.4		
其他农作物	Other Farm Crops	124868.6	15945.0		
蔬菜园艺作物	Vegetables and Horticulture Crops	105552.6	136104.0		
蔬菜	Vegetables	101792.0	133324.9		
花卉	Flowers and Plants	3760.6	2335.1		
其他园艺作物	Other Horticulture Crops		444.0		
水果	Fruits	5415.2	5763.5		
中药材	Medicinal Meterials	6039.3	10524.5		
林业产值	**Forestry**	**20477.2**	**23051.0**	**20477.2**	**23051.0**
林木的培育和种植	Forest of Cultivate and Raise	18138.0			
育种育苗	Breeding of Seedlings	1709.8	2133.7		
造林	Forestation	8590.1	10700.5		
抚育和管理	Foster and Control	7838.1	2726.3		
竹木采运	Forest of Fell and Transport	1360.7	1241.6		
林产品	Forest Products	978.6	372.3		
牧业产值	**Animal Husbandry**	**891516.7**	**900930.7**	**686186.6**	**942236.9**
牲畜饲养	Number of Livestock	702484.2	723665.5		
牛的饲养	Cattle and Buffaloes	261837.9	283425.1		
羊的饲养	Sheep and Goats	289639.1	282168.2		
其他牲畜饲养	Other Livestock	5487.4	5976.4		
奶产品	Milk Products	119896.8	131203.5		
毛绒产品	Down Products	25623.0	20892.3		
其他牲畜副产品	Other by-products				
猪的饲养	Hogs	166273.7	153201.9		
家禽饲养	poultry	20600.5	21014.0		
狩猎和捕捉动物	Hunting Animal	213.5			
其他畜牧业	Other Animal Husbandry	1944.8	3049.3		
渔业产值	**Fishery**	**1439.2**	**714.2**	**1439.2**	**714.2**
农林牧渔服务业	**Output Value of Services for Farming,** Forestry, Animal Husbandry and Fishery	**33190.0**	**35207.4**	**30477.5**	**34115.7**

11–24 2005－2009年农业增加值(按当年价格计算)

Value-added of Agriculture (Calculated at Current Prices)(2005－2009)

单位：万元 (10 000 yuan)

指　标	Item	2005	2006	2007	2008	2009
农业总产值	**Gross Output Value of Agriculture**	**940416**	**976369**	**1212521**	**1534004**	**1572984**
农业	Farming	364408	386153	491608	587380	613081
种植业	Cultivate	284996	299227	390451	477439	518109
林　业	Forestry	17521	19919	19608	20477	23051
牧　业	Animal Husbandry	516985	540833	670122	891517	900931
渔　业	Fishery	620	1043	1105	1439	714
农林牧渔服务业	Output Value of Services for Farming, Forestry, Animal Husbandary and Fishery	40881	28421	30077	33190	35207
中间消耗	**Between Consume**	**287057**	**300868**	**378467**	**478264**	**499026**
农　业	Farming	131843	142833	183522	224029	242534
种植业	Cultivate	129231	141340	176915	217381	231580
林　业	Forestry	8204	8558	9163	8805	10379
牧　业	Animal Husbandry	131224	137819	173421	231748	231798
渔　业	Fishery	324	316	326	407	231
农林牧渔服务业	Output Value of Services for Farming, Forestry, Animal Husbandary and Fishery	15462	11342	12035	13276	14083
增加值	**Value-added**	**653359**	**675500**	**834054**	**1055739**	**1073958**
农　业	Farming	232565	243320	308086	363352	370546
种植业	Cultivate	155765	157887	213537	260058	286529
林　业	Forestry	9317	11361	10445	11673	12672
牧　业	Animal Husbandry	385762	403014	496702	659769	669133
渔　业	Fishery	296	727	779	1033	483
农林牧渔服务业	Output Value of Services for Farming, Forestry, Animal Husbandary and Fishery	25419	17078	18043	19914	21124

注：2006年数据根据农业普查结果已作了修订。

a) Data in 2006 has been amended based on the results of the census of agriculture.

11-25 2008-2009年乡镇企业主要经济指标

Main Economic Indicators of Township Enterprises(2008-2009)

单位：个、人、万元 (unit,person,10 000 yuan)

指 标	Item	企业个数 Number of Enterprises		从业人员年末数 Number of Employees Persons Year-end		总产值 Total Output Value		增加值 Value-added	
		2008	2009	2008	2009	2008	2009	2008	2009
总 计	**Total**	**7606**	**8106**	**79866**	**89462**	**1054248**	**1056576**	**249245**	**283335**
按注册登记类型分组	**By Status of Registration**								
内资企业	Domestic Funded	7604	8105	79700	89412	1049646	1055780	247911	283176
集体企业	Collective-owned Enterprises	347	198	8151	6456	62524	58839	14083	14366
股份合作企业	Cooperative Enterprises	71	75	1865	1888	6335	5767	1393	1531
联营企业	Joint Ownership Enterprises	46	45	1008	948	8915	11000	2454	3003
有限责任公司	Limited Liability Corporations	269	233	15309	13627	450197	409640	94526	114988
股份有限公司	Share-holding Corporations Limited	288	293	3670	4536	65009	54199	17702	14570
私营企业	Private Enterprises	6583	7261	49697	61957	456666	516335	117753	134718
港、澳、台商投资企业	Enterprises with Funds from Hong Kong, Macao and Taiwan	1		39		180		51	
外商投资企业	Foreign Funded Enterprises	1	1	127	50	4422	796	1283	159
按国民经济行业分组	**By National Economic Sector**								
农林牧渔业	Agriculture, Forestry, Animal Husbandry and Fishery	86	82	1025	1029	3670	4431	1019	1321
工业	Industry	3479	3120	53264	50035	910484	811715	208857	219983
建筑业	Construction	128	169	7676	8697	42452	69104	11606	17630
交通运输仓储业	Traffic, Transport, Storage and Post	696	770	2911	3599	18067	33279	6345	8737
批发与零售业	Wholesale and Retail Trades	1787	2030	6635	7906	31188	48737	8430	12970
住宿及餐饮业	Hotels and Catering Services	1154	1113	5049	4676	34338	36597	9463	9380
社会服务业	Society Services	263	276	3087	2684	7271	6344	3181	2460
其他	Others	13	546	219	10836	6778	46369	344	10854

注：总产值、增加值为现价；2008年不包括个体工商户。

a) Output value and added value were calculated at current prices, privately or individually-owned business were not included in 2008.

11−25 续表 Continued

单位：万元 (10 000 yuan)

指 标	Item	营业收入 Business Income		利润总额 Total Profits		上缴税金 Turn over to the Higher Authorities Tax		劳动者报酬 Earnings of Employed Persons	
		2008	2009	2008	2009	2008	2009	2008	2009
总 计	**Total**	**951870**	**987284**	**42369**	**41684**	**23569**	**27315**	**62426**	**73246**
按注册登记类型分组	**By Status of Registration**								
内资企业	Domestic Funded	948062	986488	42262	41465	23498	27315	62218	73194
集体企业	Collective-owned Enterprises	54122	52808	4078	4467	1593	1370	5070	4638
股份合作企业	Cooperative Enterprises	4816	5264	277	279	160	154	595	680
联营企业	Joint Ownership Enterprises	8482	10286	227	224	278	215	538	768
有限责任公司	Limited Liability Corporations	411398	400488	17337	4327	8559	10569	18407	21994
股份有限公司	Share-holding Corporations Limited	54150	57511	2280	2678	2324	2372	2875	3772
私营企业	Private Enterprises	415094	460131	18063	29490	10584	12635	34733	41342
港、澳、台商投资企业	Enterprises with Funds from Hong Kong, Macao and Taiwan	160		20				21	
外商投资企业	Foreign Funded Enterprises	3648	796	87	219	71		187	52
按国民经济行业分组	**By National Economic Sector**								
农林牧渔业	Agriculture, Forestry, Animal Husbandry and Fishery	3248	4115	438	677	82	91	461	761
工业	Industry	820052	767904	33149	25728	18986	21419	47066	47057
建筑业	Construction	37670	64557	2776	3277	1388	1548	6333	9303
交通运输仓储业	Traffic, Transport, Storage and Post	16608	29875	1454	1783	593	784	1503	3237
批发与零售业	Wholesale and Retail Trades	32183	50111	1669	3429	881	1103	2593	3619
住宿及餐饮业	Hotels and Catering Services	31732	31392	2072	2284	1088	1121	2430	3996
社会服务业	Society Services	6403	4811	457	639	247	217	1858	1771
其他	Others	3974	34519	354	3867	304	1032	192	3502

11–26 主要年份农业经济效益主要指标

Major Indicators of Agriculture Economy Benefit in Main Years

年 份 Year	人均粮食产量 (千克/人) Per Output of Grain (kg/person)			人均油料产量 (千克/人) Per Output of Oil-bearing Corps (kg/person)			人均农业总产值 (元/人) Per Output of Gross Output Value of Agriculture (yuan/person)		
	按总人口 By Total Population	按乡村人口 By Rural Population	按农业从业人员 By Rural Laborers	按总人口 By Total Population	按乡村人口 By Rural Population	按农业从业人员 By Rural Laborers	按总人口 By Total Population	按乡村人口 By Rural Population	按农业从业人员 By Rural Laborers
1952	231	258	595	10	11	26	383	425	972
1957	285	354	806	10	12	28	462	566	1285
1965	291	373	752	15	19	39	527	718	1367
1970	230	292	651	9	12	26	429	545	1192
1975	276	362	904	13	16	40	486	637	1569
1978	248	326	875	12	16	44	476	626	1663
1980	254	341	883	19	25	65	492	658	1701
1985	246	343	894	25	34	88	585	808	2109
1990	258	361	952	27	38	100	576	806	2127
1995	239	362	854	34	51	121	591	854	2111
1996	254	371	886	35	51	122	601	880	2099
1997	257	383	911	37	55	131	626	930	2214
1998	255	379	908	42	62	149	645	957	2295
1999	203	303	706	56	84	194	637	951	2212
2000	160	244	577	38	57	135	613	933	2210
2001	197	298	714	44	66	159	638	962	2309
2002	173	261	656	44	67	168	653	987	2478
2003	163	250	644	49	75	194	662	1017	2620
2004	164	250	671	54	82	219	680	1034	2777
2005	172	261	724	59	89	247	1731	2632	7305
2006	174	269	768	51	79	225	1783	2764	7874
2007	180	275	827	58	89	267	2198	3373	10121
2008	184	277	844	64	96	292	2767	4180	12719
2009	184	276	846	66	98	301	2823	4228	12951

注：人均产值2004年以前按1990年不变价格计算，2005年后为当年现行价格。

a) Per output of gross output value of agriculture was calculated at 1990 constant prices before 2004, and calculated at the current price since 2005.

11—27 主要年份农产品生产价格总指数

Producer's Prices Indices for Farm Products in Main Years

年 份	农产品生产价格指数 Producer's Price Index for Farm Products	
	环比指数(上年=100) Linked Index(preceding year=100)	定基指数(1952=100) Fixed-base Index(1952=100)
1952	106.90	100.00
1957	101.90	99.30
1965	98.60	96.30
1970	110.93	100.01
1975	100.13	128.53
1978	99.76	128.47
1980	101.19	166.32
1985	106.90	189.47
1986	104.40	202.54
1987	111.70	226.24
1988	136.90	309.72
1989	110.70	342.86
1990	100.70	345.26
1991	103.30	356.65
1992	109.40	390.18
1993	123.10	480.31
1994	148.60	713.74
1995	115.40	823.66
1996	95.40	785.77
1997	91.90	722.12
1998	93.70	676.62
1999	94.60	640.08
2000	100.70	644.56
2001	103.20	665.19
2002	101.16	672.90
2003	105.75	711.60
2004	108.75	773.86
2005	103.28	799.24
2006	104.54	835.53
2007	118.95	993.86
2008	114.93	1142.24
2009	94.61	1080.67

注：2001年以前数据为农产品收购价格指数。
a)Number of 2001 Before to be Sprocurement Price Index for Farm Product.

11–28 2003–2009年主要农产品生产价格指数
Producer's Prices Indices for Major Farm Products(2003-2009)

(上年=100) (preceding year=100)

指　标	Item	2003	2004	2005	2006	2007	2008	2009
总指数	**General Index**	**105.75**	**108.75**	**103.28**	**104.54**	**118.95**	**114.93**	**94.61**
种植业产品	**Planting Products**	**110.05**	**111.51**	**102.24**	**108.32**	**121.57**	**109.76**	**97.78**
谷物及其他作物	Cereal and Other Crops	116.80	111.12	99.70	106.71	114.07	111.17	99.54
谷物(原粮)	Cereal	101.21	115.63	105.57	103.89	101.63	111.44	105.65
小麦	Wheat	98.41	118.27	104.05	103.75	104.76	109.57	103.30
杂粮	Grains	103.71	113.27	106.93	104.17	96.54	114.49	109.48
薯类	Tubers	117.22	91.07	105.41	133.39	105.44	109.69	101.35
豆类	Beans	103.72	115.82	104.37	103.80	121.40	113.16	103.56
油料	Oil-bearing Crops	123.58	111.28	97.07	105.65	141.86	111.75	87.19
蔬菜	Vegetable	99.01	100.30	103.92	111.35	114.11	114.61	119.53
中药材	Chinese Herbal Medicines	103.75	114.43	106.34	110.40	167.65	98.99	65.64
畜牧业产品	**Animal Husbandry Products**	**102.10**	**106.67**	**104.07**	**101.68**	**116.97**	**118.83**	**92.22**
牲畜的饲养	Number of Livestock	101.99	105.10	104.27	102.39	115.61	117.02	93.87
牛(毛重)	Cattle and Buffaloes (gross weight)	105.11	101.80	106.48	102.08	122.55	131.63	99.98
羊(毛重)	Sheep and Goats (gross weight)	101.15	103.27	103.04	101.06	121.76	129.65	98.83
奶类	Milk	98.85	100.48	102.48	101.19	104.39	118.70	104.47
毛绒类	Cashmere	102.15	110.02	105.50	104.87	102.91	88.96	81.94
猪(毛重)	Pig (gross weight)	103.61	123.90	101.44	94.77	131.30	137.21	74.95
家禽(毛重)	Poultry (gross weight)	98.54	103.52	103.15	104.38	111.59	112.67	103.67
禽蛋	Eggs	101.21	108.21	108.54	91.03	123.97	98.87	106.10

主要统计指标解释

农林牧渔业总产值　指以货币表现的农、林、牧、渔业全部产品和对农林牧渔业生产活动进行的各种支持性服务活动的价值总量,它反映一定时期内农林牧渔业生产总规模和总成果。1957年以前的农林牧渔业总产值中包括了厩肥和农民自给性手工业(如农民自制衣服、鞋、袜,自己从事粮食初步加工等)。1958年及以后,林业中增加了村及村以下竹木采伐产值;牧业中取消了厩肥产值;副业中取消了农民自给性手工业产值,增加了村及村以下办的工业产值;渔业中增加了海洋捕捞水产品产值。1980年及以后,在副业中增加了农民家庭兼营工业商品部分的产值。从1984年起村及村以下工业产值划归工业。从1993年起取消副业,将野生动物的捕猎划入牧业,野生植物采集和农民家庭兼营商品性工业划归农业。从2003年起,执行新的国民经济行业分类标准,农林牧渔业总产值中包括了农林牧渔服务业产值。林业中增加了森林采运业产值。农业中取消了家庭兼营商品性工业产值,将野生林产品的采集划归林业。第一次农业普查以后,由于畜牧业产品年报数据与普查数据之间存在一定的差距,国家统计局农调总队对畜牧业年报数据与普查数据进行衔接,对畜牧业产值进行相应调整。

农林牧渔业总产值的计算方法通常是按农、林、牧、渔业产品及其副产品的产量分别乘以各自单位产品价格求得;少数生产周期较长,当年没有产品或产品产量不易统计的,则采用间接方法匡算其产值;然后将四业产品产值及农林牧渔服务业产值相加即为农林牧渔业总产值。

粮食产量　指全社会的产量。包括国有经济经营的、集体统一经营的和农民家庭经营的粮食产量,还包括工矿企业办的农场和其他生产单位的产量。粮食除包括稻谷、小麦、玉米、高粱、谷子及其他杂粮外,还包括薯类和豆类。其产量计算方法,豆类按去豆荚后的干豆计算;薯类(包括甘薯和马铃薯,不包括芋头和木薯)1963年以前按每4公斤鲜薯折1公斤粮食计算,从1964年开始改为按5公斤鲜薯折1公斤粮食计算。城市郊区作为蔬菜的薯类(如马铃薯等)按鲜品计算,并且不作粮食统计。其他粮食一律按脱粒后的原粮计算。1989年以前全国粮食产量数据主要靠全面报表取得,1989年开始使用抽样调查数据。

油料产量　指全部油料作物的生产量。包括花生、油菜籽、芝麻、向日葵籽、胡麻籽(亚麻籽)和其他油料。不包括大豆、木本油料和野生油料。花生以带壳干花生计算。

猪、牛、羊肉产量　指当年出栏并已屠宰、除去头蹄下水后带骨肉(即胴体重)的重量。包括全社会范围内的产量。1996年前为各级逐级上报数据。1996年第一次农业普查以后,由于畜牧业产品年报数据与普查数据之间存在一定的差距,国家统计局农调总队对畜牧业年报数据与普查数据进行衔接。1999年以后,国家统计局在部分地区开展了猪、牛、羊、禽等主要畜禽品种的抽样调查,并用抽样数据作为国家定案数据使用。未开展抽样调查的地区和品种,仍使用各级统计部门逐级上报数据。

期初(末)畜禽存栏头(只)数　指报告期初(末)农村各种合作经济组织和国营农场、农民个人、机关、团体、学校、工矿企业、部队等单位以及城镇居民饲养的大牲畜、猪、羊、家禽等畜禽的存栏数。数据上报方式及数据调整情况同猪、牛、羊肉产量。

农作物播种面积　指实际播种或移植有农作物的面积。凡是实际种植有农作物的面积,不论种植在耕地上还是种植在非耕地上,均包括在农作物播种面积中。在播种季节基本结束后,因遭灾而重新改种和补种的农作物面积,也包括在内。它是反映我国耕地面积利用情况的一个重要指标。目前,农作物播种面积主要包括粮食、棉花、油料、糖料、麻类、烟叶、蔬菜和瓜类、药材和其他农作物九大类。

有效灌溉面积　指具有一定的水源,地块比较平整,灌溉工程或设备已经配套,在一般年景下,当年能够进行正常灌溉的耕地面积。在一般情况下,有效灌溉面积应等于灌溉工程或设备已经配备,能够进行正常灌溉的水田和水浇地面积之和。它是反映我国耕地抗旱能力的一个重要指标。

农用化肥施用量　指本年内实际用于农业生产的化肥数量,包括氮肥、磷肥、钾肥和复合肥。化肥施用量要求按折纯量计算数量。折纯量是指把氮肥、磷肥、钾肥分别按含氮、含五氧化二磷、含氧化钾的百分之百成份进行折算后的数量。复合肥按其所含主要成分折算。公式为:

折纯量 = 实物量 × 某种化肥有效成份含量的百分比

农业机械总动力　指主要用于农、林、牧、渔业的各种动力机械的动力总和。包括耕作机械、排灌机械、收获机械、农用运输机械、植物保护机械、牧业机械、林业机械、渔业机械和其他农业机械〔内燃机按引擎马力折成瓦(特)计算、电动机按功率折成瓦(特)计算〕。不包括专门用于乡、镇、村、组办工业、基本建设、非农业运输、科学试验和教学等非农业生产方面用的动力机械与作业机械。这个指标的统计数据主要来源于农机部门。

Explanatory Notes on Main Statistical Indicators

Gross Output Value of Agriculture, Forestry, Animal Husbandry and Fishery refers to the total value of products of agriculture, forestry, animal husbandry and fishery, and total value of services in support of agriculture, forestry, animal husbandry and fishery activities. It reflects the total scale and results of agricultural production during a given period. Prior to 1957, China's gross agricultural output value included barnyard manure and handicraft products for self – consumption (clothes, shoes, stockings, and initial grain processing undertaken by peasants). Since 1958, cutting and felling of bamboo and trees by villages and other cooperative organizations under villages have been included in forestry; value of barnyard manure has been excluded from animal husbandry; self consumed handicrafts have not been included from sideline occupations, while the output value of industries run by villages and cooperative organizations under village has been included in sideline occupations; and the output value of fish catches by motor fishing boats has been added to fishery. Since 1980, the value of handicraft products made for sale by individuals in households has been added to sideline occupations. Since 1984, industries run by villages and under villages have been included in the sector of industry. Since 1993, the subdivision of sideline occupations has been cancelled, and the hunting of wild animals has been classified into animal husbandry, and the gathering of wild plants and commodity industry run by rural household have been included in farming. A new industrial classification of economic activities was introduced in 2003. Under the new classification, value of services to agriculture, forestry, animal husbandry and fishery is included in the gross output value of agriculture, value of wood felling and transport is included in forestry, value of industrial output by rural households is not included in agriculture, and the collection of wild forest products is taken from agriculture and included in forestry. The First Agriculture Census of China revealed some discrepancy between the production of animal products from the annual reports and that from the census. Efforts were made by the Rural Survey of NBS to adjust the output value of animal husbandry to make the figures from the annual reports consistent with the census data.

Gross output value of agriculture is obtained by multiplying the output of each product or by – product by its price, resulting in the output value of each single item. For a small number of products, annual output of which is not available or difficult to get due to the long production (growing) process involved, the output value is estimated through an indirect approach. The sum of output values of all products of agriculture, forestry, animal husbandry and fishery and services in support to those industries is then equal to the gross output value of agriculture.

Grain Output refers to the total output in the whole country including grains produced by State farms, collective units, rural households, as well as by farms affiliated to industrial and mining enterprises and other production units. Grain includes rice, wheat, corn, sorghum, millet and other miscellaneous grains as well as tubers and beans. Output of beans refers to dry beans without pods. The output of tubers (sweet potatoes and potatoes, not including taros and cassava) are converted into that of grain at the ratio 4:1, i. e. 4 kilograms of fresh tubers were equivalent to 1 kilogram of grain up to 1963. Since 1964 the ratio for conversion has been 5:1. Tubers supplied as vegetables (such as potatoes) in cities and suburbs are calculated as fresh vegetables and their output is not included in the output of grain. Output of all other grains refers to husked grain. Data on grain production before 1989 were obtained through the Comprehensive Statistical Reporting System. Since 1989, data from sample surveys are used.

Output of Oil – bearing Crops refers to the total production of oil – bearing crops of various kinds, including peanuts (dry, in shell), rapeseeds, sesame, sunflower seeds, flax seeds, and other oil – bearing crops. Soybeans, oil – bearing woody plants, and wild oil – bearing crops are not included.

Output of Pork, Beef, and Mutton refers to the meat of slaughtered hogs, cattle, sheep and goats with head, feet, and offal taken away. Data refers to the production of the whole country. The First Agricultural Census of China in 1996 revealed some discrepancy between the production of animal products from the annual reports and that from the census. Efforts were made by the Rural Survey Organization of the NBS to adjust the output value of animal husbandry to make the figures from the annual reports consistent with the census data. Since 1999, the NBS conducted sample surveys for the major animal husbandry products, such as hogs, cattle, sheep and goats and fowls, and the data from sample surveys are used as national finalized data. Those products, which are not covered by the sample survey, are still reported by statistical agencies level by level.

Number of Livestock or Poultry in Stock at Beginning (or End) of Period refers to the total number of large animals, pigs, sheep, fowls, etc. raised by rural cooperative organizations, State farms, rural individuals, government agencies, schools, industrial and mining enterprises, army, and urban residents at the beginning (or end) of the reference period. Data reporting system and data adjustment are the same as that in the output of pork, beef and mutton.

Sown Area of Crops refers to area of land sown or transplanted with crops regardless of being in cultivated area or non – cultivated area. Area of land re – sown due to natural disasters is also included. This is an important indicator that can reflect the utilization condition of the cultivated land in China. At present, the sown area of crops mainly include the following 9 categories of crops: grain, cotton, oil – bearing crops, sugar crops, flax crops, tobacco, vegetables and melons, medicinal materials and other farm crops.

Irrigated Area refers to area of land that are effectively irrigated, i. e. relatively level land, where there are water sources or complete sets of irrigation facilities to lift and move adequate water for irrigation purpose under normal conditions. Under normal situations, irrigated area is the sum of watered fields and irrigated fields where irrigation systems or equipment have been installed for regular irrigation purpose. This important indicator reflects drought resistance capacity of the cultivated land in China.

Consumption of Chemical Fertilizers in Agriculture refers to the quantity of chemical fertilizers applied in agriculture in the year, including nitrogenous fertilizer, phosphate fertilizer, potash fertilizer, and compound fertilizer. The consumption of chemical fertilizers is calculated in terms of volume of effective components by means of converting the gross weight of the respective fertilizers into weight containing effective component (e. g. nitrogen content in nitrogenous fertilizer, phosphorous pentoxide contents in phosphate fertilizer, and potassium oxide contents in potash fertilizer). Compound fertilizer is converted in regard to its major components. The formula is:

Volume of effective component = physical quantity × effective component of certain chemical fertilizer (%)

Total Power of Agricultural Machinery refers to total mechanical power of machinery used in agriculture, forestry, animal husbandry and fishery, including machinery for ploughing, irrigation and drainage, harvesting, transport, plant protection, animal husbandry, forestry and fishery and other agricultural machineries. (For the power of internal combustion engines, it is converted from its horsepower into watts while for electric motors the output power is converted into watts.) Machinery employed for non – agricultural purposes, such as the machines used in township – run and village – run industry, construction, non – agricultural transport, scientific experiments and teaching, are not included. Data are mainly from agricultural machinery agencies.

第12篇

CHAPTER 12

工 业

Industry

规模以上轻、重工业比重

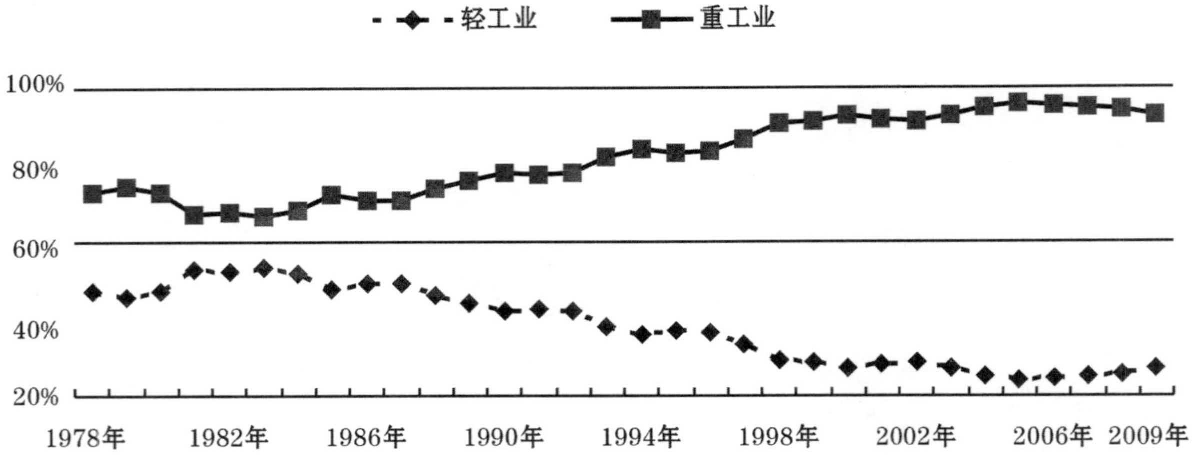

大中小企业产值构成（%）

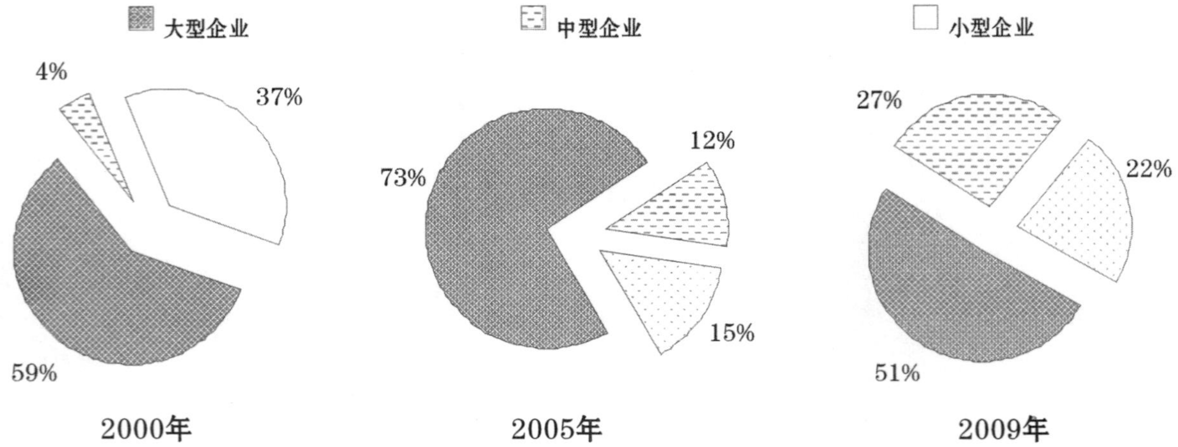

主要工业产品产量

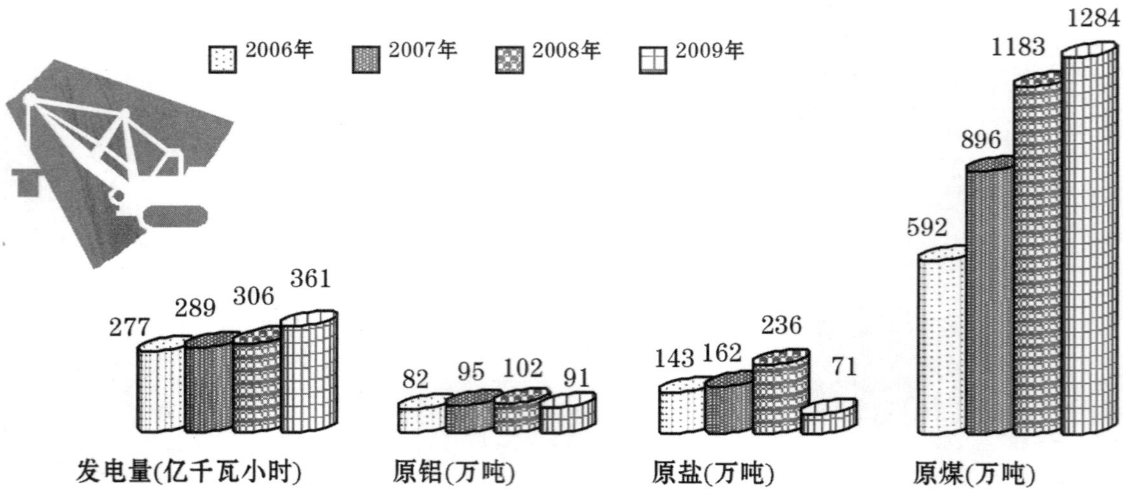

12-1 2008-2009年工业企业单位数和总产值

Number of Industry Enterprises and Its Gross Output Value (2008-2009)

指 标	Item	2008		2009	
		企业单位数(个) Number of Enterprises (unit)	工业总产值(万元) Gross Industrial Output Value (10 000 yuan)	企业单位数(个) Number of Enterprises (unit)	工业总产值(万元) Gross Industrial Output Value (10 000 yuan)
全部工业企业总计	**Total of All Industrial Enterprises**	**21255**	**11759283**	**20514**	**11674688**
#规模以上工业企业(下同)	**Industrial Enterprises above Designated Size**	**515**	**11030969**	**523**	**10803488**
按登记注册类型分组:	**By Status of Registration**				
内资企业	Domestic Funded	491	9484771	497	9540473
国有企业	State-owned Enterprises	80	2004014	75	1889072
中央企业	Central	3	825205	5	926834
地方企业	Local	77	1178809	70	962238
集体企业	Collective-owned Enterprises	12	74521	9	85330
股份合作企业	Cooperative Enterprises	12	66877	9	127102
有限责任公司	Limited Liability Corporations	191	2980932	207	3338197
国有独资公司	State Sole funded Corporations	8	69455	8	106835
其他有限责任公司	Other Limited Liability Corporations	183	2911477	199	3231362
股份有限公司	Share-holding Corporations Limited	35	3287884	34	2868849
私营企业	Private Enterprises	157	1049026	160	1227672
私营独资企业	Private-funded Enterprises	25	86044	24	67094
私营合伙企业	Private Partnership Enterprises	4	4259	3	827
私营有限责任公司	Private Limited Liability Corporations	115	736080	120	1050411
私营股份有限公司	Private Share-holding Corporations Ltd.	13	222644	13	109340
其他企业	Other Eenterprises	2	18624	3	4252
港、澳、台商投资企业	Enterprises with Funds from Hong Kong, Macao and Taiwan	8	60410	7	36832
合资经营企业(港或澳、台资)	Joint-ventures Enterprises	6	56569	5	34474
港澳台商独资经营企业	Enterprises with Sole Investment	1	645	1	285
港澳台商投资股份有限公司	Share-holding Corporations Ltd.	1	3196	1	2073
外商投资企业	Foreign Funded Enterprises	16	1485788	19	1226183
中外合资经营企业	Joint-venture Enterprises	9	1350618	10	979753
中外合作经营企业	Cooperation Enterprises	1	68929	1	61518
外资企业	Enterprises with Sole Funds	6	66241	8	184912
亏损企业	**Loss-making Enterprises**	**163**	**1746194**	**178**	**2096369**
国有控股企业	**State-holding Enterprises**	**146**	**7482699**	**137**	**6737414**
按轻重工业分	**Grouped by Light & Heavy Industries**				
轻工业	Light Industry	147	666644	144	875634
重工业	Heavy Industry	368	10364325	379	9927854
按企业规模分	**Grouped by Size of Enterprises**				
大型企业	Large Enterprises	9	6253993	12	5500186
中型企业	Medium-sized Enterprises	69	2322533	71	2879117
小型企业	Small Enterprises	437	2454443	440	2424185

注：1.规模以上工业企业是指主营业务收入在500万元以上的工业企业(下同)。
2.工业总产值按当年价格计算。
a)Industrial enterprises above designated size are those with annual revenue from principal business over 5 million yuan. The same applies to the tables following.
b)Gross industrial output value is calculated at current prices.

12-2 2005-2009年规模以上工业企业工业增加值

Value-added of Industry of Industrial Enterprises above Designated Size(2005-2009)

本表绝对数按当年价格计算，比上年增长数按不变价格计算。

Absolute data in this table are calculated at current prices while the indicator growth over the previous year at constant prices.

单位：亿元 (100 million yuan)

类 型	Type	2005	2006	2007	2008	2009
工业增加值	**Value-added of Industry**	**179.54**	**240.34**	**315.39**	**438.83**	**440.10**
比上年增长 (%)	**Growth over the previous year (%)**	**22.70**	**20.40**	**18.40**	**21.50**	**11.00**
在总计中：	Categories of the Total					
轻工业	Light Industry	9.47	14.17	20.06	30.18	40.52
比上年增长 (%)	Growth over the previous year (%)	24.90	31.50	18.90	18.40	26.20
重工业	Heavy Industry	170.08	226.17	295.33	408.65	399.58
比上年增长 (%)	Growth over the previous year (%)	22.60	19.70	18.40	21.80	9.80
在总计中：	Categories of the Total					
国有企业	State-owned Enterprises	22.76	19.85	24.89	57.54	31.13
比上年增长 (%)	Growth over the previous year (%)	18.30	14.50	16.00	34.00	12.90
集体企业	Collective-owned Enterprises	1.10	0.95	1.58	1.34	2.74
比上年增长 (%)	Growth over the previous year (%)	-14.70	-17.90	46.60	-1.10	102.60
股份合作企业	Cooperative Enterprises	1.67	2.07	3.09	2.42	2.84
比上年增长 (%)	Growth over the previous year (%)	-0.10	10.50	55.50	9.30	99.40
股份制企业	Joint-stock Enterprises	148.04	207.99	270.21	358.39	381.90
比上年增长 (%)	Growth over the previous year (%)	25.10	20.10	16.60	20.40	9.60
外商及港澳台投资企业	Enterprises with Funds from Hong Kong,Macao and Taiwan and Foreign Funded Enterprises	4.17	6.44	12.12	13.93	18.43
比上年增长 (%)	Growth over the previous year (%)	-2.70	41.10	72.10	16.10	39.20
其他经济类型	Other Enterprises	1.79	3.04	3.49	5.22	3.06
比上年增长 (%)	Growth over the previous year (%)	37.70	90.60	24.70	18.40	-20.70
在总计中：	Categories of the Total					
国有控股企业	State-holding Enterprises	150.95	190.69	230.98	269.77	227.13
比上年增长 (%)	Growth over the previous year (%)	24.50	16.70	13.00	13.20	3.00
在总计中：	Categories of the Total					
非公有工业	Non-public-owned Industries		44.79	66.39	117.51	133.14
比上年增长 (%)	Growth over the previous year (%)		39.00	51.50	37.00	15.30
在总计中：	Categories of the Total					
大中型工业企业	Large and Medium-sized Industrial Enterprises	148.43	188.08	224.77	270.32	252.30
比上年增长 (%)	Growth over the previous year (%)	21.70	15.70	9.80	9.90	2.20
国有企业	State-owned Enterprises	20.12	16.52	20.33	19.89	19.24
比上年增长 (%)	Growth over the previous year (%)	21.00	12.90	9.60	15.40	8.50
在总计中：	Categories of the Total					
私营企业	Private Enterprises		16.71	30.81	51.63	61.14
比上年增长 (%)	Growth over the previous year (%)		34.30	31.70	25.50	25.80

注：本表均为快报数据。

a) Data in this table are from express report forms.

12–3 四大支柱工业企业主要指标(2009年)
Main Indicators of Four Pillar Industries Enterprises(2009)

本表按当年价格计算。
Data in this table are calculated at current prices.
单位：万元 (10 000 yuan)

指 标	Item	工业总产值 Gross Industrial Output Value	工业增加值 Value-added of Industry	主营业务收入 Revenue from Principal Business	利润总额 Total Profits	利税总额 Total Profits and Taxes
总 计	**Total**	**7021496**	**2837113**	**7296555**	**783697**	**1367549**
石油和天然气开采业	Extraction of Petroleum and Natural Gas	1161616	796128	905228	176391	338296
天然原油和天然气开采业	Crude Oil and Natural Gas Exploitation Industry	1133425	783595	891102	176536	338439
石油加工业	Petroleum Processing	28191	12532	14126	-145	-143
电力工业	Power Industry	1482473	367549	1473066	-24265	63746
电力生产	Power Production	647647	186372	640064	16506	68770
电力供应	Power Supply	834827	181177	833002	-40771	-5024
有色金属工业	Non-ferrous Metals Industry	2733747	867898	3647405	170149	366722
有色金属矿采选业	Mining and Processing of Non-Ferrous Metal Ores	777748	242567	1919710	126209	178594
有色金属冶炼及压延加工业	Smelting and Pressing of Non-ferrous Metals	1955999	625331	1727694	43940	188128
盐化工业	Salt Industry	1643659	805539	1270857	461422	598785
化学原料及化学制品制造业	Manufacture of Raw Chemical Materials and Chemical Products	1619624	797299	1250052	460758	595133
采盐	Mining of Salt	14957	4561	16873	-562	1702
盐加工	Salt Processing	9078	3678	3933	1226	1950

注：表中工业增加值是成本费用调查年报资料,是按照生产企业主要产品填写的行业,运用生产法计算的。
a) Added-value Industry in this table is the annual survey data of cost, is calculated by production method. Sectors are filled in accordance with main products of enterprises.

12–4 四大优势工业企业主要指标(2009年)
Main Indicators of Four Competitive Industries Enterprises(2009)

本表按当年价格计算。
Data in this table are calculated at current prices.
单位：万元 (10 000 yuan)

指 标	Item	工业总产值 Gross Industrial Output Value	工业增加值 Value-added of Industry	主营业务收入 Revenue from Principal Business	利润总额 Total Profits	利税总额 Total Profits and Taxes
总 计	**Total**	**1926615**	**645212**	**1853010**	**49812**	**138351**
冶金业	Metallurgical Industry	1197986	376839	1186819	2602	54669
黑色金属矿采选业	Mining and Processing of Ferrous Metal Ores	28731	13650	39253	3639	6202
黑色金属冶炼及压延加工业	Smelting and Pressing of Ferrous Metals	1169254	363189	1147566	-1037	48467
医药制造业	Manufacture of Medicines	172244	77544	135914	5571	12317
畜产品加工业	Animal Products Processing Industry	90246	37644	87010	1779	2725
屠宰及肉、蛋类加工业	Slaughtering and Processing of Meat and Egg	52132	19780	47603	234	757
乳制品制造业	Manufacture of Dairy Products	38115	17863	39407	1545	1969
建材业	Building Materials Industry	466138	153185	443267	39859	68640
非金属矿物制品业	Manufacture of Non-metallic Mineral Products	421629	138270	417922	39227	65903
土砂石开采	Soil Gravel Mining	2629	1321	1741	-168	-35
石棉及其他非金属矿采选业	Mining and Processing of Asbestos and Other Non-metal Ores	41881	13595	23604	800	2771

注：表中工业增加值是成本费用调查年报资料,是按照生产企业主要产品填写的行业,运用生产法计算的。
a)Added-value Industry in this table is the annual survey data of cost, is calculated by production method. Sectors are filled in accordance with main products of enterprises.

12-5 2006-2009年按行业分规模以上工业企业工业增加值

行业名称	Sector	2006 工业增加值(万元) Added Value of Industry (10 000yuan)	2006 比上年增长(%) Growth Over the Previous Year (%)	2006 占总量(%) Percentage of Total (%)
合　计	**Total**	**2403366**	**20.36**	**100**
煤炭开采和洗选业	Mining and Washing of Coal	47720	18.77	1.99
石油和天然气开采业	Extraction of Petroleum and Natural Gas	480663	6.28	20.00
黑色金属矿采选业	Mining and Processing of Ferrous Metal Ores	11082	-4.28	0.46
有色金属矿采选业	Mining and Processing of Non-Ferrous Metal Ores	75581	21.79	3.14
非金属矿采选业	Mining and Processing of Nonmetal Ores	18427	7.31	0.77
其他采矿业	Mining of Other Ores			
农副食品加工业	Processing of Food from Agricultural Products	15716	-0.41	0.65
食品制造业	Manufacture of Foods	9238	55.46	0.38
饮料制造业	Manufacture of Beverages	16970	45.08	0.71
纺织业	Manufacture of Textile	17695	47.90	0.74
纺织服装、鞋、帽制造业	Manufacture of Textile Wearing Apparel, Footwear and Caps	6250	145.20	0.26
皮革、毛皮、羽毛(绒)及其制品业	Manufacture of Leather, Fur, Feather and Related Products	573	25.78	0.02
家具制造业	Manufacture of Furniture	115	-48.40	…
造纸及纸制品业	Manufacture of Paper and Paper Products	439	205.76	0.02
印刷业和记录媒介的复制	Printing, Reproduction of Recording Media	3339	36.45	0.14
石油加工、炼焦及核燃料加工业	Processing of Petroleum, Coking, Processing of Nuclear Fuel	135766	4.36	5.65
化学原料及化学制品制造业	Manufacture of Raw Chemical Materials and Chemical Products	308560	28.93	12.84
医药制造业	Manufacture of Medicines	53024	28.73	2.21
化学纤维制造业	Manufacture of Chemical Fibers	106	70.57	…
橡胶制品业	Manufacture of Rubber			
塑料制品业	Manufacture of Plastics	1808	2.07	0.08
非金属矿物制品业	Manufacture of Non-metallic Mineral Products	61741	10.44	2.57
黑色金属冶炼及压延加工业	Smelting and Pressing of Ferrous Metals	177090	54.40	7.37
有色金属冶炼及压延加工业	Smelting and Pressing of Non-ferrous Metals	482564	24.68	20.08
金属制品业	Manufacture of Metal Products	13765	8.80	0.57
通用设备制造业	Manufacture of General Purpose Machinery	31699	20.35	1.32
专用设备制造业	Manufacture of Special Purpose Machinery	9816	23.43	0.41
交通运输设备制造业	Manufacture of Transport Equipment	6849	56.44	0.28
电气机械及器材制造业	Manufacture of Electrical Machinery and Equipment	14174	563.43	0.59
通信设备、计算机及其他电子设备制造业	Manufacture of Communication Equipment, Computers and Other Electronic Equipment			
仪器仪表及文化、办公用机械制造业	Manufacture of Measuring Instruments and Machinery for Cultural Activity and Office Work	6064	41.83	0.25
工艺品及其他制造业	Manufacture of Artwork and Other Manufacturing	5119	-4.65	0.21
废弃资源和废旧材料回收加工业	Recycling and Disposal of Waste	637	22.93	0.03
电力、热力的生产和供应业	Production and Supply of Electric Power and Heat Power	377946	16.55	15.73
燃气生产和供应业	Production and Supply of Gas	2617	17.20	0.11
水的生产和供应业	Production and Supply of Water	10211	8.84	0.42

注：1.本表为年快报数据。
2.表中的工业增加值是生产企业的各种产品归属的行业按当年价格计算。
3.增长速度均按可比价格计算(价格缩减法)，根据当年的企业增减变动后的行业数计算的。

Value-added of Industrial Enterprises above Designated Size by Industrial Sector(2006-2009)

2007			2008			2009		
工 业 增加值 (万元) Added Value of Industry (10 000yuan)	比上年 增 长 (%) Growth Over the Previous Year (%)	占总量 (%) Percentage of Total (%)	工 业 增加值 (万元) Added Value of Industry (10 000yuan)	比上年 增 长 (%) Growth Over the Previous Year (%)	占总量 (%) Percentage of Total (%)	工 业 增加值 (万元) Added Value of Industry (10 000yuan)	比上年 增 长 (%) Growth Over the Previous Year (%)	占总量 (%) Percentage of Total (%)
3153918	**18.40**	**100**	**4388280**	**21.50**	**100**	**4401003**	**11.0**	**100**
85532	52.00	2.71	231986	118.20	5.29	291205	9.5	6.62
500401	2.70	15.87	640051	9.80	14.59	415883	-13.0	9.45
6602	-14.20	0.21	16430	12.40	0.37	13184	15.1	0.30
145367	45.90	4.61	176381	67.80	4.02	131808	5.8	2.99
25781	4.80	0.82	35292	38.30	0.80	40180	38.1	0.91
			1966	53.70	0.04	3533	9.6	0.08
18996	-16.10	0.60	39317	22.80	0.90	43727	21.8	0.99
13291	-3.30	0.42	24903	14.20	0.57	40724	41.6	0.93
42781	50.20	1.36	51080	11.10	1.16	62482	20.1	1.42
14178	-3.80	0.45	34338	121.50	0.78	69143	52.8	1.57
13093	81.20	0.42	20540	35.50	0.47	26114	20.9	0.59
793	39.90	0.03	431	-39.60	0.01	536	-5.9	0.01
1027	550.30	0.03	590	-51.70	0.01	424	-28.0	0.01
365	-30.10	0.01	541	48.10	0.01	117	-65.2	0.00
6443	69.60	0.20	12636	23.90	0.29	25251	66.8	0.57
224325	14.80	7.11	329492	11.00	7.51	282178	-10.0	6.41
424377	27.90	13.46	754141	22.50	17.19	899316	26.6	20.43
64091	12.80	2.03	86411	6.60	1.97	107533	22.4	2.44
78	-32.90	…	154	160.80	…		-99.9	
564.60	-52.00	0.02	272.80	-35.10	0.01	214	11.9	0.00
2152	47.40	0.07	3267	14.60	0.07	3078	13.3	0.07
108933	38.90	3.45	150049	12.00	3.42	163053	13.8	3.70
276861	32.70	8.78	466771	19.80	10.64	354654	3.2	8.06
613595	19.10	19.46	675725	21.40	15.40	720319	21.8	16.37
27651	113.80	0.88	23666	-6.10	0.54	26542	21.1	0.60
32155	-16.00	1.02	50549	30.00	1.15	66306	23.5	1.51
8377	-5.20	0.27	7916	-9.70	0.18	5706	-6.6	0.13
5905	-19.50	0.19	8404	122.10	0.19	8488	20.8	0.19
20493	52.40	0.65	36775	12.00	0.84	37859	11.5	0.86
			1734	56.50	0.04	3398	92.9	0.08
7836	46.20	0.25	11405	12.40	0.26	7895	-35.0	0.18
10528	49.20	0.33	15093	-2.00	0.34	14394	-18.8	0.33
752	16.20	0.02	795	-0.20	0.02	276	-60.5	0.01
436174	10.50	13.83	467504	11.40	10.65	527385	11.5	11.98
3155	9.70	0.10	2666	-3.30	0.06	2196	24.8	0.05
11261	11.10	0.36	9006	25.00	0.21	5904	3.5	0.13

a)Data in this table are annual express report data.

b)Added-value of industry in the table are calculated by current prices. Sectors are sorted by mail products of enterprise.

c)Growth rate is calculated according to comparable prices (price reduction method), according to the number of sector after industrial enterprises changes increase or decrease in the same year.

12–6 规模以上工业企业主要指标(2009年)

单位：万元

项目	Item	企业单位数(个) Number of Enterprises (unit)	亏损企业 Loss-making Enterprises
总计	**Total**	**523**	**178**
国有控股企业	State-holding Enterprises	137	44
轻工业	Light Industry	144	34
重工业	Heavy Industry	379	144
大型企业	Large Enterprises	12	1
中型企业	Medium-sized Enterprises	71	18
小型企业	Small Enterprises	440	159
按登记注册类型分组	By Status of Registration		
集体企业	Collective-owned Enterprises	9	4
股份合作企业	Cooperative Enterprises	9	4
有限责任公司	Limited Liability Corporations	207	64
股份有限公司	Share-holding Corporations Limited	35	14
私营企业	Private Enterprises	160	57
其他企业	Other Enterprises	3	
港、澳、台商投资企业	Enterprises with Funds from Hong Kong, Macao and Taiwan	7	4
外商投资企业	Foreign Funded Enterprises	19	3
按工业行业分组	Grouped by Sector		
采掘业	**Mining**	**58**	**21**
煤炭开采和洗选业	Mining and Washing of Coal	15	5
石油和天然气开采业	Extraction of Petroleum and Natural Gas	2	1
黑色金属矿采选业	Mining and Processing of Ferrous Metal Ores	11	5
有色金属矿采选业	Mining and Processing of Non-Ferrous Metal Ores	16	4
非金属矿采选业	Mining and Processing of Nonmetal Ores	12	6
其他采矿业	Mining of Other Ores	2	
制造业	**Manufacture**	**396**	**126**
农副食品加工业	Processing of Food from Agricultural Products	35	6
食品制造业	Manufacture of Foods	19	1
饮料制造业	Manufacture of Beverages	8	2
纺织业	Manufacture of Textile	7	3
纺织服装、鞋、帽制造业	Manufacture of Textile Wearing Apparel, Footwear and Caps	5	
皮革、毛皮、羽毛(绒)及其制品业	Manufacture of Leather,Fur,Feather and Related Products	2	1
家具制造业	Manufacture of Furniture	1	
造纸及纸制品业	Manufacture of Paper and Paper Products	2	1
印刷业和记录媒介的复制	Printing, Reproduction of Recording Media	9	3
石油加工、炼焦及核燃料加工业	Processing of Petroleum,Coking,Processing of Nuclear Fuel	3	1
化学原料及化学制品制造业	Manufacture of Raw Chemical Materials and Chemical Products	73	29
医药制造业	Manufacture of Medicines	26	2
橡胶制品业	Manufacture of Rubber	1	
塑料制品业	Manufacture of Plastics	5	3
非金属矿物制品业	Manufacture of Non-metallic Mineral Products	65	19
黑色金属冶炼及压延加工业	Smelting and Pressing of Ferrous Metals	47	30
有色金属冶炼及压延加工业	Smelting and Pressing of Non-ferrous Metals	31	9
金属制品业	Manufacture of Metal Products	21	6
通用设备制造业	Manufacture of General Purpose Machinery	10	3
专用设备制造业	Manufacture of Special Purpose Machinery	5	2
交通运输设备制造业	Manufacture of Transport Equipment	6	3
电气机械及器材制造业	Manufacture of Electrical Machinery and Equipment	8	1
通信设备、计算机及其他电子设备制造业	Manufacture of Communication Equipment, Computers and Other Electronic Equipment	1	
仪器仪表及文化、办公用机械制造业	Manufacture of Measuring Instruments and Machinery for Cultural Activity and Office Work	1	
工艺品及其他制造业	Manufacture of Artwork and Other Manufacturing	5	1
电力、燃气及水的生产和供应业	**Production and Distribution of Electricity, Gas and Water**	**69**	**31**
电力、热力的生产和供应业	Production and Supply of Electric Power and Heat Power	46	18
燃气生产和供应业	Production and Supply of Gas	1	
水的生产和供应业	Production and Supply of Water	22	13

Main Indicators of Industrial Enterprises above Designated Size(2009)

(10 000 yuan)

工 业 总产值 Gross Industrial Output Value	资 产 总 计 Total Assets	流动资产合计 Total Working Capitals	固定资产合计 Total Fixed Assets	固定资产原价 Original Value of Fixed Assets	累计折旧 Accumulated Depreciation	固定资产净值 Net Value of Fixed Assets
10803488	**25255590**	**6997007**	**14167125**	**15751167**	**4626998**	**11043963**
6737414	19370127	4256524	12035423	13499783	4104487	9315089
875634	1267143	435738	538143	589155	148945	440210
9927854	23988447	6561270	13628982	15162012	4478053	10603753
5500186	15887682	3283462	10247859	11524590	3699335	7745049
2879117	5151075	2094126	2169509	2239947	490364	1749584
2424185	4216834	1619420	1749757	1986630	437300	1549331
85330	120038	80673	23161	32216	10354	21862
127102	37697	18309	17689	19432	3774	15658
3338197	9155878	2104463	5153903	6366466	1565466	4801000
3442125	7293621	2256623	4535376	4914703	1705460	3129036
1227672	2293668	1147098	762138	812408	178897	633511
4252	8320	4878	3443	3336	842	2494
36832	66920	37843	25652	12768	5544	7224
1226183	3296245	911031	1387104	1688354	425159	1263195
2528434	**5947996**	**2032417**	**2960124**	**4049461**	**1265672**	**2703582**
517966	1124089	607182	217172	225507	35804	189703
1133425	2286462	421156	1865306	2753326	1001350	1671769
28731	55542	37564	15471	18172	6900	11272
777748	2279141	872057	777213	968856	196875	771981
62326	199184	92951	82901	81592	24178	57414
8237	3578	1506	2061	2008	565	1444
6765127	**12091312**	**4649074**	**5668575**	**5281144**	**1404676**	**3876468**
169479	191206	108133	63664	67440	16230	51210
114949	164067	37559	33913	36460	12365	24094
102558	76472	32149	29308	40122	12341	27781
144637	165209	78976	74861	88032	20309	67723
68162	52277	20853	20323	20698	4008	16691
2712	5844	2404	2781	3087	306	2781
1353	2641	1256	1384	1514	229	1286
80	723	117	606	377	188	189
45638	37204	15283	18792	28613	11113	17500
200227	246631	104863	121580	131851	10654	121197
1619624	4840112	2076076	2098815	1233696	196359	1037337
172244	325717	90938	179865	191079	37146	153933
992	1479	922	544	576	119	458
6219	5522	3794	1564	1983	785	1197
421629	600876	276256	275859	295092	81886	213206
1169254	1576402	580466	821947	882458	217903	664555
1955999	3062348	841166	1694262	1984246	701831	1282414
153736	165604	63761	42409	47122	7068	40054
222665	353624	200193	128954	158660	51676	106984
15784	18396	10257	6801	6987	1831	5156
44441	50747	30783	8698	11045	4223	6822
94100	101191	45633	24889	31006	9808	21197
10950	5630	2967	1836	1859	107	1752
8981	15805	8311	6240	9765	3525	6240
18716	25584	15960	8681	7379	2668	4711
1509928	**7216283**	**315517**	**5538426**	**6420563**	**1956651**	**4463913**
1484833	7022976	285078	5443438	6325596	1925019	4400578
6425	10005	5542	3240	4348	1108	3240
18670	183301	24897	91748	90619	30524	60095

12-6 续表 1

单位：万元

项 目	Item	负债合计 Total Liabilities	流动负债合计 Total Working Liabilities
总 计	**Total**	**15705469**	**8803600**
国有控股企业	State-holding Enterprises	12591380	6397649
轻工业	Light Industry	577679	383716
重工业	Heavy Industry	15127790	8419884
大型企业	Large Enterprises	10407636	5151996
中型企业	Medium-sized Enterprises	3119809	2024148
小型企业	Small Enterprises	2178024	1627456
按登记注册类型分组	**By Status of Registration**		
集体企业	Collective-owned Enterprises	76596	74202
股份合作企业	Cooperative Enterprises	6807	6587
有限责任公司	Limited Liability Corporations	6453121	3004942
股份有限公司	Share-holding Corporations Limited	4220139	2515445
私营企业	Private Enterprises	1304473	1087005
其他企业	Other Enterprises	3579	3079
港、澳、台商投资企业	Enterprises with Funds from Hong Kong, Macao and Taiwan	40646	24069
外商投资企业	Foreign Funded Enterprises	1760410	1176204
按工业行业分组	**Grouped by Sector**		
采掘业	**Mining**	**2965261**	**1915627**
煤炭开采和洗选业	Mining and Washing of Coal	568830	494048
石油和天然气开采业	Extraction of Petroleum and Natural Gas	1292369	663370
黑色金属矿采选业	Mining and Processing of Ferrous Metal Ores	28952	14945
有色金属矿采选业	Mining and Processing of Non-Ferrous Metal Ores	962567	666836
非金属矿采选业	Mining and Processing of Nonmetal Ores	109814	73760
其他采矿业	Mining of Other Ores	2730	2669
制造业	**Manufacture**	**7133947**	**5063443**
农副食品加工业	Processing of Food from Agricultural Products	112785	101845
食品制造业	Manufacture of Foods	37752	26692
饮料制造业	Manufacture of Beverages	34796	27722
纺织业	Manufacture of Textile	91311	49371
纺织服装、鞋、帽制造业	Manufacture of Textile Wearing Apparel, Footwear and Caps	24771	19404
皮革、毛皮、羽毛(绒)及其制品业	Manufacture of Leather,Fur,Feather and Related Products	4502	2622
家具制造业	Manufacture of Furniture	1746	905
造纸及纸制品业	Manufacture of Paper and Paper Products	698	56
印刷业和记录媒介的复制	Printing, Reproduction of Recording Media	18252	13791
石油加工、炼焦及核燃料加工业	Processing of Petroleum,Coking,Processing of Nuclear Fuel	157130	129130
化学原料及化学制品制造业	Manufacture of Raw Chemical Materials and Chemical Products	2610927	1624055
医药制造业	Manufacture of Medicines	93160	76271
橡胶制品业	Manufacture of Rubber	350	350
塑料制品业	Manufacture of Plastics	3471	2788
非金属矿物制品业	Manufacture of Non-metallic Mineral Products	349519	279223
黑色金属冶炼及压延加工业	Smelting and Pressing of Ferrous Metals	1024984	812347
有色金属冶炼及压延加工业	Smelting and Pressing of Non-ferrous Metals	2153562	1598004
金属制品业	Manufacture of Metal Products	64692	47105
通用设备制造业	Manufacture of General Purpose Machinery	220714	172840
专用设备制造业	Manufacture of Special Purpose Machinery	12218	9881
交通运输设备制造业	Manufacture of Transport Equipment	32963	14179
电气机械及器材制造业	Manufacture of Electrical Machinery and Equipment	59884	41125
通信设备、计算机及其他电子设备制造业	Manufacture of Communication Equipment, Computers and Other Electronic Equipment	2678	678
仪器仪表及文化、办公用机械制造业	Manufacture of Measuring Instruments and Machinery for Cultural Activity and Office Work	3965	3965
工艺品及其他制造业	Manufacture of Artwork and Other Manufacturing	17119	9094
电力、燃气及水的生产和供应业	**Production and Distribution of Electricity, Gas and Water**	**5606260**	**1824530**
电力、热力的生产和供应业	Production and Supply of Electric Power and Heat Power	5478872	1781471
燃气生产和供应业	Production and Supply of Gas	2047	755
水的生产和供应业	Production and Supply of Water	125341	42303

continued

(10 000 yuan)

长期负债合计 Total Long-term Liabilities	所有者权益合计 Total Owners' Equity	实收资本 Paid-up Capital	主营业务收入 Revenue from Principal Business	主营业务成本 Cost of Principal Business	主营业务税金及附加 Taxes and Other Charges on Principal Business	其他业务利润 Other Operating Profit
6623446	**9211655**	**4091765**	**10923149**	**8342474**	**344244**	**-50208**
5974931	6484650	2966438	7436187	5660550	172961	-56313
186578	683069	315729	783208	620912	20525	2573
6436868	8528586	3776037	10139941	7721562	323719	-52781
5089814	5196284	2092197	6274277	4803191	148832	-62867
1047166	1998617	1142956	2676282	1990693	113701	5050
486466	2016755	856613	1972591	1548590	81712	7609
2347	43422	11357	91362	68492	3310	75
219	29843	8470	133852	118219	44202	31
3407454	2677849	1487144	3203503	2352364	73478	6136
1701156	2787517	930084	2888087	1775405	136387	-63388
189297	981674	446114	901670	725881	31411	2036
500	4741	1120	5875	4035	3	
16554	26274	10927	33881	28624	5783	149
584206	1517900	530403	2373331	2070544	35598	86
1029445	**2974217**	**485365**	**3441153**	**2478507**	**111814**	**-61240**
66779	551868	122862	538064	331713	15203	1131
629000	994093	10050	891102	387246	86499	-63852
12000	26589	10008	39253	35175	495	1156
285616	1313574	283878	1919710	1688628	8398	325
35989	87244	56879	45203	28788	1210	
60	848	1688	7822	6957	9	
1983243	**4627466**	**2506222**	**5985410**	**4505142**	**218851**	**6090**
9860	78144	47835	172838	155504	218	621
9742	125268	23427	108127	87763	488	577
6369	39422	28054	108579	71008	10720	76
41940	72785	34779	114232	91395	45	397
5367	26634	9650	58487	42657	7	104
1880	1343	1280	2496	2405	618	
840	895	300	981	1353	38	
642	25	58	41	41		
4461	18952	9334	38049	31507	1509	125
8055	89501	73500	135528	137573	909	1041
969127	1937273	917242	1250052	578643	77618	14
13677	231725	90760	135914	101727	993	30
	1128	408	932	783	4	
683	2052	1576	6897	6147	12	
45894	251161	148716	417922	336223	5623	214
206417	551198	356708	1147566	1014792	9835	-300
555382	879535	582315	1727694	1355119	100223	1455
17587	100912	17601	142782	129053	204	113
47873	131871	111072	278854	248439	585	977
2335	6158	3992	7280	5670	27	3
18783	17747	16728	24829	19435	116	484
6305	41307	22936	73613	59546	1684	-188
2000	2126	1000	5320	4205	1645	
	11841	1500	8278	7192	64	9
8025	8465	5452	18120	16962	5666	341
3610758	**1609972**	**1100179**	**1496586**	**1358825**	**13579**	**4942**
3527252	1544054	1038976	1476006	1345389	13285	4408
1292	7958	1000	6355	2688	106	42
82214	57961	60203	14225	10748	189	492

12–6 续表 2

单位：万元

项 目	Item	营业费用 Operating Expenses	营业利润 Operating Profit
总 计	**Total**	**295857**	**892281**
国有控股企业	State-holding Enterprises	147546	615493
轻工业	Light Industry	55479	35523
重工业	Heavy Industry	240378	856758
大型企业	Large Enterprises	81634	500260
中型企业	Medium-sized Enterprises	119480	187995
小型企业	Small Enterprises	94744	204026
按登记注册类型分组	**By Status of Registration**		
集体企业	Collective-owned Enterprises	4367	14432
股份合作企业	Cooperative Enterprises	1523	4397
有限责任公司	Limited Liability Corporations	109050	252074
股份有限公司	Share-holding Corporations Limited	85997	458107
私营企业	Private Enterprises	43404	65179
其他企业	Other Enterprises	153	986
港、澳、台商投资企业	Enterprises with Funds from Hong Kong, Macao and Taiwan	640	2202
外商投资企业	Foreign Funded Enterprises	28572	113515
按工业行业分组	**Grouped by Sector**		
采掘业	**Mining**	**45368**	**416110**
煤炭开采和洗选业	Mining and Washing of Coal	16387	120834
石油和天然气开采业	Extraction of Petroleum and Natural Gas	6389	175265
黑色金属矿采选业	Mining and Processing of Ferrous Metal Ores	607	2670
有色金属矿采选业	Mining and Processing of Non-Ferrous Metal Ores	19641	116392
非金属矿采选业	Mining and Processing of Nonmetal Ores	1935	957
其他采矿业	Mining of Other Ores	410	-9
制造业	**Manufacture**	**247283**	**507358**
农副食品加工业	Processing of Food from Agricultural Products	7048	3117
食品制造业	Manufacture of Foods	10638	5379
饮料制造业	Manufacture of Beverages	7177	16453
纺织业	Manufacture of Textile	5272	4202
纺织服装、鞋、帽制造业	Manufacture of Textile Wearing Apparel, Footwear and Caps	2543	3190
皮革、毛皮、羽毛(绒)及其制品业	Manufacture of Leather,Fur,Feather and Related Products	123	47
家具制造业	Manufacture of Furniture	31	26
造纸及纸制品业	Manufacture of Paper and Paper Products	7	-12
印刷业和记录媒介的复制	Printing, Reproduction of Recording Media	2545	992
石油加工、炼焦及核燃料加工业	Processing of Petroleum,Coking,Processing of Nuclear Fuel	6590	8699
化学原料及化学制品制造业	Manufacture of Raw Chemical Materials and Chemical Products	98493	385433
医药制造业	Manufacture of Medicines	18862	4745
橡胶制品业	Manufacture of Rubber	90	9
塑料制品业	Manufacture of Plastics	193	74
非金属矿物制品业	Manufacture of Non-metallic Mineral Products	13882	37197
黑色金属冶炼及压延加工业	Smelting and Pressing of Ferrous Metals	21444	-2720
有色金属冶炼及压延加工业	Smelting and Pressing of Non-ferrous Metals	26372	39555
金属制品业	Manufacture of Metal Products	6250	5298
通用设备制造业	Manufacture of General Purpose Machinery	10198	-4074
专用设备制造业	Manufacture of Special Purpose Machinery	153	63
交通运输设备制造业	Manufacture of Transport Equipment	6009	-2733
电气机械及器材制造业	Manufacture of Electrical Machinery and Equipment	2616	1431
通信设备、计算机及其他电子设备制造业	Manufacture of Communication Equipment, Computers and Other Electronic Equipment	34	900
仪器仪表及文化、办公用机械制造业	Manufacture of Measuring Instruments and Machinery for Cultural Activity and Office Work	577	175
工艺品及其他制造业	Manufacture of Artwork and Other Manufacturing	137	-87
电力、燃气及水的生产和供应业	**Production and Distribution of Electricity, Gas and Water**	**3206**	**-31187**
电力、热力的生产和供应业	Production and Supply of Electric Power and Heat Power	1723	-29542
燃气生产和供应业	Production and Supply of Gas	452	735
水的生产和供应业	Production and Supply of Water	1031	-2381

continued

(10 000 yuan)

利润总额 Total Profits	应交所得税 Income Tax Payable	亏损企业亏损总额 The Total Loss of Loss-making Enterprises	利税总额 Total Profits and Taxes	本年应交增值税 Value Added Tax Payable	全部从业人员年平均人数(人) Annual Average Employed Persons (person)
1000202	**157885**	**142189**	**1813772**	**469326**	**177951**
685251	110463	99142	1195463	337251	108017
36920	3324	6018	76087	18642	26413
963282	154561	136171	1737685	450684	151538
549466	91091	40771	978295	279997	80141
220376	46269	67851	441586	107509	51852
230360	20526	33567	393891	81820	45958
16509	86	151	21884	2066	3659
4307	531	89	49005	496	1023
267819	37614	45885	494588	153292	60121
509512	78235	12299	811227	165328	53242
82478	10068	21301	146430	32542	21988
969			1016	44	297
2348	51	1186	9489	1359	1051
123637	23328	765	218532	59296	17125
428718	**68584**	**26219**	**731693**	**191162**	**41997**
120894	20103	23374	202021	65924	9527
176536	21951	72	338439	75404	16417
3639		658	6202	2068	1051
126209	26086	576	178594	43988	10168
1377	444	1539	6022	3435	4716
64			417	343	118
597696	**86260**	**66489**	**1018883**	**202335**	**117661**
3678	181	819	5424	1528	3043
5793	232	8	8334	2053	2754
16043	1741	86	31910	5147	1893
3206	852	668	4570	1319	5875
3164			3733	562	3661
47	18	27	668	3	136
17			57	3	69
-12		12	-12		29
1432	80	68	3544	603	1390
9262		145	16240	6069	1548
460758	64912	21617	595133	56757	23741
5571	81	1872	12317	5753	4471
9			45	32	73
73	10	13	144	60	370
39227	5507	3664	65903	21054	13576
-1037	5531	18664	48467	39668	19743
43940	5310	9626	188128	43964	20393
5767	517	370	8648	2677	2740
-299	577	6612	12012	11726	7226
38	53	162	377	313	749
-1968	585	1983	-808	1044	1223
1549	18	63	4086	854	1391
900			2666	121	69
174			651	413	657
367	54	10	6646	613	841
-26213	**3042**	**49481**	**63196**	**75830**	**18293**
-24578	2925	47096	63454	74747	16365
720			1079	253	96
-2355	117	2385	-1338	829	1832

12-7 地方规模以上工业企业主要指标(2009年)

单位：万元

项 目	Item	企业单位数(个) Number of Enterprises (unit)	亏损企业 Loss-making Enterprises
总 计	**Total**	**514**	**174**
国有控股企业	State-holding Enterprises	128	40
轻工业	Light Industry	144	34
重工业	Heavy Industry	370	140
大型企业	Large Enterprises	8	
中型企业	Medium-sized Enterprises	68	16
小型企业	Small Enterprises	438	158
按工业行业分组	**Grouped by Sector**		
采掘业	**Mining**	**57**	**21**
煤炭开采和洗选业	Mining and Washing of Coal	15	5
石油和天然气开采业	Extraction of Petroleum and Natural Gas	1	1
黑色金属矿采选业	Mining and Processing of Ferrous Metal Ores	11	5
有色金属矿采选业	Mining and Processing of Non-Ferrous Metal Ores	16	4
非金属矿采选业	Mining and Processing of Nonmetal Ores	12	6
其他采矿业	Mining of Other Ores	2	
制造业	**Manufacture**	**391**	**124**
农副食品加工业	Processing of Food from Agricultural Products	35	6
食品制造业	Manufacture of Foods	19	1
饮料制造业	Manufacture of Beverages	8	2
纺织业	Manufacture of Textile	7	3
纺织服装、鞋、帽制造业	Manufacture of Textile Wearing Apparel, Footwear and Caps	5	
皮革、毛皮、羽毛(绒)及其制品业	Manufacture of Leather,Fur,Feather and Related Products	2	1
家具制造业	Manufacture of Furniture	1	
造纸及纸制品业	Manufacture of Paper and Paper Products	2	1
印刷业和记录媒介的复制	Printing, Reproduction of Recording Media	9	3
石油加工、炼焦及核燃料加工业	Processing of Petroleum,Coking,Processing of Nuclear Fuel	3	1
化学原料及化学制品制造业	Manufacture of Raw Chemical Materials and Chemical Products	71	27
医药制造业	Manufacture of Medicines	26	2
橡胶制品业	Manufacture of Rubber	1	
塑料制品业	Manufacture of Plastics	5	3
非金属矿物制品业	Manufacture of Non-metallic Mineral Products	64	19
黑色金属冶炼及压延加工业	Smelting and Pressing of Ferrous Metals	47	30
有色金属冶炼及压延加工业	Smelting and Pressing of Non-ferrous Metals	29	9
金属制品业	Manufacture of Metal Products	21	6
通用设备制造业	Manufacture of General Purpose Machinery	10	3
专用设备制造业	Manufacture of Special Purpose Machinery	5	2
交通运输设备制造业	Manufacture of Transport Equipment	6	3
电气机械及器材制造业	Manufacture of Electrical Machinery and Equipment	8	1
通信设备、计算机及其他电子设备制造业	Manufacture of Communication Equipment, Computers and Other Electronic Equipment	1	
仪器仪表及文化、办公用机械制造业	Manufacture of Measuring Instruments and Machinery for Cultural Activity and Office Work	1	
工艺品及其他制造业	Manufacture of Artwork and Other Manufacturing	5	1
电力、燃气及水的生产和供应业	**Production and Distribution of Electricity, Gas and Water**	**66**	**29**
电力、热力的生产和供应业	Production and Supply of Electric Power and Heat Power	43	16
燃气生产和供应业	Production and Supply of Gas	1	
水的生产和供应业	Production and Supply of Water	22	13

Main Indicators of Local Industrial Enterprises Above Designated Size (2009)

(10 000 yuan)

工业总产值 Gross Industrial Output Value	资产总计 Total Assets	流动资产合计 Total Working Capitals	固定资产合计 Total Fixed Assets	固定资产原价 Original Value of Fixed Assets	累计折旧 Accumulated Depreciation	固定资产净值 Net Value of Fixed Assets
7823949	**16141171**	**6172912**	**7143352**	**6736213**	**1485040**	**5251173**
3757874	10255708	3432429	5011650	4484828	962529	3522300
875634	1267143	435738	538143	589155	148945	440210
6948315	14874028	5737175	6605208	6147058	1336095	4810963
2623415	7099708	2509222	3480030	2814785	609995	2204790
2776445	4825053	2044617	1913642	1935324	438194	1497130
2424089	4216411	1619073	1749680	1986104	436851	1549253
1395920	**3672288**	**1613683**	**1103150**	**1303446**	**265447**	**1037999**
517966	1124089	607182	217172	225507	35804	189703
912	10754	2422	8331	7311	1125	6186
28731	55542	37564	15471	18172	6900	11272
777748	2279141	872057	777213	968856	196875	771981
62326	199184	92951	82901	81592	24178	57414
8237	3578	1506	2061	2008	565	1444
6288067	**11575903**	**4459124**	**5365011**	**4662339**	**1082338**	**3580000**
169479	191206	108133	63664	67440	16230	51210
114949	164067	37559	33913	36460	12365	24094
102558	76472	32149	29308	40122	12341	27781
144637	165209	78976	74861	88032	20309	67723
68162	52277	20853	20323	20698	4008	16691
2712	5844	2404	2781	3087	306	2781
1353	2641	1256	1384	1514	229	1286
80	723	117	606	377	188	189
45638	37204	15283	18792	28613	11113	17500
200227	246631	104863	121580	131851	10654	121197
1608767	4811080	2067701	2088706	1213808	186580	1027228
172244	325717	90938	179865	191079	37146	153933
992	1479	922	544	576	119	458
6219	5522	3794	1564	1983	785	1197
406167	531786	253602	239521	257657	80289	177367
1169254	1576402	580466	821947	882458	217903	664555
1505258	2645062	682245	1437144	1422764	390870	1031894
153736	165604	63761	42409	47122	7068	40054
222665	353624	200193	128954	158660	51676	106984
15784	18396	10257	6801	6987	1831	5156
44441	50747	30783	8698	11045	4223	6822
94100	101191	45633	24889	31006	9808	21197
10950	5630	2967	1836	1859	107	1752
8981	15805	8311	6240	9765	3525	6240
18716	25584	15960	8681	7379	2668	4711
139961	**892981**	**100105**	**675191**	**770428**	**137254**	**633174**
114867	699674	69666	580204	675461	105622	569839
6425	10005	5542	3240	4348	1108	3240
18670	183301	24897	91748	90619	30524	60095

12-7 续表 1

单位：万元

项 目	Item	负债合计 Total Liabilities	流动负债合计 Total Working Liabilities
总 计	**Total**	**9018649**	**6401344**
国有控股企业	State-holding Enterprises	5904560	3995392
轻工业	Light Industry	577679	383716
重工业	Heavy Industry	8440970	6017627
大型企业	Large Enterprises	4013503	2837969
中型企业	Medium-sized Enterprises	2827551	1935961
小型企业	Small Enterprises	2177595	1627413
按工业行业分组	**Grouped by Sector**		
采掘业	**Mining**	**1673961**	**1253326**
煤炭开采和洗选业	Mining and Washing of Coal	568830	494048
石油和天然气开采业	Extraction of Petroleum and Natural Gas	1068	1068
黑色金属矿采选业	Mining and Processing of Ferrous Metal Ores	28952	14945
有色金属矿采选业	Mining and Processing of Non-Ferrous Metal Ores	962567	666836
非金属矿采选业	Mining and Processing of Nonmetal Ores	109814	73760
其他采矿业	Mining of Other Ores	2730	2669
制造业	**Manufacture**	**6734308**	**4835798**
农副食品加工业	Processing of Food from Agricultural Products	112785	101845
食品制造业	Manufacture of Foods	37752	26692
饮料制造业	Manufacture of Beverages	34796	27722
纺织业	Manufacture of Textile	91311	49371
纺织服装、鞋、帽制造业	Manufacture of Textile Wearing Apparel, Footwear and Caps	24771	19404
皮革、毛皮、羽毛(绒)及其制品业	Manufacture of Leather,Fur,Feather and Related Products	4502	2622
家具制造业	Manufacture of Furniture	1746	905
造纸及纸制品业	Manufacture of Paper and Paper Products	698	56
印刷业和记录媒介的复制	Printing, Reproduction of Recording Media	18252	13791
石油加工、炼焦及核燃料加工业	Processing of Petroleum,Coking,Processing of Nuclear Fuel	157130	129130
化学原料及化学制品制造业	Manufacture of Raw Chemical Materials and Chemical Products	2592840	1610855
医药制造业	Manufacture of Medicines	93160	76271
橡胶制品业	Manufacture of Rubber	350	350
塑料制品业	Manufacture of Plastics	3471	2788
非金属矿物制品业	Manufacture of Non-metallic Mineral Products	308703	265178
黑色金属冶炼及压延加工业	Smelting and Pressing of Ferrous Metals	1024984	812347
有色金属冶炼及压延加工业	Smelting and Pressing of Non-ferrous Metals	1812825	1397603
金属制品业	Manufacture of Metal Products	64692	47105
通用设备制造业	Manufacture of General Purpose Machinery	220714	172840
专用设备制造业	Manufacture of Special Purpose Machinery	12218	9881
交通运输设备制造业	Manufacture of Transport Equipment	32963	14179
电气机械及器材制造业	Manufacture of Electrical Machinery and Equipment	59884	41125
通信设备、计算机及其他电子设备制造业	Manufacture of Communication Equipment, Computers and Other Electronic Equipment	2678	678
仪器仪表及文化、办公用机械制造业	Manufacture of Measuring Instruments and Machinery for Cultural Activity and Office Work	3965	3965
工艺品及其他制造业	Manufacture of Artwork and Other Manufacturing	17119	9094
电力、燃气及水的生产和供应业	**Production and Distribution of Electricity, Gas and Water**	**610380**	**312220**
电力、热力的生产和供应业	Production and Supply of Electric Power and Heat Power	482992	269161
燃气生产和供应业	Production and Supply of Gas	2047	755
水的生产和供应业	Production and Supply of Water	125341	42303

continued

(10 000 yuan)

长期负债合计 Total Long-term Liabilities	所有者权益合计 Total Owners' Equity	实收资本 Paid-up Capital	主营业务收入 Revenue from Principal Business	主营业务成本 Cost of Principal Business	主营业务税金及附加 Taxes and Other Charges on Principal Business	其他业务利润 Other Operating Profit
2529188	**6784056**	**3120410**	**8188014**	**6238022**	**247488**	**10338**
1880672	4057051	1995083	4701052	3556097	76205	4232
186578	683069	315729	783208	620912	20525	2573
2342610	6100987	2804682	7404806	5617110	226963	7765
1175534	2802442	1183658	3636929	2783505	52644	-547
867188	1964854	1080547	2578513	1905942	113133	3278
486466	2016760	856206	1972572	1548575	81712	7607
400445	**1989809**	**485365**	**2550613**	**2091839**	**25321**	**2612**
66779	551868	122862	538064	331713	15203	1131
	9685	10050	561	577	6	
12000	26589	10008	39253	35175	495	1156
285616	1313574	283878	1919710	1688628	8398	325
35989	87244	56879	45203	28788	1210	
60	848	1688	7822	6957	9	
1835730	**4511697**	**2380981**	**5508957**	**4058612**	**217393**	**6195**
9860	78144	47835	172838	155504	218	621
9742	125268	23427	108127	87763	488	577
6369	39422	28054	108579	71008	10720	76
41940	72785	34779	114232	91395	45	397
5367	26634	9650	58487	42657	7	104
1880	1343	1280	2496	2405	618	
840	895	300	981	1353	38	
642	25	58	41	41		
4461	18952	9334	38049	31507	1509	125
8055	89501	73500	135528	137573	909	1041
964627	1926328	892454	1243635	571691	77618	330
13677	231725	90760	135914	101727	993	30
	1128	408	932	783	4	
683	2052	1576	6897	6147	12	
43217	222886	124813	403002	328907	5563	214
206417	551198	356708	1147566	1014792	9835	-300
415046	802985	505766	1272579	922857	98825	1243
17587	100912	17601	142782	129053	204	113
47873	131871	111072	278854	248439	585	977
2335	6158	3992	7280	5670	27	3
18783	17747	16728	24829	19435	116	484
6305	41307	22936	73613	59546	1684	-188
2000	2126	1000	5320	4205	1645	
	11841	1500	8278	7192	64	9
8025	8465	5452	18120	16962	5666	341
293013	**282550**	**254065**	**128444**	**87571**	**4775**	**1531**
209507	216632	192863	107864	74135	4480	998
1292	7958	1000	6355	2688	106	42
82214	57961	60203	14225	10748	189	492

12-7 续表 2

单位：万元

项　目	Item	营业费用 Operating Expenses	营业利润 Operating Profit
总　计	**Total**	**279610**	**748258**
国有控股企业	State-holding Enterprises	131299	471469
轻工业	Light Industry	55479	35523
重工业	Heavy Industry	224131	712735
大型企业	Large Enterprises	67077	348995
中型企业	Medium-sized Enterprises	117791	195236
小型企业	Small Enterprises	94743	204027
按工业行业分组	**Grouped by Sector**		
采掘业	**Mining**	**38979**	**240773**
煤炭开采和洗选业	Mining and Washing of Coal	16387	120834
石油和天然气开采业	Extraction of Petroleum and Natural Gas		-72
黑色金属矿采选业	Mining and Processing of Ferrous Metal Ores	607	2670
有色金属矿采选业	Mining and Processing of Non-Ferrous Metal Ores	19641	116392
非金属矿采选业	Mining and Processing of Nonmetal Ores	1935	957
其他采矿业	Mining of Other Ores	410	-9
制造业	**Manufacture**	**238352**	**498793**
农副食品加工业	Processing of Food from Agricultural Products	7048	3117
食品制造业	Manufacture of Foods	10638	5379
饮料制造业	Manufacture of Beverages	7177	16453
纺织业	Manufacture of Textile	5272	4202
纺织服装、鞋、帽制造业	Manufacture of Textile Wearing Apparel, Footwear and Caps	2543	3190
皮革、毛皮、羽毛(绒)及其制品业	Manufacture of Leather,Fur,Feather and Related Products	123	47
家具制造业	Manufacture of Furniture	31	26
造纸及纸制品业	Manufacture of Paper and Paper Products	7	-12
印刷业和记录媒介的复制	Printing, Reproduction of Recording Media	2545	992
石油加工、炼焦及核燃料加工业	Processing of Petroleum,Coking,Processing of Nuclear Fuel	6590	8699
化学原料及化学制品制造业	Manufacture of Raw Chemical Materials and Chemical Products	97294	390835
医药制造业	Manufacture of Medicines	18862	4745
橡胶制品业	Manufacture of Rubber	90	9
塑料制品业	Manufacture of Plastics	193	74
非金属矿物制品业	Manufacture of Non-metallic Mineral Products	13391	32082
黑色金属冶炼及压延加工业	Smelting and Pressing of Ferrous Metals	21444	-2720
有色金属冶炼及压延加工业	Smelting and Pressing of Non-ferrous Metals	19130	30703
金属制品业	Manufacture of Metal Products	6250	5298
通用设备制造业	Manufacture of General Purpose Machinery	10198	-4074
专用设备制造业	Manufacture of Special Purpose Machinery	153	63
交通运输设备制造业	Manufacture of Transport Equipment	6009	-2733
电气机械及器材制造业	Manufacture of Electrical Machinery and Equipment	2616	1431
通信设备、计算机及其他电子设备制造业	Manufacture of Communication Equipment, Computers and Other Electronic Equipment	34	900
仪器仪表及文化、办公用机械制造业	Manufacture of Measuring Instruments and Machinery for Cultural Activity and Office Work	577	175
工艺品及其他制造业	Manufacture of Artwork and Other Manufacturing	137	-87
电力、燃气及水的生产和供应业	**Production and Distribution of Electricity, Gas and Water**	**2279**	**8692**
电力、热力的生产和供应业	Production and Supply of Electric Power and Heat Power	796	10338
燃气生产和供应业	Production and Supply of Gas	452	735
水的生产和供应业	Production and Supply of Water	1031	-2381

continued

(10 000 yuan)

利润总额 Total Profits	应交所得税 Income Tax Payable	亏损企业亏损总额 The Total Loss of Loss-making Enterprises	利税总额 Total Profits and Taxes	本年应交增值税 Value Added Tax Payable	全部从业人员年平均人数(人) Annual Average Employed Persons (person)
849113	**132430**	**92044**	**1405361**	**308760**	**140854**
534162	85008	48997	787052	176685	70920
36920	3324	6018	76087	18642	26413
812193	129106	86026	1329274	290118	114441
394148	66409		567405	120614	45360
224604	45495	58478	444065	106328	49567
230361	20526	33566	393891	81819	45927
252110	**46633**	**26219**	**393255**	**115824**	**25601**
120894	20103	23374	202021	65924	9527
-72		72		66	21
3639		658	6202	2068	1051
126209	26086	576	178594	43988	10168
1377	444	1539	6022	3435	4716
64			417	343	118
585929	**84495**	**61979**	**988064**	**184743**	**110910**
3678	181	819	5424	1528	3043
5793	232	8	8334	2053	2754
16043	1741	86	31910	5147	1893
3206	852	668	4570	1319	5875
3164			3733	562	3661
47	18	27	668	3	136
17			57	3	69
-12		12	-12		29
1432	80	68	3544	603	1390
9262		145	16240	6069	1548
465268	64912	17107	599354	56469	22265
5571	81	1872	12317	5753	4471
9			45	32	73
73	10	13	144	60	370
34081	4734	3664	59803	20160	13217
-1037	5531	18664	48467	39668	19743
32808	4319	9626	159188	27555	15477
5767	517	370	8648	2677	2740
-299	577	6612	12012	11726	7226
38	53	162	377	313	749
-1968	585	1983	-808	1044	1223
1549	18	63	4086	854	1391
900			2666	121	69
174			651	413	657
367	54	10	6646	613	841
11074	**1303**	**3846**	**24042**	**8194**	**4343**
12709	1186	1460	24300	7111	2415
720			1079	253	96
-2355	117	2385	-1338	829	1832

12-8 规模以上国有及国有控股工业企业主要经济指标(2009年)

单位：万元

项 目	Item	企业单位数(个) Number of Enterprises (unit)	亏损企业 Loss-making Enterprises
总 计	**Total**	**137**	**44**
国有控股企业	State-holding Enterprises	137	44
轻工业	Light Industry	38	16
重工业	Heavy Industry	99	28
大型企业	Large Enterprises	11	1
中型企业	Medium-sized Enterprises	23	10
小型企业	Small Enterprises	103	33
按工业行业分组	**Grouped by Sector**		
采掘业	**Mining**	**17**	**5**
煤炭开采和洗选业	Mining and Washing of Coal	8	3
石油和天然气开采业	Extraction of Petroleum and Natural Gas	1	
黑色金属矿采选业	Mining and Processing of Ferrous Metal Ores	1	
有色金属矿采选业	Mining and Processing of Non-Ferrous Metal Ores	2	
非金属矿采选业	Mining and Processing of Nonmetal Ores	5	2
制造业	**Manufacture**	**71**	**16**
农副食品加工业	Processing of Food from Agricultural Products	7	1
食品制造业	Manufacture of Foods	1	
纺织服装、鞋、帽制造业	Manufacture of Textile Wearing Apparel, Footwear and Caps	1	
印刷业和记录媒介的复制	Printing, Reproduction of Recording Media	3	1
石油加工、炼焦及核燃料加工业	Processing of Petroleum,Coking,Processing of Nuclear Fuel	1	
化学原料及化学制品制造业	Manufacture of Raw Chemical Materials and Chemical Products	21	10
医药制造业	Manufacture of Medicines	4	1
非金属矿物制品业	Manufacture of Non-metallic Mineral Products	9	1
黑色金属冶炼及压延加工业	Smelting and Pressing of Ferrous Metals	1	
有色金属冶炼及压延加工业	Smelting and Pressing of Non-ferrous Metals	10	
金属制品业	Manufacture of Metal Products	1	
通用设备制造业	Manufacture of General Purpose Machinery	7	1
交通运输设备制造业	Manufacture of Transport Equipment	3	1
电气机械及器材制造业	Manufacture of Electrical Machinery and Equipment	1	
工艺品及其他制造业	Manufacture of Artwork and Other Manufacturing	1	
电力、燃气及水的生产和供应业	**Production and Distribution of Electricity, Gas and Water**	**49**	**23**
电力、热力的生产和供应业	Production and Supply of Electric Power and Heat Power	28	10
水的生产和供应业	Production and Supply of Water	21	13

Main Economic Indicators of State-owned and State-holding Industrial Enterprises(2009)

(10 000 yuan)

工业总产值 Gross Industrial Output Value	资产总计 Total Assets	流动资产合计 Total Working Capitals	固定资产合计 Total Fixed Assets	固定资产原价 Original Value of Fixed Assets	累计折旧 Accumulated Depreciation	固定资产净值 Net Value of Fixed Assets
6737414	**19370127**	**4256524**	**12035423**	**13499783**	**4104487**	**9315089**
6737414	19370127	4256524	12035423	13499783	4104487	9315089
70191	282068	70207	134469	135375	44530	90844
6667223	19088059	4186317	11900954	13364408	4059957	9224245
5449247	15832362	3255703	10222902	11502529	3696811	7725511
700986	2204395	547291	1174223	1311090	272273	1038817
587181	1333371	453530	638299	686164	135403	550761
1967405	**4781620**	**1385133**	**2706517**	**3761014**	**1220329**	**2460478**
199865	459658	183320	183936	186208	29637	156571
1132513	2275708	418734	1856974	2746015	1000225	1665583
6995	12615	6632	5983	4885	2039	2846
590550	1919992	744849	591863	760602	168739	591863
37482	113646	31598	67761	63304	19689	43615
3296856	**7660778**	**2595524**	**3997970**	**3573029**	**972805**	**2600224**
17805	20387	8176	5030	8086	3145	4940
1663	655	422	234	240	7	234
6337	8867	7280	1587	2599	1023	1576
5895	12220	6093	6123	9470	3349	6121
1196299	3627831	1384948	1751472	902540	115680	786860
18694	51433	18910	28970	23322	6176	17147
89870	171577	74261	82066	105915	31063	74853
573276	1142278	336096	674555	725638	175194	550444
1128273	2261708	545041	1319731	1633943	585128	1048815
14760	16770	15758	1012	1994	982	1012
208717	319417	178968	120968	148035	45958	102078
3147	4387	1642	1575	2159	584	1575
30950	17980	13482	3823	7989	4197	3793
1171	5269	4446	823	1098	320	778
1473153	**6927730**	**275867**	**5330937**	**6165740**	**1911353**	**4254387**
1454527	6744492	250987	5239235	6075180	1880842	4194338
18626	183238	24880	91702	90560	30511	60049

12-8 续表 1

单位：万元

项 目	Item	负债合计 Total Liabilities	流动负债合计 Total Working Liabilities
总 计	**Total**	**12591380**	**6397649**
国有控股企业	State-holding Enterprises	12591380	6397649
轻工业	Light Industry	170884	80800
重工业	Heavy Industry	12420497	6316849
大型企业	Large Enterprises	10372473	5132423
中型企业	Medium-sized Enterprises	1454718	699259
小型企业	Small Enterprises	764190	565967
按工业行业分组	**Grouped by Sector**		
采掘业	**Mining**	**2386304**	**1427237**
煤炭开采和洗选业	Mining and Washing of Coal	239655	177278
石油和天然气开采业	Extraction of Petroleum and Natural Gas	1291301	662301
黑色金属矿采选业	Mining and Processing of Ferrous Metal Ores	7187	5179
有色金属矿采选业	Mining and Processing of Non-Ferrous Metal Ores	786243	540867
非金属矿采选业	Mining and Processing of Nonmetal Ores	61919	41612
制造业	**Manufacture**	**4793087**	**3199544**
农副食品加工业	Processing of Food from Agricultural Products	11616	10536
食品制造业	Manufacture of Foods	334	334
纺织服装、鞋、帽制造业	Manufacture of Textile Wearing Apparel, Footwear and Caps	2621	2173
印刷业和记录媒介的复制	Printing, Reproduction of Recording Media	8512	8072
石油加工、炼焦及核燃料加工业	Processing of Petroleum,Coking,Processing of Nuclear Fuel		
化学原料及化学制品制造业	Manufacture of Raw Chemical Materials and Chemical Products	1914394	1033269
医药制造业	Manufacture of Medicines	18820	14393
非金属矿物制品业	Manufacture of Non-metallic Mineral Products	103185	64877
黑色金属冶炼及压延加工业	Smelting and Pressing of Ferrous Metals	740192	567758
有色金属冶炼及压延加工业	Smelting and Pressing of Non-ferrous Metals	1759103	1312292
金属制品业	Manufacture of Metal Products	12607	12607
通用设备制造业	Manufacture of General Purpose Machinery	203235	155434
交通运输设备制造业	Manufacture of Transport Equipment	2314	2296
电气机械及器材制造业	Manufacture of Electrical Machinery and Equipment	12501	12501
工艺品及其他制造业	Manufacture of Artwork and Other Manufacturing	3654	3001
电力、燃气及水的生产和供应业	**Production and Distribution of Electricity, Gas and Water**	**5411990**	**1770868**
电力、热力的生产和供应业	Production and Supply of Electric Power and Heat Power	5286662	1728577
水的生产和供应业	Production and Supply of Water	125328	42291

continued

(10 000 yuan)

长期负债合计 Total Long-term Liabilities	所有者权益合计 Total Owners' Equity	实收资本 Paid-up Capital	主营业务收入 Revenue from Principal Business	主营业务成本 Cost of Principal Business	主营业务税金及附加 Taxes and Other Charges on Principal Business	其他业务利润 Other Operating Profit
5974931	**6484650**	**2966438**	**7436187**	**5660550**	**172961**	**-56313**
5974931	6484650	2966438	7436187	5660550	172961	-56313
88180	111171	99493	61071	43632	303	937
5886751	6373479	2866945	7375117	5616918	172658	-57250
5074225	5176127	2088180	6235947	4764871	148801	-62960
731365	740450	534264	668462	519739	12849	2429
169341	568073	343995	531778	375939	11311	4218
949039	**2389823**	**352810**	**2913075**	**2189954**	**100341**	**-61898**
54377	216612	79901	210883	138158	6615	947
629000	984408		890540	386669	86493	-63852
	5428	2580	22357	21999	167	1007
245376	1133749	238782	1753552	1619757	6054	
20287	49627	31547	35743	23370	1013	
1555741	**2579137**	**1582219**	**3060617**	**2129478**	**62984**	**932**
	8757	7597	16918	13509	14	
	321	229	1840	1725	3	
447	6246	3000	6596	1002		
440	3708	2040	5449	4210	28	122
868498	1426040	682899	930156	417543	54211	-291
4426	32613	25472	15183	12126	55	
14215	68324	48537	90880	58024	744	92
172434	402086	278900	506203	425503	3983	-682
446811	502605	430328	1168953	916263	2952	445
	4163	1450	18660	14832	61	103
47800	115143	94935	265624	237365	566	821
18	2037	1014	3230	3001	10	
	5478	4818	30022	24017	343	
653	1615	1000	903	357	15	323
3470150	**1515690**	**1031409**	**1462495**	**1341118**	**9637**	**4653**
3387936	1457780	971254	1448313	1330416	9448	4161
82214	57910	60155	14182	10702	188	492

12-8 续表 2

单位：万元

项 目	Item	营业费用 Operating Expenses	营业利润 Operating Profit
总 计	**Total**	**147546**	**615493**
国有控股企业	State-holding Enterprises	147546	615493
轻工业	Light Industry	4374	-1605
重工业	Heavy Industry	143172	617098
大型企业	Large Enterprises	80206	500127
中型企业	Medium-sized Enterprises	40442	-1028
小型企业	Small Enterprises	26898	116393
按工业行业分组	**Grouped by Sector**		
采掘业	**Mining**	**29590**	**276701**
煤炭开采和洗选业	Mining and Washing of Coal	7482	27814
石油和天然气开采业	Extraction of Petroleum and Natural Gas	6389	175337
黑色金属矿采选业	Mining and Processing of Ferrous Metal Ores	105	277
有色金属矿采选业	Mining and Processing of Non-Ferrous Metal Ores	13830	74093
非金属矿采选业	Mining and Processing of Nonmetal Ores	1785	-820
制造业	**Manufacture**	**115952**	**370468**
农副食品加工业	Processing of Food from Agricultural Products	888	-68
食品制造业	Manufacture of Foods	39	55
纺织服装、鞋、帽制造业	Manufacture of Textile Wearing Apparel, Footwear and Caps	144	587
印刷业和记录媒介的复制	Printing, Reproduction of Recording Media	677	-312
石油加工、炼焦及核燃料加工业	Processing of Petroleum,Coking,Processing of Nuclear Fuel		
化学原料及化学制品制造业	Manufacture of Raw Chemical Materials and Chemical Products	71382	316827
医药制造业	Manufacture of Medicines	1563	674
非金属矿物制品业	Manufacture of Non-metallic Mineral Products	4804	15793
黑色金属冶炼及压延加工业	Smelting and Pressing of Ferrous Metals	5245	5931
有色金属冶炼及压延加工业	Smelting and Pressing of Non-ferrous Metals	20062	31939
金属制品业	Manufacture of Metal Products	227	2973
通用设备制造业	Manufacture of General Purpose Machinery	9554	-4497
交通运输设备制造业	Manufacture of Transport Equipment	1	-25
电气机械及器材制造业	Manufacture of Electrical Machinery and Equipment	1336	756
工艺品及其他制造业	Manufacture of Artwork and Other Manufacturing	32	-163
电力、燃气及水的生产和供应业	**Production and Distribution of Electricity, Gas and Water**	**2004**	**-31677**
电力、热力的生产和供应业	Production and Supply of Electric Power and Heat Power	972	-29300
水的生产和供应业	Production and Supply of Water	1031	-2377

continued

(10 000 yuan)

利润总额 Total Profits	应交所得税 Income Tax Payable	亏损企业亏损总额 The Total Loss of Loss-making Enterprises	利税总额 Total Profits and Taxes	本年应交增值税 Value Added Tax Payable	全部从业人员年平均人数(人) Annual Average Employed Persons (person)
685251	**110463**	**99142**	**1195463**	**337251**	**108017**
685251	110463	99142	1195463	337251	108017
-464	223	2985	2547	2708	4439
685715	110239	96158	1192916	334543	103578
549333	91035	40771	977734	279599	77141
11699	8679	47826	53029	28481	20335
124218	10749	10545	164700	29171	10541
275221	**41773**	**24217**	**515120**	**139558**	**37076**
24172	6914	23266	55757	24970	8383
176608	21951		338439	75338	16396
869			1650	614	287
74035	12548		115966	35877	7900
-463	360	951	3309	2758	4110
439639	**66010**	**26070**	**627693**	**125071**	**53724**
90		113	392	289	402
55	29		58		28
681			1001	320	558
84	77	22	376	264	588
372190	55680	18746	467324	40923	17386
932		464	1861	874	959
17736	3498	209	24988	6508	2823
9319	1896		38411	25110	8842
36070	3802		77270	38248	14633
2981	447		3647	606	292
-1280	577	6476	10863	11577	6545
-25	5	40	71	87	196
756			1231	132	394
52			200	133	78
-29609	**2680**	**48855**	**52649**	**72622**	**17217**
-27252	2563	46470	53991	71795	15391
-2357	117	2385	-1341	828	1826

12–9 规模以上集体工业企业主要经济指标(2009年)

单位：万元

项 目	Item	企业单位数(个) Number of Enterprises (unit)	亏损企业 Loss-making Enterprises
总 计	**Total**	**9**	**4**
#重工业	Heavy Industry	9	4
#中型企业	Medium-sized Enterprises	3	
小型企业	Small Enterprises	6	4
按工业行业分组	**Grouped by Sector**		
采掘业	**Mining**	**2**	**1**
有色金属矿采选业	Mining and Processing of Non-Ferrous Metal Ores	1	
非金属矿采选业	Mining and Processing of Nonmetal Ores	1	1
制造业	**Manufacture**	**7**	**3**
化学原料及化学制品制造业	Manufacture of Raw Chemical Materials and Chemical Products	1	
塑料制品业	Manufacture of Plastics	1	1
非金属矿物制品业	Manufacture of Non-metallic Mineral Products	3	1
有色金属冶炼及压延加工业	Smelting and Pressing of Non-ferrous Metals	1	
专用设备制造业	Manufacture of Special Purpose Machinery	1	1

Main Indicators of Collective Industrial Enterprises(2009)

(10 000 yuan)

工业总产值 Gross Industrial Output Value	资产总计 Total Assets	流动资产合计 Total Working Capitals	固定资产合计 Total Fixed Assets	固定资产原价 Original Value of Fixed Assets	累计折旧 Accumulated Depreciation	固定资产净值 Net Value of Fixed Assets
85330	**120038**	**80673**	**23161**	**32216**	**10354**	**21862**
85330	120038	80673	23161	32216	10354	21862
47729	49470	31481	11353	18678	7374	11304
37601	70567	49192	11808	13538	2980	10558
1818	**4958**	**3464**	**1258**	**1800**	**625**	**1175**
1710	4299	3252	1047	999		999
108	659	212	211	801	625	177
83512	**115080**	**77209**	**21903**	**30416**	**9729**	**20687**
31838	58590	41929	8096	9323	1559	7763
1040	1434	1005	418	261	76	185
44994	46179	31292	11743	18349	6655	11694
3328	5115	976	647	1536	889	647
2312	3761	2007	999	947	550	397

12-9 续表 1

单位：万元

项　目	Item	负　债 合　计 Total Liabilities	流动负债 合　计 Total Working Liabilities
总　计	**Total**	**76596**	**74202**
#重工业	Heavy Industry	76596	74202
#中型企业	Medium-sized Enterprises	32963	32563
小型企业	Small Enterprises	43633	41638
按工业行业分组	**Grouped by Sector**		
采掘业	**Mining**	**3831**	**3216**
有色金属矿采选业	Mining and Processing of Non-Ferrous Metal Ores	3216	3216
非金属矿采选业	Mining and Processing of Nonmetal Ores	615	
制造业	**Manufacture**	**72765**	**70986**
化学原料及化学制品制造业	Manufacture of Raw Chemical Materials and Chemical Products	34439	34439
塑料制品业	Manufacture of Plastics	1050	920
非金属矿物制品业	Manufacture of Non-metallic Mineral Products	32323	30675
有色金属冶炼及压延加工业	Smelting and Pressing of Non-ferrous Metals	2036	2036
专用设备制造业	Manufacture of Special Purpose Machinery	2919	2917

continued

(10 000 yuan)

长期负债合计 Total Long-term Liabilities	所有者权益合计 Total Owners' Equity	实收资本 Paid-up Capital	主营业务收入 Revenue from Principal Business	主营业务成本 Cost of Principal Business	主营业务税金及附加 Taxes and Other Charges on Principal Business	其他业务利润 Other Operating Profit
2347	**43422**	**11357**	**91362**	**68492**	**3310**	**75**
2347	43422	11357	91362	68492	3310	75
400	16507	7349	60244	57371	1275	75
1947	26915	4008	31118	11121	2034	
570	**1127**	**924**	**1724**	**1408**	**11**	
	1083	810	1710	1399	11	
570	45	114	14	9		
1778	**42294**	**10433**	**89638**	**67084**	**3298**	**75**
	24151	1350	26114	6564	2017	
130	385	495	2381	2365	2	
1648	13857	6135	56955	54486	1240	35
	3079	1354	3718	3283	39	40
	822	1100	470	386	1	

12–9 续表 2

单位：万元

项 目	Item	营业费用 Operating Expenses	营业利润 Operating Profit
总 计	**Total**	**4367**	**14432**
#重工业	Heavy Industry	4367	14432
#中型企业	Medium-sized Enterprises	803	1782
小型企业	Small Enterprises	3565	12651
按工业行业分组	**Grouped by Sector**		
采掘业	**Mining**	**9**	**96**
有色金属矿采选业	Mining and Processing of Non-Ferrous Metal Ores		141
非金属矿采选业	Mining and Processing of Nonmetal Ores	9	-45
制造业	**Manufacture**	**4358**	**14337**
化学原料及化学制品制造业	Manufacture of Raw Chemical Materials and Chemical Products	3510	12682
塑料制品业	Manufacture of Plastics	1	-1
非金属矿物制品业	Manufacture of Non-metallic Mineral Products	845	1461
有色金属冶炼及压延加工业	Smelting and Pressing of Non-ferrous Metals		242
专用设备制造业	Manufacture of Special Purpose Machinery	1	-48

continued

(10 000 yuan)

利 润 总 额 Total Profits	应 交 所得税 Income Tax Payable	亏损企业 亏损总额 The Total Loss of Loss-making Enterprises	利 税 总 额 Total Profits and Taxes	本年应交 增 值 税 Value Added Tax Payable	全部从业人员年 平均人数(人) Annual Average Employed Persons (person)
16509	**86**	**151**	**21884**	**2066**	**3659**
16509	86	151	21884	2066	3659
1554	86		3510	681	2950
14955		151	18374	1385	709
98		**43**	**116**	**7**	**77**
141			160	7	45
-43		43	-43		32
16412	**86**	**107**	**21768**	**2059**	**3582**
14965			18287	1305	278
			20	17	81
1130	43	78	3096	726	2423
346	43		390	5	600
-29		29	-24	5	200

12-10 大中型企业主要经济指标(2009年)

单位：万元

项目	Item	企业单位数(个) Number of Enterprises (unit)	亏损企业 Loss-making Enterprises
总计	**Total**	**83**	**19**
国有控股企业	State-holding Enterprises	34	11
轻工业	Light Industry	17	3
重工业	Heavy Industry	66	16
大型企业	Large Enterprises	12	1
中型企业	Medium-sized Enterprises	71	18
按工业行业分组	**Grouped by Sector**		
采掘业	**Mining**	**12**	**3**
煤炭开采和洗选业	Mining and Washing of Coal	5	2
石油和天然气开采业	Extraction of Petroleum and Natural Gas	1	
有色金属矿采选业	Mining and Processing of Non-Ferrous Metal Ores	4	
非金属矿采选业	Mining and Processing of Nonmetal Ores	2	1
制造业	**Manufacture**	**66**	**13**
农副食品加工业	Processing of Food from Agricultural Products	2	
食品制造业	Manufacture of Foods	2	
饮料制造业	Manufacture of Beverages	2	
纺织业	Manufacture of Textile	3	1
纺织服装、鞋、帽制造业	Manufacture of Textile Wearing Apparel, Footwear and Caps	3	
印刷业和记录媒介的复制	Printing, Reproduction of Recording Media	1	
石油加工、炼焦及核燃料加工业	Processing of Petroleum,Coking,Processing of Nuclear Fuel	1	
化学原料及化学制品制造业	Manufacture of Raw Chemical Materials and Chemical Products	11	4
医药制造业	Manufacture of Medicines	3	1
非金属矿物制品业	Manufacture of Non-metallic Mineral Products	10	1
黑色金属冶炼及压延加工业	Smelting and Pressing of Ferrous Metals	10	3
有色金属冶炼及压延加工业	Smelting and Pressing of Non-ferrous Metals	10	1
金属制品业	Manufacture of Metal Products	1	
通用设备制造业	Manufacture of General Purpose Machinery	4	1
交通运输设备制造业	Manufacture of Transport Equipment	1	1
电气机械及器材制造业	Manufacture of Electrical Machinery and Equipment	1	
仪器仪表及文化、办公用	Manufacture of Measuring Instruments and Machinery for	1	
电力、燃气及水的生产和供应业	**Production and Distribution of Electricity, Gas and Water**	**5**	**3**
电力、热力的生产和供应业	Production and Supply of Electric Power and Heat Power	4	2
水的生产和供应业	Production and Supply of Water	1	1

Main Indicators of Large and Medium-sized Industrial Enterprises(2009)

(10 000 yuan)

工业总产值 Gross Industrial Output Value	资产总计 Total Assets	流动资产合计 Total Working Capitals	固定资产合计 Total Fixed Assets	固定资产原价 Original Value of Fixed Assets	累计折旧 Accumulated Depreciation	固定资产净值 Net Value of Fixed Assets
8379304	**21038756**	**5377587**	**12417368**	**13764537**	**4189698**	**9494632**
6150233	18036757	3802994	11397125	12813619	3969085	8764328
396736	431008	182951	218823	238216	64142	174073
7982567	20607748	5194637	12198545	13526321	4125556	9320559
5500186	15887682	3283462	10247859	11524590	3699335	7745049
2879117	5151075	2094126	2169509	2239947	490364	1749584
2237433	**5340833**	**1722290**	**2781330**	**3874155**	**1235587**	**2558361**
320781	782613	431745	155654	174882	24227	150655
1132513	2275708	418734	1856974	2746015	1000225	1665583
750444	2177081	842729	706231	896003	193143	702861
33695	105431	29083	62471	57255	17993	39262
4746986	**9254390**	**3417565**	**4676137**	**4150058**	**1113663**	**3036395**
40935	41025	16801	17426	19289	2278	17011
26478	17794	9982	7740	8991	3334	5657
62882	38755	18421	16169	24570	8687	15883
129424	127981	66998	53527	57473	9596	47878
55137	43727	20060	19844	20153	3942	16211
28100	15763	6384	9379	11445	3354	8090
172036	224129	84801	119416	130027	10612	119416
1157590	3847971	1582057	1766543	882657	120480	762178
41203	62467	30552	24995	34766	13726	21041
177984	336010	123435	177980	178857	49013	129844
970471	1423864	501994	778648	830568	204705	625863
1565014	2648139	714789	1523185	1750702	625635	1125067
63240	51499	13761	27586	28580	1309	27271
178035	299564	177797	118520	147806	46092	101713
38526	41918	27942	5118	6421	3180	3241
30950	17980	13482	3823	7989	4197	3793
8981	15805	8311	6240	9765	3525	6240
1394885	**6443533**	**237733**	**4959901**	**5740324**	**1840448**	**3899876**
1382308	6360037	223980	4890158	5678795	1821223	3857573
12578	83496	13754	69743	61529	19226	42304

12-10 续表 1

单位：万元

项 目	Item	负债合计 Total Liabilities	流动负债合计 Total Working Liabilities
总 计	**Total**	**13527445**	**7176144**
国有控股企业	State-holding Enterprises	11827191	5831682
轻工业	Light Industry	231837	149311
重工业	Heavy Industry	13295608	7026834
大型企业	Large Enterprises	10407636	5151996
中型企业	Medium-sized Enterprises	3119809	2024148
按工业行业分组	**Grouped by Sector**		
采掘业	**Mining**	**2692720**	**1704137**
煤炭开采和洗选业	Mining and Washing of Coal	445885	391381
石油和天然气开采业	Extraction of Petroleum and Natural Gas	1291301	662301
有色金属矿采选业	Mining and Processing of Non-Ferrous Metal Ores	896138	611332
非金属矿采选业	Mining and Processing of Nonmetal Ores	59396	39123
制造业	**Manufacture**	**5766963**	**3943489**
农副食品加工业	Processing of Food from Agricultural Products	23438	23438
食品制造业	Manufacture of Foods	7989	7772
饮料制造业	Manufacture of Beverages	17248	15742
纺织业	Manufacture of Textile	72862	40532
纺织服装、鞋、帽制造业	Manufacture of Textile Wearing Apparel, Footwear and Caps	24213	18856
印刷业和记录媒介的复制	Printing, Reproduction of Recording Media	7643	3643
石油加工、炼焦及核燃料加工业	Processing of Petroleum,Coking,Processing of Nuclear Fuel	138014	118014
化学原料及化学制品制造业	Manufacture of Raw Chemical Materials and Chemical Products	2057870	1149925
医药制造业	Manufacture of Medicines	26454	23813
非金属矿物制品业	Manufacture of Non-metallic Mineral Products	201299	133491
黑色金属冶炼及压延加工业	Smelting and Pressing of Ferrous Metals	925046	717866
有色金属冶炼及压延加工业	Smelting and Pressing of Non-ferrous Metals	1999000	1497124
金属制品业	Manufacture of Metal Products	22729	9040
通用设备制造业	Manufacture of General Purpose Machinery	198373	158194
交通运输设备制造业	Manufacture of Transport Equipment	28321	9576
电气机械及器材制造业	Manufacture of Electrical Machinery and Equipment	12501	12501
仪器仪表及文化、办公用机械制造业	Manufacture of Measuring Instruments and Machinery for Cultural Activity and Office Work	3965	3965
电力、燃气及水的生产和供应业	**Production and Distribution of Electricity, Gas and Water**	**5067762**	**1528518**
电力、热力的生产和供应业	Production and Supply of Electric Power and Heat Power	5015771	1513001
水的生产和供应业	Production and Supply of Water	51991	15517

continued

(10 000 yuan)

长期负债合计 Total Long-term Liabilities	所有者权益合计 Total Owners' Equity	实收资本 Paid-up Capital	主营业务收入 Revenue from Principal Business	主营业务成本 Cost of Principal Business	主营业务税金及附加 Taxes and Other Charges on Principal Business	其他业务利润 Other Operating Profit
6136980	**7194901**	**3235153**	**8950559**	**6793884**	**262533**	**-57817**
5805590	5916577	2622443	6904410	5284611	161650	-60531
82501	196152	142231	363445	267051	9671	1090
6054479	6998748	3092922	8587114	6526833	252862	-58907
5089814	5196284	2092197	6274277	4803191	148832	-62867
1047166	1998617	1142956	2676282	1990693	113701	5050
988582	**2639621**	**383181**	**3166679**	**2298335**	**104944**	**-63055**
54504	333336	79397	345637	218126	9428	472
629000	984408		890540	386669	86493	-63852
284806	1277943	273784	1898277	1672747	8073	325
20272	43935	30000	32226	20794	950	
1774978	**3179509**	**1960706**	**4394746**	**3212342**	**148661**	**1518**
	17553	19237	40389	36585		
212	8805	3062	20811	16887	410	478
1506	21507	18500	76478	44751	8795	77
32330	54006	20897	102381	81430	30	93
5357	18642	9300	53427	38966	2	104
4000	8120	5357	27257	23168	14	
55	86115	70000	121402	125612	907	1041
907945	1502704	744035	888244	364925	58494	-263
2621	36014	33462	33198	18692	355	30
43714	134620	85028	180420	131897	1838	123
202750	498754	329259	930418	793861	8556	-433
501876	631891	523291	1566457	1221875	68159	100
13689	28769	888	61343	57777	22	
40179	101092	78172	235389	211057	568	161
18745	13598	13900	18834	13651	106	
	5478	4818	30022	24017	343	
	11841	1500	8278	7192	64	9
3373419	**1375771**	**891266**	**1389133**	**1283208**	**8928**	**3720**
3336945	1344266	858850	1379630	1276635	8863	3411
36474	31505	32416	9503	6573	66	310

12-10 续表 2

单位：万元

项 目	Item	营业费用 Operating Expenses	营业利润 Operating Profit
总 计	**Total**	**201114**	**688255**
国有控股企业	State-holding Enterprises	120648	499099
轻工业	Light Industry	27471	18907
重工业	Heavy Industry	173643	669349
大型企业	Large Enterprises	81634	500260
中型企业	Medium-sized Enterprises	119480	187995
按工业行业分组	**Grouped by Sector**		
采掘业	**Mining**	**39838**	**363149**
煤炭开采和洗选业	Mining and Washing of Coal	12590	74893
石油和天然气开采业	Extraction of Petroleum and Natural Gas	6389	175337
有色金属矿采选业	Mining and Processing of Non-Ferrous Metal Ores	19468	113477
非金属矿采选业	Mining and Processing of Nonmetal Ores	1392	-558
制造业	**Manufacture**	**159783**	**363112**
农副食品加工业	Processing of Food from Agricultural Products	1537	690
食品制造业	Manufacture of Foods	2297	1219
饮料制造业	Manufacture of Beverages	5316	13373
纺织业	Manufacture of Textile	5025	3018
纺织服装、鞋、帽制造业	Manufacture of Textile Wearing Apparel, Footwear and Caps	2513	1997
印刷业和记录媒介的复制	Printing, Reproduction of Recording Media	1770	785
石油加工、炼焦及核燃料加工业	Processing of Petroleum,Coking,Processing of Nuclear Fuel	5780	8827
化学原料及化学制品制造业	Manufacture of Raw Chemical Materials and Chemical Products	66354	273607
医药制造业	Manufacture of Medicines	8448	-580
非金属矿物制品业	Manufacture of Non-metallic Mineral Products	5612	25268
黑色金属冶炼及压延加工业	Smelting and Pressing of Ferrous Metals	14882	6021
有色金属冶炼及压延加工业	Smelting and Pressing of Non-ferrous Metals	23883	35182
金属制品业	Manufacture of Metal Products	1310	474
通用设备制造业	Manufacture of General Purpose Machinery	7318	-4991
交通运输设备制造业	Manufacture of Transport Equipment	5825	-2708
电气机械及器材制造业	Manufacture of Electrical Machinery and Equipment	1336	756
仪器仪表及文化、办公用机械制造业	Manufacture of Measuring Instruments and Machinery for Cultural Activity and Office Work	577	175
电力、燃气及水的生产和供应业	**Production and Distribution of Electricity, Gas and Water**	**1492**	**-38006**
电力、热力的生产和供应业	Production and Supply of Electric Power and Heat Power	927	-36409
水的生产和供应业	Production and Supply of Water	566	-1596

continued

(10 000 yuan)

利润总额 Total Profits	应交所得税 Income Tax Payable	亏损企业亏损总额 The Total Loss of Loss-making Enterprises	利税总额 Total Profits and Taxes	本年应交增值税 Value Added Tax Payable	全部从业人员年平均人数(人) Annual Average Employed Persons (person)
769842	**137359**	**108622**	**1419881**	**387507**	**131993**
561032	99714	88597	1030763	308080	97476
19038	2813	3277	37502	8794	14317
750804	134546	105345	1382379	378713	117676
549466	91091	40771	978295	279997	80141
220376	46269	67851	441586	107509	51852
374733	**60912**	**18382**	**643426**	**163749**	**37071**
75276	12564	17692	127642	42939	7605
176608	21951		338439	75338	16396
123052	26037		174020	42895	9201
-203	360	690	3326	2578	3869
430575	**74433**	**42981**	**734039**	**154803**	**79750**
690			711	21	716
1463	120		2232	359	803
12967	1671		25384	3622	1381
3061	852	247	4256	1165	4651
1971			2491	518	3330
785			799		583
9407			16383	6069	1250
331055	57312	16480	430483	40935	16531
-278	55	1408	2562	2485	1978
25932	3380	1172	35896	8126	6683
6707	5504	8293	51593	36330	15222
38584	4385	6963	149065	42322	17516
474			704	208	660
-1233	575	6476	10493	11158	6505
-1942	580	1942	-896	941	890
756			1231	132	394
174			651	413	657
-35466	**2014**	**47258**	**42416**	**68954**	**15172**
-33844	1899	45636	43349	68330	14297
-1623	115	1623	-933	624	875

12-11 规模以上非公有工业企业主要指标(2009年)

单位：万元

项目	Item	企业单位数(个) Number of Enterprises (unit)	亏损企业 Loss-making Enterprises
总计	**Total**	**357**	**121**
轻工业	Light Industry	99	15
重工业	Heavy Industry	258	106
大型企业	Large Enterprises	1	
中型企业	Medium-sized Enterprises	40	6
小型企业	Small Enterprises	316	115
按登记注册类型分组	**By Status of Registration**	**357**	**121**
股份合作企业	Cooperative Enterprises	5	2
有限责任公司	Limited Liability Corporations	157	50
股份有限公司	Share-holding Corporations Limited	16	9
私营企业	Private Enterprises	158	56
其他企业	Other Enterprises	2	
港、澳、台商投资企业	Enterprises with Funds from Hong Kong, Macao and Taiwan	5	2
外商投资企业	Foreign Funded Enterprises	14	2
按工业行业分组	**Grouped by Sector**		
采掘业	**Mining**	**39**	**15**
煤炭开采和洗选业	Mining and Washing of Coal	7	2
石油和天然气开采业	Extraction of Petroleum and Natural Gas	1	1
黑色金属矿采选业	Mining and Processing of Ferrous Metal Ores	10	5
有色金属矿采选业	Mining and Processing of Non-Ferrous Metal Ores	13	4
非金属矿采选业	Mining and Processing of Nonmetal Ores	6	3
其他采矿业	Mining of Other Ores	2	
制造业	**Manufacture**	**301**	**98**
农副食品加工业	Processing of Food from Agricultural Products	28	5
食品制造业	Manufacture of Foods	17	1
饮料制造业	Manufacture of Beverages	8	2
纺织业	Manufacture of Textile	6	2
纺织服装、鞋、帽制造业	Manufacture of Textile Wearing Apparel, Footwear and Caps	4	
皮革、毛皮、羽毛(绒)及其制品业	Manufacture of Leather,Fur,Feather and Related Products	1	
家具制造业	Manufacture of Furniture	1	
造纸及纸制品业	Manufacture of Paper and Paper Products	2	1
印刷业和记录媒介的复制	Printing, Reproduction of Recording Media	4	1
石油加工、炼焦及核燃料加工业	Processing of Petroleum, Coking, Processing of Nuclear Fuel	2	1
化学原料及化学制品制造业	Manufacture of Raw Chemical Materials and Chemical Products	50	18
医药制造业	Manufacture of Medicines	20	1
橡胶制品业	Manufacture of Rubber	1	
塑料制品业	Manufacture of Plastics	4	2
非金属矿物制品业	Manufacture of Non-metallic Mineral Products	49	14
黑色金属冶炼及压延加工业	Smelting and Pressing of Ferrous Metals	45	29
有色金属冶炼及压延加工业	Smelting and Pressing of Non-ferrous Metals	20	9
金属制品业	Manufacture of Metal Products	20	6
通用设备制造业	Manufacture of General Purpose Machinery	3	2
专用设备制造业	Manufacture of Special Purpose Machinery	3	1
交通运输设备制造业	Manufacture of Transport Equipment	1	1
电气机械及器材制造业	Manufacture of Electrical Machinery and Equipment	7	1
通信设备、计算机及其他电子设备制造业	Manufacture of Communication Equipment, Computers and Other Electronic Equipment	1	
工艺品及其他制造业	Manufacture of Artwork and Other Manufacturing	4	1
电力、燃气及水的生产和供应业	**Production and Distribution of Electricity, Gas and Water**	**17**	**8**
电力、热力的生产和供应业	Production and Supply of Electric Power and Heat Power	15	8
燃气生产和供应业	Production and Supply of Gas	1	
水的生产和供应业	Production and Supply of Water	1	

Main Indicators of all Non-public Industrial Enterprises Above Designated Size (2009)

(10 000 yuan)

工 业 总产值 Gross Industrial Output Value	资 产 总 计 Total Assets	流动资 产合计 Total Working Capitals	固定资产 合计 Total Fixed Assets	固定资 产原价 Original Value of Fixed Assets	累计折旧 Accumulated Depreciation	固定资产 净值 Net Value of Fixed Assets
3873775	**5616974**	**2586494**	**2040183**	**2146984**	**485863**	**1661121**
740222	931148	325593	392343	435367	96334	339033
3133554	4685827	2260901	1647840	1711617	389529	1322088
50940	55320	27758	24958	22061	2523	19538
2045194	2799713	1464055	940738	870014	193855	676159
1777641	2761942	1094681	1074487	1254909	289485	965424
3873775	**5616974**	**2586494**	**2040183**	**2146984**	**485863**	**1661121**
124577	31971	16721	14803	15600	1871	13729
2087862	2494540	1157943	818531	926133	209274	716860
154637	272758	128115	84123	109321	43732	65588
1221434	2290153	1144552	761691	811285	178215	633069
599	2356	1304	1052	295	192	103
31558	42799	27592	13944	10596	5008	5588
253109	482398	110268	346041	273754	47570	226184
559211	**1161418**	**643820**	**252350**	**286647**	**44718**	**241929**
318101	664431	423863	33236	39299	6167	33132
912	10754	2422	8331	7311	1125	6186
21736	42927	30932	9489	13286	4861	8426
185488	354851	123956	184303	207255	28136	179120
24736	84878	61141	14929	17487	3865	13622
8237	3578	1506	2061	2008	565	1444
3280223	**4182392**	**1907585**	**1590716**	**1620182**	**400150**	**1220032**
151673	170819	99957	58633	59354	13084	46270
104208	158266	33847	31897	32614	10409	22205
102558	76472	32149	29308	40122	12341	27781
109154	144220	60793	73167	86567	20309	66258
61825	43410	13573	18736	18099	2984	15115
952	2795	755	2040	2186	146	2040
1353	2641	1256	1384	1514	229	1286
80	723	117	606	377	188	189
38433	22937	8552	11847	17201	6643	10558
200227	246631	104863	121580	131851	10654	121197
388907	1142411	642559	334606	317301	79010	238291
135960	251588	55851	144602	157255	26120	131135
992	1479	922	544	576	119	458
5179	4088	2789	1145	1722	710	1012
266317	338718	158832	150182	150449	35292	115158
592645	433232	244430	146945	155706	42035	113671
824399	795524	295148	373885	348766	115813	232953
138976	148834	48004	41397	45128	6086	39041
13948	34207	21224	7986	10624	5718	4906
12266	12322	7391	4348	5191	1014	4177
38526	41918	27942	5118	6421	3180	3241
63150	83212	32152	21065	23016	5612	17405
10950	5630	2967	1836	1859	107	1752
17545	20315	11513	7858	6281	2348	3933
34341	**273164**	**35090**	**197117**	**240155**	**40996**	**199160**
27873	263096	29531	193831	235749	39875	195874
6425	10005	5542	3240	4348	1108	3240
43	63	17	46	59	13	46

12-11 续表 1

单位：万元

项 目	Item	负债合计 Total Liabilities	流动负债合计 Total Working Liabilities
总 计	**Total**	**2952463**	**2267705**
轻工业	Light Industry	380699	282696
重工业	Heavy Industry	2571763	1985008
大型企业	Large Enterprises	35163	19574
中型企业	Medium-sized Enterprises	1576064	1249269
小型企业	Small Enterprises	1341236	998862
按登记注册类型分组	**By Status of Registration**	**2952463**	**2267705**
股份合作企业	Cooperative Enterprises	4740	4649
有限责任公司	Limited Liability Corporations	1194434	943104
股份有限公司	Share-holding Corporations Limited	170292	123496
私营企业	Private Enterprises	1301542	1084074
其他企业	Other Enterprises	1294	794
港、澳、台商投资企业	Enterprises with Funds from Hong Kong,Macao and Taiwan	22956	8208
外商投资企业	Foreign Funded Enterprises	257205	103380
按工业行业分组	**Grouped by Sector**		
采掘业	**Mining**	**575127**	**485174**
煤炭开采和洗选业	Mining and Washing of Coal	329175	316770
石油和天然气开采业	Extraction of Petroleum and Natural Gas	1068	1068
黑色金属矿采选业	Mining and Processing of Ferrous Metal Ores	21766	9766
有色金属矿采选业	Mining and Processing of Non-Ferrous Metal Ores	173108	122753
非金属矿采选业	Mining and Processing of Nonmetal Ores	47281	32148
其他采矿业	Mining of Other Ores	2730	2669
制造业	**Manufacture**	**2193499**	**1733004**
农副食品加工业	Processing of Food from Agricultural Products	101169	91309
食品制造业	Manufacture of Foods	34440	23596
饮料制造业	Manufacture of Beverages	34796	27722
纺织业	Manufacture of Textile	76049	38450
纺织服装、鞋、帽制造业	Manufacture of Textile Wearing Apparel, Footwear and Caps	22151	17231
皮革、毛皮、羽毛(绒)及其制品业	Manufacture of Leather,Fur,Feather and Related Products	1975	95
家具制造业	Manufacture of Furniture	1746	905
造纸及纸制品业	Manufacture of Paper and Paper Products	698	56
印刷业和记录媒介的复制	Printing, Reproduction of Recording Media	8599	4588
石油加工、炼焦及核燃料加工业	Processing of Petroleum, Coking, Processing of Nuclear Fuel	157130	129130
化学原料及化学制品制造业	Manufacture of Raw Chemical Materials and Chemical Products	655083	549536
医药制造业	Manufacture of Medicines	70154	59000
橡胶制品业	Manufacture of Rubber	350	350
塑料制品业	Manufacture of Plastics	2421	1868
非金属矿物制品业	Manufacture of Non-metallic Mineral Products	180086	158324
黑色金属冶炼及压延加工业	Smelting and Pressing of Ferrous Metals	284369	244166
有色金属冶炼及压延加工业	Smelting and Pressing of Non-ferrous Metals	392423	283676
金属制品业	Manufacture of Metal Products	52085	34498
通用设备制造业	Manufacture of General Purpose Machinery	17479	17406
专用设备制造业	Manufacture of Special Purpose Machinery	8451	6126
交通运输设备制造业	Manufacture of Transport Equipment	28321	9576
电气机械及器材制造业	Manufacture of Electrical Machinery and Equipment	47383	28624
通信设备、计算机及其他电子设备制造业	Manufacture of Communication Equipment, Computers and Other Electronic Equipment	2678	678
工艺品及其他制造业	Manufacture of Artwork and Other Manufacturing	13465	6093
电力、燃气及水的生产和供应业	**Production and Distribution of Electricity, Gas and Water**	**183837**	**49527**
电力、热力的生产和供应业	Production and Supply of Electric Power and Heat Power	181777	48759
燃气生产和供应业	Production and Supply of Gas	2047	755
水的生产和供应业	Production and Supply of Water	13	13

continued

(10 000 yuan)

长期负债合计 Total Long-term Liabilities	所有者权益合计 Total Owners' Equity	实收资本 Paid-up Capital	主营业务收入 Revenue from Principal Business	主营业务成本 Cost of Principal Business	主营业务税金及附加 Taxes and Other Charges on Principal Business	其他业务利润 Other Operating Profit
625595	**2621275**	**1075552**	**3302617**	**2535661**	**166548**	**4880**
92932	545179	198669	663578	527775	19007	1126
532663	2076096	876884	2639039	2007886	147542	3754
15589	20157	4017	38330	38320	30	93
302398	1201340	577160	1873543	1352489	98928	2031
307608	1399778	494376	1390744	1144852	67590	2757
625595	**2621275**	**1075552**	**3302617**	**2535661**	**166548**	**4880**
91	26184	6600	131721	116609	44094	28
223875	1282362	393498	1889354	1427757	56703	1903
43258	102364	71165	159805	119822	495	678
189297	981091	445864	896537	720338	31404	2036
500	1061	120	508	490	1	
14748	19843	5688	31681	27044	5783	149
153825	208371	152618	193010	123602	28068	86
79836	**583266**	**131631**	**526354**	**287145**	**11461**	**658**
12403	335257	42961	327180	193555	8589	184
	9685	10050	561	577	6	
12000	21161	7427	16896	13176	328	149
40240	178743	44286	164449	67472	2333	325
15133	37572	25218	9446	5409	196	
60	848	1688	7822	6957	9	
411450	**1948682**	**877371**	**2744712**	**2232247**	**151154**	**4080**
9860	69387	40238	155920	141995	204	621
9530	122780	21336	102354	83498	76	99
6369	39422	28054	108579	71008	10720	76
37599	68171	29779	79681	56845	45	397
4920	20388	6650	51891	41655	7	104
1880	820	280	650	577		
840	895	300	981	1353	38	
642	25	58	41	41		
4011	14338	6311	30966	25957	1470	
8055	89501	73500	135528	137573	909	1041
100430	482812	228622	293260	154043	21390	305
8347	180602	56566	104136	80355	762	
	1128	408	932	783	4	
553	1667	1082	4516	3782	9	
21454	158504	83569	253577	211295	3515	87
33983	148643	77658	639135	586601	5851	383
108571	373851	150633	555023	435573	97233	970
17587	96749	16151	124122	114221	143	11
73	16728	16138	13230	11075	20	156
2325	3871	2569	5228	4030	16	3
18745	13598	13900	18834	13651	106	
6305	35829	18118	43591	35529	1341	-188
2000	2126	1000	5320	4205	1645	
7373	6849	4452	17217	16605	5651	18
134310	**89327**	**66550**	**31552**	**16268**	**3933**	**142**
133018	81319	65503	25154	13534	3826	100
1292	7958	1000	6355	2688	106	42
	51	47	43	46		

12-11 续表 2

单位：万元

项 目	Item	营业费用 Operating Expenses	营业利润 Operating Profit
总 计	**Total**	**140548**	**262741**
轻工业	Light Industry	49652	36368
重工业	Heavy Industry	90897	226372
大型企业	Large Enterprises	1428	132
中型企业	Medium-sized Enterprises	75347	187253
小型企业	Small Enterprises	63774	75355
按登记注册类型分组	**By Status of Registration**	**140548**	**262741**
股份合作企业	Cooperative Enterprises	1478	4247
有限责任公司	Limited Liability Corporations	75499	165275
股份有限公司	Share-holding Corporations Limited	14275	-312
私营企业	Private Enterprises	43394	65685
其他企业	Other Enterprises	3	17
港、澳、台商投资企业	Enterprises with Funds from Hong Kong,Macao and Taiwan	248	2998
外商投资企业	Foreign Funded Enterprises	5652	24831
按工业行业分组	**Grouped by Sector**		
采掘业	**Mining**	**15768**	**139313**
煤炭开采和洗选业	Mining and Washing of Coal	8905	93020
石油和天然气开采业	Extraction of Petroleum and Natural Gas		-72
黑色金属矿采选业	Mining and Processing of Ferrous Metal Ores	502	2393
有色金属矿采选业	Mining and Processing of Non-Ferrous Metal Ores	5811	42158
非金属矿采选业	Mining and Processing of Nonmetal Ores	141	1823
其他采矿业	Mining of Other Ores	410	-9
制造业	**Manufacture**	**123578**	**123175**
农副食品加工业	Processing of Food from Agricultural Products	6160	3184
食品制造业	Manufacture of Foods	10090	4342
饮料制造业	Manufacture of Beverages	7177	16453
纺织业	Manufacture of Textile	4826	4450
纺织服装、鞋、帽制造业	Manufacture of Textile Wearing Apparel, Footwear and Caps	2399	2603
皮革、毛皮、羽毛(绒)及其制品业	Manufacture of Leather,Fur,Feather and Related Products	63	73
家具制造业	Manufacture of Furniture	31	26
造纸及纸制品业	Manufacture of Paper and Paper Products	7	-12
印刷业和记录媒介的复制	Printing, Reproduction of Recording Media	1868	1351
石油加工、炼焦及核燃料加工业	Processing of Petroleum, Coking, Processing of Nuclear Fuel	6590	8699
化学原料及化学制品制造业	Manufacture of Raw Chemical Materials and Chemical Products	23560	56025
医药制造业	Manufacture of Medicines	16861	3972
橡胶制品业	Manufacture of Rubber	90	9
塑料制品业	Manufacture of Plastics	192	75
非金属矿物制品业	Manufacture of Non-metallic Mineral Products	7102	20908
黑色金属冶炼及压延加工业	Smelting and Pressing of Ferrous Metals	16189	-8137
有色金属冶炼及压延加工业	Smelting and Pressing of Non-ferrous Metals	6310	7374
金属制品业	Manufacture of Metal Products	6024	2325
通用设备制造业	Manufacture of General Purpose Machinery	644	424
专用设备制造业	Manufacture of Special Purpose Machinery	152	88
交通运输设备制造业	Manufacture of Transport Equipment	5825	-2708
电气机械及器材制造业	Manufacture of Electrical Machinery and Equipment	1280	675
通信设备、计算机及其他电子设备制造业	Manufacture of Communication Equipment, Computers and Other Electronic Equipment	34	900
工艺品及其他制造业	Manufacture of Artwork and Other Manufacturing	105	76
电力、燃气及水的生产和供应业	**Production and Distribution of Electricity, Gas and Water**	**1202**	**253**
电力、热力的生产和供应业	Production and Supply of Electric Power and Heat Power	750	-479
燃气生产和供应业	Production and Supply of Gas	452	735
水的生产和供应业	Production and Supply of Water		-4

continued

(10 000 yuan)

利 润 总 额 Total Profits	应 交 所得税 Income Tax Payable	亏损企业 亏损总额 The Total Loss of Loss-making Enterprises	利 税 总 额 Total Profits and Taxes	本年应交 增 值 税 Value Added Tax Payable	全部从业人员年 平均人数(人) Annual Average Employed Persons (person)
298237	**47132**	**40600**	**592033**	**127248**	**61972**
36054	2923	2717	69176	14116	19777
262183	44209	37884	522857	113132	42195
132	56		561	398	3000
206764	37329	18606	381946	76254	25643
91340	9748	21994	209525	50596	33329
298237	**47132**	**40600**	**592033**	**127248**	**61972**
4142	515	5	48677	441	792
171985	27508	15816	311825	83137	31331
2152	912	2886	8124	5477	4000
82943	10067	20828	146810	32463	21789
6			22	15	35
2987	51	547	10020	1250	835
34023	8081	519	66555	4465	3190
153399	**26811**	**1958**	**216457**	**51597**	**4844**
96722	13189	107	146264	40954	1144
-72		72		66	21
2770		658	4552	1454	764
52032	13537	576	62468	8103	2223
1884	85	545	2757	677	574
64			417	343	118
141849	**19967**	**38015**	**365605**	**72602**	**56261**
3588	181	706	5032	1240	2641
4512	83	8	6326	1738	2241
16043	1741	86	31910	5147	1893
3452	852	421	4723	1226	5275
2483			2732	242	3103
73	18		76	3	46
17			57	3	69
-12		12	-12		29
1381		3	3086	235	653
9262		145	16240	6069	1548
73705	9232	2769	109624	14529	5907
4230	26	1408	8564	3572	2639
9			45	32	73
73	10	13	125	43	289
21516	1950	1973	38593	13562	7547
-9882	3635	18191	10507	14539	10841
7525	1466	9626	110468	5711	5160
2786	70	370	5001	2071	2448
981		136	1149	149	681
44	50	133	290	230	459
-1942	580	1942	-896	941	890
793	18	63	2856	722	997
900			2666	121	69
315	54	10	6445	480	763
2988	**354**	**627**	**9971**	**3049**	**867**
2267	354	627	8888	2795	765
720			1079	253	96
2			4	1	6

12-12 2008-2009年规模以上工业企业主要经济效益指标

指 标	Item	工业增加值率(%)生产法 Ratio of Value Added to Gross Industrial Output Value (%) By Production Approach 2008	2009
总 计	**Total**	**43.95**	**39.36**
国有控股企业	State-holding Enterprises	43.47	39.73
轻工业	Light Industry	45.90	39.83
重工业	Heavy Industry	43.83	39.32
大型企业	Large Enterprises	42.61	40.04
中型企业	Medium-sized Enterprises	44.53	36.62
小型企业	Small Enterprises	46.85	42.75
按登记注册类型分组	**By Status of Registration**		
集体企业	Collective-owned Enterprises	33.20	43.34
股份合作企业	Cooperative Enterprises	54.21	50.50
有限责任公司	Limited Liability Corporations	46.08	36.52
股份有限公司	Share-holding Corporations Limited	54.50	48.05
私营企业	Private Enterprises	41.97	38.04
其他企业	Other Enterprises	7.26	36.93
港、澳、台商投资企业	Enterprises with Funds from Hong Kong, Macao and Taiwan	46.48	57.72
外商投资企业	Foreign Funded Enterprises	30.50	31.71
按工业行业分组	**Grouped by Sector**		
采掘业	**Mining**	**55.22**	**53.75**
煤炭开采和洗选业	Mining and Washing of Coal	61.75	55.32
石油和天然气开采业	Extraction of Petroleum and Natural Gas	67.14	69.14
黑色金属矿采选业	Mining and Processing of Ferrous Metal Ores	52.04	47.80
有色金属矿采选业	Mining and Processing of Non-Ferrous Metal Ores	30.65	30.73
非金属矿采选业	Mining and Processing of Nonmetal Ores	54.83	41.79
其他采矿业	Mining of Other Ores	43.30	42.30
制造业	**Manufacture**	**40.06**	**37.14**
农副食品加工业	Processing of Food from Agricultural Products	40.44	38.70
食品制造业	Manufacture of Foods	45.64	41.23
饮料制造业	Manufacture of Beverages	47.05	45.48
纺织业	Manufacture of Textile	41.54	32.53
纺织服装、鞋、帽制造业	Manufacture of Textile Wearing Apparel, Footwear and Caps	43.12	39.69
皮革、毛皮、羽毛(绒)及其制品业	Manufacture of Leather,Fur,Feather and Related Products	47.02	43.74
家具制造业	Manufacture of Furniture	54.55	35.96
造纸及纸制品业	Manufacture of Paper and Paper Products	30.65	37.18
印刷业和记录媒介的复制	Printing, Reproduction of Recording Media	48.83	41.06
石油加工、炼焦及核燃料加工业	Processing of Petroleum,Coking,Processing of Nuclear Fuel	51.40	41.30
化学原料及化学制品制造业	Manufacture of Raw Chemical Materials and Chemical Products	52.99	49.12
医药制造业	Manufacture of Medicines	51.30	42.23
橡胶制品业	Manufacture of Rubber	19.83	
塑料制品业	Manufacture of Plastics	41.02	39.74
非金属矿物制品业	Manufacture of Non-metallic Mineral Products	36.19	33.27
黑色金属冶炼及压延加工业	Smelting and Pressing of Ferrous Metals	32.22	31.13
有色金属冶炼及压延加工业	Smelting and Pressing of Non-ferrous Metals	34.76	32.15
金属制品业	Manufacture of Metal Products	33.43	20.88
通用设备制造业	Manufacture of General Purpose Machinery	34.61	28.44
专用设备制造业	Manufacture of Special Purpose Machinery	26.36	41.25
交通运输设备制造业	Manufacture of Transport Equipment	42.84	45.27
电气机械及器材制造业	Manufacture of Electrical Machinery and Equipment	47.75	37.39
通信设备、计算机及其他电子设备制造业	Manufacture of Communication Equipment, Computers and Other Electronic Equipment	32.32	32.06
仪器仪表及文化、办公用机械制造业	Manufacture of Measuring Instruments and Machinery for Cultural Activity and Office Work	67.26	35.07
工艺品及其他制造业	Manufacture of Artwork and Other Manufacturing	50.90	58.50
电力、燃气及水的生产和供应业	**Production and Distribution of Electricity, Gas and Water**	**34.91**	**23.87**
电力、热力的生产和供应业	Production and Supply of Electric Power and Heat Power	34.49	23.56
燃气生产和供应业	Production and Supply of Gas	37.30	28.44
水的生产和供应业	Production and Supply of Water	61.18	49.74

注：工业增加值率是采用企业成本费用调查资料。下表同。

Main Indicators on Economic Benefit of All Industrial Enterprises above Designated Size(2008-2009)

总资产贡献率(%) Ratio of Total Assets to Industrial Output Value (%)		资产负债率(%) Assets-Liability Ratio (%)		流动资产周转率(次/年) Number of Times of Annual of Turnover Working Capitals (times/year)		成本费用利润率(%) Ratio of Profits to Industrial Cost (%)		全员劳动生产率(元/人·年) Overall Labour Productivity (yuan/person·yaer)		产品销售率(%) Proportion of Products Sold (%)	
2008	2009	2008	2009	2008	2009	2008	2009	2008	2009	2008	2009
22.32	**8.53**	**61.60**	**62.19**	**1.95**	**1.56**	**20.36**	**10.36**	**278205**	**223977**	**95.12**	**96.02**
19.89	7.58	62.98	65.00	2.04	1.75	22.41	10.58	306582	240487	95.24	95.63
14.26	6.83	52.24	45.59	2.03	1.80	3.98	4.69	115756	98910	95.42	97.53
22.56	8.62	62.01	63.06	1.94	1.55	21.53	10.86	307201	242528	95.10	95.88
19.24	7.54	63.97	65.51	2.12	1.91	22.01	10.28	365667	261002	95.07	96.46
35.01	10.20	62.72	60.57	1.69	1.28	21.24	9.10	186703	165859	95.42	96.46
26.60	10.23	51.85	51.65	1.81	1.22	15.19	12.20	249792	226502	94.98	94.50
90.52	18.55	76.08	63.81	2.44	1.13	6.88	20.79	54539	96307	96.13	87.19
149.74	132.02	44.72	18.06	1.96	7.31	41.73	3.48	238654	1068022	104.37	99.17
14.25	7.00	72.02	70.48	2.02	1.52	19.04	9.45	248156	171383	96.62	98.26
42.00	12.06	55.38	57.86	2.12	1.28	57.43	23.89	375167	302978	93.28	93.44
25.50	7.59	58.20	56.87	1.30	0.79	11.94	9.72	214539	148960	90.89	91.69
142.73	12.29	54.88	43.02	17.69	1.20	1.24	19.90	61491	77214	99.59	99.77
112.50	15.66	50.50	60.74	1.49	0.90	14.42	7.12	211587	267911	98.37	95.54
27.38	8.29	51.77	53.41	1.82	2.61	6.12	5.46	281323	213280	96.94	98.66
49.48	**12.97**	**49.86**	**49.85**	**1.96**	**1.69**	**41.07**	**15.42**	**386564**	**330954**	**98.93**	**97.93**
192.47	18.94	53.05	50.60	1.58	0.89	67.59	30.15	377337	284302	100.04	99.02
44.88	14.99	56.38	56.52	3.04	2.12	95.47	36.88	514844	472200	99.89	100.80
115.32	12.18	31.45	52.13	1.29	1.04	25.62	9.48	203733	117248	95.96	82.00
31.74	8.75	40.47	42.23	1.65	2.20	10.06	6.97	280311	272708	96.62	95.73
16.81	4.48	65.58	55.13	0.91	0.49	8.75	3.16	68754	47731	100.50	72.12
54.34	11.64	82.35	76.29	5.87	5.19	6.50	0.76	345422	185467	107.12	94.10
30.12	**9.68**	**59.25**	**59.00**	**1.79**	**1.29**	**15.85**	**11.23**	**234978**	**186134**	**92.47**	**94.42**
7.07	4.02	61.01	58.99	2.12	1.60	1.38	2.06	275601	143019	94.40	94.42
12.03	5.61	50.44	23.01	2.44	2.88	2.04	5.05	154544	125790	94.89	94.00
73.00	43.37	50.29	45.50	2.36	3.38	19.19	17.94	186509	248426	97.67	111.10
7.40	3.93	44.98	55.27	2.32	1.45	1.57	2.93	62238	61915	93.30	99.14
19.51	8.78	51.08	47.38	3.06	2.80	5.21	5.81	76377	55226	97.25	96.80
-22.65	11.40	80.72	77.02	1.07	1.04	-7.41	1.77	87387	83235	128.15	99.44
15.64	2.15	70.00	66.11	0.96	0.78	4.55	1.14	106089	70870	118.73	117.41
-5.82	-1.71	51.08	96.50	5.64	0.35	-13.54	-20.50	44878	10000	96.67	93.51
11.52	10.37	41.38	49.06	2.11	2.49	5.31	3.64	106643	140582	94.44	95.44
17.56	8.93	85.25	63.71	1.71	1.29	24.17	6.03	370587	212487	76.01	95.40
21.53	13.31	67.42	53.94	2.38	0.60	4.20	56.99	128691	342445	97.18	80.73
13.16	4.31	37.59	28.60	1.59	1.49	3.46	3.93	163242	96461	95.15	93.79
3.29	3.04	25.38	23.69	0.87	1.01	-3.29	0.98	23795		92.96	95.95
9.93	3.37	54.85	62.85	1.63	1.82	1.18	1.07	75663	46814	87.29	89.01
50.17	12.02	56.74	58.17	2.57	1.51	9.55	10.24	88964	102153	93.66	97.99
20.72	5.27	64.05	65.02	2.15	1.98	5.52	-0.09	243336	166493	95.78	99.79
19.22	7.34	77.13	70.32	3.00	2.05	2.19	2.90	434581	230090	98.94	99.93
12.82	6.62	50.68	39.06	2.25	2.24	2.51	3.68	168896	129859	95.94	95.37
16.13	4.61	62.56	62.41	1.14	1.39	4.71	-0.11	77824	62622	98.62	93.71
37.51	3.57	51.12	66.42	2.52	0.71	4.74	0.51	10828	96160	97.19	93.04
87.47	2.49	67.29	64.96	2.21	0.81	2.48	-5.61	220007	96417	111.47	104.67
22.56	4.66	53.88	59.18	2.78	1.61	4.18	1.71	465203	162573	95.93	98.67
266.60	46.92	6.14	47.57	146.03	1.79	-0.05	20.78	580433	482754	110.58	100.00
54.57	4.66	24.25	25.08	1.30	1.00	18.39	2.04	146229	57793	73.66	94.38
4.80	26.06	74.62	66.91	3.10	1.14	0.28	1.83	3366	262179	99.02	99.77
4.80	**2.96**	**74.62**	**77.69**	**3.10**	**4.74**	**0.28**	**-1.69**	**264152**	**183629**	**99.02**	**99.95**
4.84	3.03	74.80	78.01	3.21	5.18	0.38	-1.61	291412	196276	99.06	99.99
47.79	10.85	17.47	20.46	3.11	1.15	34.55	19.25	187763	189792	100.00	100.00
-0.54	-0.22	68.85	68.38	0.88	0.57	-13.30	-14.06	60592	28274	96.80	96.90

a) Ratio of value added to gross industrial output value are based on business costs surveyed. The same applies to the tables following.

12-13 2008-2009年地方规模以上工业企业经济效益指标

指 标	Item	工业增加值率(%) Ratio of Value Added to Gross Industrial Output Value (%) 2008	2009
总 计	**Total**	**41.40**	**38.30**
国有控股企业	State-holding Enterprises	38.25	38.08
轻工业	Light Industry	45.90	39.83
重工业	Heavy Industry	40.97	38.14
大型企业	Large Enterprises	33.96	37.58
中型企业	Medium-sized Enterprises	44.50	37.05
小型企业	Small Enterprises	47.45	42.75
按工业行业分组	**Grouped by Sector**		
采掘业	**Extractive Industries**	**41.58**	**40.42**
煤炭开采和洗选业	Mining and Washing of Coal	61.75	55.32
石油和天然气开采业	Extraction of Petroleum and Natural Gas	58.50	66.70
黑色金属矿采选业	Mining and Processing of Ferrous Metal Ores	52.04	47.80
有色金属矿采选业	Mining and Processing of Non-Ferrous Metal Ores	30.65	30.73
非金属矿采选业	Mining and Processing of Nonmetal Ores	54.83	41.79
其他采矿业	Mining of Other Ores	43.30	42.30
制造业	**Manufacture**	**41.11**	**37.54**
农副食品加工业	Processing of Food from Agricultural Products	40.44	38.70
食品制造业	Manufacture of Foods	45.64	41.23
饮料制造业	Manufacture of Beverages	47.05	45.48
纺织业	Manufacture of Textile	41.54	32.53
纺织服装、鞋、帽制造业	Manufacture of Textile Wearing Apparel,Footwear and Caps	43.12	39.69
皮革、毛皮、羽毛(绒)及其制品业	Manufacture of Leather,Fur,Feather and Related Products	47.02	43.74
家具制造业	Manufacture of Furniture	54.55	35.96
造纸及纸制品业	Manufacture of Paper and Paper Products	30.65	37.18
印刷业和记录媒介的复制	Printing, Reproduction of Recording Media	48.83	41.06
石油加工、炼焦及核燃料加工业	Processing of Petroleum,Coking,Processing of Nuclear Fuel	51.40	41.30
化学原料及化学制品制造业	Manufacture of Raw Chemical Materials and Chemical Products	52.99	49.13
医药制造业	Manufacture of Medicines	51.30	42.23
橡胶制品业	Manufacture of Rubber	19.83	
塑料制品业	Manufacture of Plastics	41.02	39.74
非金属矿物制品业	Manufacture of Non-metallic Mineral Products	36.19	32.86
黑色金属冶炼及压延加工业	Smelting and Pressing of Ferrous Metals	32.22	31.13
有色金属冶炼及压延加工业	Smelting and Pressing of Non-ferrous Metals	37.11	32.17
金属制品业	Manufacture of Metal Products	33.41	20.88
通用设备制造业	Manufacture of General Purpose Machinery	34.61	28.44
专用设备制造业	Manufacture of Special Purpose Machinery	26.36	41.25
交通运输设备制造业	Manufacture of Transport Equipment	42.84	45.27
电气机械及器材制造业	Manufacture of Electrical Machinery and Equipment	47.75	37.39
通信设备、计算机及其他电子设备制造业	Manufacture of Communication Equipment,Computers and Other Electronic Equipment	32.32	32.06
仪器仪表及文化、办公用机械制造业	Manufacture of Measuring Instruments and Machinery for Cultural Activity and Office Work	67.26	35.07
工艺品及其他制造业	Manufacture of Artwork and Other Manufacturing	50.90	58.50
电力、燃气及水的生产和供应业	**Production and Supply of Electric Power,Gas and Water**	**55.51**	**52.95**
电力、热力的生产和供应业	Production and Supply of Electric Power and Heat Power	55.24	56.52
燃气生产和供应业	Production and Supply of Gas	37.30	28.44
水的生产和供应业	Production and Supply of Water	61.18	49.74

Main Indicators on Economic Benefit of Local Industrial Enterprises above Designated Size(2008-2009)

总资产贡献率 (%) Ratio of Total Assets to Industrial Output Value (%)		资产负债率 (%) Assets-Liability Ratio (%)		流动资产周转率 (次/年) Number of Times of Annual of Turnover Working Capitals (times/year)		成本费用利润率 (%) Ratio of Profits to Industrial Cost (%)		全员劳动生产率 (元/人·年) All-personnel Labour Productivity (yuan/person·yaer)		产品销售率 (%) Proportion of Products Sold (%)	
2008	2009	2008	2009	2008	2009	2008	2009	2008	2009	2008	2009
32.49	**9.95**	**54.07**	**55.87**	**1.67**	**1.33**	**17.96**	**11.64**	**235448**	**195912**	**93.03**	**94.34**
30.16	8.96	52.36	57.57	1.60	1.37	19.44	12.97	236965	200989	91.40	91.84
14.26	6.83	52.24	45.59	2.03	1.80	3.98	4.69	115756	98910	95.42	97.53
33.86	10.21	54.21	56.75	1.65	1.29	19.36	12.49	265079	215982	92.80	93.94
31.37	9.30	52.29	56.53	1.60	1.45	16.41	12.74	291416	213866	89.78	92.05
35.20	10.65	62.85	58.60	1.70	1.26	21.39	9.72	191856	168157	95.28	96.37
31.05	10.24	47.23	51.65	1.77	1.22	16.61	12.20	245537	226502	94.80	94.50
57.94	**11.67**	**44.88**	**45.58**	**1.59**	**1.58**	**20.92**	**10.95**	**264668**	**230682**	**97.82**	**95.59**
192.47	18.94	53.05	50.60	1.58	0.89	67.59	30.15	377337	284302	100.04	99.02
-7.86		12.13	9.94	2.44	0.23	-30.87	-11.52	381524	122857	86.46	84.74
115.32	12.18	31.45	52.13	1.29	1.04	25.62	9.48	203733	117248	95.96	82.00
31.74	8.75	40.47	42.23	1.65	2.20	10.06	6.97	280311	272708	96.62	95.73
16.81	4.48	65.58	55.13	0.91	0.49	8.75	3.16	68754	47731	100.50	72.12
54.34	11.64	82.35	76.29	5.87	5.19	6.50	0.76	345422	185467	107.12	94.10
30.78	**9.80**	**57.90**	**58.18**	**1.72**	**1.24**	**17.09**	**12.08**	**233655**	**187963**	**91.71**	**93.95**
7.07	4.02	61.01	58.99	2.12	1.60	1.38	2.06	275601	143019	94.40	94.42
12.03	5.61	50.44	23.01	2.44	2.88	2.04	5.05	154544	125790	94.89	94.00
73.00	43.37	50.29	45.50	2.36	3.38	19.19	17.94	186509	248426	97.67	111.10
7.40	3.93	44.98	55.27	2.32	1.45	1.57	2.93	62238	61915	93.30	99.14
19.51	8.78	51.08	47.38	3.06	2.80	5.21	5.81	76377	55226	97.25	96.80
-22.65	11.40	80.72	77.02	1.07	1.04	-7.41	1.77	87387	83235	128.15	99.44
15.64	2.15	70.00	66.11	0.96	0.78	4.55	1.14	106089	70870	118.73	117.41
-5.82	-1.71	51.08	96.50	5.64	0.35	-13.54	-20.50	44878	10000	96.67	93.51
11.52	10.37	41.38	49.06	2.11	2.49	5.31	3.64	106643	140582	94.44	95.44
17.56	8.93	85.25	63.71	1.71	1.29	24.17	6.03	370587	212487	76.01	95.40
21.48	13.47	65.28	53.89	2.29	0.60	3.91	58.45	139011	368430	96.77	80.69
13.16	4.31	37.59	28.60	1.59	1.49	3.46	3.93	163242	96461	95.15	93.79
3.29	3.04	25.38	23.69	0.87	1.01	-3.29	0.98	23795		92.96	95.95
9.93	3.37	54.85	62.85	1.63	1.82	1.18	1.07	75663	46814	87.29	89.01
50.17	12.25	56.74	58.05	2.57	1.59	9.55	9.13	88964	97424	93.66	97.91
20.72	5.27	64.05	65.02	2.15	1.98	5.52	-0.09	243336	166493	95.78	99.79
17.41	7.26	74.56	68.54	2.96	1.87	0.45	3.09	481572	241928	98.57	99.61
12.82	6.62	50.68	39.06	2.25	2.24	2.51	3.68	167358	129859	95.94	95.37
16.13	4.61	62.56	62.41	1.14	1.39	4.71	-0.11	77824	62622	98.62	93.71
37.51	3.57	51.12	66.42	2.52	0.71	4.74	0.51	10828	96160	97.19	93.04
87.47	2.49	67.29	64.96	2.21	0.81	2.48	-5.61	220007	96417	111.47	104.67
22.56	4.66	53.88	59.18	2.78	1.61	4.18	1.71	465203	162573	95.93	98.67
266.60	46.92	6.14	47.57	146.03	1.79	-0.05	20.78	580433	482754	110.58	100.00
54.57	4.66	24.25	25.08	1.30	1.00	18.39	2.04	146229	57793	73.66	94.38
4.29	26.06	46.09	66.91	1.28	1.14	6.66	1.83	12095	262179	98.85	99.77
4.29	**4.78**	**46.09**	**68.35**	**1.28**	**1.28**	**6.66**	**7.89**	**124522**	**145584**	**98.85**	**99.44**
4.60	6.01	41.62	69.03	1.35	1.55	9.83	10.60	169295	315913	99.26	99.82
47.79	10.85	17.47	20.46	3.11	1.15	34.55	19.25	187763	189792	100.00	100.00
-0.54	-0.22	68.85	68.38	0.88	0.57	-13.30	-14.06	60592	28274	96.80	96.90

12-14 2008-2009年规模以上国有及国有控股工业企业主要经济效益指标

指　标	Item	工业增加值率(%) Ratio of Value Added to Gross Industrial Output Value (%) 2008	2009
总　计	**Total**	**43.47**	**39.73**
国有控股企业	State-holding Enterprises	43.47	39.73
轻工业	Light Industry	53.38	47.02
重工业	Heavy Industry	43.37	39.68
大型企业	Large Enterprises	42.61	40.03
中型企业	Medium-sized Enterprises	47.42	31.78
小型企业	Small Enterprises	48.31	50.00
按工业行业分组	**Grouped by Sector**		
采掘业	**Extractive Industries**	**54.50**	**55.38**
煤炭开采和洗选业	Mining and Washing of Coal	55.85	53.18
石油和天然气开采业	Extraction of Petroleum and Natural Gas	67.14	69.14
黑色金属矿采选业	Mining and Processing of Ferrous Metal Ores	42.98	39.78
有色金属矿采选业	Mining and Processing of Non-Ferrous Metal Ores	28.60	30.72
非金属矿采选业	Mining and Processing of Nonmetal Ores	54.25	40.02
制造业	**Manufacture**	**37.99**	**37.53**
农副食品加工业	Processing of Food from Agricultural Products	51.83	36.30
食品制造业	Manufacture of Foods	18.44	
纺织服装、鞋、帽制造业	Manufacture of Textile Wearing Apparel,Footwear and Caps	44.26	45.92
印刷业和记录媒介的复制	Printing, Reproduction of Recording Media	56.19	40.69
石油加工、炼焦及核燃料加工业	Processing of Petroleum,Coking,Processing of Nuclear Fuel		
化学原料及化学制品制造业	Manufacture of Raw Chemical Materials and Chemical Products	53.14	49.05
医药制造业	Manufacture of Medicines	54.70	61.12
非金属矿物制品业	Manufacture of Non-metallic Mineral Products	39.31	37.04
黑色金属冶炼及压延加工业	Smelting and Pressing of Ferrous Metals	33.25	32.37
有色金属冶炼及压延加工业	Smelting and Pressing of Non-ferrous Metals	29.36	30.01
金属制品业	Manufacture of Metal Products	48.51	30.49
通用设备制造业	Manufacture of General Purpose Machinery	31.18	27.82
交通运输设备制造业	Manufacture of Transport Equipment	40.18	
电气机械及器材制造业	Manufacture of Electrical Machinery and Equipment	46.78	40.84
工艺品及其他制造业	Manufacture of Artwork and Other Manufacturing	41.14	
电力、燃气及水的生产和供应业	**Production and Supply of Electric Power,Gas and Water**	**33.67**	**23.54**
电力、热力的生产和供应业	Production and Supply of Electric Power and Heat Power	33.23	23.24
水的生产和供应业	Production and Supply of Water	61.18	49.74

Main Indicators on Economic Benefit of State-owned and State-holding Industrial Enterprises(2008-2009)

总资产贡献率 (%) Ratio of Total Assets to Industrial Output Value (%)		资产负债率 (%) Assets-Liability Ratio (%)		流动资产周转率 (次/年) Number of Times of Annual of Turnover Working Capitals (times/year)		成本费用利润率 (%) Ratio of Profits to Industrial Cost (%)		全员劳动生产率 (元/人·年) All-personnel Labour Productivity (yuan/person·yaer)		产品销售率 (%) Proportion of Products Sold (%)	
2008	2009	2008	2009	2008	2009	2008	2009	2008	2009	2008	2009
19.89	**7.58**	**62.98**	**65.00**	**2.04**	**1.75**	**22.41**	**10.58**	**306582**	**240487**	**95.24**	**95.63**
19.89	7.58	62.98	65.00	2.04	1.75	22.41	10.58	306582	240487	95.24	95.63
6.09	1.41	62.27	60.58	1.81	0.87	1.79	-0.72	82111	53248	97.60	95.15
20.03	7.67	62.99	65.07	2.04	1.76	22.68	10.69	317971	245171	95.21	95.63
19.24	7.56	63.97	65.51	2.12	1.92	22.01	10.36	365667	269385	95.07	96.41
24.12	4.34	62.59	65.99	1.49	1.22	24.02	1.69	127440	104150	97.48	93.07
23.36	13.18	54.24	57.31	1.88	1.17	24.70	25.70	274405	358953	94.82	91.47
42.22	**11.37**	**49.89**	**49.91**	**2.06**	**2.10**	**36.57**	**11.37**	**360958**	**290758**	**99.12**	**99.66**
100.54	12.87	63.76	52.14	1.66	1.15	38.10	14.13	134940	110812	102.03	97.28
44.88	15.06	56.38	56.74	3.04	2.13	95.47	36.94	514844	472648	99.89	100.82
61.90	13.53	75.53	56.97	2.47	3.37	9.43	3.79	123291	76272	110.08	94.20
29.19	7.05	39.33	40.95	1.61	2.35	7.34	4.32	281392	230302	96.68	98.82
13.89	4.10	56.22	54.48	1.25	1.13	7.25	-1.32	61193	43850	103.36	91.88
31.56	**9.54**	**60.30**	**62.57**	**1.75**	**1.18**	**22.03**	**17.30**	**272458**	**220882**	**90.78**	**91.29**
17.18	3.16	50.72	56.98	3.58	2.07	1.85	0.47	352692	316410	96.08	99.65
9.30	8.83	20.49	50.96	5.91	4.36	0.41	3.09	85107		98.64	100.00
81.39	11.28	37.28	29.56	1.48	0.91	8.27	20.63	60774	52491	102.61	97.01
3.94	3.06	66.04	69.65	1.04	0.89	-1.13	1.29	48463	76690	87.77	90.23
19.16	13.75	71.51	52.77	2.15	0.67	4.54	64.36	168499	342624	96.92	80.04
9.66	4.12	34.68	36.59	3.17	0.80	7.50	6.02	86516	66339	101.86	89.30
38.14	15.74	52.94	60.14	1.87	1.22	12.84	23.86	79578	148265	100.02	99.95
15.54	6.07	64.83	64.80	1.84	1.51	4.61	1.93	324045	202525	94.29	95.04
23.34	4.92	80.62	77.78	2.74	2.14	4.00	3.48	312584	192524	98.50	99.77
52.66	22.17	56.04	75.18	0.34	1.18	0.01	18.95	10805	166986	233.08	100.00
17.05	4.62	63.25	63.63	1.21	1.48	5.91	-0.47	68806	65488	100.41	93.68
-4.88	1.59	40.64	52.74	1.73	1.97	-10.96	-0.67	17680		100.00	100.00
17.83	7.54	77.40	69.53	2.13	2.23	6.19	2.39	836899	156751	96.27	95.98
4.66	3.80	75.07	69.35	3.35	0.20	-0.22	3.71	125		99.02	100.00
4.66	**2.81**	**75.07**	**78.12**	**3.35**	**5.30**	**-0.22**	**-1.95**	**264346**	**185216**	**99.02**	**99.95**
4.72	2.89	75.21	78.38	3.48	5.77	-0.02	-1.82	293096	198322	99.05	99.99
-0.54	-0.22	68.85	68.40	0.88	0.57	-13.30	-14.12	60592	28274	96.80	96.90

12-15　2008-2009年规模以上集体工业企业经济效益指标

指　标	Item	工　业 增加值率 (%) Ratio of Value Added to Gross Industrial Output Value (%)	
		2008	2009
总　计	**Total**	**33.20**	**43.34**
重工业	Heavy Industry	33.20	43.34
中型企业	Medium-sized Enterprises	31.21	36.18
小型企业	Small Enterprises	37.55	53.73
按工业行业分组	**Grouped by Sector**		
采掘业	**Mining**	**43.92**	**39.54**
有色金属矿采选业	Mining and Processing of Non-Ferrous Metal Ores	43.92	45.49
非金属矿采选业	Mining and Processing of Nonmetal Ores		64.72
制造业	**Manufacture**	**32.96**	**43.34**
化学原料及化学制品制造业	Manufacture of Raw Chemical Materials and Chemical Products	38.18	55.25
塑料制品业	Manufacture of Plastics	4.19	6.99
非金属矿物制品业	Manufacture of Non-metallic Mineral Products	32.73	35.22
有色金属冶炼及压延加工业	Smelting and Pressing of Non-ferrous Metals	41.43	48.95
专用设备制造业	Manufacture of Special Purpose Machinery	30.87	33.57

Main Indicators on Economic Benefit of Collective Industrial Enterprises(2008-2009)

总资产贡献率(%) Ratio of Total Assets to Industrial Output Value (%)		资 产 负债率(%) Assets-Liability Ratio (%)		流动资产周转率(次/年) Number of Times of Annual of Turnover Working Capitals (times/year)		成本费用利润率(%) Ratio of Profits to Industrial Cost (%)		全员劳动生产率(元/人·年) All-personnel Labour Productivity (yuan/person·yaer)		产 品 销售率(%) Proportion of Products Sold (%)	
2008	2009	2008	2009	2008	2009	2008	2009	2008	2009	2008	2009
90.52	**18.55**	**76.08**	**63.81**	**2.44**	**1.13**	**6.88**	**20.79**	**54539**	**96307**	**96.13**	**87.19**
90.52	18.55	76.08	63.81	2.44	1.13	6.88	20.79	54539	96307	96.13	87.19
159.63	7.65	76.27	66.63	3.29	1.91	3.57	2.47	44381	49783	93.69	88.93
55.23	26.18	75.84	61.83	1.02	0.63	28.10	90.18	93448	478607	101.45	84.97
-2.08	**2.34**	**207.95**	**77.26**	**2.51**	**0.50**	**-2.22**	**5.89**	**101786**	**93355**	**100.00**	**99.47**
-2.08	3.71	207.95	74.81	2.51	0.53	-2.22	9.05	101786	172862	100.00	100.00
	-6.58		93.22		0.07		-43.18		21843		91.09
96.61	**19.24**	**73.86**	**63.23**	**2.44**	**1.16**	**6.99**	**21.11**	**53798**	**96307**	**96.04**	**86.92**
136.37	31.38	78.02	58.78	3.18	0.62	3.49	131.09	17898	614604	93.33	83.57
9.02	1.37	73.31	73.18	0.79	2.37	0.03		5099	11975	75.42	99.90
157.20	7.30	81.30	69.99	4.07	1.82	3.24	1.90	41387	56719	92.99	90.37
36.47	7.60	38.11	39.80	1.05	3.81	4.65	8.94	21560	22600	77.57	68.71
1.24	-0.57	79.44	77.61	1.16	0.23	-2.55	-4.95	25313		92.81	86.33

12-16 2008-2009年大中型工业企业经济效益指标

指 标	Item	工 业 增加值率 (%) Ratio of Value Added to Gross Industrial Output Value (%)	
		2008	2009
总 计	**Total**	**43.13**	**38.87**
国有控股企业	State-holding Enterprises	43.03	39.09
轻工业	Light Industry	43.48	38.53
重工业	Heavy Industry	43.12	38.88
大型企业	Large Enterprises	42.61	40.04
中型企业	Medium-sized Enterprises	44.53	36.62
按工业行业分组	**Grouped by Sector**		
采掘业	**Extractive Industries**	**55.46**	**53.72**
煤炭开采和洗选业	Mining and Washing of Coal	65.19	54.89
石油和天然气开采业	Extraction of Petroleum and Natural Gas	67.15	69.14
有色金属矿采选业	Mining and Processing of Non-Ferrous Metal Ores	30.20	30.59
非金属矿采选业	Mining and Processing of Nonmetal Ores	55.05	39.69
制造业	**Manufacture**	**37.02**	**36.55**
农副食品加工业	Processing of Food from Agricultural Products	44.10	41.71
食品制造业	Manufacture of Foods	34.03	43.09
饮料制造业	Manufacture of Beverages	46.71	47.02
纺织业	Manufacture of Textile	41.94	31.28
纺织服装、鞋、帽制造业	Manufacture of Textile Wearing Apparel,Footwear and Caps	42.46	39.78
印刷业和记录媒介的复制	Printing, Reproduction of Recording Media	42.18	34.67
石油加工、炼焦及核燃料加工业	Processing of Petroleum,Coking,Processing of Nuclear Fuel	51.40	40.78
化学原料及化学制品制造业	Manufacture of Raw Chemical Materials and Chemical Products	52.97	48.36
医药制造业	Manufacture of Medicines	38.81	38.18
非金属矿物制品业	Manufacture of Non-metallic Mineral Products	37.98	33.63
黑色金属冶炼及压延加工业	Smelting and Pressing of Ferrous Metals	32.59	31.39
有色金属冶炼及压延加工业	Smelting and Pressing of Non-ferrous Metals	28.62	31.95
金属制品业	Manufacture of Metal Products	31.73	18.60
通用设备制造业	Manufacture of General Purpose Machinery	32.55	27.90
交通运输设备制造业	Manufacture of Transport Equipment	38.96	45.16
电气机械及器材制造业	Manufacture of Electrical Machinery and Equipment		40.84
仪器仪表及文化、办公用机械制造业	Manufacture of Measuring Instruments and Machinery for Cultural Activity and Office Work	67.26	35.07
电力、燃气及水的生产和供应业	**Production and Supply of Electric Power,Gas and Water**	**34.12**	**22.92**
电力、热力的生产和供应业	Production and Supply of Electric Power and Heat Power	33.78	22.63
水的生产和供应业	Production and Supply of Water	66.21	55.21

Main Indicators on Economic Benefit of Large and Medium-sized Industrial Enterprises(2008-2009)

总资产贡献率(%) Ratio of Total Assets to Industrial Output Value (%)		资产负债率(%) Assets-Liability Ratio (%)		流动资产周转率(次/年) Number of Times of Annual of Turnover Working Capitals (times/year)		成本费用利润率(%) Ratio of Profits to Industrial Cost (%)		全员劳动生产率(元/人·年) All-personnel Labour Productivity (yuan/person·yaer)		产品销售率(%) Proportion of Products Sold (%)	
2008	2009	2008	2009	2008	2009	2008	2009	2008	2009	2008	2009
21.65	**8.19**	**63.70**	**64.30**	**1.98**	**1.66**	**21.80**	**9.91**	**288385**	**223626**	**95.16**	**96.46**
19.58	7.17	63.86	65.57	2.05	1.82	22.18	9.36	310358	234915	95.28	96.03
20.84	9.82	53.25	53.79	2.07	1.99	7.18	5.66	92026	81952	95.73	99.07
21.66	8.16	63.91	64.52	1.98	1.65	22.32	10.11	309928	240863	95.15	96.33
19.24	7.54	63.97	65.51	2.12	1.91	22.01	10.28	365667	261002	95.07	96.46
35.01	10.20	62.72	60.57	1.69	1.28	21.24	9.10	186703	165859	95.42	96.46
46.51	**12.70**	**49.81**	**50.42**	**1.97**	**1.84**	**39.96**	**14.64**	**395567**	**325798**	**98.94**	**99.11**
197.44	17.44	58.29	56.97	1.30	0.80	59.13	29.05	301879	213429	99.97	100.11
45.01	15.06	56.48	56.74	3.04	2.13	95.81	36.94	514967	472648	99.90	100.82
31.97	8.94	39.72	41.16	1.65	2.25	9.95	6.87	311888	276338	96.60	96.41
14.20	4.31	56.18	56.34	1.25	1.11	7.86	-0.65	61976	41970	104.14	92.12
28.96	**9.39**	**62.99**	**62.32**	**1.80**	**1.29**	**17.08**	**11.41**	**227273**	**184375**	**91.69**	**94.17**
2.96	2.96	68.76	57.13	1.36	2.40	2.74	1.69	255433	128855	98.03	98.17
58.85	12.53	65.14	44.90	1.33	2.08	6.31	6.50	44674	104745	74.08	85.87
101.94	68.00	53.27	44.50	2.03	4.15	22.95	22.23	223126	260326	98.99	120.75
12.53	4.27	49.10	56.93	2.56	1.53	2.96	3.13	71974	60538	93.65	99.73
15.06	7.65	56.61	55.37	2.91	2.66	3.62	4.02	69723	50733	97.01	96.72
9.29	7.04	21.49	48.49	3.15	4.27	5.93	2.90	201923	96810	95.41	96.13
17.67	9.46	85.18	61.58	1.72	1.43	24.35	6.75	376226	228480	76.02	100.11
22.32	12.34	71.16	53.48	2.28	0.56	4.45	62.84	117400	326336	97.31	79.98
19.00	4.51	47.42	42.35	1.54	1.09	4.07	-0.90	76123	55339	96.53	78.19
63.15	11.96	62.14	59.91	2.85	1.46	8.56	16.56	67487	96497	97.88	96.06
20.00	6.05	63.95	64.97	1.94	1.85	6.23	0.76	275299	170030	95.62	98.21
24.27	6.95	81.70	75.49	2.98	2.19	2.76	2.81	311870	227732	98.61	99.80
5.06	4.79	48.33	44.14	2.72	4.46	1.60	0.70	242221	130561	96.44	96.42
16.26	4.85	67.04	66.22	1.03	1.32	5.13	-0.52	66471	58002	99.37	93.06
116.04	2.67	88.26	67.56	1.74	0.67	3.63	-6.93	200102	96775	119.61	105.39
	7.54		69.53		2.23		2.39		156751		95.98
54.57	4.66	24.25	25.08	1.30	1.00	18.39	2.04	146229	57793	73.66	94.38
4.77	**2.73**	**77.08**	**78.65**	**3.34**	**5.84**	**1.24**	**-2.48**	**282982**	**180299**	**98.97**	**100.00**
4.75	2.77	77.22	78.86	3.41	6.16	1.11	-2.38	295817	189864	98.96	100.00
7.10	-0.24	60.39	62.27	1.01	0.69	16.80	-16.26	92984	24011	100.00	100.00

12-17　2008-2009年规模以上非公有工业企业经济效益指标

指　　标	Item	工　业 增加值率 (%) Ratio of Value Added to Gross Industrial Output Value (%) 2008	2009
总　计	**Total**	**45.01**	**38.74**
#轻工业	Light Industry	46.37	40.52
重工业	Heavy Industry	44.71	38.34
#大型企业	Large Enterprises		41.64
中型企业	Medium-sized Enterprises	44.15	38.68
小型企业	Small Enterprises	45.81	38.70
按登记注册类型分组	**By Status of Registration**	**45.01**	**38.74**
股份合作企业	Cooperative Enterprises	51.43	50.50
有限责任公司	Limited Liability Corporations	46.35	38.63
股份有限公司	Share-holding Corporations Limited	44.21	34.64
私营企业	Private Enterprises	42.05	38.11
其他企业	Other Enterprises	29.08	
港、澳、台商投资企业	Enterprises with Funds from Hong Kong,Macao and Taiwan	46.11	57.72
外商投资企业	Foreign Funded Enterprises	51.47	36.25
按工业行业分组	**Grouped by Sector**		
采掘业	**Mining**	**59.77**	**47.55**
煤炭开采和洗选业	Mining and Washing of Coal	64.82	56.45
石油和天然气开采业	Extraction of Petroleum and Natural Gas		66.70
黑色金属矿采选业	Mining and Processing of Ferrous Metal Ores	54.14	52.20
有色金属矿采选业	Mining and Processing of Non-Ferrous Metal Ores	48.15	30.73
非金属矿采选业	Mining and Processing of Nonmetal Ores	57.18	59.62
其他采矿业	Mining of Other Ores	43.30	42.30
制造业	**Manufacture**	**41.89**	36.73
农副食品加工业	Processing of Food from Agricultural Products	39.18	39.12
食品制造业	Manufacture of Foods	47.54	41.33
饮料制造业	Manufacture of Beverages	50.23	45.48
纺织业	Manufacture of Textile	41.54	36.73
纺织服装、鞋、帽制造业	Manufacture of Textile Wearing Apparel, Footwear and Caps	42.93	39.02
皮革、毛皮、羽毛(绒)及其制品业	Manufacture of Leather, Fur, Feather and Related Products	47.02	34.01
家具制造业	Manufacture of Furniture	54.55	35.96
造纸及纸制品业	Manufacture of Paper and Paper Products	30.65	37.18
印刷业和记录媒介的复制	Printing, Reproduction of Recording Media	46.22	41.08
石油加工、炼焦及核燃料加工业	Processing of Petroleum, Coking, Processing of Nuclear Fuel	51.40	41.30
化学原料及化学制品制造业	Manufacture of Raw Chemical Materials and Chemical Products	54.47	48.62
医药制造业	Manufacture of Medicines	56.49	40.76
橡胶制品业	Manufacture of Rubber	19.83	
塑料制品业	Manufacture of Plastics	48.24	50.10
非金属矿物制品业	Manufacture of Non-metallic Mineral Products	34.31	32.66
黑色金属冶炼及压延加工业	Smelting and Pressing of Ferrous Metals	33.28	29.62
有色金属冶炼及压延加工业	Smelting and Pressing of Non-ferrous Metals	38.02	36.40
金属制品业	Manufacture of Metal Products	34.27	19.61
通用设备制造业	Manufacture of General Purpose Machinery	47.73	36.90
专用设备制造业	Manufacture of Special Purpose Machinery	25.61	40.02
交通运输设备制造业	Manufacture of Transport Equipment		45.16
电气机械及器材制造业	Manufacture of Electrical Machinery and Equipment	50.89	34.52
通信设备、计算机及其他电子设备制造业	Manufacture of Communication Equipment,Computers and Other Electronic Equipment	32.32	32.06
工艺品及其他制造业	Manufacture of Artwork and Other Manufacturing	51.34	58.50
电力、燃气及水的生产和供应业	**Production and Distribution of Electricity, Gas and Water**	**72.74**	**55.39**
电力、热力的生产和供应业	Production and Supply of Electric Power and Heat Power	79.96	75.10
燃气生产和供应业	Production and Supply of Gas	37.30	28.44
水的生产和供应业	Production and Supply of Water		

Main Indicators on Economic Benefit of Non-public Industrial Enterprises by Sector(2008-2009)

总资产贡献率 (%) Ratio of Total Assets to Industrial Output Value (%)		资 产 负债率 (%) Assets-Liability Ratio (%)		流动资产周 转 率 (次/年) Number of Times of Annual of Turnover Working Capitals (times/year)		成本费用利 润 率 (%) Ratio of Profits to Industrial Cost (%)		全员劳动生 产 率 (元/人·年) All-personnel Labour Productivity (yuan/person·yaer)		产 品 销售率 (%) Proportion of Products Sold (%)	
2008	2009	2008	2009	2008	2009	2008	2009	2008	2009	2008	2009
40.24	**11.70**	**56.98**	**52.56**	**1.75**	**1.28**	**16.13**	**9.95**	**242906**	**206026**	**95.29**	**96.89**
11.63	8.34	47.49	40.88	2.26	2.04	2.79	5.44	127932	110742	96.26	98.14
46.46	12.36	58.67	54.88	1.67	1.17	19.29	11.22	303572	259164	95.09	96.59
	2.28		63.56		1.38		0.32		45430		101.58
53.47	15.02	63.47	56.29	1.69	1.28	21.10	13.02	262795	239785	95.57	98.06
29.05	8.52	50.63	48.56	1.80	1.27	11.31	6.68	227410	176703	95.04	95.40
40.24	**11.70**	**56.98**	**52.56**	**1.75**	**1.28**	**16.13**	**9.95**	**242906**	**206026**	**95.29**	**96.89**
-3.41	154.65	59.32	14.83	0.76	7.88	-6.63	3.41	120125	1068022	99.43	99.79
78.18	13.53	54.87	47.88	2.15	1.63	18.84	10.20	269509	226162	98.38	99.61
18.92	4.16	61.69	62.43	2.09	1.25	9.45	1.45	158656	74755	93.21	95.17
25.67	7.62	58.08	56.83	1.31	0.78	12.00	9.84	218354	150226	90.87	91.67
25.33	0.93	92.41	54.95	1.11	0.39	2.01	1.10	42450		97.60	105.79
158.31	24.61	44.97	53.64	1.50	1.15	15.08	9.89	223111	267911	98.33	98.33
23.09	15.27	58.85	53.32	2.58	1.75	28.88	20.04	353058	300748	96.37	99.08
151.88	**19.58**	**49.38**	**49.52**	**1.54**	**0.82**	**72.20**	**42.82**	**658053**	**830051**	**97.88**	**91.84**
298.45	23.13	46.79	49.54	1.54	0.77	88.08	42.07	1927373	2072915	99.00	100.11
			9.94		0.23		-11.52		122857		84.74
138.86	11.79	22.12	50.70	1.06	0.55	31.21	17.90	236204	149292	94.13	78.08
49.12	18.03	51.59	48.78	2.33	1.33	58.43	54.48	282167	490633	96.12	85.83
41.39	5.07	86.10	55.70	0.45	0.15	14.53	22.63	130433	135165	88.96	42.11
54.34	11.64	82.35	76.29	5.87	5.19	6.50	0.76	345422	185467	107.12	94.10
26.19	9.84	**57.86**	52.45	**1.81**	1.44	**7.67**	5.44	**207143**	158952	**94.76**	97.72
4.49	4.12	61.01	59.23	1.98	1.56	0.77	2.25	257879	130821	98.96	93.80
9.34	4.55	49.23	21.76	2.58	3.02	1.56	4.13	197083	143592	97.00	96.24
37.87	43.37	45.15	45.50	3.86	3.38	8.96	17.94	198786	248426	95.61	111.10
7.40	4.27	44.98	52.73	2.32	1.31	1.57	5.04	62238	60224	93.30	99.72
14.14	8.26	54.39	51.03	3.85	3.82	4.61	4.85	79825	55730	96.37	96.78
-22.65	2.72	80.72	70.65	1.07	0.86	-7.41	10.50	87387	60652	128.15	68.28
15.64	2.15	70.00	66.11	0.96	0.78	4.55	1.14	106089	70870	118.73	117.41
-5.82	-1.71	51.08	96.50	5.64	0.35	-13.54	-20.50	44878	10000	96.67	93.51
16.79	14.83	23.45	37.49	2.96	3.62	8.18	4.43	200710	155762	96.53	96.51
17.56	8.93	85.25	63.71	1.71	1.29	24.17	6.03	370587	212487	76.01	95.40
24.67	11.14	62.47	57.34	2.76	0.46	3.60	33.82	80105	310986	97.53	81.08
9.92	3.97	35.67	27.88	1.62	1.86	2.77	3.71	265514	129584	94.54	94.13
3.29	3.04	25.38	23.69	0.87	1.01	-3.29	0.98	23795		92.96	95.95
10.03	4.08	48.35	59.23	2.00	1.62	1.39	1.64	98992	69837	89.62	86.82
47.29	12.13	53.24	53.17	2.28	1.60	13.73	9.26	110498	107222	95.32	100.20
51.55	3.27	59.80	65.64	2.78	2.61	6.43	-1.56	169722	123912	96.43	104.42
2.51	14.21	85.26	49.33	3.97	1.88	-1.44	1.59	720638	411746	100.12	100.27
9.34	4.87	46.01	35.00	2.66	2.59	2.04	1.98	199538	122886	95.71	94.88
10.27	4.59	60.03	51.10	0.91	0.62	-0.61	7.51	115711	36153	91.80	94.13
54.27	4.61	27.47	68.58	2.76	0.71	5.69	0.81	16035	106849	92.64	94.55
	2.67		67.56		0.67		-6.93		96775		105.39
50.04	4.04	31.90	56.94	3.20	1.36	3.90	1.35	475756	166187	96.23	99.99
266.60	46.92	6.14	47.57	146.03	1.79	-0.05	20.78	580433	482754	110.58	100.00
7.19	31.83	70.20	66.28	1.32	1.50	11.98	1.69	72090	262179	99.08	99.75
7.19	**6.66**	**70.20**	**67.30**	**1.32**	**0.90**	**11.98**	**9.68**	**270492**	**124703**	**99.08**	**99.84**
6.55	6.50	71.60	69.09	1.19	0.85	8.36	8.37	282310	105477	98.89	99.81
47.79	10.85	17.47	20.46	3.11	1.15	34.55	19.25	187763	189792	100.00	100.00
	5.69		19.91		2.53		3.62				100.00

12–18 地区规模以上工业企业主要经济指标(2009年)

单位：万元

指 标	Item	企 业 单位数 (个) Number of Enterprises	亏 损 企 业 Loss-making Enterprises
西宁市	**Xining City**	**232**	**67**
国有控股企业	State-holding Enterprises	54	15
轻工业	Light Industry	89	17
重工业	Heavy Industry	143	50
集体企业	Collective-owned Enterprises	7	4
股份合作企业	Cooperative Enterprises	4	2
有限责任公司	Limited Liability Corporations	118	34
股份有限公司	Share-holding Corporations Limited	16	5
私营企业	Private Enterprises	44	12
其他企业	Other Enterprises	2	
港、澳、台商投资企业	Enterprises with Funds from Hong Kong,Macao and Taiwan	3	1
外商投资企业	Foreign Funded Enterprises	14	2
海东地区	**Haidong Prefecture**	**100**	**49**
国有控股企业	State-holding Enterprises	10	3
轻工业	Light Industry	21	6
重工业	Heavy Industry	79	43
股份合作企业	Cooperative Enterprises	2	2
有限责任公司	Limited Liability Corporations	46	20
股份有限公司	Share-holding Corporations Limited	5	3
私营企业	Private Enterprises	38	20
其他企业	Other Enterprises	1	
港、澳、台商投资企业	Enterprises with Funds from Hong Kong, Macao and Taiwan	1	1
外商投资企业	Foreign Funded Enterprises	1	1
海北藏族自治州	**Haibei Zang A.P**	**44**	**17**
国有控股企业	State-holding Enterprises	12	5
轻工业	Light Industry	7	1
重工业	Heavy Industry	37	16
集体企业	Collective-owned Enterprises	1	
有限责任公司	Limited Liability Corporations	12	5
股份有限公司	Share-holding Corporations Limited	3	
私营企业	Private Enterprises	21	8
外商投资企业	Foreign Funded Enterprises	1	
黄南藏族自治州	**Huangnan Zang A.P**	**8**	
国有控股企业	State-holding Enterprises	4	
重工业	Heavy Industry	8	
有限责任公司	Limited Liability Corporations	6	
股份有限公司	Share-holding Corporations Limited	1	
外商投资企业	Foreign Funded Enterprises	1	
海南藏族自治州	**Hainan Zang A.P**	**20**	**11**
国有控股企业	State-holding Enterprises	5	4
轻工业	Light Industry	11	6
重工业	Heavy Industry	9	5
有限责任公司	Limited Liability Corporations	6	2
股份有限公司	Share-holding Corporations Limited	1	1
私营企业	Private Enterprises	9	5
外商投资企业	Foreign Funded Enterprises	1	
果洛藏族自治州	**Golog Zang A.P**	**13**	**4**
国有控股企业	State-holding Enterprises	12	4
轻工业	Light Industry	7	2
重工业	Heavy Industry	6	2
有限责任公司	Limited Liability Corporations	2	
玉树藏族自治州	**Yushu Zang A.P**	**8**	**1**
国有控股企业	State-holding Enterprises	8	1
轻工业	Light Industry	2	
重工业	Heavy Industry	6	1
海西蒙古族藏族自治州	**Haixi Mongolian & Zang A.P**	**98**	**29**
国有控股企业	State-holding Enterprises	32	12
轻工业	Light Industry	7	2
重工业	Heavy Industry	91	27
集体企业	Collective-owned Enterprises	1	
股份合作企业	Cooperative Enterprises	3	
有限责任公司	Limited Liability Corporations	17	3
股份有限公司	Share-holding Corporations Limited	9	5
私营企业	Private Enterprises	48	12
港、澳、台商投资企业	Enterprises with Funds from Hong Kong,Macao and Taiwan	3	2
外商投资企业	Foreign Funded Enterprises	1	

Main Economic Indicators of Industrial Enterprises by Region(2009)

(10 000 yuan)

工业总产值 Gross Industrial Output Value	工业增加值(生产法) Value Added of Industry (By Production Approach)	资产总计 Total Assets	流动资产合计 Total Working Capitals	固定资产原价 Original Value of Fixed Assets	累计折旧 Accumulated Depreciation	固定资产净值 Net Value of Fixed Assets
6288452	**1968648**	**14945793**	**3184483**	**10217825**	**3163795**	**7054029**
4089214	1166091	12575292	2228023	9248122	2885473	6362649
724181	299873	1068196	346312	500947	120158	380788
5564271	1668775	13877597	2838171	9716878	3043637	6673241
51782	18470	57149	35492	21895	8795	13100
111056	56087	22407	10713	11070	956	10114
2136706	720778	6796949	1123755	5396462	1432849	3963614
1373405	420690	2181527	766291	1552606	613470	939136
375154	114083	508841	188355	170462	45360	125102
4252	1520	6627	4133	3336	842	2494
20480	10373	22081	8663	7516	3792	3724
1150871	366570	3032302	848556	1470512	396582	1073930
582944	**184699**	**774293**	**318739**	**435596**	**90777**	**344819**
42656	14964	77076	36969	35907	9955	25953
84883	32984	94248	43791	31523	9776	21747
498061	151716	680046	274948	404073	81000	323073
332	102	1002	618	1262	996	266
330048	102863	428805	149653	253046	41610	211436
19577	7526	19955	7599	7354	3887	3467
225338	71728	297466	148630	168031	41888	126143
		1694	745			
3260	839	19516	9363	148	26	122
1303	390	1831	659	1572	627	945
252163	**96502**	**512514**	**222824**	**201848**	**44269**	**157580**
55235	27846	247309	64072	155607	31452	124155
28414	5848	20029	12754	9135	4624	4511
223749	90654	492485	210070	192714	39645	153069
1710	780	4299	3252	999		999
206191	80235	392161	191346	99024	23806	75218
7673	3388	30197	7389	23834	3296	20539
27541	7653	35675	14996	25912	6756	19156
36654	**19241**	**169881**	**23029**	**169300**	**25656**	**143644**
5595	4460	12710	6850	12614	6860	5754
36654	19241	169881	23029	169300	25656	143644
23651	10820	40932	18318	31008	11596	19411
511	218	2294	178	2401	290	2111
12492	8203	126655	4533	135891	13769	122122
66462	**21765**	**182956**	**41199**	**143311**	**13849**	**129462**
12691	6263	114603	1853	113662	7907	105754
22476	8395	37783	17763	20260	3352	16908
43985	13370	145173	23437	123051	10497	112555
28171	13202	136027	9266	128150	10154	117996
2552	928	8516	5027	2543	698	1846
35473	7474	37595	26753	11777	2817	8960
71778	**24103**	**103178**	**25535**	**55063**	**10626**	**44437**
832	354	10815	3157	8441	1876	6566
485	165	6977	2690	4279	919	3361
71294	23938	96202	22845	50784	9707	41077
70946	23749	93026	22523	47184	8830	38354
4187	**587**	**9056**	**2484**	**6908**	**1351**	**5557**
4187	587	9056	2484	6908	1351	5557
1365	106	4902	2017	2427	391	2036
2822	481	4154	467	4481	960	3521
3500849	**1929545**	**8557918**	**3178715**	**4521317**	**1276677**	**3164434**
2527004	1463206	6323266	1913116	3918522	1159614	2678701
13831	5343	35008	10410	20586	9725	10860
3487018	1924201	8522910	3168304	4500731	1266951	3153573
31838	17592	58590	41929	9323	1559	7763
15713	6546	14288	6978	7100	1822	5278
542484	280465	1267978	589601	411593	36621	374972
2038407	1222328	5051132	1470139	3325965	1083820	2161939
564166	257919	1414090	768365	436226	82076	354150
13092	7430	25324	19818	5104	1727	3377
61518	20203	135457	57283	80379	14181	66198

12–18 续表 1

单位：万元

指标	Item	负债合计 Total Liabilities	流动负债合计 Total Working Liabilities
西宁市	**Xining City**	**9968678**	**5116944**
国有控股企业	State-holding Enterprises	8841490	4302733
轻工业	Light Industry	456175	305081
重工业	Heavy Industry	9512503	4811863
集体企业	Collective-owned Enterprises	38941	36547
股份合作企业	Cooperative Enterprises	2311	2311
有限责任公司	Limited Liability Corporations	5157522	2027911
股份有限公司	Share-holding Corporations Limited	1468479	1040546
私营企业	Private Enterprises	219713	185003
其他企业	Other Enterprises	2897	2397
港、澳、台商投资企业	Enterprises with Funds from Hong Kong,Macao and Taiwan	13239	10467
外商投资企业	Foreign Funded Enterprises	1608208	1137247
海东地区	**Haidong Prefecture**	**457475**	**357970**
国有控股企业	State-holding Enterprises	38146	25458
轻工业	Light Industry	57731	50725
重工业	Heavy Industry	399744	307245
股份合作企业	Cooperative Enterprises	349	349
有限责任公司	Limited Liability Corporations	208081	163368
股份有限公司	Share-holding Corporations Limited	13407	11203
私营企业	Private Enterprises	216754	166716
其他企业	Other Enterprises	683	683
港、澳、台商投资企业	Enterprises with Funds from Hong Kong, Macao and Taiwan	13311	11505
外商投资企业	Foreign Funded Enterprises	2184	2184
海北藏族自治州	**Haibei Zang A.P**	**322361**	**218835**
国有控股企业	State-holding Enterprises	184023	104714
轻工业	Light Industry	11799	10556
重工业	Heavy Industry	310561	208279
集体企业	Collective-owned Enterprises	3216	3216
有限责任公司	Limited Liability Corporations	249740	178575
股份有限公司	Share-holding Corporations Limited	19025	15115
私营企业	Private Enterprises	17337	16513
外商投资企业	Foreign Funded Enterprises		
黄南藏族自治州	**Huangnan Zang A.P**	**108546**	**30501**
国有控股企业	State-holding Enterprises	2605	2605
重工业	Heavy Industry	108546	30501
有限责任公司	Limited Liability Corporations	20841	16796
股份有限公司	Share-holding Corporations Limited	780	780
外商投资企业	Foreign Funded Enterprises	86925	12925
海南藏族自治州	**Hainan Zang A.P**	**145531**	**131943**
国有控股企业	State-holding Enterprises	101065	100250
轻工业	Light Industry	23115	10516
重工业	Heavy Industry	122416	121426
有限责任公司	Limited Liability Corporations	112789	104604
股份有限公司	Share-holding Corporations Limited	3835	1835
私营企业	Private Enterprises	28741	25337
外商投资企业	Foreign Funded Enterprises		
果洛藏族自治州	**Golog Zang A.P**	**33641**	**29383**
国有控股企业	State-holding Enterprises	6011	1753
轻工业	Light Industry	3339	700
重工业	Heavy Industry	30302	28683
有限责任公司	Limited Liability Corporations	27914	27897
玉树藏族自治州	**Yushu Zang A.P**	5086	1122
国有控股企业	State-holding Enterprises	5086	1122
轻工业	Light Industry	2409	65
重工业	Heavy Industry	2677	1057
海西蒙古族藏族自治州	**Haixi Mongolian & Zang A.P**	**4664151**	**2916905**
国有控股企业	State-holding Enterprises	3412955	1859015
轻工业	Light Industry	23111	6073
重工业	Heavy Industry	4641041	2910831
集体企业	Collective-owned Enterprises	34439	34439
股份合作企业	Cooperative Enterprises	4146	3927
有限责任公司	Limited Liability Corporations	676235	485792
股份有限公司	Share-holding Corporations Limited	2714613	1445966
私营企业	Private Enterprises	821929	693437
港、澳、台商投资企业	Enterprises with Funds from Hong Kong,Macao and Taiwan	14097	2097
外商投资企业	Foreign Funded Enterprises	63094	23848

continued

(10 000 yuan)

长期负债合计 Total Long-term Liabilities	所有者权益合计 Total Owners' Equity	实收资本 Paid-up Capital	主营业务收入 Revenue from Principal Business	主营业务成本 Cost of Principal Business	主营业务税金及附加 Taxes and Other Charges on Principal Business	其他业务利润 Other Operating Profit
4633934	**4939684**	**2641348**	**7131809**	**6151464**	**146650**	**6160**
4342429	3732731	2146946	5286580	4631831	24163	4722
146021	605934	268152	631264	512161	12733	964
4487912	4333751	2373196	6500545	5639303	133918	5196
2347	18188	9197	63537	60529	1281	75
	19049	4337	118466	110616	43985	
3105771	1622104	1120429	2041059	1568284	45079	2875
424395	713048	482933	1255433	1078170	6471	-16
34664	288994	68546	266082	231832	8847	25
500	3730	1050	5875	4035	3	
2748	8842	4860	22353	20832	5638	
470960	1406160	472070	2299228	2035191	31243	63
87328	**312973**	**166170**	**548192**	**464250**	**9502**	**530**
12688	35296	19485	41988	24245	277	132
7006	36415	22549	93711	57268	7084	279
80322	276558	143621	454481	406982	2417	251
	653	897	284	316		3
35098	217033	106631	332922	257079	9109	213
2204	6446	5762	14505	13608	64	
47475	80660	46797	194599	187554	319	195
	1011	70				
1806	6205	3579	1051	814		
	-353	849	1520	1762		23
99175	**186038**	**80797**	**260244**	**201765**	**2761**	**1284**
74986	59831	55764	59345	38268	1134	844
1243	8025	2576	32307	31060	34	286
97932	178013	78221	227937	170704	2727	999
	1083	810	1710	1399	11	
66842	138564	52952	212174	164921	2417	270
3910	11172	2632	9143	4526	55	147
797	18144	10576	28720	25265	198	156
78045	**61335**	**47421**	**40545**	**27515**	**3826**	**1052**
	10105	3003	5595	2620	28	
78045	61335	47421	40545	27515	3826	1052
4045	20091	8003	27543	21368	54	1052
	1514	1418	511	377	1	
74000	39730	38000	12492	5770	3770	
12440	**37425**	**28776**	**55444**	**46895**	**3311**	**549**
285	13538	10828	12652	5248	185	7
12069	14668	11978	17765	14960	163	544
371	22757	16798	37679	31935	3148	5
7656	23239	14379	23044	13805	205	5
2000	4680	5000	2537	2498	1	280
2784	8854	8744	29594	30422	3102	257
3415	**69501**	**18116**	**81763**	**24918**	**1352**	**62**
3415	4767	6116	1044	865	18	62
1805	3638	3913	689	431	5	23
1610	65863	14203	81074	24486	1347	39
18	65076	12576	80719	24052	1334	
3415	3934	4989	1513	1627	17	
3415	3934	4989	1513	1627	17	
1805	2493	2474	402	402		
1610	1441	2515	1112	1225	17	
1705694	**3600766**	**1104149**	**2803639**	**1424041**	**176826**	**-59844**
1537713	2624448	719308	2027470	955845	147139	-62080
16628	11898	4087	7071	4629	507	478
1689066	3588869	1100062	2796568	1419412	176320	-60322
	24151	1350	26114	6564	2017	
219	10141	3237	15102	7287	216	28
188026	591744	172173	486042	302854	15281	1722
1268647	2050656	432338	1605957	676226	129796	-63799
103577	585023	311452	382675	250809	18946	1403
12000	11227	2488	10477	6978	145	149
39245	72363	19484	60091	27821	585	

12–18 续表 2

单位：万元

指　标	Item	营　业 费　用 Operating Expenses	营　业 利　润 Operating Profit
西宁市	**Xining City**	**146212**	**104104**
国有控股企业	State-holding Enterprises	63560	73064
轻工业	Light Industry	48838	17681
重工业	Heavy Industry	97374	86423
集体企业	Collective-owned Enterprises	857	1609
股份合作企业	Cooperative Enterprises	465	173
有限责任公司	Limited Liability Corporations	63759	20846
股份有限公司	Share-holding Corporations Limited	32931	22653
私营企业	Private Enterprises	11521	4898
其他企业	Other Enterprises	153	986
港、澳、台商投资企业	Enterprises with Funds from Hong Kong,Macao and Taiwan	253	413
外商投资企业	Foreign Funded Enterprises	28468	95248
海东地区	**Haidong Prefecture**	**17029**	**26709**
国有控股企业	State-holding Enterprises	2800	6038
轻工业	Light Industry	4625	14544
重工业	Heavy Industry	12404	12165
股份合作企业	Cooperative Enterprises		-63
有限责任公司	Limited Liability Corporations	11449	34412
股份有限公司	Share-holding Corporations Limited	745	85
私营企业	Private Enterprises	4357	-6671
其他企业	Other Enterprises		
港、澳、台商投资企业	Enterprises with Funds from Hong Kong, Macao and Taiwan	283	-615
外商投资企业	Foreign Funded Enterprises	104	-255
海北藏族自治州	**Haibei Zang A.P**	**6171**	**20975**
国有控股企业	State-holding Enterprises	1775	6854
轻工业	Light Industry	194	561
重工业	Heavy Industry	5977	20414
集体企业	Collective-owned Enterprises		141
有限责任公司	Limited Liability Corporations	4827	17184
股份有限公司	Share-holding Corporations Limited	5	2540
私营企业	Private Enterprises	889	587
外商投资企业	Foreign Funded Enterprises		
黄南藏族自治州	**Huangnan Zang A.P**	**113**	**6299**
国有控股企业	State-holding Enterprises		3010
重工业	Heavy Industry	113	6299
有限责任公司	Limited Liability Corporations	113	5717
股份有限公司	Share-holding Corporations Limited		60
外商投资企业	Foreign Funded Enterprises		522
海南藏族自治州	**Hainan Zang A.P**	**1114**	**6107**
国有控股企业	State-holding Enterprises	25	2640
轻工业	Light Industry	941	1992
重工业	Heavy Industry	174	4115
有限责任公司	Limited Liability Corporations	178	4441
股份有限公司	Share-holding Corporations Limited	4	319
私营企业	Private Enterprises	933	1356
外商投资企业	Foreign Funded Enterprises		
果洛藏族自治州	**Golog Zang A.P**	**5598**	**19876**
国有控股企业	State-holding Enterprises	45	-322
轻工业	Light Industry	44	-177
重工业	Heavy Industry	5554	20053
有限责任公司	Limited Liability Corporations	5553	20198
玉树藏族自治州	**Yushu Zang A.P**	**2**	**-141**
国有控股企业	State-holding Enterprises	2	-141
轻工业	Light Industry		
重工业	Heavy Industry	2	-141
海西蒙古族藏族自治州	**Haixi Mongolian & Zang A.P**	**119617**	**708352**
国有控股企业	State-holding Enterprises	79339	524350
轻工业	Light Industry	837	922
重工业	Heavy Industry	118780	707431
集体企业	Collective-owned Enterprises	3510	12682
股份合作企业	Cooperative Enterprises	1058	4287
有限责任公司	Limited Liability Corporations	23170	149277
股份有限公司	Share-holding Corporations Limited	52312	432451
私营企业	Private Enterprises	25705	65008
港、澳、台商投资企业	Enterprises with Funds from Hong Kong,Macao and Taiwan	105	2404
外商投资企业	Foreign Funded Enterprises		17999

continued

(10 000 yuan)

利　润 总　额 Total Profits	应　交 所得税 Income Tax Payable	亏损企业 亏损总额 The Total Loss of Loss-making Enterprises	利　税 总　额 Total Profits and Taxes	本年应交 增 值 税 Value Added Tax Payable	全部从业人员年 平均人数(人) Annual Average Employed Persons (person)
126570	**31105**	**80516**	**501373**	**228153**	**107010**
88069	23762	59554	303363	191132	65083
20190	1322	4519	47580	14657	21153
106380	29783	75996	453793	213496	85857
1403	86	151	3438	754	3336
168		41	44631	478	594
27268	7275	23995	146003	73657	42731
33095	5744	2044	92713	53148	22597
5748	1054	6333	20180	5586	7413
969			1016	44	296
446	50	175	6452	368	598
96200	15339	255	184453	57011	16524
30328	**4693**	**14657**	**61408**	**21578**	**14787**
8301	1394	720	11995	3418	1983
14103	1777	855	24246	3059	2762
16226	2917	13802	37162	18519	12025
-48		48	-46	2	121
36821	4568	3179	61775	15845	7895
85	79	225	812	663	555
-5370	14	9974	-169	4883	5675
					1
-464		464	-464		100
-511		511	-400	111	64
17756	**2713**	**8284**	**34396**	**13880**	**5083**
3600	941	7263	9014	4280	2382
763	29	113	987	190	479
16992	2684	8171	33409	13690	4604
141			160	7	45
13140	2598	7345	27651	12095	3162
3293			3397	49	245
676	115	424	1960	1086	1149
					1
6276	**1270**		**12991**	**2890**	**553**
3021	455		3385	336	131
6276	1270		12991	2890	553
5649	1270		6450	747	441
104			142	36	35
522			6400	2107	77
1366	**338**	**2720**	**7497**	**2821**	**1767**
2652	202	41	4898	2061	213
744	78	305	1192	285	935
622	260	2415	6305	2535	832
3427	250	142	6016	2384	553
-226		226	-217	9	138
-1822	87	2340	1694	414	1002
					1
20169	**5085**	**232**	**28308**	**6787**	**876**
-222		232	-132	72	306
-76		82	-15	56	146
20246	5085	150	28324	6731	730
20392	5085		28440	6715	648
-142		**149**	**-113**	**12**	**298**
-142		149	-113	12	298
					83
-142		149	-113	12	215
797879	**112680**	**35632**	**1167911**	**193205**	**47577**
579974	83709	31184	863053	135941	37621
1196	118	144	2097	395	855
796683	112562	35488	1165814	192811	46722
14965			18287	1305	278
4187	531		4420	16	308
161124	16567	11226	218253	41849	4691
473160	72413	9804	714380	111424	29672
83247	8798	2230	122765	20573	6749
2366	1	547	3502	991	353
27426	7988		28079	68	458

12-19　2007-2009年规模以上工业主要产品生产能力

Production Capacity of Major Industrial Products of of Industrial Enterprises above Designated Size（2007-2009）

能力名称	Item	年末生产能力 Production Capacity at Year-end			能力利用率(%) Capacity Utilization Ratio (%)		
		2007	2008	2009	2007	2008	2009
原煤开采 (万吨)	Coal Mining (10 000 tons)	1215	1344	1445	73.75	97.56	93.56
天然原油开采 (万吨)	Petroleum Extraction (10 000 tons)	226.51	224	204	97.42	98.63	87.14
发电设备容量 (万千瓦)	Generating Capacity (10 000 kw)	698.44	726	1003	47.20	47.90	47.57
棉纺锭(环锭纺) (万锭)	Cotton Spindles (10 000 unit)	6	10	10			
焦炭 (万吨)	Coke (10 000 tons)	160	156	156	52.39	91.25	90.65
电石(折300升/千克) (万吨)	Calcium Carbide (10 000 tons)	10.9	25	6	75.25	90.88	70.14
农用氮磷钾肥料(折纯) (万吨)	Chemical Fertilizers (10 000 tons)	364.43	374	443	67.21	66.16	67.14
水泥熟料 (万吨)	Cement Chamotte (10 000 tons)	305.79	440	608	74.85	83.45	70.89
预分解窑熟料 (万吨)	Decompose Cellar Chamotte (10 000 tons)	180.69			72.72		
窑外分解窑熟料	Decompose Chamotte out of Cellar		327	436		84.90	63.42
立窑熟料 (万吨)	Cellar Chamotte (10 000 tons)	156.48	93	142	82.34	69.80	84.42
湿法窑熟料 (万吨)	Wet Cellar Chamotte (10 000 tons)		20	21		87.23	101.63
水泥 (万吨)	Cement (10 000 tons)	568.99	563	857	76.77	82.69	80.81
平板玻璃 (万重量箱)	Plate Glass (10 000 Weight-box)	98	110	114	94.85	99.02	44.94
生铁 (万吨)	Pig Iron (10 000 tons)	107	107	107	84.20	86.25	102.37
粗钢 (万吨)	Steel-making (10 000 tons)	130	130	130	88.24	88.52	97.48
钢材 (万吨)	Rolled Steel (10 000 tons)	136.51	163	144	79.87	76.32	81.74
铁合金 (万吨)	Iron Alloy (10 000 tons)	88.845	107	102	57.38	68.12	79.65
电解铝 (万吨)	Electrolytic Aluminum (10 000 tons)	96	103	95	98.61	67.89	90.86
金属切削机床 (台)	Metal-cutting Machine Tools (unit)	1105	1324	1264	67.93	75.75	67.93

注：2008年能力利用率进行了修订。

a) Capacity Utilization Ratio in 2008 has been amended

12–20 主要年份主要工业产品产量
Output of Major Industrial Products in Main Years

产品名称	Item	1990	1995	2000	2006	2007	2008	2009
原煤 (万吨)	Coal (10 000 tons)	320	278	145	592	896	1183	1284
原油 (万吨)	Crude Petroleum Oil (10 000 tons)	81	122	200	223	221	220	186
天然气 (亿立方米)	Natural Gas (100 million cu.m)			4	25	34	44	43
铜选矿含铜 (吨)	Content of Cuprum in Cuprum Concentration (ton)	1336	1536	1079	5128	17629	22739	34170
锌精矿含锌 (万吨)	Content of Zinc in Zinc Concentrate (10 000 tons)	2	4	6	8	8	9	7
铅精矿含铅 (万吨)	Content of Lead in Lead Concentrate (10 000 tons)	2	3	5	6	6	6	6
碳酸钠(纯碱) (万吨)	Soda Ash (10 000 tons)			1	71	102	116	120
原盐 (万吨)	Salt (10 000 tons)	104	76	68	143	162	236	71
碳化钙(电石) (万吨)	Raw Coal (10 000 tons)	1	1		9	8	22	5
发电量 (亿千瓦小时)	Electricity (100 million kwh)	71	66	134	277	289	306	361
水电	Hydropower	57	43	108	205	197	203	259
火电	Thermal Power	13	18	26	72	92	103	102
食用植物油 (万吨)	Refined Edible Vegetable Oil (10 000 tons)	3	4	1	1	1	3	5
乳制品 (吨)	Dairy Products (ton)			1152	15676	45981	66076	60812
饮料酒 (万吨)	Alcohol Beverage (10 000 tons)			2	5		10	12
白酒 (千升)	Liquor (kilo-liter)	7910	17003	18536	8404	9163	10399	10639
啤酒 (万吨)	Beer (10 000 tons)	1	2	1		6	9	10
棉纱 (吨)	Pure Cotton Yarn (ton)	5145	6830	3025	5404	562	3194	2899
毛线 (吨)	Knitting Wool (ton)	1436	501	267	450	4473	1261	
轻革 (万平方米)	Light Leather (10 000 sq.m)			3	19	22		6
皮鞋 (万双)	Leather Shoes (10 000 pairs)	76	56	3	4	5		4
机制纸及纸板 (吨)	Machine-made Paper and Paperboard (ton)	7100	14310	3657	8989	230	1991	
原油加工量 (万吨)	Processed Crude Oil (10 000 tons)	15	84	62	100	105	100	81
汽油	Gasoline			21	32	33	31	24
柴油	Diesel Oil			23	48	50	47	37
硫酸(折100%) (万吨)	Sulfuric Acid (10 000 tons)	2	4	2	7	11	15	14
氢氧化钠(烧碱) (万吨)	Caustic Soda (10 000 tons)	1	1	1	1	1	1	1
农用化肥 (万吨)	Chemical Fertilizers (10 000 tons)	7	21	67	205	245	247	278
钾肥(实物量) (万吨)	Potash Fertilizer (10 000 tons)				337	405	399	473
中成药 (吨)	Traditional Chinese Medicine (ton)			310	266	460	908	883
水泥 (万吨)	Cement (10 000 tons)	51	64	124	371	437	458	610
平板玻璃 (万重量箱)	Plain Glass (10 000 weight cases)			100	97	93	103	50
粗钢 (万吨)	Crude Steel (10 000 tons)	32	36	43	80	115	115	127
钢材 (万吨)	Rolled Steel (10 000 tons)	28	31	36	77	109	115	125
焦炭 (万吨)	Coke (10 000 tons)				34	84	144	141
铁合金 (万吨)	Ferroalloy (10 000 tons)	8	18	15	42	51	70	80
十种有色金属 (万吨)	Ten Kinds of Nonferrous Metals (10 000 tons)			30	89	108	114	107
铅	Lead				3	5	1	1
锌	Zinc			1	4	8	11	13
原铝(电解铝)	Electrolyzed Aluminum	5	11	28	82	95	102	91
黄金 (千克)	Gold (kg)			689	176	3912	3713	3347
铝材 (万吨)	Aluminum Material (10 000 tons)				4	7	4	20
金属切削机床 (台)	Metal-cutting Machine Tools (unit)	1297	453	192	793	1025	920	879
数控机床 (台)	Numerical Control Machine (unit)			60	395	529	461	458
粮食加工机械 (台)	Grain-processing Machines (unit)				110007	99837	95319	99575
环境保护专用设备 (台(套))	Environmental Protection Equipment (unit)				1008	734	739	259
变压器 (千伏安)	Transformer (kva)				49470	26211	23738	24572

主要统计指标解释

工业　指从事自然资源的开采，对采掘品和农产品进行加工和再加工的物质生产部门。具体包括：(1)对自然资源的开采，如采矿、晒盐等(但不包括禽兽捕猎和水产捕捞)；(2)对农副产品的加工、再加工，如粮油加工、食品加工、缫丝、纺织、制革等；(3)对采掘品的加工、再加工，如炼铁、炼钢、化工生产、石油加工、机器制造、木材加工等，以及电力、自来水、煤气的生产和供应等；(4)对工业品的修理、翻新，如机器设备的修理、交通运输工具(如汽车)的修理等。

工业统计调查单位为独立核算法人工业企业。

独立核算法人工业企业指从事工业生产经营活动的单位。独立核算法人工业企业应同时具备以下条件：①依法成立，有自己的名称、组织机构和场所，能够承担民事责任；②独立拥有和使用资产，承担负债，有权与其他单位签订合同；③独立核算盈亏，并能够编制资产负债表。

本年鉴中涉及的企业登记注册类型：

国有及国有控股企业　指国有企业加上国有控股企业。国有企业(即原全民所有制工业或国营工业)指企业全部资产归国家所有，并按《中华人民共和国企业法人登记管理条例》规定登记注册的非公司制的经济组织。包括国有企业、国有独资公司和国有联营企业。1957 年以前的公私合营和私营工业，后均改造为国营工业，1992 年改为国有工业，这部分工业的资料不单独分列时，均包括在国有企业内。国有控股企业是对混合所有制经济的企业进行的“国有控股”分类。它是指这些企业的全部资产中国有资产(股份)相对其他所有者中的任何一个所有者占资(股)最多的企业。该分组反映了国有经济控股情况。

集体企业　指企业资产归集体所有，并按《中华人民共和国企业法人登记管理条例》规定登记注册的经济组织。是社会主义公有制经济的组成部分。包括城乡所有使用集体投资举办的企业，以及部分个人通过集资自愿放弃所有权并依法经工商行政管理机关认定为集体所有制的企业。

股份合作企业　指以合作制为基础，由企业职工共同出资入股，吸收一定比例的社会资产投资组建，实行自主经营，自负盈亏，共同劳动，民主管理，按劳分配与按股分红相结合的一种集体经济组织。

联营企业　指两个及两个以上相同或不同所有制性质的企业法人或事业单位法人，按自愿、平等、互利的原则，共同投资组成的经济组织。联营企业包括：

国有联营企业指国有企业与国有企业间的联营；

集体联营企业指集体企业与集体企业间的联营；

国有与集体联营企业指国有企业与集体企业间的联营。

有限责任公司　指根据《中华人民共和国公司登记管理条例》规定登记注册，由两个以上，五十个以下的股东共同出资，每个股东以其所认缴的出资额对公司承担有限责任，公司以其全部资产对其债务承担责任的经济组织。

有限责任公司包括国有独资公司以及其他有限责任公司。

股份有限公司　指根据《中华人民共和国企业法人登记管理条例》规定登记注册，其全部注册资本由等额股份构成并通过发行股票筹集资本，股东以其认购的股份对公司承担有限责任，公司以其全部资产对其债务承担责任的经济组织。

私营企业　指由自然人投资设立或由自然人控股，以雇佣劳动为基础的营利性经济组织。包括按照《公司法》、《合伙企业法》、《私营企业暂行条例》规定登记注册的私营有限责任公司、私营股份有限公司、私营合伙企业和私营独资企业。

港、澳、台商投资企业　指企业注册登记类型中的港、澳、台资合资、合作、独资经营企业和股份有限公司之和。

外商投资企业　指企业注册登记类型中的中外合资、合作经营企业、外资企业和外商投资股份有限公司之和。

轻工业　指主要提供生活消费品和制作手工工具的工业。按其所使用的原料不同，可分为两大类：(1)以农产品为原料的轻工业，是指直接或间接以农产品为基本原料的轻工业。主要包括食品制造、饮料制造、烟草加工、纺织、缝纫、皮革和毛皮制作、造纸以及印刷等工业；(2)以非农产品为原料的轻工业，是指以工业品为原料的轻工业。主要包括文教体育用品、化学药品制造、合成纤维制造、日用化学制品、日用玻璃制品、日用金属制品、手工工具制造、医疗器械制造、文化和办公用机械制造等工业。

重工业　指为国民经济各部门提供物质技术基础的主要生产资料的工业。按其生产性质和产品用途，可以分为下列三类：(1)采掘(伐)工业，是指对自然资源的开采，包括石油开采、煤炭开采、金属矿开采、非金属矿开采等工业；(2)原材料工业，指向国民经济各部门提供基本材料、动力和燃料的工业。包括金属冶炼及加工、炼焦及焦炭、化学、化工原料、水泥、人造板以及电力、石油和煤炭加工等工业；(3)加工工业，是指对工业原材料进行再加工制造的工业。包括装备国民经济各部门的机械设备制造工业、金属结构、水泥制品等工业，以及为农业提供的生产资料如化肥、农药等工业。

根据上述划分原则，修理业中以重工业产品为修理作业对象的划为重工业，反之划为轻工业。

工业总产值

(1)定义：

工业总产值是以货币形式表现的，工业企业在一定时期内生产的工业最终产品或提供工业性劳务活动的总价值量。它反映一定时间内工业生产的总规模和总水平。

(2)计算原则：

工业生产的原则，即凡是企业在报告期生产的经检验合格的产品，不管是否在报告期销售，均包括在内。

最终产品的原则，即凡是计入工业总产值的产品，必须是本企业生产的经检验合格的，不需要再进行任何加工的最终产品。如果企业有中间产品(半成品)对外销售，则对外销售的中间产品应视为企业的最终产品。

工厂法原则，即工业总产值是以工业企业作为基本计算（核算）单位，即按企业的最终产品计算工业总产值。按这种方法计算的工业总产值，不允许同一产品价值在企业内部重复计算，不能把企业内部各个车间（分厂）生产的成果相加，但允许企业间的重复计算。

（3）内容及计算方法：

1995年全国工业普查对工业总产值（原规定）的内容及计算原则和方法做了某些修订，修订后的工业总产值（新规定）包括三项内容：即本期生产成品价值、对外加工费收入、在制品半成品期末期初差额价值三部分。

本期生产成品价值：指企业本期生产，并在报告期内不再进行加工，经检验、包装入库的全部工业成品（半成品）价值合计，包括企业生产的自制设备及提供给本企业在建工程、其他非工业部门和福利部门等单位使用的成品价值。本期生产成品价值为按自备原材料生产的产品的数量乘以本期不含增值税（销项税额）的产品实际销售平均单价计算；会计核算中按成本价格转帐的自制设备和自产自用的成品，按成本价格计算生产成品价值。生产成品价值中不包括用定货者来料加工的成品（半成品）价值。

对外加工费收入：指企业在报告期内完成的对外承接的工业品加工（包括用定货者来料加工产品）的加工费收入和对外工业修理作业所取得的加工费收入。对外加工费收入按不含增值税（销项税额）的价格计算，可根据会计“产品销售收入”科目的有关资料取得。

对于本企业对内非工业部门提供的加工修理、设备安装的劳务收入，如果企业会计核算基础较好，能取得这部分资料，而且这部分价值所占比重较大，应包括在对外加工费收入中。

自制半成品在制品期末期初差额价值：指企业报告期在制品期末减期初的差额价值，本指标一般可以从会计核算资料中取得。如果会计产品成本核算中不计算半成品、在制品的成本，则总产值中也不包括这部分价值，反之则包括。

（4）工业总产值统计范围变化和计算方法修订情况：

1984年以前工业总产值不包括村办工业，村办工业总产值划归农业。1984年以后工业总产值包括村办工业。

1995年工业普查对工业总产值计算方法做了修订，即从1995年始按新修订（新规定）方法计算工业总产值。新规定与原规定的区别如下：

全价与加工费的计算原则不同：新规定为凡自备原材料，不论其生产繁简程度如何，一律按全价计算工业总产值；凡来料加工，允许按加工费计算工业总产值。原规定则视生产加工的繁简程度不同，规定哪些行业按全价，哪些行业按加工费计算工业总产值。

自制半成品、在产品期末期初差额价值的计算原则不同：新规定要求，凡会计产品成本核算时计算了成本的差额价值，总产值中就应包括，否则可不包括；原规定则按生产周期六个月的界限区分，凡生产周期六个月以上的企业，总产值计算中应包括这部分差额价值，否则可不包括。

计算价格不同：新规定按不含增值税（销项税额）的价格计算；原规定则按含增值税（销项税额）的价格计算。

工业增加值　指工业企业在报告期内以货币表现的工业生产活动的最终成果。

工业增加值有两种计算方法：一是生产法，即工业总产出减去工业中间投入加上应交增值税；二是收入法，即从收入的角度出发，根据生产要素在生产过程中应得到的收入份额计算，具体构成项目有固定资产折旧、劳动者报酬、生产税净额、营业盈余，这种方法也称要素分配法。本年鉴中的工业增加值是以生产法计算的。

生产法工业增加值的计算方法为：

工业增加值＝工业总产出－工业中间投入＋应交增值税

（1）工业总产出：指工业企业在一定时期内工业生产活动的总成果。工业总产出包括：成品生产价值，对外加工费收入，自制半成品、在产品期末期初差额价值。1995年后用新规定计算的工业总产值代替。

（2）工业中间投入：指工业企业在工业生产活动中消耗的外购物质产品和对外支付的服务费用。服务费用包括支付给物质生产部门（工业、农业、批发零售贸易业、建筑业、运输邮电业）的服务费用和支付给非物质生产部门（如保险、金融、文化教育、科学研究、医疗卫生、行政管理等）的服务费用。工业中间投入的确定须遵循以下原则：必须从外部购入的，并已计入工业总产出的产品和服务价值；必须是本期投入生产，并一次性消耗掉（包括本期摊销的低值易耗品等）的产品和服务价值。

工业中间投入包括直接材料费用、制造费用中的工业中间投入、管理费用中的工业中间投入、销售费用中的工业中间投入和利息支出五部分。

资产总计　指企业拥有或控制的能以货币计量的经济资源，包括各种财产、债权和其他权利。资产按流动性分为流动资产、长期投资、固定资产、无形资产、递延资产和其他资产。该指标根据企业会计“资产负债表”中“资产总计”项目的期末数增列。

流动资产　指企业可以在一年内或者超过一年的一个生产周期内变现或者耗用的资产，包括现金及各种存款、短期投资，应收及预付款项、存货等。

流动资产平均余额　指企业在报告期内全部流动资产的平均余额。

固定资产原价　指企业在建造、购置、安装、改建、扩建、技术改造某项固定资产时所支出的全部货币总额。它一般包括买价、包装费、运杂费和安装费等。

固定资产净值年平均余额　指固定资产净值在报告期内余额的平均数。计算公式为：

$$\text{固定资产净值年平均余额}=\frac{\text{1至12月各月月初、月末固定资产净值之和}}{24}$$

该指标根据“资产负债表”中“固定资产原价”、“累计折旧”指标的期初、期末数计算填列。

固定资产净值指固定资产原价减去历年已提折旧额后的净额。计算公式为：

固定资产净值＝固定资产原价－累计折旧

负债合计　指企业所承担的能以货币计量，将以资产或劳务偿付的债务，偿还形式包括货币、资产或提供劳务。负债一般按偿还期长短分为流动负债和长期负债。根据会计“资产负债表”中“负债合计”的年末数填列。

所有者权益　指企业投资人对企业净资产的所有权。企业净资产等于企业全部资产减去全部负债后的余额，包括企业投资人对企业的最初投入的实际到位的资产及资本公积金、盈余公积金和未分配利润。所有者权益合计数小于零,表示企业资不抵债。

主营业务收入 指会计“利润表”中对应指标的本年累计数。未执行2001年《企业会计制度》的企业,用“产品销售收入”的本期累计数代替。

主营业务成本 指会计“利润表”中对应指标的本年累计数。未执行2001年《企业会计制度》的企业,用“产品销售成本”的本期累计数代替。

主营业务税金及附加 指会计“利润表”中对应指标的本年累计数。未执行2001年《企业会计制度》的企业,用“产品销售税金及附加”的本期累计数代替。

利润总额 指企业生产经营活动的最终成果,是企业在一定时期内实现的盈亏相抵后的利润总额(亏损以“-”号表示),它等于营业利润加上补贴收入加上投资收益加上营业外净收入再加上以前年度损益调整。

本年应交增值税 指企业在报告期内应交纳的增值税额。它等于本年销项税额加上出口退税加上进项税额转出数减去本年进项税额。小规模纳税企业直接按全年计税销售额乘以征收率计算取得。

从业人员平均人数 是指报告期内每天拥有的从业人员人数。其计算公式为:

$$月平均人数=\frac{报告月内每天实有人数和}{报告月日历日数}$$

$$季平均人数=\frac{季内各月平均人数之和}{3}$$

$$年平均人数=\frac{年内各月平均人数之和}{12}$$

总资产贡献率 反映企业全部资产的获利能力,是企业经营业绩和管理水平的集中体现,是评价和考核企业盈利能力的核心指标。计算公式为:

$$总资产贡献率(\%)=\frac{利润总额+税金总额+利息支出}{平均资金总额}\times100\%$$

公式中:税金总额为产品销售税金及附加与应交增值税之和;平均资产总额为期初期末资产之和的算术平均值。

资产负债率 该指标既反映企业经营风险的大小,也反映企业利用债权人提供的资金从事经营活动的能力。计算公式为:

$$资产负债率(\%)=\frac{负债总额}{资产总额}\times100\%$$

资产与负债均为报告期期末数。

流动资产周转次数 指一定时期内流动资产完成的周转次数,反映投入工业企业流动资金的周转速度。计算公式为:

$$流动资产周转次数=\frac{产品销售收入}{全部流动资产平均余}$$

公式中:全部流动资产平均余额为期初和期末的流动资产之和的算术平均值。

成本费用利润率 反映企业投入的生产成本及费用的经济效益,同时也反映企业降低成本所取得的经济效益。计算公式为:

$$成本费用利润率(\%)=\frac{利润总额}{成本费用总额}\times100\%$$

公式中:成本费用总额为产品销售成本、销售费用、管理费用、财务费用之和。

产品销售率 该指标反映工业产品已实现销售的程度,是分析工业产销衔接情况,研究工业产品满足社会需求的指标。计算公式为:

$$产品销售率(\%)=\frac{现价工业销售产值}{现价工业总产值}\times100\%$$

Explanatory Notes on Main Statistical Indicators

Industry refers to the material production sector which is engaged in the extraction of natural resources and processing and reprocessing of minerals and agricultural products, including (1) extraction of natural resources, such as mining, salt production (but not including hunting and fishing); (2) processing and reprocessing of farm and sideline produces, such as rice husking, flour milling, wine making, oil pressing, silk reeling, spinning and weaving, and leather making; (3) manufacture of industrial products, such as steel making, iron smelting, chemicals manufacturing, petroleum processing, machine building, timber processing; water and gas production and electricity generation and supply; (4) repairing of industrial products such as the repairing of machinery and means of transport (including cars).

In industrial statistics surveys, the units of enquiry are corporate industrial enterprises with independent accounting systems.

Corporate industrial enterprises with independent accounting systems refer to enterprises engaging in industrial production activities, which meet the following requirements: (1) They are established legally, having their own names, organizations, location and able to take civil liability; (2) They possess and use their assets independently, assume liabilities and are entitled to sign contracts with other units; (3) They are financially independent and compile their own balance sheets.

Enterprises covered in the industrial statistics in the Yearbook include the following categories by their registration:

State - owned and State - holding Enterprises refer to state - owned enterprises plus State - holding enterprises. State - owned enterprises (originally known as State - run enterprises with ownership by the whole society) are non - corporate economic entities registered in accordance with the Regulation of the People's Republic of China on the Management of Registration of Legal Enterprises, where all assets are owned by the State. Included in this category are State - owned enterprises, State - funded corporations and State - owned joint - operation enterprises. Joint State - private industries and private industries, which existed before 1957, were transformed into state - run industries since 1957, and into State - owned industries after 1992. Statistics on those enterprises are included in the State - owned industries instead of being grouped them separately. State - holding enterprises are a sub - classification of enterprises with mixed ownership, referring to enterprises where the percentage of State assets (or shares by the State) is larger than any other single share holder of the same enterprise. This sub - classification illustrates the control of the State over a particular industry.

Collective - owned Enterprises refer to economic entities registered in accordance with the Regulation of the People's Republic of China on the Management of Registration of Legal Enterprises, where assets are owned collectively. Collective enterprises constitute an integral part of the socialist economy with public ownership. They include urban and rural enterprises invested collectively, and some enterprises registered in industrial and commercial administration agency as collective units where funds are pooled together by individuals who voluntarily give up their right of ownership.

Cooperative Enterprises refer to economic units set up on a cooperative basis, with funding partly from employees of the enterprise and partly from outside investment, where the operation and management is decided by all the members who also participate in the production, and the distribution of income is based both on work (labour input) and on shares (capital input).

Joint Ownership Enterprises refer to economic units that are established by joint investment by two or more corporate enterprises or institutions of the same or different types of ownership on voluntary, equal and mutual - beneficial basis. They include:

a) State - owned joint - operation enterprises (joint operation between State - owned enterprises);

b) Collective joint - operation enterprises (joint operation between collective enterprises; and

c) State - collective joint - operation enterprises (joint operation between state and collective enterprises).

Limited Liability Corporations refer to economic units registered in accordance with the Regulation of the People's Republic of China on the Management of Registration of Corporations, with capital from 2 to 49 investors, each investor bears limited liability to the corporation depending on his/her holding of shares, and the corporation bears liability to its debt to the maximum of its total assets.

Limited liability corporations include state sole funded corporations and other limited liability corporations.

Share - holding Corporations Ltd. refer to economic units registered in accordance with the Regulation of the People's Republic of China on the Management of Registration of Corporate Enterprises, with total registered capital divided into equal shares and raised through issuing stocks. Each investor bears limited liability to the corporation depending on the holding of shares, and the corporation bears liability to its debt to the maximum of its total assets.

Private Enterprises refer to economic units invested or controlled (by holding the majority of the shares) by natural persons who hire labours for profit - making activities. Included in this category are private limited liability corporations, private share - holding corporations Ltd., private partnership enterprises and private sole investment enterprises registered in accordance with the Corporation Law, Partnership Enterprise Law and Tentative Regulation on Private Enterprises.

Enterprises with Funds from Hong Kong, Macao and Taiwan refers to all industrial enterprises registered as the joint – venture, cooperative, sole (exclusive) investment industrial enterprises and limited liability corporations with funds from Hong Kong, Macao and Taiwan.

Foreign Funded Enterprises refer to all industrial enterprises registered as the joint – venture, cooperative, sole (exclusive) investment industrial enterprises and limited liability corporations with foreign funds.

Light Industry refers to the industry that produces consumer goods and hand tools. It consists of two categories, depending on the materials used:

(1) Industries using farm products as raw materials. These are the branches of light industry which directly or indirectly use farm products as basic raw materials, including the manufacture of food and beverages, tobacco processing, textile, clothing, fur and leather manufacturing, paper making, printing, etc.

(2) Industries using non – farm products as raw materials. These are the branches of light industry which use manufactured goods as raw materials, including the manufacture of cultural, educational articles and sports goods, chemicals, synthetic fibre, chemical products for daily use, glass products for daily use, metal products for daily use, hand tools, medical apparatus and instruments, and the manufacture of cultural and office machinery.

Heavy Industry refers to the industry which produces capital goods, and provides various sectors of the national economy with necessary material and technical basis for production. It consists of the following three branches according to the purpose of production or the use of products:

(1) Mining, quarrying and logging industry, which refers to the industry that extracts natural resources, including extraction of petroleum, coal, metal and non – metal ores.

(2) Raw materials industry refers to the industry that provides various sectors of the national economy with raw materials, fuels and power. It includes smelting and processing of metals, coking and coke chemistry, chemical materials and building materials such as cement, plywood, and power, petroleum refining and coal dressing.

(3) Manufacturing industry which refers to the industry that processes raw materials. It includes machine – building industries which equip sectors of the national economy; industries producing metal structure and cement products; and industries producing means of agricultural production, such as chemical fertilizers and pesticides.

In accordance with the above principles of classification, the repairing trades, which are engaged primarily in repairing products of heavy industry, are classified as heavy industry while those which are engaged in repairing products of light industry are classified as light industry.

Gross Industrial Output Value

(1) Definition: Gross industrial output value is the total volume of final industrial products produced and industrial services provided during a given period. It reflects the total achievements and overall scale of industrial production during a given period.

(2) Principles for calculation:

Statistics on industrial production follow the principle that all products produced by the enterprises and accepted through quality check during the reference period are to be included no matter whether they are sold or not during the reference period.

Determination of final products follows the principle that all products that are included in the calculation of gross industrial output value are the final products of the enterprise which have been accepted through quality check and require no further processing. If an enterprise has intermediate (semi – finished) products to sell, these intermediate products are considered as the final products of the enterprise.

Gross industrial output value is calculated following the principle of factory approach, i. e. industrial enterprise is used as the basic accounting unit in calculating the gross industrial output value. By this approach, value of the same product is not to be double – counted, and the output value of different workshops (branch factories) within the enterprise should not be added. However, this approach allows the possibility of double counting between enterprises.

(3) Content and method of calculation: The old definition of gross industrial output value was modified during the 1995 National Industrial Census. The revised (new) definition of gross industrial output value consists of 3 components: value of the finished products during the reference period, income from processing for external parties, and value of change in semi – finished products between the end and the beginning of the reference period.

Value of finished products during the reference period: refers to the value of all finished (semi – finished) industrial products that are produced during the reference period without the need for further processing, checked for acceptance, packed and put into the warehouse of the enterprise, including the value of own – produced equipment and the value of products provided to the projects under construction of the enterprise, and to other non – industrial or welfare units. Value of finished products during the reference period is calculated by the quantity of products produced using own materials multiplied by the average unit prices at which products are sold (excluding value – added tax). Own – produced equipment and products produced for own use are valued at cost prices as in the case of enterprise accounting. Value of finished products does not include the value of finished products (semi – finished products) that are produced using the materials from the clients who place the orders.

Income from external processing: refers to income from contracted external processing of industrial products (including processing of industrial products using materials from the clients), and the income from industrial repairing work provided to other parties. Income from external processing is calculated using information from the item "products sales income" in the enterprise accounting at the prices with value – added tax excluded.

For income from services such as processing, repairing and installation of equipment provided to non – industrial units within the enterprise, if the accounting work of the enterprise is good enough to separate it from other records, and the share of such services is significant, it should also be included in the income from external processing.

Value of change in semi – finished products between the end and the beginning of the reference period: refers to the value of change in semi – finished products between the end and the beginning of the reference period, which generally can be obtained from accounting records of enterprises. If the enterprise accounting excludes the cost of semi – finished products, then it should not be included in the gross industrial output value, and the reverse if otherwise.

(4) Changes in the scope and method of calculation of the gross industrial output value

Prior to 1984, the value of rural industry run by villages was classified into agriculture instead of industry. Since 1984, it has been included in the gross industrial output value. Method of calculation for the gross industrial output value was modified in the industrial census in 1995. The difference in the new method as compared with the old one is outlined below:

Principle in using full value vs. processing fee: The new method stipulates that all products produced using own materials are to be calculated with full value in reporting the gross industrial output value irrespective of the complexity of production, and for external processing, it allows calculation using processing fee. In the old method, however, the use of full value or processing fee was determined by the degree of complexity of production in different branches of industries.

Principle in determining the value of change in semi – finished products: The new method requires that value of change in semi – finished products should be included in the gross industrial output value if it is included in the accounting record of the enterprise, otherwise it should not be included. In the old method, it is determined by the type of enterprises in terms of production cycle. If the production cycle is over 6 months, the value of change in semi – finished products is included in the gross industrial output value, otherwise it is not.

Difference in prices: The new method uses prices excluding value – added tax in the calculation of gross industrial output value, while the old method used prices including value – added tax.

Value – added of Industry refers to the final results of industrial production of industrial enterprises in money terms during the reference period.

Industrial value – added can be calculated by two approaches: the production approach, i. e. gross industrial output value minus intermediate input plus value – added tax, and the income approach, i. e. income for various factors used in the course of production, including depreciation of fixed assets, remuneration of labourers, net of production tax, and operating surplus. Value – added of industry in the Yearbook is calculated by the production approach as follows:

Value – added of industry = gross industrial output – industrial intermediate input + value – added tax

(1) Gross industrial output: refers to the total achievements of industrial production activities during a given period. Gross industrial output includes value of finished products, income from external processing, and value of change in semi – finished products between the end and the beginning of the reference period. Since 1995, the gross industrial output value obtained by the new method is used in the calculation.

(2) Industrial intermediate input: refers to purchased goods and paid services consumed during the industrial production of enterprises. Fees paid for services include fees paid for the services provided by material production sectors (industry, agriculture, wholesale and retail trade, construction, transport, post and telecommunications) and by non – material production sectors (insurance, banking, culture, education, scientific research, health and medical care, public administration, etc.). The determination of industrial intermediate input follows the principle that the goods and services must be purchased from outside and included in the gross industrial output, and that the goods and services are inputted into production and consumed (include low – value consumables) during the reference period.

Industrial intermediate input includes 5 components, namely direct consumption of materials, industrial intermediate input in manufacturing cost, industrial intermediate input in management cost, industrial intermediate input in marketing cost and expenditure on interest.

Total Assets refer to all economic resources, in monetary term, these are owned or controlled by enterprises, including properties, creditor's equity and other economic rights of all forms. Classified by the degree of liquidity, total assets include working capitals, long – term investment, fixed assets, intangible assets, deferred assets and other assets. Data on this indicator can be obtained by the year – end figures of total assets in the Assets and Liability Table of accounting records of enterprises.

Working Capital refers to capital that an enterprise can cash or use during one year or one production cycle that may exceed one year, including cash and savings deposits of various forms, short – term investment, money receivable and prepaid money, inventories, etc.

Annual Average Value of Working Capital refers to the average value of all working capital of the enterprise during the reference period.

Original Value of Fixed Assets refers to the total value, in monetary terms, that an enterprise spent on fixed assets, through construction, purchase, installation, transformation, expansion or technical upgrading. Generally, it covers cost of purchase, packing, transportation and installation, etc.

Annual Average of Net Value of Fixed Assets refers to the average of the net value of fixed assets during the reference period, calculated with the following formula:

$$\text{Annual Average of Net Value of Fixed Assets} = \frac{\text{sum of net value of fixed assets at the beginning and at the end of each month from January to December}}{24}$$

Information on this indicator can be obtained from the beginning and ending figures of the original value of fixed assets and cumulative depreciation from the Assets and Liability Table of enterprises.

Net value of fixed assets refers to the original value of fixed assets minus depreciation over the years, i. e. :

Net value of fixed assets = original value of fixed assets − cumulative depreciation

Total Liabilities refer to payable liabilities of enterprises that have to be repaid in terms of money, assets or labour services. In terms of payment, it can be divided into liquid liabilities and long – term liabilities. Data on this item is obtained from the ending figures on total liabilities from the Assets and Liability Table from the enterprises.

Owner's Equity refers to the ownership of net assets of enterprise by its investors. Net assets equal total assets minus total liabilities of the enterprise, including the actual assets invested into the enterprise by investors, accumulation of capital and operating surplus and non – distributed profits. The enterprise's assets are less than its liabilities if the sum of owner's equity is smaller than zero.

Revenue from Principal Business refers to the annual accumulation of the corresponding item in the "profit table" of the accountant. For enterprises that do not follow the 2001 Enterprise Accounting Standards, the year – end accumulation of revenue from the sales of products is used as a substitute.

Cost of Principal Business refers to the annual accumulation of the corresponding item in the "profit table" of the accountant. For enterprises that do not follow the 2001 Enterprise Accounting Standards, the year – end accumulation of cost for the sales of products is used as a substitute.

Tax and Extra Charges from Principal Business refer to the annual accumulation of the corresponding item in the "profit table" of the accountant. For enterprises that do not follow the 2001 Enterprise Accounting Standards, the year – end accumulation of tax and extra charges from the sales of products is used as a substitute.

Total Profits refer to the final achievement of production and operation activities of the enterprises, represented by total profits after deducting losses (loss is expressed by the negative figure). It is the sum of profits from operation, income from subsidies, investment earnings, net income from activities other than operation, and adjustment of profits and losses of previous years.

Value – added Tax Payable in the Current Year refers to the amount of the value – added tax which should be paid by the enterprises during the reference period. It is the sum of tax on sales, export rebate, and transferred tax on purchases of the current year, minus the tax on purchases of the current year. Value – added tax payable of small – size enterprises is determined by the taxable sales of the year multiplied by the tax rate.

Average Annual Number of Employed Persons Employed persons refer to all those who are employed in enterprises and receive remunerations there from, including currently working employees, retirees who are re – employed, teachers of local – run schools, as well as foreigners, staff from Hong Kong, Macao and Taiwan, part – time employees and persons with second job who are employed by the enterprise, and employees of other units temporarily working in the enterprises, but excluding former employees who left the enterprise with their employment records still being kept by the enterprises.

Average number of employed persons refers to the number of employee everyday during the reference period, calculated with the following formula:

$$\text{Monthly average number} = \frac{\text{sum of actual employees everydayin reference month}}{\text{number of calendar dates in reference month}}$$

$$\text{Quarterly average number} = \frac{\text{sum of monthly average number in reference quarter}}{3}$$

$$\text{Annual average number} = \frac{\text{sum of monthly average number in reference year}}{12}$$

Ratio of Profits, Taxes and Interests to Average Assets reflects the profit – making capability of all assets of the enterprise and is a key indicator manifesting the performance and management and evaluating the profit – making potential of the enterprise. It is calculated as follows:

$$\text{Ratio of Profits, Taxes and Interests to Average Assets}(\%) = \frac{\text{total profits} + \text{total taxes} + \text{interest payment}}{\text{average assets}} \times 100\%$$

In the above formula, total taxes is the sum of tax and extra charges on the sales of products and value – added tax payable; and average assets is the arithmetic mean of the sum of beginning assets and ending assets.

Ratio of Debts to Assets reflects both the operation risk and the capability of the enterprise in making use of the capital from the creditors. It is calculated as follows:

$$\text{Ratio of Debts to Assets}(\%) = \frac{\text{total debts}}{\text{total assets}} \times 100\%$$

Both assets and debts are figures at the end of the reference period. Turnover of Working Capital refers to the number of times of turnover of working capital in a given period of time, which reflects the speed of the turnover of working capital of industrial enterprises, and is calculated as follows:

$$\text{Turnover of Working Capital} = \frac{\text{sales revenue of products}}{\text{average balance of total working capital}}$$

In the above formula, average balance of total working capital refers to the arithmetic mean of the sum of working capital at the beginning and at the end of the reference period.

Ratio of Profits to Total Industrial Costs refers to the ratio of profits realized in a given period to the total costs in the same period, which reflects the economic efficiency of input cost and is calculated as follows:

$$\text{Ratio of Profits to Total Industrial Cost}(\%) = \frac{\text{total profits}}{\text{total costs}} \times 100\%$$

Total costs in the above formula are the sum of cost of products sold, marketing cost, management cost and financial cost.

Sales Ratio of Products is an indicator reflecting the actual sale of industrial products, analyzing the production – selling and supply – demand relations. It is calculated as:

$$\text{Sales Ratio of Products}(\%) = \frac{\text{value of industrial sales}}{\text{gross industrial output value(current prices)}} \times 100\%$$

第13篇

CHAPTER 13

建筑业

Construction

建筑安装企业单位数（个）

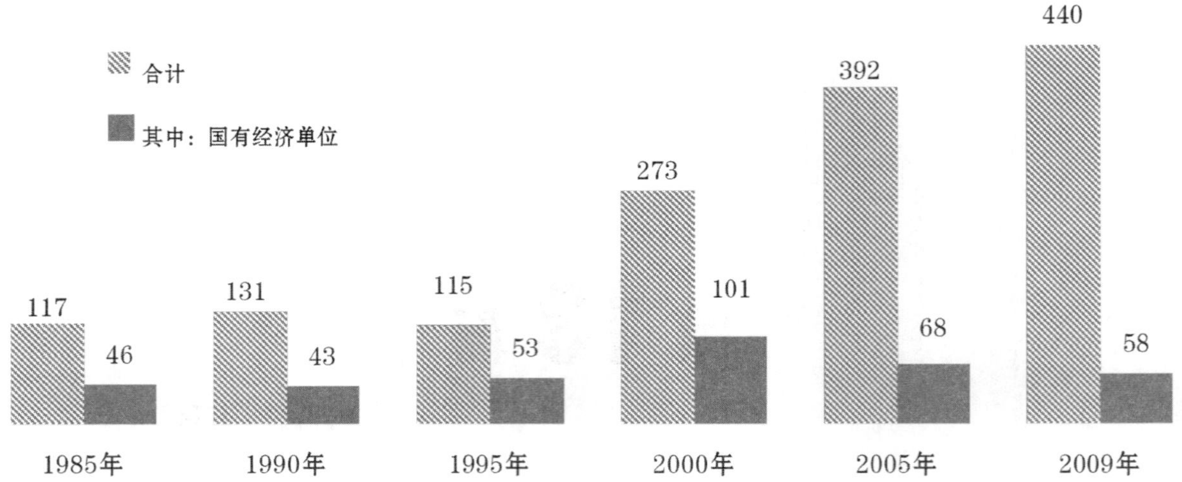

建筑业总产值构成（%）

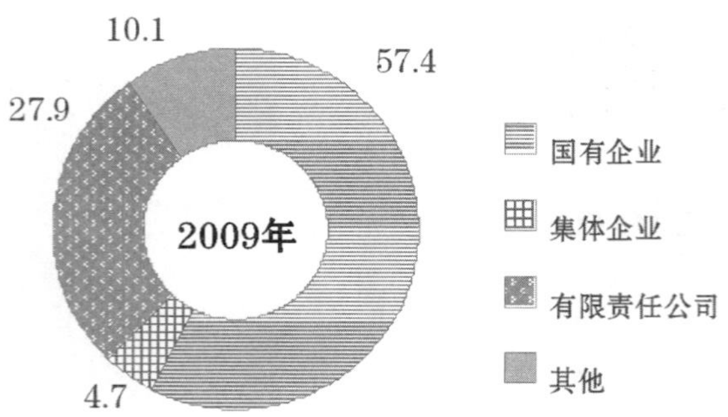

建筑业总产值204亿元

房屋建筑面积（平方米）

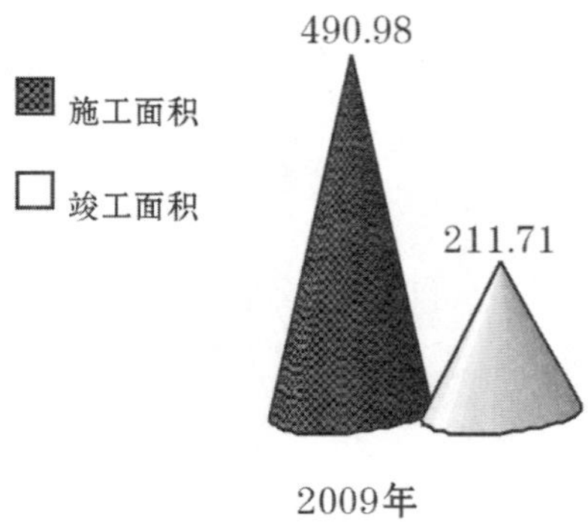

建筑业安装施工企业从业人员（人）

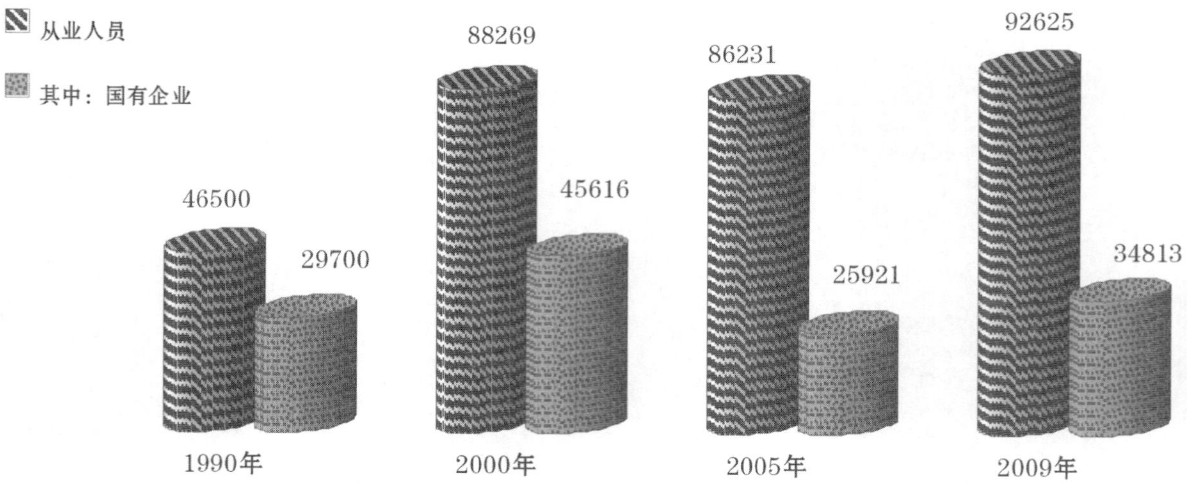

13-1 主要年份建筑安装施工企业概况
Main Indicators on Construction Enterprises in Main Years

年 份 Year	总 计 Total	国有企业 State-owned	集体企业 Collective-owned	有限责任公司 Limited Liability Corporation	股份有限公司 Share-holding Corporations Limited	私营企业 Private Enterprise	港澳台及外商投资企业 Funded from Hong Kong, Macao, Taiwan and Foreign
企业单位数(个) Number of Enterprises (unit)							
1985	117	46	71				
1990	131	43	88				
1995	115	53	62				
1996	212	84	109		9	3	4
1998	215	78	100	13	11	10	3
1999	214	75	98	15	13	12	1
2000	273	101	104	25	16	25	2
2001	270	75	86	64	11	31	2
2002	374	83	75	91	39	84	2
2003	373	79	70	105	36	81	2
2004	399	74	51	133	6	131	3
2005	392	68	47	133	12	128	3
2006	417	67	49	137	14	147	3
2007	425	64	48	138	16	156	2
2008	459	60	39	171	10	177	2
2009	440	58	39	156	9	176	2
从业人员(人) Number of Persons Employed (person)							
1985	80066	65558	14508				
1990	46500	29700	16800				
1998	355576	267658	60818	13442	7327	5992	339
1999	81376	45662	24179	4646	4539	2300	50
2000	88269	45616	25873	7277	5236	4193	74
2001	86023	33927	23379	21939	1426	5153	78
2002	97294	35680	17262	19415	10753	14125	59
2003	101501	38509	18705	22887	9378	11847	175
2004	93847	28307	12480	31359	1109	20071	211
2005	86231	25921	10549	30018	3133	16454	144
2006	92565	30496	9619	29936	4035	18233	246
2007	95190	32046	7500	32204	3377	20012	51
2008	78936	24825	7162	28903	933	17082	31
2009	92625	34813	7305	31754	1208	17513	32
建筑业总产值(万元) Gross Output Value (10 000 yuan)							
1985	69714	61674	8040				
1990	65492	50981	14511				
1995	204865	180731	24134				
1996	277727	227313	47292		1131	201	349
1998	355576	267658	60818	13442	7327	5992	339
1999	396528	299034	60490	16890	13652	6264	198
2000	447163	329320	68189	23110	14862	11457	225
2001	543383	292003	81499	142010	10171	17167	248
2002	733830	427401	101675	81562	50946	72145	101
2003	747325	431290	70417	134071	48198	62009	1340
2004	886406	448422	46145	278362	6031	104731	1339
2005	909337	495063	47415	257143	20541	87864	1311
2006	1083718	617117	61000	291618	21878	91124	981
2007	1254431	718053	79896	318459	24104	113863	56
2008	1429970	778884	79537	411936	26421	132607	585
2009	2043419	1173359	95438	569258	22914	182120	330

注:本表1985年至1992年数据为全民和集体所有制建筑业企业数据；1993年至1995年数据为各种经济成分的建制镇以上建筑业企业数据；1996年至2001年数据为资质等级(旧资质)四级及四级以上建筑业企业数据；2002年及以后数据为具有资质等级的施工总承包、专业承包建筑业企业(不含劳务分包建筑业企业)数据，(以下各表同)。(此表中集体企业含股份合作企业)

a) Data from 1985 to 1992 are the figures of State-owned and collective-owned construction enterprises. Data from 1993 to 1995 are the figures of construction enterprises of all economic types above town level. Data from 1996 to 2001 included construction enterprises at fourth or higher quality grades(old classification of grades). Data since 2002 included all general construction contractors and professional contractors (not including construction enterprises of worker subcontractors) which possess qualification grades.The same applies to the following tables. In this table, the Collective-owned enterprises include cooperative enterprises.

13-2 主要年份建筑业企业主要经济指标
Main Economic Indicators on Construction Enteprises in Main Years

指标	Item	2000	2005	2006	2008	2009
企业单位数 (个)	Number of Construction Enterprises (unit)	273	392	417	459	440
期末从业人员 (人)	Number of Employed Persons (persons)	88269	86231	92565	78936	92625
建筑业总产值 (万元)	Gross Output Value of Construction (10 000 yuan)	447163	909337	1083718	1429970	2043419
自有固定资产原值 (万元)	Fixed Assets Owned (original value) (10 000 yuan)	256152	493369	534104	571739	735685
本年提取固定资产折旧 (万元)	Depreciation of Fixed Assets (10 000 yuan)	18096	30910	40552	35250	37805
自有机械设备台数 (台)	Number of Machinery and Equipment Owned (set)	32302	47889	53948	38012	34906
自有机械设备净值 (万元)	Net Value of Machinery and Equipment Owned (10 000 yuan)	80796	152819	164240	177577	219584
自有机械设备总功率 (千瓦)	Total Power of Machinery and Equipment Owned (KW)	499349	923933	1055721	965551	1007814
工程结算税金及附加 (万元)	Taxes and Extra Charges on Project Settle Accounts (10 000 yuan)	13311	27212	28989	57729	74240
管理费用中的税金 (万元)	Taxes in Management Expenses (10 000 yuan)	1189	2502	2915	1930	2659
工程结算利润 (万元)	Profits of Project Settlement Accounts (10 000 yuan)	51717	67866	66628	119796	157608
应付工资总额 (万元)	Wages Payable from Principal Business(10 000 yuan)	66524	103878	135564	191711	234293
应付福利费总额 (万元)	Welfare Expenses Payable from Principal Business(10 000 yuan)	9964	19978	13989	10005	15308
利润总额 (万元)	Total Profits (10 000 yuan)	3812	5685	8623	35840	54045
税金总额 (万元)	Total Tax (10 000 yuan)	14500	29714	34891	59659	76899
施工面积 (万平方米)	Floor Space of Buildings under Construction (10 000 sq.m)	339.43	407.55	346.80	404.50	490.98
竣工面积 (万平方米)	Floor Space of Buildings Completed (10 000 sq.m)	192.90	194.02	160.56	189.18	211.71
劳动生产率	Overall Labor Productivity					
按总产值计算 (元/人)	In Terms of Gross Output Value (yuan/person)	42284	87203	103128	144721	169924
技术装备率 (元/人)	Value of Machines per Laborer (yuan/person)	9153	14655	15629	17972	18260
动力装备率 (千瓦/人)	Power of Machines per Laborer (KW/person)		8.86	10.05	9.77	8.38
房屋建筑面积竣工率 (%)	Rate of Floor Space of Buildings Completed (%)	56.83	47.60	46.30	46.77	43.12
产值利润率 (%)	Ratio of Profit to Gross Output Value (%)	0.85	0.60	0.80	2.50	2.64
产值利税率 (%)	Ratio of Pre-tax Profit to Gross Output Value (%)	3.24	3.90	3.22	4.20	3.76

注：建筑业总产值为现价。本表为所有具有资质等级的施工总承包、专业承包建筑业企业(不含劳务分包建筑业企业)数据。

a) Gross output value of construction is calculated at current prices. Data in this table included all general construction contractors and professional contractors (not including construction enterprises of worker subcontractors) which possess qualification grades.

13-3 建筑业企业概况

Basic Situation of Construction Enterprises

年份 Year	建筑业企业单位数（个）Number of Construction Enterprises (unit)	#国有 State-owned	#集体 Collective-owned	建筑业企业从业人员（万人）Number of Persons Employed (10 000 persons)	#国有 State-owned	#集体 Collective-owned	建筑业企业总产值（亿元）Gross Output Value (100 million yuan)	#国有 State-owned	#集体 Collective-owned
1978	67	33	34	4.71	4.27	0.44	2.06	1.87	0.19
1979	57	33	24	5.19	4.72	0.47	2.37	2.15	0.22
1980	67	38	29	5.70	5.09	0.61	2.75	2.44	0.31
1981	73	41	32	5.29	4.73	0.56	3.65	3.36	0.29
1982	77	45	32	9.63	9.01	0.62	4.33	3.98	0.35
1983	79	46	33	8.38	7.69	0.69	5.49	5.09	0.40
1984	87	49	38	9.62	7.43	2.19	6.63	5.66	0.97
1985	117	46	71	8.01	6.56	1.45	7.47	6.17	1.30
1986	113	46	67	9.28	7.23	2.05	7.39	6.25	1.13
1987	136	47	89	9.36	6.94	2.42	8.12	6.63	1.49
1988	145	46	99	9.09	6.47	2.62	8.04	6.37	1.67
1989	130	45	85	8.20	6.25	1.95	7.77	6.34	1.43
1990	131	43	88	4.65	2.97	1.68	9.01	7.55	1.46
1991	81	43	38	6.35	5.10	1.25	9.29	8.14	1.14
1992	87	46	41	6.75	5.15	1.60	11.35	9.75	1.60
1993	111	52	59	7.49	5.90	1.59	13.25	11.14	2.11
1994	115	53	62	8.20	5.54	2.66	16.44	14.29	2.14
1995	115	53	62	7.15	5.41	1.74	20.49	18.07	2.41
1996	212	84	109	13.32	10.15	2.98	27.77	22.73	4.73
1997	202	82	94	9.56	6.42	2.68	30.93	25.33	4.87
1998	215	78	100	8.39	4.86	2.64	35.56	26.77	6.08
1999	214	75	98	8.14	4.57	2.42	39.65	29.90	6.05
2000	273	101	104	8.83	4.56	2.59	44.72	32.93	6.82
2001	270	75	86	8.60	3.39	2.34	54.34	29.20	8.15
2002	374	83	75	9.73	3.57	1.73	73.38	42.74	10.17
2003	373	79	70	10.15	3.85	1.87	74.73	43.13	7.04
2004	399	74	51	9.38	2.83	1.25	88.78	44.84	4.61
2005	392	68	47	8.62	2.59	1.05	91.01	49.51	4.75
2006	417	67	49	9.26	3.05	0.96	108.42	61.71	6.11
2007	425	64	48	9.52	3.20	0.75	125.53	71.81	8.00
2008	500	61	51	7.89	2.48	0.72	143.47	77.89	7.96
2009	479	58	37	9.39	3.48	0.71	204.70	117.34	9.22

注：1992年数据为全民和集体所有制建筑业企业数据；1993年至1995年数据为各种经济成分的建制镇以上建筑业企业数据；1996年至2001年数据为资质等级(旧资质)四级及四级以上建筑业企业数据；2002年及以后数据为所有具有资质等级的施工总承包、专业承包建筑业企业（含劳务分包建筑业企业)数据。

a) Data before 1992 are the figures of State-owned and collective-owned construction enterprises. Data from 1993 to 1995 are the figures of construction enterprises of all economic types above town level. Data from 1996 to 2001 included construction enterprises at fourth or higher quality grades(old classification of grades). Data since 2002 included all general construction contractors and professional contractors (not including construction enterprises of worker subcontractors) which possess qualification grades.

13-4 建筑业企业主要指标
Main Indicators on Construction Enterprises

年份 Year	建筑业企业增加值(亿元) Total Value-added of Construction Enterprises (100 million yuan)	资产合计 (亿元) Total Assets (100 million yuan)	利润总额 (亿元) Total Profits (100 million yuan)	税金总额 (亿元) Total Tax (100 million yuan)	按总产值计算劳动生产率 (元/人) Overall Labor Productivity by Gross Output Value (yuan/person)	房屋建筑面积(万平方米) Floor Space of Building Construction (10 000 sq.m) 施工面积 Under Construction	竣工面积 Completed
1978	2.14				4372	138.76	67.14
1979	2.04				4564	169.17	77.39
1980	2.16				4832	176.72	87.37
1981	2.02				6903	166.25	87.24
1982	2.41				4500	197.53	92.79
1983	2.60		0.38	0.10	6553	163.13	94.98
1984	2.96		0.30	0.07	6889	209.32	123.58
1985	4.49		0.22	0.12	7542	282.04	139.08
1986	4.34		0.12	0.14	1897	261.36	136.90
1987	4.52		-0.09	0.10	8744	189.41	137.26
1988	5.97		0.07	0.16	8952	251.17	164.03
1989	5.22		0.08	0.19	9518	130.82	148.82
1990	5.66		0.04	0.23	11395	214.22	127.86
1991	6.35		-0.03	0.26	13363	183.54	100.25
1992	9.62		-0.03	0.27	16009	194.70	107.80
1993	11.46	17.03	-0.09	0.40	18883	188.65	87.83
1994	11.65	21.56	-0.72	5.05	25803	174.18	86.82
1995	12.96	24.89	-0.08	0.65	33407	183.73	97.29
1996	16.73	36.38	-0.07	0.88	22395	250.02	139.01
1997	19.73	38.37	-0.08	0.96	39426	283.05	149.39
1998	23.04	44.25	-0.16	1.14	44169	428.81	190.09
1999	25.41	51.28	-0.39	1.28	39027	386.95	223.82
2000	30.03	61.67	0.38	1.45	42284	339.43	192.90
2001	38.07	20.44	0.52	0.10	51904	375.16	183.66
2002	47.03	89.11	1.38	2.64	58626	451.32	244.09
2003	54.74	95.82	1.36	2.61	61046	556.64	242.88
2004	58.20	114.22	0.58	2.63	84295	438.00	263.31
2005	60.67	113.81	0.57	2.97	87203	407.55	194.02
2006	66.04	123.19	0.86	3.49	103128	346.80	160.56
2007	73.26	147.95	2.39	4.54	120027	384.67	173.97
2008	88.52	179.96	3.58	5.97	144721	404.50	189.18
2009	105.00	203.24	5.41	7.71	168323	490.98	211.71

注：1.自2002年起，建筑业增加值核算口径有所调整。
2.从2004年第一次全国经济普查开始，建筑业增加值按新核算方法核算。
a) Since 2002, the statistical coverage of value added of construction have been adjusted accordingly.
b) New accounting methods were applied in 2004 during the First Economic Census in calculating the value-added of the construction industry.

13-5 各种分组总专包企业生产汇总表(2009年)

Production Summary of General and Professional Contractors with Diversified Grouping (2009)

单位：个、万元 (unit,10 000 yuan)

指标	Item	建筑业企业个数 Number of Construction Enterprises	有工作量的 Having Workload	合同情况 Total Value of Contracts	建筑业总产值 Gross Output Value of Construction	在外省完成的产值 Completed in Other Provinces	竣工产值 Completed Output Value
总计	**Total**	**440**	**383**	**4072364**	**2043419**	**697419**	**831983**
国有及国有控股企业	**Stated-owned and State-holding Enterprises**	**73**	**69**	**2841600**	**1314869**	**678552**	**488866**
按登记注册类型分组	**By Status of Registration**						
内资企业	Domestic Funded	438	381	4072034	2043089	697419	831653
国有企业	State-owned Enterprises	58	55	2699175	1173359	632440	393868
集体企业	Collective-owned Enterprises	36	34	131894	91998		35979
股份合作企业	Cooperative Enterprises	3	3	3595	3440		3394
有限责任公司	Limited Liability Corporations	156	138	911677	569258	61148	304567
股份有限公司	Share-holding Corporations Limited	9	7	17709	22914	3831	1218
私营企业	Private Enterprises	176	144	307984	182120		92627
港、澳、台商投资企业	Enterprises with Funds from Hong Kong, Macao and Taiwan	1	1	7	7		7
外商投资企业	Foreign Funded Enterprises	1	1	323	323		323
按国民经济行业分组	**By Sector**						
房屋和土木工程建筑业	Construction of Building & Civil Engineering	280	248	3898292	1871180	678722	745317
房屋工程建筑业	Building	161	136	630256	412118	1160	262917
土木工程建筑业	Civil Engineering	119	112	3268036	1459062	677562	482400
建筑安装业	Construction Installation	78	71	131300	131598	4287	61406
建筑装饰业	Construction Decoration	63	48	18004	17626		10112
其他建筑业	Other Construction	19	16	24768	23015	14410	15148
按隶属关系分组	**By Jurisdiction of Management**						
中央	Central	12	12	1993162	828917	565520	312083
地方	Local	428	371	2079202	1214502	131899	519900
按企业资质等级分组	**By Qualification Criteria of Enterprises**						
施工总承包	General Contractors	278	245	3791159	1848156	632622	764790
特级	Special Grade	1	1	1813260	588295	510380	154931
一级	First Grade	14	13	508620	344601	90678	156308
二级	Second Grade	94	91	1230729	727637	31564	337029
三级及以下	Third Grade and below	169	140	238550	187623		116522
专业承包	Professional Contractors	162	138	281205	195263	64797	67193
一级	First Grade	1	1	15640	14409	14409	14409
二级	Second Grade	51	47	202313	128522	50388	34388
三级及以下	Third Grade and below	110	90	63252	52332		18396

13–6 总承包和专业承包建筑业企业财务情况(2009年)

单位：万元

指　标	Item	企业单位数(个) Number of Construction Enterprises (unit)	资产合计 Total Assets
总　计	**Total**	**440**	**2023982**
按行业中类分组	**By Sector sub-categories**		
房屋和土木工程建筑业	Construction of Building & Civil Engineering	280	1816171
房屋工程建筑业	Building	161	516111
土木工程建筑业	Civil Engineering	119	1300060
建筑安装业	Construction Installation	78	152478
建筑装饰业	Construction Decoration	63	30590
其他建筑业	Other Construction	19	24743
工程准备	Project Preparation	11	15114
提供施工设备服务	Provision of Construction Equipment Services	2	5254
其他未列明的建筑活动	Other Not Listed Construction Activities	6	4375
按登记注册类型分组	**By Status of Registration**		
内资企业	Domestic Funded	438	2023407
国有企业	State-owned Enterprises	58	916241
集体企业	Collective-owned Enterprises	36	105310
股份合作企业	Cooperative Enterprises	3	7521
有限责任公司	Limited Liability Corporations	156	597891
股份有限公司	Share-holding Corporations Limited	9	50800
私营企业	Private Enterprises	176	345644
港、澳、台商投资企业	Enterprises with Funds from Hong Kong,Macao and Taiwan	1	310
外商投资企业	Foreign Funded Enterprises	1	265
按控股情况分组	**By Shareholdings**		
国有控股	State-holding	73	1067445
集体控股	Collective-holding	48	134666
私人控股	Private-holding	273	663316
港澳台商控股	Hong Kong,Macao and Taiwan-holding	1	310
外商控股	Foreign-holding	1	265
其他控股	Other-holding	44	157980
按企业资质等级分组	**By Qualification Criteria of Enterprises**		
施工总承包	General Contractors	278	1760229
特级	Special Grade	1	552560
一级	First Grade	14	314011
二级	Second Grade	94	612252
三级及以下	Third Grade and below	169	281406
专业承包	Professional Contractors	162	263753
一级	First Grade	1	9662
二级	Second Grade	51	150428
三级及以下	Third Grade and below	110	103663
按隶属关系分组	**By Jurisdiction of Management**		
中央	Central	12	684668
地方	Local	428	1339314

Financial Affairs Condition of Enterprises of General and Professional Contractors (2009)

(10 000 yuan)

流动资产合计 Total Current Assets	存货 Inventory	长期投资 Long-term Investment	固定资产合计 Total Fixed Assets	固定资产原价 Original Value of Fixed Assets	累计折旧 Accumulated Depreciation	本年折旧 Depreciation of Fixed Assets	在建工程 Construction in Progress
1234205	**229279**	**139610**	**563302**	**735685**	**224335**	**37805**	**35147**
1108799	202547	126382	498717	641750	190337	31155	32346
320411	72224	26904	137366	152667	40215	6813	15280
788388	130323	99478	361351	489083	150122	24342	17066
87801	17165	11240	50216	74374	28010	5375	2718
19914	3953	1868	7592	10636	3376	505	80
17691	5614	120	6777	8925	2612	770	3
11147	4622		3818	5180	1823	509	
3308	492	120	1820	2072	252	101	
3236	500		1139	1673	537	160	3
1233927	229250	139610	563005	735246	224194	37787	35147
532523	110794	66819	293352	393551	113585	19807	10686
68116	14909	3744	28609	35381	9212	1248	1950
6025	4945		1496	1603	107	54	
385884	56601	47874	139696	187944	67328	10424	8636
32079	3308	9614	9059	14116	5242	485	
209300	38693	11559	90793	102651	28720	5769	13875
35	5		275	322	46	12	
243	24		22	117	95	6	
627567	115108	80593	321986	425195	125281	21460	11954
86288	22723	3744	38972	47354	11287	2360	2227
413559	73771	35966	171275	211281	63992	11872	19876
35	5		275	322	46	12	
243	24		22	117	95	6	
106513	17648	19307	30772	51416	23634	2095	1090
1048542	203947	127922	504517	647057	192174	33372	34639
274896	89063	62993	197092	230383	41356	10154	7771
204476	28655	15650	55614	70038	26426	4825	11802
401911	56432	40667	152892	230347	93820	13865	7239
167259	29797	8612	98919	116289	30572	4528	7827
185663	25332	11688	58785	88628	32161	4433	508
8106	4551		1557	2540	983	362	
110952	12376	7448	31169	50228	19259	2243	144
66605	8405	4240	26059	35860	11919	1828	364
363102	93315	64987	232721	295132	70475	14832	7771
871103	135964	74623	330581	440553	153860	22973	27376

13–6 续表1

单位：万元

指　标	Item	无形及递延资产小计 Intangible and Deferred Asscts	无形资产 Intangible Assets
总　计	**Total**	**82338**	**74980**
按行业中类分组	**By Sector sub-categories**		
房屋和土木工程建筑业	Construction of Building & Civil Engineering	78471	71706
房屋工程建筑业	Building	30477	28107
土木工程建筑业	Civil Engineering	47994	43599
建筑安装业	Construction Installation	2684	2091
建筑装饰业	Construction Decoration	1177	1177
其他建筑业	Other Construction	6	6
工程准备	Project Preparation		
提供施工设备服务	Provision of Construction Equipment Services	6	6
其他未列明的建筑活动	Other Not Listed Construction Activities		
按登记注册类型分组	**By Status of Registration**		
内资企业	Domestic Funded	82338	74980
国有企业	State-owned Enterprises	22727	18879
集体企业	Collective-owned Enterprises	4486	4480
股份合作企业	Cooperative Enterprises		
有限责任公司	Limited Liability Corporations	22161	20887
股份有限公司	Share-holding Corporations Limited	48	48
私营企业	Private Enterprises	32916	30686
港、澳、台商投资企业	Enterprises with Funds from Hong Kong,Macao and Taiwan		
外商投资企业	Foreign Funded Enterprises		
按控股情况分组	**By Shareholdings**		
国有控股	State-holding	34829	30918
集体控股	Collective-holding	5241	5235
私人控股	Private-holding	40885	37717
港澳台商控股	Hong Kong,Macao and Taiwan-holding		
外商控股	Foreign-holding		
其他控股	Other-holding	1383	1110
按企业资质等级分组	**By Qualification Criteria of Enterprises**		
施工总承包	General Contractors	75429	68797
特级	Special Grade	16776	14088
一级	First Grade	35931	35290
二级	Second Grade	16490	15512
三级及以下	Third Grade and below	6232	3907
专业承包	Professional Contractors	6909	6183
一级	First Grade		
二级	Second Grade	821	821
三级及以下	Third Grade and below	6088	5362
按隶属关系分组	**By Jurisdiction of Management**		
中央	Central	21506	18480
地方	Local	60832	56500

Continued

(10 000 yuan)

负　债 合　计 Total Liabilities	流动负债 合　计 Total Liquid Liabilities	长期负债 合　计 Total Long-term Liabilities	所有者权益 合　计 Total Owners' Equity	实　收 资　本 Paid-in Capitals	工程结算 收　入 Revenue of Project Settlement Accounts	工程结算 税金及附加 Taxes and Extra Charges on Project Settlement Accounts	工程结算 利　润 Profits of Project Settlement Accounts
1287256	**1116184**	**171072**	**736726**	**641976**	**1948924**	**74240**	**157608**
1203472	1034482	168990	612699	527784	1789190	70003	143500
251765	235295	16470	264347	239776	350075	12314	21033
951707	799187	152520	348352	288008	1439115	57689	122467
61013	60022	991	91465	84368	120959	3239	10821
9667	8896	771	20922	20051	18200	433	1893
13104	12784	320	11640	9773	20575	565	1394
8990	8809	181	6124	5631	16737	399	1047
1724	1624	100	3530	2000	2123	72	144
2390	2351	39	1986	2142	1715	94	203
1287238	1116166	171072	736170	641376	1948594	74230	157577
702524	579790	122734	213717	150384	1167121	39817	100069
58608	45684	12925	46702	43554	99927	7340	7893
827	827		6694	1680	2651	141	598
358080	344193	13887	239811	240895	477885	16339	32436
29910	18594	11316	20890	29052	26309	684	2931
137289	127078	10210	208356	175811	174701	9909	13650
9	9		301	300	7		3
9	9		255	300	323	10	28
820656	685926	134730	246789	208571	1284878	43565	105852
67766	54126	13641	66900	57685	125679	8193	9851
313693	292386	21307	349624	316554	436521	18556	32008
9	9		301	300	7		3
9	9		255	300	323	10	28
85123	83728	1394	72857	58566	101516	3916	9866
1158772	993979	164794	601457	533529	1717214	67018	125483
478045	361800	116245	74515	30100	611228	24505	56753
205526	186534	18993	108485	123749	316601	9634	17107
358595	340898	17697	253657	237724	606556	23450	37713
116606	104747	11859	164800	141956	182829	9429	13910
128484	122205	6278	135269	108447	231710	7222	32125
7471	7290	181	2191	1800	14409	318	560
80756	78432	2323	69672	56835	157550	4888	24153
40257	36483	3774	63406	49812	59751	2016	7412
577003	459561	117441	107666	61606	818692	28613	66220
710253	656623	53631	629060	580370	1130232	45627	91388

13-6 续表2

单位：万元

指 标	Item	其他业务收入 Revenue from Other Businesses	管理费用 Management Expenses	税金 Taxes
总 计	**Total**	**36297**	**98235**	**2659**
按行业中类分组	**By Sector sub-categories**			
房屋和土木工程建筑业	Construction of Building & Civil Engineering	26994	86710	2316
房屋工程建筑业	Building	1272	17602	539
土木工程建筑业	Civil Engineering	25722	69108	1777
建筑安装业	Construction Installation	9223	8223	253
建筑装饰业	Construction Decoration	32	1754	63
其他建筑业	Other Construction	48	1548	27
工程准备	Project Preparation		960	21
提供施工设备服务	Provision of Construction Equipment Services		151	1
其他未列明的建筑活动	Other Not Listed Construction Activities	48	437	5
按登记注册类型分组	**By Status of Registration**			
内资企业	Domestic Funded	36297	98204	2658
国有企业	State-owned Enterprises	24680	60847	1132
集体企业	Collective-owned Enterprises	627	3303	193
股份合作企业	Cooperative Enterprises	3	358	23
有限责任公司	Limited Liability Corporations	9934	21485	828
股份有限公司	Share-holding Corporations Limited	16	1490	64
私营企业	Private Enterprises	1037	10721	418
港、澳、台商投资企业	Enterprises with Funds from Hong Kong,Macao and Taiwan		3	1
外商投资企业	Foreign Funded Enterprises		28	
按控股情况分组	**By Shareholdings**			
国有控股	State-holding	30401	64966	1406
集体控股	Collective-holding	916	4558	246
私人控股	Private-holding	3696	24430	830
港澳台商控股	Hong Kong,Macao and Taiwan-holding		3	1
外商控股	Foreign-holding		28	
其他控股	Other-holding	1284	4250	176
按企业资质等级分组	**By Qualification Criteria of Enterprises**			
施工总承包	General Contractors	32776	82602	2247
特级	Special Grade	16694	37815	459
一级	First Grade	4906	11969	369
二级	Second Grade	7670	23038	840
三级及以下	Third Grade and below	3506	9780	579
专业承包	Professional Contractors	3521	15633	412
一级	First Grade		510	13
二级	Second Grade	2250	9079	231
三级及以下	Third Grade and below	1271	6044	168
按隶属关系分组	**By Jurisdiction of Management**			
中央	Central	28574	46284	610
地方	Local	7723	51951	2049

Continued

(10 000 yuan)

营　业 利　润 Operating Profit	利　润 总　额 Total Profits	劳动、失业 保　险　费 Labor, Unemployment Insurance	住房公积金 及住房补贴 Housing Provident Funds and Housing Subsidies	本年应付 工资总额 Total Wages Payable	本年应付 福利费总额 Total Welfare Expenses Payable	应　收 工程款 Receivable Project Funds	竣工工程 Completed Projects
53198	**54045**	**14824**	**7265**	**234293**	**15307**	**286309**	**109075**
50964	51627	13589	5636	207152	13652	264739	94373
3376	1567	1135	874	69378	3785	70031	37059
47588	50060	12454	4762	137774	9867	194708	57314
2311	2390	1174	1489	22041	1372	15046	10174
92	119	22	63	2556	170	4340	3031
-169	-91	39	77	2544	113	2184	1497
69	90	14	59	1617	84	1333	735
-7	-7	17	12	447	22	698	698
-231	-174	8	6	480	7	153	64
53198	54045	14824	7265	234242	15302	286259	109025
31993	37534	11941	5475	108226	9270	158608	39884
4142	4151	583	159	16120	620	11467	5502
230	230	5		451	12	2049	260
12726	8112	1831	1300	75666	3579	63907	37527
1474	1461	155	80	2091	94	4263	869
2633	2557	309	251	31688	1727	45965	24983
				3			
				48	5	50	50
34418	38410	12351	6082	125206	9972	170320	48767
4900	4911	795	164	19329	821	16316	7921
7971	5925	1460	819	73070	3624	83313	41352
				3			
				48	5	50	50
5909	4799	218	200	16637	885	16310	10985
35874	36487	14512	6944	213090	13893	232466	91679
13907	19198	8544	2568	32778	4831	79648	16671
5628	4042	2092	1723	37418	1779	36324	13971
11600	9628	3389	2267	101943	5344	81116	40418
4739	3619	487	386	40951	1939	35378	20619
17324	17558	312	321	21203	1414	53843	17396
52	74	9	31	1119	45	656	450
15485	15699	155	126	10217	768	41007	9079
1787	1785	148	164	9867	601	12180	7867
14489	17963	10286	4338	60364	6214	95770	26446
38709	36082	4538	2927	173929	9093	190539	82629

13–7 按行业分建筑企业主要指标(2009年)
Main Indicators of Construction Enterprises by Sector(2009)

类 别	Item	企业数(个) Number of Enterprises (unit)	从业人员(人) Number of Employed Persons (person)	建筑业总产值(万元) Gross Output Value of Construction (10 000 yuan)	建筑工程 Output Value of Construction	安装工程 Output Value of Installation
总 计	**Total**	**440**	**92625**	**2043419**	**1613830**	**205435**
房屋和土木工程建筑业	Construction of Building & Civil Engineering	280	81824	1871180	1572730	140256
房屋工程建筑	Building	161	34983	412118	395384	7856
土木工程建筑	Civil Engineering	119	46841	1459062	1177346	132400
建筑安装业	Construction Installation	78	8198	131598	26105	61423
建筑装饰业	Construction Decoration	63	1568	17626	7148	3737
其他建筑业	Other Construction	19	1035	23015	7847	19
工程准备	Project Preparation	11	549	16737	1893	
提供工程设备服务	Provision of Construction Equipment Services	2	266	2123	2014	
其他未列明的建筑活动	Other Not Listed Construction Activities	6	220	4155	3940	19

注：本表数据为具有资质等级的施工总承包、专业承包建筑业企业(不含劳务分包建筑业企业)数据。
a)Data in this table included all general construction contractors and professional contractors (not including construction enterprises of worker subcontractors) which possess qualification grades.

13–7 续表 Continued

类 别	Item	竣工产值(万元) Output Value of Completed (10 000 yuan)	房屋建筑面积(平方米) Floor Space of Buildings(sq.m): 施工面积 Floor Space under Construction	竣工面积 Floor Space Completed	年末自有机械设备 Machinery and Equipment Owned: 总台数(台) Total Number (set)	总功率(千瓦) Total Power (KW)
总 计	**Total**	**831983**	**4909778**	**2117063**	**34906**	**1007814**
房屋土木工程建筑业	Construction of Building & Civil Engineering	745317	4864919	2094850	30769	929402
房屋工程建筑业	Building	262917	4593001	2023516	15208	183357
土木工程建筑业	Civil Engineering	482400	271918	71334	15561	746045
建筑安装业	Construction Installation	61406	39384	16738	2021	57912
建筑装饰业	Construction Decoration	10112			1248	10239
其他建筑业	Other Construction	15148	5475	5475	868	10261
工程准备	Project Preparation	14933	5475	5475	725	8643
提供工程设备服务	Provision of Construction Equipment Services				53	263
其他未列明的建筑活动	Other Not Listed Construction Activities	215			90	1355

13-8 2005-2009年建筑业企业房屋竣工面积
Floor Space of Buildings Completed in Construction Enterprises(2005-2009)

项 目	Item	房屋建筑竣工面积(平方米) Floor Space of Buildings Completed (sq.m)				
		2005	2006	2007	2008	2009
总 计	**Total**	**1940163**	**1605557**	**1739663**	**1891814**	**2117063**
按房屋主要用途分	By Purpose of Housing					
厂 房	Workshop	88722	198741	107262	97664	47521
住 宅	Residential Buildings	1242154	761649	927091	1153854	1403177
办公用房	Office	225465	190832	297757	250707	209872
批发零售用房	Wholesale and Retail	21794	30992	28334	12305	7666
住宿和餐饮用房	Hotel and Catering	16896	18720	4771	11272	25479
居民服务业用房	Services to Households	27481	48109	15367	20443	37506
教育用房	Education	146357	219379	183269	186786	252472
文化、体育娱乐用房	Culture, Sports and Entertainment	17996	16449	23166	10222	13287
医疗用房	Medical	15551	30055	19056	47364	57607
科研用房	Research	4615			3380	100
其他用房	Others	133132	90631	133590	97817	62376

13-9 2000年以来主要年份建筑业经济效益指标
Main Indicators on Economic Benefit of Construction Enterprises in Main Years since 2000

指 标	Item	2000	2005	2006	2007	2008	2009
按总产值计算的劳动生产率 (元/人)	Overall Labor Productivity in Terms of Gross Output Value (yuan/person)	42284	86988	102960	120027	145192	168323
房屋建筑面积竣工率 (%)	Rate of Floor Space of Buildings Completed (%)	56.83	47.60	46.30	45.20	46.77	43.12
产值利润率 (%)	Ratio of Profit to Gross Output Value (%)	0.85	0.63	0.80	1.91	2.44	2.64
人均竣工产值 (元/人)	Gross Output Value Completed Per Capita (yuan/person)	30491	48736	42692	43259	66023	69185
人均施工面积 (平米/人)	Floor Space under Construction Per Capita (sq.m/person)	38.45	39.08	33.00	36.81	40.94	40.83
人均竣工面积 (平米/人)	Floor Space Completed Per Capita (sq.m/person)	21.85	18.61	15.28	16.65	19.15	17.60
人均利润 (元/人)	Profits Per Capita (yuan/person)	431.88	545.00	818.56	2288.58	3536.09	4450.08
资产负债率 (%)	Assets-liability Ratio (%)	72.93	61.04	59.22	58.40	61.79	63.57
技术装备率 (元/人)	Value of Machines per Laborer (yuan/person)	9153	14655	15629	15061	17972	18260

注：本表2004年为经济普查数据，其他年份为年报。本表包含劳务分包企业

a)Data in this table in 2004 are data of economic gerneral survey, in other year are data of annual report. This table contain construction enterprises of worker subcontractors.

13-10 按资质等级分的建筑业主要经济指标(2009年)
Main Economic Indicators of Construction Enterprises by Qualification Grade(2009)

指标	Item	企业数(个) Number of Enterprises (unit)	有工作量的 Having Workload	年末从业人员 Number of Employed Persons (person)	工程技术人员 Engineering and Technical Personnel (person)	计算劳动生产率的平均人数 Average Number of Calculating Labor Productivity (person)	签订合同额 Total Value of Contracts (10 000 yuan)
按资质等级关系分组	**By Qualification Criteria of Enterprises**	**440**	**383**	**92625**	**17213**	**120255**	**4072364**
施工总承包	General Contractors	278	245	82537	15152	107710	3791159
特级	Special Grade	1	1	9637	3540	8139	1813260
一级	First Grade	14	13	8433	1270	15764	508620
二级	Second Grade	94	91	43921	6959	56175	1230729
三级及以下	Third Grade and below	169	140	20546	3383	27632	238550
专业承包	Professional Contractors	162	138	10088	2061	12545	281205
一级	First Grade	1	1	147	29	583	15640
二级	Second Grade	51	47	4399	954	5384	202313
三级及以下	Third Grade and below	110	90	5542	1078	6578	63252

13-10 续表 1 Continued

单位：万元 (10 000 yuan)

指标	Item	建筑业总产值 Total Gross Output Value	建筑工程产值 Output Value of Construction	安装工程产值 Output Value of Installation	其他产值 Output Value of Others	竣工产值 Output Value of Completed	企业总收入 Total Income of Enterprises
按资质等级关系分组	**By Qualification Criteria of Enterprises**	**2043419**	**1613830**	**205435**	**224154**	**831983**	**1985222**
施工总承包	General Contractors	1848156	1558413	172231	117512	764790	1749991
特级	Special Grade	588295	553329	9366	25600	154931	627922
一级	First Grade	344601	221818	122783		156308	321508
二级	Second Grade	727637	638284	21349	68004	337029	614226
三级及以下	Third Grade and below	187623	144982	18733	23908	116522	186335
专业承包	Professional Contractors	195263	55417	33204	106642	67193	235231
一级	First Grade	14409			14409	14409	14409
二级	Second Grade	128522	38223	13674	76625	34388	159800
三级及以下	Third Grade and below	52332	17194	19530	15608	18396	61022

13–10 续表 2 Continued

项　目	Item	税金总额 Total Taxes (10 000 yuan)	利润总额 Total Profits (10 000 yuan)	自有施工机械设备年末净值 Net Value of Machinery and Equipment Owned (10 000 yuan)	自有施工机械设备年末总台数(台) Number of Machinery and Equipment Owned (set)	自有施工机械设备年末总功率(千瓦) Total Power of Machinery and Equipment Owned (KW)
按企业资质等级分组	**By Qualification Criteria of Enterprises**	**76899**	**54045**	**219583**	**34906**	**1007814**
施工总承包	General Contractors	69265	36487	203931	30673	932445
特级	Special Grade	24964	19198	94616	5833	422199
一级	First Grade	10003	4042	27800	4574	106730
二级	Second Grade	24290	9628	55506	11110	269395
三级及以下	Third Grade and below	10008	3619	26009	9156	134121
专业承包	Professional Contractors	7634	17558	15652	4233	75369
一级	First Grade	331	74	1557	520	4383
二级	Second Grade	5119	15699	8522	2538	46037
三级及以下	Third Grade and below	2184	1785	5573	1175	24949

13–10 续表 3 Continued

项　目	Item	房屋建筑施工面积(平方米) Floor Space of Buildings Under Construction (sq.m)	房屋建筑竣工面积(平方米) Floor Space of Buildings Completed (sq.m)	住宅 Residential Buildings	竣工房屋价值(万元) Value of Buildings Completed (10 000 yuan)	住宅 Residential Buildings
按企业资质等级分组	**By Qualification Criteria of Enterprises**	**4909778**	**2117063**	**1403177**	**232737**	**142801**
施工总承包	General Contractors	4800635	2030944	1370043	224879	139586
特级	Special Grade					
一级	First Grade	950740	250447	196757	33197	23078
二级	Second Grade	2754897	1133434	713878	124102	72150
三级及以下	Third Grade and below	1094998	647063	459408	67580	44358
专业承包	Professional Contractors	109143	86119	33134	7858	3215
一级	First Grade					
二级	Second Grade	95118	80094	33134	7502	3215
三级及以下	Third Grade and below	14025	6025		356	

13-11 分地区建筑业企业主要经济指标(2009年)

Basic Statistics of Construction Enterprises Production by Region(2009)

地 区	Region	企业数(个) Number of Enterprises (unit)	有工作量的 Having Workload	签订合同额 Total Value of Contracts (10 000 yuan)	建筑业总产值 Total Gross Output Value (10 000 yuan)	竣工产值 Output Value of Completed (10 000 yuan)	房屋建筑施工面积(平方米) Floor Space of Buildings Under Construction (sq.m)	房屋建筑竣工面积(平方米) Floor Space of Buildings Completed (sq.m)
总 计	**Total**	**440**	**383**	**4072364**	**2043419**	**831983**	**4909778**	**2117063**
国有及国有控股企业	State-owned and State-holding Enterprises	73	69	2841600	1314869	488866	848075	462646
西宁市	Xining City	325	285	3490223	1657514	607316	3519465	1390944
海东地区	Haidong Prefecture	37	32	187425	104192	63135	623977	270379
海北州	Haibei Zang A.P	11	10	15265	11632	8269	89036	47934
黄南州	Huangnan Zang A.P	10	10	21593	17653	14603	124824	102010
海南州	Hainan Zang A.P	9	8	63093	18958	9967	192102	82622
果洛州	Golog Zang A.P	5	5	46375	16334	16334	20127	20127
玉树州	Yushu Zang A.P	4	3	1274	1085	34	593	218
海西州	Haixi Mongolian & Zang A.P	39	30	247117	216050	112324	339654	202829

13-11 续表 1 Continued

单位：万元 (10 000 yuan)

地 区	Region	资产总计 Total Asscts	无形及递延资产小计 Intangible and Deferred Assets	负债合计 Total Liabilities	流动负债合计 Total Liquid Liabilities	长期负债合计 Total Long-term Liabilities	所有者权益合计 Total Owners' Equity
总 计	**Total**	**2023982**	**82338**	**1287256**	**1116184**	**171072**	**736726**
国有及国有控股企业	State-owned and State-holding Enterprises	1067445	34829	820656	685926	134730	246789
西宁市	Xining City	1611360	71767	1051469	902592	148878	559891
海东地区	Haidong Prefecture	105881	1637	42679	39999	2680	63202
海北州	Haibei Zang A.P	20262		10391	9210	1181	9871
黄南州	Huangnan Zang A.P	25622	27	16278	9768	6510	9344
海南州	Hainan Zang A.P	14028	475	4788	4565	223	9240
果洛州	Golog Zang A.P	9190		6199	5983	216	2991
玉树州	Yushu Zang A.P	2426		1123	1123		1304
海西州	Haixi Mongolian & Zang A.P	235213	8433	154329	142945	11384	80883

13-11 续表 2 Continued

单位：万元 (10 000 yuan)

地　区	Region	实收资本 Paid-in Capitals	工程结算收入 Revenue of Project Settlement Accounts	工程结算税金及附加 Taxes and Extra Charges on Project Settlement Accounts	工程结算利润 Profits of Project Settlement Accounts	其他业务收入 Revenue from Other Businesses	营业利润 Business Profits
总　计	**Total**	**641976**	**1948924**	**74240**	**157608**	**36297**	**53198**
国有及国有控股企业	State-owned and State-holding Enterprises	208571	1284878	43565	105852	30401	34418
西宁市	Xining City	516188	1563264	63075	112380	28412	28377
海东地区	Haidong Prefecture	38273	100809	3236	14044	224	10951
海北州	Haibei Zang A.P	8527	11338	473	1109	26	497
黄南州	Huangnan Zang A.P	8648	16612	533	1051	34	341
海南州	Hainan Zang A.P	7879	19142	631	1373		320
果洛州	Golog Zang A.P	2693	12006	384	2808		2187
玉树州	Yushu Zang A.P	1298	1860	28	243	9	53
海西州	Haixi Mongolian & Zang A.P	58469	223894	5880	24600	7593	10473

13-11 续表 3 Continued

单位：万元 (10 000 yuan)

地　区	Region	管理费用 Management Expenses	税金 Taxes	利润总额 Total Profits	劳动、失业保险费 Labor, Unemployment Insurance	应付工资总额 Total Wages Payable	应付福利费总额 Total Welfare Expenses Payable
总　计	**Total**	**98235**	**2659**	**54045**	**14824**	**234293**	**15308**
国有及国有控股企业	State-owned and State-holding Enterprises	64966	1406	38410	12351	125206	9972
西宁市	Xining City	80033	2101	30873	13946	181766	11771
海东地区	Haidong Prefecture	2736	235	9112	151	21761	985
海北州	Haibei Zang A.P	629	24	471		2990	241
黄南州	Huangnan Zang A.P	721	30	327	16	3019	207
海南州	Hainan Zang A.P	1010	35	318		3583	110
果洛州	Golog Zang A.P	558	14	2187	75	939	56
玉树州	Yushu Zang A.P	194	1	1	1	112	8
海西州	Haixi Mongolian & Zang A.P	12355	218	10756	636	20123	1930

13-11 续表 4 Continued

地 区	Region	应收工程款 Receivable Project Funds (10 000 yuan)	住房公积金 Housing Provident Funds (10 000 yuan)	本年折旧 Depreciation of Fixed Assets (10 000 yuan)	自有施工机械设备年末净值 Net Value of Machinery and Equipment Owned (10 000 yuan)	自有施工机械设备年末总台数(台) Number of Machinery and Equipment Owned (set)	自有施工机械设备年末总功率(千瓦) Total Power of Machinery and Equipment Owned (10 000 KW)
总 计	**Total**	**286310**	**7265**	**37805**	**219584**	**34906**	**1007814**
国有及国有控股企业	State-owned and State-holding Enterprises	170320	6082	21460	131177	13639	653792
西宁市	Xining City	210789	5878	29766	188681	28384	823540
海东地区	Haidong Prefecture	19772	79	1619	8700	3008	50464
海北州	Haibei Zang A.P	1043	28	481	3094	495	10392
黄南州	Huangnan Zang A.P	1462	4	354	2939	501	18005
海南州	Hainan Zang A.P	15	33	338	1038	183	4559
果洛州	Golog Zang A.P	1957		502	1369	269	8608
玉树州	Yushu Zang A.P	100	5	24			
海西州	Haixi Mongolian & Zang A.P	51171	1238	4721	13763	2066	92246

13-11 续表 5 Continued

地 区	Region	主要建筑材料消耗量 Main Construction Materials Consumption					
		钢材(吨) Rolled Steel (tons)	木材(立方米) Timber (cu.m)	水泥(吨) Cement (tons)	玻璃(重量箱) Plain Glass (weight cases)	玻璃(平方米) Plain Glass (sq.m)	铝材(吨) Rolled Aluminum (tons)
总 计	**Total**	**868081**	**167249**	**4019774**	**123437**	**582099**	**15481**
国有及国有控股企业	State-owned and State-holding Enterprises	266939	78776	1624248	26045	63935	8817
西宁市	Xining City	766777	134817	3320013	95287	345636	2935
海东地区	Haidong Prefecture	16405	5612	215013	14020	86873	2779
海北州	Haibei Zang A.P	3103	732	14689	3241	27104	99
黄南州	Huangnan Zang A.P	4388	2551	30662	7487	43672	148
海南州	Hainan Zang A.P	6204	15566	37595	101	42300	226
果洛州	Golog Zang A.P	874	2224	13566	110	999	705
玉树州	Yushu Zang A.P	165	50	620	7	380	2
海西州	Haixi Mongolian & Zang A.P	70165	5697	387616	3184	35135	8587

主要统计指标解释

建筑业统计单位 指从事房屋、构筑物建造和设备安装活动的法人企业。建筑业法人企业应具有建筑业资质并能够独立核算,同时其应具备以下条件:①依法成立,有自己的名称、组织机构和场所,能够承担民事责任;②独立拥有和使用资产,承担负债,有权与其他单位签订合同;③独立核算盈亏,能够编制资产负债表。

建筑业总产值 是以货币形式表现的建筑业企业在一定时期内生产的建筑业产品和提供的服务的总和。建筑业总产值包括:

(1)建筑工程产值:指列入建筑工程预算内的各种工程价值。

(2)安装工程产值:指设备安装工程价值,不包括被安装设备本身的价值。

(3)其他产值:建筑业总产值中除建筑工程、安装工程以外的产值。包括房屋构筑物修理产值、非标准设备制造产值、总包企业向分包企业收取的管理费以及不能明确划分的施工活动所完成的产值。

a. 房屋构筑物修理产值:指房屋和构筑物修理所完成的产值,但不包括被修理房屋、构筑物本身价值和生产设备的修理产值。

b. 非标准设备制造产值:指加工制造没有定型的非标准生产设备的加工费和原材料价值(如化工厂、炼油厂用的各种罐、槽,矿井生产统一使用的各种漏斗、三角槽、阀门等)以及附属加工厂为本企业承建工程制作的非标准设备的价值。

建筑业增加值 指建筑业企业在报告期内以货币形式表现的建筑业生产经营活动的最终成果。

从2004年第一次全国经济普查开始,建筑业现价增加值按生产法和分配法(收入法)两种方法计算,以收入法的计算结果为准,即从收入的角度出发,根据生产要素在生产过程中应得的收入份额计算。具体计算方法:经济普查年度建筑业增加值按照《经济普查年度GDP核算方案》计算,非经济普查年度建筑业增加值按照《非经济普查年度GDP核算方案》计算。

房屋建筑施工面积 指在报告期内施过工的全部房屋建筑面积,包括本期新开工的房屋面积、上期施工跨入本期继续施工的房屋面积、上期停缓建在本期恢复施工的房屋面积、本期竣工的房屋面积及本期施工后又停缓建的房屋面积。

房屋建筑竣工面积 指在报告期内房屋建筑按照设计要求全部完工,达到了使用条件,经验收鉴定合格,正式移交使用单位的房屋建筑面积。

Explanatory Notes on Main Statistical Indicators

Statistical Unit in the Construction Industry refers to a corporate enterprise engaged in the construction of buildings and structures and in the installation of equipment. A corporate construction enterprise should have qualification certificates with independent accounting system, and should meet the following 3 requirements: a) being set up in line with relevant legal basis, having its full name, organization and location, and capable of taking civil liabilities; b) independently possessing and using its assets and assuming its liabilities, and entitled to sign contracts with other institutions; and c) making independent accounts of its profits and losses, and capable of compiling its own balance sheet.

Gross Output Value of Construction refers to total of construction products and services, expressed in money terms, produced or rendered by construction and installation enterprises during a given period of time. It includes:

(1) Output value of construction projects: the value of projects covered by the project budgets;

(2) Output value of installation projects: the value of the installation of equipment, (excluding the value of the equipment to be installed);

(3) Other output values: the output value of construction industry apart from that of construction projects and installation projects. It includes: output value of repair of buildings and structures; output value of non - standard equipment manufacturing; overhead expenses received by contracted enterprises from the sub - contracted enterprises and the completed output value of construction activities for which there is no clear definition.

a. Output value of repair of buildings and structures: the value created through the repairs of buildings or structures. It does not include the value of buildings or structures being repaired and the value of the repair of production equipment;

b. Output value of manufactured non - standard equipment: the value of non - standard production equipment, including raw materials and manufacturing cost, made for the construction project (i. e. , chemical plant; kettles or tanks used by refineries; various fillers, triangle tanks, valves used by mines). It also includes the output value of equipment manufactured by subsidiary workshops.

Value - added of Construction refers to the final result of the activities of production and operation of enterprises of the construction industry in monetary terms during the reference period.

Starting from the 2004 economic census, value - added of construction is calculated by both production approach and income approach, with the figures from the income approach as the final figures. , Under the income approach,, calculation starts from the perspective of income and is based on the share of income derived from the production process by the relevant factors of production. . Specifically, value - added of construction for the Census years is calculated in accordance with the Programme of Compilation of GDP and National Accounts for the Year of Economic Census, and value - added of construction for other years is calculated in accordance with the Programme of Compilation of GDP and National Accounts for the Non Economic Census Years.

Floor Space of Buildings Under Construction refers to floor space of buildings under construction during the reference period, including the floor space of buildings for which construction has newly started; buildings for which construction has started earlier and is continuing during the reference period; and buildings for which construction has been suspended earlier but has restarted during the reference period; buildings completed during the reference period; and buildings under construction but construction has subsequently been during the reference period.

Floor Space of Buildings Completed refers to the floor space of buildings that are completed in the reference period in accordance with the requirements of the design, up to the standard for being put into use, and having been checked and accepted by departments concerned as qualified ones.

第 14 篇

CHAPTER 14

交通运输和邮电通信

Transortation,Postal and Telecommunication Services

货物周转量（亿吨公里）

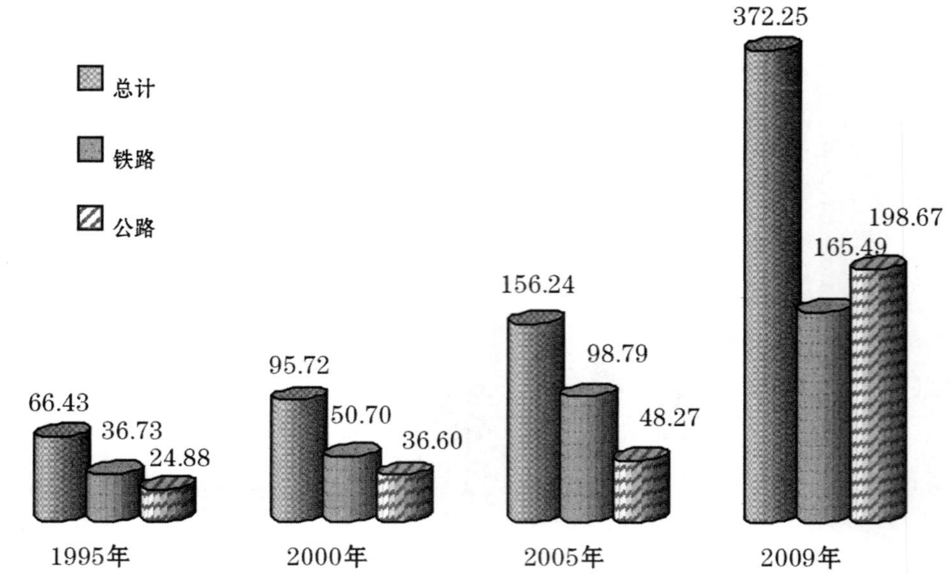

旅客周转量（亿人公里）

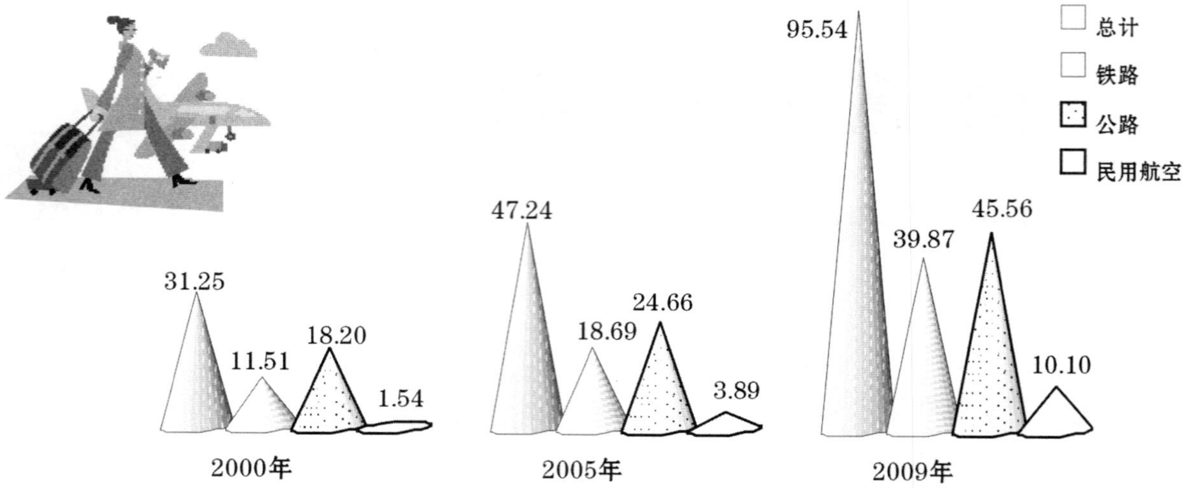

移动、固定电话年末用户（万户）

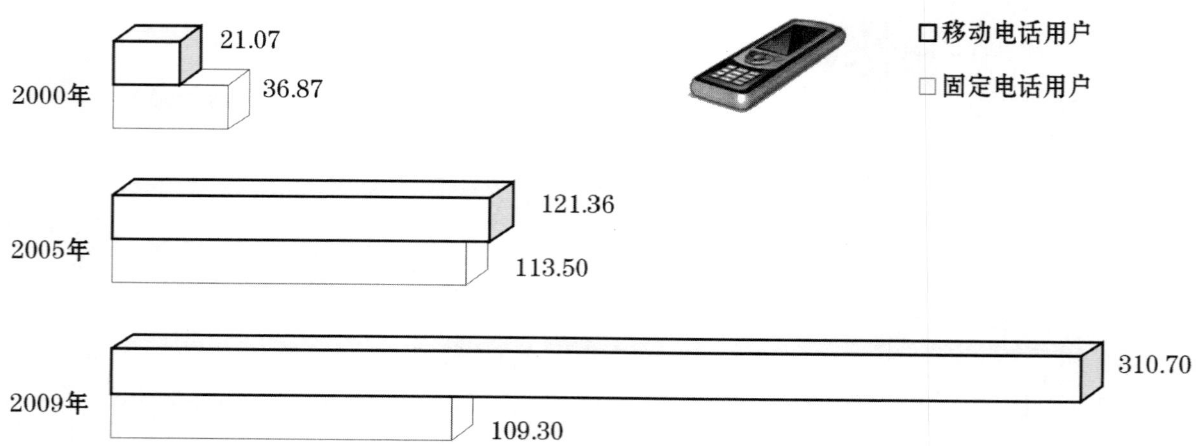

14-1 主要年份交通运输业基本情况
Basic Conditions of Transport in Main Years

指 标		tem	1995	2000	2005	2006	2007	2008	2009
客运量总计	**(万人)**	**Total Passenger Traffic (10 000 persons)**	**2388**	**3612**	**4920**	**5310**	**5655**	**9447**	**10101**
铁路		Railways	220	352	368	411	393	404	430
公路		Highways	2165	3250	4525	4861	5218	8996	9603
民用航空		Civil Aviation	3	10	27	38	44	47	68
旅客周转量总计	**(万人公里)**	**Total Passenger-Kilometers (10 000 passenger-km)**	**198391**	**312497**	**472389**	**598831**	**744085**	**826430**	**955376**
铁路		Railways	64027	115090	186922	283518	386640	332583	398742
公路		Highways	129270	182000	246556	262333	293940	424611	455610
民用航空		Civil Aviation	5094	15407	38911	52980	63505	69236	101024
货运量总计	**(万吨)**	**Total Freight Traffic (10 000 tons)**	**3529**	**5076**	**7152**	**7641**	**8260**	**9318**	**10057**
铁路		Railways	532	833	1453	1572	1772	2310	2702
公路		Highways	2887	4050	5491	5864	6280	6805	7173
民用航空		Civil Aviation	…	…	…	1	1	1	1
管道		Petroleum and Gas Pipelines	110	193	208	205	207	202	182
货物周转量总计	**(万吨公里)**	**Total Freight Ton-kilometers (10 000 ton-km)**	**664296**	**957168**	**1562445**	**1549176**	**1851758**	**3433354**	**3722543**
铁路		Railways	367320	507030	987866	944456	1207432	1485024	1654897
公路		Highways	248815	366000	482660	514149	552563	1866003	1986737
民用航空		Civil Aviation	57	140	563	743	811	1016	1090
管道		Petroleum and Gas Pipelines	48104	83998	91356	89828	90952	81311	79819
民用汽车拥有量	**(辆)**	**Possession of Civil Motor Vehicles (units)**	**57582**	**87121**	**125824**	**244035**	**270287**	**225645**	**268988**
载客汽车		Passenger Vehicles	23665	45344	70750	81833	99444	135364	164911
载货汽车		Trucks	31801	39324	48468	48278	52462	61467	74183
普通载货汽车		Ordinary Trucks	31205	38171	33435	37101	40258	46411	53412
#私人汽车		Private Vehicles	13612	27166	56266	79318	98225	130467	167974

注：1.从2007年起铁路为境内统计数，2006年之前为铁路部门管理辖区数。

2.2008年公路及车辆管理部门进行了部门普查，故公路运输和车辆数据使用了部门普查数。以下各表同。

a)Data about railway are cisborder since 2007, 2006 and before they are data of management popedom of railway department.

b)2008 Highway and vehicle management department conducted a census, so data on road transport and vehicles are census data of departments. The same applies to the tables following.

14–2 主要年份客运量
Passenger Traffic in Main Years

单位：万人、万人公里 (10 000 persons,10 000 passenger-km)

年 份 Year	客运量 合 计 Total Passenger Traffic	铁 路 Railways	公 路 Highways	民用航空 Civil Aviation	旅客周转量 合 计 Total Passener-Kilometers	铁 路 Railways	公 路 Highways	民用航空 Civil Aviation
1952	5		5		381		381	
1978	328	170	158		103241	85259	17982	
1985	1288	295	993		127647	73123	54524	
1986	1633	289	1344	0.2	147911	76260	71414	237
1987	1749	296	1453	0.2	161244	79430	81552	262
1988	1844	323	1521		182477	93796	88422	259
1989	1864	275	1589		169501	82658	86696	147
1990	1843	209	1634		153736	61220	92411	105
1991	1899	196	1703		154238	55314	98817	107
1992	2010	197	1812	1	161839	54785	105760	1294
1993	2227	208	2017	2	186261	59608	123432	3221
1994	2292	217	2073	2	193057	62980	126527	3550
1995	2388	220	2165	3	198391	64027	129270	5094
1996	2690	185	2500	5	205356	53923	144088	7345
1997	2885	200	2680	5	220469	59275	153000	8194
1998	3157	261	2889	7	245574	73025	161569	10980
1999	3359	297	3055	7	275227	93634	171219	10374
2000	3612	352	3250	10	312497	115090	182000	15407
2001	3832	392	3428	12	347706	133605	195930	18171
2002	4007	436	3556	15	372837	150444	200720	21673
2003	4324	408	3900	16	407362	163987	220000	23375
2004	4601	386	4193	22	451229	186281	232035	32913
2005	4920	368	4525	27	472389	186922	246556	38911
2006	5310	411	4861	38	598831	283518	262333	52980
2007	5655	393	5218	44	744085	386640	293940	63505
2008	9447	404	8996	47	826430	332583	424611	69236
2009	10101	430	9603	68	955376	398742	455610	101024

14-3 主要年份货运量

Freight Traffic in Main Years

单位：万吨、万吨公里 (10 000 tons,10 000 ton-km)

年份 Year	货运量合计 Total Freight Traffic	铁路 Railways	公路 Highways	民用航空 Civil Aviation	管道输油(气)量 Petroleum and Gas Pipelines	货物周转量合计 Total Freight Ton-Kilometers	铁路 Railways	公路 Highways	民用航空 Civil Aviation	管道输油(气)量 Petroleum and Gas Pipelines
1952	3		3			553		553		
1978	1326	546	780			321164	274437	46727		
1985	2033	334	1699			244198	141109	103089		
1986	1823	337	1486			299403	208001	91400	2	
1987	2234	390	1844			348903	229900	119000	3	
1988	2072	411	1661			400524	259532	140989	3	
1989	2254	427	1837			468089	293183	174904	2	
1990	2434	454	1957		23	498544	298810	187665	3	10066
1991	2998	502	2413	…	83	565197	329657	199435	2	36103
1992	3071	518	2471	…	82	559774	317891	205994	15	35670
1993	3127	550	2533	…	89	578134	327642	211633	35	38824
1994	3328	538	2694	…	96	613271	335860	235274	41	42096
1995	3529	532	2887	…	110	664296	367320	248815	57	48104
1996	3909	535	3247	…	127	702042	357686	289646	86	54624
1997	4180	585	3450	…	145	760636	390821	306500	99	63216
1998	4502	590	3743	…	169	816028	409500	333172	101	73255
1999	4654	607	3865	…	182	883310	459448	344629	93	79140
2000	5076	833	4050	…	193	957168	507030	366000	140	83998
2001	5456	957	4305	…	194	1067872	598885	384419	178	84390
2002	5652	1000	4450	0.10	202	1120184	694370	397538	189	88087
2003	6189	1092	4890	0.15	207	1337595	814313	433000	237	90045
2004	6656	1308	5136	0.23	212	1394733	848590	453129	385	92629
2005	7152	1453	5491	0.33	208	1562445	987866	482660	563	91356
2006	7641	1572	5864	0.50	205	1549176	944456	514149	743	89828
2007	8260	1772	6280	0.50	207	1851758	1207432	552563	811	90952
2008	9318	2310	6805	0.60	202	3433354	1485024	1866003	1016	81311
2009	10057	2702	7173	0.64	182	3722543	1654897	1986737	1090	79819

14-4 2007-2009年民用车拥有量

Possession of Civil Vehicles(2007-2009)

单位：辆 (units)

指　标	Item	2007	新注册 New Registrations	私人 Private	2008	新注册 New Registrations	私人 Private	2009	新注册 New Registrations	私人 Private
民用汽车合计	**Total**	**270287**	**22235**	**98225**	**225645**	**36224**	**107934**	**268988**	**54970**	**167974**
载客汽车	Passenger Vehicles	99444	15035	52513	135364	24337	75047	164911	36857	100793
#大型	Large	4910	349	380	5329	494	346	5699	632	320
中型	Medium	5417	218	1551	5956	166	1732	6083	500	1594
小型	Small	82732	14405	45786	117137	23403	67840	146860	35265	94235
微型	Minicar	6385	63	4796	6942	274	5129	6269	460	4644
#轿车	Car	49569	10181	31205	71008	16406	45599	94297	25511	66369
载货汽车	Trucks	52462	5271	25920	61467	8509	32242	74183	13782	41685
#重型	Heavy	11185	817	4265	13457	1750	5220	17203	1991	6362
中型	Medium	12470	434	6628	12986	623	7015	13263	1295	7517
轻型	Light	26259	3914	13646	32842	6008	18765	42112	10439	26869
微型	Mini	2548	106	1381	2182	128	1242	1605	57	937
#普通载货	Ordinary Trucks	40258	3898	21027	46411	5738	25734	53412	9861	32352
其他汽车	Others	24126	1929	19792	28814	3378	23178	29894	4331	25496
摩托车	**Motorcycle**	**92724**	**4641**	**90398**	**96933**	**8028**	**94481**	**97081**	**7394**	**94805**
普通	General	90634	4580	88332	95058	7924	92633	95418	7275	93162
轻便	Light	2090	61	2066	1875	104	1848	1663	119	1643
农用运输车	**Farm Vehicles**	**24126**	**1929**	**19792**	**28814**	**3378**	**23178**	**29894**	**4331**	**25496**
三轮	Three Wheels	5733	536	5699	6766	1392	6733	8425	2615	8400
四轮	Four Wheels	14257	694	13659	16400	978	15800	17034	1111	16484
拖拉机	**Tractors**	**242100**	**13800**		**250030**	**9100**	**250030**	**264534**	**14983**	**264534**
#大型	Large	3600	5800		4473	268	4473	8292	3819	8292
小型	Smail	10900	400		11865	1356	11865	13828	2442	13828
挂车	**Trailers**	**1465**	**354**	**138**	**1845**	**355**	**207**	**2050**	**224**	**321**
其他类型车	**Other Vehicles**	**42**			**42**			**43**	**1**	

补充资料：2000年机动车驾驶员345333人，其中汽车驾驶员210635人。
2007年机动车驾驶员526326人，其中汽车驾驶员350399人。
2008年机动车驾驶员720254人，其中汽车驾驶员525956人。
2009年机动车驾驶员741382人，其中汽车驾驶员574003人。

a)345 333 Motor Vehicle drivers in 2000, of whom 210 635 were Automobile drivers.
b)526 326 Motor Vehicle drivers in 2007, of whom 350 399 were Automobile drivers.
c)720 254 Motor Vehicle drivers in 2008, of whom 525 956 were Automobile drivers.
d)741 382 Motor Vehicle drivers in 2009, of whom 574 003 were Automobile drivers.

注：由于公安厅交警总队车辆管理所年报程序问题，以前年鉴中2007、2008年新注册车辆数统计有误，今年予以更正。

a) As the annual report procedure of vehicle administrative office of transport police corps of Public Security Bureau went wrong, the number of newly registered vehicles in 2007 and 2008 in former yearbooks were in error. They are corrected this year.

14-5 主要年份铁路、公路、民航里程年末达到数

Total Length of Railway, Highway,Civil Aviation at Year-end in Main Years

单位：公里、公里/万平方公里 (km,km/10000 sq.km)

年 份	铁 路 Railway		公 路 Highway								民用航空航线里程
	营业里程	线路密度	通车里程	线路密度	有路面里 程		等级路			等外路	Total Civil Aviation Routes
						高、次高级	合 计	高速	一、二级		
Year	Length of Railways in Operation	Railway Density	Total Length of Highways	Highway Density	Length of Railways with Road Surface	High and Senior Hihgways	Expressway and Class I to IV Highways	Express way	First and Second Class	Highways Below Class IV	
1952			1346	18.69	547						
1957			8259	114.71	4426						188
1965	198	2.75	11981	166.40	6643	182					1949
1970	409	5.68	12584	174.78	7244	367					1949
1975	497	6.90	12979	180.26	9141	1268					4893
1978	503	6.99	13675	189.93	9837	1958					4893
1980	505	7.01	15497	215.24	11624	2105					4251
1985	1095	15.21	15933	221.29	12252	2939					4972
1990	1095	15.21	16732	232.39	14212	3408	11974		1156	4758	4972
1991	1095	15.21	16769	232.90	14249	3435	12026		1156	4743	4748
1992	1100	15.28	16854	234.08	14334	3617	12151		1202	4703	4892
1993	1097	15.24	16963	235.60	14491	3640	12354		1202	4609	5942
1994	1097	15.24	17089	237.35	14646	3911	12509		1202	4552	5942
1995	1100	15.28	17223	239.21	14887	4028	12734		1202	4462	8869
1996	1100	15.28	17383	241.43	15047	4284	13056		1202	7327	11442
1997	1100	15.28	17640	245.00	15451	4494	13485		1236	4155	14700
1998	1100	15.28	17936	249.11	15866	4818	14024		1306	3912	14700
1999	1100	15.28	18268	253.72	16252	5191	14549		1412	3719	14700
2000	1100	15.28	18679	259.43	16713	5313	15178		1837	3501	16490
2001	1100	15.28	23328	315.24	19849	6452	17424	26	2544	5904	27636
2002	1100	15.28	24003	333.38	20868	7910	18484	35	3084	5519	31413
2003	1097	15.24	24377	338.57	21278	8745	21568	118	3449	2809	23423
2004	1097	15.24	28059	389.70	25032	10420	25322	171	3697	2737	20855
2005	1097	15.24	29719	412.76	26692	11787	26811	171	4146	2737	21458
2006	1651	22.92	47726	662.59	13371	13371	24638	171	4180	23088	23996
2007	1651	22.92	52625	730.60	16019	16019	30636	215	5045	21990	33264
2008	1651	22.92	56642	783.88	17331	17331	32649	215	5190	23994	32149
2009	1651	22.92	60136	835.22	18961	18961	39727	217	5410	20409	31562

注：2006年交通部门对公路进行了普查，将乡村公路列入了等外公路。

a) Department of Transportation carried out a general survey on the highway in 2006, rural roads were included in below Class Ⅳ.

14-6 1985-2009年邮电业务情况

年 份 Year	邮电业务总量(万元) Business Volume of Postal and Telecommunication Services (10 000 yuan)	邮政业务总量 Business Volume of Postal Services	电信业务总量 Business Volume of Telecommunication Services	函 件(万件) Number of Letters (10 000 pcs)	特快专递(万件) Pieces of Express Mail Services (10 000 pcs)	报刊期发数(万份) Issue of Newspapers and Magazines (10 000 copies)	集邮业务(万枚) Stamps for Collection (10 000 pcs)	长途电话(万次) Long-distance Calls (10 000 times)
1985				2344		154		168
1986	1866			2607		151		200
1987	2023			2829		150		207
1988	2480			3222		147		226
1989	3020			3221		81		271
1990	3457			2778		70		315
1991	6223			2074		69		378
1992	7510			2186		74		567
1993	9541			2864		79		834
1994	11592			3389		114		1203
1995	15595			3354		262		1987
1996	23901			3156		80		3408
1997	32718			2664		75		4582
1998	47018			2966		74		6110
1999	67672	5212	32608	2108	12	52	1741	5731
2000	49181	6206	42974	2762	17	47	2361	7854
2001	64792	14078	50714	2961	31	45		9577
2002	199104	14728	184376	3580	40	44		8759
2003	229811	15343	214468	3800	48	67		8948
2004	339801	16262	323539	2836	48	75	599	17689
2005	314330	17710	296620	1886	49	51	490	14090
2006	396898	20229	376669	981	55	49	591	13901
2007	537416	20956	516460	627	65	42	592	10555
2008	699514	22514	677000	566	78	47	720	11200
2009	916651	26651	890000	440	101	37	740	

注：电信业务总量1985—1989年按1980年不变价格计算，1990—2000年的业务总量按1990年不变价格计算，2001年后的业务量按2000年不变价格计算。2002—2004年数据中含铁通、网通业务量。

Basic Conditions of Postal and Telecommunication Services(1985－2009)

移动电话年末用户(万户) Number of Mobile Telephone Subscribers at Year-end (10 000 subscribers)	固定电话年末用户(万户) Number of Subscribers of Fixed Telephone at Year-end (10 000 subscribers)	城市电话 用户 Number of Urban Fixed Telephone Subscribers	住宅电话 Household Fixed Telephone Subscribers	乡村电话 用户 Rural Fixed Telephone Subscribers	住宅电话 Household Fixed Telephone Subscribers	公用电话(万户) Public Telephone (10 000 subscribers)	邮政局所(处) Number of Postal Offices (unit)	信筒信箱(个) Number of Post Boxes (unit)	邮路总长度(公里) Length of Postal Routes (km)	农村投递线路(公里) Rural Delivery Routes (km)
	2.22	1.50		0.72		0.01				
	2.50	1.66		0.84						
	2.83	1.86		0.97						
	3.15	2.04	0.03	1.10		0.02				
	2.43	2.19	0.10	0.24		0.02				
	2.74	2.49	0.12	0.25		0.02				
	2.91	2.73	0.35	0.17		0.03				
	3.45	3.29	0.57	0.16		0.03				
	4.31	4.13	1.38	0.18	0.02	0.04				
0.16	5.38	5.39	2.31	0.22		0.05				
0.26	9.40	9.12	5.61	0.28	0.08	0.15				
0.65	13.84	13.43	9.18	0.41	0.17	0.24	521	717	22431	11601
1.41	17.57	17.10	12.55	0.47	0.25	0.49	217		21994	
3.53	21.56	20.80	16.03	0.77	0.57	0.61	292	705	20683	12619
6.59	27.55	26.14	20.08	1.41	1.03	0.83	208	663	25438	11596
21.07	36.87	34.35	27.68	2.51	2.13	1.09	201	574	26978	11563
42.10	46.81	42.52	34.72	4.29	3.75	1.33	198	576	28090	12081
77.14	57.92	50.21	38.52	7.67	7.12	1.53	220	598	35351	12737
100.36	76.42	64.91	51.87	11.51	10.94	3.23	210	600	24107	12728
117.73	94.35	77.66	56.91	16.69	15.16	5.60	211	601	24101	13138
121.36	113.50	92.90	65.70	20.60	18.50	6.80	219	571	23721	14278
172.20	126.30	99.50	68.40	25.90	23.70	7.60	233	584	20680	14207
222.00	123.00	96.00	65.00	27.00	25.00	7.60	245	593	24587	12526
247.20	119.40	92.50	62.40	27.00	24.50	7.30	288	457	24508	12740
310.70	109.30	84.10	50.10	25.20	22.20	6.75	185	426	33586	11981

a)The business volume of postal and telecommunication services in 1985-1989 was calculated at 1990 constant prices and that since 2001 was calculated at 2000 constant prices.Data in2002-2004 contain business volume of China Tietong and China Netcom.

14—7 邮电业务通信水平

Communication Level of Postal and Telecommunication Services

指　标	Item	2000	2005	2006	2007	2008	2009
邮政通信水平	**Postal Services Available**						
平均每一邮政局所服务面积 (平方公里)	Average Area Served by Every Postal Office (sq.km)	3570	3276	3090	2844	2420	3767
平均每一邮政局所服务人口 (万人)	Average People Served by Every Postal Office (10 000 persons)	2.57	2.48	2.35	2.24	2.26	3.06
平均每人每年发函件数 (件)	Annual Average Number of Letters Mail per Capita (piece)	5.35	3.47	1.80	1.14	1.03	0.78
平均每百人每年订报刊数 (份)	Annual Average Number of Newspaper and Magazine Subscribed per 100 Persons (piece)	9.10	9.45	9.00	9.86	8.54	6.51
设有邮政局、所的乡(镇)比重 (%)	Percentage of Townships with Postal Offices (%)	23.00	39.00	33.76	35.79	35.90	28.42
已通邮的行政村比重 (%)	Percentage of Administrative Village with Posts (%)		59.76	59.99	64.75	65.68	73.75
电信通信水平	**Telecommunication Services Available**						
电话普及率(包括移动电话) (部/百人)	Popularization Rate of Telephone (Include Mobile Telephone) (scts/100 persons)		46.00	54.68	62.53	66.50	75.80
农　村 (部/百人)	Rural (scts/100 persons)		6.26	7.78	4.33	8.24	7.78
移动电话普及率 (部/百人)	Popularization Rate of Mobile Telephone (scts/100 persons)		24.00	31.44	40.19	44.90	56.10
每千人拥有公用电话数 (部)	Public Telephone owned Per 1 000 Person (scts)		12.53	13.87	13.78	13.17	12.12
已通固定电话的行政村比重 (%)	Percentage of Administrative Village with Telephone (%)	24.0	86.0	93.4	100.00	100.00	100.00

主要统计指标解释

铁路营业里程　又称营业长度（包括正式营业和临时营业里程），指办理客货运输业务的铁路正线总长度。凡是全线或部分建成双线及以上的线路，以第一线的实际长度计算；复线、站线、段管线、岔线和特殊用途线以及不计算运费的联络线都不计算营业里程。该指标可以反映铁路运输业基础设施的发展水平，也是计算客货周转量、运输密度和机车车辆运用效率等指标的基础资料。

铁路电气化里程　指在全部铁路营业里程中已安装了供电线路及设备，可以供电力机车牵引列车运行的区段的总里程。

公路里程　指在一定时期内实际达到《公路工程［WT-BZ］技术标准 JTJ01－88》规定的等级公路，并经公路主管部门正式验收交付使用的公路里程数。包括大中城市的郊区公路以及通过小城镇街道部分的公路里程和桥梁、渡口的长度，不包括大中城市的街道、厂矿、林区生产用道和农业生产用道的里程。两条或多条公路共同经由同一路段，只计算一次，不得重复计算里程长度。该指标可以反映公路建设的发展规模，也是计算运输网密度等指标的基础资料。

民用航空航线里程　指统计期间内全部民用航空航线的航线总长度。航线长度指民用航空航线的计费距离。计算航线里程可按重复和不重复两种方法，前者是指各航线长度相加的总和；后者则要扣除各航线之间相同航段重复计算的部分。

输油（气）管道长度　也称输油（气）里程，指油品（或天然气）的实际输送距离，一般按输油（气）管道的单线长度计算 [illegible] 延展长 [illegible] 包括复 [illegible] 输的发

[illegible] 际运送 [illegible] 济和人 [illegible] 计划、研 [illegible] 客运按 [illegible] 际重量 [illegible] 客运量

[illegible] 在营运 [illegible] 运输周

该指标可以反映交通运输线路上的货物（旅客）运输量运输繁忙程度，是平衡运输线路运输能力和通过能力，规划线路建设及改造、配备技术设备，研究运输网布局的重要依据。

货物（旅客）周转量　指在一定时期内，由各种运输工具运送的货物（旅客）数量与其相应运输距离的乘积之总和。该指标可以反映运输业生产的总成果，也是编制和检查运输生产计划，计算运输效率、劳动生产率以及核算运输单位成本的主要基础资料。计算货物周转量通常按发出站与到达站之间的最短距离，也就是计费距离计算。计算公式为：

货物（旅客）周转量 ＝ ∑（货物（旅客）运输量 × 运输距离）

民用汽车拥有量　指报告期末，在公安交通管理部门按照《机动车注册登记工作规范》，已注册登记领有民用车辆牌照的全部汽车数量。汽车拥有量统计的主要分类：根据汽车结构分为载客汽车、载货汽车及其他汽车；根据汽车所有者不同分为个人（私人）汽车、单位汽车；根据汽车的使用性质分为营运汽车、非营运汽车；根据汽车大小规格不同载客汽车分为大型、中型、小型和微型，载货汽车分为重型、中型、轻型和微型。

邮电业务总量　指以货币形式表示的邮电企业为社会提供各类邮电服务的总数量，是用于观察邮电业务发展变化总趋势的综合性总量指标。分别按邮政业务总量和电信业务总量统计。邮电业务总量是以各类业务的实物量分别乘以相应的不变单价，得出各类业务的货币量再加总求得。

移动电话用户　指在电信运营企业营业网点办理开户登记手续，通过移动电话交换机进入移动电话网，占用移动电话号码的各类电话用户。包括 GSM 数字移动电话用户、CDMA 数字移动电话用户和电信运营企业发行的报告期末已激活充值的能异地漫游的各种智能卡用户。

互联网上网人数　指平均每周使用互联网至少 1 小时的 6 周岁以上中国公民人数。

固定电话用户　指在电信运营企业营业网点办理开户登记手续并已接入固定电话网上的全部电话用户。包括普通电话用户、公用电话用户、窄带综合业务数字网（N－ISDN）用户、智能网专用接入终端用户等。按行政区划分为城市电话用户和农村电话用户。

城市电话用户　指直辖市、省辖市、地级市、县级市的市区、市郊区及县城范围内接入局用交换机的电话用户。包括分布在农村地区县团级以上建制的独立工矿区、林区、驻军等电话用户。

农村电话用户 指县城关区以下的集镇和农村接入局用交换机的电话用户。

住宅电话用户 指安装在居民住宅或农民家里并按照住宅电话用户登记注册和收费的各类电话用户。包括私人付费、单位付费和按规定免费安装的住宅电话用户。

长途电话交换机容量 指用于接入长途电话网的电话交换机的设备额定容量,包括国际电话交换机容量。

局用交换机容量 指安装在电信运营企业内用于接续本地固定电话的电话交换机容量,有倍增设备按倍增后的数量计数。包括现用和备用的人工或自动交换机的全部容量。不包括用户交换机容量。

移动电话交换机容量 指移动电话交换机根据一定话务模型和交换机处理能力计算出来的最大同时服务用户的数量。

互联网宽带接入端口 指用于接入互联网用户的各类实际安装运行的接入端口数量,包括 xDSL 用户接入端口、LAN 接入端口以及其他类型接入端口等,不包括窄带拨号接入端口。

Explanatory Notes on Main Statistical Indicators

Length of Railways in Operation refers to the total length of the trunk line for passenger and freight transportation (including both full operation and temporary operation). The calculation is based on the actual length of the first line if this line has a full or partial double (or more). Not included are double tracks, station sidings, tracks under the charge of stations, branch lines, special - purpose lines and non - payable connecting lines. The length of railways in operation is an important indicator to show the development of the infrastructure of railway transport. It is also essential data to calculate volume of passenger freight transport, traffic density and utilization efficiency of locomotives and carriages.

Length of Electrified Railways refers to the length of the section of railways in operation in which the power supply lines and other equipment are installed for the running of electrified locomotives. The proportion of the length of electrified railways to the total length of railways in operation is an important indicator to show the modernization of railways.

Length of Highways refers to the length of highways which are built in conformity with the grades specified by the highway engineering standard [Highways WTBZ - Technical Standard JTJ01 - 88] formulated by the Ministry of Transport, and have been formally checked and accepted by the departments of highways and put into use. The length of highways includes that of the suburb highways at large and medium - sized cities, highways passing through streets at small cities and towns, and also the length of bridges and ferry piers. It does not include the length of streets in big and medium - sized cities and highways built for the production purpose at factories, mines, forest areas and agricultural areas. If two or more highways go the same section of the way, the length of the section is only calculated for once and no duplication is allowed. The length of highways is an indicator to show the development of the scale of highway construction and to provide essential information to calculate the transport network density.

Length of Civil Aviation Routes refers to the length of all routes for civil aviation flights, which is used to account the freight, during the period of statistics.. There are usually two ways to calculate the route length: duplicated calculation and non - duplicated calculateion, the former is the sum of length of all civil aviation routes, and the latter should deduct the duplication length of same route among all routes.

Length of Oil (Gas) Pipelines is used as an indicator to show the development, scale and level of the pipeline transportation. It refers to the actual transport distance of oil (or gas) products, and is in general calculated according to the length of single pipeline. If the length of the double pipelines and alternate pipeline are included, it is called the extension length of the oil (gas) pipelines, which indicates the actual length of the pipelines built. The commonly used indicator, the "length of" oil (gas)" pipelines, does not include the double pipelines. It can reflect the extent and level of development of pipeline transport.

Freight (Passenger) Traffic refers to the volume of freight (passenger) transported with various means within a specific period of time. This indicator reflects the service of the transport industry towards the national economy and people's living conditions, as well as an important indicator used in formulating and monitoring transport production plans and research into the scale and pace of transport development. Freight transport is calculated in tons and passenger traffic is calculated in terms of number of persons. Freight transport is calculated in terms of the actual weight of the goods and takes no account of the type of freight and distance of travel. Passenger traffic is calculated by the principle that one person can be counted only once in one trip and takes no account of the travelling distance and ticket price. The passengers who travel with a half price ticket or a child's ticket is also calculated as one person.

Freight (Passenger) Traffic Density refers to the freight (passenger) traffic volume carried by a particular means of transportation during a given period through one kilometre of a specific section of transportation route. The formula is as follows:

$$\text{Freight(Passenger) traffic density} = \frac{\text{freight to n - kilometres (passenger - kilometres)}}{\text{length of route in operation}}$$

Freight (passenger) traffic density reflects how busy freight (passenger) traffic is on transportation routes. It provides an important basis for balancing transport capability and throughput capability, planning construction and upgrading of transport routes, installing technical facilities and studying the distribution of transport networks.

Freight Ton - kilometres (Passenger - kilometres) refers to the sum of the product of the volume of transported cargo (passengers) multiplied by the transport distance. It is an important indicator to reflect the achievement of the transportation industry. This is an important indicator to show the total results of the transport industry; to prepare and examine the transport plan; and to serve as the main basic data for calculating the efficiency, labour productivity and unit cost of transport. Normally, the shortest distance between the departure station and the destination station (i. e., the payable distance) is the basis in calculating the freight ton - kilometres. The formula is as follows:

$$\frac{\text{Freight to n - kilometres}}{(\text{passenger - kilometres})} = \sum \frac{\text{freight}}{(\text{passenger})\text{ traffic}} \times \frac{\text{distance of}}{\text{transport ation}}$$

Possession of Civil Motor Vehicles refer to the total numbers of vehicles that are registered and received vehicles license tags according to the Work Standard for Motor Vehicles Registration formulated by the Transport Management Office under the department of public security at the end of the reference period. They are divided into categories. According to the structure of motor vehicles, they are divided into passenger vehicles, trucks and others; according to ownership into private vehicles and vehicles for the unit's use; according to kind of usage into working vehicles and non - working vehicles; and according to size of vehicles into large passenger vehicles, medium - sized passenger vehicles, small passenger vehicles and mini passenger vehicles, heavy trucks, light - heavy trucks, light trucks and mini - trucks.

Business Volume of Post and Telecommunications refers to the total amount of postal and telecommunication services, expressed in value terms, provided by the post and telecommunications departments for society. This indicator reflects the overall results of development of postal and telecommunication services. It can be classificated as postal services and and telecommunication services. Business volume of post and telecommunications is the sum of all services in kind multiplying with the unit price (constant price) to get the total business value.

Mobile Telephone Subscribers refer to persons who have gone through registration procedures in the operation points of enterprises engaged in telecommunications and are hence connected with the mobile telephone communication network through the mobile telephone switchboards and occupy mobile phone numbers. Included are GSM digital mobile phone subscribers, CDMA digital mobile phone subscribers and subscribers to intelligent phone cards with roaming facility issued by telecommunications enterprises and which have been subscribed to and activated at the end of the reference period.

Internet Users refer to the number of Chinese citizens aged 6 and over who use the Internet at least for one hour each week.

Local Telephone Subscribers refer to all subscribers who have gone through registration procedures in the operation points of enterprises engaged in telecommunications and are hence connected to the local telecommunications service provider through fixed line network. Included are general subscribers, public telephones subscribers, N - ISDN subscribers and intelligent network terminal subscribers. They are also classified in terms of administrative districts as urban telephone subscribers and rural telephone subscribers according to location.

Urban Telephone Subscribers refer to the number of telephone subscribers, located at the different administrative districts of municipalities directly under the Central Government, cities under the jurisdiction of province, cities at prefecture level, downtown and suburb of city at county level town and county towns, that are connected to the public line telephone network, including rural mineral area, forest area, military area.

Rural Telephone Subscribers refer to telephone subscribers, located at the towns below the level of county town and villages, that are connected to the public line telephone network.

Household Telephone Subscribers refer to telephone sets installed in the dwelling units of urban or rural residents, and registered as residence subscribers for payment, including three types of payment for the service: private payment, public payment and free service in accordance with relevant regulations.

Capacity of Long Distance Telephone Exchanges refers to the rated capacity of telephone exchanges to connect long distance telephone network, including capacity of international telephone exchanges.

Capacity of Office Telephone Exchanges refers to the capacity (measured in gate) of telephone exchanges installed in the offices of telecommunication service providers for communication between fixed telephones. It includes the capacity of both manual and automatic exchanges in use and for stand - by purpose. The capacity of subscriber exchanges is not included.

Capacity of Mobile Telephone Exchanges refers to the capacity of the maximum services provided to subscribers at any one time as computed based on a certain model of calls distribution and transacting capacity of the mobile telephone exchanges.

Broadband Connection Terminals refer to the connection terminals to internet users actually installed and put into operation, including connection terminals for xDSL, connection terminals for LAN, and other connection terminals for xDSL. N - ISDN connection terminals are not included.

第15篇

CHAPTER 15

国内贸易

Domestic Trade

社会消费品零售总额（亿元）

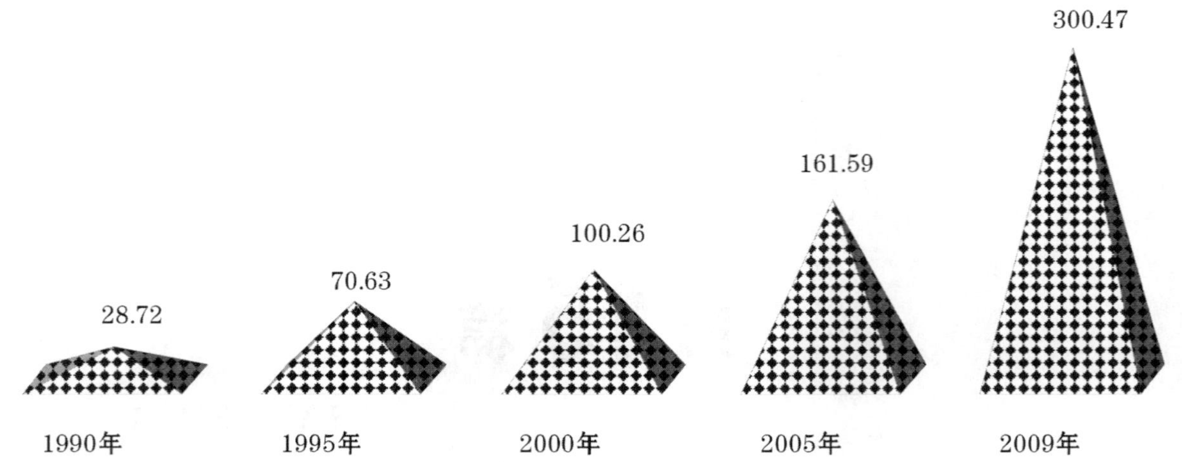

社会消费品零售总额构成（%）

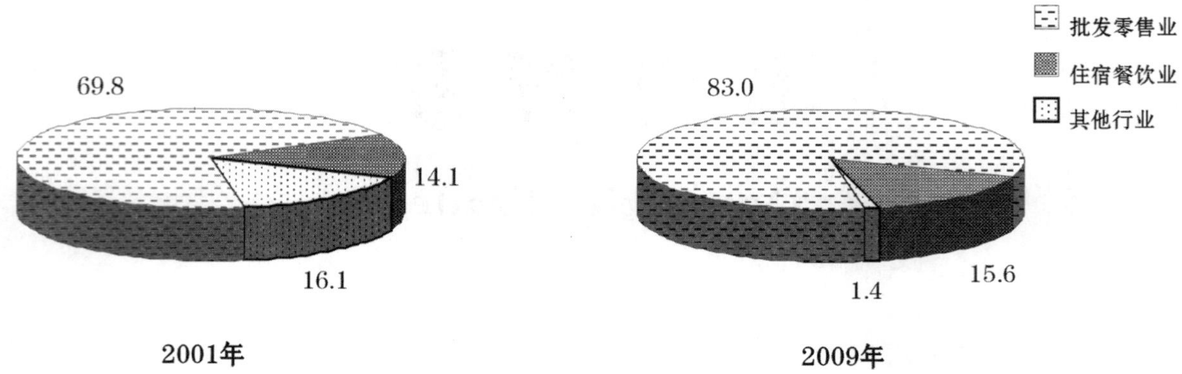

社会消费品零售总额
按销售单位所在地分（亿元）

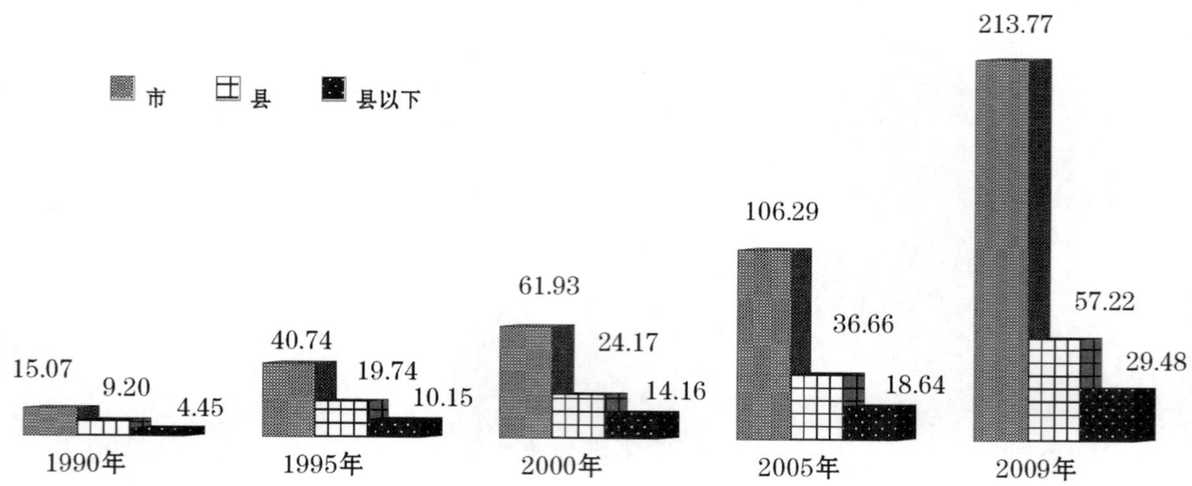

15-1 2005-2009年国内贸易基本情况

Basic Conditions of Domestic Trade(2005-2009)

指　标	Item	2005	2006	2007	2008	2009
法人机构	**Number of Corporation Enterprises**	**217**	**216**	**232**	**386**	**247**
（个）	**(unit)**					
批发零售贸易业	Wholesale and Retail Trades	140	136	127	277	160
住宿餐饮业	Hotels and Catering Services	77	80	105	109	87
从业人员	**Engaged Persons**	**2.13**	**2.45**	**2.50**	**3.29**	**2.82**
（万人）	**(10 000 persons)**					
批发零售贸易业	Wholesale and Retail Trades	1.38	1.59	1.19	2.06	1.75
住宿餐饮业	Hotels and Catering Services	0.75	0.86	1.01	1.23	1.07
批发零售贸易业	**Wholesale and Retail Trades**					
（亿元）	**(100 million yuan)**					
商品购进总额	Total Purchases		107.78	147.19	329.81	191.21
商品销售总额	Total Sales	129.47	166.40	167.65	368.79	244.00
商品库存总额	Total Stock	9.79	16.44	18.86	35.61	18.40
社会消费品零售总额	**Total Retail Sales of Consumer Goods**	**161.59**	**182.60**	**212.54**	**259.73**	**300.47**
（亿元）	**(100 million yuan)**					
按销售单位所在地分	By Location of Establishments					
市	City	106.29	124.47	149.20	184.79	213.77
县	County	36.66	38.27	41.64	49.42	57.22
县以下	Under County Level	18.64	19.86	21.70	25.52	29.48
按行业分	By Sector					
批发零售贸易业	Wholesale and Retail Trades	133.03	147.98	173.83	213.22	249.37
住宿餐饮业	Hotels and Catering Services	24.57	30.71	34.81	42.12	47.02
其他行业	Others	3.99	3.91	3.91	4.38	4.07

15–2 主要年份社会消费品零售总额
Retail Sale of Consumer Goods in Main Years

单位：万元 (10 000 yuan)

年 份 / 地 区	Year / Region	社会消费品零售总额 Total Retail Sales of Consumer Goods	按销售单位所在地分 By Location 市 City	县 County	县以下 Under County Level	按行业分 By Sector 批发零售贸易业 Wholesale and Retail Trade	住宿餐饮业 Hotels and Catering Services	其他行业 Others
1985		163903	74571	50379	38953	141625	7032	15246
1986		190154	91738	65373	33043	162635	9349	18170
1987		213758	115489	78619	33703	185218	9856	18684
1988		267965	133491	90571	43903	231763	11997	24205
1989		268978	132768	92603	43607	239737	8669	20572
1990		287193	150671	92031	44491	254247	13842	19104
1991		319869	157814	102502	59553	283174	15417	21278
1992		352897	185142	113086	54669	312414	17009	23474
1993		490480	257322	157174	75983	434213	22419	33848
1994		595815	343364	167003	85447	442557	44416	108842
1995		706331	407437	197377	101517	523013	51055	132263
1996		763068	452684	192243	118141	540763	57605	164699
1997		814859	493213	203222	118424	561462	81846	171550
1998		862361	523777	210106	128479	576974	109815	175573
1999		917987	558374	223142	136470	618881	127177	171929
2000		1002576	619278	241713	141585	694802	137913	169862
2001		1103644	689681	262831	151131	769924	155745	177975
2002		1233703	777959	292836	162908	866629	180013	187063
2003		1253967	807900	301657	144410	1018371	200825	34771
2004		1411984	915712	335285	160987	1153985	221388	36611
2005		1615902	1062879	366640	186384	1330335	245660	39906
2006		1825969	1244732	382668	198569	1479793	307114	39063
2007		2125428	1491993	416413	217021	1738256	348086	39085
2008		2597274	1847913	494197	255163	2132235	421249	43789
2009		3004652	2137732	572168	294751	2493721	470210	40721
西宁市	Xining City	2015968	1856625	99955	59388	1740157	253985	21826
海东地区	Haidong Prefecture	331885		196545	135340	247236	76667	7982
海北州	Haibei Zang A.P	77199		66244	10956	64332	12715	152
黄南州	Huangnan Zang A.P	35970		25897	10073	26188	8299	1483
海南州	Hainan Zang A.P	122269		77932	44336	99191	22243	834
果洛州	Golog Zang A.P	23462		17982	5480	17116	4919	1427
玉树州	Yushu Zang A.P	39534		28612	10922	28540	7273	3721
海西州	Haixi Mongolian &Zang A.P	365730	283554	61280	20896	276873	84667	4190

注：1993年以后数据为经济普查衔接数。

a) Since 1993, Data cohere with economic census data.

15–3 限额以上批发零售贸易业商品销售总额(2009年)

Total Sales of Enterprises above Designated Size in Wholesale and Retail Trades(2009)

指 标	Item	法人企业数(个) Number of Corporation Enterprises (unit)	从业人员(人) Engaged Persons (person)	销售总额(万元) Total Sales Value (10 000 yuan)	批发 Wholesale Value	零售 Retail Value
总 计	**Total**	**160**	**17456**	**2440039**	**1677859**	**762180**
批发业	**Wholesale Trade**	**71**	**8009**	**1842092**	**1661418**	**180674**
按登记注册类型分组	**By Status of Registration**					
内资企业	Domestic Funded Enterprises	70	7517	1776122	1617448	158674
国有企业	State-owned Enterprises	16	2240	952663	858345	94319
集体企业	Collective-owned Enterprises	2	70	11842	3476	8366
股份合作企业	Cooperative Enterprises	1	5	2009	2009	
有限责任公司	Limited Liability Corporations	27	1561	262474	216849	45624
国有独资公司	State Sole Funded Corporations	2	539	23657	16293	7364
其他有限责任公司	Other Limited Liability Corporations	25	1022	238817	200556	38260
股份有限公司	Share-holding Corporations Ltd.	6	2918	386536	378078	8459
私营企业	Private Enterprises	18	723	160598	158692	1906
私营独资企业	Private-funded Enterprises	2	112	11175	9268	1906
私营有限责任公司	Private Limited Liability Corporations	14	574	142148	142148	
私营股份有限公司	Private Share-holding Corporations Ltd.	2	37	7276	7276	
外商投资企业	Foreign Funded Enterprises	1	492	65970	43970	22000
外资企业	Enterprises with Sole Fund	1	492	65970	43970	22000
按国民经济行业分组	**Grouped by Sector**					
食品、饮料及烟草制品批发	Wholesale of Food,Beverages and Tobaccos	10	1226	518448	509847	8601
纺织、服装及日用品批发	Wholesale of Textiles, Garments and Daily Consumer Articles	2	110	7056	7056	
文化、体育用品及器材批发	Wholesale of Culture,Sports Appliances and Equipments	1	509	8599	5752	2846
医药及医疗器材批发	Wholesale of Medicines and Medical Appliances	10	377	49720	49581	139
矿产品、建材及化工产品批发	Wholesale of Mineral Products, Building Materials and Chemical Products	40	5199	1144831	1013865	130966
机械设备、五金交电及电子产品批发	Wholesale of Machinery, Hardware and Electronic Equipment	8	588	113438	75317	38121

15-3 续表 Continued

指 标	Item	法人企业数（个） Number of Corporation Enterprises (unit)	从业人员（人） Engaged Persons (person)	销售总额（万元） Total Sales Value (10 000 yuan)	批发 Wholesale Value	零售 Retail Value
零售业	**Retail Trade**	**89**	**9447**	**597947**	**16441**	**581506**
按登记注册类型分组	**By Status of Registration**	**88**	**9400**	**595096**	**16441**	**578655**
内资企业	Domestic Funded Enterprises	5	1004	71121	256	70865
国有企业	State-owned Enterprises	2	761	16044	2062	13982
股份合作企业	Cooperative Enterprises	1	45	2300		2300
联营企业	Joint Ownership Enterprises	1	45	2300		2300
国有联营企业	State Joint Ownership Enterprises	33	4422	288564	13262	275302
有限责任公司	Limited Liability Corporations	33	4422	288564	13262	275302
其他有限责任公司	Other Limited Liability Corporations	8	1388	56404		56404
股份有限公司	Share-holding Corporations Ltd.	37	1664	140074	861	139213
私营企业	Private Enterprises	3	84	8438		8438
私营独资企业	Private-funded Enterprises	1	105	1635		1635
私营合伙企业	Private Partnership Enterprises	28	1394	122431	25	122406
私营有限责任公司	Private Limited Liability Corporations	4	66	6993	836	6157
私营股份有限公司	Private Share-holding Corporations Ltd.	2	116	20589		20589
其他企业	Other Enterprises	1	47	2851		2851
外商投资企业	Enterprises With Foreign Investment	1	47	2851		2851
中外合资经营企业	Joint-venture Enterprises					
按国民经济行业分组	**Grouped by Sector**					
综合零售业	Integrated Retail	14	4050	195400	2343	193057
食品、饮料及烟草制品专门零售业	Retail of Food, Beverages and Tobaccos	1	15	1241	347	893
纺织、服装及日用品专门零售业	Special Retail of Textiles, Garments and Daily Consumer Articles	5	1175	15074		15074
文化、体育用品及器材专门零售业	Retail of Culture, Sports Appliances and Equipments	2	192	2502		2502
医药及医疗器材专门零售业	Retail of Medicines and Medical Appliances	13	1413	37959	679	37281
汽车、摩托车、燃料及零配件专门零售业	Retail of Motor Vehicles, Motorcycles, Fuel and Parts	41	1854	270276	11096	259180
家用电器及电子产品专门零售业	Special Retail of Household Electric Appliances and Electronic Products	10	619	64930	1976	62954
无店铺及其他零售业	Non-shop and Other Retails	3	129	10566		10566

15-4 限额以上批发零售贸易企业商品销售类值(2009年)
Total Sales of Enterprises above Designated Size in Wholesale and Retail Trades by Category of Commodities(2009)

单位：万元 (10 000 yuan)

项 目	Item	批发业 Wholesale		零售业 Retail	
		销售额 Sales Value	零售额 Retail Value	销售额 Sales Value	零售额 Retail Value
合 计	**Total**	**1528722.2**	**249704.2**	**467728.3**	**453018.7**
食品、饮料、烟酒类	Food, Beverages, Tobacco and Liquor	470884.2	4311.6	95019.9	92638.2
服装、鞋帽、针纺织品类	Clothing, Shoes, Hats and Textiles	3683.8		50490.4	50490.4
化妆品类	Cosmetics			14879.5	14879.5
金银珠宝类	Gold, Silver and Jewellery			8293.5	8293.5
日用品类	Articles for Daily Use	2036.2		22755.6	22755.6
五金、电料类	Hardware and Electrical Materials			8329.9	8329.9
体育、娱乐用品类	Sports and Recreation Articles			2073.6	2073.6
书报杂志类	Newspapers and Magazines	12280.1	3533	2543.8	2543.8
电子出版物及音像制品类	E-journals and Video Products	383.6	383.6	107.4	107.4
家用电器和音像器材类	Household Appliances and Video Appliances			41639.6	41639.6
中西药品类	Traditional Chinese and Western Medicines	28215.4	213	33763.7	33067.7
文化办公用品类	Cultural and Offices Appliances			13379.2	12846.2
家具类	Furniture			50.1	50.1
通讯器材类	Communication Appliances			490.5	490.5
煤炭及制品类	Coal and Related Products	36594.2		7446.4	7446.4
木材及制品类	Wood and Wooden Products				
石油及制品类	Petroleum and Related Products	493623	241263	26096.8	26096.8
化工材料及制品类	Chemical Materials and Related Products	83455.6		2.3	
金属材料类	Metal Materials	292492.1			
建筑及装潢材料类	Building and Decoration Materials			577.5	577.5
机电产品及设备类	Mechanical and Electrical Products	77263.3		783.2	782.2
汽车类	Automobiles	27193		137705.8	126610.3
种子饲料类	Seeds and Feedstuff				
棉麻类	Cotton, Hemp				
其他类	Others	617.7		1299.6	1299.5

15–5 限额以上批发零售贸易业财务状况(2009年)

单位：万元

指 标	Item	企业个数(个) Number of Enterprises (unit)	流动资产合计 Working Capitals
总 计	**Total**	**160**	**791571**
批发业	**Wholesale Trade**	**71**	**579179**
按登记注册类型分组	**By Status of Registration**		
内资企业	Domestic Funded Enterprises	70	549854
国有企业	State-owned Enterprises	16	199412
集体企业	Collective-owned Enterprises	2	6125
股份合作企业	Cooperative Enterprises	1	1093
有限责任公司	Limited Liability Corporations	27	138266
国有独资公司	State Sole Funded Corporations	2	10431
其他有限责任公司	Other Limited Liability Corporations	25	127835
股份有限公司	Share-holding Corporations Ltd.	6	155851
私营企业	Private Enterprises	18	49107
私营独资企业	Private-funded Enterprises	2	7184
私营有限责任公司	Private Limited Liability Corporations	14	39663
私营股份有限公司	Private Share-holding Corporations Ltd.	2	2260
外商投资企业	Foreign Funded Enterprises	1	29325
外资企业	Enterprises with Sole Funds	1	29325
按国民经济行业分组	**Grouped by Sector**		
食品、饮料及烟草制品批发	Wholesale of Food, Beverages and Tobaccos	10	16785
纺织、服装及日用品批发	Wholesale of Textiles, Garments and Daily Consumer Articles	2	2550
文化、体育用品及器材批发	Wholesale of Culture,Sports Appliances and Equipments	1	1043
医药及医疗器材批发	Wholesale of Medicines and Medical Appliances	10	2484
矿产品、建材及化工产品批发	Wholesale of Mineral Products, Building Materials and Chemical Products	40	30381
机械设备、五金交电及电子产品批发	Wholesale of Machinery, Hardware and Electronic Equipment	8	4675

Main Financial Indicators of Enterprises above Designated Size in Wholesale and Retail Trades(2009)

(10 000 yuan)

固定资产原价 Original Value of Fixed Assets	累计折旧 Depreciation of Fixed Assets	资产总计 Total Assets	负债合计 Total Liabilities	实收资本 Paid-in Capitals	主营业务收入 Revenue from Principal Business
2335138	**2118017**	**186304**	**60523**	**1781**	**2608**
1761753	**1600983**	**132175**	**39941**	**1291**	**2514**
200686	53031	836677	408994	192086	1695782
70983	17980	291111	84723	40739	879146
1335	475	6985	5492	1656	11844
7		1186	1094	86	2009
18202	5821	204145	114098	63618	261833
8624	3263	16014	11930	3220	23657
9578	2558	188131	102168	60398	238176
101492	26175	269849	162622	72043	385071
8667	2580	63400	40965	13945	155878
4434	1108	11734	3392	1600	10474
4106	1422	49329	36233	11347	137792
127	50	2337	1339	998	7612
		65148	46021	19126	65970
		65148	46021	19126	65970
3076	1063	20680	3480	1506	44702
125	27	4598	1009	169	769
861	326	1600	1181	307	860
119	45	2637	1877	513	4825
15487	3748	55428	28402	17827	113746
400	95	5239	4086	799	11274

15-5 续表 1

单位：万元

指　标	Item	主营业务成　本 Cost of Principal Business	主营业务利　润 Profits from Principal Business
总　计	**Total**	**2118017**	**186304**
批发业	**Wholesale Trade**	**1600983**	**132175**
按登记注册类型分组	**By Status of Registration**		
内资企业	Domestic Funded Enterprises	1541454	125739
国有企业	State-owned Enterprises	800527	62272
集体企业	Collective-owned Enterprises	11178	533
股份合作企业	Cooperative Enterprises	1962	46
有限责任公司	Limited Liability Corporations	233076	22947
国有独资公司	State Sole Funded Corporations	20356	3249
其他有限责任公司	Other Limited Liability Corporations	212720	19698
股份有限公司	Share-holding Corporations Ltd.	351877	32811
私营企业	Private Enterprises	142834	7131
私营独资企业	Private-funded Enterprises	6755	52
私营有限责任公司	Private Limited Liability Corporations	128979	6570
私营股份有限公司	Private Share-holding Corporations Ltd.	7100	509
外商投资企业	Foreign Funded Enterprises	59529	6435
外资企业	Enterprises with Sole Fund	59529	6435
按国民经济行业分组	**Grouped by Sector**		
食品、饮料及烟草制品批发	Wholesale of Food,Beverages and Tobaccos	381755	54002
纺织、服装及日用品批发	Wholesale of Textiles, Garments and Daily Consumer Articles	7099	591
文化、体育用品及器材批发	Wholesale of Culture,Sports Appliances and Equipments	5378	3197
医药及医疗器材批发	Wholesale of Medicines and Medical Appliances	41558	6458
矿产品、建材及化工产品批发	Wholesale of Mineral Products, Building Materials and Chemical Products	1059979	64015
机械设备、五金交电及电子产品批发	Wholesale of Machinery,Hardware and Electronic Equipment	105214	3911

continued

(10 000 yuan)

营业费用 Operating Expenses	管理费用 Overhead	营业利润 Business Profit	利润总额 Total Profits	应交所得税 Income Tax Payable	全部从业人员年平均人数(人) Annual Average Employed Persons (person)
75742	**60523**	**61774**	**74435**	**15645**	**17375**
46721	**39941**	**48967**	**59194**	**13082**	**7905**
46176	38697	48967	54358	12356	7413
13187	16219	31881	35836	9606	2195
129	202	111	100	3	70
34	8	-53	4	1	5
12235	8620	6883	7548	1893	1521
1366	1525	601	121	8	539
10868	7095	6282	7426	1884	982
16211	10914	5438	8298	674	2910
4380	2734	4707	2573	180	712
452	438	2817	719		112
3541	2201	1867	1831	174	563
388	96	24	24	6	37
546	1243		4836	725	492
546	1243		4836	725	492
5009	14471	35030	35848	9596	1198
86	519	867	3193	545	82
1366	1465	611	131	8	509
2431	1985	1894	790	343	359
33500	19664	10547	18918	2474	5171
4328	1838	18	314	116	586

15—5 续表 2

单位：万元

指　标	Item	企业个数 (个) Number of Enterprises (unit)	流动资产合　计 Working Capitals
零售业	**Retail Trade**	**89**	**212392**
按登记注册类型分组	**By Status of Registration**		
内资企业	Domestic Funded Enterprises	88	212392
国有企业	State-owned Enterprises	5	10304
股份合作企业	Collective-owned Enterprises	2	6951
联营企业	Joint Ownership Enterprises	1	1624
国有联营企业	State Joint Ownership Enterprises	1	1624
有限责任公司	Limited Liability Corporations	33	100296
其他有限责任公司	Other Limited Liability Corporations	33	100296
股份有限公司	Share-holding Corporations Ltd.	8	35781
私营企业	Private Enterprises	37	50712
私营独资企业	Private-funded Enterprises	3	1843
私营合伙企业	Private Partnership Enterprises	1	1480
私营有限责任公司	Private Limited Liability Corporations	28	44790
私营股份有限公司	Private Share-holding Corporations Ltd.	4	2557
其他企业	Other Enterprises	2	6724
外商投资企业	Foreign Funded Enterprises	1	
中外合资经营企业	Joint-venture Enterprises	1	
按国民经济行业分组	**Grouped by Sector**		
综合零售	Integrated Retail	14	52734
食品、饮料及烟草制品专门零售	Retail of Food, Beverages and Tobaccos	1	157
纺织、服装及日用品专门零售	Special Retail of Textiles, Garments and Daily Consumer Articles	5	22249
文化、体育用品及器材专门零售	Retail of Culture, Sports Appliances and Equipments	2	1649
医药及医疗器材专门零售	Retail of Medicines and Medical Appliances	13	34398
汽车、摩托车、燃料及零配件专门零售	Retail of Motor Vehicles, Motorcycles, Fuel and Parts	41	77897
家用电器及电子产品专门零售	Special Retail of Household Electric Appliances Retail of Household Electric	10	19889
无店铺及其他零售	Non-shop and Other Retails	3	3418

continued

(10 000 yuan)

固定资产原价 Original Value of Fixed Assets	累计折旧 Depreciation of Fixed Assets	资产总计 Total Assets	负债合计 Total Liabilities	实收资本 Paid-in Capitals	主营业务收入 Revenue from Principal Business
92503	**28497**	**313184**	**214842**	**64093**	**573385**
88653	27711	306992	211098	63313	570534
11279	3728	20298	13154	3876	69471
5210	1663	12781	7134	4050	13411
404	77	1951	1096	1000	2300
404	77	1951	1096	1000	2300
51491	16631	157522	110921	24120	270303
51491	16631	157522	110921	24120	270303
7849	3262	43166	34320	14099	54168
10958	2111	63195	38098	14958	140291
113	44	1912	1113	810	8528
310	86	1791	1451	618	1635
10470	1958	56851	33308	12485	122485
65	23	2599	2190	1030	7067
1462	238	8080	6377	1210	20589
3851	786	6193	3743	780	2851
3851	786	6193	3743	780	2851
51469	16496	96615	70547	19355	179269
79	33	204	56	100	1241
6343	1098	29406	23885	7805	12419
4055	2429	3935	2885	1156	2496
3687	1456	39179	24765	8838	34452
21721	5185	104202	66231	19740	270693
3541	660	33014	22408	5740	63366
1609	1142	6630	4066	1359	9452

15-5 续表 3

单位：万元

指　标	Item	主营业务成　本 Cost of Principal Business	主营业务利　润 Profits from Principal Business
零售业	**Retail Trade**	**517034**	**54130**
按登记注册类型分组	By Status of Registration		
内资企业	Domestic Funded Enterprises	515071	53291
国有企业	State-owned Enterprises	62660	7284
股份合作企业	Cooperative Enterprises	11204	2157
联营企业	Joint Ownership Enterprises	2138	124
国有联营企业	State Joint Ownership Enterprises	2138	124
有限责任公司	Limited Liability Corporations	241493	27101
其他有限责任公司	Other Limited Liability Corporations	241493	27101
股份有限公司	Share-holding Corporations Ltd.	48172	5757
私营企业	Private Enterprises	130071	9162
私营独资企业	Private-funded Enterprises	8045	275
私营合伙企业	Private Partnership Enterprises	1332	301
私营有限责任公司	Private Limited Liability Corporations	113551	8106
私营股份有限公司	Private Share-holding Corporations Ltd.	6702	361
其他企业	Other Enterprises	19334	1705
外商投资企业	Foreign Funded Enterprises	1963	838
中外合资经营企业	Joint-venture Enterprises	1963	838
按国民经济行业分组	Grouped by Sector		
综合零售	Integrated Retail	157185	21171
食品、饮料及烟草制品专门零售	Retail of Food, Beverages and Tobaccos	1082	96
纺织、服装及日用品专门零售	Special Retail of Textiles, Garments and Daily Consumer Articles	9492	2875
文化、体育用品及器材专门零售	Retail of Culture, Sports Appliances and Equipments	1931	1142
医药及医疗器材专门零售	Retail of Medicines and Medical Appliances	29525	4768
汽车、摩托车、燃料及零配件专门零售	Retail of Motor Vehicles, Motorcycles, Fuel and Parts	252194	17695
家用电器及　电子产品专门零售	Special Retail of Household Electric Appliances Retail of Household Electric	57134	5467
无店铺及其他零售	Non-shop and Other Retails	8493	917

continued

(10 000 yuan)

营业费用 Operating Expenses	管理费用 Overhead	营业利润 Business Profit	利润总额 Total Profits	应交所得税 Income Tax Payable	全部从业人员年平均人数(人) Annual Average Employed Persons (person)
29021	**20582**	**12806**	**15241**	**2563**	**9470**
28726	20338	11699	14133	2563	9423
3181	1985	2820	1580	100	1004
984	1037	460	415	54	761
120	43	-39	-5		45
120	43	-39	-5		45
15239	10519	5698	9320	1360	4426
15239	10519	5698	9320	1360	4426
4649	2784	-327	-461	255	1400
3858	3622	2488	2650	795	1651
260	188	29	31	3	84
238	28	-12	-12		96
3272	3119	2377	2535	788	1392
73	270	7	9	4	64
695	349	598	634		136
295	244	1108	1108		47
295	244	1108	1108		47
13648	9219	5718	4677	328	4071
62	93	4	4	1	15
1632	2154	-1687	-1902	35	1172
325	325	142	155	11	192
2774	1878	208	3981	1044	1406
6404	5537	7117	7010	1119	1877
3658	1064	1179	1271	12	608
519	312	126	46	15	129

15-6 2008-2009年限额以上住宿餐饮业销售情况

Business of Hotels and Catering Services above Designated Size (2008-2009)

项 目	Item	法人企业数(个) Number of Corporation Enterprises (unit)		营业总收入(万元) Number of Revenue (10 000 yuan)	
		2008	2009	2008	2009
总 计	**Total**	**109**	**87**	**83181**	**80052**
住宿业	**Hotels**	**69**	**58**	**53940**	**53570**
按登记注册类型分组	**By Status of Registration**				
内资企业	Domestic Funded Enterprises	67	55	52844	47727
国有企业	State-owned Enterprises	18	13	16676	16065
集体企业	Collective-owned Enterprises	6	6	7481	4898
股份合作企业	Cooperative Enterprises	1	1	241	2008
有限责任公司	Limited Liability Corporations	14	5	11184	6414
其他有限责任公司	Other Limited Liability Corporations	14	5	11184	6414
股份有限公司	Share-holding Corporations Ltd.	1		3680	
私营企业	Private Enterprises	27	29	13583	16907
私营独资企业	Private-funded Enterprises	8	8	1714	2308
私营合伙企业	Private Partnership Enterprises	3	1	818	520
私营有限责任公司	Private Limited Liability Corporations	11	16	8885	12760
私营股份有限公司	Private Share-holding Corporations Ltd.	5	4	2167	1319
外商投资企业	Enterprises With Foreign Investment	2	2	1096	3141
中外合资经营	Joint-venture Enterprises	1	1	480	596
按国民经济行业分组	**Grouped by Sector**				
旅游饭店	Tourist Hotel	57	49	48787	49026
一般旅馆	Ordinary Hotel	9	7	3590	3756
其他住宿服务	others	3	2	1563	788
餐饮业	**Catering Services**	**40**	**29**	**29242**	**26482**
按登记注册类型分组	**By Status of Registration**				
内资企业	Domestic Funded Enterprises	37	28	25655	25924
国有企业	State-owned Enterprises	3	2	1366	2279
股份合作企业	Cooperative Enterprises	2		1778	
有限责任公司	Limited Liability Corporations	9	4	6097	2432
其他有限责任公司	Other Limited Liability Corporations	9	4	6097	2432
私营企业	Private Enterprises	20	21	14655	17268
私营独资企业	Private-funded Enterprises	9	7	5434	3486
私营有限责任公司	Private Limited Liability Corporations	10	11	8910	11777
其他企业	Other Enterprises	2	1	1447	3946
按国民经济行业分组	**Grouped by Sector**				
正餐服务业	Dinner	36	28	25804	26264

15-7 城乡个体工商业基本情况(2009年)

Basic Statistics of Individual Industry and Commerce in Urban and Rural Areas(2009)

项　目	Item	户　数 (个) Number of Stores (unit)	从业人员 (人) Engaged Persons (person)	销售总额或营业收入 (万元) Total Sales Value and Revenue (10 000 yuan)	城　镇 Urban	社会消费品零售总额 (万元) Total Retail Sales of Consumer Goods (10 000 yuan)	城　镇 Urban
合　计	**Total**	**119794**	**258762**	**1989136**	**1548773**	**1002825**	**852462**
农、林、牧、渔业	Agriculture, Forestry, Animal Husbandry and Fishery	272	901	10561	3980	3861	2964
采矿业	Mining	234	1630	3222	1590	20270	3615
制造业	Manufacturing	7730	19079	14022	7385	50523	46557
建筑业	Construction	34	416	74234	73653	1440	1304
交通运输、仓储和邮政业	Transport, Storage and Post	10867	15287	129917	13274	31441	17088
批发和零售业	Wholesale and Retail Trades	65763	133062	1109543	866897	603890	524536
住宿餐饮业	Hotels and Catering Services	15830	48522	336367	269139	170318	148435
居民服务和其他服务业	Services to Households and Other Services	11974	24960	175617	163326	48230	40874
其他行业	Others	4044	8472	47286	41214	28865	26305

15-8 城乡私营企业基本情况(2009年)

Basic Statistics of Private Enterprises in Urban and Rural Areas(2009)

单位：个、万元　　(unit，10 000 yuan)

项　目	Item	合　计 Total		#独　资 Funded		#城　镇 Urban	
		单位数 Number of Enterprises	注册资金 Registered Capital	单位数 Number of Enterprises	注册资金 Registered Capital	单位数 Number of Enterprises	注册资金 Registered Capital
合　计	**Total**	**13220**	**3192231**	**1953**	**108696**	**10234**	**2354728**
农、林、牧、渔业	Agriculture, Forestry, Animal Husbandry and Fishery	603	79739	130	9735	260	41851
采矿业	Mining	429	200519	130	8489	244	173852
制造业	Manufacturing	1832	636665	440	29234	1037	356702
建筑业	Construction	697	333477	32	860	600	302834
交通运输、仓储和邮政业	Transport, Storage and Post	230	26517	16	382	189	19373
批发和零售业	Wholesale and Retail Trades	5191	989649	388	16017	4374	729942
住宿餐饮业	Hotels and Catering Services	684	75858	148	15263	647	172902
居民服务和其他服务业	Services to Households and Other Services	751	52420	136	6354	610	41629
其他行业	Others	816	185190	125	3061	730	156420

15-9 零售业和餐饮业连锁经营情况综合表
Statistics on Chain Business of Retail Trade and Catering Services

单位：个、人、万元 (unit，person，10 000 yuan)

指标	Item	连锁总店数 Number of General Chain Stores	门店数 Number of Branch Stores	年末从业人员数 Engaged Persons	连锁门店商品购进总额 Total Purchases Value of Branch Stores	统一配送商品购进额 Centralized Purchase and Delivery	连锁门店商品销售额（营业额） Sales of Commodities of Branch Stores (Turnover)
总　计	**Total**	**17**	**114**	**4616**	**85640**	**65035**	**123289**
零售业	**Retail Trade**	**12**	**99**	**4144**	**84455**	**64494**	**119303**
按零售行业小类分组	**By Subdivision Sector**						
综合零售	Integrated Retail	4	39	2441	51394	31433	81259
纺织、服装及日用品专门零售	Special Retail of Textiles, Garments and Daily Consumer Articles	2	8	490	2105	2105	2836
医药及医疗器材专门零售	Retail of Medicines and Medical Appliances	5	48	1018	14017	14017	16218
家用电器及电子产品专门零售	Retail of Motor Vehicles, Motorcycles,	1	4	195	16939	16939	18990
按登记注册类型分组	**By Status of Registration**						
内资企业	Domestic Funded Enterprises	12	99	4144	84455	64494	119303
股份合作企业	Cooperative Enterprises	1	32	741	12405	12405	14625
有限责任公司	Limited Liability Corporations	8	57	2453	51982	32021	73884
其他有限责任公司	Other Limited Liability Corporations	8	57	2453	51982	32021	73884
股份有限公司	Share-holding Corporations Ltd.	1	2	460	17963	17963	27958
私营企业	Private Enterprises	2	8	490	2105	2105	2836
私营有限责任公司	Private Limited Liability Corporations	2	8	490	2105	2105	2836
按控股情况分组	**By Share Holding Condition**						
集体控股	Controlling Share by Collective	2	11	1129	24292	4331	32368
私人控股	Private Holding	4	22	1124	25892	25892	29060
其他	Others	6	66	1891	34271	34271	57875
按零售业态分组	**By Retail Trade Business Categories**						
便利店	Convenience Store	1	32	741	12405	12405	14625
超市	Supermarket	3	8	493	3798	3798	14186
大型超市	Hypermarket	1	2	460	17963	17963	27958
百货商店	Department Store	1	3	953	20467	506	27536
专业店	Specialty Store	5	50	1302	12882	12882	16008
专卖店	Franchised Store	1	4	195	16939	16939	18990
餐饮业	**Catering Services**	**5**	**15**	**472**	**1186**	**542**	**3987**
按餐饮行业中类分组	**By Sector**						
正餐服务	Restaurant Services	4	10	409	1018	374	3768
快餐服务	Fast Food Services	1	5	63	168	168	218
按登记注册类型分组	**By Status of Registration**						
内资企业	Domestic Funded Enterprises	5	15	472	1186	542	3987
有限责任公司	Limited Liability Corporations	1	2	60	374	374	590
其他有限责任公司	Other Limited Liability Corporations	1	2	60	374	374	590
私营企业	Private Enterprises	4	13	412	812	168	3396
私营合伙企业	Private Partnership Enterprises	1	5	63	168	168	218
私营有限责任公司	Private Limited Liability Corporations	2	6	273	307		2841
私营股份有限公司	Private Share-holding Corporations Ltd.	1	2	76	337		337
按控股情况分组	**By Share Holding Condition**						
私人控股	Private Holding	5	15	472	1186	542	3987
按餐饮活动分组	**By Catering Activity**						
正餐	Restaurant	4	10	409	1018	374	3768
快餐	Fast Food	1	5	63	168	168	218

15−10 商品交易市场情况
Statistics on Commodity Exchange Markets

单位：个、平方米、万元 (unit，sq.m，10 000 yuan)

指标	Item	市场数 Number of Markets	总摊位数 Number of Booths	营业面积 Operating Area	成交额 Turnover
总　计	**Total**	**11**	**6098**	**472096**	**290246**
按市场类别分组	**By Markets Category**				
综合市场	**Integrated Markets**	**4**	**2061**	**360345**	**106588**
生产资料综合市场	Production Comprehensive Market	1	358	132534	38000
其他综合市场	Other Comprehensive Markets	3	1703	227811	68588
专业市场	**Special Markets**	**7**	**4037**	**111751**	**183658**
生产资料市场	Production Markets	1	22	1000	1413
金属材料市场	Metal Materials Markets	1	22	1000	1413
农产品市场	Farm Produce Markets	1	423	39200	107726
粮油市场	Grain and Oil Markets	1	423	39200	107726
纺织、服装、鞋帽市场	Textiles, Clothing, Shoes and Hats Markets	1	2110	15000	25300
其他纺织服装鞋帽市场	Others	1	2110	15000	25300
日用品及文化用品市场	Daily Use Articles and Cultural Goods Markets	1	561	7813	10194
小商品市场	Merchandise Markets	1	561	7813	10194
家具、五金及装饰材料市场	Furniture, Hardware and Decoration Materials Markets	1	600	25500	22525
家具市场	Furniture Markets				
装饰材料市场	Decoration Materials Markets	1	600	25500	22525
汽车、摩托车及零配件市场	Cars, Motorcycles and Spare Parts Markets	2	321	23238	16500
汽车市场	Cars Markets	2	321	23238	16500
按营业状态分组	**By Operating Status**				
常年营业	Perennial Operation	10	3988	457096	264946
其他	Others	1	2110	15000	25300
按经营方式分组	**By Operation Mode**				
以批发为主	Wholesale as the Main Mode	8	4843	333395	255347
以零售为主	Retail as the Main Mode	3	1255	138701	34899
按经营环境分组	**By Business Environment**				
露天式	Open Air	3	1342	233534	75996
封闭式	Closed	7	4533	232401	202450
其他	Others	1	223	6161	11800

主要统计指标解释

社会消费品零售总额 指批发和零售业、餐饮业、新闻出版业、邮政业和其他服务业等，售予城乡居民用于生活消费的商品和社会集团用于公共消费的商品之总量。社会消费品零售总额包括：

一、批发和零售业企业（单位）售予城乡居民用于生活消费和社会集团用于公共消费的商品。包括：

1. 售予城乡居民的各种生活消费品；

2. 售予入境旅游的外国人、华侨、港澳台同胞的各类商品；

3. 售予行政事业单位、社会团体、军队和武警等机构的商品，以及以零售方式售予各类企业的商品。具体包括：用于非生产和社会交往的办公用品，如通讯设备、计算器具和设备、电讯网络设备、文印设备、音像视听器材和设备、纸张、本册、文具及装订文印材料、家具、日用电器、针纺织品、清洁卫生用品、文体用品、奖品、纪念品、礼品等；供内部人员乘坐的交通工具和燃料；用于办公设施修缮的各类配件、材料、工具等；用于取暖和防暑降温的设备、燃料、材料及食品等；专用于教学的用品和设备；非营利医疗机构的中、西药品、中药材和医疗设备器材；非专用的劳动保护用品；不对外营业的内部食堂用的餐具、炊具、设备、清洁卫生工具和食品、燃料等；军队、武警用于其人员生活的衣着品和个人用品；其他各类非生产性设备和用品。

二、餐饮业出售的主食、菜肴、烟酒饮料和其他商品。

三、新闻出版业、邮政业售予城乡居民、企事业单位、军队和武警等机构的书报杂志、音像制品、邮品等。

四、其他服务业出售的食品、烟酒饮料、服装鞋帽、日常生活用品、医药保健用品、艺术品、工艺美术品、玩具、殡葬用品以及其他消费品。

批发和零售业商品购进、销售、库存总额 指各种登记注册类型的批发和零售业企业（单位）以本企业（单位）为总体的，从国内、国外市场购进的商品总量，销售和出口的商品总量、库存的商品总量等情况。该指标可以反映商品流转过程中商品的购进、销售、库存之间的比例关系和存在的问题。

购进总额 指从本企业（单位）以外的单位和个人购进（包括从境外直接进口）作为转卖或加工后转卖的商品总额。它反映批发和零售业从国内、国外市场上购进商品的总量。商品购进包括：（1）从工农业生产者购进的商品；（2）从出版社、报社的出版发行部门购进的图书、杂志和报纸；（3）从各种登记注册类型的批发和零售业企业（单位）购进的商品；（4）从其他单位购进的商品，如从机关、团体、企业等单位购进的剩余物资，从住宿和餐饮业、其他服务业购进的商品，从海关、市场管理部门购进的缉私和没收的商品，从居民手中收购的废旧商品等；（5）从国（境）外直接进口的商品。不包括企业（单位）为自身经营用和未通过买卖行为而收入的商品以及销售退回、商品升溢等。

销售总额 指对本企业（单位）以外的单位和个人出售（包括对境外直接出口）的商品总额。它反映批发和零售业在国内市场上销售商品以及出口商品的总量。商品销售包括：（1）售给城乡居民和社会集团消费用的商品；（2）售给工业、农业、建筑业、运输邮电业、批发和零售业、住宿和餐饮业、其他服务业等作为生产、经营使用的商品；（3）售给批发和零售业作为转卖或加工后转卖的商品；（4）对国（境）外直接出口的商品。不包括出售本企业（单位）自用的废旧包装用品，未通过买卖行为付出的商品，经本单位介绍、由买卖双方直接结算、本单位只收取手续费的业务，购货退出的商品以及商品损耗和损失等。

库存总额 指报告期末各种登记注册类型的批发和零售业企业（单位）已取得所有权的商品。它反映批发和零售业企业（单位）的商品库存情况和对市场商品供应的保证程度。商品库存包括：（1）存放在批发和零售业经营单位（如门市部、批发站、经营处）仓库、货场、货柜和货架中的商品；（2）挑选、整理、包装中的商品；（3）已记入购进而尚未运到本单位的商品，即发货单或银行承兑凭证已到而货未到的商品；（4）寄放他处的商品，如因购货方拒绝承付而暂时存放在购货方的商品和已办完加工成品收回手续而未提回的商品；（5）委托其他单位代销（未作销售或调出）尚未售出的商品；（6）代其他单位购进尚未交付的商品。不包括所有权不属于本单位的商品、委托外单位加工生产尚未收回成品的商品、外贸企业代理其他单位从国外进口尚未付给订货单位的商品、代国家物资储备部门保管的商品等。

住宿和餐饮业营业额 指住宿和餐饮业法人企业（单位）在经营活动中因提供服务或销售商品等取得的收入。包括：客房收入、餐费收入、商品销售额和其他收入。客房收入指住宿和餐饮业法人企业（单位）在经营活动中因提供住宿服务取得的收入。餐费收入指住宿和餐饮业法人企业、（单位）因为顾客提供就餐服务取得的收入，包括经烹饪、调制加工后出售的各种食品，如主食、炒菜、凉拌菜等的收入。商品销售额指住宿和餐饮业法人企业（单位）伴随服务而出售商品所取得的收入（含增值税）。其他收入指营业收入中除客房收入、餐费收入、商品销售额以外的其他收入，包括娱乐、健身和商务服务等。

Explanatory Notes on Main Statistical Indicators

Total Retail Sales of Consumer Goods refer to the sum of retail sales of commodities sold by wholesale and retail trades, catering services, publishing, post and telecommunications and other service industries to urban and rural households for household consumption and to social institutions for public consumption. Retail sales of consumer goods include:

1) Sales sold by wholesale and retail trades to urban and rural households for household consumption and to social institutions for public consumption.

a) of commodities to urban and rural households;

b) of commodities to foreigners, overseas Chinese and Chinese compatriots from Hong Kong, Macao and Taiwan visiting China;

c) of commodities to government agencies, institutions, social organizations, military and armed police units, and commodities to enterprises in the form of retail sales. More specifically, they include: office facilities and articles for non – production purposes such as communications equipment, computing equipment and instruments, TV and network equipment, printing and copying equipment, audio – visual equipment and instruments, paper, notebooks, stationeries, furniture, electric appliances, knitwear, sanitation and cleaning articles, cultural and sport articles, articles for prizes, souvenirs, etc. ; transport vehicles and fuels for employees; materials, spare parts and tools for the maintenance of office facilities; equipment, fuels, materials and food for winter heating or summer cooling purposes; articles and equipment for teaching purpose; Chinese and western medicines and medical equipment and facilities purchased by non profit – making medical institutes; non – specialized work safety articles; cooking utensils, tableware, equipment, cleaning articles, food and fuels purchased by in – house cafeterias; clothes and personal articles purchased by military or armed police units for their officials and soldiers; and other equipment and articles for non – production purposes.

2) Sales of stable food, cooked dishes, beverages, tobaccos and other articles by catering units.

3) Sales of books, newspapers, magazines, audio – visual products and post products by publishing, post and telecommunications departments to urban and rural households and to enterprises, institutions, military and armed police units.

4) Sales of food, beverages, tobaccos, clothing, hats, footwear, articles for daily use, medicines, medical and health articles, work of art, handicrafts, toys, funeral articles and other articles by other service industries.

Purchase, Sales and Stock of Commodities by Wholesale and Retail Trades refer to the total volume of commodities purchased, total volume of sales and exports, and the stock of commodities by wholesale and retail enterprises (establishments) of different status of registration from domestic and overseas markets. This indicator reflects the relationship among purchase, sales and stock of commodities in the circulation of goods and reveals the existing problems.

Total Purchases of Commodities refer to the total value of purchases of commodities by enterprises (establishments) from other establishments or individuals (including direct import from abroad) for the purpose of re – selling, either with or without further processing of the commodities purchased. This indicator is used to show the total value of purchases of commodities by wholesale and retail establishments from domestic and overseas markets. The purchases include: (1) agricultural and industrial products purchased from producers; (2) books, magazines and newspapers purchased from distribution departments of the publishers; (3) commodities purchased from wholesale and retail establishments of different status of registration; (4) commodities purchased from other units, such as surplus materials purchased from government agencies, enterprises or institutions, commodities purchased from hotels and catering services establishments, confiscated goods purchased from customs authorities or market management agencies, second – hand goods and wastes purchased from residents; and (5) commodities directly imported from abroad. Excluded are commodities purchased by enterprises (establishments) for use in their own business operation, commodities obtained without buying or selling procedures, rejected commodities, etc.

Total Sales of Commodities refer to value of commodities sold by the establishments to other establishments and individuals (including direct export to abroad). This indicator is used to show the total value of sales of commodities at domestic markets and export. The sales include: (1) commodities sold to urban and rural residents and social groups for their consumption; (2) commodities sold to establishments in industry, agriculture, construction, transportation, post and telecommunications, wholesale and retail trades, hotels and catering services, and public utility for their production and operation; (3) commodities sold to wholesale and retail establishments for re – selling, with or without further processing; and (4) commodities for direct export to abroad. Excluded are selling of waste packaging materials used by the establishments (units) themselves, commodities transferred without buying or selling procedures, commission income from brokerage in transactions for which settlement is directly handled by buyers and sellers, rejected commodities in the purchase, loss in commodities, etc.

Total Stock of Commodities refers to total commodities possessed by wholesale and retail enterprises (units) of various types of registration status at the end of the reference period, reflecting the commodity stock level of various wholesale and retail enterprises and the potential for market supply. It includes: (1) commodities located in storage, garages, counters, and shelves of operating units (such as sale stores, wholesale centres, and operating offices) of wholesale and retail enterprises; (2) commodities in the process of being selected, sorted, and packed; (3) commodities not arrived but recorded as purchase in the account, i. e. commodities not arrived but payment receipts for the commodities from the sellers or the banks arrived; (4) commodities deposited in other places rather than places mentioned above, for instance: commodities in the hold of purchasers temporarily due to the refusal of payment and commodities not taken back after going through the formalities; (5) commodities entrusted to other units to sell but not sold yet; (6) commodities purchased for other units but not delivered yet. Commodities not included as stock are those not owned by the enterprises (units), commodities on commission for processing but not yet delivered, imported commodities of agency of foreign trade enterprise but not yet delivered to ordering units and finally those put in stock on behalf of the state material reserves units.

Business Revenue of Hotels and Catering Services refers to revenue received from providing services or selling commodities by corporate enterprises and establishments engaged in hotels and catering services, including income from hotels, from catering services, from selling of commodities and from other services. Income from hotels refers to income of corporate enterprises and establishments engaged in hotels and catering services by providing lodging services. Income from catering services refers to income of corporate enterprises and establishments engaged in hotels and catering services by providing catering services, including selling of cooked or prepared foods such as staple food, cooked dishes or cold dishes. Income from selling of commodities refers to income of corporate enterprises and establishments engaged in hotels and catering services by selling commodities (including value – added tax) that accompany the services they provide. Income from other activities refers to income received other than income from hotels, catering services or selling of commodities, such as income from providing recreation, fitness or business services.

第16篇

CHAPTER 16

对外经济贸易和旅游

Foreign Trade , Economic Cooperation and Tourism

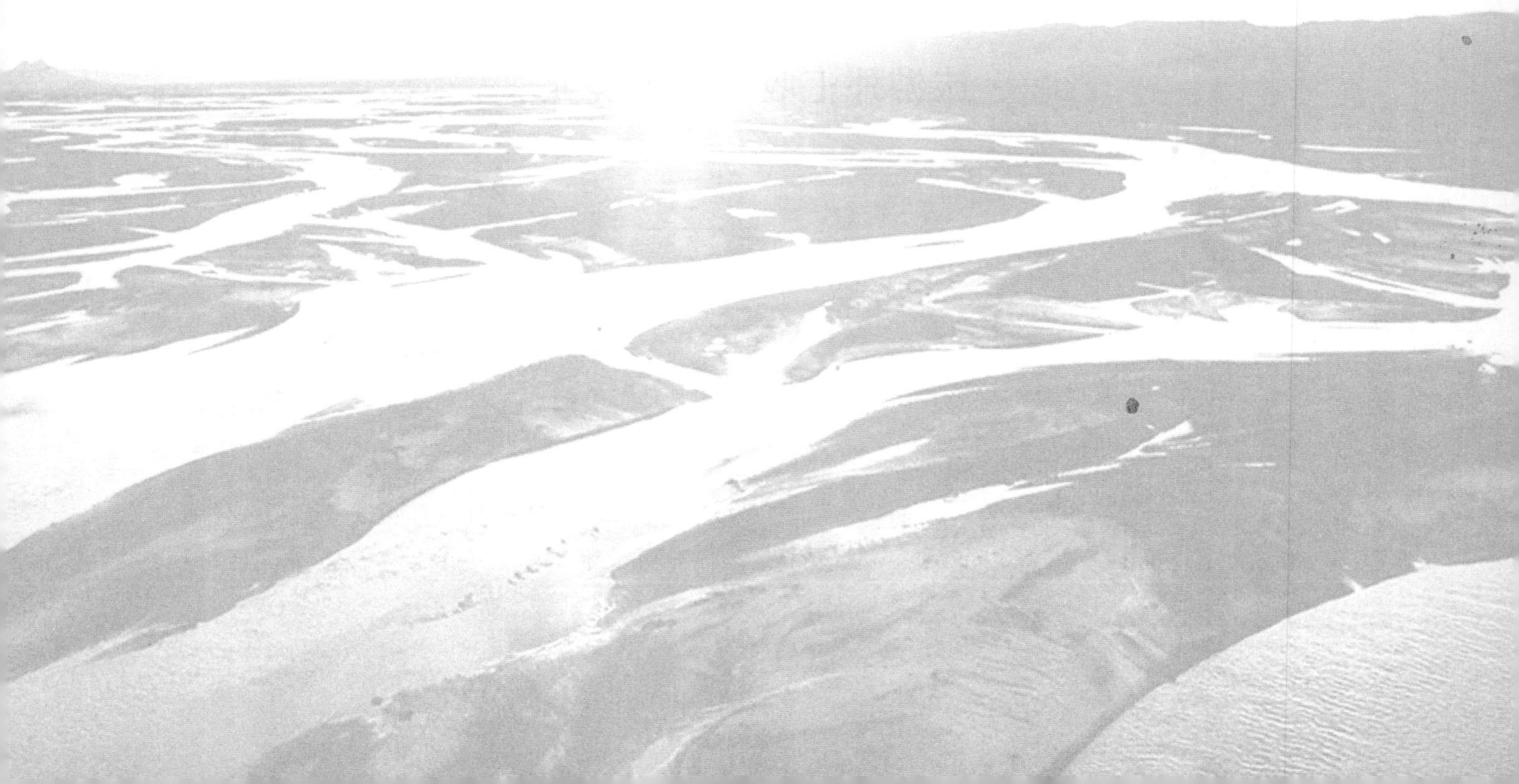

进出口贸易（万美元）

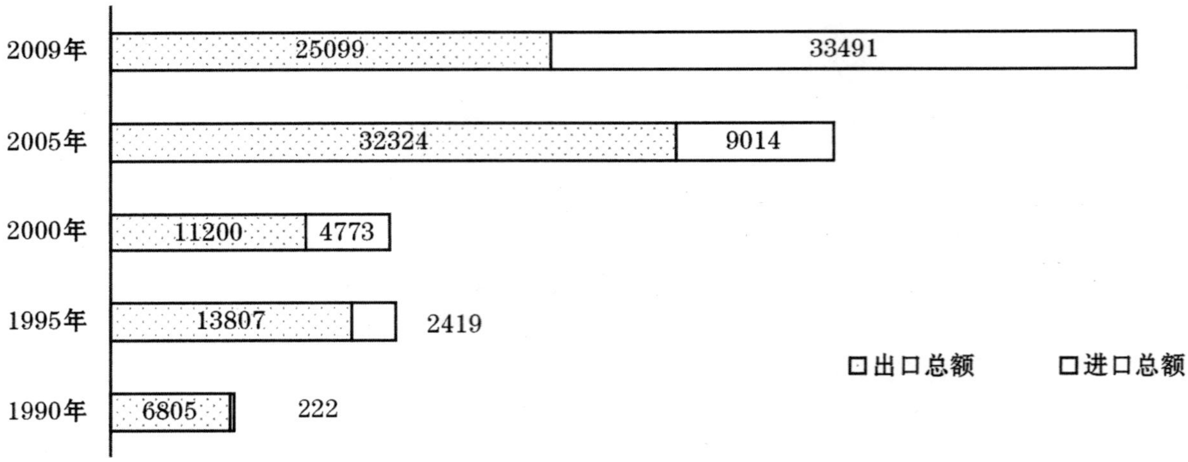

利用外资概况（万美元）

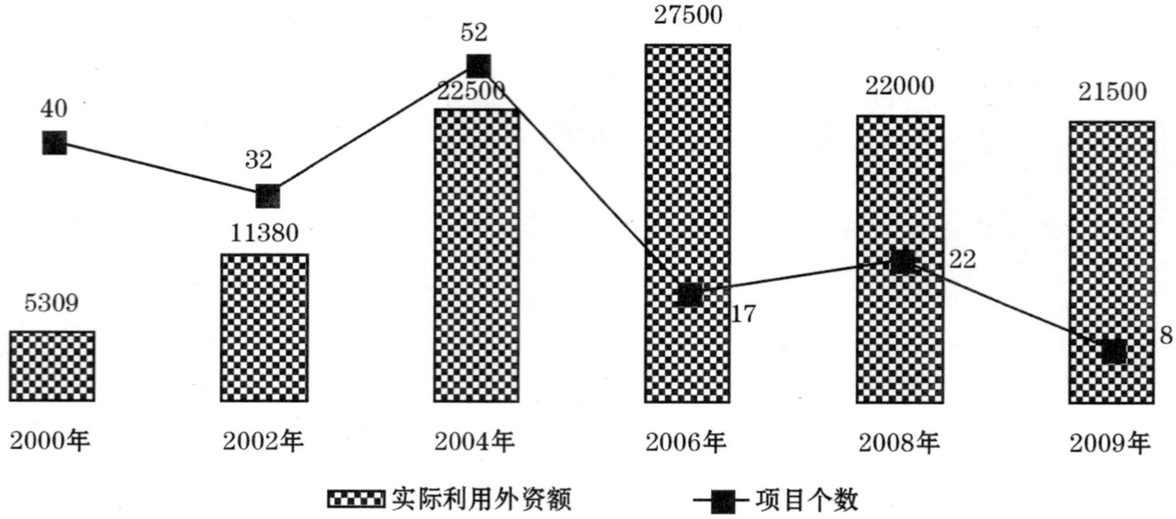

旅游外汇收入（万美元）

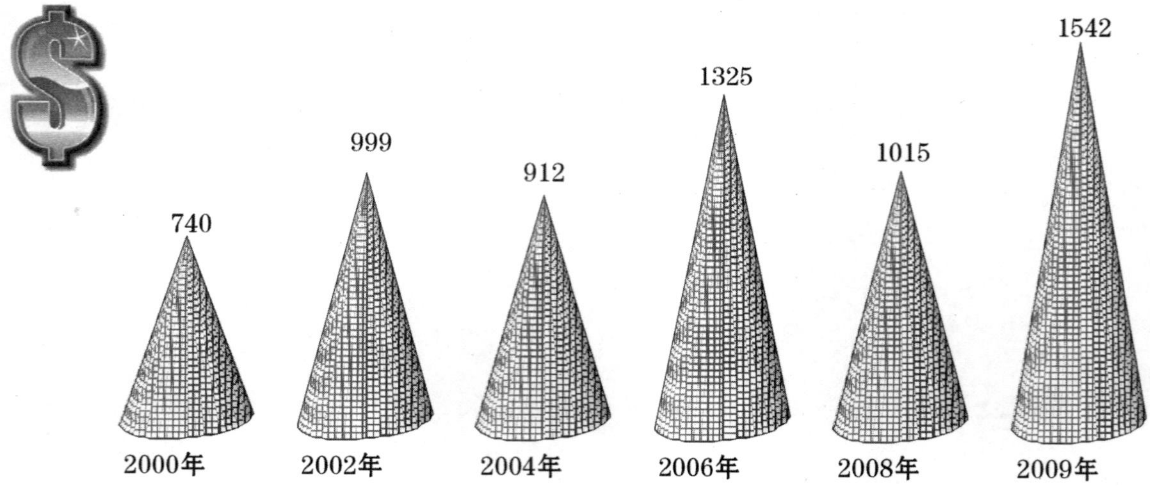

16–1 主要年份进出口贸易总额
Total Value of Imports and Exports in Main Years

单位：万美元 (USD 10 000)

年 份 Year	进出口总额 Total Value of Imports and Exports	进口总额 Total Exports	出口总额 Total Imports
1985	3411	1288	2123
1986	4320	1677	2643
1987	5142	1127	4015
1988	5384	826	4558
1989	6488	639	5849
1990	7027	222	6805
1991	7791	240	7552
1992	10399	1356	9043
1993	12442	2268	10174
1994	14331	1981	12350
1995	16226	2419	13807
1996	22497	9017	13480
1997	16476	4036	12440
1998	11405	974	10431
1999	10785	2099	8686
2000	15973	4773	11200
2001	20490	5577	14913
2002	19671	4562	15109
2003	33913	6526	27387
2004	57551	12075	45476
2005	41338	9014	32324
2006	65175	11752	53422
2007	61207	22616	38591
2008	68847	26972	41875
2009	58590	33491	25099

16–2 2008－2009年海关进口主要商品量值表

Total Amount and Value of Major Import Commodities by Customs(2008－2009)

金额单位：万美元 (USD 10 000)

商品名称	Item	2008 数量 Volume	2008 金额 Value	2009 数量 Volume	2009 金额 Value
天然橡胶(包括乳胶) (吨)	Natural Rubber (including Latex) (ton)	202	27	146	16
氧化铝 (吨)	Aluminum Oxide (ton)	369123	15998	648955	17768
液泵及液体提升机 (台)	Liquid Pump and Liquid Elevator (set)	10		28	176
机械提升搬运装卸设备及零件	Mechanical Handling Equipment and Parts	2	37	3	5
建筑及采矿用机械及零件	Construction and Mining Machinery and Parts	211	1	20	
纺织机械及零件	Textile Machinery	121	325	122	421
金属加工机床 (台)	Machine Tools (set)	45	814	5	661
阀门 (套)	Valves (set)	700	504	132	280
自动数据处理设备及其部件 (台)	Automatic Data Processing Machines and Components (set)	3	52		
发电机组及旋转式变流机 (台)	Electrical Generators and Circles Converters(set)	1	22		
通断及保护电路装置 (个)	Electrical Apparatus for Switching or Protecting Electrical Circuits (unit)	35578	1337	301	180
二极管、晶体管及类似半导体 (个)	Diode and Semi Conductors (unit)				
汽车及汽车地盘 (辆)	Motor Vehicles and Chassis (unit)	5	31		
医疗仪器及器械	Medical Instruments and Appliances	1758			
计量监测分析自控仪器及器具	Measurement of Self-control Monitoring and Analysis Instruments and Apparatus	584	301	521	322
冷冻机和制冷设备 (台)	Compressors for Refrigerating Equipment (set)	1	5	1	1
制造纸及纸制品用机械	Paper and Paper Products Manufacturing Machinery	2	5.0		
金属冶炼铸造设备及零件	Metal Smelting Foundry Equipment and Parts	2608	9	5525	687
数字式自动数据处理设备 (台)	Digital Automatic Data Processing Equipment(set)	1	52.0		
电动机及发电机 (台)	Electric Motors and Generators (set)	6	2	6	

注：表中无计量单位的商品，原因是计量单位不统一，数量值为参考值。

a) Some goods without unit of measurement in this table are due to nonuniform unit of measurement, the number value is reference value.

16-3 2008-2009年海关出口主要商品量值表

Amount and Value of Major Export Commodities by Customs(2008－2009)

金额单位：万美元 (USD 10 000)

商品名称		Item		2008 数 量 Volume	2008 金 额 Value	2009 数 量 Volume	2009 金 额 Value
硅	(吨)	Silicon	(ton)	2910	629	2556	440
硅铁	(吨)	Ferro-silicon	(ton)	124584	18684	73666	8426
活牛	(头)	Live Beef	(head)			51670	14
氯化镁	(吨)	Magnesia	(ton)	1852	53	2610	21
镁	(吨)	Magnesium	(ton)	43	18	369	90
干豆	(吨)	Dried Beans	(ton)	1804	106	964	69
未锻造的铝及铝材	(吨)	Unwrought Aluminum and Rolled Aluminum	(ton)	18094	5437		
地毯	(万平方米)	Carpets	(10 000 sq.m)	262	3485	401	2525
钢材	(吨)	Rolled Steel	(ton)	6467	743	549	98
人造花	(吨)	Artificial Flowers	(ton)	18	14	5	5
汽车零件		Parts of Motor Vehicles		1940605	476	1772635	449
绵羊肠衣	(吨)	Sheep Casings	(ton)	49	186	46	161
铅	(吨)	Lead	(ton)				
山羊绒	(吨)	Cashmere	(ton)	144	1284	58	454
碳化硅	(吨)	Carborundum	(ton)	10839	982	5855	393
铣床	(台)	Milling Machine	(set)				
鞋	(万双)	Shoes	(10 000 pairs)	2	4	1	8
针织或钩编的服装	(万件)	Garments, Knitted or Crocheted	(10 000 unit)	437	2477	669	4347
织物制服装	(万件)	Clothing Made by Fabric	(10 000 unit)	471	2652	756	4769
药材	(吨)	Medical Materials	(ton)	11	7	12	55
纺织纱线、织物及制品		Textile Yarn, Fabrics and Related Products		8511299	4784	15872873	4875
玻璃制品		Glass Products		1794092	242	2050524	231
皮革手套	(万双)	Leather Gloves	(10 000 pairs)	365	274	223	112
塑料制品	(吨)	Plastic Articles	(ton)	143	39	41	23

16-4 2008－2009年海关按国别(地区)分出口总值
Total Value of Export by State and Region From the Customs (2008－2009)

单位：万美元 (USD 10 000)

国 家(地区)	Country (Region)	2008	2009
亚 洲	**Asia**		
孟加拉国	Bangladesh	14.96	25.94
中国香港	Hong Kong, China	2965.37	3148.80
印 度	India	200.13	97.88
印度尼西亚	Indonesia	285.57	129.28
伊 朗	Iran	74.62	158.54
以色列	Israel		194.47
日 本	Japan	17177.39	7399.81
约 旦	Jordan	21.39	9.42
科威特	Kuwait		2.03
老 挝	Laos	4.34	28.03
黎巴嫩	Lebanon	11.38	2.94
马来西亚	Malaysia	290.65	501.52
阿 曼	Oman		19.73
巴基斯坦	Pakistan	824.07	2177.02
菲律宾	Philippines	12.69	16.54
沙特阿拉伯	Saudi Arabia	926.41	1281.31
新加坡	Singapore	524.19	577.30
韩 国	Korea Rep.	3885.34	1446.57
斯里兰卡	Sri Lanka	1.37	16.40
泰 国	Thailand	709.83	327.99
土耳其	Turkey	1018.88	196.87
阿联酋	United Arab Emirates	311.06	387.69
也门共和国	Republic of Yemen	1.71	58.63
越 南	Vietnam	11.86	
中国台湾	Taiwan, China	343.70	498.65
非 洲	**Africa**		
阿尔及利亚	Algeria	25.56	6.04
埃 及	Egypt	57.74	91.72
尼日利亚	Nigeria		12.48
南非(阿扎尼亚)	South Africa	7.93	76.49
欧 洲	**Europe**		
比利时	Belgium	40.58	150.68
丹 麦	Denmark	27.89	
英 国	United Kingdom	1439.80	929.99
德 国	Germany	697.37	839.76
法 国	France	150.16	180.64
意大利	Italy	871.23	256.14
荷 兰	Netherlands	631.44	557.86
希 腊	Greece	95.05	29.36
葡萄牙	Portugal	0.33	
西班牙	Spain	22.76	211.98
奥地利	Austria	0.21	
芬 兰	Finland	27.92	12.72
挪 威	Norway	13.33	
波 兰	Poland	60.14	21.52
罗马尼亚	Romania	11.79	5.90
瑞 典	Sweden	29.09	13.71
瑞 士	Switzerland	10.36	4.59
俄罗斯	Russia	255.21	76.38
乌克兰	Ukraine	83.59	21.59
斯洛文尼亚	Slovenia	8.22	62.94
捷 克	Czech	4.16	2.84
拉丁美洲	**Latin America**		
阿根廷	Argentina	12.72	43.42
巴 西	Brazil	244.31	39.64
智 利	Chile	77.58	66.17
哥伦比亚	Colombia	0.30	16.68
古 巴	Cuba	6.69	
多米尼加共和国	Dominica Rep.	18.69	
厄瓜多尔	Ecuador	21.14	
委内瑞拉	Venezuela		
危地马拉	Guatemala	5.54	3.45
墨西哥	Mexico	86.80	162.71
巴拿马	Panama	157.34	83.96
秘 鲁	Peru	135.58	190.86
波多黎各	Puerto Rico	1.62	
萨尔瓦多	El Salvador	3.51	2.03
北美洲	**North America**		
加拿大	Canada	108.13	80.76
美 国	United States	5256.26	1534.57
大洋洲及太平洋岛屿	**Oceanic and Pacific Islands**		
澳大利亚	Australia	1053.71	315.16
新西兰	New Zealand	62.67	82.43

16–5 主要年份利用外资概况

Utilization of Foreign Capital in Main Years

单位：万美元 (USD 10 000)

年 份 Year	外商直接投资 Foreign Direct Investment		
	项 目(个) Number of Projects (unit)	合同利用外资额 Total Amount of Contracted Foreign Investment	实际利用外资额 Total Amount of Foreign Investment Actually Utilized
1985	4	318.0	108.3
1991	2	19.0	13.0
1992	11	399.0	191.1
1993	54	4300.0	899.8
1994	19	2143.5	964.5
1995	28	5447.0	1064.0
1996	18	2799.0	1113.6
1997	22	7284.0	2179.0
1998	24	12583.0	5065.7
1999	15	2821.0	2670.5
2000	40	15312.0	5309.0
2001	47	15961.0	5586.0
2002	32	21268.4	11380.4
2003	44	35767.0	19167.0
2004	52	35330.0	22500.0
2005	29	35562.0	26600.0
2006	17	40608.3	27500.0
2007	37	41601.3	31000.0
2008	22	30898.6	22000.0
2009	8	30835.4	21500

16–6 2006－2009年按行业分外商直接投资合同外资额

Foreign Direct Investment by Sector(2006－2009)

行 业	Sector	项 目(个) Number of Projects (unit)				金 额(万美元) Value (USD 10 000)			
		2006	2007	2008	2009	2006	2007	2008	2009
总 计	**Total**	**17**	**37**	**22**	**8**	**38057**	**41601**	**30899**	**30835**
农、林、牧、渔业	Agriculture, Forestry, Animal Husbandry and Fishery		2	4	2		3807	1513	1113
采掘业	Mining	3	1	1	1	2005	5187	44	500
制造业	Manufacturing	6	17	6	1	24924	16665	4952	12
电力、煤气及水的生产和供应业	Production and Supply of Electricity, Gas and Water		2	2	1	8000	7549	290	900
建筑业	Construction			1				2999	
交通运输、仓储和邮政业	Transport, Storage and Post	2				927			
住宿和餐饮业	Hotels and Catering Services	2	3	3	1	756	30	1472	4
房地产业	Real Estate	1	2			1019	2639		
租赁和商务服务业	Leasing and Business Services								
科学研究、技术服务和地质勘查业	Scientific Research, Technical Service and Geologic Prospecting			1	2			9	25799
水利、环境和公共设施管理业	Management of Water Conservancy, Environment and Public Facilities		1	1			112	3500	
居民服务和其他服务业	Services to Households and Other Services	2	9	3		5	5612	2911	
卫生体育和社会福利业	Health, Social Security and Social Welfare	1				421			
其 他	Others							13209	2507

16-7 2006－2009年利用外资额(按方式和国别分)

Utilization of Foreign Capital (by Method and Country) (2006－2009)

单位：万美元 (USD 10 000)

指 标	Item	合同数(个) Number of Projects (unit)				外方直接投资合同金额 Contracted Value of Foreign Direct Investment			
		2006	2007	2008	2009	2006	2007	2008	2009
总 计	**Total**	**17**	**37**	**22**	**8**	**38057**	**41601**	**30899**	**30835**
按投资方式分组	**By Form**								
合资经营企业	Equity Joint Venture	8	21	11	3	23963	14891	19282	26859
合作经营企业	Contractural Joint Venture	4	4	1	1	3360	2644	747	63
外资企业	Wholly Foreign-owned Enterprise	5	12	10	4	10734	19158	10870	1406
股份制	FDI Shareholding Inc.						4908		
其 它	Others								2507
按投资国别(地区)分组	**By Country or Region**								
亚 洲	**Asia**	**8**	**26**	**17**	**5**	**11235**	**24855**	**17325**	**27422**
中国香港	Hong Kong, China	6	20	13	5	10795	24643	12376	27422
印度尼西亚	Indonesia								
马来西亚	Malaysia		1				2		
韩 国	Republic of Korea	1	1	1		140	10	10	
日 本	Japan	1		1		300		44	
新加坡	Singapore			2				4895	
泰 国	Thailand								
欧 洲	**Europe**		**6**	**1**	**1**		**1574**	**72**	**4**
德 国	Germany		1				2		
荷 兰	Netherlands			1				1	
英 国	United Kingdom		3		1		1560	61	4
法 国	France							10	
瑞 士	Switzerland		1				12		
美 洲	**North America**	**4**	**6**	**1**	**2**	**17111**	**15172**	**13002**	**902**
加拿大	Canada	1	1			2150	391	501	
美 国	United States		2	1	1		7922	3021	2
维尔京群岛	Virgin Islands	3	3		1	14961	6859	9480	900
大洋洲及太平洋诸岛	**Oceanic and Pacific Islands**			**1**				**1**	
澳大利亚	Australia								
新西兰	New Zealand			1				1	
其他(外商投资企业再投资)	**Others**	**5**		**2**		**9711**		**499**	**2507**

16–8　2005－2009年旅游事业发展情况
Development of Tourism (2005－2009)

指　标	Item	2005	2006	2007	2008	2009
年末旅行社数　（个）	**Number of Travel Agencies　(unit)**	**132**	**155**	**183**	**198**	**198**
国际旅行社	International Travel Agencies	16	17	18	20	20
国内旅行社	Domestic Travel Agencies	116	138	165	178	178
年末旅行社从业人员　（人）	**Engaged Persons of Travel Agencies　(person)**	**1490**	**1730**	**1880**	**1900**	**1940**
国际旅行社	International Travel Agencies	320	440	465	469	484
国内旅行社	Domestic Travel Agencies	1170	1290	1415	1431	1456
星级饭店总数　（个）	**Number of Star-rated Hotel　(unit)**	**84**	**96**	**106**	**117**	**119**
旅游人次合计　（万人次）	**Number of Tourists　(10 000 persons-time)**	**637**	**815**	**1002**	**905**	**1109**
国际旅游者	Number of Overseas Visitor Arrivals	4	4	5	3	4
外国人	Foreigners	2	3	4	2	3
港、澳、台湾同胞	Chinese Compatriots From Hong Kong、Macao and Taiwan	2	1	1	1	1
国内旅游者	Number of Domestic Visitors	633	810	997	902	1105
旅游总收入　（亿元）	**Total Tourism Earnings　(100 million yuan)**	**26**	**36**	**47**	**48**	**60**
国内旅游收入　（亿元）	Earnings from Domestic Tourism　(100 million yuan)	25	35	46	47	59
国内旅游者人均花费　（元）	Per Capita Expenditure from Domestic Tourism　(yuan)	392	427	461	517	535
国际旅游外汇收入（万美元）	Foreign Exchange Earnings from International Tourism　(10 000 USD)	1102	1325	1591	1015	1542
国际旅游人均花费　（美元）	Per Capita Expenditure from International Tourism　(USD)	313	314	318	338	427

16–9 2006－2009年接待外国旅游人数(按国别分)

Number of Oversea Visitor Arrivals by Country(2006－2009)

单位：人次 (person-time)

国家(地区)	Country(Region)	2006	2007	2008	2009
总 计	**Total**	**27708**	**36226**	**20591**	**24699**
亚洲小计	**Total Asia**	**10164**	**23638**	**8728**	**10828**
日 本	Japan	6461	16338	3889	3611
韩 国	Republic of Korea	795	3969	2201	1802
蒙 古	Mongolia	196	20	189	52
印度尼西亚	Indonesia	278	25	42	384
马来西亚	Malaysia	460	498	479	1281
菲律宾	Philippines	119	76	99	278
新加坡	Singapore	870	2177	577	1340
泰 国	Thailand	95	322	406	441
印 度	India	131	35	43	237
缅 甸	Myanmar	28		131	25
越 南	Viet Nam	6	12	62	129
朝 鲜	Korea DPR	34	63	120	31
巴基斯坦	Pakistan	37	31	43	443
其 他	Others	654	72	447	774
欧洲小计	**Total Europe**	**8481**	**5755**	**6256**	**7318**
英 国	United Kingdom	1183	1729	1324	1465
法 国	France	1939	1389	1216	1380
德 国	Germany	1872	961	1810	2621
意大利	Italy	521	489	322	460
瑞 典	Sweden	132	139	148	59
瑞 士	Switzerland	466	294	543	348
荷 兰	Netherlands				
俄罗斯	Russia	433	237	316	333
西班牙	Spain	234	55	205	123
其 它	Others	1701	453	372	529
美洲小计	**Total America**	**5895**	**5611**	**3905**	**3867**
美 国	United States	3591	4840	3161	3001
加拿大	Canada	1319	683	702	731
其 它	Others	985	88	42	135
大洋洲小计	**Total Oceanic**	**1429**	**737**	**1238**	**1739**
澳大利亚	Australia	969	484	1174	1247
新西兰	New Zealand	172	145	55	420
其 它	Others	288	108	9	72
非洲小计	**Total Africa**	**471**	**29**	**230**	**179**
其 它	**Others**	**1268**	**456**	**234**	**768**

16–10 进入青海省自驾车量及排名(2009年)
Volume and Rank of Cars of Self-driving Tourists (2009)

车 源 地	Car Source	自驾车数量 (辆) Volume (unit)	同比增减 (±%) Increase or Decrease in the Same Period Last Year (±%)	排名 Rank
合计	**Total**	**254982**	**106.00**	
甘肃	Gansu	89159	52.30	1
陕西	Shaanxi	24654	124.00	2
宁夏	Ningxia	24430	254.00	3
四川	Sichuan	18571	307.00	4
河南	Henan	10640	169.00	7
内蒙古	Inner Mongolia	11158	192.00	5
北京	Beijing	11011	188.00	6
西藏	Tibet	2342	262.00	11
新疆	Xinjiang	8494	283.00	8
山西	Shanxi	6335	221.00	9
重庆	Chongqing	5026	482.00	10
其他	Others	23293	58.80	

16–11 星级饭店基本信息(2009年)
Basic Conditions of Star-rated Hotel (2009)

指标	Item	星级饭店 (个) Number of Star-rated Hotel (unit)	客房数 (间) Number of Rooms (unit)	床位数 (张) Number of Beds (unit)	从业人数 (人) Employed Persons (person)
合计	**Total**	**119**	**10891**	**20873**	**9741**
五星级	Five-star Hotel	1	316	439	400
四星级	Four-star Hotel	13	2119	3770	3283
三星级	Three-star Hotel	46	5140	9876	3921
二星级	Two-star Hotel	53	2978	6030	1962
一星级	One-star Hotel	6	338	758	175

16-12 青海省A级旅游景区名录
Catalogue of State Class Scenic Spots of Qinghai

景区名称	Scenic Spot Name	地 址
4A级景区	**AAAA State Class Scenic Spots**	
青海省博物馆	Qinghai Museum	西宁市西关大街新宁广场
塔尔寺景区	Ta'er Lamasery	湟中县鲁沙尔镇
格尔木昆仑文化旅游区	Golmud Kunlun Culture Area	青海省格尔木市八一中路
互助土族故土园旅游区	Huzhu Tu Nationality Customs Theme Park	互助县威远镇北大街
青海湖景区	Qinghai Lake	青海湖管理与保护局
循化撒拉族绿色家园	Xuhua Sala Nationality Gardens	循化县积石镇
马步芳公馆景区	Mabufang Residence	西宁市为民巷
金银滩景区	Jinyintan Pasture	海北州西海镇
青海省藏医药博物馆	Qinghai Tibetan Medicine and Culture Museum	西宁市生物园区
百里油菜花海景区	Hundred Miles of Rapeseeds Flower Field	门源县东街
祁连风光旅游景区	Qilian Mountains	祁连县祁连广场
热贡国家级历史文化名城旅游区	Tongren-State Historical and Cultural City	同仁县热贡宾馆
久治年宝玉则景区	Jiuzhi Nianbaoyuze Mountain	久治县智青松多镇
3A级景区	**AAA State Class Scenic Spots**	
青海赛纳德滑(草)雪场	Qinghai Sainade Skiing (grass) Ground	西宁市经济开发区
西宁市人民公园	Xining People's Park	西宁市胜利路
平安峡夏群寺景区	Ping'an Xiaqun Lamasery	平安县国有林场
西宁市东关清真大寺	Xining Dongguan the Great Mosque	西宁市东关大街
西宁市南山旅游风景区	Xining South Hill	西宁市南山公园
北山土楼观旅游景区	Beichan Temple	西宁市祁连路
西宁市麒麟湾	Xining Kirin Bay	西宁市黄河路29号
浦宁之珠(高原明珠)	Pearl Pu Ning (plateau Pearl)	西宁市西山一巷
青海赞普林卡旅游景区	Qinghai Zanpulinka Palace	西宁市湟源县县城入口处
青海日月山旅游景区	Qinghai Riyue Mountain	西宁市湟源县
青海省藏毯展览中心	Qinghai Tibet Blankets Exhibition Center	西宁市城南新区
大通老爷山风景名胜区	Datong Laoyeshan Mountain	大通县桥头镇
贵德黄河奇石苑	Guide the Yellow River Rare Stones Garden	贵德县河西镇
龙羊峡旅游景区	Longyangxia Reservoir	共和县龙羊峡库区
青海茶卡盐湖旅游景区	Qinghai Chaka Salt Lake	乌兰县茶卡镇
可鲁克湖—托素湖高原生态旅游景区	Twin-sister Lakes Plateau Ecological Area	德令哈市
玛多黄河源旅游区	Maduo the Yellow River Origin	玛多县
玉树新寨嘉那嘛呢景区	Yushu Xinzhai Jiana Mini Stones City	玉树州玉树县结古镇
勒巴沟—文成公主庙景区	Lebagou Valley Stone Drawing-the Temple of Princess Wencheng	玉树州玉树县结古镇
玉树当卡寺旅游景区	Yushu Dangka Lamasery	玉树州玉树县结古镇
玉树结古寺旅游景区	Yushu Jiegu Lamasery	玉树州玉树县结古镇
玉树称多拉布民俗村	Yushu Chengduo Labu Folk Customs Village	玉树州称多拉布村
民和桃花园乡村休闲度假区	Minghe Peach Blossom Garden	民和县马场垣高速公路口
民和七里寺药泉山旅游景区	Minghe Medical Spring	民和县古鄯镇七里寺
民和金三川民俗风情游览区	Minghe Jin Sanchuan Folk Customs Tourist Area	民和县官亭镇
民和本康滩自然风景区	Minghe Benkang Shoal Senic Area	民和县官亭镇
乐都柳湾彩陶旅游景区	Ledu Liuwan Pottery Tourist Attractions	乐都县高庙镇柳湾村
化隆夏琼寺景区	Hualong Xiaqiong Temple	化隆县查普乡
乌兰金子海风景区	Wulan Jinzihai Senic Area	海西州乌兰县
都兰国际狩猎旅游景区	Dulan International Hunting Tourism Area	海西州都兰县
囊谦尕尔寺大峡谷生态旅游景区	Nangqian Gaer Temple Grand Canyon Ecotourism	玉树州囊谦县
囊谦达那河谷生态旅游景区	Nangqian Dana Valley Ecotourism	玉树州囊谦县
称多尕朵觉悟神山旅游景区	Chengduo Gaduojuewu Mountain	玉树州称多县
玉树隆宝滩旅游景区	Yushu Longbao Shoal Senic Area	玉树州玉树县
玛柯河原始森林生态旅游景区	Make River Virgin Forest Ecotourism	果洛州班玛县
2A级景区	**AA State Class Scenic Spots**	
玉树治多贡萨寺文化旅游区	Yushu Zhiduo Gongsa Lamasery	玉树州治多县
玉树称多赛巴寺旅游景区	Yushu Chengduo Saiba Lamasery	玉树州称多拉布村
兴海赛宗寺文化旅游区	Xinghai Saizong Lamasery	兴海县南38公里处赛宗寺
同德石藏文化旅游区	Tongde Tibetan Stone Carving and Embroidery	同德县河北乡
乐都瞿昙寺旅游景区	Ledu Qutan Temple	乐都县瞿昙镇
民和天井峡-松山原始森林风景区	Minghe Parvis Gorge Songshan Virgin Forest	民和县官亭镇

主要统计指标解释

进出口总额　指实际进出我国国境的货物总金额。包括对外贸易实际进出口货物,来料加工装配进出口货物,国家间、联合国及国际组织无偿援助物资和赠送品,华侨、港澳台同胞和外籍华人捐赠品,租赁期满归承租人所有的租赁货物,进料加工进出口货物,边境地方贸易及边境地区小额贸易进出口货物(边民互市贸易除外),中外合资企业、中外合作经营企业、外商独资经营企业进出口货物和公用物品,到、离岸价格在规定限额以上的进出口货样和广告品(无商业价值、无使用价值和免费提供出口的除外),从保税仓库提取在中国境内销售的进口货物,以及其他进出口货物。该指标可以观察一个国家在对外贸易方面的总规模。我国规定出口货物按离岸价格统计,进口货物按到岸价格统计。

商品经营单位所在地进、出口额　指在所在地海关注册登记的有进出口经营权的企业实际进、出口额。

商品目的地进口额和商品货源地出口额　目的地进口额指进口货物的消费、使用或最终抵运地的实际进口额;货源地出口额指出口货物的产地或原始发货地的实际出口额。

利用外资　指我国各级政府、部门、企业和其他经济组织通过对外借款、吸收外商直接投资以及用其他方式筹措的境外现汇、设备、技术等。

对外借款　指通过对外正式签订借款协议,从境外筹措的资金,包括外国政府贷款、国际金融组织贷款、外国银行商业贷款、出口信贷以及对外发行债券等。1996 年及以前还包括对外发行股票。该指标是我国利用外资的重要部分。

外商直接投资　指外国企业和经济组织或个人(包括华侨、港澳台胞以及我国在境外注册的企业)按我国有关政策、法规,用现汇、实物、技术等在我国境内开办外商独资企业、与我国境内的企业或经济组织共同举办中外合资经营企业、合作经营企业或合作开发资源的投资(包括外商投资收益的再投资),以及经政府有关部门批准的项目投资总额内企业从境外借入的资金。

外商其他投资　指除对外借款和外商直接投资以外的各种利用外资的形式。包括企业在境内外股票市场公开发行的以外币计价的股票(目前主要是在香港证券市场发行的 H 股和在境内证券市场发行的 B 股)发行价总额,国际租赁进口设备的应付款,补偿贸易中外商提供的进口设备、技术、物料的价款,加工装配贸易中外商提供的进口设备、物料的价款。

旅游人数

(1)入境旅游人数:指报告期内来我国观光、度假、探亲访友、就医疗养、购物、参加会议或从事经济、文化、体育、宗教活动的外国人、港澳台同胞等入境游客。统计时,外国人、港澳台同胞每入境一次统计 1 人次。

(2)出境人数:指中国(大陆)居民因公或因私出境前往其他国家、中国香港特别行政区、澳门特别行政区和台湾省观光、度假、探亲访友、就医疗养、购物、参加会议或从事经济、文化、体育、宗教活动的人数,即出境游客。统计时,按每出境一次统计 1 人次。

(3)国内旅游人数:指在报告期内在中国(大陆)观光游览、度假、探亲访友、就医疗养、购物、参加会议或从事经济、文化、体育、宗教活动的中国(大陆)居民人数,其出游的目的不是通过所从事的活动谋取报酬。统计时,国内游客按每出游一次统计 1 人次。

国际旅游(外汇)收入　指入境游客在中国(大陆)境内旅行、游览过程中用于交通、参观游览、住宿、餐饮、购物、娱乐等全部花费。

国内旅游收入　又称旅游总花费指国内游客在国内旅行、游览过程中用于交通、参观游览、住宿、餐饮、购物、娱乐等全部花费。

国际旅行社　指经营业务范围包括入境旅游业务、出境旅游业务和国内旅游业务的旅行社。

国内旅行社　指经营范围仅限于国内旅游业务的旅行社。

星级饭店　指设备、设施、服务符合《旅游饭店星级的划分与评定》(GB/T14308 - 2003),通过相关旅游管理部门评定,并取得星级饭店称号的饭店(含预备星级饭店)。

Explanatory Notes on Main Statistical Indicators

Total Imports and Exports at Customs refer to the real value of commodities imported and exported across the border of China. They include the actual imports and exports through foreign trade, imported and exported goods under the processing and assembling trades and materials, supplies and gifts as aid given gratis between governments and by the United Nations and other international organizations, and contributions donated by overseas Chinese, compatriots in Hong Kong and Macao and Chinese with foreign citizenship, leasing commodities owned by tenant at the expiration of leasing period, the imported and exported commodities processed with imported materials, commodities trading in border areas (excluding mutual exchange goods), the imported and exported commodities and articles for public use of the Sino - foreign joint ventures, cooperative enterprises and ventures with sole foreign investment. Also included is import or export of samples and advertising goods for which CIF or FOB value are beyond the permitted ceiling (excluding goods of no trading or use value and free commodities for export), imported goods sold in China from bonded warehouses and other imported or exported goods. The indicator of the total imports and exports at customs can be used to observe the total size of external trade in a country. In accordance with the stipulation of the Chinese government, imports are calculated at CIF, while exports are calculated at FOB.

Import Export Value by Location of China's Foreign Trade Managing Units refers to actual value of imports and exports carried out by corporations which have been registered by the local Customs house and are vested with right to run import export business.

Import Value of Commodities by Place of Destination and Export Value of Commodities by Place of Origin in China The former indicator refers to the value of import commodities of the places of their consumption, utilization or the places of their final destination. The latter indicator refers to the value of export commodities of the places of their origin or the places of the commodities dispatched.

Utilization of Foreign Capitals refers to remittance, equipment and technology financed from abroad, by loans, foreign direct investment and other forms undertaken by the Chinese governments at all levels, by various departments, enterprises and other economic units.

Foreign Borrowings refer to funds borrowed from abroad through formal signing of borrowing agreements with foreign institutions, including loans of foreign governments, loans of international financial institutions, commercial loans of foreign banks, export credit, and funds raised by Chinese bonds (and shares before 1996) issued abroad. It is an important part of China's utilization of foreign capitals.

Foreign Direct Investment refers to the investments inside China by foreign enterprises and economic organizations or individuals (including overseas Chinese, compatriots from Hong Kong, Macao and Taiwan, and Chinese enterprises registered abroad), following the relevant policies and laws of China, for the establishment of ventures exclusively with foreign own investment, Sino - foreign joint ventures and cooperative enterprises or for co - operative exploration of resources with enterprises or economic organizations in China. It includes the re - investment of the foreign entrepreneurs with the profits gained from the investment and the funds that enterprises borrow from abroad in the total investment of projects which are approved by the relevant department of the government.

Other Foreign Investment refers to all forms of utilization of foreign capitals other than foreign borrowings and foreign direct investment. It includes the total value of stock shares in foreign currencies issued by enterprises at domestic or foreign stock exchanges (now mainly consisting of H shares issued at Hong Kong Security Market and B shares issued at domestic security markets), rent payable for the imported equipment through international leasing arrangement, cost of imported equipment, technology and materials provided by foreign counterparts in compensation trade and processing and assembly trade.

Number of Tourists

(1) Visitor arrivals refer to the number of foreigners, Chinese compatriots from Hong Kong, Macao and Taiwan Chinese (mainland) who come to China (mainland) for sight - seeing, vacation, visiting relatives, medical treatment, shopping, attending conference, or to engage in economic, cultural, sports and religious activities. In compiling statistics, each time of entering China is counted as one person - time.

(2) Number of Chinese residents going abroad refer to the number of Chinese (mainland) residents going to other countries, Hong Kong Special Administrative region, Macao Special Administrative region and Taiwan for on official or private purposes, for sight - seeing, vacation, visiting relatives, medical treatment, shopping, attending conference, or to engage in economic, cultural, sports and religious activities. In compiling statistics, each time of leaving is counted as one person - time.

(3) Number of domestic tourists refers to the number of Chinese (mainland) residents who travel within China (mainland) for sight - seeing, vacation, visiting relatives, medical treatment, shopping, attending conference, or to engage in economic, cultural, sports and religious activities. In compiling statistics, each time of travelling is counted as one person - time.

Foreign Exchange Earnings from International Tourism

refer to the total expenditure of foreigners, overseas Chinese, Chinese compatriots from Hong Kong, Macao and Taiwan during their stay in the mainland of China on transportation, sighting, accommodation, food, shopping and entertainment.

Income from Domestic Tourism refer to expenditure of domestic tourists on transportation, sighting, accommodation, food, shopping and entertainment while they travel.

International Travel Agencies refer to travel agencies engaged in tourism entering China, Chinese residents going abroad and domestic tourism.

Domestic Travel Agencies refer to travel agencies only engaged in domestic tourism.

Star - rated Hotels refer to hotels rated with stars as assessed by the relevant tourism authorities according to GB/T14308 - 2003 standard with reference to their infrastructure, facilities and service levels.

第 17 篇

CHAPTER 17

科　技

Science and Technology

国家级星火计划项目

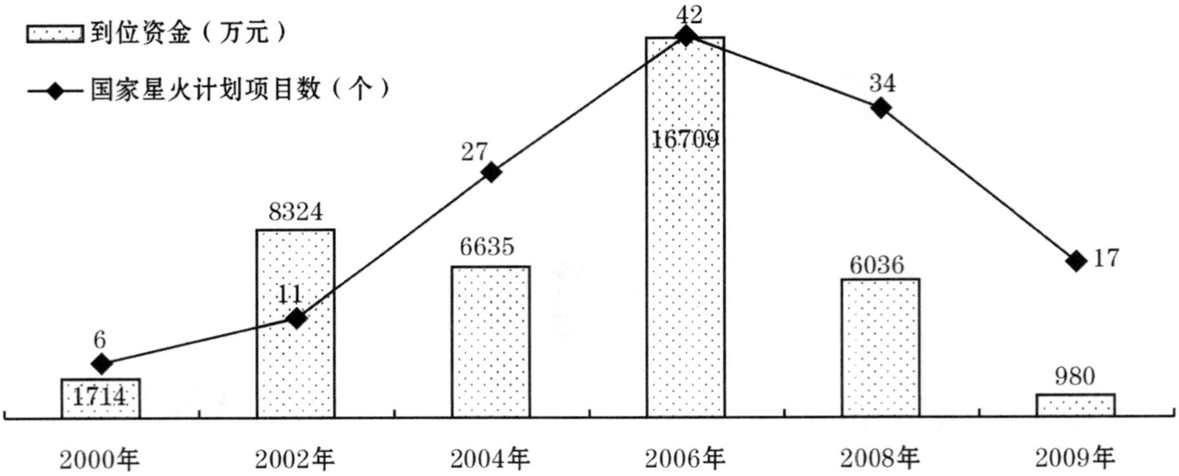

各类技术合同成交额（万元）

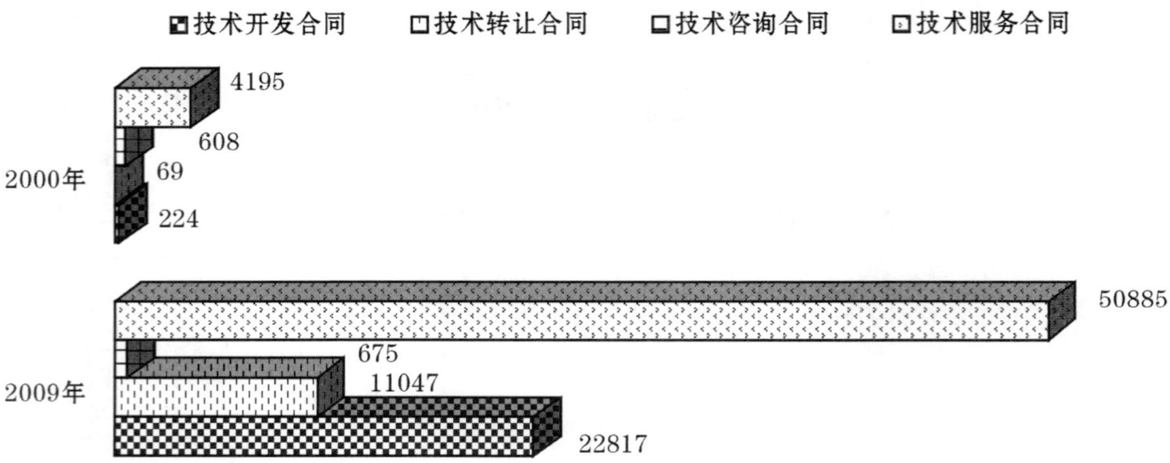

国有企、事业单位专业技术人员（人）

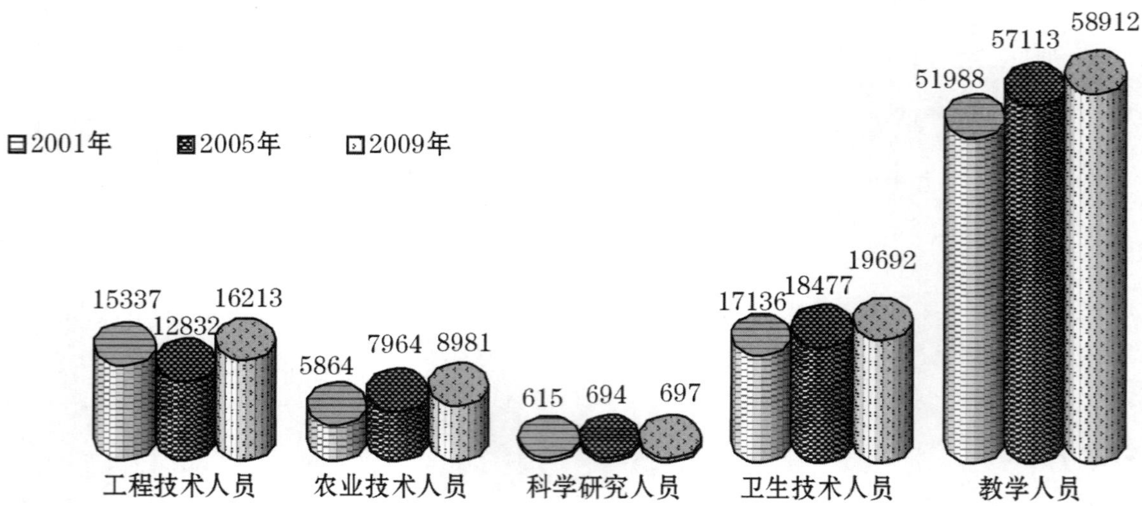

17-1 主要年份县以上研究与开发机构科技活动情况
Basic Statistics on Scientific and Technological Activities of Scientific Research and Development Institutions at County Level and Above in Main Years

指 标	Item	1990	2000	2005	2007	2008	2009
研究与开发机构数 (个)	Scientific Research and Development Institutions (unit)	60	52	50	50	49	51
从事科技活动人数 (人)	Personnel Engaged in S&T Activities (person)	3161	2335	2047	2043	2108	2180
科技管理人员	Science and Technology Managerial Personnel	640	451	376	391	410	440
课题活动人员	Personnel in Research and Experiment	1771	1346	1324	1242	1297	1235
科技服务人员	Personnel in Science and Technology Service	750	538	347	410	401	505
研究与开发经费收入(万元)	Income of Scientific Research and Development (10 000 yuan)	4846	14027	22391	37395	41623	42070
研究与开发经费支出(万元)	Expenditure on Scientific Research and Development (10 000 yuan)	4703	13142	20652	30266	34920	35893
研究与开发课题 (项)	Tasks on Scientific Research and Development (item)	391	323	335	414	421	481
基础研究	Basic Research	37	49	53	59	76	84
应用研究	Applied Research	55	44	83	86	64	120
试验发展	Experimental Development	46	75	36	71	88	118

注：2005年县以上政府部门属研究与开发机构增加了情报领域中的机构数据。

a) Scientific research and development institutions directly under government departments above the county level included the data of intelligence agencies in 2005.

17-2 2005-2009年国有事业、企业单位各类专业技术人员情况
Scientific and Technical Personnel in State-owned Institutions and Enterprises(2005-2009)

单位：人 (person)

指 标	Item	2005	2006	2007	2008	2009
总 计	**Total**	**109589**	**114396**	**115120**	**115649**	**116397**
市(地、州)	City (Region、Prefecture)	12726	13414	12932	13792	14877
县(市、区)	County (City、District)	50722	46394	46316	45830	46137
乡(镇)	Villages (Towns)	22221	27096	26908	26666	26463
高级职务	Senior technical position	7528	9232	11389	13765	14374
正高级职务	Senior Technical Position	619	763	871	1013	1108
中级职务	Intermediate Technical Position	39222	44124	46394	49018	48355
初级职务	Elementary Technical Position	56760	55399	52806	48237	48637

17–3 国有企、事业单位分行业各类专业技术人员情况(2009年)

单位：人

行　业	Sector	合　计 Total	
		事业 Institutions	企业 Enterprises
总　计	**Total**	**96788**	**7707**
农、林、牧、渔业	Farming, Forestry, Animal Husbandry and Fishery	9985	286
采矿业	Mining	6	1184
制造业	Manufacturing	12	3524
电力、蒸汽及水的生产、供应业	Production and Distribution of Electricity, Gas and Water	4	454
建筑业	Construction	361	984
交通运输仓储邮政业	Transport, Storage and Post	1294	61
信息传输计算机服务和软件业	Information Transmission, Computer Service and Software	39	249
批发和零售业	Wholesale and Retail Trades		36
住宿和餐饮业	Hotels and Catering Services	6	1
金融业	Financial Intermediation		14
房地产业	Real Estate	107	75
租赁和商务服务业	Leasing and Business Services	20	5
科学研究技术服务地质勘查业	Scientific Research, Technology Service and Geological Prospecting	3253	468
水利环境和公共设施管理业	Water Conservancy, Environment and Public Facility Management	2609	360
居民服务和其他服务业	Services to households and Other Services	114	
教育	Education	57892	
卫生社会保障和社会福利业	Health, Social Security and Social Welfare	19323	
文化体育和娱乐业	Culture, Sports and Entertainment	730	6
公共管理和社会组织	Public Management and Social Organizations	1033	

Scientific and Technical Personnel in State-owned Institutions and Enterprises by Sector(2009)

(person)

工程技术人员 Engineering		农业技术人员 Agriculture		科研人员 Scientific Research		卫生技术人员 Health Care		教学人员 Teaching	
事业 Institutions	企业 Enterprises	事业 Institutions	企业 Enterprises	事业 Institutions	企业 Enterprises	事业 Institutions	企业 Enterprises	事业 Institutions	企业 Enterprises
9107	**7106**	**8868**	**113**	**568**	**129**	**19457**	**235**	**58788**	**124**
1120	134	8549	108		1	86	38	230	5
6	1003				14		128		39
12	3395		1		2		46		80
2	454	2							
361	964						20		
1260	59					14	2	20	
38	249			1					
	36								
6	1								
	14								
102	75	4				1			
20	4		1						
2657	353	32	3	461	112	53		50	
2422	360	183				4			
58				1		55			
110		2		11		145		57624	
111		10		80		19067		55	
531	5	6		12		5	1	176	
291		80		2		27		633	

17–4 县以上研究与开发机构人员、经费情况(2009年)

单位：个、人、千元

指标	Item	机构 Number of Institutions	从业人员 Number of Employed Persons	从事科技活动人员 Personnel Engaged in S&T Activities
总计	**Total**	**51**	**3344**	**2180**
按机构隶属关系分	**Grouped by Administrative Relationship**			
地方部门属	Local Regions	48	2948	1857
地市级部门属	Prefectural Departments	19	632	452
中央部门属	Central	3	396	323
中国科学院	Chinese Academy of Sciences	2	363	291
按机构所在地域分	**Grouped by Region**			
西宁市	Xining City	41	2941	1817
海东地区	Haidong Prefecture	2	201	199
海北州	Haibei Zang A.P	2	56	47
黄南州	Huangnan Zang A.P	2	34	30
海南州	Hainan Zang A.P	1	23	13
果洛州	Golog Zang A.P	1	36	30
玉树州	Yushu Zang A.P			
海西州	Haixi Mongolian & Zang A.P	2	53	44
按机构所属行业分	**Grouped by Sector**			
农、林、牧、渔业	Agriculture, Forestry, Animal Husbandry and Fishery	13	703	589
农业	Farming	4	312	269
林业	Forestry	1	33	9
农、林、牧、渔服务业	Services in Support of Agriculture	8	358	311
采矿业	Mining	1	50	7
煤炭开采和洗选业	Mining and Washing of Coal	1	50	7
制造业	Manufacturing	1	81	35
农副食品加工业	Processing of Food from Agricultural Products			
化学原料及化学制品制造业	Manufacture of Chemical Raw Material and	1	81	35
电力、燃气及水的生产和供应业	Production and Supply of Electricity, Gas and Water	1	168	162
电力、热力的生产和供应业	Production and Supply of Electric Power and Heat Power	1	168	162
建筑业	Construction	4	349	130
房屋和土木工程建筑业	Construction of Buildings and Civil Engineering	4	349	130
信息传输、计算机服务和软件业	Information Transmission, Computer Services and Software	1	24	19
软件业	Software	1	24	19
科学研究、技术服务和地质勘查业	Scientific Research, Technical Service and Geologic Prospecting	18	1035	777
研究与试验发展	Research and Experimental Development	3	387	313
专业技术服务业	Professional Technical Services	10	559	385
科技交流和推广服务业	Services of Science and Technology Exchanges and Promotion	5	89	79
水利、环境和公共设施管理业	Management of Water Conservancy, Environment and Public Facilities	2	141	56
水利管理业	Management of Water Conservancy	2	141	56
卫生、社会保障和社会福利业	Health, Social Security and Social Welfare	3	606	254
卫生	Health	3	606	254
文化、体育和娱乐业	Culture, Sports and Entertainment	1	16	9
体育	Sports Activities	1	16	9
社会、人文科学领域	**Social and the Humanities Sciences**	**6**	**171**	**142**

Basic Statistics on Personnel and Funds of Scientific Research and Development Institutions at County Level (2009)

(unit, person, 1000yuan)

科学家和工程师 Scientists and Engineers	课题组折合全时人员 Full-time Equivalent of R&D Personnel	科学家和工程师 Scientists and Engineers	经费收入总额 Total Funding	政府资金 Government Funds	经费支出总额 Total Expenditures	科技经费支出 Expenditures on S&T Activities
1422	**1117**	**665**	**716680**	**353157**	**660792**	**357767**
1149	743	297	591111	252746	538753	261592
221	166	25	85983	64496	74079	58865
273	374	368	125569	100411	122039	96175
251	350	344	120898	96800	118423	92559
1277	1019	639	674604	314101	628602	331623
81	16	16	12112	9459	7182	5529
25	30	5	9618	9618	8522	7649
10	23		3828	3828	3828	3542
4	13		2641	2274	2641	1022
4			3276	3276	3276	2878
21	16	5	10601	10601	6741	5524
372	305	142	113594	105298	102734	82590
178	165	77	54271	50670	50259	37936
5			3930	3271	3930	3272
189	139	65	55393	51357	48545	41382
7	7	7	5219	1382	5158	520
7	7	7	5219	1382	5158	520
30	22	5	14519	2291	11838	7190
30	22	5	14519	2291	11838	7190
125	82		51395		49942	49942
125	82		51395		49942	49942
86	10	10	121229	14663	101386	15283
86	10	10	121229	14663	101386	15283
5	19		3345	2654	3345	1692
5	19		3345	2654	3345	1692
541	571	419	229403	158036	210716	154991
273	372		122611	98513	119946	93984
224	156	418	90779	48703	75440	52287
44	43	2	16013	10820	15330	8720
32	12	12	15259	6671	17906	16323
32	12	12	15259	6671	17906	16323
126	33	33	140538	41868	135914	11511
126	33	33	140538	41868	135914	11511
5	10	6	1103	1103	1133	948
5	10	6	1103	1103	1133	948
93	**47**	**31**	**21076**	**19191**	**20720**	**16777**

17-5 县以上研究与开发机构人员按学位、学历及技术职称分类(2009年)

Classification of Personnel in Science Research and Development Institutions at County Level and Above in Accordance with Their Degrees, Educational Background and Academic Titles(2009)

单位：人 (person)

指 标	Item	学 位 Academic Degree		学 历 Educational Background			职 称 Professional Title		
		博士 Doctor	硕士 Master	研究生 Postgraduat	大学 University	大专 College	高级 Senior	中级 Middle	初级 Primary
总 计	**Total**	**82**	**203**	**1123**	**450**	**322**	**727**	**747**	**706**
按机构隶属关系分	**Grouped by Administrative Relationship**								
地方部门属	Local Regions	16	**125**	994	419	303	575	633	649
省级部门属	Provincial Department	16	**112**	**808**	**303**	**203**	**484**	**474**	484
地市级部门属	Prefectural Department		**13**	186	116	100	91	159	165
中央部门属	Central	66	78	129	31	19	152	114	57
中国科学院	Chinese Academy of Sciences	66	72	113	28	12	142	96	53
按机构所在地域分	**Grouped by Region**								
西宁市	Xining City	82	201	980	364	190	638	631	548
海东地区	Haidong Prefecture		1	80	42	76	50	53	96
海北州	Haibei Zang A.P		1	24	16	6	8	15	24
黄南州	Huangnan Zang A.P			10	7	13	6	12	12
海南州	Hainan Zang A.P			4	1	8	4	4	5
果洛州	Golog Zang A.P			4	8	18	11	9	10
玉树州	Yushu Zang A.P								
海西州	Haixi Mongolian & Zang A.P			21	12	11	10	23	11

17-6 2008-2009年社会、人文科学研究机构人员情况

Basic Statistics on Personnel in Social and Humanities Science Institutions(2008-2009)

单位：人 (person)

名 称	Appellation	全部从业人数 Number of Engaged Persons 2008	2009	从事科技活动人员 Personnel Engaged in S&T Activities 2008	2009	女 性 Female 2008	2009	大学本科及以上学历 Bachelor Degree or Above 2009
总 计	**Total**	**177**	**171**	**145**	**142**	**53**	**54**	**93**
青海省文化厅	Qinghai Provincial Department of Culture							
青海省文物考古研究所	Institute of Cultural and Historical Relics and Archaeology, Qinghai Pro.	45	43	44	43	22	21	15
青海省艺术研究所	Arts Research Institute, Qinghai Pro.	14	14	12	12	5	5	10
青海省委宣传部	Qinghai Provincial Publicity Department							
青海省社会科学院	Qinghai Academy of Social Sciences	90	87	65	62	19	19	50
青海省教育厅	Qinghai Education Department							
青海教育科学研究所	Qinghai Education Scientific Research Institute	7	6	5	6	1	2	4
青海省文学艺术联合会	Qinghai Federation of Literary and Art Circles							
青海省《格萨尔》史诗研究所	Qinghai Gesar Epic Research Institute	7	7	7	7	3	3	6
青海省发展和改革委员会	Qinghai Provincial Development and ReformCommission							
青海省经济研究院	Qinghai Economic Institute	14	14	12	12	3	4	8

17–7 全省重大科技成果登记基本情况(2009年)
Basic Statistics of Important Achievements in Scientific Research(2009)

单位：项、万元 (item, 10 000 yuan)

指标	Item	合计 Total	科研机构 Scientific Research Institutes	大专院校 University and Colleges	企业 Enterp-rises	医疗机构 Medical Treatment Institutes	其他 Others
总计	**Total**	**227**	**45**	**15**	**59**	**45**	**63**
按成果水平分类	By Scientific Fruits Level						
国际领先	International Leading	1	1				
国际先进	International Advanced	11	1	1	6	2	1
国内领先	Domestic Leading	66	18	1	26	15	6
国内先进	Domestic Advanced	53	2	1	20	23	7
国内一般	Domestic Common	76	18	6	4	1	47
按应用行业分类	**By Applied Sector**						
农、林、牧、渔业	Agriculture, Forestry, Animal Husbandry and Fishery	96	35	2	6		53
采矿业	Mining	8		1	7		
制造业	Manufacturing	16	1	2	13		
电力燃气及水生产供应业	Production and Supply of Electricity, Gas and Water	6			6		
建筑业	Construction	7			7		
交通运输、仓储及邮电通信业	Transport, Storage and Post	7		1	2		4
信息传输、计算机	Information Transmission, Computer	1			1		
住宿和餐饮业	Hotels and Catering Services	2			1		1
科学研究、技术服务和地质勘察业	Scientific Research, Technical Services and Geologic Prospecting	8	2		4		2
水利、环境和公共设施管理业	Management of Water Conservancy, Environment and Public Facilities	3		1	2		
居民服务和其他服务业	Services to Households and Other Services	1			1		
卫生、社会保障和社会福利业	Health, Social Security and Social Welfare	51	2	2	6	41	
公共管理和社会组织	Public Management and Social Organizations						
文化、体育和娱乐业	Culture, Sports and Entertainment	1					1
按应用情况分类	**By Application Instance**						
已应用项目数	Number of Applied Projects	191	37	7	50	36	61
未应用项目数	Number of Not Applied Projects	16	3	2	6	5	
资金问题	Capital Reason	5	1		3	1	
技术问题	Technique Reason	7	1	1	1	4	
市场问题	Market Reason	3	1		2		
管理问题	Management Reason						
政策因素	Policy Reason	1		1			
经济效益的项目数	**Cost-effective Projects**	**20**	**2**	**1**	**15**		**2**
应用后本年度取得的经济效益	**Economic Profits Made after Application This year**						
净利润	Retained Profits	103502	474	823	101787		418
实交税金	Actual Tax Payments	15368			15368		
出口创汇	Earning Foreign Exchange Through Exports	70			70		
节约资金	Saving Capital	26588			26588		

17-8 主要年份国家级星火计划项目执行情况

Performance of State Level Spark Program Projects in Main Years

指 标	Item	2000	2005	2006	2007	2008	2009
国家级星火计划项目数 (项)	**State Level Spark Program Projects (item)**	**6**	**42**	**42**	**37**	**34**	**17**
参加项目工作的主要人 (人)	**Persons Participated in projects (person)**	**218**	**397**	**595**	**627**	**327**	**171**
其中:高级职称	Senior Professional Title	6	150	130	138	116	84
中级职称	Middle Professional Title	22	229	210	234	126	64
本年度资金落实及支出情况(万元)	**Expenditure of Funds This Year (10 000 yuan)**						
到位资金合计	Total Funds Available	1714	10451	16709	26751	6036	980
政府资金	Government Funds	83	661	396	283	680	309
#科技部拨款	Appropriating Funds of Ministry Science and Technology Development			105	255	667	252
自有资金	Funds Owned						661
科技活动事业单位资金	Funds of Institutions of Scientific and Technological Activities		407	155			
企业资金	Self-raising Funds by Enterprises				14112	2831	538
金融机构贷款	Loans From Finance Institutions	363	6540	4873	11743	1650	
国外资金	Foreign Funds	1268	2819	11285	12291		
其它资金	Other Funds		24		65	183	10
项目支出合计	Total Project Expenditure	1292	6954	6444	20031	4363	530
#研究开发费	Expenditure on R&D	208	1888	1547	1038	935	215
已偿还项目贷款	Repaid Loans	411	820	200	900	372	
本年度项目效益及成果	**Effectiveness and Results of This Year's Projects**						
本项目已取得的直接经济效益 (万元)	Direct Economic Benefits (10 000 yuan)						
新增产值	Added Value	2817	9052	12920	8902	3167	2689
净利润额	Retained Profits	60	1415	950	570	1341	1192
实交税金总额	Actual Tax Payments	79	503	741	150	132	102
出口额 (万美元)	Exports (USD 10 000)	200	35		700	7	4
项目专利申请和授权情况 (项)	Number of Patents Application Acceptance and Granted (item)						
专利申请数	Number of Patents Application Acceptance	1	11	1	1	5	4
#发明	Inventions		10		1	2	4
国外授权	Foreign						
专利授权数	Number of Patents Application Granted	1	7			1	1
#发明	Inventions	1	7			1	1
国外授权	Foreign						

17–9 2005–2009年科协系统科技活动基本情况
Basic Statistics on Scientific and Technological Activities of Science and Technology Associations(2005-2009)

指 标		Item		2005	2007	2008	2009
学术活动	**（次）**	**Academic Activities**	**(time)**	**40**	**35**	**70**	**98**
国内学术会议		Domestic Academic Conference		38	32	66	78
国内举行的国际会议		International Conference Held in China		2	3		
赴国外参加的国际会议(人次)		International Conference Went Abroad	(person-time)			4	20
科技培训		**Trainings in Science and Technique**					
办培训班	（次）	Training Courses	(time)	119	668	337	689
培训人次	（人次）	Training Person-times	rson-time)	11151	10600	31360	41072
科普活动		**Activity to Popularize Scientific Knowledge**					
科普讲座次数	（次）	lectures	(time)	540	626	211	691
参加人次	（人次）	Person-times Participating in	(person-time)	190302	304813	97814	442804
科普展览次数	（次）	Exhibitions	(time)	469	501	1482	2495
参观人次	（万人次）	Person-times Visiting	(10 000 person-times)	78.9	75.7	44.9	109.8
咨询活动		**Scientific and Technological Consulting Service**					
参加咨询的科技人员数	（人）	Scientists and Engineers Participating in	(person)	3100	481	246	
完成合同数	（项）	Number of Completed Contracts	(item)	170	213	228	627
无偿咨询项目数	（项）	Number of Items Free of Charge Consultation	(item)	77	92	204	
出版		**Publishing**					
科技期刊年发行册数	（册）	Number of Books Issued of Scientific and Technical Journals	(volume)	73400	725208	90050	122300
发表学术论文	（篇）	Scientific Papers Issued	(piece)	2254	1612	1931	2735
论文集	（种）	Memoir	(kind)	9	13	7	6
发表学术论文	（篇）	Scientific Papers Issued	(piece)	824	516	1067	523

17–10 2008–2009年高等院校科技活动基本情况

Basic Statistics on Higher Education for Scientific Techological Activities (2008-2009)

指　标		Item		理工农医类 Engineering, Agriculture and Medicine		人文、社科类 Humanities and Social Science	
				2008	2009	2008	2009
参加科技统计的高校	**（所）**	**Uuniversities and Colleges Participating in** Science and Technology Statistics	(unit)	**8**	**8**	**4**	**4**
从事科技活动人数	**（人）**	**Number of Personnel Engaged in S&T Activities**	**(person)**	**3921**	**4204**	**1572**	**1618**
教师		Teachers		1828	1951	1552	1591
其他技术人员		Other S&T Personnel		2093	2253	20	27
研究与发展经费收入	**（万元）**	**Revenue on R&D**	**(10 000 yuan)**	**3169**	**3385**	**419**	**903**
研究与发展经费支出	**（万元）**	**Expenditure on R&D**	**(10 000 yuan)**	**2454**	**2635**	**390**	**986**
研究与发展机构	**（个）**	**R&D Institutions**	**(unit)**	**30**	**17**	**12**	**10**
科技活动人员	（人）	Personnel Engaged in S&T Activities	(person)	352	507	130	193
研究与发展课题	**（项）**	**Questions for Discussion Research and Development**	**(item)**	**299**	**373**	**249**	**243**
基础研究		Basic Research		40	66	192	197
应用研究		Applied Research		155	216	57	41
实验发展		Experimental Development		54	49		5
研究与发展成果		**Research and Development Achievements**					
出版科学专著	（部）	Monographs of Science Published	(unit)	1	6	46	45
发表学术论文	（篇）	Scientific Papers Issued	(piece)	1635	1315	849	761
鉴定科技成果	（项）	Appraisal of Scientific and Technical Achievement	(item)	48	56		
获奖成果数	（项）	Prize Scientific and Technological Achievements	(item)	4	7		21
科技成果转让	（项）	Transfer of Scientific and Technological Achievements	(item)				

17–11 主要年份技术市场基本情况

Basic Statistics of Technical Market in Main Years

单位：项、万元 (item，10 000 yuan)

指　标	Item	1990	1995	2000	2005	2007	2008	2009
合同数	**Number of Contracts**	**219**	**415**	**552**	**318**	**488**	**427**	**433**
技术开发合同	Technology Development	13	36	39	72	157	105	65
技术转让合同	Technology Transfer	32	6	6	66	69	54	52
技术咨询合同	Technology Consultation	68	171	111	18	43	35	36
技术服务合同	Technology Service	106	202	396	162	219	233	280
技术合同成交额	**Transaction Value in Technical Market**	**213.7**	**1054.8**	**5096.0**	**11811.6**	**53446.0**	**77462.9**	**85424.2**
技术开发合同	Technology Development	24.3	82.0	224.2	6415.2	18404.1	5098.5	22816.8
技术转让合同	Technology Transfer	40.8	201.0	68.5	2593.3	3730.6	3074.6	11047.4
技术咨询合同	Technology Consultation	74.2	45.8	607.9	355.6	431.3	336.9	674.6
技术服务合同	Technology Service	74.4	726.0	4195.4	2447.6	30880.0	68952.9	50885.4

17–12 主要年份专利申请受理量及授权量

Number of Patent Applications Accepted and Granted in Main Years

单位：件 (piece)

年　份 Year	受理量 Application Accepted	发　明 Inventions	实用新型 Utility Models	外观设计 Designs	授权量 Application Granted	发　明 Inventions	实用新型 Utility Models	外观设计 Designs
1985	14	8	6					
1990	111	26	82	3	59	4	55	
1995	100	24	66	10	65	2	61	2
2000	174	36	90	48	117	16	67	34
2001	162	44	75	43	101	15	58	28
2002	151	40	56	55	85	14	48	23
2003	173	70	60	43	91	17	36	38
2004	124	49	44	31	70	21	30	19
2005	216	103	83	30	79	24	34	21
2006	325	79	98	148	97	30	45	22
2007	387	91	115	181	222	28	84	110
2008	431	148	120	163	228	23	100	105
2009	499	175	147	177	368	35	89	244

主要统计指标解释

科技活动 指在自然科学、农业科学、医药科学、工程与技术科学、人文与社会科学领域(简称科学技术领域)中,与科技知识的产生、发展、传播和应用密切相关的有组织的活动。可分为研究与试验发展(R&D)、研究与试验发展成果应用及相关的科技服务三类活动。该定义是联合国教科文组织考虑成员国特别是发展中国家开展科技统计工作的需要,而对科技活动所作的统计界定。

科技活动人员 指直接从事科技活动、以及专门从事科技活动管理和为科技活动提供直接服务,累计的实际工作时间占全年制度工作时间10%及以上的人员。(1)直接从事科技活动的人员包括:在独立核算的科学研究与技术开发机构、高等学校、各类企业及其他事业单位内设的研究室、实验室、技术开发中心及中试车间(基地)等机构中从事科技活动的研究人员、工程技术人员、技术工人及其它人员;虽不在上述机构工作,但编入科技活动项目(课题)组的人员;科技信息与文献机构中的专业技术人员;从事论文设计的研究生等。(2)专门从事科技活动管理和为科技活动提供直接服务的人员,包括:独立核算的科学研究与技术开发机构、科技信息与文献机构、高等学校、各类企业及其他事业单位主管科技工作的负责人,专门从事科技活动的计划、行政、人事、财务、物资供应、设备维护、图书资料管理等工作的各类人员,但不包括保卫、医疗保健人员、司机、食堂人员、茶炉工、水暖工、清洁工等为科技活动提供间接服务的人员。该指标用来反映投入科技活动人力的规模。

科学家与工程师 指科技活动人员中具有高、中级技术职称(职务)的人员和不具有高、中级技术职称(职务)的大学本科及以上学历人员。该指标用来反映投入科技活动人力的素质。

研究与试验发展(R&D) 指在科学技术领域,为增加知识总量,以及运用这些知识去创造新的应用进行的系统的创造性的活动,包括基础研究、应用研究、试验发展三类活动。国际上通常采用R&D活动的规模和强度指标反映一国的科技实力和核心竞争力。

基础研究 指为了获得关于现象和可观察事实的基本原理的新知识(揭示客观事物的本质、运动规律,获得新发现、新学说)而进行的实验性或理论性研究,它不以任何专门或特定的应用或使用为目的。其成果以科学论文和科学著作为主要形式。用来反映知识的原始创新能力。

应用研究 指为获得新知识而进行的创造性研究,主要针对某一特定的目的或目标。应用研究是为了确定基础研究成果可能的用途,或是为达到预定的目标探索应采取的新方法(原理性)或新途径。其成果形式以科学论文、专著、原理性模型或发明专利为主。用来反映对基础研究成果应用途径的探索。

试验发展 指利用从基础研究、应用研究和实际经验所获得的现有知识,为产生新的产品、材料和装置,建立新的工艺、系统和服务,以及对已产生和建立的上述各项作实质性的改进而进行的系统性工作。其成果形式主要是专利、专有技术、具有新产品基本特征的产品原型或具有新装置基本特征的原始样机等。在社会科学领域,试验发展是指把通过基础研究、应用研究获得的知识转变成可以实施的计划(包括为进行检验和评估实施示范项目)的过程。人文科学领域没有对应的试验发展活动。主要反映将科研成果转化为技术和产品的能力,是科技推动经济社会发展的物化成果。

研究与试验发展人员 指参与研究与试验发展项目研究、管理和辅助工作的人员,包括项目(课题)组人员,企业科技行政管理人员和直接为项目(课题)活动提供服务的辅助人员。反映投入从事拥有自主知识产权的研究开发活动的人力规模。

研究与试验发展人员全时当量 指全时人员数加非全时人员按工作量折算为全时人员数的总和。例如:有两个全时人员和三个非全时人员(工作时间分别为20%、30%和70%),则全时当量为2+0.2+0.3+0.7=3.2人年。为国际上比较科技人力投入而制定的可比指标。

专业技术人员 指从事专业技术工作和专业技术管理工作的人员,即企事业单位中已经聘任专业技术职务从事专业技术工作和专业技术管理工作的人员,以及未聘任专业技术职务,现在专业技术岗位上工作的人员。包括工程技术人员,农业技术人员,科学研究人员,卫生技术人员,教学人员,经济人员,会计人员,统计人员,翻译人员,图书资料、档案、文博人员,新闻出版人员,律师、公证人员,广播电视播音人员,工艺美术人员,体育人员,艺术人员及企业政治思想工作人员,共十七个专业技术职务类别。用来反映科技人力资源情况。

科技活动经费筹集 指从各种渠道筹集到的计划用于科技活动的经费,包括政府资金、企业资金、事业单位资金、金融机构贷款、国外资金和其他资金等。反映各社会经济主体对促进科技进步所做的努力。

政府资金 指从各级政府部门获得的计划用于科技活动的经费,包括科学事业费、科技三项费、科研基建费、科学基金、教育等部门事业费中计划用于科技活动的经费以及政府部门预算外资金中计划用于科技活动的经费等。

企业资金 指从自有资金中提取或接受其他企业委托的,科研院所和高校等事业单位接受企业委托获得的,计划用于科研和技术开发的经费。不包括来自政府、金融机构及国外的计划用于科技活动的资金。

金融机构贷款 指从各类金融机构获得的用于科技活动的贷款。

科技活动经费内部支出 指报告年内用于科技活动的实际支出，包括劳务费、科研业务费、科研管理费，非基建投资购建的固定资产、科研基建支出以及其他用于科技活动的支出。不包括生产性活动支出、归还贷款支出及转拨外单位支出。反映科技投入实际完成情况。

劳务费 指以货币或实物形式直接或间接支付给从事科技活动人员的劳动报酬及各种费用。包括各种形式的工资、津贴、奖金、福利、离退休人员费用、人民助学金等。反映改善科技人员待遇情况。

固定资产购建费 指报告年内使用非基建投资购建的固定资产和用于科研基建投资的实际支出额，即固定资产实际支出和科研基建投资实际完成额之和。固定资产是指长期使用而不改变原有实物形态的主要物资设备、图书资料、实验材料和标本以及其他设备和家具、房屋、建筑物。反映用于改善科研条件和科研手段方面的投入情况。

新产品 指采用新技术原理、新设计构思研制、生产的全新产品，或在结构、材质、工艺等某一方面比原有产品有明显改进，从而显著提高了产品性能或扩大了使用功能的产品。既包括政府有关部门认定并在有效期内的新产品，也包括企业自行研制开发，未经政府有关部门认定，从投产之日起一年之内的新产品。用来反映科技产出及对经济增长的直接贡献。

专利 是专利权的简称，是对发明人的发明创造经审查合格后，由专利局依据专利法授予发明人和设计人对该项发明创造享有的专有权。包括发明、实用新型和外观设计。反映拥有自主知识产权的科技和设计成果情况。

发明(专利) 指对产品、方法或者其改进所提出的新的技术方案。是国际通行的反映拥有自主知识产权技术的核心指标。

实用新型(专利) 指对产品的形状、构造或者其结合所提出的适于实用的新的技术方案。反映具有一定技术含量的技术成果情况。

外观设计(专利) 指对产品的形状、图案、色彩或者其结合所作出的富有美感并适于工业上应用的新设计。反映拥有自主知识产权的外观设计成果情况。

Explanatory Notes on Main Statistical Indicators

Scientific and Technological Activities (S&T Activities) refer to organized activities which are closely related with the creation, development, dissemination and application of the scientific and technical knowledge in the fields of natural sciences, agricultural science, medical science, engineering and technological science, humanities and social sciences (referred to as scientific and technological fields). S&T activities can be classified into 3 categories: research and development (R&D) activities, application of R&D results, and related S&T services. This statistical definition is made by UNICHIEF for scientific and technological activities to meet the need of carrying out statistical work in this field for its member countries particularly the developing countries.

Personnel Engaged in S&T Activities refer to personnel directly engaged in S&T activities, in the management of S&T activities, and in providing direct service to S&T activities, with over 10% of the total working hours in a year spent on S&T activities. (1) Personnel directly engaged in S&T activities include researchers, engineers, technicians and other related personnel engaged in S&T activities in independent - accounting R&D institutions, institutions of higher learning, and in research institutes, laboratories, technology development centres and central experiment workshops under enterprises and institutions. Also included are people working in S&T research project teams, professional and technical personnel working in S&T information archiving institutes, and graduate students working on the design of their thesis. (2) Personnel engaged in the management of S&T activities and in providing direct service to S&T activities include senior management people responsible for S&T activities in independent - accounting R&D institutions, S&T information archiving institutes, institutions of higher learning and in enterprises and institutions where S&T activities are undertaken. Also included are people responsible for the planning, administration, personnel management, financial management, logistics supply, equipment maintenance, information and library management that are related with S&T activities. People providing indirect services are excluded, such as security, medical service, drivers, plumbers, cleaners and those providing catering and related service. This indicator reflects the size of personnel engaged in S&T activities.

Scientists and Engineers refer to persons engaged in S&T activities either having obtained titles of senior and middle level professional positions, or those without such positions but have completed university or higher education. This indicator reflects the quality of personnel engaged in S&T activities.

Research and Development (R&D) refers to systematic and creative activities in the field of science and technology aiming at increasing the knowledge and using the knowledge for new application. R&D includes 3 categories of activities: basic research, applied research and experimentation for development. The scale and intensity of R&D are widely used internationally to reflect the strength of S&T and the core competitiveness of a country in the world.

Basic Research refers to empirical or theoretical research aiming at obtaining new knowledge on the fundamental principles regarding phenomena or observable facts to reveal the intrinsic nature and underlying laws and to acquire new discoveries or new theories. Basic research takes no specific or designated application as the aim of the research. Results of basic research are mainly released or disseminated in the form of scientific papers or monographs. This indicator reflects the innovation capacity for original knowledge.

Applied Research refers to creative research aiming at obtaining new knowledge on a specific objective or target. Purpose of the applied research is to identify the possible uses of results from basic research, or to explore new (fundamental) methods or new approaches. Results of applied research are expressed in the form of scientific papers, monographs, fundamental models or invention patents. This indicator reflects the exploration of ways to apply the results of basic research.

Experiments and Development refer to systematic activities aiming at using the knowledge from basic and applied researches or from practical experience to develop new products, materials and equipment, to establish new production process, systems and services, or to make substantial improvement on the existing products, process or services. Results of experiment and development activities are embodied in patents, exclusive technology, and monotype of new products or equipment. In social sciences, experiment and development activities refer to the process of converting the knowledge from basic or applied researches into feasible programmes (including conduct of demonstration projects for assessment and evaluation). There are no experiment and development activities in the science of humanities. This indicator reflects the capability of transferring the results of S&T into technique and products, and measures the realization of S&T in spearheading the economic and social development.

R & D Personnel refer to persons engaged in research, management and supporting activities of R & D, including persons in the project teams, persons engaged in the management of S&T activities of enterprises and supporting staff providing direct service to the research projects. This indicator reflects the size of personnel engaged in R&D activities with independent intellectual property.

Full - time Equivalent of R&D Personnel refers to the sum of the full - time persons and the full - time equivalent of part - time persons converted by workload. For instance, if there are 2 full - time persons and 3 part - time workers (20%, 30% and 70% of working hours respectively on R&D activities), the full - time equivalent are 2 + 0. 2 + 0. 3 + 0. 7 = 3. 2 person - years. This is an internationally comparable indicator of S&T manpower input.

Professional and Technical Personnel refer to persons engaged in professional and technical work or in the management of professional and technical activities, i. e., people with professional or technical positions who are engaged in professional and technical work or in the management of professional and technical activities, and people without professional or technical positions but are working on professional or technical posts. They include professionals and technicians working in 17 categories of technical occupations including engineering, agriculture, scientific researches, medical service, teaching, economic research and application, accounting, statistics, translation, libraries, archives, cultural and museum service, journalism and publication, lawyers, notarization service, radio and television broadcasting, handicraft and fine arts, sports, performing art, and political workers in enterprises. This indicator reflects the condition of human resources in S&T.

Funding for S&T Activities refers to funds obtained from various sources for S&T activities, including government funds, self - raised funds by enterprises, self - raised funds by institutions, loans from financial institutions, foreign funds and other funds. This indicator reflects the efforts made by various social economic entities in promoting the development of S&T.

Government Funds refer to funds obtained from government agencies at all levels to be used for S&T activities, including fund for scientific undertakings, 3 kinds of fund for S&T activities, fund for capital construction for scientific researches, science fund, funds from education expenditures by education departments for S&T activities, and extra - budget fund from government agencies for S&T activities.

Funds of Enterprises refers to funds of enterprises from their own budget; funds from other enterprises; or funds received by universities or research institutions from enterprises for scientific research or technical development projects. Excluded from this category are funds from government agencies, financial institutions or from foreign institutions.

Loans from Financial Institutions refer to loans from various financial institutions for S&T activities.

Internal Expenditure on S&T activities refer to the actual expenditure on S&T activities during the reference year, including service fees, expenditure on research activities, expenditure on research management, purchase or construction of fixed assets not included in the investment for capital construction, expenditure on capital construction for scientific researches, and other expenditure on S&T activities. Not included are expenditure on production activities, repayment of loans and transfer expenditure. This indicator reflects the net investment in S&T more accurately.

Service Fees refer to direct or indirect payment, in cash or in kind, made to personnel engaged in S&T activities as remuneration and other fees. They include, in various forms, salaries, subsidies, bonus, benefits, retirement pension, stipend, etc. This indicator reflects the improvement of the remuneration package for S&T personnel.

Purchase or Construction of Fixed Assets refers to the fixed assets purchased or constructed using funds other than the investment in capital construction, and the actual expenditure on capital construction for scientific researches. In other words, it is the sum of the actual expenditure on fixed assets and the accomplished investment in capital construction for scientific researches. Fixed assets refer to main materials and equipment, literatures and documents in libraries, materials for experiments, specimen, instruments, furniture, buildings and constructions that can be used for a long time without changing the form and shape of those articles or constructions. This indicator reflects the input in improving the condition of S&T and the means of scientific research.

New Products refer to brand new products produced with new technology and new design, or products that represent noticeable improvement in terms of structure, material, or production process for improving significantly the character or function of the older versions. They include new products certified by relevant government agencies within the period of certification, as well as new products designed and produced by enterprises within a year without certification by government agencies. This indicator reflects the direct contribution of S&T output to economic growth.

Patent is an abbreviation for the patent right and refers to the exclusive right of ownership by the inventors or designers for the creation or inventions, given from the patent offices after due process of assessment and approval in accordance with the Patent Law. Patents are granted for inventions, utility models and designs. This indicator reflects the achievements of S&T and design with independent intellectual property.

Patented Inventions refer to new technical proposals to the products or methods or their modifications. This is universal core indicator reflecting the technologies with independent intellectual property.

Patented Utility Models refer to the practical and new technical proposals on the shape and structure of the product or the combination of both. This indicator reflects the condition of technological results with certain technical content.

Designs refer to the aesthetics and industrially applicable new designs for the shape, pattern and colour of the product, or their combinations. This indicator reflects the appearance design achievements with independent intellectual property.

第18篇

CHAPTER 18

教育和文化

Education and Culture

每万人口中在校学生数（人）

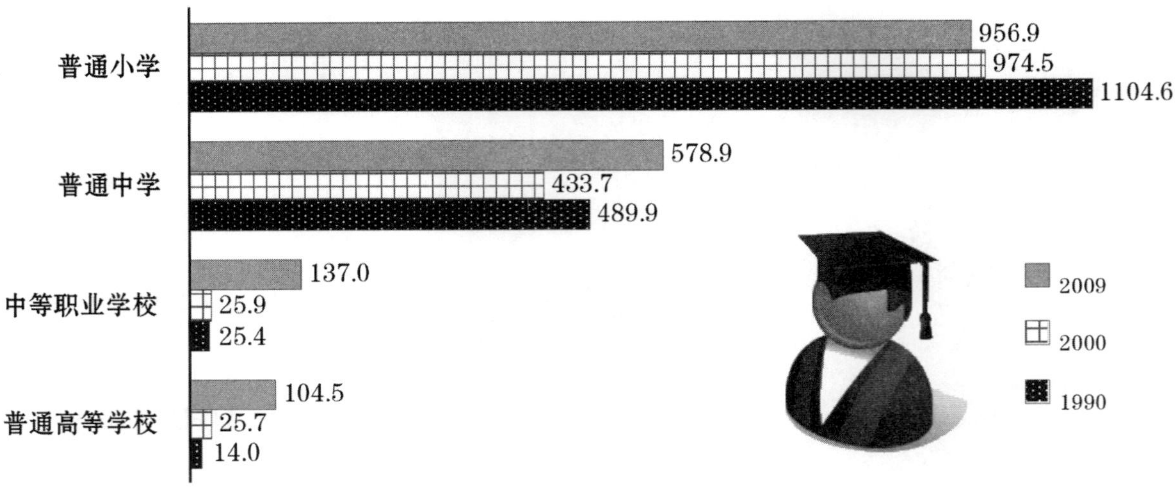

各级各类学校数（所）

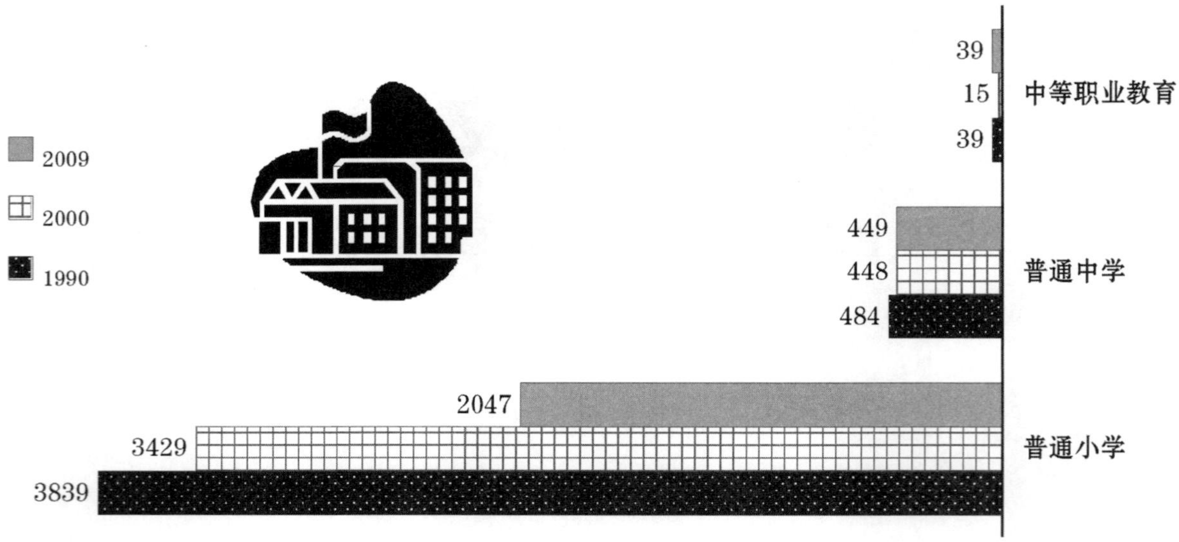

基础教育升学率

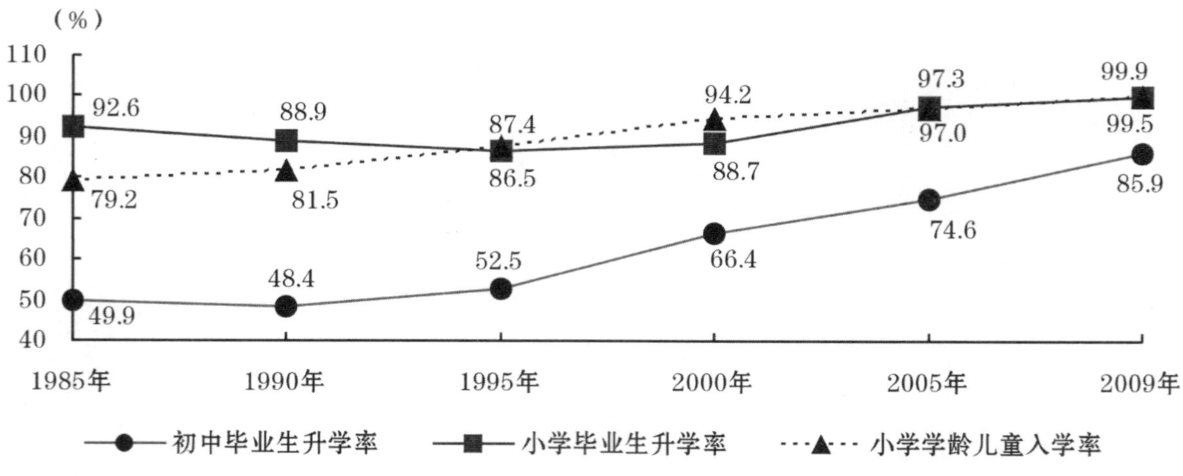

18–1 主要年份各级各类学校数

Number of Schools by Level and Type of School in Main Years

单位：所 (unit)

年份 地区	Year Region	普通高等学校 Regular Institutions of Higher Education	中等职业教育 Secondary Vocational Education	普通中学 Regular Secondary Schools	普通小学 Regular Primary Schools
1952			7	4	1065
1957		1	18	14	1441
1965		1	14	30	5847
1970		3	9	49	3097
1975		4	11	540	6531
1978		6	27	818	6577
1980		6	33	582	5207
1985		7	37	435	4256
1990		7	39	484	3839
1995		7	34	471	3437
1996		7	34	467	3451
1997		6	35	459	3473
1998		6	35	449	3465
1999		6	35	448	3448
2000		8	15	448	3429
2001		6	16	486	3159
2002		8	15	444	3120
2003		9	17	504	2998
2004		9	14	507	2995
2005		8	47	511	2898
2006		8	50	498	2841
2007		8	45	495	2727
2008		8	43	491	2556
2009		9	39	449	2047
西宁市	Xining City	9	21	140	459
海东地区	Haidong Prefecture		6	148	881
海北州	Haibei Zang A.P		3	23	155
黄南州	Huangnan Zang A.P		1	25	177
海南州	Hainan Zang A.P		2	22	82
果洛州	Golog Zang A.P		3	15	53
玉树州	Yushu Zang A.P		1	22	166
海西州	Haixi Mongolian & Zang A.P		2	54	74

18–2 主要年份普通高等学校基本情况

Basic Statistics on Regular Institution of Higher Education in Main Years

单位：人 (person)

年份 Year 地区 Region	毕业人数 Graduates	招生人数 New Enrollment	在校学生数 Total Enrollment	教职工人数 Teachers and Staff	专任教师 Full-time Teashers	生师比 Student-Teacher Ratio
1957		102	178	113	55	3.2
1965	297	176	566	634	326	1.7
1970	323	368	616	792	351	1.8
1975	688	861	2709	1350	625	4.3
1978	785	1314	3538	1663	819	4.3
1980	692	1208	4238	1970	999	4.2
1985	1159	2037	6414	2559	1253	5.1
1990	1930	1725	6241	2805	1470	4.2
1995	2133	2339	7332	2965	1410	5.2
1996	2033	2460	7780	2973	1398	5.6
1997	2135	2619	8202	3108	1587	5.2
1998	2241	2787	8691	3399	1678	5.2
1999	2490	3172	7347	3454	1711	5.5
2000	2130	6105	13307	4229	2107	6.3
2001	2561	7032	17918	4669	2094	8.6
2002	2763	7123	22198	5314	2580	8.6
2003	4771	9075	26124	5589	2769	9.9
2004	5802	9452	29483	5820	3079	9.6
2005	8344	12812	34374	5830	3051	11.3
2006	8773	12318	37146	6038	3296	11.3
2007	9842	12493	39066	6127	3156	12.4
2008	13986	20505	55792	6242	3368	16.6
2009	14626	18375	58229	6418	3757	15.5
西宁市 Xining City	14626	18375	58229	6418	3757	15.5

注：2008年、2009年普通高校毕业生数、招生数、在校生数含成人本专科生。

a) Graduates, new enrollment and total enrollment of regular institution of higher education in 2008 and 2009 include adult undergraduates and adult college students.

18-3 主要年份中等职业教育基本情况
Basic Statistics on Secondary Vocational Schools in Main Years

单位：人 (person)

年份 地区	Year Region	毕业人数 Graduates	招生人数 New Enrollment	在校学生数 Total Enrollment	教职工人数 Teachers and Staff	专任教师 Full-time Teashers	生师比 Student-Teacher Ratio
1952		134	499	1602	236	88	18.2
1957		465	1486	5856	862	330	17.8
1965		510	1644	3825	753	313	12.2
1970		970	1677	2210	578	261	8.5
1975		1502	2006	5703	989	436	13.1
1978		1778	3459	7966	1374	657	12.1
1980		2484	2922	9615	1917	955	10.5
1985		2872	4512	12159	2555	1283	9.5
1990		4216	3378	11286	3102	1670	6.8
1995		3280	4217	13643	3048	1691	8.1
1996		4296	4186	13479	3062	1701	7.9
1997		4121	3867	13215	3048	1719	7.7
1998		4215	4019	12925	3079	1758	7.4
1999		4252	4050	12600	3072	1777	7.1
2000		4093	4781	13406	2398	1363	9.8
2001		3477	3006	12296	2252	1307	9.4
2002		3266	2881	11382	1159	713	16.0
2003		4204	1829	8107	773	470	10.2
2004		2401	1466	5028	546	342	14.7
2005		5836	13216	24656	2227	1588	15.5
2006		7939	21173	36886	2408	1723	21.4
2007		9175	30861	54566	2569	1906	28.6
2008		13798	30968	67917	3100	2379	28.5
2009		19356	31892	76375	3140	2480	30.8
西宁市	Xining City	12135	19842	48067	1916	1508	31.9
海东地区	Haidong Prefecture	4418	6723	16608	479	438	37.9
海北州	Haibei Zang A.P	524	1387	2641	194	138	19.1
黄南州	Huangnan Zang A.P	939	1138	2757	35	23	119.9
海南州	Hainan Zang A.P	509	1135	2601	85	71	36.6
果洛州	Golog Zang A.P	158	263	653	107	34	19.2
玉树州	Yushu Zang A.P	144	488	1193	148	138	8.6
海西州	Haixi Mongolian & Zang A.P	529	916	1855	176	130	14.3

18–4 主要年份普通中学基本情况
Basic Statistics on Regular Secondary Schools in Main Years

单位：人 (person)

年份 Year / 地区 Region		毕业人数 Graduates	招生人数 New Enrollment	在校学生数 Total Enrollment	教职工人数 Teachers and Staff	专任教师 Full-time Teashers	生师比 Student-Teacher Ratio
1952		193	454	1221	137	60	8.9
1957		1026	4111	9382	539	400	17.4
1965		2182	4403	11978	1122	767	10.7
1970		8096	14374	38913	1700	1375	22.9
1975		26410	53092	120724	7528	5857	16.0
1978		49600	78600	209100	11512	9791	18.2
1980		58600	70597	199200	14058	10779	18.5
1985		58200	76200	230700	16599	12917	17.9
1990		67074	76269	217470	20161	16023	13.6
1995		57835	69755	193862	19190	15691	12.4
1996		55389	67599	192854	19046	15638	12.3
1997		58488	70944	194628	19440	16089	12.1
1998		58703	72987	195037	18884	16009	12.2
1999		56712	78901	207214	19090	16260	12.7
2000		57812	86540	224660	19378	16645	13.5
2001		61357	93034	244629	19835	16857	14.5
2002		56820	85181	220921	16670	14801	14.9
2003		75421	110325	294400	21257	18613	15.8
2004		83727	111830	315284	21853	19402	16.3
2005		93478	116340	327502	22370	20050	16.3
2006		100558	111044	328027	23047	20765	15.8
2007		101883	112097	327039	23357	21038	15.5
2008		106574	106538	315371	23429	21194	14.9
2009		100108	114485	322666	23587	21308	15.1
西宁市	Xining City	36134	42261	119365	9524	8798	13.6
海东地区	Haidong Prefecture	33568	31858	94871	7075	6623	14.3
海北州	Haibei Zang A.P	5551	6149	15680	1102	927	16.9
黄南州	Huangnan Zang A.P	4399	5068	15055	903	780	19.3
海南州	Hainan Zang A.P	6402	10316	26480	1750	1514	17.5
果洛州	Golog Zang A.P	1612	2648	9038	470	336	26.9
玉树州	Yushu Zang A.P	3987	6290	16104	605	526	30.6
海西州	Haixi Mongolian & Zang A.P	8455	9895	26073	2158	1804	14.5

18-5 主要年份小学基本情况

Basic Statistics on Primary Schools in Main Years

单位：万人、人 (10 000 persons,person)

年份 地区	Year Region	毕业人数 Graduates	招生人数 New	在校学生数 Total	教职工人数 Teachers and Staff	专任教师 Full-time Teashers	生师比 Student-Teacher Ratio
1952		0.6	0.9	8.8	2542	2375	
1957		2.3	4.1	15.4	4661	4401	34.9
1965		1.7	14.8	31.0	11148	10812	28.6
1970		2.3	3.4	23.1	10196	10057	23.0
1975		4.8	18.3	54.1	20512	19485	27.7
1978		6.5	13.4	59.9	24933	23918	25.0
1980		6.3	11.5	57.5	27049	25162	22.8
1985		6.1	9.6	54.2	26818	24649	22.0
1990		6.5	7.7	49.0	28582	26515	18.5
1995		5.9	8.3	44.8	28810	26881	16.7
1996		5.9	8.7	46.0	29298	27350	16.8
1997		6.1	8.9	47.1	29490	27611	17.1
1998		6.3	9.1	48.7	29433	27702	17.6
1999		6.9	9.6	50.1	29130	27452	18.2
2000		7.6	9.4	50.5	29371	27706	18.2
2001		7.9	9.5	50.2	29377	27870	18.0
2002		8.1	10.3	50.7	29546	28215	18.0
2003		8.2	9.5	50.7	29692	28496	17.8
2004		8.1	9.9	51.3	28926	27832	18.4
2005		8.1	8.9	50.7	28551	27478	18.4
2006		7.6	10.2	52.2	29209	28124	18.6
2007		7.1	10.1	53.1	28393	27303	19.4
2008		6.9	9.3	53.8	28115	27318	19.7
2009		7.8	8.7	53.3	27814	26794	19.9
西宁市	Xining City	2.9	2.6	16.6	8122	8017	20.7
海东地区	Haidong Prefecture	2.0	2.4	14.0	7847	7804	17.9
海北州	Haibei Zang A.P	0.5	0.5	3.1	1678	1572	20.0
黄南州	Huangnan Zang A.P	0.5	0.5	3.3	1920	1907	17.5
海南州	Hainan Zang A.P	0.7	0.8	4.9	2974	2794	17.5
果洛州	Golog Zang A.P	0.2	0.4	2.1	1049	878	24.4
玉树州	Yushu Zang A.P	0.4	0.8	4.9	1799	1569	31.2
海西州	Haixi Mongolian & Zang A.P	0.7	0.7	4.4	2425	2253	19.3

18–6 主要年份幼儿教育事业基本情况
Basic Statistics on Kindergartens in Main Years

单位：人 (person)

年份 Year 地区 Region		幼儿园数(所) Kindergartens (unit)	在园幼儿数 Total Enrollment	教职工人数 Teachers and Staff	幼师 Full-time Teashers	生师比 Student-Teacher Ratio
1952		3	560	46	25	22.4
1957		4	882	121	40	22.1
1965		13	2007	212	65	30.9
1980		46	15561	1053	408	38.1
1985		219	29140	1417	843	34.6
1990		203	44320	1820	1275	34.8
1995		203	72030	2694	1719	41.9
1996		192	70467	2443	1690	41.7
1997		185	73735	2947	2141	34.4
1998		192	70908	2643	1883	37.7
1999		189	66795	2784	1999	33.4
2000		201	63711	2721	2115	30.1
2001		183	67387	2646	1491	45.2
2002		215	69402	3079	1704	40.7
2003		220	74075	3243	1825	40.6
2004		240	77512	3518	1955	39.6
2005		284	82558	3978	2211	37.3
2006		317	88006	4265	2386	36.9
2007		318	88985	4384	2484	35.8
2008		374	94274	4701	2676	35.2
2009		466	101425	5356	3143	32.3
西宁市	Xining City	278	53031	3592	2076	25.5
海东地区	Haidong Prefecture	40	20903	574	357	58.6
海北州	Haibei Zang A.P	11	5011	158	112	44.7
黄南州	Huangnan Zang A.P	12	3696	92	67	55.2
海南州	Hainan Zang A.P	81	8253	307	205	40.3
果洛州	Golog Zang A.P	5	765	40	32	23.9
玉树州	Yushu Zang A.P	4	657	41	35	18.8
海西州	Haixi Mongolian & Zang A.P	35	9109	552	259	35.2

18—7 主要年份基础教育基本情况

Basic Statistics on Basic Education in Main Years

单位：% (%)

年 份 / 地 区	Year / Region	初中毕业生升学率 Promotion Rate from Junior Secondary Schools to Senior Seconday Schools	小学毕业生升学率 Promotion Rate from Primary Schools to Junior Secondary Schools	小学学龄儿童入学率 Net Enrollment Ratio of Primany Schools
1952		82.1	45.1	
1957		113.0	58.1	
1965		93.7	106.7	73.1
1970		46.8	53.4	51.4
1975		63.0	89.5	89.8
1978		58.8	92.1	85.5
1980		40.2	86.9	82.4
1985		49.9	92.6	79.2
1990		48.4	88.9	81.5
1995		52.5	86.5	87.4
1996		66.5	87.9	89.6
1997		67.9	87.4	90.4
1998		60.1	91.1	92.1
1999		60.5	90.5	92.7
2000		66.4	88.7	94.2
2001		63.1	89.6	95.4
2002		65.5	92.0	95.4
2003		62.5	95.2	96.1
2004		66.5	96.9	96.6
2005		74.6	97.3	97.0
2006		75.1	97.3	97.1
2007		89.3	100.1	98.6
2008		85.0	97.5	99.4
2009		85.9	99.9	99.5
西宁市	Xining City	115.9	97.0	99.7
海东地区	Haidong Prefecture	79.3	98.6	99.7
海北州	Haibei Zang A.P	58.0	90.4	99.5
黄南州	Huangnan Zang A.P	87.9	74.2	99.4
海南州	Hainan Zang A.P	75.1	115.7	99.4
果洛州	Golog Zang A.P	35.4	139.2	99.1
玉树州	Yushu Zang A.P	36.2	128.6	98.6
海西州	Haixi Mongolian & Zang A.P	66.1	96.8	99.7

18–8 主要年份全省每万人口中在校学生数

Students Enrollment per 10 Thousand People in Main Years

单位：人 (person)

年份 Year	普通高等学校 Regular Institutions of Higher Education	中等职业学校 Secondary Vocational Schools	普通中专 Regular Specialzed Secondary Schools	普通中学 Regular Secondary Schools	普通小学 Primary Schools
1952		10.0	10.0	8.0	547.0
1957	0.9	30.0	30.0	46.0	749.0
1965	3.0	16.0	16.0	52.0	1343.0
1970	2.0	8.0	8.0	138.0	818.0
1975	8.0	17.0	17.0	358.0	1602.0
1978	10.0	22.0	22.0	573.0	1642.0
1980	11.0	25.0	25.0	529.0	1525.0
1985	15.9	30.3	30.3	556.4	1350.6
1990	14.0	25.4	25.4	489.9	1104.6
1995	15.4	28.6	28.6	406.0	938.2
1996	15.9	27.6	27.6	421.6	941.1
1997	16.5	26.7	26.7	392.7	951.2
1998	17.3	25.7	25.7	387.9	967.9
1999	18.3	24.7	24.7	406.5	982.1
2000	25.7	25.9	25.9	433.7	974.5
2001	34.2	23.5	23.5	467.6	959.2
2002	42.0	21.5	21.5	499.8	958.4
2003	48.9	19.7	15.2	551.5	949.6
2004	54.7	34.9	9.3	585.4	951.7
2005	63.3	45.4	13.6	602.9	933.1
2006	92.7	67.3	16.5	598.9	953.1
2007	92.4	98.9	21.9	592.9	963.1
2008	100.7	122.5	21.9	569.0	970.9
2009	104.5	137.0	25.3	578.9	956.9

18–9 2006–2009年各级学校女学生和女教师数

Number of Female Students and Teachers in All Schools(2006-2009)

单位：人 (person)

指标	Iten	普通高等学校 Regular Institutions of Higher Education 2006	2007	2008	2009	中等职业学校 Secondary Vocational Schools 2006	2007	2008	2009
毕业生数	**Graduates**	**8609**	**9455**	**13986**	**14626**	**7939**	**9175**	**13798**	**19356**
女性	Females	3990	4648	7250	7063	4283	4320	6087	8113
招生数	**New Enrollment**	**11856**	**11955**	**20505**	**18375**	**21173**	**30861**	**30968**	**31892**
女性	Females	5143	6029	10065	9491	9745	13702	14019	13183
在校生数	**Total Enrollment**	**35983**	**37654**	**55792**	**58229**	**36886**	**54566**	**67917**	**76375**
女性	Females	17220	17854	27310	28541	17366	24384	30898	34228
教职工数	**Teachers and Staff**	**6038**	**6127**	**6862**	**6418**	**2408**	**2569**	**3100**	**3140**
女性	Females	2689	2726	3047	2948	1039	1123	1344	1389
专任教师	**Full-time Teachers**	**3296**	**3156**	**3769**	**3757**	**1723**	**1906**	**2379**	**2480**
女性	Females	1582	1549	1861	1886	757	857	1085	1143

注：2008年、2009年普通高校毕业生数、招生数、在校生数含成人本专科生。

a) Graduates, new enrollment and total enrollment of regular institution of higher education in 2008 and 2009 include adult undergraduates and adult college students.

18—10 各级学校基本情况(2009年)

Basic Statistics of General Education Schools at All Levels (2009)

单位：人 (person)

项　目	Item	学校数(所) Number of Schools (unit)	毕业生人数 Graduates	招生人数 New Enrollment	在校学生数 Total Enrollment	教职工人数 Teachers and Staff	专任教师 Full-time Teashers
总　计	**Total**	**3022**	**274243**	**319687**	**1096069**	**67140**	**58040**
高等学校	**Higher Education**	**11**	**14823**	**18931**	**59587**	**7085**	**4185**
普通高校	**Regular Institutions of Higher Education**	**9**	**14626**	**18375**	**58229**	**6418**	**3757**
研究生	Postgraduates		366	637	1573		
普通本专科	Regular Undergradustes and College Students		10437	13253	43782		
本科	Enrolled in Full Undergraduate Courses		5537	7320	26678		
成人本专科	Adult Undergradustes and College Students		3823	4485	12874		
本科	Enrolled in Full Undergraduate Courses		2861	3148	8626		
成人高校	**Adult Institutions of Higher Education**	**2**	**197**	**556**	**1358**	**668**	**428**
中等职业教育	**Secondary Vocational Education**	**39**	**19356**	**31892**	**76375**	**3140**	**2480**
调整后中职学校	Secondary Vocational School After Adjusted	25	10452	19103	46672	1955	1542
中专学校	Regular Specialized Secondary Schools	6	3775	6790	14078	619	469
成人中专	Adult Specialized Secondary Schools	3	2538	4375	10273	460	379
职业高中	Vocational Senior Secondary Schools	5	2591	1624	5352	106	90
普通中学	**Regular Secondary Schools**	**449**	**100108**	**114485**	**322666**	**23587**	**21308**
高　中	Senior Secondary Schools	126	34396	36571	107783		7518
初　中	Junior Secondary Schools	323	65712	77914	214883		13790
普通小学	**Primary Schools**	**2047**	**78005**	**87157**	**533255**	**27814**	**26794**
特殊教育学校	**Special Schools**	**10**	**231**	**466**	**2761**	**158**	**130**
幼儿园	**Kindergartens**	**466**	**61720**	**66756**	**101425**	**5356**	**3143**

18－11　技工学校学生情况统计表(2009年)

Basic Statistics on Students of Technical Schools(2009)

单位：人　　(person)

项　目	Item	总　计 Total	地方劳动保障部门办　校 Run by Department of Local Labor and Social Security	地方国有经济单位办　校 Run by Local State-owned Units	行　业办　校 Run by Sector	民　办 Run by Private Institutions	国务院部委办 Run by Ministries under the State Council
学校数	**Number of Schools (unit)**	**18**	**2**	**2**	**9**	**4**	**1**
招生学校数	Number of Schools of Having New Enrollment students	14	2	2	8	2	
教职工人数	**Testhers and Staff**	**2105**	**51**	**213**	**1439**	**101**	**301**
女性	Female	1032	19	83	663	58	209
文化技术理论课教师	Classroom Teachers	951	34	77	737	30	73
高级讲师	Senior Prelector	342	17	41	260	9	15
讲师	Prelector	324	10	17	275	4	18
助理讲师	Assistant Prelector	285	7	19	202	17	40
大学本科以上	Above Undergraduate	963	20	47	841	27	28
招生数	**New Enrollment**	**10730**	**401**	**2184**	**7329**	**816**	
高级班学生	Senior Students	1598		323	1275		
农业户口学生	Students of Agricultural Registered Permanent Residence	8279	320	1384	5801	774	
在校生数	**Total Enrollment**	**24402**	**605**	**7578**	**15361**	**858**	
女生	Female	7525	80	1190	5628	627	
高级班学生	Senior Students	4402		1400	3002		
农业户口学生	Students of Agricultural Registered Permanent Residence	18886	509	6803	10777	797	
毕业生数	**Gradustes**	**4991**	**285**	**1813**	**2893**		
高级班学生	Senior Students	740		310	430		
获得中级职业资格	Access to Intermediate Professional Qualification	3882	275	1543	2064		
获得高级职业资格	Access to Senior Professional Qualification	659		270	389		
培训社会人员人次数	**Number of Training Community Staff**	**24239**	**1257**	**3757**	**11826**	**5567**	**1832**
女性	Female	5206	200	704	2445	1754	103
培训社会人员结业人数	**Number of Completed Course of Training Community Staff**	**24239**	**1257**	**3757**	**11826**	**5567**	**1832**
按培训对象分组	**Grouped by Training Object**						
下岗职工	Laid-off Staff and Works						
失业人员	Unemployed Persons	736		79	422	200	35
劳动预备制学员	Persons of Work Preparation Training	1049	113	856		80	
在职职工	Staff and Workers	14730	345	2658	9367	563	1797
农村劳动者	Rural Labor	6716	799	126	1067	4724	
大学毕业生	Graduate	1008		38	970		
按获取证书分组	**Grouped by Certificate Obtained**						
初级职业资格	Primary Professional Qualification	4567	799	156	915	2697	
中级职业资格	Intermediate Professional Qualification	770		239	304	227	
高级职业资格	Senior Professional Qualification	1905		236	1604	65	
就业人数	**Number of Employed Persons**	**4890**	**285**	**1769**	**2836**		

18-12 2008-2009年教育事业办学条件
Education Conditions for Running Schools(2008-2009)

项 目	Item	2008	2009
学校校舍面积 （万平方米）	**Schoolhouse Area (10 000 square meter)**	**720.24**	**1054.53**
高等学校产权校舍面积	Schoolhouse Area of Institutions of Higher Education	157.30	149.36
危房	Danger Schoolhouse	0.89	0.50
普通高校	Regular Institutions of Higher Education	145.80	143.73
成人高校	Adult Institutions of Higher Education	11.48	5.63
中等职业教育校舍面积	Schoolhouse Area of Secondary Vocational Education	46.78	50.99
危房	Danger Schoolhouse	2.40	6.67
普通中学校舍面积	Schoolhouse Area of Regular Secondary Schools	249.43	272.36
危房	Danger Schoolhouse	16.38	59.64
小学校舍面积	Schoolhouse Area of Regular Primary Schools	266.73	272.15
危房	Danger Schoolhouse	19.38	93.50
学校固定资产 （万元）	**Fixed Assets of Schools (10 000 yuan)**	**530069.10**	**600965.20**
高等学校固定资产	Institutions of Higher Education	114894.00	128891.75
中等职业教育固定资产	Secondary Vocational Education	48712.90	46231.26
普通中学固定资产	Regular Secondary Schools	182261.90	221918.16
小学固定资产	Regular Primary Schools	184200.30	203924.03
学校图书藏量 （万册）	**School Book Reserves (10 000 volume)**	**1482.07**	**1580.13**
高等学校图书	Institutions of Higher Education	412.68	422.57
中等职业教育图书	Secondary Vocational Education	70.48	86.80
普通中学图书	Regular Secondary Schools	455.61	492.42
小学图书	Regular Primary Schools	543.30	578.34

18–13 2008－2009年文化事业机构、人员情况

Basic Statistics of Cultural Institutions and Personnel(2008－2009)

类 别	Category	机构数(个) Number of Institutions (unit)		从业人员(人) Number of Employed Persons (person)	
		2008	2009	2008	2009
总 计	**Total**	**361**	**395**	**2686**	**2591**
艺术事业	**Arts**	**12**	**13**	**862**	**907**
艺术表演团体	Arts Performance Troupes	12	13	862	907
话剧团	Drama Troupe				
歌剧、舞剧、歌舞剧团	Opera, Ballet and Dance Troupe	1	1	180	180
歌舞团、轻音乐团	Song and Dance Troupe, Light Music Troupe	8	8	397	431
文工团、文宣队、乌兰牧骑	Cultural and Performance Troupes and Ulanmuchi (equestrian art troupes)	1	2	29	45
戏曲剧团	Local Opera Troupes	2	2	256	251
京剧团	Beijing Opera Troupes				
艺术表演场所	Arts Performance Places				
图书馆事业	**Public Libraries**	**43**	**44**	**392**	**391**
文物事业	**Cultural Relics**	**43**	**44**	**322**	**322**
文物机构	Historical Relics Agencies	25	26	154	142
文物保护机构	Agencies of Historical Relics Preservation	24	25	109	109
博物馆	Museums	18	18	168	180
文物商店	Cultural Relics Shops				
群众文化事业	**Mass Culture**	**254**	**282**	**720**	**745**
群众艺术馆	Mass Art Centers	9	8	163	155
文化馆	Cultural Centers	45	44	346	357
文化站	Cultural Stations	200	230	211	233
艺术教育事业	**Culture and Education**	**1**	**1**	**77**	**81**
中等专业学校	Specialized Secondary Schools	1	1	77	81
其他文化事业	**Other Cultural Units**	**11**	**11**	**145**	**145**
艺术科研机构	Art Research Institutions	1	1	14	14
其他	Others	10	10	131	131

18–14 主要年份报刊、杂志、图书出版情况

Basic Statistics of Newspapers, Magazines, Books Published in Main Years

年 份 Year	报 纸 Newspapers Published		杂 志 Magazines Published		图 书 Books Published	
	种 数 (种) Number of Publication (kind)	总印数 (万份) Total Printed Copies (10 000 Copies)	种 数 (种) Number of Publication (kind)	总印数 (万册) Total Printed Copies (10 000 Copies)	种 数 (种) Number of Publication (kind)	总印数 (万册) Total Printed Copies (10 000 Copies)
1957		565.4			23	15.1
1970					80	312.0
1975	2	2991.1			196	1167.9
1978	2	2966.0	1	6.0	204	1051.5
1980	3	3160.0	1	64.7	586	2231.4
1985	10	4312.8	17	111.1	339	960.7
1990	12	3894.4	17	51.9	527	1081.9
1992	15	4773.5	25	63.1	624	1128.3
1993	15	4335.0	27	67.5	628	864.7
1994	15	4316.9	37	78.9	764	1024.8
1995	16	5677.0	39	78.5	735	1226.7
1996	16	4254.0	39	70.3	667	1025.3
1997	16	4054.0	40	81.1	479	1081.9
1998	14	3792.0	39	85.3	501	1295.2
1999	17	4002.0	45	88.0	450	1126.9
2000	21	4800.2	50	91.2	195	586.2
2001	19	4235.8	31	280.8	148	507.0
2002	20	4494.2	43	59.2	142	397.5
2003	20	4752.0	41	73.8	156	827.7
2004	21	4384.0	49	220.0	377	504.0
2005	19	4486.0	40	204.0	390	840.4
2006	27	4400.0	52	108.0	392	1077.0
2007	25	9757.0	52	196.0	576	1143.0
2008	26	8859.0	52	281.0	656	987.0
2009	26	9172.0	53	353.0	680	843.0

18–15 广播播出公共节目时间(2009年)

Public Program Time of Propaganda on Broadcast(2009)

单位：时:分 (hour:minute)

地 区	Region	合 计 Total	新闻资讯类 News	专题服务类 Special Subject	综 艺 类 General Entertainment	广播剧类 Radio Drama	广 告 类 Advertising	其 他 类 Others
合 计	**Total**	**56284:20**	**9053:15**	**9874:15**	**15281:30**	**3528:30**	**8177:15**	**10369:35**
省 级	Provincial	28113:00	3709:00	5370:00	3850:00	906:00	7107:00	7441:00
青海广播电台	Qinghai Broadcasting Station	28113:00	3709:00	5370:00	3850:00	906:00	7107:00	7441:00
地市级	Regional	28171:20	5344:15	4504:15	11701:30	2622:30	1070:15	2928:35
西宁市	Xining City	21968:30	3616:30	3723:30	8281:00	2622:30	1070:15	2654:45
玉树州	Yushu Zang A.P	2098:50	456:15	456:15	912:30			273:50
海西州	Haixi Mongolian & Zang A.P	4104:00	1271:30	324:30	2508:00			

18–16 电视播出公共节目时间(2009年)

Public Program Time of Propaganda on Television(2009)

单位：时:分 (hour:minute)

地 区	Region	合 计 Total	新闻资讯类 News	专题服务类 Special Subject	综艺益智类 General Entertainment	影视剧类 Radio Drama	广 告 类 Advertising	其 他 类 Others
合 计	**Total**	**66811:30**	**5729:10**	**7773:30**	**5548:30**	**31652:00**	**7846:00**	**3762:20**
省 级	Provincial	27193:00	1832:00	4374:00	841:00	13774:00	4636:00	1736:00
青海电视台	Qinghai Broadcasting Station	27193:00	1832:00	4374:00	841:00	13774:00	4636:00	1736:00
地市级	Regional	32998:30	3737:00	133:29	4447:30	17078:00	2710:00	1826:20
西宁电视台	Xining Broadcasting Station	12790:00	1155:00	2040:00	365:00	6560:00	2252:00	418:00
海北电视台	Haibei Broadcasting Station	2920:00	616:00	122:00	609:00	1095:00	122:00	356:00
黄南电视台	Huangnan Broadcasting Station	3797:30	480:00	192:00	120:00	2680:00	140:00	185:30
海南电视台	Hainan Broadcasting Station	2643:00	380:00	130:00	110:00	1683:00	140:00	200:00
果洛电视台	Golog Broadcasting Station	2563:00	536:30	185:00	282:30	1445:00		114:00
玉树电视台	Yushu Broadcasting Station	3245:00	426:00	306:30	973:00	1095:00	2:00	442:50
海西电视台	Haixi Broadcasting Station	5040:00	143:00	224:20	1988:00	2520:00	54:00	110:00
县 级	Prefectural	6620:00	160:00	200:00	260:00	5300:00	500:00	200:00
格尔木电视台	Haibei Broadcasting Station	6620:00	160:00	200:00	260:00	5300:00	500:00	200:00

18-17 广播节目制作情况(2009年)
Production of Radio Programs(2009)

单位：小时 (hour)

项 目	Item	总 计 Total	青海人民广播电台 Qinghai Broadcasting Station	地市级广播电台 Region and City Broadcasting Station	西宁市 Xining City	玉树州 Yushu Zang A.P	海西州 Haixi Mongolian & Zang A.P
本年制作广播节目	**Production of Radio Programs**	**5080**	**20936**	**29144**	**25886**	**1217**	**2001**
新闻资讯	News Programs	8327	3349	4978	4480	274	192
专题服务	Special Subject Programs	8625	2815	5810	5171	274	365
综艺类	General Entertainment Programs	15874	3585	12289	10297	548	1444
广播剧类	Radio Play Programs	1656	176	1480	1480		
广告	Advertising Programs	7796	6726	1070	1070		
其他类	Others	7802	4285	3517	3396	121	

18-18 2008－2009年有线电视基本情况
Basic Statistics on Cable Television(2008－2009)

地 区	Region	总户数(万户) Total Households (10 000 households)		总用户数(万户) Number of Users of CATV (10 000 households)		有线电视入户率(%) CATV Coverage of Household (%)	
		2008	2009	2008	2009	2008	2009
合 计	**Total**	**144.93**	**143.43**	**35.89**	**37.30**	**24.76**	**26.00**
西 宁 市	Xining City	58.45	56.80	32.28	33.02	55.23	58.13
海东地区	Haidong Prefecture	38.29	38.55				
海 北 州	Haibei Zang A.P	7.34	7.45	0.53	0.57	7.22	7.65
黄 南 州	Huangnan Zang A.P	5.80	5.83	0.38	0.32	6.55	5.49
海 南 州	Hainan Zang A.P	11.20	11.30	0.20	0.18	1.61	1.59
果 洛 州	Golog Zang A.P	4.24	4.40	0.31	0.36	7.31	8.18
玉 树 州	Yushu Zang A.P	7.65	7.70	0.21	0.69	2.75	8.96
海 西 州	Haixi Mongolian & Zang A.P	11.96	11.40	1.98	2.16	16.56	18.95

18–19　主要年份广播、电视事业发展和普及情况

Basic Statistics on Development and Popularization of Radio and Television in Main Years

年　份 Year	广　播 电台数 (座) Number of Broadcasting Stations (set)	中播发 射台和 转播台 (座) Broadcast Transmission Stations and Relaying Stations (set)	广　播 节　目 套　数 (套) Number of Broadcast Programs (set)	广　播 人　口 覆盖率 (%) Radio Coverage of Population (%)	电　视 台　数 (座) Number of Television Stations (set)	电视转播 发射台 (座) Television Transmission Stations and Relaying Stations (set)	电　视 节　目 套　数 (套) Number of Television Programs (set)	电　视 人　口 覆盖率 (%) TV Coverage of Population (%)
1952	1	1	1					
1965	1	1	2					
1978	1	5	2	25.0	1	10	1	20.0
1980	1	5	3	25.0	1	17	1	22.0
1985	3	7	6	48.0	1	120	1	46.0
1990	4	7	7	50.0	4	186	5	72.0
1992	4	8	7	50.0	4	235	5	73.0
1993	4	8	7	58.0	5	260	6	75.0
1994	4	8	7	58.0	5	273	6	75.0
1995	4	8	7	59.0	5	323	6	76.0
1996	4	8	7	59.0	5	335	6	76.0
1997	4	8	7	58.5	5	392	6	78.4
1998	4	8	7	59.3	5	410	6	78.8
1999	4	8	8	60.1	5	832	6	82.3
2000	4	7	8	63.0	5	1274	6	86.0
2001	4	8	8	80.5	6	1206	11	87.8
2002	4	8	8	84.4	8	1208	12	88.9
2003	4	8	8	84.5	9	1415	13	90.4
2004	4	8	8	86.4	9	1393	13	92.0
2005	4	8	8	86.5	8	1495	13	92.5
2006	4	8	8	87.5	8	1480	13	93.0
2007	4	8	8	88.0	8	1440	13	93.5
2008	4	8	9	88.5	8	1584	13	94.0
2009	4	8	9	88.9	8	1449	13	94.3

主要统计指标解释

普通高等学校　指按国家规定的设置标准和审批程序批准举办的，通过全国普通高等学校统一招生考试，招收高中毕业生为主要培养对象，实施高等学历教育的全日制大学、独立设置的学院和高等专科学校、高等职业学校及其他机构（独立学院和分校、大专班）。

大学、独立设置的学院主要实施本科层次以上教育。高等专科学校、高等职业学校实施专科层次教育。其他机构是承担国家普通招生计划任务不计校数的机构，包括独立学院、普通高等学校分校、大专班和批准筹建的普通高等学校等。独立学院指由普通本科高校按新机制、新模式举办的本科层次的二级学院，一些普通本科高校按公办机制和模式建立的二级学院，“分校”或其他类似的二级办学机构不属此范畴。

成人高等学校　指按照国家规定的设置标准和审批程序批准举办的，通过全国成人高等教育统一招生考试，招收具有高中毕业或同等学历的人员为主要培养对象，利用函授、业余、脱产等多种形式对其实施高等学历教育的学校。包括职工高等学校、农民高等学校、管理干部学院、教育学院、独立函授学院、广播电视大学、其他机构等。其他机构是承担国家成人招生计划任务不计校数的机构。

小学学龄儿童净入学率　指调查范围内已入小学学习的学龄儿童占校内外学龄儿童总数（包括弱智儿童，不包括盲聋哑儿童）的比重。计算公式为：

$$\begin{matrix}\text{小学学龄儿童}\\\text{净入学率}\end{matrix}=\frac{\text{已入学的小学学龄儿童数}}{\text{校内外小学学龄儿童总数}}\times 100\%$$

国家财政性教育经费　包括国家财政预算内教育经费，各级政府征收用于教育的税费，企业办学校教育经费，校办产业、勤工俭学和社会服务收入用于教育的经费。

财政预算内教育经费　指中央、地方各级财政或上级主管部门在年度内安排，并计划拨到教育部门和其他部门主办的各级各类学校、教育事业单位，列入国家预算支出科目的教育经费，包括教育事业拨款、科研经费拨款、基建拨款和其他经费拨款。

文化及相关产业　指为社会公众提供文化、娱乐产品和服务的活动以及与这些活动有关联的活动的集合。根据提供文化、娱乐产品和服务活动的属性特点，划分为公益性文化活动和经营性文化活动两大类。

文化及相关产业是第三产业的重要组成部分。是在我国《国民经济行业分类》基础上的派生分类，有文化服务和相关文化服务两大类：

文化服务　主要指新闻服务，出版发行和版权服务，广播、电视、电影服务，文化艺术服务，网络文化服务，文化休闲娱乐服务，其他文化服务。

相关文化服务　主要指文化用品、设备及相关文化产品的生产，文化用品、设备及相关文化产品的销售。

非文化及相关产业　由文化部门主办的不属于文化及相关产业的其他各类行业活动。

艺术表演团体　由文化部门主办或实行行业管理（经文化市场行政部门审批或已申报登记并领取相关许可证），专门从事表演艺术等活动的各类专业艺术表演团体，含民间职业剧团。如话剧团、方言话剧团、滑稽剧团、儿童剧团、歌剧团、木偶团、皮影团等以及由若干剧种组成的综合性专业艺术表演团体。不包括半工半艺、半农半艺的剧团。

艺术表演场馆　指由文化部门主办或实行行业管理（经文化市场行政部门审批或已申报登记并领取相关许可证），有观众席、舞台、灯光设备，公开售票、专供文艺团体演出的文化活动场所。包括剧院（场）、音乐厅、歌剧院（场）、舞剧院（场）、话剧院（场）、戏院、马戏场、影剧院等进行文艺表演的场所。不包括电影院、礼堂、体育场馆、美术馆及绘画、雕塑等艺术馆。

文化市场经营机构　经文化市场行政部门审批或已申报登记并领取相关许可证的、从事文化经营和文化服务活动的机构。

广播节目综合人口覆盖率　指根据国家广电总局制定的《广播电视人口覆盖率统计技术标准和方法》进行统计调查的，在对象区内采用无线、有线、卫星等技术手段能够收听到包括中央、省、地市、县广播节目其中任意一套的人口数占全国总人口数的百分比。

电视节目综合人口覆盖率　指根据国家广电总局制定的《广播电视人口覆盖率统计技术标准和方法》进行统计调查的，在对象区内采用无线、有线、卫星等技术手段能够收看到包括中央、省、地市、县级电视节目中任意一套的人口数占全国总人口数的百分比。

有线电视入户率 通过广播电视有线传输网收看电视节目的用户数占全国总户数的百分比。

国家综合档案馆 归口中央或地方各级档案行政管理部门直接管理的,按行政区划或历史时期设置的,收集和管理所辖范围内多种门类档案的档案馆。

Explanatory Notes on Main Statistical Indicators

Regular Institutions of Higher Education refer to educational establishments set up according to the government evaluation and approval procedures, recruiting graduates from senior secondary schools as the main target by National Matriculation TEST. They include full – time universities, colleges, institutions of higher professional education, institutions of higher vocational education, institutions of higher vocational education and others (non – university tertiary, branch schools and undergraduate classes).

Universities and colleges primarily provide undergraduate courses; institutions of higher professional education and institutions of higher vocational education primarily provide professional trainings; and others refer to educational establishments, which are responsible for enrolling higher education students under the State Plan but not enumerated in the total number of schools, including: branch schools of universities and colleges, and universities and colleges that have been approved and under plan for construction. Non – university tertiary refers to the regular undergraduate branch college which is running in new mechanism and mode, excluding the branch schools and other similar branches of educational institutions.

Institutions of Higher Education for Adults refer to educational establishments, set up in line with relevant rules approved by the government, enrolling staff and workers with senior secondary school or equivalent education, and providing higher education courses in many forms of correspondence, spare time, or full time for adults. Professionals thus trained receive a qualification equivalent to graduates studying regular courses at regular universities, colleges and professional colleges. Institutions of higher learning for adults include schools of higher education for staff and workers, schools of higher education for peasants, colleges for management cadres, pedagogical colleges, independent correspondence colleges, Radio and TV universities and other educational establishments. Other educational establishments have undertakings to enrol adult students but not enumerated in the schools under the State Plan.

Net Enrolment Ratio of Primary Schools refers to the proportion of school age children enrolled at schools to the total number of school age children both in and outside schools (including retarded children, but excluding blind, deaf and mute children). The formula is:

$$\text{Net Enrolment Ratio of Primary Schools} = \frac{\text{Total Primary School – age Children at Schools}}{\text{Total Primary School – age Children Whether or Not Attending School}} \times 100\%$$

Government Appropriation for Education refers to State budgetary fund for education, taxes and fees collected by governments at all levels that are used for education purpose, education fund for enterprise – run schools, income from school – run enterprises, work – study programme and social services that are used for education purpose.

Budgetary Fund for Education refers to education funding that is planned to be allocated to various schools and education institutions by central and local financial departments at various levels within the reference year, which is within the State budgetary expenditure, including: appropriated funds for education, for science and research, for capital construction and others.

Culture and Related Industries refer to the aggregate of activities, providing the mass with culture goods, amusement goods and services. According to the characteristics of culture goods, amusement goods and services, they can be classified into two categories, or nonprofit cultural activities and profit cultural activities.

Culture and related industries is the important component of the tertiary industry. These are the derivative sector from the Industrial Classification of the National Economy and are composed of two categories of culture services and related cultural services.

Culture services mainly include news services, publishing and copyright services, radio, television, film, arts, network, recreation, and other cultural services.

Related cultural services mainly include cultural stationery, equipment and related cultural goods, and the sales of cultural stationery, equipment and related cultural goods.

Non – culture and Related Industries refer to the other activities sponsored by the cultural sectors, which do not belong to the culture and related industries.

Arts Performance Troupes refer to the various professional performing arts groups, which sponsored by the cultural sectors or guided by the cultural society (approved by the cultural market administration, or registered and permitted with the relative certificate), including non – governmental troupes, such as drama troupes, dialect troupes, comedy troupes, children troupes, Opera troupes, puppetry troupes, Shadowgraph troupes, etc., comprehensive professional arts performance troupes. The semi – working and semi – farming arts troupes are not included.

Arts Performance Places refer to the various sites for cultural activities, which sponsored by the cultural sectors or guided by the cultural society (approved by the cultural market administration, or registered and permitted with the relative certificate), with the facility of auditorium, stage, and lighting, and selling tickets in public, specially performed by arts troupes, including theatre, concert halls, opera halls, dance halls, drama halls, cinemas, circus fields, and other showplaces for the performing arts. The cinemas, auditoriums, stadiums, and arts museums, such as art galleries, painting houses, sculpture houses, are not included.

Cultural Market Operating Units refer to the units dealing in culture and cultural services, which registered and permitted with the relative certificate by cultural market administration.

Radio Coverage of Population refers to the percentage of population, which can listen to one of central, provincial, city, prefecture, and county radio programs by wireless, cable, satellite and other technical means, in the surveying area, to national total population, according to Statistical Standard and Method on Television and Radio Coverage of Population established by the State Administration of Broadcasting, Film and Television.

Television Coverage of Population refers to the percentage of population, which can watch one of central, provincial, city, prefecture, and county television programs by wireless, cable, satellite and other technical means, in the surveying area, to national total population, according to Statistical Standard and Method on Television and Radio Coverage of Population established by the State Administration of Broadcasting, Film and Television.

Cable Television Coverage of Household refers to the percentage of household, which can watch television by cable of radio and television network, to national total household.

National Comprehensive Archives refer to all archives institution, which are directly conducted by the central and local levels archives administration, collecting and keeping various documents and materials by administrative regions or historical periods

第19篇

CHAPTER 19

卫生和体育

Public Health and Sports

卫生机构（个）

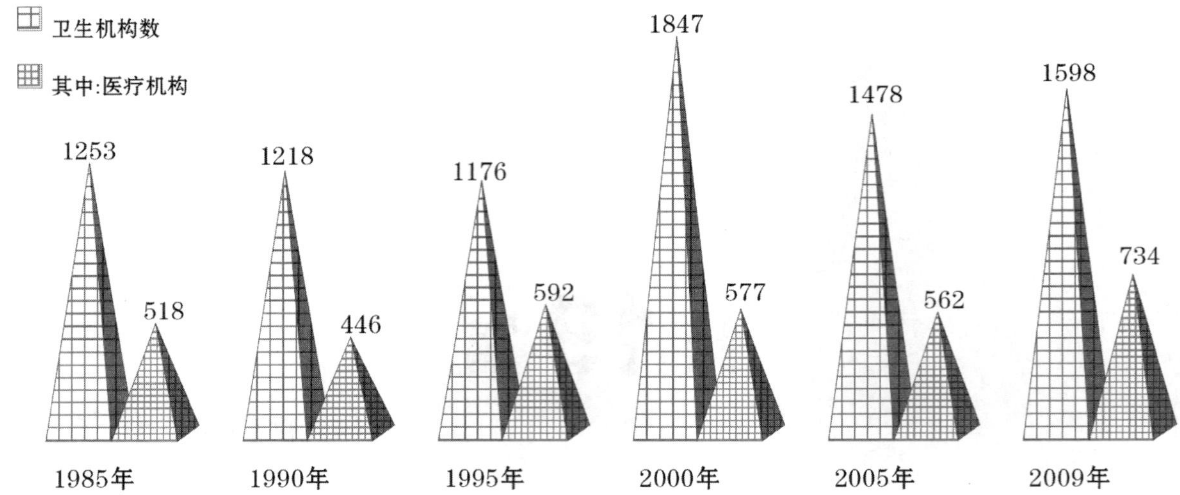

病床及卫生技术人员数

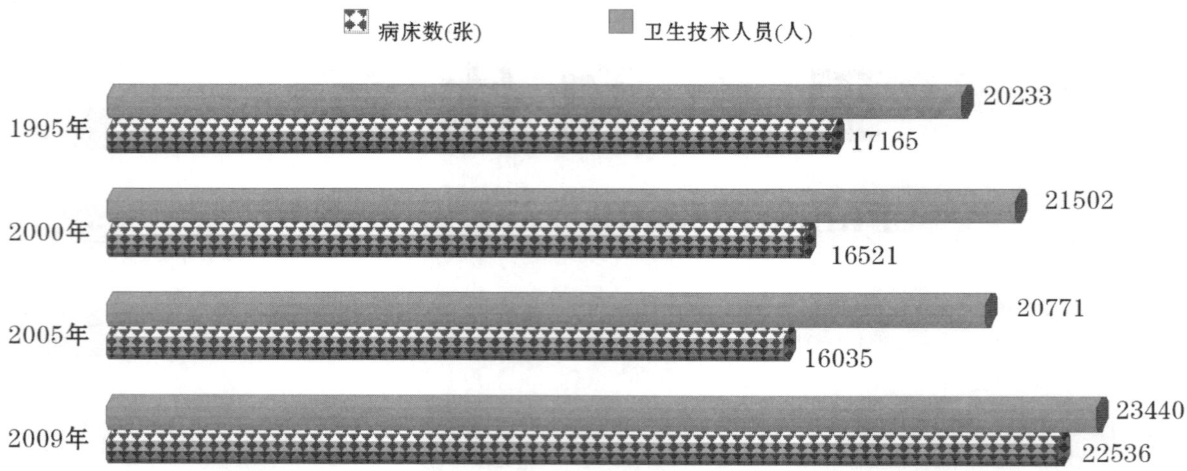

青少年业余体校在校学生数（人）

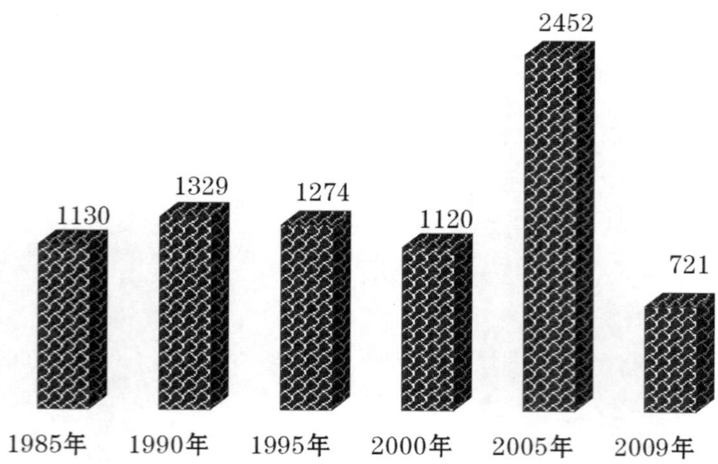

19-1 主要年份卫生事业机构、床位、人员数

Number of Health Care Institutions, Beds and Medical Technical Personnel in Main Years

年 份 Year	卫生机构数 (个) Health Care Institutions (unit)	医疗机构 Medical Institutions	病床数 (张) Beds (unit)	卫生技术人员 (人) Medical Technical Personnel (person)
1952	67	28	529	513
1957	215	45	2115	2605
1965	822	63	6634	6114
1970	818	80	8212	8217
1975	920	499	10222	11390
1978	1032	507	10951	13090
1980	1047	511	11941	15115
1985	1253	518	13743	18031
1986	1282	454	14417	18906
1987	1302	433	15119	19759
1988	1276	445	15093	19780
1989	1226	436	15511	20103
1990	1218	446	15698	19893
1992	1187	510	16828	20239
1993	1172	494	16684	19891
1994	1177	592	16896	20116
1995	1176	592	17165	20233
1996	1201	590	17461	20216
1997	1201	592	17176	21418
1998	1263	591	17096	21159
1999	1259	586	16862	21825
2000	1847	577	16521	21502
2001	1437	564	16464	20119
2002	1411	549	16127	19294
2003	1408	536	16652	23036
2004	1434	535	16461	20002
2005	1478	562	16035	20771
2006	1613	687	16273	20119
2007	1640	688	16383	20347
2008	1643	713	17861	21973
2009	1598	734	22536	23440

注：2000–2009年卫生机构数据按统一口径进行了调整。

a) Health care institutions in the year 2000 to 2009 have been adjusted according to the same calibre.

19–2 医疗机构、床位及人员数(2009年)

Number of Medical Institutions, Beds and Medical Technical Personnel(2009)

医疗机构	Medical Institutions	机构数(个) Number of Institutions (unit)	床位数(张) Beds (unit)	卫生技术人员(人) Medical Technical Personnel (person)						
				小计 Total	执业医师 Licensed Doctors	助理医师 Assistant Doctors	注册护士 Registered Nurses	药剂人员 Pharmacist	检验人员 Laboratory Technician	其他 Others
总　计	**Total**	**734**	**22536**	**19737**	**6815**	**1264**	**7137**	**1330**	**1212**	**1979**
医　院	**Hospital**	129	15136	14664	5239	596	5865	986	1030	948
#综合医院	General Hospital	80	11756	11225	3955	430	4673	660	793	714
中医医院	Hospital Specialized in Traditional Chinese Medicine	13	1283	1422	533	48	471	172	99	99
中西医结合医院	Hospitals Combining Chinese and Western Medicine	1	30	27	12	2	5	5	3	
蒙藏民族医院	Mongolian and Tibetan Nationalities Hospital	26	969	809	370	72	197	77	51	42
专科医院	Specialized Hospital	9	1098	1181	369	44	519	72	84	93
专科疾病防治院(所、站)	Specialized Disease Prevention & Treatment Institution	1	60	26	11		10	3	2	
社区卫生服务中心(站)	Community Health Service Centers(Stations)	173	4310	1324	479	83	472	150	54	86
#社区卫生服务中心	Community Health Service Centers	14	350	438	125	30	154	45	35	49
社区卫生服务站	Community Health Service Stations	159	3960	886	354	53	318	105	19	37
卫生院	Health Care Centers	406	2837	3230	858	549	658	163	89	913
#中心卫生院	Central Health Centers	88	1108	1098	278	178	222	66	48	306
门诊部	Clinics	4		40	13		14	6	5	2
妇幼保健院(所、站)	Women and Children Care Agencies (Station)	21	193	453	215	36	118	22	32	30

注：医疗机构不包括诊所、卫生所、医务室和村卫生室。

a) Medical institutions don't include dispensary, health-center, infirmary and village health clinic.

19–3 分地区卫生机构、人员(2009年)

Health Care Institutions, Medical Technical Personnel by Region(2009)

单位：个、人 (unit、person)

地区 项目	Region Item	全省总计 Total	西宁市 Xining City	海东地区 Haidong Prefecture	海北州 Haibei Zang A.P	黄南州 Huangnan Zang A.P	海南州 Hainan Zang A.P	果洛州 Golog Zang A.P	玉树州 Yushu Zang A.P	海西州 Haixi Mongolian & Zang A.P
卫生机构数总计	**Total Health Care Institutions**	**1598**	**538**	**404**	**96**	**65**	**134**	**94**	**121**	**146**
医院	Hospital	129	47	13	9	8	12	11	12	17
#综合医院	General Hospital	80	30	7	6	4	7	6	7	13
中医医院	Hospital Specialized in Traditional Chinese Medicine	13	5	5	1		1	1		
中西医结合医院	Hospitals Combining Chinese and Western Medicine	1	1							
蒙藏民族医院	Mongolian and Tibetan Nationalities Hospital	26	2	1	2	4	4	4	5	4
专科医院	Specialized Hospital	9	9							
专科疾病防治院(所、站)	Specialized Disease Prevention & Treatment Institution	1				1				
社区卫生服务中心(站)	Community Health Service Centers(Stations)	173	113	7	1			1	1	50
#社区卫生服务站	Community Health Service Stations	14	10							4
卫生院	Health Care Centers	406	58	109	35	36	40	45	47	36
#中心卫生院	Central Health Centers	88	17	24	9	10	13	7	4	4
门诊部	Clinics	4	4							
采供血机构	Blood Collection Agencies	9	1	1	1	1	1	1	1	2
妇幼保健院(所、站)	Women and Children Care Agencies(station)	21	9	6	1				4	1
疾病预防控制中心(防疫站)	Centers for Disease Control and Prevention(Epidemic Prevention Station)	56	10	7	5	5	6	7	7	9
卫生监督所	Health Supervision Stations	54	9	7	5	5	6	7	6	9
诊所、卫生所、医务室、护理站	Dispensary, Health-center, Infirmary and Nurse Station	736	284	254	34	9	69	21	43	22
其他卫生机构	Others	9	3		5			1		
卫生人员总计	**Total Employed Personnel**	**27771**	**16219**	**3316**	**1173**	**986**	**1563**	**891**	**1074**	**2549**
卫生技术人员	Medical Technical Personnel	23440	13341	2944	1033	873	1395	776	925	2153
执业医师	Licensed Doctors	8151	4776	969	368	273	495	242	306	722
执业助理医师	Licensed Assistant Doctors	1491	448	254	106	124	135	90	149	185
注册护士	Registered Nurse	7806	4998	745	271	237	374	278	227	676
药剂人员	Pharmacist	1426	829	221	69	60	50	25	19	153
技师(士)	Technician	1531	911	170	78	46	76	47	47	156
其他	Others	3035	1379	585	141	133	265	94	177	261
其他技术人员	Other Technical Personnel	1278	871	161	8	17	45	45	37	94
管理人员	Managerial Personnel	977	646	42	41	30	37	22	52	107
工勤技能人员	Ground Skilled Staff	2076	1361	169	91	66	86	48	60	195
床位数总计	**Total Beds**	**22536**	**14148**	**2470**	**878**	**689**	**1481**	**519**	**735**	**1616**

注：卫生机构、人员数不含村卫生室。

a) Health care institutions and medical technical personnel don't include village health clinic.

19–4 诊所、卫生所、医务室基本情况(2009年)
Basic Statistics of Clinics(2009)

项　目	Item	机构数(个) Number of Institutions (unit)	卫生技术人员(人) Medical Technical Personnel (person) 小计 Total	执业医师 Licensed Doctors	执业助理医师 Assistant Doctors	注册护士 Registered Nurses	药剂师(士) Pharmacist	技师(士) Laboratory Technician	其他 Others
总　计	**Total**	**736**	**1569**	**634**	**100**	**401**	**54**	**5**	**375**
按管理类别分	**By Management Category**								
非营利性	Non-profit	249	665	186	55	130	11	1	282
营利性	Profit	487	904	448	45	271	43	4	93
按经济类型分	**By Economic Type**								
国有	State-owned	94	273	133	19	99	4		18
集体办	Collective-owned	36	257	35	10	21	5		186
股份制	Cooperative	1	1						1
私营	Private	542	870	376	67	210	42	5	170
其他	Others	63	168	90	4	71	3		
按诊所类别分	**By Clinic Type**								
普通	General	366	627	257	55	172	27	2	114
中医	Traditional Chinese Medicine	48	94	52	5	29	6		2
中西医结合	Integrate Traditional Chinese Therapeutics withWestern Therapeutics in Practice	55	124	62	3	34	9	2	14
民族医	Ethnologic Medicine	55	81	49	4	22	1		5
口腔	Stomatology	33	42	21		4			17
其他	Others	179	601	193	33	140	11	1	223

19–5 分地区村卫生室机构数(2009年)
Number of Health Institutions at Village Level by Region(2009)

单位：个　　　　(unit)

地　区	Region	总　计 Total	按设置／主办单位分 By setting / host unit 村　办 Village Run	乡卫生院设点 Under the Township Hospital	联合办 Jointly Run	私人办 Privately Run	其　他 Others	按行医方式分 By Way to Practice Medicine 西医为主 Western Medicine-oriented	中医为主 Traditional Chinese Medicine-oriented	中西医 Traditional Chinese and Western Medicine
机构数	**Number of Infirmary**	**4373**	**2057**	**404**	**634**	**1072**	**206**	**173**	**1948**	**2252**
西宁市	Xining City	906	302	150	37	415	2	4	336	566
海东地区	Haidong Prefecture	1724	1098	2	177	433	14	29	869	826
海北州	Haibei Zang A.P	265	67	42		139	17	12	126	127
黄南州	Huangnan Zang A.P	265	39		83	63	80	11	106	148
海南州	Hainan Zang A.P	414	247	5	136	16	10	18	224	172
果洛州	Golog Zang A.P	188	90		62		36		39	149
玉树州	Yushu Zang A.P	284	206	78				79	119	86
海西州	Haixi Mongolian & Zang A.P	327	8	127	139	6	47	20	129	178

19–6 医疗机构门诊服务情况(2009年)
Out-Patient Service Conditions(2009)

单位：万人 (10 000 person)

项目	Item	诊疗人次数总计 Total Patients Treated	门、急诊人次数合计 Total Number of Out-Patients and Emergency Treatment	门诊人次数 Number of Out-Patients	急诊人次数 Number of Emergency Treatment	家庭卫生服务人次数 Number of Familly Health Care Service	观察室收容人数 Number of Patients Accepted to Observe	健康检查人数 Number of Health Check
医院	**Hospital**	**756**	**735**	**689**	**46**	**5**	**14**	**2**
综合医院	General Hospital	584	567	531	36	5	9	18
中医医院	Hospital Specialized in Traditional Chinese Medicine	65	65	63	2	0.02	2	1
中西医结合医院	Hospitals Combining Chinese and Western Medicine	2	2	2	0.07			
民族医院	Mongolian and Tibetan Nationalities Hospital	58	56	55	0.84	0.05	1	1
专科医院	Specialized Hospital	47	46	39	7		2	4
社区卫生服务中心(站)	**Community Hdalth Service Centers(Stations)**	**158**	**144**	**140**	**4**	**7**	**24**	**22**
社区卫生服务中心	Community Health Service Centers	45	42	41	1	2	4	6
社区卫生服务站	Community Health Service Stations	113	102	99	5	5	20	16
卫生院	**Health Care Centers**	**262**	**252**	**247**	**5**	**4**	**7**	**34**
中心卫生院	Certral Health Centers	100	95	94	2	1	3	12
乡卫生院	Public Health Center in Township	161	156	153	3	3	5	22
门诊部	**Clinics**	**4**	**4**	**4**	**0.28**			**0.67**
诊所、卫生所、医务室	**Dispensary, Health-center and Infirmary**	**148**	**134**	**134**				
诊所	Dispensary	115	101	101				
卫生所、医务室	Health-center and Infirmary	33	32	32				
妇幼保健院(所、站)	**Women and Children Care Agencies(station)**	**15**	**15**	**14**	**0.41**	**0.16**	**0.23**	**3**
妇幼保健院	Women and Children Care Agencies	9	9	9	0.39	0.08	0.17	1
妇幼保健站	Women and Children Care station	6	6	6	0.02	0.08	0.05	2

19—7 分地区医疗机构住院服务情况(2009年)

In-Patient Service Conditions by Region(2009)

单位：人 (person)

地　区	Region	入院人数 Inpatients	出院人数总计 Patients Dischar-ged from Hospitals	治愈 Recovery	好转 Be Better	未愈 Not Cured	死亡 Death	其他 Others	住院病人手术人次 Number of Operations of Inpatients	住院危重病人抢救人次 Salvages of Patients in Critical Situations	抢救成功 Success in Salvage
医院	**Hospital**	**381480**	**376880**	**228837**	**126517**	**8807**	**2803**	**9916**	**86304**	**65390**	**63056**
综合医院	General Hospital	296760	293759	176251	98706	7725	2430	8647	74021	49862	47867
中医医院	Hospital Specialized in Traditional Chinese Medicine	33382	32433	21314	10480	470	157	12	7003	2986	2844
中西医结合医院	Hospitals Combining Chinese and Western Medicine	355	355	41	314				71		
民族医院	Mongolian and Tibetan Nationalities Hospital	17848	17612	9321	7908	353	19	11	218	124	124
专科医院	Specialized Hospital	33135	32721	21910	9109	259	197	1246	4991	12418	12221
社区卫生服务中心(站)	**Community Health Service Centers(Stations)**	**82461**	**90961**	**86367**	**4421**	**114**	**59**				
社区卫生服务中心	Community Health Service Centers	6116	6076	3572	2405	42	57				
社区卫生服务站	Community Health Service Stations	76345	84885	82795	2016	72	2				
卫生院	**Health Care Centers**	**117798**	**118754**	**98066**	**18704**	**1770**	**11**	**203**			
中心卫生院	Central Health Centers	46601	47921	39284	7948	627	6	56			
乡卫生院	Public Health Center in Township	71197	70833	58782	10756	1143	5	147			
妇幼保健院(所、站)	**Women and Children Care Agencies(station)**	**4423**	**4407**	**4267**	**103**			**37**	**726**	**36**	**36**
妇幼保健院	Women and Children Care Agencies	2789	2773	2640	96			37	526	31	31
妇幼保健站	Women and Children Care station	1634	1634	1627	7				200	5	5
总　计	**Total**	**586162**	**591002**	**417537**	**149745**	**10691**	**2873**	**10156**	**87030**	**65426**	**63092**
西宁市	Xining City	350201	355851	237418	101626	6261	2400	8146	66625	57987	55962
海东地区	Haidong Prefecture	105346	105718	82822	20732	1929	116	119	8034	1493	1428
海北州	Haibei Zang A.P	20140	19814	15889	3755	127	22	21	1634	128	118
黄南州	Huangnan Zang A.P	14503	14393	9046	4400	330	25	592	1561	373	355
海南州	Hainan Zang A.P	33648	33439	23229	7983	875	92	1260	3857	3569	3482
果洛州	Golog Zang A.P	7473	7246	6060	1018	94	73	1	580	298	247
玉树州	Yushu Zang A.P	28800	28746	22785	5313	577	64	7	1904	798	791
海西州	Haixi Mongolian &Zang A.P	26051	25795	20288	4918	498	81	10	2835	780	709

19–8 分地区医疗机构床位利用情况(2009年)

Usage Conditions of Hospital Beds by Region(2009)

单位：张、% (unit,%)

地区	Region	实有床位 Actual Beds	实际开放总床日数 Actual Number of Days of Beds Opening	平均开放病床 Average Number of Days of Beds Opening	实际占用总床日数 Actual Number of Days of Beds Occupying	出院者占用总床日数 Number of Days of Beds Occupying by Patients Leaving Hospital	病床使用率 Utilization Rate
总计	**Total**	**22536**	**6731227**	**18382**	**4868112**	**4431197**	**72.56**
西宁市	Xining City	14148	3772130	10335	3275770	2998417	86.84
海东地区	Haidong Prefecture	2470	893565	2448	654044	578531	73.19
海北州	Haibei Zang A.P	878	311648	854	166614	157141	53.46
黄南州	Huangnan Zang A.P	689	274457	692	107183	105505	42.44
海南州	Hainan Zang A.P	1481	515083	1411	288633	280227	56.04
果洛州	Golog Zang A.P	519	183608	503	71942	56263	39.18
玉树州	Yushu Zang A.P	735	239810	657	112747	110599	47.02
海西州	Haixi Mongolian & Zang A.P	1616	540926	1482	191179	144514	35.34

19–9 体育综合资料(2009年)

Overall Physical Culture Data(2009)

单位：万元、人次、个 (10 000 yuan,person-time,unit)

项目	Item	总计 Total	直属小计 Directly under	地方小计 Region Total	西宁市 Xining City	海东地区 Haidong Prefecture	海北州 Haibei Zang A.P	黄南州 Huangnan Zang A.P	海南州 Hainan Zang A.P	果洛州 Golog Zang A.P	玉树州 Yushu Zang A.P	海西州 Haixi Mongolian & Zang A.P
体育彩票总销售额	Total Sales of Sport Lottery	123683		123683	116304	930	655	284	1035	558	513	3404
即开型体育彩票	Instant Games of Sport Lottery	13025		13025	8414	650	398	177	685	372	358	1971
电脑型体育彩票	Sales of Computer Sport Lottery	11242		11242	7889	865	257	107	350	186	155	1433
体育彩票销售点	Points of Sale of Sport Lottery	535										
举办培训班次数	Number of Training Courses	19	13	6								
参加培训班人次	Number of Persons to participate	3126		3126								
职业俱乐部个数	Number of Professional Clubs	99	34	65	65							
团体会员个数	Number of Group Members	58	30	28	28							

19–10 主要年份青少年业余体校

Juvenile Amateur Sports Schools in Main Years

年 份 Year	学校数 (所) Number of Schools (unit)	在校学生 (人) Total Enrollment (person)	教练员 (人) Full-time Coaches (person)	重点业余学校 Amateur Sports Schools 学校数 (所) Number of Schools (unit)	在校学生 (人) Total Enrollment (person)
1963	3	116		1	103
1978	2	546	15	1	86
1980	9			1	
1985	15	1130	116	1	81
1990	18	1329	113	3	352
1992	20	1409	124	1	90
1993	20	1352	114	1	156
1994	20	1374	110	3	664
1995	20	1274	109	3	670
1996	21	1351	105	1	70
1997	21	1248	114	1	95
1998	21	1157	125	1	117
1999	21	1211	201	1	39
2000	20	1120	109	1	49
2001	20	1783	112	1	98
2002	23	4059	138	15	2099
2003	22	2175	133	15	
2004	20	2647	128	20	2647
2005	19	2452	125	19	2452
2006	20	1874	133	20	1874
2007	17	1808	123	17	1808
2008	15	966	115	15	966
2009	18	721	99	18	721

19–11 优秀运动队机构、人员(2009年)

Excellent Exercise Brigades and Personel(2009)

单位：人 (person)

项 目 Item	机构数 (个) Number of Institutions (unit)	运动员 Athletes	在队 In Brigage	待分配 Waiting to Be Allocated	教练员 Full-time Coaches	科研人员 Scientific Technical Personnel	医务人员 Medical personnel	管理人员 Administrative Personnel	其他人员 Others
总 计 Total	**3**	**299**	**48**	**251**	**51**		**5**	**48**	**9**
省体委直属 Directly Under Provincial Sports Commission	2	299	48	251	45		5	48	8
西宁市 Xining City	1				6				1

19–12 分项目在队优秀运动员达到等级运动员人数(2009年)

Number of Certified Athletes in Brigades by Sports Item(2009)

单位：人 (person)

项目	Item	合计 Total	女 Female	国际级健将 International Master	女 Female	国家级运动健将 National Master	女 Female	一级 First Grade Athletes	女 Female	二级 Second Grade Athletes	女 Female
总计	**Total**	**23**				**6**	**2**	**16**	**9**	**1**	
田径	Track and Field					2	1	4	2	1	
拳击	Boxing										
摔跤	Wrestling					1	1	7	4		
柔道	Judo										
跆拳道	Tae Kwon Do					1		4	3		
射箭	Archery							1			

19–13 各地区举办体育业务(2009年)

Physical Exercise Operational Situation by Region(2009)

单位：人、次 (person，time)

地区	Region	群众体育现代体育项目活动情况 Modern Sports Activities of Mass Sports		群众体育民间传统体育活动情况 Traditional Sports Activities of Mass Sports			体育国际交流情况 Sport International Exchange	
		次数 Number of Times	人数 Person-times	次数 Number of Times	平均人次 Average Person-times	人数 Person-Times	出访起次 Number of Visit Times	出访人数 Number of Visit Persons
合计	**Total**	**230**	**210284**	**150**	**25450**	**63120**	**8**	**21**
省直属小计	Directly Under Province	11	424				8	21
地区小计	Region Total	219	209860	150	25450	63120		
西宁市	Xining City	28	135800	23	4500	6950		
海东地区	Haidong Prefecture	28	11600	31	1975	3750		
海北州	Haibei Zang A.P	3	2300	12	2600	5100		
黄南州	Huangnan Zang A.P	2	200	15	2000	3600		
海南州	Hainan Zang A.P	15	2210	19	6400	12800		
果洛州	Golog Zang A.P	17	2830	14	5900	11600		
玉树州	Yushu Zang A.P	97	38120	13	2000	4440		
海西州	Haixi Mongolian & Zang A.P	29	16800	23	75	14880		

19–14 各地区体育俱乐部情况(2009年)
Instance of Sports Clubs by Region(2009)

单位：个、人 (unit, person)

地 区	Region	级 次 Grade			数量	教练员数	会员数	年培训数 Number about Trainin		年组织活动 Activities	
		省级 Provincial	地级 Regional	县级 County	Number	Number of Coaches	Number of Member	次数 Number of Times	人数 Persons-Times	次数 Number of Times	人数 Persons-Times
合 计	Total	7	7	6	20	25	58	14	2500	57	18820
省直属小计	Directly Under Province	7			7	12	30	6	2300	10	12000
地区小计	Region Total		7	6	13	13	28	8	200	47	6820
西宁市	Xining City		4		4	5	28	7	160	16	940
海东地区	Haidong Prefecture			2	2	2				5	800
黄南州	Huangnan Zang A.P			1	1						
海南州	Hainan Zang A.P			1	1	1					
海西州	Haixi Mongolian & Zang A.P		3	2	5	5		1	40	26	5080

19–15 各地区国民体质监测站点基本情况(2009年)
Basic Situation of National Physique Monitoring Sites by Region (2009)

单位：人 (person)

地 区	Region	站点数(个) Number of Sites (Unit)	组建测试队(支) Test Teams Organizing (Branch)	测试工作人员数 Number of test staff	累计受测人员数 Accumulative Total Number of Tested Persons	本年度受测人员数 Number of Tested Persons This Year	本年度测试达标人数 Number of Persons Within The Standard This Year	本年度测试达标率(%) Attainment Rate (%)
合 计	**Total**	**9**	**9**	**49**	**4440**	**4440**	**2005**	**45**
省直属小计	**Directly Under Province**							
地区小计	**Region Total**	**9**	**9**	**49**	**4440**	**4440**	**2005**	**45**
西宁市	Xining City	1	1	8	2000	2000		
海东地区	Haidong Prefecture							
海西州	Haixi Mongolian & Zang A.P	7	7	26	2240	2240	1925	30
果洛州	guoluon Zang A.P	1	1	15	200	200	80	15

主要统计指标解释

卫生机构 指从卫生行政部门取得《医疗机构执业许可证》，或从民政、工商行政、机构编制管理部门取得法人单位登记证书，为社会提供医疗保健、疾病控制、卫生监督服务或从事医学科研和教育等工作的单位。卫生机构包括医院、疗养院、社区卫生服务中心（站）、卫生院、门诊部、诊所（卫生所、医务室）、急救中心（站）、采供血机构、妇幼保健院（所、站）、专科疾病防治院（所、站）、疾病预防控制中心（防疫站）、卫生监督所、卫生监督检验（监测、检测）机构、医学科研机构、医学在职培训机构、健康教育所（站）等其他卫生机构。

医疗机构 指从卫生行政部门取得《医疗机构执业许可证》的机构，包括医院、疗养院、社区卫生服务中心（站）、卫生院、门诊部、诊所（卫生所、医务室）、妇幼保健院（所、站）、专科疾病防治院（所、站）、急救中心（站）和临床检验中心。

社区卫生服务中心（站） 指为本社区居民提供预防、医疗、保健、康复、健康教育、计划生育技术服务等的基层卫生机构。包括社区卫生服务中心和社区卫生服务站。

卫生人员 指在医疗、预防保健、医学科研和在职教育等卫生机构工作的职工，包括卫生技术人员、其他技术人员、管理人员和工勤人员。

卫生技术人员 包括执业（助理）医师、注册护士、药剂人员、检验和影像人员等卫生专业人员。不包括从事管理工作的卫生技术人员（一律计入管理人员）。

执业医师 指具有《医师执业证》及其“级别”为“执业医师”且实际从事医疗、预防保健工作的人员，不包括实际从事管理工作的执业医师。执业医师类别分为临床、中医、口腔和公共卫生。

执业助理医师 指具有《医师执业证》及其“级别”为“执业助理医师”且实际从事医疗、预防保健工作的人员，不包括实际从事管理工作的执业助理医师。执业助理医师类别同样分为临床、中医、口腔和公共卫生四类。

Explanatory Notes on Main Statistical Indicators

Health Care Institutions refer to the units which have been qualified the Certification of Health Care Institution by the administration of public health, or qualified the Certification of Corporate Unit by the civil affairs, administration for industry and commerce, commission office for public sector reform, and engaging in medical care, disease prevention and control, health supervision and inspection, medicine research and health education, etc., including: hospitals, sanatoriums, community health service centers (stations), health centers, clinics (health stations and infirmaries), first - aid centres (stations), blood gathering and supplying institutions, women and children care agencies (centres and stations), special disease prevention and curing agencies (centres and stations), disease prevention and control centres (epidemic prevention stations), health supervision and inspection agencies, sanitary inspection institutions, medicinal scientific research and on - job training institutions, health education centres and so on.

Medical Organizations refer to the institutions which have been qualified the Certification of Health Care Institution by the administration of public health, including: hospitals, sanatoriums, community health service centers (stations), health centers, clinics (health stations and infirmaries), women and children care agencies (centres and stations), special disease prevention and curing agencies (centres and stations), first - aid centres (stations) and clinic inspection centers.

Community Health Service Centres (stations) refer to the primary units that provide the health care for community residents, such as disease prevention and control, medical treatment, health care, rehabilitation, health education, family planning technical services, including community health service centres and community health service stations.

Health Care Employee refer to all employee engaged in the health care institutions, such as medical organizations, disease prevention and control centres, health care agencies, medicinal scientific research and on - job training institutions, including medical technical personnel, other technical personnel, manager and labour.

Medical Technical Personnel refer to the professional staff engaged in health care, including licensed (assistant) doctors, registered nurse, pharmacists, laboratory technician, and imaging staff, excluding the medical technical personnel engaged in management job (included as the management staff).

Licensed Doctors refer to the medical workers who have obtained the licenses of qualified doctors and are employed in medical treatment, disease prevention or healthcare institutions, excluding the licensed doctors engaged in management job. The classification of licensed doctors is clinician, Chinese medicine, dentist and public health.

Licensed Assistant Doctors refer to the medical workers who have obtained the licenses of qualified assistant doctors and are employed in medical treatment, disease prevention or healthcare institutions, excluding the licensed assistant doctors engaged in management job. The classification of licensed assistant doctors is clinician, Chinese medicine, dentist and public health.

第 20 篇

CHAPTER 20

其他社会活动

Other Social Activities

20-1 主要年份各党派党员(成员)数

Number of Members of All Parties in Main Years

单位：人 (person)

名 称	Name	1995	2000	2005	2006	2007	2008	2009
中国共产党 (万人)	Communist Party of China (10 000 persons)	24.2	28.0	31.3	31.8	32.0	32.4	32.9
中国国民党革命委员会	Revolutionary Committee of Chinese Kuomintang	297	321	388	396	400	401	411
中国民主同盟	China Democratic League	713	827	1083	1155	1241	1266	1334
中国民主建国会	China Democratic National Construction Association	254	396	513	551	581	600	640
中国农工民主党	Peasants and Workers Democratic Party	329	456	597	642	684	787	839
九三学社	Jiu San Society	533	745	925	969	1005	1067	1134

20-2 历届青海省人民代表大会的代表人数

Number of Deputies to All the Previous People's Congresses of Qinghai Province

单位：人、% (person,%)

届 别	Congress	年份 Year	代表总数 Total Number of Deputies	女代表 Female Deputies	少数民族代表 Ethnic Minority Deputies	占代表总数的比重 As Percentage to Total Deputies	
						女代表 Female Deputies	少数民族代表 Ethnic Minority Deputies
一届	First Congress	1954	300	21	152	7.0	50.7
二届	Second Congress	1958	303				
三届	Third Congress	1963	355	48	127	13.5	35.8
五届	Fifth Congress	1977	715	157	277	22.0	38.8
六届	Sixth Congress	1983	450	97	182	21.6	40.4
七届	Seventh Congress	1988	381	71	148	18.6	38.4
八届	Eighth Congress	1993	376	71	169	18.9	45.0
九届	Ninth Congress	1998	392	77	174	19.6	44.4
十届	Tenth Congress	2003	391	75	157	19.2	40.2
十一届	Eleventh Congress	2008	394	77	167	19.5	42.4

20-3 历届青海省政治协商会议的委员人数

Number of Deputies to All the Previous People's Political Consultative Conferences of Qinghai Province

单位：人、% (person，%)

届 别	Congress	年份 Year	委员总数 Total Number of Deputies	女委员 Female Deputies	少数民族委员 Ethnic Minority Deputies	占委员总数的比重 As Percentage to Total Deputies	
						女委员 Female Deputies	少数民族委员 Ethnic Minority Deputies
一届	First Congress	1949	77		30		39.0
二届	Second Congress	1954	64		32		50.0
三届	Third Congress	1959	139		70		50.4
四届	Fourth Congress	1979	177				
五届	Fifth Congress	1983	275		134		48.7
六届	Sixth Congress	1988	275	30	138	10.9	50.2
七届	Seventh Congress	1993	289	30	136	10.4	47.1
八届	Eighth Congress	1998	289	39	116	13.5	40.1
九届	Ninth Congress	2003	344	57	139	16.6	40.4
十届	Tenth Congress	2008	390	82	158	21.0	40.5

20–4 2008–2009年妇联工作情况

Statistics for Work of Women's Federation(2008 – 2009)

单位：人、亩、个 (person，acre，unit)

项 目	Item	2008	2009
双学双比活动	**Learning and Competing Campaign Activities**		
科技培训	Training of Science and Technology		
接受技术培训的妇女人数	Number of Technical Training	527820	**314178**
获绿色证书的妇女人数	Number of Persons Obtained Green Certificates	983	**1486**
妇代会主任是农民技术员职称人数	Number of Director of Women's Congress	109	**98**
农村妇女学校数	Number of Schools for Rural Women		**94**
农村妇女劳动力转移	Transfer of Rural Women Labor Force		
接受劳动力转移培训的妇女人数	Number of Women Who Accepted the Labor Force Training		**92652**
培训后实现转移就业的妇女人数	Number of Women Who Achieved Employment Though Transfer		**51234**
建立农业科技指导合作组织	Establishment of Agricultural Science and Technology		**38**
妇联自(联)办农业基地	Agricultural Bases Organized by Women's Federation	6	**8**
三八绿色工程	March 8th Green Projects		
基地个数	Number of Bases	45	**35**
基地亩数	Area of Bases	6436	**4528**
扶贫工作	**Women's Poverty Relief**		
扶贫项目数	Poverty Relief Projects	4	**27**
扶持妇女人数	Number of Schools for Rural Women		**14096**
脱贫户数	Households Out of Poverty	1954	**2716**
“巾帼建功”表彰	**Activities of Making Great Achievements of Women**		
巾帼建功标兵数	Number of Persons Dubbed Pacesetters	177	**86**
“巾帼文明”岗数	Number of Civilization Model Stations	184	**73**
巾帼建功先进工作者数	Number of Persons Dubbed Advanced Workers	39	**25**

20－5 2007－2009年妇联干部情况

Basic Statistics on Cadres of the Women's Federations(2007－2009)

单位：人 (person)

项 目	Item	2007	2008	2009
干部总数	**Total Number of Cadres**	**645**	**645**	**657**
其中:少数民族干部	Number of Ethnic Minority Cadres	355	332	338
按行政级别分	By Administration Level			
司局级	Department/Bureau Level	5	6	7
县处级	County Level	41	36	38
科以下	Section Chief and Below	599	603	612
按干部年龄分	By Age Group			
35岁以下	35 and Below	314	302	300
36－45岁	36-45	263	250	254
46－55岁	46-55	67	90	97
56岁以上	56 and Over	1	3	6
按干部政治面貌分	By Political Status			
共产党员	Chinese Communist Party	476	481	451
共青团员	Communist Youth League	60	65	59
民主党派	Democratic Parties	3		1
群众	Mass	106	99	146
按干部文化程度分	By Education Attainments			
博士生	Doctorate Degree			
研究生	Master Degree	13	12	15
大学本科	University	239	272	302
大专或同等学历	College	293	274	261
高中、中专及以下	Senior Middle School and Below	100	87	79
按行政编制分	By Organization Types			
行政编制	Administration	534	514	478
事业编制	Institution	59	77	94
招聘干部	Recruitment	52	54	85
干部参加学历教育情况	**Cadres Attending the Formal Education**			
博士生	Doctorate Degree			
研究生	Master Degree	6	9	8
大学本科	University	10	32	25
大专及同等学历	College	11	6	8
干部参加非学历教育情况	**Cadres Attending the Non-formal Education**			
党校培训	Training at Party School	164	181	291
参照公务员管理培训	Training for Civil Servant	199	150	118
岗位培训	Vocational Training	140	204	293
干部流动	**Movement of Cadres**			
调入	In	59	45	50
调出	Out	52	40	45

20–6 主要年份各级在职女领导干部情况

Basic Statistics on Women Leaders at All Levels in Main Years

单位：人、%　　　　(person，%)

年份 Year	总数 Total	省级 Provincial Level 女干部数 Female Cadre	省级 Provincial Level 占同级数的比重 As Percentage to the Same Level Total	厅局级 Department/Bureau Level 女干部数 Female Cadre	厅局级 Department/Bureau Level 占同级数的比重 As Percentage to the Same Level Total	县(处)级 County Level 女干部数 Female Cadre	县(处)级 County Level 占同级数的比重 As Percentage to the Same Level Total	科级 Section Level 女干部数 Female Cadre	科级 Section Level 占同级数的比重 As Percentage to the Same Level Total
1998	4537	3	5.8	48	7.9	540	11.9	3946	21.3
1999	4909	3	7.5	46	9.3	595	16.6	4265	42.8
2000	4927	3	7.1	50	10.0	554	12.5	4320	21.8
2001	5293	3	7.1	63	10.5	611	13.2	4616	22.4
2002	5260	2	5.4	63	9.9	632	13.9	4563	23.6
2003	5415	3	7.3	69	10.4	673	14.1	4670	23.9
2004	5971	4	9.1	67	9.8	730	14.4	5170	24.9
2005	6446	3	6.5	68	9.7	786	14.8	5589	25.5
2006	6908	3	6.5	82	10.7	832	14.9	5991	25.9
2007	7236	3	6.9	78	10.8	898	15.8	6257	26.2
2008	8524	4	8.6	76	10.7	1038	16.4	7406	28.5
2009	9272	3	7.5	75	10.4	1130	17.1	8064	28.0

20–7 主要年份共青团组织情况

Basic Statistics on the Communist Youth League in Main Years

年份 Year	共青团基层组织个数(个) Number of Grassroot Organizations (unit)	青年人数(万人) Number of Youth (10 000 person)	团员人数(万人) Number of Communist Youth League (10 000 person)	女团员 Female	专职团干部(人) Full-time Cadres of Communist Youth League (person)
1991	1004	109.2	26.9	10.3	1266
1992	1020	107.6	27.2	10.2	1323
1993	1013	103.8	25.1	9.7	1197
1994	1038	108.5	26.0	9.8	1109
1995	1118	103.0	26.4	9.3	1098
1996	1059	107.4	27.2	10.1	1181
1997	1134	107.3	28.3	10.0	1231
1998	1016	111.0	28.9	10.4	1231
1999	816	100.6	25.3	10.2	596
2000	1010	134.8	26.2	9.9	540
2001	875	135.9	27.0	10.7	480
2002	1882	146.2	36.7	17.4	667
2003	1894	146.1	37.1	17.3	566
2004	1994	206.3	37.6	17.3	700
2005	8824	210.3	38.2	17.6	700
2006	8824	212.4	42.8	18.1	930
2007	8824	163.1	40.9	17.7	904
2008	8816	200.9	37.1	16.9	770
2009	9272	116.5	19.0	8.1	432

注：2009年数据按新口径统计。

a) Data in 2009 were on new calibers.

20-8 2007-2009年律师、公证、调解工作基本情况

Basic Statistics on Lawyers, Notarization and Mediation(2007－2009)

项　目		Item		2007	2008	2009
律师工作		**Lawyers**				
律师事务所	(个)	Number of Law Offices	(unit)	73	68	67
律师工作者	(人)	Lawyers	(person)	426	441	442
专职律师		Full-time Lawyers		305	349	341
兼职律师		Part-time Lawyers		102	72	83
公职律师		Government Lawyers		4	4	4
法律援助律师		Legal Aid Lawyers		15	16	14
聘请担任常年法律顾问的单位	(处)	Number of Units With Permanent Legal Advisors	(unit)	550	592	600
刑事诉讼辩护及代理	(件)	Defender of Criminal Cases	(case)	1428	1783	1371
民事案件诉讼代理	(件)	Agent of Civil Cases	(case)	2973	3339	3594
经济案件诉讼代理	(件)	Agent of Economic Cases	(case)			
行政案件诉讼代理	(件)	Agent of Administrative Action	(case)	974	165	173
非诉讼法律事务	(件)	Agent of Non-Litigious Legal Affairs	(case)	468	361	494
代写法律事务文书	(件)	Agent of Legal Documents Written on Behalf of Clients	(case)	24624	19264	25533
解答法律咨询	(人次)	Agent of Legal Advisory Services	(person-time)			
公证工作		**Notarization**				
公证处	(个)	Number of Notary Offices	(unit)	44	31	36
办理涉外的公证处	(个)	Number of Foreign Notary Offices	(unit)	2	2	2
公证人员	(人)	Notarial Personnel	(person)	178	148	150
公证员	(人)	Notaries	(person)	129	105	90
办理国内公证	(件)	Domestic Notarization	(case)	119664	25840	30886
办理涉外公证	(件)	Foreign-related Notarization	(case)	1825	1797	2454
办理涉港、澳、台公证	(件)	Hong Kong, Macao, Taiwan-related Notarization	(case)	59	58	76
接待来访	(人次)	Receipted Visits	(person-time)	57594	20036	63954
处理来信	(件)	Handled Letters	(case)	3134	12	40
外地公证处委托	(件)	Notarization Entrusted Outside	(case)	5	5	18
公证费收入	(万元)	Notary Fees	(10 000 yuan)	328.4	345.4	328.3
国内公证收费		Domestic Notarization		314.5	330.9	303.8
涉外公证收费		Foreign-related Notarization		13.9	14.4	24.5
人民调解工作		**Number of People's Mediation**				
人民调解委员会	(个)	Number of People's Mediation Committees	(unit)	5520	5675	5720
调解人员	(人)	Number of Mediators	(person)	23807	24539	25885
调解民间纠纷	(件)	Number of Civil Disputes Mediated	(case)	31017	28310	30720
调解成功		Successful Mediation		29776	27524	30035
已配司法助理员	(人)	Number of Full-time Judicial Assistants	(person)	294		308

20-9 2007－2009年国内公证文书分类

Classification of Domestic Notarial Documents(2007－2009)

项　目	Item	办证件数(件) Number of Notarial Documents Issued(pieces)		
		2007	2008	2009
总计	**Total**	**24235**	**25848**	**30886**
经济公证	**Notarized Documents on Economic Affairs**	**14738**	**14938**	**18259**
购销合同	Purchases and Sales of Products	2		7
联营合同	Joint Business			
拍卖	Auctions		3	1
贷款合同	Loans	11527	11492	11516
担保书	Guarantees	1401	1406	2403
招标、投标	Bidding	141	69	240
科技协作	Scientific and Technological Contracts		20	
供用电合同	Supply and Use of Electric Power			
劳务合同	Labour Contracts	51	54	
建筑工程承包	Construction Project Contracts	20	25	4
工商服务业承包	Industrial and Commercial Service Contracts	199	52	1
农林牧副渔业承包	Agriculture, Forestry, Animal Husbandry, Sideline Production and Fishery Contracts	6	7	8
乡镇企业承包	Township Enterprise Contracts	2	1	3
财产租赁	Property Leases	1	3	2
企业租赁	Leases of Enterprise			83
资产经营责任制	Asset Business Contracts			
还款协议	Payment Contracts	11	288	95
土地使用权出让转让	Selling or Transfer of Right of Land Utilization	3	19	12
其他经济合同	Other Business Contracts	355	237	66
法人(代表)资格	Artificial Person (agent) Identification	19	1	
法人委托书	Trust Deeds of Artificial Person	109	288	1192
公司章程	Corporation Constitutions			
执行许可证明	Operating Permits			
提存	Drawing		4	1
抵押登记	Mortgage Registration	1	152	1925
公司会议记录	Minutes of Corporation Meetings	236	1	
其他	Others	654	816	700
民事公证	**Notarized Documents on Civil Legal Relations**	**9497**	**10902**	**12627**
收养	Child Adoption	6	3	4
解除收养	Adoption Renouncements			
继承权	Rights of Inheritance	919	947	1395
遗嘱	Testaments	138	140	139
产权	Property Rights			
亲属关系	Kinship Confirmation	14	14	191
死亡	Death Certificates	4	5	2
房屋买卖	Purchases and Sales of Houses	31	66	112
房屋租赁	House Leases	59	122	132
留学协议	Foreign Study Contracts	4	4	
遗赠扶养协议	Donations and Family Fostering	15	2	13
委托书	Trust Deeds	1903	1931	2981
赠与书	Presentation Documents			
声明书	Declarations	317	283	919
现场监督	Field Supervision	922	1007	2299
签名印鉴属实	Confirmation of Signatures and Seals	17	16	19
文本相符	Confirmation of Copies and Photo-offset Copies	99	88	69
	to Originals	99	715	297
宅基地使用权	Rights to Housing Site	3	6	2
证据保全	Evidence Preservation	36	31	48
拆迁协议	Housing Demolition Agreements	57	10	40
计划生育	Family Planning	1731	2536	1434
其他合同	Other Contracts		950	
赡养协议	Agreements on Supporting Parents		302	53
合伙协议	Partnership Agreements	2	1	146
夫妻财产协议	Property Agreements Between Spouses	15	17	57
其他民事协议	Other Civil Agreements	916	896	1440
其他	Others	2140	810	835

20—10 2007－2009年社会福利事业、企业单位基本情况及其他
Basic Statistics and Others on Social Welfare Institution and Enterprises (2007-2009)

项 目		Item		2007	2008	2009
社会福利事业		**Social Welfare Services**				
收养类单位数	(个)	Residential Institutions	(unit)	167	136	142
年末职工人数	(人)	Number of Staff at Year-end	(person)	381	541	712
床位数	(张)	Beds	(unit)	3349	3751	5220
年末在院人数	(人)	Number of Persons in Residential Institutions	(person)	3049	3140	3596
老人		Elders		2119	1921	2837
社会福利院数	(个)	Number of Social Welfare Homes	(unit)	4	6	6
职工人数	(人)	Number of Staff	(person)	108	130	146
床位数	(张)	Beds	(unit)	405	517	720
年在院总人天数	(人天)	Total Number of Person-day	(person-day)	103715	110985	113605
年末在院人数	(人)	Number of Persons in Residential Institutions	(person)	345	435	357
老人		Elders		212	293	281
青壮年		Young Adults		116	131	73
少年儿童		Children		17	11	3
福利企业单位数	(个)	Number of Welfare Enterprises	(unit)	33	18	17
职工数	(人)	Number of Staff	(person)	1393	1432	1425
残疾职工		Handicapped Persons		627	312	407
销售(营业)收入	(万元)	Sales (Business) Income	(10 000 yuan)	2141	3333	7010
其他福利单位数	(个)	Other Social Welfare Units	(unit)	22	14	13
职工人数	(人)	Number of Staff	(person)	1014	1347	1340
残疾职工		Handicapped Persons		413	312	407
销售(营业)收入	(万元)	Sales (Business) Income	(10 000 yuan)	639	3333	7010
民政发离退休退职金人员数(人)		**Number of Persons Receiving Retirement Payments from Civil Administration**	**(person)**	**1371**	**1383**	**1325**
军队干部		Army Cadres		419	458	513
离休		Retired		90	85	85
退休		Retirement		329	373	428
军队无军籍职工		Army Staff without Military Service		949	922	795
烈士纪念建筑物管理单位	**(个)**	**Martyrs Memorial Building Management Unit**	**(unit)**	**6**	**5**	**5**
职工人数	(人)	Number of Staff	(person)	15	15	16
救助类单位	**(个)**	**Salvation Institutions**	**(unit)**	**10**	**10**	**10**
职工人数	(人)	Number of Staff	(person)	64	59	58
本年救助人次数	(人)	Number of Persons Receiving Salvation This Year	(person)	11800	16708	17513
殡葬服务单位	**(个)**	**Funeral service Units**	**(unit)**	**20**	**20**	**21**
职工人数	(人)	Number of Staff	(person)	123	130	134

20－11　2008－2009年残疾人事业基本情况
Basic Information of People with Disabilities(2008-2009)

指　标		Item	2008	2009
康复		**Rehabilitation**		
视力残疾康复		Rehabilitation of Persons with Sight Disability		
白内障复明手术	(例)	Sight-restoring Cataract Surgeries (Cases)	2791	2897
贫困白内障患者免费手术	(例)	Free Surgeries for Poor Cataract Patients (Cases)	2791	2897
低视力者配用助视器	(人)	Vision-aids Provided for Individuals with Low-vision (person)	977	700
培训儿童家长	(人)	Parents Trained (person)	120	377
盲人定向行走训练数	(人)	Blindman Trained with Direction Walking (person)	98	137
聋儿康复		Rehabilitation of Children with Hearing Disability		
年收训聋儿	(人)	Hearing and Speech Training (person)	45	98
培训家长	(人)	Parents Trained (person)	165	118
机构数	(个)	Number of Institutions (person)	4	4
在岗专业人员教师		Employed Special Personnel Teachers (person)	9	8
资助贫困聋儿		Children with Hearing Disability Remained in Poverty Supported (person)	25	40
精神病防治康复		Prevention and Treatment of Psychiatric Diseases		
开展精神病防治康复工作市县数	(个)	Counties Carried on the Works of Prevention and Treatment of Psychiatric Diseases (unit)	9	13
综合防治康复精神病人数	(人)	Prevention and Treatment Provided for Patients with Severe Psychiatric Diseases (person)	3926	3624
孤独症儿童训练数	(人)	Number of autism children trained (person)	14	13
肢体残疾康复	(人)	Rehabilitation of Persons with Physical Disability (person)		
肢体残疾人社区康复训练数		Persons Rehabilitated at Community	772	1417
肢体残疾儿童机构康复训练数		Children Rehabilitated at Institutions	98	200
智力残疾康复	(人)	Rehabilitation of Persons with Intellectual Disability (person)		
智残儿童康复培训数		Children Rehabilitated	123	161
智残儿童家长培训数		Parents Trained	105	138
用品用具供应服务		Supplies Equipment Supply Services		
发放辅助用具	(件)	Assistant Devices Provided (piece)	19000	16500
普及型小腿假肢装配总例数	(例)	Assemblage Universal-type Leg Prosthetics (case)	74	**95**
普及型大腿假肢装配总例数	(例)	Assemblage Universal-type Thigh Prosthetics (case)	92	72
教育		**Education**		
未入学适龄残疾儿童少年	(人)	School-age Disabled Children without Schooling (person)	2754	2008
职业教育与培训机构数	(个)	Vocational Education and Training Facilities (unit)	2	**5**
教育与培训人数	(人)	Number of Educated and Trained (person)	4021	4848
就业		**Employment**		
城镇残疾人就业状况	(人)	Employment of Urban Handicapped (person)		
当年安排就业		Persons Employed in the Year	985	1257
按比例就业		Employed by Quota Scheme	104	85
集中就业		Employed at Welfare Enterprises	471	426
个体就业		Self-employed	410	746
未安排就业		Unemployed	4042	3776
农村残疾人就业状况	(人)	Employment of Rural Handicapped (person)		
就　业		Employed	63154	63857
未就业		Unemployed	19406	**16011**
残疾人就业服务机构	(个)	Employment Placement Service Facilities for	55	57
省		Provinces	1	1
地		Prefectures	7	7
市(含县级市)		Cities(inc.Cities at County Level)	3	6
县		County	40	39
市辖区		Districts under the Jurisdiction of Cities	4	4
盲人医疗按摩员培训	(人)	Keep-fit Massager with Visual Disability Training (person)	20	51
扶贫		**Poverty Alleviation**		
农村实际脱贫人数	(人)	Actual Number of Persons out of Poverty in Rural Areas (person)		7312
农村贫困残疾人	(人)	Rural Poor Disabled Persons (person)		61425
农村贫困残疾人危房改造	(户)	Dangerous House Transformation of Rural Poor Persons with Disabilities (household)		2930
当地低收入残疾人	(人)	Disabled Persons at the Local Low-income Level (person)	19238	28466
残疾人工作者数	(人)	Workers for Handicapped (person)	818	1191

20-12　2007-2009年优抚、城镇、农村低保情况

Basic Conditions of Social Pension and Receiving Minimum Living Allowance in Urban and Rural Areas (2007-2009)

单位：人、户　　(person，household)

项　目	Item	2007	2008	2009
抚恤、补助优抚对象总人数	**Total Number of Persons Receiving Compensation, Allo-wance and Social Pension**	**12353**	**12358**	**12148**
享受定期抚恤年末人数	Number of Persons Receiving Periodic Compensation at Year-end	1224	1231	1240
烈士家属	Families of Martyrs	622	626	637
享受定期补助人数	Number of Persons Receiving Periodic Allowance	7875	7575	7368
在乡复员军人	Demobilized Soldiers in Hometown	4447	4341	3859
在乡退伍军人	Veterans in Hometown	1091	1113	1075
在乡红军老战士等	Red Army Veterans and Other in Hometown	24		
优待优抚对象户数	Number of Households Receiving Preferential Treatment	1878	1251	1712
优待军属户数	Dependents of Armyman	1474	1227	650
优待总金额　(万元)	Total Amount of Preferential Treatment (10 000 yuan)	642.6	220.9	563.8
优待军属金额　(万元)	Dependents of Armyman (10 000 yuan)	285	193	109.5
城乡社会救助	**Social Relief in Urban and Rural Area**			
城镇居民最低生活保障人数	Number of Persons Receiving Minimum Living Allowance in Urban Areas	219809	220153	220595
城镇居民最低生活保障家庭数	Number of Households Receiving Minimum Living Allowance in Urban Areas	93518	97175	98517
农村居民最低生活保障人数	Number of Persons Receiving Minimum Living Allowance in Rural Areas	345000	345000	380000
农村居民最低生活保障家庭数	Number of Households Receiving Minimum Living Allowance in Rural Areas	108823	112390	129276
农村临时救济人次数	Number of Poor Persons Receiving Temporary Relief in Rural Areas	976	2527	907
农村医疗救助总人次数	Total Number of Persons Receiving Medical Assistance in Rural Areas	461429	722658	803049
社会捐赠情况	**Community Donations**			
直接捐赠数额　(万元)	Amount of Direct Donations (10 000 yuan)	1636.7	6262.9	585.2
受益人次数	Number of Beneficiaries	68688	92937	26033

20−13 分地区城镇农村低保情况(2009年)

Basic Conditions of Receiving Minimum Living Allowance in Urban and Rural Areas by Region (2009)

单位：人、户 (person, household)

指 标	Item	合计 Total	西宁市 Xining City	海东地区 Haidong Prefecture	海北州 Haibei Zang A.P	黄南州 Huangnan Zang A.P	海南州 Hainan Zang A.P	果洛州 Golog Zang A.P	玉树州 Yushu Zang A.P	海西州 Haixi Mongolian & Zang A.P
城镇居民最低生活保障人数	Number of Persons Receiving Minimum Living Allowance in Urban Areas	220595	73922	41463	15704	11545	29042	8809	10073	30037
城镇居民最低生活保障家庭数	Number of Persons Receiving Minimum Living Allowance in Urban Areas	98517	32721	16985	7384	7004	12481	2955	5630	13357
农村居民最低生活保障人数	Number of Persons Receiving Minimum Living Allowance in Rural Areas	380000	91960	135850	19800	26830	33000	18300	40180	14080
农村居民最低生活保障家庭数	Number of Persons Receiving Minimum Living Allowance in Rural Areas	129276	29574	35104	7502	8410	11167	6487	26375	4657
农村集中五保供养户数	Number of Households Receiving Livelihood Guaranteed in Five Aspects in Rural Areas	1470	103	102	131	87	172	666	150	59
农村集中五保供养人数	Number of Persons Receiving Livelihood Guaranteed in Five Aspects in Rural Areas	2381	117	113	134	110	173	667	1005	62
城市医疗救助总人次数	Total Number of Persons Receiving Medical Assistance in Urban Areas	343701	145120	48305	19926	14403	56157	17246	10020	32524
农村医疗救助总人次数	Total Number of Persons Receiving Medical Assistance in Rural Areas	803049	197897	292748	45253	36863	68132	44129	84395	33632

20—14 婚姻登记情况(2009年)

Basic Statistics on Marriage Registration(2009)

地 区	Region	登记结婚人数(人) Total Number of Registered Marriages (person)	按婚前状况分类 Classified by Marital Status 初 婚(人) First Marriages (person)	再 婚(人) Re-marriages (person)	女性 Female	恢复结婚 Restoration of Marriage	登记离婚(对) Quantity of Registered Divorces (couple)
合 计	**Province Total**	**59436**	**54367**	**5069**	**2578**	**258**	**3622**
厅本级	Departments Themselves	56	41	15	5		3
西宁市	Xining City	26454	23551	2903	1518	78	2131
海东地区	Haidong Prefecture	17230	16170	1060	513	38	494
海北州	Haibei Zang A.P	1120	983	137	65	10	72
黄南州	Huangnan Zang A.P	476	414	62	30	16	43
海南州	Hainan Zang A.P	7262	7173	89	43	16	146
果洛州	Golog Zang A.P	692	668	24	7		149
玉树州	Yushu Zang A.P	318	312	6	3		
海西州	Haixi Mongolian & Zang A.P	5828	5055	773	394	100	584

20—15 2007—2009年调解民间纠纷分类

Classification of Medicated Civil Disputers(2007—2009)

项 目	Item	调解纠纷(件) Civil Disputes (case) 2007	2008	2009	各类纠纷所占比重(%) Percentage (%) 2007	2008	2009
合 计	**Province Total**	**31339**	**28310**	**30720**	**100**	**100**	**100**
婚姻家庭	Family Disputes	8732	9110	9322	27.86	32.18	30.34
劳动	Labour	1320	1006	1362	4.21	3.55	4.43
合同	Contracts	1244	967	1736	3.97	3.42	5.65
房屋宅基地	Housing and Housing Sites	2169	292	1338	6.92	1.03	4.36
土地承包	Land	1219	457	862	3.89	1.61	2.81
征地拆迁	Requisitioned Land Demolition	694	354	834	2.21	1.25	2.71
邻里	Neighbor Disputes	7244	9012	8092	23.11	31.83	26.34
损害赔偿	Compensation for Damages	1968	1168	1733	6.28	4.13	5.64
计划生育	Family Planning	246	72	125	0.78	0.25	0.41
施工扰民	Construction Noise	512	141	240	1.63	0.49	0.78
村务管理纠纷	Village-affair Management	736	182	532	2.30	0.64	1.73
其他	Others	5280	6549	4544	16.85	23.13	14.79

20-16 档案行政管理部门(2009年)
Department Archives(2009)

项 目 Item	单 位(个) Units (unit)	人 员(人) Personnel (person)	文化程度 Educational Level 大 学 University	大 专 College	中专以下 Vocational Secondary School and Below	档案专业程度 Professional Level on Archives 大 学 University	大 专 College	在职培训 Training in active service	事业费(万元) Expenditure (10000 yuan)
合 计 Total	**55**	**220**	**79**	**101**	**40**		**34**	**86**	**246.77**
省级部门 Provincial Level	1	23	16	6	1		13	10	89.00
地级部门 Regional Level	8	44	13	21	10		6	21	33.00
县级部门 County Level	46	153	50	74	29		15	55	124.77

20-17 各级各类档案馆(2009年)
Different Kinds and Levels of Archives(2009)

项 目	Item	数 量(个) Institution (unit)	人 员(人) Personnel (person)	馆藏档案 Number of Archives 建国前(卷) Before the Founding of PRC (volume)	建国后(卷) After the Founding of PRC (volume)	案卷排架长度(米) Length of Shelfs Placed Files (meter)	馆藏资料(册) Information Stored in Room (volume)	档案资料利用(卷册) Volumes Utilized Archives (volume)	馆库面积(平方米) Area of Archives and Storages (sq.m)	事业费(万元) Expenditure (10 000 yuan)
省级国家综合档案馆	National Comprehensive Archives of Provincial	1	23	45956	144814	3815	37335	2206/102	4196	89.0
地级国家综合档案馆	National Comprehensive Archives of Municipality	8	44	18038	361838	7769	53336	6179/425	14705	33.0
县级国家综合档案馆	National Comprehensive Archives of County level	46	153	1836	811575	16613	159758	3245/2919	19941	124.8
国家专门档案馆	National Special Archives	1	9		54228	1901	2251	1236/20	1484	
部门档案馆	Department Archives	5	25	570	52790	2067	16046	8008/9202	2540	
企业档案馆	Enterprise Archives	1	9		33280	1907	1421	8847/0	4032	

20－18 各类档案室(2009年)
Archives(2009)

项 目	Item	档案室数量(个) Number of Institution (unit)	专职人员(人) Full-time Personnel (person)	兼职人员(人) Personnel (person)	室藏档案(卷) Archives Stored in Room (volume)	案卷排架(米) Files Placed in Shelf (m)	室藏资料(册) Information Stored in Room (volume)	档案资料利用(卷、册) Utilized (volume)
总 计	**Total**	**212**	**300**	**857**	**1196677**	**58404**	**155991**	**116232**
省直机关	Departments Directly under Province	112			326174	16866	61375	29101
大型企业	Large Enterprises	101			682134	36274	77376	60799
省部属文化事业单位	Cultural Institutions of Provincial Level	8			49291	1523	10433	7202
地师级科技事业单位	Scientific and Technical Institions of Regional Level	6			26909	610	5809	3600
县团级科技事业单位	Scientific and Technical Institions of County Level	4			4178	78	232	108

20－19 2008－2009年各类事故
Classification of Accidents(2008－2009)

类 别	Type	2008 事故起数(起) Number of Accidents (case)	2008 死亡人数(人) Number of Deaths (person)	2008 重伤人数(人) Number of Serious Injuries (person)	2008 直接经济损失(万元) Losses Converted into Cash (10 000 yuan)	2009 事故起数(起) Number of Accidents (case)	2009 死亡人数(人) Number of Deaths (person)	2009 重伤人数(人) Number of Serious Injuries (person)	2009 直接经济损失(万元) Losses Converted into Cash (10 000 yuan)
合 计	**Total**	**2562**	**719**	**630**	**2933.3**	**589**	**677**	**378**	**3329.05**
工交建企事业工伤事故	Work Accidents of Industry, Traffic and Construction Enterprise	65	84	7	1834.7	64	77	7	1167.25
交通事故	Traffic Accidents	1121	608	606	269.6	441	578	358	392.83
农机肇事	Farm Machinery Accidents	2	11	1	0.4	12	11	10	5.35
铁路路外事故	Rail-road Accidents	22	12	8	25.0	14	11	3	7.80
火灾事故	Fire Accidents	1352	3	8	703.7	58			155.22

注：工交建企事业工伤事故包括县以下集体企业和私营企业伤亡情况。

a) Work accidents of industry, traffic and construction enterprise include casualties of collective-owned enterprises and private enterprises below county.

20-20 交通事故(2009年)
Traffic Accidents(2009)

项目	Item	合计 Total	西宁市 Xining City	海东地区 Haidong Prefecture	海北州 Haibei Zang A.P	黄南州 Huangnan Zang A.P	海南州 Hainan Zang A.P	果洛州 Golog Zang A.P	玉树州 Yushu Zang A.P	海西州 Haixi Mongolian & Zang A.P	高速支队 Highway Detachment
交通事故次数(次)	Number of Traffic Accidents (case)	1146	425	364	36	20	51	16	10	162	62
比上年增减(次)	Increase or Decrease over Previous Year (case)	23	54	6	-7	8	-7	-18	-4	-2	-7
增减百分比 (%)	Percentage of Increase or Decrease (%)	2.05	14.56	1.68	-16.28	66.67	-12.07	-52.94	-28.57	-1.22	-10.14
死亡人数 (人)	Number of Deaths (person)	578	124	129	38	10	59	17	15	130	56
比上年增减(人)	Increase or Decrease over Previous Year (person)	-30	-5	-8	-3	-2	-4	-4	-2	-5	3
增减百分比 (%)	Percentage of Increase or Decrease (%)	-4.93	-3.88	-5.84	-7.32	-16.67	-6.35	-19.05	-11.76	-3.70	5.66
受伤人数 (人)	Number of Injuries (person)	358	50	62	36	2	48	17	12	94	37
比上年增减(人)	Increase or Decrease over Previous Year (person)	37	104	11	-3	-7	-5	-24	-1	-37	-1
增减百分比 (%)	Percentage of Increase or Decrease (%)	2.85	28.26	2.84	-5.88	-23.33	-6.94	-52.17	-6.25	-15.95	-1.05
经济损失 (万元)	Losses Coverted Into Cash (10 000 yuan)	392.8	70.4	70.3	7.5	2.5	37.1	11.8	1.1	78.1	114.2
比上年增减(万元)	Increase or Decrease over Previous Year (10 000 yuan)	105.9	32.5	17.7	2.5	-3.7	19.6	1.6	-0.5	-12.0	48.3
增减百分比 (%)	Percentage of Increase or Decrease (%)	36.90	85.80	33.66	49.15	-60.27	111.92	15.12	-29.90	-13.34	73.30

20-21 工、交、建企业工伤事故及事故类别情况(2009年)
Basic Statistics on Industrial Injury Accident and Accident Classification(2009)

单位：人 (person)

类别	Type	死亡 Deaths	重伤 Serious Injuries	类别	Type	死亡 Deaths	重伤 Serious Injuries
总 计	**Total**	**77**					
物体打击	Hit by Object	11	1	冒顶片邦	Tunnel Edge Fall and Roof Fall		
车辆伤害	Vehicle Damage	2		透 水	Permeability		
机械伤害	Mechanical Injury	8		放 炮	Shooting	1	1
起重伤害	Lifting Injury			瓦斯煤尘爆炸	Gas and Coal Dust Explosion		
触 电	Electric Shock	13		容器爆炸	Container Explosion		
淹 溺	Drowned			其他爆炸	Other Explosion	2	
灼 烫	Burned or Scalded			煤与瓦斯突出	Coal and Gas Outburst	1	
高空坠落	High-altitude Fall	20	1	中毒和窒息	Poisoning and Suffocation	4	
坍 塌	Collapse	15	4	锅炉容器爆炸	Boiler Vessel Explosion		

20-22 火灾事故(2009年)

Fire Accidents(2009)

类 别	Type	全省合计 Province Total	西宁市 Xining City	海东地区 Haidong Prefe-cture	海北州 Haibei Zang A.P	黄南州 Huangnan Zang A.P	海南州 Hainan Zang A.P	果洛州 Golog Zang A.P	玉树州 Yushu Zang A.P	海西州 Haixi Mong-olian & Zang A.P
火灾起数(起)	Number of Fires (case)	1357	765	325	23	39	33	10	12	150
死亡人数(人)	Number of Deaths(person)	8	5	2						1
受伤人数(人)	Number of Injuries(person)	5	4							1
损失折款 (万元)	Losses Converted Into Cash (10 000 yuan)	755.2	267.3	72.3	125.6	43.7	34.5	57.7	10.5	143.6
火灾原因(起)	Fire Reason (case)	1357	765	325	23	39	33	10	12	150
放 火	Incendi-arism	21	9	9						3
电器设备原因	Electrical Appara-tus	201	114	27	3	10	6	3	5	33
生产作业	Production	58	40	5		2	2			9
用火不慎	Carelessness in Fire Use	432	282	93	4	3	10	5	4	31
吸烟	Smoking	138	95	25	1	2	4		1	10
玩火	Fire Playing	309	171	81	9	16	7	1	1	23
自燃	Spontaneous Combustion	15	7	1						7
不明	Unknown	121	27	72	5	3	3			11
其他	Others	60	20	12	1	1	1	1	1	23

主要统计指标解释

公证人员 指在公证处工作的人员总称，包括公证处主任、副主任、公证员、公证员助理（助理公证员）和其他从事辅助性工作的人员。

公证文书 指公证处根据当事人申请，依照事实和法律，按照法定程序制作的，具有法律效力的司法证明文书。

特大交通事故 指一次造成死亡3人以上，或者重伤11人以上，或者死亡1人，同时重伤8人以上，或者死亡2人，同时重伤5人以上，或者财产损失6万元以上的交通事故。

重大交通事故 指一次造成死亡1至2人，或者重伤3人以上10人以下，或者财产损失3万元以上不足6万元的交通事故。

特大火灾 指造成30人以上死亡，或者100人以上重伤，或者1亿元以上直接财产损失的火灾。

重大火灾 指造成10人以上30人以下死亡，或者50人以上100人以下重伤，或者5000万元以上1亿元以下直接财产损失的火灾。

较大火灾 指造成3人以上10人以下死亡，或者10人以上50人以下重伤，或者1000万元以上5000万元以下直接财产损失的火灾。

一般火灾 指造成3人以下死亡，或者10人以下重伤，或者1000万元以下直接财产损失的火灾。

城镇居民最低生活保障人数 指在报告期末家庭平均收入在当地规定的最低生活保障线以下的城镇居民数。包括"三无"对象，失业人员和在职、下岗、退休人员等。

农村居民最低生活保障人数 指报告期末在建立农村最低生活保障制度的地区，得到当地政府或集体给予最低生活保障的农业人口家庭人数。

五保户 指无法定抚养义务人，或者虽有法定抚养义务人，但是抚养人无抚养能力的；无劳动能力的；无生活年人来源的老年人、残疾人和未成年人。

社会福利企业 指以集中安置有一定劳动能力的残疾人员就业为目（残疾职工占生产人员10%以上）、带有社会福利性质的企业总称。主要包括福利工厂、假肢厂和其他福利企业。

Explanatory Notes on Main Statistical Indicators

Notary Personnel refers to people working for notary offices including: directors, deputy directors, notaries, assistant notaries and other people providing assistance.

Notary Documents refer to the judicial notary documents drawn up at the request of the interested party and are in accordance with facts and the law and following certain legal proceedings.

Extraordinarily Serious Traffic Accident refers to an accident which has caused three or more deaths; or over 11 serious injuries; or one death and over 8 serious injuries; or two deaths and over 5 serious injuries; or a loss over 60 thousand yuan.

Serious Traffic Accident refers to an accident which has caused one or two deaths; or three to ten serious injuries; or a loss over 30 thousand yuan to 60 thousand yuan.

Extraordinarily Serious Fire Case refers to a case which has caused over 30 deaths; or over 100 serious injuries; or a direct property loss over 100 million yuan.

Serious Fire Case refers to a case which has caused over 10 to 30 deaths; or over 50 to 100 serious injuries; or a direct property loss over 50 million to 100 million yuan.

Comparatively Serious Fire Case refers to a case which has caused over three to ten deaths; or over 10 to 50 serious injuries; or a direct property loss over 10 million to 50 million yuan.

Ordinary Fire Case refers to a case which has caused less than three deaths; or less than 10 serious injuries; or a direct property loss less than 10 million yuan.

Number of Urban Residents Entitled to Minimum Living Allowances refers to the number of those whose average family income is below a minimum local standard by the end of the reporting period, including both the employed and unemployed, laid off and retired, and those jobless people without stable residence or valid IDs.

Number of Rural Residents Entitled to Minimum Living Allowances refers to the number of those receiving the minimum living allowances from the local government or community in the rural areas where this allowances system is in place as of the end of the reporting period.

Households Enjoying Five Guarantees refers to those senior citizens, handicapped or under – aged who, without labour ability, can not make a living by themselves and whose statutory providers are unable to support them or who have no statutory providers at all. **Social Welfare Enterprises** refers to those welfare – oriented enterprises employing a significant number of handicapped people with certain labour ability (handicapped employees shall exceed 10% of the production staff), including welfare factories, artificial limb plants as well as other welfare enterprises.

第21篇

CHAPTER 21

城市概况

General Survey of Cities

21-1 城市公用事业基本情况(2009年)
Basic Statistics on Urban Public Utilities(2009)

指标	Item	全省 Province Total	西宁市 Xining City	格尔木市 Geermu City	德令哈市 Delingha City
人口密度 (人/平方公里)	Population Density of City Districts (persons/sq.km)	2189	2491	1989	748
拥有城市维护建设资金 (元)	Fund Expenditures on Urban Maintenance Construction (yuan)	158761	82057	35960	40744
人均生活用水量 (升/日)	Per Capita Water Consumption for Residential Use (liter/day)	176.49	174.19	184.94	197.9
用水普及率 (%)	Coverage Rate of Urban Population with Access to Tap Water (%)	99.45	99.35	100	100
使用天然气普及率 (%)	Percentage of Population with Access to Gas (%)	91.49	95.08	88.38	34.9
人均拥有道路面积 (平方米)	Per Capita Area of Paved Roads (sq.m)	11.47	7.26	26.31	52.42
排水管道密度 (公里/平方公里)	Density of City Sewage Pipes (km/sq.km)	8.07	9	5.83	8.53
人均公共绿地面积 (平方米)	Per Capita Park Green Area (sq.m)	8.13	8.62	5.44	5.63
建成区绿地率 (%)	Percentage of Developed Green Areas (%)	28.71	34.5	16.68	27.98
建成区绿化覆盖率 (%)	Green Coverage Rate in Completed Areas (%)	29.02	34.8	16.91	28.4
道路长度 (公里)	Length of Paved Roads (km)	690.4	417.2	159.7	113.5
道路面积 (万平方米)	Area of Paved Roads (10 000 sq.m)	1285.5	686.9	319.2	279.4
人行道面积 (万平方米)	Area of Sidewalks (10 000 sq.m)	365	161	112	92
桥梁数 (座)	Number of Bridges (unit)	67	52		15
立交桥 (座)	Number of Bridge Flyover (unit)	4	4		
路灯数 (盏)	Number of Street Light (unit)	67450	59152	4980	3318
排水管道长度 (公里)	Length of City Sewage Pipes (km)	907	590	178	139
污水年排放量 (万立方米)	Non-industrial of Waste Water Discharge (10 000 cu.m)	10872	7612	2016	1244
防洪堤长度 (公里)	Length of Dyke for Control of Flood (km)	28	28		
自来水日综合生产能力 (万立方米)	Production Capacity of Tap Water Supply (10 000 cu.m/day)	26.09	11.89	9	5.2
供水管道长度 (公里)	Length of Water Supply Pipelines (km)	134		113	21
供水总量 (万立方米)	Annual Volume of Tap Water Supply (10 000 cu.m)	16357	11277	2520	2560
用水人口 (万人)	Number of Residents with Access to Tap Water (10 000 persons)	7.12	5.04	1.88	0.2
绿化覆盖面积 (公顷)	Green Covered Area of Completed Area (hectare)	3324	2282	579	463
园林绿地面积 (公顷)	Area of Parks and Green land (hectare)	3290	2262	572	456
公圆绿地面积 (公顷)	Public Green Areas (hectare)	912	816	66	30
公园个数 (个)	Number of Parks and Zoos (unit)	20	16	3	1
公园面积 (公顷)	Area of Parks (hectare)	474	424	33	17

21–2 城市基本情况(2009年)
Basic Statistics on Cities (2009)

指标	Item	地区包括市辖县 Prefecture Included Counties	西宁地区 Xining Prefecture	市区不包括市辖县 Cities Not Included Counties	西宁市 Xining City	格尔木市 Geermu City	德令哈市 Delingha City
行政区划、人口、劳动力及土地资源	**Administrative Divisions Population, Labor Force and Land Source**						
行政区划	**Administrative Divisions**						
所辖行政区数(个)	Number of Districts(unit)	4	4				
所辖行政县(旗)数(个)	Number of Counties(unit)	3	3				
所辖行政县级市数(个)	Number of Cities(at County Level)(unit)						
人口	**Population**						
年末总人口(万人)	Population at year-end (10 000 persons)	222.61	193.94	142.8	114.13	21.48	7.19
年平均人口(万人)	Annual Average Population (10 000 persons)	247.59	219.14	141.62	113.17	21.35	7.1
常住人口(万人)	Resident Population (10 000 persons)	239.82	220.5	133.51	114.19	12.13	7.19
暂住人口(一个月以上)(万人)	People Stayed Temporarily (10 000 persons)	29.44	14.9	26.84	12.3	14.54	
年出生人口(人)	Annual Birth Population(person)	24067	22186	11775	9894	1154	727
年死亡人口(人)	Annual Death Population(person)	11619	11045	5451	4877	303	271
年末总户数(万户)	Total Households at the(10 000 households)	63.23	56.09	34.56	27.42	4.63	2.51
从业人员	**Employed Persons**						
年末单位从业人员数(城镇)(万人)	Employed Persons in Various Units at year-end (Urban Area) (10 000 persons)	34.37	27.43	26.92	19.98	5.87	1.07
第一产业(农、林、牧、渔业)	Primary Industry	0.41	0.27	0.23	0.09	0.08	0.06
第二产业	Secondary Industry	13.11	10.65	10.06	6.59	2.29	1.18
采矿业	Mining	0.48	0.4	0.09	0.01	0.08	
制造业	Manufacturing	8.37	6.4	5.22	3.25	1.85	0.12
电力、燃气及水的生产和供应业	Production and Distribution of Electricity, Gas and Water	0.67	0.55	0.57	0.45	0.09	0.03
建筑业	Construction	3.6	3.3	3.18	2.88	0.27	0.03
第三产业	Tertiary Industry	20.85	16.51	17.64	13.3	3.5	0.84
交通运输、仓储及邮政业	Traffic, Transport, Storage and Post	2.77	2.29	2.73	2.25	0.31	0.17
信息传输、计算机服务和软件业	Information transmission, Computer Services and Software	0.76	0.62	0.68	0.54	0.11	0.03
批发和零售业	Wholesale and Retail Trades	2.8	1.47	2.6	1.27	1.31	0.02
住宿、餐饮业	Hotels and Catering Services	1.07	0.35	1.05	0.33	0.7	0.02
金融业	Financial Intermediation	1.33	1.12	1.3	1.09	0.14	0.07
房地产业	Real Estate	0.61	0.61	0.6	0.6		
租赁和商业服务业	Leasing and Business Services	0.7	0.63	0.48	0.41	0.07	
科学研究、技术服务和地质勘查业	Scientific Research, Technical Service and Geologic Prospecting	1.35	1.26	0.97	0.88	0.06	0.03
水利、环境和公共设施管理业	Management of Water Conservancy, Environment and Public Facilities	0.6	0.56	0.6	0.56	0.02	0.02
居民服务和其他服务业	Services to Households and Other Services	0.17	0.04	0.17	0.04	0.13	
教育	Education	3.23	2.9	1.99	1.66	0.22	0.11
卫生、社会保障和社会福利业	Health, Social Security and Social Welfare	1.74	1.57	1.46	1.29	0.12	0.05
文化、体育和娱乐业	Culture, Sports and Entertainment	0.46	0.39	0.39	0.32	0.05	0.02
公共管理和社会组织	Public Management and Social Organization	3.26	2.7	2.62	2.06	0.26	0.3
国际组织	International Organization						
城镇私营和个体从业人员(人)	Self-employed Individuals in Urban Areas(person)	318703	277000	251392	209689	31383	10320
年末城镇登记失业人员数(人)	Number of Registered Unemployed Persons in Urban Areas(person)	34671	27700	30271	23300	1970	5001
土地面积及水资源	Land Area and Water Source						
行政区域土地面积(平方公里)	Land Area of Administrative Divisions(sq.km)	154319	7665	147034	380	118954	27700
建成区面积	Developed Area			90.3	43	31	16.3
城市建设用地面积	Urban Construction Land Areas			95.87	49	31	15.87
居住用地面积	Land Areas of Living			48.1	35	10	3.1
公共设施用地面积	Land Areas of Public Facilities			6.5	2	3	1.5
工业用地面积	Land Areas of Industry			17.01	11	3	3.01
水资源总量(万立方米)	Water Resources(10 000 cu.m)	229282	122100				
综合经济	**Total Economy**						
地区生产总值(当年价格)(万元)	**Gross Domestic Product(at Current Prices) (10 000 yuan)**	**6899653**	**5010743**	**5438345**	**3549435**	**1618983**	**269927**
第一产业增加值	Primary Industry	214918	191848	46911	23841	10398	12672
第二产业增加值	Secondary Industry	3884284	2493379	2837758	1446853	1251316	139589
采矿业	Mining	323411	46083	303816	26488	264013	13315

21—2 续表 1 Continued

指　标	Item	地区包括市辖县 Prefecture Included Counties	西宁地区 Xining Prefecture	市区不包括市辖县 Cities Not Included Counties	西宁市 Xining City	格尔木市 Geermu City	德令哈市 Delingha City
制造业	Manufacturing	2730873	1835829	1950258	1055214	816589	78455
电力、燃气及水的生产和供应业	Production and Distribution of Electricity, Gas and Water	257416	216887	165193	124664	36712	3817
建筑业	Construction	562191	394580	408098	240487	123609	44002
第三产业增加值	Tertiary Industry	2802853	2325516	2556078	2078741	359671	117666
交通运输仓储及邮政业	Traffic,Transport,Storage and Post	361456	222608	338054	199206	115102	23746
信息传输、计算机服务和软件业	Information transmission,Computer Services and Software	240117	201590	238607	200080	25283	13244
金融业	Financial Intermediation	412045	361881	387233	337069	41098	9066
房地产业	Real Estate	157984	134994	138130	115140	19831	3159
科学研究、综合技术服务和地质勘查业	Scientific Research,Technical Service and Geologic Prospecting	114968	96706	102902	84640	14322	3940
地区生产总值(2005年价格)	Gross Domestic Product (price=2005)	5979087	4535163	4679623	3235699	1185666	258258
人均地区生产总值(元)	Per Capita GDP (yuan)	25974.73	22865	35720	31364	75365	38018
地区生产总值增长率(%)	Growth Pate of GDP (%)	23.31	13.3	23.82	15.6	19.3	26.19
财政	Public Finance						
地方财政一般预算收入(万元)	Local Budgetary Revenue (10 000 yuan)	373843	281495	187451	95103	81826	10522
各项税收	Taxes	333279	250465	172596	89782	72292	10522
企业所得税	Company Income Tax	32075	21579	14976	4480	10035	461
个人所得税	Personal Income Tax	22688	16276	13349	6937	5712	700
地方财政一般预算支出(万元)	Local Budgetary Expenditure (10 000 yuan)	1034042	851191	344777	161926	121069	61782
一般公共服务支出	Expenditure for General Public Services	144943	65835	100184	21076	18397	60711
科学技术支出	Expenditure for Science and Technology	21491	20698	1336	543	369	424
教育支出	Expenditure for Education	161455	135371	54972	28888	18510	7574
文化体育与传媒支出	Expenditure for Culture, Sport and Media	47391	41977	9983	4569	2697	2717
医疗卫生支出	Expenditure for Medical and Health Care	71488	64486	20802	13800	5697	1305
环境保护支出	Expenditure for Environment Protection	39060	29981	11674	2595	4167	4912
城乡社区事务支出	Expenditure for Urban and Rural Community Affairs	101713	75445	53968	27700	20968	5300
交通运输支出	Expenditure for Transportation	60846	59171	1704	29	1215	460
社会保障和就业支出	Expenditure for Social Safety Net and Employment Effort	150396	121110	68925	39639	17809	11477
社会保险基金支出	Expenditure of Social Insurance Funds	233901	224249	36971	27319	9652	
金融	Banking						
年末金融机构存款余额(万元)	Total Deposits (10 000 yuan)	14719911	13006326	13853193	12139608	1311954	401631
城乡居民储蓄年末余额	Savings Deposits of Urban and Rural Areas	5502346	4802171	4982196	4282021	567263	132912
年末金融机构贷款余额(万元)	Total Loans (10 000 yuan)	13141606	11743785	12136711	10738890	1116414	281407
保险	Insurance						
保费收入(万元)	Premium Income (10 000 yuan)	147137	134704				
财产险	Property Insurance	57906.56	51397				
人身险	Life Insurance	89230.46	83307				
赔款、给付(万元)	Indemnity (10 000 yuan)	38911.95	34546				
财产险	Property Insurance	28701.72	24751				
人身险	Life Insurance	10210.23	9795				
工业	Industry						
规模以上工业法人企业	Industrial Business Corporation above Designated Size						
工业企业数(个)	Number of Industrial Business (unit)	289	231	198	140	48	10
内资企业	Domestic Funded	272	215	184	127	47	10
国有企业	State-owned Enterprises	44	26	37	19	15	3
私营企业	Private Enterprises	82	44	57	19	31	7
私营独资企业	Private-funded Enterprises	33	2	32	1	31	
私营股份有限公司	Private Share-holding Corporations Lt d	16	9	14	7		7
港、澳、台商投资企业	Enterprises with Funds from Hong Kong, Macao and Taiwan	4	3	3	2	1	
外商投资企业	Foreign Funded Enterprises	13	13	11	11		
工业总产值(当年价)(万元)	Gross Industrial Output Value (at current price) (10 000 yuan)	7012949	5456162	4625627	3068840	1405639	151148
内资企业	Domestic Funded	6430074	4874607	4390275	2834808	1404319	151148

21–2 续表 2 Continued

指 标	Item	地区包括市辖县 Prefecture Included Counties	西宁地区 Xining Prefecture	市区不包括市辖县 Cities Not Included Counties	西宁市 Xining City	格尔木市 Geermu City	德令哈市 Delingha City
国有企业	State-owned Enterprises	1811046	1733638	1875130	1797722	74620	2788
私营企业	Private Enterprises	1820695	375154	1686043	240502	1297181	148360
私营独资企业	Private-funded Enterprises	1301803	2622	1299761	580	1299181	
私营股份有限公司	Private Share-holding Corporations Ltd.	1377552	78371	1370431	71250	1299181	
港、澳、台商投资企业	Enterprises with Funds from Hong Kong, Macao and Taiwan	21801	20481	16437	15117	1320	
外商投资企业	Foreign Funded Enterprises	561074	561074	218915	218915		
企业财务	Financial Affairs of Enterprises						
从业人员年平均人数(万人)	Annual Average Number of Employed Persons(10 000 persons)	12.57	9.24	8.25	4.92	2.97	0.36
流动资产合计(万元)	Total Value of Working Capitals(10 000 yuan)	3871698	2396368	2731736	1256406	1338474	136856
固定资产合计(万元)	Total Value of Fixed Assets(10 000 yuan)	3737628	3514852	1799444	1576668		222776
主营业务收入(万元)	Revenue from Principal Business(10 000 yuan)	6102850	5188552	3426110	2511812	788169	126129
主营业务成本(万元)	Cost of Principal Business(10 001 yuan)	4595938	4260137	2536731	2200930	232294	103507
主营业务税金及附加(万元)	Taxes and Other Charges on Principal Business(10 000 yuan)	202293	134867	195067	127641	67265	161
本年应交增值税(万元)	Value Added Tax Payable(10 000 yuan)	265364	187329	167133	89098	71533	6502
利润总额(万元)	Total Profits(10 000 yuan)	429702	49404	397435	17137	386013	-5715
交通运输、邮电通信、能源电力	**Traffic and Transport, Post and Telecommunication, Energy and Power**						
交通运输	Traffic and Transport						
铁路旅客运量(万人)	Railways Passenger Traffic(10 000 persons)	422.0	333.4				
铁路货物运量(万吨)	Railways Freight Traffic(10 000 tons)	1994.8	367				
民用汽车拥有量(辆)	Possession of Civil Motor Vehicles(unit)	207819	172383				
私人汽车拥有量(辆)	Private Vehicles(unit)	66090	53945				
公路客运量(全社会)(万人)	Highways Passenger Traffic(10 000 persons)	4501.8	4221.7				
公路货运量(全社会)(万吨)	Highways Freight Traffic(10 000 tons)	3106.3	2208				
境内等级公路里程(公里)	Length of Territory Class Ⅰ to Ⅳ Highways(km)	10247	5845				
境内高速公路里程(公里)	Length of Territory Expressways(km)	346	346				
民用航空货邮运量(吨)	Freight Traffic of Civil Aviation(ton)	6266.4	6200				
民用航空客运量(人)	Passenger Traffic of Civil Aviation(person)	690800	661800				
邮电通信	Post and Telecommunication						
年末邮政局(所)数(处)	Number of Post and Telecommunication at Year-end(unit)	98	80	64	59		5
邮政业务收入(万元)	Business Income of Post(10 000 yuan)	15966.85	14156				
电信业务收入(万元)	Business Income of Telecommunication Services(10 000 yuan)	351029	328545				
年末固定电话用户数(万户)	Number of Local Telephone Subscribers at Year-end(10 000 subscribers)	72.92	64.32	60.88	52.28	7.1	1.5
年末移动电话用户数(万户)	Number of Mobile Telephone Subscribers at Year-end(10 000 subscribers)	170.6	150.8	142.81	123.01	15.5	4.3
国际互联网用户数(万户)	Number of Internet Users(10 000 subscriber)	197295	176388	167114	146207	15011	5896
能源电力	Energy and Power						
综合能源消费量(万吨/标准煤)	Total Energy Consumption (10 000 tons of SCE)	1421	1321	100		100	
全社会用电量(万千瓦时)	Demand for Electricity thought the Year(10 000 kwh)	2574003	2459465	637249	522711	94690	19848
工业用电	Industry Electricity	2378297	2287467	466584	375754	76341	14489
城乡居民生活用电	Living Electricity for Resident	93507	84501	79788	70782	3647	5359
贸易、外经、旅游	**Domestic and Foreign Trade, Foreign Economic Cooperation, Tourism**						
贸易	Domestic Trade						
限额以上批发零售贸易业商品销售总额(万元)	Total Sales of Goods of Wholesale and Retail Trades Above Designated Size(10 000 yuan)	2138584	1965333	1999369	1826118	58509	114742
社会消费品零售总额(万元)	Total Retail Sales of Consumer Goods(10 000 yuan)	2305878	2015968	2146535	1856625	247190	42720
限额以上批发零售企业数(法人数)(个)	Number of Enterprises of Wholesale and Retail Trades Above Designated Size(unit)	148	121	142	115	23	4
零售业	Retail Trades(unit)	86	72	86	72	12	2
限额以上批发零售贸易业企业财务	Financial Affairs of Wholesale and Retail Trades Above Designated Size						
从业人员年平均人数(万人)	Annual Average Number of Employed Persons(10 000 persons)	552.53	1.49	552.52	1.48	551	0.04

21—2 续表 3 Continued

指 标	Item	地区包括市辖县 Prefecture Included Counties	西宁地区 Xining Prefecture	市区不包括市辖县 Cities Not Included Counties	西宁市 Xining City	格尔木市 Geermu City	德令哈市 Delingha City
流动资产合计(万元)	Total Value of Working Capitals(10 000 yuan)	1049510	732868	1028994	712316	308838	7840
固定资产合计(万元)	Total Value of Fixed Assets(10 000 yuan)	374987	181519	372053	178585	188198	5270
主营业务收入(万元)	Revenue from Principal Business(10 000 yuan)	4245118	1874661	4220900	1850443	2256113	114344
主营业务成本(万元)	Cost of Principal Business(10 001 yuan)	3891829	1702720	3869118	1680009	2086166	102943
主营业务税金及附加(万元)	Taxes and Other Charges on Principal Business(10 000 yuan)	18415	7595	18411	7591	10690	130
本年应交增值税(万元)	Value Added Tax Payable(10 000 yuan)	29771	27258	29718	27205	993	1520
利润总额(万元)	Total Profits(10 000 yuan)	64724	59775	64292	59343	1399	3550
外贸、外经	Foreign Trade, Foreign Economic Cooperation						
货物进口额(万美元)	Total Value of Imports(USD 10 000)	22918	22918				
货物出口额(万美元)	Total Value of Exports(USD 10 000)	21473	21473				
外商直接投资:	Foreign Direct Investments						
当年新签项目(合同)数(个)	Number of New-signed Projects (Contracts) at Current Year(unit)	11	11	11	11		
当年实际使用外资金额(万美元)	Foreign Capitals Actually Utilized at Current Year(USD 10 000)	2985	2985	2985	2985		
旅游	Tourism						
入境游客人数(含一日游游客)(人)	Number of International Tourists (Daily Tours Included)(person)	920543	25700				
外国人	Foreigners	18341	17700				
港、澳、台同胞	Compatriots from Hong Kong, Macao and Taiwan	9623	8000				
国际旅游(外汇)收入(万美元)	Tourism Foreign Exchange Earnings (USD 10 000)	889	886				
固定资产投资	**Investment in Fixed Assets**						
全社会固定资产投资总额(万元)	Total Investment in Fixed Assets in the Whole Country(10 000 yuan)	4215842	3120429	3462214	2366801	853517	241896
城镇固定资产投资额	Urban Investment in Fixed Assets	3858182	2805759	3180551	2128128	839637	212786
房地产开发投资额	Investment in Reel Estate Development	660413	638393	654143	632123		22020
住宅	Residential Buildings	474937	474937	471777	471777		
全年新增固定资产	Newly Increased Fixed Assets thought the Year	2339835	1668866	1611528	940559	508084	162885
房地产	Real Estate						
商品房屋销售面积(万平方米)	Floor Space of Selling House(10 000 sq.m)	158.88	154.68	157.46	153.26		4.2
住宅	Residential Buildings	152.32	148.08	150.9	146.66		4.24
高档别墅公寓	Villadom and High-grade Apartments	5.02	5.02	5.01	5.01		
商品房屋销售额(万元)	Total Sale of Commercial Buildings (10 000 yuan)	453713	448513	450422	445222		5200
住宅	Residential Buildings	421282	416222	417991	412931		5060
高档别墅公寓	Villadom and High-grade Apartments	12729	12729	12729	12729		
商品房屋空置面积(万平方米)	Floor Space of Vacancy House(10 000 sq.m)	61.9	61.9	61.58	61.58		
保障性住房建设	Low-income Housing Construction						
本年完成投资(万元)	Investment at Current Year (10 000 yuan)	43361	32384	40123	29146	10255	722
廉租房	Low-rent Houses	17764	3762	17388	3386	10255	3747
施工面积(万平方米)	Floor Space under Construction (10 000 sq.m)	563090.5	563087	506781.5	506778	2.9	0.58
廉租房	Low-rent Houses	68729.48	68726	61856.48	61853	2.9	0.58
竣工面积(万平方米)	Floor Space Completed (10 000 sq.m)	374588.4	374586	337129.4	337127	2	0.37
廉租房	Low-rent Houses	13102.37	13100	11792.37	11790	2	0.37
教育、科技、文化、卫生	**Education, Science and Technology, Culture and Public Health**						
教育	Education						
学校数(所)	Number of Schools(unit)						
普通高等学校	Regular Institutions of Higher Education	9	9	9	9		
中等职业教育学校	Vocational Secondary Education	10	8	10	8	1	1
普通中学	Regular High School	166	140	70	44	18	8
小学	Primary Schools	486	458	95	67	11	17
专任教师数(人)	Full-time Teachers(person)						
普通高等学校	Regular Institutions of Higher Education	3757	3757	3757	3757		
中等职业教育学校	Vocational Secondary Education	844	712	844	712	28	104
普通中学	Regular High School	10259	8798	5410	3949	1132	329

21-2 续表 4 Continued

指 标	Item	地区包括市辖县 Prefecture Included Counties	西宁地区 Xining Prefecture	市区不包括市辖县 Cities Not Included Counties	西宁市 Xining City	格尔木市 Geermu City	德令哈市 Delingha City
小学	Primary Schools	9368	7919	4863	3414	1049	400
在校学生数(人)	Number of Students (person)						
普通高等学校	Regular Institutions of Higher Education	43782	43782	43782	43782		
成人高等学校	Adult Higher Education	1000	1000	1000	1000		
高中阶段在校学生	Students in Senior Secondary Education	51622	46570	27141	22089	3594	1458
中等职业教育学校	Vocational Secondary Education	23693	22601	23693	22601	293	799
普通中学(万人)	Regular High School(10 000 persons)	13.33	12.03	7.1	5.8	1	0.3
小学(万人)	Primary Schools(10 000 persons)	18.84	16.36	8.75	6.27	1.81	0.67
初中毕业生升学率(%)	Promotion Rate from Junior Secondary Schools to Senior Secondary Schools(%)		94		98	97.7	97.84
科技	Science and Technology						
从事科技活动人员数(人)	Personnel Engaged in S&T Activities(person)	27831	27578	11608	11355	139	114
R&D内部经费支出(万元)	Interior Expenditure on R&D	40041.3	38850				
专利申请受理量(项)	Total Patent Applications Examined(item)	222	221				
专利申请授权量(项)	Total Patent Applications Certified(item)	143	142				
发明	Inventions	20	20				
体育	Sports						
体育场馆数(个)	Number of Stadiums and Gymnasiums(unit)	12	10	9	7	1	1
文化	Culture						
剧场、影剧院数(个)	Number of Cinemas, Theaters and Music Halls(unit)	8	2	8	2	5	1
公共图书馆图书总藏量(千册、件)	Collection of Books of Public Libraries(1 000 copies)	715	595	418	298	50	70
卫生	Public Health						
医院、卫生院数(个)	Number of Hospitals and Health Centers(unit)	119	105	54	40	9	5
医院、卫生院床位数(张)	Number of Beds of Hospitals and Health Centers(unit)	11131	10134	9016	8019	759	238
医生数(执业医师+执业助理医师)(人)	Number of Doctors (Licensed Doctors and Assistant Doctors) (person)	4460	4023	3671	3234	267	170
注册护士(人)	Number of Registered Nurses	5432	4970	4658	4196	343	119
人民生活、社会保障	**People's Livelihood, Social Security**						
在岗职工平均人数(万人)	Average Number of Fully Employed Staff and Workers(10 000 persons)	29.5	26.2	23.0	19.6	2.4	1.0
在岗职工工资总额(万元)	Total Wages Bill of Fully Employed Staff and Workers(10 000 yuan)	884665	735454	722763	573552	114328	34883
居民收支	Income and Expenditure of Inhabitants						
城镇居民人均可支配收入(元)	Annual Per Capita Disposable Income of Urban Households(yuan)				12911	15180	14881.83
最低20%户	Lowest Income Households(quintile group)				3445	5010	10200.9
最高20%户	Highest Income Households(quintile group)				32156	31002	118625.7
城镇居民人均消费支出(元)	Annual Per Capita Consumption Expenditure of Urban Households(yuan)				8717	12070	12365.2
食品	Food				3689	4428	4111.48
衣着	Clothing				925	1635	1357.51
居住	Household Appliances and Service				800	817	1688.22
家庭设备用品及服务	Health Care and Medical Services				489	723	602.94
医疗保健	Transport and Communications				776	490	731.57
交通和通信	Education, Cultural and Recreation Services				919	1877	1715.22
教育文化娱乐服务	Residence				804	1479	1372.09
居民生活	People's Livelihood						
每百户居民家庭拥有	Number of Major Durable Consumer Goods Owned Per 100 Urban Households						
家用汽车(辆)	Automobile(unit)			32	4	7	21
家用电脑(台)	Computer(set)			151	33	70	48
固定电话(部)	Fixed Telephone			208	83	33	92
移动电话(部)	Mobile Telephone			367	143	72	152
互联网用户(户)	Internet User (household)			74	27	7	40
人均住房建筑面积(平方米)	Per Capita Building Space (sq.m)			25.78	25.5	26.59	28.86
居民消费价格指数(上年为100)(%)	Consumer Price Indices (%)				102.2	102.6	
社会保障	Social Security						
城镇基本养老保险参保人数(人)	Population Covered Basic Pension Insurance in Urban Area (person)	304773	269278	270935	235440	24630	10865

21-2 续表 5 Continued

指标	Item	地区包括市辖县 Prefecture Included Counties	西宁地区 Xining Prefecture	市区不包括市辖县 Cities Not Included Counties	西宁市 Xining City	格尔木市 Geermu City	德令哈市 Delingha City
基本医疗保险参保人数(人)	Population Covered Basic Medical Insurance(person)	230596	193238	186505	149147	19628	17730
失业保险参保人数(人)	Population Covered Unemployment Insurance(person)	171045	152560	157496	139011	13484	5001
社会福利院数(个)	Number of Social Welfare Homes(unit)	19	16	7	4	2	1
社会福利院床位数(张)	Number of Beds of Social Welfare Homes(unit)	756	634	532	410	50	72
社区服务设施数(个)	Number of Community Service Facilities(unit)	131	51	131	51	69	11
城镇居民最低生活保障人数(人)	Number of Persons Receiving Lowest Cost-of-living(person)	84825	73900	53114	42189	9970	955
交通、社会治安	**Traffic, Security of Society**						
交通	Traffic						
交通事故死亡人数(人)	Number of Deaths of Traffic Accident(person)	155	120	98	63	23	12
交通事故损失额(万元)	Losses Converted into Cash of Traffic Accident(10 000 yuan)	117	56	100	39	12	49
火灾事故死亡人数(人)	Number of Deaths of Fires(person)	6	4	6	4	2	
火灾事故损失额(万元)	Losses Converted into Cash of Fires(10 000 yuan)	394	300	465	371	73	21
社会治安	Security of Society						
刑事案件立案数(件)	Number of Criminal Cases Registered	8072	6465	6198	4591	1289	318
犯罪人数(人)	Number of Perpetrators(person)	3589	2881	2298	1590	495	213
青少年人数(年龄16-25周岁)	Number of Adolescents (age of 16 to 25)	1267	1232	1023	988		35
市政公用事业	**City Public Utilities**						
基础设施	Infrastructure						
城市维护建设资金支出(万元)	Funds Expenditure for Urban Construction and Maintenance(10 000 yuan)			138168	61464	35960	40744
年末实有城市道路面积(万平方米)	Area of Paved Road at Year-end(10 000 sq.m)			1152.4	554	319	279.4
排水管道长度(公里)	Length of Sewage Pipes(km)			847	530	178	139
供水综合生产能力(万平方米/日)	Production Capacity of Tap Water Supply(10 000 cu.m/day)			77.6	41.49	24.41	11.7
供水总量(万吨)	Total Volume of Water Supply(10 000 tons)			16357	11277	2520	2560
售水量(万吨)	Sold Volume of Water (10 000 tons)			13852.1	9246	2520	2086.1
居民生活用水量	Consumption of Tap Water for Residential Use			5257	4249	718	290
	Number of Residents with Access to Tap Water(10 000 persons)			91.19	73.74	12.12	5.33
供气	Gas Supply						
供气总量(人工、天然气)(万立方米)	Volume of Gas Supply (Manpower and Natural Gas)(10 000 cu.m)			149913	47416	101013	1484
家庭用量	Consumption of Gas for Residential Use			5072	4528	524	20
用气人口(人)	Number of Residents with Access to Gas(person)			829100	755200	65900	8000
液化石油气供气量(吨)	Volume of Liquefied Petroleum gas Supply(ton)			7511	5560	1679	272
家庭用量	Consumption of Gas for Residential Use			6990	5393	1332	265
用液化气人口(人)	Number of Residents with Access to Liquefied Petroleum Gas(person)			155400	103500	41300	10600
公共交通	Public Traffic						
年末实有公共汽(电)车营运车辆数(辆)	Number of Public Vehicles under Operation at Year-end(unit)			1855	1712	114	29
全年公共汽(电)车客运总量(万人次)	Number of Passengers Carried of Public Vehicles(10 000 person-times)			56035.3	55170	640.3	225
年末出租汽车数(辆)	Number of Taxis at Year-end(unit)			6673	5116	1154	403
绿地	Green Areas						
绿地面积(公顷)	Green Areas(hectare)			2388	1360	572	456
公园绿地面积(公顷)	Area of Parks			803	707	66	30
建成区绿化覆盖面积(公顷)	Greening Coverage of the Current Urban Areas(hectare)			2637	1665	509	463
环境保护	**Environmental Protection**						
三废综合利用产品产值(万元)	Output Value of Products Made from Waste Gas, Waste Water and Solid Wastes(10 000 yuan)	10075	10075				
工业废水排放量(万吨)	Waste Water Discharged by Industry(10 000 tons)	4482.25	4387				
工业废水排放达标量(万吨)	Industrial Waste Water Meeting Discharge Standards(10 000 tons)	3890.91	3828				
二氧化硫去除量(吨)	Industrial Sulfur Dioxide Removing(ton)	13402	13402				
二氧化硫排放量(吨)	Industrial Sulfur Dioxide Emission(ton)	73178.92	70403				
工业烟尘去除量(吨)	Industrial Soot Removing(ton)	799136.4	798552				
工业烟尘排放量(吨)	Industrial Soot Emission(ton)	24899.2	24687				
工业固体废物综合利用率(%)	Comprehensive Utilization Rate of Industrial Solid Wastes (%)		91.96				
污水集中处理率	Treatment Rate of Consumption Waste Water(%)		54.47				
生活垃圾无害化处理率(%)	Innocent Treatment Rate of Domestic Garbage(%)		66.8				
空气质量达标(API<100)天数(天)	Air Quality Standard Days (API<100)(day)		293				

21-3 主要年份西宁市公共交通客运情况
Basic Statistics on Urban Public Traffic in Xining in Main Years

年份 Year	年底车辆总数(辆) Number of Public Vehicles for Business Transportation (unit)	小公共线路车 Minibus	年底营运线路网长度(线路/公里) Length of Business Transportation Routes (route/km)	总行驶里程(万车公里) Total Mileage (10 000 vehicle-km)	客运总量(万人次) Number of Passengers Carried of Bus, Trolley Bus (10 000 person-times)	从业人数(人) Employed Persons (person)	社会出租汽车(辆) Number of Taxis (unit)	社会小公共汽车(辆/线路) Social Minibus (unit/route)
1980	171		17/466	599	6942	1298		
1982	190		17/466	685	8812	1633		
1983	192		17/467	787	10162	1690		
1984	211		17/467	831	11930	1810		
1985	230		17/467	937	14832	2036		
1986	219		17/481	966	16710	2065		
1987	222		21/498	1020	16876	2332		
1988	250		21/481	1076	17759	2382		
1989	252		21/481	1044	15216	2590		
1990	266	23	21/481	1128	15612	2567	371	30
1991	268	27	21/482	1196	16430	2807	458	53
1992	282	42	21/510	1243	17641	2785	784	116
1993	403	53	21/316	1307	17345	2833	1282	259
1994	385	85	21/320	1384	17833	2760	1836	313
1995	386	87	21/259	1744	18054	3159	3354	403
1996	372	70	25/259	1725	18218	3412	4160	432
1997	410	118	28/255	1956	17616	3323	4236	432
1998	575	168	32/258	2023	17808	3212	4275	435
1999	659	197	34/274	2634	19566	3328	4412	455
2000	667	207	37/291	3047	15369	3289	5785	628
2001	1020	354	38/307	4621	20748	4139	5144	322
2002	1086	130	307		20857	4194	5116	130
2003	1142	75	307		23760	4352	5116	75
2004	1277	131	437		25111	5139	5116	131
2005	1605	299	437		36098	6548	5116	131
2006	1927		415		41355		5644	
2007	1888		415		55739		5694	
2008	1712		379		58761		5116	
2009	1712	283	39/1176	7279.73	27696	4171	5116	536/22

21–4　主要年份西宁市自来水供水情况

Basic Statistics on Tap Water Supply in Xining in Main Years

年　份 Year	年底自来水管道总长度（公里） Length of Water Supply Piplines (km)	供　水　总　量（万立方米） Total Annual Volume of Water Supply (10 000 cu.m)	售　水　总　量（万立方米） Total Annual Volume of Water Market (10 000 cu.m)	生　产　用　水 For Productive Use	综合生产能力（万立方米/日） Production Capacity of Tap Water Supply (10 000cu.m /day)	用　水　总人数（万人） Number of Residents with Access to Tap Water (10 000 persons)	用　水　普及率（%） Coverage Rate of Urban Population with Access to Tap Water (%)
1980	240	3740	3541	1979	14.5	42.0	92.4
1982	246	4649	4295	2598	14.5	43.4	94.6
1983	251	5222	4817	3121	34.5	43.5	94.0
1984	259	5526	5098	3161	35.5	48.0	92.0
1985	255	5577	5145	3190	36.4	348.0	95.0
1986	255	5863	5583	3461	26.4	49.0	99.0
1987	285	6308	6008	3604	36.6	53.0	96.4
1988	297	7111	6755	4062	34.4	53.5	98.0
1989	300	7824	7200	4464	34.4	53.9	98.0
1990	300	7934	7301	4527	34.4	54.7	98.0
1991	300	8279	7619	4785	34.4	55.7	98.0
1992	301	8359	7692	4769	34.4	56.1	98.8
1993	305	8605	7918	4909	39.0	56.2	99.1
1994	306	12961	12273	8339	39.0	66.1	99.3
1995	307	13251	12540	8176	39.0	66.9	98.0
1996	311	13036	12342	7460	38.4	67.7	97.0
1997	419	13036	12238	6200	38.0	67.8	96.0
1998	433	11966	11516	6939	37.0	70.9	97.4
1999	444	12561	11904	6893	49.0	70.8	97.0
2000	596	12610	14325	6734	48.9	71.4	97.2
2001	433	12452	6910	5833	44.9	74.8	99.3
2002	450	11403	5912	4693	44.9	76.6	100.0
2003	476	11559	10188	3470	44.9	78.9	100.0
2004	505	12175	10176	3481	44.9	80.1	100.0
2005	541	11192	9142	3546	44.9	80.9	100.0
2006	965	12010	10548	3861	50.1	90.3	99.6
2007	974	11542	10228	3743	54.3	102.3	99.7
2008	772	12098		3853	47.9	88.0	100.0
2009	790	12168	10125	3917	47.9	94.0	99.4

21–5 主要年份西宁市道路、排水、养护情况

Basic Statistics on Paved Roads, Drainage and Maintenance in Xining in Main Years

年 份 Year	年末实有铺装道路长度(公里) Length of Paved Roads (year-end) (km)	铺装道路面 积(万平方米) Area of Paved Roads (10 000 sq.m)	人行道面 积(万平方米) Area of Sidewalks (10 000 sq.m)	年底实有下水道长度(公里) Length of Sewer Pipelines (year-end) (km)	养护下水道长度(公里) Length of Sewer Pipelines for Conserve (km)	"两项"维护建设资金支出(万元) Two Special Program of Maintenance Expenses (10 000 yuan)
1980	157	159		67	67	959
1982	163	161		74	74	558
1983	169	166		78	78	552
1984	169	166		78	78	742
1985	175	176		85	85	721
1986	175	176	31	86	86	378
1987	177	177	31	86	86	1509
1988	177	189	39	87	87	1761
1989	179	195	41	90	90	2509
1990	179	219	49	117	117	2185
1991	180	220	50	117	117	4603
1992	181	223	53	118	118	4663
1993	203	225	53	123	123	3851
1994	208	228	53	123	123	2800
1995	263	263	97	139	139	6760
1996	268	262	97	144	144	4659
1997	284	270	98	146	151	9583
1998	288	291	99	161	155	34747
1999	298	317	99	161	140	91758
2000	310	405	62	208	143	78120
2001	288	408	64	209	148	98638
2002	324	408	64	400	194	58473
2003	346	490	103	400	120	51249
2004	359	521	106	420	140	63979
2005	370	551	109	424	214	83087
2006	489	682	149	532	307	76573
2007	496	700	196	571	319	79116
2008	403	638	159	557	320	77881
2009	417	687	161	590	320	82057

21–6 主要年份西宁市集中供热情况
Basic Statistics on Heating in Xining in Main Years

指 标	Item	1990	1995	2000	2005	2006	2007	2008	2009
供热能力–热气（MW/小时）	Heating Capacity-Hot Water (1 billion kw/hour)	13.5	28.0	31.0	43.0	45.0	103.0		
供热总量（万吉焦）	Quantity of Heating Supplied (10 000 gigajoules)	13.5	14.8	31.0	236.0	236.0	236.0	236.0	236.0
集中供热面积（万平方米）	Area of Centralized Heating (10 000 sq.m)	12.0	18.0	27.0	27.5	33.3	38.5	31.0	32.0
住宅	Residential Buildings			24.0	13.0	24.9	25.8	22.2	22.8
供热管道总长度（公里）	Length of Heating Pipelines (km)	5.0	5.0	5.0	7.0	9.0	10.0	7.0	7.0

21–7 主要年份西宁市环境卫生基本情况
Basic Statistics on Sanitation in Xining in Main Years

指 标	Item	1985	1990	1995	2000	2005	2006	2007	2008	2009
当年完成工作量（万吨）	Completed Workload the Same Year(10 000 tons)									
清运生活垃圾	Volum of Garbage Disposal	12.70	23.60	39.30	80.70	48.00	63.8	67.3	76.89	77.65
清运粪便	Volum of Excrement and Urine Disposal	0.80	2.00	2.60	6.54	28.00	34.3	1.76	1.35	1.25
实际清扫面积(万平方米)	Area under Cleaning Program (10 000 sq.m)	92	166	233	281	878	955	1047	1062	1167
环境卫生专用车辆（辆）	Environmental Special Purpose Vehicle Equipment (unit)	58	85	121	85	154	175	216	242	270
环境卫生设施（座）	Environmental Sanitation Installations (unit)									
公共厕所	Number of Public Lavatories (unit)	157	158	221	290	364	484	486	455	470
水冲式	Wash out Water			66	227	364	484	486	455	470

21–8 主要年份西宁市城市建设用地情况

Basic Statistics on Utilization of Land for City Construction of Xining in Main Years

单位：平方公里 (sq.km)

指 标	Item	1985	1990	1995	2000	2005	2006	2007	2008	2009
市区人口(万人)	Total Populatian of Urban District	59.90	65.00	68.70	94.14	80.88	82.43	107.17	112.21	114.13
非农业人口	Non-agricultural Population	50.40	55.00	57.80	62.49	69.25	70.62	72.21	97.48	
市区面积	Total Areas of Urban District	350	350	350	350	350	350	448.68	380	380
建成区面积	Developed Areas	49.40	51.50	52.80	57.17	63.73	86.62	87.7	64.92	65.57
城市建设用地面积	Urban Construction Land Areas	49.40	51.50	52.70	57.17	63.73	85.68	86.89	64.92	65.57
工业用地	Land Areas of Industry	10.10	10.50	10.70	11.00	11.34	15.25	15.3	11.39	11.37
仓储用地	Land Areas of Storage	2.50	2.60	2.70	3.00	3.20	4.4	4.42	3.22	3.25
对外交通用地	Land Areas of Transport Facilities	5.60	5.80	6.40	6.00	7.56	9.22	9.22	7.56	7.56
生活居住用地	Land Areas of Living	20.50	21.80	22.20	24.17	28.70	34.62	34.76	28.96	29.48
其他城建用地	Other	10.70	10.70	10.80	13.00	12.93	22.19	23.19	13.79	13.91
本年征用土地面积	Land Put in Requisition for Construction Projects this Year	0.50	0.10	0.07	3.00	0.44	0.1	1.4		0.04

21–9 主要年份西宁市园林绿化情况

Basic Statistics on Landscaping in Xining in Main Years

指 标	Item	1985	1990	1995	2000	2005	2006	2007	2008	2009
建成区内绿化覆盖面积(公顷)	Green Covered Area of Completed Area(hectare)	407	511	665	1068	1920	3101	3192	2280	2282
年底园林绿地面积 (公顷)	Area of Parks and Green land at Year-end(hectare)	414	471	653	1034	1785	2304	2674	2258	2262
公共绿地	Public Green Aress(hectare)	64	78	173	246	498	871	888	814	816
建成区内绿化覆盖率 (%)	Green Covrage Rate in Completed Areas (%)	9.3	10.2	12.4	18.7	30.1	32.3	32.9	35.1	34.8
人均公共绿地面积 (平方米)*	Per Capita Park Green Area (sq.m)	1.20	1.40	3.00	3.67	6.16	8.7		9.25	8.62
公园个数 (个)	Number of Parks and Zoos(unit)	1	2	8	10	11	25	26	16	16
公园面积 (公顷)	Area of Parks (hectare)	36	46	142	203	226	496	518	424	424

主要统计指标解释

水综合生产能力 指按供水设施取水、净化、送水、出厂输水干管等环节设计能力计算的综合生产能力。包括在原设计能力的基础上，经挖、革、改增加的生产能力。计算时，以四个环节中最薄弱的环节为主确定能力。

年末供水管道长度 指从送水泵至用户水表之间所有管道的长度。不包括新安装尚未使用、水厂内以及用户建筑物内的管道。

全年供水总量 指报告期供水企业(单位)供出的全部水量。包括有效供水量和漏损水量。

生活用水量 包括公共服务用水和居民家庭用水。公共服务用水指为城市社会公共生活服务的用水。包括行政事业单位、部队营区和公共设施服务、社会服务业、批发零售贸易业、旅馆饮食业以及其他公共服务业等单位的用水。居民家庭用水指城市范围内所有居民家庭的日常生活用水。包括城市居民、农民家庭、公共供水站用水。

用水普及率 指城市用水人口数与城市人口总数的比率。计算公式：

$$用水普及率=\frac{城市用水人口数}{城市人口总数}\times100\%$$

人工煤气生产能力 指报告期末人工煤气生产厂制气、净化、输送等环节的综合生产能力，不包括备用设备能力。一般按设计能力计算，如果实际生产能力大于设计能力时，应按实际测定的生产能力计算。测定时应以制气、净化、输送三个环节中最薄弱的环节为主。

供气管道长度 指报告期末从气源厂压缩机的出口或门站出口至各类用户引入管之间的全部已经通气投入使用的管道长度。不包括煤气生产厂、输配站、液化气储存站、灌瓶站、储配站、气化站、混气站、供应站等厂(站)内的管道。

全年供气总量 指全年燃气企业(单位)向用户供应的燃气数量。包括销售量和损失量。

燃气普及率 指报告期末使用燃气的城市人口数与城市人口总数的比率。计算公式为：

$$燃气普及率=\frac{城市用气人口数}{城市人口总数}\times100\%$$

城市供热能力 指供热企业(单位)向城市热用户输送热能的设计能力。

城市供热总量 指在报告期供热企业(单位)向城市热用户输送全部蒸汽和热水的总热量。

城市供热管道长度 指从各类热源到热用户建筑物接入口之间的全部蒸汽和热水的管道长度。不包括各类热源厂内部的管道长度。

年末道路长度 指年末道路长度和与道路相通的桥梁、隧道的长度，按车行道中心线计算。在统计时只统计路面宽度在3.5米(含3.5米)以上的各种铺装道路，包括开放型工业区和住宅区道路在内。

城市桥梁 指为跨越天然或人工障碍物而修建的构筑物。包括跨河桥、立交桥、人行天桥以及人行地下通道等。按使用年限分为永久性桥和半永久性桥。

城市排水管道长度 指所有排水总管、干管、支管、检查井及连接井进出口等长度之和。

城市污水日处理能力 指污水处理厂(或污水处理装置)每昼夜处理污水量的设计能力。

年末运营车数 指年末城市用于公共交通运营业务的全部车辆数。新购、新制和调入的运营车辆，自投入之日起开始计算；调出、报废和调作他用的运营车辆，自上级主管机关批准之日起不再计入。

城市绿地面积 指报告期末用作园林和绿化的各种绿地面积。包括公园绿地、生产绿地、防护绿地、附属绿地和其他绿地的面积。

公园绿地 城市中向公众开放的以游憩为主要功能，有一定的游憩设施和服务设施，同时兼有健全生态、美化景观，防灾减灾等综合作用的绿化用地。包括综合公园、社区公园、专类公园、带状公园和街旁绿地。其中综合公园、专类公园和带状公园面积之和为公园面积。

清扫保洁面积 指报告期末对城市道路和公共场所(主要包括城市行车道、人行道、车行隧道、人行过街地下通道、道路附属绿地、地铁站、高架路、人行过街天桥、立交桥、广场、停车场及其他设施等)进行清扫保洁的面积。一天清扫多次的，按清扫保洁面积最大的一次计算。

市容环卫专用车辆 指用于环境卫生作业、监察的专用车辆和设备，包括用于道路清扫、冲洗、洒水、除雪、垃圾粪便清运、市容监察以及与其配套使用的车辆和设备。

每万人拥有公共交通车辆 指报告期末城区内每万人平均拥有的公共交通车辆标台数。计算公式：

$$每万人拥有公共交通车辆=\frac{公共交通运营车标台数}{城市人口总数}$$

Explanatory Notes on Main Statistical Indicators

Production Capacity of Water Supply refers to the designed overall production capacity of water facilities, covering the four segments of water collection, purification, conveyance, and outflow through trunk pipelines. Increased capacity through transformation and innovation projects is included as well. The capacity is determined mainly on the weakest of the above – mentioned four segments.

Length of Water Supply Pipelines at Year – end refers to the total length of all the pipelines between the water pumps and the user water meters, excluding pipelines newly installed but not used yet, pipeline in the water factory, and pipeline in the user's buildings.

Annual Volume of Water Supply refers to the total volume of water supplied by water – works (units) during the reference period, including both the effective water supply and loss during the water supply.

Consumption of Water for Residential Use refers to water consumption of households for daily life and water consumption of public service facilities. The latter refers to water consumption for urban public services, including the consumption of government agencies and public institutions, military barracks, public facilities, wholesale and retail outlets, restaurants, hotels, and other units providing public services. Household water consumption refers to consumption of water for daily life of all households within the boundary of cities, including households of urban residents and farmers, and public water supply stations.

Coverage Rate of Urban Population with Access to Tap Water refers to the ratio of the urban population with access to tap water to the total urban population. The formula is:

$$\text{Coverage of urban population with access to tap water} = \frac{\text{Urban population with access to tap water}}{\text{Urban population}} \times 100\%$$

Production Capacity of Gaswork Gas refers to the overall production capacity of the urban gasworks in gas generation, purification and delivery at the end of the reference period, excluding capacity of the reserved facilities. In general, it is determined by the designed capacity, and when actual production capacity is larger than the designed capacity, the capacity is determined by the actual measurement on the weakest segment in the production, purification and delivery.

Length of Gas Pipelines refers to the total length of pipelines in use between the outlet of the compressor of gas – work or outlet of gas stations and the leading pipe of users, excluding pipelines within gasworks, delivery stations, LPG storage stations, refilling stations, gas – mixing stations and supply stations.

Volume of Gas Supply refers to the total volume of gas provided to users by gas – producing enterprises (units) in a year, including the volume sold and the volume lost.

Coverage Rate of Urban Population with Access to Gas refers to the ratio of the urban population with access to gas to the total urban population at the end of the reference period. The formula is:

$$\text{Coverage rate of urban population with access to gas} = \frac{\text{Urban population with access to gas}}{\text{Urban population}} \times 100\%$$

Heating Capacity in Urban Areas refers to the designed capacity of heating enterprises (units) in supplying heating energy to urban users during the reference period.

Quantity of Heat Supplied in Urban Areas refers to the total quantity of heat from steam and hot water supplied to urban users by heating enterprises (units) during the reference period.

Length of Urban Heating Pipelines refers to the total length of steam or hot water pipelines for sources of heat to the leading pipelines of the buildings of the users, excluding internal pipelines in heat generating enterprises.

Length of Paved Roads at Year – end refers to the length of roads with paved surface including bridges and tunnels connected with roads by the end of the year. Length of the roads is measured by the central lines for vehicles for paved roads with a width of 3.5 meters and over, including roads in open – ended factory compounds and residential quarters.

Urban Bridges refer to bridges built to cross over natural or man – made barriers, including bridges over rivers, overpasses for traffic and for pedestrians, underpasses for pedestrians, etc. Both permanent and semi – permanent bridges are included.

Length of Urban Sewage Pipes refers to the total length of general drainage, trunks, branch and inspection wells, connection wells, inlets and outlets, etc.

Daily Disposal Capacity of Urban Sewage refers to the designed 24 – hour capacity of sewage disposal by the sewage treatment works or facilities.

Number of Vehicles under Operation at Year – end refers to the total number of vehicles under operation by public transport enterprises (units) at the end of the year, based on the records of operational vehicles by the enterprises (units).

Area of Urban Green Areas refers to the total area occupied for green projects at the end of the reference period, including park green land, production green land, protection green land, green land attached to institutions, and other green areas.

Park Green Area refers to green areas open to the public for amusement and rest with the facilities of amusement, rest and services. Its function includes perfecting ecology, beautifying landscape, and preventing and reducing disaster. Park green areas include comprehensive park, community park, topic park, belt – shaped park and green area nearby street. Total areas of comprehensive park, topic park and belt – shaped is the area of park.

Area Cleaned refers to the area which are regularly cleaned, as at the end of the reference period, at urban roads and public places (mainly including urban roadways, pedestrian walkways, vehicular tunnels, pedestrian underpasses, underground railway stations, lifted roads, pedestrians walk bridges, overpasses, plazas, carparks and other facilities). If there are several times of cleaning in a day at a location, the area of that time of cleaning with the largest area cleaned will be taken.

Vehicles Dedicated to Urban Cleanliness and Environmental Sanitation refer to vehicles and facilities dedicated for use in the operation, management and monitoring of environmental hygiene work. They include vehicles for road cleaning, washing, showering, ice removal, disposal of garbage and human wastes, cleanliness monitoring and related activities.

Public Transportation Vehicles per 10000 Population refers to the number of public transportation vehicles, at the end of the reference period, per 10000 population in the city district. The formula for calculation is:

$$\text{Public Transportation Vehicles per 10000 Population} = \frac{\text{Number of Public Transportation Vehicles}}{\text{City District Population}}$$

第22篇

CHAPTER 22

企业资料

Records of Enterprises

22-1　2000－2009年全省规模以下工业抽样调查主要经济指标

Main Indicators of Sample Investigation of Industry Under Designated Size(2000－2009)

单位：个、人、万元　　(unit，person，10 000 yuan)

指　标	Item	2000	2001	2004	2005	2006	2007	2008	2009
规模以下工业总体	**Total of Industry Under**								
企业单位数	Number of Enterprises	20028	19501	22263	22600	20346	20670	21678	19991
从业人员年末数	Employed Persons at Year-end	90655	91820	102172	92800	69535	72503	71618	60998
工业总产值	Gross Industrial Output Value	376975	422608	619620	697500	748958	833874	862705	871256
工资及福利	Due Wage								55882
资产总计	Total Assets				504600	506004	618431	606374	538818
工业增加值	Designated Size Value-added of Industry	125960	141200	208500	235100	262300	287500	290921	302325
企业子总体	**Enterprises Collectivity**								
企业数	Number of Enterprises	1169	1169	1325	1300	1156	1289	1201	1326
从业人员年末数	Employed Persons at Year-end	33784	37641	49713	42800	30973	35238	33571	28252
工业总产值	Gross Industrial Output Value	203260	227188	326078	378100	408019	443277	458600	477036
主营业务收入	Sales Revenue of products	173428	224421	310909	361900	373408	412096	426341	418398
税金总额	Due Tax	8809	11295	14371	15700	13550	10404	9624	11121
所得税	Due Income Tax	1567	1895	1569	2300	1077	661	580	1604
营业利润	Business Profit	-6645	1080	1452	4100	15266	15124	13520	19901
工资及福利	Due Wage	19482	24352	25496	38500	41339	32467	37585	33028
本年折旧	Depreciation in the Year	18902	20246	36996	36700	21428	19746	20576	16194
资产总计	Total Assets				416300	417553	522768	512450	495704
固定资产原价	Original Value of Fixed Assets				266600	180929	311635	310356	257704
固定资产净值	Net Value of Fixed Assets				188300	147284	241158	235312	172510
个体经营单位子总体	**Individual Business Units Collectivity**								
单位数	Number of Units	18859	18332	20938	21300	19190	19381	20477	18665
从业人员年末数	Employed Persons at Year-end	56871	54179	52459	50000	38562	37265	38047	32746
营业收入	Business Income	173715	195420	293542	319400	340939	390597	404105	394220
工资及福利	Due Wage								22854
资产总计	Total Assets				88300	88451	95663	93924	43114

22-2　2008－2009年企业景气调查企业宏观经营景气指数
Macroscopic Economic Climate Indices of Enterprise Climate Investigation(2008-2009)

指　标	Item	2008 一季度 First Quarter	2008 二季度 Second Quarter	2008 三季度 Third Quarter	2008 四季度 Fourth Quarter	2009 一季度 First Quarter	2009 二季度 Second Quarter	2009 三季度 Third Quarter	2009 四季度 Fourth Quarter
全省情况	**Basic Condition of Province**	**134.5**	**139.2**	**137.1**	**112.9**	**118.0**	**121.0**	**129.0**	**123.3**
按经济类型分	Grouped by Status of Registration								
国有经济	State-owned Enterprises	111.7	139.9	137.1	99.0	111.0	111.0	128.0	115.1
集体经济	Collective-owned Enterprises	120.0	150.0	130.0	110.0	130.0	100.0	110.0	110.0
私营经济	Private Enterprises	141.7	141.7	166.7	133.3	135.7	128.6	128.6	115.4
个体经济	Individual Enterprises								
股份合作企业	Cooperative Enterprises	120.0	140.0	146.7	113.3	125.0	118.8	131.3	118.8
联营经济	Joint Ownership Enterprises	100.0	100.0	100.0	100.0	100.0	100.0	100.0	100.0
有限责任公司	Limited-Liability Corporations	144.8	143.3	136.7	101.6	104.9	113.9	117.0	118.8
股份有限公司	Share-holding Corporations Ltd.	153.0	162.5	151.1	91.7	97.7	98.1	125.4	125.4
外商及港、澳、台投资经济	Enterprises with Funds from Foreigner, Hong Kong, Macao and Taiwan	100.0	100.0	100.0	144.5	100.0	80.0	100.0	120.0
按行业门类分	**Grouped by Sector**								
工业	Industry	139.3	156.8	146.5	105.7	107.2	110.1	121.2	119.7
采掘业	Mining	186.9	186.9	186.3	61.0	112.5	36.8	75.3	113.5
制造业	Manufacturing	136.0	150.8	132.5	110.5	105.4	118.0	124.8	120.8
电力、煤气及水的生产供应业	Production and Distribution of Electricity, Gas and Water	104.2	149.7	156.3	102.8	109.8	103.5	125.0	118.8
建筑业	Construction	122.1	151.3	139.0	100.0	109.5	119.1	123.8	109.5
交通运输、仓储及邮电通信业	Transportation, Storage, Post and Communication Industry	152.9	141.1	152.7	112.4	129.9	124.1	124.1	129.4
邮政业	Post					100.0	100.0	100.0	100.0
批发和零售业	Wholesale and Retail Trades	136.2	132.5	140.2	127.2	108.4	108.9	116.9	117.5
房地产业	Real Estate	129.5	143.8	143.8	107.1	121.4	121.4	135.7	135.7
社会服务业	Social Services	128.6	115.4	107.7	107.7	100.0	85.7	106.3	127.7
信息传输、计算机服务和软件业	Information Transmission, Computer Service and Software Industries	160.0	180.0	160.0	150.0	160.0	160.0	140.0	140.0
住宿和餐饮业	Hotels and Catering Services	107.1	92.9	107.1	92.9	107.1	138.5	164.3	107.1
按企业规模分	**Grouped by Size of Enterprises**								
特大型	Particularly Large	168.2	200.0	168.2	68.2	100.0	100.0	100.0	100.0
大　型	Large	138.4	172.7	161.6	71.5	77.0	71.8	114.9	115.1
中　型	Medium-sized	135.2	138.5	137.5	112.9	109.3	113.1	123.5	124.1
小　型	Small	123.6	129.2	123.9	112.7	116.3	118.2	123.1	115.7
国家重点联系企业	State Emphatically Contacted Enterprises	100.0	100.0	100.0	100.0	100.0	100.0	100.0	100.0
试点企业集团	Pioneer Enterprises	100.0	100.0	100.0	100.0	100.0	100.0	100.0	100.0
乡镇企业	Township Enterprises	145.5	154.6	150.0	90.0	109.1	118.2	118.2	109.1
上市公司	Quoted Companies	178.9	178.9	161.6	76.2	109.5	78.7	124.0	124.0
国有控股企业	State-owned and State-holding Enterprises	136.4	150.0	139.8	100.5	109.7	108.1	123.6	119.9

22-3 2008－2009年企业景气调查企业综合经营景气指数

Comprehensive Economic Climate Indices of Enterprise of Enterprise Climate Investigation(2008－2009)

指 标	Item	2008				2009			
		一季度 First Quarter	二季度 Second Quarter	三季度 Third Quarter	四季度 Fourth Quarter	一季度 First Quarter	二季度 Second Quarter	三季度 Third Quarter	四季度 Fourth Quarter
全省情况	**Basic Condition of Province**	**113.5**	**125.3**	**128.7**	**114.6**	**107.1**	**119.3**	**123.7**	**120.2**
按经济类型分	**Grouped by Status of Registration**								
国有经济	State-owned Enterprises	99.6	125.5	111.9	99.6	103.3	115.8	120.5	110.9
集体经济	Collective-owned Enterprises	108.1	140.0	130.0	128.1	80.0	100.0	130.0	110.0
私营经济	Private Enterprises	133.3	116.7	125.0	141.7	85.7	121.4	135.7	138.5
个体经济	Individual Enterprises								
股份合作企业	Cooperative Enterprises	113.3	133.3	106.7	93.3	75.0	100.0	137.5	137.5
联营经济	Joint Ownership Enterprises	100.0	100.0	100.0	100.0	100.0	100.0	100.0	100.0
有限责任公司	Limited-Liability Corporations	130.2	135.4	133.0	104.8	104.6	119.5	118.5	122.8
股份有限公司	Share-holding Corporations Ltd.	150.2	156.1	153.8	89.6	94.7	112.2	134.3	122.5
外商及港、澳、台投资经济	Enterprises with Funds from Foreigner, Hong Kong, Macao and Taiwan	100.0	80.0	80.0	152.3	120.0	40.0	80.0	80.0
按行业门类分	**Grouped by Sector**								
工业	Industry	137.5	143.2	130.7	101.8	92.1	112.2	124.9	119.7
采掘业	Mining	174.4	174.4	173.8	114.1	99.4	62.5	63.1	112.8
制造业	Manufacturing	133.2	143.1	126.6	99.3	90.1	117.6	131.6	120.0
电力、煤气及水的生产供应业	Production and Distribution of Electricity, Gas and Water	124.0	121.4	116.7	78.1	94.6	107.1	125.0	122.3
建筑业	Construction	94.7	137.0	148.5	129.3	95.2	114.3	133.3	123.8
交通运输、仓储及邮电通信业	Transportation, Storage, Post and Communication Industry	141.1	141.3	141.1	100.2	129.4	128.9	105.9	117.7
邮政业	Post					200.0	200.0	200.0	200.0
批发和零售业	Wholesale and Retail Trades	136.8	140.4	139.9	112.8	108.9	107.7	113.0	124.7
房地产业	Real Estate	115.2	115.2	122.4	115.2	85.7	107.1	107.1	114.3
社会服务业	Social Services	85.7	92.3	92.3	100.0	92.9	85.7	107.1	114.3
信息传输、计算机服务和软件业	Information Transmission, Computer Service and Software Industries	140.0	140.0	140.0	150.0	160.0	160.0	120.0	140.0
住宿和餐饮业	Hotels and Catering Services	57.1	92.9	114.3	107.1	92.9	138.5	178.6	107.1
按企业规模分	**Grouped by Size of Enterprises**								
特大型	Particularly Large	200.0	200.0	200.0	68.2	100.0	100.0	100.0	100.0
大 型	Large	151.6	168.3	146.7	86.4	80.8	103.2	129.2	115.0
中 型	Medium-sized	112.4	122.1	121.2	105.0	101.2	119.1	125.9	136.1
小 型	Small	111.1	120.8	115.5	116.9	97.6	110.7	119.8	107.4
国家重点联系企业	**State Emphatically Contacted Enterprises**	**100.0**	**100.0**	**100.0**	**100.0**	**100.0**	**100.0**	**100.0**	**100.0**
试点企业集团	Pioneer Enterprises	100.0	100.0	100.0	100.0	100.0	100.0	100.0	100.0
乡镇企业	Township Enterprises	118.2	136.4	140.0	60.0	90.9	100.0	127.3	100.0
上市公司	Quoted Companies	178.9	198.1	180.8	119.0	99.8	130.7	126.1	130.7
国有控股企业	State-owned and State-holding Enterprises	125.0	145.0	133.8	102.1	107.4	116.4	119.9	118.4

22-4 2008－2009年企业景气调查产品订货景气指数

Climate Indices of Production Orders of Enterprise Climate Investigation(2008－2009)

指　标	Item	2008				2009			
		一季度 First Quarter	二季度 Second Quarter	三季度 Third Quarter	四季度 Fourth Quarter	一季度 First Quarter	二季度 Second Quarter	三季度 Third Quarter	四季度 Fourth Quarter
全省情况	**Basic Condition of Province**	**104.6**	**120.2**	**118.1**	**80.3**	**94.1**	**109.7**	**104.9**	**88.4**
按经济类型分	Grouped by Status of Registration								
国有经济	State-owned Enterprises	103.6	127.2	117.7	72.4	97.1	117.5	106.9	100.9
集体经济	Collective-owned Enterprises	120.0	110.0	130.0	80.0	100.0	70.0	100.0	80.0
私营经济	Private Enterprises	75.0	100.0	108.3	116.7	107.1	100.0	85.7	107.7
个体经济	Individual Enterprises								
股份合作企业	Cooperative Enterprises	120.0	113.3	106.7	73.3	68.8	100.0	112.5	56.3
联营经济	Joint Ownership Enterprises	100.0	100.0	100.0	100.0	100.0	100.0	100.0	100.0
有限责任公司	Limited-Liability Corporations	108.0	126.1	114.7	81.6	87.6	97.9	102.4	92.6
股份有限公司	Share-holding Corporations Ltd.	128.3	152.6	127.3	57.5	69.3	87.8	94.8	102.6
外商及港、澳、台投资经济	Enterprises with Funds from Foreigner, Hong Kong, Macao and Taiwan	140.0	140.0	120.0	40.0	120.0	60.0	80.0	100.0
按行业门类分	**Grouped by Sector**								
工业	Industry	117.0	137.8	121.3	72.1	82.0	97.1	99.9	98.1
采掘业	Mining	200.0	187.5	187.5	13.6	86.5	49.0	49.6	163.5
制造业	Manufacturing	106.5	129.4	108.4	78.1	76.9	103.2	105.0	92.8
电力、煤气及水的生产供应业	Production and Distribution of Electricity, Gas and Water	106.3	122.2	114.8	74.3	106.3	87.5	100.0	87.5
建筑业	Construction	106.7	158.7	166.5	82.9	95.2	133.3	119.1	57.1
交通运输、仓储及邮电通信业	Transportation, Storage, Post and Communication Industry	129.3	123.6	129.3	81.4	111.8	70.6	105.4	81.8
邮政业	Post					100.0	200.0	100.0	100.0
批发和零售业	Wholesale and Retail Trades	127.1	101.3	81.9	98.5	101.5	91.0	73.3	113.8
房地产业	Real Estate	100.9	115.2	108.1	84.8	57.1	85.7	100.0	121.4
社会服务业	Social Services	78.6	92.3	84.6	69.2	65.2	121.4	92.0	106.3
信息传输、计算机服务和软件业	Information Transmission, Computer Service and Software Industries	120.0	140.0	160.0	125.0	140.0	140.0	100.0	100.0
住宿和餐饮业	Hotels and Catering Services	57.1	92.9	92.9	28.6	100.0	138.5	150.0	28.6
按企业规模分	**Grouped by Size of Enterprises**								
特大型	Particularly Large	154.6	168.2	154.6	13.6	100.0	100.0	100.0	100.0
大　型	Large	151.5	144.6	131.1	46.8	68.1	76.8	76.5	120.3
中　型	Medium-sized	101.9	119.2	117.3	73.3	95.4	98.8	105.9	101.2
小　型	Small	91.7	123.6	104.2	94.4	84.6	104.1	102.5	81.8
国家重点联系企业	State Emphatically Contacted Enterprises	100.0	100.0	100.0	100.0	100.0	100.0	100.0	100.0
试点企业集团	Pioneer Enterprises	100.0	100.0	100.0	100.0	100.0	100.0	100.0	100.0
乡镇企业	Township Enterprises	100.0	136.4	140.0	60.0	90.9	100.0	109.1	90.9
上市公司	Quoted Companies	168.2	179.8	160.6	40.0	81.2	54.7	67.0	116.4
国有控股企业	State-owned and State-holding Enterprises	116.5	138.4	120.8	62.9	89.7	99.9	101.1	99.2

22-5 2008－2009年企业景气调查企业生产景气指数

Climate Indices of Production of Enterprise Climate Investigation(2008－2009)

指 标	Item	2008				2009			
		一季度 First Quarter	二季度 Second Quarter	三季度 Third Quarter	四季度 Fourth Quarter	一季度 First Quarter	二季度 Second Quarter	三季度 Third Quarter	四季度 Fourth Quarter
全省情况	**Basic Condition of Province**	**105.9**	**122.6**	**127.8**	**91.1**	**95.0**	**121.1**	**128.8**	**94.0**
按经济类型分	**Grouped by Status of Registration**								
国有经济	State-owned Enterprises	99.1	133.5	131.8	82.8	95.3	125.1	125.0	102.8
集体经济	Collective-owned Enterprises	106.2	106.2	130.0	108.1	120.0	140.0	140.0	120.0
私营经济	Private Enterprises	108.3	125.0	125.0	116.7	78.6	135.7	128.6	100.0
个体经济	Individual Enterprises								
股份合作企业	Cooperative Enterprises	133.3	120.0	113.3	93.3	68.8	93.8	143.8	75.0
联营经济	Joint Ownership Enterprises	100.0	100.0	100.0	100.0	100.0	100.0	100.0	100.0
有限责任公司	Limited-Liability Corporations	108.4	131.2	126.2	84.0	86.0	122.2	131.2	91.1
股份有限公司	Share-holding Corporations Ltd.	120.4	167.9	137.2	62.1	61.4	137.0	140.0	113.3
外商及港、澳、台投资经济	Enterprises with Funds from Foreigner, Hong Kong, Macao and Taiwan	20.0	100.0	100.0	124.5	100.0	100.0	140.0	20.0
按行业门类分	**Grouped by Sector**								
工业	Industry	108.6	149.6	129.8	87.3	79.0	134.8	135.5	99.7
采掘业	Mining	114.3	174.4	173.2	61.6	75.3	135.2	115.1	77.3
制造业	Manufacturing	96.8	147.7	115.9	93.5	79.9	138.8	140.4	106.0
电力、煤气及水的生产供应业	Production and Distribution of Electricity, Gas and Water	150.0	147.7	147.7	70.4	84.8	116.0	134.0	74.2
建筑业	Construction	77.3	161.9	173.2	113.0	61.9	133.3	147.6	66.7
交通运输、仓储及邮电通信业	Transportation, Storage, Post and Communication Industry	135.3	117.9	141.1	62.7	123.5	82.4	128.4	93.6
邮政业	Post					200.0	200.0	200.0	200.0
批发和零售业	Wholesale and Retail Trades	156.5	105.6	124.7	77.9	68.6	81.8	105.7	123.1
房地产业	Real Estate	86.7	115.2	135.7	129.5	107.1	142.9	150.0	128.6
社会服务业	Social Services	92.9	92.3	92.3	61.5	86.6	107.1	99.1	92.0
信息传输、计算机服务和软件业	Information Transmission, Computer Service and Software Industries	140.0	160.0	140.0	125.0	140.0	140.0	100.0	120.0
住宿和餐饮业	Hotels and Catering Services	50.0	78.6	85.7	71.4	92.9	146.2	164.3	28.6
按企业规模分	**Grouped by Size of Enterprises**								
特大型	Particularly Large	113.6	200.0	168.2	86.4	100.0	100.0	100.0	100.0
大 型	Large	156.8	185.1	167.2	54.5	33.8	121.8	143.8	126.0
中 型	Medium-sized	99.1	122.1	111.5	82.2	95.4	123.8	137.7	101.2
小 型	Small	87.5	116.7	122.5	102.8	85.4	123.1	124.8	86.0
国家重点联系企业	State Emphatically Contacted Enterprises	100.0	100.0	100.0	100.0	100.0	100.0	100.0	100.0
试点企业集团	Pioneer Enterprises	100.0	100.0	100.0	100.0	100.0	100.0	100.0	100.0
乡镇企业	Township Enterprises	90.9	127.3	140.0	40.0	81.8	136.4	136.4	54.6
上市公司	Quoted Companies	137.9	186.6	165.6	61.9	95.6	124.1	140.6	147.3
国有控股企业	State-owned and State-holding Enterprises	107.5	151.3	137.1	79.5	92.5	129.6	130.3	98.0

22-6　2008－2009年企业景气调查产品销售景气指数

Climate Indices of Production Sales of Enterprise Climate Investigation(2008－2009)

指　标	Item	2008				2009			
		一季度 First Quarter	二季度 Second Quarter	三季度 Third Quarter	四季度 Fourth Quarter	一季度 First Quarter	二季度 Second Quarter	三季度 Third Quarter	四季度 Fourth Quarter
全省情况	**Basic Condition of Province**	**96.1**	**147.2**	**125.9**	**71.8**	**79.6**	**117.5**	**107.2**	**100.2**
按经济类型分	**Grouped by Status of Registration**								
国有经济	State-owned Enterprises	96.0	160.1	147.6	74.7	56.3	137.2	105.7	106.0
集体经济	Collective-owned Enterprises	83.3	150.0	83.3	33.3	100.0	66.7	133.3	116.7
私营经济	Private Enterprises	77.8	133.3	122.2	122.2	70.0	100.0	130.0	111.1
个体经济	Individual Enterprises								
股份合作企业	Cooperative Enterprises	142.9	128.6	100.0	85.7	128.6	128.6	114.3	85.7
联营经济	Joint Ownership Enterprises	100.0	100.0	100.0	100.0	100.0	100.0	100.0	100.0
有限责任公司	Limited-Liability Corporations	106.9	135.1	118.0	73.8	79.0	115.7	101.6	85.0
股份有限公司	Share-holding Corporations Ltd.	101.1	168.6	141.9	57.3	76.8	123.2	122.1	138.4
外商及港、澳、台投资经济	Enterprises with Funds from Foreigner, Hong Kong, Macao and Taiwan	100.0	75.0	25.0	90.3	150.0	125.0	50.0	75.0
按行业门类分	**Grouped by Sector**								
工业	Industry								
采掘业	Mining	140.9	161.3	148.8	26.6	75.6	109.8	13.8	163.8
制造业	Manufacturing	75.3	144.4	116.2	81.8	84.0	118.5	119.2	94.9
电力、煤气及水的生产供应业	Production and Distribution of Electricity, Gas and Water	146.2	141.2	141.2	49.4	66.0	118.8	102.7	93.0
建筑业	Construction								
交通运输、仓储及邮电通信业	Transportation, Storage, Post and Communication Industry								
邮政业	Post								
批发和零售业	Wholesale and Retail Trades								
房地产业	Real Estate								
社会服务业	Social Services								
信息传输、计算机服务和软件业	Information Transmission, Computer Service and Software Industries								
住宿和餐饮业	Hotels and Catering Services								
按企业规模分	**Grouped by Size of Enterprises**								
特大型	Particularly Large	81.8	200.0	200.0		100.0	100.0	100.0	100.0
大　型	Large	141.8	177.7	159.6	24.8	40.5	105.3	96.2	132.7
中　型	Medium-sized	91.3	134.8	108.7	88.9	82.7	125.5	102.0	112.0
小　型	Small	81.0	131.0	107.3	97.6	85.7	113.0	114.8	81.5
国家重点联系企业	State Emphatically Contacted Enterprises	100.0	100.0	100.0	100.0	100.0	100.0	100.0	100.0
试点企业集团	Pioneer Enterprises	100.0	100.0	100.0	100.0	100.0	100.0	100.0	100.0
乡镇企业	Township Enterprises	80.0	130.0	100.0	22.2	70.0	130.0	120.0	80.0
上市公司	Quoted Companies	123.0	199.0	180.4	78.3	95.6	90.3	81.5	130.8
国有控股企业	State-owned and State-holding Enterprises	98.5	156.4	142.6	63.8	80.8	120.5	93.3	104.4

22-7 2008－2009年企业景气调查资金情况景气指数

Climate Indices of Finance Situation of Enterprise Climate Investigation(2008－2009)

指 标	Item	2008				2009			
		一季度 First Quarter	二季度 Second Quarter	三季度 Third Quarter	四季度 Fourth Quarter	一季度 First Quarter	二季度 Second Quarter	三季度 Third Quarter	四季度 Fourth Quarter
全省情况	**Basic Condition of Province**	**84.5**	**83.6**	**84.4**	**71.7**	**78.6**	**78.1**	**73.1**	**79.1**
按经济类型分	**Grouped by Status of Registration**								
国有经济	State-owned Enterprises	84.9	82.4	68.7	60.9	86.6	78.9	87.5	81.5
集体经济	Collective-owned Enterprises	56.2	68.1	58.1	86.2	70.0	60.0	50.0	80.0
私营经济	Private Enterprises	75.0	83.3	83.3	66.7	114.3	71.4	57.1	92.3
个体经济	Individual Enterprises								
股份合作企业	Cooperative Enterprises	40.0	40.0	53.3	40.0	43.8	43.8	62.5	68.8
联营经济	Joint Ownership Enterprises	100.0	100.0	100.0	100.0	100.0	100.0	100.0	100.0
有限责任公司	Limited-Liability Corporations	70.1	68.4	62.4	41.7	60.0	74.7	61.1	63.3
股份有限公司	Share-holding Corporations Ltd.	97.3	91.0	90.8	85.1	52.9	73.9	81.6	73.4
外商及港、澳、台投资经济	Enterprises with Funds from Foreigner, Hong Kong, Macao and Taiwan	40.0	20.0	60.0	40.0	60.0	80.0	80.0	20.0
按行业门类分	**Grouped by Sector**								
工业	Industry	78.9	82.2	77.8	59.9	58.4	69.9	68.7	59.4
采掘业	Mining	73.8	86.7	85.8	113.2	60.9	61.5	49.0	23.7
制造业	Manufacturing	84.1	87.5	84.6	52.2	55.6	69.8	71.2	63.5
电力、煤气及水的生产供应业	Production and Distribution of Electricity, Gas and Water	75.7	69.1	55.6	36.9	71.5	68.8	59.0	56.3
建筑业	Construction	90.2	62.0	39.1	65.5	76.2	71.4	42.9	81.0
交通运输、仓储及邮电通信业	Transportation, Storage, Post and Communication Industry	70.4	93.7	93.7	43.5	75.4	81.3	81.8	76.0
邮政业	Post					100.0	200.0	100.0	
批发和零售业	Wholesale and Retail Trades	115.8	104.1	109.5	112.7	97.6	94.5	89.7	100.9
房地产业	Real Estate	79.5	79.5	79.5	65.2	50.0	57.1	57.1	78.6
社会服务业	Social Services	64.3	76.9	76.9	69.2	79.4	64.3	71.4	100.0
信息传输、计算机服务和软件业	Information Transmission, Computer Service and Software Industries	120.0	120.0	120.0	100.0	120.0	140.0	80.0	80.0
住宿和餐饮业	Hotels and Catering Services	57.1	50.0	78.6	57.1	71.4	46.2	92.9	57.1
按企业规模分	**Grouped by Size of Enterprises**								
特大型	Particularly Large	118.2	118.2	118.2	54.6	100.0	100.0	100.0	100.0
大 型	Large	125.4	116.7	98.8	110.1	69.0	98.2	96.8	87.5
中 型	Medium-sized	73.3	76.0	72.1	55.5	69.8	75.0	72.9	73.5
小 型	Small	55.6	55.6	62.0	49.3	65.0	65.3	62.8	63.6
国家重点联系企业	State Emphatically Contacted Enterprises	100.0	100.0	100.0	100.0	100.0	100.0	100.0	100.0
试点企业集团	Pioneer Enterprises	100.0	100.0	100.0	100.0	100.0	100.0	100.0	100.0
乡镇企业	Township Enterprises	36.4	54.6	70.0	40.0	27.3	63.6	27.3	72.7
上市公司	Quoted Companies	140.0	115.0	108.3	146.2	40.4	71.3	85.7	40.4
国有控股企业	State-owned and State-holding Enterprises	81.6	83.9	77.0	66.2	69.2	72.7	75.5	66.6

22-8 2008－2009年企业景气调查劳动力景气指数

Climate Indices of Labour Force of Enterprise Climate Investigation(2008－2009)

指 标	Item	2008				2009			
		一季度 First Quarter	二季度 Second Quarter	三季度 Third Quarter	四季度 Fourth Quarter	一季度 First Quarter	二季度 Second Quarter	三季度 Third Quarter	四季度 Fourth Quarter
全省情况	**Basic Condition of Province**	**98.2**	**117.6**	**116.2**	**85.6**	**102.0**	**114.9**	**110.3**	**91.1**
按经济类型分	**Grouped by Status of Registration**								
国有经济	State-owned Enterprises	79.1	140.3	129.5	82.7	96.2	117.1	109.9	82.9
集体经济	Collective-owned Enterprises	96.2	140.0	138.1	68.1	100.0	120.0	120.0	100.0
私营经济	Private Enterprises	83.3	100.0	108.3	108.3	100.0	121.4	100.0	92.3
个体经济	Individual Enterprises								
股份合作企业	Cooperative Enterprises	113.3	113.3	106.7	80.0	93.8	106.3	106.3	100.0
联营经济	Joint Ownership Enterprises	100.0	100.0	100.0	100.0	100.0	100.0	100.0	100.0
有限责任公司	Limited-Liability Corporations	103.5	112.8	106.5	77.7	100.5	110.1	107.7	91.6
股份有限公司	Share-holding Corporations Ltd.	93.9	115.4	111.7	87.2	67.5	103.6	118.0	100.3
外商及港、澳、台投资经济	Enterprises with Funds from Foreigner, Hong Kong, Macao and Taiwan	80.0	120.0	80.0	60.0	120.0	40.0	100.0	60.0
按行业门类分	**Grouped by Sector**								
工业	Industry	94.6	111.6	106.8	82.7	85.8	102.5	102.4	89.8
采掘业	Mining	113.2	101.2	100.7	87.1	89.8	75.6	112.5	63.1
制造业	Manufacturing	97.4	109.6	102.2	78.5	85.5	106.7	103.5	90.3
电力、煤气及水的生产供应业	Production and Distribution of Electricity, Gas and Water	74.0	126.0	132.3	87.5	81.3	90.2	90.2	100.0
建筑业	Construction	82.2	171.0	158.9	75.8	100.0	152.4	133.3	66.7
交通运输、仓储及邮电通信业	Transportation, Storage, Post and Communication Industry	94.2	117.7	111.8	100.0	124.1	94.1	117.7	111.8
邮政业	Post					200.0	100.0	200.0	100.0
批发和零售业	Wholesale and Retail Trades	106.7	94.4	102.8	106.4	97.3	103.7	92.6	104.4
房地产业	Real Estate	94.7	115.2	100.9	107.1	100.0	92.9	100.0	100.0
社会服务业	Social Services	114.3	115.4	100.0	76.9	108.9	107.1	92.0	92.0
信息传输、计算机服务和软件业	Information Transmission, Computer Service and Software Industries	120.0	80.0	120.0	100.0	100.0	120.0	80.0	100.0
住宿和餐饮业	Hotels and Catering Services	78.6	135.7	128.6	35.7	100.0	146.2	164.3	64.3
按企业规模分	**Grouped by Size of Enterprises**								
特大型	Particularly Large	100.0	100.0	100.0	68.2	100.0	100.0	100.0	100.0
大 型	Large	86.7	126.1	121.7	105.3	63.2	111.5	115.6	105.3
中 型	Medium-sized	97.1	114.4	105.8	70.3	100.0	104.8	107.1	92.8
小 型	Small	95.8	116.7	118.3	91.6	95.9	112.4	108.3	86.8
国家重点联系企业	State Emphatically Contacted Enterprises	100.0	100.0	100.0	100.0	100.0	100.0	100.0	100.0
试点企业集团	Pioneer Enterprises	100.0	100.0	100.0	100.0	100.0	100.0	100.0	100.0
乡镇企业	Township Enterprises	90.9	127.3	150.0	70.0	100.0	127.3	118.2	100.0
上市公司	Quoted Companies	100.9	100.0	98.2	112.5	85.5	100.0	100.0	100.0
国有控股企业	State-owned and State-holding Enterprises	96.7	119.0	114.7	87.1	91.6	106.8	106.5	85.7

22—9　2008－2009年企业景气调查投资情况景气指数

Climate Indices of Investment of Enterprise Climate Investigation(2008－2009)

指　标	Item	2008				2009			
		一季度 First Quarter	二季度 Second Quarter	三季度 Third Quarter	四季度 Fourth Quarter	一季度 First Quarter	二季度 Second Quarter	三季度 Third Quarter	四季度 Fourth Quarter
全省情况	**Basic Condition of Province**	**101.1**	**123.7**	**125.9**	**113.7**	**93.5**	**112.9**	**117.3**	**98.3**
按经济类型分	**Grouped by Status of Registration**								
国有经济	State-owned Enterprises	87.5	123.7	126.4	120.1	89.0	111.4	120.7	99.2
集体经济	Collective-owned Enterprises	66.2	128.1	78.1	120.0	80.0	70.0	100.0	100.0
私营经济	Private Enterprises	91.7	91.7	141.7	108.3	100.0	107.1	121.4	115.4
个体经济	Individual Enterprises								
股份合作企业	Cooperative Enterprises	106.7	120.0	100.0	106.7	81.3	131.3	125.0	112.5
联营经济	Joint Ownership Enterprises	100.0	100.0	100.0	100.0	100.0	100.0	100.0	100.0
有限责任公司	Limited-Liability Corporations	104.9	118.4	111.8	95.7	95.4	114.3	104.0	95.5
股份有限公司	Share-holding Corporations Ltd.	95.3	142.5	131.2	83.4	68.0	119.5	120.2	93.2
外商及港、澳、台投资经济	Enterprises with Funds from Foreigner, Hong Kong, Macao and Taiwan	100.0	132.3	132.3	80.0	60.0	80.0	80.0	100.0
按行业门类分	**Grouped by Sector**								
工业	Industry	97.8	127.4	115.9	99.2	86.3	114.0	112.3	104.5
采掘业	Mining	119.6	186.9	186.3	65.9	76.0	135.2	122.7	122.4
制造业	Manufacturing	100.9	111.4	92.4	95.4	87.0	111.0	108.8	100.7
电力、煤气及水的生产供应业	Production and Distribution of Electricity, Gas and Water	70.1	147.4	147.4	132.6	87.5	112.5	118.0	105.5
建筑业	Construction	114.4	146.3	140.0	106.2	81.0	123.8	114.3	66.7
交通运输、仓储及邮电通信业	Transportation, Storage, Post and Communication Industry	82.5	129.3	135.1	137.4	124.1	93.6	128.9	94.1
邮政业	Post					200.0	100.0	200.0	100.0
批发和零售业	Wholesale and Retail Trades	88.6	91.2	118.6	79.0	77.0	116.2	99.9	87.9
房地产业	Real Estate	79.5	115.2	115.2	122.4	85.7	85.7	100.0	92.9
社会服务业	Social Services	100.0	100.0	107.7	115.4	107.1	114.3	114.3	99.1
信息传输、计算机服务和软件业	Information Transmission, Computer Service and Software Industries	160.0	180.0	160.0	150.0	80.0	140.0	140.0	120.0
住宿和餐饮业	Hotels and Catering Services	85.7	100.0	114.3	100.0	107.1	115.4	128.6	121.4
按企业规模分	**Grouped by Size of Enterprises**								
特大型	Particularly Large	45.5	168.2	136.4		100.0	100.0	100.0	100.0
大　型	Large	116.7	153.4	148.4	110.0	44.8	147.0	123.6	96.9
中　型	Medium-sized	96.2	110.6	111.5	108.9	93.0	114.3	121.2	107.2
小　型	Small	95.8	116.7	108.5	107.0	95.1	102.5	105.0	94.2
国家重点联系企业	State Emphatically Contacted Enterprises	100.0	100.0	100.0	100.0	100.0	100.0	100.0	100.0
试点企业集团	Pioneer Enterprises	100.0	100.0	100.0	100.0	100.0	100.0	100.0	100.0
乡镇企业	Township Enterprises	136.4	136.4	120.0	80.0	90.9	100.0	109.1	90.9
上市公司	Quoted Companies	111.0	133.9	133.9	119.0	87.7	95.3	87.7	85.5
国有控股企业	State-owned and State-holding Enterprises	100.9	135.1	127.2	101.6	86.5	111.3	116.0	96.2

22-10 2008－2009年企业景气调查产成品库存景气指数
Climate Indices of Production Repertory of Enterprise Climate Investigation(2008－2009)

指 标	Item	2008				2009			
		一季度 First Quarter	二季度 Second Quarter	三季度 Third Quarter	四季度 Fourth Quarter	一季度 First Quarter	二季度 Second Quarter	三季度 Third Quarter	四季度 Fourth Quarter
全省情况	**Basic Condition of Province**	**119.4**	**98.7**	**112.0**	**100.8**	**102.9**	**102.6**	**100.9**	**97.1**
按经济类型分	**Grouped by Status of Registration**								
国有经济	State-owned Enterprises	84.6	83.3	116.7	100.0	69.2	72.7	80.0	77.8
集体经济	Collective-owned Enterprises	66.7	66.7	83.3	83.3	116.7	83.3	100.0	100.0
私营经济	Private Enterprises	133.3	100.0	144.4	122.2	110.0	120.0	140.0	122.2
个体经济	Individual Enterprises								
股份合作企业	Cooperative Enterprises	114.3	128.6	100.0	100.0	100.0	114.3	100.0	100.0
联营经济	Joint Ownership Enterprises	100.0	100.0	100.0	100.0	100.0	100.0	100.0	100.0
有限责任公司	Limited-Liability Corporations	140.8	116.8	124.1	110.9	102.7	107.3	100.0	100.0
股份有限公司	Share-holding Corporations Ltd.	127.9	89.4	100.1	95.6	111.5	93.7	100.4	104.5
外商及港、澳、台投资经济	Enterprises with Funds from Foreigner, Hong Kong, Macao and Taiwan	75.0	75.0	100.0	75.0	150.0	100.0	75.0	50.0
按行业门类分	**Grouped by Sector**								
工业	Industry								
采掘业	Mining	87.1	87.1	75.5	100.5	99.4	75.3	62.8	63.1
制造业	Manufacturing	124.4	95.3	111.2	94.8	102.6	103.9	102.7	99.9
电力、煤气及水的生产供应业	Production and Distribution of Electricity, Gas and Water	112.5	100.0	125.0	100.0	111.1	120.0	120.0	100.0
建筑业	Construction								
交通运输、仓储及邮电通信业	Transportation, Storage, Post and Communication Industry								
邮政业	Post								
批发和零售业	Wholesale and Retail Trades								
房地产业	Real Estate								
社会服务业	Social Services								
信息传输、计算机服务和软件业	Information Transmission, Computer Service and Software Industries								
住宿和餐饮业	Hotels and Catering Services								
按企业规模分	**Grouped by Size of Enterprises**								
特大型	Particularly Large	63.2	63.2	63.2	63.2	100.0	100.0	100.0	100.0
大 型	Large	135.8	78.8	94.8	64.1	102.9	97.9	90.9	100.1
中 型	Medium-sized	131.8	100.0	124.4	114.3	104.0	89.8	91.7	93.6
小 型	Small	112.2	115.0	118.0	113.2	101.9	117.0	112.5	100.0
国家重点联系企业	State Emphatically Contacted Enterprises	100.0	100.0	100.0	100.0	100.0	100.0	100.0	100.0
试点企业集团	Pioneer Enterprises	100.0	100.0	100.0	100.0	100.0	100.0	100.0	100.0
乡镇企业	Township Enterprises	88.9	77.8	100.0	75.0	80.0	88.9	100.0	77.8
上市公司	Quoted Companies	157.3	106.5	106.5	110.8	126.3	85.5	75.8	85.5
国有控股企业	State-owned and State-holding Enterprises	106.3	93.4	99.8	92.9	98.0	87.4	88.0	89.4

22-11 2008－2009年企业景气调查税后利润景气指数

Climate Indices of Profit after Tax of Enterprise Climate Investigation(2008－2009)

指 标	Item	2008				2009			
		一季度 First Quarter	二季度 Second Quarter	三季度 Third Quarter	四季度 Fourth Quarter	一季度 First Quarter	二季度 Second Quarter	三季度 Third Quarter	四季度 Fourth Quarter
全省情况	**Basic Condition of Province**	**98.2**	**109.2**	**115.2**	**83.6**	**76.7**	**105.6**	**107.5**	**88.5**
按经济类型分	**Grouped by Status of Registration**								
国有经济	State-owned Enterprises	77.6	142.1	110.5	80.7	97.3	118.5	112.6	85.6
集体经济	Collective-owned Enterprises	118.1	130.0	130.0	130.0	100.0	100.0	140.0	130.0
私营经济	Private Enterprises	91.7	125.0	108.3	125.0	71.4	128.6	114.3	115.4
个体经济	Individual Enterprises								
股份合作企业	Cooperative Enterprises	86.7	113.3	126.7	80.0	75.0	81.3	100.0	56.3
联营经济	Joint Ownership Enterprises	100.0	100.0	100.0	100.0	100.0	100.0	100.0	100.0
有限责任公司	Limited-Liability Corporations	114.7	123.7	109.7	72.1	76.2	107.0	108.4	100.1
股份有限公司	Share-holding Corporations Ltd.	142.7	146.5	132.9	65.6	62.1	99.2	114.7	70.3
外商及港、澳、台投资经济	Enterprises with Funds from Foreigner, Hong Kong, Macao and Taiwan	80.0	80.0	80.0	132.3	120.0	60.0	60.0	100.0
按行业门类分	**Grouped by Sector**								
工业	Industry	116.7	143.8	113.2	79.4	84.1	106.4	108.4	91.2
采掘业	Mining	161.0	174.4	173.8	74.2	50.0	48.3	1.3	64.1
制造业	Manufacturing	110.3	139.7	101.5	82.1	87.0	108.8	122.3	96.1
电力、煤气及水的生产供应业	Production and Distribution of Electricity, Gas and Water	110.2	141.2	104.2	58.2	93.8	119.6	106.3	91.0
建筑业	Construction	63.0	123.4	136.1	122.4	52.4	119.1	109.5	104.8
交通运输、仓储及邮电通信业	Transportation, Storage, Post and Communication Industry	99.9	129.6	117.8	50.2	76.0	87.7	111.3	87.7
邮政业	Post					200.0	200.0	200.0	
批发和零售业	Wholesale and Retail Trades	123.0	127.2	151.0	88.6	98.8	116.2	127.3	94.1
房地产业	Real Estate	123.3	94.7	94.7	93.8	64.3	135.7	107.1	135.7
社会服务业	Social Services	50.0	69.2	100.0	84.6	79.4	100.0	113.4	78.6
信息传输、计算机服务和软件业	Information Transmission, Computer Service and Software Industries	160.0	100.0	80.0	100.0	80.0	80.0	40.0	80.0
住宿和餐饮业	Hotels and Catering Services	50.0	85.7	128.6	50.0	78.6	100.0	142.9	35.7
按企业规模分	**Grouped by Size of Enterprises**								
特大型	Particularly Large	200.0	200.0	200.0	54.6	100.0	100.0	100.0	100.0
大 型	Large	119.5	175.9	115.8	54.1	45.8	100.0	96.3	63.2
中 型	Medium-sized	100.0	114.4	106.7	70.3	84.9	106.0	105.9	112.1
小 型	Small	88.9	111.1	114.1	109.9	83.7	107.4	115.7	80.2
国家重点联系企业	State Emphatically Contacted Enterprises	100.0	100.0	100.0	100.0	100.0	100.0	100.0	100.0
试点企业集团	Pioneer Enterprises	100.0	100.0	100.0	100.0	100.0	100.0	100.0	100.0
乡镇企业	Township Enterprises	127.3	118.2	120.0	50.0	72.7	109.1	127.3	63.6
上市公司	Quoted Companies	165.9	186.5	160.7	76.2	81.5	42.6	95.5	54.7
国有控股企业	State-owned and State-holding Enterprises	107.3	143.6	116.4	72.3	89.1	105.0	105.0	84.3

22-12 2008－2009年企业景气调查企业融资景气指数

Financing Climate Indices of Enterprise Climate Investigation(2008－2009)

指　标	Item	2008				2009			
		一季度 First Quarter	二季度 Second Quarter	三季度 Third Quarter	四季度 Fourth Quarter	一季度 First Quarter	二季度 Second Quarter	三季度 Third Quarter	四季度 Fourth Quarter
全省情况	**Basic Condition of Province**	**74.8**	**71.9**	**70.1**	**73.1**	**74.1**	**71.7**	**66.2**	**67.0**
按经济类型分	**Grouped by Status of Registration**								
国有经济	State-owned Enterprises	71.7	65.1	70.0	69.0	81.6	84.5	86.4	76.5
集体经济	Collective-owned Enterprises	48.1	38.1	48.1	78.1	50.0	60.0	50.0	60.0
私营经济	Private Enterprises	50.0	50.0	83.3	83.3	92.9	85.7	64.3	84.6
个体经济	Individual Enterprises								
股份合作企业	Cooperative Enterprises	33.3	33.3	33.3	40.0	37.5	25.0	37.5	43.8
联营经济	Joint Ownership Enterprises	100.0	100.0	100.0	100.0	100.0	100.0	100.0	100.0
有限责任公司	Limited-Liability Corporations	66.5	62.0	62.2	63.8	57.3	57.0	54.7	51.6
股份有限公司	Share-holding Corporations Ltd.	90.9	105.0	91.0	78.8	76.1	59.0	62.0	65.7
外商及港、澳、台投资经济	Enterprises with Funds from Foreigner, Hong Kong, Macao and Taiwan	40.0	72.3	60.0	40.0	80.0	80.0	60.0	60.0
按行业门类分	**Grouped by Sector**								
工业	Industry	73.2	73.3	75.6	66.9	60.2	59.7	57.9	53.4
采掘业	Mining	125.7	147.1	138.6	113.2	99.0	48.4	35.9	49.4
制造业	Manufacturing	65.1	64.7	68.1	57.1	57.3	59.1	57.4	53.8
电力、煤气及水的生产供应业	Production and Distribution of Electricity, Gas and Water	70.3	49.2	68.8	52.3	56.3	68.8	68.8	43.8
建筑业	Construction	56.0	53.2	65.7	65.7	61.9	47.6	38.1	52.4
交通运输、仓储及邮电通信业	Transportation, Storage, Post and Communication Industry	82.1	76.3	41.0	56.3	81.3	70.1	76.5	76.0
邮政业	Post					100.0	200.0	100.0	100.0
批发和零售业	Wholesale and Retail Trades	87.2	94.0	94.4	104.9	82.3	82.3	89.7	80.1
房地产业	Real Estate	78.6	64.3	78.6	57.1	64.3	64.3	57.1	57.1
社会服务业	Social Services	64.3	76.9	61.5	69.2	57.1	65.2	57.1	78.6
信息传输、计算机服务和软件业	Information Transmission, Computer Service and Software Industries	100.0	80.0	80.0	100.0	100.0	100.0	60.0	60.0
住宿和餐饮业	Hotels and Catering Services	57.1	57.1	64.3	64.3	85.7	84.6	92.9	78.6
按企业规模分	**Grouped by Size of Enterprises**								
特大型	Particularly Large	100.0	154.6	100.0	68.2	100.0	100.0	100.0	100.0
大　型	Large	129.6	132.5	130.2	119.2	104.2	72.6	65.9	77.9
中　型	Medium-sized	51.4	51.0	53.9	53.5	69.8	64.3	64.7	66.3
小　型	Small	65.3	55.6	63.4	63.4	56.1	61.2	58.7	53.7
国家重点联系企业	State Emphatically Contacted Enterprises	100.0	100.0	100.0	100.0	100.0	100.0	100.0	100.0
试点企业集团	Pioneer Enterprises	100.0	100.0	100.0	100.0	100.0	100.0	100.0	100.0
乡镇企业	Township Enterprises	18.2	18.2	30.0	30.0	18.2	36.4	36.4	27.3
上市公司	Quoted Companies	128.3	151.0	151.0	136.9	97.6	40.4	40.4	61.5
国有控股企业	State-owned and State-holding Enterprises	77.7	82.5	78.0	73.8	70.2	68.3	67.1	59.8

主要统计指标解释

企业集团 是以母子公司为主体，通过投资及生产经营协作等多种方式，与众多的企事业单位共同组成的经济联合体。

母 公 司 是企业集团中起主导作用的核心企业，通过投资和生产经营协作等多种联结纽带，决定和影响着集团内其他成员企业，是居于控制地位的控股公司。

所属成员企业（单位） 指企业集团所属的成员企事业单位，包括企业集团的母公司、全资子公司（单位）、绝对控股子公司（单位）、相对控股子公司（单位），不包括参股企业、协作企业（单位）。但如果企业集团的子公司（单位）是一个纯粹管理型的公司，那么该子公司的二级控股子公司（单位）可作为企业集团所属成员单位进行统计。上述企业集团的各类子公司（单位）中应包括在中国境内和境外的子公司（单位）。

登记注册类型 是指在工商行政管理机关登记注册的具有法人资格的各类企业。包括国有企业、国有独资公司、其他有限责任公司、股份有限公司、中外合资企业、港澳台合资企业、其它。

国有企业 是指企业全部资产归国家所有，并按《中华人民共和国企业法人登记管理条例》规定登记注册的非公司制的经济组织。不包括有限责任公司中的国有独资公司。

国有独资公司 是指国家授权的投资机构或者国家授权的部门单独投资设立的有限责任公司。

其他有限责任公司 是指根据《中华人民共和国公司登记管理条例》规定登记注册，由两个以上，五十个以下的股东共同出资，每个股东以其所认缴的出资额对公司承担有限责任，公司以其全部资产对其债务承担责任的经济组织。其他有限责任公司不包括国有独资公司。

股份有限公司 是指根据《中华人民共和国公司登记管理条例》规定登记注册，其全部注册资本由等额股份构成并通过发行股票筹集资本，股东以其认购的股份对公司承担有限责任，公司以其全部资产对其债务承担责任的经济组织。

中外合资企业 是指外国企业或外国人与中国内地企业依照《中华人民共和国中外合资经营企业法》及有关法律的规定，按合同规定的比例投资设立，分享利润和分担风险的企业。

港澳台合资企业 是指港澳台地区投资者与内地企业依照《中华人民共和国中外合资经营企业法》及有关法律的规定，按规定的比例投资设立，分享利润和分担风险的企业。

少数股东权益 指子公司所有者权益中由母公司以外的其他投资者拥有的份额，在合并资产负债表中应单独列示。

股东（所有者）权益合计 指企业集团投资人对企业净资产的所有权，企业集团净资产等于企业集团全部资产减去负债合计和少数股东权益后的余额，其中包括企业投资人对企业的最初投入以及资本公积金、盈余公积金和未分配利润。

股本（实收资本） 指股份制企业集团以发行股票的方式筹集的资本。非股份制企业集团指实际收到的投资人投入的资本。

主营业务收入 指企业集团从事某种主要生产、经营活动所取得的营业收入。本项指标在各行业会计制度中的名称叫法不同，但一律按各行业会计制度或报表定义的口径进行填报。农业企业是指“主营业务收入”；工业企业是指“产品销售收入”；交通运输企业指“主营业务收入”；建筑企业指“工程结算收入”；批发零售贸易企业指“商品销售收入”；房地产企业指“房地产经营收入”；其他企业指“经营（营业）收入”。

从业人员 指在企业集团（包括母公司和子公司）工作并领取工资或其他形式的劳动报酬的全部人员数，包括在岗职工、再就业的离退休人员以及在企业集团中工作的外方人员和港澳台方人员、兼职人员、借用的外单位人员和第二职业者。不包括离开本企业集团仍保留劳动关系的职工。

企业景气调查 是通过对部分企业家定期进行问卷调查，并根据企业家对企业经营状况及宏观经济形势的判断和预期来编制景气指数，从而对现实经济运行状况及其发展趋势进行分析和预测的一种统计调查方法。

景气指数 又称为景气度，它是对企业景气调查中的定性指标通过定量方法加工汇总，综合反映某一特定调查群体或某一社会经济现象所处的状态或发展趋势的一种指标。通过其上升和下降的动态变化，反映经济发展状态及其变化过程。景气指数取值于0－－200之间，100为景气指数的临界值；当景气指数大于100时，表明经济状况趋于上升或改善，处于景气状态；当景气指数小于100时，表明经济状况趋于下降或恶化，处于不景气状态。

企业家信心指数 也称宏观经济景气指数，是根据企业家对企业外部市场经济环境与宏观政策的认识、看法、判断与预期而编制的指数，用以综合反映企业家对宏观经济环境的感受与信心。

企业景气指数 也称企业综合生产经营景气指数，是根据企业家对本企业综合生产经营情况的判断与预期而编制的指数，用以反映企业的综合生产经营状况。

Explanatory Notes on Main Statistical Indicators

Enterprises Group an economic association consists of numerous enterprises and institution, with parent company and subsidiary company as its main body, they join together by means of various methods, investment and business cooperation, etc.

Parent Company the nuclear enterprise, which plays a leading role in enterprises group. It occupies the holding company position, determines and affects other members of group by various ties of join, investment and business cooperation, etc.

Subordinate Enterprises (Units) refer to enterprises and institutions under enterprises group, include parent company of enterprises group, subsidiary companies (units) with exclusive investment, absolutely holding shares companies(units), relatively holding shares companies(units), exclude own shares enterprises, cooperate enterprises(units), If the subsidiary company(unit) is a pure management company, the companies(units) under the subsidiary company can be statistics as subordinate enterprises(units). The above – mention subsidiary company (units) include all companies those within and out of the boundaries of China.

Registration Status of Enterprises refer to different enterprises, which have registered in industrial and commercial administration agencies. Include state – owned enterprises, Sole State – Funded enterprises, other limited liability corporation, share – holding corporation Ltd. Joint – venture enterprises with foreign investment, Joint – venture enterprises with funds from Hong Kong, Macao and Taiwan, and Others.

State – owned Enterprises refer to non – corporation economic units where the entire assets are owned by the state and which have registered in accordance with the Regulation of the People's Republic of China on the Management of Registration of Corporation Enterprises. Excluded from this category are sole state – funded corporation in the limited liability corporations.

Exclusive State – Funded Company refer to limited liability corporations established with exclusive investment from investment institutions or departments authorized by the state.

Other Limited Liability Corporations refer to economic units established with investment from 2 – 50 investors and registered in accordance with the Regulation of the People's Republic of China on the Management of Registration of Corporations, each investor bearing limited liability to the corporation depending on its share of investment, and the corporation bearing liability to its debt to the maximum of its total assets. Excluded from this category are exclusive state – funded corporations.

Share – holding Corporations Ltd. Refer to economic units registered in accordance with the Regulation of the People's Republic of China on the Management of Registration of Corporations, with total registered capitals divided into equal shares and raised through issuing stocks. Each investor bears limited liability to the corporation depending on the holding shares, and the corporation bears liability to its debt to the maximum of its total assets.

Joint – venture Enterprises with Foreign Investment refer to enterprises jointly established by foreign enterprises or foreigners with enterprises in the mainland of China in accordance with the Low of the People's Republic of China on Sino – foreign Joint Venture Enterprises and other relevant lows, where the share of investment, profits and risks is stipulated in the contract.

Joint – venture Enterprises with Funds from Hong Kong, Macao and Taiwan refer to enterprises jointly established by investor from Hong Kong, Macao and Taiwan with enterprises in the mainland of China in accordance with the Low of the People's Republic of China on Sino – foreign Joint Venture Enterprises and other relevant lows, where the share of investment, profits and risks is stipulated in the contract.

Minority Share – holder's Equity refer to the owner shares of subsidiary company which not owned to parent company but to other investors, it must be arranged independently on merge balance sheet.

Total of Share – holder's (or Owner's) Equity refer to enterprises group investor's title to net funds, the balance of total liabilities and minority share – holding equity from entire funds is net funds, it includes initial investment, accumulation fund, surplus of accumulation and undistributed profits.

Capital Stock (Capital Obtained) refer to capital raised through issuing stocks by the joint – stock enterprises group. It refers to capital actually received from investors in non – joint – stock enterprises group.

Major Business Revenue refer to the revenue earned from certain major action of production and management by enterprises group. This indicator has different account name in various sectors, but it must be filled and submitted in accordance with account system of various sector, or the concepts, definitions and coverage of report schedule. It refers to major business revenue in agriculture enterprises; It refers to production sales revenue in industry enterprises; It refers to major business revenue in transport enterprises; It refers to revenue of project settle accounts in construction; It refers to commodity sales revenue in wholesale and retail Trades enterprises; It refers to real estate operation revenue in real estate Trades enterprises; In other enterprises it refers to business revenue.

Employed Persons refer to all persons who work in , and receive wages or other remuneration payment from enterprises group(include parent company and subsidiary company), they include fully employed staff and workers, re – employed retirees, foreigners and Chinese compatriots from Hong Kong, Macao and Taiwan part – time employees, employees of other units working temporarily at current posts, and employees holding the second job, but exclude staff and workers who have left their work units while keeping their labour contract (employment relation) unchanged.

Enterprises Climate Survey It is a statistics survey, which compile the climate index by regular paper survey to a section of entrepreneurs, based on entrepreneur's judgement and forecast to the production situation of their own enterprises and the macro – economy situation, and thus we can analyse and predict the current situation and future trend of the economic performance.

Business climate index It is the quantitative disposition and compilation of the qualitative economic indicators of the business climate survey, which can improve a comprehensive description of the real situation or the future trend of a special survey group or a social and economic phenomenon. The business climate index is ranging from 0 to 200. 100 is the critical value, when the climate index is larger than 100, it shows that the economic performance is picking up or improving. When it is lower than 100, it shows that the economic performance is declining or worsening.

Entrepreneur confidence index also called as the macro – economy climate index. It is a index based on entrepreneur's recognition, opinion, judgement and forecast to the market circumstances and macro – policies, It is a comprehensive description of the entrepreneur's impression and confidents of the macro – economy circumstances .

Business climate index also called as the comprehensive production and management climate index of enterprises. It is compiled basing on entrepreneur's judgement on production situation of their own expectation for the future performance. It is the description of the comprehensive production and management situation of the enterprises.

第23篇

CHAPTER 23

月度资料

Monthly Data

23-1 各月主要经济统计指标(2009年)
Monthly Main Economic Indicators (2009)

指　标	Item	1月	2月	3月
生产总值(亿元)(累计数)	**Gross Product(100 million yuan) (accumulative total)**			180.69
第一产业	Primary Industry			7.75
第二产业	Secondary Industry			87.95
第三产业	Tertoary Industry			84.99
生产总值增长速度(%)	Rate of Gross Product(%)			8.00
第一产业	Primary Industry			4.30
第二产业	Secondary Industry			5.10
第三产业	Tertoary Industry			11.10
工业(规模以上)	**Industry (above designated size)**			
工业增加值(当年价)(亿元)	Value Added to Gross Industrial Output(100 million yuan)		24.58	33.37
轻工业	Light industry		2.54	2.76
重工业	Heavy industry		22.04	30.62
国有企业	State -owned Enterprises		2.08	2.02
集体企业	Collective-owned Enterprises		0.05	0.06
股份制企业	Joint-stock Enterprises		20.66	29.99
外商及港澳台投资企业	Enterprises with Funds from Hong kong, Macao,Taiwan and Foreign		1.20	0.91
国有控股企业	State-holding Enterprises		11.31	17.91
工业增加值增长速度(%)	Rate of Value-added of Indusrry(%)		4.8	8.6
轻工业	Light industry		47.4	27.4
重工业	Heavy industry		2.0	7.4
国有企业	State -owned Enterprises		8.4	13.6
集体企业	Collective-owned Enterprises		126.3	1.6
股份制企业	Joint-stock Enterprises		3.4	9.8
外商及港澳台投资企业	Enterprises with Funds from Hong kong, Macao,Taiwan and Foreign		-4.8	-21.3
国有控股企业	State-holding Enterprises		-8.4	6.4
工业经济效益(累计数)	Industrial Efficiency(accumulative total)			
企业单位数(户)	Number of Enterprises(household)		540	540
亏损企业户数(户)	Number of Loss-making Enterprises(household)		190	220
亏损面(%)	Loss Surface(%)		35.19	40.74
主营业务收入(亿元)	Revenue from Principal Business(100 million yuan)		92.94	183.19
利润总额(亿元)	Total Profits(100 million yuan)		-2.27	16.50
亏损企业亏损额(亿元)	Losses of Loss-making Enterprises(100 million yuan)		6.87	9.67
产成品库存(亿元)	Finished Goods Inventory(100 million yuan)		31.58	50.19
全部从业人员(万人)	All Employees(10 000 persons)		14.19	16.59
工业产销率(%)	Rate of Industrial Production and Sales (%)		97.75	101.28
轻工业	Light industry		92.18	93.21
重工业	Heavy industry		98.41	102.11
国有企业	State -owned Enterprises		97.74	97.89
集体企业	Collective-owned Enterprises		78.73	82.38
股份制企业	Joint-stock Enterprises		98.27	102.04
外商及港澳台投资企业	Enterprises with Funds from Hong kong, Macao,Taiwan and Foreign		88.80	102.15
国有控股企业	State-holding Enterprises		93.77	102.68
主要产品产量	Main Output of Products			
发电量(亿千瓦小时)	Electricity(100 million km·h)		21.78	26.57
水电	Hydropower		14.47	15.82
天然原油(万吨)	Crude Petroleum Oil(10 000 tons)		11.77	15.12
原油加工量(万吨)	Volume of Crude Oil Processed(10 000 tons)		8.00	9.08
天然气(亿立方米)	Natural Gas(100 million cu.m)		3.88	3.82
原盐(万吨)	Salt(10 000 tons)		1.45	0.59
原煤(万吨)	Coal(10 000 tons)		118.95	113.09
钾肥(万吨)	Potash Fertilizer(10 000 tons)		2.58	37.92
粗钢(万吨)	Crude Stssl(10 000 tons)		9.64	10.21
钢材(万吨)	Rolled Steel(10 000 tons)		8.22	10.28
生铁(万吨)	Pig Iron(10 000 tons)		7.88	8.58
原铝(电解铝)(万吨)	Electrolyzed Aluminum(10 000 tons)		7.53	8.42

23-1 续表 1 continued

指　标	Item	1月	2月	3月
水泥(万吨)	Cement(10 000 tons)		25.27	45.65
碳酸钠(纯碱)(万吨)	Soda Ash(10 000 tons)		3.43	10.23
乳制品(吨)	Dairy(ton)		3850	6948
中成药(吨)	Proprietary Chinese Medicines(ton)		37	32
金属切削机床(台)	Metal Cutting Machine Tool(unit)		41	59
固定资产投资	**Investment in Fixed Assets**			
(累计数)(亿元)	**(accumulative total)(100 million yuan)**			
全社会固定资产投资	Total Fixed Asset Investment	2.81	10.14	43.62
地方投入	Local Input		5.05	28.77
按登记注册类型分	According to the Type of Sub-register			
国有投资	State-owned Investment		7.74	17.40
集体投资及私营个体投资	Collective Investment and Individual Investment in Private Sector		0.08	3.58
联营经济投资	Associated Economic		0.15	0.16
股份经济投资	Shares of Economic		2.17	21.53
港澳台投资	Investment in Hong Kong, Macao and Taiwan			0.07
外商投资	Foreign Investment			0.74
其他投资	Other Investment			0.15
按投资类型分	According to the Investment Type			
国有及国有控股投资	State-owned and State-controlled Investment	2.81	9.86	25.47
民间投资	Private Investment		0.29	17.34
港澳台及外商投资	Investment in Hong Kong, Macao and foreign			0.81
按产业分	According to Industry			
第一产业	Primary Industry		0.28	1.37
第二产业	Secondary Industry	1.39	3.84	26.04
工业	Industry	1.39	3.80	25.20
第三产业	Tertiary Industry	1.42	6.02	16.21
社会消费品(亿元)	**Social Consumer Goods(100 million yuan)**			
社会消费品零售额	Retail Sales of Social Consumer Goods	22.21	21.40	19.19
市的零售额	City's retail sales	15.30	15.66	14.22
县的零售额	County's Retail Sales	4.48	3.84	3.36
县以下的零售额	County's Retail Sales of the Following	2.43	1.90	1.61
批发业	Wholesale Trade	4.56	4.39	3.67
零售业	Retail	14.82	14.52	12.39
住宿和餐饮业	Accommodation and Catering Industry	2.57	2.26	2.89
其他	Other	0.26	0.23	0.24
进出口(万美元)	**The Import and Export(USD 10 000)**			
海关进出口总额	Customs Import and Export Volume	3417	3278	3528
进口总额	Total Imports	1320	2357	2297
出口总额	Total Export	2097	921	1231
财政(累计数)(亿元)	**The Financial(accumulative total)(100 million yuan)**			
财政收入	Financial Income			
一般预算收入	General Budget Revenue	14.99	26.68	41.03
地方一般预算收入	Local General Budget Revenue	7.98	13.42	21.20
增值税	Valued Added Tax	1.35	2.47	3.76
营业税	Business Tax	2.99	4.20	6.34
企业所得税	Corporate Income Tax	1.00	1.46	2.34
个人所得税	Individual Tax	0.32	0.61	0.97
资源税	Resource Tax	0.33	0.98	1.73
中央一般预算收入	Central General Budget Revenue	7.01	13.26	19.83
财政支出	Financial Expenditure			
一般预算支出	General Budget Expenditure	21.03	33.72	66.8
公共服务	Expenditure for General Public Services	2.63	4.33	7.82
教育	Expenditure for Education	3.54	4.76	9.42
社会保障与就业	Expenditure for Social Safety Net and Employment Effort	9.19	12.44	19.92
医疗卫生	Expenditure for Medical and Health Case	1.10	2.40	5.51
环境保护	Expenditure for Environment Protection	0.51	0.71	2.60
城乡社区事务	Expenditure for Urban and Rural Community Affairs	0.42	0.77	1.91
农林水事务	Expenditure for Agriculture,Forestry and Water Conservancy	0.81	1.28	8.71
交通运输	Expenditure for Transportation	0.29	0.40	0.89

23-1 续表 2 continued

指 标	Item	1月	2月	3月
金融(亿元)	**Financial(100 million yuan)**			
各项存款余额	Total Deposits Balance	1419.75	1442.85	1490.72
企业存款	Deposits by Enterprises	413.70	436.47	459.09
储蓄存款	Deposits by Savings	610.33	609.95	620.24
各项贷款余额	Total Loans Balances	1053.56	1083.39	1126.13
短期贷款	Short-term Loans	312.95	332.39	343.22
中长期贷款	Medium & Long-term Loans	715.91	727.20	752.74
交通运输邮电(累计数)	**Transport, Posts and Telecommunications(accumulative total)**			
货物运输量(万吨)	Freight traffic(10 000 tons)	954.62	1842.77	2612.71
铁路	Railways	246.90	466.60	668.30
公路	Highways	689.00	1345.00	1899.00
民航	Civil Aviation	0.05	0.08	0.11
货物周转量(亿吨公里)	Total Freight Ton-kilometers(100 milliom ton-km)	18.49	38.90	57.47
铁路	Railways	11.54	25.54	38.55
公路	Highways	6.13	11.98	16.91
民航	Civil Aviation	0.01	0.01	0.02
客运量(万人)	Passenger Traffic(10 000 persons)	605.93	1191.27	1982.98
铁路	Railways	36.20	77.20	102.50
公路	Highways	566.00	1107.00	1870.00
民航	Civil Aviation	3.73	7.07	10.48
客运周转量(亿人公里)	Passenger Ton-kilometers(100 million passenger-km)	6.98	13.16	20.03
铁路	Railways	3.37	6.19	8.95
公路	Highways	3.04	5.95	9.57
民航	Civil Aviation	0.57	1.02	1.52
邮电(累计数)	**Posts and Telecommunications (accumulative total)**			
电信业务量(亿元)	Business Volume of Postal and Telecommunication(100 million yuan)	6.16	12.35	19.90
移动电话用户(万户)	Mobile Phone Subscribers(10 000 subscribers)	250.80	256.00	259.70
固定电话用户(万户)	Fixed Telephone Subscribers(10 000 subscribers)	118.90	118.50	117.20
邮政业务量(万元)	The Volume of Postal Services(10 000 yuan)	2148.30	4157.85	6339.21
建筑业(累计数)	**Construction (accumulative total)**			
建筑企业个数(个)	The Number of Construction Enterprises(unit)			433
建筑业总产值(亿元)	Gross Output Value of Construction(100 million yuan)			18.29
竣工产值(亿元)	Ontput of Completion (100 million yuan)			1.66
房屋建筑施工面积(万平米)	Floor Space of Buildings under Construction(10 000 sq.m)			94.06
房屋建筑竣工面积(万平米)	Floor Space of Buildings Completed(10 000 sq.m)			3.31
人民生活(元)	**People's Lives(yuan)**			
城镇居民人均可支配收入	Annual Per Capita Disposable Income of Urban Households			3097.79
城镇居民人均消费性支出	Annual Per Capita Living Expenditure of Rural			2310.55
农村住户人均现金收入	Annual Per Capita Net Income of Rural Households			852.54
农村住户人均现金支出	Annual Per Capita Cash Expenditure of Rural			623.41
物价指数(上年=100)(%)	**Price Indices(preceding year=100)(%)**			
居民消费价格指数	Price Indices of Consumer	104.6	101.3	102.6
#城市	City	104.1	101.3	103.0
农村	Rural	105.6	101.3	102.0
#食品	Food	105.6	97.6	102.0
烟酒及用品	Alcohol, Tobacco and Supplies	103.9	102.5	102.6
衣着	Clothing	102.2	105.2	103.7
家庭设备用品及维修服务	Household Appliances and Maintenance Services	103.6	102.9	102.5
医疗保健和个人用品	Health Care and Personal Products	103.2	102.6	102.5
交通和通信	Transport and Communications	98.6	98.7	99.8
娱乐教育文化用品及服务	Recreation, Education and Culture and Services	101.6	101.3	100.2
居住	Living	113.9	109.8	109.1
农业生产资料价格指数	Price indices of Agricultural Means of Production	109.0	102.5	101.1
商品零售价格指数	The Retail Price Indices	104.6	101.5	102.6
工业品出厂价格指数	Producer Price Indices	93.0	90.9	87.6
轻工业	Light Industry	106.1	105.7	106.6
重工业	Heavy Indusrry	91.7	89.5	85.7
原材料燃料动力购进价格指数	Driving Force for the Purchase of Raw Materials, Fuel Price Index	104.4	102.7	101.0

23-1 续表 3 continued

指 标	Item	4月	5月	6月
生产总值(亿元)(累计数)	**Gross Product(100 million yuan) (accumulative total)**			429.42
第一产业	Primary Industry			18.78
第二产业	Secondary Industry			243.88
第三产业	Tertoary Industry			166.76
生产总值增长速度(%)	Rate of Gross Product(%)			8.5
第一产业	Primary Industry			4.2
第二产业	Secondary Industry			8.2
第三产业	Tertoary Industry			9.4
工业(规模以上)	**Industry (above designated size)**			
工业增加值(当年价)(亿元)	Value Added to Gross Industrial Output(100 million yuan)	36.34	42.65	40.17
轻工业	Light industry	2.71	3.22	3.42
重工业	Heavy industry	33.62	39.43	36.75
国有企业	State -owned Enterprises	2.00	2.35	2.85
集体企业	Collective-owned Enterprises	0.29	0.38	0.37
股份制企业	Joint-stock Enterprises	32.37	36.43	34.26
外商及港澳台投资企业	Enterprises with Funds from Hong kong, Macao,Taiwan and Foreign	1.08	2.79	2.08
国有控股企业	State-holding Enterprises	18.51	21.68	20.60
工业增加值增长速度(%)	Rate of Value-added of Indusrry(%)	9.0	6.7	6.9
轻工业	Light industry	30.0	28.5	28.2
重工业	Heavy industry	7.6	5.3	5.5
国有企业	State -owned Enterprises	1.9	-6.9	30.9
集体企业	Collective-owned Enterprises	260.0	159.0	180.2
股份制企业	Joint-stock Enterprises	8.7	3.1	2.7
外商及港澳台投资企业	Enterprises with Funds from Hong kong, Macao,Taiwan and Foreign	-5.7	101.8	68.8
国有控股企业	State-holding Enterprises	-2.7	-1.9	-1.3
工业经济效益(累计数)	Industrial Efficiency(accumulative total)			
企业单位数(户)	Number of Enterprises(household)	540	540	540
亏损企业户数(户)	Number of Loss-making Enterprises(household)	223	227	234
亏损面(%)	Loss Surface(%)	41.30	42.04	43.30
主营业务收入(亿元)	Revenue from Principal Business(100 million yuan)	253.69	325.64	396.35
利润总额(亿元)	Total Profits(100 million yuan)	19.75	22.22	35.28
亏损企业亏损额(亿元)	Losses of Loss-making Enterprises(100 million yuan)	12.49	13.60	11.89
产成品库存(亿元)	Finished Goods Inventory(100 million yuan)	64.69	73.07	72.26
全部从业人员(万人)	All Employees(10 000 persons)	16.36	16.38	16.71
工业产销率(%)	Rate of Industrial Production and Sales (%)	100.92	97.52	95.17
轻工业	Light industry	93.38	94.17	94.78
重工业	Heavy industry	101.66	97.81	95.21
国有企业	State -owned Enterprises	97.41	96.59	96.60
集体企业	Collective-owned Enterprises	81.47	89.16	90.22
股份制企业	Joint-stock Enterprises	101.71	97.35	94.47
外商及港澳台投资企业	Enterprises with Funds from Hong kong, Macao,Taiwan and Foreign	99.99	100.57	99.60
国有控股企业	State-holding Enterprises	102.88	97.19	94.02
主要产品产量	Main Output of Products			
发电量(亿千瓦小时)	Electricity(100 million km·h)	26.79	28.92	34.67
水电	Hydropower	22.79	23.81	28.64
天然原油(万吨)	Crude Petroleum Oil(10 000 tons)	14.99	15.21	15.03
原油加工量(万吨)	Volume of Crude Oil Processed(10 000 tons)	9.51	9.34	10.24
天然气(亿立方米)	Natural Gas(100 million cu.m)	3.04	2.84	2.94
原盐(万吨)	Salt(10 000 tons)	2.91	5.91	3.85
原煤(万吨)	Coal(10 000 tons)	133.69	116.41	135.95
钾肥(万吨)	Potash Fertilizer(10 000 tons)	49.32	52.24	62.31
粗钢(万吨)	Crude Stssl(10 000 tons)	9.51	11.13	11.44
钢材(万吨)	Rolled Steel(10 000 tons)	9.74	11.51	12.22
生铁(万吨)	Pig Iron(10 000 tons)	8.34	9.52	9.88
原铝(电解铝)(万吨)	Electrolyzed Aluminum(10 000 tons)	7.09	6.99	6.63

23—1 续表 4 continued

指　标	Item	4月	5月	6月
水泥(万吨)	Cement(10 000 tons)	52.83	55.68	61.40
碳酸钠(纯碱)(万吨)	Soda Ash(10 000 tons)	10.95	11.18	10.75
乳制品(吨)	Dairy(ton)	4529	5238	5637
中成药(吨)	Proprietary Chinese Medicines(ton)	31	84	53
金属切削机床(台)	Metal Cutting Machine Tool(unit)	39	76	87
固定资产投资	**Investment in Fixed Assets**			
(累计数)(亿元)	**(accumulative total)(100 million yuan)**			
全社会固定资产投资	Total Fixed Asset Investment	126.65	211.68	316.37
地方投入	Local Input	93.56	165.12	257.43
按登记注册类型分	According to the Type of Sub-register			
国有投资	State-owned Investment	54.89	100.65	146.30
集体投资及私营个体投资	Collective Investment and Individual Investment in Private Sector	8.59	16.67	38.40
联营经济投资	Associated Economic	0.18	0.34	0.45
股份经济投资	Shares of Economic	60.54	89.08	123.77
港澳台投资	Investment in Hong Kong, Macao and Taiwan	0.16	0.41	0.96
外商投资	Foreign Investment	1.36	2.74	3.44
其他投资	Other Investment	0.94	1.79	3.05
按投资类型分	According to the Investment Type			
国有及国有控股投资	State-owned and State-controlled Investment	84.48	139.91	197.37
民间投资	Private Investment	41.75	70.95	117.52
港澳台及外商投资	Investment in Hong Kong, Macao and foreign	0.42	0.81	1.48
按产业分	According to Industry			
第一产业	Primary Industry	4.68	9.37	19.19
第二产业	Secondary Industry	71.09	109.84	149.86
工业	Industry	69.59	107.30	144.19
第三产业	Tertiary Industry	50.89	92.47	147.32
社会消费品(亿元)	**Social Consumer Goods(100 million yuan)**			
社会消费品零售额	Retail Sales of Social Consumer Goods	20.39	24.07	25.10
市的零售额	City's retail sales	15.07	17.70	17.76
县的零售额	County's Retail Sales	3.59	4.31	4.79
县以下的零售额	County's Retail Sales of the Following	1.74	2.07	2.55
批发业	Wholesale Trade	4.07	4.72	4.93
零售业	Retail	13.38	15.52	15.72
住宿和餐饮业	Accommodation and Catering Industry	2.64	3.52	4.13
其他	Other	0.31	0.31	0.32
进出口(万美元)	**The Import and Export(USD 10 000)**			
海关进出口总额	Customs Import and Export Volume	3232	7058	3663
进口总额	Total Imports	1828	5638	2227
出口总额	Total Export	1404	1420	1435
财政(累计数)(亿元)	**The Financial(accumulative total)(100 million yuan)**			
财政收入	Financial Income			
一般预算收入	General Budget Revenue	54.71	67.60	84.91
地方一般预算收入	Local General Budget Revenue	28.07	34.93	44.22
增值税	Valued Added Tax	4.84	6.27	8.17
营业税	Business Tax	8.49	10.00	11.92
企业所得税	Corporate Income Tax	3.22	4.11	4.75
个人所得税	Individual Tax	1.17	1.34	1.57
资源税	Resource Tax	2.25	2.78	3.10
中央一般预算收入	Central General Budget Revenue	26.65	32.67	40.69
财政支出	Financial Expenditure			
一般预算支出	General Budget Expenditure	95.24	121.61	170.20
公共服务	Expenditure for General Public Services	12.12	15.58	20.28
教育	Expenditure for Education	13.15	17.42	21.87
社会保障与就业	Expenditure for Social Safety Net and Employment Effort	26.51	31.26	48.95
医疗卫生	Expenditure for Medical and Health Case	7.42	9.62	12.29
环境保护	Expenditure for Environment Protection	3.45	5.53	6.98
城乡社区事务	Expenditure for Urban and Rural Community Affairs	3.06	3.87	7.01
农林水事务	Expenditure for Agriculture,Forestry and Water Conservancy	13.38	17.23	22.30
交通运输	Expenditure for Transportation	1.63	1.78	5.28

23-1 续表 5 continued

指　标	Item	4月	5月	6月
金融(亿元)	**Financial(100 million yuan)**			
各项存款余额	Total Deposits Balance	1559.67	1582.09	1633.32
企业存款	Deposits by Enterprises	464.52	483.26	512.15
储蓄存款	Deposits by Savings	623.09	626.99	634.96
各项贷款余额	Total Loans Balances	1179.13	1211.79	1274.73
短期贷款	Short-term Loans	373.85	375.69	389.76
中长期贷款	Medium & Long-term Loans	771.75	788.69	823.20
交通运输邮电(累计数)	**Transport, Posts and Telecommunications(accumulative total)**			
货物运输量(万吨)	Freight traffic(10 000 tons)	3384.49	4122.97	4968.81
铁路	Railways	867.20	1042.10	1240.30
公路	Highways	2458.00	3007.00	3640.00
民航	Civil Aviation	0.15	0.20	0.25
货物周转量(亿吨公里)	Total Freight Ton-kilometers(100 milliom ton-km)	92.41	155.78	178.97
铁路	Railways	53.66	67.08	75.78
公路	Highways	36.13	85.44	99.28
民航	Civil Aviation	0.02	0.03	0.04
客运量(万人)	Passenger Traffic(10 000 persons)	2837.01	4140.94	4911.88
铁路	Railways	163.10	167.50	200.00
公路	Highways	2659.00	3954.00	4687.00
民航	Civil Aviation	14.91	19.44	24.88
客运周转量(亿人公里)	Passenger Ton-kilometers(100 million passenger-km)	29.84	38.08	43.61
铁路	Railways	14.28	16.88	18.11
公路	Highways	13.42	18.43	21.99
民航	Civil Aviation	2.14	2.78	3.51
邮电(累计数)	**Posts and Telecommunications (accumulative total)**			
电信业务量(亿元)	Business Volume of Postal and Telecommunication(100 million yuan)	25.90	33.20	40.80
移动电话用户(万户)	Mobile Phone Subscribers(10 000 subscribers)	268.40	274.40	279.40
固定电话用户(万户)	Fixed Telephone Subscribers(10 000 subscribers)	116.40	115.50	114.70
邮政业务量(万元)	The Volume of Postal Services(10 000 yuan)	8435.85	10590.82	12865.26
建筑业(累计数)	**Construction (accumulative total)**			
建筑企业个数(个)	The Number of Construction Enterprises(unit)			436
建筑业总产值(亿元)	Gross Output Value of Construction(100 million yuan)			69.48
竣工产值(亿元)	Ontput of Completion (100 million yuan)			8.96
房屋建筑施工面积(万平米)	Floor Space of Buildings under Construction(10 000 sq.m)			288.89
房屋建筑竣工面积(万平米)	Floor Space of Buildings Completed(10 000 sq.m)			28.83
人民生活(元)	**People's Lives(yuan)**			
城镇居民人均可支配收入	Annual Per Capita Disposable Income of Urban Households			5945.70
城镇居民人均消费性支出	Annual Per Capita Living Expenditure of Rural			4297.80
农村住户人均现金收入	Annual Per Capita Net Income of Rural Households			1522.90
农村住户人均现金支出	Annual Per Capita Cash Expenditure of Rural			1196.90
物价指数(上年=100)(%)	**Price Indices(preceding year=100)(%)**			
居民消费价格指数	Price Indices of Consumer	102.4	102.8	102.7
#城市	City	102.8	103.3	103.4
农村	Rural	101.7	101.9	101.4
#食品	Food	101.9	103.6	103.7
烟酒及用品	Alcohol, Tobacco and Supplies	102.0	101.5	101.4
衣着	Clothing	104.1	107.0	108.4
家庭设备用品及维修服务	Household Appliances and Maintenance Services	102.5	102.0	101.6
医疗保健和个人用品	Health Care and Personal Products	102.2	102.5	102.3
交通和通信	Transport and Communications	99.0	98.5	98.1
娱乐教育文化用品及服务	Recreation, Education and Culture and Services	99.7	98.9	98.6
居住	Living	108.4	105.9	104.3
农业生产资料价格指数	Price indices of Agricultural Means of Production	100.8	99.0	96.9
商品零售价格指数	The Retail Price Indices	102.3	102.5	102.0
工业品出厂价格指数	Producer Price Indices	88.3	88.8	87.1
轻工业	Light Industry	103.1	102.0	100.8
重工业	Heavy Indusrry	86.8	87.5	85.9
原材料燃料动力购进价格指数	Driving Force for the Purchase of Raw Materials, Fuel Price Index	100.3	100.5	99.5

23-1 续表 6 continued

指 标	Item	7月	8月	9月
生产总值(亿元)(累计数)	**Gross Product(100 million yuan) (accumulative total)**			703.24
第一产业	Primary Industry			62.07
第二产业	Secondary Industry			385.48
第三产业	Tertoary Industry			255.69
生产总值增长速度(%)	Rate of Gross Product(%)			8.90
第一产业	Primary Industry			4.50
第二产业	Secondary Industry			9.40
第三产业	Tertoary Industry			9.20
工业(规模以上)	**Industry (above designated size)**			
工业增加值(当年价)(亿元)	Value Added to Gross Industrial Output(100 million yuan)	35.30	41.37	39.52
轻工业	Light industry	3.42	3.28	4.34
重工业	Heavy industry	31.88	38.09	35.18
国有企业	State -owned Enterprises	3.17	3.04	2.56
集体企业	Collective-owned Enterprises	0.32	0.28	0.28
股份制企业	Joint-stock Enterprises	30.26	36.03	34.72
外商及港澳台投资企业	Enterprises with Funds from Hong kong, Macao,Taiwan and Foreign	1.23	1.46	1.56
国有控股企业	State-holding Enterprises	19.08	22.97	19.54
工业增加值增长速度(%)	Rate of Value-added of Indusrry(%)	9.7	14.0	5.0
轻工业	Light industry	34.5	11.1	40.3
重工业	Heavy industry	8.0	14.2	2.5
国有企业	State -owned Enterprises	27.2	10.4	11.8
集体企业	Collective-owned Enterprises	118.0	171.4	128.4
股份制企业	Joint-stock Enterprises	8.3	13.0	3.2
外商及港澳台投资企业	Enterprises with Funds from Hong kong, Macao,Taiwan and Foreign	5.9	43.9	50.2
国有控股企业	State-holding Enterprises	1.0	9.5	1.9
工业经济效益(累计数)	Industrial Efficiency(accumulative total)			
企业单位数(户)	Number of Enterprises(household)	554	554	558
亏损企业户数(户)	Number of Loss-making Enterprises(household)	209	222	226
亏损面(%)	Loss Surface(%)	37.73	40.07	40.50
主营业务收入(亿元)	Revenue from Principal Business(100 million yuan)	480.51	594.50	691.70
利润总额(亿元)	Total Profits(100 million yuan)	41.25	51.87	57.38
亏损企业亏损额(亿元)	Losses of Loss-making Enterprises(100 million yuan)	12.98	14.16	14.15
产成品库存(亿元)	Finished Goods Inventory(100 million yuan)	88.95	94.07	100.76
全部从业人员(万人)	All Employees(10 000 persons)	16.90	17.40	17.52
工业产销率(%)	Rate of Industrial Production and Sales (%)	94.75	93.90	93.95
轻工业	Light industry	96.92	97.46	97.72
重工业	Heavy industry	94.57	93.60	93.63
国有企业	State -owned Enterprises	97.53	97.13	97.62
集体企业	Collective-owned Enterprises	93.86	89.77	88.37
股份制企业	Joint-stock Enterprises	94.02	93.22	93.21
外商及港澳台投资企业	Enterprises with Funds from Hong kong, Macao,Taiwan and Foreign	106.66	97.09	97.78
国有控股企业	State-holding Enterprises	93.26	92.48	92.70
主要产品产量	Main Output of Products			
发电量(亿千瓦小时)	Electricity(100 million km·h)	28.51	31.35	32.22
水电	Hydropower	21.33	23.08	23.04
天然原油(万吨)	Crude Petroleum Oil(10 000 tons)	16.60	16.55	15.63
原油加工量(万吨)	Volume of Crude Oil Processed(10 000 tons)	6.90		
天然气(亿立方米)	Natural Gas(100 million cu.m)	2.97	2.25	3.42
原盐(万吨)	Salt(10 000 tons)	5.90	10.53	13.68
原煤(万吨)	Coal(10 000 tons)	134.28	135.90	67.96
钾肥(万吨)	Potash Fertilizer(10 000 tons)	55.94	60.42	42.32
粗钢(万吨)	Crude Stssl(10 000 tons)	11.39	11.99	7.95
钢材(万吨)	Rolled Steel(10 000 tons)	11.51	11.90	8.47
生铁(万吨)	Pig Iron(10 000 tons)	10.21	10.23	8.55
原铝(电解铝)(万吨)	Electrolyzed Aluminum(10 000 tons)	7.55	7.68	7.74

23-1 续表 7 continued

指　标	Item	7月	8月	9月
水泥(万吨)	Cement(10 000 tons)	67.63	75.44	68.16
碳酸钠(纯碱)(万吨)	Soda Ash(10 000 tons)	10.80	10.87	10.23
乳制品(吨)	Dairy(ton)	5243.0	5129.0	5187.0
中成药(吨)	Proprietary Chinese Medicines(ton)	55.0	54.0	54.0
金属切削机床(台)	Metal Cutting Machine Tool(unit)	70.0	75.0	83.0
固定资产投资	**Investment in Fixed Assets**			
(累计数)(亿元)	**(accumulative total)(100 million yuan)**			
全社会固定资产投资	Total Fixed Asset Investment	418.85	516.95	624.57
地方投入	Local Input	336.32	419.63	510.62
按登记注册类型分	According to the Type of Sub-register			
国有投资	State-owned Investment	205.91	259.02	315.64
集体投资及私营个体投资	Collective Investment and Individual Investment in Private Sector	50.02	63.13	76.20
联营经济投资	Associated Economic	0.59	0.65	0.70
股份经济投资	Shares of Economic	151.91	180.83	214.72
港澳台投资	Investment in Hong Kong, Macao and Taiwan	1.13	1.38	1.49
外商投资	Foreign Investment	5.31	6.40	8.28
其他投资	Other Investment	3.99	5.54	7.54
按投资类型分	According to the Investment Type			
国有及国有控股投资	State-owned and State-controlled Investment	266.91	330.99	400.58
民间投资	Private Investment	149.56	183.02	219.53
港澳台及外商投资	Investment in Hong Kong, Macao and foreign	2.39	2.94	4.46
按产业分	According to Industry			
第一产业	Primary Industry	26.84	35.61	43.61
第二产业	Secondary Industry	194.17	230.81	279.08
工业	Industry	187.13	222.57	268.60
第三产业	Tertiary Industry	197.84	250.53	301.88
社会消费品(亿元)	**Social Consumer Goods(100 million yuan)**			
社会消费品零售额	Retail Sales of Social Consumer Goods	25.40	27.86	26.73
市的零售额	City's retail sales	17.98	20.08	18.70
县的零售额	County's Retail Sales	4.90	5.12	5.32
县以下的零售额	County's Retail Sales of the Following	2.53	2.67	2.71
批发业	Wholesale Trade	4.82	5.09	4.91
零售业	Retail	16.02	17.63	17.18
住宿和餐饮业	Accommodation and Catering Industry	4.26	4.82	4.36
其他	Other	0.30	0.32	0.28
进出口(万美元)	**The Import and Export(USD 10 000)**			
海关进出口总额	Customs Import and Export Volume	4804	4648	4588
进口总额	Total Imports	2806	2338	2066
出口总额	Total Export	1998	2310	2492
财政(累计数)(亿元)	**The Financial(accumulative total)(100 million yuan)**			
财政收入	Financial Income			
一般预算收入	General Budget Revenue	97.83	111.28	126.10
地方一般预算收入	Local General Budget Revenue	50.93	57.06	63.93
增值税	Valued Added Tax	8.87	9.97	11.38
营业税	Business Tax	14.26	16.26	18.15
企业所得税	Corporate Income Tax	6.01	6.69	7.21
个人所得税	Individual Tax	1.83	2.05	2.46
资源税	Resource Tax	3.47	4.22	5.03
中央一般预算收入	Central General Budget Revenue	46.91	54.22	62.17
财政支出	Financial Expenditure			
一般预算支出	General Budget Expenditure	210.67	249.13	284.64
公共服务	Expenditure for General Public Services	24.01	27.94	32.36
教育	Expenditure for Education	26.16	29.43	34.36
社会保障与就业	Expenditure for Social Safety Net and Employment Effort	53.49	58.44	63.43
医疗卫生	Expenditure for Medical and Health Case	14.68	16.52	19.55
环境保护	Expenditure for Environment Protection	10.79	18.53	18.91
城乡社区事务	Expenditure for Urban and Rural Community Affairs	9.23	13.16	14.56
农林水事务	Expenditure for Agriculture,Forestry and Water Conservancy	28.88	33.85	39.95
交通运输	Expenditure for Transportation	13.78	14.05	17.41

23-1 续表 8 continued

指 标	Item	7月	8月	9月
金融(亿元)	**Financial(100 million yuan)**			
各项存款余额	Total Deposits Balance	1643.08	1680.09	1709.64
企业存款	Deposits by Enterprises	502.53	522.73	512.15
储蓄存款	Deposits by Savings	646.97	647.44	671.98
各项贷款余额	Total Loans Balances	1274.68	1316.57	1335.04
短期贷款	Short-term Loans	389.05	388.31	381.36
中长期贷款	Medium & Long-term Loans	830.98	859.74	894.61
交通运输邮电(累计数)	**Transport, Posts and Telecommunications(accumulative total)**			
货物运输量(万吨)	Freight traffic(10 000 tons)	5828.38	6734.19	7606.14
铁路	Railways	1477.30	1720.00	1961.70
公路	Highways	4246.00	4893.00	5508.00
民航	Civil Aviation	0.34	0.46	0.59
货物周转量(亿吨公里)	Total Freight Ton-kilometers(100 milliom ton-km)	210.02	244.53	281.55
铁路	Railways	88.81	105.19	124.52
公路	Highways	116.56	133.97	150.98
民航	Civil Aviation	0.05	0.07	0.08
客运量(万人)	Passenger Traffic(10 000 persons)	5818.57	6751.66	7623.00
铁路	Railways	246.70	303.60	341.10
公路	Highways	5538.00	6400.00	7229.00
民航	Civil Aviation	33.87	48.06	52.90
客运周转量(亿人公里)	Passenger Ton-kilometers(100 million passenger-km)	52.99	65.15	79.33
铁路	Railways	22.04	28.16	37.26
公路	Highways	26.14	30.34	34.39
民航	Civil Aviation	4.81	6.64	7.69
邮电(累计数)	**Posts and Telecommunications (accumulative total)**			
电信业务量(亿元)	Business Volume of Postal and Telecommunication(100 million yuan)	49.50	57.00	64.80
移动电话用户(万户)	Mobile Phone Subscribers(10 000 subscribers)	284.80	292.50	297.90
固定电话用户(万户)	Fixed Telephone Subscribers(10 000 subscribers)	113.90	112.70	111.80
邮政业务量(万元)	The Volume of Postal Services(10 000yuan)	15060.93	17324.29	19655.14
建筑业(累计数)	**Construction (accumulative total)**			
建筑企业个数(个)	The Number of Construction Enterprises(unit)			436
建筑业总产值(亿元)	Gross Output Value of Construction(100 million yuan)			120.94
竣工产值(亿元)	Ontput of Completion (100 million yuan)			19.65
房屋建筑施工面积(万平米)	Floor Space of Buildings under Construction(10 000 sq.m)			403.53
房屋建筑竣工面积(万平米)	Floor Space of Buildings Completed(10 000 sq.m)			86.48
人民生活(元)	**People's Lives(yuan)**			
城镇居民人均可支配收入	Annual Per Capita Disposable Income of Urban Households			8841.69
城镇居民人均消费性支出	Annual Per Capita Living Expenditure of Rural			6463.75
农村住户人均现金收入	Annual Per Capita Net Income of Rural Households			2662.26
农村住户人均现金支出	Annual Per Capita Cash Expenditure of Rural			1835.52
物价指数(上年=100)(%)	**Price Indices(preceding year=100)(%)**			
居民消费价格指数	Price Indices of Consumer	102.5	102.3	102.4
#城市	City	103.5	103.3	103.2
农村	Rural	100.6	100.4	100.9
#食品	Food	103.5	103.8	102.5
烟酒及用品	Alcohol, Tobacco and Supplies	101.4	100.0	100.0
衣着	Clothing	110.5	106.9	111.0
家庭设备用品及维修服务	Household Appliances and Maintenance Services	101.6	101.2	101.0
医疗保健和个人用品	Health Care and Personal Products	102.1	101.9	101.9
交通和通信	Transport and Communications	97.8	97.4	100.4
娱乐教育文化用品及服务	Recreation, Education and Culture and Services	97.9	101.7	101.8
居住	Living	102.7	101.0	99.8
农业生产资料价格指数	Price indices of Agricultural Means of Production	95.7	94.1	93.6
商品零售价格指数	The Retail Price Indices	101.4	100.8	100.2
工业品出厂价格指数	Producer Price Indices	83.6	85.3	87.8
轻工业	Light Industry	100.5	100.1	100.0
重工业	Heavy Indusrry	81.9	83.8	86.7
原材料燃料动力购进价格指数	Driving Force for the Purchase of Raw Materials, Fuel Price Index	98.4	98.5	97.3

23-1 续表 9 continued

指 标	Item	10月	11月	12月
生产总值(亿元)(累计数)	**Gross Product(100 million yuan) (accumulative total)**			1081.27
第一产业	Primary Industry			107.40
第二产业	Secondary Industry			576.34
第三产业	Tertoary Industry			397.53
生产总值增长速度(%)	Rate of Gross Product(%)			10.10
第一产业	Primary Industry			5.00
第二产业	Secondary Industry			11.30
第三产业	Tertoary Industry			9.80
工业(规模以上)	**Industry (above designated size)**			
工业增加值(当年价)(亿元)	Value Added to Gross Industrial Output(100 million yuan)	43.52	42.51	39.98
轻工业	Light industry	4.19	3.98	3.78
重工业	Heavy industry	39.33	38.52	36.20
国有企业	State -owned Enterprises	2.62	3.11	3.90
集体企业	Collective-owned Enterprises	0.30	0.28	0.11
股份制企业	Joint-stock Enterprises	37.72	36.84	34.26
外商及港澳台投资企业	Enterprises with Funds from Hong kong, Macao,Taiwan and Foreign	2.20	1.85	1.31
国有控股企业	State-holding Enterprises	21.18	22.22	21.69
工业增加值增长速度(%)	Rate of Value-added of Indusrry(%)	16.4	24.0	25.2
轻工业	Light industry	18.3	29.4	18.1
重工业	Heavy industry	16.2	23.5	26.0
国有企业	State -owned Enterprises	-22.5	6.5	115.5
集体企业	Collective-owned Enterprises	43.7	142.8	-24.0
股份制企业	Joint-stock Enterprises	18.0	23.3	20.5
外商及港澳台投资企业	Enterprises with Funds from Hong kong, Macao,Taiwan and Foreign	86.5	118.8	35.2
国有控股企业	State-holding Enterprises	3.5	16.9	17.6
工业经济效益(累计数)	Industrial Efficiency(accumulative total)			
企业单位数(户)	Number of Enterprises(household)	558	558	558
亏损企业户数(户)	Number of Loss-making Enterprises(household)	214	209	204
亏损面(%)	Loss Surface(%)	38.35	37.50	36.56
主营业务收入(亿元)	Revenue from Principal Business(100 million yuan)	799.42	939.64	1087.95
利润总额(亿元)	Total Profits(100 million yuan)	67.84	80.76	90.10
亏损企业亏损额(亿元)	Losses of Loss-making Enterprises(100 million yuan)	14.71	14.97	15.81
产成品库存(亿元)	Finished Goods Inventory(100 million yuan)	109.44	113.79	100.00
全部从业人员(万人)	All Employees(10 000 persons)	17.52	17.58	17.88
工业产销率(%)	Rate of Industrial Production and Sales (%)	92.70	93.61	95.66
轻工业	Light industry	97.08	96.60	97.26
重工业	Heavy industry	92.32	93.35	95.52
国有企业	State -owned Enterprises	98.27	98.18	98.18
集体企业	Collective-owned Enterprises	88.30	85.02	85.32
股份制企业	Joint-stock Enterprises	91.68	92.81	95.27
外商及港澳台投资企业	Enterprises with Funds from Hong kong, Macao,Taiwan and Foreign	96.60	96.86	99.22
国有控股企业	State-holding Enterprises	92.15	93.54	96.05
主要产品产量	Main Output of Products			
发电量(亿千瓦小时)	Electricity(100 million km·h)	35.98	37.58	34.88
水电	Hydropower	24.52	25.32	22.84
天然原油(万吨)	Crude Petroleum Oil(10 000 tons)	16.14	15.91	15.73
原油加工量(万吨)	Volume of Crude Oil Processed(10 000 tons)		2.97	15.62
天然气(亿立方米)	Natural Gas(100 million cu.m)	4.01	5.22	4.32
原盐(万吨)	Salt(10 000 tons)	17.31	7.88	0.68
原煤(万吨)	Coal(10 000 tons)	62.89	112.15	119.83
钾肥(万吨)	Potash Fertilizer(10 000 tons)	42.34	36.41	31.64
粗钢(万吨)	Crude Stssl(10 000 tons)	11.84	10.34	10.93
钢材(万吨)	Rolled Steel(10 000 tons)	11.43	10.83	10.32
生铁(万吨)	Pig Iron(10 000 tons)	10.10	8.77	9.22
原铝(电解铝)(万吨)	Electrolyzed Aluminum(10 000 tons)	7.65	8.04	7.69

23—1 续表 10 continued

指　标	Item	10月	11月	12月
水泥(万吨)	Cement(10 000 tons)	58.45	52.65	36.57
碳酸钠(纯碱)(万吨)	Soda Ash(10 000 tons)	11.17	10.83	11.41
乳制品(吨)	Dairy(ton)	5238.0	4324.0	4425.0
中成药(吨)	Proprietary Chinese Medicines(ton)	47.0	31.0	27.0
金属切削机床(台)	Metal Cutting Machine Tool(unit)	71.0	130.0	99.0
固定资产投资	**Investment in Fixed Assets**			
(累计数)(亿元)	**(accumulative total)(100 million yuan)**			
全社会固定资产投资	Total Fixed Asset Investment	698.77	751.67	800.51
地方投入	Local Input	575.27	617.83	648.23
按登记注册类型分	According to the Type of Sub-register			
国有投资	State-owned Investment	352.90	376.12	398.02
集体投资及私营个体投资	Collective Investment and Individual Investment in Private Sector	83.17	89.54	98.38
联营经济投资	Associated Economic	0.70	0.70	0.70
股份经济投资	Shares of Economic	242.25	263.85	281.69
港澳台投资	Investment in Hong Kong, Macao and Taiwan	1.60	1.60	1.60
外商投资	Foreign Investment	9.29	10.41	10.41
其他投资	Other Investment	8.86	9.43	9.69
按投资类型分	According to the Investment Type			
国有及国有控股投资	State-owned and State-controlled Investment	446.09	476.88	512.60
民间投资	Private Investment	246.83	267.58	280.71
港澳台及外商投资	Investment in Hong Kong, Macao and foreign	5.85	7.21	7.21
按产业分	According to Industry			
第一产业	Primary Industry	49.75	51.88	53.68
第二产业	Secondary Industry	314.27	345.62	380.32
工业	Industry	301.89	332.44	367.39
第三产业	Tertiary Industry	334.75	354.16	366.52
社会消费品(亿元)	**Social Consumer Goods(100 million yuan)**			
社会消费品零售额	Retail Sales of Social Consumer Goods	28.62	29.75	29.74
市的零售额	City's retail sales	20.23	20.41	20.68
县的零售额	County's Retail Sales	5.48	5.98	6.05
县以下的零售额	County's Retail Sales of the Following	2.91	3.36	3.02
批发业	Wholesale Trade	5.11	5.51	5.37
零售业	Retail	18.34	18.67	18.04
住宿和餐饮业	Accommodation and Catering Industry	4.71	5.11	5.76
其他	Other	0.45	0.47	0.57
进出口(万美元)	**The Import and Export(USD 10 000)**			
海关进出口总额	Customs Import and Export Volume	7446	7314	5753
进口总额	Total Imports	4643	4211	1869
出口总额	Total Export	2803	3103	3884
财政(累计数)(亿元)	**The Financial(accumulative total)(100 million yuan)**			
财政收入	Financial Income			
一般预算收入	General Budget Revenue	138.94	154.93	166.46
地方一般预算收入	Local General Budget Revenue	70.03	80.18	87.74
增值税	Valued Added Tax	12.43	13.95	14.97
营业税	Business Tax	20.44	22.43	25.26
企业所得税	Corporate Income Tax	8.01	8.33	8.86
个人所得税	Individual Tax	2.69	2.91	3.12
资源税	Resource Tax	5.44	6.43	6.82
中央一般预算收入	Central General Budget Revenue	68.91	74.76	78.72
财政支出	Financial Expenditure			
一般预算支出	General Budget Expenditure	317.24	370.13	486.68
公共服务	Expenditure for General Public Services	37.75	42.93	54.65
教育	Expenditure for Education	38.77	44.04	61.85
社会保障与就业	Expenditure for Social Safety Net and Employment Effort	70.50	79.82	93.74
医疗卫生	Expenditure for Medical and Health Case	21.28	23.94	32.50
环境保护	Expenditure for Environment Protection	21.95	23.06	29.13
城乡社区事务	Expenditure for Urban and Rural Community Affairs	15.92	16.85	23.01
农林水事务	Expenditure for Agriculture,Forestry and Water Conservancy	43.82	48.55	58.13
交通运输	Expenditure for Transportation	18.52	32.28	43.37

23-1 续表 11 continued

指 标	Item	10月	11月	12月
金融(亿元)	**Financial(100 million yuan)**			
各项存款余额	Total Deposits Balance	1716.92	1724.37	1785.78
企业存款	Deposits by Enterprises	517.46	514.96	574.92
储蓄存款	Deposits by Savings	669.38	681.49	711.29
各项贷款余额	Total Loans Balances	1335.41	1351.64	1399.02
短期贷款	Short-term Loans	368.54	363.59	370.48
中长期贷款	Medium & Long-term Loans	917.31	932.28	974.75
交通运输邮电(累计数)	**Transport, Posts and Telecommunications(accumulative total)**			
货物运输量(万吨)	Freight traffic(10 000 tons)	8528.30	9218.04	10092.96
铁路	Railways	2236.30	2470.70	2701.50
公路	Highways	6140.00	6580.00	7209.00
民航	Civil Aviation	0.66	0.58	0.64
货物周转量(亿吨公里)	Total Freight Ton-kilometers(100 milliom ton-km)	312.96	340.99	369.53
铁路	Railways	137.73	151.86	165.49
公路	Highways	168.48	187.71	195.95
民航	Civil Aviation	0.09	0.10	0.11
客运量(万人)	Passenger Traffic(10 000 persons)	8522.27	9275.34	10074.44
铁路	Railways	369.10	399.70	430.40
公路	Highways	8094.00	8812.00	9576.00
民航	Civil Aviation	59.17	63.64	68.04
客运周转量(亿人公里)	Passenger Ton-kilometers(100 million passenger-km)	81.73	88.31	95.39
铁路	Railways	34.54	37.08	39.87
公路	Highways	38.60	41.99	45.41
民航	Civil Aviation	8.58	9.24	10.10
邮电(累计数)	**Posts and Telecommunications (accumulative total)**			
电信业务量(亿元)	Business Volume of Postal and Telecommunication(100 million yuan)	73.00	81.00	89.00
移动电话用户(万户)	Mobile Phone Subscribers(10 000 subscribers)	301.30	308.20	310.70
固定电话用户(万户)	Fixed Telephone Subscribers(10 000 subscribers)	111.00	110.00	109.30
邮政业务量(万元)	The Volume of Postal Services(10 000 yuan)	21983.88	24221.82	26651.26
建筑业(累计数)	**Construction (accumulative total)**			
建筑企业个数(个)	The Number of Construction Enterprises(unit)			440
建筑业总产值(亿元)	Gross Output Value of Construction(100 million yuan)			201.08
竣工产值(亿元)	Ontput of Completion (100 million yuan)			71.56
房屋建筑施工面积(万平米)	Floor Space of Buildings under Construction(10 000 sq.m)			463.78
房屋建筑竣工面积(万平米)	Floor Space of Buildings Completed(10 000 sq.m)			188.63
人民生活(元)	**People's Lives(yuan)**			
城镇居民人均可支配收入	Annual Per Capita Disposable Income of Urban Households			12691.85
城镇居民人均消费性支出	Annual Per Capita Living Expenditure of Rural			8786.52
农村住户人均现金收入	Annual Per Capita Net Income of Rural Households			3346.15
农村住户人均现金支出	Annual Per Capita Cash Expenditure of Rural			3243.55
物价指数(上年=100)(%)	**Price Indices(preceding year=100)(%)**			
居民消费价格指数	Price Indices of Consumer	102.2	102.7	103.4
#城市	City	102.8	103.5	103.9
农村	Rural	101.1	101.3	102.4
#食品	Food	102.1	103.9	106.0
烟酒及用品	Alcohol, Tobacco and Supplies	100.6	100.6	100.8
衣着	Clothing	109.8	109.3	106.5
家庭设备用品及维修服务	Household Appliances and Maintenance Services	99.6	99.5	99.5
医疗保健和个人用品	Health Care and Personal Products	103.2	102.7	102.7
交通和通信	Transport and Communications	101.2	100.8	101.5
娱乐教育文化用品及服务	Recreation, Education and Culture and Services	100.7	100.6	101.1
居住	Living	99.4	99.7	100.7
农业生产资料价格指数	Price indices of Agricultural Means of Production	93.1	94.4	96.1
商品零售价格指数	The Retail Price Indices	99.8	100.5	101.5
工业品出厂价格指数	Producer Price Indices	92.7	96.2	114.4
轻工业	Light Industry	100.7	101.1	102.5
重工业	Heavy Indusrry	92.0	95.7	115.5
原材料燃料动力购进价格指数	Driving Force for the Purchase of Raw Materials, Fuel Price Index	97.6	97.2	100.5

第24篇

CHAPTER 24

全国各地区主要经济指标及排序

Main Economy Indices and Order of the Different Parts of the Country

24-1 全国各地区生产总值和增长率及排序(2009年)

Growth Rate of Gross Domestic Product and Its Order by City Thoughout China(2009)

单位：亿元、%　　(100 million yuan，%)

省(市、区)	Region	生产总值 Region Gross Production				第一产业增加值 Value Added of the Primary Industry			
		数量 Number	位次 Rank	增长率 Increase Rate	位次 Rank	数量 Number	位次 Rank	增长率 Increase Rate	位次 Rank
全国	**National Total**	**335353.0**		**8.7**		**35477.0**		**4.2**	
北京	Beijing	11865.9	13	10.1	23	118.3	28	4.6	17
天津	Tianjin	7500.8	20	16.5	2	131.0	26	3.4	24
河北	Hebei	17026.6	6	10.0	25	2218.9	4	3.3	25
山西	Shanxi	7365.7	21	5.5	31	477.6	24	4.2	20
内蒙古	Inner Mongolia	9725.8	15	16.9	1	929.0	18	2.3	29
辽宁	Liaoning	15065.6	7	13.1	10	1414.9	11	3.1	27
吉林	Jilin	7203.2	22	13.3	8	980.5	17	2.8	28
黑龙江	Heilongjiang	8288.0	16	11.1	21	1154.3	14	5.2	5
上海	Shanghai	14900.9	8	8.2	29	113.8	29	-1.1	31
江苏	Jiangsu	34061.2	2	12.4	13	2201.6	5	4.5	18
浙江	Zhejiang	22832.4	4	8.9	28	1161.7	13	2.3	29
安徽	Anhui	10052.9	14	12.9	12	1495.6	9	5.0	8
福建	Fujian	11949.5	12	12.0	16	1182.9	12	4.7	16
江西	Jiangxi	7589.2	19	13.1	10	1098.3	15	4.5	18
山东	Shandong	33805.3	3	11.9	17	3226.6	1	4.2	20
河南	Henan	19367.3	5	10.7	22	2769.0	2	4.2	20
湖北	Hubei	12831.5	11	13.2	9	1795.9	8	5.2	5
湖南	Hunan	12930.7	10	13.6	6	1969.7	7	5.0	8
广东	Guangdong	39081.6	1	9.5	27	2006.0	6	4.9	11
广西	Guangxi	7700.4	18	13.9	5	1458.7	10	5.3	4
海南	Hainan	1646.6	28	11.7	18	461.9	25	7.2	1
重庆	Chongqing	6528.7	23	14.9	3	606.8	21	5.5	3
四川	Sichuan	14151.3	9	14.5	4	2240.6	3	4.0	23
贵州	Guizhou	3893.5	26	11.2	20	554.0	22	4.8	14
云南	Yunnan	6168.2	24	12.1	15	1064.0	16	5.2	5
西藏	Tibet	441.4	31	12.4	13	64.0	31	3.3	25
陕西	Shaanxi	8186.6	17	13.6	6	789.6	19	4.9	11
甘肃	Gansu	3382.4	27	10.0	25	497.5	23	4.9	11
青海	**Qinghai**	**1081.3**	**30**	**10.1**	**23**	**107.4**	**30**	**5.0**	**8**
宁夏	Ningxia	1334.6	29	11.6	19	127.1	27	7.2	1
新疆	Xinjiang	4273.6	25	8.1	30	759.7	20	4.8	14

24–2 全国各地区第二、三产业增加值和增长率及排序(2009年)
Value-added of Secondary and Tertiary Industry and Their Growth Rate Orders by Region of the Whole Country (2009)

单位：亿元、% (100 million yuan，%)

省(市、区)	Region	第二产业增加值 Value Added of the Secondary Industry				第三产业增加值 Value Added of the Tertiary Industry			
		数量 Number	位次 Rank	增长率 Increase Rate	位次 Rank	数量 Number	位次 Rank	增长率 Increase Rate	位次 Rank
全国	**National Total**	**156958.0**		**9.5**		**142918.0**		**8.9**	
北京	Beijing	2743.2	23	9.7	26	9004.5	5	10.3	25
天津	Tianjin	4110.5	16	18.2	5	3259.3	16	15.1	1
河北	Hebei	8874.9	6	10.5	24	5932.8	7	11.4	17
山西	Shanxi	4021.2	17	2.3	31	2867.0	19	10.3	25
内蒙古	Inner Mongolia	5101.4	13	21.4	2	3695.4	14	15.0	2
辽宁	Liaoning	7821.7	7	15.6	12	5829.0	8	12.1	16
吉林	Jilin	3492.0	20	16.7	10	2730.7	21	12.7	9
黑龙江	Heilongjiang	3920.4	18	13.0	17	3213.3	17	10.1	28
上海	Shanghai	5940.0	9	3.1	30	8847.2	6	12.6	10
江苏	Jiangsu	18416.1	3	12.5	20	13443.4	2	13.6	6
浙江	Zhejiang	11843.3	4	6.8	29	9827.5	4	12.5	12
安徽	Anhui	4902.8	14	16.8	9	3654.5	15	11.1	19
福建	Fujian	5812.4	11	12.9	18	4954.2	13	12.5	12
江西	Jiangxi	3890.3	19	17.1	8	2600.6	22	10.7	23
山东	Shandong	19035.0	2	13.7	15	11543.7	3	10.7	23
河南	Henan	10968.6	5	12.2	21	5629.7	9	10.9	22
湖北	Hubei	5909.4	10	16.0	11	5126.2	12	12.3	15
湖南	Hunan	5682.2	12	18.9	4	5278.8	10	11.0	20
广东	Guangdong	19270.5	1	8.7	28	17805.1	1	11.0	20
广西	Guangxi	3377.7	22	17.6	7	2863.9	20	13.8	5
海南	Hainan	443.4	30	12.6	19	741.2	28	14.1	3
重庆	Chongqing	3447.5	21	17.8	6	2474.4	24	13.3	8
四川	Sichuan	6711.9	8	19.5	3	5198.8	11	12.4	14
贵州	Guizhou	1474.3	27	12.0	22	1865.2	25	12.6	10
云南	Yunnan	2580.3	24	13.6	16	2523.9	23	13.4	7
西藏	Tibet	136.2	31	21.7	1	241.2	31	10.3	25
陕西	Shaanxi	4312.1	15	14.7	13	3084.9	18	14.1	3
甘肃	Gansu	1511.0	26	10.4	25	1373.9	27	11.3	18
青海	**Qinghai**	**575.3**	**29**	**11.3**	**23**	**398.5**	**30**	**9.8**	**29**
宁夏	Ningxia	680.2	28	14.4	14	527.2	29	9.4	30
新疆	Xinjiang	1951.9	25	9.0	27	1562.0	26	8.3	31

24−3　全国各地区人均GDP、总人口、人口自然增长率及排序(2009年)

Per Capita GDP, Total Population at Year-end, Natural Growth Rate of Population and Their Orders by Region of the Whole Country (2009)

单位：元、%、‰、万人　　(yuan，%，‰，10 000persons)

省(市、区)	Region	人均生产总值 Per Capita GDP				年底总人口 Total Population at Year-end		人口自然增长率 Natural Growth Rate of Population	
		数量 Number	位次 Rank	增长率 Increase Rate	位次 Rank	数量 Number	位次 Rank	自然增长率 Natural Growth Rate	位次 Rank
全国	**National Average or Total**	**25188**		**8.2**		**133474**		**5**	
北京	Beijing	68788	2	6.2	30	1755	26	3.50	23
天津	Tianjin	62403	3	11.1	17	1228	27	2.60	27
河北	Hebei	24284	12	9.3	25	7034	6	6.50	11
山西	Shanxi	21544	17	5.0	31	3427	19	4.89	18
内蒙古	Inner Mongolia	40225	7	16.5	1	2422	23	3.96	21
辽宁	Liaoning	34898	9	12.9	8	4319	14	0.97	31
吉林	Jilin	26319	11	13.1	5	2740	21	1.95	30
黑龙江	Heilongjiang	21665	16	11.0	18	3826	15	2.06	29
上海	Shanghai	78225	1	6.4	29	1921	25	2.70	26
江苏	Jiangsu	44232	5	11.7	12	7725	5	2.56	28
浙江	Zhejiang	44335	4	7.7	27	5180	10	4.63	19
安徽	Anhui	16391	26	12.8	10	6131	8	6.47	12
福建	Fujian	33051	10	11.3	14	3627	18	6.20	13
江西	Jiangxi	17185	25	12.3	11	4432	13	7.89	7
山东	Shandong	35796	8	11.3	14	9470	3	5.62	16
河南	Henan	20477	19	10.0	22	9487	2	4.99	17
湖北	Hubei	22450	14	13.0	7	5720	9	3.48	24
湖南	Hunan	20226	20	13.1	5	6406	7	6.11	14
广东	Guangdong	40748	6	8.4	26	9638	1	7.26	8
广西	Guangxi	15923	27	12.9	8	4856	11	8.53	5
海南	Hainan	19166	23	10.5	20	864	28	8.96	4
重庆	Chongqing	22916	13	14.1	2	2859	20	3.70	22
四川	Sichuan	17339	24	14.0	3	8185	4	2.72	25
贵州	Guizhou	10258	31	10.7	19	3798	16	6.96	9
云南	Yunnan	13536	29	11.4	13	4571	12	6.08	15
西藏	Tibet	15295	28	11.2	16	290	31	10.24	2
陕西	Shaanxi	21732	15	13.3	4	3772	17	4.00	20
甘肃	Gansu	12852	30	9.4	24	2635	22	6.61	10
青海	**Qinghai**	**19454**	**22**	**9.6**	**23**	**557**	**30**	**8.32**	**6**
宁夏	Ningxia	21475	18	10.3	21	625	29	9.68	3
新疆	Xinjiang	19926	21	6.5	28	2159	24	10.56	1

24-4 全国各地区农业总产值和增长率及排序(2009年)

Gross Agricultural Value and Its Growth Rate and Order by Region of the Whole Country (2009)

单位：亿元、% (100 million yuan，%)

省(市、区)	Region	农林牧渔业总产值 Gross Output Value of Farming,Forestry, Animal Husbandry and Fishery				农业产值 Farming		牧业产值 Animal Husbandry	
		数量 Number	位次 Rank	增长率 Increase Rate	位次 Rank	数量 Number	位次 Rank	数量 Number	位次 Rank
全国	**National Total**	**60361.0**		**4.6**		**30611.1**		**19468.4**	
北京	Beijing	315.0	26	5.5	7	140.4	28	136.1	26
天津	Tianjin	281.7	28	3.7	25	139.7	29	83.6	28
河北	Hebei	3640.9	5	3.2	28	1927.8	4	1350.1	4
山西	Shanxi	908.7	22	4.4	22	556.3	22	230.9	23
内蒙古	Inner Mongolia	1570.6	18	2.4	29	731.9	19	721.4	14
辽宁	Liaoning	2704.6	9	3.3	27	913.5	12	1171.4	5
吉林	Jilin	1734.3	15	5.3	12	777.5	18	825.5	11
黑龙江	Heilongjiang	2251.1	12	5.4	9	1206.8	10	870.2	10
上海	Shanghai	283.2	27	-0.5	31	147.5	26	64.6	30
江苏	Jiangsu	3816.0	3	4.6	18	1948.2	3	874.0	9
浙江	Zhejiang	1873.4	14	2.4	29	879.0	14	404.9	17
安徽	Anhui	2569.5	10	5.5	7	1289.8	9	795.8	13
福建	Fujian	2001.2	13	5.0	15	826.2	16	366.9	19
江西	Jiangxi	1733.8	16	4.6	18	729.7	20	541.5	16
山东	Shandong	6003.1	1	4.3	23	3224.0	1	1683.8	1
河南	Henan	4871.5	2	4.5	21	2833.3	2	1654.3	2
湖北	Hubei	2985.2	8	5.4	9	1511.5	8	881.8	8
湖南	Hunan	3207.9	7	5.2	13	1596.6	6	1100.4	6
广东	Guangdong	3337.6	6	5.0	15	1551.0	7	917.1	7
广西	Guangxi	2377.2	11	5.4	9	1135.0	11	812.5	12
海南	Hainan	705.0	25	7.2	2	307.6	25	142.8	25
重庆	Chongqing	913.1	21	6.4	3	522.8	23	319.4	20
四川	Sichuan	3689.8	4	4.2	24	1806.1	5	1596.7	3
贵州	Guizhou	875.2	24	4.6	18	501.5	24	281.5	22
云南	Yunnan	1706.2	17	5.8	4	850.7	15	557.8	15
西藏	Tibet	93.4	31	3.6	26	39.1	31	44.3	31
陕西	Shaanxi	1337.2	19	5.0	15	823.6	17	387.9	18
甘肃	Gansu	876.3	23	5.8	4	587.3	21	171.9	24
青海	**Qinghai**	**157.3**	**30**	**5.8**	**4**	**61.3**	**30**	**90.1**	**27**
宁夏	Ningxia	243.5	29	8.2	1	146.8	27	70.7	29
新疆	Xinjiang	1297.6	20	5.1	14	898.6	13	318.4	21

24–5 全国各地区主要农产品产量及排序(2009年)
Output of Main Agricultural Products and Its Order by Region of the Whole Country (2009)

单位：万吨 (10 000 tons)

省(市、区)	Region	粮食产量 Output Grain		油料产量 Output of Oil-bearing Crops		肉类产量 Output of Meat		奶类产量 Output of Milk	
		数量 Number	位次 Rank	数量 Number	位次 Rank	数量 Number	位次 Rank	数量 Number	位次 Rank
全 国	**National Total**	**53081.5**		**3100.1**		**7649.9**		**3734.6**	
北 京	Beijing	124.8	28	1.8	30	47.2	26	67.4	14
天 津	Tianjin	156.3	27	0.5	31	39.5	27	68.7	12
河 北	Hebei	2910.0	7	142.5	8	426.6	6	461.0	3
山 西	Shanxi	942.0	21	16.4	25	69.8	24	74.1	11
内蒙古	Inner Mongolia	1981.7	12	108.9	9	234.0	14	934.0	1
辽 宁	Liaoning	1591.0	13	40.3	20	389.2	7	115.6	8
吉 林	Jilin	2460.0	9	45.3	16	226.2	15	44.5	16
黑龙江	Heilongjiang	4353.0	2	28.4	23	187.6	17	534.7	2
上 海	Shanghai	121.7	29	3.4	29	26.4	29	23.3	21
江 苏	Jiangsu	3230.1	4	162.2	7	344.4	11	55.4	15
浙 江	Zhejiang	789.2	23	43.3	17	170.4	19	19.9	23
安 徽	Anhui	3069.9	6	240.2	5	362.5	10	20.1	22
福 建	Fujian	666.9	24	26.3	24	175.1	18	15.6	24
江 西	Jiangxi	2002.6	11	100.4	10	276.0	13	11.2	26
山 东	Shandong	4316.3	3	334.5	2	684.1	1	258.1	5
河 南	Henan	5389.0	1	528.0	1	615.0	3	301.3	4
湖 北	Hubei	2309.1	10	308.8	3	367.0	9	28.3	19
湖 南	Hunan	2902.7	8	179.3	6	476.3	4	7.7	29
广 东	Guangdong	1314.5	16	85.2	11	427.0	5	14.4	25
广 西	Guangxi	1463.2	15	42.4	18	371.3	8	8.1	27
海 南	Hainan	187.6	26	8.9	27	66.0	25	0.4	31
重 庆	Chongqing	1137.2	19	40.5	19	187.7	16	7.9	28
四 川	Sichuan	3194.6	5	262.0	4	632.8	2	68.7	12
贵 州	Guizhou	1168.3	17	78.7	12	169.6	20	4.5	30
云 南	Yunnan	1576.9	14	40.3	20	304.6	12	105.9	9
西 藏	Tibet	90.1	31	6.7	28	24.0	31	28.7	18
陕 西	Shaanxi	1131.4	20	53.4	15	98.7	22	185.8	6
甘 肃	Gansu	906.2	22	57.4	14	82.9	23	37.7	17
青 海	**Qinghai**	**102.7**	**30**	**36.6**	**22**	**26.9**	**28**	**25.3**	**20**
宁 夏	Ningxia	340.7	25	15.4	26	25.6	30	81.1	10
新 疆	Xinjiang	1152.0	18	61.9	13	115.4	21	125.2	7

24–6 全国各地区工业企业主要产品产量及排序(2009年)
Output of Major Industrial Products and Its Order by Region of the Whole Country (2009)

省(市、区)	Region	农用化肥(万吨) Chemical Fertilizers (10 000 tons)		发电量(亿千瓦小时) Electricity (100 million km·h)		粗钢(万吨) Crude Steel (10 000 tons)		水泥(万吨) Cement (10 000 tons)	
		数量 Number	位次 Rank	数量 Number	位次 Rank	数量 Number	位次 Rank	数量 Number	位次 Rank
全国	**National Total**	**6599.7**		**37146.5**		**56803.3**		**165000.0**	
北京	Beijing	0.2	30	242.7	29	464.9	25	1077.4	25
天津	Tianjin	14.7	28	415.8	27	2124.2	7	690.2	29
河北	Hebei	214.4	13	1742.5	9	13536.3	1	10611.5	5
山西	Shanxi	375.2	5	1873.8	7	2648.5	5	2482.5	22
内蒙古	Inner Mongolia	261.5	12	2242.4	5	1261.9	14	4275.5	17
辽宁	Liaoning	82.1	19	1162.5	15	4783.0	4	4693.4	15
吉林	Jilin	20.3	27	541.8	23	792.6	19	3673.1	18
黑龙江	Heilongjiang	59.6	24	723.0	20	566.0	23	2598.0	21
上海	Shanghai	2.7	29	778.2	19	2032.2	8	754.2	28
江苏	Jiangsu	317.2	9	2928.4	1	5489.9	2	14434.1	1
浙江	Zhejiang	46.2	26	2246.3	4	1045.6	17	10796.5	4
安徽	Anhui	284.9	10	1320.2	12	1759.7	10	7056.1	9
福建	Fujian	59.7	23	1170.7	14	765.0	20	5446.5	13
江西	Jiangxi	48.7	25	532.9	24	1620.9	11	6153.2	12
山东	Shandong	864.9	1	2859.9	2	4857.3	3	14036.7	2
河南	Henan	531.2	3	2055.5	6	2329.0	6	11710.7	3
湖北	Hubei	798.5	2	1818.1	8	1985.3	9	6983.8	10
湖南	Hunan	365.8	6	1028.0	16	1436.6	13	7539.0	8
广东	Guangdong	61.7	21	2757.6	3	1126.6	15	10028.9	6
广西	Guangxi	92.4	16	944.5	17	1000.0	18	6411.2	11
海南	Hainan	60.6	22	127.6	30	23.2	29	925.7	27
重庆	Chongqing	150.4	15	474.3	26	333.8	27	3611.0	19
四川	Sichuan	463.0	4	1578.8	10	1509.1	12	8887.0	7
贵州	Guizhou	347.3	8	1380.0	11	343.1	26	2664.8	20
云南	Yunnan	355.2	7	1170.9	13	1049.1	16	4868.4	14
西藏	Tibet			18.0	31			187.7	31
陕西	Shaanxi	86.8	18	908.9	18	522.5	24	4464.7	16
甘肃	Gansu	81.0	20	696.7	21	626.4	21	1816.1	24
青海	**Qinghai**	**277.9**	**11**	**361.0**	**28**	**126.7**	**28**	**610.0**	**30**
宁夏	Ningxia	91.8	17	479.9	25			1064.5	26
新疆	Xinjiang	183.8	14	549.1	22	625.0	22	2029.3	23

24–7 全国各地区工业增加值、利润总额、总资产贡献率及排序(2009年)

Value-added, Total Profits and General Capital Contribution of Industry and Their Orders by Region of the Whole Country (2009)

单位：亿元 (100 million yuan)

省(市、区)	Region	工业增加值 Value-added of Industry		利润总额 Total Profits		总资产贡献率 Ration of Total Assets to Industrial Output Value	
		数量 Number	位次 Rank	数量 Number	位次 Rank	(%) (%)	位次 Rank
全国	**National Total**	**134625.0**		**25890.8**		**12.9**	
北京	Beijing	2191.0	23	561.1	16	6.8	30
天津	Tianjin	3749.8	15	612.1	15	10.4	25
河北	Hebei	7902.1	6	1112.7	7	12.8	13
山西	Shanxi	3551.9	17	339.8	22	8.4	28
内蒙古	Inner Mongolia	4503.3	13	653.2	13	13.8	10
辽宁	Liaoning	6841.0	7	781.8	9	9.7	26
吉林	Jilin	3004.6	20	455.5	18	13.7	11
黑龙江	Heilongjiang	3412.9	18	761.4	10	18.0	4
上海	Shanghai	5349.8	9	1246.0	6	11.1	20
江苏	Jiangsu	16464.7	3	3198.2	2	13.1	12
浙江	Zhejiang	10457.1	4	1742.5	5	10.6	24
安徽	Anhui	4064.2	14	416.4	20	10.9	22
福建	Fujian	4918.1	11	652.2	14	11.4	18
江西	Jiangxi	3170.1	19	402.6	21	16.0	6
山东	Shandong	17032.7	2	3936.7	1	19.1	3
河南	Henan	9858.4	5	2062.3	4	21.8	1
湖北	Hubei	5059.1	10	675.8	12	11.1	20
湖南	Hunan	4814.4	12	488.5	17	16.5	5
广东	Guangdong	17946.3	1	2643.1	3	11.5	15
广西	Guangxi	2863.8	22	196.8	25	10.8	23
海南	Hainan	300.6	30	85.3	29	20.8	2
重庆	Chongqing	2917.4	21	269.7	23	11.3	19
四川	Sichuan	5678.2	8	794.3	8	12.3	14
贵州	Guizhou	1252.7	26	153.2	26	11.5	15
云南	Yunnan	2088.3	24	265.4	24	14.6	9
西藏	Tibet	32.7	31	5.6	31	5.4	31
陕西	Shaanxi	3579.0	16	679.6	11	14.7	8
甘肃	Gansu	1191.3	27	140.8	27	11.5	15
青海	**Qinghai**	**470.3**	**29**	**100.0**	**28**	**8.5**	**27**
宁夏	Ningxia	538.3	28	57.3	30	7.7	29
新疆	Xinjiang	1579.9	25	420.3	19	15.4	7

注：工业增加值为全部工业企业,其余指标口径为规模以上工业企业。

a)The caliber of indicator Value-added of Industry statatistics is total of all industrial enterprises, it of other indicators is total of industrial enterprises above designated size.

24–8 全国各地区工业资产负债率、周转次数、产销率及排序(2009年)

Debt-to-asset Ratio, Turnover and Product Sales Ratio and Their Orders by Region of the Whole Country (2009)

省(市、区)	Region	资产负债率 Assets-Liability Ratio		流动资产周转率 Number of Annual of Turnover Working Capitals		产品销售率 Proportion of Products Sold	
		(%) (%)	位次 Rank	(次) (times)	位次 Rank	(%) (%)	位次 Rank
全国	**National Average**	**59.2**		**2.5**		**97.5**	
北京	Beijing	50.9	2	1.6	25	99.2	1
天津	Tianjin	65.3	28	2.2	18	97.2	12
河北	Hebei	62.2	23	3.0	5	97.0	19
山西	Shanxi	67.6	30	1.5	30	96.4	23
内蒙古	Inner Mongolia	62.3	24	2.9	6	96.6	20
辽宁	Liaoning	61.2	18	2.5	10	97.2	12
吉林	Jilin	58.6	11	2.9	6	97.3	11
黑龙江	Heilongjiang	60.4	16	2.1	19	97.2	12
上海	Shanghai	53.1	3	2.0	20	98.9	2
江苏	Jiangsu	59.0	13	2.7	8	98.1	7
浙江	Zhejiang	61.7	20	1.8	23	97.2	12
安徽	Anhui	62.7	25	2.5	10	97.1	18
福建	Fujian	54.3	5	2.6	9	97.2	12
江西	Jiangxi	57.6	8	3.6	2	98.7	3
山东	Shandong	54.1	4	3.8	1	98.4	5
河南	Henan	57.6	8	3.6	2	97.8	8
湖北	Hubei	55.8	7	2.3	14	97.2	12
湖南	Hunan	61.0	17	3.5	4	98.6	4
广东	Guangdong	59.9	15	2.3	14	96.5	22
广西	Guangxi	64.2	27	2.4	10	95.7	26
海南	Hainan	57.9	10	2.3	14	98.2	6
重庆	Chongqing	61.6	19	2.3	14	97.8	8
四川	Sichuan	63.5	26	2.4	10	97.6	10
贵州	Guizhou	66.7	29	1.7	24	94.5	29
云南	Yunnan	59.0	13	1.6	28	95.7	26
西藏	Tibet	23.9	1	0.7	31	94.0	30
陕西	Shaanxi	58.9	12	1.6	25	96.6	20
甘肃	Gansu	61.8	21	1.9	21	96.2	24
青海	**Qinghai**	**62.2**	**22**	**1.6**	**28**	**96.0**	**25**
宁夏	Ningxia	68.2	31	1.6	25	94.0	30
新疆	Xinjiang	54.6	6	1.9	21	94.8	28

24–9 全国各地区固定资产投资和增长率及排序(2009年)
Investment in Fixed Assets and Its Growth Rate and Order by Region of the Whole Country (2009)

单位：亿元、%　　(100 million yuan，%)

省(市、区)	Region	全社会固定资产投资 Total Investment in Fixed Assets in the Whole Country				城镇固定资产投资 Urban Area		农村固定资产投资 Rural Area	
		数量 Number	位次 Rank	增长率 Increase Rate	位次 Rank	数量 Number	位次 Rank	数量 Number	位次 Rank
全　国	**National Total**	**224845.6**		**30.1**		**194138.6**		**30707.0**	
北　京	Beijing	4616.9	23	21.0	26	4149.6	23	467.3	15
天　津	Tianjin	4738.5	22	39.8	5	4446.8	22	291.6	25
河　北	Hebei	12267.0	6	38.4	9	10472.2	5	1794.7	7
山　西	Shanxi	4943.2	21	40.0	3	4509.6	21	433.6	17
内蒙古	Inner Mongolia	7318.9	12	33.7	14	7144.3	11	174.5	28
辽　宁	Liaoning	12292.6	5	22.7	24	11605.2	3	687.4	10
吉　林	Jilin	6411.3	14	27.2	21	5958.6	14	452.6	16
黑龙江	Heilongjiang	5029.2	20	37.6	11	4696.1	19	333.1	23
上　海	Shanghai	5143.7	19	6.6	31	4718.8	18	424.9	18
江　苏	Jiangsu	18950.0	2	23.9	22	14266.9	2	4683.1	1
浙　江	Zhejiang	10741.6	8	15.2	30	7453.6	9	3288.0	3
安　徽	Anhui	8985.8	9	33.2	15	7940.5	8	1045.2	8
福　建	Fujian	6231.2	16	19.7	28	5548.6	16	682.6	12
江　西	Jiangxi	6642.4	13	40.0	3	6006.7	13	635.7	13
山　东	Shandong	19034.5	1	23.3	23	15439.1	1	3595.4	2
河　南	Henan	13704.6	3	30.6	18	11455.0	4	2249.6	6
湖　北	Hubei	7866.9	10	39.3	7	7183.7	10	683.2	11
湖　南	Hunan	7703.5	11	39.2	8	6880.1	12	823.4	9
广　东	Guangdong	12941.5	4	19.1	29	10238.5	6	2703.1	4
广　西	Guangxi	5237.2	17	39.4	6	4689.9	20	547.4	14
海　南	Hainan	988.2	29	40.1	2	942.6	29	45.6	31
重　庆	Chongqing	5214.3	18	31.0	17	4855.1	17	359.2	21
四　川	Sichuan	11387.3	7	59.8	1	9061.4	7	2325.8	5
贵　州	Guizhou	2401.7	26	28.8	20	2040.0	27	361.7	20
云　南	Yunnan	4526.4	24	31.7	16	4117.5	24	408.9	19
西　藏	Tibet	379.4	31	22.4	25	328.7	31	50.8	30
陕　西	Shaanxi	6249.0	15	35.4	13	5890.5	15	358.5	22
甘　肃	Gansu	2363.0	27	38.0	10	2076.4	26	286.6	26
青　海	**Qinghai**	**800.5**	**30**	**37.3**	**12**	**616.3**	**30**	**184.2**	**27**
宁　夏	Ningxia	1075.9	28	29.8	19	964.2	28	111.7	29
新　疆	Xinjiang	2710.9	25	20.0	27	2418.5	25	292.4	24

24–10 全国各地区建筑业产值和面积及排序(2009年)
Output Value and Area of Construction and Its Order by Region of the Whole Country (2009)

单位：亿元、万平方米 (100 million yuan，10 000 sq.m)

省(市、区) Region	建筑业总产值 Gross Output Value 数量 Number	位次 Rank	施工面积 Floor Space of Buildings Under Construction 数量 Number	位次 Rank	竣工面积 Floor Space of Buildings Completed 数量 Number	位次 Rank
全 国 National Total	**75863.8**		**587278.8**		**229576.1**	
北 京 Beijing	4059.8	4	22720.6	8	5225.5	16
天 津 Tianjin	1808.5	17	6369.9	20	2071.4	24
河 北 Hebei	2489.2	12	17908.6	14	6966.4	12
山 西 Shanxi	1772.8	18	5954.2	21	1921.8	25
内蒙古 Inner Mongolia	952.1	23	5691.2	22	2861.5	21
辽 宁 Liaoning	3373.8	9	19652.5	11	8285.2	10
吉 林 Jilin	1151.8	22	5107.3	24	2930.8	19
黑龙江 Heilongjiang	1327.1	19	4817.6	26	2492.0	22
上 海 Shanghai	3827.8	5	19032.6	12	5397.2	15
江 苏 Jiangsu	10181.3	1	98494.0	2	40538.7	1
浙 江 Zhejiang	9351.0	2	105436.2	1	39521.5	2
安 徽 Anhui	2269.7	14	18258.2	13	8402.7	9
福 建 Fujian	2162.3	15	21006.9	9	6682.2	13
江 西 Jiangxi	1285.0	20	11910.7	16	5690.5	14
山 东 Shandong	4578.3	3	39120.9	3	16039.1	3
河 南 Henan	3560.9	7	24421.1	6	11138.0	4
湖 北 Hubei	3409.0	8	20771.2	10	9371.7	8
湖 南 Hunan	2504.9	11	23540.9	7	9924.8	7
广 东 Guangdong	3666.7	6	29838.2	4	10142.2	6
广 西 Guangxi	927.0	24	8958.8	18	3331.5	18
海 南 Hainan	142.8	30	1144.4	29	381.2	29
重 庆 Chongqing	1887.2	16	16416.4	15	7049.1	11
四 川 Sichuan	3289.1	10	26225.1	5	10499.3	5
贵 州 Guizhou	508.7	27	4829.5	25	1277.8	27
云 南 Yunnan	1179.2	21	7614.8	19	3410.1	17
西 藏 Tibet	88.0	31	279.1	31	22.1	31
陕 西 Shaanxi	2313.0	13	9348.6	17	2885.4	20
甘 肃 Gansu	576.4	26	4689.0	27	1618.7	26
青 海 Qinghai	**204.3**	**29**	**491.0**	30	**211.7**	30
宁 夏 Ningxia	259.2	28	2113.4	28	923.3	28
新 疆 Xinjiang	760.6	25	5143.1	23	2386.0	23

24-11 全国各地区消费品零售额和进出口总额及排序(2009年)

Retail Sale of Consumer Goods, Total Value of Imports and Exports and Their Orders by Region of the Whole Country (2009)

单位：亿元、亿美元、% (100 million yuan，USD 100 million，%)

省(市、区)	Region	社会消费品零售总额 Total Retail Sales of Consumer Goods				海关进出口贸易总额 Total Imports and Exports			
		数量 Number	位次 Rank	增长率 Increase Rate	位次 Rank	数量 Number	位次 Rank	增长率 Increase Rate	位次 Rank
全国	**National Total**	**132678.4**		**15.5**		**22072.2**		**-13.9**	
北京	Beijing	5309.9	10	14.3	29	2148.7	4	-20.9	20
天津	Tianjin	2430.8	23	16.9	2	638.4	8	-20.6	19
河北	Hebei	5764.9	8	15.5	23	296.1	10	-22.9	22
山西	Shanxi	2809.0	18	16.0	9	85.5	21	-40.6	30
内蒙古	Inner Mongolia	2855.3	17	15.9	17	67.7	25	-24.1	24
辽宁	Liaoning	5812.6	7	15.5	23	629.3	9	-13.1	11
吉林	Jilin	2957.3	16	16.0	9	117.5	19	-11.9	9
黑龙江	Heilongjiang	3401.8	15	16.2	7	162.2	13	-29.9	25
上海	Shanghai	5173.2	11	13.0	31	2777.5	3	-13.8	13
江苏	Jiangsu	11484.1	3	15.9	17	3388.3	2	-13.6	12
浙江	Zhejiang	8622.3	4	14.5	28	1877.3	5	-11.1	8
安徽	Anhui	3527.8	14	15.8	20	156.4	14	-22.5	21
福建	Fujian	4481.0	13	15.9	17	796.6	7	-6.1	5
江西	Jiangxi	2484.4	21	16.0	9	126.6	18	-7.0	6
山东	Shandong	12363.0	2	16.0	9	1389.7	6	-12.3	10
河南	Henan	6746.4	5	16.0	9	134.4	17	-23.1	23
湖北	Hubei	5928.4	6	16.0	9	172.3	12	-16.8	16
湖南	Hunan	4913.7	12	16.4	6	101.5	20	-19.1	18
广东	Guangdong	14891.8	1	14.7	27	6110.7	1	-10.8	7
广西	Guangxi	2790.7	19	16.5	3	142.3	15	7.5	2
海南	Hainan	537.5	28	16.0	9	48.1	26	6.3	3
重庆	Chongqing	2479.0	22	15.5	23	77.1	24	-19.0	17
四川	Sichuan	5758.7	9	16.5	3	242.3	11	9.6	1
贵州	Guizhou	1247.3	25	16.0	9	23.0	28	-31.6	26
云南	Yunnan	2051.1	24	16.2	7	80.2	23	-16.4	15
西藏	Tibet	156.6	31	20.5	1	4.0	31	-47.5	31
陕西	Shaanxi	2699.7	20	16.5	3	84.0	22	0.9	4
甘肃	Gansu	1183.0	26	15.6	22	38.2	27	-37.3	28
青海	**Qinghai**	**300.5**	**30**	**15.7**	**21**	**5.9**	**30**	**-14.9**	**14**
宁夏	Ningxia	339.3	29	14.9	26	12.0	29	-36.0	27
新疆	Xinjiang	1177.5	27	13.1	30	138.3	16	-37.8	29

24-12 全国各地区全社会客货运量和周转量及排序(2009年)

Freight and Passenger Traffic and Their Turnovers and Orders by Region of the Whole Country (2009)

省(市、区)	Region	货运量(万吨) Total Freight Traffic (10 000 tons)		货物周转量(亿吨公里) Total Freight Ton-kilometers (100 million ton-km)		客运量(万人) Total Passenger Traffic (10 000 persons)		旅客周转量(亿人公里) Total Passenger-Kilometers (10 million passenger-km)	
		数量 Number	位次 Rank	数量 Number	位次 Rank	数量 Number	位次 Rank	数量 Number	位次 Rank
全国	**National Total**	**2780628**		**122133**		**2976898**		**24835**	
北京	Beijing	20470	28	732	29	129534	9	361	23
天津	Tianjin	42324	23	9607	3	23337	26	250	26
河北	Hebei	123065	9	6405	5	77773	14	1043	8
山西	Shanxi	109534	12	2390	15	36474	23	352	25
内蒙古	Inner Mongolia	113916	11	4117	11	22077	27	360	24
辽宁	Liaoning	135055	7	7754	4	95505	11	841	11
吉林	Jilin	34771	25	1167	24	58580	19	427	18
黑龙江	Heilongjiang	54208	20	1645	20	43365	21	466	16
上海	Shanghai	76669	17	14373	1	9571	30	157	27
江苏	Jiangsu	152581	5	4675	10	200713	4	1371	4
浙江	Zhejiang	151566	6	5660	8	199068	5	1103	7
安徽	Anhui	196654	2	6322	6	141229	7	1303	5
福建	Fujian	58163	19	2471	14	75009	15	466	16
江西	Jiangxi	86057	15	2334	17	70496	16	790	12
山东	Shandong	284086	1	11022	2	234564	2	1601	3
河南	Henan	169942	3	6154	7	144203	6	1615	2
湖北	Hubei	78984	16	2566	12	94334	12	939	10
湖南	Hunan	128921	8	2513	13	140572	8	1233	6
广东	Guangdong	169653	4	4770	9	418938	1	1887	1
广西	Guangxi	94466	13	2337	16	68593	17	787	13
海南	Hainan	18393	29	793	27	40735	22	139	28
重庆	Chongqing	68566	18	1650	19	113981	10	410	19
四川	Sichuan	118253	10	1591	22	220020	3	1005	9
贵州	Guizhou	34803	24	926	25	64918	18	407	20
云南	Yunnan	46039	21	868	26	35556	24	376	22
西藏	Tibet	943	31	35	31	7844	31	30	31
陕西	Shaanxi	92557	14	2219	18	84303	13	681	14
甘肃	Gansu	26605	27	1619	21	49968	20	496	15
青海	**Qinghai**	**10057**	**30**	**372**	**30**	**10101**	**29**	**96**	**29**
宁夏	Ningxia	29242	26	750	28	12629	28	92	30
新疆	Xinjiang	45046	22	1256	23	29886	25	387	21
不分地区	Not Classified by Region	9221		11048		23052		3375	

注：1.货运不分地区合计中包括铁路行包运输、管道运输企业、民航运输企业及中远集团海外公司完成数。
2.客运不分地区数据为民航完成数。

a)The freight traffic not classified by region refers to railway baggage freight, civil aviation, pipelines and that completed by companies abroad under the China Ocean Shipping (Group) Company.

b)The total passenger traffic not classified by region refers to that completed by civil aviation.

24−13 全国各地区居民消费价格指数及排序(2009年)

Consumer Price Indices and Its order by Region of the Whole Country (2009)

(上年=100) (preceding year=100)

省(市、区) Resion		居民消费价格指数 Consumer Price Indices	位次 Rank	#食品 Food		#居住 Residence	
				指数 Indices	位次 Rank	指数 Indices	位次 Rank
全国	**National Average**	**99.3**		**100.7**		**96.4**	
北京	Beijing	98.5	26	102.4	5	89.8	31
天津	Tianjin	99.0	24	101.2	16	94.9	23
河北	Hebei	99.3	20	101.0	18	98.4	13
山西	Shanxi	99.6	14	101.8	10	97.4	18
内蒙古	Inner Mongolia	99.7	13	101.3	13	98.0	15
辽宁	Liaoning	100.0	11	102.8	4	99.0	10
吉林	Jilin	100.1	10	101.0	18	99.0	10
黑龙江	Heilongjiang	100.2	9	101.2	16	101.0	4
上海	Shanghai	99.6	14	102.1	7	96.6	19
江苏	Jiangsu	99.6	14	100.9	20	97.5	17
浙江	Zhejiang	98.5	26	100.7	22	92.7	29
安徽	Anhui	99.1	23	100.8	21	94.0	25
福建	Fujian	98.2	29	99.0	28	94.8	24
江西	Jiangxi	99.3	20	100.1	25	96.5	21
山东	Shandong	100.0	11	101.3	13	98.8	12
河南	Henan	99.4	19	101.3	13	93.9	27
湖北	Hubei	99.6	14	100.5	23	97.7	16
湖南	Hunan	99.6	14	100.3	24	96.9	19
广东	Guangdong	97.7	31	98.5	29	93.5	28
广西	Guangxi	97.9	30	98.5	29	92.0	30
海南	Hainan	99.3	20	99.9	27	94.0	26
重庆	Chongqing	98.4	28	100.0	26	95.9	22
四川	Sichuan	100.8	4	102.0	9	99.7	8
贵州	Guizhou	98.7	25	98.5	29	98.4	13
云南	Yunnan	100.4	8	101.6	11	101.9	2
西藏	Tibet	101.4	2	103.9	1	100.0	6
陕西	Shaanxi	100.5	7	102.3	6	99.2	9
甘肃	Gansu	101.3	3	103.5	2	101.0	4
青海	**Qinghai**	**102.6**	**1**	**103.0**	**3**	**104.4**	**1**
宁夏	Ningxia	100.7	5	101.6	11	101.7	3
新疆	Xinjiang	100.7	5	102.1	7	99.9	7

24–14 各地区城镇居民人均收支、恩格尔系数及排序(2009年)

Per Capita Annual Income, Expenditure and Engle Coefficient of Urban Households and Their Orders by Region of the Whole Country (2009)

单位：元、%　　(yuan，%)

省(市、区)	Region	可支配收入 Per Capita Annual Disposable Income				消费性支出 Per Capita Annual Consumption Expenditure		恩格尔系数 Engel's Coefficient	
		数量 Number	位次 Rank	增长率 Increase Rate	位次 Rank	数量 Number	位次 Rank	系数 Coefficient	位次 Rank
全　国	**National Average**	**17174.7**		**109.8**		**12264.6**		**36.5**	
北　京	Beijing	26738.5	2	109.8	13	17893.3	2	33.2	4
天　津	Tianjin	21402.0	5	111.3	4	14801.4	5	36.5	14
河　北	Hebei	14718.3	14	110.8	7	9678.8	23	33.6	7
山　西	Shanxi	13996.6	23	107.7	29	9355.1	26	32.8	2
内蒙古	Inner Mongolia	15849.2	9	110.2	9	12369.9	8	30.5	1
辽　宁	Liaoning	15761.4	10	109.5	18	12324.6	9	38.0	19
吉　林	Jilin	14006.3	22	109.3	20	10914.4	12	33.3	5
黑龙江	Heilongjiang	12566.0	29	108.7	24	9629.6	24	35.3	11
上　海	Shanghai	28837.8	1	108.6	25	20992.4	1	35.0	10
江　苏	Jiangsu	20551.7	6	110.5	8	13153.0	7	36.3	12
浙　江	Zhejiang	24610.8	3	109.7	14	16683.5	4	33.6	7
安　徽	Anhui	14085.7	19	109.7	14	10234.0	19	39.6	21
福　建	Fujian	19576.8	7	110.9	6	13450.6	6	39.7	22
江　西	Jiangxi	14021.5	21	109.6	17	9740.0	22	39.9	23
山　东	Shandong	17811.0	8	109.3	20	12012.7	11	32.9	3
河　南	Henan	14371.6	16	109.9	11	9567.0	25	34.2	9
湖　北	Hubei	14367.5	17	110.0	10	10294.1	17	40.4	26
湖　南	Hunan	15084.3	13	109.5	18	10828.2	14	38.6	20
广　东	Guangdong	21574.7	4	112.0	1	16857.5	3	36.9	15
广　西	Guangxi	15451.5	12	111.5	2	10352.4	16	39.9	23
海　南	Hainan	13750.9	25	109.7	14	10086.7	21	44.7	30
重　庆	Chongqing	15748.7	11	111.4	3	12144.1	10	37.7	17
四　川	Sichuan	13839.4	24	108.8	23	10860.2	13	40.4	26
贵　州	Guizhou	12862.5	27	111.0	5	9048.3	28	41.5	28
云　南	Yunnan	14423.9	15	108.3	26	10201.8	20	43.7	29
西　藏	Tibet	13544.4	26	106.9	31	9034.3	29	50.7	31
陕　西	Shaanxi	14128.8	18	109.9	11	10705.7	15	37.3	16
甘　肃	Gansu	11929.8	31	107.8	28	8890.8	30	37.8	18
青　海	**Qinghai**	**12691.9**	**28**	**109.0**	**22**	**8786.5**	**31**	**40.3**	**25**
宁　夏	Ningxia	14024.7	20	108.1	27	10280.0	18	33.4	6
新　疆	Xinjiang	12257.5	30	107.1	30	9327.6	27	36.3	12

24-15 全国各地区农村居民人均收支、恩格尔系数及排序(2009年)
Per Capita Annual Income, Expenditure and Engle Coefficient of Rural Households and Their Orders by Region of the Whole Country (2009)

单位：元、% (yuan，%)

省(市、区)	Region	纯收入 Per Capita Annual Net Income		生活消费性支出 Per Capita Annual Living Expenditure		现金支出 Cash Expenditure		恩格尔系数 Engel's Coefficient	
		数量 Number	位次 Rank	数量 Number	位次 Rank	数量 Number	位次 Rank	系数 Coefficient	位次 Rank
全　国	**National Average**	**5153.2**		**3993.5**		**5694.8**		**41.0**	
北　京	Beijing	11668.6	2	8897.6	2	11522.4	1	31.6	2
天　津	Tianjin	8687.6	4	4273.2	8	7338.0	8	43.2	20
河　北	Hebei	5149.7	12	3349.7	19	5265.6	15	35.7	5
山　西	Shanxi	4244.1	22	3304.8	22	4532.8	23	37.1	10
内蒙古	Inner Mongolia	4937.8	15	3968.4	13	7072.2	9	39.8	14
辽　宁	Liaoning	5958.0	9	4254.0	9	8508.9	5	36.7	9
吉　林	Jilin	5265.9	10	3902.9	14	8129.7	6	35.1	3
黑龙江	Heilongjiang	5206.8	11	4241.3	10	9265.5	4	31.4	1
上　海	Shanghai	12482.9	1	9804.4	1	11261.7	3	37.1	10
江　苏	Jiangsu	8003.5	5	5804.5	4	7467.9	7	39.2	13
浙　江	Zhejiang	10007.3	3	7731.7	3	11472.6	2	36.4	7
安　徽	Anhui	4504.3	19	3655.0	16	4899.2	18	40.9	15
福　建	Fujian	6680.2	7	5015.7	6	6310.0	11	45.9	24
江　西	Jiangxi	5075.0	13	3532.7	17	4675.1	22	45.6	23
山　东	Shandong	6118.8	8	4417.2	7	6886.8	10	36.6	8
河　南	Henan	4807.0	17	3388.5	18	4773.4	20	36.0	6
湖　北	Hubei	5035.3	14	3725.2	15	4723.5	21	44.8	21
湖　南	Hunan	4909.0	16	4020.9	12	5130.9	17	48.9	28
广　东	Guangdong	6906.9	6	5019.8	5	5934.0	13	48.3	26
广　西	Guangxi	3980.4	24	3231.1	23	4146.3	24	48.7	27
海　南	Hainan	4744.4	18	3088.6	26	3879.0	26	53.1	31
重　庆	Chongqing	4478.4	20	3142.1	25	3750.9	28	49.1	29
四　川	Sichuan	4462.1	21	4141.4	11	5217.9	16	42.0	19
贵　州	Guizhou	3005.4	30	2422.0	30	3039.2	30	45.2	22
云　南	Yunnan	3369.3	28	2924.9	28	3781.3	27	48.2	25
西　藏	Tibet	3531.7	26	2399.5	31	2489.9	31	49.6	30
陕　西	Shaanxi	3437.6	27	3349.2	20	4847.6	19	35.1	3
甘　肃	Gansu	2980.1	31	2766.5	29	3540.8	29	41.3	16
青　海	**Qinghai**	**3346.2**	**29**	**3243.6**	**24**	**3934.9**	**25**	**38.1**	12
宁　夏	Ningxia	4048.3	23	3347.9	21	5423.5	14	41.7	18
新　疆	Xinjiang	3883.1	25	2950.6	27	6218.9	12	41.5	17

24–16 全国各地区旅游情况及排序(2009年)

Basic Statistics on Tourism and Its Order by Region of the Whole Country (2009)

省(市、区)	Region	入境旅游人数(万人次) Number of Overseas Visitor Arrivals (10 000 person-times)		#外国人(万人次) Foreigners (10 000 person-times)		国际旅游创汇总额(亿美元) Foreign Exchange Earnings form International Tourism (100 million USD)	
		数量 Number	位次 Rank	数量 Number	位次 Rank	数量 Number	位次 Rank
全国	**National Average**	**12647.6**		**2193.8**		**396.8**	
北京	Beijing	412.5	5	342.9	5	43.57	3
天津	Tianjin	141.0	14	130.6	10	11.83	9
河北	Hebei	84.2	23	74.7	19	3.08	21
山西	Shanxi	106.8	19	66.6	20	3.78	20
内蒙古	Inner Mongolia	129.0	17	126.6	11	5.58	16
辽宁	Liaoning	293.2	8	250.7	6	18.56	7
吉林	Jilin	68.1	24	58.3	23	2.43	25
黑龙江	Heilongjiang	142.5	13	135.0	9	6.39	14
上海	Shanghai	533.4	4	439.1	2	47.44	2
江苏	Jiangsu	556.8	3	396.1	3	40.16	4
浙江	Zhejiang	570.6	2	377.6	4	32.24	5
安徽	Anhui	156.2	11	97.8	16	5.66	15
福建	Fujian	312.0	6	97.8	15	25.99	6
江西	Jiangxi	96.4	21	38.8	24	2.90	22
山东	Shandong	310.0	7	241.2	7	17.65	8
河南	Henan	125.9	18	82.8	18	4.33	19
湖北	Hubei	133.5	15	101.8	14	5.10	18
湖南	Hunan	130.9	16	64.1	21	6.73	12
广东	Guangdong	2747.8	1	617.9	1	100.28	1
广西	Guangxi	209.9	10	117.4	12	6.43	13
海南	Hainan	55.2	25	37.2	25	2.77	24
重庆	Chongqing	104.8	20	84.8	17	5.37	17
四川	Sichuan	85.0	22	61.5	22	2.89	23
贵州	Guizhou	40.0	26	16.3	27	1.10	27
云南	Yunnan	284.5	9	191.8	8	11.72	10
西藏	Tibet	17.5	28	16.3	28	0.79	28
陕西	Shaanxi	145.1	12	114.4	13	7.71	11
甘肃	Gansu	6.1	29	4.5	29	0.13	30
青海	**Qinghai**	**3.6**	**30**	**2.5**	**30**	**0.15**	**29**
宁夏	Ningxia	1.5	31	1.2	31	0.04	31
新疆	Xinjiang	35.5	27	31.8	26	1.37	26

第25篇

CHAPTER 25

民族自治地区主要经济指标

Main Economy Indicators in Autonomous Regions

25-1 民族自治地区主要经济指标（2009年）
Main Economic Indicators in Autonomous Regions (2009)

指　标	Item	全省总计 Total Province	自治州县合计 Total Autonomous Prefectures and Counties	藏区合计 Total Tibetan-inhabited Areas
人　口(户籍)(万人)	**Population(household registration)(10 000 persons)**			
年末人口	Population at Year-end	543.02	352.79	187.71
#少数民族人口	Population by Ethnic Minorities	261.1	224.64	134.29
#藏族人口	Tibetan Population	131.04	121.02	105.86
农业人口	Agricultural Population	379.46	278.47	134.06
非农业人口	Non-Agricultural Population	163.56	74.32	53.65
生产总值（亿元）	**Gross Regional Product(100 million yuan)**	**1081.27**	**615.66**	**468.3**
生产总值(当年价格)	Gross Regional Product(current prices)	1081.27	615.66	468.30
第一产业	Primary Industry	107.40	87.65	63.04
第二产业	Secondary Industry	575.33	372.71	293.68
工业	Industry	470.33	309.54	245.11
第三产业	Tertiary Industry	398.54	155.30	111.58
生产总值增长速度（%）	Increment Speed of Gross Regional Product(%)	10.1	10.3	11.5
第一产业	Primary Industry	5.0	5.0	4.4
第二产业	Secondary Industry	11.3	11.1	13.0
第三产业	Tertiary Industry	9.8	11.3	11.5
人均生产总值(元)	Per Capita GDP(yuan)	19454	17485	24458
人均生产总值增长速度(%)	Increment Speed of Per Capita GDP(%)	9.6	8.5	8.9
农村、农业	**Rural and Agriculture**			
乡镇数(个)	Number of Township and Town Governments (unit)	366	309	220
村委会数(个)	Number of Villagers' Committees(unit)	4163	3056	1645
乡村人口（万人）	Number of Rural population(10 000 persons)	372.02	272.32	133.56
乡村从业人员（万人）	Number of Rural Laborers (10 000 persons)	197.30	140.90	67.52
按行业分	By National Economic Sectors			
农林牧渔业	Agriculture, Forestry, Animal Husbandry & Fishery	121.46	94.55	55.31
工业	Industry	12.37	7.49	1.30
建筑业	Construction	24.56	14.52	3.95
交通仓储邮电通讯业	Transport, Storage and Post	7.05	4.18	1.17
信息传输、计算机服务和软件业	Information transmission, Computer services and software industry	0.32	0.18	0.02
批发与零售业	Wholesale and Retail Trades	7.59	4.57	1.36
住宿与餐饮业	Hotels and Catering Services	8.76	5.99	1.28
其他行业	Others	15.18	9.43	3.14
通公路行政村数量(个)	Number of Accessible Village by Highway (unit)	3947	2840	1458
通公路行政村比重(%)	Proportion of Accessible Village by Highway (%)	94.8	92.9	88.6
通电行政村数量(个)	Number of Accessible Village by Electricity (unit)	3655	2548	1137
通电行政村比重(%)	Proportion of Accessible Village by Electricity (%)	87.8	83.4	69.1
通电话行政村数量(个)	Number of Accessible Village by Calls (unit)	3492	2398	1064
通电话行政村比重(%)	Proportion of Accessible Village by Calls (%)	83.9	78.5	64.7
农用机械总动力合计(万千瓦)	Total Agricultural Machinery Power(10 000 kw)	400.73	280.01	131.73
化肥施用量(实物量)(吨)	Consumption of Chemical Fertilizers(ton)	210686	135499	54679

25-1 续表 1 Continued

指 标	Item	全省总计 Total Province	自治州县合计 Total Autonomous Prefectures and Counties	藏区合计 Total Tibetan-inhabited Areas
农村用电量(万千瓦时)	Electricity Consumed in Rural Areas (10 000 kwh)	3.78	2.67	1.21
农作物播种面积(千公顷)	Total Sown Area(1000 hectare)	514.06	406.68	199.18
粮食作物	Grain Crops	275.73	190.76	80.72
油料作物	Oil-bearing Crops	172.41	155.77	78.13
当年造林面积(公顷)	Planting Area in the Current Year(hectare)	140659		
当年出栏牲畜头数(万头只)	Slaughtered Fattened Animals(10 000 heads)			
大牲畜	Large Animals	102.88	149.36	129.06
羊	Sheep and Goats	585.52	685.08	601.57
猪	Hogs	134.78	85.74	12.77
年末牲畜存栏头数	Amount of Livestock on Hand at Year-end			
大牲畜	Large Animals	480.66	472.35	427.01
羊	Sheep and Goats	1497.75	1391.99	1265.72
猪	Hogs	109.77	63.94	10.04
主要产品产量(吨)	Output of Farm Products(ton)			
粮 食	Grain	1027000	742560	297056
油 料	Oil-bearing Crops	366000	289929	115139
水 果	Fruits	14575	11853	4633
水产品	Aquatic Products	827	616	605
猪 肉	Pork	91920	56960	9777
牛 肉	Beef	81000	120501	97467
羊 肉	Mutton	88466	111143	97162
禽 肉	Poultry	5260	3394	252
奶 类	Milk	267841	300890	230761
山羊毛	Goat Wool	805	947	776
绵羊毛	Sheep Wool	14573	14920	12944
山羊绒	Goat Cashmere	345	413	373
禽 蛋	Poultry Eggs	15151	7080	677
农林牧渔业总产值(万元)	Gross Output Value of Agriculture(10 000 yuan)	1572984	1236310	818460
农业增加值	Value-added	1073958	876534	630384
工业、能源消耗	**Industry and Energy Consumption**			
规模以上工业企业	Number of Industrial Enterprises above			
单位数总计(个)	Designated Size(unit)	523	346	191
按经济类型分类	By Status of Registration			
国有经济及国有控股企业	State-owned Enterprises	137	103	73
中央企业	Central	9	6	1
地方企业	Local	514	340	190
集体经济	Collective-owned Enterprises	9	5	2
按轻重工业分	Grouped by Light & Heavy Industries			
轻工业	Light Industry	144	69	34

注：本表中农作物播种面积、牲畜存栏出栏头数和主要产品产量指标全省总计为抽样调查数，自治州县及藏区使用全面统计数。

a) In this table, indicators such as sown area, slaughtered fattened animals, amount of livestock on hand, output of farm and livestock products, data of total province come from sampling survey, and data of total tibetan-inhabited areas come from complete statistical survey.

25-1 续表2 Continued

指 标	Item	全省总计 Total Province	自治州县合计 Total Autonomous Prefectures and Counties	藏区合计 Total Tibetan-inhabited Areas
重工业	Heavy Industry	379	277	157
按规模分	Grouped by Size of Enterprises			
大型企业	Large Enterprises	12	6	2
中型企业	Medium-sized Enterprises	71	45	23
小型企业	Small Enterprises	440	295	166
规模以上工业总产值(万元)	Gross Industrial Output Value(10 000 yuan)	10803488	6252034	3932093
按经济类型分类	By Status of Registration			
国有经济及国有控股企业	State-owned Enterprises	6737414	3912425	2605543
中央企业	Central	2979540	1685927	1132513
地方企业	Local	7823949	4566107	2799579
集体经济	Collective-owned Enterprises	85330	44519	33548
按轻重工业分	Grouped by Light & Heavy Industries			
轻工业	Light Industry	875634	193592	66571
重工业	Heavy Industry	9927854	6058442	3865522
按规模分	Grouped by Size of Enterprises			
大型企业	Large Enterprises	5500186	2890083	1855828
中型企业	Medium-sized Enterprises	2879117	2012455	1183218
小型企业	Small Enterprises	2424185	1349496	893046
规模以上工业增加值(万元)	Value-added of Industry(10 000 yuan)	4245091	2836231	2091744
按经济类型分类	By Status of Registration			
国有经济及国有控股企业	State-owned Enterprises	2683772	1916423	1502717
中央企业	Central	1063997	956209	785770
地方企业	Local	3181093	1880022	1305974
集体经济	Collective-owned Enterprises	36842	22974	18372
按轻重工业分	Grouped by Light & Heavy Industries			
轻工业	Light Industry	352714	66359	19858
重工业	Heavy Industry	3892377	2769871	2071886
按规模分	Grouped by Size of Enterprises			
大型企业	Large Enterprises	2202378	1503677	1175901
中型企业	Medium-sized Enterprises	1054329	751912	482991
小型企业	Small Enterprises	988383	580642	432852
规上工业企业主要经济指标	Industrial Enterprises with Annual Revenue from Principal Business Over 5 Million yuan			
企业单位数(个)	Number of Enterprises (unit)	523	346	191
亏损企业	Loss-making Enterprises	178	123	62
工业总产值(当年价)(万元)	Gross Industrial Output Value (Current Prices)(10 000 yuan)	10803488	6252034	3932093
工业增加值(当年价)(万元)	Value Added of Industry (Current Prices)(10 000 yuan)	4245091	2836231	2091744
工业销售产值(当年价)(万元)	Output Value of Industrial Sales (Current Prices)(10 000 yuan)	10373146	5904336	3563885
年平均从业人数(人)	Average Annual Number of Employed Persons (person)	177951	105517	56154
资产总计(万元)	Total Assets(10 000 yuan)	25255590	13569427	9535504
流动资产合计(万元)	Annual Average Value of Working Capitals(10 000 yuan)	6997007	4753357	3493786
固定资产原值总计(万元)	Original Value of Fixed Assets(10 000 yuan)	15751167	7717071	5097747

25-1 续表3 Continued

指 标	Item	全省总计 Total Province	自治州县合计 Total Autonomous Prefectures and Counties	藏区合计 Total Tibetan-inhabited Areas
固定资产净值(万元)	Annual Average of Net Value of Fixed Assets (10 000 yuan)	11043963	5483194	3645114
主营业务收入(万元)	Revenue from Principal Business(10 000 yuan)	10923149	5783474	3243149
营业利润(万元)	Operating Profit(10 000 yuan)	892281	806187	761468
利润总额	Total Profits(10 000 yuan)	1000202	899320	843303
亏损企业亏损额(万元)	Total Loss of Loss-making Enterprises(10 000 yuan)	142189	89880	47017
应交所得税(万元)	Taxes Payable(10 000 yuan)	157885	136728	122086
主要工业产品产量	Output of Major Industrial Products			
原 煤(万吨)	Coal(10 000 tons)	1284	1284	1207
原 油(万吨)	Crude Oil(10 000 tons)	186	186	186
天然气(万立方米)	Natural Gas(10 000 cu. m)	430697	430697	430697
原 盐(万吨)	Salt(10 000 tons)	71	71	71
水 泥(万吨)	Cement(10 000 tons)	609	469	57
钢(万吨)	Steel(10 000 tons)	125		
发电量(万千瓦小时)	Electricity(10 000 kwh)	3605402	3605402	2884322
农用化肥(折纯)(吨)	Agricultural Fertilizer of Nitrogen, Phosphorus and Potassium(ton)	4734466	4734466	4734466
规模以上工业综合能源消费量(万吨标准煤)	Comprehensive Energy Consumption of Industrial Enterprises above Designated Size(10 000 ton standard coal)	1207.84		419.22
规模以上工业综合能源消费量比上年增长(%)	Growth Rate of Comprehensive Energy Consumption of Industrial Enterprises above Designated Size(%)	0.50		2.98
规模以上工业单位增加值能耗(吨标准煤/万元)	Energy Consumption per 10 000 yuan Value Added of Industry (ton standard coal/10 000 yuan)	2.9365		2.2830
规模以上工业单位增加值能耗比上年增长(%)	Growth Rate of Energy Consumption per 10 000 yuan Value Added of Industry(%)	-9.46		-4.64
固定资产投资	Investment in Fixed Assets			
全社会固定资产投资完成额(万元)	Total Investment in Fixed Assets in the Whole Country(10 000 yuan)	8005110	3258715	2651033
按资金来源分	Grouped by Sources of Funds			
# 国家预算内资金	State Budget	1304515	902418	758127
国内贷款	Domestic Loans	1488703	606644	544185
利用外资	Foreign Investment	84415	6724	6724
自筹资金	Self-raising Funds	3872639	1943711	1590036
其他资金来源	Others	1256937	876109	788360
按区域划分的投资完成情况	Grouped by Area			
城镇固定资产投资	Urban Investment in Fixed Assets	6913608	2633997	2291105
房地产开发投资	Investment in Real Estate Development	728499	65941	30433
住宅	Residential Buildings	545720	55328	24364
农村固定资产投资	Rural Investment in Fixed Assets	1091502	624718	359928
城镇新增固定资产	Urban New Increased Investment in Fixed Assets	2885491	1547514	1267314
贸易、旅游	**Trade and Tourism**			
社会消费品零售总额(万元)	Total Retail Sales of Consumer Goods (10 000 yuan)	3004652	949678	664164
# 市的零售	City	2137732	283554	283554
县的零售	County	572168	445900	277947
县以下的零售	Under County Level	294751.2	220223.6	102662.6
# 批发、零售贸易业	Wholesale and Retail Trades	2493721.30	730015.40	512240.40

25-1 续表4 Continued

指 标	Item	全省总计 Total Province	自治州县合计 Total Autonomous Prefectures and Counties	藏区合计 Total Tibetan-inhabited Areas
餐饮业	Catering Services	470209.50	201429.40	140116.40
其它	Others	40720.8	18232.8	11806.8
旅游人数(人)	Number of Tourists(person)	1109	786	394
旅游总收入(万元)	Total Tourism Earnings(10 000 yuan)	601500	133000	88300
星级饭店个数(个)	Number of Star-rated Hotel(unit)	119	67	55
星级饭店客房总数(间)	Number of Rooms of Star-rated Hotels(unit)	10891	4199	3705
名胜风景区和文物保护区个数(个)	Number of Scenic Spots and Heritage Preservation District(unit)	53	38	28
劳动就业、社会保障	**Employment**			
城镇单位就业人员年末人数合计(万人)	Number of Employed Persons at Year-end (10 000 persons)	50.63	24.91	17.11
国有经济单位	State-owned Units	36.77	18.79	14.43
城镇集体经济单位	Urban Collective-owned Units	1.83	0.68	0.28
其他各种经济类型单位	Others	12.03	5.44	2.40
单位就业人员年平均人数合计(万人)	Annual Average Number of Empolyed Persons(10 000 persons)	50.37	24.65	16.95
国有经济单位	State-owned Units	36.47	18.64	14.32
城镇集体经济单位	Urban Collective-owned Units	1.83	0.66	0.27
其他各种经济类型单位	Others	12.07	5.35	2.36
单位就业人员劳动报酬合计(万元)	Total Earning of Employed Persons(10 000 yuan)	1636137.7	878186.0	651642.0
国有经济单位	State-owned Units	1364366.8	744168.9	588645.2
城镇集体经济单位	Urban Collective-owned Units	32525.1	12865.2	6576.4
其他各种经济类型单位	Others	239245.8	121151.9	56420.4
农村居民最低生活保障人数(人)	Nmuber of Security Object to Minimum Living Allowance in Rural Areas(person)	380000	257840	152190
城镇居民最低生活保障人数(人)	Nmuber of Security Object to Minimum Living Allowance in Urban Areas(person)	220595	129373	105210
城镇职工医疗保险参保人数(人)	Number of Urban Staff and Workers Contributors(person)	756857		192150
农村新型合作医疗参合人数(人)	Number of New Type of Rural Cooperative Medical Care(person)	3342953	2129822	1208471
财政、金融(万元)	**Government Finance and Financial Intermediation(10 000 yuan)**			
财政总收入	Government Revenue	5974197	1834702	1367804
其中：转移性收入	Transfer Income	2187597	810683	607035
地方财政一般预算收入	General Budget Revenue of Local Government	877381	355167	304470
财政总支出	Government Expenditure	4870165	1808886	1342392
一般预算支出	General Budget Expenditure	4867457	1808886	1342392
#农业支出	Expenditure for Agriculture	578489	258863	162049
教育支出	Expenditure for Education	618159	337966	235522
金融机构各项存款	Total Deposits of Financial Institutions	17857812	4767678	3599454
金融机构各项贷款	Total Loans of Financial Institutions	13990177	2531360	1853380
城乡储蓄存款年末余额	Balance of Urban and Rural Household Savings Deposits at Year-end	7112860	2252306	1549186

25-1 续表 5 Continued

指 标	Item	全省总计 Total Province	自治州县合计 Total Autonomous Prefectures and Counties	藏区合计 Total Tibetan-inhabited Areas
城乡居民收入(元)	**Income of Urban and Rural Household(yuan)**			
城镇居民人均可支配收入	Annual Per Capita Disposable Income of Urban Households	12691.85	13207.46	13207.46
城镇居民人均消费性支出	Annual Per Capita Consumption Expenditure of Urban Households	8786.52	9566.63	9566.63
食品支出	Expenditure of Food	3548.85	3876.09	3876.09
农牧民人均纯收入	Annual Per Capita Disposable Income of Rural Households	3346.15	3658.85	3281.23
农牧民人均消费性支出	Annual Per Capita Consumption Expenditure of Rural Households	3243.60	3095.31	2701.68
食品支出	Expenditure of Food	1234.20	1369.81	1414.81
教育、文化、卫生	**Education, Culture and Public Health**			
普通中学数(个)	Number of Regular Secondary Schools(unit)	449		161
小学数(个)	Number of Primary Schools(unit)	2047		707
普通中学专任教师数(人)	Full-time Teachers of Regular Secondary Schools(person)	21308		5887
小学专任教师数(人)	Full-time Teachers of Primary Schools(person)	26794		10973
普通中学在校学生数(人)	Total Enrollment of Regular Secondary Schools(person)	322666		108430
小学在校学生数(人)	Total Enrollment of Primary Schools(person)	533255		232220
学龄儿童入学率(%)	Net Enrollment Ratio of Primary Schools(%)	99.52		99.28
初中毕业生升学率(%)	Promotion Rate from Junior Secondary Schools to Senior Seconday Schools(%)	85.92		62.94
双语教育在校生数(人)	Total Enrollment of Bilingual Education(person)	194251		184086
体育场馆数(个)	Number of Stadium and Gymnasium(unit)	9		2
剧场、影剧院数(个)	Number of Theater(unit)	21		14
公共图书馆图书总藏书量(万册)	Collect Books of Public Libraries(10 000 volume)	4123		1448
电视节目人口综合覆盖率(%)	TV Coverage of Population(%)	94.3		87.1
广播节目人口综合覆盖率(%)	Radio Coverage of Population(%)	88.9		80.9
医院、卫生院数(个)	Number of Hospital and Health Center(unit)	535		308
医院、卫生院床位数(张)	Beds of Hospital and Health Center(unit)	17973		3529
医院、卫生院卫生技术人员数(人)	Medical Technical Personnels of Hospital and Health Center(person)	17894		5210
其中：医生	Doctor	7242		2318
卫生防疫人员数(人)	Number of Anti-epidemic Person(person)	1470.00		861
5岁以下儿童死亡率(‰)	Mortality Rate of Children under Five Years(‰)	19.72		24.07
婴儿死亡率(‰)	Infant Mortality Rate(‰)	17.17		21.39
市政公用事业	**Urban Public Utilities**			
城镇居民人均住房建筑面积(平方米)	Per Capita Floor Space of Residential Building in Urban Areas(sq.m)	25.80		
农牧民人均居住面积(平方米)	Per Capita Floor Space of Residential Building in Rural Areas(sq.m)	20.28		17.35
城市天然气供气量(万立方米)	Amount of Natural gas supply in Urban Areas(10 000 cu.m)	152572		102497
城乡生活用电量(万千瓦时)	Resident Electricity Consumption(10 000 kwh)	126816		22917
市政道路长度(公里)	Length of Paved Roads(km)	1460.5		733.3
人均拥有道路面积(平方米)	Per Capita Area of Paved Roads(sq.m)	11.08		20.27
城市园林绿地面积(平方米)	Area of Parks and Green Land(hectare)	5093		1647
人均公共绿地面积(公顷)	Per Capita Park Green Areas(ha.)	6.4		3.7

第26篇

CHAPTER 26

各县主要经济指标

Major Economic Indicators of Counties

26—1 各县主要经济指标(2009年)

Major Eoonomic Indicators of Counties(2009)

指标	Item	城东区 Cheng dong District	城中区 Cheng zhong District	城西区 Cheng xi District	城北区 Cheng bei District
乡村基本情况	**Basic Conditions of Township**				
乡(镇)个数 (个)	Number of Township and Town Governments(unit)	2	1	1	2
建制镇个数	Number of Town Governments	2	1	1	2
镇区占地面积 (公顷)	Area of Township(hectare)	541	156	4590	209
镇区总人口 (人)	Population of Township(person)	2882	1361	21978	9510
村民委员会个数 (个)	Number of Villagers'Committees(unit)	20	32	13	38
自来水受益村	Number of Township Benefits From Tap Water	20	32	13	38
通电话的村	Number of Township Uses Telephone	20	32	12	38
通有线电视的村	Number of Township Has Cable Television	20	24	6	31
人口与就业	**Population and Employment**				
年末总人口 (万人)	Total Population(year—end)(10000 persons)	24.1	22.9	20.7	21.2
#女	Population of Female	12.1	11.6	10.6	10.5
当年出生人口 (人)	Newborn Population(person)	1557	1818	1433	1736
当年死亡人口 (人)	Dead Population(person)	1342	1413	898	1224
常住人口 (万人)	Permanent Population(10000 persons)				
乡村人口 (万人)	Rural Population(10000 persons)	3.2	3.7	1.8	6.1
年末总户数 (户)	Number of Households(year—end)(household)	74274	72723	62052	65086
#乡村户数	Number of Rural Households	8542	9651	4791	15223
年末单位从业人员数 (人)	Number of Employed Persons in Units at Year-end(person)	62364	33537	75459	39228
#女	Number of Female Employed Persons at Year-end	24319	16916	29785	14883
#第二产业	Number of Employed Persons of Secondary Industry	19931	6268	17999	25994
第三产业	Number of Employed Persons of Tertiary Industry	42412	27114	56902	13053
乡村从业人员数 (人)	Number of Employed Persons in Rural Areas(person)	16528	19830	9156	33971
#农林牧渔业	Number of Employed Persons of Agriculture, Forestry, Animal Husbandry and Fishery in Rural Areas	2111	7107	587	10557
城镇登记失业人员数 (人)	Number of Registered Employed Persons in Urban Area by Region(person)	5978	6050	5579	5695
综合经济	**Economy of Integration**				
地区生产总值 (万元)	**Area total output value(10 000 yuan)**	**850556**	**721491**	**942776**	**1034612**
第一产业增加值	Value-added of the Primary Industry	1022	6745	1832	14242
农业	Agriculture	334	2473	36	7881
林业	Forestry	68	-35	-20	84
牧业	Animal Husbandry	620	3929	1816	5735
渔业	Fishery		3		6
农林牧渔服务业	Services in Support of Agriculture		375		536
第二产业增加值	Value-added of the Secondary Industry	451466	155488	125946	713953
#工业	Industry	388222	108181	47203	662760
第三产业增加值	Value-added of the Tertiary Industry	398068	559258	814998	306417
财政、金融 (万元)	**Finances and Economy(10 000 yuan)**				
财政总收入	Total Government Revenue	65593	23317	36444	67899
#地方财政一般预算收入	General Budgetary Financial Revenue in Local Financial Revenue	19248	18736	36305	20814
各项税收	Taxation	17532	17550	35330	19018
地方财政一般预算支出	General Budgetary Financial Expenditures in Local Financial Expenditures	40134	37040	46880	37872
#农林水事务支出	Expenditures for Agriculture Forestry and Water Conservancy	733	1322	1330	4165
科学技术支出	Expenditures for Science and Technology	20	45	163	315
医疗卫生支出	Expenditures for Medical and Health Care	3205	2468	5255	2872
教育支出	Expenditures for Education	8085	5401	9037	6365
年末金融机构各项存款余额	Deposits of all the Financial Institutes				
#城乡居民储蓄存款余额	Urban and Rural Household Savings Deposits				
年末金融机构各项贷款余额	Loans of all the Financial Institutes				
#农业贷款	Loans to Agriculture Sector				
农业	**Agriculture**				
生产条件	Condition for Agricultural Production				
农业机械总动力 (万千瓦特)	Total Power of Agriculture Machinery(10000 KW)	1.0	2.5	1.6	5.3
化肥使用量(折纯量) (吨)	Consumption of Chemical Fertilizers(ton)	64.0	706.0	17.9	840.2
农药使用量 (吨)	Consumption of Agricultural Chemical(ton)	1.0	3.0	0.1	10.2
地膜使用量 (吨)	Consumption of Plastic Film(ton)	0.9	1.0		3.7
有效灌溉面积 (公顷)	Effective Irrigated Area(10000 hectares)	204	111	72	2966

26-1 续表 1 Continued

指 标	Item	城东区 Cheng dong District	城中区 Cheng zhong District	城西区 Cheng xi District	城北区 Cheng bei District
农作物总播种面积 (公顷)	Total Sown Areas of Farm Crops(hectare)	225.2	2037.9	49.3	3205.5
粮食作物播种面积	Total Sown Areas of Grain Crops(hectare)	77.7	1151.4	25.3	460.3
#稻谷	Rice				
小麦	Wheat	77.7	668.6	25.3	337.3
玉米	Corn				
大豆	Soja				
油料播种面积	Oil-bearing Crops	69.7	586.9	24.0	752.5
棉花播种面积	Cotton				
糖料播种面积	Sugar-bearing				
蔬菜播种面积	Vegetables	77.8	256.1		1830.5
粮食总产量 (吨)	Yield of Crain(ton)	372	4729	152	2683
#稻谷	Rice				
小麦	Wheat	372	2590	152	2044
玉米	Corn				
大豆	Soja				
油料产量	Oil-bearing Crops	179	1568	72	2225
棉花产量	Cotton				
糖料产量	Sugar-bearing				
水果产量	Fruits		20		1150
肉类总产量	Output of Meat	486	1470	1005	3279
奶类产量	Output of Milk	429	4591	261	4590
禽蛋产量	Output of Poultry Eggs	27	98	308	328
蔬菜产量	Output of Vegetables	2374	13966		61837
水产品产量	Output of Aquatic Products		3		13
工业及建筑业	**Industry and Construction**				
规模以上工业企业	Industrial Enterprises above Designated Size				
工业企业数 (个)	Number of Industrial Enterprises(unit)	57	14	8	61
工业总产值(现价) (万元)	Gross Industrial Output Value(current prices)(10 000 yuan)	841172	293104	86233	1848331
内资企业	Domestic Funded	713523	257621	86233	1777431
港、澳、台商投资企业	Funded from Hong Kong,Macao and Taiwan	15117			
外商投资企业	Foreign Funded	112532	35483		70900
从业人员年平均数 (人)	Number of Employed Persons(person)	9577	11128	2366	26140
流动资产年平均余额	Annual Average Balance of Working Capitals	326380	231182	30586	668258
固定资产净值年平均余额	Annual Average Balance of Net Value of Fixed Assets	358834	86489	85470	1045875
产品销售收入	Product Sales Revenue	430993	255285	77625	1747909
#产品销售税金及附加	Taxes and Other Charges on Product Saling	115442	669	447	11084
本年应交增值税	Value-added Tax Payable	8175	8529	3413	68981
利润总额	Total Profits	11134	10828	-5426	602
建筑业	Construction				
建筑业企业个数 (个)	Number of ConstructionEnterprises(unit)	55	71	148	62
期末从业人员数 (人)	Number of Staff & Workers at Year-end(person)	15458	6760	31581	11085
建筑业总产值 (万元)	Gross Output Value of Construction(10 000 yuan)	723865	128923	536113	214819
交通运输、邮电通讯、能源	**Transportation，Postal，telecommunication and Energy**				
境内公路里程 (公里)	Length of Highways(km)	186	134	156	182
#高等级公路	Expressway				
境内铁路营业里程 (公里)	Length of Railways in Operation(km)	15			27
境内火车站个数 (个)	Number of Railway Station(unit)	2			1
民用汽车拥有量 (辆)	Possession of Civil Vehicles(unit)	34891	31976	34819	38367
#个人汽车	Possession of Private Vehicles	23568	22456	23073	24489
邮政业务总量 (万元)	Business Volume of Postal Services(10 000 yuan)	2547	2757	3723	2966
电信业务总量	Business Volume of Telecommunication Services	65890	76358	77893	73896
年末本地电话用户 (户)	Number of Subscribers of Fixed Telephone at Year-end(subscriber)	121445	130789	149694	120890
年末住宅电话用户 (户)	Household Fixed Telephone Subscribers at Year-end(subscriber)	91780	95230	100460	102573
#乡村电话用户	Rural Fixed Telephone Subscribers	6487	7190	7040	7053
移动电话用户数 (户)	Number of Mobile Telephone Subscribers(subscriber)	316609	301250	303540	308670
国际互联网用户 (户)	Number of Internet Users(subscriber)	34350	36710	40190	34957

26−1 续表 2 Continued

指 标	Item	城东区 Cheng dong District	城中区 Cheng zhong District	城西区 Cheng xi District	城北区 Cheng bei District
全年用电量(万千瓦时)	Electricity Consumption(10 thousand kwh)	28450	4289	1819	136726
工业用电量	Industrial Electricity Consumption				
农村用电量	Agricultural Electricity Consumption	242	360	54	1100
贸易、外经、旅游	**Domestic Trade，Foreign Trade and Economic Cooperation and Tourism**				
社会销售品零售总额(万元)	Total Retail Sales of Consumer Goods (10 000 yuan)	395105	563663	538457	359400
限额以上批发零售贸易业商品销售总额(万元)	Total Sales of Enterprises above Designated Size of Wholesale and Retail Trades(10 000 yuan)	325045	463715	442978	295672
出口总额(万美元)	Total Exports(USD 10 000)				
当年合同外资金额	Contracted Value				
当年实际使用外资金额	Actually Utilized Value				
境内外来资本实际投资额(万元)	Foreign Investment Actually Utilized Value(10 000 yuan)				
星级饭店个数(个)	Number of Star-rated Hotels(unit)	20	8	15	5
星级饭店客房总数(间)	Number of Rooms in Star-rated Hotels(unit)	2237	1001	2348	396
名胜风景区和文物保护区个数(个)	Number of Places of Interest and Historical Reservations(unit)				
固定资产投资(万元)	**Investment in Fixed Assets(10 000 yuan)**				
城镇固定资产投资完成额	Investment in Fixed Assets in Urban Area	685604	289689	731805	421030
城镇新增固定资产	Newly Increased afaixed Assets in Urban Area	291351	124062	217523	168640
城镇固定资产投资项目数(个)	Number of Projects of Investment in Fixed Assets in Urban Area(unit)	108	58	92	109
房地产开发投资完成额	Investment Completed of Enterprises for Real Estate Development	140279	131597	329797	30450
#住宅	Residential Buildings	89928	109232	250274	22343
教育、科技、文化、卫生	**Education，Science and Technology，Culture，Sports and Public Health**				
普通中学数(所)	Number of Regular Secondary Schools(unit)		1		3
小学数(所)	Number of Primary Schools(unit)	20	17	13	15
普通中学专任教师数(人)	Number of Full-time Teachers in Regular Secondary Schools(person)		28		95
小学专任教师数(人)	Number of Full-time Teachers in Primary Schools(person)	851	807	717	647
普通中学在校学生数(人)	Number of Students Enrollment in Regular Secondary Schools(person)		484		1332
#女生	Female Students Enrollment in Regular Secondary Schools		228		600
小学在校学生数(人)	Number of Students Enrollment in Primary Schools(person)	18354	16910	15277	12114
#女生	Female Students Enrollment in Primary Schools	8739	8091	7330	5666
学龄儿童入学率(%)	Net Enrollment Rate of School-Age Children(%)	100	100	100	100
#女童入学率	Net Enrollment Rate of School-Age Female Children	100	100	100	100
初中升学率(%)	Primary School Graduates Entering into Junior Secondary Schools(%)	100	100	100	100
高中升学率(%)	Junior Secondary School Graduates Entering into Senior Secondary Schools(%)	84	84	84	84
高技术产业企业个数(个)	Number of Hi-Tech Industry Enterprises(unit)				
高技术产业总产值(当年价格)(万元)	Total Output Value of Hi-Tech Industry (current prices)(10 000 yuan)				
专业技术人员数(人)	Number of Scientific and Technical Personnel(person)	1050	979	3853	891
#农业技术人员	Agriculture	210	196	771	178
农业科技与服务单位个数(个)	Number of Agricultural Scientific and Service Units (unit)	2	3	30	10
全年专利申请数(件)	Number of Patents Application(unit)				
体育场馆数(个)	Number of Stadiums and Gymnasiums(unit)	2	4	1	
剧场、影剧院数(个)	Number of Theaters and Cinemas(unit)		1	1	
公共图书馆图书总藏量(千册)	Total Collections of Public Libraries(1000 volumes)		298	1602	
医院、卫生所数(所)	Number of Hospitals and Health Centers(unit)	14	10	12	4
医院、卫生院床位数(张)	Number of Beds in Hospitals and Health Centers(unit)	3027	2629	1830	533
医院、卫生院卫生技术人员数(人)	Number of Medical Technical Personnel in Hospitals and Health Centers(person)	3053	2560	2325	631
#医生	Number of Certified Doctors	1055	1030	904	245
卫生防疫人员数(人)	Number of epidemic prevention personnel(person)	307	29	6	12
5岁以下儿童死亡率(‰)	Death Rate of Children under 5 (‰)	24.1	7.7	10.6	14.3
婴儿死亡率(‰)	Death Rate of Infant (‰)	26.7	6.4	10.6	13.1
产妇住院分娩比例(%)	Proportion of Lying-in Woman Labors in Hospital(%)	99.8	100.0	100.0	100.0

26-1 续表 3 Continued

指 标	Item	城东区 Cheng dong District	城中区 Cheng zhong District	城西区 Cheng xi District	城北区 Cheng bei District
人民生活	**People's Living Conditions**				
城镇在岗职工年平均人数(人)	Number of Staff and Workers in Urban and Rural Areas(person)	60210	33163	72176	35484
城镇在岗职工工资总额(万元)	Total Earning of Staff and Workers in Urban and Rural Areas(10 000 yuan)	210356	90882	216114	87373
农村居民人均纯收入(元)	Per Capita Net Income of Rural Households(yuan)	8260.5	5223.5	8665.5	8070.8
农民人均住房面积(平方米)	Per Capita Floor Space of Houses(sq.m)	79.9	40.0	47.2	80.7
农民文化娱乐消费比重(%)	Proportion of Cultural and Recreation Consumption	11.4	3.5	10.9	5.9
农村彩电普及率(%)	Popularizing rate of Color TV Set in Rural Areas(%)	140.0	120.0	102.5	150.0
农村电脑普及率(%)	Popularizing rate of Computer in Rural Areas(%)	42.5	7.5	47.5	45.0
农村恩格尔系数(%)	Engle Coefficient of Rural Households(%)	37.9	23.6	21.9	29.8
成人文盲率(%)	Illiteracy rate of adult(%)				
人均预期寿命(岁)	Population Life Expectancy(year old)				
农村贫困人口(万人)	Population below the poverty line in Rural Areas(person)				
社会保障(人)	**Social security(person)**				
各种社会福利收养性单位数(个)	Number of Social Welfare and Salvation Institutions(unit)				
各种社会福利收养性单位床位数(张)	Number of Beds of Social Welfare and Salvation Institutions(unit)				
参加基本养老保险的职工数	Number of Staff and Workers Participated in Basic Pension Insurance	61034	64973	55355	54078
参加基本医疗保险的职工数	Number of Staff and Workers Participated in Basic Medical Care Insurance	42172	39666	33779	33530
参加失业保险人数	Number of Staff and Workers Participated in Unemployment Insurance	24459	37283	37819	39450
城镇居民最低生活保障人数	Number of Persons Receiving Minimum Living Allowance in Rural Areas	14412	12922	5536	9319
农村居民最低生活保障人数	Number of Persons Receiving Minimum Living Allowance in Urban Areas	1575	2133	776	1965
农村五保供养人数	Number of Persons Receiving Livelihood Guaranteed in Five Aspects in Rural Areas	175		10	2
参加农村新型合作医疗的人数	Rural Cooperative Medical Service Contributors	30534	36517	17118	54962
参加农村社会养老保险的人数	Rural Basic Social Pension Insurance Contributors				
社会治安	**Public Order**				
交通事故件数(件)	Number of Traffic Accides(unit)	114	60	65	81
刑事案件立案数(件)	Number of Criminal Case Registered(case)	1201	1436	1112	842
犯罪人数(人)	Number of offenders(person)	358	423	408	401
民事案件发案数(件)	Number of civil cases(case)	1291	1283	1683	1256
资源、环境与可持续发展	**Resources, Environment and Sustainable Development**				
行政区域土地面积(平方公里)	Area of Administrative Regions(sq.km)	114.6	10.5	79.0	138.0
建成区面积	Area of Built Up Regions(sq.km)	1.4	1.4	10.0	1.7
建成区绿化覆盖面积	Area of Green Coverage in Built Up Regions(sq.km)	0.5	0.5	0.5	0.5
森林面积(公顷)	Area of Forest(hectare)	450	461	450	
当年造林面积(公顷)	Area of Afforestation(hectare)	437		533	447
退耕造林面积	Area of Grain for Green(hectare)				
年末耕地总资源(公顷)	Area of Arable Land(hectare)	204.0	190.4	72.0	2966.0
常用耕地面积	Area of Arable Landin Common Usage(hectare)	204.0	163.0	72.0	2966.0
#水浇地	Area of Irrigable Land(hectare)	204.0	78.7	69.0	2789.0
年内减少耕地面积	Reduction in Area of Cultivated Land(hectare)	32			161
#基建占地	Areas of Land for Construction(hectare)				161
退耕还林还草占地	Area of Grain for Green(hectare)				
自然保护区个数(个)	Number of Nature Reserves(unit)				
自然保护区面积(公顷)	Area of Nature Reserves (hectare)				
环境污染治理本年完成投资总额(万元)	Investment Completed in the Treatment of Environmental Pollution(10 thousand yuan)				2156
工业二氧化硫排放量(吨)	Volume of Sulphur Dioxide Emission(ton)	298.9	69.5	3.8	11668.4
工业废水排放量达标率(%)	Volume of Waste Water up to the Discharge Standards(ton)	34.4	7.6		95.7
工业烟尘排放量达标率(%)	Volume of Industrial Soot up to the Discharge Standards(ton)	98.4	98.2	100.0	94.2
城镇生活污水处理率(%)	Disposal Rate of Waste Water in Urban Areas(%)			21.7	
污水处理厂数(座)	Number of Sewage Treatment Works (unit)				
垃圾处理站数(个)	Number of Biohazard Waste (unit)	1	1	1	

26−1 续表 4 Continued

指 标		Item	大通县 Da tong County	湟中县 Huang zhong County	湟源县 Huang yuan County	平安县 Ping an County
乡村基本情况		**Basic Conditions of Township**				
乡(镇)个数	(个)	Number of Township and Town Governments(unit)	20	15	9	8
建制镇个数		Number of Town Governments	9	10	2	3
镇区占地面积	(公顷)	Area of Township(hectare)	2323	860	1127	1460
镇区总人口	(人)	Population of Township(person)	25172	51745	37800	9185
村民委员会个数	(个)	Number of Villagers‘Committees(unit)	289	393	146	111
自来水受益村		Number of Township Benefits From Tap Water	245	378	146	111
通电话的村		Number of Township Uses Telephone	289	393	142	111
通有线电视的村		Number of Township Has Cable Television	36	81	95	9
人口与就业		**Population and Employment**				
年末总人口	(万人)	Total Population(year-end)(10000 persons)	44.9	46.2	13.8	12.2
#女		Population of Female	21.8	22.4	6.7	6.0
当年出生人口	(人)	Newborn Population(person)	6776	7547	1319	1347
当年死亡人口	(人)	Dead Population(person)	3446	3173	460	457
常住人口	(万人)	Permanent Population(10000 persons)				
乡村人口	(万人)	Rural Population(10000 persons)	35.4	42.2	10.9	7.8
年末总户数	(户)	Number of Households(year-end)(household)	117235	127749	41731	39264
#乡村户数		Number of Rural Households	81344	98198	25823	18666
年末单位从业人员数	(人)	Number of Employed Persons in Units at Year-end(person)	38728	21661	7106	8726
#女		Number of Female Employed Persons at Year-end	12641	7012	2409	3272
#第二产业		Number of Employed Persons of Secondary Industry	25725	8917	2005	1023
第三产业		Number of Employed Persons of Tertiary Industry	11630	12709	4683	7271
乡村从业人员数	(人)	Number of Employed Persons in Rural Areas(person)	204355	253103	57778	44688
#农林牧渔业		Number of Employed Persons of Agriculture, Forestry, Animal Husbandry and Fishery in Rural Areas	90305	119544	46556	23139
城镇登记失业人员数	(人)	Number of Registered Employed Persons in Urban Area by Region(person)	2391	1338	689	2381
综合经济		**Economy of Integration**				
地区生产总值	**(万元)**	**Area total output value(10 000 yuan)**	**633994**	**676297**	**145784**	**210335**
第一产业增加值		Value-added of the Primary Industry	66702	76896	24410	19240
农业		Agriculture	23964	44028	8251	12046
林业		Forestry	436	668	387	493
牧业		Animal Husbandry	41272	31605	15371	6371
渔业		Fishery			9	39
农林牧渔服务业		Services in Support of Agriculture	1030	595	392	291
第二产业增加值		Value-added of the Secondary Industry	471298	491835	78412	84979
#工业		Industry	404705	422715	65014	61755
第三产业增加值		Value-added of the Tertiary Industry	95994	107566	42962	106116
财政、金融	**(万元)**	**Finances and Economy(10 000 yuan)**				
财政总收入		Total Government Revenue	73433	7006	5977	9683
#地方财政一般预算收入		General Budgetary Financial Revenue in Local Financial Revenue	23314	6042	5977	4773
各项税收		Taxation	20874	126	4167	4482
地方财政一般预算支出		General Budgetary Financial Expenditures in Local Financial Expenditures	120972	106316	60908	56466
#农林水事务支出		Expenditures for Agriculture Forestry and Water Conservancy	24842	25152	12674	11433
科学技术支出		Expenditures for Science and Technology	349	197	184	163
医疗卫生支出		Expenditures for Medical and Health Care	12677	11359	6465	5379
教育支出		Expenditures for Education	26665	28247	9383	10558
年末金融机构各项存款余额		Deposits of all the Financial Institutes	470612	271473	167467	270861
其中:城乡居民储蓄存款余额		Urban and Rural Household Savings Deposits	267916	185845	95131	143756
年末金融机构各项贷款余额		Loans of all the Financial Institutes	482127	140915	57469	150564
#农业贷款		Loans to Agriculture Sector	66125	34466	13012	29711
农业		**Agriculture**				
生产条件		Condition for Agricultural Production				
农业机械总动力	(万千瓦特)	Total Power of Agriculture Machinery(10000 KW)	43.0	66.0	16.7	6.7
化肥使用量(折纯量)	(吨)	Consumption of Chemical Fertilizers(ton)	9341.6	11601.4	2689.0	2813.0
农药使用量	(吨)	Consumption of Agricultural Chemical(ton)	447.0	378.6	48.5	52.1
地膜使用量	(吨)	Consumption of Plastic Film(ton)	38.1	57.7	17.1	150.6
有效灌溉面积	(公顷)	Effective Irrigated Area(10000 hectares)	10959	14700	5448	4134

26-1 续表 5 Continued

指 标	Item	大通县 Da tong County	湟中县 Huang zhong County	湟源县 Huang yuan County	平安县 Ping an County
农作物总播种面积 (公顷)	Total Sown Areas of Farm Crops(hectare)	47096.7	55141.4	15146.7	20736.0
粮食作物播种面积	Total Sown Areas of Grain Crops(hectare)	20771.5	31998.7	8666.7	12106.7
#稻谷	Rice				
小麦	Wheat	11615.5	13410.1	2000.0	6006.7
玉米	Corn				
大豆	Soja				
油料播种面积	Oil-bearing Crops	19558.7	15121.9	3333.3	5213.3
棉花播种面积	Cotton				
糖料播种面积	Sugar-bearing				
蔬菜播种面积	Vegetables	5553.1	6947.9	2358.0	1533.3
粮食总产量 (吨)	Yield of Crain(ton)	83789	144065	28610	48856
#稻谷	Rice				
小麦	Wheat	44702	52140	8311	22075
玉米	Corn				
大豆	Soja				
油料产量	Oil-bearing Crops	52199	42389	6800	11760
棉花产量	Cotton				
糖料产量	Sugar-bearing				
水果产量	Fruits	400	577	3	108
肉类总产量	Output of Meat	29800	20860	8851	5459
奶类产量	Output of Milk	36406	50486	8400	4976
禽蛋产量	Output of Poultry Eggs	1752	1687	475	786
蔬菜产量	Output of Vegetables	185971	251003	90218	58139
水产品产量	Output of Aquatic Products			7	64
工业及建筑业	**Industry and Construction**				
规模以上工业企业	Industrial Enterprises above Designated Size				
工业企业数 (个)	Number of Industrial Enterprises(unit)	40	35	16	17
工业总产值(现价) (万元)	Gross Industrial Output Value(current prices)(10 000 yuan)	1142506	1118741	126075	162895
内资企业	Domestic Funded	794983	1118741	126075	162895
港、澳、台商投资企业	Funded from Hong Kong,Macao and Taiwan	5364			
外商投资企业	Foreign Funded	342159			
从业人员年平均数 (人)	Number of Employed Persons(person)	25995	13366	3868	1602
流动资产年平均余额	Annual Average Balance of Working Capitals	433901	635466	70595	24040
固定资产净值年平均余额	Annual Average Balance of Net Value of Fixed Assets	1156664	741385	40135	66162
产品销售收入	Product Sales Revenue	1295592	1233602	147547	42876
#产品销售税金及附加	Taxes and Other Charges on Product Saling	4832	2074	320	214
本年应交增值税	Value-added Tax Payable	53076	30085	15070	944
利润总额	Total Profits	13204	19713	-651	3108
建筑业	Construction				
建筑业企业个数 (个)	Number of ConstructionEnterprises(unit)	10	8	5	9
期末从业人员数 (人)	Number of Staff & Workers at Year-end(person)	1554	1915	1155	893
建筑业总产值 (万元)	Gross Output Value of Construction(10 000 yuan)	17942	15247	22871	21539
交通运输、邮电通讯、能源	**Transportation, Postal, telecommunication and Energy**				
境内公路里程 (公里)	Length of Highways(km)	3622	1126	439	746
#高等级公路	Expressway	30	26	49	40
境内铁路营业里程 (公里)	Length of Railways in Operation(km)	36	23	60	14
境内火车站个数 (个)	Number of Railway Station(unit)	1	1	1	1
民用汽车拥有量 (辆)	Possession of Civil Vehicles(unit)	11766	14030	6534	3735
#个人汽车	Possession of Private Vehicles	9284	10743	4987	3735
邮政业务总量 (万元)	Business Volume of Postal Services(10 000 yuan)	933	749	481	733
电信业务总量	Business Volume of Telecommunication Services	13579	10960	9969	6887
年末本地电话用户 (户)	Number of Subscribers of Fixed Telephone at Year-end(subscriber)	58720	37210	24500	136443
年末住宅电话用户 (户)	Household Fixed Telephone Subscribers at Year-end(subscriber)	41640	30250	16890	17042
#乡村电话用户	Rural Fixed Telephone Subscribers	3017	2065	1420	1689
移动电话用户数 (户)	Number of Mobile Telephone Subscribers(subscriber)	122450	86540	68960	119401
国际互联网用户 (户)	Number of Internet Users(subscriber)	12180	9276	8725	3868

26-1 续表 6 Continued

指 标	Item	大通县 Da tong County	湟中县 Huang zhong County	湟源县 Huang yuan County	平安县 Ping an County
全年用电量(万千瓦时)	Electricity Consumption(10 thousand kw·h)	1130284	678002	111519	47844
工业用电量	Industrial Electricity Consumption	913072	540044	110719	40607
农村用电量	Agricultural Electricity Consumption	3015	3360	800	162
贸易、外经、旅游	**Domestic Trade, Foreign Trade and Economic Cooperation and Tourism**				
社会销售品零售总额(万元)	Total Retail Sales of Consumer Goods (10 000 yuan)	77551	54477	27315	54170
限额以上批发零售贸易业商品销售总额(万元)	Total Sales of Enterprises above Designated Size of Wholesale and Retail Trades(10 000 yuan)	63800	44817	22473	39650
出口总额(万美元)	Total Exports(USD 10 000)				500
当年合同外资金额	Contracted Value				14859
当年实际使用外资金额	Actually Utilized Value				14859
境内外来资本实际投资额(万元)	Foreign Investment Actually Utilized Value(10 000 yuan)				
星级饭店个数(个)	Number of Star-rated Hotels(unit)		2	1	2
星级饭店客房总数(间)	Number of Rooms in Star-rated Hotels(unit)		94	25	63
名胜风景区和文物保护区个数(个)	Number of Places of Interest and Historical Reservations(unit)				
固定资产投资(万元)	**Investment in Fixed Assets(10 000 yuan)**				
城镇固定资产投资完成额	Investment in Fixed Assets in Urban Area	224347	389777	63507	92383
城镇新增固定资产	Newly Increased afaixed Assets in Urban Area	181949	335483	40906	6381
城镇固定资产投资项目数(个)	Number of Projects of Investment in Fixed Assets in Urban Area(unit)	80	62	52	21
房地产开发投资完成额	Investment Completed of Enterprises for Real Estate Development	6270			13683
#住宅	Residential Buildings	3160			12033
教育、科技、文化、卫生	**Education, Science and Technology, Culture, Sports and Public Health**				
普通中学数(所)	Number of Regular Secondary Schools(unit)	39	44	13	1
小学数(所)	Number of Primary Schools(unit)	187	152	52	34
普通中学专任教师数(人)	Number of Full-time Teachers in Regular Secondary Schools(person)	2090	2101	658	406
小学专任教师数(人)	Number of Full-time Teachers in Primary Schools(person)	1988	1836	681	761
普通中学在校学生数(人)	Number of Students Enrollment in Regular Secondary Schools(person)	24761	29145	8347	5058
#女生	Female Students Enrollment in Regular Secondary Schools	12386	13852	4523	2380
小学在校学生数(人)	Number of Students Enrollment in Primary Schools(person)	41316	40487	10268	9247
#女生	Female Students Enrollment in Primary Schools	20372	18833	4969	4540
学龄儿童入学率(%)	Net Enrollment Rate of School-Age Children(%)	100.0	100.0	100.0	100.0
#女童入学率	Net Enrollment Rate of School-Age Female Children	100.0	100.0	100.0	100.0
初中升学率(%)	Primary School Graduates Entering into Junior Secondary Schools(%)	100.0	100.0	100.0	80.9
高中升学率(%)	Junior Secondary School Graduates Entering into Senior Secondary Schools(%)	84.0	74.0	88.0	97.8
高技术产业企业个数(个)	Number of Hi-Tech Industry Enterprises(unit)				
高技术产业总产值(当年价格)(万元)	Total Output Value of Hi-Tech Industry (current prices)(10 000 yuan)				
专业技术人员数(人)	Number of Scientific and Technical Personnel(person)	6246	6029	2810	3193
#农业技术人员	Agriculture	1253	1206	562	116
农业科技与服务单位个数(个)	Number of Agricultural Scientific and Service Units (unit)	43	30	18	19
全年专利申请数(件)	Number of Patents Application(unit)				
体育场馆数(个)	Number of Stadiums and Gymnasiums(unit)	1	1	1	
剧场、影剧院数(个)	Number of Theaters and Cinemas(unit)				1
公共图书馆图书总藏量(千册)	Total Collections of Public Libraries(1000 volumes)	187	88	21	31
医院、卫生所数(所)	Number of Hospitals and Health Centers(unit)	34	19	12	17
医院、卫生院床位数(张)	Number of Beds in Hospitals and Health Centers(unit)	1094	643	378	304
医院、卫生院卫生技术人员数(人)	Number of Medical Technical Personnel in Hospitals and Health Centers(person)	1019	605	336	460
#医生	Number of Certified Doctors	390	246	153	333
卫生防疫人员数(人)	Number of epidemic prevention personnel(person)	36	27	20	33
5岁以下儿童死亡率(‰)	Death Rate of Children under 5 (‰)	21.3	21.4	22.9	7.3
婴儿死亡率(‰)	Death Rate of Infant (‰)	19.5	17.9	21.1	7.3
产妇住院分娩比例(%)	Proportion of Lying-in Woman Labors in Hospital(%)	97.7	97.3	99.9	99.4

26-1 续表 7 Continued

指　标	Item	大通县 Da tong County	湟中县 Huang zhong County	湟源县 Huang yuan County	平安县 Ping an County
人民生活	**People's Living Conditions**				
城镇在岗职工年平均人数(人)	Number of Staff and Workers in Urban and Rural Areas(person)	38314	20147	6710	5593
城镇在岗职工工资总额(万元)	Total Earning of Staff and Workers in Urban and Rural Areas(10 000 yuan)	93741	49551	18612	20038
农村居民人均纯收入(元)	Per Capita Net Income of Rural Households(yuan)	4643.8	4003.6	3805.9	3994.1
农民人均住房面积(平方米)	Per Capita Floor Space of Houses(sq.m)	23.7	27.6	23.9	21.4
农民文化娱乐消费比重(%)	Proportion of Cultural and Recreation Consumption	2.2	2.4	1.7	3.3
农村彩电普及率(%)	Popularizing rate of Color TV Set in Rural Areas(%)	120	110	115	75
农村电脑普及率(%)	Popularizing rate of Computer in Rural Areas(%)		2.5		
农村恩格尔系数(%)	Engle Coefficient of Rural Households(%)	41.9	41.8	29.8	40.2
成人文盲率(%)	Illiteracy rate of adult(%)				
人均预期寿命(岁)	Population Life Expectancy(year old)				
农村贫困人口(万人)	Population below the poverty line in Rural Areas(person)				
社会保障(人)	**Social security(person)**				
各种社会福利收养性单位数(个)	Number of Social Welfare and Salvation Institutions(unit)	1	1	1	
各种社会福利收养性单位床位数(张)	Number of Beds of Social Welfare and Salvation Institutions(unit)	100	84	40	
参加基本养老保险的职工数	Number of Staff and Workers Participated in Basic Pension Insurance	16197	9382	8259	6731
参加基本医疗保险的职工数	Number of Staff and Workers Participated in Basic Medical Care Insurance	18463	16538	9090	10136
参加失业保险人数	Number of Staff and Workers Participated in Unemployment Insurance	1659	9567	2323	5746
城镇居民最低生活保障人数	Number of Persons Receiving Minimum Living Allowance in Rural Areas	15951	8476	7306	6222
农村居民最低生活保障人数	Number of Persons Receiving Minimum Living Allowance in Urban Areas	33220	41511	10780	6222
农村五保供养人数	Number of Persons Receiving Livelihood Guaranteed in Five Aspects in Rural Areas	171	1094	1240	247
参加农村新型合作医疗的人数	Rural Cooperative Medical Service Contributors	321096	377688	96800	70420
参加农村社会养老保险的人数	Rural Basic Social Pension Insurance Contributors				
社会治安	**Public Order**				
交通事故件数(件)	Number of Traffic Accides(unit)	65	17	23	390
刑事案件立案数(件)	Number of Criminal Case Registered(case)	400	458	118	339
犯罪人数(人)	Number of offenders(person)	267	259	115	26
民事案件发案数(件)	Number of civil cases(case)	1782	1067	483	848
资源、环境与可持续发展	**Resources，Environment and Sustainable Development**				
行政区域土地面积(平方公里)	Area of Administrative Regions(sq.km)	3090	2430	1509	750
建成区面积	Area of Built Up Regions(sq.km)	9.0	6.3	7.5	7.0
建成区绿化覆盖面积	Area of Green Coverage in Built Up Regions(sq.km)	0.2	0.2	0.1	
森林面积(公顷)	Area of Forest(hectare)	1084	670	248	36948
当年造林面积(公顷)	Area of Afforestation(hectare)	1033	1749	833	1465
退耕造林面积	Area of Grain for Green(hectare)				
年末耕地总资源(公顷)	Area of Arable Land(hectare)	56826	56445	14967	20908
常用耕地面积	Area of Arable Landin Common Usage(hectare)	56826	46627	14967	20908
#水浇地	Area of Irrigable Land(hectare)	10959	13474	4070	1565
年内减少耕地面积	Reduction in Area of Cultivated Land(hectare)	35	0	33	16
#基建占地	Areas of Land for Construction(hectare)	25			16
退耕还林还草占地	Area of Grain for Green(hectare)				
自然保护区个数(个)	Number of Nature Reserves(unit)	1			
自然保护区面积(公顷)	Area of Nature Reserves (hectare)	198300			
环境污染治理本年完成投资总额(万元)	Investment Completed in the Treatment of Environmental Pollution(10 thousand yuan)	21324.1			
工业二氧化硫排放量(吨)	Volume of Sulphur Dioxide Emission(ton)	44824.7	6400.0	107.3	1564.3
工业废水排放量达标率(%)	Volume of Waste Water up to the Discharge Standards(ton)	74.1	97.2		
工业烟尘排放量达标率(%)	Volume of Industrial Soot up to the Discharge Standards(ton)	91.5	15.9		
城镇生活污水处理率(%)	Disposal Rate of Waste Water in Urban Areas(%)				
污水处理厂数(座)	Number of Sewage Treatment Works (unit)				
垃圾处理站数(个)	Number of Biohazard Waste (unit)	1		1	1

26—1 续表 8 Continued

指　标		Item	民和县 Min he County	乐都县 Le du County	互助县 Hu zhu County	化隆县 Hua long County
乡村基本情况		**Basic Conditions of Township**				
乡(镇)个数	(个)	Number of Township and Town Governments(unit)	22	19	19	19
建制镇个数		Number of Town Governments	8	7	8	6
镇区占地面积	(公顷)	Area of Township(hectare)	8907	272	1702	1138
镇区总人口	(人)	Population of Township(person)	72834	14508	63331	16517
村民委员会个数	(个)	Number of Villagers'Committees(unit)	312	354	294	362
自来水受益村		Number of Township Benefits From Tap Water	222	342	227	243
通电话的村		Number of Township Uses Telephone	289	346	267	353
通有线电视的村		Number of Township Has Cable Television	14	56	76	28
人口与就业		**Population and Employment**				
年末总人口	(万人)	Total Population(year-end)(10000 persons)	41.0	29.0	38.7	26.8
#女		Population of Female	19.8	14.1	18.5	13.2
当年出生人口	(人)	Newborn Population(person)	4527	3358	4423	8011
当年死亡人口	(人)	Dead Population(person)	1731	2156	2502	2015
常住人口	(万人)	Permanent Population(10000 persons)				
乡村人口	(万人)	Rural Population(10000 persons)	35	24	34	23
年末总户数	(户)	Number of Households(year-end)(household)	102688	87310	103108	57536
#乡村户数		Number of Rural Households	72799	58682	81109	46283
年末单位从业人员数	(人)	Number of Employed Persons in Units at Year-end(person)	12507	9029	14769	6042
#女		Number of Female Employed Persons at Year-end	4045	3137	4527	2287
#第二产业		Number of Employed Persons of Secondary Industry	2551	203	4684	76
第三产业		Number of Employed Persons of Tertiary Industry	9648	8503	9312	5231
乡村从业人员数	(人)	Number of Employed Persons in Rural Areas(person)	175089	128968	181761	115809
#农林牧渔业		Number of Employed Persons of Agriculture，Forestry, Animal Husbandry and Fishery in Rural Areas	86612	59522	113688	76897
城镇登记失业人员数	(人)	Number of Registered Employed Persons in Urban Area by Region(person)	4815	3004	1926	2238
综合经济		**Economy of Integration**				
地区生产总值	**(万元)**	**Area total output value(10 000 yuan)**	**226731**	**273522**	**341345**	**181046**
第一产业增加值		Value-added of the Primary Industry	46020	53064	83421	29545
农业		Agriculture	25011	28447	41573	13051
林业		Forestry	1304	867	1679	876
牧业		Animal Husbandry	18139	22427	38036	14667
渔业		Fishery		69		15
农林牧渔服务业		Services in Support of Agriculture	1566	1254	2133	936
第二产业增加值		Value-added of the Secondary Industry	76500	85478	108493	107279
#工业		Industry	49500	62149	81911	90948
第三产业增加值		Value-added of the Tertiary Industry	104211	134980	149431	44222
财政、金融	**(万元)**	**Finances and Economy(10 000 yuan)**				
财政总收入		Total Government Revenue	13562	16860	21167	13449
#地方财政一般预算收入		General Budgetary Financial Revenue in Local Financial Revenue	9137	5356	8000	5574
各项税收		Taxation	7214	4528	6129	4965
地方财政一般预算支出		General Budgetary Financial Expenditures in Local Financial Expenditures	98860	96804	118687	73296
#农林水事务支出		Expenditures for Agriculture Forestry and Water Conservancy	20765	21870	24304	14823
科学技术支出		Expenditures for Science and Technology	298	693	215	281
医疗卫生支出		Expenditures for Medical and Health Care	10535	4294	12052	5774
教育支出		Expenditures for Education	23550	20757	27703	14072
年末金融机构各项存款余额		Deposits of all the Financial Institutes	231555	273559	245774	115724
#城乡居民储蓄存款余额		Urban and Rural Household Savings Deposits	141524	182542	147875	57587
年末金融机构各项贷款余额		Loans of all the Financial Institutes	50562	46596	70408	45899
#农业贷款		Loans to Agriculture Sector	22225	19181	19896	18329
农业		**Agriculture**				
生产条件		Condition for Agricultural Production				
农业机械总动力	(万千瓦特)	Total Power of Agriculture Machinery(10000 KW)	31.3	20.9	40.5	25.4
化肥使用量(折纯量)	(吨)	Consumption of Chemical Fertilizers(ton)	6368	5659	9100	3550
农药使用量	(吨)	Consumption of Agricultural Chemical(ton)	111.5	75.5	316.4	48.2
地膜使用量	(吨)	Consumption of Plastic Film(ton)	141	179	33	17
有效灌溉面积	(公顷)	Effective Irrigated Area(10000 hectares)	12110	7249	11685	2940

26-1 续表 9 Continued

指　标	Item	民和县 Min he County	乐都县 Le du County	互助县 Hu zhu County	化隆县 Hua long County
农作物总播种面积　(公顷)	Total Sown Areas of Farm Crops(hectare)	46997.9	28664.5	59985.7	37035.1
粮食作物播种面积	Total Sown Areas of Grain Crops(hectare)	30738.0	16463.9	32713.1	17886.5
#稻谷	Rice				
小麦	Wheat	7927.2	2236.6	8779.9	6746.3
玉米	Corn	5092.8	4.0	24.7	
大豆	Soja				
油料播种面积	Oil-bearing Crops	12000.0	3336.7	24175.9	17042.7
棉花播种面积	Cotton				
糖料播种面积	Sugar-bearing				
蔬菜播种面积	Vegetables	2693.6	7760.8	2825.9	727.9
粮食总产量　(吨)	Yield of Crain(ton)	132909	68906	137350	59885
#稻谷	Rice				
小麦	Wheat	35563	7656	32135	30856
玉米	Corn	41844	27	111	
大豆	Soja				
油料产量	Oil-bearing Crops	23413	5841	65275	25784
棉花产量	Cotton				
糖料产量	Sugar-bearing				
水果产量	Fruits	4039	864	606	1235
肉类总产量	Output of Meat	13489	21626	29270	9803
奶类产量	Output of Milk	13319	4668	7086	5468
禽蛋产量	Output of Poultry Eggs	1702	4362	2690	145
蔬菜产量	Output of Vegetables	69276	237821	116672	22740
水产品产量	Output of Aquatic Products		124		11
工业及建筑业	**Industry and Construction**				
规模以上工业企业	Industrial Enterprises above Designated Size				
工业企业数　(个)	Number of Industrial Enterprises(unit)	23	20	31	9
工业总产值(现价)　(万元)	Gross Industrial Output Value(current prices)(10 000 yuan)	73695	143286	188520	203778
内资企业	Domestic Funded	73695	143286	187217	203778
港、澳、台商投资企业	Funded from Hong Kong,Macao and Taiwan				
外商投资企业	Foreign Funded			1303	
从业人员年平均数　(人)	Number of Employed Persons(person)	2648	4079	4280	891
流动资产年平均余额	Annual Average Balance of Working Capitals	42517	55363	81442	93934
固定资产净值年平均余额	Annual Average Balance of Net Value of Fixed Assets	63670	54921	65909	50754
产品销售收入	Product Sales Revenue	71911	141286	176845	85203
#产品销售税金及附加	Taxes and Other Charges on Product Saling	304	1339	8465	174
本年应交增值税	Value-added Tax Payable	3386.2	6510.8	8586.6	1859.9
利润总额	Total Profits	7803.3	5098.0	36809.9	-5024.3
建筑业	Construction				
建筑业企业个数　(个)	Number of ConstructionEnterprises(unit)	6	13	6	1
期末从业人员数　(人)	Number of Staff & Workers at Year-end(person)	2879	5211	1483	40
建筑业总产值　(万元)	Gross Output Value of Construction(10 000 yuan)	27270	28285	24552	520
交通运输、邮电通讯、能源	**Transportation，Postal，telecommunication and Energy**				
境内公路里程　(公里)	Length of Highways(km)	1521.6	1326.8	1659.2	1397.1
#高等级公路	Expressway	25.0	52.5	61.2	10.4
境内铁路营业里程　(公里)	Length of Railways in Operation(km)	16	76	32	
境内火车站个数　(个)	Number of Railway Station(unit)	1	4	1	
民用汽车拥有量　(辆)	Possession of Civil Vehicles(unit)	2263	3862	2292	3755
#个人汽车	Possession of Private Vehicles	2263	3862	2292	3755
邮政业务总量　(万元)	Business Volume of Postal Services(10 000 yuan)	522.4	672.6	323.0	292.0
电信业务总量	Business Volume of Telecommunication Services	6744.9	7354.9	6517.0	4114.8
年末本地电话用户　(户)	Number of Subscribers of Fixed Telephone at Year-end(subscriber)	135066	175748	176218	93766
年末住宅电话用户　(户)	Household Fixed Telephone Subscribers at Year-end(subscriber)	25182	31949	22081	13477
#乡村电话用户	Rural Fixed Telephone Subscribers	17872	22717	15502	6000
移动电话用户数　(户)	Number of Mobile Telephone Subscribers(subscriber)	153124	143799	127707	80289
国际互联网用户　(户)	Number of Internet Users(subscriber)	3511	4848	3299	1731

26-1 续表 10 Continued

指标	Item	民和县 Minhe County	乐都县 Ledu County	互助县 Huzhu County	化隆县 Hualong County
全年用电量(万千瓦时)	Electricity Consumption(10 thousand kw·h)	82262	160839	100926	104182
工业用电量	Industrial Electricity Consumption	78477	152985	9476	100114
农村用电量	Agricultural Electricity Consumption	950	304	185	979
贸易、外经、旅游	**Domestic Trade, Foreign Trade and Economic Cooperation and Tourism**				
社会销售品零售总额(万元)	Total Retail Sales of Consumer Goods (10 000 yuan)	87790	69752	60521	29637
限额以上批发零售贸易业商品销售总额(万元)	Total Sales of Enterprises above Designated Size of Wholesale and Retail Trades(10 000 yuan)	24325	30861	26496	23352
出口总额(万美元)	Total Exports(USD 10 000)	1000		1000	
当年合同外资金额	Contracted Value	9143	8797	7720	2983
当年实际使用外资金额	Actually Utilized Value	9143	8797	7720	2983
境内外来资本实际投资额(万元)	Foreign Investment Actually Utilized Value(10 000 yuan)				
星级饭店个数(个)	Number of Star-rated Hotels(unit)	3			
星级饭店客房总数(间)	Number of Rooms in Star-rated Hotels(unit)	49			
名胜风景区和文物保护区个数(个)	Number of Places of Interest and Historical Reservations(unit)				
固定资产投资(万元)	**Investment in Fixed Assets(10 000 yuan)**				
城镇固定资产投资完成额	Investment in Fixed Assets in Urban Area	54136	113385	116259	7427
城镇新增固定资产	Newly Increased afaixed Assets in Urban Area	3842	69085	52527	3765
城镇固定资产投资项目数(个)	Number of Projects of Investment in Fixed Assets in Urban Area(unit)	25	125	139	4
房地产开发投资完成额	Investment Completed of Enterprises for Real Estate Development	16102	16752	13136	
#住宅	Residential Buildings	15362	15514	12442	
教育、科技、文化、卫生	**Education, Science and Technology, Culture, Sports and Public Health**				
普通中学数(所)	Number of Regular Secondary Schools(unit)	23	4	23	9
小学数(所)	Number of Primary Schools(unit)	272	89	208	206
普通中学专任教师数(人)	Number of Full-time Teachers in Regular Secondary Schools(person)	1430	1122	1425	475
小学专任教师数(人)	Number of Full-time Teachers in Primary Schools(person)	1828	1465	1870	1169
普通中学在校学生数(人)	Number of Students Enrollment in Regular Secondary Schools(person)	16750	11092	13929	7921
#女生	Female Students Enrollment in Regular Secondary Schools	7784	5327	6691	3436
小学在校学生数(人)	Number of Students Enrollment in Primary Schools(person)	43805	18499	29340	24766
#女生	Female Students Enrollment in Primary Schools	20992	8990	13725	11855
学龄儿童入学率(%)	Net Enrollment Rate of School-Age Children(%)	99.7	100.0	100.0	99.4
#女童入学率	Net Enrollment Rate of School-Age Female Children	99.6	100.0	100.0	99.1
初中升学率(%)	Primary School Graduates Entering into Junior Secondary Schools(%)	100.0	100.0	75.2	70.0
高中升学率(%)	Junior Secondary School Graduates Entering into Senior Secondary Schools(%)	75.0	86.0	65.3	65.0
高技术产业企业个数(个)	Number of Hi-Tech Industry Enterprises(unit)				
高技术产业总产值(当年价格)(万元)	Total Output Value of Hi-Tech Industry (current prices)(10 000 yuan)				
专业技术人员数(人)	Number of Scientific and Technical Personnel(person)	5604	4964	6255	3579
#农业技术人员	Agriculture	359	543	699	184
农业科技与服务单位个数(个)	Number of Agricultural Scientific and Service Units (unit)	63	19	15	39
全年专利申请数(件)	Number of Patents Application(unit)				
体育场馆数(个)	Number of Stadiums and Gymnasiums(unit)		1		
剧场、影剧院数(个)	Number of Theaters and Cinemas(unit)	1			
公共图书馆图书总藏量(千册)	Total Collections of Public Libraries(1000 volumes)	50	98	77	76
医院、卫生所数(所)	Number of Hospitals and Health Centers(unit)	34	27	26	25
医院、卫生院床位数(张)	Number of Beds in Hospitals and Health Centers(unit)	646	384	557	305
医院、卫生院卫生技术人员数(人)	Number of Medical Technical Personnel in Hospitals and Health Centers(person)	658	506	701	326
#医生	Number of Certified Doctors	441	377	523	156
卫生防疫人员数(人)	Number of epidemic prevention personnel(person)	30	26	53	23
5岁以下儿童死亡率(‰)	Death Rate of Children under 5 (‰)	21.1	15.4	24.7	11.0
婴儿死亡率(‰)	Death Rate of Infant (‰)	18.5	14.3	22.4	10.0
产妇住院分娩比例(%)	Proportion of Lying-in Woman Labors in Hospital(%)	93.8	99.8	99.5	89.3

26—1 续表 11 Continued

指 标	Item	民和县 Min he County	乐都县 Le du County	互助县 Hu zhu County	化隆县 Hua long County
人民生活	**People's Living Conditions**				
城镇在岗职工年平均人数(人)	Number of Staff and Workers in Urban and Rural Areas(person)	10773	9000	14004	5500
城镇在岗职工工资总额(万元)	Total Earning of Staff and Workers in Urban and Rural Areas(10 000 yuan)	35498	37137	49969	24742
农村居民人均纯收入(元)	Per Capita Net Income of Rural Households(yuan)	3701.0	3872.0	4009.9	3609.4
农民人均住房面积(平方米)	Per Capita Floor Space of Houses(sq.m)	17.4	27.0	28.1	20.7
农民文化娱乐消费比重(%)	Proportion of Cultural and Recreation Consumption	3.8	2.3	4.3	4.7
农村彩电普及率(%)	Popularizing rate of Color TV Set in Rural Areas(%)	112.5	100.0	102.5	92.5
农村电脑普及率(%)	Popularizing rate of Computer in Rural Areas(%)	2.5	2.5		
农村恩格尔系数(%)	Engle Coefficient of Rural Households(%)	41.5	34.2	40.9	27.4
成人文盲率(%)	Illiteracy rate of adult(%)				
人均预期寿命(岁)	Population Life Expectancy(year old)				
农村贫困人口(万人)	Population below the poverty line in Rural Areas(person)				
社会保障(人)	**Social security(person)**				
各种社会福利收养性单位数(个)	Number of Social Welfare and Salvation Institutions(unit)		2	1	
各种社会福利收养性单位床位数(张)	Number of Beds of Social Welfare and Salvation Institutions(unit)		91	24	
参加基本养老保险的职工数	Number of Staff and Workers Participated in Basic Pension Insurance	10016	11573	8093	5112
参加基本医疗保险的职工数	Number of Staff and Workers Participated in Basic Medical Care Insurance	12985	15009	16254	8570
参加失业保险人数	Number of Staff and Workers Participated in Unemployment Insurance	7490	9980	9947	4548
城镇居民最低生活保障人数	Number of Persons Receiving Minimum Living Allowance in Rural Areas	9716	11078	4000	6574
农村居民最低生活保障人数	Number of Persons Receiving Minimum Living Allowance in Urban Areas	9716	11078	31800	6574
农村五保供养人数	Number of Persons Receiving Livelihood Guaranteed in Five Aspects in Rural Areas	1536	155	1891	130
参加农村新型合作医疗的人数	Rural Cooperative Medical Service Contributors	302787	207996	328905	185961
参加农村社会养老保险的人数	Rural Basic Social Pension Insurance Contributors				
社会治安	**Public Order**				
交通事故件数(件)	Number of Traffic Accides(unit)	595	665	267	234
刑事案件立案数(件)	Number of Criminal Case Registered(case)	565	296	434	150
犯罪人数(人)	Number of offenders(person)	118	121	95	79
民事案件发案数(件)	Number of civil cases(case)	1024	991	1327	337
资源、环境与可持续发展	**Resources，Environment and Sustainable Development**				
行政区域土地面积(平方公里)	Area of Administrative Regions(sq.km)	1780	3050	3321	2740
建成区面积	Area of Built Up Regions(sq.km)	7.5	0.8	7.6	3.3
建成区绿化覆盖面积	Area of Green Coverage in Built Up Regions(sq.km)				
森林面积(公顷)	Area of Forest(hectare)	66289.1	16278.9	66871.3	59130.0
当年造林面积(公顷)	Area of Afforestation(hectare)	1533	3534	3168	2707
退耕造林面积	Area of Grain for Green(hectare)				
年末耕地总资源(公顷)	Area of Arable Land(hectare)	42679.9	30548.3	73591.1	36189.7
常用耕地面积	Area of Arable Landin Common Usage(hectare)	42679.9	30548.3	73591.1	36189.7
#水浇地	Area of Irrigable Land(hectare)	14821.8	6887.3	11933.0	6167.4
年内减少耕地面积	Reduction in Area of Cultivated Land(hectare)	42.3	33.9	384.4	
#基建占地	Areas of Land for Construction(hectare)	40.9	29.4	384.4	
退耕还林还草占地	Area of Grain for Green(hectare)				
自然保护区个数(个)	Number of Nature Reserves(unit)				
自然保护区面积(公顷)	Area of Nature Reserves (hectare)				
环境污染治理本年完成投资总额(万元)	Investment Completed in the Treatment of Environmental Pollution(10 thousand yuan)			5588.7	
工业二氧化硫排放量(吨)	Volume of Sulphur Dioxide Emission(ton)	2956.9	3047.8	5071.6	817.5
工业废水排放量达标率(%)	Volume of Waste Water up to the Discharge Standards(ton)	16.0		40.0	
工业烟尘排放量达标率(%)	Volume of Industrial Soot up to the Discharge Standards(ton)				
城镇生活污水处理率(%)	Disposal Rate of Waste Water in Urban Areas(%)				
污水处理厂数(座)	Number of Sewage Treatment Works (unit)				
垃圾处理站数(个)	Number of Biohazard Waste (unit)	1	1	1	1

26-1 续表 12 Continued

指标		Item	循化县 Xunhua County	门源县 Menyuan County	祁连县 Qilian County	海晏县 Haiyan County
乡村基本情况		**Basic Conditions of Township**				
乡(镇)个数	(个)	Number of Township and Town Governments(unit)	9	12	7	6
建制镇个数		Number of Town Governments	3	4	3	1
镇区占地面积	(公顷)	Area of Township(hectare)	299	829	873	316
镇区总人口	(人)	Population of Township(person)	6026	11458	9423	4009
村民委员会个数	(个)	Number of Villagers'Committees(unit)	154	109	45	29
自来水受益村		Number of Township Benefits From Tap Water	140	88	31	24
通电话的村		Number of Township Uses Telephone	136	103	42	29
通有线电视的村		Number of Township Has Cable Television	11	4	29	1
人口与就业		**Population and Employment**				
年末总人口	(万人)	Total Population(year-end)(10000 persons)	13.6	15.3	4.9	3.5
#女		Population of Female	6.8	7.5	2.5	1.7
当年出生人口	(人)	Newborn Population(person)	2086	1575	756	408
当年死亡人口	(人)	Dead Population(person)	729	673	299	179
常住人口	(万人)	Permanent Population(10000 persons)				
乡村人口	(万人)	Rural Population(10000 persons)	11.7	12.8	3.6	2.0
年末总户数	(户)	Number of Households(year-end)(household)	35574	41172	15268	11358
#乡村户数		Number of Rural Households	24198	27819	8653	5232
年末单位从业人员数	(人)	Number of Employed Persons in Units at Year-end(person)	5973	7689	3661	10921
#女		Number of Female Employed Persons at Year-end	1596	2582	1526	3943
#第二产业		Number of Employed Persons of Secondary Industry	210	709	441	1650
第三产业		Number of Employed Persons of Tertiary Industry	5352	5172	3075	6304
乡村从业人员数	(人)	Number of Employed Persons in Rural Areas(person)	53750	68197	20500	14874
#农林牧渔业		Number of Employed Persons of Agriculture，Forestry，Animal Husbandry and Fishery in Rural Areas	24889	41907	15751	8532
城镇登记失业人员数	(人)	Number of Registered Employed Persons in Urban Area by Region(person)	736	1062	626	1113
综合经济		**Economy of Integration**				
地区生产总值	**(万元)**	**Area total output value(10 000 yuan)**	**90492**	**133951**	**80649**	**581723**
第一产业增加值		Value-added of the Primary Industry	20442	38144	23319	100418
农业		Agriculture	8225	16481	1836	23270
林业		Forestry	848	95	36	188
牧业		Animal Husbandry	10980	20520	21027	74649
渔业		Fishery				
农林牧渔服务业		Services in Support of Agriculture	389	1048	420	2311
第二产业增加值		Value-added of the Secondary Industry	26729	41398	32273	292219
#工业		Industry	17229	17823	13305	202018
第三产业增加值		Value-added of the Tertiary Industry	43321	54409	25057	189086
财政、金融	**(万元)**	**Finances and Economy(10 000 yuan)**				
财政总收入		Total Government Revenue	5119	4339	2763	54759
#地方财政一般预算收入		General Budgetary Financial Revenue in Local Financial Revenue	4672	3793	2444	20761
各项税收		Taxation	4160	2367	1862	15789
地方财政一般预算支出		General Budgetary Financial Expenditures in Local Financial Expenditures	54679	48683	29786	243896
#农林水事务支出		Expenditures for Agriculture Forestry and Water Conservancy	12080	49	15	167
科学技术支出		Expenditures for Science and Technology	186	190	224	1592
医疗卫生支出		Expenditures for Medical and Health Care	4362	5260	3466	25376
教育支出		Expenditures for Education	9824	10926	4273	43159
年末金融机构各项存款余额		Deposits of all the Financial Institutes	114559	125979	52439	401092
#城乡居民储蓄存款余额		Urban and Rural Household Savings Deposits	78118	64232	25936	166793
年末金融机构各项贷款余额		Loans of all the Financial Institutes	28984	31849	17923	116244
#农业贷款		Loans to Agriculture Sector	13755	10005	9668	34289
农业		**Agriculture**				
生产条件		Condition for Agricultural Production				
农业机械总动力	(万千瓦特)	Total Power of Agriculture Machinery(10000 KW)	8.1	27.0	4.6	3.6
化肥使用量(折纯量)	(吨)	Consumption of Chemical Fertilizers(ton)	2904	5924	244	170
农药使用量	(吨)	Consumption of Agricultural Chemical(ton)	101.8	145.0	8.3	0.8
地膜使用量	(吨)	Consumption of Plastic Film(ton)	37.0	5.4		0.8
有效灌溉面积	(公顷)	Effective Irrigated Area(10000 hectares)	1952	1656	793	295

26–1 续表 13 Continued

指　标	Item	循化县 Xun hua County	门源县 Men yuan County	祁连县 Qi lian County	海晏县 Hai yan County
农作物总播种面积 (公顷)	Total Sown Areas of Farm Crops(hectare)	16385	40325	2338	2596
粮食作物播种面积	Total Sown Areas of Grain Crops(hectare)	7928	9301	1102	1470
#稻谷	Rice				
小麦	Wheat	4339	579	213	413
玉米	Corn	10			
大豆	Soja				
油料播种面积	Oil-bearing Crops	4861	22419	873	752
棉花播种面积	Cotton				
糖料播种面积	Sugar-bearing				
蔬菜播种面积	Vegetables	3509	520.9	12.3	
粮食总产量 (吨)	Yield of Crain(ton)	31571	35112	3432	4499
#稻谷	Rice				
小麦	Wheat	22146	2770	799	1587
玉米	Corn	126			
大豆	Soja				
油料产量	Oil-bearing Crops	8119	39447	1290	970
棉花产量	Cotton				
糖料产量	Sugar-bearing				
水果产量	Fruits	940			
肉类总产量	Output of Meat	5821	10682	12511	5121
奶类产量	Output of Milk	7850	10664	9872	3684
禽蛋产量	Output of Poultry Eggs	114	330	30	4
蔬菜产量	Output of Vegetables	87350	7813	108	
水产品产量	Output of Aquatic Products				
工业及建筑业	**Industry and Construction**				
规模以上工业企业	Industrial Enterprises above Designated Size				
工业企业数 (个)	Number of Industrial Enterprises(unit)	7	21	20	18
工业总产值(现价) (万元)	Gross Industrial Output Value(current prices)(10 000 yuan)	32960	42532	23240	233262
内资企业	Domestic Funded	32960	42532	23240	205911
港、澳、台商投资企业	Funded from Hong Kong,Macao and Taiwan				
外商投资企业	Foreign Funded				27351
从业人员年平均数 (人)	Number of Employed Persons(person)	1820	893	727	2976
流动资产年平均余额	Annual Average Balance of Working Capitals	13360	2873	1279	17088
固定资产净值年平均余额	Annual Average Balance of Net Value of Fixed Assets	16628			
产品销售收入	Product Sales Revenue	30071	48031	22654	239923
#产品销售税金及附加	Taxes and Other Charges on Product Saling	7	134	233	2581
本年应交增值税	Value-added Tax Payable	428	45	137	1386
利润总额	Total Profits	3548	473	41	85
建筑业	Construction				
建筑业企业个数 (个)	Number of ConstructionEnterprises(unit)	5	4	2	4
期末从业人员数 (人)	Number of Staff & Workers at Year-end(person)	641	427	44	349
建筑业总产值 (万元)	Gross Output Value of Construction(10 000 yuan)	2533	3801	1748	3275
交通运输、邮电通讯、能源	**Transportation，Postal，telecommunication and Energy**				
境内公路里程 (公里)	Length of Highways(km)	816	1305	1339	782
#高等级公路	Expressway				
境内铁路营业里程 (公里)	Length of Railways in Operation(km)				
境内火车站个数 (个)	Number of Railway Station(unit)				
民用汽车拥有量 (辆)	Possession of Civil Vehicles(unit)	3776	1060	632	873
#个人汽车	Possession of Private Vehicles	3776	906		873
邮政业务总量 (万元)	Business Volume of Postal Services(10 000 yuan)	392	111	145	389
电信业务总量	Business Volume of Telecommunication Services	3529	944	500	10748
年末本地电话用户 (户)	Number of Subscribers of Fixed Telephone at Year-end(subscriber)	70061	80901	37695	43590
年末住宅电话用户 (户)	Household Fixed Telephone Subscribers at Year-end(subscriber)	10641	11327	4379	6388
#乡村电话用户	Rural Fixed Telephone Subscribers	8560	7498	1820	2054
移动电话用户数 (户)	Number of Mobile Telephone Subscribers(subscriber)	59420	69574	33316	37202
国际互联网用户 (户)	Number of Internet Users(subscriber)	1651	2196	1365	2428

26-1 续表 14 Continued

指 标	Item	循化县 Xunhua County	门源县 Menyuan County	祁连县 Qilian County	海晏县 Haiyan County
全年用电量(万千瓦时)	Electricity Consumption(10 thousand kw·h)	15048	5815	4353	68319
工业用电量	Industrial Electricity Consumption	12141	2696	1088	66656
农村用电量	Agricultural Electricity Consumption	339	341	301	1620
贸易、外经、旅游	**Domestic Trade, Foreign Trade and Economic Cooperation and Tourism**				
社会销售品零售总额(万元)	Total Retail Sales of Consumer Goods (10 000 yuan)	30015	33401	16648	13555
限额以上批发零售贸易业商品销售总额(万元)	Total Sales of Enterprises above Designated Size of Wholesale and Retail Trades(10 000 yuan)	17328	306		710
出口总额(万美元)	Total Exports(USD 10 000)	923			
当年合同外资金额	Contracted Value	3000			
当年实际使用外资金额	Actually Utilized Value	3000			
境内外来资本实际投资额(万元)	Foreign Investment Actually Utilized Value(10 000 yuan)				
星级饭店个数(个)	Number of Star-rated Hotels(unit)	8	3	3	2
星级饭店客房总数(间)	Number of Rooms in Star-rated Hotels(unit)	671	183	18	137
名胜风景区和文物保护区个数(个)	Number of Places of Interest and Historical Reservations(unit)		10	2	5
固定资产投资(万元)	**Investment in Fixed Assets(10 000 yuan)**				
城镇固定资产投资完成额	Investment in Fixed Assets in Urban Area	60140	72134	70428	74394
城镇新增固定资产	Newly Increased afaixed Assets in Urban Area	53606	21329	77681	53752
城镇固定资产投资项目数(个)	Number of Projects of Investment in Fixed Assets in Urban Area(unit)	124	53	62	73
房地产开发投资完成额	Investment Completed of Enterprises for Real Estate Development		1986	1201	1100
#住宅	Residential Buildings		1900	769	900
教育、科技、文化、卫生	**Education, Science and Technology, Culture, Sports and Public Health**				
普通中学数(所)	Number of Regular Secondary Schools(unit)	7	12	5	3
小学数(所)	Number of Primary Schools(unit)	72	107	27	20
普通中学专任教师数(人)	Number of Full-time Teachers in Regular Secondary Schools(person)	314	489	156	176
小学专任教师数(人)	Number of Full-time Teachers in Primary Schools(person)	711	752	294	275
普通中学在校学生数(人)	Number of Students Enrollment in Regular Secondary Schools(person)	5196	7927	3052	2839
#女生	Female Students Enrollment in Regular Secondary Schools	2375	3681	1482	1388
小学在校学生数(人)	Number of Students Enrollment in Primary Schools(person)	14621	16609	5927	4711
#女生	Female Students Enrollment in Primary Schools	7082	8130	2970	2341
学龄儿童入学率(%)	Net Enrollment Rate of School-Age Children(%)	99.8	99.5	99.9	100.0
#女童入学率	Net Enrollment Rate of School-Age Female Children	99.8	99.4	99.9	100.0
初中升学率(%)	Primary School Graduates Entering into Junior Secondary Schools(%)	80.0	64.9	82.1	63.3
高中升学率(%)	Junior Secondary School Graduates Entering into Senior Secondary Schools(%)	75.0	49.7	45.3	62.7
高技术产业企业个数(个)	Number of Hi-Tech Industry Enterprises(unit)				
高技术产业总产值(当年价格)(万元)	Total Output Value of Hi-Tech Industry (current prices)(10 000 yuan)				
专业技术人员数(人)	Number of Scientific and Technical Personnel(person)	3269	2104	833	1359
#农业技术人员	Agriculture	536	155	103	198
农业科技与服务单位个数(个)	Number of Agricultural Scientific and Service Units (unit)	7	1	1	2
全年专利申请数(件)	Number of Patents Application(unit)				
体育场馆数(个)	Number of Stadiums and Gymnasiums(unit)	1			1
剧场、影剧院数(个)	Number of Theaters and Cinemas(unit)		1		1
公共图书馆图书总藏量(千册)	Total Collections of Public Libraries(1000 volumes)	62.0	3.7	1.7	12.6
医院、卫生所数(所)	Number of Hospitals and Health Centers(unit)	14	20	14	19
医院、卫生院床位数(张)	Number of Beds in Hospitals and Health Centers(unit)	198	176	113	429
医院、卫生院卫生技术人员数(人)	Number of Medical Technical Personnel in Hospitals and Health Centers(person)	234	340	172	409
#医生	Number of Certified Doctors	103	93	62	177
卫生防疫人员数(人)	Number of epidemic prevention personnel(person)	19	32	29	75
5岁以下儿童死亡率(‰)	Death Rate of Children under 5 (‰)	13.2	23.4	32.6	29.2
婴儿死亡率(‰)	Death Rate of Infant (‰)	11.7	19.2	27.0	26.3
产妇住院分娩比例(%)	Proportion of Lying-in Woman Labors in Hospital(%)	92.1	98.2	92.1	98.8

26−1 续表 15 Continued

指 标	Item	循化县 Xun hua County	门源县 Men yuan County	祁连县 Qi lian County	海晏县 Hai yan County
人民生活	**People's Living Conditions**				
城镇在岗职工年平均人数(人)	Number of Staff and Workers in Urban and Rural Areas(person)	4155	7689	3582	10558
城镇在岗职工工资总额(万元)	Total Earning of Staff and Workers in Urban and Rural Areas(10 000 yuan)	16486	26148	11233	35122
农村居民人均纯收入(元)	Per Capita Net Income of Rural Households(yuan)	3873.8	3592.2	4563.4	4044.9
农民人均住房面积(平方米)	Per Capita Floor Space of Houses(sq.m)	17.0	21.3	18.3	18.5
农民文化娱乐消费比重(%)	Proportion of Cultural and Recreation Consumption	0.9	2.8	1.5	1.8
农村彩电普及率(%)	Popularizing rate of Color TV Set in Rural Areas(%)	65.0	81.1		84.8
农村电脑普及率(%)	Popularizing rate of Computer in Rural Areas(%)	2.5			
农村恩格尔系数(%)	Engle Coefficient of Rural Households(%)	31.4	50.7	52.0	54.3
成人文盲率(%)	Illiteracy rate of adult(%)				
人均预期寿命(岁)	Population Life Expectancy(year old)				
农村贫困人口(万人)	Population below the poverty line in Rural Areas(person)				
社会保障(人)	**Social security(person)**				
各种社会福利收养性单位数(个)	Number of Social Welfare and Salvation Institutions(unit)	4	1	2	1
各种社会福利收养性单位床位数(张)	Number of Beds of Social Welfare and Salvation Institutions(unit)	138	60	49	30
参加基本养老保险的职工数	Number of Staff and Workers Participated in Basic Pension Insurance	2305	3038	2569	6680
参加基本医疗保险的职工数	Number of Staff and Workers Participated in Basic Medical Care Insurance	5359	5040	3495	9249
参加失业保险人数	Number of Staff and Workers Participated in Unemployment Insurance	3130	3132	1996	4627
城镇居民最低生活保障人数	Number of Persons Receiving Minimum Living Allowance in Rural Areas	3873	5454	2790	4601
农村居民最低生活保障人数	Number of Persons Receiving Minimum Living Allowance in Urban Areas	3873	11493	3733	1895
农村五保供养人数	Number of Persons Receiving Livelihood Guaranteed in Five Aspects in Rural Areas	757	514	215	79
参加农村新型合作医疗的人数	Rural Cooperative Medical Service Contributors	103698	117979	34234	18777
参加农村社会养老保险的人数	Rural Basic Social Pension Insurance Contributors				
社会治安	**Public Order**				
交通事故件数(件)	Number of Traffic Accides(unit)	52	11	7	11
刑事案件立案数(件)	Number of Criminal Case Registered(case)	117		97	
犯罪人数(人)	Number of offenders(person)	13		50	
民事案件发案数(件)	Number of civil cases(case)	192	401	217	147
资源、环境与可持续发展	**Resources, Environment and Sustainable Development**				
行政区域土地面积(平方公里)	Area of Administrative Regions(sq.km)	1750	7167	14681	4067
建成区面积	Area of Built Up Regions(sq.km)	0.3	5.5	4.9	2.1
建成区绿化覆盖面积	Area of Green Coverage in Built Up Regions(sq.km)				
森林面积(公顷)	Area of Forest(hectare)	50750	496	167	67
当年造林面积(公顷)	Area of Afforestation(hectare)	2203	2715	795	4005
退耕造林面积	Area of Grain for Green(hectare)				
年末耕地总资源(公顷)	Area of Arable Land(hectare)	11909	39900	2538	2648
常用耕地面积	Area of Arable Landin Common Usage(hectare)	11909	39900	2538	2648
#水浇地	Area of Irrigable Land(hectare)	3183	11288	793	749
年内减少耕地面积	Reduction in Area of Cultivated Land(hectare)	16	168	22	77
#基建占地	Areas of Land for Construction(hectare)	16			
退耕还林还草占地	Area of Grain for Green(hectare)		168	22	77
自然保护区个数(个)	Number of Nature Reserves(unit)	1		1	1
自然保护区面积(公顷)	Area of Nature Reserves (hectare)	17290		834700	495200
环境污染治理本年完成投资总额(万元)	Investment Completed in the Treatment of Environmental Pollution(10 thousand yuan)		96.5	174.3	8241.9
工业二氧化硫排放量(吨)	Volume of Sulphur Dioxide Emission(ton)	283	335	710	243
工业废水排放量达标率(%)	Volume of Waste Water up to the Discharge Standards(ton)				
工业烟尘排放量达标率(%)	Volume of Industrial Soot up to the Discharge Standards(ton)				
城镇生活污水处理率(%)	Disposal Rate of Waste Water in Urban Areas(%)				
污水处理厂数(座)	Number of Sewage Treatment Works (unit)				1
垃圾处理站数(个)	Number of Biohazard Waste (unit)	1	1	1	1

26-1 续表 16 Continued

指 标	Item	刚察县 Gang cha County	同仁县 Tong ren County	尖扎县 Jian zha County	泽库县 Ze ku County
乡村基本情况	**Basic Conditions of Township**				
乡(镇)个数 (个)	Number of Township and Town Governments(unit)	5	12	9	7
建制镇个数	Number of Town Governments	2	2	3	2
镇区占地面积 (公顷)	Area of Township(hectare)	309	1066	18	60
镇区总人口 (人)	Population of Township(person)	16493	9382	6993	7390
村民委员会个数 (个)	Number of Villagers'Committees(unit)	31	72	81	64
自来水受益村	Number of Township Benefits From Tap Water	22	53	32	27
通电话的村	Number of Township Uses Telephone	29	40	76	34
通有线电视的村	Number of Township Has Cable Television	5	25	10	10
人口与就业	**Population and Employment**				
年末总人口 (万人)	Total Population(year-end)(10000 persons)	4.3	8.7	5.6	6.7
#女	Population of Female	2.1	4.4	2.8	3.4
当年出生人口 (人)	Newborn Population(person)	737	3634	894	1729
当年死亡人口 (人)	Dead Population(person)	221	190	219	293
常住人口 (万人)	Permanent Population(10000 persons)				
乡村人口 (万人)	Rural Population(10000 persons)	2.9	6.2	4.4	6.2
年末总户数 (户)	Number of Households(year-end)(household)	13709	27466	17943	19408
#乡村户数	Number of Rural Households	6592	12507	9124	13753
年末单位从业人员数 (人)	Number of Employed Persons in Units at Year-end(person)	3774	7853	5361	1813
#女	Number of Female Employed Persons at Year-end	1187	2801	1579	519
#第二产业	Number of Employed Persons of Secondary Industry	576	933	2045	56
第三产业	Number of Employed Persons of Tertiary Industry	2122	6862	3094	1712
乡村从业人员数 (人)	Number of Employed Persons in Rural Areas(person)	13196	34760	21848	27571
#农林牧渔业	Number of Employed Persons of Agriculture, Forestry, Animal Husbandry and Fishery in Rural Areas	11308	27430	15142	25206
城镇登记失业人员数 (人)	Number of Registered Employed Persons in Urban Area by Region(person)	354			
综合经济	**Economy of Integration**				
地区生产总值 (万元)	**Area total output value(10 000 yuan)**	**54987**	**103217**	**129022**	**57909**
第一产业增加值	Value-added of the Primary Industry	21101	23651	12313	37165
农业	Agriculture	2917	12568	3910	3415
林业	Forestry	3	15	202	-7
牧业	Animal Husbandry	17784	10019	7596	33497
渔业	Fishery				
农林牧渔服务业	Services in Support of Agriculture	397	1049	605	260
第二产业增加值	Value-added of the Secondary Industry	9352	12145	99161	5637
#工业	Industry	1654	4019	91284	495
第三产业增加值	Value-added of the Tertiary Industry	24534	67421	17548	15107
财政、金融 (万元)	**Finances and Economy(10 000 yuan)**				
财政总收入	Total Government Revenue	2533	40333	21197	30732
#地方财政一般预算收入	General Budgetary Financial Revenue in Local Financial Revenue	1610	1885	4944	345
各项税收	Taxation	1214	1048	4100	207
地方财政一般预算支出	General Budgetary Financial Expenditures in Local Financial Expenditures	28535	39746	32345	31485
#农林水事务支出	Expenditures for Agriculture Forestry and Water Conservancy	45	5548	4325	1975
科学技术支出	Expenditures for Science and Technology	8	136	8	201
医疗卫生支出	Expenditures for Medical and Health Care	4002	3566	2123	1665
教育支出	Expenditures for Education	4298	9555	5619	9863
年末金融机构各项存款余额	Deposits of all the Financial Institutes	145314	122898	65043	19856
#城乡居民储蓄存款余额	Urban and Rural Household Savings Deposits	46181	61072	41274	12921
年末金融机构各项贷款余额	Loans of all the Financial Institutes	34464	30775	34494	24936
#农业贷款	Loans to Agriculture Sector	1180	6599	8296	5747
农业	**Agriculture**				
生产条件	Condition for Agricultural Production				
农业机械总动力 (万千瓦特)	Total Power of Agriculture Machinery(10000 KW)	2.0	5.0	5.2	1.1
化肥使用量(折纯量) (吨)	Consumption of Chemical Fertilizers(ton)	948.0	763.9	340.9	98.6
农药使用量 (吨)	Consumption of Agricultural Chemical(ton)	0.7	7.2	2.3	
地膜使用量 (吨)	Consumption of Plastic Film(ton)			1.1	
有效灌溉面积 (公顷)	Effective Irrigated Area(10000 hectares)	2898	1792	1884	

26-1 续表 17 Continued

指 标	Item	刚察县 Gangcha County	同仁县 Tongren County	尖扎县 Jianzha County	泽库县 Zeku County
农作物总播种面积 (公顷)	Total Sown Areas of Farm Crops(hectare)	7274.0	7181.2	4254.9	5876.5
粮食作物播种面积	Total Sown Areas of Grain Crops(hectare)	456.0	4294.7	3396.4	
#稻谷	Rice				
小麦	Wheat		2268.7	2384.2	
玉米	Corn				
大豆	Soja				
油料播种面积	Oil-bearing Crops	5627.2	1662.6	441.8	2540.0
棉花播种面积	Cotton				
糖料播种面积	Sugar-bearing				
蔬菜播种面积	Vegetables		27	250	
粮食总产量 (吨)	Yield of Crain(ton)	1287	14253	14430	
#稻谷	Rice				
小麦	Wheat		6676	11124	
玉米	Corn				
大豆	Soja				
油料产量	Oil-bearing Crops	7428	3822	729	381
棉花产量	Cotton				
糖料产量	Sugar-bearing				
水果产量	Fruits		286	992	
肉类总产量	Output of Meat	10876	3199	3010	14627
奶类产量	Output of Milk	13088	5674	321	10505
禽蛋产量	Output of Poultry Eggs				
蔬菜产量	Output of Vegetables		3384	6591	
水产品产量	Output of Aquatic Products				
工业及建筑业	**Industry and Construction**				
规模以上工业企业	Industrial Enterprises above Designated Size				
工业企业数 (个)	Number of Industrial Enterprises(unit)	6	1	7	
工业总产值(现价) (万元)	Gross Industrial Output Value(current prices)(10 000 yuan)	4588	1248	198620	
内资企业	Domestic Funded	4588	1248	186093	
港、澳、台商投资企业	Funded from Hong Kong,Macao and Taiwan			12527	
外商投资企业	Foreign Funded				
从业人员年平均数 (人)	Number of Employed Persons(person)	301	110	191	
流动资产年平均余额	Annual Average Balance of Working Capitals	238.0	2258.2	356.8	
固定资产净值年平均余额	Annual Average Balance of Net Value of Fixed Assets		4588.2	-2852.2	
产品销售收入	Product Sales Revenue	4913	1248	3665	
#产品销售税金及附加	Taxes and Other Charges on Product Saling	8.0	6.4	1.6	
本年应交增值税	Value-added Tax Payable	20.0	74.9	124.1	
利润总额	Total Profits	28.0	110.8	171.2	
建筑业	Construction				
建筑业企业个数 (个)	Number of ConstructionEnterprises(unit)	1	7	3	
期末从业人员数 (人)	Number of Staff & Workers at Year-end(person)	700	965	630	
建筑业总产值 (万元)	Gross Output Value of Construction(10 000 yuan)	2808.0	11100.9	6552.3	
交通运输、邮电通讯、能源	**Transportation, Postal, telecommunication and Energy**				
境内公路里程 (公里)	Length of Highways(km)	1389	304	547	1411
#高等级公路	Expressway		45		
境内铁路营业里程 (公里)	Length of Railways in Operation(km)				
境内火车站个数 (个)	Number of Railway Station(unit)				
民用汽车拥有量 (辆)	Possession of Civil Vehicles(unit)	747	926		224
#个人汽车	Possession of Private Vehicles		141		
邮政业务总量 (万元)	Business Volume of Postal Services(10 000 yuan)	24.0	354.4	194.9	43.0
电信业务总量	Business Volume of Telecommunication Services	406.0	1279.2	387.4	129.3
年末本地电话用户 (户)	Number of Subscribers of Fixed Telephone at Year-end(subscriber)	36754	8659	5100	890
年末住宅电话用户 (户)	Household Fixed Telephone Subscribers at Year-end(subscriber)	2332	6494	3825	667
#乡村电话用户	Rural Fixed Telephone Subscribers	809	1298	1200	171
移动电话用户数 (户)	Number of Mobile Telephone Subscribers(subscriber)	34422	43975	20437	12335
国际互联网用户 (户)	Number of Internet Users(subscriber)	1007	3080	1219	349

26-1 续表 18 Continued

指 标	Item	刚察县 Gang cha County	同仁县 Tong ren County	尖扎县 Jian zha County	泽库县 Ze ku County
全年用电量(万千瓦时)	Electricity Consumption(10 thousand kw·h)	5043	985	24644	459
工业用电量	Industrial Electricity Consumption	3362	422	23901	49
农村用电量	Agricultural Electricity Consumption	288	563	379	65
贸易、外经、旅游	**Domestic Trade，Foreign Trade and Economic Cooperation and Tourism**				
社会销售品零售总额(万元)	Total Retail Sales of Consumer Goods (10 000 yuan)	13595	11755	6510	6192
限额以上批发零售贸易业商品销售总额(万元)	Total Sales of Enterprises above Designated Size of Wholesale and Retail Trades(10 000 yuan)				
出口总额(万美元)	Total Exports(USD 10 000)				
当年合同外资金额	Contracted Value				
当年实际使用外资金额	Actually Utilized Value				
境内外来资本实际投资额(万元)	Foreign Investment Actually Utilized Value(10 000 yuan)				
星级饭店个数(个)	Number of Star-rated Hotels(unit)		1		
星级饭店客房总数(间)	Number of Rooms in Star-rated Hotels(unit)		75		
名胜风景区和文物保护区个数(个)	Number of Places of Interest and Historical Reservations(unit)	1	30	1	4
固定资产投资(万元)	**Investment in Fixed Assets(10 000 yuan)**				
城镇固定资产投资完成额	Investment in Fixed Assets in Urban Area	23723	41093	39803	13978
城镇新增固定资产	Newly Increased afaixed Assets in Urban Area	15533	38288	32786	7452
城镇固定资产投资项目数(个)	Number of Projects of Investment in Fixed Assets in Urban Area(unit)	38	68	47	20
房地产开发投资完成额	Investment Completed of Enterprises for Real Estate Development	257			
#住宅	Residential Buildings	117			
教育、科技、文化、卫生	**Education，Science and Technology，Culture，Sports and Public Health**				
普通中学数(所)	Number of Regular Secondary Schools(unit)	3	12	5	5
小学数(所)	Number of Primary Schools(unit)	16	81	13	35
普通中学专任教师数(人)	Number of Full-time Teachers in Regular Secondary Schools(person)	106	374	224	145
小学专任教师数(人)	Number of Full-time Teachers in Primary Schools(person)	251	708	480	478
普通中学在校学生数(人)	Number of Students Enrollment in Regular Secondary Schools(person)	1862	6918	4137	2086
#女生	Female Students Enrollment in Regular Secondary Schools	863	3330	1846	588
小学在校学生数(人)	Number of Students Enrollment in Primary Schools(person)	4227	12233	6872	9630
#女生	Female Students Enrollment in Primary Schools	2063	5873	3201	4414
学龄儿童入学率(%)	Net Enrollment Rate of School-Age Children(%)	99.5	99.9	99.5	98.9
#女童入学率	Net Enrollment Rate of School-Age Female Children	99.1	99.9	99.6	98.4
初中升学率(%)	Primary School Graduates Entering into Junior Secondary Schools(%)	58.1	100.0	81.0	85.4
高中升学率(%)	Junior Secondary School Graduates Entering into Senior Secondary Schools(%)	58.9	58.8	64.0	
高技术产业企业个数(个)	Number of Hi-Tech Industry Enterprises(unit)				
高技术产业总产值(当年价格)(万元)	Total Output Value of Hi-Tech Industry (current prices)(10 000 yuan)				
专业技术人员数(人)	Number of Scientific and Technical Personnel(person)	673		1276	894
#农业技术人员	Agriculture	141		136	91
农业科技与服务单位个数(个)	Number of Agricultural Scientific and Service Units (unit)	1		11	1
全年专利申请数(件)	Number of Patents Application(unit)				
体育场馆数(个)	Number of Stadiums and Gymnasiums(unit)	1	2	1	
剧场、影剧院数(个)	Number of Theaters and Cinemas(unit)	1	1		1
公共图书馆图书总藏量(千册)	Total Collections of Public Libraries(1000 volumes)	2	35	2	7
医院、卫生所数(所)	Number of Hospitals and Health Centers(unit)	12	15	12	10
医院、卫生院床位数(张)	Number of Beds in Hospitals and Health Centers(unit)	123	50	194	71
医院、卫生院卫生技术人员数(人)	Number of Medical Technical Personnel in Hospitals and Health Centers(person)	147	181	142	72
#医生	Number of Certified Doctors	71	57	80	45
卫生防疫人员数(人)	Number of epidemic prevention personnel(person)	17	57	29	13
5岁以下儿童死亡率(‰)	Death Rate of Children under 5 (‰)	41.6	25.1	26.4	8.3
婴儿死亡率(‰)	Death Rate of Infant (‰)	35.2	21.7	13.2	0.2
产妇住院分娩比例(%)	Proportion of Lying-in Woman Labors in Hospital(%)	93.1	71.7	80.3	86.0

26-1 续表 19 Continued

指 标	Item	刚察县 Gang cha County	同仁县 Tong ren County	尖扎县 Jian zha County	泽库县 Ze ku County
人民生活	**People's Living Conditions**				
城镇在岗职工年平均人数(人)	Number of Staff and Workers in Urban and Rural Areas(person)	3727	7825	5289	1850
城镇在岗职工工资总额(万元)	Total Earning of Staff and Workers in Urban and Rural Areas(10 000 yuan)	11801	28607	15576	8109
农村居民人均纯收入(元)	Per Capita Net Income of Rural Households(yuan)	5263.1	3035.4	2361.4	2012.9
农民人均住房面积(平方米)	Per Capita Floor Space of Houses(sq.m)	12.6	21.2	13.5	7.6
农民文化娱乐消费比重(%)	Proportion of Cultural and Recreation Consumption	1.3	7.6	3.0	0.1
农村彩电普及率(%)	Popularizing rate of Color TV Set in Rural Areas(%)	14.1	120.0	90.0	2.5
农村电脑普及率(%)	Popularizing rate of Computer in Rural Areas(%)				
农村恩格尔系数(%)	Engle Coefficient of Rural Households(%)	52.4	44.3	30.8	74.4
成人文盲率(%)	Illiteracy rate of adult(%)				
人均预期寿命(岁)	Population Life Expectancy(year old)				
农村贫困人口(万人)	Population below the poverty line in Rural Areas(person)				
社会保障(人)	**Social security(person)**				
各种社会福利收养性单位数(个)	Number of Social Welfare and Salvation Institutions(unit)	1			3
各种社会福利收养性单位床位数(张)	Number of Beds of Social Welfare and Salvation Institutions(unit)	50			38
参加基本养老保险的职工数	Number of Staff and Workers Participated in Basic Pension Insurance	1435	3961	2137	946
参加基本医疗保险的职工数	Number of Staff and Workers Participated in Basic Medical Care Insurance	2056	13157	4313	2045
参加失业保险人数	Number of Staff and Workers Participated in Unemployment Insurance	1723	4331	2061	1254
城镇居民最低生活保障人数	Number of Persons Receiving Minimum Living Allowance in Rural Areas	2859	6692	1823	1823
农村居民最低生活保障人数	Number of Persons Receiving Minimum Living Allowance in Urban Areas	2679	8270	6600	8100
农村五保供养人数	Number of Persons Receiving Livelihood Guaranteed in Five Aspects in Rural Areas	130	320		
参加农村新型合作医疗的人数	Rural Cooperative Medical Service Contributors	28433	56678	42140	56624
参加农村社会养老保险的人数	Rural Basic Social Pension Insurance Contributors			33967	
社会治安	**Public Order**				
交通事故件数(件)	Number of Traffic Accides(unit)	7	10	2	3
刑事案件立案数(件)	Number of Criminal Case Registered(case)		110	27	6
犯罪人数(人)	Number of offenders(person)		38	7	9
民事案件发案数(件)	Number of civil cases(case)	218	205	178	39
资源、环境与可持续发展	**Resources, Environment and Sustainable Development**				
行政区域土地面积(平方公里)	Area of Administrative Regions(sq.km)	8153	3275	2174	6986
建成区面积	Area of Built Up Regions(sq.km)	2.1			0.4
建成区绿化覆盖面积	Area of Green Coverage in Built Up Regions(sq.km)				
森林面积(公顷)	Area of Forest(hectare)		17080		73067
当年造林面积(公顷)	Area of Afforestation(hectare)		210	200	23
退耕造林面积	Area of Grain for Green(hectare)				
年末耕地总资源(公顷)	Area of Arable Land(hectare)	7382	7503	4087	2602
常用耕地面积	Area of Arable Landin Common Usage(hectare)	7382	7503	4087	2602
#水浇地	Area of Irrigable Land(hectare)	6468	1792	2086	
年内减少耕地面积	Reduction in Area of Cultivated Land(hectare)	1022	3	10	
#基建占地	Areas of Land for Construction(hectare)		3		
退耕还林还草占地	Area of Grain for Green(hectare)	1022			
自然保护区个数(个)	Number of Nature Reserves(unit)				
自然保护区面积(公顷)	Area of Nature Reserves (hectare)				
环境污染治理本年完成投资总额(万元)	Investment Completed in the Treatment of Environmental Pollution(10 thousand yuan)	86		50	
工业二氧化硫排放量(吨)	Volume of Sulphur Dioxide Emission(ton)	90		325	
工业废水排放量达标率(%)	Volume of Waste Water up to the Discharge Standards(ton)			100	
工业烟尘排放量达标率(%)	Volume of Industrial Soot up to the Discharge Standards(ton)				
城镇生活污水处理率(%)	Disposal Rate of Waste Water in Urban Areas(%)				
污水处理厂数(座)	Number of Sewage Treatment Works (unit)				
垃圾处理站数(个)	Number of Biohazard Waste (unit)	1	2	1	1

26-1 续表 20 Continued

指 标		Item	河南县 He nan County	共和县 Gong he County	同德县 Tong de County	贵德县 Gui de County
乡村基本情况		**Basic Conditions of Township**				
乡(镇)个数	(个)	Number of Township and Town Governments(unit)	5	11	5	7
建制镇个数		Number of Town Governments	1	4	2	4
镇区占地面积	(公顷)	Area of Township(hectare)	20	7101	800	961
镇区总人口	(人)	Population of Township(person)	1200	56541	11979	26403
村民委员会个数	(个)	Number of Villagers'Committees(unit)	39	100	73	119
自来水受益村		Number of Township Benefits From Tap Water	8	84	54	113
通电话的村		Number of Township Uses Telephone		95	40	106
通有线电视的村		Number of Township Has Cable Television		28		46
人口与就业		**Population and Employment**				
年末总人口	(万人)	Total Population(year-end)(10000 persons)	3.6	13.5	5.7	10.6
#女		Population of Female	1.8	6.6	2.8	5.3
当年出生人口	(人)	Newborn Population(person)	672	1518	1084	1295
当年死亡人口	(人)	Dead Population(person)	245	529	264	637
常住人口	(万人)	Permanent Population(10000 persons)				
乡村人口	(万人)	Rural Population(10000 persons)	3.1	8.8	4.8	8.4
年末总户数	(户)	Number of Households(year-end)(household)	10314	42186	14643	31927
#乡村户数		Number of Rural Households	6222	19112	9869	20356
年末单位从业人员数	(人)	Number of Employed Persons in Units at Year-end(person)	2113	13569	3421	3669
#女		Number of Female Employed Persons at Year-end	690	5393	1257	1460
#第二产业		Number of Employed Persons of Secondary Industry	8	2481	26	58
第三产业		Number of Employed Persons of Tertiary Industry	2014	10281	2263	3336
乡村从业人员数	(人)	Number of Employed Persons in Rural Areas(person)	15790	45294	26682	45883
#农林牧渔业		Number of Employed Persons of Agriculture, Forestry, Animal Husbandry and Fishery in Rural Areas	15061	36019	23935	20925
城镇登记失业人员数	(人)	Number of Registered Employed Persons in Urban Area by Region(person)		763	568	891
综合经济		**Economy of Integration**				
地区生产总值	**(万元)**	**Area total output value(10 000 yuan)**	**56237**	**207067**	**61783**	**146039**
第一产业增加值		Value-added of the Primary Industry	36269	37914	34360	15618
农业		Agriculture	3024	5085	5210	7989
林业		Forestry		590	106	519
牧业		Animal Husbandry	32565	30839	28570	6539
渔业		Fishery		86		61
农林牧渔服务业		Services in Support of Agriculture	680	1314	474	510
第二产业增加值		Value-added of the Secondary Industry	7660	95376	12654	96817
#工业		Industry	2228	67533	1238	56061
第三产业增加值		Value-added of the Tertiary Industry	12308	73777	14769	33604
财政、金融	**(万元)**	**Finances and Economy(10 000 yuan)**				
财政总收入		Total Government Revenue	796	15001	29245	8765
#地方财政一般预算收入		General Budgetary Financial Revenue in Local Financial Revenue	728	5262	1330	5635
各项税收		Taxation	514	4011	651	4531
地方财政一般预算支出		General Budgetary Financial Expenditures in Local Financial Expenditures	22134	51556	29616	39054
#农林水事务支出		Expenditures for Agriculture Forestry and Water Conservancy	2948	8879	4246	8341
科学技术支出		Expenditures for Science and Technology	7	89	26	49
医疗卫生支出		Expenditures for Medical and Health Care	2656	4391	2998	4250
教育支出		Expenditures for Education	4051	9298	7498	6940
年末金融机构各项存款余额		Deposits of all the Financial Institutes	22893	199966	27997	154867
#城乡居民储蓄存款余额		Urban and Rural Household Savings Deposits	10374	97021	10613	89354
年末金融机构各项贷款余额		Loans of all the Financial Institutes	8033	38210	11858	17295
#农业贷款		Loans to Agriculture Sector	6713	19934	10595	11139
农业		**Agriculture**				
生产条件		Condition for Agricultural Production				
农业机械总动力	(万千瓦特)	Total Power of Agriculture Machinery(10000 KW)		12.4	3.5	7.9
化肥使用量(折纯量)	(吨)	Consumption of Chemical Fertilizers(ton)		2643.7	1210.9	1730.8
农药使用量	(吨)	Consumption of Agricultural Chemical(ton)		58.2	6.4	27.2
地膜使用量	(吨)	Consumption of Plastic Film(ton)		2.5	0.6	8.8
有效灌溉面积	(公顷)	Effective Irrigated Area(10000 hectares)		13772.3	2182.3	7347.4

26-1 续表 21 Continued

指 标	Item	河南县 He nan County	共和县 Gong he County	同德县 Tong de County	贵德县 Gui de County
农作物总播种面积 (公顷)	Total Sown Areas of Farm Crops(hectare)		27037.2	7462.9	14038.5
粮食作物播种面积	Total Sown Areas of Grain Crops(hectare)		13191.5	3070.3	7413.7
#稻谷	Rice				
小麦	Wheat		2900.9	1332.9	5825.4
玉米	Corn		23.8		85.8
大豆	Soja				
油料播种面积	Oil-bearing Crops		11673.1	2726.9	3277.5
棉花播种面积	Cotton				
糖料播种面积	Sugar-bearing				
蔬菜播种面积	Vegetables		145.3	20.7	1532.5
粮食总产量 (吨)	Yield of Crain(ton)		37501	10251	34649
#稻谷	Rice				
小麦	Wheat		9660	6598	28823
玉米	Corn		148		648
大豆	Soja				
油料产量	Oil-bearing Crops		14814	2910	7513
棉花产量	Cotton				
糖料产量	Sugar-bearing				
水果产量	Fruits		268	20	2640
肉类总产量	Output of Meat	12814	16368	10225	4297
奶类产量	Output of Milk	20059	10208	13883	2146
禽蛋产量	Output of Poultry Eggs		15	9	195
蔬菜产量	Output of Vegetables		3533	490	35731
水产品产量	Output of Aquatic Products		216		68
工业及建筑业	**Industry and Construction**				
规模以上工业企业	Industrial Enterprises above Designated Size				
工业企业数 (个)	Number of Industrial Enterprises(unit)		13	2	4
工业总产值(现价) (万元)	Gross Industrial Output Value(current prices)(10 000 yuan)		135203	351	76159
内资企业	Domestic Funded		135203	351	76159
港、澳、台商投资企业	Funded from Hong Kong,Macao and Taiwan				
外商投资企业	Foreign Funded				
从业人员年平均数 (人)	Number of Employed Persons(person)		1386	66	199
流动资产年平均余额	Annual Average Balance of Working Capitals		32535	492	2227
固定资产净值年平均余额	Annual Average Balance of Net Value of Fixed Assets		61251	1371	
产品销售收入	Product Sales Revenue		39349	349	12341
#产品销售税金及附加	Taxes and Other Charges on Product Saling		220	9	180
本年应交增值税	Value-added Tax Payable		500	20	2037
利润总额	Total Profits		-1562	-17	2631
建筑业	Construction				
建筑业企业个数 (个)	Number of ConstructionEnterprises(unit)		8		2
期末从业人员数 (人)	Number of Staff & Workers at Year-end(person)		1204		98
建筑业总产值 (万元)	Gross Output Value of Construction(10 000 yuan)		18877		918
交通运输、邮电通讯、能源	**Transportation, Postal, telecommunication and Energy**				
境内公路里程 (公里)	Length of Highways(km)	1272	1133	1009	854
#高等级公路	Expressway		30		
境内铁路营业里程 (公里)	Length of Railways in Operation(km)				
境内火车站个数 (个)	Number of Railway Station(unit)				
民用汽车拥有量 (辆)	Possession of Civil Vehicles(unit)		1380	1280	991
#个人汽车	Possession of Private Vehicles		850	384	720
邮政业务总量 (万元)	Business Volume of Postal Services(10 000 yuan)	55.0	490.2	114.3	195.5
电信业务总量	Business Volume of Telecommunication Services	156.8	2048.2	379.4	813.3
年末本地电话用户 (户)	Number of Subscribers of Fixed Telephone at Year-end(subscriber)	1163	13348	2762	10088
年末住宅电话用户 (户)	Household Fixed Telephone Subscribers at Year-end(subscriber)	873	9350	2010	8200
#乡村电话用户	Rural Fixed Telephone Subscribers	60	6490	1422	6299
移动电话用户数 (户)	Number of Mobile Telephone Subscribers(subscriber)	13291	72570	22007	47721
国际互联网用户 (户)	Number of Internet Users(subscriber)	497	3500	830	1872

26-1 续表 22 Continued

指 标	Item	河南县 He nan County	共和县 Gong he County	同德县 Tong de County	贵德县 Gui de County
全年用电量(万千瓦时)	Electricity Consumption(10 thousand kw·h)	982	31479	867	4090
工业用电量	Industrial Electricity Consumption	39	27301	1	60
农村用电量	Agricultural Electricity Consumption	222	1284	865	494
贸易、外经、旅游	**Domestic Trade，Foreign Trade and Economic Cooperation and Tourism**				
社会销售品零售总额(万元)	Total Retail Sales of Consumer Goods (10 000 yuan)	5159	59973	10559	23200
限额以上批发零售贸易业商品销售总额(万元)	Total Sales of Enterprises above Designated Size of Wholesale and Retail Trades(10 000 yuan)		13473		16299
出口总额(万美元)	Total Exports(USD 10 000)				
当年合同外资金额	Contracted Value				
当年实际使用外资金额	Actually Utilized Value				
境内外来资本实际投资额(万元)	Foreign Investment Actually Utilized Value(10 000 yuan)				
星级饭店个数(个)	Number of Star-rated Hotels(unit)		2		2
星级饭店客房总数(间)	Number of Rooms in Star-rated Hotels(unit)		235		172
名胜风景区和文物保护区个数(个)	Number of Places of Interest and Historical Reservations(unit)	14	2	4	73
固定资产投资(万元)	**Investment in Fixed Assets(10 000 yuan)**				
城镇固定资产投资完成额	Investment in Fixed Assets in Urban Area	34403	54136	14138	27923
城镇新增固定资产	Newly Increased afaixed Assets in Urban Area	27652	39204	14138	17865
城镇固定资产投资项目数(个)	Number of Projects of Investment in Fixed Assets in Urban Area(unit)	63	48	25	59
房地产开发投资完成额	Investment Completed of Enterprises for Real Estate Development		11617		450
#住宅	Residential Buildings		11617		450
教育、科技、文化、卫生	**Education，Science and Technology，Culture，Sports and Public Health**				
普通中学数(所)	Number of Regular Secondary Schools(unit)	3	4	5	8
小学数(所)	Number of Primary Schools(unit)	8	18	9	26
普通中学专任教师数(人)	Number of Full-time Teachers in Regular Secondary Schools(person)	75	552	152	468
小学专任教师数(人)	Number of Full-time Teachers in Primary Schools(person)	109	817	435	573
普通中学在校学生数(人)	Number of Students Enrollment in Regular Secondary Schools(person)	1914	9034	3304	6528
#女生	Female Students Enrollment in Regular Secondary Schools	951	4130	1352	3127
小学在校学生数(人)	Number of Students Enrollment in Primary Schools(person)	4615	13525	8634	9558
#女生	Female Students Enrollment in Primary Schools	2228	6531	4575	4654
学龄儿童入学率(%)	Net Enrollment Rate of School-Age Children(%)	94.4	99.8	99.2	98.6
#女童入学率	Net Enrollment Rate of School-Age Female Children	99.6	99.7	98.7	98.6
初中升学率(%)	Primary School Graduates Entering into Junior Secondary Schools(%)	100.0	98.0	99.2	82.5
高中升学率(%)	Junior Secondary School Graduates Entering into Senior Secondary Schools(%)		92.0	89.0	90.1
高技术产业企业个数(个)	Number of Hi-Tech Industry Enterprises(unit)				
高技术产业总产值(当年价格)(万元)	Total Output Value of Hi-Tech Industry (current prices)(10 000 yuan)				
专业技术人员数(人)	Number of Scientific and Technical Personnel(person)	738	1687	1280	1861
#农业技术人员	Agriculture	239	157	90	272
农业科技与服务单位个数(个)	Number of Agricultural Scientific and Service Units (unit)	14	39	15	17
全年专利申请数(件)	Number of Patents Application(unit)				
体育场馆数(个)	Number of Stadiums and Gymnasiums(unit)	1	1	1	1
剧场、影剧院数(个)	Number of Theaters and Cinemas(unit)	1	1	1	1
公共图书馆图书总藏量(千册)	Total Collections of Public Libraries(1000 volumes)	21.0	65.0	73.4	35.2
医院、卫生所数(所)	Number of Hospitals and Health Centers(unit)	8	14	8	11
医院、卫生院床位数(张)	Number of Beds in Hospitals and Health Centers(unit)	145	606	207	260
医院、卫生院卫生技术人员数(人)	Number of Medical Technical Personnel in Hospitals and Health Centers(person)	122	488	186	187
#医生	Number of Certified Doctors	79	290	137	83
卫生防疫人员数(人)	Number of epidemic prevention personnel(person)	30	30	13	17
5岁以下儿童死亡率(‰)	Death Rate of Children under 5 (‰)	29.6	10.4	5.0	19.2
婴儿死亡率(‰)	Death Rate of Infant (‰)	27.6	8.6	3.0	15.5
产妇住院分娩比例(%)	Proportion of Lying-in Woman Labors in Hospital(%)	75.3	86.3	95.0	97.0

26-1 续表 23 Continued

指 标	Item	河南县 He nan County	共和县 Gong he County	同德县 Tong de County	贵德县 Gui de County
人民生活	**People's Living Conditions**				
城镇在岗职工年平均人数(人)	Number of Staff and Workers in Urban and Rural Areas(person)	2023	13368	2678	3648
城镇在岗职工工资总额(万元)	Total Earning of Staff and Workers in Urban and Rural Areas(10 000 yuan)	7488	45015	9084	12932
农村居民人均纯收入(元)	Per Capita Net Income of Rural Households(yuan)	3470.2	4069.8	4009.0	3540.4
农民人均住房面积(平方米)	Per Capita Floor Space of Houses(sq.m)	11.1	17.5	12.8	23.7
农民文化娱乐消费比重(%)	Proportion of Cultural and Recreation Consumption	0.6	4.7	1.6	7.2
农村彩电普及率(%)	Popularizing rate of Color TV Set in Rural Areas(%)	32.5	82.0	77.5	92.5
农村电脑普及率(%)	Popularizing rate of Computer in Rural Areas(%)				
农村恩格尔系数(%)	Engle Coefficient of Rural Households(%)	35.5	40.4	50.9	48.7
成人文盲率(%)	Illiteracy rate of adult(%)				
人均预期寿命(岁)	Population Life Expectancy(year old)				
农村贫困人口(万人)	Population below the poverty line in Rural Areas(person)				
社会保障(人)	**Social security(person)**				
各种社会福利收养性单位数(个)	Number of Social Welfare and Salvation Institutions(unit)	3	3		1
各种社会福利收养性单位床位数(张)	Number of Beds of Social Welfare and Salvation Institutions(unit)	30	106		48
参加基本养老保险的职工数	Number of Staff and Workers Participated in Basic Pension Insurance	708	2213	999	2225
参加基本医疗保险的职工数	Number of Staff and Workers Participated in Basic Medical Care Insurance	1912	5250	2931	5221
参加失业保险人数	Number of Staff and Workers Participated in Unemployment Insurance	1019	3218	1839	2547
城镇居民最低生活保障人数	Number of Persons Receiving Minimum Living Allowance in Rural Areas	1207	10261	2764	4402
农村居民最低生活保障人数	Number of Persons Receiving Minimum Living Allowance in Urban Areas	3860	7900	5100	8400
农村五保供养人数	Number of Persons Receiving Livelihood Guaranteed in Five Aspects in Rural Areas	500	479	256	328
参加农村新型合作医疗的人数	Rural Cooperative Medical Service Contributors	28134	75641	43954	74919
参加农村社会养老保险的人数	Rural Basic Social Pension Insurance Contributors		73469		30793
社会治安	**Public Order**				
交通事故件数(件)	Number of Traffic Accides(unit)	17	19	72	7
刑事案件立案数(件)	Number of Criminal Case Registered(case)	11	200	37	121
犯罪人数(人)	Number of offenders(person)	12	123	35	71
民事案件发案数(件)	Number of civil cases(case)	61	383	103	407
资源、环境与可持续发展	**Resources, Environment and Sustainable Development**				
行政区域土地面积(平方公里)	Area of Administrative Regions(sq.km)	6997	17209	5001	3504
建成区面积	Area of Built Up Regions(sq.km)	0.2	6.3	1.7	5.9
建成区绿化覆盖面积	Area of Green Coverage in Built Up Regions(sq.km)		2.8		0.7
森林面积(公顷)	Area of Forest(hectare)	19846	71726	4644	32713
当年造林面积(公顷)	Area of Afforestation(hectare)		2406		1066
退耕造林面积	Area of Grain for Green(hectare)				
年末耕地总资源(公顷)	Area of Arable Land(hectare)		20839	12323	13969
常用耕地面积	Area of Arable Landin Common Usage(hectare)		20839	12323	13969
#水浇地	Area of Irrigable Land(hectare)		13772	2182	7347
年内减少耕地面积	Reduction in Area of Cultivated Land(hectare)		52		19
#基建占地	Areas of Land for Construction(hectare)		52		19
退耕还林还草占地	Area of Grain for Green(hectare)				
自然保护区个数(个)	Number of Nature Reserves(unit)				
自然保护区面积(公顷)	Area of Nature Reserves (hectare)				
环境污染治理本年完成投资总额(万元)	Investment Completed in the Treatment of Environmental Pollution(10 thousand yuan)	100	1403	22	1005
工业二氧化硫排放量(吨)	Volume of Sulphur Dioxide Emission(ton)	72	829	9	57
工业废水排放量达标率(%)	Volume of Waste Water up to the Discharge Standards(ton)		100	100	100
工业烟尘排放量达标率(%)	Volume of Industrial Soot up to the Discharge Standards(ton)		100	100	100
城镇生活污水处理率(%)	Disposal Rate of Waste Water in Urban Areas(%)		100	100	100
污水处理厂数(座)	Number of Sewage Treatment Works (unit)		1	1	1
垃圾处理站数(个)	Number of Biohazard Waste (unit)		1	1	1

26-1 续表 24 Continued

指　标	Item	兴海县 Xing hai County	贵南县 Gui nan County	玛沁县 Ma qin County	班玛县 Ban ma County
乡村基本情况	**Basic Conditions of Township**				
乡(镇)个数　(个)	Number of Township and Town Governments(unit)	7	6	8	9
建制镇个数	Number of Town Governments	3	2	2	1
镇区占地面积　(公顷)	Area of Township(hectare)	735	3400	440	200
镇区总人口　(人)	Population of Township(person)	13593	9009	3529	78
村民委员会个数　(个)	Number of Villagers'Committees(unit)	57	75	35	32
自来水受益村	Number of Township Benefits From Tap Water	27	75	1	10
通电话的村	Number of Township Uses Telephone	25	75		14
通有线电视的村	Number of Township Has Cable Television	2	32	2	2
人口与就业	**Population and Employment**				
年末总人口　(万人)	Total Population(year—end)(10000 persons)	6.8	7.5	4.5	2.6
#女	Population of Female	3.3	3.8	2.2	1.3
当年出生人口　(人)	Newborn Population(person)	983	1190	780	187
当年死亡人口　(人)	Dead Population(person)	197	347	249	134
常住人口　(万人)	Permanent Population(10000 persons)				
乡村人口　(万人)	Rural Population(10000 persons)	6.0	5.6	2.9	2.1
年末总户数　(户)	Number of Households(year—end)(household)	18516	20894	14756	7022
#乡村户数	Number of Rural Households	12703	10344	7109	5064
年末单位从业人员数　(人)	Number of Employed Persons in Units at Year-end(person)	3882	5610	6372	1216
#女	Number of Female Employed Persons at Year-end	1280	2228	2102	461
#第二产业	Number of Employed Persons of Secondary Industry	927	47	939	53
第三产业	Number of Employed Persons of Tertiary Industry	2606	2411	4922	1036
乡村从业人员数　(人)	Number of Employed Persons in Rural Areas(person)	25693	24709	14902	9289
#农林牧渔业	Number of Employed Persons of Agriculture, Forestry, Animal Husbandry and Fishery in Rural Areas	23777	21586	13972	8868
城镇登记失业人员数　(人)	Number of Registered Employed Persons in Urban Area by Region(person)	569	1112	366	172
综合经济	**Economy of Integration**				
地区生产总值　(万元)	**Area total output value(10 000 yuan)**	**101423**	**70922**	**69543**	**14380**
第一产业增加值	Value-added of the Primary Industry	33135	36352	12939	6490
农业	Agriculture	8928	12305	2097	1326
林业	Forestry	158	548	135	47
牧业	Animal Husbandry	23656	23115	10407	4905
渔业	Fishery		12		
农林牧渔服务业	Services in Support of Agriculture	393	372	300	212
第二产业增加值	Value-added of the Secondary Industry	43165	11366	28825	2807
其中:工业	Industry	15007	1890	23983	208
第三产业增加值	Value-added of the Tertiary Industry	25123	23204	27779	5083
财政、金融　(万元)	**Finances and Economy(10 000 yuan)**				
财政总收入	Total Government Revenue	29965	1336	41045	21375
#地方财政一般预算收入	General Budgetary Financial Revenue in Local Financial Revenue	3676	1336	1847	500
各项税收	Taxation	2394	1042	9849	60
地方财政一般预算支出	General Budgetary Financial Expenditures in Local Financial Expenditures	29829	37227	19828	19305
#农林水事务支出	Expenditures for Agriculture Forestry and Water Conservancy	3760	5342	1866	1763
科学技术支出	Expenditures for Science and Technology	18	220	20	
医疗卫生支出	Expenditures for Medical and Health Care	2955	2300	1283	1005
教育支出	Expenditures for Education	5489	6227	2568	3904
年末金融机构各项存款余额	Deposits of all the Financial Institutes	24199	31545		11450
#城乡居民储蓄存款余额	Urban and Rural Household Savings Deposits	17271	14485		3690
年末金融机构各项贷款余额	Loans of all the Financial Institutes	10844	10733		280
#农业贷款	Loans to Agriculture Sector	9192	8638		
农业	**Agriculture**				
生产条件	Condition for Agricultural Production				
农业机械总动力　(万千瓦特)	Total Power of Agriculture Machinery(10000 KW)	2.4	6.9	0.5	1.1
化肥使用量(折纯量)　(吨)	Consumption of Chemical Fertilizers(ton)	1003.4	1917.0	6.0	11.0
农药使用量　(吨)	Consumption of Agricultural Chemical(ton)	16.9	23.6	0.1	0.6
地膜使用量　(吨)	Consumption of Plastic Film(ton)				
有效灌溉面积　(公顷)	Effective Irrigated Area(10000 hectares)	1678.4	2261.5		

26-1 续表 25 Continued

指 标	Item	兴海县 Xing hai County	贵南县 Gui nan County	玛沁县 Ma qin County	班玛县 Ban ma County
农作物总播种面积 (公顷)	Total Sown Areas of Farm Crops(hectare)	8832.4	26645.4	89.4	499.3
粮食作物播种面积	Total Sown Areas of Grain Crops(hectare)	3304.0	8299.6	41.2	454.7
#稻谷	Rice				
小麦	Wheat	1123.7	1806.4	4.9	24.7
玉米	Corn		13.3		
大豆	Soja				
油料播种面积	Oil-bearing Crops	4793.6	14159.3	24.5	44.7
棉花播种面积	Cotton				
糖料播种面积	Sugar-bearing				
蔬菜播种面积	Vegetables	13.4	5.7	3.7	
粮食总产量 (吨)	Yield of Crain(ton)	12141	23408	124	1336
#稻谷	Rice				
小麦	Wheat	6245	6600	15	72
玉米	Corn		92		
大豆	Soja				
油料产量	Oil-bearing Crops	5610	16157	66	65
棉花产量	Cotton				
糖料产量	Sugar-bearing				
水果产量	Fruits	268	21		
肉类总产量	Output of Meat	11458	11507	5576	5202
奶类产量	Output of Milk	10512	6857	9067	7620
禽蛋产量	Output of Poultry Eggs	6	27		
蔬菜产量	Output of Vegetables	262	185	51	
水产品产量	Output of Aquatic Products		60		
工业及建筑业	**Industry and Construction**				
规模以上工业企业	Industrial Enterprises above Designated Size				
工业企业数 (个)	Number of Industrial Enterprises(unit)	3	1	4	2
工业总产值(现价) (万元)	Gross Industrial Output Value(current prices)(10 000 yuan)	30254	65	71047	263
内资企业	Domestic Funded	30254	65	71047	263
港、澳、台商投资企业	Funded from Hong Kong,Macao and Taiwan				
外商投资企业	Foreign Funded				
从业人员年平均数 (人)	Number of Employed Persons(person)	906	22	666	43
流动资产年平均余额	Annual Average Balance of Working Capitals	10411.0	18.3	24399.4	51.2
固定资产净值年平均余额	Annual Average Balance of Net Value of Fixed Assets	30272.0	41.6		
产品销售收入	Product Sales Revenue	23609.0	56.0	71791.7	257.5
#产品销售税金及附加	Taxes and Other Charges on Product Saling	38.5	0.3	1333.9	13.1
本年应交增值税	Value-added Tax Payable	2787.5	3.3	6721.9	13.2
利润总额	Total Profits	8628.9	-1.7	20314.1	-146.9
建筑业	Construction				
建筑业企业个数 (个)	Number of ConstructionEnterprises(unit)			4	1
期末从业人员数 (人)	Number of Staff & Workers at Year-end(person)			966	70
建筑业总产值 (万元)	Gross Output Value of Construction(10 000 yuan)			16217	117
交通运输、邮电通讯、能源	**Transportation，Postal，telecommunication and Energy**				
境内公路里程 (公里)	Length of Highways(km)	1301	1100	1509	1036
#高等级公路	Expressway				
境内铁路营业里程 (公里)	Length of Railways in Operation(km)				
境内火车站个数 (个)	Number of Railway Station(unit)				
民用汽车拥有量 (辆)	Possession of Civil Vehicles(unit)	287	560	2959	322
#个人汽车	Possession of Private Vehicles	287	520	2369	274
邮政业务总量 (万元)	Business Volume of Postal Services(10 000 yuan)	88.3	95.9	244.8	122.1
电信业务总量	Business Volume of Telecommunication Services	503.5	448.4	1460.0	230.7
年末本地电话用户 (户)	Number of Subscribers of Fixed Telephone at Year-end(subscriber)	3565	3485	9366	1832
年末住宅电话用户 (户)	Household Fixed Telephone Subscribers at Year-end(subscriber)	2520	2512	4616	1002
#乡村电话用户	Rural Fixed Telephone Subscribers	1233	1319	511	87
移动电话用户数 (户)	Number of Mobile Telephone Subscribers(subscriber)	21868	27636	20000	4200
国际互联网用户 (户)	Number of Internet Users(subscriber)	850	888	1296	377

26-1 续表 26 Continued

指 标	Item	兴海县 Xinghai County	贵南县 Guinan County	玛沁县 Maqin County	班玛县 Banma County
全年用电量(万千瓦时)	Electricity Consumption(10 thousand kw·h)	1665	1860	9529	3
工业用电量	Industrial Electricity Consumption	262	246	9529	
农村用电量	Agricultural Electricity Consumption	1403	1487	120	
贸易、外经、旅游	**Domestic Trade，Foreign Trade and Economic Cooperation and Tourism**				
社会销售品零售总额(万元)	Total Retail Sales of Consumer Goods (10 000 yuan)	12110	16400	9844	2491
限额以上批发零售贸易业商品销售总额(万元)	Total Sales of Enterprises above Designated Size of Wholesale and Retail Trades(10 000 yuan)				
出口总额(万美元)	Total Exports(USD 10 000)				
当年合同外资金额	Contracted Value				
当年实际使用外资金额	Actually Utilized Value				
境内外来资本实际投资额(万元)	Foreign Investment Actually Utilized Value(10 000 yuan)				
星级饭店个数(个)	Number of Star-rated Hotels(unit)				
星级饭店客房总数(间)	Number of Rooms in Star-rated Hotels(unit)				
名胜风景区和文物保护区个数(个)	Number of Places of Interest and Historical Reservations(unit)	1	1		2
固定资产投资(万元)	**Investment in Fixed Assets(10 000 yuan)**				
城镇固定资产投资完成额	Investment in Fixed Assets in Urban Area	59526	15710	33076	15602
城镇新增固定资产	Newly Increased afaixed Assets in Urban Area	27761	10693	16622	9986
城镇固定资产投资项目数(个)	Number of Projects of Investment in Fixed Assets in Urban Area(unit)	48	35	55	41
房地产开发投资完成额	Investment Completed of Enterprises for Real Estate Development				
#住宅	Residential Buildings				
教育、科技、文化、卫生	**Education，Science and Technology，Culture，Sports and Public Health**				
普通中学数(所)	Number of Regular Secondary Schools(unit)	2	3	2	2
小学数(所)	Number of Primary Schools(unit)	9	20	13	13
普通中学专任教师数(人)	Number of Full-time Teachers in Regular Secondary Schools(person)	96	246	134	60
小学专任教师数(人)	Number of Full-time Teachers in Primary Schools(person)	450	519	260	132
普通中学在校学生数(人)	Number of Students Enrollment in Regular Secondary Schools(person)	3431	4183	1598	1144
#女生	Female Students Enrollment in Regular Secondary Schools	1602	2055	482	476
小学在校学生数(人)	Number of Students Enrollment in Primary Schools(person)	8865	8369	5662	2976
#女生	Female Students Enrollment in Primary Schools	4139	4054	2812	1432
学龄儿童入学率(%)	Net Enrollment Rate of School-Age Children(%)	99.8	99.8	99.9	99.6
#女童入学率	Net Enrollment Rate of School-Age Female Children	99.6	99.7	99.7	99.6
初中升学率(%)	Primary School Graduates Entering into Junior Secondary Schools(%)	95	99	100	100
高中升学率(%)	Junior Secondary School Graduates Entering into Senior Secondary Schools(%)	95	92	90	20
高技术产业企业个数(个)	Number of Hi-Tech Industry Enterprises(unit)				
高技术产业总产值(当年价格)(万元)	Total Output Value of Hi-Tech Industry (current prices)(10 000 yuan)				
专业技术人员数(人)	Number of Scientific and Technical Personnel(person)	884	2030	242	330
#农业技术人员	Agriculture	71	30	26	40
农业科技与服务单位个数(个)	Number of Agricultural Scientific and Service Units (unit)	13	10	3	15
全年专利申请数(件)	Number of Patents Application(unit)				
体育场馆数(个)	Number of Stadiums and Gymnasiums(unit)				1
剧场、影剧院数(个)	Number of Theaters and Cinemas(unit)		1		1
公共图书馆图书总藏量(千册)	Total Collections of Public Libraries(1000 volumes)	12.3	18.6		9.0
医院、卫生所数(所)	Number of Hospitals and Health Centers(unit)	9	10	9	14
医院、卫生院床位数(张)	Number of Beds in Hospitals and Health Centers(unit)	110	298	65	58
医院、卫生院卫生技术人员数(人)	Number of Medical Technical Personnel in Hospitals and Health Centers(person)	128	133	130	97
#医生	Number of Certified Doctors	92	110	83	43
卫生防疫人员数(人)	Number of epidemic prevention personnel(person)	25	15	16	15
5岁以下儿童死亡率(‰)	Death Rate of Children under 5 (‰)	21	15	23	20
婴儿死亡率(‰)	Death Rate of Infant (‰)	20.6	13.7	19.2	12.7
产妇住院分娩比例(%)	Proportion of Lying-in Woman Labors in Hospital(%)	82.1	89.3	87.0	91.0

26-1 续表 27 Continued

指　标	Item	兴海县 Xing hai County	贵南县 Gui nan County	玛沁县 Ma qin County	班玛县 Ban ma County
人民生活	**People's Living Conditions**				
城镇在岗职工年平均人数(人)	Number of Staff and Workers in Urban and Rural Areas(person)	2847	5346	6344	1216
城镇在岗职工工资总额(万元)	Total Earning of Staff and Workers in Urban and Rural Areas(10 000 yuan)	11183.9	11668.7	2535.2	4050.4
农村居民人均纯收入(元)	Per Capita Net Income of Rural Households(yuan)	4086.6	3426.6	3872.1	2244.0
农民人均住房面积(平方米)	Per Capita Floor Space of Houses(sq.m)	24.1	16.0	11.1	6.8
农民文化娱乐消费比重(%)	Proportion of Cultural and Recreation Consumption	1.5	4.1	7.6	5.2
农村彩电普及率(%)	Popularizing rate of Color TV Set in Rural Areas(%)	95.0	105.0	22.5	2.5
农村电脑普及率(%)	Popularizing rate of Computer in Rural Areas(%)		2.5		
农村恩格尔系数(%)	Engle Coefficient of Rural Households(%)	48.8	49.1	53.7	57.0
成人文盲率(%)	Illiteracy rate of adult(%)				
人均预期寿命(岁)	Population Life Expectancy(year old)				
农村贫困人口(万人)	Population below the poverty line in Rural Areas(person)				
社会保障(人)	**Social security(person)**				
各种社会福利收养性单位数(个)	Number of Social Welfare and Salvation Institutions(unit)	1	2	3	7
各种社会福利收养性单位床位数(张)	Number of Beds of Social Welfare and Salvation Institutions(unit)	80	40	116	66
参加基本养老保险的职工数	Number of Staff and Workers Participated in Basic Pension Insurance	1323	1162	2233	443
参加基本医疗保险的职工数	Number of Staff and Workers Participated in Basic Medical Care Insurance	3122	2799	6017	1529
参加失业保险人数	Number of Staff and Workers Participated in Unemployment Insurance	1827	1860	2345	832
城镇居民最低生活保障人数	Number of Persons Receiving Minimum Living Allowance in Rural Areas	3410	8070	5331	956
农村居民最低生活保障人数	Number of Persons Receiving Minimum Living Allowance in Urban Areas	5800	5300	3450	2900
农村五保供养人数	Number of Persons Receiving Livelihood Guaranteed in Five Aspects in Rural Areas	325	251		
参加农村新型合作医疗的人数	Rural Cooperative Medical Service Contributors	49683	53968	27470	20274
参加农村社会养老保险的人数	Rural Basic Social Pension Insurance Contributors			26445	
社会治安	**Public Order**				
交通事故件数(件)	Number of Traffic Accides(unit)	10	1	174	2
刑事案件立案数(件)	Number of Criminal Case Registered(case)	58	34	69	17
犯罪人数(人)	Number of offenders(person)	52	49		21
民事案件发案数(件)	Number of civil cases(case)	195	176		46
资源、环境与可持续发展	**Resources，Environment and Sustainable Development**				
行政区域土地面积(平方公里)	Area of Administrative Regions(sq.km)	12182	6650	13307	6139
建成区面积	Area of Built Up Regions(sq.km)	2	2		
建成区绿化覆盖面积	Area of Green Coverage in Built Up Regions(sq.km)	1.8	0.3		
森林面积(公顷)	Area of Forest(hectare)	15416	94500	1	37
当年造林面积(公顷)	Area of Afforestation(hectare)	500	1813		50
退耕造林面积	Area of Grain for Green(hectare)				
年末耕地总资源(公顷)	Area of Arable Land(hectare)	8738.5	21447.9	10.8	981.0
常用耕地面积	Area of Arable Landin Common Usage(hectare)	8738.5	21447.9	10.8	981.0
#水浇地	Area of Irrigable Land(hectare)	1678.4	2261.5		
年内减少耕地面积	Reduction in Area of Cultivated Land(hectare)				
#基建占地	Areas of Land for Construction(hectare)				
退耕还林还草占地	Area of Grain for Green(hectare)				
自然保护区个数(个)	Number of Nature Reserves(unit)				
自然保护区面积(公顷)	Area of Nature Reserves (hectare)				
环境污染治理本年完成投资总额(万元)	Investment Completed in the Treatment of Environmental Pollution(10 thousand yuan)	180	20		
工业二氧化硫排放量(吨)	Volume of Sulphur Dioxide Emission(ton)	17	5		
工业废水排放量达标率(%)	Volume of Waste Water up to the Discharge Standards(ton)	100	100		
工业烟尘排放量达标率(%)	Volume of Industrial Soot up to the Discharge Standards(ton)	75	100		100
城镇生活污水处理率(%)	Disposal Rate of Waste Water in Urban Areas(%)	100	100		100
污水处理厂数(座)	Number of Sewage Treatment Works (unit)	1	1		
垃圾处理站数(个)	Number of Biohazard Waste (unit)	1	1	1	1

26-1 续表 28 Continued

指标	Item	甘德县 Gan de County	达日县 Da ri County	久治县 Jiu zhi County	玛多县 Ma duo County
乡村基本情况	**Basic Conditions of Township**				
乡(镇)个数 (个)	Number of Township and Town Governments(unit)	7	10	6	4
建制镇个数	Number of Town Governments	1	1	1	2
镇区占地面积 (公顷)	Area of Township(hectare)	415	276	200	35
镇区总人口 (人)	Population of Township(person)	33	48	76	779
村民委员会个数 (个)	Number of Villagers'Committees(unit)	36	33	22	30
自来水受益村	Number of Township Benefits From Tap Water	12		6	1
通电话的村	Number of Township Uses Telephone	12		6	30
通有线电视的村	Number of Township Has Cable Television	2		1	2
人口与就业	**Population and Employment**				
年末总人口 (万人)	Total Population(year-end)(10000 persons)	2.8	3.1	2.2	1.3
#女	Population of Female	1.4	1.6	1.1	0.7
当年出生人口 (人)	Newborn Population(person)	156	724	150	384
当年死亡人口 (人)	Dead Population(person)	43	146	125	147
常住人口 (万人)	Permanent Population(10000 persons)				
乡村人口 (万人)	Rural Population(10000 persons)	2.6	2.3	1.9	1.1
年末总户数 (户)	Number of Households(year-end)(household)	7815	10560	5265	4931
#乡村户数	Number of Rural Households	6342	5810	4565	3412
年末单位从业人员数 (人)	Number of Employed Persons in Units at Year-end(person)	1152	1190	1228	1179
#女	Number of Female Employed Persons at Year-end	395	438	389	276
#第二产业	Number of Employed Persons of Secondary Industry	27	5	34	59
第三产业	Number of Employed Persons of Tertiary Industry	1000	1125	1122	1035
乡村从业人员数 (人)	Number of Employed Persons in Rural Areas(person)	12514	10164	8022	5897
#农林牧渔业	Number of Employed Persons of Agriculture，Forestry，Animal Husbandry and Fishery in Rural Areas	12033	9860	7628	5897
城镇登记失业人员数 (人)	Number of Registered Employed Persons in Urban Area by Region(person)	98	110	72	74
综合经济	**Economy of Integration**				
地区生产总值 (万元)	**Area total output value(10 000 yuan)**	**9939**	**12745**	**11796**	**7507**
第一产业增加值	Value-added of the Primary Industry	5380	5207	6352	3783
农业	Agriculture	610	1424	1320	
林业	Forestry				
牧业	Animal Husbandry	4685	3523	4809	3549
渔业	Fishery				
农林牧渔服务业	Services in Support of Agriculture	85	260	223	234
第二产业增加值	Value-added of the Secondary Industry	2379	4050	2822	1913
#工业	Industry	199	562	200	102
第三产业增加值	Value-added of the Tertiary Industry	2180	3488	2622	1811
财政、金融 (万元)	**Finances and Economy(10 000 yuan)**				
财政总收入	Total Government Revenue	20518	16839	17137	15074
#地方财政一般预算收入	General Budgetary Financial Revenue in Local Financial Revenue	281	440	274	244
各项税收	Taxation	49	126	52	56
地方财政一般预算支出	General Budgetary Financial Expenditures in Local Financial Expenditures	16725	19029	14606	16198
#农林水事务支出	Expenditures for Agriculture Forestry and Water Conservancy	1130	2125	1098	1700
科学技术支出	Expenditures for Science and Technology				
医疗卫生支出	Expenditures for Medical and Health Care	1477	1117	1396	899
教育支出	Expenditures for Education	4464	4505	2976	1715
年末金融机构各项存款余额	Deposits of all the Financial Institutes	2850	18420	15948	13617
#城乡居民储蓄存款余额	Urban and Rural Household Savings Deposits	2476	3311	11378	1901
年末金融机构各项贷款余额	Loans of all the Financial Institutes		2032	500	185
#农业贷款	Loans to Agriculture Sector	1734	464		
农业	**Agriculture**				
生产条件	Condition for Agricultural Production				
农业机械总动力 (万千瓦特)	Total Power of Agriculture Machinery(10000 KW)	0.4	0.3	0.4	0.3
化肥使用量(折纯量) (吨)	Consumption of Chemical Fertilizers(ton)				
农药使用量 (吨)	Consumption of Agricultural Chemical(ton)				
地膜使用量 (吨)	Consumption of Plastic Film(ton)				
有效灌溉面积 (公顷)	Effective Irrigated Area(10000 hectares)				

26-1　续表 29　Continued

指　标	Item	甘德县 Gan de County	达日县 Da ri County	久治县 Jiu zhi County	玛多县 Ma duo County
农作物总播种面积　(公顷)	Total Sown Areas of Farm Crops(hectare)				
粮食作物播种面积	Total Sown Areas of Grain Crops				
#稻谷	Rice				
小麦	Wheat				
玉米	Corn				
大豆	Soja				
油料播种面积	Oil-bearing Crops				
棉花播种面积	Cotton				
糖料播种面积	Sugar-bearing				
蔬菜播种面积	Vegetables				
粮食总产量　(吨)	Yield of Crain(ton)				
#稻谷	Rice				
小麦	Wheat				
玉米	Corn				
大豆	Soja				
油料产量	Oil-bearing Crops				
棉花产量	Cotton				
糖料产量	Sugar-bearing				
水果产量	Fruits				
肉类总产量	Output of Meat	4921	3259	4408	1419
奶类产量	Output of Milk	4130	4479	5130	3342
禽蛋产量	Output of Poultry Eggs				
蔬菜产量	Output of Vegetables				
水产品产量	Output of Aquatic Products				
工业及建筑业	**Industry and Construction**				
规模以上工业企业	Industrial Enterprises above Designated Size				
工业企业数　(个)	Number of Industrial Enterprises(unit)	1	1	2	3
工业总产值(现价)　(万元)	Gross Industrial Output Value(current prices)(10 000 yuan)	290.3	30.8	90.8	56.1
内资企业	Domestic Funded	290.3	30.8	90.8	56.1
港、澳、台商投资企业	Funded from Hong Kong,Macao and Taiwan				
外商投资企业	Foreign Funded				
从业人员年平均数　(人)	Number of Employed Persons(person)	23	5	34	26
流动资产年平均余额	Annual Average Balance of Working Capitals	619.3	3.2	34.7	23.9
固定资产净值年平均余额	Annual Average Balance of Net Value of Fixed Assets				
产品销售收入	Product Sales Revenue	535.9	30.8	78.3	73.8
#产品销售税金及附加	Taxes and Other Charges on Product Saling			4.1	0.8
本年应交增值税	Value-added Tax Payable	47.2	0.1	4.5	0.2
利润总额	Total Profits	0.4	3.0	-5.3	4.0
建筑业	Construction				
建筑业企业个数　(个)	Number of ConstructionEnterprises(unit)				
期末从业人员数　(人)	Number of Staff & Workers at Year-end(person)				
建筑业总产值　(万元)	Gross Output Value of Construction(10 000 yuan)				
交通运输、邮电通讯、能源	**Transportation，Postal，telecommunication and Energy**				
境内公路里程　(公里)	Length of Highways(km)	982	1251	931	1379
#高等级公路	Expressway				
境内铁路营业里程　(公里)	Length of Railways in Operation(km)				
境内火车站个数　(个)	Number of Railway Station(unit)				
民用汽车拥有量　(辆)	Possession of Civil Vehicles(unit)	598	620	333	195
#个人汽车	Possession of Private Vehicles	533	563	263	180
邮政业务总量　(万元)	Business Volume of Postal Services(10 000 yuan)	52	111	65	27
电信业务总量	Business Volume of Telecommunication Services	165	275	244	176
年末本地电话用户　(户)	Number of Subscribers of Fixed Telephone at Year-end(subscriber)	1527	2238	2332	1230
年末住宅电话用户　(户)	Household Fixed Telephone Subscribers at Year-end(subscriber)	826	1031	1233	692
#乡村电话用户	Rural Fixed Telephone Subscribers			1	1
移动电话用户数　(户)	Number of Mobile Telephone Subscribers(subscriber)	2700	8000	4100	2000
国际互联网用户　(户)	Number of Internet Users(subscriber)	390	382	319	304

26-1 续表 30 Continued

指 标	Item	甘德县 Gande County	达日县 Dari County	久治县 Jiuzhi County	玛多县 Maduo County
全年用电量(万千瓦时)	Electricity Consumption(10 thousand kw·h)	7.6	5.9	13.0	8.9
工业用电量	Industrial Electricity Consumption		5.9	13.0	
农村用电量	Agricultural Electricity Consumption				
贸易、外经、旅游	**Domestic Trade，Foreign Trade and Economic Cooperation and Tourism**				
社会销售品零售总额(万元)	Total Retail Sales of Consumer Goods (10 000 yuan)	2243	2501	3729	2654
限额以上批发零售贸易业商品销售总额(万元)	Total Sales of Enterprises above Designated Size of Wholesale and Retail Trades(10 000 yuan)				
出口总额(万美元)	Total Exports(USD 10 000)				
当年合同外资金额	Contracted Value				
当年实际使用外资金额	Actually Utilized Value				
境内外来资本实际投资额(万元)	Foreign Investment Actually Utilized Value(10 000 yuan)				
星级饭店个数(个)	Number of Star-rated Hotels(unit)				
星级饭店客房总数(间)	Number of Rooms in Star-rated Hotels(unit)				
名胜风景区和文物保护区个数(个)	Number of Places of Interest and Historical Reservations(unit)			2	9
固定资产投资(万元)	**Investment in Fixed Assets(10 000 yuan)**				
城镇固定资产投资完成额	Investment in Fixed Assets in Urban Area	11191	22545	15606	10778
城镇新增固定资产	Newly Increased afaixed Assets in Urban Area	5140	12005	10360	6501
城镇固定资产投资项目数(个)	Number of Projects of Investment in Fixed Assets in Urban Area(unit)	29	30	47	49
房地产开发投资完成额	Investment Completed of Enterprises for Real Estate Development				
#住宅	Residential Buildings				
教育、科技、文化、卫生	**Education，Science and Technology，Culture，Sports and Public Health**				
普通中学数(所)	Number of Regular Secondary Schools(unit)	2	2	2	2
小学数(所)	Number of Primary Schools(unit)	6	11	7	4
普通中学专任教师数(人)	Number of Full-time Teachers in Regular Secondary Schools(person)	63	44	58	25
小学专任教师数(人)	Number of Full-time Teachers in Primary Schools(person)	133	186	140	76
普通中学在校学生数(人)	Number of Students Enrollment in Regular Secondary Schools(person)	1196	1009	1247	720
#女生	Female Students Enrollment in Regular Secondary Schools	830	442	685	366
小学在校学生数(人)	Number of Students Enrollment in Primary Schools(person)	3840	4236	2996	1693
#女生	Female Students Enrollment in Primary Schools	1784	2011	1940	810
学龄儿童入学率(%)	Net Enrollment Rate of School-Age Children(%)	99.4	99.4	99.7	100.0
#女童入学率	Net Enrollment Rate of School-Age Female Children	98.9	99.2	99.8	100.0
初中升学率(%)	Primary School Graduates Entering into Junior Secondary Schools(%)	78.0	96.3	100.0	100.0
高中升学率(%)	Junior Secondary School Graduates Entering into Senior Secondary Schools(%)				
高技术产业企业个数(个)	Number of Hi-Tech Industry Enterprises(unit)				
高技术产业总产值(当年价格)(万元)	Total Output Value of Hi-Tech Industry (current prices)(10 000 yuan)				
专业技术人员数(人)	Number of Scientific and Technical Personnel(person)	359	429	626	248
#农业技术人员	Agriculture	48	67	87	26
农业科技与服务单位个数(个)	Number of Agricultural Scientific and Service Units (unit)	1	2	17	3
全年专利申请数(件)	Number of Patents Application(unit)				
体育场馆数(个)	Number of Stadiums and Gymnasiums(unit)				
剧场、影剧院数(个)	Number of Theaters and Cinemas(unit)	1			1
公共图书馆图书总藏量(千册)	Total Collections of Public Libraries(1000 volumes)		8		8
医院、卫生所数(所)	Number of Hospitals and Health Centers(unit)	10	12	7	5
医院、卫生院床位数(张)	Number of Beds in Hospitals and Health Centers(unit)	96	30	85	46
医院、卫生院卫生技术人员数(人)	Number of Medical Technical Personnel in Hospitals and Health Centers(person)	89	67	135	69
#医生	Number of Certified Doctors	34	22	49	27
卫生防疫人员数(人)	Number of epidemic prevention personnel(person)	10		14	12
5岁以下儿童死亡率(‰)	Death Rate of Children under 5 (‰)	38.0	37.4	79.5	23.7
婴儿死亡率(‰)	Death Rate of Infant (‰)	33.0	28.6	35.9	9.3
产妇住院分娩比例(%)	Proportion of Lying-in Woman Labors in Hospital(%)	83.0	82.8	67.8	75.0

26-1 续表 31 Continued

指 标	Item	甘德县 Gan de County	达日县 Da ri County	久治县 Jiu zhi County	玛多县 Ma duo County
人民生活	**People's Living Conditions**				
城镇在岗职工年平均人数(人)	Number of Staff and Workers in Urban and Rural Areas(person)	1152	1199	1171	1179
城镇在岗职工工资总额(万元)	Total Earning of Staff and Workers in Urban and Rural Areas(10 000 yuan)	3975.5	4131.4	3526.1	3963.3
农村居民人均纯收入(元)	Per Capita Net Income of Rural Households(yuan)	1903.4	1721.2	2171.0	2370.7
农民人均住房面积(平方米)	Per Capita Floor Space of Houses(sq.m)	5.3	19.1	5.9	9.0
农民文化娱乐消费比重(%)	Proportion of Cultural and Recreation Consumption	4.8	0.0	3.1	10.6
农村彩电普及率(%)	Popularizing rate of Color TV Set in Rural Areas(%)				7.5
农村电脑普及率(%)	Popularizing rate of Computer in Rural Areas(%)				
农村恩格尔系数(%)	Engle Coefficient of Rural Households(%)	51.3	53.8	52.0	57.7
成人文盲率(%)	Illiteracy rate of adult(%)				
人均预期寿命(岁)	Population Life Expectancy(year old)				
农村贫困人口(万人)	Population below the poverty line in Rural Areas(person)				
社会保障(人)	**Social security(person)**				
各种社会福利收养性单位数(个)	Number of Social Welfare and Salvation Institutions(unit)	7	13	7	2
各种社会福利收养性单位床位数(张)	Number of Beds of Social Welfare and Salvation Institutions(unit)	104	141	114	75
参加基本养老保险的职工数	Number of Staff and Workers Participated in Basic Pension Insurance	531	277	435	615
参加基本医疗保险的职工数	Number of Staff and Workers Participated in Basic Medical Care Insurance	1253	1483	1144	1260
参加失业保险人数	Number of Staff and Workers Participated in Unemployment Insurance	646	442	525	525
城镇居民最低生活保障人数	Number of Persons Receiving Minimum Living Allowance in Rural Areas	545	774	586	617
农村居民最低生活保障人数	Number of Persons Receiving Minimum Living Allowance in Urban Areas	3350	3350	3000	2250
农村五保供养人数	Number of Persons Receiving Livelihood Guaranteed in Five Aspects in Rural Areas				
参加农村新型合作医疗的人数	Rural Cooperative Medical Service Contributors	25754	22445	20757	10441
参加农村社会养老保险的人数	Rural Basic Social Pension Insurance Contributors				
社会治安	**Public Order**				
交通事故件数(件)	Number of Traffic Accides(unit)	10	15	5	97
刑事案件立案数(件)	Number of Criminal Case Registered(case)	13	16	8	8
犯罪人数(人)	Number of offenders(person)	19	17	5	5
民事案件发案数(件)	Number of civil cases(case)		9	5	5
资源、环境与可持续发展	**Resources，Environment and Sustainable Development**				
行政区域土地面积(平方公里)	Area of Administrative Regions(sq.km)	7046	14630	8708	26541
建成区面积	Area of Built Up Regions(sq.km)				
建成区绿化覆盖面积	Area of Green Coverage in Built Up Regions(sq.km)				
森林面积(公顷)	Area of Forest(hectare)				
当年造林面积(公顷)	Area of Afforestation(hectare)				
退耕造林面积	Area of Grain for Green(hectare)				
年末耕地总资源(公顷)	Area of Arable Land(hectare)				
常用耕地面积	Area of Arable Landin Common Usage(hectare)				
#水浇地	Area of Irrigable Land(hectare)				
年内减少耕地面积	Reduction in Area of Cultivated Land(hectare)				
#基建占地	Areas of Land for Construction(hectare)				
退耕还林还草占地	Area of Grain for Green(hectare)				
自然保护区个数(个)	Number of Nature Reserves(unit)				
自然保护区面积(公顷)	Area of Nature Reserves (hectare)				
环境污染治理本年完成投资总额(万元)	Investment Completed in the Treatment of Environmental Pollution(10 thousand yuan)				
工业二氧化硫排放量(吨)	Volume of Sulphur Dioxide Emission(ton)				
工业废水排放量达标率(%)	Volume of Waste Water up to the Discharge Standards(ton)				
工业烟尘排放量达标率(%)	Volume of Industrial Soot up to the Discharge Standards(ton)				
城镇生活污水处理率(%)	Disposal Rate of Waste Water in Urban Areas(%)				
污水处理厂数(座)	Number of Sewage Treatment Works (unit)				
垃圾处理站数(个)	Number of Biohazard Waste (unit)	1	1	2	

26-1 续表 32 Continued

指 标		Item	玉树县 Yu shu County	杂多县 Za duo County	称多县 Cheng duo County	治多县 Zhi duo County
乡村基本情况		**Basic Conditions of Township**				
乡(镇)个数	(个)	Number of Township and Town Governments(unit)	9	8	7	6
建制镇个数		Number of Town Governments	2	1	4	1
镇区占地面积	(公顷)	Area of Township(hectare)	3601	12	38	26
镇区总人口	(人)	Population of Township(person)	4098	360	7951	486
村民委员会个数	(个)	Number of Villagers'Committees(unit)	62	31	57	20
自来水受益村		Number of Township Benefits From Tap Water	7		7	
通电话的村		Number of Township Uses Telephone	45			2
通有线电视的村		Number of Township Has Cable Television	7		3	
人口与就业		**Population and Employment**				
年末总人口	(万人)	Total Population(year-end)(10000 persons)	9.5	5.3	5.6	3.1
#女		Population of Female	4.8	2.6	2.5	1.5
当年出生人口	(人)	Newborn Population(person)	1504	2670	2247	440
当年死亡人口	(人)	Dead Population(person)	319	236	1332	187
常住人口	(万人)	Permanent Population(10000 persons)				
乡村人口	(万人)	Rural Population(10000 persons)	7.5	4.8	5.1	2.6
年末总户数	(户)	Number of Households(year-end)(household)	34835	15431	17518	10119
#乡村户数		Number of Rural Households	18134	11106	13348	7198
年末单位从业人员数	(人)	Number of Employed Persons in Units at Year-end(person)	6682	1549	1869	1647
#女		Number of Female Employed Persons at Year-end	2697	499	649	557
#第二产业		Number of Employed Persons of Secondary Industry	248	39	45	90
第三产业		Number of Employed Persons of Tertiary Industry	6138	1464	1646	1468
乡村从业人员数	(人)	Number of Employed Persons in Rural Areas(person)	38038	23379	24103	13065
#农林牧渔业		Number of Employed Persons of Agriculture, Forestry, Animal Husbandry and Fishery in Rural Areas	35805	23087	23290	13042
城镇登记失业人员数	(人)	Number of Registered Employed Persons in Urban Area by Region(person)				
综合经济		**Economy of Integration**				
地区生产总值	**(万元)**	**Area total output value(10 000 yuan)**	**46757.5**	**48409.4**	**27601.3**	**32737.7**
第一产业增加值		Value-added of the Primary Industry	31044.5	38111.4	15940.3	24357.7
农业		Agriculture	2514.3	20441.6	1273.0	2482.2
林业		Forestry	548.8		15.5	
牧业		Animal Husbandry	27730.1	17408.3	14380.4	21651.8
渔业		Fishery				
农林牧渔服务业		Services in Support of Agriculture	251.2	261.5	271.5	223.7
第二产业增加值		Value-added of the Secondary Industry	7658	6066	5964	3596
#工业		Industry	2308	158	189	160
第三产业增加值		Value-added of the Tertiary Industry	8055	4232	5697	4784
财政、金融	**(万元)**	**Finances and Economy(10 000 yuan)**				
财政总收入		Total Government Revenue	37303	313	24517	21391
#地方财政一般预算收入		General Budgetary Financial Revenue in Local Financial Revenue	2747	313	415	306
各项税收		Taxation	2311	244	361	281
地方财政一般预算支出		General Budgetary Financial Expenditures in Local Financial Expenditures	36264		24517	21536
#农林水事务支出		Expenditures for Agriculture Forestry and Water Conservancy	5097		3073	2689
科学技术支出		Expenditures for Science and Technology	99		85	4
医疗卫生支出		Expenditures for Medical and Health Care	1711		1675	1174
教育支出		Expenditures for Education	7855		5346	
年末金融机构各项存款余额		Deposits of all the Financial Institutes			12676	13000
#城乡居民储蓄存款余额		Urban and Rural Household Savings Deposits			2466	3000
年末金融机构各项贷款余额		Loans of all the Financial Institutes			2376	7000
#农业贷款		Loans to Agriculture Sector			1663	7000
农业		**Agriculture**				
生产条件		Condition for Agricultural Production				
农业机械总动力	(万千瓦特)	Total Power of Agriculture Machinery(10000 KW)	3.5	0.4	3.1	0.5
化肥使用量(折纯量)	(吨)	Consumption of Chemical Fertilizers(ton)	108		16	
农药使用量	(吨)	Consumption of Agricultural Chemical(ton)	1.8		0.7	
地膜使用量	(吨)	Consumption of Plastic Film(ton)				
有效灌溉面积	(公顷)	Effective Irrigated Area(10000 hectares)	570			

26-1 续表 33 Continued

指 标	Item	玉树县 Yushu County	杂多县 Zaduo County	称多县 Chengduo County	治多县 Zhiduo County
农作物总播种面积 (公顷)	Total Sown Areas of Farm Crops(hectare)	3556.3		2119.0	
粮食作物播种面积	Total Sown Areas of Grain Crops(hectare)	2816.3		1616.9	
#稻谷	Rice				
小麦	Wheat			3.3	
玉米	Corn				
大豆	Soja				
油料播种面积	Oil-bearing Crops	53.3		122.0	
棉花播种面积	Cotton				
糖料播种面积	Sugar-bearing				
蔬菜播种面积	Vegetables	166.7		63.8	
粮食总产量 (吨)	Yield of Crain(ton)	6196		3163	
#稻谷	Rice				
小麦	Wheat			5	
玉米	Corn				
大豆	Soja				
油料产量	Oil-bearing Crops	62		100	
棉花产量	Cotton				
糖料产量	Sugar-bearing				
水果产量	Fruits				
肉类总产量	Output of Meat	6712	3328	3737	6101
奶类产量	Output of Milk	21145	14724	6766	8866
禽蛋产量	Output of Poultry Eggs				
蔬菜产量	Output of Vegetables	1013		385	
水产品产量	Output of Aquatic Products				
工业及建筑业	**Industry and Construction**				
规模以上工业企业	Industrial Enterprises above Designated Size				
工业企业数 (个)	Number of Industrial Enterprises(unit)				1
工业总产值(现价) (万元)	Gross Industrial Output Value(current prices)(10 000 yuan)				55
内资企业	Domestic Funded				55
港、澳、台商投资企业	Funded from Hong Kong,Macao and Taiwan				
外商投资企业	Foreign Funded				
从业人员年平均数 (人)	Number of Employed Persons(person)				28
流动资产年平均余额	Annual Average Balance of Working Capitals				3160
固定资产净值年平均余额	Annual Average Balance of Net Value of Fixed Assets				
产品销售收入	Product Sales Revenue				
#产品销售税金及附加	Taxes and Other Charges on Product Saling				
本年应交增值税	Value-added Tax Payable				
利润总额	Total Profits				
建筑业	Construction				
建筑业企业个数 (个)	Number of ConstructionEnterprises(unit)	4			
期末从业人员数 (人)	Number of Staff & Workers at Year-end(person)	187			
建筑业总产值 (万元)	Gross Output Value of Construction(10 000 yuan)	1179			
交通运输、邮电通讯、能源	**Transportation，Postal，telecommunication and Energy**				
境内公路里程 (公里)	Length of Highways(km)	339	339	339	339
#高等级公路	Expressway				
境内铁路营业里程 (公里)	Length of Railways in Operation(km)				
境内火车站个数 (个)	Number of Railway Station(unit)				
民用汽车拥有量 (辆)	Possession of Civil Vehicles(unit)	3500	60	1200	3000
#个人汽车	Possession of Private Vehicles	1500	60	800	1000
邮政业务总量 (万元)	Business Volume of Postal Services(10 000 yuan)		96.8		76.8
电信业务总量	Business Volume of Telecommunication Services				247.7
年末本地电话用户 (户)	Number of Subscribers of Fixed Telephone at Year-end(subscriber)	2500	2000	1800	1500
年末住宅电话用户 (户)	Household Fixed Telephone Subscribers at Year-end(subscriber)		1500	1800	1343
#乡村电话用户	Rural Fixed Telephone Subscribers				30
移动电话用户数 (户)	Number of Mobile Telephone Subscribers(subscriber)	13500	8200	8000	960
国际互联网用户 (户)	Number of Internet Users(subscriber)				380

26-1 续表 34 Continued

指　标	Item	玉树县 Yu shu County	杂多县 Za duo County	称多县 Cheng duo County	治多县 Zhi duo County
全年用电量(万千瓦时)	Electricity Consumption(10 thousand kw·h)	92	12	788	
工业用电量	Industrial Electricity Consumption		9		
农村用电量	Agricultural Electricity Consumption	92		260	
贸易、外经、旅游	**Domestic Trade，Foreign Trade and Economic Cooperation and Tourism**				
社会销售品零售总额(万元)	Total Retail Sales of Consumer Goods (10 000 yuan)	19556	3166	3479	3780
限额以上批发零售贸易业商品销售总额(万元)	Total Sales of Enterprises above Designated Size of Wholesale and Retail Trades(10 000 yuan)				
出口总额(万美元)	Total Exports(USD 10 000)				
当年合同外资金额	Contracted Value				
当年实际使用外资金额	Actually Utilized Value				
境内外来资本实际投资额(万元)	Foreign Investment Actually Utilized Value(10 000 yuan)				
星级饭店个数(个)	Number of Star-rated Hotels(unit)				
星级饭店客房总数(间)	Number of Rooms in Star-rated Hotels(unit)				
名胜风景区和文物保护区个数(个)	Number of Places of Interest and Historical Reservations(unit)				
固定资产投资(万元)	**Investment in Fixed Assets(10 000 yuan)**				
城镇固定资产投资完成额	Investment in Fixed Assets in Urban Area	47503		32031	16800
城镇新增固定资产	Newly Increased afaixed Assets in Urban Area	47503		29487	16800
城镇固定资产投资项目数(个)	Number of Projects of Investment in Fixed Assets in Urban Area(unit)	66		17	23
房地产开发投资完成额	Investment Completed of Enterprises for Real Estate Development				
#住宅	Residential Buildings				
教育、科技、文化、卫生	**Education，Science and Technology，Culture，Sports and Public Health**				
普通中学数(所)	Number of Regular Secondary Schools(unit)	7	1	6	1
小学数(所)	Number of Primary Schools(unit)	50	16	34	12
普通中学专任教师数(人)	Number of Full-time Teachers in Regular Secondary Schools(person)	308	34	100	22
小学专任教师数(人)	Number of Full-time Teachers in Primary Schools(person)	630	115	282	103
普通中学在校学生数(人)	Number of Students Enrollment in Regular Secondary Schools(person)	3159	2432	2793	609
#女生	Female Students Enrollment in Regular Secondary Schools	1548	1143	1307	239
小学在校学生数(人)	Number of Students Enrollment in Primary Schools(person)	16622	6453	6930	4550
#女生	Female Students Enrollment in Primary Schools	7995	2944	3281	2201
学龄儿童入学率(%)	Net Enrollment Rate of School-Age Children(%)	99.0	98.0	99.7	98.5
#女童入学率	Net Enrollment Rate of School-Age Female Children	99.0	98.0	97.0	98.7
初中升学率(%)	Primary School Graduates Entering into Junior Secondary Schools(%)	100.0	82.0	85.5	80.2
高中升学率(%)	Junior Secondary School Graduates Entering into Senior Secondary Schools(%)	80.0			
高技术产业企业个数(个)	Number of Hi-Tech Industry Enterprises(unit)				
高技术产业总产值(当年价格)(万元)	Total Output Value of Hi-Tech Industry (current prices)(10 000 yuan)				
专业技术人员数(人)	Number of Scientific and Technical Personnel(person)				
#农业技术人员	Agriculture				
农业科技与服务单位个数(个)	Number of Agricultural Scientific and Service Units (unit)				
全年专利申请数(件)	Number of Patents Application(unit)				
体育场馆数(个)	Number of Stadiums and Gymnasiums(unit)				
剧场、影剧院数(个)	Number of Theaters and Cinemas(unit)			1	
公共图书馆图书总藏量(千册)	Total Collections of Public Libraries(1000 volumes)				
医院、卫生所数(所)	Number of Hospitals and Health Centers(unit)	11	11	11	12
医院、卫生院床位数(张)	Number of Beds in Hospitals and Health Centers(unit)	111	65	65	52
医院、卫生院卫生技术人员数(人)	Number of Medical Technical Personnel in Hospitals and Health Centers(person)	107	82	250	72
#医生	Number of Certified Doctors	43	42	64	63
卫生防疫人员数(人)	Number of epidemic prevention personnel(person)	17	13	23	9
5岁以下儿童死亡率(‰)	Death Rate of Children under 5 (‰)	3.6	0.3		0.6
婴儿死亡率(‰)	Death Rate of Infant (‰)	10.1	5.5	1.1	5.0
产妇住院分娩比例(%)	Proportion of Lying-in Woman Labors in Hospital(%)	75.9	30.0	71.0	97.0

26-1 续表 35 Continued

指 标	Item	玉树县 Yu shu County	杂多县 Za duo County	称多县 Cheng duo County	治多县 Zhi duo County
人民生活	**People's Living Conditions**				
城镇在岗职工年平均人数(人)	Number of Staff and Workers in Urban and Rural Areas(person)	5920	1519	1448	1389
城镇在岗职工工资总额(万元)	Total Earning of Staff and Workers in Urban and Rural Areas(10 000 yuan)	26671	5330	4248	5008
农村居民人均纯收入(元)	Per Capita Net Income of Rural Households(yuan)	2630	2521	2033	2695
农民人均住房面积(平方米)	Per Capita Floor Space of Houses(sq.m)	12.0	18.3	12.0	16.8
农民文化娱乐消费比重(%)	Proportion of Cultural and Recreation Consumption	0.1	0.8	4.0	1.3
农村彩电普及率(%)	Popularizing rate of Color TV Set in Rural Areas(%)	17.5	22.5	22.5	82.5
农村电脑普及率(%)	Popularizing rate of Computer in Rural Areas(%)				
农村恩格尔系数(%)	Engle Coefficient of Rural Households(%)	81.6	79.6	80.7	81.0
成人文盲率(%)	Illiteracy rate of adult(%)				
人均预期寿命(岁)	Population Life Expectancy(year old)				
农村贫困人口(万人)	Population below the poverty line in Rural Areas(person)				
社会保障(人)	**Social security(person)**				
各种社会福利收养性单位数(个)	Number of Social Welfare and Salvation Institutions(unit)	1			3
各种社会福利收养性单位床位数(张)	Number of Beds of Social Welfare and Salvation Institutions(unit)	23			161
参加基本养老保险的职工数	Number of Staff and Workers Participated in Basic Pension Insurance	2000	328	775	609
参加基本医疗保险的职工数	Number of Staff and Workers Participated in Basic Medical Care Insurance	8487	1451	2220	1778
参加失业保险人数	Number of Staff and Workers Participated in Unemployment Insurance	3334	436	997	588
城镇居民最低生活保障人数	Number of Persons Receiving Minimum Living Allowance in Rural Areas	4576	1297	1381	1080
农村居民最低生活保障人数	Number of Persons Receiving Minimum Living Allowance in Urban Areas	8827	6050	6661	4453
农村五保供养人数	Number of Persons Receiving Livelihood Guaranteed in Five Aspects in Rural Areas				
参加农村新型合作医疗的人数	Rural Cooperative Medical Service Contributors	68387	43813	41672	24936
参加农村社会养老保险的人数	Rural Basic Social Pension Insurance Contributors	44495			
社会治安	**Public Order**				
交通事故件数(件)	Number of Traffic Accides(unit)	116	16	7	
刑事案件立案数(件)	Number of Criminal Case Registered(case)	180	21	12	3
犯罪人数(人)	Number of offenders(person)	280	32	13	4
民事案件发案数(件)	Number of civil cases(case)	310	109	97	88
资源、环境与可持续发展	**Resources，Environment and Sustainable Development**				
行政区域土地面积(平方公里)	Area of Administrative Regions(sq.km)	17596	34171	14744	80040
建成区面积	Area of Built Up Regions(sq.km)				
建成区绿化覆盖面积	Area of Green Coverage in Built Up Regions(sq.km)				
森林面积(公顷)	Area of Forest(hectare)				
当年造林面积(公顷)	Area of Afforestation(hectare)	645			
退耕造林面积	Area of Grain for Green(hectare)				
年末耕地总资源(公顷)	Area of Arable Land(hectare)	3662.7	2.9	2084.5	
常用耕地面积	Area of Arable Landin Common Usage(hectare)	3662.7	2.9	2084.5	
#水浇地	Area of Irrigable Land(hectare)	573.9			
年内减少耕地面积	Reduction in Area of Cultivated Land(hectare)				
#基建占地	Areas of Land for Construction(hectare)				
退耕还林还草占地	Area of Grain for Green(hectare)				
自然保护区个数(个)	Number of Nature Reserves(unit)	1			1
自然保护区面积(千公顷)	Area of Nature Reserves (1 000 hectares)	10000			4500000
环境污染治理本年完成投资总额(万元)	Investment Completed in the Treatment of Environmental Pollution(10 thousand yuan)				
工业二氧化硫排放量(吨)	Volume of Sulphur Dioxide Emission(ton)				
工业废水排放量达标率(%)	Volume of Waste Water up to the Discharge Standards(ton)				
工业烟尘排放量达标率(%)	Volume of Industrial Soot up to the Discharge Standards(ton)				
城镇生活污水处理率(%)	Disposal Rate of Waste Water in Urban Areas(%)				
污水处理厂数(座)	Number of Sewage Treatment Works (unit)				
垃圾处理站数(个)	Number of Biohazard Waste (unit)	1			

26—1 续表 36 Continued

指 标	Item	囊谦县 Nang qian County	曲麻莱县 Quma lai County	格尔木市 Geer mu City
乡村基本情况	**Basic Conditions of Township**			
乡(镇)个数 (个)	Number of Township and Town Governments(unit)	10	6	4
建制镇个数	Number of Town Governments	1	1	2
镇区占地面积 (公顷)	Area of Township(hectare)	51	8	150
镇区总人口 (人)	Population of Township(person)	1093	238	28996
村民委员会个数 (个)	Number of Villagers'Committees(unit)	69	19	42
自来水受益村	Number of Township Benefits From Tap Water	29		21
通电话的村	Number of Township Uses Telephone	58		34
通有线电视的村	Number of Township Has Cable Television	1		18
人口与就业	**Population and Employment**			
年末总人口 (万人)	Total Population(year-end)(10000 persons)	9.3	2.9	12.1
#女	Population of Female	4.7	1.4	5.9
当年出生人口 (人)	Newborn Population(person)	729	1978	1154
当年死亡人口 (人)	Dead Population(person)	311	402	303
常住人口 (万人)	Permanent Population(10000 persons)			
乡村人口 (万人)	Rural Population(10000 persons)	7.7	2.5	2.4
年末总户数 (户)	Number of Households(year-end)(household)	23165	9827	46307
#乡村户数	Number of Rural Households	17419	6587	6050
年末单位从业人员数 (人)	Number of Employed Persons in Units at Year-end(person)	2206	1925	24342
#女	Number of Female Employed Persons at Year-end	540	616	9721
第二产业	Number of Employed Persons of Secondary Industry	54	46	14482
第三产业	Number of Employed Persons of Tertiary Industry	2071	1809	9448
乡村从业人员数 (人)	Number of Employed Persons in Rural Areas(person)	32392	12130	15488
#农林牧渔业	Number of Employed Persons of Agriculture，Forestry，Animal Husbandry and Fishery in Rural Areas	32104	9888	11403
城镇登记失业人员数 (人)	Number of Registered Employed Persons in Urban Area by Region(person)			3585
综合经济	**Economy of Integration**			
地区生产总值 (万元)	**Area total output value(10 000 yuan)**	**36811**	**35576**	**1620791**
第一产业增加值	Value-added of the Primary Industry	25932	22885	10398
农业	Agriculture	5175	4563	5622
林业	Forestry	204		496
牧业	Animal Husbandry	20339	18032	4066
渔业	Fishery			50
农林牧渔服务业	Services in Support of Agriculture	214	290	164
第二产业增加值	Value-added of the Secondary Industry	5501	5786	1247124
#工业	Industry	403	259	1117314
第三产业增加值	Value-added of the Tertiary Industry	5378	6905	363269
财政、金融 (万元)	**Finances and Economy(10 000 yuan)**			
财政总收入	Total Government Revenue	34440	21137	422476
#地方财政一般预算收入	General Budgetary Financial Revenue in Local Financial Revenue	535	421	81826
各项税收	Taxation	535	252	467972
地方财政一般预算支出	General Budgetary Financial Expenditures in Local Financial Expenditures	535	21095	121069
#农林水事务支出	Expenditures for Agriculture Forestry and Water Conservancy	115	2234	11028
科学技术支出	Expenditures for Science and Technology	4	22	369
医疗卫生支出	Expenditures for Medical and Health Care	130	987	5607
教育支出	Expenditures for Education	174	5480	185[illegible]0
年末金融机构各项存款余额	Deposits of all the Financial Institutes	25727	19151	131[illegible]54
其中:城乡居民储蓄存款余额	Urban and Rural Household Savings Deposits	5877	2450	56[illegible]63
年末金融机构各项贷款余额	Loans of all the Financial Institutes	441	3576	1116414
#农业贷款	Loans to Agriculture Sector	204	1235	5032
农业	**Agriculture**			
生产条件	Condition for Agricultural Production			
农业机械总动力 (万千瓦特)	Total Power of Agriculture Machinery(10000 KW)	3.5	0.4	10.4
化肥使用量(折纯量) (吨)	Consumption of Chemical Fertilizers(ton)	244		1934
农药使用量 (吨)	Consumption of Agricultural Chemical(ton)	3		17
地膜使用量 (吨)	Consumption of Plastic Film(ton)			0.5
有效灌溉面积 (公顷)	Effective Irrigated Area(10000 hectares)	1431		3370

26–1 续表 37 Continued

指 标	Item	囊谦县 Nang qian County	曲麻莱县 Quma lai County	格尔木市 Geer mu City
农作物总播种面积 (公顷)	Total Sown Areas of Farm Crops(hectare)	6476.7		4715.1
粮食作物播种面积	Total Sown Areas of Grain Crops(hectare)	5333.3		1683.6
#稻谷	Rice			
小麦	Wheat	66.7		872.1
玉米	Corn			
大豆	Soja			
油料播种面积	Oil-bearing Crops	243.3		209.3
棉花播种面积	Cotton			
糖料播种面积	Sugar-bearing			
蔬菜播种面积	Vegetables	133.3		588.7
粮食总产量 (吨)	Yield of Crain(ton)	9728		10694
#稻谷	Rice			
小麦	Wheat	94		5442
玉米	Corn			
大豆	Soja			
油料产量	Oil-bearing Crops	344		554
棉花产量	Cotton			
糖料产量	Sugar-bearing			
水果产量	Fruits			123
肉类总产量	Output of Meat	7226	4809	3527
奶类产量	Output of Milk	1331	9369	1238
禽蛋产量	Output of Poultry Eggs			
蔬菜产量	Output of Vegetables	1252		36468
水产品产量	Output of Aquatic Products			35
工业及建筑业	**Industry and Construction**			
规模以上工业企业	Industrial Enterprises above Designated Size			
工业企业数 (个)	Number of Industrial Enterprises(unit)	2	2	48
工业总产值(现价) (万元)	Gross Industrial Output Value(current prices)(10 000 yuan)	325	255	1385639
内资企业	Domestic Funded	325	255	1384319
港、澳、台商投资企业	Funded from Hong Kong,Macao and Taiwan			1320
外商投资企业	Foreign Funded			
从业人员年平均数 (人)	Number of Employed Persons(person)	62	43	16626
流动资产年平均余额	Annual Average Balance of Working Capitals	5634	40363	1338474
固定资产净值年平均余额	Annual Average Balance of Net Value of Fixed Assets			
产品销售收入	Product Sales Revenue			1025415
#产品销售税金及附加	Taxes and Other Charges on Product Saling			68283
本年应交增值税	Value-added Tax Payable			71533
利润总额	Total Profits			411320
建筑业	Construction			
建筑业企业个数 (个)	Number of ConstructionEnterprises(unit)			22
期末从业人员数 (人)	Number of Staff & Workers at Year-end(person)			4116
建筑业总产值 (万元)	Gross Output Value of Construction(10 000 yuan)			99076
交通运输、邮电通讯、能源	**Transportation，Postal，telecommunication and Energy**			
境内公路里程 (公里)	Length of Highways(km)	339	339	3082
#高等级公路	Expressway			
境内铁路营业里程 (公里)	Length of Railways in Operation(km)			847
境内火车站个数 (个)	Number of Railway Station(unit)			21
民用汽车拥有量 (辆)	Possession of Civil Vehicles(unit)	1000	307	29560
#个人汽车	Possession of Private Vehicles	300	164	7857
邮政业务总量 (万元)	Business Volume of Postal Services(10 000 yuan)		445	1418
电信业务总量	Business Volume of Telecommunication Services		180	20399
年末本地电话用户 (户)	Number of Subscribers of Fixed Telephone at Year-end(subscriber)	1200	912	71029
年末住宅电话用户 (户)	Household Fixed Telephone Subscribers at Year-end(subscriber)	826	810	36000
#乡村电话用户	Rural Fixed Telephone Subscribers	268		4800
移动电话用户数 (户)	Number of Mobile Telephone Subscribers(subscriber)	5800	3000	155000
国际互联网用户 (户)	Number of Internet Users(subscriber)		305	15011

26—1 续表 38 Continued

指 标	Item	囊谦县 Nangqian County	曲麻莱县 Qumalai County	格尔木市 Geermu City
全年用电量(万千瓦时)	Electricity Consumption(10 thousand kw·h)	35	700	67834
工业用电量	Industrial Electricity Consumption			67768
农村用电量	Agricultural Electricity Consumption	35	50	66
贸易、外经、旅游	**Domestic Trade，Foreign Trade and Economic Cooperation and Tourism**			
社会销售品零售总额(万元)	Total Retail Sales of Consumer Goods (10 000 yuan)	3430		247190
限额以上批发零售贸易业商品销售总额(万元)	Total Sales of Enterprises above Designated Size of Wholesale and Retail Trades(10 000 yuan)			58509
出口总额(万美元)	Total Exports(USD 10 000)			
当年合同外资金额	Contracted Value			
当年实际使用外资金额	Actually Utilized Value			
境内外来资本实际投资额(万元)	Foreign Investment Actually Utilized Value(10 000 yuan)			
星级饭店个数(个)	Number of Star-rated Hotels(unit)			15
星级饭店客房总数(间)	Number of Rooms in Star-rated Hotels(unit)			1259
名胜风景区和文物保护区个数(个)	Number of Places of Interest and Historical Reservations(unit)			1
固定资产投资(万元)	**Investment in Fixed Assets(10 000 yuan)**			
城镇固定资产投资完成额	Investment in Fixed Assets in Urban Area	25715	24309	452144
城镇新增固定资产	Newly Increased afaixed Assets in Urban Area	25715	21846	102250
城镇固定资产投资项目数(个)	Number of Projects of Investment in Fixed Assets in Urban Area(unit)	47	48	75
房地产开发投资完成额	Investment Completed of Enterprises for Real Estate Development			
#住宅	Residential Buildings			
教育、科技、文化、卫生	**Education，Science and Technology，Culture，Sports and Public Health**			
普通中学数(所)	Number of Regular Secondary Schools(unit)	5	1	20
小学数(所)	Number of Primary Schools(unit)	54	14	14
普通中学专任教师数(人)	Number of Full-time Teachers in Regular Secondary Schools(person)	57	30	904
小学专任教师数(人)	Number of Full-time Teachers in Primary Schools(person)	306	144	724
普通中学在校学生数(人)	Number of Students Enrollment in Regular Secondary Schools(person)	2673	1189	10620
#女生	Female Students Enrollment in Regular Secondary Schools	1265	499	5043
小学在校学生数(人)	Number of Students Enrollment in Primary Schools(person)	9724	3524	19827
#女生	Female Students Enrollment in Primary Schools	4618	1033	9418
学龄儿童入学率(%)	Net Enrollment Rate of School-Age Children(%)	98.7	99.1	99.9
#女童入学率	Net Enrollment Rate of School-Age Female Children	98.5	98.9	99.8
初中升学率(%)	Primary School Graduates Entering into Junior Secondary Schools(%)	81.0	100.0	97.7
高中升学率(%)	Junior Secondary School Graduates Entering into Senior Secondary Schools(%)			95.2
高技术产业企业个数(个)	Number of Hi-Tech Industry Enterprises(unit)			
高技术产业总产值(当年价格)(万元)	Total Output Value of Hi-Tech Industry (current prices)(10 000 yuan)			
专业技术人员数(人)	Number of Scientific and Technical Personnel(person)		495	2678
#农业技术人员	Agriculture		89	177
农业科技与服务单位个数(个)	Number of Agricultural Scientific and Service Units (unit)		4	5
全年专利申请数(件)	Number of Patents Application(unit)			
体育场馆数(个)	Number of Stadiums and Gymnasiums(unit)	1		1
剧场、影剧院数(个)	Number of Theaters and Cinemas(unit)	1		5
公共图书馆图书总藏量(千册)	Total Collections of Public Libraries(1000 volumes)	61		50
医院、卫生所数(所)	Number of Hospitals and Health Centers(unit)	13	29	9
医院、卫生院床位数(张)	Number of Beds in Hospitals and Health Centers(unit)	105	48	544
医院、卫生院卫生技术人员数(人)	Number of Medical Technical Personnel in Hospitals and Health Centers(person)	114	123	983
#医生	Number of Certified Doctors	81	82	534
卫生防疫人员数(人)	Number of epidemic prevention personnel(person)	22	16	41
5岁以下儿童死亡率(‰)	Death Rate of Children under 5 (‰)	0.0	5.3	10.4
婴儿死亡率(‰)	Death Rate of Infant (‰)		7.9	9.4
产妇住院分娩比例(%)	Proportion of Lying-in Woman Labors in Hospital(%)	0.2	12.5	99.7

26-1 续表 39 Continued

指 标	Item	囊谦县 Nang qian County	曲麻莱县 Quma lai County	格尔木市 Geer mu City
人民生活	**People's Living Conditions**			
城镇在岗职工年平均人数(人)	Number of Staff and Workers in Urban and Rural Areas(person)	1600	1017	20568
城镇在岗职工工资总额(万元)	Total Earning of Staff and Workers in Urban and Rural Areas(10 000 yuan)	7699.6	5156.9	91723.2
农村居民人均纯收入(元)	Per Capita Net Income of Rural Households(yuan)	1823.6	2908.8	6000.2
农民人均住房面积(平方米)	Per Capita Floor Space of Houses(sq.m)	21.4	12.6	35.5
农民文化娱乐消费比重(%)	Proportion of Cultural and Recreation Consumption		2.5	1.3
农村彩电普及率(%)	Popularizing rate of Color TV Set in Rural Areas(%)	35.0	55.0	104.4
农村电脑普及率(%)	Popularizing rate of Computer in Rural Areas(%)			4.4
农村恩格尔系数(%)	Engle Coefficient of Rural Households(%)	85.3	54.7	46.8
成人文盲率(%)	Illiteracy rate of adult(%)			
人均预期寿命(岁)	Population Life Expectancy(year old)			
农村贫困人口(万人)	Population below the poverty line in Rural Areas(person)			
社会保障(人)	**Social security(person)**			
各种社会福利收养性单位数(个)	Number of Social Welfare and Salvation Institutions(unit)		3	2
各种社会福利收养性单位床位数(张)	Number of Beds of Social Welfare and Salvation Institutions(unit)		136	50
参加基本养老保险的职工数	Number of Staff and Workers Participated in Basic Pension Insurance	585	399	24630
参加基本医疗保险的职工数	Number of Staff and Workers Participated in Basic Medical Care Insurance	2684	1656	27500
参加失业保险人数	Number of Staff and Workers Participated in Unemployment Insurance	890	540	13484
城镇居民最低生活保障人数	Number of Persons Receiving Minimum Living Allowance in Rural Areas	1737	1150	9970
农村居民最低生活保障人数	Number of Persons Receiving Minimum Living Allowance in Urban Areas	9825	4364	2427
农村五保供养人数	Number of Persons Receiving Livelihood Guaranteed in Five Aspects in Rural Areas			71
参加农村新型合作医疗的人数	Rural Cooperative Medical Service Contributors	64047	21213	20309
参加农村社会养老保险的人数	Rural Basic Social Pension Insurance Contributors			9789
社会治安	**Public Order**			
交通事故件数(件)	Number of Traffic Accides(unit)	44	14	29
刑事案件立案数(件)	Number of Criminal Case Registered(case)	7	3	211
犯罪人数(人)	Number of offenders(person)	7	6	364
民事案件发案数(件)	Number of civil cases(case)	28	29	1361
资源、环境与可持续发展	**Resources, Environment and Sustainable Development**			
行政区域土地面积(平方公里)	Area of Administrative Regions(sq.km)	12695	47516	118954
建成区面积	Area of Built Up Regions(sq.km)	0.5		0.3
建成区绿化覆盖面积	Area of Green Coverage in Built Up Regions(sq.km)	0.1		0.1
森林面积(公顷)	Area of Forest(hectare)	52850.6		326364.7
当年造林面积(公顷)	Area of Afforestation(hectare)	73		
退耕造林面积	Area of Grain for Green(hectare)			
年末耕地总资源(公顷)	Area of Arable Land(hectare)	7973.0	5.2	3498.1
常用耕地面积	Area of Arable Landin Common Usage(hectare)	7973.0	5.2	3498.1
#水浇地	Area of Irrigable Land(hectare)	2356.0		3498.1
年内减少耕地面积	Reduction in Area of Cultivated Land(hectare)			
#基建占地	Areas of Land for Construction(hectare)			
退耕还林还草占地	Area of Grain for Green(hectare)			
自然保护区个数(个)	Number of Nature Reserves(unit)			2
自然保护区面积(公顷)	Area of Nature Reserves (hectare)			15234200
环境污染治理本年完成投资总额(万元)	Investment Completed in the Treatment of Environmental Pollution(10 thousand yuan)	12.6		
工业二氧化硫排放量(吨)	Volume of Sulphur Dioxide Emission(ton)	28.7		
工业废水排放量达标率(%)	Volume of Waste Water up to the Discharge Standards(ton)			100
工业烟尘排放量达标率(%)	Volume of Industrial Soot up to the Discharge Standards(ton)			100
城镇生活污水处理率(%)	Disposal Rate of Waste Water in Urban Areas(%)			75
污水处理厂数(座)	Number of Sewage Treatment Works (unit)			1
垃圾处理站数(个)	Number of Biohazard Waste (unit)	1		1

26-1 续表 40 Continued

指 标		Item	德令哈市 Delinha City	乌兰县 Wulan County	都兰县 Dulan County	天峻县 Tianjun County
乡村基本情况		**Basic Conditions of Township**				
乡(镇)个数	(个)	Number of Township and Town Governments(unit)	4	4	8	10
建制镇个数		Number of Town Governments	3	4	4	3
镇区占地面积	(公顷)	Area of Township(hectare)	5360	7979	6215	110
镇区总人口	(人)	Population of Township(person)	9009	16469	11907	4014
村民委员会个数	(个)	Number of Villagers'Committees(unit)	51	38	107	62
自来水受益村		Number of Township Benefits From Tap Water	38	26	73	
通电话的村		Number of Township Uses Telephone	46	36	85	
通有线电视的村		Number of Township Has Cable Television	28	17	34	5
人口与就业		**Population and Employment**				
年末总人口	(万人)	Total Population(year-end)(10000 persons)	7.2	3.7	7.1	2.0
#女		Population of Female	3.5	1.8	3.5	1.0
当年出生人口	(人)	Newborn Population(person)	727	458	1144	318
当年死亡人口	(人)	Dead Population(person)	271	188	645	129
常住人口	(万人)	Permanent Population(10000 persons)				
乡村人口	(万人)	Rural Population(10000 persons)	3.5	2.3	5.7	1.5
年末总户数	(户)	Number of Households(year-end)(household)	25124	12995	22834	6367
#乡村户数		Number of Rural Households	8111	5489	13852	3125
年末单位从业人员数	(人)	Number of Employed Persons in Units at Year-end(person)	10346	3788	3750	2780
#女		Number of Female Employed Persons at Year-end	4281	1538	1375	868
#第二产业		Number of Employed Persons of Secondary Industry	1702	1771	615	612
第三产业		Number of Employed Persons of Tertiary Industry	8080	1640	2382	1989
乡村从业人员数	(人)	Number of Employed Persons in Rural Areas(person)	17845	14531	30024	7910
#农林牧渔业		Number of Employed Persons of Agriculture，Forestry，Animal Husbandry and Fishery in Rural Areas	13865	10397	27278	7660
城镇登记失业人员数	(人)	Number of Registered Employed Persons in Urban Area by Region(person)	2336	486	611	349
综合经济		**Economy of Integration**				
地区生产总值	**(万元)**	**Area total output value(10 000 yuan)**	**269927**	**117432**	**83200**	**236780**
第一产业增加值		Value-added of the Primary Industry	12672	10986	23056	15235
农业		Agriculture	3733	1944	10060	338
林业		Forestry	997	445	524	
牧业		Animal Husbandry	6273	8273	12064	14632
渔业		Fishery	133			
农林牧渔服务业		Services in Support of Agriculture	1536	324	408	265
第二产业增加值		Value-added of the Secondary Industry	139589	89663	30534	198589
#工业		Industry	95587	86480	25600	190331
第三产业增加值		Value-added of the Tertiary Industry	117666	16783	29610	22956
财政、金融	**(万元)**	**Finances and Economy(10 000 yuan)**				
财政总收入		Total Government Revenue	61782	37101	10950	94842
#地方财政一般预算收入		General Budgetary Financial Revenue in Local Financial Revenue	10522	5287	4750	26935
各项税收		Taxation	10522	2859	3539	
地方财政一般预算支出		General Budgetary Financial Expenditures in Local Financial Expenditures	61782	36856	42378	43490
#农林水事务支出		Expenditures for Agriculture Forestry and Water Conservancy	11292	8089	8952	
科学技术支出		Expenditures for Science and Technology	424	355	37	
医疗卫生支出		Expenditures for Medical and Health Care	1305	2768	2907	
教育支出		Expenditures for Education	7574	5831	7214	
年末金融机构各项存款余额		Deposits of all the Financial Institutes	401631	64245	79749	73372
#城乡居民储蓄存款余额		Urban and Rural Household Savings Deposits	132912	33089	45617	49032
年末金融机构各项贷款余额		Loans of all the Financial Institutes	281407	45253	21351	29074
#农业贷款		Loans to Agriculture Sector	29946	3524	16141	29074
农业		**Agriculture**				
生产条件		Condition for Agricultural Production				
农业机械总动力	(万千瓦特)	Total Power of Agriculture Machinery(10000 KW)	7	5	12	1
化肥使用量(折纯量)	(吨)	Consumption of Chemical Fertilizers(ton)	1243	696	2910	
农药使用量	(吨)	Consumption of Agricultural Chemical(ton)	21	14	78	
地膜使用量	(吨)	Consumption of Plastic Film(ton)	2	9	0	
有效灌溉面积	(公顷)	Effective Irrigated Area(10000 hectares)	6959.7	2920	17383.8	

26-1 续表 41 Continued

指标	Item	德令哈市 Delinha City	乌兰县 Wulan County	都兰县 Dulan County	天峻县 Tianjun County
农作物总播种面积 (公顷)	Total Sown Areas of Farm Crops(hectare)	7344	3668	16856	
粮食作物播种面积	Total Sown Areas of Grain Crops(hectare)	3772	1649	8056	
#稻谷	Rice				
小麦	Wheat	1845	1133	2702	
玉米	Corn				
大豆	Soja				
油料播种面积	Oil-bearing Crops	1398	994	4098	
棉花播种面积	Cotton				
糖料播种面积	Sugar-bearing				
蔬菜播种面积	Vegetables	210	101	94	
粮食总产量 (吨)	Yield of Crain(ton)	20637	8012	46203	
#稻谷	Rice				
小麦	Wheat	10238	5709	12377	
玉米	Corn				
大豆	Soja				
油料产量	Oil-bearing Crops	2727	2090	8060	
棉花产量	Cotton				
糖料产量	Sugar-bearing				
水果产量	Fruits	15			
肉类总产量	Output of Meat	2892	3946	4807	6299
奶类产量	Output of Milk	1782	2472	3568	5300
禽蛋产量	Output of Poultry Eggs	6	33	22	
蔬菜产量	Output of Vegetables	5554	2247	3217	
水产品产量	Output of Aquatic Products	226			
工业及建筑业	**Industry and Construction**				
规模以上工业企业	Industrial Enterprises above Designated Size				
工业企业数 (个)	Number of Industrial Enterprises(unit)	10	6	14	3
工业总产值(现价) (万元)	Gross Industrial Output Value(current prices)(10 000 yuan)	151148	191178	34922	361316
内资企业	Domestic Funded	151148	177280	24188	361316
港、澳、台商投资企业	Funded from Hong Kong,Macao and Taiwan			10734	
外商投资企业	Foreign Funded		13898		
从业人员年平均数 (人)	Number of Employed Persons(person)	3472	3317	691	1002
流动资产年平均余额	Annual Average Balance of Working Capitals	117367	115825	39043	373730
固定资产净值年平均余额	Annual Average Balance of Net Value of Fixed Assets				
产品销售收入	Product Sales Revenue	126131	173449	23376	369404
#产品销售税金及附加	Taxes and Other Charges on Product Saling	163	2129	426	11320
本年应交增值税	Value-added Tax Payable	7558	12662	1295	47057
利润总额	Total Profits	-701	5829	-1612	121345
建筑业	Construction				
建筑业企业个数 (个)	Number of ConstructionEnterprises(unit)	7	1	1	
期末从业人员数 (人)	Number of Staff & Workers at Year-end(person)	462	1	19	
建筑业总产值 (万元)	Gross Output Value of Construction(10 000 yuan)	7907		5040	
交通运输、邮电通讯、能源	**Transportation, Postal, telecommunication and Energy**				
境内公路里程 (公里)	Length of Highways(km)	1320	269	1435	720
#高等级公路	Expressway				
境内铁路营业里程 (公里)	Length of Railways in Operation(km)	313	171		95
境内火车站个数 (个)	Number of Railway Station(unit)	7	9		7
民用汽车拥有量 (辆)	Possession of Civil Vehicles(unit)	5876	859	440	300
#个人汽车	Possession of Private Vehicles	4288	301	355	300
邮政业务总量 (万元)	Business Volume of Postal Services(10 000 yuan)	393	238	358	324
电信业务总量	Business Volume of Telecommunication Services	2085	1895	1896	2580
年末本地电话用户 (户)	Number of Subscribers of Fixed Telephone at Year-end(subscriber)	15000	6000	8729	3037
年末住宅电话用户 (户)	Household Fixed Telephone Subscribers at Year-end(subscriber)	10117	4380	6248	1800
#乡村电话用户	Rural Fixed Telephone Subscribers	2600	3000	5487	53
移动电话用户数 (户)	Number of Mobile Telephone Subscribers(subscriber)	43000	16580	25876	25855
国际互联网用户 (户)	Number of Internet Users(subscriber)	5896	1450	1214	813

26-1 续表 42 Continued

指标	Item	德令哈市 Delin ha City	乌兰县 Wu lan County	都兰县 Du lan County	天峻县 Tian jun County
全年用电量(万千瓦时)	Electricity Consumption(10 thousand kw·h)	30671	13821	3241	281
工业用电量	Industrial Electricity Consumption	29896	6546	2966	281
农村用电量	Agricultural Electricity Consumption	775	180	275	
贸易、外经、旅游	**Domestic Trade，Foreign Trade and Economic Cooperation and Tourism**				
社会销售品零售总额(万元)	Total Retail Sales of Consumer Goods (10 000 yuan)	42720	12026	21029	19454
限额以上批发零售贸易业商品销售总额(万元)	Total Sales of Enterprises above Designated Size of Wholesale and Retail Trades(10 000 yuan)	7341			
出口总额(万美元)	Total Exports(USD 10 000)				
当年合同外资金额	Contracted Value				
当年实际使用外资金额	Actually Utilized Value				
境内外来资本实际投资额(万元)	Foreign Investment Actually Utilized Value(10 000 yuan)				
星级饭店个数(个)	Number of Star-rated Hotels(unit)	4			
星级饭店客房总数(间)	Number of Rooms in Star-rated Hotels(unit)	520			
名胜风景区和文物保护区个数(个)	Number of Places of Interest and Historical Reservations(unit)		4	13	
固定资产投资(万元)	**Investment in Fixed Assets(10 000 yuan)**				
城镇固定资产投资完成额	Investment in Fixed Assets in Urban Area	204564		27323	34500
城镇新增固定资产	Newly Increased afaixed Assets in Urban Area	140865		11053	34500
城镇固定资产投资项目数(个)	Number of Projects of Investment in Fixed Assets in Urban Area(unit)	123		33	50
房地产开发投资完成额	Investment Completed of Enterprises for Real Estate Development	8222			1100
#住宅	Residential Buildings	8222			600
教育、科技、文化、卫生	**Education，Science and Technology，Culture，Sports and Public Health**				
普通中学数(所)	Number of Regular Secondary Schools(unit)	8	6	10	2
小学数(所)	Number of Primary Schools(unit)	17	13	32	10
普通中学专任教师数(人)	Number of Full-time Teachers in Regular Secondary Schools(person)	329	186	297	47
小学专任教师数(人)	Number of Full-time Teachers in Primary Schools(person)	400	285	429	148
普通中学在校学生数(人)	Number of Students Enrollment in Regular Secondary Schools(person)	4429	2278	2965	1030
#女生	Female Students Enrollment in Regular Secondary Schools	1849	1207	1469	585
小学在校学生数(人)	Number of Students Enrollment in Primary Schools(person)	6706	3159	7016	2600
#女生	Female Students Enrollment in Primary Schools	3246	1548	3423	1256
学龄儿童入学率(%)	Net Enrollment Rate of School-Age Children(%)	99.4	99.7	99.7	99.9
#女童入学率	Net Enrollment Rate of School-Age Female Children	99.3	99.3	99.7	100.0
初中升学率(%)	Primary School Graduates Entering into Junior Secondary Schools(%)	66.7	85.4	61.3	100.0
高中升学率(%)	Junior Secondary School Graduates Entering into Senior Secondary Schools(%)	82.0	83.8	68.9	
高技术产业企业个数(个)	Number of Hi-Tech Industry Enterprises(unit)				
高技术产业总产值(当年价格)(万元)	Total Output Value of Hi-Tech Industry (current prices)(10 000 yuan)				
专业技术人员数(人)	Number of Scientific and Technical Personnel(person)	1287	961	1103	
#农业技术人员	Agriculture	61	142	63	
农业科技与服务单位个数(个)	Number of Agricultural Scientific and Service Units (unit)	6	5	5	
全年专利申请数(件)	Number of Patents Application(unit)			3	
体育场馆数(个)	Number of Stadiums and Gymnasiums(unit)	1	1		1
剧场、影剧院数(个)	Number of Theaters and Cinemas(unit)	1	1	1	1
公共图书馆图书总藏量(千册)	Total Collections of Public Libraries(1000 volumes)	70	21	94	
医院、卫生所数(所)	Number of Hospitals and Health Centers(unit)	5	8	15	12
医院、卫生院床位数(张)	Number of Beds in Hospitals and Health Centers(unit)	234	133	119	90
医院、卫生院卫生技术人员数(人)	Number of Medical Technical Personnel in Hospitals and Health Centers(person)	250	199	185	84
#医生	Number of Certified Doctors	170	22	85	
卫生防疫人员数(人)	Number of epidemic prevention personnel(person)	90	29	27	5
5岁以下儿童死亡率(‰)	Death Rate of Children under 5 (‰)	12.3	31.0	24.6	2.0
婴儿死亡率(‰)	Death Rate of Infant (‰)	12.3	31.0	20.2	2.0
产妇住院分娩比例(%)	Proportion of Lying-in Woman Labors in Hospital(%)	98.3	95.0	99.1	84.0

26-1 续表 43 Continued

指　标	Item	德令哈市 Delinha City	乌兰县 Wulan County	都兰县 Dulan County	天峻县 Tianjun County
人民生活	**People's Living Conditions**				
城镇在岗职工年平均人数(人)	Number of Staff and Workers in Urban and Rural Areas(person)	9603	3296	3418	2763
城镇在岗职工工资总额(万元)	Total Earning of Staff and Workers in Urban and Rural Areas(10 000 yuan)	34883	12371	12717	8718
农村居民人均纯收入(元)	Per Capita Net Income of Rural Households(yuan)	4390	3992	4263	5452
农民人均住房面积(平方米)	Per Capita Floor Space of Houses(sq.m)	24.1	26.4	23.4	16.7
农民文化娱乐消费比重(%)	Proportion of Cultural and Recreation Consumption	4.7	1.8	2.4	1.6
农村彩电普及率(%)	Popularizing rate of Color TV Set in Rural Areas(%)	110.0	124.0	107.5	15.0
农村电脑普及率(%)	Popularizing rate of Computer in Rural Areas(%)	5.0	2.0	2.5	
农村恩格尔系数(%)	Engle Coefficient of Rural Households(%)	41.4	44.6	39.6	48.7
成人文盲率(%)	Illiteracy rate of adult(%)				
人均预期寿命(岁)	Population Life Expectancy(year old)				
农村贫困人口(万人)	Population below the poverty line in Rural Areas(person)				
社会保障(人)	**Social security(person)**				
各种社会福利收养性单位数(个)	Number of Social Welfare and Salvation Institutions(unit)	1	1	1	1
各种社会福利收养性单位床位数(张)	Number of Beds of Social Welfare and Salvation Institutions(unit)	72	30	6	21
参加基本养老保险的职工数	Number of Staff and Workers Participated in Basic Pension Insurance	2651	4938	2685	1677
参加基本医疗保险的职工数	Number of Staff and Workers Participated in Basic Medical Care Insurance	3736	3976	3649	2673
参加失业保险人数	Number of Staff and Workers Participated in Unemployment Insurance	5013	3840	2263	323
城镇居民最低生活保障人数	Number of Persons Receiving Minimum Living Allowance in Rural Areas	9664	2325	3958	1506
农村居民最低生活保障人数	Number of Persons Receiving Minimum Living Allowance in Urban Areas	2849	2032	5104	1598
农村五保供养人数	Number of Persons Receiving Livelihood Guaranteed in Five Aspects in Rural Areas	70	67	205	104
参加农村新型合作医疗的人数	Rural Cooperative Medical Service Contributors	22693	20759	50846	13215
参加农村社会养老保险的人数	Rural Basic Social Pension Insurance Contributors	835	7159	21296	8253
社会治安	**Public Order**				
交通事故件数(件)	Number of Traffic Accides(unit)	782	14	18	285
刑事案件立案数(件)	Number of Criminal Case Registered(case)	318	83	59	29
犯罪人数(人)	Number of offenders(person)	213		74	47
民事案件发案数(件)	Number of civil cases(case)		180	438	182
资源、环境与可持续发展	**Resources，Environment and Sustainable Development**				
行政区域土地面积(平方公里)	Area of Administrative Regions(sq.km)	27358	12971	45270	25000
建成区面积	Area of Built Up Regions(sq.km)	15	1	3	0
建成区绿化覆盖面积	Area of Green Coverage in Built Up Regions(sq.km)				
森林面积(公顷)	Area of Forest(hectare)	7192	17733	118000	
当年造林面积(公顷)	Area of Afforestation(hectare)	2213	1067	933	
退耕造林面积	Area of Grain for Green(hectare)				
年末耕地总资源(公顷)	Area of Arable Land(hectare)	10024	2920	17538	
常用耕地面积	Area of Arable Landin Common Usage(hectare)	10024	2920	17538	
#水浇地	Area of Irrigable Land(hectare)	10024	2920	17538	
年内减少耕地面积	Reduction in Area of Cultivated Land(hectare)				
#基建占地	Areas of Land for Construction(hectare)				
退耕还林还草占地	Area of Grain for Green(hectare)				
自然保护区个数(个)	Number of Nature Reserves(unit)	2		1	
自然保护区面积(千公顷)	Area of Nature Reserves (1 000 hectare)	351620		118000	
环境污染治理本年完成投资总额(万元)	Investment Completed in the Treatment of Environmental Pollution(10 thousand yuan)				
工业二氧化硫排放量(吨)	Volume of Sulphur Dioxide Emission(ton)			523	
工业废水排放量达标率(%)	Volume of Waste Water up to the Discharge Standards(ton)			100.0	
工业烟尘排放量达标率(%)	Volume of Industrial Soot up to the Discharge Standards(ton)			100.0	
城镇生活污水处理率(%)	Disposal Rate of Waste Water in Urban Areas(%)				
污水处理厂数(座)	Number of Sewage Treatment Works (unit)				
垃圾处理站数(个)	Number of Biohazard Waste (unit)	1	1	2	1

26-1 续表 44 Continued

指 标		Item	茫 崖 Mangya Executive Council	大柴旦 Dachaidan Executive Council	冷 湖 Lenhu Executive Council
乡村基本情况		**Basic Conditions of Township**			
乡(镇)个数	(个)	Number of Township and Town Governments(unit)	1	1	1
建制镇个数		Number of Town Governments	1	1	1
镇区占地面积	(公顷)	Area of Township(hectare)	311	210	157
镇区总人口	(人)	Population of Township(person)	8022	10556	10624
村民委员会个数	(个)	Number of Villagers‘Committees(unit)	3	2	
自来水受益村		Number of Township Benefits From Tap Water		2	
通电话的村		Number of Township Uses Telephone		2	
通有线电视的村		Number of Township Has Cable Television		2	
人口与就业		**Population and Employment**			
年末总人口	(万人)	Total Population(year-end)(10000 persons)	3.2	1.1	2.2
#女		Population of Female	1.5	0.5	1.1
当年出生人口	(人)	Newborn Population(person)	274	67	155
当年死亡人口	(人)	Dead Population(person)	53	48	51
常住人口	(万人)	Permanent Population(10000 persons)			
乡村人口	(万人)	Rural Population(10000 persons)	0.0	0.1	
年末总户数	(户)	Number of Households(year-end)(household)	12309	4433	9986
#乡村户数		Number of Rural Households	75	212	
年末单位从业人员数	(人)	Number of Employed Persons in Units at Year-end(person)	2372	3278	18918
#女		Number of Female Employed Persons at Year-end	870	815	6214
#第二产业		Number of Employed Persons of Secondary Industry	1783	2677	6753
第三产业		Number of Employed Persons of Tertiary Industry	589	601	12165
乡村从业人员数	(人)	Number of Employed Persons in Rural Areas(person)	129	396	
#农林牧渔业		Number of Employed Persons of Agriculture, Forestry, Animal Husbandry and Fishery in Rural Areas	129	286	
城镇登记失业人员数	(人)	Number of Registered Employed Persons in Urban Area by Region(person)	355	831	2471
综合经济		**Economy of Integration**			
地区生产总值	**(万元)**	**Area total output value(10 000 yuan)**	**758429**	**138970**	**63289**
第一产业增加值		Value-added of the Primary Industry	448.0	897.0	
农业		Agriculture			
林业		Forestry			
牧业		Animal Husbandry	448.0	895.0	
渔业		Fishery			
农林牧渔服务业		Services in Support of Agriculture		2	
第二产业增加值		Value-added of the Secondary Industry	744963	118075	58487
#工业		Industry	740900	104759	53228
第三产业增加值		Value-added of the Tertiary Industry	13018	19998	4802
财政、金融	**(万元)**	**Finances and Economy(10 000 yuan)**			
财政总收入		Total Government Revenue	16826	99941	6515
#地方财政一般预算收入		General Budgetary Financial Revenue in Local Financial Revenue	7190	17035	2808
各项税收		Taxation		91984	2563
地方财政一般预算支出		General Budgetary Financial Expenditures in Local Financial Expenditures	12381	23284	6469
#农林水事务支出		Expenditures for Agriculture Forestry and Water Conservancy	137	4472	5
科学技术支出		Expenditures for Science and Technology		5	
医疗卫生支出		Expenditures for Medical and Health Care	506	802	230
教育支出		Expenditures for Education	779	805	438
年末金融机构各项存款余额		Deposits of all the Financial Institutes	47345	75017	43360
#城乡居民储蓄存款余额		Urban and Rural Household Savings Deposits	33558	24975	3913
年末金融机构各项贷款余额		Loans of all the Financial Institutes	2000	22200	
#农业贷款		Loans to Agriculture Sector			
农业		**Agriculture**			
生产条件		Condition for Agricultural Production			
农业机械总动力	(万千瓦特)	Total Power of Agriculture Machinery(10000 KW)	0.1	0.1	
化肥使用量(折纯量)	(吨)	Consumption of Chemical Fertilizers(ton)			
农药使用量	(吨)	Consumption of Agricultural Chemical(ton)			
地膜使用量	(吨)	Consumption of Plastic Film(ton)			
有效灌溉面积	(公顷)	Effective Irrigated Area(10000 hectares)			

26-1 续表 45 Continued

指 标	Item	茫 崖 Mangya Executive Council	大柴旦 Dachaidan Executive Council	冷 湖 Lenhu Executive Council
农作物总播种面积 （公顷）	Total Sown Areas of Farm Crops(hectare)			
粮食作物播种面积	Total Sown Areas of Grain Crops(hectare)			
#稻谷	Rice			
小麦	Wheat			
玉米	Corn			
大豆	Soja			
油料播种面积	Oil-bearing Crops			
棉花播种面积	Cotton			
糖料播种面积	Sugar-bearing			
蔬菜播种面积	Vegetables			
粮食总产量 （吨）	Yield of Crain(ton)			
#稻谷	Rice			
小麦	Wheat			
玉米	Corn			
大豆	Soja			
油料产量	Oil-bearing Crops			
棉花产量	Cotton			
糖料产量	Sugar-bearing			
水果产量	Fruits			
肉类总产量	Output of Meat	292	422	
奶类产量	Output of Milk	60	7	
禽蛋产量	Output of Poultry Eggs			
蔬菜产量	Output of Vegetables			
水产品产量	Output of Aquatic Products			
工业及建筑业	**Industry and Construction**			
规模以上工业企业	Industrial Enterprises above Designated Size			
工业企业数 （个）	Number of Industrial Enterprises(unit)	12	5	6
工业总产值(现价) （万元）	Gross Industrial Output Value(current prices)(10 000 yuan)	1229437	225731	100577
内资企业	Domestic Funded	1229437	164214	100577
港、澳、台商投资企业	Funded from Hong Kong,Macao and Taiwan			
外商投资企业	Foreign Funded		61517	
从业人员年平均数 （人）	Number of Employed Persons(person)	18872	2734	1358
流动资产年平均余额	Annual Average Balance of Working Capitals	576468	61090	158899
固定资产净值年平均余额	Annual Average Balance of Net Value of Fixed Assets			
产品销售收入	Product Sales Revenue	1044847	92483	62541
#产品销售税金及附加	Taxes and Other Charges on Product Saling	92134	1947	6311
本年应交增值税	Value-added Tax Payable	81184	2914	5501
利润总额	Total Profits	197363	13148	-448
建筑业	Construction			
建筑业企业个数 （个）	Number of ConstructionEnterprises(unit)		2	
期末从业人员数 （人）	Number of Staff & Workers at Year-end(person)		173	
建筑业总产值 （万元）	Gross Output Value of Construction(10 000 yuan)		13154	
交通运输、邮电通讯、能源	**Transportation，Postal，telecommunication and Energy**			
境内公路里程 （公里）	Length of Highways(km)	840	1176	230
#高等级公路	Expressway			
境内铁路营业里程 （公里）	Length of Railways in Operation(km)		143	
境内火车站个数 （个）	Number of Railway Station(unit)		2	
民用汽车拥有量 （辆）	Possession of Civil Vehicles(unit)	479	222	5209
#个人汽车	Possession of Private Vehicles	220	105	
邮政业务总量 （万元）	Business Volume of Postal Services(10 000 yuan)	213	206	27
电信业务总量	Business Volume of Telecommunication Services	100	644	120
年末本地电话用户 （户）	Number of Subscribers of Fixed Telephone at Year-end(subscriber)	9363	2779	454
年末住宅电话用户 （户）	Household Fixed Telephone Subscribers at Year-end(subscriber)	2570	1942	231
#乡村电话用户	Rural Fixed Telephone Subscribers			
移动电话用户数 （户）	Number of Mobile Telephone Subscribers(subscriber)	9500	11117	1400
国际互联网用户 （户）	Number of Internet Users(subscriber)	2499	1320	200

26-1 续表 46 Continued

指 标	Item	茫 崖 Mangya Executive Council	大柴旦 Dachaidan Executive Council	冷 湖 Lenhu Executive Council
全年用电量(万千瓦时)	Electricity Consumption(10 thousand kw·h)	46919	17136	4070
工业用电量	Industrial Electricity Consumption	46912	15979	4070
农村用电量	Agricultural Electricity Consumption	7	25	
贸易、外经、旅游	**Domestic Trade，Foreign Trade and Economic Cooperation and Tourism**			
社会销售品零售总额(万元)	Total Retail Sales of Consumer Goods (10 000 yuan)	13402	6880	3038
限额以上批发零售贸易业商品销售总额(万元)	Total Sales of Enterprises above Designated Size of Wholesale and Retail Trades(10 000 yuan)			
出口总额(万美元)	Total Exports(USD 10 000)			
当年合同外资金额	Contracted Value			
当年实际使用外资金额	Actually Utilized Value			
境内外来资本实际投资额(万元)	Foreign Investment Actually Utilized Value(10 000 yuan)			
星级饭店个数(个)	Number of Star-rated Hotels(unit)			
星级饭店客房总数(间)	Number of Rooms in Star-rated Hotels(unit)			
名胜风景区和文物保护区个数(个)	Number of Places of Interest and Historical Reservations(unit)			
固定资产投资(万元)	**Investment in Fixed Assets(10 000 yuan)**			
城镇固定资产投资完成额	Investment in Fixed Assets in Urban Area	25391	98525	30936
城镇新增固定资产	Newly Increased afaixed Assets in Urban Area	25391		89562
城镇固定资产投资项目数(个)	Number of Projects of Investment in Fixed Assets in Urban Area(unit)	22	40	7
房地产开发投资完成额	Investment Completed of Enterprises for Real Estate Development			
#住宅	Residential Buildings			
教育、科技、文化、卫生	**Education，Science and Technology，Culture，Sports and Public Health**			
普通中学数(所)	Number of Regular Secondary Schools(unit)	1	1	1
小学数(所)	Number of Primary Schools(unit)	1	2	
普通中学专任教师数(人)	Number of Full-time Teachers in Regular Secondary Schools(person)	17	19	12
小学专任教师数(人)	Number of Full-time Teachers in Primary Schools(person)	26	31	14
普通中学在校学生数(人)	Number of Students Enrollment in Regular Secondary Schools(person)	673	261	32
#女生	Female Students Enrollment in Regular Secondary Schools	209	126	16
小学在校学生数(人)	Number of Students Enrollment in Primary Schools(person)	432	517	68
#女生	Female Students Enrollment in Primary Schools	279	250	27
学龄儿童入学率(%)	Net Enrollment Rate of School-Age Children(%)	100.0	100.0	100.0
#女童入学率	Net Enrollment Rate of School-Age Female Children	100.0	100.0	100.0
初中升学率(%)	Primary School Graduates Entering into Junior Secondary Schools(%)	100.0	100.0	100.0
高中升学率(%)	Junior Secondary School Graduates Entering into Senior Secondary Schools(%)	100.0	99.0	100.0
高技术产业企业个数(个)	Number of Hi-Tech Industry Enterprises(unit)			
高技术产业总产值(当年价格)(万元)	Total Output Value of Hi-Tech Industry (current prices)(10 000 yuan)			
专业技术人员数(人)	Number of Scientific and Technical Personnel(person)	85		
#农业技术人员	Agriculture			
农业科技与服务单位个数(个)	Number of Agricultural Scientific and Service Units (unit)			
全年专利申请数(件)	Number of Patents Application(unit)			
体育场馆数(个)	Number of Stadiums and Gymnasiums(unit)		1	
剧场、影剧院数(个)	Number of Theaters and Cinemas(unit)		1	
公共图书馆图书总藏量(千册)	Total Collections of Public Libraries(1000 volumes)		2	
医院、卫生所数(所)	Number of Hospitals and Health Centers(unit)	2	1	1
医院、卫生院床位数(张)	Number of Beds in Hospitals and Health Centers(unit)	114	41	10
医院、卫生院卫生技术人员数(人)	Number of Medical Technical Personnel in Hospitals and Health Centers(person)	92	34	16
#医生	Number of Certified Doctors	26	12	8
卫生防疫人员数(人)	Number of epidemic prevention personnel(person)	11	4	4
5岁以下儿童死亡率(‰)	Death Rate of Children under 5 (‰)			
婴儿死亡率(‰)	Death Rate of Infant (‰)			
产妇住院分娩比例(%)	Proportion of Lying-in Woman Labors in Hospital(%)	100.0	90.0	

26-1 续表 47 Continued

指标	Item	茫崖 Mangya Executive Council	大柴旦 Dachaidan Executive Council	冷湖 Lenhu Executive Council
人民生活	**People's Living Conditions**			
城镇在岗职工年平均人数(人)	Number of Staff and Workers in Urban and Rural Areas(person)	2299	2393	18672
城镇在岗职工工资总额(万元)	Total Earning of Staff and Workers in Urban and Rural Areas(10 000 yuan)	6840	8615	12539
农村居民人均纯收入(元)	Per Capita Net Income of Rural Households(yuan)	11698	7725	
农民人均住房面积(平方米)	Per Capita Floor Space of Houses(sq.m)	29	24	
农民文化娱乐消费比重(%)	Proportion of Cultural and Recreation Consumption	1	4	
农村彩电普及率(%)	Popularizing rate of Color TV Set in Rural Areas(%)	15	86	
农村电脑普及率(%)	Popularizing rate of Computer in Rural Areas(%)			
农村恩格尔系数(%)	Engle Coefficient of Rural Households(%)	49	55	
成人文盲率(%)	Illiteracy rate of adult(%)			
人均预期寿命(岁)	Population Life Expectancy(year old)			
农村贫困人口(万人)	Population below the poverty line in Rural Areas(person)			
社会保障(人)	**Social security(person)**			
各种社会福利收养性单位数(个)	Number of Social Welfare and Salvation Institutions(unit)	1		
各种社会福利收养性单位床位数(张)	Number of Beds of Social Welfare and Salvation Institutions(unit)	22		
参加基本养老保险的职工数	Number of Staff and Workers Participated in Basic Pension Insurance	4419	3745	1241
参加基本医疗保险的职工数	Number of Staff and Workers Participated in Basic Medical Care Insurance	1197	2034	483
参加失业保险人数	Number of Staff and Workers Participated in Unemployment Insurance	2315	1779	492
城镇居民最低生活保障人数	Number of Persons Receiving Minimum Living Allowance in Rural Areas	418	665	1197
农村居民最低生活保障人数	Number of Persons Receiving Minimum Living Allowance in Urban Areas	12	58	
农村五保供养人数	Number of Persons Receiving Livelihood Guaranteed in Five Aspects in Rural Areas	2	6	
参加农村新型合作医疗的人数	Rural Cooperative Medical Service Contributors	226	745	
参加农村社会养老保险的人数	Rural Basic Social Pension Insurance Contributors	126	471	
社会治安	**Public Order**			
交通事故件数(件)	Number of Traffic Accides(unit)	4	115	6
刑事案件立案数(件)	Number of Criminal Case Registered(case)	21	21	1
犯罪人数(人)	Number of offenders(person)	33	37	1
民事案件发案数(件)	Number of civil cases(case)	26	37	
资源、环境与可持续发展	**Resources, Environment and Sustainable Development**			
行政区域土地面积(平方公里)	Area of Administrative Regions(sq.km)	31000	21000	19000
建成区面积	Area of Built Up Regions(sq.km)	3	0	2
建成区绿化覆盖面积	Area of Green Coverage in Built Up Regions(sq.km)			
森林面积(公顷)	Area of Forest(hectare)		513	6
当年造林面积(公顷)	Area of Afforestation(hectare)			
退耕造林面积	Area of Grain for Green(hectare)			
年末耕地总资源(公顷)	Area of Arable Land(hectare)		295	
常用耕地面积	Area of Arable Landin Common Usage(hectare)		295	
#水浇地	Area of Irrigable Land(hectare)		295	
年内减少耕地面积	Reduction in Area of Cultivated Land(hectare)			
#基建占地	Areas of Land for Construction(hectare)			
退耕还林还草占地	Area of Grain for Green(hectare)			
自然保护区个数(个)	Number of Nature Reserves(unit)			
自然保护区面积(公顷)	Area of Nature Reserves (hectare)			
环境污染治理本年完成投资总额(万元)	Investment Completed in the Treatment of Environmental Pollution(10 thousand yuan)		3100	
工业二氧化硫排放量(吨)	Volume of Sulphur Dioxide Emission(ton)		1282	
工业废水排放量达标率(%)	Volume of Waste Water up to the Discharge Standards(ton)		100.0	
工业烟尘排放量达标率(%)	Volume of Industrial Soot up to the Discharge Standards(ton)		100.0	
城镇生活污水处理率(%)	Disposal Rate of Waste Water in Urban Areas(%)			
污水处理厂数(座)	Number of Sewage Treatment Works (unit)			
垃圾处理站数(个)	Number of Biohazard Waste (unit)	1		1

中国统计出版社最新图书简目

（仅供参考，以最后出书为准）

统计资料

中国统计年鉴－2010　中国统计摘要－2010　国际统计年鉴－2010
2010中国发展报告　中国第三产业统计年鉴－2010　中国区域经济统计年鉴－2010
中国劳动统计年鉴－2010　中国社会统计年鉴－2010　中国城市统计年鉴－2009
中国建筑业统计年鉴－2010　中国人口和就业统计年鉴－2010　中国工业经济统计年鉴－2010
中国商品交易市场统计年鉴－2010　中国房地产统计年鉴－2010　中国能源统计年鉴－2010
中国民政统计年鉴－2010　中国贸易外经统计年鉴－2010　2010中国地区经济监测报告
中国科技统计年鉴－2010　中国农村统计年鉴－2010　中国农产品价格调查年鉴－2010
中国高技术产业统计年鉴－2010　中国教育经费统计年鉴－2009　中国农村贫困监测报告－2010
全国农产品成本收益资料汇编－2010　中国科学技术协会统计年鉴－2010　工业企业科技活动资料－2010
第二次全国残疾人抽样调查资料系列　中国棉花年鉴－2008/2009　中国城市（镇）生活与价格年鉴－2010
中国县（市）社会经济调查年鉴－2010　中国农村住户调查年鉴－2010（中、英文）　中国农村全面建设小康监测报告－2010
中国国内生产总值核算历史资料（1952－2004）　中国季度国内生产总值核算历史资料（1992－2005）　中国零售和餐饮业连锁企业统计年鉴－2010
大中型批发零售和住宿餐饮企业统计年鉴－2010　2005年中国1%人口抽样调查系列资料

2010年省级综合统计年鉴系列

北京　天津　河北　山西　内蒙古　辽宁　吉林　黑龙江　上海　江苏　浙江　安徽　福建　江西　山东
河南　湖北　湖南　广东　广西　海南　重庆　四川　贵州　云南　西藏　陕西　甘肃　青海　宁夏
新疆　新疆生产建设兵团

2010年市（县）级综合统计年鉴系列

天津滨海新区　石家庄　唐山　邯郸　太原　大同　长治　阳泉　晋城　朔州　晋中
运城　忻州　临汾　呼和浩特　包头　沈阳　大连　长春　吉林市　四平　延吉　哈尔滨　齐齐哈尔
黑龙江垦区　上海浦东新区　苏州　无锡　常州　徐州　南通　盐城　镇江　江阴　丹阳　杭州
宁波　绍兴　台州　舟山　温州　金华　嘉兴　衢州　安庆　福州　福州经济技术开发区
厦门经济特区　南昌　上饶　济南　青岛　潍坊　东营　郑州　洛阳　三门峡　南阳　武汉　宜昌
十堰　荆州　黄冈　长沙　广州　东莞　惠州　深圳　桂林　南宁　柳州　来宾　河池　海口　成都
贵阳　昆明　西安　庆阳　银川　乌鲁木齐　吐鲁番

“十一五”规划教材

非参数统计　医学统计学　概率论与数理统计　统计学　现代金融投资统计分析
多元统计分析　经济计量学教程　应用时间序列分析　统计指数理论及应用
统计数据处理概论　质量管理统计方法　社会统计学　多元统计分析实验
企业经营管理统计　市场调查与预测　统计学原理（非统计专业使用）
统计学：从数据到结论　国民经济核算教程（国民经济统计学）　概率论与数理统计（经济、管理类专业使用）

重点图书

新中国六十年　挑大学选专业2010—高考志愿填报指南　挑大学选专业2010—考研择校指南

欲购以上图书请与中国统计出版社发行部联系
电话：(010)63376907　63376908　**同楫行书店电话：**68783171　68783172
通讯地址：北京市西城区三里河月坛南街57号　**邮政编码：**100826